복 있는 사람

오직 여호와의 율법을 즐거워하여 그 율법을 주야로 묵상하는 자로다.
저는 시냇가에 심은 나무가 시절을 좇아 과실을 맺으며 그 잎사귀가 마르지 아니함 같으니
그 행사가 다 형통하리로다.(시편 1:2-3)

그레고리 빌은 이 땅의 종말이 역사 속에서 구체적으로 이루어질 것이라고 밝히 드러내고 있다. 요한계시록에 나타난 하나님의 약속은 새 하늘과 새 땅 그리고 거룩한 백성으로 실현된다. 현실에서 일어나는 박해와 고난은 거룩한 백성을 만들어 내며 그 신앙을 완성시킬 것이다. 그릇된 신학으로 내세적 도피에만 머문다면 성경이 말하는 종말론을 제대로 이해하지 못할 것이다. 『그레고리 빌 요한계시록 주석』을 통해 한국교회가 종말이 오늘이라는 신앙 현실에 목표와 내용을 만드는 힘으로 작동하고 있다는 사실을 알게 되기를 바란다.

박영선 남포교회 담임목사

최근 요한계시록에 대한 주석서가 많이 나오고 있는데 이것은 매우 다행스러운 일이다. 그중에서 가장 최근의 성과이자 요한계시록의 진정한 의미를 잘 밝힌 책이 바로 『그레고리 빌 요한계시록 주석』이다. 저자는 서론을 통해 요한계시록 전체의 연구 방향을 잘 알려 주고 있을 뿐만 아니라, 본문의 주석에서 간결하면서도 풍부하게 구약성경의 배경까지 제시해 주고 있다. 이 책을 통해 모든 목회자와 성도들에게 요한계시록이 난해한 수수께끼의 책이 아니라 진리 가운데 활짝 열린 축복의 말씀이 되기를 기대한다.

김서택 대구동부교회 담임목사

'절충적인 구속사적 이상주의' 관점에 선 그레고리 빌은, 구약과 신약의 연속적이고 상호텍스트적인 맥락에서 요한계시록을 분석한다. 이를 통해 1세기를 넘어 모든 시대의 그리스도인에게 세속화에 대항하는 비타협적인 태도를 촉구하는 동시에 요한계시록에서 괴물이 아니라 새 창조를 이루시는 하나님의 주권을 목격하고 찬미하도록 이끈다. 요한계시록의 독서 과정에 필요한 요소를 총망라하여 제시하는 저자의 천재성에, 설교자와 평신도를 아우르는 모든 독자들은 이 책이 필독서임을 직감하게 될 것이다.

윤철원 서울신학대학교 신학전문대학원 신약학 교수

여러 대작을 통해 기라성 같은 학자들 가운데 한 명으로 인정받고 있는 그레고리 빌은, 요한계시록을 구약과 유대교 문헌과 대차대조하면서 연구하고 개혁주의적인 해석을 제시하는 데 있어 큰 기여를 해 온 요한계시록 전문가다. 이 책은 신학생과 목회자들을 위해 이전의 방대한 연구를 축약하고 최대한 읽기 쉽게 배려한 노작이다. 본인 또한 종말론을 연구하는 교수로서 빌의 NIGTC 주석뿐 아니라 이 축약본을 적극적으로 추천한다. 만일 단 한 권의 요한계시록 주석서를 갖추고자 한다면 바로 이 책을 구비하라고 권하고 싶다.

이상웅 총신대학교 신학대학원 조직신학 교수

『그레고리 빌 요한계시록 주석』은 성경 연구와 주석 쓰기의 최고 모범 사례 중 하나다. 이 책은 치밀한 본문 분석과 논리적 흐름에 대한 세심한 관찰, 요한계시록의 사상적 고향에 해당하는 구약과 유대교 신앙 전통에 대한 일관된 관심, 그리고 다른 주석서들과의 심도 있는 대화의 산물이다. 그러한 점에서 이 책은 요한계시록 이해를 위한 최상의 동반자일 뿐 아니라, 성경을 읽는 방법과 태도에 대한 지침서이기도 하다. 즉, 말씀이 꼭 난해할 필요는 없지만 참된 들음에는 시간과 노력이 필요하고, 이 수고를 기꺼이 감당하려는 겸허한 자세가 필요하다는 것을 가르쳐 준다. 요한계시록에 대한 선명한 이해를 갈구하는 성도와 목회자뿐 아니라 학자들에게도 많은 가르침과 생각거리를 주는 이 책이 널리 활용되어 큰 유익을 끼치리라 기대한다.

권연경 숭실대학교 기독교학과 신약학 교수

이 주석서의 가장 큰 특징은 요한계시록 해석에 있어 구약과 신구약 중간기의 배경을 철저히 참고한 것이다. 특히 다니엘서를 요한계시록에 등장하는 개별 심상들의 해석에서 가장 중요한 열쇠로 간주한다. 종말에 대해 '무천년주의적 이상주의'를 견지하는 이 책은 요한계시록이 역사상의 어느 한 시점에 대한 예언이 아니라, 예수님의 초림부터 재림까지의 교회 시대 동안 다양한 영적 현실에 대해 구속사적인 진리를 제공한다고 강조한다.

김구원 개신대학원대학교 구약학 교수

요한계시록에 관한 세계적 거장인 그레고리 빌의 방대한 주석과 저술들은 이미 신약학계에서 괄목할 만한 업적 가운데 하나로 인정되고 있다. 그의 학문적 깊이와 통찰력은 참으로 경이로울 정도다. 목회자들과 신학도들에게 더욱 친절히 다가가기 위해 축약되고 재편집된 이 책이 한국교회의 강단을 풍요롭게 할 것이라고 확신한다.

김추성 합동신학대학원대학교 신약학 교수

이 책은 21세기의 요한계시록 연구를 위한 귀중한 지침서이자 자원이 될 것이다. 구약성경과 유대교의 주석적 전통을 참조하여 요한계시록을 해석하는 빌의 방법은 근본적으로 신학 텍스트에 대한 주석에서 텍스트 자체가 우리를 초대하는 놀라운 결과를 보여준다.

리처드 보컴 케임브리지 대학교 리들리 홀 명예교수

이 책은 성경에서 가장 어려운 본문 가운데 하나인 요한계시록에 대한 방대하고 깊이 있으며 집약적인 주석서다. 이 역작은 앞으로 수년 동안 요한계시록을 다루는 모든 학자와 설교자와 학생들을 위한 필독서가 될 것이다.

그랜트 오스본 트리니티 복음주의 신학교 교수

이 주석서는 축약본이지만, 분량이 아니라 그 본질과 내용 면에서 다른 주석서들을 왜소하게 만든다. 빌의 '절충적인 구속사적 이상주의' 관점은 요한계시록의 문학적 흐름과 영적 논리, 그리고 종말론적 메시지를 열어젖힌다. 마침내 요한계시록의 복잡성을 그저 조합하고 나열하기보다 실제로 해설해 주는 주석서가 나왔다.

로버트 야브로우 커버넌트 신학교 교수

『그레고리 빌 요한계시록 주석』은 요한계시록에 대한 그레고리 빌의 방대한 주석서의 축약본이지만, 그 작업의 주석적 깊이와 신학적 심오함은 여전히 이 한 권의 책에 온전히 존재한다. 이제 이 책을 읽지 않고는 그 누구도 요한계시록에 대해 설교하거나 쓰거나 가르치거나 배울 수 없을 것이다.

토머스 슈라이너 남침례 신학교 교수

그레고리 빌 **요한계시록 주석**

Gregory K. Beale with David H. Campbell

Revelation: A Shorter Commentary

그레고리 빌 **요한계시록 주석**

그레고리 K. 빌 · 데이비드 H. 캠벨 지음 / 김귀탁 옮김

복 있는 사람

그레고리 빌 요한계시록 주석

2015년 12월 30일 초판 1쇄 발행
2022년 12월 12일 초판 7쇄 발행

지은이 그레고리 K. 빌 · 데이비드 H. 캠벨
옮긴이 김귀탁
펴낸이 박종현

(주) 복 있는 사람
주소 서울특별시 마포구 연남동 246-21(성미산로23길 26-6)
전화 02-723-7183(편집), 7734(영업·마케팅)
팩스 02-723-7184
이메일 hismessage@naver.com
등록 1998년 1월 19일 제1-2280호

ISBN 978-89-6360-169-4 03230

이 도서의 국립중앙도서관 출판시도서목록(CIP)은
서지정보유통지원시스템 홈페이지(http://seoji.nl.go.kr)와 국가자료공동목록시스템
(http://www.nl.go.kr/kolisnet)에서 이용하실 수 있습니다. (CIP 제어번호: 2015033856)

Revelation
by G. K. Beale, David H. Campbell

차례

본인의 연구실에 요한계시록 관련 도서는 6단짜리 책장 세 개를 채운다. 그 가운데 요한계시록을 연구할 때 반드시 참고하며 손이 자주 가는 책은 열 권 남짓인데, 그레고리 빌의 1999년판 주석서가 그 가운데 포함된다. 올해 그는 신학적인 필요와 함께 목회적이고 대중적인 필요에 대한 요구의 부응으로 새로운 요한계시록 주석서를 1999년판을 수정·요약한 형식으로 출판했고, 전문 번역가와 복 있는 사람 출판사에 의해 한국 독자들에게도 신속하게 선보이게 되었다. 십여 년 전과 비교해 볼 때 탁월한 요한계시록 주석서와 연구서가 많이 번역되고 소개되었음에도 불구하고, 그러한 자료들이 잘 소화되어 한국교회의 강단에서 전해지고 있는지는 의문이다. 그레고리 빌의 이번 주석서는 좀 더 쉽게 설교자와 신학생들이 소화할 수 있는 자료가 될 것이다. 무엇보다 여전히 통속적인 요한계시록 해석이 강세를 보이고 있는 한국교회를 순전한 것으로 윤택하게 하리라 기대한다.

이 책에 관해 소개하기에 앞서, 그레고리 빌의 신약 전반에 관한 연구 여정을 간략히 소개할 필요가 있다. 필라델피아 소재 웨스트민스터 신학교의 신약학 교수인 그레고리 빌은 오늘날 성경신학계의 선두 주자다. 그는 '성경신학의 아버지'로 불리는 게할더스 보스Geerhardus Vos의 성경신학적 전통을 잇고 있다고 자부한다. 흥미롭게도 개혁주의 전통과 거리가 먼 남감리교 대학에서 학사와 문학석사를, 세대주의를 표방하는 댈러스 신학교에서 신학석사를 마쳤다. 그는 1981년 케임브리지 대학교 박사학위 논문으로 다니엘서가 유대 묵시 문헌과 요한계시록에서 어떻게 사용되었는지를 연구했기 때문에, 구약과 신약의 간본문성intertextuality을 마소라 본문과 70인역을 통해 다루기에 제격이다. 그는 최근 저서 『신약성경신학』*A New Testament Biblical Theology*과 『성전 신학』*The Temple and the Church's Mission*도 신구약의 점진적인 계시 발전의 관점에서 기술했다. 그의 『요한계시록의 구약 사용』*John's Use of the Old Testament in Revelation*은 요한계시록을 어떻게 구약의 빛 속에서 이해해야 하는지를 잘 보여준다. 그레고리 빌이 D. A. 카슨Carson과 더불어 편집한 『신약의 구약 사용 주석』*Commentary on the New Testament Use of the Old Testament*은 요한계시록을 넘어 신약 전반에 걸친 신약의 구약 사용에 관한 교과서로 자리매김했다.

무엇보다 NIGTC 시리즈인 1999년판 『요한계시록 주석』은 그의 세밀하고 방대한 요한계시록 연구의 결정판이라고 할 수 있다. 매년 북웨일스 글래드스턴 도서관에서 열리는 '신약의 구약 사용 학회'에서 요한계시록의 간본문적 해석의 선구자인 영국 치체스터 대학의 스티브 모이스Steve Moyise 교수는 "빌이 그렇게까지 세밀하고 방대하게 주석할 필요가 있었을까?"라고 말한 바 있다. 스티브 모이스가 요한계시록이 사용한 관련 구약 본문과의 차이점이 발생한 이유를 분석하는 데 주된 관심을 보였다면, 그레고리 빌은 요한계시록과 구약 본문 사이의 연속성을 강조했다. 그는 이러한 연속성을 강조하면서, 요한이 그가 사용한 구약 본문의 문맥을 벗어나지 않고 존중했다고 본다. 1999년판 주석은 그 후에 출판된 스티븐 스몰리, 그랜트 오스본, 사이먼 키스트메이커, 번 포이스레스, 데니스 존슨 등이 '절충적인 구속사적 이상주의'에 입각해 쓴 요한계시록 주석의 기초가 되었다고 할 수 있다(그의 해석은 이상주의자들인 흐레이다누스와 핸드릭슨의 견해를 보완하고 발전시킨 것이다).

요한계시록 신학에 관해서 리처드 보컴Richard Bauckham의 1993년 두 작품인 『예언의 절정』*The Climax of Prophecy*과 『요한계시록 신학』*The Theology of the Book of Revelation*이 중요하다면, 요한계시록 주해에 관해서는 그레고리 빌이 이상주의적 관점에서 주석한 『요한계시록 주석』이 반드시 갖추어야 할 자료다. 그의 주석을 기원후 1세기의 관점에서 주로 요한계시록을 해석하는 부분적 과거론에 입각한 데이비드 칠턴David Chilton의 『심판의 날: 요한계시록 주석』*The Days of Vengeance: An Exposition of the Book of Revelation*과 더불어 읽는다면 상호 보완될 것이다.

이제 『그레고리 빌 요한계시록 주석』이 가지고 있는 특징과 장점, 보완점과 설교자가 이 주석을 활용하는 방법을 소개할 차례다.

특징

첫째, 요한계시록을 해석해 온 전통적인 네 가지 방식을 절충한 구속사적 이상주의 해석을 추구한다. 저자는 요한계시록이 사도 요한 당시의 상황에서 출발하되 그것에 국한되지 않고 예수의 초림과 재림 사이, 곧 신약 교회 시대의 상황을 다룬다고 본다. 따라서 요한계시록은 재림이라는 미래적 사건에 국한되는 것도 아니다. 따라서 과거주의, 미래주의, 이상주의, 세상-교회 역사적 해석이 종합적으로 절충된다. 결국 위로와 승리의 책인 요한계시록은 새 창조의 완성을 향한다.

둘째, 요한계시록 이해를 위한 열쇠가 되는 구약성경 중에서 다니엘서의 중요성을 부각시킨다. 따라서 사도 요한은 다니엘과 같은 구약 선지자의 대를 잇는 신약 선지자다.

셋째, 요한계시록의 신학적 메시지로 '승리'와 '하나님의 주권'과 '새 창조'를 강조한다. '새 창조'에 관한 강조는 그의 『신약성경신학』에서도 볼 수 있다. 그는 요한계시록이 무섭고 어두운 책이라는 편견을 깬다.

넷째, 기록 연대를 네로 황제 때의 전면적인 박해 상황과 연결하지 않고, 간헐적인 박해가 발생했던 도미티아누스 황제 시대인 기원후 90년 직후로 본다. 저자의 입장은 오늘날 다수의 학자가 지지하는 것이지만, 19세기까지의 지배적인 견해이자 요한계시록 내증內證의 지지를 받는 네로 황제 치하에서 기록되었다는 주장과 다르다.

다섯째, 독자가 각 본문을 적용하도록 돕기 위하여 묵상을 위한 질문을 제공한다. 이 적용점들은 특별히 설교자에게 유용하다.

장점

첫째, 요한계시록을 내러티브 흐름을 따라 적절하게 11등분한다. 이러한 구분은 간단하게 해낼 수 있는 것처럼 보이지만, 사실은 요한계시록의 흐름을 잘 파악하고 있는 전문가의 안목에서 나온 것이다.

둘째, 요한계시록에 많이 등장하는 환상의 상징적인 의미를 적절히 파악한다. 이것은 요한계시록 1:1의 동사 "알게 하신 것이다"의 본래 의미인 "상징적으로 이해하다"를 정확하게 파악한 결과다. 따라서 저자는 환상을 문자적으로 해석할 때 발생하는 문제를 극복할 뿐 아니라, 두꺼운 상징이 초래하는 해석의 다양성과 혼선도 상당 부분 극복한다.

셋째, 요한계시록과 구약 본문과의 연속성에 근거한 연결과 그리스도 중심적인 해석을 추구한다. 성경 계시의 점진적인 발전과 연속성을 강조하는 저자에 의하면, 구약을 바라보는 사도 요한의 새로운 전제로서의 렌즈는 네 가지다. 이 렌즈는 요한과 요한계시록에만 적용되는 것이 아니라 신약 전체에 적용되며 특히 구약과 신약의 연속성을 강화한다. ① 예수는 집합적으로 구약과 신약의 교회, 곧 참 이스라엘을 대표한다. ② 역사란 하나님의 계획 속에서 일어나기 때문에, 이전의 역사는 모형론적으로 이후 역사의 모델이 된다. ③ 종말의 성취는 그리스도의 초림으로 이루어졌다. ④ 후대의 역사가 이전 역사를 해석하기 때문에, 성경과 역사의 중심이신 그리스도는 구약 해석의 핵심 열쇠다.

넷째, 일곱 인·나팔·대접 심판의 반복 이론을 간파한다. 즉, 세 개의 심판 시리즈는 순차적으로 발생할 사건이 아니다. 따라서 요한계시록은 종말에 관한 시간표가 아니다. 반복 이론은 현존하는 가장 오래된 요한계시록 주석을 남긴 4세기 교부인 페토의 빅토리누스의 주석에도 나타난다.

다섯째, 하나님의 갱신된 거처인 새 예루살렘을 에덴동산에서부터 전개된 성전 주제로 살핀다. 요한계시록은 성경의 결론이기 때문에, 정경론적으로 볼 때 창세기에서 시작된 창조의 완성으로 이해하는 것은 자연스럽다. 많은 학자들이 요한계시록의 역사적 배경이나 문학적 해석에서 멈추어 불완전한 주석을 시도하지만, 저자는 문법-역사적 해석에 기초하되 구속사적-신학적 해석에까지 나아간다. 따라서 문법-역사적 해석은 구속사라는 신학적 해석을 위한 보조 방법이다.

여섯째, 사도 요한을 저자로 보는 전통적인 입장을 견지한다. 오늘날 다수의 학자들은 요한복음과 요한계시록의 문체나 사상의 불일치를 근거로 하여, 요한계시록의 저자가 사도 요한이라는 데 동의하지 않는다. 하지만 복음서 장르와 묵시 장르는 표현에 있어 차이가 있을 수밖에 없다.

일곱째, 새 예루살렘을 성도가 죽어서 가는 장소로서의 천국이라기보다는 새 창조 속에 들어간 완전한 예수의 신부인 교회로 본다. 저자는 성도가 죽으면 요단 강 건너 새 예루살렘의 황금집에 들어갈 것이라는 통속적인 주장을 교정한다.

보완점

첫째, 저자는 미래 편향적인 해석의 문제를 지적하면서 요한계시록이 목회 서신이자 현재의 승리를 가르친다고 본다. 그럼에도 불구하고 요한계시록의 1차 독자의 상황을 철저히 고려하는 데는 부족함이 있다. 그가 요한계시록 1:19의 '장차 될 일'을 주로 재림과 연결하는 것은 무리가 따른다. 왜냐하면 사도 요한에게는 재림과 같은 먼 미래도 중요하지만 가까운 미래 역시 중요하며, 요한 당시에 '반드시 속히 일어날 일들'이 주 내용이기 때문이다.

둘째, 저자는 절충적인 구속사적 이상주의를 따르다 보니 과거주의, 미래주의, 역사주의의 장점을 수용한다. 그리고 교회 시대 전체 기간 동안 발생할 선과 악의 싸움이라는 다소 모호한 주제로 해석 방법을 종합하다 보니, 해석 방식들 간에 어색한 조합이 나타난다. 저자는 요한계시록이 예언하는 최후의 심판은 예수의 감람산 강화의 전반부와 중반부에 연결된다고 본다. 하지만 감람산 강화의 주요 메시지는 세상 역사의 마지막에 있을 최후의 심판이라기보다 예루살렘 성전의 파괴다.

셋째, 저자는 '땅에 거하는 자'를 구원받지 못한 우상숭배자를 가리키는 전문 용어로 본다. 하지만 요한계시록에서 '땅'은 주로 열두 지파가 사는 유대인의 거주지를 가리키기 때문에, 박해자이자 불신자인 유대인들의 역할과 그들이 받을 심판의 중요성을 간과하지 말아야 한다.

넷째, 색깔과 숫자의 상징성을 잘 고려하고 있지만, 흰색을 '승리'가 아니라 '순결'의 상징이라고 본 점은 재고되어야 한다.

설교자가 이 주석을 활용하는 방법

첫째, 그레고리 빌의 주석은 내용이 결코 가볍지 않기 때문에 설교자는 그의 논의 전개를 천천히 따라가도록 집중해야 한다.

둘째, 요한계시록의 한 단락을 읽을 때, 저자의 주요 해석 방법인 절충적인 구속사적 이상주의를 항상 염두에 두어야 한다. 그리고 요한계시록 전체라는 큰 문맥을 염두에 두고 그 단락의 의미를 파악해야 한다.

셋째, 저자가 본문을 주석하는 부분과 오늘날에 적용하는 부분을 구분해야 한다. 올바른 석의釋義에 근거한 적합한 적용이 설교에 나타나야 하기 때문이다.

그레고리 빌의 주석에서도 아쉽거나 보완될 사항이 있기는 하지만, 본문을 다루는 그의 전문적인 능력에서 나오는 통찰력은 여전히 밝게 빛난다. 그는 전통적인 문법-역사적 해석에 근거한 구속사적 해석과 사도 요한 저작설을 따른다. 그렇지만 그는 지난 세기 복음주의와 개혁주의 진영의 주석에서 볼 수 있는 전통적인 해석과 입장의 논리성을 뛰어넘는 높은 수준을 유지한다. 이 책을 통해서, 사도 요한이 의도하지 않았거나 불건전한 신학에 근거한 설교가 교회 안에서 사라지기를 바란다. 요한계시록은 이단의 전유물이 되어서는 안 된다. 요한계시록은 신구약 성경의 결론이므로 교회가 반드시 배우고 알아야 할 내용이다. 우리 시대 요한계시록의 최고 권위자 가운데 한 명인 그레고리 빌의 이 주석을 기쁜 마음으로 적극 추천하는 바이다.

송영목

고신대학교 신학과 신약학 교수

저자 서문

어드먼스 출판사는 1999년에 NIGTC New International Greek Testament Commentary 시리즈 성경주석 가운데 본인의 『요한계시록 주석』 *The Book of Revelation* 을 출판했다. 이 주석서의 출간 이후로 나는 목회자, 신학생, 평신도가 더 쉽게 다가갈 수 있는 요약판 요한계시록 주석을 저술해 달라는 요청을 계속 받았다. 비로소 14년이 지난 후에야 그 요청에 부응하기로 결심했다. 이 '축약본' 요한계시록 주석이 바로 그 결과다. G. K. 체스터턴 Chesterton 은 언젠가 이렇게 말했다. "복음전도자 사도 요한은 자신의 환상에서 수많은 희한한 괴물을 보았지만 자신의 책의 주석서들 속에서 보이는 것만큼 사나운 괴물은 본 적이 없었다."[1] 나는 제발 체스터턴이 본인의 1999년판 요한계시록 주석이나 이 축약본 주석을 그러한 평가 속에 집어넣지 않았으면 좋겠다.

주석 작업에 참여할 때 우리는 종종 또 하나의 주석서를 쓰는 것이 진정 필요한 일인지 자문해 보게 된다. 1980년대 후반 이후 요한계시록의 경우에 나는 다음과 같은 연구에 바탕을 둔 주석이 여전히 필요하다고 믿었다.

① 구약 본문의 인유에 대한 이전보다 더욱 철저한 연구, ② 유대교의 주석 전통이 동일한 구약 본문의 인유를 어떻게 해석했는지 그리고 그 해석이 요한계시록의 용법과 어떻게 관련되어 있는지에 대한 연구, ③ 일부 학자들이 환상 문헌의 애매한 특성 때문에 연구가 어렵다고 말하는 요한계시록의 주석적 논증을 더 엄밀하게 추적하는 연구, ④ 20세기 초반에 찰스 Charles 와 스웨테 Swete 의 기념비적인 주

석서가 나온 이후로 출판된 방대한 양의 이차 문헌의 상호 영향에 대한 연구.

내가 이 책을 쓴 목적은 교회의 유익을 위해 요한계시록 해석에 진지한 관심을 갖고 있는 학자, 교사, 목사 그리고 여러 독자들에게 특별히 도움이 되는 요한계시록 주석을 제공하는 데 있다. 그것은 1999년판 NIGTC 『요한계시록 주석』도 마찬가지였다. 다만 그 주석에서 필자는 헬라어에 능숙하지 못한 자도 읽고 유익을 얻을 수 있도록 헬라어 단어나 문구 다음에 해당 영어 번역을 괄호로 넣어 두었다.

그러나 이 축약본 주석에서는 헬라어, 이차 문헌 그리고 요한계시록에서 사용되는 구약 본문들에 대한 유대교의 해석에 관한 언급과 설명을 대부분 제외했다. 따라서 이 요약판 주석에서는 일차 문헌과 이차 문헌에 대한 언급이 전혀 없이 내용이 펼쳐진다. 1999년판 NIGTC 주석에는 이 언급들이 나타나 있으므로, 본인이 이 축약본 주석에서 말하는 것보다 더 깊은 설명을 원하는 독자는 NIGTC 주석을 참조하면 될 것이다. 결론적으로 1999년판 주석은 이 축약본 주석의 하나의 긴 각주와도 같다. 그럼에도 불구하고 나는 이 축약본 주석에서 이전 주석에 포함된 많은 구약 인유들을 설명하는 데 특별히 초점을 맞추면서도 그 인유들에 대한 헬라어의 문자적 기초는 대부분 제외시켰다. 나는 또한 요한계시록 전체의 중요한 주석적 주장은 대부분 그대로 보존시켰다.

새로운 '축약본' 주석과 1999년판 NIGTC 주석의 가장 명백한 차이는 이 요약판이 1999년판보다 매우 짧다는 것이다. 이 책에서는 1999년판 주석에 포함된, 작은 글씨로 행간의 간격을 띄우지 않고 쓴 부기[附記]를 제외했고, 각 장의 본질적인 내용과 주장은 교정하여 살려 두었다. 해당 본문의 주석에서 일부 해석적 뉘앙스와 견해들을 제시하는 것도 생략했다. 대신 가장 개연성이 있는 해석적 견해들에 초점을 맞추었다.

나는 이 축약본 주석에서 1999년판 주석이 등장한 이후에 나온 이차 문헌과의 상호 영향에 대한 연구는 시도하지 않았다. 그 이유는 1999년판 주석에 언급된 이차 문헌에 대한 내용을 대부분 생략하는 것이 의도였기 때문이다. 확실히 이 요약판 주석은 다른 요약판 주석들에 비해서 길이가 더 길다. 1999년 이후로 출판된 많은 이차 문헌을 참조하려고 애쓴 것도 이 주석을 더 길게 만든 한 요인이 되었다. 특정 본문에 대한 어떤 해석은 본인의 NIGTC 주석 이후에 출판된 일부 문헌에 영향을 받았지만, 나의 전체적인 주장과 이 주석의 본질적인 내용은 크게 바뀌지 않았다. 1999년 이후로 출판된 이차 문헌을 참조한 것은 이 요약판 주석의 목적, 곧 목회자, 신학생, 평신도가 본인의 NIGTC 주석에 다가가기 쉽게 만들려는 의도에는 부합하지 못할지도 모르겠다.

설교자와 교사들에게 특별히 한마디 하겠다. 이 요약판 주석의 각 세부 부분을 시작할 때 완전한 문장 형태를 가진 소제목은 그 부분의 주석적 결론을 제시하고 설교 주제의 기초로 삼을 수 있도록 한 것이다. 그리고 이 책의 모든 독자에게 필자는 NIGTC 주석 시리즈 가운데 하나인 본인의 1999년판 『요한계시록 주석』 외에, 다른 요한계시록 주석이나 작품들을 특별히 유용한 자료로 추천했다. 부록에 있는 '추천 도서' 중에 어떤 작품은 학문적으로 깊이가 있고, 또 어떤 작품은 보다 대중적이다.

이 주석이 새롭게 탄생하도록 나에게 자극과 도움을 준 데이비드 캠벨에게 특별히 감사를 전한다. 캠벨은 1999년판 주석의 각 장에서 보존해야 할 내용을 결정하는 데 많은 도움을 주었다. 캠벨은 결정된 내용을 최초로 교정했고, 내가 그것을 다시 교정했다. 캠벨의 수고가 없었다면 이 주석을 쓰는 기간은 훨씬 더 길어졌을 것이고, 아예 끝내지 못했을지도 모른다. 그렇다고 해도 이 책의 최종 형태에 대한 책임은 전적으로 본인에게 있다.

그레고리 K. 빌

약어표

1QH Qumran Hymn Scroll(쿰란 공동체 시가집)

ASV American Standard Version

BAGD W. Bauer, W. F. Arndt, F. W. Gingrich and F. W. Danker, *A Greek-English Lexicon of the New Testament*. Chicago: University of Chicago, 1979.

BECNT Baker's Exegetical Commentary on the New Testament

CD Qumran Damascus Document(쿰란 공동체 다메섹 문서)

Douay (라틴어 불가타 역본의 영어 번역판)

ESV English Standard Version

HR E. Hatch and H. A. Redpath, *A Concordance to the Septuagint and the Other Greek Versions of the Old Testament* I-III. Graz: Akademische, 1954.

JB Jerusalem Bible

JETS *Journal of the Evangelical Theological Society*

KJV King James (Authorized) Version

LXX Septuagint(70인역)

mg. marginal reading(난외주)

MM J. H. Moulton and G. Milligan, *The Vocabulary of the Greek New Testament Illustrated from the Papyri and Other Non-Literary Sources*. Grand Rapids: Eerdmans, 1930.

MNTC The Moffatt New Testament Commentary

NASB New American Standard Bible

NEB New English Bible

NETB New English Translation Bible

NIBC New International Bible Commentary

NICNT New International Commentary on the New Testament

NIGTC New International Greek Testament Commentary

NIV New International Version

NovT *Novum Testamentum*

NT New Testament

NTA *New Testament Apocrypha* I-II, ed. W. Schneemelcher. Philadelphia: Westminster, 1991, 1992.

NTS *New Testament Studies*

OG Old Greek translation of the Hebrew Scriptures(고대 헬라어 역본)

OT Old Testament

RSV Revised Standard Version

Theod. Theodotion's Greek translation of the Hebrew Scriptures(테오도티온 역본)

들어가며

오늘날 우리 시대 교회의 심각한 비극 가운데 하나는, 미래의 마지막 시점에만 지나치게 초점을 맞춘 탓에 요한계시록을 너무 좁게 그리고 부정확하게 해석함으로써 요한계시록이 그리스도인의 삶과 제자의 길에 관한 심원한 진리와 권면을 담고 있다는 사실을 놓치고 있는 것이다. 요한계시록의 예언적 환상은 요한계시록이 교회에 주어진 편지로 기록되었고, 그래서 본질상 요한계시록이 목회를 위한 편지라는 사실을 쉽게 가릴 수 있었다. 요한계시록의 목표는 세상이 비극과 고난과 사탄의 명백한 지배권 아래 있을 때에도 하나님께서 자신의 목적을 이루고 계신다는 사실을 전함으로써 모든 시대의 신자들에게 위로를 주고자 하는 데 있다. 요한계시록은 곧 성경의 승리의 함성이다. 왜냐하면 신약성경 어느 책보다 그 안에 모든 악의 세력에 대한 하나님의 최종적인 승리가 계시되어 있기 때문이다. 따라서 요한계시록은 하나님의 백성에게 환난에도 불구하고, 또 세상의 요란한 소리에 장단을 맞추라는 유혹에도 불구하고, 그들의 최후의 상급이 확실하다는 확신을 갖고 견인堅忍하도록 그리고 하나님을 경배하고 영화롭게 하도록 권면하는 책이다.

구약성경을 제대로 이해하지 못하면 요한계시록도 이해하기 어렵다. 요한은 자기 자신을 여호와의 심판과 약속에 대한 말씀을 선포한 구약 시대 선지자들의 계보를 잇는 한 선지자로 간주한다.[1:3] 학자들은 요한계시록 전체 404개 구절 가운데 278개 구절이 구약성경을 언급하고, 전체적으로 500회 이상 구약 본문에 대한 언급이 이루어지고 있다고 추산한다(바울 서신 전체에서 200회가 되지 않는 것과 비교해 보라). 이 언급들은 직접 인용이 아니라 인유allusion다(하지만 인유라는 것은 금방 알아볼 수 있다). 예를 들어 요한이 1:12-18에서 보는 환상은 다니엘이 인자에 관한 환상에서 본 것과 같고, 이사야가 여호와의 종의 입이 날카로운 칼과 같다고 예언한 것과 같다. 이러한 인유들은 구약성경과 신약성경의 통일성을 보여주며, 특히 메시아와 그의 고난, 구원, 승리에 대한 약속은 성경에서나 인간 역사에서나 처음부터 끝까지 동일하게 펼쳐진다는 것을 예증한다. 잠시 요한계시록 1장의 구약 본문 인유를 몇 개만 훑어보아도 이 말이 증명될 것이다. 요한은 1:5에서 시편 89:27을, 1:6에서 출애굽기 19:6을, 1:7에서 스가랴 12:10을, 1:13-15에서 다니엘 7:13-14과 10:5-6을, 1:15에서 에스겔 1:24을, 그리고 1:16에서 이사야 49:2을 인유한다.

구약 시대의 예언은 사람들에게 하나님과 하나님의 법에 대한 헌신을 새롭게 하고, 타협을 강요하는 이교 관습에서 떠날 것을 촉구했다. 따라서 요한계시록은 본질상 예언적이고 목회적인 성격을 가진 책으로 이해할 때 우리 각자와 직접 관련된 책이 되고, 우리는 하나님께서 마지막 새 창조의 약속의 땅으로 이끄실 때까지 우리를 보호하실 세상의 광야를 날마다 순례하는 동안 요한계시록의 각 장면을 거칠 것이다. 요한계시록 많은 부분이 에베소서 6:10-17에 나오는 영적 싸움에 대한 바울의 가르침의 주석이 된다. 우리는 모든 일이 최종적으로 진행되어 주의 임재 앞에 영원히 서는 날이 올 때까지 날마다 하나님의 전신갑주를 입고 악한 자의 간계에 맞서야 한다. 무엇보다 우리는 하나님과 어린양의 승리로 이야기가 끝나고, 우리가 하나님과 어린양과 함께 다스리며 그분들을 영원토록 경배하는 지위를 차지할 것이라는 약속을 선포하는 요한의 위대한 환상을 통해, 이 땅을 살아가면서 큰 힘과 위로를 얻을 수 있다.

저자

요한계시록은 요한이라고 불리는, 밧모 섬에 유배되어 있던 한 사람에게 주어진 예언적 환상을 기록한 책이다. 저자는 자신을 예수 그리스도에 대해 증언하고 그의 신앙 때문에 추방되어 유배 생활을 하는 하나님의 종 요한으로 밝힌다.[1:1, 9] 저자는 사도 요한 아니면 같은 이름을 가진 어떤 다른 사람이었다. 저자는 아시아의 모든 교회에 잘 알려져 있었고, 그 교회들에 이러한 성격의 편지를 쓰고 또 그 편지를 주의 깊게 읽으라고 촉구할 수 있을 정도로 충분한 권위를 가진 자였다. 저자는 로마 당국에 협박을 받고 추방을 당해야 할 정도로 매우 저명한 교회 지도자였다. 히브리어로 된 구약 본문을 활용하는 솜씨를 보면, 저자는 원래 헬라어를 모국어로 사용하는 사람이 아니라 팔레스타인 출신의 유대인이었던 것으로 판단된다. 그럼에도 불구하고 요한은 헬라어 구약성경에도 정통하며 그것을 적절하게 활용했다. 저자가 본래 팔레스타인 출신의 유대인으로, 아시아의 교회들 속에서 이 정도의 권위를 가지고 살며 활동했으나 우리에게는 전혀 알려지지 않은 다른 요한일 가능성은 거의 없어 보인다. 그러므로 사도 요한을 요한계시록의 저자로 보는 것이 가장 바람직하다. 여기서 한 가지 덧붙일 것은 우리가 특히 요한복음 및 요한서신과 관련시키는 많은 주제들—말씀이신 예수, 어린양과 목자, 만나, 생명수, 생명과 빛, 이기는 것, 하나님의 말씀과 명령을 지키는 것 등—이 요한계시록에서도 그대로 나타난다는 점이다. 초대교회에서 요한계시록은 회람 서신으로 보존되어 읽혔고, 권위 있는 문서로 간주되었으며, 처음부터 사도 요한이 쓴 것으로 믿어졌다. 이에 대해서는 이레니우스[Irenaeus]의 증언이 특히 중요하다. 이레니우스는 180년경에 활동하며 작품을 썼지만, 156년 순교할 때까지 86년 동안 신앙 생활을 했으며 요한을 개인적으로 알고 있었던 폴리카르포스Polykarpos의 제자였다. 결론적으로 우리는 요한계시록이, 비록 늙었지만 신약 시대가 곧 끝날 시점에 그 사랑받는 제자 사도 요한에게 주어진 환상을 기록한 책이라는 사실을 확신을 갖고 주장할 수 있다.

기록 연대

요한은 지역에 따라 산발적으로 일어난 박해로 인해 고통을 겪던 당시 교회들에게 편지를 썼고,[2:3, 13, 3:8-9] 이것은 주후 64-65년 네로 치하에서 일어났던 심각한 박해와 일치하지 않는다. 주후 52년경에 세워진 에베소 교회는 세월이 흐르자 처음 사랑을 저버렸다.[2:4] 라오디게아 교회는 부자로 불리지만,[3:17] 라오디게아 지역은 60-61년에 일어난 지진으로 폐허가 되었고 복구에 오랜 시일이 걸렸다. 이레니우스를 비롯하여 초기 기독교 저술가들은 요한이 도미티아누스 황제 시대에[81-96년] 환상을 보았고, 에베소에서 황제숭배 제사가 시작된 것은 도미티아누스 치세 때였으며, 이 당시 어느 정도 교회에 대한 박해가 일어났다고 주장했다. 뒤에서 이어질 주석은 요한의 편지의 수신자인 그리스도인들이 황제숭배에 참여하라는 강요를 받고 있었다는 사실을 증명할 것이다.[2:9, 13-14, 13:15 주석 참조] 주후 100년경부터 그리스도인에게 가해진 비판의 통상적인 원인은 황제숭배를 거부한 것에 있었다. 유대교는 로마의 법 아래서 어느 정도 자유를 누렸고, 이 자유에는 회당에서 예배할 권리와 황제숭배에 대한 부분적인 면제가 포함되었다. 그러나 그리스도인은 유대인과 분리된 집단으로 간주되었기 때문에 유대교에 주어진 특혜를 받지 못했다. 요한계시록을 보면 유대인 그리스도인들은 회당으로 되돌아가 박해를 피하고 싶은 유혹을 받았고, 이방인 그리스도인들은 황제숭배 강요에 무륲을 꿇음으로써 박해를 피하고 싶은 유혹을 받았던 것으로 보인다. 요한계시록에 언급된 교회들의 소재지인 소아시아에서 황제숭배 강요는 90년대부터 특히 거세어졌다. 심지어는 가정에서까지 의식儀式을 가짐으로써 황제숭배 제사에 참여할 것을 종용받았다. 황제 자신보다 황제의 환심을 사려는 지방의 관리들이 황제숭배 제사를 더 혹독하게 강요한 것으로 보인다. 그런 관리들은 자기들의 권력을 사용하여 황제숭배를 열렬히 지지하도록 지역 주민을 압박했고, 이것을 비방하는 자들은 처벌을 받아야 했다. 요한계시록에서 로마는 다른 나라들과 함께 바벨론과 동일시된다. 하지만 유대인들은 70년에 성전이 파괴되고 이를 오랜 세월 전에 바벨론 사람들이 저지른 성전 파괴와 비교하기 전까지는 로마를 바벨론으로 언급하지 않았다. 이러한 증거로 보면 요한계시록은 사도 요한이 노인이었을 때인 90년 직후 어느 한 시점에 기록되었음을 암시하는 것으로 보인다.

요한계시록의 성격

요한계시록은 묵시, 예언, 서신이라는 세 장르의 기록을 결합시킨다. '묵시'apocalyptic라는 말은 '계시'revelation를 의미하는 헬라어 단어에서 나왔고, 마지막 때에 있을 일련의 사건들에 관심을 둔 문학 장르를 가리킬 수 있다. 많은 묵시 문헌이 신약 시대 이전이나 도중이나 이후에 기록되었는데, 대부분의 묵시 문헌은 기독교 진영이 아니라 유대교 진영에서 나왔다. 어떤 학자들은 요한계시록을 단순히 마지막 때에 대한 황당무계한 묘사를 담고 있는 작품 가운데 하나로 간주하고 무시한다.

묵시에 대해서는 많은 정의가 있지만 가장 좋은 정의는 묵시를 심화된 예언으로 이해하는 것이다. 대체로 묵시 작품과 예언 작품을 매우 엄격히 구별하는 경향이 있었다. 그러나 확실히 말하면 구약성경의 어떤 책들은 이 두 장르가 어느 정도 결합되었다. '묵시'는 '예언'prophecy과 크게 다른 것으로 간주해서는 안 되지만, 묵시에는 예언에서 발견되는 문학적·주제적 특성이 강화되고 심화된 형태로 담겨 있다. 때때로 묵시 문헌에서는 계시의 기원이 강조된다(하나님의 보좌에 대한 환상, 하나님의 영광스러운 나타나심에 대한 묘사, 보좌를 둘러싸고 있는 천사들에 대한 묘사, 보좌를 안에 두고 있는 하늘의 성전에 대한 묘사 등). 이것이 무엇보다 요한계시록에서 사실이라는 점은 1:3에서 그리고 1:1, 3과 축자적인 평행성이 발견되는 22:6-7, 10에서 요한계시록을 '예언'으로 묘사하는 것으로도 확증된다(이것은 또한 22:6에서 '선지자들'에 대한 언급이 나타나는 것으로도 암시된다). 게다가 1:1에서 '계시'(곧 묵시)는 다니엘 2장을 직접 인유한 것이다. 다니엘 2장에서 이 말은 하나님으로부터 선지자 다니엘에게 전해진 예언적 계시를 가리킨다.1:1 주석 참조 이러한 의미에서 요한계시록은 구약의 예언적·묵시적 작품들, 특히 에스겔서, 다니엘서, 스가랴서의 장르와 부합하는 책으로 가장 잘 확인된다. 그래서 요한계시록 전체에 걸쳐 하나님의 천상의 보좌와 그곳에 등장하시는 하나님의 모습에 대한 환상이 거듭해서 주어진다.

따라서 요한은 자기 자신을 에스겔, 다니엘, 스가랴와 같이 마지막 때의 사건들에 특별한 관심을 두고 있는 구약 선지자들의 계보를 잇는 자로 본다. 구약 선지자들의 관심은 예언적預言的, forth-telling 권면을 현재의 사람들에게 적용시키고, 동시에 미래에 대한 예언적豫言的, fore-telling 사실을 전하는 데 있었다. 앞에서 지적한 것처럼 예언적·묵시적 작품으로서의 요한계시록은 다른 예언 문헌보다 계시의 원천에 더 큰 초점을 맞춘다. 계시의 기원은 하늘의 성전 안에 있는 하나님의 보좌실이다. 이것은 예언 장르의 한 부분을 구성하는 특징이지만,[사 6장, 겔 1-2장 등] 요한계시록에서는 이 특징이 일곱 교회에 보내진 계시의 신적이고 천상적인 원천을 강조하기 위한 지배적인 초점이 된다. 또한 요한계시록은 교회들에게 사소해 보이는 땅의 현상이나 사건들의 무대 뒤에 실제로는 치열한 영적 싸움이 벌어지고 있음을 상기시키기 위해서도 이 천상적 관점을 강조한다. 확실히 대표 천사들을 통하여 교회에게 계시를 전달하는 이유는 교회가 이미 천상의 영역에 참여하기 시작했다는 것과, 교회의 진정하고 영원한 본향은 그리스도의 죽음과 부활로 말미암아 시작된[3:14 주석 참조] 새 하늘과 새 땅이라는 천상의 영역에 있다는 것을[4:4, 21:1-22:5 주석 참조] 교회에게 상기시키려는 데 있다. 교회는 이것을 수시로 상기함으로써, 믿지 않고 우상숭배에 빠진 '땅에 거하는 자들'(이들에 대한 설명은 6:17에 대한 주석을 보라)과 같이 자신의 궁극적인 안전을 옛 세상에 두지 않도록 동기를 부여받아야 한다. 요한계시록이 이처럼 천상적인 관점에 초점을 두는 이유는 또한 교회들로 하여금 우상숭배의 위협을 물리치는 그들의 승리가 궁극적으로 어린양과 하나님이 보좌에 앉아 계시는 천상의 영역으로부터 오고, 그것이 그들이 성령으로 말미암아 땅에서 능력을 행하는 원동력이라는 사실을 깨닫도록 하는 데 있다. 성령의 '등불'은 교회의 '촛대'에 능력을 줌으로써 교회가 세상 전체를 향해 증언의 빛을 비추도록 한다.[1:4, 12-13, 4:5, 5:6 주석 참조] 교회가 이 천상의 관점을 기억하는 방법 가운데 하나가 묵시적 환상을 통해 전달된 천상의 예배를 모형으로 삼아 땅에서의 예배를 구축하는 것이다.[4:4 주석 참조]

요한계시록의 묵시적·예언적 성격은 과거, 현재, 미래의 구속적·종말론적 역사에 관한 하나님의 비밀의 경륜에 대한, 그리고 이 경륜이 하늘의 본질 및 작용과 어떻게 관련되는지에 대한 하나님의 해석적 계시(시각과 청각을 통한)로 정의될 수 있다. 이 계시는 숨겨진 천상의 외부 영역으로부터 땅의 영역으로 침투해 들어오고, 교회에 전달되도록 기록해야 할 선지자(요한)에게 주어진다. 이 하늘의 계시는 보통 역사의 평가나 인간적이고 지상적인 관점에서 나온 가치들과 충돌하고, 그러므로 사람들에게 그들의 관점을 천상의 관점으로 바꾸고 조정할 것을 요구한다. 이 점에서 교회 안의 사람들은 요한계시록 메시지의 요구에 복종하라는 권면을 받고, 그렇지 않으면 심판에 직면할 것이라는 경고를 받는다. 요한계시록의 독자는 죄를 정상적인 것으로 보고 의를 이상한 것으로 간주하는—데이비드 웰스David Wells의 '세속화'worldliness 개념에 따르면—세속적인 문화 속에서 살고 있다. 특히 요한은 교회들이 하나님의 초월적 진리에 순응하지 않고 세상 구조의 '표준' 가치로 간주되는 것에 순응하게 될 실제 위험 속에 있다고 인식하기 때문에 요한계시록을 쓴다. 앞에서 설명한 내용에 전체적으로 비추어 보면, 이미 작은 규모로 시작된 임박한 박해의 압력은 독자와 청자들로 하여금 타협에 대한 생각을 갖게 만드는 특수한 상황이었다.

요한이 하나님으로부터 받은 계시의 초점은 교회가 불경건한 세상 속에서 어떻게 처신해야 하는지에 맞추어져 있다. 이 하늘의 계시는 세상이 제공하는 것과 완전히 다른 관점을 제공한다. 신자는 자신들의 삶과 행위의 초점을 둘 중 어느 한 관점에 맞추어야 하는 선택에 직면해 있고, 그들의 영원한 운명은 그 선택 여하에 따라 결정된다. 요한계시록을 주석할수록 우리는 요한계시록의 사건들이 단순히 미래의 마지막 시점에 대한 상황이 아니라 모든 시대 모든 교회의 실제적인 삶의 상황을 다루고 있음을 깨닫게 될 것이다. 신자들은 항상 어떤 식으로든 타협의 위협에 직면해 있다. 신자들은 요한이 제시한 메시지에 복종해야 하고, 그렇지 않으면 하나님의 심판에 직면한다. 오늘날 교회에서 이루어지는 요한계시록 연구가 구속사적 사고방식이나 세계관을 교인들에게 정립시키지 못하고 요한계시록을 단순히 미래학에 관한 책으로 간주하는 것은 얼마나 통탄스러운가! 사실 요한계시록은 처음부터1:3 요한계시록 자체를 예언으로 설명한다. 구약성경에서처럼 그리고 앞에서 지적한 것처럼, 요한계시록의 예언은 현재에 대한 예언적forth-telling 권면과 미래에 대한 예언적fore-telling 진술을 함께 포함한다.

이뿐만이 아니다. 요한계시록은 또한 일곱 교회에 보내는 서신, 곧 편지로 기록되었고, 이 편지를 받는 신자들에게 경건한 삶의 지침을 제공한다. 요한계시록은 전형적인 편지 형식으로 시작하고 끝난다. 신약성경의 다른 서신서들과 마찬가지로 요한계시록도 편지의 수신자인 신자들의 상황과 문제점을 다룬다. 요한은 신자들이 그리스도 안에서 갖고 있는 모든 것과 또 그들이 물려받도록 되어 있는 모든 것을 기초로, 그들이 세상과 타협하여 믿음을 저버리지 않도록 강력히 호소한다. 1-3장의 구체적인 당부뿐 아니라 4-21장의 환상들도 하늘에서 벌어지는 격렬한 싸움의 본질에 대하여, 신자들이 미래의 어떤 불명확한 시기가 아니라 지금 여기 그들의 삶 속에서 이 싸움에 대처하는 법에 대하여, 단순히 사건들이 어떤 구체적인 방식으로 펼쳐질 것이라는 지적 믿음을 따라서가 아니라 하나님이 현재 그들에게 직면하게 하시는 문제들을 기초로 한 구체적인 도덕적 선택을 따라서 그렇게 하는 법에 대하여, 하나님께로부터 온 진리와 지침을 전달한다.

요한계시록을 해석하는 네 가지 견해

교회 역사가 펼쳐지는 동안 요한계시록을 해석하는 관점에 관하여 네 가지 주요 견해가 있었다.

과거주의 관점

'과거주의자'를 가리키는 preterist라는 단어는 '과거'the past를 가리킨다. 이 관점은 요한계시록은 주후 70년에 있었던 예루살렘의 멸망에 대한 예언이고, 따라서 요한계시록의 모든 내용은 이미 이루어졌다고 주장한다. 그래서 '과거'다. 그러나 그렇게 되면 우리가 확인한 것처럼 요한계시록이 예루살렘의 멸망이 있고 얼마간 세월이 흐른 뒤에 기록되었다는 결론은 불가능하다. 과거주의 관점에 따르면 '바벨론'은 교회를 박해하는 배반자 이스라엘을 상징한다. 그러나 고대 유대교나 기독교 문헌에서 '바벨론'은 믿지 않는 또는 불순종하는 이스라엘을 가리키는 데 사용되지 않고 오히려 로마를 가리키는 데 사용된다. 요한계시록 곳곳에서 인유되는 다니엘 2장과 7장은 이스라엘이 아니라 이방 민족들의 마지막 때 심판에 대해 말한다.계 1:7 참조 다니엘서 역시 마지막 때의 심판은 단순히 한 민족만을 포함하는 것이 아니라 보편적이 될 것이라고 말한다. 마지막으로, 과거주의 관점에 따르면 요한계시록은 교회가 출범한 이후에 사는 사람들에게는 부적합한 책이 되고 만다. 그렇다면 하나님은 어찌하여 요한계시록을 성경에 포함시키셨을까? 과거주의 관점에 속한 한 견해는, '바벨론'은 로마 제국을 가리키며 요한계시록의 예언은 서로마 제국이 5세기에 멸망했을 때 완전히 성취되었다고 본다. 이 관점은 과거주의에 대한 반론을 어느 정도 제거하지만 요한계시록에 묘사된 모든 민족에 대한 마지막 때의 보편적 심판이 어떻게 로마 제국의 점진적인 쇠퇴 및 결정적인 붕괴와 일치할 수 있는지에 대해서는 의문을 남겨 놓는다. 나아가 요한계시록은 로마 제국 멸망 이후의 신자들과는 별로 관련이 없는 책이 되고 말 것이다.

역사주의 관점

역사주의 관점은 인, 나팔, 대접 심판은 교회 시대에 연속적으로 일어나는 사건들을 묘사한다고 주장한다. 역사주의 관점은 요한계시록의 상징을 말하자면 로마 제국의 멸망, 교황 제도의 부패, 종교개혁 그리고 이후의 다양한 사건들과 같은 일련의 특정한 역사적 사건(서양이나 유럽 교회의 역사 속에서 일어나는)에 대한 언급으로 본다. 역사주의 관점에 따라 요한계시록을 해석하는 사람은 그리스도의 재림을 항상 자신들에게 임박한 사건으로 간주한다. 여기서 문제점은 역사주의적 해석자는 각자 자기 시대를 주의 재림이 있기 전의 마지막 시대로 간주하고, 자기 시대의 현실에 맞추어 요한계시록을 각기 다르게 해석한다는 것이다. 역사주의 관점은 이와 같은 해석의 정당성을 요한계시록 자체로부터 증명하지 않고, 요한계시록의 상징을 특정한 역사적 사건을 가리키는 것으로 만들려고 애쓰는 위험한 모습을 드러낸다. 예를 들면 요한계시록 어디서도 인, 나팔, 대접 심판의 순서가 서양 교회 역사의 연대 순서를 가리킨다는 점을 암시하지 않는다. 결론적으로 역사주의 관점은 요한계시록을 서양 세계 밖의 그리스도인들과는 아무 상관이 없는 책으로 만들고, 또한 원原수신자였던 사람들과도 별로 관련이 없는 책으로 만든다. 그러나 요한계시록을 주석할수록 우리는 인, 나팔, 대접 심판이 연대순 사건을 묘사하는 것이 아니라 일련의 동일한 사건들을 각기 다른 관점에서 묘사한다는 것을 확인할 수 있다.

미래주의 관점

미래주의 관점은, 요한계시록 전체는 1-3장의 교회들에게 보내는 편지를 제외하고, 역사의 마지막에 있을 그리스도의 재림을 둘러싸고 있는 사건들을 예언하는 것으로 본다. 미래주의 관점은 두 가지 형태가 있다. 세대주의적 미래주의 관점(또는 고전적 세대주의 관점)은 요한계시록의 환상을 매우 문자적으로 그리고 연대순에 따른 역사 사건을 가리키는 것으로 해석한다. 일반적으로 4-21장에 나오는 환상의 순서가 아직 임하지 않은 미래의 마지막 날에 일어날 사건의 실제 역사 순서를 표상하는 것으로 간주한다. 이스라엘은 4:1에 이르기 직전에 자신들의 땅을 회복한다. 이후로 사건은 다음과 같은 순서에 따라 펼쳐진다. 교회가 하늘로 휴거되고, 7년 대환난이 있으며, 적그리스도의 통치가 시작된다. 예루살렘에 맞서 전쟁을 벌이려고 민족들이 함께 모이고, 그리스도께서 재림하여 민족들을 패배시키며 천 년 동안 다스리시고, 사탄은 그리스도에 맞서 싸우기 위해 천년왕국이 끝날 때 비신자들을 함께 모으며, 그리스도께서 마귀를 패배시키고 하늘에서 영원한 통치를 시작하신다. 그러나 요한계시록 안에는 이스라엘 땅의 지리적 회복이나 교회의 휴거에 대한 언급이 전혀 없다. 미래주의 관점을 견지하는 해석자들은 현재 일어나고 있는 일을 자신들의 유형에 맞추려고 역사적인 사건에 대한 해석을 끊임없이 바꾸고 있다. 20세기만 예를 들어도, 히틀러에서 사담 후세인에 이르기까지 수많은 개인이 여러 명의 교황이나 다른 정치가들과 함께(중세에서 현재에 이르기까지 그랬던 것처럼) 적그리스도로 간주되었고, 따라서 그들이 무대에서 사라질 때 그 관점은 조용히 소멸되었다. 이런 해석은 특정한 역사 사건이나 제도(제2차 세계대전, 유럽 공동 시장, 걸프 전쟁, Y2K, 사담 후세인의 소위 바벨론 재건)에도 동일하게 해당된다. 결국 이 견해에 따르면, 성경이 무엇보다 먼저 성경 자체에 의해서가 아니라 현대의 사건에 의해서 해석된다. 미래주의 관점은 요한계시록을 세상의 종말이 임박한 마지막 시점에 살고 있는 그리스도인에게만 적합성이나 가치가 있는 책으로 만든다. 또한 일반적으로 이 견해는 어느 사건이 일어나기 전에 교회가 세상에서 휴거될 것이라는 관점을 조장하므로 심지어는 그 신자들에게도 부적합하며, 그렇다면 하나님이 요한에게 이 환상을 먼저 주셔야 할 이유가 거의 없는 것처럼 보인다. 요한계시록은 모든 시대의 교회를 보편적으로 표상하는 '일곱 교회'에 보내진 편지임을 기억하라.[1:4 주석 참조] 점진적 세대주의 관점은 사건들이 위에서 언급한 것과 비슷하게 펼쳐진다고 주장하지만 그보다는 느슨한 접근법을 견지한다. 예를 들어 '마지막 때'는 교회 시대 동안에 시작되었다고 보며 많은 환상들을 문자적으로가 아니라 상징적으로 해석한다. 수정된 미래주의 관점은 형태가 다양한데, 그중 어떤 견해는 교회가 참 이스라엘이고 교회의 '대환난 이전 휴거'는 없을 것이라고 주장한다. 오히려 그리스도인들은 마지막 환난을 거치게 될 것이다. 전부는 아니지만 4-22장에 기록된 대부분의 사건이 마지막 환난의 때와 그 이후에 일어나는 일을 가리킨다(그러나 어떤 이들은 4:1-8:1은 그리스도의 부활에서 역사가 끝날 때까지의 기간을 망라한다고 주장한다). 이 견해는 요한계시록이 기록된 환상의 정해진 성취 이후에 사는 신자들을 제외하고 대다수 다른 시대의 그리스도인에게는 별로 적합하지 않은 책이 되고 만다는 사실을 포함하여 여전히 해석상 많은 문제를 남겨 놓는다.

구속사적 이상주의 관점

이상주의 관점은 요한계시록 전체를 선악 간의 싸움에 대한 상징적인 표현으로 본다. 인, 나팔, 대접 심판은 모든 시대의 역사 사건을 반복해서 말하고, 모든 시대의 신자들에게 고난 속에서도 신실함을 지키라고 권면하는 것이다(그래서 구속사적 관점이다). 우리는 이 관점이 실질적으로 정확하다고 믿지만, 요한계시록의 일부 내용은 그리스도의 재림, 원수에 대한 최후의 승리, 천국의 완성과 같은 미래 마지막 때의 사건도 명확히 언급한다는 사실에 비추어 수정되어야 한다. 역사의 마지막 종결과 그리스도의 재림을 다루는 특정한 사건을 제외하고, 예언된 많은 사건들은 똑같이 모든 시대의 교회의 삶에 대하여 말한다. 과거주의 관점과 역사주의 관점은 요한의 다양한 환상들이 실제 역사적 사건 속에서 부분적으로 성취가 발견된다고 이해하는 점에서는 어느 정도 옳다. 그러나 사실은 그 사건들의 의미가 오로지 특정 사건과 배타적으로 연계되어 있는 것이 아니다. 왜냐하면 요한계시록의 내용은 교회 시대 전체에 걸쳐 무수한 사건을 통해 성취되기 때문이다.

따라서 요한계시록의 메시지는 모든 시대의 모든 신자에게 적합성과 가치를 갖고 있으며, 이것이 요한계시록의 환상이 요한에게 주어진 이유다. 우리는 이 관점을 절충적인 구속사적 이상주의 관점으로 부를 것이다. 왜냐하면 요한계시록은 상징적인 방식으로 선악 간의 싸움과 교회 시대 동안에 반복해서 일어나는 특수한 역사적 사건에 초점이 있기는 해도, 과거주의, 역사주의, 미래주의 관점의 국면도 융합되어 있기 때문이다(그래서 절충적 관점이다). 요한계시록의 개요를 살펴보면 우리가 이 관점을 채택하게 된 이유들이 뚜렷하게 드러날 것이다.

요한계시록: 상징적인가 문자적인가?

요한계시록 해석의 중대한 논점 가운데 하나는 요한계시록이 상징적으로 해석되어야 하는지, 아니면 문자적으로 해석되어야 하는지의 여부다. 미래주의 관점을 취하는 이들은 너무 자주 문자적 해석을 취하는 경향이 있고, 그래서 요한계시록에 묘사된 다양한 사람과 사건은 실제 일어난 역사와는 너무 달라서—아니, 사실은 충격적으로 달라서—지금까지 인간 역사 속에서 일어난 어떤 사실을 가리킬 수 없다고 주장한다. 그러나 이런 해석이 과연 정당한가? 요한계시록의 정확한 해석의 열쇠 가운데 하나는 요한계시록 전체의 취지를 소개하고 확립하는 첫 구절 속에 있다.

요한계시록 1:1을 보면, 헬라어 동사 *sēmainō*가 요한에게 주어지는 하나님의 계시 양식을 암시하는 데 사용된다. “예수 그리스도의 계시라. 이는 하나님이 그에게 주사 반드시 속히 일어날 일들을 그 종들에게 보이시려고 그의 천사를 그 종 요한에게 보내어 알게 하신[*sēmainō*] 것이라.” 다양한 영어 번역 성경이 이 헬라어 단어를 각기 ‘전달하신’,[NASB] ‘알게 하신’,[RSV, NIV, JB, ESV, NEB] ‘나타내신’,[KJV, ASV, Douay, NASB mg.] ‘명확히 하신’[NETB] 등으로 번역한다.

신약성경 다른 곳과 헬레니즘 시대 헬라어 문헌을 보면 *sēmainō*라는 단어는 이상의 의미 가운데 어느 것이든 가리킬 수 있다. “분명히 하다”는 낯선 의미지만, “상징하다, 신호하다, 상징을 통해 전달하다”의 관념은 전형적인 의미다. 예를 들어 고전 헬라어에서 이 단어는 신호에 따라 군대의 공격이 시작되는 경우처럼 “신호하다”는 개념을 가질 수 있었다. 이 점에서 관련 명사 *sēmeion*은 ‘신호’ 또는 ‘표시’를 의미하고, 신약성경이 예수의 이적을 그분의 신적 능력에 대한 ‘표징’ 또는 ‘상징’으로 사용함을 상기하는 것이 중요하다. 예를 들어, 마가복음 2장에서 중풍병자를 고치신 사건은 예수의 죄 사함의 능력의 상징이었고 요한복음 6장에서 5,000명을 먹이신 사건은 영적 생명의 제공과 양육에 대한 예수의 능력의 상징이었다.

요한계시록 1:1에서 이 단어는 단순히 “알려 주다” 또는 “전달하다”를 의미할 수 있고, 따라서 고대 세계에서 종종 그런 것처럼 상징적인 전달 방식을 가리키는 것이 아니라 일반적인 전달 개념을 가리킨다. 그러나 요한계시록 1:1이 다니엘 2:28-29, 45의 인유라는 사실은 여기서 이 단어가 "상징하다"를 의미한다는 것을 확증한다.

요한은 요한계시록 1:1에서 네 가지 결정적 요소에 대해 말한다.

❶ 계시라

❷ 하나님이 보이시려고

❸ 일어날 일들을

❹ 상징하신*sēmainō* 것이라

여기서 요한의 진술의 원천은 다니엘 2:28-29, 45(다니엘이 신상과 관련된 느부갓네살 왕의 꿈을 해석하는 장면에 대한 설명)에서 발견된다. 이 다니엘서 본문은 성경 전체에서 요한계시록 1:1에 나오는 것과 동일한 네 가지 요소가 발견되는 유일한 본문으로, 28절과 29절에서 처음 세 가지 요소가 발견되고 꿈 해석의 결론 부분인 45절에서 네 번째 요소가 발견된다.

❶ 은밀한 것을 나타내실 이는 하나님이시라

❷ 알게 하셨나이다

❸ [후일에] 될 일을

❹ 하나님이 상징하신(히브리어 구약성경 주요 헬라어 번역본인 70인역은 헬라어 *sēmainō*로 번역했고, 개역개정판은 '알게 하신'으로 번역했다) 것이라

우리는 여기서 다니엘 2장의 문맥을 요약할 필요가 있다. 왜냐하면 요한은 다니엘 2장의 광범한 문맥을 염두에 두고 있는 것으로 보이기 때문이다. 70인역에서 다니엘 2:45의 헬라어 단어 *sēmainō*가 느부갓네살 왕이 본 상징적인 환상을 묘사하는 데 사용된다. "크신 하나님이 장래 일을 왕께 상징하신symbolized 것이라"(여기서 '상징하신'

은 '알다'를 기본 의미로 갖고 있는 아람어 동사의 번역이고, 사역형으로 '알게 하다'라는 의미를 갖는다). 이것은 느부갓네살 왕이 본 꿈의 환상을 가리킨다. 느부갓네살은 신체가 각기 다른 네 조각의 금속, 곧 금, 은, 놋, 쇠로 이루어진 거대한 신상을 보았다. 이 신상은 점점 커져 온 세계를 가득 채우는 돌에 의해 부수어진다. 다니엘은 이 환상이 상징적이라고 왕에게 말한다. 이 신상이 네 조각의 금속으로 나누어져 있었던 것은 네 나라를 상징했다(바벨론, 메대-바사, 그리스, 로마). 이 신상을 부순 돌은 하나님 나라를 표상하고, 하나님 나라는 세상의 악한 나라들을 물리치고 세상을 지배할 것이다. 이 꿈에 대한 해석은 신상과 신상의 다양한 부분을 문자적으로 취해서는 안 되며 신상이 다른 어떤 것을 지시하거나 상징한다는 것을 보여준다(즉, 신상의 네 부분은 세상의 네 나라를 상징한다). 요한계시록 1:1에서 요한은 의도적으로 다니엘 2:45에 나온 '상징하다'라는 말을 사용하는데, 이는 부분적으로 하나님께서 자기에게 보여주신 것 역시 상징이라는 점을 드러내기 위함이다. 일어나도록 되어 있는 대부분의 일들은 문자적으로 취해져서는 안 되고(사자, 어린양, 짐승, 여자 등), 각각 다른 일단의 실재들을 상징적으로 가리킨다.

다니엘 2장의 *sēmainō*의 상징적 용법은 요한계시록 1:1의 용법이 단순히 일반적인 정보 전달이 아니라 상징적인 전달을 가리키는 의미로 사용되고 있음을 확증한다. 그러므로 요한이 *gnōrizō*[알게 하다]라는 단어보다 *sēmainō*[상징하다]라는 단어를 선택한 것은 우연이 아니고 의도적이다. 이 결론은 요한이 구약성경의 배경을 충분히 파악하고 구약 본문을 사용한다는 가정에 기초가 두어져 있다.

요한계시록 1:1b에서 '알게 하다', 곧 '상징하다'의 뉘앙스는 또한 요한계시록 1:1a의 '보여주다'[*deiknymi*]와의 대구법으로도 확인된다. 왜냐하면 "보여주다"는 요한계시록 전체에서 항상 상징적인 환상을 통한 신적 전달을 소개하는 말이기 때문이다.[4:1, 17:1, 21:9, 22:1, 6, 8] 사실 일반적으로 요한이 여기서 *sēmainō* 대신 택할 수 있었던 동의어(*gnōrizō*나 다른 유사한 단어들)가 무엇이든 간에, 그것은 여전히 '상징을 통한 전달'의 의미를 가질 것이다. 왜냐하면 그것이 다니엘 2장의 전달 방식이고 요한계시록 다른 곳에서 *deiknymi*에 의해 주어진 계시 방식이기 때문이다.

이러한 점에서 요한계시록을 해석하는 인기 있는 접근법을 나타낸 격언, 곧 "상징적으로 해석하도록 강요받지 않는 한 문자적으로 해석하라"는 말은 존중되어야 한다. 그러나 1:1에 나오는 요한계시록의 엄밀한 전달 방식에 대한 표제 진술은 요한계시록의 기본 요소가 상징적 요소라는 것이고, 따라서 방금 말한 격언은 "문자적으로 해석하는 것을 강요받지 않는 한 상징적으로 해석하라"는 말로 바뀌어야 한다. 더 낫게 말하면 독자는 요한계시록에서 신적 계시의 주요 수단이 '상징'이라는 것을 예상해야 한다는 것이다.

그러므로 요한계시록에서 펼쳐지도록 되어 있는 대부분의 일들은 문자적으로 취해져서는 안 되고(사자, 어린양, 짐승, 여자 등), 각각 다른 일단의 실재들을 상징적으로 가리킨다. 따라서 1:1에서 요한은 요한계시록에서 펼쳐질 환상들이 주로 상징적인 의미를 가지고 있다는 원칙을 제시하는데, 이 환상들은 문자적으로 특정 인물이나 사실이나 사건을 가리키는 것이 아니라 다양한 역사적 관련 사실을 가리킬 것이다. 우리가 아래 부분과 본서의 주석 다른 곳에서 지적하는 것처럼,[9:19 주석 참조] 요한계시록의 많은 환상들은 문자적으로 해석하는 것이 불가능하다. 그러므로 우리는 요한계시록을 (최소한 2장과 3장의 일곱 교회에 보내는 편지를 제외하고) 상징적으로 해석되어야 하는 일련의 계시적 환상으로 본다. 본문 속에 이와 반대로 보아야 할 강력한 증거가 없는 한, 환상들(예컨대 짐승, 거짓 선지자, 일곱 왕, 열 뿔, 이만 만의 마병대, 이십사 장로, 천년왕국에 대한 환상)은 대부분 문자적으로 해석되어서는 안 된다. 이것은 그 환상들이 의미나 역사적 지시 대상이 없다는 뜻이 아니고, 의미가 상징적으로 파악되어야 한다는 뜻이다. 그리고 이 의미는 거의 항상 하나님께서 요한에게 주신 환상 속에 퍼져 있는 구약 언급의 배경 안에서 파악되어야 한다(이에 대해서는 추가로 다음 단락을 보라). 상징적 의미를 밑받침하는 문자적 의미는 항상 존재한다. 하지만 이 문자적 의미는 때로는 영적 실재에 대한 것이고 때로는 물리적 실재에 대한 것으로, 두 실재 모두 모종의 역사적 실재와 관련되어 있다.

이것은 우리가 요한에게 주어진 환상과 그 환상이 상징하는 것 그리고 그 환상이 가리킬 수 있는 대상이나 인물을 구분해야 한다는 것을 의미한다. 예를 들어 17장에서 짐승을 탄 여자는 불경건한 세상 구조(세상의 경제적 · 문화적 · 종교적 제도들이 하나로 결집된 체계)를 상징한다. 이 세상 구조의 가치는 자기 백성을 위한 하나님의 가치와 반대된다. 환상적이고 상징적인 요소를 간과하고, 짐승 위에 탄 여자나 이와 비슷한 어떤 것이 문자적으로 지시하는 바를 문자적으로 해석해 버리는 것은 잘못이다. 그렇게 되면 본문은 아직 일어나지 않은 어떤 일을 반드시 표상해야 하고, 그 결과 지금까지 일어난 어떤 일과도 맞지 않는 다른 사건을 묘사하는 것(13장의 짐승의 경우와 같이)이 되고 만다. 이런 식의 해석은 요한계시록을 기상천외한 외계인 침략 영화와 같은 일종의 공상과학 판타지로 변질시킬 수 있는데, 유감스럽게도 종종 대중적인 견해에서 그와 같은 설명이 나타난다. 하지만 당연히 문자주의 해석자들 가운데에도 짐승 위에 탄 여자를 미련하게 문자적으로 이해하려고 애쓰는 자는 거의 없을 것이다. 그럼에도 불구하고 일부 주석가들은 무게가 100파운드[약 45킬로그램]에 달하는 우박이 떨어지는 장면을[16:21] 문자적으로 해석하고, 또한 신실한 두 증인의 입에서 불이 나와 원수들을 삼켜 버리는 것도 [11:5] 문자적으로 해석하여 두 증인의 입을 초자연적인 화염방사기로 만들려고 애쓴다. 요한이 8, 9, 16장에 언급한 재앙의 기초를 출애굽 재앙에 두고 있다는 사실은 요한계시록의 재앙들이 문자적으로 출애굽 재앙과 동등하게 취해져야 한다는 것을 의미하지는 않는다(그렇게 본다면 이 재앙들은 아직 임하지 않았다). 이 재앙들은 오히려 다양하게 임하는 하나님의 심판을 상징하고, 정확한 역사적 지시 관계는 재앙들이 언급되는 배경과 맥락을 검토해 보고 이끌어 내야 한다. 이것이 확인되면, 더 이상 우리는 언급된 어떤 사건도 아직 일어나지 않았으며 미래의 어떤 격변을 가리키는 것이 틀림없다고 결론지어서는 안 된다. 이것은 훨씬 더 포괄적인 범주의 해석에 문을 열어 두고 있다.

그러나 요한은 가끔 환상 속에서 자신이 본 것이 무엇을 가리키는지를 명확히 밝힌다. 예컨대 촛대는 교회로 간주되어야 한다고 말한다.[1:20] 이 경우 우리는 촛대라는 말이 요한계시록 어디에서 나타나든 간에 교회를 가리킨다는 것을 분명히 확신하게 된다. 그러나 그러한 경우가 아니라면 우리는 상징적인 의미를 찾기 위해 문맥과 구약성경을 조사해 보아야 하고, 그런 다음 조심스럽게 어떤 역사적 관련 사건들을 확인해야 한다. 다양한 환상 속에 나타난 대부분의 사실을 문자적으로 해석하는 것이 불가능함은 이 사실들이 종종 문자적 이해가 불가능한 방식으로 표현된다는 사실로 증명된다. 예를 들어 요한은 촛대가 교회를 가리킨다고 말하지만,[1:20] 두 촛대와 두 감람나무는 두 증인과 동일시한다(이것이 촛대와 교회를 동일시하는 본래의 개념과 어떻게 관련되어 있는지는 11:3-4에 대한 주석을 보라). 요한은 한 환상에서 머리가 사자 머리 같고 입에서 불과 연기와 유황이 나오며 꼬리는 머리가 달린 뱀과 같은 말들에 대해 말한다.[9:17-19]

요한은 머리에 금 같은 관을 쓰고 있으며 얼굴은 사람의 얼굴 같고, 머리털은 여자의 머리털 같고 이빨은 사자의 이빨 같으며 철 호심경을 갖고 있는 말들과 비슷한 황충들에 대해 말한다.[9:7-9] 요한은 죽임을 당한 것 같고 일곱 뿔과 일곱 눈이 있는 어린양에 대해 말하고,[5:6] 또 눈들이 가득하고 여섯 날개를 가졌으며 사자, 송아지, 사람, 독수리의 모습을 한 신비로운 네 생물에 대해서도 말한다.[4:6-8] 요한계시록을 이상한 공상과학 소설로 이해하지 않는 한(앞에서 지적한 것처럼), 이 가운데 문자적으로 해석될 수 있는 것은 하나도 없다.

마지막으로 요한계시록에서 수數는 상징적인 의미를 가지고 있다. 세 가지 수 4, 7, 12는 그 수들의 배수와 함께 환상 속에서 반복해서 등장하고, 각각 그 수가 구약성경에서 가지고 있는 의미에 비추어 볼 때 가장 잘 해석된다. 이 수들의 반복적이고 체계적인 사용과 이 수들에 부여된 성경적 의미 그리고 요한계시록에서 압도적으로 나타나는 그림 심상들의 상징적인 성격(앞에서 지적한 것처럼)에 비추어 보면, 요한계시록에 나오는 수 역시 분명히 상징적으로 해석되어야 한다. 요한계시록에 나오는 첫 번째 수('일곱')는 분명히 상징적이고, 이것은 다른 수들도 똑같이 상징적으로 해석되어야 한다는 패턴을 만든다. 1:4에는 "그[하나님]의 보좌 앞에 있는 일곱 영과"라는 말이 나온다. 어떤 주석가들은 이것을 문자적으로 취하여 하나님의 보좌 주변에 실제로 일곱 천사나 일곱 영적 존재가 있다고 말한다. 그러나 일곱 영은 성령을 가리키는 것이 분명하다. 왜냐하면 직전 말씀("이제도 계시고 전에도 계셨고 장차 오실 이")에서 하나님이 언급되고, 또 다음 구절인 5절에서는 예수가 언급되기 때문이다. 따라서 요한계시록은 성부 하나님, 성령, 예수로부터 나온 책이다. 그렇다면 왜 성령을 '일곱 영'으로 지칭할까? 그것은 강조 사실이 성령의 충만하심에 있음을 부각시키기 위함이다. 구약성경과 요한계시록 다른 곳에서 '일곱'은 비유적으로 온전함 또는 충만함을 가리키기 때문이다. 이에 대한 근거는 창조의 7일이다. 구약성경은 일곱이라는 수를 종종 이러한 맥락에 따라 사용한다. 예컨대 창세기 4:15, 24과 시편 79:12은 하나님의 칠 배의 분노를 언급하는데, 이것은 하나님의 공의를 만족시키는 하나님의 충만하고 온전한 분노를 표현한다. 성막은 일곱 등불을 갖고 있는데, 이것은 이스라엘의 지상의 성전과 성전 기구가 그 원형인 하나님의 천상의 성전과 성전 기구의 축소판이고, 일곱이라는 수로 하나님의 거처가 땅 전체로 확대되는 것이 의도되어 있음을 상징했기 때문이다.

'넷'이라는 수 역시 구약성경과 유대교 문헌에서 온전함을 표현하는 의미로 사용되었다. 창세기 2:10-14의 네 강은 피조세계 전체를 상징했다. 이스라엘 열두 지파는 광야에서 네 집단으로 나누어졌고, 각 집단은 진영의 사방 중 어느 한 곳에 진을 쳤다. 요한계시록에서 넷이라는 수는 땅 네 모퉁이[7:1, 20:8]나 사방의 바람[7:1]에서처럼, 어떤 것의 세계적 또는 보편적 범주를 가리키는 데 사용된다. 출애굽기 19:16 이하의 인유(번개, 음성, 우레)가 최후의 심판의 보편성을 표현하기 위하여 요한계시록의 결정적인 네 지점[4:5, 8:5, 11:19, 16:18]에서 등장한다.

'열둘'이라는 수 또한 온전함을 표상하고, 이것은 한 민족인 이스라엘이 열두 지파로 구성되었다는 사실에서 가장 두드러지게 나타난다. 마지막으로 '열'이라는 수도 십계명에서와 같이 온전함을 상징할 수 있다.

요한계시록은 일곱 인, 일곱 나팔, 일곱 대접 심판을 묘사하는데, 이것은 하나님의 세계적인 심판의 온전함을 강조하기 위한 수적 장치다. 땅 네 모퉁이는 처음 네 번째까지의 나팔 심판과 처음 네 번째까지의 대접 심판의 특별한 표적이 되고, 이것은 하나님께서 자신의 피조물을 심판하시는 것을 표상한다. 하나님과 그리스도에게 사용된 이름들(영원토록 살아 계신 하나님, 주 하나님 곧 전능하신 이, 보좌에 앉으신 이, 알파와 오메가)은 요한계시록에서 넷과 일곱 패턴에 따라 반복되는데, 이것은 온 세상에 대한 하나님의 온전하신 통치권을 표현한다. '그리스도'라는 이름이 7회에 걸쳐 나타나고, '예수'와 '성령'이라는 이름은 각각 14회에 걸쳐 나타나며, '어린양'이라는 이름은 28회에 걸쳐 나타난다. '일곱 영'은 4회에 걸쳐 언급되고, 그리하여 온전한 주권과 세계적인 지배권을 연계시킨다. 열둘이라는 수는 열두 지파에서 나타나는 것처럼 이스라엘의 수이며 아울러 열두 사도에게서 나타나는 것처럼 새 이스라엘의 수다. 의미심장하게도 열둘이라는 수는 새 예루살렘을 묘사하는 곳에서[21:9-22:5] 12회에 걸쳐 나타난다. 흥미롭게도 '바벨론'은 6회에 걸쳐 나타나는데, 이것은 아마 여섯이라는 수가 짐승의 수(666)를 연상시키기 때문일 것이다.

수의 상징적 사용은 역사 전체에 대한 하나님의 주권을 표현하는 역할을 한다. 반복된 일곱 시리즈(일곱 편지, 일곱 인, 일곱 나팔, 일곱 대접을 막론하고)가 요한계시록의 뼈대를 구성한다. 각각의 칠중 부분은(심지어는 편지도) 선과 악의 세력 간의 싸움을 다루고, 선의 승전보와 하나님의 승리로 끝맺는다. 이것은 인간 역사의 모든 사건에 대한 하나님의 주권과 목적 있는 통치를 강조한다. 이처럼 반복되는 복합적인 패턴의 누적된 상징 효과는 독자에게 정교한 거미줄처럼 사탄과 사탄의 세력을 붙들고 계시는 포괄적인 장악력에 대해 강렬한 인상을 남겨 놓는 것에 있다. 사탄과 그의 세력은 하나님의 주권으로부터 벗어나려고 몸부림을 치지만 궁극적으로 패배를 피할 수 없다. 수들의 반복은 우연적이거나 우발적인 것은 아무것도 없다는 관념을 강조한다. 체스 게임 유비도 이것을 강조하는 데 적합하다. 십자가에서 그리스도의 희생적 활동은 사탄에게 외통장군을 부르는 것과 같다(여기서 사탄은 치명상을 입는다). 마귀는 반역의 승부를 계속하지만 그의 패배는 확실하다. 이것이 요한이 본 환상의 중요한 주제이고, 이 주제로 말미암아 신자들은 힘든 상황에 처할지라도 하나님께서 자기들과 함께 계시고 최후의 승리가 있을 때까지 신실하게 이끌어 주시리라는 것을 확신하게 된다.

상징 사용의 중요성

요한계시록이 상징으로 가득 차 있음을 감안한다면, 하나님께서는 자신의 메시지를 말씀하실 때 왜 하필이면 혼란스러울 수도 있는 이런 방법을 사용하셨을까? 이 질문에 대한 답은 요한의 상징 용법이 구약 선지자들의 언어와 표징에 뿌리를 두고 있는 예수의 비유 용법과 매우 비슷하다는 것에 있다. 예수는 제자들에게 왜 비유로 말씀하시는지 질문을 받자 이사야 6:9-10을 인용하며 다음과 같이 말씀하셨다. "천국의 비밀을 아는 것이 너희에게는 허락되었으나 그들에게는 아니되었나니 무릇 있는 자는 받아 넉넉하게 되되 없는 자는 그 있는 것도 빼앗기리라. 그러므로 내가 그들에게 비유로 말하는 것은 그들이 보아도 보지 못하며 들어도 듣지 못하며 깨닫지 못함이니라. 이사야의 예언이 그들에게 이루어졌으니 일렀으되 너희가 듣기는 들어도 깨닫지 못할 것이요."마 13:11-14 예수의 비유는 구약 선지자들의 언어 및 표징과 같은 목적을 갖고 있었다. 즉, 예수께서는 영적으로 무기력한 상태에 있던 믿음의 청자들의 주의를 집중시켜 다른 것에 주의를 기울이지 못하게 하려고 비유를 사용하여 말씀하셨다. 그러나 비신자들은(가짜 신자들을 포함해) 비유를 이해하지 못했고, 따라서 비유의 메시지를 거부하는 것은 단지 하나님께 귀를 기울이지 않는 심령의 완고함을 증명하는 또 하나의 증거였다. 사실

선지자들이 이스라엘에서 비유를 사용해 말했을 때, 남은 자는 자신의 영적 문제를 각성하는 계기가 되었지만 영적 감각이 마비된 대다수 사람에게는 오히려 심판이 임하게 된 것을 암시했다고 할 수 있겠다. 그렇다면 예수의 비유 사용은 얼마나 더 참이겠는가!

요한의 상징은 선지자들의 언어 그리고 예수의 비유와 같은 요점을 가지고 있다. 사실 요한이 교회들에게 "귀 있는 자는 들을지어다"라고 일곱 번에 걸쳐 권면하는 것은 이사야 6:9-10과 이 본문을 인유하는 마태복음 13:11 이하, 특히 13:9의 "귀 있는 자는 들으라"는 말씀 그리고 에스겔 3:27에 나오는 비슷한 말씀인 "들을 자는 들을 것이요"에 기반을 두고 있다. 일곱 편지에서 이 문구가 반복적으로 사용되는 것은—요한계시록 13:9에서 다시 반복되는 것과 함께—요한의 환상들의 상징이 예수의 비유와 동일한 기능을 한다는 것을 증명한다. 강력하고 가끔은 충격적인 심상을 통해 이 환상들은 참 신자의 눈은 열어 놓지만 완고한 비신자는 더 깊은 어둠 속에 남겨 놓는다. 그런데 비신자 가운데 어떤 이들은 비유적 환상의 내용을 듣고 충격을 받아 처음으로 믿기 시작하는 경우가 있는 것도 사실이다. 많은 상징이 신자들에게 타협하라고 유혹하는 세상의 기관과 관습들 배후에 사탄의 권능이 도사리고 있음을 폭로한다. 요한계시록에서 상징은 그리스도를 따르고자 하는 자들의 주의를 곧바로 집중시킨다. 우리에게 생소할 뿐만 아니라 심지어는 특이하기까지 한 심상들의 생생한 표현 때문에, 요한계시록의 상징은 일종의 '충격 가치'shock value를 가지고 있다고 말할 수도 있다. 그러나 비신자들은 예수와 예수의 비유를 외면한 것과 똑같이, 깨닫지 못하고 이 상징들도 외면할 것이다. 이스라엘 백성은 출애굽 재앙을 하나님의 심판의 표징으로 이해했지만 재앙의 의미를 깨닫지 못한 애굽 사람들은 오히려 마음이 완고해졌다. 출애굽 재앙이 요한계시록의 나팔과 대접 환상 중심에 놓여 있는 것은 우연의 일치가 아니다. 나팔과 대접 심판의 재앙들은 비신자에게는 그들의 마음을 완고하게 하는 역할을 하지만 신자에게는 그들의 믿음을 새롭게 하도록 촉구하는 역할을 한다. 따라서 예수의 말씀을 듣지만 이해하지 못한 자들에 대한 예수의 평가가, 요한의 환상 결론 부분에서 예수께서 요한에게 전하신 외관상으로 이상한 말씀의 배후에 놓여 있다. 즉, 요한은 예수의 비유를 듣던 자들과 같이 "이것들을 보고 들은" 자다.[계 22:8] 이때 예수는 요한에게 이 예언의 말씀은 때가 이르면 모든 자에게 듣도록 제공되지만 똑같이 두 가지 반응이 나타날 것이라고 말씀하신다. "불의를 행하는 자는 그대로 불의를 행하고……의로운 자는 그대로 의를 행하고."[22:11] 여기서 예수는 계속 죄를 짓는 것을 용납하시는 것이 아니라, 단순히 하나님의 말씀에 대한 반응의 본질에 대해 예언하시는 것이다.

만일 이 모든 것이 사실이라면, 요한계시록의 메시지는 단순히 미래 사건을 드러내는 것에 관심이 있는 것이 아니라 상징적으로 이해되는 현재의 사건을 사용하여 신자들에게 그리스도에 대한 헌신을 끝까지 지키고, 또한 흑암의 나라의 통치를 구현하는 세상 구조에 충성하지 않도록 경고와 권면을 말하는 데 관심이 있다는 것을 추가로 암시한다. 우리는 본서의 주석에서 이 진리를 더 깊이 예증할 것이다.

요한계시록과 구약성경

요한계시록은 신약성경 다른 어떤 책보다도 구약성경을 더 많이 언급한다. 그런데 그 언급이 직접적인 인용이 아니라 인유라는 사실을 주의해야 한다. 그러나 대부분의 인유가 문구까지 구약 본문과 거의 동일하고 명확한 인유이거나 문구가 동일하지는 않아도 관념을 구약 본문에서 직접 그리고 독특하게 추적할 수 있는 개연적인 인유다.

일부 폭넓은 구약 본문은 요한계시록의 실질적인 패턴으로 작용하는 것으로 보인다. 예를 들면 다니엘 2장과 7장에서 나오는 패턴이 요한계시록 1, 4, 5장에서 반복적으로 나타난다. 에스겔서의 일부 본문은 요한계시록 4장과 5장뿐 아니라 6장 대부분과 18장 일부를 포함한 다른 본문에도 영향을 미친다. 나팔과 대접 재앙 초반부는[8:6-12, 16:1-14] 출애굽 재앙의 패턴을 따른다. 요한계시록은 또한 구약의 특정 주제들을 일반적으로 전개한다. 이런 주제로는 예를 들어 마지막 때의 심판과 구원, 멸망의 가증한 것에 대한 다니엘서의 개념, 마지막 때에 대한 표징으로서의 지진에 대한 구약의 개념 등이 있다.

요한계시록에서 구약 본문에 나온 인물, 장소, 사건을 언급하는 관념이나 문구를 사용하는 인유는 훨씬 더 많다. 이 단순한 인유들은 압축되거나 확대되어 다양한 역사적 상황에 분명히 적용될 수 있다. 그러나 거의 항상 이러한 구약 본문의 본질적인 초점은 구약성경과 요한계시록 간에 분명한 연속성이 있다는 사실에 두어져 있다. 몇 가지 실례를 구약성경과 요한계시록에 공통적인 요점에 따라 제시하면 다음과 같다.

❶ 심판

- 심판의 책: 에스겔 2장, 다니엘 7, 12장 / 요한계시록 5:1-5, 10장
- 심판을 행하는 유대 지파의 사자: 창세기 49:9 / 요한계시록 5:5
- 심판의 대행자로서의 마병: 스가랴 1, 6장 / 요한계시록 6:1-8
- 심판의 대행자로서의 황충: 요엘 1-2장 / 요한계시록 9:7-10
- 심판을 일으키는 출애굽 재앙: 출애굽기 7:14-12:33 / 요한계시록 8:6-12, 16:1-14

❷ 환난

- 십 일 동안의 환난: 다니엘 1:12 / 요한계시록 2:10
- 삼 년 반 동안의 환난: 다니엘 7:25, 12:7 / 요한계시록 11:2, 12:14, 13:5
- 하나님의 백성을 박해하는 구약 시대의 장소로서의 소돔, 애굽, 예루살렘: 요한계시록 11:8
- 짐승으로 묘사되는 박해하는 통치자들: 다니엘 7장 / 요한계시록 11-13, 17장
- 미혹하고 박해하는 큰 바벨론: 다니엘 4:30 / 요한계시록 14:8, 16:19, 17:5-6, 18:2, 24, 19:2

❸ 우상숭배에 대한 교훈

- 발람: 민수기 25장, 31:16 / 요한계시록 2:14
- 이세벨: 열왕기상 16:31, 열왕기하 9:22 / 요한계시록 2:20-23

❹ 하나님의 보호하심

- 생명나무: 창세기 2:9 / 요한계시록 2:7, 22:2, 14, 19
- 이스라엘 자손의 인침: 에스겔 9장 / 요한계시록 7:2-8
- 광야에서 보호하는 독수리의 날개: 출애굽기 19:4, 신명기 32:11 / 요한계시록 12:14

❺ 마지막 때 싸움의 승리

- 아마겟돈: 스가랴 12:11 / 요한계시록 16:16

❻ 하나님을 떠나감(배교)

- 음녀: 에스겔 16:15 / 요한계시록 17장

❼ 성령

- 하나님의 백성에게 능력을 베푸심: 스가랴 4:1-6 / 요한계시록 1:12-20, 11:4

이제 마지막으로 지적할 요점은 요한이 구약의 본문들을 취하여 그것을 보편화하는 방법과 관련되어 있다. 요한은 구약성경에서 이스라엘에게 적용되는 것에 훨씬 더 포괄적인 의미를 부여한다. 예를 들어 하나님은 이스라엘에게 '제사장 나라'의 자격을 주셨지만[출 19:6] 요한은 이 자격을 교회에 적용시킨다.[계 1:6, 5:10] 스가랴 12:10은 지파들이 메시아에 대해 슬퍼할 것이라고 진술하고 이를 이스라엘에게 적용하지만 요한은 범주를 넓혀 땅의 모든 족속에게 적용시킨다.[1:17] 요한은 출애굽 재앙 개념의 범주를 애굽 땅에서 온 땅으로 확대시킨다.[8:6-12, 16:1-14] 이스라엘이 겪는 삼 년 반 동안의 환난은[단 7:25, 12:7] 세상 전역에 흩어져 있는 참 이스라엘, 곧 교회의 환난으로 확대된다. 이 환난은 다니엘서의 문자적 바벨론에 의해 일어나는 것이 아니다.[단 4:30] 단순히 다니엘서의 이스라엘 동료 신자들이 아니라 세계 전역에 흩어져 있는 교회를 박해하는[계 17:5-8, 18:24] 마지막 때의 바벨론, 곧 세상 구조에 의해 일어난다.[17:1-6] 바벨론이 멸망할 때 '만국의 성들'도 멸망한다.[16:19] 에스겔서에 나오는 마지막 때 성전의 유익은 이제 유대인만이 아니라 믿는 모든 사람에게 주어진다. 이스라엘의 치료를 위한 잎사귀가[겔 47:12] 이제 만국의 치료를 위한 잎사귀가 된다.[계 22:2] 언약궤의 촛대(등잔대)는 이제 교회를 표상하고,[1:12-13, 20] 이스라엘에게 주어진 물리적 만나는 모든 신자에게 주어지는 영적 만나가 된다.[2:17] 음녀로서의 두로는[겔 26:17-28:19] 바벨론으로 표상되는 세상 구조가 된다.[계 17:1-18:24] 물리적인 예루살렘은 '새 예루살렘'이 되고 새 예루살렘은 새로운 피조물 전체와 동등하다.[21:2-27]

이런 보편화의 근거는 그리스도의 사역과 그리스도로 말미암아 아브라함에게 주어진 약속이 어떻게 민족들에게까지 확대되었는지에 대한 신약성경의 이해에 있다. 이 민족들은 참 이스라엘이신 예수를 믿을 때 그리스도와 동일화되고, 따라서 참 이스라엘의 한 부분이 되어 예수 덕에 이스라엘 백성이 된다. 그러므로 요한이 구약 본문을 사용하는 것을 구약 본문의 참 의미를 악용하는 것으로 간주해서는 안 된다. 요한은 단순히 구약성경을 예수 자신과 다른 모든 신약성경 저자들이 한 것과 동일한 방식으로 신약성경의 각 사건과 그리스도를 예언적으로 미리 지시하는 것으로 이해한다. 하나님의 참 백성은 이제 구약성경에 약속된 구주를 믿는 자로 간주되고, 유대인과 이방인을 막론하고 모든 민족으로부터 나온 신자들이 참 이스라엘을 계승한 하나님의 새 언약 백성을 구성한다. 또한 이 백성은 마지막 때(말일, 후일, 세상 끝날, 말세)에 하나님께서 자신의 영을 부어 주시고, 그들의 마음에 자신의 율법을 새기실 자들이 될 것이라고 예언되었다. 역사는 주권적인 하나님의 계획에 의해 하나로 결합된다. 이 역사 속에서 후반부(그리스도의 사역)가 이전에 일어난 일을 해석하며, 후반부가 없으면 결코 적절하게 이해될 수 없다.

단순하지만 놀라운 사실은 하나님께서 요한이 이 환상을 가장 잘 이해할 수 있는 방법으로, 곧 성경의 언어를 사용하는 방법으로 요한에게 전달하기로 정하셨다는 것이다. 이것은 구약성경을 거부하기는커녕 도리어 구약성경의 권위를 가능한 한 가장 강력하게 긍정한다. 하나님이 그리스도 안에서 주신 모든 것은 구약성경의 계시를 배경으로 이해될 수 있고 또 그렇게 이해되어야 한다. 구약성경의 계시는 그리스도를 지시하는 것에서 그치지 않고, 우리가 그분이 진실로 누구신지를 이해할 수 있게 한다. 예수는 청중들에게 모세가 기록한 것만 들었다고 해도 자신이 누구인지 이해할 수 있을 것이라고 말씀하셨다. 그들의 문제점은 모세가 그리스도와 모순되었던 것에 있지 않았고 그들이 모세가 그리스도에 관해 말한 것을 믿지 않았다는 데에 있었다.[요 5:45-47] 동일한 진리가 요한계시록을 해석하는 데에도 적용된다. 말할 것도 없이 요한의 환상을 이해하는 가장 중요한 열쇠는 구약성경을 이해하는 것이다. 구약을 연구해 보면 우리는 이 결론을 거듭해서 발견하게 될 것이다. 대부분의 사람들이 요한계시록을 앞을 내다보기 위한 도약판으로 삼는다. 그러나 먼저 뒤로 구약성경을 돌아보지 않으면 그리고 요한 시대에 구약성경이 의미했던 바를 올바르게 파악하지 않으면, 우리는 요한계시록이 과거, 현재, 미래에 관하여 무엇을 말하는지 제대로 이해할 수 없다.

요한계시록의 개요와 구조

1:1-20	프롤로그
2:1-3:22	일곱 교회에 보내는 편지: 세상 속에 있는 불완전한 교회
4:1-5:14	하나님과 그리스도의 영광
6:1-8:5	일곱 인 심판
8:6-11:19	일곱 나팔 심판
12:1-15:4	격화된 싸움: 일곱 환상 또는 표징
15:5-16:21	일곱 대접 심판
17:1-19:21	바벨론과 짐승에 대한 최후의 심판
20:1-15	천년왕국
21:1-22:5	새 창조와 영광 속에 들어간 완전한 교회
22:6-21	에필로그

환상들을 서로 어떻게 관련시킬지에 대한 두 가지 입장

요한계시록을 더 면밀히 연구하기 전에 이 부분이 어떻게 서로 관련되어 있는지, 그리고 이것이 우리에게 환상의 종합적인 의미를 어떻게 미리 지시하는지에 대해 몇 가지 포괄적인 이해를 제시하는 것이 유용하다. 요한계시록의 다양한 환상이 서로 어떻게 관련되어 있는지에 대해서는 두 가지 접근법이 있는데, 미래주의 입장과 반복이론 입장이 그것이다.

미래주의 입장

미래주의 입장은 일반적으로 4:1-22:5(2-3장의 일곱 편지를 제외한 이후 부분)의 환상 순서는 그 속에 펼쳐진 사건들이 직선적인 연대순으로 일어나는 것을 보여준다고 주장한다. 이 입장에 따르면 인 심판은 나팔과 대접 심판에 앞서 일어나는 예비적인 사건이다. 나팔 심판, 일곱 환상(12:1-14:20의 '표징들'), 대접 심판은 일곱째 인 심판의 내용으로 간주되고, 일곱째 인 심판은 자체 내용이 없는 것으로 말해진다. 어떤 이들은 일곱째 나팔 심판도 자체 내용이 없는 것으로 보이므로 인과 대접 심판이 일곱째 나팔의 내용을 제시한다고 주장한다. 이 견해는 다양한 형태가 있는데 그 가운데 가장 급진적인 견해는 인, 나팔, 대접 심판은 서로 중복적이고 모두 같은 시기를 가리키지만 모두 미래에 일어날 사건이라고 주장하는 것이다. 그럼에도 불구하고 일반적으로 미래주의 입장은 역사의 사건들이 환상 속에 제시된 대로 그것들과 긴밀하게, 아니면 적어도 대략적으로, 대응을 이루어 연대순으로 펼쳐지는 것으로 본다.

미래주의 입장을 지지하는 데 사용되는 주장은 다음과 같다.

❶ 1:19은 요한계시록을 세 부분으로 나눈다. 과거("네가 본 것", 곧 1:9-18에서 그리스도에 관해 요한이 처음 본 환상), 현재("지금 있는 일", 곧 2:1-3:22에서 교회들에게 보내는 편지에 묘사된 상황), 미래("장차 될 일", 곧 4:1-22:5에 나오는 앞으로 임해야 할 사건들)

❷ 4:1은("이 일 후에 [일어나야 할 일을] 내가 보니") 이 순서를 재차 단언한다.

❸ 횟수가 붙은 환상 시리즈의 전개는 연대순으로 진행됨을 암시하는 것

으로 보인다. 나아가 9:12과 11:14은 셋째 화가 시작되기 전에 첫째 화와 둘째 화의 종료를 선언한다.

❹ 요한계시록이 진행될수록 심판이 더 심화되는 것으로 나타난다.

❺ 환상의 순서는 미래 역사의 연대순 발생을 제시하는 것으로 추정하는 것이 자연스럽다.

❻ 요한계시록의 '문자적' 해석은 미래주의 입장을 지지한다. 말하자면 만일 물리적으로 문자적인 방법을 취한다면, 이 기괴한 환상들은 과거 역사 속에서는 결코 일어난 적이 없었다(예컨대 16:21에 따르면 마지막 대접 심판은 마지막 때에 45킬로그램의 무게를 가진 우박이 내릴 것이라고 말한다). 그러므로 문자적으로 이해하면 이 일들은 미래에 일어나는 것이 틀림없다.

반복이론 입장

반복이론 입장은 다양한 심판 시리즈는 동일한 사건들에 대한 평행적 묘사라고 주장한다. 각 심판 시리즈 안에서 패턴이 동일하게 나타난다. 각 심판 시리즈가 끝날 때마다 심판에 대한 묘사 다음에 구원에 대한 묘사가 이어진다.6:12-17과 7:9-17, 11:18a과 11:18b, 14:14-20과 15:2-4, 16:17-18:24과 19:1-10, 20:7-15과 21:1-22:5

반복이론 입장을 지지하는 데 제시되는 주장은 다음과 같다.

❶ 첫 번째 심판 장면이 여섯째 인을 떼고 난 후인 6:12-17에서 나타난다. 이 장면은 하늘과 땅의 파괴 그리고 어린양의 진노의 큰 날에 대해 말한다. 이것이 어떻게 최후의 심판이 아니라 다른 어떤 심판을 가리킬 수 있는지 또는 어떻게 이 심판 후에 다른 심판이 일어난다고 볼 수 있는지 상상하기는 어렵다. 이것은 8:2에서 시작된 나팔 심판에 묘사된 환난 사건이 6:12-17에 묘사된 최후의 심판 시기 이전에 일어나

는 것으로 거슬러 올라가야 한다는 것을 의미한다.

❷ 최후의 심판에 대한 가장 명확한 진술이 11:14-18에 나오는데, 거기 보면 일곱째 나팔 소리 이후에 세상 나라가 하나님과 그리스도의 나라가 되고, 죽은 자가 심판을 받으며, 성도들은 상을 받는다고 말한다. 분명히 이와 평행을 이루는 최후의 심판 장면을 묘사하는 20:12도 주목하라. 20:12을 보면, 큰 자나 작은 자의 심판에 관해 11:18에 나오는 것과 같은 말이 나타난다. 직전의 요점에서처럼 이것은 12-13장의 환난 사건에 대한 묘사가 11:14-18에 묘사된 최후의 심판 시기 이전으로 거슬러 올라가야 한다는 것을 의미한다.

❸ 이 동일한 본문은11:14-18 일곱째 나팔 심판의 내용을 최후의 심판을 표현하는 것으로 묘사하는데, 이것은 일곱째 나팔 심판은 그 자체로는 내용이 없으므로 이후 장들에 기록된 모든 사실을 이 심판의 내용으로 취해야 한다는 일부 미래주의자들의 주장과 대립된다. 우리가 일곱째 나팔 심판의 내용을 최후의 심판에 대한 것으로 이해한다면, 미래주의 입장의 전체 체계는 무너진다.

❹ 14:14-20(마지막 추수)과 16:17-21(일곱째 대접 심판)에 나오는 버림받은 자의 최종적 처벌에 대한 묘사는 많은 미래주의자들이 대체로 최후의 심판에 대한 유일한 언급으로 취하는 것, 곧 20:11-15의 묘사만큼이나 명확하고 최종적이다.

❺ 6:12-17(여섯째 인 심판)에 언급된 지진은 16:17-21(일곱째 대접 심판)과 동일한 것으로 보인다. 둘 다 산과 섬을 찾아볼 수 없게 만드는 큰 지진에 대해 말한다. 6:14-16을 보면, 하늘이 갈라져 떠나가고 산과 섬이 사라짐으로써 하늘 보좌에 앉으신 이의 임재가 시야에 나타난다. 반면에 20:7-10의 심판 장면 다음에 나오는 20:11을 보면, 보좌에 앉으신 이의 임재로 말미암아 땅과 하늘은 사라지고 다시는 발견되지 않는다. 이것은 6:12-17이 최후의 결정적 심판을 묘사한다는 사실을

다시 예증하고, 따라서 나팔과 대접 재앙으로 인한 환난의 시기는 최후의 심판 이전으로 거슬러 올라가야 한다.

❻ 출애굽기 19:16에 나오는 우레와 소리와 번개를 통한 하나님의 심판에 대한 동일한 언어가 8:5(일곱째 인 심판의 결말), 11:19(일곱째 나팔 심판의 결말) 그리고 16:18(일곱째 대접 심판의 결말)에서 사용된다. 또한 요한계시록에서 이 본문들은 각각 하늘의 성전이나 제단을 다루는 문맥에서 언급된다. 따라서 각각의 본문은 최후의 심판을 서술하는 것으로, 뒤의 두 본문의 내용은 첫째 본문의 내용과 중복된다.

❼ 최후의 심판 직전 시기의 신자와 비신자들의 상황이 6:12-17(여섯째 인 심판), 9:13-11:13(여섯째 나팔 심판) 그리고 16:12-16(여섯째 대접 심판)에서 서로 비슷한 말로 묘사된다.

❽ 16:17과 21:6에서 "되었다"(이루었도다)는 말씀은 두 경우 모두 동일하게 최후의 심판의 완결을 가리키는 것으로 보인다. 두 경우 모두 말씀이 하늘의 보좌에서부터 나온다.

❾ 16:14, 19:19, 20:8에서 "전쟁을 위하여 모으다"는 말이 반복해서 나오는 것은 동일한 (최후의 마지막) 전쟁이 세 번에 걸쳐 묘사되고 있음을 암시한다.

❿ 14:8과 16:19 그리고 17-19장 여러 곳에서 나오는 바벨론의 멸망에 관한 선언 역시 동일한 사실을 묘사하는 것이 틀림없고, 따라서 심판에 관한 중복적인 묘사를 다시금 보여준다.

⓫ 나팔과 대접 심판은 출애굽 재앙을 본떠 묘사되고, 따라서 두 심판은 같은 재앙들을 인유하고 대략 같은 순서에 따라 내용을 제시한다.

⓬ 각 심판(인, 나팔, 대접) 시리즈가 각기 결말을 동일하게 최후의 상벌에 대한 실재를 표현한다는 사실을 감안하면, 그리고 각 심판 시리즈 간의 중대한 유사점을 감안하면, 각 심판의 효력이 갈수록 심화되는 것으로 보인다는 지적은 요한계시록이 절정에 도달할 때에는 동일한 실

재를 훨씬 더 강력한 말로 표명하시려는 하나님의 마음을 나타내는 것으로 더 쉽게 이해할 수 있다.

그러므로 우리의 결론은 반복이론 입장이 요한계시록의 구조를 가잘 잘 설명하는 관점이라는 것이다. 요한계시록은 하나님께서 동일한 진리를 다양한 방법으로 제시하시는 일련의 평행적 환상들로 구성되어 있다. 그렇다면 우리는 일곱 환상 시리즈 각각의 내용이 완전히 동일하다는 사실 또는 어느 정도 내용은 동일하지만 그것이 다른 순서에 따라 표현된다는 사실을 어떻게 설명해야 할까? 인 심판은 네 말馬에 대해 말하지만 나팔과 대접 심판은 출애굽 재앙들을 각기 다른 순서에 따라 말한다.

우리는 요한이 환상 시리즈에서 자신이 본 것을 어떻게 관련시키는지와 자신이 본 것의 순서를 어떻게 관련시키는지를 이해하는 것에서부터 시작한다. 요한이 환상 속에서 본 일의 순서는 반드시 그 일들이 일어날 역사적인 연대 순서가 아니다. 이것은 본문이 요한은 동일한 사건들을 다양한 환상 속에서 본 것에 대해 말하고 있다는 사실로 보아 분명하지만, 때로는 그 사건들을 정확히 동일한 순서에 따라 말하지 않거나 다른 환상(예컨대 재앙에 대한 환상이 아니라 말에 대한 환상)이 동일한 실재를 표현하는 것에 대해 말한다. 이에 대한 이유의 하나는 일반적으로 재앙이 단회적인 역사 사건이 아니라 역사 전체에 걸쳐 되풀이되고, 따라서 재앙과 사건들이 세부적으로 정확한 대응 관계를 갖고 있는 것이 아니기 때문이다.

요한은 요한계시록 전체에 걸쳐 다수의 환상을 소개할 때 '이 일 후에'라는 문구를 사용한다. 일부 미래주의자들은 이 문구 때문에 서술되어야 할 일이 '이 일 후에' 일어나고, 따라서 직전 환상에서 묘사된 일을 연대순으로 뒤따를 것임을 암시한다고 생각한다. 그러나 엄밀히 말하면 '이 일 후에'는 다만 환상 자체가 연대순으로 이어지는 것을 가리킨다. 즉, 환상의 연쇄 관계에 따라 한 환상이 다른 환상 다음에 온다는 뜻이다. 이 문구는 환상들 속에서 펼쳐진 역사가 이전 환상에 나오는 역사 다음에 임한다는 것을 함축하지 않는다. 이에 대한 추가 설명은 뒤의 '요한계시록을 해석하는 열쇠로서 1:19의 중요성' 부분을 보라. 이것은 요한이 본 평행적 환상들의 시간 범주가 오순절에 교회가 탄생한 후부터 주의 재림이 있을 때까지의 전체 역사 과정을 망라한다는 것을 의미한다. 이것을 이해하게 되면, 우리는 요한계시록의 의미를 전체적으로 이해하는 데 완전히 결정적인 열쇠를 갖게 될 것이다.

편지와 환상의 관계

요한계시록의 독자들은 종종 교회들에 보내는 편지와 이어지는 일련의 환상 간의 깊은 연관성을 제대로 보지 못한다. 그러나 일곱 편지의 다양한 주제들이 분명히 환상 속에서 다시 등장한다.

❶ 참 이스라엘과 거짓 이스라엘: 거짓 이스라엘은 2:9과 3:9에서 말해지고, 참 이스라엘인 교회는 7:4-8에서 묘사된다.

❷ 고난과 박해: 서머나 교회의 그리스도인들은 환상 속에 등장하는 믿음 때문에 죽임을 당한 자들[6:11]과 같이 박해를 받을 것이다.[2:10] 빌라델비아 교회의 그리스도인들은 시험의 때에 영적 보호를 받고,[3:10] 그들 위에 하나님과 그리스도의 이름이 기록될 것이다.[3:12] 한편, 환상 속에 나오는 신자들도 영적으로 인 쳐지고,[7:3] 그리하여 장차 임할 환난에서 해를 입지 않으며 또한 하나님과 그리스도의 이름이 그들 위에도 기록될 것이다.[14:1] 빌라델비아 교회의 그리스도인들은 하나님의 성전에서 기둥이 되고,[3:12] 환상 속에 나오는 인침 받은 신자들은 하나님의 성

전에서 하나님을 섬길 것이다.[7:15] 버가모 교회의 안디바는 하나님의 증인으로 묘사되고,[2:13] 이것은 6:9의 신자들과 11:3-13의 두 증인도 마찬가지다.

❸ 마귀적 존재들: 사탄은 버가모에 자신의 권좌를 가지고 있는 것으로 말해지고,[2:13] 그곳에 발람으로 불린 거짓 선지자가 등장한다.[2:14] 요한계시록 이후 부분을 보면, 사탄은 하늘에서 쫓겨나 땅에서 자신의 통치(보좌)를 세우려고 획책하는 용으로 등장한다.[12:9] 사탄은 나중에 거짓 선지자로 묘사되는 둘째 짐승을 동반한다.[13:13-17, 16:13, 19:20] 2:20-23에서는 이세벨이 두아디라 교회에 등장하고, 17장에서는 이세벨이 음녀의 모형으로 사용된다.

❹ 신자들에게 주어진 다른 약속들: 라오디게아 교회의 신자들은 깨끗한 옷을 제공받고 주와 함께 먹도록 초대된다.[3:18, 20] 마찬가지로 그리스도의 재림이 있을 때 신자들도 깨끗한 옷을 제공받고 어린양의 잔치에 참여하도록 초대된다.[19:8-9] 라오디게아 교회 신자들의 문 뒤에는 "충성되고 참된 증인"이신 그리스도가 서 계시고,[3:14] 천국의 열린 문 안에서는 "그 이름은 충신과 진실이라"는 이가 등장한다.[19:11]

❺ 다른 주제들: 공통적인 다른 주제로는 이기는 것,[2:7, 11과 12:11, 15:2, 17:14] 우상숭배[2:14, 20과 9:20, 13:4, 12-15] 그리고 자신의 입에서 나오는 칼로 심판을 행하시는 예수의 모습[2:16과 19:15] 같은 것이 있다.

교회의 현재 상태를 묘사하는 편지들과 영광 속에 들어간 천상의 교회를 묘사하는 마지막 결론 부분은 약속과 성취라는 주제에 따라 긴밀하게 그리고 의도적으로 연계된다. 다음과 같은 현재 교회의 불완전한 상태와 미래 교회의 완전한 상태 사이의 평행 관계를 주목해 보라.

또한 이기는 자에게 주어진 약속이 어떻게 새 창조에서 온전히 성

거짓 사도(2:2)	참된 사도(21:14)
거짓 유대인(2:9, 3:9)	참 이스라엘 지파(21:12)
사탄의 권좌가 있는 곳에 거하는 그리스도인(2:13)	하나님의 보좌가 있는 곳에 거하는 그리스도인(22:1)
교회 안에 있는 어떤 자는 죽었다(3:1)	완전한 교회 안에 있는 모든 자는 살아 있다(21:27)
교회는 세상의 촛대다(1:20, 2:5)	하나님과 어린양이 등불이시다(21:23-24, 22:5)
교회 안에 우상숭배자가 있다(2:14-15, 20-23)	완전한 교회에는 우상숭배자나 거짓말하는 자가 없다(21:8)
그리스도인들은 박해를 받는다(2:8-10, 13)	그리스도인들은 이기는 자로 다스린다(21:6-7)

취되는지 주목해 보라.

편지와 이후 환상 부분 간의 긴밀한 관계는 중요하다. 왜냐하면 신약성경의 다른 서신서들과 마찬가지로 요한계시록도 신자를 위하여 기록된 목회 서신이라는 것을 보여주기 때문이다. 다른 서신서처럼 요한계시록에서도 편지 시작 부분과 마지막 부분에서 신자들에게 은혜가 선포된다.[1:5, 22:21] 다른 서신서와 마찬가지로 요한계시록도 교회들이 직면하는 목회 문제를 다루고, 신자들에게 그리스도를 위하여 살도록 호소한다. 다른 서신서와 마찬가지로 요한계시록도 신자들에게 인내하며 그리스도에 대한 신실함을 유지하면 영원한 상을 받을 것이라는 소망을 제공한다. 이것은 요한계시록의 환상의 내용이 어느 시대에 살든지 간에 요한계시록을 읽는 모든 신자와 실제

이기는 자는 생명나무의 열매를 먹을 것이다(2:7)	생명나무는 신자들을 위하여 하늘에서 열매를 맺는다(22:2)
이기는 자는 성전에서 기둥이 될 것이다(3:12)	하나님과 어린양은 신자들이 거하는 하늘에서 성전이 되신다(21:22)
이기는 자는 하늘의 새 예루살렘의 일원이 될 것이다(3:12)	이기는 자는 하늘의 새 예루살렘의 일원이다(21:23-27)
이기는 자는 하나님의 이름을 가질 것이다(3:12)	하나님의 이름이 이기는 자의 이마에 있다(22:4)
이기는 자의 이름이 생명책에 기록될 것이다(3:5)	이기는 자의 이름이 생명책에 기록되어 있다(21:27)
이기는 자는 흰 옷을 입을 것이다(3:5)	이기는 자는 남편을 위하여 단장한 신부다(21:2)
이기는 자는 흰 돌을 갖고 새벽 별을 받을 것이다(2:17, 28)	이기는 자는 기초석이 보석들로 이루어지고(21:11, 18-21) 그 빛이 하나님과 어린양이며(21:23, 22:5) 광명한 새벽 별이신 예수와 함께 사는(22:16) 거룩한 성의 일원이다
이기는 자는 만국을 다스리고(2:26-27) 그리스도의 보좌에 함께 앉을 것이다(3:21)	이기는 자는 세세토록 왕 노릇 한다(22:5)
이기는 자는 둘째 사망에서 구원받을 것이다(2:11)	이기는 자는 둘째 사망에서 구원받는다(21:7-8)

적이고 현실적인 관련성을 갖고 있음을 의미한다. 요한계시록의 편지는 (다른 모든 신약성경 서신서와 같이) 옛날 교회들의 상황을 다루지만, 우리는 편지가 다루고 있는 각각의 주제들—인내, 우상숭배, 증언의 용기, 도덕적 순결함, 교리적 정통성 등—을 오늘날 우리에게도 똑같이 말하고 있다고 이해한다. 그렇다면 우리가 어찌 요한계시록의 환상은 미래의 사건만 다루고 있고, 따라서 오늘날의 우리와

는 현실적인 관련성이 거의, 아니 전혀 없다고 추정할 수 있겠는가? 요한계시록의 환상은 대부분 교회가 처음 세워진 이후로 신자들에게 영향을 미친 사건들을 다룬다는 결론이 훨씬 더 개연성이 크다. 연구를 진행하면서 본문을 검토해 보면 우리는 이 결론을 지지하지 않을 수 없고, 아울러 미래와 그리스도의 재림을 둘러싸고 있는 사건들을 특별히 다루는 것도 요한계시록의 한 부분임을 당연히 깨닫게 될 것이다.

요한계시록을 해석하는 열쇠로서 1:19의 중요성

앞부분에서 진술한 것처럼 1:19은 미래주의자들이 요한계시록을 적절하게 이해하는 데 있어 중요한 해석적 열쇠가 되는 본문이다. "그러므로 네가 본 것과 지금 있는 일과 장차 될 일을 기록하라." 그러나 해당 문맥과 요한계시록 전체에서 다루는 다양한 문제들을 검토해 보면, 본 주석에서 1:19에 대하여 우리가 취할 관점은 미래주의의 관점과 다르다.

미래주의 관점(환상들 속에 나타나는 모든 사건은 아직 임해야 하고, 또 연대순에 따라 펼쳐질 것)에 따라 요한계시록을 이해하는 자들은 1:19을 다음과 같이 본다. '네가 본 것'은 직전 구절에[1:1-18] 묘사된 과거에 대한 최초의 환상을 가리킨다. '지금 있는 일'은 편지들 속에서 다루어진 일곱 교회의 현재 상황과 관련되어 있고 '장차 될 일'은 미래 사건들, 특히 그리스도의 재림 직전의 사건들 및 재림 사건 자체와 관련되어 있다.

이 미래주의 관점은 짚고 넘어가지 않으면 안 되는 결정적인 결함을 갖고 있다. 우선 '네가 본 것'을 기록하라는 명령은 단순히 과거 시기나 요한이 이전 구절에서[1:1-18] 본 것에 대한 언급으로 보이지 않는다. 오히려 큰 음성이 '네가 보는 것'을 기록하라고 요한에게 말하는 1:11을 가리키는 것으로 보인다. '네가 본 것'의 범주를 요한이 본 첫 번째 환상으로 제한할 하등의 이유가 없다. 요한계시록 전체 내용을 가리키는 것으로 보는 것이 더 자연스럽다. 그러나 '지금 있는 일'과 '장차 될 일'은 어떤가? '지금 있는 일'은 일곱 교회의 현재 시기에 일어나는 사건을 가리키는 것으로 충분히 볼 수 있다. 이 일곱 교회는 보편적 교회를 상징하기 때문에 '지금 있는 일'이라는 말은 교회 전체 시대 가운데 '현재' 기간을 가리킬 것이다. 다시 말하면 이 일들은 바울이 편지를 쓴 교회들에게 준 교훈만큼이나 오늘날 우리에게도 적합하다.

나아가 19절의 마지막 문구, 곧 '장차 될 일'에 대한 정확한 이해도 중요하다. 우리는 이 마지막 문구가 먼 미래의 사건으로 한정되지 않고 그리스도의 부활과 재림 사이의 기간에 일어나는 모든 사건을 망라한다는 것을 증명하는 데 힘쓸 것이다. '장차 될 일'이라는 문구를 적절히 이해하는 데 있어 결정적인 사실은 하나님 자신이 6세기 전 다니엘에게 말하도록 영감을 주신 말들로 요한에게 전달하고 계시다는 것이다. 만일 하나님이 구약성경에서 예언적으로 말씀하신다면, 신약성경에서 이 예언의 말씀을 성취하신다는 사실은 우리에게 조금도 놀라운 일이 아니다. 오히려 하나님께서 일찍이 자신의 종인 선지자들에게 어떻게 말씀하셨는지에 대한 아무런 언급도 없이 이처럼 중대한 환상을 요한에게 주셨다는 것이 더 놀랍게 생각될 수 있다. 다른 세 곳에도[1:1, 4:1, 22:6] 나오는 '장차 될 일'(일어날 일)이라는 말은, 다니엘이 느부갓네살 왕의 첫 번째 꿈을 해석할 때 느부갓네살에게 주어진 말에[단 2:28-29, 45] 큰 영향을 받았다. 앞의 '요한계시록: 상징적인가 문자적인가?' 부분에서 우리는 1:1에서의 요한의 진술("계시라. 이는 하나님이 그에게 주사 반드시 속히 일어날 일들을 그 종들에게 보이시려고")이 어떻게 하나님께서 다니엘에게 '후일에' 또는 '이 일 후에' 일어날 일을 보여주시는 다니엘 2:28-29, 45로부터 취해지는지를 지적했다.

<table>
<tr><td>"그[하나님]가……후일에 될 일을 알게 하셨나이다"(단 2:28)</td><td rowspan="3">"속히[빨리] 일어날 일들을……보이시려고"(계 1:1)</td></tr>
<tr><td>"장래 일을"(단 2:29)</td></tr>
<tr><td>"장래 일을"(단 2:45)</td></tr>
</table>

요한계시록 1:1과 다니엘서 본문을 비교해 보면 사상이 거의 동일하다. 다니엘서 본문과 하나님이 요한에게 말씀하시는 것 사이의 중대한 차이는 '후일에' 또는 '장래'(다니엘에게는 아직 먼 훗날)를 '속히'(빨리)로 바꾼 것이고, 따라서 이것은 다니엘서의 '후일'(장래)이 바야흐로 펼쳐지기 직전에 있음을, 아니 사실은 펼쳐지기 시작했음을 함축한다. 다니엘에게 멀리 있었던 일이 바로 요한의 눈앞에 놓여 있다. 1:3에서 요한은 마가복음 1:15에서 예수께서 "때가 찼고 하나님의 나라가 가까이 왔으니"라고 말씀하신 것과 비슷한 말을 사용하여 "때가 가까움이라"고 말한다. "하나님의 나라가 가까이 왔으니"는 "때가 찼고"라는 말과 평행을 이루고 또한 그 말을 추가로 설명하는 것으로 보인다. 만일 그렇다면 '가까움'의 개념은 '찼음'과 거의 동일하다. '가깝다'에 해당하는 헬라어 동사는 "막 도착하려고 하다" 또는 "도착을 시작하다"의 의미를 갖고 있다. 그 일은 먼 미래에 일어나는 것이 아니다. 지금 일어나기 시작하고 있고 훨씬 더 가까이에 있다.

누가복음 20:18에서 예수는 자신의 사역의 '돌'과 다니엘서에 나오는 나중 나라의 마지막 때 돌을 동일시하신다. 예수에게는 다니엘서의 예언의 말씀이 바야흐로 성취가 시작되려고 하는 시점에 있다. 그리고 요한도 그렇게 이해하는 데 있어 예수와 차이가 없다. 요한계시록 1장과 다니엘서 본문과의 다른 평행 관계도 주목하라. 다니엘 7:14에서처럼 요한계시록 1장에도 나라에 대한 언급이 나오고,[6절, 9절] 요한은 이 나라의 성취가 시작되고 있는 것으로 본다. 이 나라는 다니엘 7:13에서처럼 '인자'에게 속해 있다.[1:13] 그리고 이 인자는 다니엘 7:13-14에서처럼 하늘의 환상 속에 등장하고 묘사된다.[1:13-16] 요한 당시에 예수는 다니엘 7장의 인자 예언의 성취를 시작하셨다. 여기서 우리는 다니엘 2장과 요한계시록 1장은 동일한 실재를 묘사하고 있다는 것과 다니엘서에 예언된 것이 요한계시록에서 성취가 시작되었다는 결론을 이끌어 낼 수 있다. 예언된 사건들은 실제로 일어나고 있거나 일어나기 시작하고 있다. 그리스도의 죽음과 부활이 다니엘서에 예언된 하나님 나라의 출범(시작)을 가져왔다. 이러한 이해는 우리가 요한계시록 전체를 해석하는 데 큰 중요성을 가질 것이다.

이제 요한계시록 1:1과 여기서 언급한 다니엘서 본문에 비추어 1:19을 살펴보자.

다니엘서의 '후일에'[단 2:28]와 '장래'(테오도티온 역본은 계 1:19과 정확히 똑같이 '장차'로 되어 있다)라는 말은 분명히 의미가 같다. (히브리어 본문에서) '장래'[after this]라는 말이나 (테오도티온 역본에서) '장차'[after these things]라는 말은 다니엘 2:29에서 먼 미래에 있을 일을 가리키고, '후일에'[in the latter days]라는 말도 같은 일을 가리킨다. 그러나 요한계시록에서 이 말들은 이미 일어나기 시작한 일을 가리킨다. 이미 확인한 것처럼 요한계시록 1:1은 '후일에'를 '속히'로 대체하고, 3절은

후일에 될 일(단 2:28-29) 장래 일(단 2:45)	속히[빨리] 일어날 일들 (계 1:1)	장차 될 일(계 1:19)

다가왔음을 의미하는 '가까움'이라는 말을 덧붙인다. 그러므로 1:19에서 '장차'라는 말은 단순히 미래의 사건을 가리키는 것이 아니라 이 마지막 때에 이미 펼쳐지고 있는 사건들을 가리킨다. 왜냐하면 '장차'는 그리스도의 죽음과 부활로 시작된 다니엘 2:28-29의 '후일'과 동일한 의미이기 때문이다. 따라서 요한계시록 1:19의 세 문구는 당연히 각각 전체 교회 시대의 동일한 실재를 가리킬 것이다. 요한계시록 1:19에 대한 해석은 복잡하고 다양하다. 그런 이유로 요한계시록의 종합적 관점은, 미래주의자든 다른 누구든 간에, 주로 이 해석에 기초가 두어져야 한다.

'장차'after these things라는 말이 나타나는 다른 본문은 4:1이다. 4:1은 중요하게도 요한계시록의 환상 부분이 시작되는 지점이다. 천사의 음성이 요한에게 다음과 같이 말한다. "이리로 올라오라. 이 후에 마땅히 일어날 일들을 내가 네게 보이리라." 다시 말해 이것은 다니엘 2:29의 인유다. 만일 다니엘 2:28-29에서와 같이 '이 후에'가 '후일에'와 동의어라면, 이 말은 그리스도의 십자가와 부활로 말미암아 시작된 것으로 이해되는 마지막 때의 사건들을 가리킨다. 요한계시록 1장 전체에 걸친 요한의 이해로 보아 다니엘 2장과 7장 예언의 성취는 그리스도의 초림으로 시작된 것이 분명하다. 따라서 요한계시록 나머지 부분에서 펼쳐진 환상들은 이 마지막 때 전체 기간에, 곧 그리스도의 부활과 재림 사이의 교회 전체 역사 속에서 펼쳐지고 있는 일을 우리에게 말해줄 것이다. 그러므로 우리는 요한계시록의 환상이, 비록 그리스도의 재림 직전 시기를 특별히 언급하는 국면이 있을 수 있기는 해도, 요한계시록의 수신자들이 살던 시대를 포함한 모든 시대 교회의 삶과 역사에 대하여 말할 것이라는 점을 예상해야 한다. 이와 같은 이해는 요한계시록의 환상 부분은 전체적으로 그리스도의 재림을 직접 둘러싸고 있는 미래 사건만을 가리킨다고 보는, 무척 인기 있는 요한계시록 관련 문헌들의 이해와는 완전히 반대임을 유념하는 것이 중요하다. 그러나 우리가 채택한 설득력 있는 견해는 이런 인기 있는 미래주의 견해와는 다르게 요한계시록에 대해 더 만족스러운 관점을 제공한다. 왜냐하면 이런 인기 있는 견해에 따르게 되면 요한계시록 대부분의 내용은 요한계시록이 기록된 당시의 사람들(요한의 사도적 권위 아래 있는 교회들)이나 이후로 지금까지 살아온 모든 신자에게는 별로 적합성이 없게 될 것이기 때문이다. 미래주의 견해에 따르면 요한계시록 대부분의 내용은 주로 마지막 환난과 따라서 그 이후의 천년왕국 기간을 거치는 한 집단만을 가리키는 것이 되고 말 것이다. 미래주의자들은 요한계시록이 여전히 교회 시대 전체의 독자들에게 다양한 방식으로 관련된다는 관점을 거부하지만, 우리는 우리의 요점이 여전히 굳건하다고 생각한다. 연구를 진행하면서 우리가 주장하는 이 견해가 다양한 방식으로 성경 본문의 지지를 받는다는 사실을 확인하게 될 것이다.

요한계시록에서 다니엘서의 내용을 마지막으로 인유하는 본문은 22:6이다. 거기 보면 하늘에서 나오는 음성이 요한에게 다음과 같이 말한다. "주[께서]……그의 종들에게 반드시 속히 되어질 일을 보이시려고 그의 천사를 보내셨도다." 따라서 요한계시록의 결론 부분은 첫 부분에[1:1] 나온 말을 반복한다. 요한에게 펼쳐진 일은 그의 눈앞에서 펼쳐져야 할 일이고, 또 이후로 계속 펼쳐질 일이다. 요한계시록의 네 주요 부분인 서론,[1:1-18] 편지들,[1:19-3:22] 환상들,[4:1-22:5] 결론[22:6-21]은 모두 다니엘 2:28-29, 45을 인유하는 것으로 그 내용이 시작된다. 이 다니엘서 본문 자체는 느부갓네살 왕의 꿈에 대한 다니엘의 해석의 서론과 결론을 구성한다. 이것은 결코 우연이 아니다. 따라서 다니엘 2장의 꿈의 내용은 요한계시록의 뼈대를 제공하고, 이 뼈대에 따라 요한계시록은 그리스도의 죽음 및 부활과 함께 시작되고 그분의 재림으로 완성될 선악 간의 마지막 때 싸움과 하나님 나라의 건설에 대한 묘사를 담고 있는 책으로 해석된다.

요한계시록의 주요 신학적 메시지

이제부터 우리는 요한계시록의 몇 가지 주요 주제를 본문에서 뽑아내 제시할 것이다. 여기서 우리는 요한계시록의 다음 세 가지 주제는 하나님께서 요한에게 이 환상 시리즈를 주실 때 자신의 마음을 표현하신 것이라고 주장하고 싶다.

그리스도를 위해 기꺼이 고난을 감수하는 것이 궁극적인 승리의 길이다

십자가가 사탄에 대한 그리스도의 승리를 보증하는 것으로 판명된 것처럼, 그리스도인의 현재의 고난은 흑암의 세력에 대한 우리의 승리를 보증한다. 그리스도인은 그리스도와 같이 환난과 고초를 당하지만[1:9] 그럼에도 동시에 그리스도의 왕적 통치에 동참한다.[1:6] 현세에서 신자들은 육체적인 고초를 겪을 수 있지만 그들의 영은 안전할 것이다.[11:1-2] 반면에 교회의 박해자들은 자기들이 사탄과 같은 입장에 있음을 깨닫게 될 것이다. 사탄의 외관상 승리가 그의 궁극적인 패배를 유발하는 것처럼, 비신자들의 현재의 악한 행동은[11:10] 그들의 최후의 심판의 기초를 놓는 것에 불과하다.[11:13, 18] 그러므로 요한계시록의 주된 목표 가운데 하나는 신자들에게 현재의 고난에도 불구하고 그리고 세상 구조와의 타협으로 표상되는 우상숭배에 참여하도록 부추기는 유혹에도 불구하고, 그들이 결국은 하늘나라에서 상을 받게 될 것이므로 그리스도에 대한 신실함을 끝까지 유지하라고 권면하는 데 있다. 21:1-22:5에서 하늘나라를 묘사한 다음, 요한계시록의 마지막 말씀이 신실함을 유지하라는 명령으로 돌아간다는 점을 주목하라. 요한이 본 천상의 환상은 현재 역경 속에서 고난을 겪는 그리스도인들에게 하나님의 영광스러운 약속을 붙들고 넘어지지 않도록 동기를 부여하는 역할을 한다. 따라서 오늘날의 그리스도인들도 똑같이 요한계시록을 계속해서 읽고, 하나님의 위엄에 대한 요한계시록의 묘사를 통해 하나님께 신실함을 계속 유지하도록 동기를 부여받아야 한다. 그리스도인은 자신이 살고 있는 세상의 가치가 아니라 요한계시록이 제시하는 새 세상의 가치에 따라 살아야 한다. 그리고 교회는 천상의 예배 장면은 우리가 지상에서 주일마다 드리는 예배의 본보기라는 것을 유념해야 한다. 요한이 이 환상을 받은 시점이 '주의 날'에 예배를 준비하고 있었을 때라는 점을 기억하라.[1:10]

인간 역사 속에 나타난 하나님의 주권

4장과 5장을 보면 요한에게 하나님의 보좌실에 관한 환상이 주어진다. '보좌'라는 단어는 4장과 5장에서 17회(요한계시록 전체에서는 34회)에 걸쳐 나오며 하나님의 주권을 상징한다. 이 환상에서 어린양은 하나님 자신과 동등한 존귀의 자리를 차지하고, 따라서 4장과 5장은 전체적으로 하나님과 어린양의 승리를 묘사한다. 이 환상은 요한계시록의 이후 모든 환상의 서론으로 작용하므로, 그 중요성은 요한계시록 나머지 부분에서 밝혀지도록 되어 있는 모든 일에 대한 하나님과 그리스도의 권세를 예증하는 것에 있다. 신자들의 환난, 원수의 세력의 외관상 승리, 원수의 세력의 결정적 파멸, 그리고 교회의 승리는 모두 하나님의 주권적 통제 아래 있다. 그러므로 요한계시록에 따르면 신자들의 환난뿐만 아니라 비신자들의 환난의 배후에도 하나님의 손길이 직접 놓여 있는 것이 사실이다. 이런 환난은 하나님께서 자기 백성을 연단하려고 보내시는 것이다. 그뿐만이 아니라 인, 나팔, 대접 심판의 환상에 영향을 미치는 구약 본문들도 하나님을 신자와 비신자들에게 똑같이 임하는 화禍의 원천으로 묘사한다.슥 6:1-8, 겔 14:21, 레 26:14-33 그리고 6:2-8에서 구약 본문들을 인 심판에 사용하는 것 또는 출애굽 재앙을 나팔과 대접 심판의 구성 요소로 사용하는 것을 보라. 하나님께서 신자들에게 고난을 허용하시는 것에 관한 비밀이 요한계시록 전체에 걸쳐 답변된다. 즉, 하나님의 전략은 화를 신자들에게는 믿음을 연단시키는 데 사용하시지만 비신자들에게는 궁극적인 처벌을 예비하는 데 사용하시는 것이다. 4장과 5장의 천상의 환상에서 말 탄 자와 하나님의 심판의 최초의 폭발을 다룬 6장의 환상으로 나아가므로, 일어나는 일을 통제하시는 분이 부활하신 어린양6:1이신 것이 분명하다. 십자가는 비극에서 승리로 전환되었고, 따라서 하나님도 신자들에게 허용하셨던 땅의 화를 하늘의 영원한 승리로 바꾸실 것이다. 하나님의 백성은 교회 시대 동안에는 어린양이 지상 사역을 감당하실 때 가졌던 운명과 똑같은 운명을 갖는다. 이것이 요한계시록 14:4에서 하나님의 백성을 "어린양이 어디로 인도하든지 따라가는 자"로 말하는 이유다.

성경적 예언의 성취로서의 새 창조

구약과 신약의 주요 예언 주제는 새 언약, 새 성전, 새 이스라엘, 새 예루살렘에서 절정에 달하고, 이 모든 주제는 새 창조 개념으로 요약된다. 이 주제들은 요한계시록의 클라이맥스인 21:1-22:5에서 나타난다. 요한계시록과 신약성경 다른 부분은 이 실재들이 그리스도 안에서 이미 시작된 것으로 간주한다. 즉, 신자는 새 피조물로, 교회는 새 이스라엘로 간주된다. 나아가 이 예언적 실재들은, 특히 21:1-22:5에 제시된 것처럼, 완전하게 성취될 것이다.

I.

1:1-20

프롤로그

요한이 하나님께서 그리스도 안에서 행하신 일을 증언하도록
그리고 신자들이 역사에 대한 하나님의 관점을 이해하고 하나님의 명령에 순종함으로써
복을 누리도록 계시가 주어졌다

복을 가져오는 증언을 위하여 계시가 주어지다[1:1-3]

1 [1]예수 그리스도의 계시라. 이는 하나님이 그에게 주사 반드시 속히 일어
날 일들을 그 종들에게 보이시려고 그의 천사를 그 종 요한에게 보내어
알게 하신 것이라. [2]요한은 하나님의 말씀과 예수 그리스도의 증거 곧 자기가 본 것을
다 증언하였느니라. [3]이 예언의 말씀을 읽는 자와 듣는 자와 그 가운데에 기록한 것을
지키는 자는 복이 있나니 때가 가까움이라.

1. "예수 그리스도의 계시"는 "예수 그리스도에 의한(예수 그리스도로부터 나온) 계시"나 "예수 그리스도에 관한 계시" 또는 둘 다를 의미할 수 있다. '계시'[또는 묵시, 헬라어 *apokalypsis*]는 요한계시록의 주제와 성격을 표현하는 말이다. 요한계시록은 '묵시'로 불릴 수 있는 심화된 예언이고, 이것은 1:1-3과 22:7에서 '계시'와 '예언'이라는 말을 사용하는 것으로 보아 명백하다. 요한은 하나님께서 "반드시 속히 일어날 일들"을 하나님의 종들에게 보이시려고 자기에게 주신 계시를 묘사하는 것으로 자신의 환상에 대한 설명을 시작한다. 1절의 뿌리는 다니엘 2:28-30, 45-47에 있다. 고대 헬라어 역본[OG]에서 이 다니엘서 본문을 보면, '계시하다'는 동사는 5회, '보여주다'[상징하다, 전달하다, 헬라어 *sēmainō*]는 동사는 2회가 나타나고, '될 일'(장래 일)이라는 문구는 3회에 걸쳐 나타난다. 이 다니엘서 본문 인유의 중요성에 대한 열쇠는 다니엘이 거기서 후일에 일어날 하나님 나라에 대하여 말하고 있다는 사실에 있다. 그러나 다니엘이 명백히 '후일에' 일어날 일이라고

말하는 것을 요한은 "반드시 속히[빨리] 일어날 일들"이라고 기록한다. 이 말은 다니엘의 예언이 신속한 방법으로 성취될 것이라거나 언젠가 성취될 수 있으리라는 단순한 가능성을 내포하는 것이 아니라 틀림없이 현재 이미 성취가 시작된, 확실하고 임박한 성취의 때를 함축하고 있다. 다니엘이 후일에 일어날 일로 기대한 것을 요한은 지금 일어나는 것이 임박했거나 이미 일어나기 시작한 것으로 선언하고 있다. 여기서 문구의 변화('후일에'가 '속히'로)는 다니엘이 먼 '후일에' 일어날 것으로 예언한 마지막 환난, 악의 패배, 천국의 건설과 같은 일의 성취가 요한은 자기 세대에 시작되는 것으로, 아니 사실은 이미 시작된 것으로 보고 있음을 암시한다(하나님 나라보다 먼저 환난이 임한다는 개념에 대해서는 다니엘 2장과 평행적인 예언을 다루고 있는 다니엘 7장을 보라). 1-3절에서 '속히'와 '가까움이라'의 초점은 주로 예언 성취의 완성(주의 재림)의 임박함이 아니라 성취의 시작과 이 성취의 지속적인 국면을 강조하는 것에 두어져 있다. '성취의 완성' 사상은 부차적으로 나타난다.

이후 문맥도 미래의 최종적 성취가 아니라 성취의 시작에 초점이 있음을 보여준다. 다니엘 7장 예언의 최초의 성취를 암시하는 가까이 온 종말의 때,[3b절] 땅의 임금들에 대한 현재의 그리스도의 왕권,[5절] 성도들의 나라의 출범[6, 9절] 그리고 이어지는 '인자'와[13절] 환상에[13-15절] 대한 언급은 이 초점과 다니엘서 관점의 영향을 강력히 지시한다(뒤에서 이 본문들에 대한 주석을 참조하라). 마찬가지로 12, 20절에서 스가랴 4장의 일곱 촛대에 대한 인유와 16절의 이사야 49:2과 11:4(메시아의 입에서 나오는 칼)에 대한 언급도 구약 예언들이 이 본문에서 성취가 시작되었음을 암시한다. 사실 요한계시록 1장 전체에서 딱 한 구절만이[1:7] 그리스도의 마지막 오심을 언급하는 내용을 명확히 담고 있다. 그리고 그 구절조차도 역사 전체에 걸쳐 진행되고 그리스도의 재림에서 성취가 절정에 이르는 다니엘 7:13 예언의 성취의 점진적인 성격을 언급한다. 요한이 그리스도의 부활을 하나님 나라의 출범과 관련된 다니엘서 예언의 성취로 본 것은 의심의 여지가 조금도 없다. 이것은 기록되어야 할 일이 단순히 먼 미래에 관한 일이 아니라 지금 여기 우리 앞에 있는 일이라는 것을 암시한다.

1절에서 계시의 전달의 연쇄 관계가 하나님에게서 그리스도로, 그의 천사에게로, 요한에게로, 그리고 하나님의 종들에게로 이어진다. '하나님의 종들'이라는 말은 특수한 선지자 집단이 아니라 예언에 대하여 일반적인 부르심을 갖고 있는 신앙 공동체 전체 구성원을 가리킨다. 요한계시록 이후 부분에서 때때로 하나님이나 그리스도나 천사 가운데 누가 말하는지 결정하기가 어려운 경우에, 메시지가 셋 모두에게서 나온다고 보아도 된다. 그러므로 요한계시록은 구약의 예언이 예수 그리스도 안에서 성취가 임박하고 이미 시작된, 천국에 관한 예언의 책이다.

2. 요한계시록의 주제가 여기서 더 명확해진다. 요한이 자신의 모든 환상에서 본 것은 하나님과 예수 그리스도에 관한 계시 또는 하나님과 예수 그리스도에 의해 주어진 계시에 대한 요한의 증언 외에 다른 것이 아니다. '예수 그리스도의 증거'라는 문구는 바로 앞에 나오는 '하나님의 말씀'과 평행을 이루고, 하나님의 말씀의 엄밀한 내용을 명확히 한다. 즉, 계시적인 하나님의 말씀은 하나님께서 예수 그리스도로 말미암아 행하신 일과 관련되어 있다.

3. 요한은 3절에서 이 '예언의 말씀'을 마음에 새기는 자는 복이 있을 것이라고 선언한다. 요한계시록의 메시지가 펼쳐지는 것은 마지막 때와 관련된 지적 사변의 소재를 제공하기 위해서가 아니라 요한계시록을 읽는 모든 사람의 현재 삶을 규제하는 일련의 명령을 제공하려는 의도가 있다. 구약의 예언은 일반적으로 두 가지 시간적

의미를 갖고 있었다. 하나는 당대 하나님의 백성에게 주는 하나님의 말씀의 예언forth-telling이고, 또 하나는 미래에 일어날 사건들에 대한 예언fore-telling이었다. 요한계시록도 이 두 가지 특징을 지니고 있다. 요한계시록의 메시지를 읽는 자와 듣는 자와 지키는 자가 복이 있다. 요한계시록이 궁극적인 윤리 목표를 가지고 있다는 것은 22:6-21의 결론으로 확인된다. 22:6-21은 1:1-3의 프롤로그, 특히 1:3의 윤리적 강조점을 의도적으로 확대시킨다. 3절의 예언은 일단의 예고가 아니고, 성경 전통에 따라 신자들에게 삶 속에서 순종으로 반응할 것을 촉구하는 하나님에게서 나온 말씀이다.

이 예언의 말씀을 듣는 자들이 그 말씀을 주의해야 하는 이유가 여기서 주어진다. "때가 가까움이라." 요한은 "때가 찼고 하나님의 나라가 가까이 왔으니"라는 마가복음 1:15의 예수의 말씀을 반영한다. 마가복음 1:15에서 "가까이 왔으니"는 "막 도래하려고 하다", "지금 도래하고 있다"의 의미를 갖는다. 이 두 절("때가 찼고"와 "하나님의 나라가 가까이 왔으니")은 평행적이다. 즉, 예수께서 말씀하신 때가 이제 성취되고 천국이 도래했다는 것이다. 3절의 "때가 가까움이라"와 1절의 '속히' 사이의 관련성은 3b절에서 요한이 1a절에서 전달하는 구약성경(특히 다니엘 2장)의 예언에 대한 '시작된' 마지막 때 관점을 더 깊이 전개하고 있다는 것을 암시한다. 두 구절 사이의 관련성은 요한계시록 결론에 의해 더 강화된다. 결론 부분을 보면, 22:7b에서 1:3a이 되풀이되고("이 두루마리의 예언의 말씀을 지키는 자는 복이 있으리라"), 22:6b에서는 1:1a이 반복되어 소개된다("그의 종들에게 반드시 속히 되어질 일을 보이시려고"). 요한은 구약성경(다니엘서와 같은)이 예언하고 교회 시대 전체에 걸쳐 존재할 대망의 마지막 때의 나라가 그리스도의 죽음과 부활에서 시작된 것으로 본다. 요한은 다니엘서에 예언된 마지막 때 나라가 예수 그리스도의 인격 속에서 도래한 것으로 본다. 요한의 예언적 언어는 단순히 먼 미래가 아니라 현재 한복판에서 말하는 것이다. 그리스도의 과거 구속 사역으로부터 유익을 얻었다고 주장하려면 현재 삶 속에서 주가 되시는 그리스도에게 순종으로 반응해야 한다.

1:1-3 묵상 제안

요한계시록에 대한 이해: 하나님께서 요한계시록 전체에 걸쳐 성경이 펼쳐지는 표현 방식으로 요한에게 말씀하셨다는 사실은 주목할 만하다. 하나님은 자기 백성에게 요한계시록에서 구약성경이 어떻게 언급되는지 이해할 준비를 하라고 권면하시는 것 같은 생각이 든다. 우리는 요한계시록을 이런 방식으로 보았는가, 아니면 제대로 이해하는 것이 불가능하다고 느끼고 요한계시록을 피하는 경향이 있었는가? 요한계시록을 이해하는 핵심 열쇠 가운데 하나는 요한계시록에서 구약성경이 어떻게 사용되는지를 파악하는 것이다.

예언에 대한 이해: 오늘날 사람들은 '예언'에 대한 관심이 지대하다. 우리는 하나님께서 요한에게 주신 말씀, 곧 성취가 시작된 예언의 말씀을 오늘날 흔히 제공되는 예언적 메시지나 해석, 곧 요한계시록을 단지 미래의 사건들에만 해당되는 것으로 보는 잘못과 어떻게 관련시키고 있는가?

예언에 대한 추가 이해: 오늘날 예언에 관한 많은 가르침들이, 하나님께서는 단순히 자기 종들에게 미래의 마지막 날에 일어나도록 되어 있는 일을 보여주시려고 예언의 말씀을 주신다고 주장한다. 그러나 그것 말고는 없는가? "예언의 말씀을 지키는"3절 것은 무슨 뜻인가? 예언에 대하여 미래에 관한 지식을 수집하는 것 이상의 반응이 있는가?

요한은 구속 사역을 통해 그리스도인에게 새로운 지위를 부여하신 성부·성자·성령으로 말미암아 교회들에게 인사하며 모든 영광을 하나님께 돌린다[1:4-6]

1 4 요한은 아시아에 있는 일곱 교회에 편지하노니 이제도 계시고 전에도 계
셨고 장차 오실 이와 그의 보좌 앞에 있는 일곱 영과 5 또 충성된 증인으로
죽은 자들 가운데에서 먼저 나시고 땅의 임금들의 머리가 되신 예수 그리스도로 말미
암아 은혜와 평강이 너희에게 있기를 원하노라. 우리를 사랑하사 그의 피로 우리 죄에
서 우리를 해방하시고 6 그의 아버지 하나님을 위하여 우리를 나라와 제사장으로 삼으
신 그에게 영광과 능력이 세세토록 있기를 원하노라. 아멘.

4. 요한은 이제 일곱 교회에 편지를 보낸다. 요한이 '일곱'이라는 수를 선택한 것은 우연이 아니다. '일곱'은 요한계시록에서 특히 선호하는 숫자다. 성경적으로 '일곱'은 온전함 또는 충만함을 상징하고, 본래 창조의 7일에서 유래한 것이다. 레위기 4:6, 17을 보면 피를 일곱 번에 걸쳐 뿌리는 것은 온전한 행동을 상징했다. 절기, 제사장 위임 의식, 여리고 성을 도는 행진, 부정함에서 깨끗해지는 기간이 7일 동안 계속된 것도 마찬가지다. 4절에서 '일곱'이라는 수의 중요성은 일곱 교회가 교회의 충만함을 표상한다는 것에 있다. 일곱 교회의 보편적인 성격은 이어지는 문맥에서 더 분명하게 드러날 것이다.[1:6, 5:9-10 등] 특히 성전의 일곱 등잔대(촛대)가 그리스도의 초림과 재림 사이의 기간에 존재한 하나님의 백성 전체를 표상하는 의미를 갖고 있음을 생각하면 그것이 더욱 분명해질 것이다.[1:12, 11:3-4 주석 참조] 마찬가지로 스가랴 4:2, 10과 요한계시록 5:6도 등잔대 위에 올려놓는 성전의 '일곱 등불'(일곱 영, 성령)이 하나님의 효과적이고 보편적인 사역('온 땅에')을 수행하는 것으로 이해한다. 그러므로 촛대 역시 이

보편적 사역에 포함되며, 보편적 성격을 갖고 있는 것이 틀림없다. 일곱 교회가 (세계 전역의 교회가 아니라) 최소한 소아시아의 전체 교회를 대표한다는 것은, 2-3장에서 특정 교회에 전달된 각 편지가 결말 부분에서 모든 교회에 전달되는 것으로 말해진다는 사실에서도 암시된다. 4장 이후부터 오직 보편적 교회가 언급되고 이 일곱 교회에 대한 언급이 시야에서 사라지는 것은 결코 우연이 아니다. 요한의 예언 메시지는 사실상 그리스도의 전체 몸, 곧 모든 시대의 교회에 주어진다.

편지의 전형적인 인사말인 "**은혜와 평강이 너희에게 있기를 원하노라**"는, 신약성경의 다른 서신들과 마찬가지로 이어지는 편지의 내용과 독자가 처한 역사적 상황에 따라 조건이 달라진다. 그리스도인 독자들은 환난 가운데서, 특히 타협의 압력이 가해지는 상황 속에서, 믿음으로 인내하기 위한 은혜를 필요로 한다.[2-3장 참조] 그리고 이런 외적 혼란의 와중에서, 그들은 오직 시공간 역사의 변천을 주권적으로 통제하시는 영원한 하나님만이 주실 수 있는 내적 '평안'을 필요로 한다. 이 계시의 목적은 "**이제도 계시고 전에도 계셨고 장차 오실 이**"에 대한 영원하고 초역사적인 관점을 제공하는 데 있고, 이때 독자들은 그분의 계명을 이해하고 순종에 대한 동기를 부여받을 수 있다.[3절 참조] 이 완벽한 삼중 절("이제도 계시고 전에도 계셨고 장차 오실 이")은 출애굽기 3:14을 반영하고, 아울러 자체로 출애굽기 3:14의 하나님의 이름에 대한 숙고의 연장으로 볼 수 있는 이사야서의 하나님에 대한 이중 및 삼중 묘사[사 41:4, 43:10, 44:6, 48:12] 또한 반영한다. 이 문구들은 모두 각각의 구약 배경에 따라 하나님을 역사의 시작과 중간과 끝에 존재하시는 분으로 묘사하며, 그러므로 예언을 성취로 이끌고 애굽이든 바벨론이든 또는 다른 어느 민족을 막론하고, 거역할 수 없는 역경에도 불구하고 자기 백성을 구원하실 수 있는 독보적으로 주권적인 역사의 주主로 묘사하는 데 사용된다. 마찬가지로 여기서 이 표현("이제도 계시고 전에도 계셨고 장차 오실 이")도 모든 세상사를 주권적으로 인도하시는 하나님을 신뢰하도록 동기를 부여하고, 믿음을 시험하는 난관을 이겨내며 굳건하게 설 수 있는 용기를 불어넣는 데 사용된다.

이 예언 메시지는 하나님과 그리스도로부터 올 뿐만 아니라 "보좌 앞에 있는 일곱 영"으로부터도 온다. 여기서 일곱 영은 성령을 가리키는데, 이 '일곱'이라는 수 역시 충만함을 상징한다. 요한이 문안 인사로 전하는 은혜와 평강을 신자들에게 제공하려면 성령이 필수적이다. 신자들이 속히 일어날 예언의 말씀에 순종으로 반응하려면 성령의 역사가 요구될 것이다. 그리스도인 독자들은 환난 가운데서, 특히 타협의 압력이 가해지는 상황 속에서, 믿음으로 인내하려면 은혜를 필요로 한다.[2-3장 참조] 그리고 이런 외적 혼란의 와중에서, 그들은 삶 속에서 직면하는 일상적인 시련과 갈등을 주권적으로 주관하시는 영원한 하나님만이 주실 수 있는 내적 '평안'을 필요로 한다. 요한은 여기서 일곱 등잔(등불)이 성전 건물에 은혜를 제공하는 한 영(성령)을 표상하는 스가랴 4:2-9을 인유하고 있다. 다시 한 번 요한계시록 4:5-6이 보좌 앞에 켠 일곱 등불을 일곱 영과 어떻게 동일시하는지를 주목해 보라. 성령은 우리가 하나님이 거하시는 성전이 되도록 능력을 베푸신다.

5. 요한의 인사말은 "충성된 증인으로 죽은 자들 가운데에서 먼저 나시고 땅의 임금들의 머리"로 묘사되신 예수 그리스도로부터 근원한다. 요한은 지금 이 세 문구가 모두 사용되고 있는 시편 89:27, 37을 인용하고 있다. 시편 89편은 왕이 그의 원수들을 다스리고 그의 자손이 그의 보좌에 영원히 앉게 될 것에 대하여 말한다.[19-29절] 시편 89편에 나온 '장자'가 분명히 5절에서 "죽은 자들 가운데에서 먼저

나신 이"로 정의된다. 그리스도는 우주에 대한 주권적 지위를 얻으셨다. 이 말은 그리스도께서 모든 피조물 가운데 첫째 피조물로 간주되거나 심지어는 피조물의 기원으로 간주된다는 의미에서가 아니라, 오히려 3:14에서 설명하는 것처럼 그리스도께서 자신의 부활로 말미암은 새 창조의 창시자라는 의미로 이해된다. 요한은 예수를 다윗의 자손으로 생각하고, 예수의 부활로 그의 영원한 나라가 세워졌다고 본다. 일반적으로 요한계시록 다른 곳[6:15, 17:2, 18:3 등]에서처럼(예외에 대해서는 21:24에 대한 주석을 보라), 땅의 임금들은 예수의 영원한 나라의 충성된 신복이 아니고 그리스도의 통치를 반대하는 세상의 왕들을 가리킨다. 이 땅의 임금들에는 그들이 대표하는 나라들과 사람들뿐만 아니라 그 나라들의 배후에 있는 사탄의 세력도 포함된다. 그리스도께서 지금 이 땅의 임금들을 다스리신다는 것은 요한의 환상 속에 펼쳐진 사건들이 단순히 주님의 재림이 있기 직전의 미래 사건을 가리키는 것이 아니라 교회 시대 전체에 걸쳐 일어나는 현재적 실재들을 가리킨다는 것을 다시 한 번 증명한다. 시편 89편의 예언을 그리스도께서 성취하신 것으로 보기 때문에 요한은 5절 마지막 부분에서 "우리를 사랑하사 그의 피로 우리 죄에서 우리를 해방하시고"로 이어지는 그리스도에 대한 감동적인 송영을 집어넣고, 그렇게 하나님에 대한 송영은 6절 마지막까지 계속되며 끝마친다.

6. 5절에서 시작된 그리스도에 대한 찬양이 6절에서도 계속된다. 즉, 그리스도는 자신이 행하신 일로 말미암아 신자들을 '그의 [아버지] 하나님'을 섬기는 '나라와 제사장'으로 삼으셨다. 신자들이 그리스도의 왕권과[5a절] 하나가 되는 것은 그들 역시 그리스도의 높아지심의 결과로 그리스도와 함께 부활하고 함께 왕 노릇 하는 것으로 간주됨을 의미한다. 신자들은 그리스도의 죽음 및 부활과 하나가 됨으로써 그리스도와 함께 왕이 되었고, 그리스도의 제사장 직분을 공유

했다. 6절의 언급은 출애굽기 19:6의 인유다. "너희가 내게 대하여 제사장 나라가 되며 거룩한 백성이 되리라." 시제의 변화('되리라'에서 '삼으신'으로 바뀜)가 얼마나 의미심장한지 주목해 보라. 출애굽기에서 이스라엘의 역할로 예언되었으나 이스라엘이 결코 성취하지 못한 것이 이제 성취된 것으로 요한에 의해 진술된다. 동사('삼으신')가 과거 시제이기 때문이다. 여기서 '나라'는 단순히 장소를 가리키는 것이 아니고, 제사장과 마찬가지로 행동을 가리킨다. 나라는 또한 왕권이나 왕적 권능을 의미할 수도 있다. 신자는 단순히 나라 안에서 사는 것으로 그치지 않는다. 그 나라의 왕적 권능을 (그리스도 아래서이기는 해도) 행사한다. 비록 이 권능을 행사하는 방식이 아직 불완전하기는 해도, 신자는 제사장과 왕으로서 이미 이 권능을 행사하는 역할 속에 들어갔다. 그리스도는 자신의 희생적인 죽음을 통해 ("그의 피로 우리 죄에서 우리를 해방하시고") 제사장으로서 그리고 '충성된 증인'으로서 자신의 역할을 감당하셨고, 십자가에서 죄와 사망을 영적으로 패배시키셨으며, 이어서 죽은 자 가운데서 부활하심('먼저 나시고')으로써 왕('머리')으로서의 역할도 감당하셨다.[5절] 교회 역시 제사장으로서 그리스도와 동일시되고, 지금 그리스도를 위하여 세상에서 충성된 증인이 되고 기꺼이 고난을 받음으로써 제사장으로서의 역할을 감당하고 있다. 심지어 외관상으로는 패배를 당하는 가운데 있지만 실제로는 (그리스도께서 십자가에서 그렇게 하신 것처럼) 원수의 전략을 좌절시키고 여전히 나라를 다스리고 있다. 우리는 요한계시록의 진행을 따라 종종 이 주제로 되돌아가는데, 이는 불과 세 구절 뒤에서 다시 나타난다.[9절]

출애굽기 19:6에 나온 표현("너희가 내게 대하여 제사장 나라가 되며 거룩한 백성이 되리라")은 이스라엘에 대한 하나님의 목적을 요약하는 말이다. 이것은 주로 이스라엘이 이방인들에게 증언을 통해 여호와의 구원 계시의 빛을 중재하는 왕과 제사장 민족이 되어야 했던 것을[사 43:10-13 등] 의미했다. 이 목적은 구약의 선지자들이 반복해서 선포한 것이지만 이스라엘은 결코 이를 이루지 못했다.[사 40-55장] 구약의 제사장과 같이 지금 하나님의 모든 백성도 자유롭게 중재자 없이 하나님의 임재 앞에 나아간다. 그 이유는 그리스도께서 자신의 대속적 피로 죄의 장애물을 제거하셨기 때문이다. 하나님의 모든 백성은 하나님의 임재의 빛을 세상에 반사해야 한다. 요한이 출애굽기 19:6의 예언이 교회에서 성취된 것으로 보는 것은, 교회가 지금 하나님의 약속의 상속자로서 그리고 하나님의 언약 백성으로서 참 이스라엘의 계승자라는 사실을 암시한다. 반면에 믿지 않는 유대인은 참 유대인으로 묘사되지 않고 사탄의 회당으로 묘사된다.[2:9] 하나님의 구속 계획의 성취는 영원한 영광을 가져오고 하나님의 영원한 능력에서 정점에 달한다.

역사에 대한 성자의 왕권과 성부의 주권은 교회의 은혜와 평강 그리고 성부의 영광의 기초다[1:7-8]

1 **[7]볼지어다, 그가 구름을 타고 오시리라. 각 사람의 눈이 그를 보겠고 그를 찌른 자들도 볼 것이요 땅에 있는 모든 족속이 그로 말미암아 애곡하리니 그러하리라. 아멘. [8]주 하나님이 이르시되 나는 알파와 오메가라. 이제도 있고 전에도 있었고 장차 올 자요 전능한 자라 하시더라.**

7. 요한의 인사말의 결론이 7절과 8절에 나온다. 7절은 구약의 두 본문을 인용한 것으로 이루어져 있다. 첫 번째 본문은 민족들을 다스리시는 인자의 등극을 예언하는 다니엘 7:13이다. 요한은 다니엘 7:13의 예언이 성부 하나님 우편에 앉으신 그리스도의 왕좌 즉위에

서 성취된 것으로 본다. 두 번째 본문은 이스라엘이 민족들에 대하여 거두는 마지막 때의 승리와 이스라엘 자신이 찌른 여호와 앞에서 회개하는 것을 예언하는 스가랴 12:10이다. 스가랴 12:10은 또한 장자를 위하여 통곡하는 것도 언급하는데, 이것은 앞선 5절에서 시편 89편을 인용하는 것을 반영한다. 그러나 스가랴서 본문의 내용을 요한은 보편화시켰다. 왜냐하면 원래 이 본문은 단지 자기들에게 부어졌던 은혜의 영으로 말미암아 다윗의 집이 여호와에 대하여 애통하는 것에 대해서만 말하는 것인데, 요한은 "땅에 있는 모든 족속이" 그렇게 하는 것으로 말하며 거기에 "각 사람의 눈이 그를 보겠고"라는 말을 덧붙이기 때문이다. 스가랴 12장에서 이스라엘에게만 적용되던 것이 이제 요한계시록에서는 땅의 모든 민족, 특히 성령과 그의 은혜를 받아[5절] 자기들이 예수에게 행한 일을 애곡하는 사람, 곧 예수 안에 있는 모든 참 신자에게 적용된다. 이것은 6절에서 출애굽기 19:6을 인용하는 데서 확인된 것을 동일하게 적용하는 것이다.

그러므로 회개하는 이방인들은 그리스도께서 재림하실 때에 스가랴 12:10의 예언을 성취할 참 이스라엘의 일원으로 간주된다. 그러나 다니엘 7:13의 언급은 그리스도께서 역사의 사건들을 심판과 복으로 이끄시는 교회 시대 전체 기간을 망라한 것이다. 왜냐하면 요한계시록 1:13에 나오는 인자에 대한 인유는 현재 상황에 적용되기 때문이다. 다니엘서 본문의[단 7:13] 예언은 인자가 마지막 때 나라와 권세를 받기 위해 '오시는 것'에 대하여 말한다. 요한은 이 나라를 예수께서 부활하실 때 받은 것으로 이해하고, 이러한 의미에서 예수의 마지막 오심(재림)은 교회 시대 전체에 걸쳐 구주로서 또한 심지어는 심판자로서 계속 교회들을 찾아오시는 과정을 끝맺는 것이다. 2:5, 16, 3:3에서 말하는 예수의 오심은 명확히 예수의 마지막 오심(재림)을 가리키는 것이 아니라 오히려 현재 교회들을 심판하기 위해 계속 찾아오시는 예수의 오심을 가리킨다. 따라서 3:11에서 "내가 속히 오리니"라는 말씀 역시 심판하러 곧 오시는 것을 암시한다. 그러므로 7절과 요한계시록 다른 곳에서 그리스도의 오심('오시리라')은 역사 전체에 걸쳐 일어나는 과정으로 이해하는 것이 더 낫고, 따라서 이른바 '재림'은 사실상 이 오심들의 전체 과정을 끝내는 마지막 오심이다. 결론적으로 시대 전체에 걸쳐 복과 심판을 베풀기 위해 오시는 그리스도의 '오심들'은 오직 그리스도의 마지막 때의 권세 행사의 한 표현이다. 스가랴 12:10의 인용은 아마 다니엘 7:13의 인유에 표현된 역사 과정의 클라이맥스(곧 그리스도의 재림)를 함축할 것이다. 그러나 요한복음 19:37에서 스가랴 12:10을 인용하는 것은 예수를 찌른, 그리고 곧이어 분명히 회개한 십자가 곁의 이방인 병사를 가리킨다.[요 19:34-37, 막 15:39] 현저하게 비슷한 스가랴 12:10의 적용이 7절에서 발견된다. 결론적으로 스가랴 12:10의 언급은 또한 이방인이 메시아를 믿을 때인 마지막 재림이 있기 전 시기(교회 시대)에 적용될 수도 있다. '아멘'은 7절 앞부분에서 방금 말한 것의 신뢰성과 확실성을 증명하기 위한, 구절을 끝맺는 말이다.

8. 인사말 부분은 주님이 헬라어 알파벳의 첫 글자와 마지막 글자인 '알파와 오메가'를 사용하여 자기 자신을 묘사하는 것으로 끝난다. '알파와 오메가'라는 말은 정반대편 사이에 있는 모든 것을 강조하기 위해 양극단의 말을 사용하는 비유 언어다. 따라서 하나님이 역사의 시작과 끝이라는 진술은 역사 과정 전체에 대한 하나님의 임재와 모든 사건에 대한 하나님의 통치를 강조한다. 하나님의 주권적인 통치는 하나님을 "**이제도 있고 전에도 있었고 장차 올 자**"로 지칭하는 것으로 강조되고, 이 말은 하나님이 '전능한 자'라는 것을 의미한다. 이 삼중 공식으로 양극단 전체 요소("전에도 있었고 장차 올 자요")가 표현될 뿐만 아니라, 진실로 하나님이 역사의 시작과 끝 사이

의 모든 사건을 통치하시는 분임을 증명하기 위해 중간 요소("이제도 있고")가 덧붙여진다. 이 중간 요소는 실제로는 순서에서 벗어나 첫 부분에 두어져 있는데, 그것은 독자들에게 하나님이 현재 그들과 함께 계시며 그들이 직면하는 모든 상황을 다스리신다는 것을 강조하기 위함이다. 그리하여 이 강조점은 7절의 기초로 작용하는데, 그 이유는 역사의 완성에 관해 이처럼 확신 있는 주장을 펼칠 수 있는 것은 전능하신 하나님을 전제로 할 때에만 가능하기 때문이다.

1:4-8 묵상 제안

'일곱'이라는 수: 1:4-8에서 '일곱'이라는 수에 대한 요한의 용법과, 일곱 교회라는 말로 전체 교회(보편 교회)를 표상하는 '일곱'이라는 수의 중요성을 전제로 할 때 우리는 오늘날의 교회를 어떻게 생각해야 하는가? 우리의 생각의 범위는 종종 지역 교회나 우리와 친숙한 다른 교회들로 제한되지 않는가? 우리가 하나님이 교회를 보시는 것만큼 교회를 폭넓게 보려면 우리의 시야를 어떻게 조정해야 하는가?

성전 건축자로서의 성령: 스가랴 4:2-7은 제2성전을 건축하도록 이스라엘에 은혜를 베푸시는 한 영(성령)을 상징하는 일곱 등잔에 대해 말한다. 요한은 이 동일한 영을 교회라는 성전의 건축자로 제시한다. 우리는 성령께서 교회를 성전으로 건축하시는 것이 내포하는 의미를 더 깊이 깨닫는 법을 어떻게 배울 수 있는가? 그 과정에서 종종 성령이 무시되지는 않는가? 고린도전서 3:16-17과 6:19은 이에 대해 어떤 빛을 던져 줄 수 있는가?

그리스도의 부활: 그리스도께서 죽은 자 가운데에서 먼저 나신 분이라는 말은 그분이 자신의 부활을 통해 새 창조를 시작하셨다는 뜻이다. 우리는 그리스도의 부활을 역사상 가장 중대한 구분선으로 생각하는가, 아니면 과거나 미래의 어떤 다른 사건을 더 중대한 구분

선으로 생각하는가? 그리스도의 부활을 새 창조의 시작으로 보는 이해는 마지막 때는 아직도 미래의 일일 뿐이라고 여기는 많은 사람들의 관점에 어떻게 영향을 미치겠는가?

나라와 제사장으로서의 신자: 그리스도는 하나님을 섬기도록 우리를 나라와 제사장으로 삼으셨다. 오늘날 우리 신자들은 왕과 제사장으로서의 사명을 실제로 어떻게 감당하고 있는가? 6절은 이 질문을 묵상하는 데 어떤 도움을 줄 수 있는가?

예수의 오심: 우리는 예수께서 역사가 진행되는 동안 자신의 교회를 계속 찾아오신다는 개념(예수의 재림이 아니라)을 어떻게 이해하고 있는가? 예수께서 교회를 계속 찾아오신다는 생각은 오늘날 그리스도인으로서의 우리 삶의 방식과 교회 생활 방식에 어떻게 영향을 미칠 수 있는가?

교회의 확신의 기초는 그리스도께서 죽음을 이기고 승리하신 결과로 주어진 교회의 거룩하신 심판자·제사장·통치자로서의 그분의 지위에 있기 때문에, 요한은 선지자로서 교회들에게 편지를 쓰라는 명령을 받는다[1:9-20]

1 9 나 요한은 너희 형제요 예수의 환난과 나라와 참음에 동참하는 자라. 하
나님의 말씀과 예수를 증언하였음으로 말미암아 밧모라 하는 섬에 있었더
니 10 주의 날에 내가 성령에 감동되어 내 뒤에서 나는 나팔 소리 같은 큰 음성을 들으
니 11 이르되 네가 보는 것을 두루마리에 써서 에베소, 서머나, 버가모, 두아디라, 사데,
빌라델비아, 라오디게아 등 일곱 교회에 보내라 하시기로 12 몸을 돌이켜 나에게 말한
음성을 알아 보려고 돌이킬 때에 일곱 금 촛대를 보았는데 13 촛대 사이에 인자 같은
이가 발에 끌리는 옷을 입고 가슴에 금띠를 띠고 14 그의 머리와 털의 희기가 흰 양털

같고 눈 같으며 그의 눈은 불꽃 같고 15 그의 발은 풀무불에 단련한 빛난 주석 같고 그
의 음성은 많은 물 소리와 같으며 16 그의 오른손에 일곱 별이 있고 그의 입에서 좌우
에 날선 검이 나오고 그 얼굴은 해가 힘있게 비치는 것 같더라. 17 내가 볼 때에 그의
발 앞에 엎드러져 죽은 자 같이 되매 그가 오른손을 내게 얹고 이르시되 두려워하지
말라. 나는 처음이요 마지막이니 18 곧 살아 있는 자라. 내가 전에 죽었었노라. 볼지어
다, 이제 세세토록 살아 있어 사망과 음부의 열쇠를 가졌노니 19 그러므로 네가 본 것
과 지금 있는 일과 장차 될 일을 기록하라. 20 네가 본 것은 내 오른손의 일곱 별의 비
밀과 또 일곱 금 촛대라. 일곱 별은 일곱 교회의 사자요 일곱 촛대는 일곱 교회니라.

9. 9-11절에서 요한은 예언적 계시를 기록하라는 명령을 받는다. 요한은 자기 자신을 "예수의[예수 안에서 우리의 것인] 환난과 나라와 참음에 동참하는" 그의 독자들과 같은 자로 간주한다. 따라서 5-7절, 특히 6절에 나타난 '나라' 주제를 계속 언급하는 것으로 자신을 소개한다. 이 세 헬라어 단어("환난과 나라와 참음") 앞에는 하나의 정관사만 붙어 있는데, 그것은 이 세 단어가 모두 동일한 실재의 한 부분이라는 개념을 전달한다. 우리는 환난과 참음(인내)이 없으면 나라를 다스릴 수 없다. 그러나 유대교의 대다수 사람들은 이런 나라를 전혀 예상하지 못했다. 이 나라에서 왕 노릇 하는 것은 오직 신실하게 환난을 참을 때에만 시작되고 지속된다. 이 나라에서 왕 노릇 하는 공식은 바로 환난을 신실하게 참는 것이 현재 우리가 예수와 함께 다스리는 수단이라는 것이다. 신자들은 그리스도의 나라에서 단순히 시민으로 그치지 않는다. 요한이 '동참하는 자'라는 말을 사용하는 것은 성도들이 환난을 참는 데 있어서 뿐만 아니라 그러한 가운데 왕 노릇 하는 데 있어서도 적극적으로 참여한다는 사실을 강조한다. 성도들이 그리스도와 동일시되는 것은 그들이 직면하는 환난의 기초이자 이 환난을 참고 왕으로서 나라에 동참하는 그들의 능

력의 기초다. 이 역설적인 통치 방식은 예수께서 자신의 지상 사역에서 그리고 심지어는 십자가에서까지 자신의 권세를 행사하신 방법을 그대로 반영하고, 그리스도인도 이와 같은 그리스도의 길을 따라야 한다. 이것은 요한계시록이 전개되면서 주된 주제가 된다. 신자들은 환난에도 불구하고 타협을 거절함으로써,[2:9-11, 3:8-10] 요한이 친히 겪은 것처럼 고난을 기꺼이 감수함으로써,[9절] 그리고 일반적으로 그리스도를 닮는 성품을 추구함으로써[2-3장] 이기는 자가 될 것이다. 요한은 예수께서 왕 노릇 하기 시작하신 것처럼 성도들의 왕 노릇 또한 예수와 동일시되는 것을 통해 사망과 사탄을 지배하기 시작한 것뿐만 아니라, 환난에도 불구하고 충성된 증언을 양보하지 않음으로써,[2:9-11, 13, 3:8, 12:11] 악의 세력들을 지배함으로써,[6:8-11 등] 삶 속에서 죄를 물리침으로써[2-3장] '이기는' 것에 있다고 계시한다. 성도들의 참음은 이기는 과정의 하나다(각 편지들의 결론적인 약속을 보라).

환난은 현재적 실재이고,[2:9 참조] 또한 임박한 미래에 교회들 속에서 계속될 것이다.[2:10] 요한 자신은 그리스도를 증언했다는 이유로 유배당해 밧모 섬에서 이 환난을 참고 있었다. "**하나님의 말씀과 예수를 증언하였음으로 말미암아.**" 여기서 '증언하다'라는 말은 법정에서 행해지는 증언을 의미할 수 있고, 이것이 헬라 세계에서 이 단어의 일차 배경이었으며 요한복음에서 사용되는 의미이기도 하다. 이것은 세상이나 세상 법정이 예수와 그리스도인의 '증언'을 거부하는 것이 하늘의 법정에서 그들의 심판의 기초가 된다는 사실을 의미할 것이다.[11:3, 22:20 주석 참조]

10. 요한은 에스겔이 사명을 받는 장면에 대한 묘사와[겔 2:2, 3:12, 14, 24] 비슷한 말을 사용하여 자신이 사명을 받는 장면을 소개한다. "**내가 성령에 감동되어.**" 그렇게 함으로써 자신을 구약의 선지자들과 같은 반열에 둔다. 이것은 요한이 출애굽기 19:16-20에서 모세가 들은

것과 비슷한 **"나팔 소리 같은 큰 음성"**을 듣는 것으로 강화된다. 요한은 땅의 예수에 관한 계시를 충실히 증언했기 때문에(이것이 2a절과 9b절의 '하나님의 말씀'과 '예수의 증거'라는 말의 의미다) 하늘의 예수에 관한 계시를 증언하도록 사명을 받았다.

11. 요한의 예언 사명은—모세가 출애굽기 17:14에서, 이사야가 이사야 30:8[70인역]에서, 예레미야가 예레미야 36:2에서 그러한 말씀을 들은 것처럼—**"네가 보는 것을 두루마리에 써서 보내라"**는 명령으로 더욱 강화된다. 구약성경에 정통한 독자라면 아마 선지자들에게 이 사명은 이스라엘의 심판에 대한 약속을 기록하라는 명령이었음을 식별해 낼 것이다.[출 34:27, 사 8:1, 렘 36:2, 37:2, 합 2:2 참조] 그러므로 요한계시록의 초반 요점 속에 이 책의 주관심사 가운데 하나가 심판(앞으로 살펴볼 것처럼 이 심판은 세상에 대한 심판과 세상과 타협하는 교회 안의 사람들에 대한 심판이다. 2-3장에 대한 주석을 보라)이라는 것이 이미 암시되어 있다. 요한이 일곱 교회에 그에게 주어진 예언을 보내라는 사명을 받게 된 이유는 이 일곱 교회가 지역의 교회들 가운데 주도적인 교회였기 때문이었을 것이라는 점 외에 우리가 아는 바는 없다. 하지만 일곱이라는 수의 성경적 의미로 볼 때 이 교회들이 그 당시와 지금 세상의 모든 교회를 대표한다는 사실을 암시하는 것은 분명하다.

12-20. 12-20절에서 펼쳐지는 환상은 구약의 환상들의 전형적인 패턴을 따른다.[사 6:1-7, 렘 1:11-12, 13-14, 겔 2:9-3:11, 단 8:3-27, 10:2-12:3, 12:5-13, 슥 4:1-3, 5:1-11, 6:1-8] 첫째, 환상 장면이 설명된다.[12-16절] 둘째, 환상을 보는 자의 반응이 주어진다.[17a절] 셋째, 환상에 대한 해석이 이어진다.[17b-20절] 이 환상은 1-9절에서 이미 나타난 환난, 나라, 제사장 주제를 전개하고, '심판자로서의 그리스도' 주제를 새로 소개한다. 12-16절에서 그리스도는 종말론적인 천상의 제사장이자 마지막 때의 통치자와 심판

자로 묘사된다. 해석 부분은 그리스도에게 이 직분들이 주어진 것은 죽음을 이기신 그분의 승리 때문이라는 것과[17b-18절] 그분의 왕권이 주로 교회에 대한 그분의 통치와 관련되어 있다는 것을 보여준다. 12-20절의 환상은 9-20절의 종합적인 역할이, 19절에서 요한의 사명이 다시 진술되는 것으로 증명되는 것처럼, 목격한 전체 환상을 기록하라고 요한에게 주어진 사명이 부활하신 그리스도에게서 나온 것이라고 제시하는 데 있음을 보여준다. 그리스도의 심판자로서의 직무는 왕과 제사장으로서의 직무와 어떻게 관련되어 있는가? 교회는 환난을 무릅쓰고 "예수 그리스도의 증거"를 충실하게 증언함으로써 제사장과 왕의 역할을 유지하지 못한다면 그리스도에게 심판을 받을 것이다. 교회가 신실함을 유지하고 부당하게 박해를 받는다면 두려워할 필요가 없다.[17절] 왜냐하면 그러한 교회는 궁극적으로 그리스도께서 극복하신 것과 똑같이 자신들의 패배를 극복하게 됨을 확신할 수 있기 때문이다. 이 환상의 의미를 이해하려면 그 속에 나타난 구약 본문의 인유를 파악하는 것이 본질적이다(일반적으로 요한계시록 전체에서 그렇다).

12. 이 환상에서 요한이 보는 첫 번째 장면은 '일곱 금 촛대'이고, 이 촛대들은 교회를 표상한다.[1:20] 스가랴 4:2-6에서 일곱 등잔이 있는 등잔대는 성전 기구의 한 부분으로 성전 전체를 표상하는 비유적인 표현이고, 나아가 신실한 이스라엘 전체를 표상한다.[슥 4:6-9] 성막과 성전에서 일곱 등불을 가진 등잔대(촛대)는 하나님이 임재하시는 지성소 바로 앞 성소에 임재의 떡(진설병) 상과 나란히 놓였고, 유대인은 그 등불에서 나온 빛을 여호와의 임재를 상징하는 것으로 이해했다.[민 8:1-4] 스가랴의 환상에서 일곱 등잔[슥 4:2]은 이스라엘 백성(등잔이 놓이는 등잔대)에게 성전을 재건할 능력을 베푸실 성령의 권능을 표상하는 것으로 보인다.[슥 4:6] 요한은 일곱 촛대를 보는데, 각각의 촛대

는 일곱 교회를 상징하고 일곱 촛대 전체는 보편 교회를 상징한다. 참 이스라엘을 계승하는 교회는 또한 하나님의 새 성전을 건축하고자 할 때 필요한 능력을 성령을 상징하는 일곱 등불로부터 이끌어낸다.[1:4, 4:5] 따라서 스가랴서 본문에 대한 앞의 언급에서[4절 주석 참조] 제시되고 6절(제사장과 왕으로서의 교회)의 출애굽기 19:6 인용에 암시된 것처럼, 요한은 마지막 때의 성전이 이미 교회 안에서 시작된 것으로 보았다. 이것은 요한계시록 11:1-13로 확인된다. 거기 보면 촛대가 주의 초림과 재림 사이 기간에 참 성전으로서의 교회를 표상한다. 1:5-6에 비추어 보면 그리스도의 죽음과 부활은 새 성전의 터를 놓았고, 그리스도는 새 성전을 성령(촛대 위에 놓인 등불)을 통해 세우실 것이다. 스가랴서 본문의 한 촛대가 요한계시록에서 일곱 촛대로 바뀌는 것은 이 편지가 마지막 때의 보편적인 교회를 위해 주어졌다는 사실과 참 이스라엘은 더 이상 한 민족이 아니라 모든 민족을 망라한다는 사상을 강조한다.

13-16. 이제 요한은 '인자'에 관한 환상을 설명한다. 이 환상은 다니엘 7:13-14과 10:5-6에서 근원한다. 구약의 제사장들이 등불과 촛대(등잔대)를 돌본 것처럼, 여기서 그리스도도 2장과 3장에서 펼쳐질 것과 같이 권면과 징계를 통해 촛대를 보살피시는 천상의 제사장으로 묘사된다. 그리스도의 눈이 '불꽃' 같은 것은 심판자로서의 역할을 말하고, 이것은 그리스도의 동일한 역할을 묘사하기 위해 같은 말이 사용되는 19:12로 보아 분명하다. 예수께서 교회에 지속적으로 임하시는 것은 그분이 교회의 영적 상태를 항상 알고 계신다는 것을 의미하고, 이에 따라 교회는 복이나 심판을 받는다. 이 심판자로서의 역할은 다니엘 10장으로 강화된다. 왜냐하면 다니엘 10장을 보면 이 천상의 인물의 일차 목적이 이스라엘의 박해자가 확실히 심판받도록 되어 있는 신적 작정을 계시하는 데 있기 때문이다.[단 10:21-

[12:13] 다니엘 10:6은 심지어 이 천상의 인물을 '횃불 같은 눈'을 가진 자로 묘사하고, 테오도티온 역본 다니엘 10:16은 이 사람을 '인자와 같은' 이와 동일시한다.

그리스도의 발이 "풀무불에 단련한 빛난 주석" 같은 것은[15절] 교회 안에도 세워지기를 바라는 그분의 도덕적 순결함의 토대에 대하여 말한다(3:18에서 비슷한 문구가 어떻게 도덕적인 순결을 가리키는지 주목하라). 인자의 머리와 털에 대한 묘사는 다니엘 7:9의 옛적부터 항상 계신 이에 대한 묘사에서 나오고, 이것은 그리스도와 하나님이 어떻게 같은 이름으로 생각될 수 있는지를 보여준다. 그리스도의 "음성은 많은 물 소리와 같으며"라는 묘사 역시 (에스겔 시대이기는 하지만) 에스겔의 전능자에 대한 환상[겔 1:24, 43:2]에서 나온다. 그리스도께서 오른손에 '일곱 별'(20절에서 일곱 교회의 사자와 동일시된)을 쥐고 계시는 것은[16절] 그분의 권세가 천상의 영역에도 미치는 것을 증명한다. 별은 교회의 천상적 실존을 표상하고 촛대는 지상적 실존을 표상한다는 것을 암시할 수 있다. 그리스도의 "입에서 좌우에 날선 검이 나오는" 것은,[2:16, 19:15 참조] 이사야 11:4과 49:2의 예언에 기초가 두어져 있다. 이사야서의 두 본문은 그리스도의 심판자로서의 역할에 대해 말한다("그의 입술의 기운으로 악인을 죽일 것이며"). 그리스도는 이 검으로 교회의 불순종과[2:16] 세상의 불순종을[19:15] 심판하실 것이다. "해가 힘있게 비치는 것 같은" 그리스도의 얼굴은 사사기 5:31의 인유다. 사사기 5:31을 보면 승리하는 이스라엘 용사에 관해 똑같이 말한다. 여기서 사사기 본문의 묘사는 그리스도를 이상적인 마지막 때의 메시아 전사로 제시하는 것으로 간주된다.

17-18. 17a절에서 이 환상에 대한 요한의 반응이 나타난다. 이 반응은 다음과 같이 다니엘서의 패턴을 동일하게 따른다.[단 8:16-19, 10:7-12] 선지자는 환상을 받고, 두려움에 엎드러져 죽은 자 같이 되며, 천상

의 존재에게 힘을 얻고, 그런 다음 계속 계시를 받는다. 요한이 본 이 환상은 17b-20절에서 해석된다. 인자는 자신을 "**처음이요 마지막이라**"고 묘사하고, 이사야 41:4, 44:6, 48:12과 요한계시록 1:8에서도 하나님이 같은 말을 자신에게 귀속시키신다. 이는 처음부터 끝까지 인간 역사 전체에 대한 하나님의 온전한 주권을 의미한다. 여기서 이 말이 높아지신 그리스도에게 적용되는 것은 그리스도 역시 역사를 주관하시는 주님이라는 것을 증명하고, 따라서 그리스도 역시 신적 존재라는 사실에 대해 어떠한 의심도 불허한다. 이 같은 전환은 22:13에서 확대되고, 거기서(그리고 여기서) 그리스도는 그러한 분으로 이해되어야 한다. 그리스도는 역사 배후에 계신 유력자로 자신의 목적을 이루기 위하여 역사를 일으키신다. 이사야의 들음과 마찬가지로 요한의 들음도 하나님의 주권을 신뢰하고 그들의 예언적 증언을 강화하는 역할을 한다.

이 점에서 요한과 요한의 독자는 두려워해서는 안 된다. 18절에서 예수는 자기 자신을 '살아 있는 자'로 언급하고, 그렇게 함으로써 자신이 사망 권세를 물리치고 승리하신 것을 암시하신다. 18a절에서 부활을 묘사하는 삼중 공식 "살아 있는……죽었었노라.……세세토록 살아 있어"는 우연일 수 없고, 17b절("나는 처음이요 마지막이니")에서 그리스도에게 귀속되는 신적 속성을 추가로 지지하려는 의도를 갖고 있다. 17b절("나는 처음이요 마지막이니")은 그 자체와 긴밀하게 연계되어 있는 1:4과 1:8의 삼중 시간 공식(하나님께 적용된)에 따라 제시됨으로써 그리스도의 신적 속성을 지지한다. 주의 깊은 독자는 이 삼중 공식의 유사함을 보고 예수의 죽음과 부활이 역사 속에서 하나님의 목적을 이루는 핵심 사역이고, 예수께서 친히 이 역사를 이끄신 것을 확증했다는 사실을 식별해 낼 것이다. 그리스도는 또한 '세세토록' 살아 있는 분인데, 같은 말이 구약성경에서는 성부 하나

님에게 사용되었다.[신 32:40, 단 12:7]

그리스도께서 '사망과 음부의 열쇠'를 가지고 계신 것은 그분이 현재 심지어는 죽음까지도 지배하시는 분임을 증명한다. 이 배경은 아마 이사야 22:22일 것이다. 이사야 22:22을 보면 다윗의 집의 열쇠를 받은 엘리아김이 유대인들에게 왕과 제사장으로 다스릴 메시아 '종'의 한 모형으로 간주되었다.[3:7 주석 참조] 그리스도는 잠시 죽음의 세력에 붙잡히셨지만 지금은 해방되셨을 뿐만 아니라 그와 같이 해방될 다른 사람들을 결정할 능력도 갖고 계신다. 18절은 신자들에게 그들이 지금 어떤 시련이나 고난에 직면해 있든 간에, 인내하면 진실로 그리스도와 함께 영원히 왕 노릇할 것이라는 사실을 보증한다.

19. 19절의 '그러므로'는 중요한 말이다. 요한은 12-18절의 환상에 제시된 그리스도의 정체성과 사망 권세에 대한 그리스도의 승리를 기초로 예언하라는 명령을 새로 받는다. 19절의 삼중 공식("네가 본 것과 지금 있는 일과 장차 될 일")의 의미에 대해 말한다면, 앞의 서론에서 설명한 것을 기초로 우리는 다음과 같이 결론지을 수 있다. 천사가 요한에게 "네가 본 것을 기록하라"고 명령한다. 이것은 단순히 요한이 주님으로부터 받게 될 일련의 환상을 가리키고, 요한은 자신이 받게 될 모든 환상을 기록해야 하며, 그 결과 성경전서 속에 들어 있는 요한계시록이 우리에게 주어졌다. 이 일련의 환상은 "지금 있는 일과 장차 될 일"을 다룬다. 여기서 "장차 될 일"은 마지막 때에 대한 다니엘서의 계시를 인유하고, 이것은 요한계시록 1:1에 따르면 사실 지금 그리스도 안에서 성취가 시작되었다. 따라서 요한은 마지막 때가 이미 시작된 시점에 살고 있기 때문에 자기 주변에서 현재 일어나고 있는 일과 마지막 때가 진행되면서 계속 일어날 일을 기록해야 한다. 그러므로 요한계시록의 범주는 그리스도의 죽음과 부활로 시작되고 그리스도의 재림으로 끝날 세상 역사의 모든 사

건을 망라한다. 요한계시록 안에 기록된 사건들은 인간 역사 전체에 걸쳐 되풀이되고, 따라서 모든 시대의 독자와 관련되어 있다. 하지만 이 사건들은 또한 주의 재림이 있을 때에 펼쳐질 최후의 클라이맥스도 지시한다.

20. 이제 요한은 비밀을 밝히기 시작하고, 이것은 다니엘 2:29의 인유에 대한 또 하나의 명확한 증거다. 여기서 촛대는 명백히 교회와 동일시된다. 사자[angels]는 천상의 존재, 곧 천사(이 말은 요한계시록에서 60회가량 사용된다)로, 그들이 대표하고 돕는 교회들과 면밀하게 동일시된다. 따라서 '사자'는 교회의 인간 지도자나 대표자 또는 교회의 의인화 또는 편지를 전달하는 사람이 아니다. 교회들은 자신들의 대표 천사를 통해 편지를 전달받고, 이것은 분명 신자들에게 그들의 실존이 이미 천상적이라는 것과 그들의 실제 본향이 믿지 않는 "땅에 거하는 자들"(3:10을 비롯한 요한계시록 여러 곳)과 같지 않다는 것을 상기시키려는 의도가 있다. 그리고 (예컨대 1:3의 "읽는 자와 듣는 자"로서) 주일마다 땅에서 교회가 모여 예배 드리는 목적 가운데 하나는, 높아지신 어린양에 대한 천사들과 천상 교회의 예배에 따라 지상 교회의 예배를 형성함으로써 교회의 천상적 실존과 정체성을 상기시키는 것에 있다. 이것이 천상의 예배 장면이 요한계시록 도처에 삽입되어 있는 이유다. 이 첫 번째 환상은 그리스도께서 인간 역사를 지배하는 온전한 권세를 가지고 계신다는 사실을 증명했다. 그러나 온갖 환난과 심지어는 외관상 패배를 겪고 있는 교회들(2장과 3장에서 밝혀질 것처럼) 한가운데 서서 인간 역사를 지배하신다.[13절] 요한계시록 1:13-16, 20은 '인자'가 자신의 나라의 약하고 고난받는 교회들 가운데에서 현재 주권적 지위를 갖고 계시고, 다니엘서에 예언된 나라의 성취가 예기치 못한 방법으로 이미 시작되었다는 사실에 더 날카로운 초점을 맞춘다.

그리고 이 비밀은 성취의 역설적인 성격과 성취의 기대에 대한 반전을 강조하기 위해 이 시점에서 엄밀하게 다니엘서 본문을 활용했다. 다니엘 2장을 보면 '비밀'은 종말론적인 해석적 의미를 가지고 있는 상징의 숨겨진 의미와 관련되어 있다. 표면상 비밀은 해석을 요하는 일곱 별과 일곱 촛대의 숨겨진 의미를 가리킨다. 그러나 비밀에는 또한 20절의 문맥에서 일곱 별과 일곱 촛대의 의미 속에 마지막 때가 예기치 못한 방식으로 성취되는 것이 포함되어 있다. 여기서 그리스도께서 요한에게 계시하는 비밀은 그리스도의 통치가 교회의 고난과 공존한다는 실재다. 사실은 이것이 십자가의 비밀이고, 그리스도 자신이 우주의 창조자이시지만 죽음의 권세에 복종하셔야 했던 것과 같은 비밀이다. 같은 비밀이 로마서 11:25, 고린도전서 2:7, 에베소서 3:3-6에서도 언급된다. 예수는 천국의 비밀에 대하여 말씀하셨고,[마 13:11] 예수께서 말씀하신 비밀은 매우 놀라운 방법으로 그리고 흔히 예언된 것과 다르게 성경적 예언의 성취가 시작된 것을, 무엇보다 유대인들이 그렇게 임할 것이라고 기대했던 방법과 달리 천국이 예수의 생애와 죽음의 형식을 취한 것을 가리켰다. 여기서는 이 비밀이 교회의 현재 상황과 미래 상황 모두에 적용된다.

1:9-20 묵상 제안

환난에 대한 개념: 환난과 참음을 특징으로 하는 나라가 유대교에서 예상하지 못한 나라였다면, 우리는 그 나라가 오늘날 그리스도인에게도 예상하지 못한 나라라는 것을 어떤 식으로 말할 수 있겠는가? 우리가 예수의 십자가와 고난에 대한 본받음을 언급하지 않고 우리의 삶 속에서 '승리'나 건강, 부[富]에 초점을 둠으로써 기독교를 잘못 이해할 때 어떤 일이 벌어질 것인가?

환난에 대한 추가 개념: 우리가 마지막 때의 환난을 정해진 미래를 가리키는 것으로 보지 않고 현재적 실재로 이해하는 것은, 그리스도인으로서 우리가 직면하게 될 도전들을 이해하는 데 어떤 영향을 미치겠는가?

교회와 함께하는 그리스도의 임재: 요한은 구약의 선지자들과 똑같이 위로와 심판의 메시지를 전달하도록 사명을 받은 것으로 보인다. 이 두 주제는 어떻게 공존할 수 있는가? 그리스도가 성령을 통해 교회에 임하신다는 사실은 그리스도가 교회 안에서 일어나는 모든 일을 알고 계신다는 사실을 상기시켜 준다. 우리는 그리스도가 우리의 마음 상태를 알고 계시는 것만큼 충분히 그리스도의 임재를 느끼고 있는가? 우리는 그리스도께서 세상을 심판하러 오신다는 것을 알고 있다. 하지만 그리스도께서 교회도 심판하러 오신다는 사실에 대해서는 어떻게 말할 수 있는가? 요한계시록 2:23에 비추어 이것을 묵상해 보라.2:23 주석 참조

하나님의 주권적 임재: 인간 역사의 배후에 계시는 분으로서 하나님은 알파와 오메가가 되시고, 그리스도는 처음과 나중이 되신다. 하나님과 그리스도의 주권 그리고 자기 백성과 함께 계시는 하나님과 그리스도의 지속적인 임재는 신자들이 삶 속에서 직면하는 도전과 고난을 보는 관점에 어떻게 도움이 되는가?

마지막 때의 중요성: 요한계시록이 마지막 때는 예수의 십자가 및 부활과 함께 시작되었다고 가르친다면, 이것이 우리에게 의미하는 바는 무엇인가? 우리는 이 진리가 신약성경 다른 부분에서 끊임없이 증언되고 있음을 알고 있는가? 마지막 때를 빈번히 미래에 임할 현실로 이해하는 것을 감안할 때, 우리가 이처럼 결정적인 성경 진리를 오해한다면 어떻게 되겠는가?

2:1-3:22

일곱 교회에 보내는 편지

그리스도는 일곱 교회에 믿음의 증언을 격려하고,

타협에 대하여 경고하며, 영생을 상속받도록 귀담아듣고 타협을 이겨 내라고 권면하신다

요한계시록의 개요와 구조를 설명할 때 편지와 환상 간의 상호관계를 상세히 다루었다. 편지 전체에서 인자 환상[1:9-20]이 전개되는 것은 이어지는 환상에서 편지에 나온 문구와 개념이 나타나는 이유를 가장 잘 설명해 준다. 인자 환상은 (일부 편지의 본론과 4장 이후 부분에서도 전개되기는 해도) 주로 일곱 편지의 서두에서 전개된다. 일곱 편지의 결말 부분에 나오는 약속은 명백하게 요한계시록의 결말과 마지막 낙원 환상을 예견한다.[19-22장] 이것은 요한이 환상을 확대된 서두,[1-3장] 결론적 권면,[22:6-19] 축복 기도[22:20-21]를 가진 기독교의 전통적인 편지 형식의 틀 안에 두고 있는 사실과 일치한다. 분명히 일곱 편지의 서두와 서론격인 인자 환상은 동일한 전체 기간과 관련되어 있고, 일곱 편지의 결말 부분과 요한계시록의 마지막 지복[bliss] 환상에서 주로 그러한 것처럼 서로가 서로를 해석하는 역할을 한다. 이것은 동일한 관계가 일곱 편지의 본론과 이후 환상 부분 사이에도 있을 수 있음을 암시한다. 이것은 또한 환상 속에 묘사된 사건들이 적어도 어느 정도는 요한이 기록하고 있을 당시에 이미 일어나고 있었다는 우리의 요점도 뒷받침한다. 왜냐하면 환상의 내용은 일곱 교회의 현재 상황에 대한 메시지를 전하는 편지의 내용을 반영하기 때문이다. 우리가 상세히 주장한 것처럼 일곱 교회가 보편 교회의 대표라면, 편지와 환상의 내용은 교회 시대 전체에 적용될 수 있다.

일곱 편지의 사상의 흐름은 비슷하다. ① 그리스도는 각 교회의 상황에 특별히 알맞은 속성으로 자신을 나타내신다. 이때 믿음이 각기 직면한 특정 문제를 극복하는 기초를 제공한다. ② 상황과 특성 문제점이 제시된다. ③ 상황과 문제점을 기초로, 그리스도는 신실한 교회에 대해서는 환난에도 불구하고 인내하라고 또는 신실하지 못한 교회에 대해서는 심판을 피하도록 회개하라고 자극을 주신다. ④ 따라서 이것이 그리스도께서 교회들에게 앞서 제공한 격려나 권면을 주의함으로써('들을지어다') 반응을 촉구하시는 것에 대한 근거를 구성한다. ⑤ 긍정적 반응('이기는')을 기초로, 그리스도는 자기와 함께 사는 영생의 상속을 약속하는데, 이것은 그리스도의 속성이나 교회의 상황과 각별히 대응을 이룬다. 그러므로 각 편지의 논리적인 사상 흐름은 핵심 요점인 그리스도와 함께 사는 영생의 상속에 대한 약속에서 절정에 달한다.

일곱 교회는 세 부류로 나뉜다. 첫 번째 부류인 첫째 교회(에베소 교회)와 마지막 교회(라오디게아 교회)는 영적으로 심각한 위험에 처해 있다. 이 두 교회는 심판을 방비하고 참된 믿음이 가져오는 약속을 받도록 회개하라는 경고를 받는다. 두 번째 부류인 중간의 세 교회(버가모, 두아디라, 사데 교회)는 신실함을 보존하고 있는 자와 이방 문화와 타협하고 있는 자가 섞여 있다. 이 가운데 가장 나은 상태에 있는 것은 버가모 교회이고, 가장 나쁜 상태에 있는 것은 사데 교회다. 이 세 교회는 타협하는 자에게 임할 심판을 피하도록 타협의 요소를 제거하고, 타협을 물리치는 자들에게 합당하게 주어지는 약속을 상속받으라는 권면을 받는다. 마지막 세 번째 부류에 속한 둘째 교회(서머나 교회)와 여섯째 교회(빌라델비아 교회)만이 유대인과 이방인의 박해에도 불구하고 신실함을 증명했다. 그들은 가난하고 "작은 능력을 가지고" 있지만,3:8 참 이스라엘로서 더 큰 환난에 직면할 것이므로 계속 견인하라는 격려를 받는다. 그들은 자신들이 영원한 구원의 약속을 상속받을 것이라는 소망을 가지고 참아야 한다. 이것의 의미는 건강한 교회는 소수에 불과하고 본문의 문학적 형식도 이

점을 암시하므로, 기독교 교회가 전체적으로 가난한 상태에 있는 것으로 인식된다는 것이다. 왜냐하면 가장 나쁜 상태에 있는 교회들이 편지의 문학적 경계선을 구성하고 심각한 문제가 있는 교회들이 문학적 표현의 중심을 구성하기 때문이다. 그러므로 모든 편지가 위협을 가하는 이방 문화 한복판에서 그리스도에 대한 충성을 지키는 것을 주제로 다룬다.

그리스도는 에베소 교회가 정통성을 지킨 것에 대하여 칭찬하고, 증언이 부족한 것에 대하여 책망하며, 영생을 상속받도록 이 부족함을 이겨 내라고 권면하신다 2:1-7

2 1 에베소 교회의 사자에게 편지하라. 오른손에 있는 일곱 별을 붙잡고 일
곱 금 촛대 사이를 거니시는 이가 이르시되 2 내가 네 행위와 수고와 네 인
내를 알고 또 악한 자들을 용납하지 아니한 것과 자칭 사도라 하되 아닌 자들을 시험
하여 그의 거짓된 것을 네가 드러낸 것과 3 또 네가 참고 내 이름을 위하여 견디고 게
으르지 아니한 것을 아노라. 4 그러나 너를 책망할 것이 있나니 너의 처음 사랑을 버렸
느니라. 5 그러므로 어디서 떨어졌는지를 생각하고 회개하여 처음 행위를 가지라. 만
일 그리하지 아니하고 회개하지 아니하면 내가 네게 가서 네 촛대를 그 자리에서 옮
기리라. 6 오직 네게 이것이 있으니 네가 니골라 당의 행위를 미워하는도다. 나도 이것
을 미워하노라. 7 귀 있는 자는 성령이 교회들에게 하시는 말씀을 들을지어다. 이기는
그에게는 내가 하나님의 낙원에 있는 생명나무의 열매를 주어 먹게 하리라.

1. 다른 편지들에서처럼 여기서도 교회가 그들의 대표 천사를 통해 편지를 전달받는다. 요점은 교회의 주된 실존은 영적 실존이라는 것과 교회는 하늘에 그들을 위해 준비된 도움이 있다는 것을 상기시키는 데 있는 것으로 보인다. 이 점에서 그것은 지상 교회는 지금 하늘

에서 진행되는 예배에 따라 자신들의 예배를 형성해야 한다는 사실을[4-5장, 7:9-17 참조] 함축한다. 다니엘서 본문과의 평행 관계가 여기서도 두드러진다. 다니엘서 본문을 보면 천사들이 땅에 있는 자들을 돕는 것으로 제시된다.[단 10:20-21, 12:1] 각 편지에서 예수는 자기 자신을 소개하실 때 '자신의 말'의 다양한 형태, 곧 여기서처럼 '이르시되'와 같은 말을 사용하는데, 그 원천은 "여호와께서 이같이 말씀하시니라"처럼 하나님 자신만이 사용하셨던 구약의 언어로 거슬러 올라간다. 그리스도의 말씀을 소개하기 위해 "전능하신 주께서 이같이 말씀하시니라"는 공식(구약의 선지서에서 100회 이상 나타남)을 사용하는 것은 그리스도께서 여호와의 역할을 감당하고 계심을 전제하고, 따라서 이 편지가 단순한 서신이 아니라 예언 메시지라는 점을 강조한다.

2. 그리스도는 "일곱 금 촛대 사이를 거니시는" 분으로, 곧 교회에서 일어나는 모든 일을 낱낱이 아시는 분으로 에베소 교회에 오신다. 에베소 교회는 먼저 거짓 사도들을 시험하고 거부한 것에 대하여 칭찬을 듣는다. 에베소 교회는 바울이 장로들에게 마지막으로 당부하면서 주었던 경고[행 20:28-30]를 잊지 않고 있었던 것으로 보인다. 당시에 거짓 선생들이 종종 광명의 천사로 가장하고 나타났기 때문에[고후 11:13-15] 에베소 교회는 상당한 분별력을 갖고 있었다. 2세기에 작품을 쓴 이그나티오스[Ignatios]도 거짓 가르침에 대한 경각심이 투철했다고 에베소 교회를 칭찬했다.

3-4. 3절은 에베소 교회가 참고 견딘 것을 다시 지적함으로써 2절에서 언급한 요점을 강조한다. 에베소 교회는 믿음의 교리적인 순전함을 내적으로 지키면서 인내할 때에 "게으르지 아니했다."[3절] 그렇지만 자신들의 "처음 사랑을 [잃어]버렸다."[4절] 이것은 에베소 교회가 복음 메시지에 대한 열정을 잃어버린 사실을 가리킬 것이다. 에베소 교회의 초점은 교회의 교리적인 순전함을 내적으로 유지하는

데 있었고, 그 점에 대해서는 칭찬을 들었다. 하지만 외부 세상에 대한 관심을 상실했고, 그래서 책망을 받는 것이 틀림없다. 이것이 그리스도가 1절에서와 같이 자기 자신을 소개한 이유다. 그리스도를 "일곱 금 촛대 사이를 거니시는 이"로 언급하는 것은 의도적으로, 내부 지향적인 독자에게 주님과의 관계에 있어 중요한 역할은 외부 세상에 증언의 빛을 반사하는 일에 있음을 상기시키기 위함이다. 그리스도에 대한 열렬한 사랑 때문에 우리는 교회 밖의 사람들을 사랑하고 그들을 구원하기 위해 애쓰는 법이다. 그런데 에베소 교회는 이것을 잃어버렸다. 처음 사랑을 버린 것이 증언에 게으른 자가 되었다는 것과 같은 일이었다는 사실은 마태복음 24:12-14과의 연계성을 확인해 보면 더 깊이 드러난다. 마태복음 24:12-14을 보면 마지막 때의 상황을 다음과 같이 예상한다. "많은 사람의 사랑이 식어지리라. 그러나 끝까지 견디는 자는 구원을 얻으리라. 이 천국 복음이 모든 민족에게 증언되기 위하여 온 세상에 전파되리니 그제야 끝이 오리라." 에베소 교회는 자기들이 처음 사랑을 버린 것이 얼마나 심각한 일이었는지를 각성하고 처음 행위로 돌아와야 했다.[5절] 이것은 아시아 온 지방이 바울과 에베소 교회를 통해 주의 말씀을 들었던 때에 대한 언급이다.[행 19:10] 그렇지 않으면 그들의 촛대는 옮겨질 것이다. 진리를 소유함으로써 그토록 큰 빛을 갖고 있으며 그 빛을 널리 비추었던 자들이 완전히 그 빛을 잃어버릴 수도 있다.

5. 이스라엘은 촛대(등잔대)였지만,[슥 4:2, 11] 이방의 빛이 되라는 부르심[사 42:6-7, 49:6]을 저버렸을 때 그들의 촛대는 옮겨졌고, 그로 말미암아 그리스도 안에 있는 교회가 참 이스라엘의 역할을 계승했다. 촛대의 일차 의미는 요한계시록 11:3-7, 10에서 확인되는 것처럼 '증언'이다. 거기 보면 촛대가 예언적 증언을 가리킨다. 예수는 교회를 촛대(등경) 위에 두어진 등잔(등불)으로 말씀하셨고,[막 4:21, 눅 8:16] 이것은 교

회가 모든 민족에게 증인으로서의 역할을 해야 함을 강조한다. 촛대는 또한 일반적으로 성령의 능력을 표상한다. 그 이유는, 비록 우리가 요한이 등불이 촛대(교회) 위에서 타오르고 그래서 증언의 능력을 제공하는 것으로 간주하는 것을 더 엄밀하게 확인하기는 해도,[1:4, 12-13 주석 참조] 스가랴 4:6에서 암묵적으로 촛대(등잔대)가 성령의 능력으로 간주되기 때문이다. 그러므로 에베소 교회가 처음 사랑을 버린 것은 증언의 효력에 필수적인 성령에 대한 의존이 없었음을 가리키는 것으로 볼 수 있다. 사실 11:3-7, 10은 증언이 선지자의 역할을 수행하는 과정에서 일어나는 일임을 증명한다.

만일 반응이 없다면 예수께서 친히 심판하러 오시고, 그렇게 되면 에베소 교회는 없어질 것이다. 여기서 언급되는 예수의 오심이 명확히 예수의 재림을 가리키지 않음을 지적하는 것이 중요하다. "내가 네게 가서 네 촛대를 그 자리에서 옮기리라"는 예수의 말씀은 실제로 교회가 세상에 대한 증언의 빛의 역할을 못하게 하신다는 것을 암시하고, 이것은 그리스도의 재림 이전에 그렇게 하신다는 뜻을 함축한다. 왜냐하면 교회의 증언은 재림 이후가 아니라 재림 이전에만 이루어지는 활동이기 때문이다. 만일 예수께서 에베소 교회에 이렇게 오실 준비가 되셨다면, 역사 전체에 걸쳐 비슷한 심판 아래 있는 다양한 교회에 반복해서 오시는 것이 틀림없다. 이 분석은 2:21-22에도 적합하다. 거기 보면 그리스도께서 이세벨에게 자신의 행위를 회개하지 아니하면, 그녀와 그녀를 따르는 자들을 큰 환난 가운데 던지겠다고 경고하신다. 이 환난은 역사가 끝나기 전에 임하고, 특정 상황으로 제한되는 것으로 보인다. 주님은 역사가 끝날 때에 마지막으로 다시 오시지만 현세에서 자신의 교회를 수시로 찾아오셔서 격려하거나 심판하신다.[2:16, 3:3, 20 주석 참조]

6. 이런 결함에도 불구하고 에베소 교회는, 거짓 사도들을 묵인하

지 않은 것처럼,[2절] '니골라 당'의 행위도 용납하지 않은 것에 대해 칭찬을 듣는다.[2:12-21 주석 참조] 니골라 당은 아마 그리스도인이 에베소 지역의 우상숭배 문화에 참여해도 괜찮다고 가르쳤을 것이다. 당시 에베소는 풍요와 다산의 여신인 아르테미스를 위한 제사가 지배하고 있었고, 아르테미스 여신을 섬기는 신전에는 사제와 여사제의 수가 수천 명에 달했으며, 심각한 매춘이 벌어졌다. 에베소의 경제가 번성했던 것은 신전과 결부된 상거래가 활발했기 때문이다.[행 19:23-41] 에베소는 또한 황제 제사(황제숭배)를 담당한 두 개의 신전을 '아데미 신전'으로 선언했다. 이것은 황제숭배가 에베소 주민 생활의 필수 요소였음을 의미했다. 그러므로 에베소 교회가 이처럼 우상숭배로 만연한 사회의 요소들과 타협하라는 내적 압력에 저항한 것은 크게 칭찬받을 만했다.

7. 에베소 교회에 보내는 편지의 결말은 다른 모든 편지에서처럼 마지막 권면으로 이루어져 있다. "귀 있는 자는 성령이 교회들에게 하시는 말씀을 들을지어다." 이것은 지금까지 편지에서 말해진 전체 내용과 구원의 상속에 대한 약속에 귀를 기울이라는 권면이다. 에베소 교회에 보내는 편지는 일곱 편지 전체에서 발견되는, 예수께서 이사야서,[6:9-10] 예레미야서,[5:21] 에스겔서[3:27, 12:2]에서 직접 빌려 와 사용하신 말씀[마 13:1-17]으로 끝난다. "귀 있는 자는 들으라." 선지자들을 보면 이 권면의 중요성이 그들이 사용한 상징적인 행동 및 비유와 관련되어 있었다. 이스라엘 역사 마지막 시기에 활동했던 선지자들의 일차 기능은 이스라엘에 임박한 파멸과 신적 심판을 경고하는 데 있었다. 선지자들은 그 경고를 합리적인 방법으로 전달했지만 이런 부류의 선지자들은 백성들의 우상숭배, 영적 무감각, 타성적 사고방식을 고치지 않는 목이 곧은 태도로 말미암아 이스라엘에 메시지를 효과적으로 전달하지 못했다. 이사야는 이사야 1-5장에서(특별히 5:1-7의

비유는 제외하고) 직설적으로 설교한다. 그런 다음 여호와를 직접 만나, 믿지 않는 자들의 귀를 둔하게 하여 그들이 더 이상 들을 수 없도록 만들라는 명령을 받는다.사 6:9-10 이후로 이사야의 설교는 비유 및 상징적인 행동과 결합된다. 에스겔도 이사야와 같이 믿지 않는 자들의 마음을 완고하게 하라는 비슷한 명령을 받고, 하나님은 에스겔에게 "들을 자는 들을 것이요 듣기 싫은 자는 듣지 아니하리니 그들은 반역하는 족속임이니라"겔 3:27 고 말하라고 명령하신다. 이 직후에 에스겔은 첫 번째 상징적 행위를 하도록 지시받는다.겔 4:1 이 선지자들은 자신들의 직설적인 설교에 사람들이 귀를 기울이지 않을 때 더 극적인 수단을 사용하였다. 그러나 이렇게 변화된 경고 형식은 이미 영적 안목이 있는 자들에게만 효력이 있다. 상징적인 비유는 듣는 귀가 있어도 듣지 못하는 자들에게 더 깊은 오해를 불러일으킨다. 이것이 이사야 6:9-10의 요점이다. 거기 보면 선지자가 이스라엘에게 다음과 같이 말하라는 명령을 받는다. "너희가 듣기는 들어도 깨닫지 못할 것이요……이 백성의 마음을 둔하게 하며 그들의 귀가 막히고……염려하건대 그들이……귀로 듣고……다시 돌아와 고침을 받을까 하노라."

이러한 행동과 비유는 참 신자들에게는 주의를 환기시키고, 일부 비신자나 타락한 자들에게는 충격을 주어 그들을 회개시키는 효력을 갖고 있었지만, 영적인 지혜가 없어 이 행동이나 비유의 의미를 깨닫지 못하는 나머지 사람들에게는 도리어 그들의 마음을 완고하게 하는 힘도 갖고 있었다. 그러므로 예수께서 비유를 사용하신 것은 선지자들의 패턴과 똑같은 노선 속에 있다. 마태복음 13장 앞부분까지 예수는 직설적으로 가르치셨다. 그러나 이제 이사야서를 인용하시며 비유로 가르치는 것을 더 강조하기 시작하신다. 선지자들의 가르침과 같이 예수의 가르침도 신자들은 깨닫게 하고 비신자들은 더 완고하게 만들려는 의도가 있다.

그러므로 요한계시록 일곱 편지에서 '들을지어다' 공식을 사용하는 것은 굉장히 중요하다. 이사야 6장과 공관복음서에서처럼 '들을지어다' 공식은 그리스도의 메시지가 어떤 사람은 깨닫게 하지만 다른 사람은 오히려 눈멀게 한다는 사실을 가리킨다. 예수는 요한을 통해 이 문구("귀 있는 자는 성령이 교회들에게 하시는 말씀을 들을지어다")로 환상 속에서 펼쳐질 일들이 본질상 비유적이거나 상징적이라는 사실을 암시하신다. 지금은 이 공식이 참 이스라엘로서 하나님의 백성의 역할을 계승하는 교회에 주어진다. 그런데 이스라엘과 마찬가지로 교회도 영적으로 무기력하고 타협하고 우상숭배에 빠져 있으므로, 교회에 대해서도 비유적인 계시 방법이 동원된다. 요한계시록 전체에 걸쳐 이 비유들은 비신자에 대해서도 법적인 효력을 갖는다. 그렇지만 동시에 세상과 동일화되거나 세상을 의지하도록 유혹하는 우상숭배적인 제도들의 끔찍하고 가증한 성격을 계시함으로써, 교회가 안일하게 타협에 빠지는 죄를 범하지 않도록 신자들에게 충격을 주려는 의도를 가지고 있다. 요한계시록 전체에 걸쳐 다양한 비유와 심상들—짐승, 용, 음녀, 말 탄 자, 괴상한 피조물, 재앙 등—이 사용되는 이유는 신자들이 안일함에 빠지고 우상숭배가 판을 치고 있는 문화와 타협할 위험성에 대해 충격을 주려는 의도인 것이다. 이때 비신자들은 하나님이 말씀하는 것을 깨닫지 못하고 불신앙에 더 깊이 빠질 것이다. 물론 그중에 어떤 이들은 깨닫고 구원을 받을 수 있다. 또한 참 신자들에게 그들의 구원 상태를 확신하게 함으로써 위로를 주는 환상도 있다.[21:1-22:5 등] 하지만 이 같은 환상도 얼마간의 충격 가치를 갖고 있을 것이다.

따라서 4-21장에 걸쳐 나오는 환상은 2장과 3장에 나오는 '직설적'인 가르침을 더 깊이 전개하는 것으로, 이것은 구약의 선지자나 복음서의 예수의 경우와 마찬가지였다. 이것은 우리가 나팔과 대접 환상이 분명히 출애굽 재앙에 따라 형성되어 있음을 고찰할 때 확증된다. 출애굽 재앙도 신자들의 믿음은 강화시키고 하나님의 원수들은 완고하게 만들었다.

'이기는'(승리하는) 것은 일곱 편지가 각각 구원의 약속을 상속받기 위해 요구하는 조건이다. 신자들은 하나님의 약속의 상속자가 되기를 바란다면 인내하며 신실함을 유지하라는 권면에 순종해야 한다. 비록 각각의 편지마다 다른 말로 표현되기는 하지만 이 약속은 모두 이기는 자에게 주어지는 요한계시록의 마지막 약속, 곧 일반적으로 21:7에서 "이기는 자는 이것들을 상속으로 받으리라"로 진술되는 약속의 변형 형태다. 21:7에서 이기는 자가 상속으로 받는 것은 하나님의 백성 가운데 있는 하나님의 언약적인 임재를 함께 누리는 것으로 직접 설명된다.[21:3 참조] 엄밀히 말해 이것이 2:7의 약속의 취지다. **"내가 하나님의 낙원에 있는 생명나무의 열매를 주어 먹게 하리라"**는 말씀은 요한계시록 결론 부분에서 죄 사함에 대한 비유로 다시 언급되고, 거기서 이 비유는 분명 인간이 본래 타락하지 않은 상태로 회복되는 것을 가리키며, 생명나무는 하나님의 임재를 상징한다.[22:1-3] 그러므로 2:7에서 이겨야 하는 것은 박해나 환난이 아니라 그리스도를 외부 세상에 증언하지 않은 교회 자신의 죄다. 이 이김은 그리스도 자신이 죄의 유혹을 이기신 것을 본보기로 삼을 때 동기를 부여받는다.[3:21, 5:5]

2:1-7 묵상 제안

처음 사랑을 버린 것: 에베소 교회는 교리적 순전함을 지키는 데 열심이었다. 그러나 그것은 바리새인도 마찬가지였다. 우리가 실제로 교리적인 순전함을 보존하면서 그리스도에 대한 처음 사랑을 버리는 것이 가능한가? 우리가 교리를 상고하는 것에 어떤 문제는 없는가? 지적 진리로 이해되는 교리와 삶으로 드러나는 진리로 이해되는 교리 사이에 단절이 있는가? 바울은 디모데에게 그의 삶과 교리를 살피라고 말했는데,[딤전 4:16] 이것은 삶과 교리 사이의 밀접한 관련성을 암시한다. 우리는 바울의 권면에 어떻게 순종하고 있는가?

영적 자기 성찰: 하나님의 은혜와 능력을 경험한 교회들이 어떻게 에베소 교회처럼 내부 지향적인 상태가 될 수 있겠는가? 사랑의 결여와 복음전도의 결여 사이에는 어째서 이처럼 긴밀한 관련성이 있는가? 우리는 우리 가운데 많은 이들을 복음전도에서 발을 빼서 단념시키는 것과 같은 방법으로 복음전도를 정의하고 있지는 않은가? 만일 우리가 그리스도에 대한 사랑을 복음전도의 시작과 핵심으로 본다면, 이 사랑은 복음전도를 실천하는 데 얼마나 영향을 미치는가? 그리스도를 믿는 믿음을 고백하는 자들은 진실로 그리스도를 사랑하고 그리스도의 임재를 바라지 않는가? 딱 그 정도까지, 우리는 그리스도에 대한 효과적인 증인이 될 것이다. 그리스도의 증인이 된다는 것은 무슨 뜻인가?

성령의 능력과 복음전도: 촛대가 성령의 능력을 표상한다면 그 능력은 복음전도의 필수 요소다. 바울은 에베소 교회에서 사역하는 동안 성령의 능력에 의지하여 특별한 역사를 행했다.[행 19:1-20] 우리는 바울과 똑같은 초자연적인 역사를 경험할 것이라고 기대할 수 없다. 그러나 현대 교회는 의식적으로 성령의 역사에 의존하지 않고서 증언과 복음전도에 임하고 있지는 않은가? 우리가 오늘날 세상이 갖고 있는 자원(기교와 기술)에 너무 크게 의존하고, 그래서 그리스도 안에 있는 신자들만이 가질 수 있는 가장 큰 자원(성령의 강력한 역사)을 잃어버릴 가능성은 없는가? 우리는 항상 사도행전 1:8의 위대한 약속을 염두에 두어야 한다!

요한의 예언적 비유 용법 사용과 사람들의 마음의 완고함: 구약의 선지자들로부터 시작하여 예수를 거쳐 요한에 이르기까지 비유 용법을 사용하는 것을 보면, 사람들이 가르침에 반응하지 않을 때 하나님은 간접적인 수단을 통해 말씀하시고, 이때 하나님을 찾는 자들은 깨닫지만 버림받은 자들의 마음은 오히려 완고해진다는 것이 증명된다. 이것은 오늘날 교회에서 매우 인기가 높은 '구도자 중심' 예배 방식에 대해 뭐라고 말하겠는가? 하나님께서 마음을 드러내시려고 두신 걸림돌을 우리가 제거하는 것은 아닌가? 우리는 궁극적 걸림돌인[마 16:21-28] 십자가의 길을 따라 그리스도를 따르는 참된 헌신 없이 불완전한 복음 접근법에 이끌리는 사람들로 교회를 채우고자 하는 것은 아닌가? 우리 시대와 같이 쾌락주의적인 포스트모던 사회에서 십자가를 설교하는 것은 요한의 비유를 통한 선포와 같은 역할을 하고 있지 않은가?

그리스도는 서머나 교회가 환난을 견딘 것에 대하여 칭찬하고, 임박한 큰 박해가 예견될 때 영생과 하늘의 왕권을 상속받도록 계속 신실함을 지키라고 권면하신다[2:8-11]

2 [8] 서머나 교회의 사자에게 편지하라. 처음이며 마지막이요 죽었다가 살아
나신 이가 이르시되 [9] 내가 네 환난과 궁핍을 알거니와 실상은 네가 부요
한 자니라. 자칭 유대인이라 하는 자들의 비방도 알거니와 실상은 유대인이 아니요 사
탄의 회당이라. [10] 너는 장차 받을 고난을 두려워하지 말라. 볼지어다, 마귀가 장차 너
희 가운데에서 몇 사람을 옥에 던져 시험을 받게 하리니 너희가 십 일 동안 환난을 받
으리라. 네가 죽도록 충성하라. 그리하면 내가 생명의 관을 네게 주리라. [11] 귀 있는 자
는 성령이 교회들에게 하시는 말씀을 들을지어다. 이기는 자는 둘째 사망의 해를 받지

아니하리라.

8. 여기서 다시 그리스도는 최초의 환상에[1:17-18] 나타난 요소를 가지고, 박해에 직면해 있고 어쩌면 죽음까지도 맞이할 수 있는 서머나 교회의 상황에 맞추어 자신을 소개하신다. 그리스도는 영원을 유일하게 소유하신 역사의 신적 주권자다. "**처음이며 마지막이요.**"

9. 역사를 통치하시는 그리스도는 유대인의 비방으로 경제적인 어려움(환난과 궁핍)을 겪고 있는 서머나 교회에 위로의 기초를 제공하신다. 그렇지만 이와 같은 고통에도 불구하고 서머나 교회의 신실함은 그들이 영적으로 '부요한 자'임을 예증한다.

유대인의 비방과 신성모독에 대한 언급은 기독교의 전파를 질시한 유대인이 그리스도인을 로마 당국에 고발한 것일 수 있음을 암시한다. 1세기 후반이 될 때까지 기독교는 로마 당국의 인정을 받은 유대교의 우산 아래서 어느 정도 보호를 받았다. 유대교는 황제를 신으로 숭배하라는 압력을 받지 않았지만, 신이 아니라 통치자로서 황제를 존중하여 제물을 바치는 것을 인정했다. 그러나 네로의 박해 이후 기독교는 점차 유대교와 구별된 종교로 간주되었고 유대교의 우산 아래 보호받는 상황도 끝이 났다. 로마 제국에서는 새로운 종교가 인정받을 수 없었기 때문에 기독교는 더욱 의심의 대상이 되었다. 그리고 때때로 다른 신(특히 로마 황제)을 자기들의 구약의 하나님과 나란히 섬길 때 불안한 마음을 전혀 갖지 않는 유대인들은 종종 그리스도인이 유대교의 분파에 속한 자들이 아니라고 로마 당국에 밀고했다. 유대인은 기독교를 유대교 율법을 왜곡하고 손쉬운 구원 방법을 제공하는 잘못된 종교로 보았다. 또 십자가에 못 박혀 죽은 죄수를 메시아로 경배하는 기독교의 예배를 신성모독으로 간주했다.[행 26:9-10 참조] 유대인의 비방을 언급한 직후 10절에서 로마 당국의 박해를 언급하는 것은 유대인이 로마인과 이방인들을 부추기고 그들과 결탁하여 그리스도인을 박해했다는 역사적 기록을 확증한다.행 13:45, 50, 14:2-7, 19, 17:5-9, 살전 2:14-16 등 황제숭배는 사실상 도시의 전 영역에 스며들어 있었고, 심지어는 소아시아의 시골 생활에도 침투해 있었다. 따라서 주민들은 경제적으로 번영을 이루고 사회적인 지위를 더 높일 수 있었기 때문에 어떤 식으로든 황제숭배에 가담했다. 상하 계층을 막론하고 모든 주민이 지방법에 따라 수시로 황제에게 제사를 드리도록 요구받았고, 때로는 방문자나 외국인도 황제숭배에 참여할 것을 종용받았다. 게다가 서머나의 도시 역사를 보아도 주민들이 로마 당국에 특별한 충성을 바쳤음을 알 수 있는데, 이는 특히 서머나 지역이 황제숭배를 위해 하나 이상의 신전을 건축한 것으로 증명된다.

유대교 공동체가 "거짓 유대인과 사탄의 회당"으로 간주되는 것은 다시 한 번 교회가 그리스도로 말미암아 참 하나님의 백성, 곧 참 이스라엘로 간주되었다는 사실을 확증한다.1:6-7, 12 주석 참조 이 사실은 포괄 문맥의 언급으로 확증될 뿐만 아니라1:6, 9, 12, 2:17, 3:9, 12, 5:9-10, 7:4-9, 15-17, 11:1-4 직접 문맥에서 교회가 이스라엘에 관한 이사야의 예언의 성취로 간주되는 것으로도 확증된다.1:17, 2:10 주석 참조 성도들을 압제하는 원인이 된 거짓 고소는 유대인을 사탄('거짓 참소자'를 의미하는)과 동일시한다. 왜냐하면 이것 역시 하나님의 백성을 박해하는 짐승의 전형적인 특징이기 때문이다(13:1, 5-6, 17:3-6에서 신성모독을 참조하라).

10a. 서머나 교회는, 비록 때때로 그러했던 것처럼 박해가 투옥과 처형의 가혹한 형태로 나타나더라도, 이런 경제적이고 정치적인 박해를 "두려워하지 말라"는 권면을 받는다. 사실 그리스도는 서머나 교회에게 더 혹독한 고난을 대비하라고 말씀하신다. 그러나 서머나 교회가 임박한 환난을 두려워하지 않아도 되는 이유는 그들의 삶과

운명이 이미 박해를, 아니 사실은 죽음까지 겪으셨으나 부활을 통해 죽음을 정복하신 영원한 역사의 주主의 손안에 달려 있기 때문이다. 예수는 마귀를 패배시키셨고,1:1, 18, 12:1-12 심지어는 마귀의 반역의 결과들도 단지 역사에 대한 그리스도의 주권적인 계획을 성취시키는 역할을 할 뿐이다.17:17 참조 그러므로 참된 성도는 박해를 통해 교회의 타협을 이끌어 내려는 마귀의 간계를 두려워해서는 안 된다. 확실히 예수는 마귀의 반역의 결과를 사용해 자기 백성이 이 시험을 통과하는 목적("시험을 받게 하리니")을 이루신다. 여기서 '하리니'로 번역된 헬라어 단어는 하나님의 지배적인 목적을 표현하는 의도를 가지고 있다. 심지어는 마귀의 역사도 하나님에 의해 하나님의 계획을 진전시키는 데 사용된다. 십자가에서 마귀의 계획이 하나님에 의해 세상에 구원을 일으키는 용도로 사용된 것처럼 서머나 교회의 고난도 그들에게 결국은 복과 궁극적인 구원을 가져올 것이다. "**처음이며 마지막**"이라고 자기 자신을 표현하는 그리스도의 자기 묘사는 이사야 41:4, 44:6, 48:12에 나오는 하나님의 자기 묘사에서 취해진다. 흥미롭게도 이사야서 처음 두 본문의41:4, 44:6 문맥을41:10, 44:2, 8 보면 하나님은 이스라엘 백성에게 "두려워하지 말라"고 명령하시는데, 이것은 하나님께서 지금 서머나 교회에게 주시는 명령과 똑같다. 다시 말해 여기에 함축된 의미는 서머나 교회의 그리스도인들이 지금 참 이스라엘로, 하나님께서 이사야가 활동하던 당시에 이스라엘에 대해 신실하셨던 것처럼 그들에게도 신실하시다는 것이다.

예수는 역사를 궁극적으로 주관하는 분이므로, 서머나 교회에 임할 환난의 기간을 단축시키실 수 있음을 계시할 수 있다. 이로 말미암아 서머나 교회의 그리스도인들은 시험의 때가 결국은 예수의 손안에 있기 때문에 시험이 곧 끝나리라는 것을 알고, 계속 신실함을 유지하라는 동기에 자극을 받는다. 서머나 교회의 그리스도인과 이스라엘의 동일성은 서머나 교회 그리스도인의 환난을 바벨론 왕이 명령한 우상숭배에[단 1:2, 5:3-4] 참여하기를 똑같이 거부하고 '십 일 동안' 똑같이 시험을 받은[단 1:12-15] 다니엘과 세 친구의 환난과 연계시킴으로써 확대된다. 십 일 동안의 박해는 문자적으로 10일을 가리키는 것이 아니다. 왜냐하면 그것은 다니엘과 세 친구가 시험을 받은 열흘 동안에 대한 인유이기 때문이다. 다니엘은 우상숭배와 타협하라는 유혹을 받았는데, 그것이 우상에게 바쳐진 것으로 추측되는 왕의 음식을 먹기를 거부한 주된 이유였다.[단 1:2, 5:1-4] 십 일이 문자적이든 아니든, 요점은 서머나 교회의 그리스도인 역시 옛날 다니엘과 마찬가지로 우상숭배와 타협하지 않았다는 것이다. 소아시아의 이교 의식을 보면 지방 신이나 황제(신으로 간주된)에게 음식을 바쳤고, 따라서 서머나 교회는 그리스도께서 자신들을 다니엘과 세 친구와 비교하시는 의미를 이해할 수 있었다. 서머나 교회는 짧지만 혹독한 환난의 때를 거칠 것이다. 시험(환난)이라는 단어[*thlipsis*]는 바울이 흔히 사용하는 말이다. 그리스도인은 그리스도의 부활과 재림 사이의 기간에 수시로 시험의 때가 찾아오는 것을 예상해야 한다. 이때 임하는 환난은 마지막 때 사건들의 해산의 고통이 시작된 것을 가리키며, 이것은 교회의 통상적인 특징이다. 이 사실은 교회 역사 전체에 걸쳐 그리고 특히 그리스도인들이 믿음 때문에 죽는 일이 이전보다 더 많은 오늘날에 확증되고 있다.

10b-11. 만일 이 시험에 신실함으로 반응한다면, 서머나 교회의 교인들은 '생명의 관'을 받을 것이다. 환난 가운데서 서머나 교회는 생명의 관과 '둘째 사망'에 대한 승리를 약속받는다. 그러나 로마 제국의 왕관의 권세에 의해 그들이 죽음을 당하는 것이 곧 생명의 승리와 하늘의 왕관의 상속을 의미했다. 이 관은 그리스도의 천상의 승리의 통치에 참여하는 것을 의미한다(6:2과 14:14에 나오는 '면류관'

도 마찬가지다). 왜냐하면 처음이며 마지막이신 그리스도만이 사망의 열쇠를 쥐고 세세토록 살아 계시기 때문이다.[1:18] 여기서 이기는 것은 땅에서 죽임을 당하는 패배가 천상의 승리와 생명이 되는 역설적인 승리를 가리키고, 이것은 5:5-6에서 그리스도와 관련하여 나타난 "이기다"는 말의 동일한 용법의 패턴이 된다. 마찬가지로 성도들의 승리 역시 그리스도의 죽음이 그리스도의 부활 생명을 낳는 것으로 말해지는 2:8의 패턴에 기초가 두어져 있다. 관은 죽을 때 주어지는 상이지만(아마 딤후 4:8과 약 1:12에서 그럴 것이다. 벧전 5:4에서는 그리스도께서 미래에 다시 오실 때 받게 되는 상이다), 부분적으로는 죽기 전에 이미 누린다. 왜냐하면 3:11에서 빌라델비아 교회가 "네가 가진 것을 굳게 잡으라"는 명령을 받는 까닭은 곧바로 그것이 그들의 '면류관'(관)으로 설명되기 때문이다("아무도 네 면류관을 빼앗지 못하게 하라"). 10-11절의 약속은 20:4-6에서 더 확대된다. 20:4-6을 보면 믿음 때문에 죽임을 당한 신자들이 생명, 그리스도와 함께 다스림, 둘째 사망에서 보호받음과 같은 상을 받는다. 마귀는 신자들을 물리적인 옥에 가두고 그들을 죽이는 권능을 받는다. 그러나 마귀의 권능은 그가 이미 영적인 옥에 갇혀 있기 때문에 제한적이고, 이로 말미암아 마귀는 신자들을 최후의 '둘째 사망'으로 해치지 못한다. 그리스도는 부활로 사망의 전 영역을 지배할 능력을 갖게 되셨고(그리스도는 지금 "사망과 음부의 열쇠"를 갖고 계신다),[1:18b] 그로 말미암아 사망에 대한 사탄의 지배권을 묶어 놓고 자기 백성을 사망의 궁극적인 해로운 결과로부터 보호하실 수 있다.

2:8-11 묵상 제안

국가 정부에 대한 복종의 한계: 바울은 국가 정부를 존중하라고 명령한다.[롬 13:1-7] 그러나 다니엘과 세 친구는 그것이 하나님의 법을 위반할 때에는 복종하지 않겠다고 선을 그었다.[단 1:8-10, 3:12, 16-18] 우리는 어떤 상황 아래 있을 때 이러한 딜레마에 빠지게 되는가? 우리는 오늘날 세상 전역의 그리스도인들이 비슷한 상황에 놓이는 것에 대해 충분히 알고 있는가? 그들을 어떻게 도울 수 있겠는가?

종교적 박해의 본질: 서머나 교회의 그리스도인들이 겪은 박해는 유대교 진영에서 비롯된 것으로 보인다. 예수는 종교 지도자들에게 죽임을 당했다. 왜 박해는 매우 빈번하게 종교인들로부터, 실제로는 외관상 신앙을 고백하는 그리스도인들(예컨대 과거 소련과 중국의 종교재판소나 제도권 교회)로부터 비롯되는 것 같은가?

하나님의 주권과 신자들의 고난: 요한계시록은 그리스도를 사망의 열쇠를 쥐고 계시는 분으로, 그리고 사망의 권세를 이기고 승리하신 분으로 묘사한다. 하지만 신자들은 환난을 겪고, 심지어는 죽임을 당할 수도 있다는 경고를 받는다. 3:11에 비추어 보면 신자들은 이미 생명의 면류관을 갖고 있는데, 그럼에도 불구하고 아직 그것을 기다리고 있다는 말은 무슨 뜻인가? 신자들은 왜 하나님의 뜻 안에서 고난을 겪는가? 우리는 환난이 사탄의 뜻에서 나오므로 환난을 막아 달라고 기도해야 하는가, 아니면 하나님의 뜻에서 나오므로 환난을 반겨야 하는가? 또는 환난의 궁극적인 기원자는 하나님이고 사탄은 하나님의 손 아래 있는 대행자로 보는 제3의 접근법이 있는가? 만일 그렇다면 우리의 반응은 어떠해야 하는가? 하나님은 고난을 자기 백성에게 어떻게 사용하실 수 있는가?

그리스도는 버가모 교회가 박해에도 불구하고 인내하며 증언한 것에 대하여 칭찬하고, 우상숭배적인 타협의 영을 허용한 것에 대하여 책망하며, 마지막 때에 심판받지 않고 그리스도와의 교제 및 동일화를 상속받도록 이기는 자가 되라고 권면하신다 2:12-17

2 12 버가모 교회의 사자에게 편지하라. 좌우에 날선 검을 가지신 이가 이르
시되 13 네가 어디에 사는지를 내가 아노니 거기는 사탄의 권좌가 있는 데
라. 네가 내 이름을 굳게 잡아서 내 충성된 증인 안디바가 너희 가운데 곧 사탄이 사
는 곳에서 죽임을 당할 때에도 나를 믿는 믿음을 저버리지 아니하였도다. 14 그러나 네
게 두어 가지 책망할 것이 있나니 거기 네게 발람의 교훈을 지키는 자들이 있도다. 발
람이 발락을 가르쳐 이스라엘 자손 앞에 걸림돌을 놓아 우상의 제물을 먹게 하였고
또 행음하게 하였느니라. 15 이와 같이 네게도 니골라 당의 교훈을 지키는 자들이 있도
다. 16 그러므로 회개하라. 그리하지 아니하면 내가 네게 속히 가서 내 입의 검으로 그
들과 싸우리라. 17 귀 있는 자는 성령이 교회들에게 하시는 말씀을 들을지어다. 이기는
그에게는 내가 감추었던 만나를 주고 또 흰 돌을 줄 터인데 그 돌 위에 새 이름을 기
록한 것이 있나니 받는 자 밖에는 그 이름을 알 사람이 없느니라.

12. 그리스도는 다시 한 번 1장의 처음 환상에서 뽑아 온 심상을 가지고 버가모 교회의 상황에 맞추어 자신을 소개하신다. 그리스도는 "좌우에 날선 검을 가지신" 분이다. 이 심상은 16절에서도 반복되는데, 버가모 교회 교인들의 죄로 말미암아 그리스도께서 위협적인 심판자로 교회 위에 서 계시는 개념이 버가모 교회에 보내는 편지 전체에 스며들어 있다는 것을 의미한다.

13. 주님은 버가모 교회에 주실 경고의 말씀을 갖고 계시지만 그보다 먼저 격려의 말씀을 주신다. 이것은 훌륭한 교정 방법의 한 본

보기다. 주님은 버가모 교회가 빠져 있는 죄를 언급하기 전에 버가모 교회가 충성을 다한 것에 대해 칭찬하신다. 서머나 교회의 많은 그리스도인들과 같이 버가모 교회의 신자들도 그리스도를 믿는 자신들의 믿음을 숨김없이 증언했다. "내 이름을 굳게 잡아서." 심지어는 혹독한 박해가 일어났을 때에도 그리스도를 믿는 믿음을 부인하지 않았다.3:8 참조 서머나 교회에서처럼 버가모 교회에서도 사탄은 신자들의 진정한 원수로 간주된다. 확실히 버가모는 사탄이 자신의 권좌를 두고 있는 곳이다. 이것은 아마 버가모가 소아시아에서 최초로 황제숭배를 위한 신전을 세우고 교만하게도 이를 '아데미 신전'으로 부른 최초의 도시로, 그 지방에서 우상숭배의 주도적인 중심지가 되었음을 지적하는 언급일 것이다. 그뿐만이 아니다. 버가모는 치료의 신 아스클레피오스를 숭배하는 중심지였다. 의술의 신 아스클레피오스의 상징은 뱀(지금도 의학의 상징으로 유명한)이었는데, 이것도 그리스도께서 버가모를 사탄의 권좌의 중심지로 보시는 한 요인이었다. 또한 버가모 지역 뒤편에 있는 원뿔 모양의 언덕에는 다양한 이방 신전이 세워져 있었고, 여기에는 신들의 아버지 제우스의 권좌 형상이 있는 신전도 포함되었다. 이것 역시 그리스도께서 버가모를 사탄의 권좌의 중심지로 보시는 이유였다. 요한계시록을 읽을수록 우리는 버가모에서 확실하게 나타난 것처럼 사탄(용)이 정치제도(짐승)에 하나님의 백성을 박해하는 권능을 어떻게 부여하는지 확인할 수 있다. 대부분의 그리스 도시에서 주민들은 대체로 신에게 제물을 바치라는 요구를 받았고, 그 신들은 오랫동안 각 지방의 종교 전통에 따라 지역별로 숭배를 받았다. 이런 제사는 황제숭배가 있기 훨씬 오래 전부터 요구되었던 것으로 보인다. 보통 그리스도인이 황제숭배를 강요당했던 것은 그들이 이미 지역별로 숭배되던 이교 신을 인정하는 것을 거부했기 때문이었고, 그 결과 로마 당국에 책임을 추궁당했다.

14. 12절과 16절에 나오는 그리스도의 검에 대한 묘사는 우연이 아니고, 교회를 지배하실 뿐만 아니라 흑암의 나라를 다스리시는 그리스도의 사법적인 권세에 대한 한 표현이다. 그러나 또한 그리스도는, 비록 버가모 교회의 신자들이 이교 제사와 마귀적인 국가 권력에 저항하기는 했지만, 그들 안에 일련의 우상숭배 관습을 묵인했기 때문에 버가모 교회를 심판하러 오신다. 그리스도는 이 관습을 우상숭배와 음행의 죄를 범하도록 이스라엘을 미혹한 '발람의 교훈'[민 25:1-3, 31:16]으로 비유하신다. 발람이라는 이름은 경제적인 이득을 위해 하나님의 백성을 우상숭배 관습에 참여시키려고 애쓴 거짓 선생을 가리키는 성경의 대명사가 되었다.[신 23:4, 느 13:2, 벧후 2:15, 유 1:11] 구약의 발람 이야기와 버가모 교회 사이의 영적 연관성은 이런 관습을 묵인했다는 사실에 있다. 거짓 선생들은 신자들이 이교의 문화, 제도, 종교와 요한이 적절하다고 보는 것보다 더 긴밀한 관계를 갖는 것이 가능하다고 주장했다. 이것이 "**우상의 제물을 먹게 하였고 또 행음하게 하였느니라**"는 표현의 의미다. 이 표현은 여기서 민수기 기사에 적용될 뿐만 아니라 버가모 교회의 실제 상황에도 그대로 적용된다. 이는 동일한 표현이 두아디라 교회의 상황에 적용되는 것으로 보아,[2:20] 곧 단순히 구약성경에서 나온 경고가 아니라 분명히 두아디라 교회에서 일어나는 일로 간주되는 것으로 보아 증명된다. 우상의 제물을 먹는 것은 우상 신전에서 음식을 먹는 것을 가리킨다. 바울은 고린도 교회에서 똑같은 문제를 접했다.[고전 10:1-22] 소아시아에서 이방인의 축제는 황제나 다른 신들을 숭배하기 위해 열렸고, 우상숭배와 음행으로 방탕한 것이 특징이었으며, 주민들은 참여를 강요받았다. 특히 여기서 생각할 수 있는 것은 잔치와 때때로 방탕한 음행을 통해 수호신을 기념하는 상인 길드(동업조합) 축제다. 이런 활동에 참여를

거부하게 되면 경제적이고 사회적인 배척을 받을 수 있었다.[벧전 3:13-17 참조] 그러므로 타협에 대한 압력이 많았으며, 이스라엘이 성적으로나 영적으로 간음의 영향을 받은 것처럼 버가모 교회의 그리스도인들도 똑같이 그런 영향을 받았다.

아마도 이와 같은 압력 (그리고 최소한 교인 가운데 하나였을 안디바의 순교) 때문에 지쳐 버린 버가모 교회 안에 파벌이 생겨 교회를 세상과 타협하는 길로 이끌었을 것이다. 여기서 발람과 비교하는 것은 거짓 선지자들이 이 파벌에 연루되었고, 경제적 이득(발람의 경우에서처럼)이 동기가 되었음을 암시한다. 그리스도인은 의심할 것 없이 믿음의 원칙을 지킬 때 경제적으로 손해를 보기 마련이다. NIV에서 성적 음행으로, NASB에서 음란한 행위로 번역된 "행음하다"라는 단어[*porneuō*, 명사 *porneia*]는 14절과 요한계시록 다른 곳에서[2:20-23 등] 영적 의미와 육체적 의미를 모두 갖고 있다. 그래도 비교적 영적인 의미가 유력하고, 거짓 신들과의 그리고 우상숭배의 대상 배후에 있는 영적 세력과의 불법적인 영적 교통을 가리킨다. 흥미롭게도 당시와 같이 오늘날에도 영적 간음(우상숭배)이 성적으로 부정한 행위를 일으킬 수 있다고 지적하는 것이 가능하다. 컬트 종교뿐만 아니라 이교적인 '뉴에이지' 종교도 이런 부도덕한 관습으로 타락할 수 있다.

15-16. 우상숭배의 영향 때문에 이제 그리스도는 이런 잘못과 맞서 싸우려고 버가모 교회에 오신다. 발람이 계속 이스라엘을 대적했을 때 천사의 손에 들린 칼로 위협을 받고[민 22:23, 31] 결국은 악행에 대하여 칼로 죽임을 당한 것을[민 31:8] 주목하면 흥미롭다. 거짓 선생들은 회개하지 않으면 발람과 똑같은 운명에 봉착하고, 교회도 이 악한 자들을 계속 묵인하면 처벌에서 벗어나지 못함을 유념해야 한다. 오늘날 우리 문화 속에서 인기 있는 것과는 달리 묵인 역시 죄이며, 이것은 두아디라 교회에 보내는 편지에서 훨씬 더 명백하게 드러날 것

이다. 발람 당시에 우상숭배자들을 심판하지 못했다는 이유로 이스라엘의 많은 백성이 심판을 받아 죽었다(이때 2만 4천 명이 염병으로 죽었다).[민 25:9] 실제로 바울은 이스라엘에 대한 하나님의 심판을 우상숭배를 묵인하는 동일한 문제를 갖고 있던 고린도 교회에 주는 경고와 분명히 연결시킨다.[고전 10:7-11] 15절에 언급된 '니골라 당'은 발람 집단과 비슷한 것으로 추정되는데, 그것은 두 명칭의 의미가 서로 연결되어 있는 것으로 보아도 그렇고(니골라는 "사람들을 이기는 자", 발람은 "사람들을 빼앗거나 지배하는 자"를 의미한다), '이와 같이'라는 말로 서로 연결되는 것으로 보아도 그렇다.

17. 에베소 교회처럼 버가모 교회도 이기기 위해서는 '귀 있는' 것과 자기들 자신의 죄에 관해 "**성령이 하시는 말씀을 듣는**" 것이 필요하고, 당장 그렇게 하라는 권면을 받는다. 만일 그들이 묵인의 죄를 이기고 두 그룹(니골라 당과 발람 집단)에 대해 징계를 시행할 수 있다면, 그리스도는 그들에게 기업을 약속하신다. 신실한 버가모 교회의 교인들에게 약속된 상은 세 가지다. 그들은 '감추었던 만나'를 받을 것이다. 그리고 그 위에 기록된 새 이름을 갖고 있는 '흰 돌'을 받을 것이다. 감추었던 만나는 어린양의 혼인 잔치에서[19:9] 온전히 먹도록 되어 있는 음식(지금은 눈에 보이지 않는)을 가리키고, 따라서 이것은 그리스도와의 교제를 상징한다. 만나를 감추었다고 언급하는 것은 그것이 세상이 끝날 때 그리고 어쩌면 죽을 때 하나님의 백성에게 계시되리라는 사실을 의미한다. 이 약속에 대해 확인할 수 있는 가시적인 증거는 전혀 없지만, 이기는 자는 보이지 않는 하나님의 말씀에 소망을 두어야 한다.[히 11장 참조] 그것은 우상에게 바쳐진 제물과 반대된다. 우상에게 바쳐진 제물은 지금 다 소비되고 나중에 영원한 잔치에 대한 참여가 배제될 것이다. 예수는 유대인들에게 모세를 통해 주어진 만나를 돌아보지 말고, 대신 자기 자신을 하늘에

서 온 참된 떡으로 바라보라고 경고하셨다.[요 6:32-33] 만나 개념은 광야 여정 속에서 이스라엘이 발람을 만났을 때에 대한 묵상 때문에 일어날 수 있다. 즉, 이스라엘은 우상의 제물에 참여하지 말고 자신들의 존속을 위하여 하나님께서 주신 하늘의 떡을 의존해야 하며, 교회도 이와 같이 타협하지 않는다면 현세에서 하늘의 만나에 참여하기 시작할 것이다.

'흰 돌'은 민수기 11:7에서 만나를 진주, 곧 흰 돌과 같아 보인다고 묘사하는 것으로 보아 만나와 관련되어 있을 것이다. 따라서 흰 돌은 하늘의 상으로서의 만나 개념을 강화시킨다. 물론 흰색은 또한 의를 상징한다(이 심상에 대해서는 3:4, 6:21, 9:14을 보라). 이 돌의 흰색은 타협하지 않고 자기 자신을 더럽히지 않은 성도의 의를 상징하고,[3:4 참조] 그들은 이 의로운 행실로 죄의 책임을 면제받는다. 흰 돌은, 유대인이 돌을 석방 투표의 도구로 사용하거나 흰 돌을 특별한 경우에 승인의 표시로 사용하는 관습에 비추어 볼 때, 세상 기관들이 참여를 거부한다는 이유로 이기는 자에게 내린 유죄 판결을 뒤집는 것을 가리키고, 이 판결로 이기는 자는 예수의 잔치에 참여하는 초대장을 받게 된다. 잔치에 참여할 자격과 직접 관련해 흰색과 의가 결합되어 있는 경우는 19:8-9에서 나타난다. 거기 보면 "빛나고 깨끗한 세마포 옷"이 "성도들의 옳은 행실"을 표상하고, 이어서 "어린양의 혼인 잔치에 청함을 받은" 사실을 언급하는 말씀이 곧바로 나온다.

여기서 '새 이름'은 3:12의 긴 묘사를 축약한 것이다. 즉, "하나님의 이름과 하나님의 성 곧 하늘에서 내 하나님께로부터 내려오는 새 예루살렘의 이름과 나[그리스도]의 새 이름"을 간략히 언급하는 말이다. 이 이름은 신자 위에 기록되어 있다. 나아가 21:2도 하나님의 백성을 "하나님께로부터 하늘에서 내려오는 새 예루살렘"으로 묘사하고, 따라서 3:12에서 이기는 자 위에 기록된 이름은 그들의 참된 정체성과 동의어가 된다. 그러므로 2:17의 "그 돌 위에 새 이름을 기록한 것이 있나니 받는 자 밖에는 그 이름을 알 사람이 없느니라"는 표현은 예수께서 승리를 거두고 당당하게 얻은 "자기밖에 아는 자가 없는" 이름을 받은 것을 가리킨다.[19:12-16] 예수는 현세에서는 자기 백성에게만 그 이름을 계시하고 나누어 주신다. 그렇지만 그들이 삶을 마칠 때에는 더 크게 그리고 역사가 끝날 때에는 충분히 계시하고 나누어 주실 것이다.[3:12 참조] 요한계시록 2:17과 19:12은 누가복음 10:22과 비슷한 사상을 전개하는 것으로 보인다. "내 아버지께서 모든 것을 내게 주셨으니 아버지 외에는 아들이 누구인지 아는 자가 없고 아들과 또 아들의 소원대로 계시를 받는 자 외에는 아버지가 누구인지 아는 자가 없나이다."[눅 10:17 참조] 새 이름은 하나님의 영원한 임재 속에 들어가는 것을 가리키고, 22:3-4은 "그의 얼굴을 볼 터이요 그의 이름도 그들의 이마에 있으리라"고 이것을 더욱 명확히 한다. 고대 세계와 구약성경에서 어떤 사람의 이름을 아는 것, 특히 하나님의 이름을 아는 것은 종종 그와 친밀한 관계 속에 들어가고 그의 성품이나 능력에 참여하는 것을 의미했다. 즉, 새 이름이 주어지는 것은 새로운 지위에 대한 표시였다. 그러므로 2:17에서 신자들이 새 이름을 받는 것은 그들이 그리스도의 나라에서 그분의 주권적인 권세 아래 그분의 친밀한 마지막 때의 임재 및 능력과 완전히 동일시되고 연합되는 최후의 상을 표상한다. 이름의 동일화는 실제로 그리스도께서 자신을 사람들에게 계시하시고, 사람들이 믿음으로 그리스도의 이름을 고백할 때 시작된다. 이 일이 일어나면 사람들은 새로운 영적 지위를 갖게 되고, 그리스도의 이름을 부인하지 않으며, 급기야는 최후의 환난에서도 인내하게 되는 '작은 능력'을 받게 된다.[2:13a, 3:8-10 참조]

새 이름에 대한 약속이 버가모 교회와 빌라델비아 교회에 보내는 편지에 나오는 것이 흥미롭다. 이 두 교회는 신자들이 그리스도의 이름에 충성했다고 말해진다.[2:13, 3:8] 또한 17절에서 그리스도의 새 이름을 받는 자와 14:11에서 짐승의 이름표를 받는 자 사이의 대조 관계도 주목해 보라. 마지막으로 새 이름을 받는 것은 이스라엘 안에서 신실한 자는 새 이름으로 일컬어질 것이라는 이사야의 예언의 성취이며,[사 62:2, 65:15] 따라서 이 예언은 다시 그리스도께서 교회를 어떻게 새 이스라엘로 보시는지를 증명한다. 이 예언에 약속된 복은 타협하지 않는 마지막 때의 이스라엘, 곧 교회 안에 있는 자들에게 주어질 것이다. 이스라엘이 마지막 때에 하나님의 임재를 회복할 것이라는 이사야의 예언은 또한 신자들의 이름,[3:12, 14:1, 22:4] 하나님 또는 그리스도의 이름[3:12, 19:12-13, 16, 22:4]에 대한 요한계시록의 다른 모든 언급의 기초로 작용한다. 예수는 새 이름을 받고[3:12] 이사야의 예언을 성취하기 시작한 첫 번째 인물이다. 이는 예수께서 마지막 때에 이스라엘의 대표라는 사실을 의미하는 것이 틀림없다. 사람들은 예수를 믿을 때 예수의 새 이름과 동일시되는데, 이것은 그들이 현세에서 그리스도의 이름과 동일시되는 것으로 보아 분명하다.[2:13] 따라서 그들은 이사야 예언의 시작된 성취의 한 부분으로 확정된다.

2:12-17 묵상 제안

목회적 징계 시행: 그리스도는 버가모 교회에 오실 때 어느 정도 징계할 마음을 가지고 오시지만, 먼저 그들이 전체적으로 충성한 것에 대해 격려를 아끼지 아니하신다. 우리가 어떤 사람의 결함을 지적할 필요가 있을 때 이 순서를 지키는 것은 얼마나 중요하겠는가? 심리학자들은 징계의 말 한 마디가 칭찬의 많은 말보다 더 무겁다고 말한다. 우리는 어찌하여 그리스도께서 버가모 교회의 그리스도인들에게 다가가신 것과 같은 방식으로 다른 사람들에게 다가가지 못하

는가?

사탄의 권좌의 성격: 버가모는 사탄의 권좌가 있다고 말해진 유일한 도시다. 한 도시가 어떻게 이런 식으로 묘사될 수 있는가? 여기에는 어떤 함축적인 의미가 있는가? 우리는 마귀의 본거지가 우리가 속해 있는 공동체 안에 존재할 수 있음을 알고 있는가? 이에 대한 적절한 대응은 무엇인가?

묵인과 타협에 대한 압력: 버가모 교회는 사회적·경제적 불이익을 피하려고 우상숭배 관습에 가담하여 그리스도를 믿는 믿음을 양보해 버린 일부 교인을 묵인함으로 심판을 받을 위험에 처해 있었다. 여러분의 지역 교회 또는 교회 공동체는 어떤 식으로 세상과 타협하라는 위협을 받고 있는가? 우리의 교회를 하나님의 심판으로 이끌 수 있는 영적 타협에는 어떤 것이 있는가?

교회를 심판하시는 하나님: 그리스도는 필요하다면 싸우는 데 사용할 검을 가지고 버가모 교회를 찾아오신다. 이것은 그리스도의 자비와 긍휼에 대해 우리가 알고 있는 지식과 어떻게 연관될 수 있는가? 하나님이 자기 백성을 심판하러 오신다는 것은 어떤 의미인가? 우리는 그리스도인으로서 이러한 일이 우리에게도 일어날 수 있다는 거룩한 두려움을 충분히 갖고 살고 있는가? 마태복음 7:20-23에서 그리스도가 말하는 사람들 가운데 우리가 속했을 수 있지는 않은가? "이러므로 그들의 열매로 그들을 알리라. 나더러 주여, 주여 하는 자마다 다 천국에 들어갈 것이 아니요 다만 하늘에 계신 내 아버지의 뜻대로 행하는 자라야 들어가리라. 그 날에 많은 사람이 나더러 이르되 주여, 주여 우리가 주의 이름으로 선지자 노릇 하며 주의 이름으로 귀신을 쫓아내며 주의 이름으로 많은 권능을 행하지 아니하였나이까 하리니 그 때에 내가 그들에게 밝히 말하되 내가 너희를 도무지 알지 못하니 불법을 행하는 자들아, 내게서 떠나가라 하리라."

그리스도는 두아디라 교회가 증언 사역을 잘 감당한 것에 대하여 칭찬하고, 우상숭배적인 타협의 영을 허용한 것에 대하여 책망하며, 심판받지 않고 마지막 때에 그리스도와 함께 다스리는 것을 상속받도록 이겨 내라고 권면하신다 2:18-29

2 18 두아디라 교회의 사자에게 편지하라. 그 눈이 불꽃 같고 그 발이 빛난
주석과 같은 하나님의 아들이 이르시되 19 내가 네 사업과 사랑과 믿음과
섬김과 인내를 아노니 네 나중 행위가 처음 것보다 많도다. 20 그러나 네게 책망할 일
이 있노라. 자칭 선지자라 하는 여자 이세벨을 네가 용납함이니 그가 내 종들을 가르
쳐 꾀어 행음하게 하고 우상의 제물을 먹게 하는도다. 21 또 내가 그에게 회개할 기회
를 주었으되 자기의 음행을 회개하고자 하지 아니하는도다. 22 볼지어다, 내가 그를 침
상에 던질 터이요 또 그와 더불어 간음하는 자들도 만일 그의 행위를 회개하지 아니
하면 큰 환난 가운데에 던지고 23 또 내가 사망으로 그의 자녀를 죽이리니 모든 교회가
나는 사람의 뜻과 마음을 살피는 자인 줄 알지라. 내가 너희 각 사람의 행위대로 갚아
주리라. 24 두아디라에 남아 있어 이 교훈을 받지 아니하고 소위 사탄의 깊은 것을 알
지 못하는 너희에게 말하노니 다른 짐으로 너희에게 지울 것은 없노라. 25 다만 너희에
게 있는 것을 내가 올 때까지 굳게 잡으라. 26 이기는 자와 끝까지 내 일을 지키는 그에
게 만국을 다스리는 권세를 주리니 27 그가 철장을 가지고 그들을 다스려 질그릇 깨뜨
리는 것과 같이 하리라. 나도 내 아버지께 받은 것이 그러하니라. 28 내가 또 그에게 새
벽 별을 주리라. 29 귀 있는 자는 성령이 교회들에게 하시는 말씀을 들을지어다.

18. 그리스도는 버가모 교회의 상황과 매우 비슷한 두아디라 교회의 상황에 맞추어 1장의 환상 요소에 따라 자신을 소개함으로써 심판자로서의 역할을 강조하신다. "그 눈이 불꽃 같고 그 발이 빛난 주석과 같은"이라는 말도 다니엘 10:6의 하늘의 환상에서 취한 것이다. 거기 보면 환상에 등장하는 이가 이방 민족에게 하나님의 심판을 시

행한다. 불꽃 같은 눈을 가진 그리스도 심상은, 그리스도를 심판하고 싸우는 백마 탄 자로 묘사하는 요한계시록 19:12에서도 나타난다. 예수께서 18절에서 자신을 '하나님의 아들'로 지칭하는 것은 두아디라 주민들이 제우스의 아들로 숭배한 두 신을 갖고 있었기 때문일 것이다. 이 사실은 또한 두아디라 교회에 보내는 편지 마지막 부분에서 시편 2편의 내용이 언급될 것을 예견한다. 시편 문맥에서는 권세와 심판을 하나님의 아들이 시행한다.[시 2:7-9]

19. 두아디라 교회는 반대를 무릅쓰고 그리스도를 증언한 활동에 대해 그리스도로부터 먼저 칭찬을 듣는다. 그들의 "믿음과 섬김과 인내"에 대한 언급은 박해에도 불구하고 그리스도를 충성스럽게 증언할 준비가 되어 있던 두아디라 교회의 모습을 암시할 것이다. 왜냐하면 이 언급은 다른 본문에서도 비슷하게 사용되기 때문이다. 1:5과 3:14에서는 그리스도 자신이 충성된 증인이셨고, 2:13에서는 안디바가 충성된 증인이었으며, 3:8-10에서는 박해를 무릅쓰고 그리스도의 이름을 부인하지 않은 빌라델비아 교회의 인내에 대해 말한다. 13:7-10에서는 짐승에게 박해를 받은 성도들의 인내와 신실함을 언급하고, 17:12-14에서는 열 왕과 맞서 싸우는 어린양을 신실하게 따르는 자들을 언급한다.

20. 그러나 두아디라 교회는 버가모 교회와 마찬가지로, 20절에서 '이세벨'로 묘사되는 거짓 선생(여자로 보이는)에게 빌미를 주었다. 두아디라 교회의 죄인 용납(묵인)은 오늘날 우리 시대의 포스트모던 문화에서는 최고의 미덕으로 칭찬 듣는 것이다. 이 새 이세벨은, 옛 이세벨과 같이[왕상 16:31, 21:25-26] 두아디라 교회 교인들에게 우상숭배 관습에 타협할 것을 종용했고, 따라서 제공된 가르침이 버가모 교회의 발람 집단이나 니골라 당의 가르침과 비슷했을 것으로 보인다. 두 경우 모두[14, 20절] "행음과 우상의 제물을 먹는 것"을 언급한다. 요한계

시록 다른 곳에서 사용되는 '행음'에 해당하는 헬라어 단어는 문자적인 성적 음행을 가리키는 것이 아니라 숭배받는 우상의 배후에 있는 신들과의 불법적인 교제에 가담하는 것을 의미한다. '행음'에 해당하는 헬라어 단어[*porneia*와 관련 단어군]는 요한계시록 다른 곳에서 대체로 이 은유의 의미를 갖고 있다(2장을 제외한 다른 곳에서 13회에 걸쳐 그렇게 사용되고 9:21, 21:8, 22:15에서는 문자적인 의미로 사용된다). 20절에서 언급하는 것도 은유적 용법일 것이다. 왜냐하면 두아디라 교회에서 저지른 온갖 타협에 실제 성적 음행이 포함되었을 가능성은 없기 때문이다. 20절은 이 점을 지지하는데, 그것은 '행음'의 동사형(문자적으로 '행음하다')의 의미가 바알숭배 정책을 취하도록 아합 왕과 이스라엘에 압력을 행사한 이세벨이라는 구약 인물에서 연원하기 때문이다. 하지만 성적 음행도 부차적으로 염두에 둔 의미였을 것이다. 왜냐하면 성적 음행은 종종 바알숭배의 한 부분으로 나타났기 때문이다(확실히 요한 당시에도 이런 음행이 이방 신을 섬기는 숭배에 포함되었다). 또한 22절의 '간음' 역시, 특히 이세벨의 우상숭배로 말미암아 간음죄를 저질렀다고 하나님의 비난을 받은 이스라엘을 배경으로 보면, 똑같이 이해되어야 한다. 두아디라는 특별히 수많은 상업 단체와 길드가 활동한 경제 중심지였다. 이런 집단은 회원들에게 회원 자격을 유지하려면 우상숭배 관습에 가담해야 한다고 주장했다. 사실상 두아디라에서 그 같은 집단의 일원이 되지 않으면 상업에 종사하기가 힘들었고, 그러므로 두아디라에서 우상숭배에 가담하라고 그리스도인에게 가해지는 압력은 매우 컸을 것이다. 두아디라 교회의 상황은 그리스도께서 교회에 대하여 책망할 것을 두어 가지만 찾아내셨던 버가모 교회보다[2:14] 더 심각하다. 여기서 이 거짓 여선지자(이세벨)는 두아디라 교회를 미혹하여 심각한 죄를 저지르도록 만들었다.

21. 게다가 이 여선지자는 회개하기를 거부했는데, 이것은 두아디라 교회가 문제를 성공적으로 처리하지 못했음을 암시한다. 바울은 부분적으로 미혹을 당한 자가 아담이 아니라 하와였다는 점을 근거로 디모데에게 여자가 교회를 주관하는 권세를 가지고 가르치는 것을 인정하지 말라고 경고했다.[딤전 2:12-14] 21절에서 같은 동사[헬라어 *planaō*]가 이 여자 선생이 다른 사람들을 잘못된 길로 이끈 것에 대해 능동적인 의미로 사용되고, 따라서 이것은 두아디라 교회가 바울의 교훈을 따르지 못해 재앙적인 결과를 자초한 것을 예증한다. 나중에 보면 거짓 선지자(종교 제도를 대표하는)가 이세벨과 같이 사람들을 미혹하는 사실이 계시되는데,[13:14, 19:20] 이는 18:23에서 음녀 바벨론이 행하는 것과 같다. 이것 역시 편지와 환상 간의 상관성을 보여주는데, 그 이유는 의심할 것 없이 그리스도께서 두아디라 교회(그리고 타협의 유혹을 받은 모든 시대의 그리스도인)에 충격을 주어 그들이 묵인하고 넘어가는 것이 얼마나 위험한 일인지를 깨닫게 하려고 거짓 선지자에 대한 묘사와 비슷한 말을 사용하셨기 때문이다. 또한 이세벨에 대한 심판이 18장에 나오는 음녀 바벨론에 대한 심판을 어떻게 예견하는지 주목해 보라. 두 경우 모두 사람들이 자기를 속이는[18:23] 음녀와 음행을 저지르는데,[17:1-2, 18:3, 8-9] 거기서 음행은 부당한 상업 거래에 가담하는 것을 상징한다.[18:3, 11-22] 두아디라에서 세마포 옷, 자주 옷, 동[銅], 노예의 거래와 같은 다양한 상업 형태가 존재했음을 주목하라. 두 경우 모두 하나님의 백성은 죽음에 처해지는 심판을 받지 않도록 음녀의 죄에 참여하지 말라는 명령을 받고,[18:4, 8] 두 경우 모두 하나님께서 그 행위대로 사람들을 심판하신다.[18:6] 이 특별한 유사점은 우연이 아니며 환상이 사회의, 아니 사실은 교회의 현재 실상을 어느 정도까지 묘사하는지를 보여준다.

22-23. 그리스도의 심판이 이제 우상숭배적인 가르침에 대해 회개

하지 않은 이세벨과 그녀의 추종자들에게 임할 것이다. 이 사실을 통해 우리는 하나님의 의로우신 분노에 대한 거룩한 두려움을 가지고 살아야 함을 깨닫고, 또 하나님께서 자신의 교회를 순결과 보존을 위해 보살피시는 것에 위로를 받아야 한다. 이세벨은 하나님의 종들을 미혹했고,[20절] 따라서 그 종들은 회개하지 않으면 미혹당한 것 때문에 죽음에 처해질 수 있다. 이것은 바울이 이런 자를 육신은 멸하고 영은 구원받을 수 있도록 사탄에게 내주라고 말했을 때[고전 5:5] 염두에 두었던 의미에(우상숭배와 음행을 다루는 비슷한 문맥에서) 얼마간 빛을 던져 줄 수 있다. 이런 자는 교회에서 쫓아내[고전 5:2] 흑암의 나라의 영역으로 보내야 했다. 그것은 하나님께서 두아디라 교회 안에서 죄를 제거함으로써 교회를 깨끗하게 하실 때 취하신 것과 같은 전략이었다. 그리스도인은 불순종 때문에 고난을 당하거나 심지어는 죽기까지 한다. 그리스도인을 자처하는 사람들이 결국은 그리스도인이 아닌 자로 판명되기도 한다.[마 7:20-23, 13:19-22 참조] '이세벨'로 불린 구약 시대의 대응 인물에 비추어 볼 때, 분명 참 신자가 아니었던 두아디라 교회의 이세벨은 후자의 범주, 곧 믿는 자를 자처했으나 사실은 믿는 자가 아닌 경우에 속했음이 분명하다. 다음 24절에서 이세벨을 '사탄의 깊은 것'과 연계시키는 것은 이러한 이세벨의 정체성을 더욱 부각시킨다. 마지막으로 이세벨을 17장의 음녀 바벨론과 동일시하는 것도, 그녀가 교회 지도자들의 인정을 받아 그리스도인의 선생으로 등장함에도 불구하고, 이세벨을 믿지 않는 자로 간주하는 데 도움을 준다.

하나님은 이런 악한 가르침을 용납하거나 묵인하시지 않을 것이다. 우리도 절대로 그래서는 안 된다. "사람의 뜻과 마음을 살피는 자"라는 말은 18절에서 "그 눈이 불꽃 같고"라고 묘사한 비유의 문자적인 의미를 설명해 준다. 즉, 그리스도의 지식은 우리 존재의 핵심을 간파하고, 그분이 베푸는 심판이나 상의 기초가 되며, 이것은 또한 그리스도의 신적 본성과 기능을 암시한다. "내가 너희 각 사람의 행위대로 갚아 주리라." 교회 안에 있는 어떤 이들은 결국 그리스도를 진정으로 따르는 자로 판명되고, 다른 이들은 가짜 추종자로 판명될 것이다. 22-23절에서 가장 먼저 염두에 두고 있는 본문은 예레미야 17:10이다. 왜냐하면 방금 언급한 두 표현("사람의 뜻과 마음을 살피는 자"와 "내가 너희 각 사람의 행위대로 갚아 주리라")은 예레미야 17:10에서만 나타나기 때문이다. 게다가 예레미야 17:10의 진술이 특히 알맞은 이유는 그 본문이 경제적인 이유로 우상숭배에 빠지는 이스라엘 공동체 내의 사람들을 하나님께서 심판하시는 것을 언급하기 때문이다.[렘 17:3, 11, 11:10-17, 20 참조] 예레미야서에서처럼 우상숭배에 가담하도록 선동하는 거짓 선생들은 자신의 악한 동기를 사람의 눈에는 숨길 수 있어도 하나님의 감찰하시는 눈에는 숨길 수 없다. 그들은 참된 믿음을 가진 이스라엘 백성으로 나타나지 못할 것이다.

24. 그러나 두아디라에 남아 있는 자들은 사탄의 깊은 것을 알지 못했고 거짓 선생에게 미혹을 당하지 않았다. "사탄의 깊은 것"이라는 말은 아마 이세벨과 그녀의 추종자들이 "하나님의 깊은 것"으로 불렀을 것으로 추측되는 것에 맞추어 그리스도께서 사용하신 말로 보인다. "사탄의 깊은 것"이라는 표현은 그리스도인은 어느 정도 자원하여 우상숭배에 참여할 수 있고, 그리하여 마귀적이고 사탄적인 영역을 경험할 수 있으며, 그렇다고 해도 이 참여로 영적인 해를 입을 것은 없다는 잘못된 견해를 함축하고 있다. 이세벨의 '계시'는 금송아지를 만든 이스라엘 백성의 계시나[출 32:1-6] 우상을 숭배하는 신전을 빈번하게 출입했던 고린도 교회 교인들의 계시와[고전 10:14-22] 비슷했다. 아마 거짓 선생들은 우상이 세상에 확실히 실재하는 것이 아니라면 우상을 숭배하는 잔치에 참여하는 것도 영적으로 아무 해가

없다고 말함으로써 고린도전서 8:4의 바울의 진술을 잘못 적용시켰을 것이다. 이 가르침은 또한 영적인 차원만을 강조하고 물리적인 세상은 중요하지 않은 것으로 간주하며, 따라서 우상을 숭배하는 신전에서 우상 제물을 먹는 잔치에 참여하는 것은 신앙에 아무런 해를 미치지 않는다고 주장할 것이다. 그리스도인은 그리스도의 몸 안에서 분별되거나 널리 시행되기 전에는, 이전에 없었던 새로운 계시나 심오한 진리를 주장하는 자들을 항상 조심해야 한다.

그리스도는 이 같은 사상에 넘어가지 않은 자들에게 자신이 올 때까지 타협하지 않는 태도를 굳게 지키는 것이 그들의 유일하고 참된 관심사라는 사실을 강조하신다. 이것이 24절 마지막 부분에서 "다른 짐으로 너희에게 지울 것은 없노라"는 말씀의 중요성이다. 이 '오심'이 최후의 파루시아[parousia], 곧 재림을 가리키는지, 아니면 잠정적이고 일시적인 오심을 가리키는지의 여부에 대한 설명은 앞 1:7, 2:5에 대한 주석을 보라. 24절에서 그리스도는, 사도행전 15:28에서 사도 바울의 명령에 따라 이방인 전체에게 두어진 것 외의 다른 짐을 두아디라 교회에 지우신 것이 아니다.

25-27. 거짓 가르침에도 불구하고, 또한 거짓 가르침에 직면하여, 신실함을 유지하는 자들에게 그리스도는 그들에게 있는 것을 "내가 올 때까지 굳게 잡으라"고 명령하신다. 그리스도는 타협하는 이세벨 당을 징계하고 타협을 '이기는' 자들에게, 그들이 자신의 나라에서 함께 다스릴 것이라고 약속하신다. 끝까지 인내하는 것은 그들이 약속을 받기 위해 반드시 충족시켜야 하는 조건이다. 그리스도는 그들이 그렇게 인내한다면, 그들에게 시편 2편에 예언된 메시아 나라에 참여하도록 허락하겠다고 말씀하신다. 그리스도는 이 메시아 나라를 다스릴 권세를 이미 받으셨다. 따라서 그들은 그리스도께서 받으신 것(권세)을 받고, 만국을 다스릴 것이다. 여기서 그리스도는 시편

2:8-9을 인용하시는데, 이것이 중요한 것은 같은 시편 7절에서 그리스도를 하나님의 아들로 지칭하기 때문이다. 하나님의 아들이라는 말은 그리스도께서 18절에서 두아디라 교회에 자신을 소개하실 때 사용되었다.

28-29. 성령이 전하는 말씀을 듣는 자는 또한 '새벽 별'을 받을 것이다. 이 새벽 별은 그리스도 자신을 가리킨다. 그리스도는 22:16에서 자신을 광명한 새벽 별로 계시하고, 민수기 24:17에서 한 별과 한 규(또는 지팡이)로 예언되며, 시편 2:9에서 철장 또는 홀로 원수들을 깨뜨리시는 분으로 말해진다. 이때 시편 2:9은 민수기 24:17을 더 깊이 전개한다. 그러므로 새벽 별은 그리스도의 부활과 함께 시작된 메시아의 통치와 연관되어 있는 상징이다. 여기서 이 상징이 신자들에게 적용되는 것은 그들이 이기는 자가 되면 그분의 통치에 참여하게 된다는 사실을 암시한다. 로마 제국 황제들이 자기들을 새벽 별로 여겨진 금성의 후손이라고 주장한 사실 때문에 여기서 그리스도는 자기 자신이, 모든 인간 통치자—두아디라와 같은 도시에서 숭배를 받은 자들도 포함해—와 달리, 세상의 참된 통치자라는 사실을 계시하는 것이라고 주장할 수 있다.

26-28절에서 그리스도의 약속이 영원한 상을 받기 전에 이기기 시작한 자들에게 주어진다고 지적하는 것이 중요하겠다. 그들의 승리는 내세가 아니라 현세에서 나타난다. 마찬가지로 12:11에서 신자들은, 그것이 죽음을 뜻하기는 해도, 그리스도를 위하여 기꺼이 충성했기 때문에 마귀를 이겼다고 말해진다. 바울도 로마서 8:37에서 동일한 요점을 제시한다. 거기서 바울은 8:35에 언급된 환난에도 불구하고 우리가 이긴다고 말한다. 신자의 승리는 십자가에서 결정적인 죽음을 겪으실 때까지 생애 전체에 걸쳐 하나님에 대한 충성을 유지하심으로써 이기신[요 16:33, 계 5:5-6] 그리스도의 승리를 본보기로 한

다. 이기신 그리스도에 대한 요한의 환상은 그리스도를 죽임을 당하신 어린양으로 묘사하고,[5:5-6] 반면에 바울은 이기는 신자들을 도살당할 양으로 묘사한다.[롬 8:36-37] 모든 교회는 타협의 유혹에 직면하고, 어떤 교회는 이미 유혹에 굴복하고 있다(버가모, 두아디라, 사데, 라오디게아 교회). 그러므로 이기라는 권면은 타협에 계속 강하게 맞서거나 타협을 멈추라는 권고다. 이 점에서 '이기다'라는 단어[헬라어 *nikaō*]는 '니골라 당'이라는 말과 역설적인 언어유희로 보인다.

짐승은 신자들을 고난에 빠뜨림으로써 그들을 이기지만,[11:7, 13:7] 신자들은 고난당하는 동안에도 신실함을 유지함으로써 짐승을 이긴다고 말해진다.[5:5-6, 12:11, 15:2] 이기는 자는 단순히 믿음 때문에 죽는 것으로 끝나지 않는다. 왜냐하면 예컨대 서머나 교회의 경우를 보면, 비록 죽임을 당하는 자는 말할 것도 없고 옥에 갇히는 자도 그들 가운데 일부일지라도 신자 모두에게 약속이 주어지기 때문이다.[2:10-11] 2:26에서 이기는 것은 "내 일을 지키는"이라는 평행 문구에 따라 정의되고, 이는 이기는 것이 죽기까지 그리고 죽음을 포함하여 그리스도인의 순종과 충성의 전체 과정을 망라함을 증명한다. 그리스도인은 단순히 죽음으로만 이기는 자가 되는 것이 아니라 충성된 삶을 통해, 특히 어떤 종류의 타협이나 우상숭배에 참여하라는 유혹을 기꺼이 물리치는 것으로도 이기는 자가 된다. 일곱 편지에서 이기는 자에게 주어지는 모든 약속이 영원한 나라에 대해 말하는 요한계시록 마지막 부분에서 똑같이 묘사된다. 신자들은 심판에서 보호를 받고,[2:10, 3:5, 21:1-8] 하나님의 성을 기업으로 받으며,[3:12, 21:7, 27] 그리스도의 통치에 참여하고,[2:26-28, 3:21, 22:5] 영생을 얻는다.[2:7, 3:5, 21:27, 22:1-5]

2:18-29 묵상 제안

교회에 대한 이세벨의 위협: 두아디라 교회는 믿음과 섬김과 인내를 지킨 것에 대해 먼저 칭찬을 듣지만, 이 모든 것이 이세벨로 지칭되는 거짓 선생의 등장으로 무산될 위험 속에 있다. 한 사람이 교회의 건강에 어떻게 그토록 큰 영향을 미칠 수 있었는가? 사탄이 교회를 파괴하기 위해 자신의 사자들을 교회 안으로 침투시키는 것이 가능한가? 두아디라 교회에 이 위협이 닥쳤을 때 교회의 장로들은 어디 있었는가? 장로들은 이미 타협에 넘어가 이세벨의 메시지에 영향을 받았는가? 아니면 교회에 대한 관리 책임을 등한시했는가? 교회 지도자들은 양떼를 이런 공격으로부터 보호하기 위해 무엇을 할 수 있는가?

타협의 원인: 두아디라 교회에서는 음행과 연루된 것으로 보이는 집단의 우상숭배 관습에 순응하고 우상을 숭배하는 신전 의식에 참여하라는 압력을 이기지 못해 타협이 발생했다. 요한계시록은 두아디라 교회에 등장한 이세벨이 교회 시대 전체에 걸쳐 다양한 형태로 다시 등장할 것이라고 가르친다(편지와 환상 사이의 연계성에 대해서는 '들어가며'의 설명을 보라). 우리 시대의 문화 안에는 교회를 순응과 타협의 길로 이끌려고 압박하는 관습이나 사회규범으로 어떤 것들이 있는가? 여러분의 교회나 단체에서 특별한 타협의 실례를 본 적이 있는가? 오늘날에도 복음을 세상의 입맛에 더 잘 맞추거나 그리스도인을 그들 자신의 상황에서(예컨대 일터에서) 세상과 더 좋은 관계를 갖도록 돕는다는 명목으로 교회를 잘못된 길로 이끄는 거짓 선생들이 있는가?

타협의 결과: 두아디라 교회와 같이 우리도 더 큰 집단의 인정을 받는 것이 지름길처럼 보이기 때문에 타협한다. 두아디라 교회와 같이 우리도 어쩌면 우리 행동의 비참한 결과를 깨닫지 못하고 있다. 두아디라 교회에서 그리스도는 심판하러 오시는 분으로 묘사되고, 미혹에 넘어간 자들은 최소한 현세에서 그리고 최후의 심판 때에 심

판을 받게 될 것이다. 우리는 심판자로서의 그리스도에 대한 묘사와, 우리가 그리스도의 무한한 은혜와 긍휼에 대해 알고 있는 것을 어떻게 조화시킬 수 있는가? 하나님의 긍휼하심에 대한 선입관 때문에 하나님의 거룩하심을 보지 못하는 것은 아닌가? 타협에 연루되어 있는 우리의 행동을 하나님이 묵인하시리라고 믿기를 더 좋아하기 때문에, 하나님의 긍휼하심에 초점을 맞추는 것은 아닌가? 그리스도께서 오늘날 가짜 신자들에 대해 심판을 행하러 지역 교회들을 찾아오시는 것이 가능한가?

이기는 것: 신자들이 현세에서 이기는 자로 묘사되는 것은 어떤 의미인가? 그리고 요한계시록에서 그토록 자주 승리가 고난 속에서, 심지어는 죽음 속에서 표현되는 것은 무슨 뜻인가? 이 때문에 우리는 요한계시록의 메시지를 그리스도인이 박해를 받는 나라들에 특별히 적용할 수 있고 위로를 얻는다. 왜냐하면 요한계시록에서 그리스도인은 충성된 증언과 고난 속에서 진실로 그리스도의 발자국을 따르는 자로 묘사되기 때문이다. 그러나 박해의 위협 아래 살고 있지 않은 이들은 이 진리를 삶 속에 어떻게 적용시켜야 하겠는가? 고난을 통해 이기는 것을 어떻게 표현할 수 있겠는가? 신자들에게 그들의 신실함으로 말미암아 현세에서 물질적인 복이 조건 없이 주어진다고 주장하는 가르침은 어떻게 이해해야 하는가? 때때로 박해가 없는 곳에서는 어떤 식으로든(성적·신학적·경제적으로) 타협에 대한 유혹이 있고, 이 타협에 굴복하지 않는 것이 이기는 것이다.

그리스도는 사데 교회가 증언이 부족하고 타협한 것에 대하여 책망하고, 구원의 복을 상속받기 위해 이겨 내라고 권면하신다[3:1-6]

3 1 사데 교회의 사자에게 편지하라. 하나님의 일곱 영과 일곱 별을 가지신
이가 이르시되 내가 네 행위를 아노니 네가 살았다 하는 이름은 가졌으나
죽은 자로다. 2 너는 일깨어 그 남은 바 죽게 된 것을 굳건하게 하라. 내 하나님 앞에
네 행위의 온전한 것을 찾지 못하였노니 3 그러므로 네가 어떻게 받았으며 어떻게 들
었는지 생각하고 지켜 회개하라. 만일 일깨지 아니하면 내가 도둑 같이 이르리니 어느
때에 네게 이를는지 네가 알지 못하리라. 4 그러나 사데에 그 옷을 더럽히지 아니한 자
몇 명이 네게 있어 흰 옷을 입고 나와 함께 다니리니 그들은 합당한 자인 연고라. 5 이
기는 자는 이와 같이 흰 옷을 입을 것이요 내가 그 이름을 생명책에서 결코 지우지 아
니하고 그 이름을 내 아버지 앞과 그의 천사들 앞에서 시인하리라. 6 귀 있는 자는 성
령이 교회들에게 하시는 말씀을 들을지어다.

1. 사데 교회에 보내는 편지에 나타난 그리스도의 자기소개는 에베소 교회에 보내는 편지의 소개와 거의 동일한데,[2:1] 두 교회 사이에는 유사점이 있다. 에베소 교회처럼 사데 교회도 그리스도를 외부 세상에 증언하는 힘을 잃어버렸다. 사데 지역은 과거 유명한 도시였지만 그때의 영광이 사라졌고, 지금 그리스도는 사데 교회가 사데 지역과 비슷한 곤경에 처해 있다고 경고하신다. 사데 지역의 태도가 사데 교회에 스며들었다. 사데 교회는 영적으로 살았다는 명성(문자적으로 '이름')은 보존하고 있었지만 사실은 영적으로 거의 죽었다.

2. 사데 교회는 거의 죽은 상태에 알맞게 "일깨어 그 남은 바 죽게 된 것을 굳건하게 하라"는 명령을 받는다. 사데 교회는 이교 문화가 지배하는 지역의 한복판에서 그들 믿음의 근본적인 요청에 무기력한 상태가 되었다. '그 남은 바'라는 언급은 사데 교회가 신실한 섬

김의 삶으로 시작했지만 이제 그들에게 더 나은 발전을 방해하는 어떤 일이 일어났다는 것을 암시한다. 의심 속에 있는 것은 사데 교회의 이름이다. 이것은 2:17의 '이름'이라는 단어의 용법에 비추어 보면 중요하다. 사데 교회는 진실로 그리스도의 이름을 지니고 있는가? 그것이 지금 의문인 것이다. 사데 교회는 자신들이 (참된) 유대인이라고 말하지만, 2:9에서 언급되고 있는 유대인이 아닌 자들과 더 같지 않은가? 확실히 그들은 생명은 갖고 있지만 과거의 '온전한 행위'(그리스도에 대한 충성된 증언)[2:2 주석 참조]는 사라졌다. 에베소 교회와[2:5] 마찬가지로 사데 교회도 이전 행위를 회복하라는 요구를 받는다. 그러나 그리스도께서 천사의 도움을 표상하는 일곱 별과 성령의 능력을 표상하는 일곱 영을 가지고[1:4] 사데 교회를 찾아오신다는 사실은 그리스도께서 사데 교회를 새로운 순종으로 이끄실 수 있는 초자연적인 능력을 갖고 계시다는 것을 의미한다. 그러므로 3:1은 2:1보다 교회의 증언에 능력을 주는 초자연적 원천에 더 큰 강조점을 둔다. 이것이 특히 적절한 이유는 사데 교회는 일곱 교회 가운데 기독교적인 역할을 담당하는 데 너무 무기력해서 영적으로 죽었다고 간주될 수밖에 없는 상황에 있는 유일한 교회였기 때문이다. 따라서 사데 교회는 복음을 선포하라는 부활하신 주님의 부르심을 이루기 위해 성령의 살리시는 능력을 필요로 한다. 이 능력은 주님을 죽은 자 가운데서 일으키셨으며, 사데 교회 또한 영적 무감각으로부터 소생시킬 것이다. 사데 교회의 영적 무감각에는 불신앙적인 문화 앞에 자신들의 믿음을 적극적으로 증언하지 못한 것이 포함되었고, 우리는 이것을 그리스도께서 자신을 일곱 촛대와 관련시켜 소개하신 에베소 교회의 문제점 가운데 하나로 주장하기도 했다. 이것은 부분적으로 서머나, 버가모, 두아디라 교회에 전한 메시지에서 이미 언급된, 이교 사회의 압력에 기인한 것으로 추측할 수 있었던 타협의 한 형태였다. 말하자면 사데 교회의 그리스도인들은 사데 지역에서 기독교적인 입장을 너무 굳게 고수했을 때 주어질 많은 박해를 두려워했다. 아마 그 박해는 이전 편지들에서 언급된 것과 별로 다르지 않았을 것이다.

3. 사데 교회는 그들의 행위가 온전한 것으로 드러나지 않았기 때문에 그들이 "어떻게 받았으며 어떻게 들었는지 생각하고 지켜 회개해야" 한다. "만일 일깨지 아니하면" 도움이 아니라 심판을 위하여 "내가 도둑 같이 이를" 것이라고 예수께서 말씀하신다. 여기서 예수의 이르심(오심)은 조건적인 관점에 따라 표현되므로 최후의 오심(재림)을 가리키는 것이 아니라 지역 교회의 심판을 위해 오시는 것을 가리킨다. 그럼에도 불구하고 이 이르심은 최후의 오심과 관련되어 있다. 왜냐하면 두 오심 모두 이미 시작된 마지막 때 과정의 한 부분이기 때문이다. 두 오심은 최후의 오심이 그리스도의 부활, 아니 사실은 지상 사역에서 시작된 과정의 결말이라는 점에서 서로 구별된다. 일곱 편지에서 예수의 오심에 대한 반복적인 언급은, 종말론적 과정의 연속성을 염두에 두고 오심의 엄밀한 시점이 언제인지 분별할 수 있는 것과 관련해서 보면 모호하다. 3절은 이런 모호함의 한 실례로 충분히 볼 수 있을 것이다. 모호함의 이유는 독자들이 자기 문제를 긴급하게 해결해야 한다는 것을 느끼도록 의도적으로 절박한 요소를 강화시키고자 함이기 때문이다.

에베소 교회와의 평행 관계는 계속된다. 왜냐하면 2:5에서와 패턴이 똑같기 때문이다. 사데 교회는 과거 자신들의 영적 생명력을 생각하고 회개해야 한다. 만일 그렇게 하지 않으면 그리스도께서 심판하러 오실 것이다. 사데 교회의 그리스도인 가운데 극히 일부만이 "그 옷을 더럽히지 않았다."[4절] 여기서 옷을 더럽힌다는 말은 이교적인 또는 우상숭배적인 관습과 모종의 타협을 한다는 것을 가리킨다.

'더럽히다'라는 단어는 14:4에도 나타난다. 거기서는 "여자와 더불어 더럽히지 아니하고 순결한 자"를 언급하는데, 문맥으로 보면(바벨론과의 우상숭배적인 음행 개념에 대해서는 14:8을 보라) 문자적인 성적 음행을 가리키는 것이 아니고(물론 그 뜻이 함축될 수 있다), 이교적인 또는 우상숭배적인 행동에 가담하는 것을 의미한다. 사데 교회의 그리스도인 대부분은 타협에 대한 무감각과 그리스도를 담대하게 증언했을 때 찾아올 결과에 대한 두려움에 빠져 있었을 것이다.

4. 그러나 신실했던 "몇 명[문자적으로 '몇 명의 이름']이 네게 있어 흰 옷을 입고 나와 함께 다니리니 그들은 합당한 자인 연고라." 그들이 합당한 자인 이유는 "그 옷을 더럽히지 아니했기" 때문이다. 그리고 이 말씀은 더럽히지 아니한 옷을 입고 그리스도와 함께 다니는 미래의 상급의 기초가 된다. 이것이 고난을 통한 인내의 상과 관련되어 있는 것은 7:14에서도 증명되는데, 거기서 그들은 "큰 환난에서 나오는 자들"과 "어린양의 피에 그 옷을 씻어 희게 한 자들"을 가리킨다. 이것이 흰 옷을 받은 이기는 자의 의미라는 것은 또한 6:9-11에서도 증명된다. 거기 보면 "하나님의 말씀과 그들이 가진 증거로 말미암아 죽임을 당한 영혼들"에게 흰 두루마기가 주어진다. 다시 말해 증언의 역할이 흰 옷을 받는 상에 반영되어 있는 것이다.

5-6. 이 신실한 성도들은 충성된 증언의 삶을 살아감으로써 이긴 자이고, 그 결과 흰 옷을 입을 것이라는 약속이 반복된다. "이기는 자는 이와 같이 흰 옷을 입을 것이요." 약속의 반복은 그 중요성을 강조하는데, 그것은 요한계시록 다른 곳에서처럼 여기서도 흰 옷이 흰 옷을 입으신 분의 사역을 통해 하나님 나라에서 영원한 상을 가져올 순결함을 상징하기 때문이다.[3:18, 6:11, 7:13-14, 19:8] 이 상은 아마 현세에서 시작될 것인데 그 이유는 다음과 같다. ① 4절은 신실한 자가 이미 더럽히지 아니한 옷을 입고 있는 것으로 묘사한다. ② 그리스도는

3:18에서 성도들에게 흰 옷을 사서 입으라고 권면하신다. ③ 16:15은 벌거벗고 다니지 않도록 자기 옷을 지키는 자를 언급한다. 흰 옷에 대한 약속은 그리스도께서 신실한 신자에게 주신 5절의 세 가지 약속 가운데 다만 첫 번째 약속이다.

두 번째는 그리스도께서 신실한 성도의 "이름을 생명책에서 결코 지우지 아니할" 것이라는 약속이다. '생명책'은 요한계시록에서 여기 말고 5회 더 나타나고,[13:8, 17:8, 20:12, 15, 21:27] 창세전에 기록된 신자들의 이름을 그 안에 담고 있다. 이 생명책은 비신자들의 죄를 기록해 놓은 책들과는 반대되며, 그들은 그 책들의 기록을 기초로 심판받게 될 것이다.[20:12-13] 다니엘 12:1에 따르면 '책'에는 구원받는 자들의 이름이 적혀 있고, '책들'은 다니엘 7:9-10에서 하늘의 심판 문맥과 함께 언급된다. "결코 지우지 아니하고"라는 약속은 진정 구원받은 자들의 이름이 어떤 이유로 책에서 지워질 것이라는 함축성이 전혀 담겨 있지 않고, 오히려 절대로 지워지지 않을 것이라는 보증이 담겨 있다. 13:8과 17:8에서의 요점은 창세 이후로 생명책에 이름이 기록된 자는 그 이름이 절대로 지워질 수 없지만 멸망당할 자는 생명책에 이름이 기록되어 있지 않다는 것이다. 비신자들은 생명책과는 아무 관련이 없고 다만 심판의 책과 관련이 있다. '이름'이라는 단어가 3회에 걸쳐 나타나는 것이 중요하다. 여기서 요점은 그리스도께서 각 사람의 '이름'의 실상, 곧 그리스도인으로서의 정체성을 검사하러 오셨다는 것이고, 이것은 사람의 성품과 동일시되었던 구약의 '이름' 개념을 상기시킨다. 그들은 참 신자인가, 아니면 참 신자가 아닌가? 초대교회 당시에 교회는 집단적으로 좋은 이름을 가졌지만(교회와 그리스도와의 동일화가 강력했다), 세월이 흐르자 참 신자와 신앙을 고백하지만 실제로는 구원받지 못한 자가 함께 섞여 매우 혼잡하게 되었다. 그리스도는 전체 교회가 지금 멸망의 위험 속에 있다고 경고하신다.

그리스도께서 신실한 신자에게 주신 세 번째 약속은 "그 이름을 내 아버지 앞과 그의 천사들 앞에서 시인하리라"는 것이다. 요점은 예상되는 박해에도 불구하고 그리스도의 이름을 시인하는 자는 그 결과 그리스도께서도 그의 이름을 시인하신다는 것이다. 의심할 것 없이 예수는 여기서 자기를 시인하는(공개적으로 증언하는) 자는 자기도 아버지 앞에서[마 10:32] 그리고 천사들 앞에서[눅 12:8] 그를 시인할 것이라는 선언을 반복하신다. 복음서 말씀의 문맥은 박해와 관련된 문맥이고("몸은 죽여도 영혼은 능히 죽이지 못하는 자들을 두려워하지 말고"),[마 10:28, 눅 12:4] 이것은 사데 교회 신자들이 직면한 것과 동일한 상황이다. 또한 5절은 이기는 자에게 주시는 약속이 단순히 순교한 자에게만 주어지는 것이 아니라 모든 신자에게 주어진다는 것을 증명한다. 왜냐하면 분명히 모든 신자의 이름이 생명책에 기록되어 있기 때문이다.

"귀 있는 자는 성령의 메시지를 들으라"는 권면은 그리스도의 목표가 사데 교회를 죽음의 위기에서 구원하는 데 있음을 표현한다. 3-4절의 옷과 도둑 같이 오심에 대한 그리스도의 말씀은 대접 환상에서 되풀이되고,[16:15] 그것은 다시 한 번 편지와 환상 간의 상관성을 보여준다. 대접 환상에 언급된 환난은 최소한 어느 정도는 이 편지를 받을 당시에도 사데 교회 안에서 일어나고 있었다. 충격적인 환상들의 심상은 사데 교회 교인들의 마음에 파장을 일으켜 용, 짐승, 거짓 선지자가 이미 그들을 공격하기 시작해 그 실상이 그들의 눈앞에서 펼쳐지고 있음을 깨닫도록 의도된 것이다(하지만 깨닫는 것으로 그칠 수도 있었다). 그리고 유감스럽게도 이 공격은 어느 정도 성공한 상태에 있다. 5절은 이기는 자에 대한 약속이 순교자에게만 제한될 수 없고 모든 그리스도인에게 해당된다는 사실을 보여준다. 왜냐하면 모든 참 신자의 이름이 생명책에서 발견되지 못하는 경우는 상상할 수 없기 때문이다.

3:1-6 묵상 제안

교회가 죽는 길과 그 이유: 3:1-6은 죽음에 임박해 있는 교회에 대한 시나리오를 제공한다. 이전에 생명력이 있었던 교회가 어떻게 자신이 죽은 상태에 있음을 발견할 수 있는가? 두아디라 교회와 버가모 교회에서처럼 사데 교회도 주변의 이교 문화(특히 우상숭배)와의 타협이 근본 문제였던 것으로 보인다. 그러나 그리스도는 자신의 교회를 사랑하고 그래서 많은 것들을 부여하셨기 때문에, 급박한 재앙을 피하도록 초자연적인 도움에 대한 약속을 가지고 찾아오신다. 우리는 우리 교회가 생명력을 상실하고 있다는 초기 경고 신호에 깨어서 주의하고 있는가? 그 경고 신호는 무엇인가? 그리스도는 어떻게 비슷한 경고를 우리에게 말씀하시고, 우리는 어떻게 경고하시는 그리스도의 음성을 듣고 있는가? 교회의 외적 형식은 어느 정도 남아 있는데도 불구하고 교회가 실제로 죽었는지의 여부를 우리는 어떻게 결정할 수 있는가? 하나님이 교회를 회복시켜 살리시는 것이 가능한가, 아니면 남아 있는 신자들이 그리스도를 존중하는 다른 교회로 옮겨야 하는가?

우리 '이름'의 중요성: '이름'이라는 단어는 3:1-6 전체에서 실마리와 같이 이어진다. 사데 교회는 살았다 하는 이름은 있었으나 사실은 죽었다. 신실한 자의 이름은 몇 명에 불과하다. 그리스도는 참 신자의 이름을 생명책에서 지우지 아니하실 것이다. 만일 이름이 그리스도 안에서 우리의 정체성과 그리스도를 닮은 우리의 성품을 대변한다면(우리는 '그리스도의 이름'을 전하는 자다), 이것은 기독교적인 헌신의 본질에 입각할 때 무엇을 의미하는가? 그리스도의 이름—

그리스도께서 진실로 어떤 분이신지를 가장 깊이 표현하는—이 그리스도를 따른다고 고백하는 사람들의 정체성에 반영되고 있는가? 우리가 그리스도의 '이름'을 갖고 있는 것의 실제 의미를 상실하기 시작하면, 사데 교회 교인들과 같이 죽은 자가 될 위험 속에 있는 것은 아닌가?

그리스도는 빌라델비아 교회가 그들에게 더 큰 능력을 주시는 증언을 지킨 것에 대하여 칭찬하고, 마지막 때 그리스도와의 교제와 동일화를 상속받도록 인내하라고 권면하신다[3:7-13]

3 [7]빌라델비아 교회의 사자에게 편지하라. 거룩하고 진실하사 다윗의 열쇠
를 가지신 이 곧 열면 닫을 사람이 없고 닫으면 열 사람이 없는 그가 이르
시되 [8]볼지어다, 내가 네 앞에 열린 문을 두었으되 능히 닫을 사람이 없으리라. 내가
네 행위를 아노니 네가 작은 능력을 가지고서도 내 말을 지키며 내 이름을 배반하지
아니하였도다. [9]보라, 사탄의 회당 곧 자칭 유대인이라 하나 그렇지 아니하고 거짓말
하는 자들 중에서 몇을 네게 주어 그들로 와서 네 발 앞에 절하게 하고 내가 너를 사
랑하는 줄을 알게 하리라. [10]네가 나의 인내의 말씀을 지켰은즉 내가 또한 너를 지켜
시험의 때를 면하게 하리니 이는 장차 온 세상에 임하여 땅에 거하는 자들을 시험할
때라. [11]내가 속히 오리니 네가 가진 것을 굳게 잡아 아무도 네 면류관을 빼앗지 못하
게 하라. [12]이기는 자는 내 하나님 성전에 기둥이 되게 하리니 그가 결코 다시 나가지
아니하리라. 내가 하나님의 이름과 하나님의 성 곧 하늘에서 내 하나님께로부터 내려
오는 새 예루살렘의 이름과 나의 새 이름을 그이 위에 기록하리라. [13]귀 있는 자는 성
령이 교회들에게 하시는 말씀을 들을지어다.

7. "거룩하고 진실하사"라는 말은 요한계시록 다른 곳에서 하나님의

속성으로 나타나고,[6:10] 따라서 7절에서 이 말이 사용되는 것은 예수의 신성을 암시한다. 사실 '거룩'이라는 말은 이사야서에서 "이스라엘의 거룩하신 이"라는 호칭의 한 부분으로, 거의 배타적으로 여호와에 대해서만 사용된다(약 20회). 이 배경이 7절에서 나타나는 것은 3:8에 이사야 22:22의 인용과 인유가 나타나는 것을 예견한다. 3:8에서 예수는 여호와와 그분을 따르는 자들의 역할이 참 이스라엘을 표상하는 데 있음을 가정하신다.[3:8 주석 참조] "하나님의 거룩한 자" 또한 성취 문맥에서 메시아를 가리키는 호칭이다.[막 1:24, 눅 4:34, 요 6:69] 진실하다는 개념은, 유대인에게는 거짓으로 메시아를 자칭한다고 거부당하지만, 예수께서 메시아 예언의 성취를 시작하신 참 메시아라는 사실을 내포한다.[3:14 주석 참조]

7절에 나타나 있는 그리스도의 자기소개는 또한 1:18에서 그분이 열쇠를 가지신 것에 기초가 두어져 있으며, 그 중요성은 곧 증명될 것이다. 다만 1:18에서 열쇠는 사망과 음부의 열쇠였지만 7절에서는 그리스도가 "**다윗의 열쇠를 가지신 이**"라는 점에서 뉘앙스가 약간 다르다. 이것은 이사야 22:22에 대한 언급으로, 엘리아김이 다윗의 열쇠를 가지고 있으며 그가 열면 닫을 자가 없고 닫으면 열 자가 없다. 또한 7절에서는 1:18의 의미가 더 확대된다. 1:18에서 그리스도의 권세는 구원과 심판에 대한 권세다. 하지만 7절에서 그리스도는 또한 천국에 들어갈 자를 결정하신다. 이사야 22:22의 엘리아김에 대한 선언은 그리스도의 모형으로 이해되고, 이어지는 엘리아김에 관한 세부 사실로 증명되는 것처럼 예언 형태를 취하며, 이것은 이사야 9장의 유명한 메시아 예언과 다음과 같이 비교된다.

- 엘리아김의 어깨에 열쇠(유다의 집의 통치권)가 두어진다.[사 22:22] "그의 어깨에는 정사를 메었고."[사 9:6]

- 엘리아김은 예루살렘 주민과 유다의 집의 아버지가 될 것이다.사 22:21 "그의 이름은……영존하시는 아버지라……할 것임이라."사 9:6
- 엘리아김은 그의 아버지 집에 영광의 보좌가 될 것이다.사 22:23 "그 정사……의 더함이 무궁하며 또 다윗의 왕좌와."사 9:7
- 엘리아김은 하나님에 의해 왕의 지위를 차지할 것이다.사 22:21 오실 메시아도 이와 같을 것이다.사 9:6-7

요점은 이전에는 엘리아김이 이스라엘을 다스렸지만 지금은 그리스도(엘리아김의 예언적 모형)께서 참 이스라엘로서의 교회를 다스리신다는 것이다. 오직 그리스도만이 하나님 나라에 들어가고 들어가지 못할 자를 결정하신다.

8-9. "충성되고 참된 증인"3:14이시고 삶과 죽음의 영역의 주권자이신 그리스도는 이 점에서 빌라델비아 교회를 위하여 자신의 능력을 행하신다. "볼지어다, 내가 네 앞에 열린 문을 두었으되 능히 닫을 사람이 없으리라." 이 말씀은 빌라델비아 교회에 특별한 중요성을 갖는데, 그것은 빌라델비아 교회가 자기들이 참 이스라엘을 대표한다고 주장한 그 지역 유대교 공동체(사탄의 회당으로 묘사된)의 박해를 받고 있었기 때문이다. 그러나 이 유대교 공동체의 말은 거짓이었다. 심지어는 후대의 랍비 당국도 이교 문화와 타협했다는 이유로 빌라델비아의 유대교 공동체를 정죄했다. 빌라델비아의 유대교 공동체는 재물이 많았고, 이를 무기로 그리스도인을 공격했다. 그리스도는 빌라델비아 교회의 신자들에게 자신이 7절에서 다윗의 집(다윗의 열쇠) 또는 12절에서 하나님의 성전(하나님의 성)으로 묘사된 하나님 나라에 들어갈 자격을 제공하는 열쇠를 유일하게 가지고 계시다는 것을 확인시켜 주신다. 그리스도는 빌라델비아 교회의 신자들에게, 박해에도 불구하고 그리고 그들이 본질상 '작은 능력'을 갖고 있

었음에도 불구하고, 하나님 나라에 거주할 능력을 베푸신다. 이뿐만 이 아니다. 그리스도는 빌라델비아 교회 앞에 열린 문을 두셨다. 신약성경에서 열린 문(광대한 문)이라는 말은 그리스도의 복음과 증언을 선포할 기회를 가리킨다.[행 14:27, 고전 16:9, 고후 2:12, 골 4:3] 그리스도께서 빌라델비아 교회가 작은 힘을 갖고 있다고 보시는 것은 아마 교인 수가 적어서였을 것이다. 그러나 빌라델비아 교회의 신자들이 "내 말을 지키며 내 이름을 배반하지 아니하였다"고 말씀하신다. 빌라델비아 교회가 그리스도의 이름을 배반하지 아니한 것은 빌라델비아 교회에 보내는 편지의 초점이 증언에 있다는 것을 뒷받침한다. 이제 바야흐로 놀라운 일이 일어나려고 한다. 유대인들—그리스도를 참 메시아로 또는 교회를 새 이스라엘인 하나님의 참 백성으로 인정하지 않기 때문에 사탄의 회당으로 불린—이 그리스도에게 돌아오려고 한다. 이것은 하나님의 주권적인 초대로, 그리스도께서 빌라델비아 교회 앞에 증언의 열린 문을 두신 결과이며, 그렇게 하심으로써 그리스도는 믿지 않는 유대인들이 와서 "네 발 앞에 절하게 하실" 것이다. 이것은 굴욕이 아니라 회개를 가리킨다. 이것은 이사야 45:14, 49:23, 60:14의 인유다. 이사야서 본문에서 이사야는 이방인이 마지막 날에 이스라엘 앞에 나아와 절하고, 이는 이방인이 참 하나님께 진정으로 돌아와 경배하는 것(사 60:1-14의 전체 문맥으로 분명하게 드러난다)을 표상하리라고 예언한다.

여기서 예언의 성취에 나타나는 반전을 주목해 보라. 이사야서 본문의 '이방인'은 비신자를 가리키는데, 지금 여기서는 믿지 않는 유대 민족을 가리킨다. 반면에 이사야서 본문의 '이스라엘'은 신실한 하나님의 언약 백성을 가리키는데, 지금 여기서는 교회를 가리킨다. 이사야서에서는 이 모든 일을 일으키신 분이 하나님으로 말해졌지만 지금 여기서는 그분이 그리스도로 나타난다. 이것은 그리스도의 신성에 대한 또 하나의 암시다. 유대인은 그리스도를 경배하러 나올 것이다. 여기서 '절하게 하고'는 경배하게 한다는 말이다. 그리고 이 경배는 자원하는 마음으로 이루어진다. 왜냐하면 요한계시록 어디서도 경배가—하나님을 경배하거나(10회) 짐승이나 우상을 경배하거나(11회) 간에—자발적인 행동이 아니라고 말하는 곳은 없기 때문이다. 신약성경 다른 곳과 구약의 이러한 예언은 민족들이 메시아에게로 돌아서는 것을 암시한다. 하지만 믿지 않는 이스라엘이 어떻게 최종적으로 회개하러 나아오는 이방 민족의 역할을 예언에 따라 성취할 수 있는지를 증명하는 데 이 본문을 사용하는 것에서 그리스도를 제외시키지 않는다.

또한 하나님께서 박해받는 이스라엘에 대한 자신의 사랑을 민족 앞에 예증하실 것이라는 예언도 명백한 반전의 방식으로 성취된다. 즉, 이사야 43:4에서[사 41:8, 44:2, 48:14, 60:10, 63:9 참조] 분명히 제시되는 것처럼, "그들로……내가 너를 사랑하는 줄을 알게 하리라"는 말씀은 이스라엘 민족이 아니라 교회에 적용된다. 그러므로 마지막 때 이스라엘의 구원이 이방인의 구원을 가져올 것이라는 이사야서의 예언은 역설적인 방법으로 성취되었다. 이것은 유대인의 남은 자가 빌라델비아 교회의 일부를 구성했다고 해도 사실일 것이다. 왜냐하면 대다수 유대인은 이방인이 되었기 때문이다. 그리고 교회는 이 성취된 예언 속에서 이스라엘의 역할을 감당하고 이사야가 여호와의 역할로 예언한 일을 그리스도께서 행하신다. 그리스도는 이방인 교회가 자신의 사랑하는 백성을 구성한다는 역설을 유대교 공동체가 인정하도록 만드시는 분이다. 이사야서의 예언은 오직 그러한 것은 아니라고 해도 빌라델비아 교회 자체의 경험으로 긴급히 성취되어야 한다. 왜냐하면 빌라델비아에 보내는 편지는 또한 첫 세기에 존재했으며 그리스도의 재림이 있을 때까지 존재하는 모든 교회에 전달되기 때문이다. 그러므로 구원과 심판의 능력을 행하시는 예수는 이 능력을 자신을 따르는 자들을 통해 행사하신다.[마 16:18 참조]

10. 그리스도는 자신의 능력으로 빌라델비아 교회가 자기 백성이 되게 하시고,[7-8a절] 또 자기 백성으로서의 지위를 유지할 수 있도록[8b-9절] 장차 임할 환난에서 영적으로 그들을 계속 보호할 것이라고 약속하신다. 그리스도는 환난을 당할 때에, 특히 그리스도를 증언하면서 보여준 신실함으로 말미암아 빌라델비아 교회가 "시험의 때를 면하게 하리니 이는 장차 온 세상에 임하여 땅에 거하는 자들을 시험할 때"에 그렇게 하실 것이다. 여기서 '온 세상'(천하)이라는 말을 반드시 문자적인 의미로 취할 필요는 없고, 신약성경에서는 일반적으로 지리적 의미를 갖고 있다. 예를 들어 같은 말이 누가복음 2:1에서는 단지 팔레스타인 지역만을 가리키고, 사도행전 11:28에서는 더 넓은 어느 지역을 가리킨다(하지만 계 12:9와 16:14에서는 보편적인 의미를 갖고 있다).[행 17:6, 19:27, 24:5 참조] 그러므로 '시험'은 소아시아 지역에 임한 환난이나 또는 더 일반적으로 로마 제국에 임한 환난을 가리킬 수 있고, 이것으로 빌라델비아 교회가 직접 이 환난을 겪고 거쳤다는 사실을 이해할 수 있다. 만일 '온 세상'이라는 말을 문자적인 의미로 취한다면, '시험의 때'라는 언급은 주의 재림을[11:7-13, 20:8-10] 향해 나아가고 또한 주의 재림을 포함하는 마지막 시험이나 환난의 시기를 가리킬 것이고, 빌라델비아 교회의 그리스도인들이 최후의 심판의 연단하는 불에서 구원받는 의미를 함축해야 할 것이다. 물론 그러한 견해도 가능하기는 하지만 자연스럽지 못하다. 요한계시록에서 대다수의 때(시간)의 용법[11:13, 14:7, 15, 18:10, 17, 19]이 최후의 심판을 가리킨다는 사실이 최후의 심판 개념을 지지하기는 하지만 말이다.

여기서 그리스도가 주로 물리적인 보호가 아니라 영적인 보호에 대해 말씀하신다는 사실을 주목하라. 왜냐하면 요한계시록 어디서도 신자들이 물리적인 고난에서 면제된다고 약속하지 않기 때문이다. 확실히 이미 살펴본 편지들에서 분명히 확인한 것처럼, 신자들은 오히려 물리적인 고난을 예상해야 한다. 바울도 빈번하게 같은 요점을 제시한다.롬 8:35-39, 고후 4:16-5:10, 빌 3:10, 골 1:24 등 10절에서 그리스도께서 하신 말씀("너를 지켜 시험의 때를 면하게 하리니")은 요한복음 17:15에서 하신 말씀과 동일하다. 요한복음 17:15은 신약성경에서 요한계시록 3:10 말고 "-로부터 (-하지 않게) 지키다"*tereō ek*가 나타나는 유일한 본문이다. 요한복음 17:15에서 예수는 이렇게 기도하셨다. "내가 비옵는 것은 그들을 세상에서 데려가시기를 위함이 아니요 다만 악에 빠지지 않게 보전하시기를[악한 자로부터 지켜주시기를] 위함이니이다." 요한복음 16:33에서 예수는 제자들에게 어떤 환난이 임하더라도 평안을 누릴 것이라고 약속하신다. 그러므로 예수의 말씀에 따르면 신자들은 물리적인 고난은 견뎌야 하지만 그런 와중에도 영적으로는 안전할 것이다. 그러므로 10절은 장차 임할 '큰 환난'이 시작되기 전에 있을 물리적 휴거에 대해 말하는 내용이 아니다. 오히려 10절은 이미 첫 세기에 시작되었고 최후의 종말이 다가올수록 더욱 격화될 마지막 때의 환난을 거치는 동안 주어질 그리스도의 보호를 가리킨다. 여기서 요한이 그리스도인은 환난을 당할 때 영적인 보호를 받는다는 사실을 염두에 두고 있음은 10절이 다니엘 12:1, 10LXX을 인유하고 있는 것으로도 증명된다. 다니엘서 본문의 '그 때'는 많은 사람이 연단을 받아tested 정결하게 되며 죄인들은 죄를 범하는 '환난의 그 날'로 직접 묘사된다. 이것은 요한계시록 3:10의 '시험'이 신자들은 순결하게 하고 강하게 하지만 동시에 비신자들은 신적 처벌을 받는 이중의 효력이 있음을 암시한다. 이와 같은 평가는 7:14을 통해서도 확증된다. 거기 보면 성도들이 큰 환난에서 나오고 흰 옷을 입고 있는 자로 묘사되는데, 이것은 각각 다니엘 12:1과 12:10의 인유다. 마지막 때의 환난이 교회 시대 동안에 시작된 것은 또한 이세벨과 그녀의 추종자들이 회개하지 않으면 당장 큰 환난을 겪을 것이기 때문에 분명하다.[2:22, 7:14]

이때 하나님의 행동의 목적은 "땅에 거하는 자들을 시험하는" 것이다. 이 시험의 목적은 비신자들에 대한 심판이다. 왜냐하면 땅에 거하는 자들(땅에 사는 자들)이라는 말은 요한계시록에서 오로지 구원받지 못한 자, 특히 우상숭배자들을 가리키는 전문 술어이기 때문이다.[6:10, 8:13, 11:10, 13:8, 12, 14, 14:6, 17:2, 8] 그러나 신자들은 세상 속에 있을 때 물리적인 위험에 노출되어 있기는 해도 영적으로 안전하게 보호를 받고, 심지어는 오히려 믿음이 강화되기 때문에 영적으로 시험의 해害에서, 즉 이 심판의 부정적인 결과에서 제외될 것이다. 반면에 비신자들은 똑같은 환난에 의해 도리어 더 완악하게 하나님을 반대할 것이다. 이 해석이 사실임은 요한계시록의 환상 속에서 펼쳐지는 하나님의 다양한 심판의 결과를 볼 때, 비신자들은 완악하게 되지만 신자들은 믿음의 연단을 받아 영적으로 안전하게 되는 것으로 더 분명해진다.

11. 따라서 10절에 대한 우리의 이해가 정확하다면, 11절에 대한 이해도 명확해진다. 11절에서 그리스도는 빌라델비아 교회에 자신이 속히 오실 것과 그들이 "가진 것을 굳게 잡아야" 할 것을 말씀하신다. 다시 말해 빌라델비아 교회는 환난의 때에 인내해야 한다. 그리스도께서 속히 오시는 것은, 이 약속이 주어진 이후로 무려 2,000년이나 경과했다는 점에서 보면, 그리스도의 재림을 가리키는 것은 아닌 듯하다. 대신 그리스도께서 장차 임할 환난에서[10절] 빌라델비아 교회를 성령의 능력으로 돕기 위해 속히 오심을 가리키는 것이 틀림없다. 이 약속은 빌라델비아 교회가 환난을 면하게 되리라는 것이 아니라 그리스도께서 그들을 강화시켜 이 환난의 때에 영적으로 안

전하게 하시리라는 것이다. 따라서 여기 그리스도의 약속은 환난을 당하는 모든 시대의 신자들에게 적합하다. 그리스도는 항상 오셔서 환난의 때에 그들을 강하게 하실 것이다.

12. 그리스도께서 이기는 자에게 주시는 네 가지 약속은 실제로는 (2:17에서처럼) 한 가지 약속의 네 국면이다. "내가 하나님의 이름과 하나님의 성" 그리고 "나의 새 이름을 그이 위에 기록하는" 것은 모두 하나님과의 영원한 연합과 교제의 표현이다. 에스겔 48:35에서 하나님의 성의 이름이 "여호와께서 거기 계시다"(여호와삼마)임을 주목하라. 그곳은 하나님의 임재의 장소이자 하나님의 성전의 자리다. 12절에서 우리는 그리스도께서 "이기는 자는 내 하나님 성전에 기둥이 되게 하리라"는 약속으로 나아간다. 7절에서 예수는 빌라델비아 교회에 천국의 문을 열어 놓으셨고, 12절에서는 이 약속의 최고 사실—성전의 문을 열고 영원히 하나님의 성전에 들어가게 하시는 것—을 빌라델비아 교회 앞에 두신다. 같은 편지 안에서 하나님의 지상 성전이 사탄의 회당으로[9절] 언급되는 것은 우연이 아니다. 종교 제도—어쩌면 우리 시대의 제도권 교회도 포함하는—는 항상 요한의 환상 속에서 짐승과 용의 종으로서, 두려운 정체성을 가진 존재로 나타나는 세상 구조에 복종하지 않고 그리스도와의 교제를 통해 힘을 얻는 참된 신자들을 공격할 것이다.

예수를 따르는 자들이 환난의 때에 인내하고, 이로 말미암아 하나님과 그리스도께서 성전에 임재하시는 상을 받는다는 사상의 흐름은 7:14-17에서도 발견된다. 사실 12절에 나타난 신자와 성전의 영원한 동일화는, 8a절에서 "내가 네 앞에 열린 문을 두었으되 능히 닫을 사람이 없으리라"(사 22:22에 대한 아람어 성경의 의역을 주목하라. "내가 성소의 열쇠와 다윗의 집의 권세를 그의 손에 두리니")고 표현된 것처럼, 그리스도께서 신자들에게 비가시적인 구원의 성소의 문을 열어 두신 것과 함께 시작된 과정이 완성된 상태를 가리킨다. 이 참된 성소는 지금 사탄에게 궁극적인 충성을 바치고 있는 유대인의 거짓 회당과 명확히 대조 관계에 있다. 현재의 환난과 미래의 상의 이와 같은 연계성은 8절 및 12절과 매우 긴밀한 평행 요소가 21:25과 21:2, 10에서 각기 발견되는 것으로도 지지를 받는다. 그리스도는 이 땅의 신실한 자들을 위해 아무도 닫을 수 없는[8절] 하늘의 예루살렘의 문을 열어 놓기 시작하신다. 그리고 이것은 하나님의 백성이 "도무지 닫히지 아니하는"[21:25] 새 예루살렘의 문으로 들어갈 때 완료된다. 12절의 약속은 성도들이 하늘에서 내려오는 새 예루살렘에 참여할 때 성취된다.[21:2, 10]

13. 빌라델비아 교회의 성도들은 그리스도의 이름을 배반하지 않았고[3:8, 10a] 최후의 상을 받기 위하여 환난의 때에 인내해야 할 영적 분별력을 필요로 하므로 "**성령이 교회들에게 하시는 말씀을 들을지어다**"라는 권면을 마지막으로 받는다. 만일 빌라델비아 교회가 하늘을 바라보지 않으면서 최후의 상에 초점을 맞춘다면, 땅의 상황에 순응할 유혹을 받고 박해로 말미암아 믿음을 양보하는 일이 벌어질 것이다.

3:7-13 묵상 제안

이스라엘과 교회: 3:7-13은 이사야서에서 나온 말씀을 사용하여 교회는 하나님의 언약의 목적 안에 있는 참 이스라엘을 계승했다는 사실을 증명한다. 이스라엘의 실제 통치자였던 엘리아김은 그리스도의 모형이 된다. 이사야서 본문의 이방인이 이제는 요한 당시의 믿지 않는 이스라엘로 묘사된다. 그리고 빌라델비아 지역의 유대교 공동체는 사탄의 회당으로 지칭된다. 그러나 이 가운데서 하나님은 유대인들이 교회를 '참 회당'으로 인정하도록 그들에게 구원 사역을

펼치고자 하신다. 3:7-13을 로마서 9:6, 24-26 그리고 갈라디아서 3:16, 29에 비추어 검토해 보라. 로마서, 갈라디아서, 요한계시록 본문들은 서로 간에 의미를 파악하도록 빛을 던져 주지 않는가? 요한계시록을 읽으면서 이스라엘에 대한 약속을 성취하는 교회라는 주제가 어떻게 더 깊이 펼쳐지는지 살펴보라.

시험으로부터의 안전: 3:7-13은 시험이 버림받은 자에게는 하나님의 심판의 한 형태라고 말한다. 그러나 시험은 신자와 비신자 모두에게 영향을 미치는 사건을 가리키는 것이 틀림없다. 경제적 시련, 전쟁, 기후 재앙 등이 그렇다. 그렇다면 하나님께서 신자들을 이런 사건들로부터 어떻게 안전하게 지키신다고 말할 수 있겠는가? 이것은 도둑이 구멍을 뚫지도 못하고 도둑질도 못하는[마 6:19] 하늘에 우리의 보물을 쌓아두는 것과 어떤 관계가 있는가? 신자가 이런 재앙 속에서 죽는다면 그래도 안전하다고 말할 수 있겠는가? 여러분은 신자와 비신자가 자연 재해 같이 어려운 사건에 반응할 때 차이가 있는 것을 느꼈는가? 이것이 한편으로 비신자들과 관련해서는 하나님의 심판을, 신자들과 관련해서는 하나님의 연단을 어떻게 계시할 수 있는가?

하나님께 소중하지 않은 신자나 교회는 없다: 오늘날 많은 교회들과 마찬가지로 빌라델비아의 기독교 공동체도 규모가 작았다. 그들 자신의 눈으로 보나 다른 사람들의 눈으로 보나 빌라델비아 교회는 무가치하게 보일 수 있었고, 어쩌면 일부 성도들은 박해에 직면해 하나님께서 아예 자기들을 잊으신 것은 아닌지 의심을 가질 수도 있었다. 그러나 빌라델비아 교회는 하나님으로부터 특별한 칭찬과 약속을 받는다. 오늘날 우리의 기독교 문화는 교회 규모에 너무 큰 비중을 두지는 않는가? 라오디게아 교회는 하나님의 심판의 위험 아래 있었지만 외형적으로는 크게 번성했다. 빌라델비아 교회는 개인으로서나 교회 공동체로서 우리가 무가치하다고 느낄 때, 심지어 하나님이 우리를 잊으셨다고 생각될 때 어떤 용기를 줄 수 있는가?

그리스도는 라오디게아 교회가 증언에 무기력하고 통탄할 만한 영적 상태에 빠진 것에 대하여 책망하고, 충성된 증인이 됨으로써 그리고 그리스도와 함께 다스리도록 자신과의 교제를 새롭게 함으로써 인내하라고 권면하신다[3:14-22]

3 14 라오디게아 교회의 사자에게 편지하라. 아멘이시요 충성되고 참된 증인
이시요 하나님의 창조의 근본이신 이가 이르시되 15 내가 네 행위를 아노
니 네가 차지도 아니하고 뜨겁지도 아니하도다. 네가 차든지 뜨겁든지 하기를 원하노
라. 16 네가 이같이 미지근하여 뜨겁지도 아니하고 차지도 아니하니 내 입에서 너를 토
하여 버리리라. 17 네가 말하기를 나는 부자라. 부요하여 부족한 것이 없다 하나 네 곤
고한 것과 가련한 것과 가난한 것과 눈먼 것과 벌거벗은 것을 알지 못하는도다. 18 내
가 너를 권하노니 내게서 불로 연단한 금을 사서 부요하게 하고 흰 옷을 사서 입어 벌
거벗은 수치를 보이지 않게 하고 안약을 사서 눈에 발라 보게 하라. 19 무릇 내가 사랑
하는 자를 책망하여 징계하노니 그러므로 네가 열심을 내라. 회개하라. 20 볼지어다,
내가 문 밖에 서서 두드리노니 누구든지 내 음성을 듣고 문을 열면 내가 그에게로 들
어가 그와 더불어 먹고 그는 나와 더불어 먹으리라. 21 이기는 그에게는 내가 내 보좌
에 함께 앉게 하여 주기를 내가 이기고 아버지 보좌에 함께 앉은 것과 같이 하리라. 22
귀 있는 자는 성령이 교회들에게 하시는 말씀을 들을지어다.

14. 그리스도께서 자기 자신을 "하나님의 창조의 근본이신 이"로 소개하는 것은 어떤 의미일까? 이는 라오디게아의 상황과 어떻게 관련되어 있는가? 그리스도께서 어떻게 라오디게아 교회에게 영적으로

차갑게 되라고 권면하실 수 있을까? 그리스도로부터 금, 흰 옷, 안약을 사라는 것은 무슨 뜻인가?

그리스도께서 자신을 "충성되고 참된 증인이시요 하나님의 창조의 근본이신 이"로 소개하는 것은 1:5에서 요한이 그리스도를 충성된 증인과 죽은 자들 가운데에서 먼저 나신 분으로 묘사하는 것 그리고 1:18의 환상 속에서 그리스도를 전에 죽었었으나 이제 세세토록 살아 있다고 선언하는 것을 돌아보게 한다. 하나님의 창조의 근본이신 분으로서 그리스도는 여기서 세상의 피조물과 토대를 둘러싸고 있는 사건들이 아니라 부활, 곧 마지막 때에 일어날 일로 기대되는 새 창조를 언급하신다. 이것은 바울이 그리스도를 "근본이시요 죽은 자들 가운데서 먼저 나신 이시니"라고 묘사하는 것과 똑같다.[골 1:18] 예수는 또한 '아멘'으로 묘사되는데, 이 단어는 히브리어에서 "충성되고 참되다"는 말과 같은 뜻이다. 성경에서 '아멘'이 이름으로 사용되는 다른 본문은 이사야 65:16이 유일하다. "땅에서 자기를 위하여 복을 구하는 자는 '아멘의 하나님'을 향하여 복을 구할 것이요"(NASB, NIV와 개역개정판은 모두 '진리의 하나님'으로 번역했다). 그렇다면 아멘의 하나님의 복은 무엇일까? 그 복은 새 하늘과 새 땅의 창조,[사 65:17] 곧 새 창조 외에 다른 것이 아니다. 그리스도는 새 창조의 근본이시다. 그리스도는 라오디게아 교회에 자신을 "아멘이시요 충성되고 참된 증인"으로 밝히시는데, 이것은 엄밀히 말해 그분이 이사야가 말한 새 창조 예언[사 65:16-17] 성취의 근본(시작)이시기 때문이다. 그리고 이 충성된 증언을 라오디게아 교회는 크게 결여하고 있다. 그뿐만이 아니다. 라오디게아 교회는 새 창조의 첫 열매로서 그리스도의 부활의 능력을 필요로 한다. 왜냐하면 라오디게아 교회는 영적으로 죽었고, 그래서 소생이 필요하기 때문이다. 라오디게아 교회가 소생하면 의심할 것 없이 이교 문화 속에서 효과적인 증언을 펼칠 수 있을 것이다. 사데 교회를 보아도 거의 죽은 교회 안에 충성된 남은 자가 있었다. 그러나 라오디게아 교회에서는 이런 남은 자가 확인되지 않고, 따라서 라오디게아 교회에 대해서는 어떤 칭찬도 주어지지 않는다.

15-16. 라오디게아 교회는 "차지도 아니하고 뜨겁지도 아니하고" 미지근하다. 만일 우리가 뜨거운 것은 좋고 미지근한 것은 좋지도 나쁘지도 않으며 찬 것은 나쁘다고 생각한다면, 어찌하여 그리스도는 라오디게아 교회가 미지근한 것보다 찬 것이 더 낫다고 말씀하시는가? 예수의 대답은 이런 온도 구분에 대해 다른 관점을 보여준다. 라오디게아 근처에는 두 도시가 있었다. 바로 히에라볼리와 골로새다. 히에라볼리에는 치료 효과가 있는 뜨거운 물이 나왔다. 골로새 지역의 물은 차가웠지만 이 물도 건강에 좋은 것으로 생각되었다. 그러나 라오디게아는 좋은 물을 내는 수원이 없었고, 그래서 도관을 통해 다른 두 도시에서 물을 가져와야 했다. 그런데 물이 도착할 때쯤에는 미지근하고 더러워졌다. 뱉어 내기에 딱 알맞았다. 사실 고대 세계에서는 차거나 뜨거운 물과 술이 건강에 좋다는 것이 일반적으로 알려진 상식이었지만 미지근한 물은 그렇지 못했다. 이와 마찬가지로 라오디게아 교회의 믿음과 증언은 주변 사람들에게 건전한 영향을 미치지 못했다. 우리는 라오디게아 교회의 무기력한 믿음의 주된 이유 가운데 하나가 우상숭배와의 타협에 있었음을 확인할 수 있다. 따라서 지금 그리스도는 "내 입에서 너를 토하여 버리리라"고 말씀하심으로써 라오디게아 교회의 영적 상태가 라오디게아 지역의 물과 똑같다고 폭로하신다. 라오디게아 교회가 그들의 문화 속에서 신실하게 그리스도와 동일시되지 않는다면, 그리스도 역시 그들을 자기와 함께하는 충성된 증인으로 간주하지 않으실 것이다.

17. 그리스도의 평가와는 반대로 라오디게아 교회는 물질적인 번

성으로 말미암아 자신들이 좋은 상태에 있다고 생각했다. 요한계시록에서 '부자'와 '부요하다'라는 말은 부패하고 불경건한 세상 구조와 결탁하여 번성한 사람들을 묘사하는 데 사용된다.[6:15, 13:16, 18:3, 15, 19] 라오디게아 교회의 죄과는 라오디게아 지역에서 (소아시아의 다른 도시들에서처럼) 우상숭배 및 음행과 연계된 지역 경제의 힘에 지나치게 의존한 것에 있었다. 라오디게아 지역의 우상숭배는 17절에서 '부자'와 '부요하여'라는 말이 요한계시록 다른 곳에서 우상숭배하는 바벨론과 더불어 음행하는 불신앙적인 상인들에게 적용될 뿐만 아니라[18:3, 15, 19] 또한 명백하게 우상숭배에 가담함으로써 이득을 취하는 자들에게도 적용된다는 사실로도(사 2:10-21의 우상숭배자들을 인유하는 6:15과 13:16에서처럼) 확인된다. 재물은 조심스럽게 하나님의 영광을 위해 사용되고 관리되어야 하지, 그렇지 않으면 재물을 가진 자를 집어삼킨다는 것이 성경의 일관된 주제다.[마 6:24, 눅 6:20-21, 24-25, 12:13-21, 16:1-15, 행 5:1-10, 고전 4:8, 딤전 6:5-10, 17-19, 약 2:1-9, 4:1-4, 5:1-6] 17절에서 확인할 수 있는 것처럼 재물을 추구하는 데 집착하면 우상숭배를 초래한다. 그렇다고 해서 성경이 가난을 예찬하는 것은 아니다. 왜냐하면 이스라엘에 대한 하나님의 복 가운데 하나가 물질적인 번성이었기 때문이다. 문제는 우리가 하나님이 주신 복을 어떻게 사용하느냐에 있다. 그리스도인의 번성은 얼마나 많이 소유하는지가 아니라 얼마나 많이 베푸는지에 따라 측정된다. 그러나 라오디게아 교회는 이스라엘 백성이 빠진 함정에 똑같이 빠졌다. 왜냐하면 17절에서 그리스도께서 자만적인 라오디게아 교회에 하신 말은 호세아가 이스라엘 백성에 대하여 다음과 같이 예언한 정죄로부터 인용한 것이기 때문이다. "에브라임이 말하기를 나는 실로 부자라. 내가 재물을 얻었는데……죄라 할 만한 불의를 내게서 찾아낼 자 없으리라."[호 12:8] 호세아는 이스라엘이 분명히 자신들의 번영을 가져온 것이 우상에 있었다고 가정했으며[호 2:5, 8] 속임수를 써서 번성하고[호 12:7] 우상숭배에 가담한[호 1-2장] 사실을 폭로한다. 호세아는 하나님께서 진실로 이스라엘 백성을 부자가 아니라 무가치한 존재로 아셨다고 선언한다.[호 12:11]

마찬가지로 라오디게아 교회도 불경건하고 우상숭배적인 상업 관습에 가담한 결과 번성했다. 그리고 호세아처럼 그리스도께서도 라오디게아 교회의 실상을 폭로하신다. 서머나 교회의 그리스도인들은 물질적으로는 가난했지만 영적으로는 부자였다.[2:9] 반면에 라오디게아 교회의 그리스도인들은 물질적으로는 부자였지만 특히 우상숭배적 경제 제도와 타협함으로써 영적으로는 파산자였다. 라오디게아 교회는 자신들이 좋은 상태에 있다고 판단했지만 그리스도는 그들이 "가난한 것과 눈먼 것과 벌거벗은 것"을 드러내신다. 아마 이것은 라오디게아 교회가 과도하게 신뢰한 라오디게아 지역의 잘 알려진 자원—은행 제도, 안과 학교와 유명한 안약, 옷감 교역(고대인들이 크게 의존한 대표적인 삶의 세 분야인 돈, 옷, 건강은 모두 우상숭배와 뗄 수 없이 깊게 연계되어 있었다)—에 대한 역설적인 언급일 것이다.

18. 라오디게아 교회의 문제점에 대한 해결책이 여기서 주어진다. 라오디게아 교회는 가난함을 극복하기 위해 그리스도에게서 "불로 연단한 금을 사야" 한다. 이는 순결함에 대한 성경적인 표현으로[3:4-5] 더 일반적으로는 베드로전서 1:7을 참조하라. 또 세상과의 타협을 극복하려면 "흰 옷을 사서 입어 벌거벗은 수치를" 가려야 한다(순결함을 상징하는 흰색에 대해서는 3:4-5, 6:2을 보라. 특히 우상으로 더럽혀지지 않는 것에 대해서는 19:8을 보라). 벌거벗은 수치를 드러내는 것은 하나님께서 우상숭배에 가담한 것에 대하여 이스라엘과 다른 민족들을 고소할 때 사용하신 말씀이다.[사 47:3, 겔 16:36, 23, 29, 나 3:5 • 사 20:4, 출 20:26 참조] 이 예언적인 문구가 여기서 반복되는 것은 역시 라오디게아 교회의 우상숭배 죄를 강조하기 위해서다. 라오디게아 교회는 눈먼 상

태(영적 분별력의 결여)를 극복하기 위해 안약을 사서 눈에 발라야 하고, 그래야만 특히 우상숭배가 그들의 믿음에 가져온 치명적인 위험에 미혹당하지 않게 된다. 1장의 첫 번째 환상에서 그리스도가 가슴에는 금띠를 띠고, 머리는 흰 양털 같고, 눈은 불꽃 같았던 것을 주목해 보라. 이 특징은 18절에 언급된 세 가지 생산품(금, 흰 옷, 안약)과 두드러지게 대응을 이룬다. 금, 흰 옷, 안약은 모두 한 대상, 곧 그리스도를 지시한다. 라오디게아 교회의 질병은 오직 그리스도에게서 참된 영적 자원을 구입하여 그리스도와의 관계가 새롭게 되어야만 치유될 수 있다.[사 55:1-3 참조] 오직 그리스도 안에 참된 부요, 옷, 통찰력이 있다. 진정 예수께서 친히 십자가의 고난 가운데서 자신의 충성된 증언을 통해 모든 참된 부요의 원천을 확립하셨다. 예수는 라오디게아 교회가 진실로 필요로 하는 모든 것이다. 비록 다른 모든 것은 잃었을지라도 라오디게아 교회는 아직 그들이 진실로 필요로 하는 모든 것을 가질 수 있다. 그러나 그리스도가 없이는 아무것도 갖지 못한다.

19-20. 이 모든 사실에도 불구하고 그리스도는 라오디게아 교회의 가난한 상태에 대하여 자신이 그들을 포기하지 않았음을 보여주시는 말씀으로 반응하신다. 그리스도는 그들 삶의 "문 밖에 서서 두드리며" 그들에게 자신과의 관계를 새롭게 할 것을 촉구하신다. 여기서 두 동사 '서서'와 '두드리노니'는 그리스도의 현재 행동의 지속을 함축한다. 그리스도는 라오디게아 교회 신자들이 손을 뻗을 수 있는 곳에 서 계신다. 왜냐하면 그분은 항상 사랑이 식어 차갑고 이 세상이 제공하는 것을 추구하는 데 휘말린 라오디게아 교회 신자들의 마음의 문 밖에 서 계시기 때문이다. 20절의 말씀은 아마 아가 5:2에 기초가 두어져 있을 것이다. 거기 보면 신랑이 신부에게 "나의 사랑하는 자의 소리가 들리는구나. 문을 두드려 이르기를……문을 열어

다오"라고 말한다. 19절 "무릇 내가 사랑하는 자를 책망하여 징계하노니 그러므로 네가 열심을 내라. 회개하라"로 보아 분명하게 드러나는 것처럼, 이것은 독자들에게 개종하라고 보내는 초청장이 아니라 이미 시작된 그리스도와의 관계를 새롭게 하라고 보내는 독촉장이다. 아가 5:2을 인유하는 것은 20절이 관계의 갱신에 초점이 있음을 암시한다. 왜냐하면 아가 5:2에서 신랑은 신부에게 사랑을 표현하고 자신을 문 안으로 들여보내도록 독촉하기 위해 침실의 문을 두드리지만 신부가 처음에는 그렇게 하기를 주저하기 때문이다. 신랑이신 그리스도는 자신의 신부인 교회에 대하여 이와 똑같이 하고 계신다. 이것은 사랑하는 자들을 향한 하나님의 마음의 외침이다. 하나님은 그들이 자기와 더불어 먹고, 이전에 알고 있었던 교제를 회복할 것을 촉구하신다.

21-22. 그리스도에 대한 열심을 새롭게 하고 그분에게 돌아오는 자들은, 비록 이전에 세상 구조 속에 빠졌었다고 할지라도, 영원한 나라의 통치권을 공유함으로써 그 이상으로 보상받을 것이다. 물론 그들의 열심을 새롭게 하지 않는다면 영원한 나라의 기쁨을 전혀 누릴 수 없다. 라오디게아 교회에 대한 묘사는 유감스럽게도 우리 시대의 문화 속에서 보는 교회의 상황과 무척 흡사해 보인다. 우리는 우리의 우선권을 바꿔 영원한 나라를 첫 번째 자리에 두고, 절대로 잃어서는 안 되는 것—하나님 나라에서 차지할 우리의 몫—을 얻기 위하여 절대로 지켜서는 안 되는 것을 기꺼이 포기하지 않으면 안 된다. 이 천국의 다스림이라는 상은 실제로 이미 시작되었다.계 1:5-6, 9

라오디게아 교회에 보내는 편지도 다른 편지들과 같이 그리스도의 메시지를 분별하고 "귀 있는 자는 성령이 교회들에게 하시는 말씀을 들을지어다"라는 권면으로 끝마친다. 그래야만 그리스도와 함께 왕 노릇 하는 상을 완성할 수 있을 것이다.

3:14-22 묵상 제안

하나님의 복의 표지로서 물질적인 번성: 하나님은 이스라엘 백성에게 애굽에서 겪었던 속박과 궁핍 대신 풍성한 양식의 공급을 약속하셨다. 그러나 하나님이 이스라엘 백성에게 물질적인 양식을 공급하셨을 때 그것은 매우 빈번하게 그들을 참된 예배에서 떠나게 만드는 걸림돌과 덫이 되고 만다. 이스라엘 백성은 하나님의 은혜로운 양식에 왜 이처럼 반응했는가? 하나님은 어째서 이런 위험을 무릅쓰시고서 이스라엘 백성에게 양식을 공급하셨는가? 오히려 이스라엘 백성은 상대적으로 가난함 속에 남아 있는 것이 더 낫지 않았을까? 우리는 어떤 의미에서 물질적인 번성이 하나님의 복의 표지라고 말할 수 있는가?

부요한 사회에서 사는 그리스도인: 라오디게아는 경제, 제조, 의료기관의 발달로 물질적으로 부요한 도시였다. 라오디게아의 물질주의는 라오디게아 교회에 영향을 미쳐 비참한 결과를 일으켰다. 오늘날도 최소한 서구에서 대부분의 그리스도인들이 물질주의가 만연한 부요한 집단 속에서 살고 있다. 라오디게아 교회에서 그랬던 것처럼 우리에게도 똑같은 일이 일어나는 것에 대해 우리는 어떻게 저항하는가? 우리가 이런 어려운 상황으로 향하고 있음을 알려 주는 경고등은 무엇인가? 우리는 매우 단순한 삶의 양식, 심지어 상대적 빈곤을 찬성해야 한다고 주장하는 일부 사람들에게는 어떻게 반응하는가? 3:14-22을 "재물이 있는 자는 하나님의 나라에 들어가기가 얼마나 어려운지"[눅 18:24]라는 예수의 말씀에 비추어 생각해 보라. 예수는 매우 부유한 자에 대해 그렇게 생각하고 계셨다. 이것은 우리 자신은 부유한 자로 간주될 수 없지만 상대적으로 다른 국가들보다 훨씬 부유한 사회 속에서 사는 것에 어떻게 적용되는가?

그리스도와의 교제의 무한한 가치: 3:14-22은 그리스도와의 교제가 라오디게아 교회가 갖고 있는 온갖 물질적 소유보다 무한히 더 큰 가치가 있다고 묘사한다. 우리는 그리스도와의 관계를 얼마나 소중히 여기는가? 우리는 수시로 삶 속에서 우선적인 가치를 두고 있는 것의 목록을 작성하지 않는가? 우리의 시간과 돈의 사용은 우리의 가치관을 어떻게 반영하는가? 실제로 우리와 그리스도와의 관계의 가치를 어떻게 표현하는가? 3:14-21에서 그리스도는 자신에게 둔감한 교회의 마음속에 들어가기를 갈망하시는 분으로 묘사된다. 우리는 단순히 다른 일들에 사로잡혀 있었던 탓에 얼마나 자주 그리스도에게서 등을 돌렸는가? 라오디게아 교회에 보내는 편지에서 문을 두드리시는 그리스도는 집단적인 교회의 문을 언급하는 것이지만 개인에 대한 언급도 포함한다.[19-21절] 우리는 그리스도께서 우리의 마음 문 밖에 서서 그 문을 두드리고 계신다는 것을 알아챘는가? 우리의 기도 생활은 어떤 상태인가? 만일 우리가 주님과 대화를 주고받는 관계가 아니라면 어떻게 주님께서 우리가 가장 큰 가치를 두기 바라시는 보물을 우리에게 전달하시겠는가? 심지어는 자신도 모르는 사이에 미지근함에 빠지는 것이 가능한가? 라오디게아 교회와 같은 무감각과 치명적인 죽음에 떨어지지 않도록 방비하려면 우리는 이 모든 교훈을 지역 교회 안에서 어떻게 적용시켜야 하겠는가? 라오디게아 교회가 재물에 둔 자기신뢰는, 사실 세속적인 안전에 대한 의존에서 나온 자기만족에 불과했다. 어떤 면에서 세속적 안전은 하나님에 대한 의존을 배제하는 자기만족을 낳는가? 경제적 자원, 옷과 외모, 건강 문제(건강에 문제가 있어 관심을 갖거나 건강을 유지하는 데 관심을 갖거나)와 같은 것에 지나친 관심이 우리의 삶 속에서 하나님을 몰아내고 있지는 않은가? 경제적 자원, 옷과 외모, 건강 문제는 라오디게아 교회가 크게 신뢰했던 세 가지 주된 분야다(그들이 금, 옷, 건강 시설에 암묵적 신뢰를 두었던 것을 상기하라). 자기만족에 취하면 우리는 그리스도를 우리의 안전으로 보지 못하게 되고, 영적으로 무기력해지며, 그리스도와의 관계에서 벗어나게 된다. 우리는 실제로는 영적으로 병들었는데도 건강하다고 오판한다. 우리는 그리스도의 풍성한 음식을 먹지 않고, 세상의 악취 나는 음식을 먹는 것으로 만족하며 맛있다고 생각한다. 그리고 그리스도의 말씀 앞으로 나아오지 않게 되는데, 그 이유는 그리스도의 말씀이 우리가 스스로 생각하는 우리의 모습이 아니라 실제 그대로의 우리 모습을 평가하는 참된 안경이기 때문이다. 그리스도인은 자기만족과 영적 무감각을 어떻게 극복할 수 있는가? 그것은 라오디게아 교회가 그리스도의 말씀으로 적용시켜야 했던 것과 같은 방법으로 극복할 수 있다. 즉, 자신들의 죄를 인정하고(회개하고) 그리스도와의 관계를 새롭게 함으로써 가능하다.[19절] 그리고 이 관계는 그리스도의 말씀을 듣고 순종하는 것으로 표현된다. "귀 있는 자는 성령이 교회들에게 하시는 말씀을 들을지어다."[22절]

4:1-5:14

하나님과 그리스도의 영광

하나님과 그리스도는 그리스도의 부활이

피조물을 심판하고 구속하는 주권자 하나님을 증명하기 때문에 영광을 받으신다 이제 요한은 또 다른 환상을 본다.[4:1] 현재 아버지의 보좌에 함께 앉아 계시는 3:21의 그리스도의 모습에서 4-5장의 환상으로 장면이 바뀐다. 4-5장에서 요한은 그리스도께서 죽음과 부활로 말미암아 높아지심으로써 교회와 우주의 통치자로 보좌에 앉아 행하신 과거 행위를 더 상세히 심상을 통해 설명하기를 바란다. 요한은 하나님의 보좌실로 들려 올라가고, 거기서 아버지와 함께 보좌에 앉아 계신 그리스도를 본다. 이 환상은 그리스도께서 일곱 교회에 각각 이기라고 권면하시는 것은 그리스도 자신이 이미 이기신 사실에[5:5] 기초를 두고 있음을 증명한다. 3:21에서 처음으로 일곱 교회의 승리가 그리스도의 승리하심에 비유되고, 그리스도의 행위는 일곱 교회의 승리와 그 승리의 결과로 주어지는 일곱 교회의 다스림의 기초로 작용한다. 5:5-6은 그리스도께서 또한 고난을 견디심으로써 이기고, 그 결과 왕권을 취득하신 것을 설명한다.[5:7-13 참조] 이 왕권은 단순히 미래의 실재가 아니라 그리스도의 부활에서 이미 적용이 시작된 현재적 실재다. 4-5장이 그리스도의 왕권을 시작된 현재적 실재로 인식하고 있다는 사실은 5:9-10로 보아 매우 명백하다. 5:9-10을 보면 그리스도의 죽음과 부활로 신자들의 구속이 이루어졌고, 신자들은 현재 제사장 나라에 참여하고 있다(출 19:6에 대한 인유를 주목하라. 이것은 또한 계 1:6에도 나타나 있고 오늘날의 교회에도 적용된다). 이 언급은 분명히 그리스도께서 이미 다스리기 시작하셨다는 가정을 필수적으로 수반한다. 그러므로 환상의 내용은 앞서 언급한 프롤로그와 일곱 교회에 보내는 편지와 긴밀하게 연계되어 있다. 신자들과 그리스도께서 현재 통치하고 있다는 개념은 또한 성도들이 흰 옷을 입는 것,[3:5, 18, 4:4] 성도들이 보좌에 앉는 것,[3:21, 4:4] 성도들의 면류관[2:10, 3:11, 4:4] 그리고 '열린 문' 심상[3:8, 20, 4:1]과 같은 묘사를 통해서도 지지를 받는다. 또한 편지 부분에서 그리스도는 "하나님의 일곱 영"(성령을 표상)을 갖고 계신다고 말해지고,[3:1] 환상 부분에서 그리스도가 보좌에서 다스리시는 것은 그분의 다스림의 한 수단으로 나타나는 동일한 "하나님의 일곱 영"[4:5, 5:6]과 긴밀하게 연계되어 있다고 말해지는 것도 매우 중요하다. 신자들은 자신의 영원한 상의 일부를 지금 소유하고 있으므로 인내에 대한 동기를 부여받고, 이 현재의 소유는 마지막 날에 완전한 소유가 있다는 사실을 그들에게 보증한다. 4-5장의 목회적 목적 가운데 하나는 고난받는 그리스도인에게[2:8-11, 13 참조] 하나님과 예수가 주권자라는 점과 그리스도인이 직면하는 사건은 그들의 구속에서 그리고 박해자의 처벌을 통한 그들의 믿음의 정당화에서 절정을 이룰 주권적 계획의 하나라는 점을 확신시키는 것이다.

요한이 보는 환상은 옛적부터 항상 계신 이와 인자에 관한 다니엘의 환상[단 7:9-14]과 매우 긴밀하게 관련되어 있다. 그러므로 우리는 요한도 다니엘과 똑같은 사실을 보았고 알고 있었으며, 따라서 의도적으로 그 유사점을 염두에 두고 환상을 기록했다고 결론지어야 한다. 요한의 환상과 다니엘의 환상을 비교할 때 나타나는 다음 유사점을 주목해 보라.

- 선지자가 [환상을] 본다.[단 7:9, 계 4:1]
- 그리스도께서 하늘의 보좌에 하나님과 함께 앉아 계시는 것을 본다.[단 7:9, 계 4:2]
- 하나님의 등장이 묘사된다.[단 7:9, 계 4:3]
- 보좌 앞에 불이 있다.[단 7:9-10, 계 4:5]

- 천천 만만의 천상의 존재들이 보좌를 둘러싸고 있다.단 7:10, 계 5:11
- 책들(두루마리)이 펼쳐진다.단 7:10, 계 5:1-5
- 신적 인물(인자)이 보좌에 나아가 영원히 존속할 나라를 받으신다.단 7:13-14, 계 5:5-13
- 이 나라는 모든 백성, 나라, 방언으로 구성된다.단 7:14, 계 5:9
- 선지자가 환상 때문에 근심에 빠진다.단 7:15, 계 5:4
- 선지자가 천상의 존재들 가운데 하나에게 환상에 관한 지혜를 얻는다.단 7:16, 계 5:5
- 성도들에게 나라를 다스리는 권세가 주어진다.단 7:18, 22, 27, 계 5:10
- 하나님의 영원한 통치를 언급하면서 환상을 끝맺는다.단 7:27, 계 5:13-14

요한의 환상은 에스겔의 첫 번째 환상과도 중대한 유사점이 있다. 네 생물,겔 1:5, 계 4:6 수정 같은 바다,겔 1:22, 계 4:6 하나님이 위에 앉아 계시고 불로 둘러싸인 보좌겔 1:26-28, 계 4:1-5 등이 그렇다. 어떤 이들은 에스겔 1장이 요한계시록 4-5장의 주된 본보기라고 믿는다. 그러나 전체적으로 요한계시록 4-5장은 주로 다니엘 7장의 개념적 구조 안에서 해석되어야 한다. 그 까닭은 에스겔 1장 인유는 5장의 환상을 크게 지배하지 않지만 다니엘 7장은 계속해서 지배적인 것으로 나타나기 때문이다. 이것은 앞으로 살펴볼 것처럼 중대한 해석학적 함축성을 갖는다.

또한 4-5장은 천상의 성전의 보좌실을 묘사한다. 성전이 무대라는 것은 여러 가지 관찰 사실로 확인할 수 있다.

- 이사야 6:1-4의 천상의 성전 환상이 요한계시록 4:8에서 인유된다.
- 요한계시록 11:19과 15:5-8은 4장의 장면을 '성소'나 '성전'이라는 말을 명확히 사용하여 전개한다('언약궤'도 11:19에 나타난다). 특히 4:1에

서 요한이 하늘에 열린 문으로 들어가는 것은 11:19과 15:5에서 천상의 성전이 열리는 것과 연계되었을 것이다. 예를 들어 11:19의 "하늘에 있는 하나님의 성전이 열리니"와 15:5의 "하늘에 증거 장막의 성전이 열리며"를 보라.

- 4:1과 11:19 및 15:5-8 간의 연계성은 "번개와 음성과 우렛소리"[4:5]라는 말이 반복되는 것으로 더 깊이 확증된다. "번개와 음성과 우렛소리"라는 말은 요한계시록에서 이후로 세 번에 걸쳐 나타난다. 곧 8:5, 11:19, 16:18(15:5에서 시작된 환상)에서 나타나는데, 언급될 때마다 각각 심상이 더욱 심화된다.
- 4:5의 '일곱 등불'은 성전 등잔대(촛대)의 등불을 암시한다.
- 8:3, 9:13, 16:7에서 금 향로는 6:9-10의 제단을 언급하는 본문에서 나타나는데, 이것은 4-5장의 환상에 뿌리를 두고 있다.[8:3 주석 참조]
- 요한계시록 4-5장이 다니엘 7장을 본보기로 삼고 있음을 상기할 때, 다니엘 7:9-14이 천상의 성전 보좌실 환상으로 이해될 수 있다면 성전 묘사는 더욱 확대될 것이다.

하나님은 태초에 그리고 역사가 펼쳐지는 동안에 피조물에 대한 주권적인 심판자이자 구속자이시므로 영광을 받으신다[4:1-11]

4 1 이 일 후에 내가 보니 하늘에 열린 문이 있는데 내가 들은 바 처음에 내
게 말하던 나팔 소리 같은 그 음성이 이르되 이리로 올라오라. 이 후에 마
땅히 일어날 일들을 내가 네게 보이리라 하시더라. 2 내가 곧 성령에 감동되었더니 보
라, 하늘에 보좌를 베풀었고 그 보좌 위에 앉으신 이가 있는데 3 앉으신 이의 모양이
벽옥과 홍보석 같고 또 무지개가 있어 보좌에 둘렸는데 그 모양이 녹보석 같더라. 4 또
보좌에 둘려 이십사 보좌들이 있고 그 보좌들 위에 이십사 장로들이 흰 옷을 입고 머
리에 금관을 쓰고 앉았더라. 5 보좌로부터 번개와 음성과 우렛소리가 나고 보좌 앞에

켠 등불 일곱이 있으니 이는 하나님의 일곱 영이라. 6 보좌 앞에 수정과 같은 유리 바다가 있고 보좌 가운데와 보좌 주위에 네 생물이 있는데 앞뒤에 눈들이 가득하더라. 7 그 첫째 생물은 사자 같고 그 둘째 생물은 송아지 같고 그 셋째 생물은 얼굴이 사람 같고 그 넷째 생물은 날아가는 독수리 같은데 8 네 생물은 각각 여섯 날개를 가졌고 그 안과 주위에는 눈들이 가득하더라. 그들이 밤낮 쉬지 않고 이르기를 거룩하다, 거룩하다, 거룩하다, 주 하나님 곧 전능하신 이여. 전에도 계셨고 이제도 계시고 장차 오실 이시라 하고 9 그 생물들이 보좌에 앉으사 세세토록 살아 계시는 이에게 영광과 존귀와 감사를 돌릴 때에 10 이십사 장로들이 보좌에 앉으신 이 앞에 엎드려 세세토록 살아 계시는 이에게 경배하고 자기의 관을 보좌 앞에 드리며 이르되 11 우리 주 하나님이여, 영광과 존귀와 권능을 받으시는 것이 합당하오니 주께서 만물을 지으신지라. 만물이 주의 뜻대로 있었고 또 지으심을 받았나이다 하더라.

1. 다니엘 7장과 에스겔 1장이 환상 소개말로 설명을 시작하는 것처럼 요한계시록 4장도 그렇게 시작한다. "**이 일 후에 내가 보니.**" 1절에서 '이 일 후에'라는 말의 일차 용법은 4-21장에 나오는 환상 사건을 1-3장에 서술된 사건 이후에 일어나는 일로 보는 것이 아니라 단지 1-3장에 나오는 이전 환상 이후에 새로운 환상이 주어지는 것을 암시한다. 이것은 요한이 환상을 본 연속적인 순서를 가리키는 것이지, 환상 속에 묘사된 사건들의 역사적인 순서가 아니다. 이 문구는 요한계시록 이후 부분에서 이런 식으로 사용된다.[7:1, 9, 15:5, 18:1, 19:1] 앞에서 확인한 것처럼 1a절이 다니엘 7:6a, 7a과 매우 긴밀하고 거의 동일한 문자적 유비를 가지고 있는 것은 우연이 아니다. 요한이 "**처음에 내게 말하던 나팔 소리 같은 그 음성**"을 들었다고 기록하는 것은, 나팔 소리에 대한 언급 및 '성령에'[2절]라는 어구와 함께, 요한이 처음으로 명령을 받았던 1:10을 가리키고, 이것은 요한이 자신의 메시지를 선포하라는 그리스도의 부르심에 계속 순종하고 있다

는 사실을 증명한다.[1:10-11]

"이 후에 마땅히 일어날 일들"이라는 말은 다니엘이 마지막 때에 있을 하나님 나라의 도래를 예언하는 다니엘 2:28 이하의 환상에 대한 언급이고, 요한은 이 하나님 나라가 그리스도 안에서 성취되기 시작한 것으로 본다.[1:19, 1:5-6, 13-18 주석 참조] 그러므로 1절에서 두 번째로 나타나는 '이 [일] 후에'라는 말은 어떤 이들이 주장하는 것처럼 먼 미래를 가리키지 않고, 요한이 기록하던 당시에 펼쳐진 일들을 포함해 그리스도의 초림과 재림 사이에 일어나는 사건을 가리킨다. "이 후에 마땅히 일어날 일들을 내가 네게 보이리라"는 말은 분명히 1:1과 1:19에서와 같은 맥락에서 사용되고 있다. 우리는 1:19에서 다니엘서의 '이 후에'를 인유한 것과 1:1에서 이 어구와 동등한 '속히'(빨리)라는 말을 사용한 것이, 하나님 나라의 건설에 관한 다니엘 2장의 예언의 성취가 그리스도와 교회 안에서 시작된 것을 가리킨다는 점을 이미 확인했다. 요한계시록 4:1은 4-5장을 소개하는 역할을 할 뿐만 아니라 요한계시록 나머지 부분의[4:2-22:5] 환상을 소개하는 역할도 한다. 그러므로 펼쳐질 모든 환상은 교회 시대 전체에, 곧 교회 시대의 과거, 현재, 미래에 일어날 사건들과 관련되어 있는 것이 더 분명해진다. 어떤 사건은 이미 펼쳐졌고 다른 사건은 아직 성취를 기다리고 있다. 하지만 또 다른 사건은 교회 시대 전체에 걸쳐 복합적으로 성취된다. 그런 연유로 신약성경은 '말일' 또는 '후일', 곧 마지막 때가 그리스도의 부활로 이미 시작되었다는 관점을 일관되게 그리고 명확하게 견지한다.[행 2:17-21, 딤전 4:1, 벧전 1:20, 히 1:2, 약 5:3, 요일 2:18, 유 1:18 등]

4:1-11에서 요한은 하나님의 초시간적인 임재와 천상의 궁정 속으로 인도를 받는다. 이 점에서 요한은 이사야[사 6장]와 미가야[왕상 22:19-22] 그리고 에스겔과 다니엘 같은 선지자들과 같은 반열에 확고하게 서 있다. 요한이 천상의 궁정의 영적이고 초시간적인 차원 속으로 인도

를 받는 것은 그가 환상에서 보는 사건들의 시간을 엄밀하게 정하기가 어려움을 의미한다. 요한계시록 6:1-22:5에 나오는 모든 환상은 4장과 5장의 환상에 기반을 두고 있다. 이 환상들은 모두 5:1 이하의 인봉된 책(두루마리)으로부터 나온다. 이것은 모든 환상이 과거, 현재, 미래의 요소를 혼합하고 있음을 의미한다.

2. 요한의 환상은 그가 성령에 감동되어 천상의 영역으로 들려 올라간 지점에서 펼쳐진다. 1-2a절의 서론 부분은 선지자 에스겔이 거듭 성령의 감동 속에 들어간 것을 반영하는 것으로 끝난다. 이 장면은 에스겔 외에도 다른 구약 선지자들이 증언한 하나님의 보좌가 있는 천상의 궁정을 그대로 재현한다(4:2b, 8a, 8b, 9a, 10a에서 사 6:1-13과 왕상 22:19 이하 같은 장면을 인유하는 것을 주목하라). 다른 구약 선지자들과 같이 요한도 주님의 은밀한 천상의 궁정에 소환되어 선지자로서의 사명과 부르심을 받고 있다(사명을 받는 첫 번째 환상에 관해서는 1:10-20에 대한 주석을 보라). 요한은 땅으로 돌아가 선지자로서의 역할을 하며 하나님의 백성에 대해 하나님이 가지고 계신 숨겨진 뜻과 그 뜻에 따라 하나님의 백성이 수행해야 할 내용을 전달해야 한다. 요한은 진실과 사실을 명확히 식별할 수 있는 초시간적인 차원 속으로 인도를 받았다. 따라서 1-2a절에서 요한은 다시 한 번 자신의 권위를 구약 선지자들의 예언적 권위와 동일시한다.[1:1, 10, 12, 19-20 참조] 그러므로 1절에서 "이리로 올라오라"는 말과 2절의 성령의 감동을 일부 주석가들이 주장하는 것처럼 환난 전에 교회가 물리적으로 휴거되는 것을 가리키는 상징으로 볼 근거는 거의 없다.

요한계시록 4-5장의 환상을 보면 2절에서 '보좌'에 대한 언급이 처음으로 나타난다. 다니엘 7장과 에스겔 1장 심상들의 비슷한 순서에 따르면 4-5장의 요한의 환상에서 보좌에 앉아 계시는 신적 존재의 심상은, 이어지는 구절들에 에스겔 1장에 대한 추가적인 언급이 있기는 해도, 두 구약 본문의 문맥 가운데 어느 쪽에든 합당할 것이다. '하나님의 보좌'라는 말은 4장과 5장에서 17회에 걸쳐 언급되고(6-22장에서 21회가 추가로 언급된다), 인간 역사 전체에 대한 하나님의 주권을 강조하는 목적을 갖고 있다. 천상의 모든 존재는 하나님의 보좌를 둘러싸고 있는 자신들의 자리를 중요하게 여기고, 땅의 모든 거민은 이 보좌에서 세상을 다스리신다는 하나님의 주장에 어떤 태도를 보이는가에 따라 심판을 받는다. 악이 아무리 광포하게 날뛰거나 그로 말미암아 하나님의 백성이 아무리 혹독한 고난 속에 들어가거나 상관없이, 하나님의 백성은 하나님의 손이 그들의 유익과 하나님의 영광을 위해 만사를 주관하고 있음을 알 수 있다. 이것은 6-16장의 모든 심판이 하나님의 보좌에서 나온다는 사실로 예증된다.[5:7, 6:1-8, 16, 8:2-6, 16:17] 이것은 박해와 고난 가운데 있고 믿음을 양보하라는 유혹에 직면해 있는 교회들에게 큰 중요성을 갖는다.

3. 이제 보좌에 앉으신 이의 특별한 모습이 정교하게 제시된다. 3절에 언급된 세 가지 보석, 곧 벽옥, 홍보석, 녹보석은 21:10-11, 18-23에서처럼 집합적으로 하나님의 주권적 위엄과 영광을 상징하고, 하나님의 새 창조와 영원한 성을 묘사하는 21장에 제시된 상세한 보석 목록을 미리 예견한다. 이 묘사의 배경은 에스겔 1:26, 28에서 발견된다. 3절에서 벽옥이 언급된 것이 특별히 중요한데, 그것은 벽옥이 요한계시록 뒷부분에서 하나님의 영광과 명시적으로 관련되어 언급된[21:11] 유일한 보석이기 때문이다. 벽옥은 21:19에서 마지막 때 예루살렘 성 성곽의 열두 기초석의 목록 가운데 첫 번째 자리를 차지한다. 이 보석들은 하나님 둘레에 비교할 수 없는 광채, 곧 영광을 반사함으로써 보좌 주위의 빛을 확대시킨다.[딤전 6:16, 시 104:2 참조] "무지개가 있어 보좌에 둘렸는데"라는 말은 노아 시대에 그랬던 것처럼 하나님의 긍휼에 대하여 말해 주며, 하나님의 심판이 펼쳐질 때에도

하나님께서 자신의 참 백성에게 은혜를 베푸시리라는 것을 암시한다. 다른 무엇보다 무지개는 하나님의 영광에 대한 생각을 불러일으키는데, 그것은 에스겔 1:28이 은유적으로 무지개를 "그 사방 광채의 모양은 여호와의 영광의 형상의 모양"과 동등하게 보기 때문이다. 무지개와 함께 이 보석들은 환상이 결국은 새 창조에 대한 환상이 되리라는 것을 암시하는 초기의 한 징후일 뿐만 아니라 이미 하늘에서 새 창조가 시작된 것을 묘사한다. 21:10-11, 18-23에 나오는 보석들은 새 창조에 대한 서술의 한 부분이고, 무지개는 노아 홍수 이후 새 창조에 대한 첫 번째 계시적 표징이다. 새 창조가 그리스도의 구속 사역과 함께 시작된다는 것은 3:14로 보아 그리고 5:9에서 '새 노래'라는 말이 그리스도의 구속 사역을 묘사하기 위해 사용된 것(21:1의 "새 하늘과 새 땅"을 보라)으로 보아 분명하다.

4. 요한이 환상 속에서 보는 다음 장면은 '이십사 장로들'이 앉아 있는 '이십사 보좌들'이다. 이십사 장로의 신원에 대해서는 학자들 간에 견해가 엇갈린다. 성경에서 24라는 숫자는 중요하다. 4절의 내용은 천상의 성전의 보좌실 장면이므로, 이십사 장로는 다윗이 정한 이십사 제사장 등급,[대상 24:3-19] 레위 족속의 이십사 성전 문지기[대상 26:17-19] 그리고 예배에서 교회를 대표하는 레위 지파의 이십사 예배 지도자[대상 25:6-31]에 기반이 두어져 있을 것이다. 요한계시록 21:12-14(새 예루살렘과 관련해 사도들과 지파의 족장들이 함께 언급되는 본문)에 비추어 보면, 이십사 장로의 수는 열두 족장과 열두 사도의 총수를 가리키는데, 이것은 신자들의 보편적 제사장 직분을 특징으로 하는 교회를 표상한다. 그러나 이십사 장로는 실제로 구속받은 성도들로 간주될 수 없다. 왜냐하면 이십사 장로는 분명히 7:9-17의 구원받은 큰 무리와 구별되기 때문이다.[7:13-14 주석 참조] 그리고 이십사 장로가 5:8에서 성도들의 기도를 하나님께 올려 드리고, 5:9-10에서 구속받은

자들에 대하여 노래할 때 그들을 삼인칭으로 지칭하는 것도 이십사 장로와 신자들을 구별시킨다.

일곱 편지에서 천사들(사자들)이 일곱 교회의 대표로 간주되고, 다니엘 10-12장에서 천사들이 나라들을 대표한다는 것을 상기하면, 여기서 이십사 장로는 구약 성도들을 포함한 교회 전체를 대표하는 천사들로 간주되어야 한다. 네 생물이 (대부분의 해석자들이 생각하는 것처럼) 모든 피조 생명체의 천상의 대표라면 이십사 장로는 하나님의 모든 백성의 천상의 대표일 것이다. 네 생물은 전체 피조물을 대표하고 이십사 장로는 하나님의 특별한 피조물을 대표한다. 또 요한에게 책(두루마리)에 대한 환상을 계시하는 천사가 "나는 너와 네 형제 선지자들과 이 두루마리의 말을 지키는 자들과 함께 된 종",[22:9] 곧 자기 자신을 하나님을 함께 경배해야 하는 종으로 언급한다는 사실도 이십사 장로의 신원이 천사라는 것을 암시한다.

그러므로 여기서 전달되는 사실은, 하나님의 보좌를 섬기고 그러하기에 큰 능력을 갖고 있는 이 강력한 천상의 존재들(이십사 장로는 자기들 자신의 보좌가 있고 금관을 쓰고 있다)은 하늘에서 교회를 대표하고, 우리를 위해 활동하는 천사들이라는 것이다. 이십사 장로는 성도들의 기도를 하나님께 드림으로써,[5:8, 8:3] 그리고 하늘의 환상을 사람들에게 해석해 줌으로써[5:5, 7:13, 10:4, 8, 19:9, 22:8] 제사장 직무에 종사하는 천사들이다. 이것 역시 위에서 지적한 이십사 장로의 레위 제사장 직분과의 동일화를 반영한다. 왜냐하면 특히 4-5장의 보좌실 환상도 천상의 성전에서 일어나는 것으로 이해해야 하기 때문이다. 4-5장 전체에 인유된 에스겔 1장과 이사야 6장의 환상이 천상의 성전을 배경으로 펼쳐지고 있음을 주목하라.

이 점에서 4절은 성도들이 천상의 성전에 참여하는 것[1:13, 20, 2:12] 그리고 인내했을 때 관, 흰 옷, 왕권을 충분히 차지하게 되어 있는 것에[2:10, 26-27, 3:4-5, 11, 18, 21] 관한 이전 장들의 개념을 전개하고 있다. 1-3장에서처럼 여기서도 교회가 교인들에게 그들의 실존이 이미 천상적이라는 것과 그들의 진정한 본향은 믿지 않는 '땅의 거주자들'과 같지 않다는 것 그리고 그들은 상을 얻고자 싸울 때 하늘의 도움과 보호를 받고 있으며 절대로 이교 환경에 순응해서는 안 된다는 것을 상기시키기 위하여 이와 같은 천상의 장면을 묘사한다. 매주 모이는 지상 교회의 예배 목적 가운데 하나는(예컨대 1:3에서처럼) 교회의 천상적인 실존과 정체성을 상기시키는 데 있고, 이것은 부분적으로 4-5장에 생생하게 묘사된 것처럼 높아지신 어린양에 대한 천사들과 천상 교회(성도들로 구성된)의 예배에 따라 지상 교회의 예배를 형성하는 것으로 분명히 드러난다.

5. 이어서 요한은 하나님의 "**보좌로부터 번개와 음성과 우렛소리가 나는**" 것을 증언한다. 이 장면은 모세가 출애굽기 19:16에서 본 것과 똑같다. "번개와 음성과 우렛소리"라는 말은 8:5, 11:19, 16:18에서도 반복되고, 모두 하나님의 심판과 관련되어 나타난다. 이것은 요한계시록의 많은 재앙이 분명히 출애굽 재앙에 따라 형성되는 것에(앞으로 살펴볼 것처럼) 비추어 보면 중요하다. 따라서 이것은 고난받는 그리스도인에게 그들의 하나님이 주권자이시고 그들을 절대로 잊지 않고 계시다는 것을 확신하게 만드는 요소로 작용할 수 있다. 왜냐하면 하나님은 그들의 박해자를 잊지 않고 반드시 불로 심판하실 것이기 때문이다.[19:20, 20:9-10, 21:8 등]

다니엘 7:9 이하와 에스겔 1:26 이하의 구조적인 순서가 5절의 배경으로 놓여 있다. 왜냐하면 두 구약 본문도 보좌와 보좌에 앉으신 이를 언급한 다음 불 은유를 사용하기 때문이다. '등불 일곱'은 스가랴가 본 환상 속에 나타난다. 스가랴 4:2-3, 10을 보면(계 1:12, 20과 마찬가지로) 성전의 일곱 등잔에 관한 환상이 있고, 이어서 이 환상에 대한 해석이 주어진다. 거기서 일곱 등잔은 여호와의 영과 관련되어 있다.[슥 4:6] 그리고 성전의 일곱 등잔의 의미가 성령의 역사와 관련되어 5:6에서 전개된다.[5:6 주석 참조]

6-8a. 환상이 계속 펼쳐진다. 우리가 확인한 것처럼 4-5장은 천상의 성전 환상을 묘사하므로, **"수정과 같은 유리 바다"**는 솔로몬의 성전 뜰에 놓인 거대한 '놋 바다'에 해당하는 천상의 기구로 보인다.[왕하 25:13, 렘 52:17, 20] 그러나 이 바다는 홍해와 대응을 이루는 천상의 존재물이라는 것이 더 두드러지게 부각된다. 왜냐하면 이 바다가 15:2에서 승리한 성도들이 모세의 노래를 부르며 서 있는 곳으로 언급된 '유리 바다'와 같은 곳으로 확인되기 때문이다. 두 본문은[6-8a절, 15:2] 또한 천상의 존재들이나 바다 위 또는 바다 옆에 서 있는 자들에게 '승리' 관념을 적용시키는 것으로도 연계되어 있다. 아마 바다 심상에 대한 가장 두드러진 구약 배경은 에스겔 1:22일 것이다. 그것은 "수정 같은 궁창의 형상이 있어 보기에 두려운데"라는 말과 이미 지적한 에스겔 1장의 인유로 확증된다. 홍해는 자유의 방해물을 표상하고, 구약성경은 홍해를 용이나 바다 괴물의 거처로 제시한다.[사 51:9-11, 시 74:12-15, 겔 32:2] 요한계시록에서 '바다'는[13:1, 15:2, 16:3, 21:1] 악의 실재를 표상한다(또한 11:7에서 '무저갱' 개념을 보라). 이 사상은 다니엘 7장에 나오는 인유의 본보기로부터 지지를 받는다. 왜냐하면 다니엘 7장을 보면 짐승의 진원지를 '바다'로 보는 것이 중요한 특징으로 나타나기 때문이다. 짐승은 바다에서 나온다.[계 13:1] 바다는 11:7의 '무저갱'과 동일한 곳이다. 마귀는 하늘에서 결정적인 패배를 당했기 때문에 땅에서 매우 광포하게 분노를 터뜨리지만, 4:6은 하늘의 관점에서 마귀가 일으킨 흉포했던 물들의 잔잔한 상태를 묘사한다.[5:6b, 12:12, 13:3 주석 참조] 이것은 우주적 D-Day의 잔잔함이고, 이 안에서 성도들의 마귀로부터의 속량이 이루어진다. 마귀의 최종적인 완전한 패배는 성도

들과 그리스도께서 역사가 끝날 때 심판하러 오는 최종 진압 작전, 곧 최후의 V-Day를 기다리고 있다. 15:2-4에 묘사된 것처럼 어린 양의 승리는 또한 성도들이 같은 바다에서 짐승을 이기는 승리의 길을 예비했다. 새 예루살렘에는 더 이상 바다가 존재하지 않는다.[21:1] 하나님은 지금 이 마귀적인 바다의 물들을 잔잔하게 하고, 그 위에 자신의 보좌를 세우셨다. 수정 같이 잔잔해진 바다와 달리 "수정 같이 맑은 생명수의 강"이 이제 자유롭게 하나님의 보좌에서 나와 흐른다.[22:1]

요한은 보좌 앞에서 "**네 생물은 각각 여섯 날개를 가졌고 그 안과 주위에는 눈들이 가득한**" 것을 본다. 요한의 이 환상과 에스겔 및 이사야의 관련 환상 간에는 유사점과 차이점이 공존한다. 에스겔은 요한이 본 것과 비슷한 네 피조물(그룹)을 보았다. 각각 네 얼굴과 많은 눈을 가졌고 또 네 날개를 가졌는데, 날개들은 보좌의 기초 부분을 구성했다.[겔 1장, 10장] 이사야는 스랍이라고 불리는 여섯 날개 가진 피조물을 보았는데, 이들은 보좌 위에 서 있었다.[사 6:1-7] 6-8a절에서 네 생물은 "**보좌 가운데와 보좌 주위에**" 있는 것으로 말해진다. 이것은 아마 네 생물이 보좌 곁에 서 있었다는 것을 의미할 것이다. 이는 요한계시록 이후 부분에서 네 생물이 하나님을 경배하기 위해 보좌 앞에서 엎드렸다는 사실로 더 명료해질 것이다.[5:8, 19:4] 그룹, 스랍 같은 천사와 여기서 언급된 네 생물은 천사들 가운데 비슷하게 높은 지위를 가진 대표 천사들로 보인다.

어떤 이들은 네 생물을 신적 본성에 내재하는 충만한 생명과 능력을 상징하는 것으로 해석했다. 왜냐하면 언급된 네 생물은 각각 자기가 속한 종[種]의 머리이기 때문이다. 네 생물을 전체 생명체의 창조 질서를 대표하는 존재로 보는 것이 가능하다. 네 생물의 눈이 많은 것은 신적 전지성을 상징하고, 이것은 네 생물이 하나님의 대행자라는 사실을 함축한다. 5:6과 5:8 이하에 비추어 보면 네 생물은 또한 어린양의 종으로 간주되어야 한다. 4장에서 네 생물이 언급되는 것은 그들이 천상의 보좌 주위에 자리 잡고 있는 영원한 왕의 수행원이기 때문이기도 하고, 또한 최종적인 완성이 있을 때까지 인간에 대한 심판을 시작하고 계속 이 심판을 보좌하는 일을 하기 때문이다.[6:1-8, 15:7 참조] 네 생물의 기민한 눈은 땅을 살피고, 진실로 처벌을 받아야 할 자들에게만 처벌을 시행한다. 분별력 있는 독자는 이 생물들에 대한 묘사를 통해 하나님께서 우리의 곤경을 정확하게 알고 계시다는 것과 이미 우리를 위하여 박해자를 반대하는 조치를 취하고 계신다는 사실을 깨닫고(6장 이하에서 나타나는 것처럼), 박해 아래서도 계속 인내하는 동기를 부여받을 것이다.

'네 생물'은 천상의 피조물에 대한 문자적 묘사가 아니라 상징적 묘사로 보이고, 이 가정은 요한, 에스겔, 이사야의 환상 사이의 다양한 차이점으로 암시되었다. 만일 '두루마리'(책), '인', '사자', '어린양', '뿔', '일곱 눈'이 모두 상징이라면, 4-5장 환상의 다른 특징들 역시 상징일 것이다. 동일한 상징적 판단이 '이십사 장로들'에게도 적용될 것이다. 이는 요한이 환상 속에서 보는 것이 천상의 실재에 대한 정확한 사실이 아님을 의미하지는 않으며, 단순히 상징적인 표현을 문자적으로 취해서는 안 된다는 것을 의미한다.

8b. 8b-11절의 찬송은 직전 환상[2-8a절]을 해석하는 역할을 한다. 천상의 존재들, 등불, 바다로 둘러싸여 보좌에 앉아 계신 하나님에 대한 환상은 하나님께서 거룩하시며[8b절] 피조물을 지배하는 주권자라는 사실[8b, 11b절]을 의미하는 것으로 해석되고, 이것은 하나님이 찬양받고 경배받고 영광받기에 합당하신 분[11a절]임을 예증한다. 이 찬송은 4장 전체의 주안점을 분명히 한다. 즉, 하나님은 거룩하심과 주권으로 말미암아 영광받기에 합당하시다는 것이다. 또한 8b절에서

네 생물이 생명체 전체를 대표하는 이유가 발견된다. 네 생물은 모든 피조물이 성취하도록 되어 있는 기능을 수행하기 때문이다. 말하자면 만물은 하나님의 거룩하심에 대하여 하나님을 찬양하고 피조물에 대한 하나님의 사역에 대하여 하나님을 영화롭게 하도록 지음받았다. 이십사 장로는 특별히 구속받은 인간이 하나님을 찬양하고 영화롭게 해야 하는 목적을 대변하고, 따라서 이 목적은 실제로 천상에서는 이십사 장로에 의해, 그리고 땅에서는 참된 신앙 공동체에 의해 수행된다.

이사야 6:2-3의 스랍과 같이 이십사 장로도 전능하신 주 하나님에 대한 찬송을 부르는데, **"밤낮 쉬지 않고 거룩하다, 거룩하다, 거룩하다, 주 하나님 곧 전능하신 이여. 전에도 계셨고 이제도 계시고 장차 오실 이시라"**고 외친다. 8-9절에서 이사야 6장이 요한의 환상 속으로 들어왔다. 왜냐하면 이사야 6장의 천상의 성전에서의 신현[神顯] 장면이 다니엘 7장과 에스겔 1장의 장면과 두드러지게 흡사하기 때문이다. 하나님의 삼중 이름인 "주 하나님 곧 전능하신 이"는 70인역에서 이 말이 거듭 사용되는 것에 기초가 두어져 있다.[암 3:13, 4:13, 5:14-16, 9:5-6, 15, 호 12:5, 나 3:5, 슥 10:3, 말 2:16] 두 번째 하나님의 이름인 **"전에도 계셨고 이제도 계시고 장차 오실 이"**는 하나님의 무한성과 역사에 대한 하나님의 주권 개념을 표현한다. 11:17에 비추어 보면 이 삼중 이름의 마지막 부분인 '장차 오실 이'는 미래에 언젠가 오실 하나님의 종말론적 도래를 표현한다(이 삼중 이름의 설명에 대해서는 1:4에 대한 주석을 보라). 이 삼중의 시간적 표현 이름의 요점은 하나님이 역사의 모든 세부 사건을 통제하시는 분임을 확신하게 하고, 어떤 특별한 어려움이 우리의 믿음을 시험하더라도 개의치 않고 굳게 설 수 있는 용기를 심어 주는 역할을 한다는 것이다.

9. 여기서 네 생물이 이사야서의 스랍과 같이[사 6:1] **"보좌에 앉으사**

세세토록 살아 계시는 이"에게 찬양을 돌린다는 진술로 하나님의 주권이 한 번 더 표현된다. 하나님의 능력에 대한 이 선언은 천상의 성전의 보좌실에서 이루어지지만 그 권세는 결코 추상적인 관념이 아니고 땅에서 준엄하게 행사될 것이다. 따라서 고난받는 성도들은 역사 전체에 걸쳐 이 천상의 환상으로 위로를 받을 수 있다.

10. 네 생물의 경배에 이십사 장로의 경배가 맞물려 있다. 네 생물과 이십사 장로는 "세세토록 살아 계시는 이에게 경배하는" 것으로 말해지고, 이와 동일한 말("영원히 살아 계시는 이")을 느부갓네살과[단 4:34] 세마포 옷을 입은 천사는[단 12:7] 하나님을 가리키는 데 사용한다. 하나님의 영원성을 표현하는 이 고백은 또한 8절에서 "전에도 계셨고 이제도 계시고 장차 오실 이"라는 삼중의 호칭 속에 들어 있는 하나님의 속성을 강조한다. 다니엘 4:34과 12:7에서 "영생하시는(영원히 살아 계시는) 이"라는 말은 악한 왕들의 일시적인 통치와의 대조를 의도하고 있다. 악한 왕들은 스스로 신을 자처할 정도로 오만하고[단 4:30-33, 11:36-37] 하나님의 백성들을 박해했기 때문에[단 11:30-35, 12:7] 그들의 통치권을 빼앗긴다. 다니엘서 두 본문은 하나님을 거역하고 하나님의 백성을 박해하지만 결국은 몰락하게 되는 악한 왕들과[단 4:33, 11:36] 영원하신 하나님을 대조한다. 일곱 교회와 이후의 모든 교회의 고난받는 성도들도 이와 동일한 박해에 직면한다. 이것은 참 하나님께 귀속되는 호칭을 자기의 것으로 취하는 이방 신이나 왕들을 숭배하지 않도록 타협하려는 자에게 주는 경고다. 그리스도인은 지금 이런 악한 세력의 발에 짓밟히고 있지만 결국은 하나님께 정당성을 입증받을 것이고, 따라서 지금은 비록 압제자에게 필적하지 못하더라도, 역경을 무릅쓰고 인내할 것을 권면받는다.

11. 10절에 함축된 하나님의 영원한 왕권과 세상 통치자들의 일시적인 왕권 사이의 대조는 "우리 주 하나님"이라는 신적 호칭과 도미

티아누스 황제를 부르는 지칭이 된 "도미누스 에트 데우스 노스터" 우리의 주와 신, *dominus et deus noster*라는 호칭 사이의 두드러진 유사점으로 보아 분명하다. 요한은 도미티아누스 황제가 통치할 때에 환상을 받았다. 11절에서 이십사 장로의 하나님에 대한 찬양이 시작되고, 이 찬양은 5:12-13의 찬양과 긴밀한 평행 관계가 있다. 11a절의 찬양의 기초가 11b절에서 주어진다. 11b절을 보면 하나님은 만물의 창조자이므로 하나님께 영광과 존귀와 권능이 주어지는 것이 합당하다고 말해진다. 이 찬양의 기초는 이중적이다. 즉, 하나님의 창조는 오로지 하나님의 뜻에 기초되어 있고 하나님의 뜻에서 나온다는 것과 하나님의 능력은 피조물의 감사의 찬양을 통해 예증되는 것처럼 창조를 통해 계시된다는 것이다. 이십사 장로의 찬양은 "**만물이 주의 뜻대로 있었고 또 지으심을 받았나이다**"라는 말로 끝맺는다. 여기서 첫 번째 동사 '있었고'existed는 하나님이 창조 질서를 지속적으로 보존하시는 것을 가리키고, 두 번째 동사 '지으심을 받았나이다'created는 역사가 시작될 때 만물을 창조하신 하나님의 종합적인 행위를 가리키는 것으로 보는 것이 가장 좋다. 즉, 만물은 지속적으로 존재하고 또 생겨났다.

이십사 장로가 하나님의 원原창조보다 먼저 우주에 대한 하나님의 지속적인 보존을 언급한다는 사실은, 목회적인 관점에서 보면 신자들에게 역사 전체에 걸쳐 일어나는 모든 일이 하나님의 창조 목적의 한 부분이라는 것을 상기시키기 위함이다. 하나님은 자신의 보좌에서 물러나지 아니하셨다. 하나님은 역사를 개시하셨고, 눈앞에 수시로 펼쳐지는 현상들이 그렇게 보이지 않는다고 할지라도, 여전히 역사를 직접 주관하고 계신다. 하나님의 백성은 이 사실을 신뢰해야 한다. 그렇게 되면 고난을 겪을 때에도 고난이 구속적 목적을 갖고 있으며 하나님의 뜻에 따라 일어난다는 사실을 확신하고 안심할 수 있다. 그런데 하나님은 자기 백성을 위하여 자신의 계획을 어떻게 수행하시는가? 5장이 그것을 설명해 준다. 하나님은 그리스도의 죽음 및 부활과 만물에 대한 지속적인 통치를 통해 그리고 그리스도께서 자기를 따르는 자들에게 주시는 성령을 통해 자신의 계획을 수행하신다. 5장은 크레셴도(점점 세게)로 하나님께 영광을 돌린다. 5장의 주제인 하나님의 영광은 곧 하늘의 목적이다. 그러므로 하나님의 영광은 땅에 있는 교회의 목적도 되어야 한다. 하나님의 백성은 하나님께서 그들을 높이는 것이 아니라 오직 하나님 자신의 이름을 높이고 영화롭게 하기 위하여 역사를 주관하신다는 사실을 명심해야 한다.

4:1-11 묵상 제안

하나님의 보좌의 중요성: 요한은 4:1-11의 환상에서 하나님의 보좌실로 인도함을 받는다. 요한계시록이 하나님의 주권을 강조하는 한 가지 방법은 '보좌'라는 말을 자주 사용하는 데 있다. 신약성경이 하나님의 보좌를 언급하는 사례는 대부분 요한계시록에서 나타난다. 전체 우주의 중심에 하나님의 보좌가 있고, 천사와 인간과 피조물이 그 보좌에 앉아 계시는 분에게 복종하고 있는 것으로 묘사된다. 이후의 장에서 묘사되는 모든 심판은 하나님의 보좌에서 나온다. 우리는 일상적인 삶 속에서 하나님의 주권에 대한 이해를 어떻게 표현하는가? 그 표현이 요한이 본 환상에 합당한가? 우리는 실제로 하나님의 주권에 대한 빈약한 관점에 따라 살고 있지는 않은가? 요한계시록은 또한 원수와 그의 대행자들의 활동에 대해서도 묘사한다. 우리는 하나님이 작정하신 것과 원수가 행하는 것을 어떻게 구별하는가? 이 둘 사이의 '상호관계'의 본질은 무엇인가? 우리는 6:1-8에 대한 주석에서 이것을 명백히 살펴볼 것이다. 하나님의 주권에 대한 튼튼한 신학은 어떻게 고난 속에 있는 자에게 위로와 성경적인 관점을 제공할 수 있는가? 하나님의 주권에 대한 빈약한 관점은 우리를 어떻게 혼란과 절망으로 이끌 수 있는가?

천상의 존재들의 실재성: 요한은 이십사 장로와 네 생물을 포함한 천상의 존재들의 경배 장면을 증언한다. 비록 요한의 묘사가 문자적이 아니라 상징적이기는 해도, 그 묘사는 실재하는 존재들이 실제 기능을 갖고 활동하는 장면을 묘사한다는 점에서 실제적이다. 이후 장들이 드러내는 것처럼 이십사 장로는, 그들이 천상의 예배에서 맡고 있는 역할 외에도 우리의 기도를 하나님께 드리고 천상의 환상을 신자들에게 해석해 주는 역할도 한다. 한편 네 생물은 땅 전체에 걸쳐 심판을 시행한다. 우리는 이 존재들(네 생물과 이십사 장로)을 진지하게 취한 적이 얼마나 있는가? 이 존재들을 우화의 범주에 집어넣고 무시하지는 않았는가? 그렇게 했을 때 우리는 무엇을 잃어버렸는가? 현대 서구 세계관은 이 본질에 대한 성경의 진리를 이해하고 받아들이는 능력에 어떠한 영향을 미치는가?

천상의 예배의 본질: 천상의 존재들의 핵심 기능은 하나님을 예배하는 것이다. 확실히 예배는 하늘에서 벌어지는 핵심 활동 가운데 하나다. 하나님은 왜 이 예배 장면을 요한에게 (따라서 우리에게) 계시하셨을까? 만일 이십사 장로가 구약의 예배 지도자들을 대표한다면 땅의 예배와 천상의 예배 사이에 강력한 연관성이 확립된다. 4:1-11에 계시된 것처럼 천상의 예배의 초점—하나님을 영화롭게 하는 것—은 우리의 예배의 표준을 어떻게 세우는가? 우리가 요한의 환상을 통해 보는 천상의 예배 장면을 묵상하면, 땅에서 행해질 바람직한 예배를 파악하는 데 도움을 받을 수 있겠는가? 그것은 우리가 말하고 기도하고 노래하는 내용에 어떤 영향을 미치겠는가? 우리는 상대적으로 가변적인 예배의 외적 형식(예컨대 음악 형식이나

유형)과 결코 변해서는 안 되는 예배의 내적 본질(그리스도와 하나님께 예배의 초점을 맞추는 것) 간의 차이를 어떻게 조율하고 있는가? 우리는 교회에서 예배의 참된 본질과 목적을 무시하고 예배의 외적 형식을 중시하고 있지는 않은가? 그리고 개인적이든 집단적이든 우리의 예배를 4:1-11에 묘사된 것에 따라 형성하고자 한다면, 천상의 존재들이 하늘에서 그리하는 것처럼 우리가 하나님에 관한 진리를 동일하게 선포할 수 있겠는가? 그렇다면 보좌 앞에 계시는 것으로 묘사되는 같은 성령께서 영적·지성적·정서적 심지어는 육체적 요소에 이르기까지, 우리의 전 존재가 예배에 참여하도록 하나님과 하나님의 영광에 대한 우리의 이해를 심화시키고 변화시키시는 것이 가능하겠는가?

하나님과 어린양은 심판과 구속의 처음과 최종적인 완성을 가져올 그리스도의 죽음과 부활로 말미암아 피조물에 대한 주권을 행사하기 시작하셨기 때문에 영광을 받으신다[5:1-14]

5 [1]내가 보매 보좌에 앉으신 이의 오른손에 두루마리가 있으니 안팎으로 썼
고 일곱 인으로 봉하였더라. [2]또 보매 힘있는 천사가 큰 음성으로 외치기
를 누가 그 두루마리를 펴며 그 인을 떼기에 합당하냐 하나 [3]하늘 위에나 땅 위에나
땅 아래에 능히 그 두루마리를 펴거나 보거나 할 자가 없더라. [4]그 두루마리를 펴거나
보거나 하기에 합당한 자가 보이지 아니하기로 내가 크게 울었더니 [5]장로 중의 한 사
람이 내게 말하되 울지 말라. 유대 지파의 사자 다윗의 뿌리가 이겼으니 그 두루마리
와 그 일곱 인을 떼시리라 하더라. [6]내가 또 보니 보좌와 네 생물과 장로들 사이에 한
어린양이 서 있는데 일찍이 죽임을 당한 것 같더라. 그에게 일곱 뿔과 일곱 눈이 있으
니 이 눈들은 온 땅에 보내심을 받은 하나님의 일곱 영이더라. [7]그 어린양이 나아와서

보좌에 앉으신 이의 오른손에서 두루마리를 취하시니라. 8 그 두루마리를 취하시매 네
생물과 이십사 장로들이 그 어린양 앞에 엎드려 각각 거문고와 향이 가득한 금 대접
을 가졌으니 이 향은 성도의 기도들이라. 9 그들이 새 노래를 불러 이르되 두루마리를
가지시고 그 인봉을 떼기에 합당하시도다. 일찍이 죽임을 당하사 각 족속과 방언과 백
성과 나라 가운데에서 사람들을 피로 사서 하나님께 드리시고 10 그들로 우리 하나님
앞에서 나라와 제사장들을 삼으셨으니 그들이 땅에서 왕 노릇 하리로다 하더라. 11 내
가 또 보고 들으매 보좌와 생물들과 장로들을 둘러 선 많은 천사의 음성이 있으니 그
수가 만만이요 천천이라. 12 큰 음성으로 이르되 죽임을 당하신 어린양은 능력과 부와
지혜와 힘과 존귀와 영광과 찬송을 받으시기에 합당하도다 하더라. 13 내가 또 들으니
하늘 위에와 땅 위에와 땅 아래와 바다 위에와 또 그 가운데 모든 피조물이 이르되 보
좌에 앉으신 이와 어린양에게 찬송과 존귀와 영광과 권능을 세세토록 돌릴지어다 하
니 14 네 생물이 이르되 아멘 하고 장로들은 엎드려 경배하더라.

1. 4장에 묘사된 천상의 예배 장면이 5장에서 중단 없이 계속된다. 보좌에 앉으신 이는 이제 "안팎으로 썼고 일곱 인으로 봉하여진 두루마리"를 가지고 계신 분으로 묘사된다. 이후 장들에서 계시되는 것처럼 이 두루마리(책)는 하나님의 심판을 상징한다. 심판 개념은 또한 1절이 이스라엘에 대한 심판을 포함하고 있는 책이 나오는 에스겔 2:9b-10을 인유하는 것으로도 확인된다. 이 책이 "일곱 인으로 봉하였더라"는 말로 묘사되는 것은 이 문구가 다니엘 12:4, 9과 이사야 29:11의 결합이라는 것을 증명한다. 이 두 본문은 모두 신적 계시가 숨겨져 있고 심판과 연관되어 있는 인봉된 책에 대해 말한다. 아마 이 두루마리는 인자가 자신의 영원한 나라를 세우기 위하여 오시는[단 7:13-14] 천상의 궁정에서 다니엘이 본 펼쳐진 심판의 책들과[단 7:10] 관련되어 있을 것이다. 확실히 다음 구절에서[2절] 두루마리가 펼쳐진다. 심판에 관한 구약의 '책' 관련 본문들이 결합된 것은 심판 개념

을 강조하기 위해서였을 것이다. 4:1-5:1이 다니엘 7:9 이하 및 에스겔 1-2장의 구조적 개요와 동일하다는 것도 상기해야 한다.[4장 주석 참조] 이어서 5:2-14을 분석해 보면 이 본문이 에스겔 1-2장보다는 다니엘 7장의 구조적 개요를 계속 따르고 있는 것으로 나타난다. 나아가 5:2-14에서 에스겔 1-2장에 대한 인유가 완전히 사라지지는 않지만 다니엘 7장의 인유가 더 많이 나타난다. 이러한 구약 배경의 존재를 감안하면 이 환상 속에 심판 개념이 스며들어 있다는 사실은 더 확대된다.

2. 이제 천사가 무대에 등장한다. 이 천상의 질문자에 대한 묘사 "**또 보매 힘있는 천사가 큰 음성으로 외치기를**"은 하늘에서 내려와 똑같이 소리 질러 메시지를 선포한 다니엘 4:13-14, 23의 천사 대변인에 대한 장면을 반영한다. 2절의 천사는 우주 안에서 "**그 두루마리를 펴며 그 인을 떼기에**" 누가 합당하고 능력 있고 자격이 있는지를 묻는다. 두 천사에 대한 묘사는 문자적으로 같을 뿐만 아니라 서로 동일한 역할을 맡고 있다. 다니엘서 본문의 천사는 천상의 궁정의 대변인으로, 느부갓네살과 관련해 회복이 수반되는 심판에 대한 하나님의 작정을 선포한다. 요한계시록 5장의 천사 역시 천상의 궁정의 대변인으로, 우주와 관련해 심판과 구속에 대한 하나님의 작정을 선포한다. 두 본문의 문맥에 나타난 선언의 함축적인 의미는 하나님 외에는 어떤 피조물도 역사에 대한 주권자가 되거나 우주적인 계획을 집행하는 합당한 권세를 갖고 있지 못하다는 것이다. 다니엘은 천사에게 '마지막 때'까지[12:4] 이 신적 심판에 관한 말씀을 기록하고 "이 글을 봉함하라"는 명령을 받았다. 여기서 '마지막 때'라는 말은 다니엘서에서 '장래'나 '후일'과[단 2:28] 동등한 뜻이다.

앞에서 확인한 것처럼 요한은 이 마지막 때가 그리스도의 부활로 말미암아 시작된 것으로 이해한다.[1:19 주석 참조] 따라서 우리는 다니엘서의 '책'이 그리스도로 말미암아 펼쳐진 것으로 예상할 수 있다. 2절에 등장하는 힘있는 천사는 이렇게 묻는다. **"누가 그 두루마리를 펴며 그 인을 떼기에 합당하냐."** 이것은 다니엘서의 책이 마지막 때에 개봉될 것이라는 사상을 잇고 있다. 다니엘 7장과 12장은 구약성경에서 책의 인봉과 마지막 때 개봉에 대해 언급하는 유일한 본문이고, 여기서 요한은 분명히 다니엘의 500년 전 예언적 환상의 성취를 증언하고 있다는 사실을 주목하는 것이 중요하다.

어떤 이들은 이 책을 어린양의 '생명책'으로 간주했지만[3:5, 13:8, 20:12, 15, 21:27 참조] 책의 내용이 이후 장들에서 계시되는 것을 보면, 택함 받은 자를 둘러싸고 일어나는 사건들과 관련되어 있을 뿐만 아니라 아울러 특히 비신자들에 대한 심판과도 관련되어 있다. 나아가 다니엘 7장과 12장, 에스겔 2-3장에 나오는 책은 주로 심판 사건과 관련되어 있고, 이어서 하나님의 백성의 구원이 뒤따른다. 다른 이들은 이 책을 구약성경 두루마리를 표상하는 것으로 이해한다. 구약성경의 예언들이 그리스도 안에서 성취되기 때문에 그리스도만이 구약성경의 참된 의미를 열(펼칠) 수 있다는 것이다. 그러나 다니엘서와 에스겔서의 책이 구약성경 자체를 상징하지 않고 앞에서 지적한 것처럼 주로 작정된 심판 사건을 언급한다는 것을 확인하면 이 견해는 거부된다. 또 다른 이들은 이 책을 그리스도의 재림, 성도들의 완성된 구원, 최후의 심판의 서곡이 되는 미래 환난의 응보적인 사건들을 담고 있는 것으로 본다. 그러나 본서의 주석은 요한의 환상 속에서 펼쳐진 사건들은 종말론적인 미래와 관련되어 있을 뿐만 아니라 과거와 현재를 포함하는 시작된 마지막 때와도 관련되어 있다는 사실을 예증하려고 힘썼다. 우리는 특히 1:1, 19, 4:1을 설명할 때 이 점을 사실로 확인했다.

따라서 이 '책'(두루마리)은 그리스도의 죽음과 부활에 의해 시작되었으나 아직 완성에는 이르지 않은 하나님의 심판과 구원 계획을 담고 있는 것으로 가장 잘 이해된다. 천사 대변인의 질문은 창조 질서 속에서 이 계획에 대해 주권적인 권세를 가지고 계신 분이 누구냐에 관한 것이다. 이 책이 심판과 구속의 신적 계획을 집행하는 권세를 표상한다는 것은 5:9-10, 12의 찬송과의 평행 관계로 보아 분명하다. 5:9-10의 찬송은 그리스도께서 책의 인봉을 떼기에 합당하심을, 자기 백성들을 구속하고 그들을 왕과 제사장으로 세우시는 그리스도의 권세를 가리키는 것으로 해석한다. 5:12의 찬송은 9-10절에서 언급된 어린양이 '두루마리'를 받으신 것을 더 일반적으로 그리스도께서 "능력과 부와 지혜와 힘과 존귀와 영광과 찬송"을 받으신 것으로 해석하고, 따라서 이것은 그리스도께서 책을 받으심으로써 주권적인 능력을 갖게 되신 것을 증명한다. 5:9-10의 찬송은 받을 기업과 관련된 유언이나 뜻을 기록한 책임을 암시하고, 이어 12절의 찬송에서는 그것이 주권적인 능력으로 해석된다.

하나님은 아담에게 그가 땅을 다스리게 될 것이라고 약속하셨다. 비록 아담이 그것을 상실하기는 했어도, 마지막 아담이신 그리스도께서 이 약속을 상속받으셨다. 이 약속은 인간에게 주어졌으므로 인간이 그 책을 펴야 했다. 그러나 모든 인간은 죄인이며 그 책에 담긴 심판 아래 있다. 그럼에도 불구하고 그리스도께서는 자신이 대표하고 구속하신 자기 백성을 위하여 죄 없이 희생자가 되심으로써 마지막 심판을 겪으셨기 때문에 그 책을 펴기에 합당하신 자로 판명된다.[5:9] 이러한 법적 관점은 예수께서 약속의 집행자이자 상속자가 되시므로 부분적으로 문제가 생긴다. 그럼에도 불구하고 이 관점은 큰 어려움이 없을 것이다. 왜냐하면 히브리서는 그리스도를 제사장과 속죄 제물로 함께 묘사하고, 요한계시록도 그리스도를 주와 성전으로 함께 묘사하기 때문이다.[계 21:22 참조]

따라서 이 책은 언약의 약속을 표상한다. 포괄적인 성격을 가진 이 책은 주로 구약성경 전체에 걸쳐 형성된 하나님의 구원과 심판 계획을 망라하는데, 특히 십자가에서 새 창조까지의 모든 거룩한 역사의 전개를 담고 있다. 이 책은 종말론적인 성격을 가진 예정된 계획과 관련되어 있다. 왜냐하면 책의 내용이 6-22장에서 계시되고, 4:1에서 다니엘서의 마지막 때 인유인 "이 후에 마땅히 일어날 일들"로 요약되기 때문이다. 구속과 심판에 관해 작정된 것이 요한계시록의 환상 부분 전체에 걸쳐 상세히 묘사된다. 즉, 역사에 대한 그리스도의 주권, 교회 시대 전체 과정 속에서 그리고 새 우주 속에서 이루어지는 그리스도와 성도들의 다스림, 환난을 겪는 자기 백성에 대한 그리스도의 보호, 박해하는 세상에 대한 그리스도의 현세적 심판과 최후의 심판 등이 묘사된다. 인이 떼어지면 독자들은 이 책의 작정적인 성격을 이해할 수 있고, 그러므로 역사의 목적을 파악할 수 있다. 독자들이 세상의 혼돈과 혼란의 와중에서 현재 고난을 겪고 있음에도 불구하고, 이 책에 담긴 하나님의 계획은 결코 좌절될 수 없고 확실히 이미 성취가 시작된 질서 있는 계획이다.

성경학자들은 이 책이 두루마리인지, 아니면 코덱스(현재 우리가 보고 있는 책의 원형)인지 논쟁을 벌였다. 만일 코덱스라면 각 인은 그 책의 한 부분을 봉인할 수 있었을 것이고, 따라서 인이 떼어질 때 부분별로 내용이 계시되었을 것이다. 따라서 본서의 주석에서 주장하는 것처럼 일곱 인을 함께 취하면 오순절 사건에서 그리스도의 재림까지의 역사 전체 과정을 펼칠 수 있었을 것이다. 그러나 그것이 (어떤 이들이 주장하는 것처럼) 두루마리라면, 모든 인이 떼어져야 비로소 내용이 확인될 수 있을 것이다. 이 주장은 미래주의 주석가들이 제시하는 것으로, 그들은 이 책의 심판 단계가 동시에 나란히 작용하는 것이 아니라 연대순에 따라 순차적으로 작용하는 것으로 본다. 따라서 미래주의 주석가들에 따르면 8-9장의 일곱 나팔 심판은 이 책의 내용(8:1의 일곱 인을 뗀 후에 펼쳐지는 사건들)을 표상하고, 우리가 택하는 견해와는 다르게 일곱 인 심판 이후에 일어나는 사건을 묘사하는 것이 될 것이다. 우리는 인과 나팔 심판의 내용을 동일한 사건을 묘사하는 각기 다른 환상으로 본다.

1절의 에스겔 2:9-10에 대한 인유가 양면에 기록한 두루마리를 염두에 두고 있는 것을 암시하기는 해도,계 6:14, 사 34:4 참조 1세기 말에는 두루마리보다 코덱스가 더 통상적인 기록 도구로 사용된 것으로 보인다(6:14의 사 34:4에 대한 인유도 보라). 그러나 요한이 본 것이 두루마리라고 해도, 두루마리의 내용은 종종 인(증인을 표상하는)으로 바깥 부분에 요약되었고, 그럴 경우에 각 인을 떼면 요약된 각각의 내용에 대한 충분한 계시가 나타났다. 이것이 1절의 "두루마리가 있으니 안팎으로 썼고 일곱 인으로 봉하였더라"는 문구가 염두에 두고 있는 사실일 것이다. 우리는 이 인을 "떼기에 합당한" 사람이 누구인지 이어지는 주석에서 상세히 다룰 것이다. 그러므로 각 인을 떼는 것은 책 속에 기록된 내용을 세부적으로 계시함을 가리킬 것이다. 나아가 그것은 어떤 두루마리는 각 인을 뗄 때 내용 일부가 계시되도록 만들어졌다는 것도 증명했다. 이것은 이 책의 내용이 8장이 아니라 6-7장에서 계시되기 시작함을 의미할 것이다. 따라서 이 책이 두루마리인지 코덱스인지의 문제는 책의 내용이 계시되는 시점을 결정하는 것과 아무 관계가 없고, 따라서 두루마리라고 해도 더 이상 미래주의자들의 주장을 지지하지 않는다.

요한은 로마 제국의 유언 관습을 이미 알고 있었을 것이다. 당시에 유언은 일곱 증인에 의해 증언되었고(인 쳐졌고), 내용은 때때로 문서의 바깥쪽에 요약되어 기록되었다. 유언은 유언하는 자가 죽을 때에만 개봉되고 상속에 대한 법적 절차가 집행될 수 있었다. 유언을 시행하려면 믿을 만한 집행인이 있어야 했다. 이 관점이 5:1의 책에 대한 묘사에 매우 적합하다. 때로 로마 세계에서 법적 문서는 이중으로 기록되었다. 즉, 문서의 변조와 위조를 방지하기 위해 문서 바깥쪽에 내용을 요약해서 기록했다. 만일 이것이 요한이 보고 있는 것이라면 바깥쪽에 요약된 내용은 하나님이 구약성경에서 계시하신 것을 표상할 것이다(심지어는 다니엘도 인봉된 책의 내용에 대해 얼마간 지식을 갖고 있었다).[단 10:21] 하지만 인을 떼는 것은 그리스도 안에서 이루어진 예언적 성취에 대한 충분한 계시를 나타낼 뿐만 아니라 내용의 집행도 나타낸다. 그러므로 2-4절의 천사가 제기한 질문과 요한의 반응은 책의 충분한 내용을 그 의미와 함께 충분히 밝힐 수 있을 뿐만 아니라 집행하실 수 있는 자가 누구인지와도 관련되어 있다. 대다수 미래주의 주석가들은 인정하지 않아도, 지금까지 본서의 주장은 5장이 구약 예언의 시작된 성취를 다룬 환상을 묘사하고 있다는 것이다. 역사의 완성에 관한 다니엘의 질문(이 예언들이 언제 어떻게 성취되는지와 관련된 질문)에 주어진 신적 답변은 마지막 때까지 이 책이 봉함되었다는 것이었다. 그러나 이제 그 답변이 최종적으로 주어졌다. 역사적으로 결정적인 그리스도의 죽음과 부활 사역으로 말미암아 다니엘의 예언의 성취가 시작된 것으로 설명되고, 따라서 지금은 인이 떼어졌다.

3. 천사의 질문에 대한 반응으로 잠시 침묵이 있다. "**하늘 위에나 땅 위에나 땅 아래에 능히 그 두루마리를 펴거나 보거나 할 자가 없더라.**" 모든 사람은 죄인이고, 하나님의 심판 아래 있다. 2b절에서 발견되는 다니엘 7장의 펴진 책 심상이 3절에서도 요한의 생각을 계속 사로잡고 있다.

4. 요한은 "**그 두루마리를 펴거나 보거나 하기에 합당한 자가 보이지 아니하기로 크게 울었다.**" 요한은 책의 인이 떼어질 수 없고 하나님

의 영광스러운 계획이 이루어지지 못할 것처럼 보이자 절망에 사로잡힌다. 아마 순간적으로 요한도 주 예수께서 합당한 자가 되지 못하리라고 짐작하고 두려워졌을 것이다.

5. 그러나 이십사 장로 가운데 하나가 "유대 지파의 사자 다윗의 뿌리"가[창 49:8-12, 사 11:1-10 참조] 이겨 그 책을 펼 수 있게 되었다고 선언하자 요한의 절망은 금세 사라졌다. 이 두 구약 명칭은 자기 원수들을 정복하고 심판하실 메시아에 대한 예언과 관련되어 있다. 그리스도는 원수를 이기심으로써 하나님의 구속과 심판 계획을 시행할 주권적 지위를 취득하고, 이것은 책을 펴고 인을 떼시는 것으로 상징된다. 그리스도께서 이기신 사실은 일곱 교회의 신자들에게 일상 삶 속에서 그리스도의 은혜로 말미암아 이기라고 권면하는 것의 기초가 된다.

6. 6절은 어떻게 "유대 지파의 사자 다윗의 뿌리가 이겼는지"를 이해하는 데 중대한 구절이다. 요한은 죽임을 당한(NASB에서처럼 "죽임을 당한 것처럼"이 아니라) 어린양이 보좌 사이에 서 있는 것을 본다. (개역개정판도 NASB와 같이 "죽임을 당한 것 같더라"로 번역했다.—옮긴이) 여기서 '사이에'는 보좌를 둘러싸고 있는 궁정 내부를 가리키는 비유적인 표현이다. '죽임을 당한'은 유월절 어린양과 도수장으로 끌려 가는 어린양에 대한 이사야의 예언을[사 53:7] 함께 인유한 말이다. 이 두 표현은 하나님의 백성을 위해 구속과 승리를 이루시는 그리스도의 희생제사를 지시한다. 이사야 53:9에서 죄가 없다고 예언된 이 희생양은 5:9("합당하시도다. 일찍이 죽임을 당하사")에 나오는 예수의 합당하심을 부분적으로 밑받침한다. 죽임을 당한 어린양은 원수를 패배시켰지만 죽음에 이르는 상처를 입은 승리자의 형상을 표상한다. 어린양의 '일곱 뿔'은 그분의 능력을 상징한다.[신 33:17, 시 89:17] 이 묘사는 특히 다니엘 7장을 언급하는 것으로 보인다. 다니엘 7장을 보면 짐승의 뿔이 성도들과 싸운다.[단 7:21] 요한의 환상에

서 어린양은 죽임을 당한 자기 자신에게 참된 능력이 속해 있음을 증명함으로써 예언된 짐승의 외관적 승리를 조롱하고, 일곱이라는 수는 그 능력의 충만함을 상징한다.

6절은 죽임을 당한 어린양이 하나님의 보좌에 오르신 것과 함께, 그리스도의 죽음을 인간을 구속하시는 것뿐 아니라 원수의 권능을 정복하신 것으로도 묘사한다. 그리스도의 보좌 등극은 그분의 부활과 승천을 가리킨다. 5장의 주제는 사자獅子이신 그리스도께서 어린양으로 죽임을 당하심으로써 이기셨다는 것이다. 이것은 5:9-10로 확인된다. 거기 보면 어린양이 죽임을 당하신 것이, 그분이 사람들을 구속하신 것과 구속받은 그들을 '나라와 제사장'으로 삼으신 것과 함께, 그분의 합당하심의 기초로 따라서 그분의 이기심의 기초로 나타나 있다. '죽임을 당하사'라는 문구는 두 헬라어 완료 분사로 이루어지는데, 그 용법은 지속적인 실재나 상태를 표현한다. 어린양이 계속 죽임을 당한 자로 존재하는 것은 그분의 구속적 죽음의 지속적인 승리의 효력을 지시하기 위함이다. 그리스도의 죽음—교회의 지속적인 고난과 함께—은 승리로 바뀌었고, 또 계속 승리로 바뀌고 있다. 요한이 이 이기신 사자를 죽임을 당한 어린양으로 보는 이유는 십자가 중심의 진리를 강조해야 하기 때문이다. 그리스도의 승리는 그분의 죽음으로 말미암아 사실상 그분의 부활 이전에 시작되었다. 그리스도의 승리는 그의 백성의 승리와 같다. 즉, 그리스도는 그의 백성들이 이기는 것과 똑같은 방식으로 이기신다.[3:21] 1-3장에서는 다수의 호칭이 어쨌든 동등하게 예수에게 적용되지만 4-22장에서는 '어린양'이라는 호칭만이 예수에게 두드러지게 적용된다(27회). 예수는 약함을 통해 능력을 얻는 역설적인 방법으로 메시아 나라에 대한 구약의 예언을 성취하기 시작하셨다. 요한의 환상을 통해 신자는 자신들의 승리 역시 오직 십자가의 도를 따를 때에만 주어지리라는 사실을 상기하게 된다. 그것이 성도들이 "어린양이 어디로 인도하든지 따라가는 자"[14:4]와 "어린양의 피에 그 옷을 씻어 희게" 된 자[7:14]로 묘사되는 이유다. 죄 없는 희생양으로서 그리스도는 자기 백성의 죄를 대표하는 형벌 대리인이 되셨다. 그리스도는 죽음의 패배를 겪으셨지만 아울러 자신이 다스리고 마귀가 더 이상 권능을 갖지 못할 구속받은 백성들의 나라를 창건함으로써 마귀를 이기셨다.

어린양의 '일곱 눈'은 "이 땅의 죄악을 하루에 제거하는" 것과 직결되어 있던 대제사장 여호수아 앞에 세운 돌의 '일곱 눈'을 가리킨다.[슥 3:8-9] 스가랴 4:2, 10에서 '일곱 등잔'과 '일곱 눈'은 하나님의 전능하신 영과 관련되어 있다. 이것은 전지성과 주권 개념을 함께 전달한다. "온 땅을 두루 감찰하사 전심으로 자기에게 향하는 자들을 위하여 능력을 베푸시는" 역대하 16:9의 '여호와의 눈'도 마찬가지다. 따라서 '하나님의 일곱 영'(타오르는 일곱 등잔)은 하나님의 영의 충만하심을 표현하는 비유 용법이다. 앞부분을 보면 일곱 영이 천상의 보좌실에 계시는데,[1:4, 12, 3:1, 4:5] 이것은 하나님이 온 땅에 역사하실 때 오직 하나님의 대행자가 일곱 영이라는 사실을 암시한다.[슥 4:10 · 슥 1:8-11, 6:5 참조] 그러나 그리스도의 죽음과 부활로 말미암아 일곱 영은 또한 세상에서 그리스도의 대행자가 되신다. 일곱 영, 곧 성령은 주님의 주권적인 계획을 수행하신다.[1:12, 11:4 주석 참조]

7. 이제 어린양이 보좌로 나아와 하나님으로부터 책을 받으신다. **"그 어린양이 나아와서 보좌에 앉으신 이의 오른손에서 두루마리를 취하시니라."** 이것은 다니엘 7:13-14에서 인자가 하나님 앞에 나아와 땅의 모든 족속을 다스릴 권세를 받는 것과 같다. 어린양은 부활과 승천을 통해 아버지 보좌에 함께 앉고,[3:21] 거기서 다스림을 시작하신다. 더 엄밀하게 말하면 6:1-8이 증명하는 것처럼(그리고 신약성경

다른 곳, 예를 들어 행 2:32-36, 고전 15:27, 엡 1:20-22, 히 1:1-5에서 증명하는 것처럼), 이제 어린양은 아버지에게서 통치권을 넘겨받아 다스리신다.

8. 8절 시작과 함께 어린양이 받으신 권세의 효력이 진술된다. 그러한 다음 천상의 예배 장면이 펼쳐진다. 이 장면을 보면 네 생물과 이십사 장로가 하나님 앞에 엎드렸던 것처럼[4:9-11] 어린양 앞에 엎드려 있는데, 이것은 분명히 어린양의 신성을 암시한다. "**각각 거문고를 가졌다**"라는 말은 문법적으로 네 생물이 아니라 이십사 장로만을 가리킨다(NASB, NIV와 개역개정판 모두 부정확하게 둘 다 가리키는 것으로 되어 있다). 이십사 장로만을 가리킨다고 보는 것이 적절한 이유는 장로들만이(부분적으로 대상 25:6-31에서 여호와께 감사와 찬송을 돌리는 사명을 받은 레위 지파의 이십사 직급에 따라 형성된 것이므로) 하나님 앞에 '성도의 기도들'을 드리는 제사 의무를 갖고 있기 때문이다. 6:10과 8:4에서 또다시 언급되는 성도들의 기도는 악인에 대한 하나님의 심판과 의인에 대한 하나님의 구원을 간청하는 것을 내용으로 한다. 이 장면은 비록 교회는 땅에서 여전히 고난 속에 있을지라도 하늘에서는 그들을 위하여 강력한 천사들의 사역이 펼쳐지고 있다는 사실을 교회에 확신시킨다.

9. 9b-10절은 이십사 장로의 '새 노래'의 내용을 제시한다. "**두루마리를 가지시고 그 인봉을 떼기에 합당하시도다. 일찍이 죽임을 당하사 각 족속과 방언과 백성과 나라 가운데에서 사람들을 피로 사서 하나님께 드리시고.**" 이 노래는 구약 배경에 따르면 원수에 대한 하나님의 승리와 심판을 기리는 찬양의 '새 노래'다.[시 33:3, 40:3, 96:1, 98:1] 그리고 특히 이사야 42:9-10은 땅에서 이루어질 하나님의 예언적 목적과 관련된 '새 노래'에 대해 말한다.

여기서 '새'라는 말은 다음 네 가지 이유로 그리스도의 구속 사역을 새 창조의 출범과 연계시킨다. ① 이 환상이 명확히 4:11의 하나님의 창조 사역에 관한 찬송에서부터 나오기 때문이다. ② 5:12-13에서 그리스도와 그리스도의 구속 사역에 관한 찬송이 이어지는 장면은 명백히 4:11의 하나님의 창조 사역에 관한 찬송과 평행을 이루기 때문이다. ③ '새'라는 말은 21장에서 네 번에 걸쳐[1-2, 5절] 장차 임할 획기적인 창조를 가리키기 때문이다. ④ '새'라는 말은 4:3에서 이미 확인된 새 창조에 대한 암시를 전개하는 것으로 보이기 때문이다.[4:3 주석 참조]

9-12절의 어린양에 대해 주어지는 찬송이 4:11과 5:13에서 하나님에 대해 주어지는 찬송과 똑같은 것으로 보아 예수의 신성을 강조한다. 9-13절에서 일반적으로 어린양에게 드려진 경배는 요한이 다른 곳에서[22:9] 오직 하나님께만 드려지는 경배를 함축하고 있는 것으로 보아 어린양의 신성을 예증한다. 9b절에서 '두루마리'와 '인봉'의 상징은 어린양이 받으시기에 합당한 권세를 내포하고 있다. 이 '합당함'의 의미는 9c-10절에서 더 깊이 설명되어, 어린양이 권세를 받으시기에 합당한 기초(이유)가 진술된다. 그 기초는 먼저 6절의 유월절 및 이사야 53장의 어린양 개념의 지속인 '죽임을 당하사'라는 말에서 확인된다. 어린양이 죽음을 통해 이기신 것은 그분이 합당하게 주권적 권세를 받으시는 것의 전제다. 비록 그 다음 동사 '사서'가 어린양의 도살당하심의 결과를 함축할 수 있기는 해도, 그것은 권세를 받으심의 또 다른 기초를 제공하는 것으로 가장 잘 확인된다. 이 환상의[1-8절] 해석적 찬송은[9-14절] 5절에서 그리스도께서 이기신 것의 의미를 설명하는 데에서 그리스도의 부활보다 그리스도의 죽음을 강조한다. 즉, 그리스도께서 자신의 죽음을 통해 제사장의 나라를 사고 건설하셨다는 것을 강조한다. 9-14절의 해석적 찬송에서 부활을 명시적으로 언급하지 않는다는 사실은 주목할 만하고, 그

리스도의 죽음을 통한 역설적인 승리의 성격을 강조한다. 이것의 요점은 생명이 임하는 것은 죽음(십자가의 도)을 통해서이고, 모든 시대의 성도들은 현재 고난 속에 있을지라도 이 진리로 위로를 받아야 한다는 사실을 강조하는 것으로 보인다. **"각 족속과 방언과 백성과 나라 가운데에서 사람들을 피로 사는"** 것(속량)은 인종을 가리지 않고 임하는 구속이다. 이 구속은 세상 모든 집단의 사람들 가운데서 얼마를 구원하시는 것이다. 이 구속은 14:3-4, 6이 분명히 하는 것처럼 예외 없는 구속이 아니라 차별 없는 구속(모든 인종으로부터 나오는 사람들의 구속)이다.

10. 모든 족속에서 나오는 이 구속받은 성도들은 '나라와 제사장들'이 되었고, 그들이 땅에서 왕 노릇 할(will, 아래를 보라) 것이다. 이것은 다니엘이 성도들에게 땅의 민족을 다스리는 나라와 통치권이 주어지는 것에 대해 예언하는 것과 같지만,[7:22, 27] 이십사 장로가 노래하는 것은 이보다 훨씬 더 뒤로 거슬러 올라간다. 왜냐하면 그것은 이스라엘이 하나님의 음성에 순종한다면 그들을 제사장 나라와 거룩한 백성으로 삼을 것이라고 모세에게 주신 하나님의 약속[출 19:6]의 궁극적 성취이기 때문이다.[1:5-6 주석 참조] 이 구원은, 모세를 통해 이스라엘에게 구원이 임했을 때와 똑같이, 유월절 어린양의 희생으로 말미암아 임했다. 그러나 이스라엘은 다른 어느 민족 대신 택함 받아[출 19:5] 나라와 제사장이 되었지만,[출 19:6] 이제 하나님의 백성은 "각 족속과 방언과 백성과 나라 가운데에서" 택함 받는다.[9절] 이것은 출애굽기의 나라와 제사장 개념이 보편화되어 다니엘 7장의 이스라엘 성도들의 보편적 나라 개념과 융합되었음을 의미한다. 하나님의 백성은 애굽으로부터가 아니라 사탄의 통치로부터 구원받고, 하나님의 백성은 옛날 지상의 약속의 땅으로 들어가는 것이 아니라 새 땅이 된 온 땅으로 들어갈 것이다. 구약 이스라엘의 제사에서 죽임을

당한 어린양이 마지막 때 우주의 왕이 되셨다.

이전 문맥에서 언급된 다니엘 7장과 유월절 어린양 개념의 영향이 9b-10절에서도 계속된다. 출애굽기 19:6이 언급된 것은 이 본문이 유월절 및 다니엘서의 나라 개념과 이중으로 연계되어 있기 때문이다. 요한계시록 5:6-8을 9b-10절과 함께 확인해 보면, 4-5장이 지금까지 본보기로 따른 다니엘 7:9 이하와 대응을 이루고 있음을 보여주는 두 가지 본질적인 요소가 추가로 나타난다. 하나는 그리스도의 모든 족속과 방언과 백성과 나라에 대한 주권이고, 또 하나는 나라를 다스리는 성도들의 통치권이다. 성도들은 이미 나라가 되었고, 심지어는 지금도 다스리고 있다(여기서 '왕 노릇'은 헬라어 본문을 어떻게 사용하느냐에 따라 현재나 미래 시제를 취할 수 있지만 현재 시제로 보는 것이 더 좋은 듯하다). 새 창조의 나라는 그리스도의 죽음과 부활을 통해 현재의 부패한 세상 속에 침투해 들어왔다. 새 창조[3:14-15]는 예수의 죽음과 부활을 통해 현재 시작되었고, 이것은 신약성경 다른 곳에서도 증언된다.[고후 5:15-17, 갈 6:14-15, 엡 2:15, 골 1:18] 지금 이 다스림은 실제적이지만 십자가의 도를 통해 이기는 방법으로 제한적으로 행사되며, 마지막 새 창조의 나라에서는 완전하게 행사될 것이다.

11-12. 9-10절의 찬송과 같이 11-12절의 찬송도 죽임을 당했으나 부활하신 어린양이 책을 받으신 것을 그분이 자신의 죽음, 그리고 함축적으로 자신의 부활로 **"능력과 부와 지혜와 힘과 존귀와 영광과 찬송을 받으시기에 합당"**하게 되심을 의미하는 것으로 더 깊이 해석한다. 요한은 무수히 많은 천상의 군대—정확히 다니엘 7:10에 나오는 것과 같이, 만만 그리고 천천—를 본다. 천상의 성전 앞에서 울려 퍼지는 큰 음성의 내용은, 능력과 부와 지혜와 힘과 존귀와 영광에 대한 언급과 함께, 다윗이 지상의 성전 재료를 봉헌할 때 드린 기도의 내용과[대상 29:11] 두드러지게 비슷하다.

13. 13-14절의 찬송은 죽임을 당했으나 부활하신 어린양이 책을 받으신 것이 그분의 죽음과 부활로 찬송과 영광을 받으시기에 합당한 분이 되셨음을 의미한다는 사실을 한 번 더 깊이 해석함으로써 11-12절 찬송의 요점을 강조한다. 천상의 군대뿐만 아니라 지금 "**하늘 위에와 땅 위에와 땅 아래와 바다 위에와 또 그 가운데 모든 피조물이**" 하나님과 어린양께 영광을 돌리고 있다. 그리스도께서 하나님과 동일한 신적 지위를 갖고 계시므로 하나님과 똑같이 영광을 받으셔야 함을 강조하기 위하여, 하나님께서 그리스도와 함께 영광을 받으시는 것으로 언급된다. 하나님과 어린양의 영광은 그분들의 주권 속에 근거가 두어져 있고, 이것이 5장 환상의 주안점이며, 따라서 4장과 5장 전체의 주된 요점이다. 우리는 13절을 통해 하나님의 원수들이 그리스도 앞에 무릎을 꿇게 될 미래를 잠시 들여다보게 되고, 이것은 바울이 "하늘에 있는 자들과 땅에 있는 자들과 땅 아래에 있는 자들로 모든 무릎을 예수의 이름에 꿇게 하시고"[빌 2:10]라고 선언하는 것과 현저하게 비슷하다. 요한계시록 5:9-12과 5:13은 각각 부분적으로는 4-5장에서, 일반적으로는 요한계시록 전체에서 '이미'와 '아직' 단계를 언급하는 좋은 실례다. 악한 통치자와 땅에 거하는 자들은 땅에 사는 동안 그리스도의 주권에 복종하거나 그리스도를 찬양하지 않기 때문에 심판받을 것이다.

14. 이 환상은 마지막으로 '네 생물'과 '장로들'이 새로운 경배로 반응하는 것으로 끝난다. 네 생물은 지상 생명체의 천상의 대표이고, 이십사 장로는 교회의 천상의 대표로서 각각 마지막으로 '아멘'을 외치고 엎드려 경배함으로써 땅에서 올라오는 찬송을 확증한다. 이 결론 부분을[9-14절] 다니엘 7:13-27과 관련시켜 볼 때 드러나는 두드러진 사실은 두 본문이 같은 순서로 제시되고 있다는 것이다.

- 그리스도(인자)께서 주권을 받으심[계 5:9-14, 단 7:13-14]

- 이 받으심이 모든 백성과 족속과 방언을 포함하는 나라와 연계됨계 5:9b, 단 7:14
- 성도들이 다스림계 5:10, 단 7:18, 22, 27a
- 하나님께서 다스리심계 5:13, 단 7:27b

다만 네 번째 요소(하나님의 다스리심)가 다니엘서에서는 요한계시록에서만큼 강조되고 있지는 않다.

5:1-14 묵상 제안

인간 역사에 대한 하나님의 주권: 5:1-14의 환상은 다니엘서의 다양한 본문 인유로 가득 차 있다. 다니엘 4장의 천사와 5:1-14의 천사는 궁극적으로 역사에 대한 권능을 홀로 갖고 계시는 하나님의 임재로부터 나온 메시지를 선언한다. 다니엘의 환상 경험은 하나님께서 어떻게 불의한 나라들에 대한 자신의 주권을 예증하시는지, 그리고 자기 종들에게 그들이 목숨을 내놓아야 할 곤경 속에 있을 때에도 자신에게 복종할 것을 요청하시는지를 증명한다. 오늘날 많은 나라의 그리스도인들이 동일한 선택에 직면해 있다. 요한계시록 5장의 천사는 우리에게 어떤 메시지를 전하는가? 하나님의 종들이 때때로 역경을 거치고 심지어 죽음까지 무릅써야 할 때, 하나님의 주권을 어떻게 말할 수 있는가? 하나님의 천상의 궁정에 관한 환상은 우리에게 어떤 위로를 제공하는가? 우리는 예정된 하나님의 계획의 한 부분으로 묘사된 6-22장의 환난 가운데 자기 백성에게 베푸시는 하나님의 보살핌을 어떻게 이해하는가?

'죽임을 당한 것 같은' 삶의 의미: 본서의 주석은 완료 분사 "죽임을 당한 것 같더라"(지속적인 실재나 상태를 표상하는)는 말이, 현재 하늘에서 아버지와 함께 다스리시는 분은 죽임을 당하신 어린양이라는 사실을 표현한다는 견해를 지지한다. 이것의 의미는 무엇인가? 십자가에 의해 형성된 삶을 사는 것이 어떻게 하나님의 주권을 믿는 우리의 믿음을 가늠하는 척도가 되는가? 요한계시록에서 말하는 승리(이김) 개념은 통상적인 의미를 어떻게 뒤집는가? 그리스도인이 어린양의 죽임을 당한 것 같은 삶의 양식을 본받는 것은 얼마나 중요한가? 우리가 이 삶의 패턴을 도외시할 때 어떤 일이 벌어지겠는가? 이것은 적대적인 정부 아래 있는 교회의 태도에 어떤 함축성을 갖는가? 교회가 상대적으로 큰 영향력을 발휘하는 나라에서 그리스도인은 어떤 유혹을 받는가? 사회 속에서 소금과 빛이 되는 것과 우리가 속한 문화에서 우리의 도덕 견해를 다른 사람들이 받아들이기를 바라는 것 사이의 균형은 무엇인가? 정치 분야에서 그리스도인이 죽임을 당한 것 같은 삶의 본보기가 함축하는 바는 무엇인가?

하나님 나라의 현재 통치: 본서의 주석이 암시하는 것처럼 성도들이 이미 나라가 되었다면,[10절, 1:6, 9] 그들은 어떤 형태의 천국의 권세 속에 이미 들어간 것이다. 이 권세는 어떻게 행사되는가? 이 권세의 행사는 죽임을 당한 것 같은 삶과 어떻게 관련되어 있는가? 이 점에서 성도들의 기도가 강력한 천사들을 통해 하나님 앞에 드려지는 것[8절]의 중요성은 무엇인가? 그리스도의 통치가 현재 이 세상 속에 침투했다는 것은 어떤 의미를 갖는가?

하나님의 영광과 우리의 공동 예배: 만일 5장의 환상과 또 이 환상이 묘사하는 천상의 예배의 주된 요점이 하나님과 어린양의 영광에 있다면, 이 영광은 우리의 개인적인 삶뿐만 아니라 공동적인 예배에서 어떻게 실행되어야 하는가? 우리의 공동 예배의 초점은 무엇인가? 오늘날 우리 시대에서 예배가 때때로 체험을 추구하거나 재미의 한 형태로 전락하는 것은 왜 그러한가? 우리는 예배를 이해할 때 5장의 환상 속에 묘사된 하나님 나라의 문화에 영향을 받는가, 아니면 우리 주변의 세상 문화에 영향을 받는가? 어떻게 해야 예배가 하나님에 대한 경험을 제공하면서 또한 비신자들에게 예배의 성경적 규범을 무시하지 않고 효과적으로 호소할 수 있겠는가? 명백히 하나님의 기준에서 멀리 벗어난 교회 속에서 예배의 참된 의미를 어떻게 회복할 수 있는가?

하나님과 그리스도의 영광: 만물 속에서 하나님과 그리스도의 주된 목표는 자기 자신을 영화롭게 하는 것이라는 사실이 요한계시록 4-5장의 주안점이다. 이것은 하나님과 그리스도께서 영광받으심을 즐거워하고 바라신다는 것을 의미하지 않는가? 만일 그렇다면 이것은 범사에 우리의 주된 목표가 무엇인지를 말해 주는가? 우리가 하나님의 영광을 바라고 즐거워하는가? 만일 우리가 하나님의 영광을 바라고 즐거워하지 않는다면, 그것은 우리가 다른 어떤 것 심지어는 우리 자신을 예배하는 것을 의미하는가? 고린도전서 13:5에서 "참 사랑은 자기의 유익을 구하지 않는다"고 말씀한다. 그렇다면, 하나님은 자신이 영광을 받고 모든 것이 자신과 자신의 관심사를 중심에 두고 펼쳐지기를 바라신다고 우리가 이해할 때 거기에 신학적인 문제가 있는가? 하나님이 자기 자신을 영화롭게 하는 주제, 우리가 하나님을 영예롭게 하기를 바라는 것과 그 함축적인 의미, 그리고 그것과 관련해 일어날 수 있는 신학적인 문제들에 대한 상세한 설명은 존 파이퍼John Piper의 『하나님을 기뻐하라』*Desiring God*를 보라.[2]

4-5장의 환상에 대한 결론

다니엘 7:9 이하는 요한계시록 4-5장 환상의 배후 본문으로 간주되었다. 왜냐하면 기본 구조가 공통 개념과 공통 심상들로 이루어져

서로 같고, 4-5장의 환상은 다니엘서 본문에 대한 다양한 인유를 가지고 있는 다수의 문구들로 채워져 있기 때문이다. 다니엘서에서 온 다양한 인유(약 23회) 가운데 절반 정도가 다니엘 7장에서 나온 것이고, 나머지 절반은 다니엘서 다른 장에서 나온 것이다. 여기서 다니엘서 다른 장에서 나온 인유들을 연구해 보면 그것은 다니엘 7장과 관련된 평행 요소와 주제를 가지고 있는 것이 분명하게 드러나고, 그러므로 다니엘 7장 장면에 대한 해석적 의미를 보충하는 역할을 할 수 있다. 동일한 보충적 접근법이 다니엘서 말고도 묘사에 제공된 다른 구약 본문의 인유에[겔 1장, 사 6장, 출 19장] 관해서도 취해졌을 것이다. 구약성경의 다른 신현(하나님의 나타나심) 부분, 메시아 부분, 종말론 부분으로부터 평행 요소(주제, 심상, 문구)를 이끌어 내는 것보다 다니엘 7장 장면을 해석하는 더 나은 방법이 과연 어디 있겠는가? 요한이 다니엘 7장으로 관심을 돌렸던 것은 자신의 환상, 곧 인간의 말의 묘사를 넘어서 있지만 구약성경과 특히 다니엘 7장의 신현 환상과 대응을 이룬다고 보이는 환상을 묘사하고자 했기 때문이다.

만일 이것이 사실이라면, 우리는 요한이 4-5장을 '인자'와 성도들의 통치에 관한 다니엘 7장의 예언의 성취로 묘사하고자 한다고 말할 수 있다. 말하자면 요한은 그리스도의 죽음과 부활로, 곧 인자가 권세를 받기 위해 하나님의 보좌 앞으로 나아감으로써 이 통치가 시작되었다고 말하고 싶어 한다. 나아가 이 환상이 이사야 6장 및 에스겔 1-2장 같은 장면과 다니엘 7장의 두드러진 장면을 결합하는 것은 환상의 심판 뉘앙스를 표현한다. 왜냐하면 이 구약 본문들은 모두 죄를 범한 이스라엘이나 민족들에 대한 심판 선언의 서론으로 작용하기 때문이다. 심판 개념은 또한 에스겔 2장, 이사야 29장, 다니엘 7장과 12장의 언어로 묘사된 '책' 심상에도 내포되어 있다. 이 문맥들은 각각 구원이나 복 개념과 함께 언급되기는 하지만 심판 개념을 중심에 두고 있다. 다니엘 7:10은 '책' 심상에 주도적인 영향을 미치기 때문에, 특히 심판을 선언하는 요한계시록의 이어지는 장들과 관련해서 보면 심판 뉘앙스가 더 두드러진다.

4장의 주된 요점이 하나님께 영광을 돌리는 것에 있었던 것처럼 5장의 주된 요점도 똑같이, 심지어는 어린양을 거부하는 자들을 통해서까지, 어린양에게 영광을 돌리는 것에 있다. 이십사 장로는 하나님께서 만물의 주권적인 창조자이시므로 그분께 영광을 돌렸다.[4:11] 이 주권적 창조자는 또한 5:13에서 자신의 피조물을 구속하기 위하여 어린양이 행하신 일로 말미암아 어린양과 함께 찬양을 받으신다. 이 평행 사실은 요한이 그리스도 안에서 이루어진 하나님의 역사를 통해 창조주로서의 하나님과 구속주로서의 하나님 사이의 통합적인 해석 관계를 이끌어 낼 의도를 가지고 있음을 증명한다. 이것은 어린양의 구속이 하나님의 창조 사역의 연속이라는 사실을 암시한다. 4장과 5장은 창조에 대한 하나님의 주권은 하나님께서 어린양의 사역을 통해 이루신 심판과 구속에 대해서도 하나님을 주권자로 만든다는 것을 계시한다. 4:11과 5:9-13의 결론적 찬송은 4장과 5장의 해석적 요약으로 기능하므로 이것이 4장과 5장의 주된 주제라는 사실을 확실히 증명한다. 그리스도의 사역은, 이후의 장들이 계시하는 것처럼, 자의든 타의든 모든 피조물이 창조주에게 영광을 돌리도록 만든다는 점에서 하나님의 창조 사역의 연속이다. 4장의 찬송과 5장의 찬송 사이의 문자적인 연계성은 또한 4:11b에 언급된 모든 피조물에 대한 하나님의 통제가 특별히 그리스도로 말미암아, 곧 그리스도의 죽음과 부활을 통해 그리고 그리스도께서 하나님의 백성에게 자신의 길을 따르고 세상에 죄를 깨닫게 하기 위하여 부어 주시는 성령을 통해 이루어진다는 것을 의미한다. 이러한 의미에서 4장과 5장에 주어진 환상은 에덴동산의 순결함이 새 예루살렘에서 회복되는 결과를 묘사하는 21장과 22장의 진리를 미리 선포한다. 더 나아가 이것은 4-5장은 '이미-아직' 사이의 새 창조 장면을 묘사한다는 것을 암시한다. 이상의 분석은 만물에 대한 하나님의 목적은 만물이 자신을 영화롭게 하고 그 영광을 즐거워하며, 모든 피조물이 자신을 영화롭게 하는 것을 영원토록 즐거워하도록 하는 데 있음을 증명한다.

IV.

6:1-8:5

일곱 인 심판

처음 네 인 심판: 그리스도는 천상의 악한 세력을 사용하여 교회 시대 전체에 걸쳐 연단이나 처벌을 위해 사람들에게 환난을 일으키신다[6:1-8]

6 1 내가 보매 어린양이 일곱 인 중의 하나를 떼시는데 그 때에 내가 들으니
네 생물 중의 하나가 우렛소리 같이 말하되 오라 하기로 2 이에 내가 보니
흰 말이 있는데 그 탄 자가 활을 가졌고 면류관을 받고 나아가서 이기고 또 이기려고
하더라. 3 둘째 인을 떼실 때에 내가 들으니 둘째 생물이 말하되 오라 하니 4 이에 다른
붉은 말이 나오더라. 그 탄 자가 허락을 받아 땅에서 화평을 제하여 버리며 서로 죽이
게 하고 또 큰 칼을 받았더라. 5 셋째 인을 떼실 때에 내가 들으니 셋째 생물이 말하되
오라 하기로 내가 보니 검은 말이 나오는데 그 탄 자가 손에 저울을 가졌더라. 6 내가
네 생물 사이로부터 나는 듯한 음성을 들으니 이르되 한 데나리온에 밀 한 되요 한 데
나리온에 보리 석 되로다. 또 감람유와 포도주는 해치지 말라 하더라. 7 넷째 인을 떼
실 때에 내가 넷째 생물의 음성을 들으니 말하되 오라 하기로 8 내가 보매 청황색 말이
나오는데 그 탄 자의 이름은 사망이니 음부가 그 뒤를 따르더라. 그들이 땅 사분의 일
의 권세를 얻어 검과 흉년과 사망과 땅의 짐승들로써 죽이더라.

그리스도는 아버지에게서 모든 권세를 받아 땅의 나라들에 대한 통치를 시작하신다.[1:5, 2:26-27, 5:1-14] 처음 네 인 심판은 성도들을 연단시키고 비신자들을 처벌하기 위해 이 통치의 권세가 어떻게 하나님의 손에서 나온 고난의 상황에 미치는지를 보여준다. 이 고난의 실례들은 2-3장의 일곱 편지에 언급되었다. 어떤 그리스도인들은 네로가 주

후 64년에 로마를 불태우며 잔인하고 끔찍하게 그리스도인을 박해했던 것과 같은 재앙적인 상황에 대해서도 그리스도께서 진정으로 주권자가 되시는지 의구심을 가질 것이다. 요한계시록 6:1-8은 그리스도께서 명백히 이런 혼탁한 세상을 다스리시고, 고난이 무작위로 또는 우연히 일어나는 일이 아님을 증명하려는 의도를 갖고 있다. 6:1-8은 사실 파괴적인 사건도 그리스도께서 구속과 공의의 목적을 달성하기 위해 일으키시는 일이라는 사실을 계시한다. 교회의 모든 환난과 박해를 통제하시는 분은 보좌에 앉아 계신 그리스도다.

인을 떼시는 것은 그리스도께서 하나님 우편에 자리를 잡으신 것과 일치하며, 따라서 인 심판에 묘사된 사건들은 즉시 일어나기 시작하고 주님이 재림하실 때까지 계속 일어날 것이다. 인을 떼시는 것으로 5장의 책(두루마리)의 내용이 실제로 계시되고 집행되기 시작한다. 이것을 통해 우리는 일곱 편지가 고난 앞에서 인내하라고 권면하는 것을 이해하게 된다. 왜냐하면 인을 떼실 때 휘몰아치는 고난은 요한이 편지를 쓰던 당시 일곱 교회의 삶 속에서 이미 일어나기 시작했기 때문이다. 그리스도는 천상의 보좌실에서 각각의 인을 떼시고, 각 인의 내용이 땅에서 집행되도록 명령을 발하신다. 펼쳐지는 재앙들은 에스겔이 예언한 네 심판(칼, 기근, 사나운 짐승, 전염병)과[겔 14:12-21] 예수께서 예언하신 심판(전쟁, 기근, 박해)과[마 24:6-28] 동일하게 예견된다. 이 경우에 재앙들은 함께 일어나고, 따라서 이것은 네 인 심판에 포함된 다양한 재앙이 어떤 특정한 순서를 따라 진행되는 것이 아니라 동시에 일어나는 사건임을 암시한다. 나아가 요한계시록 6:9-11에서 영광 속에 들어간 성도들은 인 심판에 묘사된 네 환난을 모두 거친 것으로 보이고, 이는 이 환난이 전체적으로 동일한 기간(교회 시대 전체 기간)에 일어난 것을 암시한다.[9-11절 주석 참조] 그러므로 5장에 이어 6:1-8도 그리스도의 십자가에서의 승리의 고난과 부활 그리고 아버지 보좌 우편에 앉으시는 승천의 결과로 세상에 직접 임하게 된 파괴 세력들의 활동을 묘사한다.

이상의 분석은 1-3장에서 그리스도의 죽음과 부활로 성취가 시작된 것으로 언급되는 종말론적 나라에 관한 구약의 예언들과 일치한다.[1:5-6, 9, 13-14, 16b, 2:18, 27, 3:7, 9, 14, 21] 예를 들어 1:5, 1:13-14, 2:26-28, 3:21은 분명히 그리스도께서 메시아로서 통치를 시작하셨음을 언급하고, 매우 자연스럽게 5장에서 환상 형태로 이 과정이 펼쳐지는 것으로 나타난다. 그리스도는 왕권을 행사하심으로써 자신의 천사 종들을 통해 각 말 탄 자에게 권능을 주신다. 말 탄 자들은 그리스도를 따르는 모든 자에게 일어나도록 작정된 고난을 표상한다. 그러나 우리가 확인할 것처럼 이 동일한 환난은 또한 그리스도인을 박해하거나 그리스도의 왕권을 거부하는 자들에 대한 처벌도 염두에 두고 있다. 이 환난은 6장과 요한계시록 전체의 문맥이 예증하는 것처럼 그리스도께서 마지막으로 다시 오실 때 끝날 것이다. 다섯째 인을 떼실 때 "어느 때까지 하시려 하나이까?"라고 외치는 것과 여섯째 인을 떼실 때 최후의 심판이 가까이 온 것은 6:1-8의 사건이 최후의 심판 이전에 일어나는 일임을 예증한다.

6:1-8의 가장 명백한 배경 본문은 스가랴 6:1-8이다. 이 스가랴서 본문을 보면 하나님께서 각기 다른 색상(요한계시록에 나온 색상과 거의 동일한)을 가진 네 부류의 말에게 땅을 순찰하고 자기 백성을 억압한 땅의 족속들을 처벌하라고 명령하신다.[슥 6:5-8] 이 족속들은 하나님께서 자기 백성을 처벌하기 위한 채찍으로 일으키셨지만 이스라엘에게 자기들이 해야 할 것보다 더 과도하게 응보의 고통을 가했다. 그 결과 하나님은 이스라엘에 대한 자신의 질투하시는 사랑을 입증하기 위해 이 이방 족속들을 그들의 죄악에 따라 처벌하기로 작정하셨다.[슥 1:8-15] 그러므로 요한계시록 6:1-8의 말들은, 그리스도께

서 세상 전역에서 벌어지는 자연적이고 정치적인 재앙은 그리스도인을 박해하는 비신자들을 심판하기 위해 그리고 자기 백성의 정당성을 입증하기 위해 일으키시는 일이라는 사실을 표상한다. 이 정당화는 자기 백성에 대한 그리스도의 사랑과 공의를 예증하고, 6:9-11에서 복수를 외치는 간청에 대한 예견적인 응답이 될 것이다.

에스겔 14:12-23도 6:1-8의 형성에 영향을 미친다. 에스겔 14:21은 분명히 요한계시록 6:8b에서 인용되고 있다. 거기서 에스겔 14:21은 앞에서 언급된 환난들의 전체 요약으로 작용하는데, 네 가지 중한 벌 가운데 처음 두 가지 곧 칼과 기근에는 사망이 포함되어 있다. 요한계시록 6:8b에 인용된 에스겔 14:21은 에스겔서에서와 똑같은 기능을 한다. 즉, 에스겔 14:21은 환난에 관한 네 가지 이전 진술을 "네 가지 중한 벌"로 요약한다. 이 처벌은 하나님께 충성하지 못할 때 일반적으로 민족들에게 임한다. 에스겔 14:12-23에서 환난은 각기 양식 부족과 기근,[겔 14:13] 사나운 짐승,[겔 14:15] 칼[겔 14:17] 그리고 전염병 또는 죽음[겔 14:19]으로 제시된다. 에스겔 14:21의 요점은 온 이스라엘 백성이 심각한 우상숭배로 말미암아 박해의 환난을 겪으리라는 것이다.[14:3-11 참조] 에스겔서에서 환난의 목적은 이스라엘 안의 의로운 남은 자는 연단을 통해 순결하게 하는 한편 대다수 믿지 않는 자는 처벌하는 것에 있다. 요한계시록 6:1-8도 환난에 대한 이 이중 목적을 염두에 두고 있다. 물론 6:1-8에서는 초점이 이스라엘이 아니라 교회 공동체에 있다. 신실한 자는 연단을 받아 순결하게 되지만 우상숭배를 통해 세상과 타협하고 그리스도에게 충성하지 못하는 자는 동일한 환난을 통해 심판을 받을 것이다. 그러나 이 재앙의 범주는, 스가랴서 본문이 증명하는 것처럼, 교회를 넘어 온 세상까지 널리 미친다. 그리고 이 보편적인 범주는 에스겔 14:12-23에서도 언급된다. 나아가 요한계시록의 이후 문맥[6:12-17]과 이후 장들에도 심판과 관련한 보편적 관점이 나타나 있다. 에스겔서 본문 자체는 레위기 26:18-28의 네 가지 심판 개념을 더 깊이 전개한다. 요한은 레위기 본문을 이차적으로 염두에 두었을 것이다. 레위기 26:18-28을 보면 하나님께서 광야의 이스라엘 백성에게 우상숭배에 대해 어떻게 처벌하실지 경고하셨다. 하나님은 네 번에 걸쳐 심판을 행하고, 각 심판은 일곱 처벌로 이루어져 있으며, 갈수록 이전보다 처벌의 강도가 세어진다. 요한계시록의 네 가지 처벌—전쟁, 흉년, 정복, 사망—이 레위기 26:18-28에서도 발견된다. 레위기 26:18-28이 일곱 번씩 네 차례에 걸쳐 진행되는 요한계시록 처벌 시리즈의 모형일 수 있을까? 특히 10:3-4의 '일곱 우레' 심판을 (내용은 계시되어 있지 않지만) 처벌 시리즈 가운데 하나로 추정한다면, 이것은 유효한 관점이다.

1. 인 심판에 관한 환상은 어린양이 첫째 인을 떼시는 것으로 시작하고, 곧바로 "네 생물 중의 하나가 우렛소리 같이 말하는" 장면으로 이어진다. 우렛소리가 들리는 것은 명령이 하나님의 보좌에서 나온다는 사실을 증명한다.[4:5]

2. 이 명령에 반응하여, '흰 말'이 말 탄 자와 함께 나온다. 그리고 "그 탄 자가 활을 가졌고 면류관을 받고 나아가서 이기고 또 이기려고 하더라." 어떤 이들은 이 말 탄 자가 그리스도를 표상하는 것으로 본다. 왜냐하면 요한계시록에서 그리스도는 주로 그분의 순결하심을 상징하기 위하여 흰색과 관련해 14회나 사용되기 때문이다. 또한 19:11-16에서도 그리스도는 머리에 많은 관들이 있고 백마를 타고 대적을 물리치신다. 그리고 6장에서 첫째 말 탄 자는 명백히 화[禍]와 관련되어 있지 않으므로 긍정적이라는 점에서 다른 말 탄 자들과 다르다. 그렇지만 다음과 같은 고찰은 이 말 탄 자의 사악한 성격을 암시한다.

- 이 환상의 전조적 예언을 구성하는 스가랴서에서 말들은 분명히 한 집단으로 묶여 있고, 이 환상에서 첫째 말이 일반적으로 악한 것으로 간주되는 이후의 세 말과 어떻게 분리될 수 있는지 확인하기가 어렵다.
- 12장과 13장은 사탄을 광명의 천사처럼 그리스도를 모방함으로써 사람들을 속이는 자로 묘사한다.[12장, 13장 주석 참조]
- 요한계시록의 처음 네 나팔과 네 대접 심판은 평행적인 심판을 구성하고, 그것은 말 탄 자들도 마찬가지다.
- 6:2처럼 9:7에서도 마귀의 대행자가 머리에 관을 쓴 말로 나타난다.
- 6:1-8에서 명령을 발하는 '네 생물'이 본질상 동일하다는 사실은 말 탄 자들 간의 동일한 평행 관계를 암시한다.
- 그리스도의 이름으로 와서 미혹시키는 거짓 그리스도와 거짓 선지자들에 대한 예언은 이 사건에 대한 공관복음서 각각의 기사에서[마 24:4-5, 막 13:5-6, 눅 21:8] 예수의 재림이 있기 전에 임할 화 가운데 첫 번째 것으로 언급된다. 이것은 첫째 말 탄 자의 신원이 마귀 편이라는 것을 확증할 수 있다. 왜냐하면 요한이 여기서 부분적으로 공관복음서 기사의 방식을 따라 네 재앙을 제시했다는 것은 일반적으로 인정되는 사실이기 때문이다. 전쟁은 또한 공관복음서 세 기사 모두에서 두 번째 화로 기록되어 있고 다음 두 화, 곧 기근과 전염병은, 비록 전염병이 누가복음 기사에서만 나타나기는 해도, 다양한 순서로 면밀하게 이어지는 것이 확인된다.

그러므로 우리의 결론은 첫째 말 탄 자는 미혹(고후 11:14에서처럼 흰색은 그리스도를 모방함으로써 속이고 의인인 척 위장하려고 애쓰는 것을 가리킨다)이나 박해 또는 둘 다를 통해[11:7, 13:7] 신자들을 영적으로 패배시키고 억압하려고 광분하는 사탄의 세력을 표상한다는 것이다. 그러나 파괴적인 첫째 말 탄 자는 그리스도께서 보내신 자다. 왜냐하면 이 말 탄 자는 천사인 네 생물 가운데 하나에게 명령을 받고, 또 면류관을 '받기'(요한계시록에서 이 말은 항상 하나님을 주어로 함축한다) 때문이다.[6:11, 7:2, 8:2-3, 9:1, 11:2-3 등] 나팔과 대접 심판의 처음 네 심판은 신적 명령에 따라 주어지므로, 네 말 탄 자의 화도 마찬가지임이 틀림없다. 이것은 스가랴 6:7로 확증된다. 거기 보면 여호와의 천사가 네 말에게 '나가서' 신적 심판을 행하라고 명령한다. 따라서 신자들은 현재 고난 속에 있더라도 하나님께서 만사를 궁극적으로 통제하시는 분이며, 일어나는 모든 일을 자신의 목적에 따라 진행하고 계신다는 사실을 확신할 수 있다. 물론 사탄은 교회(그리고 세상)를 파괴하려고 광분하지만 하나님의 계획에는 사탄이 그의 악한 목적을 추구하는 것도 포함되어 있다. 왜냐하면 오직 이 악한 목적을 통해 하나님은 성도들을 연단시키고 악인들을 처벌하는 더 높은 전략을 구사하실 수 있기 때문이다.

3. 첫째 말 탄 자에 대한 묘사는 다음 세 말 탄 자를 통해 더 세밀하게 설명되는 요약 진술로 간주할 수 있다. 왜냐하면 첫 번째 말 탄 자에 대한 묘사는 전쟁을 일반적인 의미에 따라 소개하고, 다른 세 말 탄 자에 대한 묘사는 전쟁—문자적 싸움이 아니라 영적 싸움—의 구체적인 특징들을 제시하기 때문이다. 따라서 3-8절은 사탄이 고난을 통해 믿음을 잃게 하려고 성도들을 어떻게 획책하는지를 묘사한다. 그러나 이 환난은 또한 아이러니하게도 궁극적으로는 하나님께서 비신자들을 처벌하기 위한 용도로 사용하신다는 사실을 기억해야 한다.

4. 첫째 말 탄 자는 사탄이 세상에 대한 지배권을 얻게 하려고 광분하지만 둘째 말 탄 자는 세상의 민족들 사이에서 다툼과 분란을 일으킴으로써 "땅에서 화평을 제하여 버리며 서로 죽이게" 하려고 획책한다. 예수께서 제자들에게 자신이 세상에 화평이 아니라 검을 주

러 왔다고 하신 경고가[마 10:34] 암시하는 것처럼 둘째 말 탄 자의 활동에는 신자들에 대한 박해도 포함된다. 마태복음 10:34의 요점은, 예수를 따르는 자들은 박해가 있더라도 이것이 하나님의 주권적인 뜻의 일부이므로 세상에서 예수의 이름을 증언할 때 낙심하지 말아야 한다는 것이다. 박해 속에서 드러나는 예수를 따르는 자들의 신실함은 그들에게 육체적인 생명을 잃는 결과를 가져올 수 있지만 그렇다고 해도 그들의 영적 생명은 구원을 받을 것이다.[마 10:28-39] 복음 자체는 화평을 낳지만 복음 전파에 대한 사탄의 공격은 싸움을 일으킨다. "**서로 죽이게 하고**"라는 말은 신자들에 대한 박해를 암시한다. 왜냐하면 여기서 '죽이다'라는 말은 요한계시록 다른 곳에서 오직 그리스도와 그리스도를 따르는 자들의 죽음을 가리키는 데만 사용되기 때문이다.[5:6, 9, 12, 6:9, 13:8, 18:24] 심지어는 13:3에서 짐승에게 일어난 '죽게 된 것'도 그리스도의 죽음에 대한 흉내 또는 거짓 모방이다. 6:4에서 죽임을 당하는 자들은 9절에서 죽임을 당한 것으로 묘사된 신자들로 보인다. 공관복음서에서도 이와 동일한 국제적인 분쟁과 박해의 화 사이에 관련성이 나타나는데, 이 분쟁은 비신자들에게는 화로 해석되고 예수를 따르는 자들에게는 시험으로 해석된다.[마 24:6-21, 막 13:7-19, 눅 21:9-19]

5. 셋째 인을 떼실 때에 셋째 생물이 세 번째 말 탄 자를 그 인 밑에 담긴 작정을 수행하도록 보낸다. 그 역시 고난을 일으키고, 이때 일으키는 고난은 기근이다. 고대 세계에서 '저울'은 흉년의 때를 상징하는데, 그것은 흉년의 때에 양식을 저울에 달아 지급하는 관습 때문이었다.

6. 천사의 명령을 듣고 난 직후에 요한은 다른 음성을 통해 이 말 탄 자에게 주어진 또 다른 명령을 듣는다. 이 추가 명령은 그룹 가운데 하나나 다른 천사에게서 나오는 것으로 보이지 않고 그리스도

에게서 직접 나오는 것으로 보인다. 왜냐하면 그리스도는 5:6에서 "보좌와 네 생물과 장로들 사이에" 서 있는 것으로 말해지기 때문이고,[4:6, 7:17 참조] 그리스도께서 이미 인을 떼시는 분으로 제시되기 때문이다. 이것은 또한 네 말 탄 자에게 주어지는 명령이 천상의 보좌실에서 직접 나온다는 사실을 강조한다.

이 기근은 심각했지만 세상을 완전히 황폐화시킬 정도는 아니다. 왜냐하면 한 데나리온(하루 품삯)에 살 수 있는 '밀 한 되'는 한 가족이 하루 동안 먹기에 충분했고 '보리 석 되'로는 사흘 정도는 버틸 수 있었기 때문이다. 이 가격은 대략 평소보다 8배에서 16배에 이르는 가격이었다. 사치품이었던 '감람유와 포도주'는 타격을 받지 않았지만 부자를 제외한 모든 사람은 생필품을 구입하는 데 자신의 수입을 몽땅 써야 했기 때문에 살 수가 없었다. 그리스도인은 박해받는 소수집단이었으므로 기근으로 인해 피해가 심각하지 않을 수 없었다. 이것은 앞에서 언급한 경제적으로 박해받는 신자들에 관한 주제를 전개하고 있고,[2:9] 뒤에서 또 발견될 것이다.[13:16-17] 기근은 모든 사람에게 영향을 미친다. 그러나 특히 양식 공급이 제한된 이 시기에 그리스도인이 가장 먼저 타격을 입을 것이다. 그리스도인은 기본 생필품을 구입하는 데 다른 사람들과 동등한 기회를 갖지 못할 정도로 박해를 받을 것이다. 박해가 임하는 것은 그리스도인들이 타협하지 않기 때문이다. 경제적 궁핍을 겪은 그리스도인들은 그리스도께 충성했기 때문에 이제 모든 일이 완성될 때가 되면, 곧 배고픔과 목마름이 영원히 해소될 때가 되면 그리스도께 상을 받을 것이다.[7:16] 바로 이와 같은 이유 때문에 그때가 될 때까지 인도나 무슬림 국가 같은 지역에서 자연 재해가 엄습할 때에 세상의 경제 및 사회 제도와 타협하지 않은 그리스도인들에게 종종 아무런 도움이 주어지지 않는다.

7-8. 넷째 인을 떼실 때에 넷째 생물이 다른 말 탄 자에게 또 다른 명령을 발한다. 제약이 해제된 마지막 말 탄 자는 "음부가 그 뒤를 따르는 사망"이라는 이름을 갖고 있다. 사망과 음부는 궁극적으로 하나님의 보좌실 통치 아래 있는 사탄의 세력이다. 네 말 탄 자는 모두 어떤 식으로든 사망을 일으키킨다. 여기서 '사망'이라는 일반적 용어는 아마 질병이나 전염병을 가리킬 것이다. 헬라어 구약성경을 보면 '사망'*thanatos*은 '재앙'에 해당하는 히브리어 단어를 번역한 말로, 요한계시록 6:1-8의 형성에 영향을 미친 두 본문인 에스겔 14:19-21에서 두 번, 레위기 26:25에서 한 번을 포함해 도합 30회에 걸쳐 등장한다. 두 본문 가운데 에스겔 14:19-21은 실제로 8절에서 직접 인유되고 있다. 음부는 죽은 자의 거처다. 사망과 음부의 사악한 성격은 20:13-14로 보아 분명하다. 거기 보면 "사망과 음부도 그 가운데에서 죽은 자들을 내주매…… 사망과 음부도 불못에 던져지니"라고 되어 있다. 불못에 던져지는 것과 엄밀하게 같은 말로 묘사되는 다른 존재는 짐승과 거짓 선지자19:20와 마귀20:10뿐이다. 이미 1:18에서 분명히 언급된 것("내가 사망과 음부의 열쇠를 가졌노니")처럼, 6:8에서 사망과 음부는 궁극적으로 그리스도의 통제 아래 있음을 암시한다.

네 말 탄 자가 일으킨 심판은 하나의 종합적인 심판의 일부분을 이루므로, 서로 독립적이거나 분리되지 않고 평행적이다. 이것은 이 사실을 예언하는 다양한 구약 본문으로 확인할 수 있다. 구약 본문들은 종종 우상숭배로 말미암아 초래된 사중 심판을 선언한다.레 26:18-28, 신 32:24-26, 렘 15:1-4, 16:4-5, 겔 5:12, 6:11-12, 14:1-23 8절에 반복된 이 사중 심판은 구약성경에서 사람들이 하나님께 불순종할 때 그들에게 역사 전체에 걸쳐 임하는 하나님의 심판 전체를 상징하며, 문자적으로 하나의 특별한 기간이나 전쟁 또는 재앙으로 한정 해석되지 않는다. 에스겔

14장에서처럼 이 환난은 이방 족속들을 처벌하는 효력을 갖고 있을 뿐만 아니라 동시에 언약 공동체 안에서 신실한 자를 연단시켜 순결하게 하고, 또한 그리스도에게 순종하지 않는 교회 안의 사람들도 처벌하는 효력을 갖고 있다. 넷째 말 탄 자는 이전 환난이 계속 잠재적인 효력을 발하고 있고, 때때로 사망을 가져온다는 사실을 예증한다. 넷째 말 탄 자는 일반적으로 앞선 세 말 탄 자(정복, 칼, 흉년은 모두 어느 정도 사망을 포함한다)를 종합하고, 거기에 하나(짐승의 재앙)를 더 추가한다. 넷째 말 탄 자는 이전의 세 가지 화를 사용해 사망을 일으킨다. 그러나 그것이 반드시 사망을 일으키는 것이 아님은 분명하다(예를 들어 셋째 말 탄 자를 보라). 여기서 가장 크게 염두에 두고 있는 것은 사탄의 세력의 적대적인 행동으로, 이 행동은 (6:9-10이 계시하는 것처럼) 신앙 공동체와 비신자를 함께 겨냥하고 있다. 그러므로 요한은 문자적인 흉년, 역병, 전쟁 심판에 관한 구약의 사중 공식에 영적인 기근, 재앙, 싸움의 화를 포함시켜 확대했다.

네 재앙의 효력은 부분적이다. 왜냐하면 마지막 말 탄 자의 재앙은 이전의 세 말 탄 자의 재앙을 종합하고, 또 그가 일으킨 재앙은 분명히 '땅 사분의 일'로 제한되기 때문이다. 이것은 네 화가 예외 없이 모든 사람에게 해를 끼치는 것이 아니라는 사실을 의미한다. 그럼에도 불구하고 세계 전역의 많은 사람들이 이 네 화의 파괴적인 힘을 느낀다. 왜냐하면 스가랴 1장과 6장의 네 말 역시 세계적인 효력을 갖고 있기 때문이다. 이 환난의 보편적인 범주는 말 탄 자가 넷이 있다는 사실로 강조된다. 여기서 '넷'이라는 수는 보편성을 상징하는 비유적 수이기 때문이다(4:6-8에서 네 생물이 그러한 것과 같다).[7:1-3 주석 참조] 그러므로 네 생물이 전체 피조물 도처에 있는 구속받은 자의 찬양을 표상하는 것처럼, 네 말 탄 자의 재앙도 그리스도의 최후의 재림이 있을 때까지 계속될 땅 전역의 수많은 사람들이 겪는 고난을 상징한다. 네 말 탄 자의 재앙이 온갖 화를 표상한다는 사실은 8절 후반부에 인용된 사중의 언약 저주 공식—**"그들이 땅 사분의 일의 권세를 얻어 검과 흉년과 사망과 땅의 짐승들로써 죽이더라"**—이 구약에서 동일한 비유 용법으로 사용되는 것으로 보아 분명하다. '넷'이라는 수의 비유적인 의미가 완전함을 표상한다는 사실 외에도, 레위기와 신명기에서 이스라엘이 네 가지 외에 다른 많은 저주들로 위협을 받은 것 또한 이 재앙의 보편성을 암시한다. 이것이 요한계시록 6장의 심판의 의미를 어떤 엄밀한 역사 배경에 따라 철저히 규명할 수 없는 이유다.

그리스도는 자신의 죽음과 부활을 통해 세상의 악의 세력을, 자신의 나라의 진보를 위한 신자들의 성결과 비신자들의 심판이라는 목적을 이루는 대행자로 삼으셨다. 이것은 1장의 내용을 더 깊이 전개하는 사망과 음부에 대한 예수의 주권을 여기서 언급하는 것으로 극명하게 확인된다. 그리스도는 자신의 죽음과 부활을 통해 '사망과 음부'의 권세를 이기는 능력을 갖고 계시고,[1:18] 지금은 사망과 음부를 대행자로 사용해 자신의 뜻을 이루신다. 하나님은 십자가의 고난이 구속적 목적과 사법적 목적(십자가 고난의 구원으로서의 의미를 거부하는 자들에 대한 심판의 기초로서)을 함께 이루도록 의도하셨다. 마찬가지로 그리스도의 십자가 사건 이후로 역사 전체에 걸쳐 펼쳐지는 고난은 동일한 목적을 가지고 있다(확실히 예수와 함께 십자가에 못 박힌 죄수 가운데 한 명은 그리스도의 고난으로 말미암아 회심했지만 다른 한 명은 똑같은 상황 속에서 더 완고해졌다). 그리고 예수의 경우와 마찬가지로, 만일 고난이나 박해의 와중에서 믿음을 타협하지 않는다면, 그리스도인의 외관적인 패배도 사실은 영적인 승리를 가리킨다.

바로 다음 구절들이[9-11절] 죽임을 당하거나 살해된 충성된 신자들을 묘사하는 것을 주목해 보라. 이와 동일한 동사는 4절과 8절에서도 사용되며, 요한계시록 다른 곳에서 '짐승'(34회 등장)은 항상 교회를 박해하는 원수(사탄)의 대행자를 가리킨다. 하나님과 그리스도께서 이 치명적인 말 탄 자들의 주권자가 되시는 것은 1-8절로 보아 분명해 보인다. 하나님께서 어떻게 성도들에게 환난을 일으키는 창시자일 수 있을까? 이 질문에 대한 답변은, 환난이 비신자들을 심판하기 위해 임하지만 또한 그리스도 안에서 안전하게 구원을 보장받은 신자들의 믿음을 연단시켜 순결하게 하기 위해 임한다는 것이다.[벧전 1:3-9] 4-5장과 6:1-8 사이의 관계를 주목하라. 4-5장을 보면 옛적부터 항상 계신 이와 인자에 관한 다니엘 7:9-14의 예언적 환상이 그리스도의 죽음과 부활에서 성취되었다. 그러나 다니엘 7장은 또한 2-8절에서 성도들과 맞서 싸우는 악한 나라를 표상하는 사악한 네 짐승에 대한 환상을 담고 있다. 네 말 탄 자에 대한 요한의 환상은 다니엘서의 이 예언적 환상의 성취다. 하지만 지금 우리는 그리스도께서 높아지신 통치자로서의 지위로 말미암아 이 사악한 세력을 이기는 권세를 갖고 계시고, 이로 말미암아 그들의 악랄한 의도를 사용하여 더 큰 선—비신자들의 심판과 연단을 통한 성도들의 순결함—을 성취하시는 것을 본다. 말하자면 6:1-8은 그리스도의 죽음과 부활의 효력을 묘사한다. 그리스도는 십자가의 고난을 승리로 바꾸셨다. 네 말 탄 자에 대한 그리스도의 주권이 이것을 증명하고, 따라서 네 말 탄 자는 다니엘 7장의 네 악한 나라와 동등하다. 특히 네 말 탄 자는 네 나라와 대응하는 천상의 악한 존재들을 표상한다. 이 정체성은 또한 다니엘서의 네 나라와 스가랴서의 네 말이 직접 "하늘의 네 바람"[단 7:2, 슥 6:5]과 관련되어 있는 것을 보아도 이해할 수 있다.[7:1 주석 참조] 그러므로 그리스도는 높아지신 인자가 악하고 야만적인 나라들을 통치한다는 다니엘의 예언의 성취를 시작하셨고, 이것은 12:3과 13:1-2에서 명백히 언급된다.

6:1-8 묵상 제안

마귀의 활동과 관련해서 본 하나님의 주권: 6:1-8은 하나님께서 사악한 원수의 활동을 통해 땅에 환난을 보내시는 장면을 제시한다. 이에 따라 우리는 주변에서 하나님의 활동을 표상하는 것과 사탄의 활동을 표상하는 것을 지혜롭게 분별할 필요가 있다. 우리는 거룩하신 하나님이 어떻게 원수를 자신의 대행자로 사용하신다고 말할 수 있는가? 원수는 파괴를 일삼는 데 분주하지만 하나님은 원수가 의식하지 못하는 사이에 원수의 파괴를 통해서도 궁극적으로 자신의 목적을 이루시며, 하나님은 자신의 계획 속에 타락한 세상에서 사탄이 행하는 활동을 포함시켜 사탄의 활동을 자신의 용도로 바꾸신다고 말할 수 있는가? 우리는 죽임을 당하는 신자들의 배후에 어떻게 하나님이 계시다고 말할 수 있는가? 하나님은 원수의 활동에서 어떻게 더 큰 선을 이끌어 내실 수 있는가? 그리스도의 죽으심에 나타난 하나님의 역할이 위의 질문들에 답변하는 데 있어 어떻게 우리를 돕는 본보기로 작용할 수 있는가? 우리는 자연 재해나 경제 위기에 어떻게 대처하는가? 하나님은 재앙을 보내 원수가 행하는 일을 자신의 영광으로 바꾸실 것을 계획하셨는가? 여러분은, 그것이 박해든 또는 다른 어떤 재앙이든 여러분의 나라나 지역 또는 공동체에서 벌어진 비극적인 사건이 구속적 효력을 갖고 있다고 생각할 수 있는가? 창세기 50:20, 로마서 8:28-30, 요한계시록 2:10-11은 이러한 사건에 대해 성경적인 관점을 어떻게 우리에게 제공하는가? 또한 사람들의 반역의 결과로 우리가 살고 있는 세상에 부패함이 나타나는 것에 대해 비신자들이 하나님을 비난할 때, 이러한 사건이 어떻게 비신자들의 마음을 완고하게 하는지 알고 있는가?

'흰 말 탄 자'의 성격: 만일 사탄이나 그의 사자들이 6:1-8에서 흰 말 탄 자로 묘사된다면, 이것은 확실히 자신을 광명의 천사로 가장하는 사탄의 능력을 반영하는 것은 아닌가? 오늘날 우리 교회 안에는 하나님께 속한 것처럼 보이지만 파괴의 효력을 일으키는 새로운 경향과 사역이 들어와 있다. 여러분 자신의 삶이나 경험 속에서 이런 실례를 생각할 수 있는가?

신자들의 패배와 승리: 신자들의 외관적인 패배(고난이나 죽음)는 사실 그들의 승리와 같다고 어떻게 말할 수 있는가? 우리는 (적어도 서구 세계에서) 너무 지나치게 이 세상의 관점에 따라 사건들을 보기 때문에 하나님의 길을 보기가 어렵다는 사실을 느끼지는 않는가? 이런 잘못된 관점은 하나님의 목적을 이해하는 우리의 능력을 어떻게 제한하는가? 히브리서 11장에서 고난을 받고 죽임을 당한 믿음의 영웅들에 관해 제시한 진리를 다시 묵상해 보라.

다섯째 인 심판: 박해받고 영광 속에 들어간 그리스도인이 박해하는 자들을 심판하여 하나님의 공의를 증명하실 것을 간청하는 기도는, 하나님께서 당신의 모든 백성을 위해 정하신 고난이 다 마쳤을 때 응답될 것이다[6:9-11]

6 **9 다섯째 인을 떼실 때에 내가 보니 하나님의 말씀과 그들이 가진 증거로**
말미암아 죽임을 당한 영혼들이 제단 아래에 있어 10 큰 소리로 불러 이르
되 거룩하고 참되신 대주재여, 땅에 거하는 자들을 심판하여 우리 피를 갚아 주지 아
니하시기를 어느 때까지 하시려 하나이까 하니 11 각각 그들에게 흰 두루마기를 주시
며 이르시되 아직 잠시 동안 쉬되 그들의 동무 종들과 형제들도 자기처럼 죽임을 당
하여 그 수가 차기까지 하라 하시더라.

처음 네 인 심판이 하나님의 작정의 관점에 따라 세상에 일어나는 고난을 묘사한다면, 다섯째 인 심판은 죽임을 당하고 영광 속에 들어간 성도들의 고난에 대한 반응을 묘사한다. 6:1-8의 호된 고난이 땅 전역에서 보편적으로 사람들에게 영향을 미쳤다고 해도, 9-11절의 반응은 특별히 박해의 형태로 그리스도인을 괴롭히는 네 말 탄 자의 환난에 대한 것이다. 이 관련성은 말 탄 자들의 화 가운데 두 가지를 묘사할 때 사용된 주동사, 곧 4절과 9절의 '살해하다'slay와 8절과 11절의 '죽이다'kill가 (개역개정판은 모두 '죽이다'로 번역했다.—옮긴이) 6:9-11에서 성도들이 받는 박해를 묘사할 때 다시 등장하는 것으로 암시된다. 요한계시록에 나오는 찬송들은 대체로 바로 앞 부분의 주제를 요약하는 역할을 한다. 6:9-11도 이러한 찬송의 범주에 포함되어야 하므로 박해에 초점을 맞춘 1-8절의 사상의 연속으로 간주해야 한다. 이것은 또한 뒤의 세 말 탄 자의 박해 심상뿐 아니라 첫째 말 탄 자의 박해 심상도 확증한다. 고난은 무의미하지 않으며, 예수의 희생적인 삶의 본보기를 따라 살도록 그리스도인의 삶의 전형으로 정하신 하나님의 섭리의 한 부분이다. 하늘의 관점에서 보면, 이 고난은 아이러니하게도 그리스도 자신의 경우와 마찬가지로 5:5-6 주석 참조 하나님 나라를 발전시킨다. 만일 우리가 5장과 6장을 연대순 관계로 이해하는 것이 정확하다면, 6:9-11은 그리스도인에 대한 박해가 이미 요한 당시 일부 교회에서 왕성하게 나타났다는 사실을 보여준다.

9. 다섯째 인을 떼실 때에는 천상의 보좌실에서 고난에 대한 천사의 명령이 나오는 것이 아니라 이 고난에 대한 인간적인 반응이 나온다. 요한은 세상에서 학대를 받고 죽은 다음 하늘의 상을 받은 그리스도인들을 본다.11a절 참조 따라서 이 성도들은 둘째 말 탄 자의 공격으로4절 '죽임을 당하고', 또 넷째 말 탄 자의 공격으로8절 '살해를 당한' 자로 묘사된다.11절 이 묘사가 문자 그대로 순교자들만을 염두에

두고 있다고 보는 것도 가능하지만 '죽임을 당한' 자는 은유적인 개념이고, 포괄적으로 믿음을 지키기 위해 고난을 당하는 모든 성도를 표상한다는 것이 더 개연성이 있다(13:15-18, 18:24, 20:4도 마찬가지일 것이다). 이들은 믿음 때문에 고난을 겪고('죽임을 당한'은 비유적으로 온갖 형태의 고난과 박해를 함축할 것이다), 지금 하늘에서 하나님 앞에 있는('제단 아래에'는 하나님의 임재를 의미한다) 모든 신자를 가리킨다. 앞에서 확인한 것처럼,[2:26-29 주석 참조] 2장과 3장에서 '이기는 자'는 믿음으로 말미암아 실제로 죽임을 당하는 자만이 아니라 다양한 고난과 죄 그리고 타협에 대한 시험 앞에 굴복하지 않고 그리스도에 대한 충성을 고수하는 모든 자를 의미한다. 참된 모든 신자는 그리스도에게 신실하다는 이유로 이런저런 고난을 겪을 것이다. 예수께서 다음과 같이 말씀하신 것과 같다. "누구든지 나와 복음을 위하여 자기 목숨을 잃으면 구원하리라."[막 8:35] 믿음으로 말미암아—문자 그대로 죽임을 당하지는 않았더라도—"하나님의 말씀과 그들이 가진 증거"에 크게 헌신함으로써 그들의 운명은 전적으로 죽임을 당하신 어린양의 고난의 운명과 동일시되었고, 이 은유는 모든 그리스도인의 정체성에 합당하다. 이것은 또 일반적으로 신약성경에서 모든 신자에 대해 말할 때 '죽임 당한 순교자' 언어를 비유적 용법으로 사용하는 것과 일치한다.[마 10:38-39, 16:24-26, 롬 8:35-39, 12:1-2, 빌 2:17] 그러므로 모든 그리스도인은 자기 십자가를 짊어지고 그리스도를 따르고 자기를 부인하는 삶을 살아야 한다.

이 성도들은 "제단 아래에 있는 죽임을 당한 영혼들"로 묘사된다. 이들은 그리스도의 구속 사역에 대해 말과 행실로 증언한다는 이유로 박해를 받았다. 요한계시록에서 천상의 제단은 하나님의 임재 또는 보좌와 동등하고,[8:3-5, 9:13] 그것이 9절에서 성도들이 제단 아래에 있는 것으로 묘사되는 이유다. 여기서 제단은 속죄 제사의 놋 제단이 아니고(그러나 희생제물의 피가 제단 밑에 부어진 것은 같다),레 4:18, 30, 34 참조 8:3-5과 9:13, 11:1, 14:18(그리고 16:7은 이 언급들을 발전시킨 것이다)에서 언급되고 그 앞에 기도들이 바쳐지는 분향단(제단)이다. 문자적인 제단에 대해 말한다면, 지성소 앞에 두어진 제단 위에 향이 태워졌고 속죄일에 속죄 제물의 피가 부어졌다. 천상의 제단은 그리스도의 속죄 제물이 바쳐졌으며 영광 속에 들어간 성도들이 그 아래서 발견된다. 영광 속에 들어간 성도들이 '제단 아래에' 있다는 사실은 박해로 육체적인 생명을 잃는 일이 있을지라도 하나님께서 그들의 '영혼'을 보호하신 것을 강조한다. 실로 이 박해는 하나님께서 그들의 믿음을 시험하고 연단시켜 그들의 영혼을 순결하게 하려고 보내시는 환난이다. 박해와 타협에 대한 시험을 통해 인내하는 자는 하나님의 천상의 제단에 자기 자신을 바친다. 물론 이 제단은 하나님이 임재하시는 곳으로, 불가시적이지만 참된 하나님의 성전 한가운데에 있다. 그러므로 9절에서 이 심상은 속죄 제물과 향으로서의 기도 개념을 함께 함축하며, 거기서 성도들은 의로 말미암아 박해받은 자들의 정당성을 입증해 달라고 하나님께 간구한다. 예수의 고난과의 비교도 성도들을 '죽임을 당한' 자로 묘사하는 동일한 언급으로 말미암아 확대된다.5:6, 9, 12 참조 이 비교의 목적은 그리스도와 마찬가지로 그리스도를 따르는 자들도 그들의 희생적인 고난과 외관상의 패배가 사실은 궁극적인 승리와 같다는 사실을 강조하는 데 있다.

10. 이제 6:1-8의 고난에 대한 반응이 기도로 표현된다. 10절에서 성도들의 기도는 복수를 위한 외침이 아니라 하나님의 공의의 표출을 간청하는 외침이다(바울은 롬 3:25-26에서 그리스도의 사역과 관련해 동일한 사상을 제시한다). 왜냐하면 죄인들과 하나님의 백성을 부당하게 박해하는 자들을 처벌하지 않으면 하나님은 불의하신 분으

로 간주될 것이기 때문이다. 이 호소는 하나님께서 악인들을 공의로 다루심으로써 자신의 거룩하심과 진리의 표준을 예증하도록 요청받고 계신 것을 강조하기 위해 미리 하나님을 "거룩하고 참되신 대주재"로 묘사한다. 이 기도는 요한계시록 이후 부분, 특히 19:2에서 응답받는다. 19:2을 보면 하나님의 음녀에 대한 심판이 성도들의 정당성에 대한 입증과 함께 선언된다.[16:7 참조] "어느 때까지 하시려 하나이까"라는 외침은 시편 기자의 외침을 반영한다.[시 6:3, 74:10, 79:5 등] 하지만 스가랴 1:12도 주목하라. 거기 보면 똑같은 외침이 나타나고 심판을 행하러 나가는 네 말들로 응답받는데,[슥 6:1-8] 이것은 분명히 요한계시록 6장의 네 말 탄 자에 대한 예언적 전조다. 요한이 하나님께서 의인을 박해하는 죄인들을 심판하심으로써 자신의 명예를 지키시는 것을 강조한다는 사실은 다음 간청으로도 환기된다. "거룩하고 참되신 대주재여, 땅에 거하는 자들을 심판하여 우리 피를 갚아 주지 아니하시기를 어느 때까지 하시려 하나이까." 이 간청은 시편 79:10의 인유다. "주의 종들이 피 흘림에 대한 복수를 이방 나라에게 보여주소서." 요한은 2-8절에 나오는 말 탄 자들의 심판이 10절의 외침에 대한 예견된 응답으로 작용하기를 바라고(비신자들에 대한 부분적인 처벌을 제공하는 말 탄 자들과 관련해), 따라서 12-17절을 결론적인 응답으로 서술한다.

11. 그러나 10절의 성도들의 기도에 대한 예비적인 응답이 11절에서 그들 각자에게 '흰 두루마기'가 주어지는 것으로 이루어지고, "그들의 동무 종들과 형제들도 자기처럼 죽임을 당하여 그 수가 차기까지" 쉬라고 말해진다. 흰 옷 은유는 환난의 불로 연단받은 믿음의 인내가 낳은 순결함을 함축한다.[3:4-5 주석 참조] 두루마기는 믿음의 순결함에 대한 상으로만 주어지는 것이 아니라 성도들의 순결함 또는 의에 대한 하늘의 선언과 세상이 그들에게 내린 유죄 판결에 대한 기각

선언으로도 주어진다. 이 장면에서 아직 땅에 있는 성도들은 하나님 앞에서 자신들의 정당성을 입증받으리라는 사실을 추호도 의심 없이 확신하게 된다. 그러나 10절의 '땅의 거주자들'(문자적으로 '땅에 거하는 자들', 요한계시록에서 비신자들을 가리키는 전형적인 표현)[8:13, 11:10, 13:12, 14, 17:2]에게는 심판에 대한 두려운 전망만이 남아 있다. 이 확신은 10절의 탄원("어느 때까지 하시려 하나이까")에 대한 추가 반응으로 11절 마지막 부분에서 표현된다. 즉, 성도들은 함께 고난받은 "그들의 동무 종들과 형제들도 자기처럼 죽임을 당하여 그 수가 차기까지 아직 잠시 동안 쉬라"는 말을 듣는다. 여기서 '죽임을 당하여'라는 표현은 9절의 '죽임을[살해를] 당한'이라는 말과 같이 문자적이 아니라 비유적으로 취해져야 한다(롬 8:36에서 '죽임을 당하게 되며'와 '도살당할'이 결합된 비유 용법을 참조하라).

'아직 잠시 동안'이라는 말은 신학적으로 문제가 있다. 왜냐하면 이 말은 임박한 역사의 종말을 암시하는 것처럼 보이기 때문이다. 그러나 하나님의 관점에서 잠시 동안에 불과한 것이 인간의 관점에서는 무척 긴 기간일 수 있다. 이것은 요한계시록 12:12("얼마 남지 않은 줄")과 20:3("천 년이 차도록")[벧후 3:8-13 참조]의 평행 문구를 비교해 보아도 분명하다.[12:12 주석 참조] 6:11에서 언급되는 하늘의 시간은 땅의 시간과 다르게 계산될 수 있다. 이 계산 차이는 요한계시록과 신약성경 전체에 나타난 종말론의 '이미-아직' 국면에 내재된 긴장의 한 부분이다.[벧후 3:1-14 등] 앞에서 거듭 확인한 것처럼 '마지막 때'(말일, 후일, 세상 끝날)는 그리스도의 부활에서 그리스도의 마지막 재림까지의 기간 전체를 가리킨다. 쉬라는 권면은 천상의 성도들은 하나님께서 그들의 간청에 응답하기를 바라는 동안 인내해야 한다는 것을 의미한다. 하나님께서 확실하게 악한 세상을 처벌하시리라는 확신이 있기 때문에 그리스도인은 자신이 주님과 같이 역설적인 방식으로 천국을 세우는 일을 돕는 핵심 경주자라는 사실을 깨닫고, 땅에서 증언하는 삶을 살면서 고난을 겪을 때 인내에 대한 동기를 부여받는다.[1:6, 9, 5:5-10 주석 참조] 말하자면 그리스도인은 환난 속에서 충성된 인내를 통해 그리스도와 함께 이미 왕 노릇을 시작한다.[1:9]

9-11절에서 지금 하나님께 간청하는 수많은 순교자 집단에 대한 묘사는 1-3장이 철저하게 순교를 겪는 교회를 묘사하는 것이 아니기 때문에 문제가 있다. 그러나 지금까지의 관점이 정확하다면, 9-11절의 순교자들에 대한 묘사가 일반적으로 박해를 받는 모든 성도를 가리키는 비유적인 표현이라는 것은 그리 어렵지 않게 파악된다.[9절 주석 참조] 그러므로 비록 순교가 아직 광범하게 이루어지지는 않았다고 해도, 1-3장에서 확인된 것처럼 박해는 많은 교회에 타격을 주었고 순교는 확실히 곧 일어날 일처럼 보일 수 있었다.

6:9-11 묵상 제안

기독교적 삶의 표지로서의 고난: 참 신자가 그리스도에 대한 충성 때문에 고난에 직면하는 것이 필수적이라면, 우리는 우리의 기독교적인 삶의 열매를 어떻게 판단해야 하는가? 우리는 단지 긍정적인 열매(사람들이 우리의 증언에 호의적으로 반응하는 것)만을 고대하는가? 우리가 고난을 부정적으로 평가하는 것은 경건한 반응인가? 우리는 하나님이 우리를 고난으로 부르시는 것을 진정으로 이해했는가? 현재 서구 세계에 살고 있는 대다수의 사람은 순교할 일이 거의 없지만, 다른 어떤 방법으로 우리는 진정 고난을 겪을 수 있는가? 그리스도인으로서 우리는 세상에서 증언할 때 종종 우리 자신의 불순종이나 미련함 때문에 어떤 고난을 겪는가?

공의 대 복수: 이미 죽은 이 성도들을 통해 우리는 어떤 교훈을 배울 수 있는가? 다른 사람에게 분노할 때, 우리는 우리의 생각 그리고

심지어는 기도까지도 그들의 처벌에 대한 갈망으로 하는가, 아니면 하나님이 자신의 공의를 시행함으로써 영광을 받으시기를 바라는 갈망으로 하는가? 우리는 분노할 때 우리에게 잘못을 저지른 자에게 심판을 행함으로써(생각 속에서라도) 하나님을 대신할 수 있는가? 우리가 하나님께 우리의 분노를 표출하고 심판을 강요할 때 어떤 일이 일어나겠는가? 우리는 하나님이 우리 자신의 태도와 행동을 심판하실 수 있다는 것을 두렵게 의식하고 하나님 앞에 나아오는가? 다른 사람에 대해 신랄하게 비판적인 태도를 갖고 있을 때, 우리 자신에게 하나님의 자비로우신 속성을 반영하지 않는다면 어떻게 하나님의 공의와 영광을 위해 기도할 수 있겠는가? 우리 자신의 명예와 이름이 아니라 하나님의 명예와 이름이 존귀하게 되는 것이 우리의 가장 큰 열망인가?

기다림: 천상의 성도들은 시편 기자가 자주 부르짖었던 "어느 때까지 하시려 하나이까"라는 외침을 인내하며 반복하고 있는 것으로 묘사된다. 성경은 하나님의 길은 우리의 길과 다르고, 확실히 하나님의 시간은 우리의 시간과 다르다고 말한다. 우리는 순간의 만족에 익숙한 사회가 주는 삶의 압력에 어떻게 대처해야 하는가? 하나님의 영원한 만족과 일치되게 우리의 사고를 재형성하기 위해 어떤 조치를 취할 수 있는가? 우리는 영적 투자의 성과를 얻을 때까지 기다릴 준비가 얼마나 되어 있는가? 우리의 교회는 찰나적인 결과를 낳도록 마련된 프로그램들을 돈 주고 사지는 않는가? 우리는 몇 번 시도해 보고 그만 증언을 포기하지는 않는가? 얼마나 많은 선교사들이 오로지 자신이 죽은 후에 일어날 엄청난 추수를 기대하면서 작은 열매만을 얻는 일에 평생을 투자했는가? 만일 그들이 중간에 포기했다면 어떤 일이 벌어졌겠는가? 우리는 우리의 지각을 넘어서는 하나님의 지각을 의지함으로써 인내하는 삶을 살고 있는가?

여섯째 인 심판: 하나님은 믿지 않는 세상에 최후의 심판을 시행하심으로써 자신의 공의를 증명하실 것이다[6:12-17]

6 [12] 내가 보니 여섯째 인을 떼실 때에 큰 지진이 나며 해가 검은 털로 짠 상
복 같이 검어지고 달은 온통 피 같이 되며 [13] 하늘의 별들이 무화과나무가
대풍에 흔들려 설익은 열매가 떨어지는 것 같이 땅에 떨어지며 [14] 하늘은 두루마리가
말리는 것 같이 떠나가고 각 산과 섬이 제 자리에서 옮겨지매 [15] 땅의 임금들과 왕족들
과 장군들과 부자들과 강한 자들과 모든 종과 자유인이 굴과 산들의 바위 틈에 숨어
[16] 산들과 바위에게 말하되 우리 위에 떨어져 보좌에 앉으신 이의 얼굴에서와 그 어린
양의 진노에서 우리를 가리라. [17] 그들의 진노의 큰 날이 이르렀으니 누가 능히 서리요
하더라.

12-15. 12-15절은 9-11절의 성도들의 간청에 대한 명백하고 최종적인 응답을 제시한다. 12-15절의 때는 최후의 심판의 시기가 틀림없다. 왜냐하면 우리는 방금 묘사된 심판이 고난받는 성도들의 수가 다 차기까지는 시행되지 아니할 것이라는 말을 들었기 때문이다.[11절] 12-17절의 비참한 장면은 모든 그리스도인에 대한 박해가 마지막으로 일어나고, 이제 남은 것은 세상 역사에 대하여 마지막 조치를 취하는 심판, 곧 박해자들에 대한 최후의 처벌을 집행하는 것밖에 없다는 사실을 암시한다. 따라서 12-15절은 격화된 환난 기간 동안 그리스도의 재림이 있기 전에 비신자들에 대한 심판을 다루는 것이 될 수 없다. 왜냐하면 그때는 비신자들이 성도들을 박해하는 일이 아직 끝나지 않았기 때문이다.

그뿐만이 아니다. '큰 지진'은 16:18에서 다시 나타나는데, 이는 의심할 것 없이 최후의 심판에 관한 언급이다.[11:13 주석 참조] 그리고 "산과 섬이 제 자리에서 옮겨지는" 것에 대한 언급도 16:20에서 다시

나타난다. 6:12-17을 보면 각 산과 섬이 보좌 위에 앉으신 이의 눈 앞에서 제거되고, 20:11의 최후의 심판에 대한 묘사를 보면 땅과 하늘이 보좌와 보좌 위에 앉으신 이 앞에서 사라진다. 많은 구약 본문이 심판과 마지막 때의 재앙 사건에 대해 언급하고, 12-15절에서도 구약에서 예언한 요소들이 모두 확인된다. 곧 땅(산을 포함해)이 흔들림, 어둠이 임하고(임하거나) 일월성신이 흔들림, 피가 그것이다.[사 24:1-6, 겔 32:6-8, 욜 3:15-16, 합 3:6-11] 특히 이사야 34:4을 주목해 보라. "하늘의 만상이 사라지고 하늘들이 두루마리 같이 말리되 그 만상의 쇠잔함이 포도나무 잎이 마름 같고 무화과나무 잎이 마름 같으리라." 요엘 2:31도 보라. "여호와의 크고 두려운 날이 이르기 전에 해가 어두워지고 달이 핏빛 같이 변하려니와" 이사야 34:3-4에서 '피'는 사라지거나 쇠잔해지는 천체와 직접 관련되어 있고, 34:5-6은 하나님의 칼이 '하늘에서' 피를 마시고 피로 가득 채울 것이라고 언급하는데, 이것은 요한계시록 6:12에서 달이 '피 같이' 되는 것과 관련지을 수 있을 것이다. 또한 이사야의 묘사[사 34:12]에는 "통치자들, 왕들 그리고 큰 자들"(헬라어 구약성경. 히브리어 본문은 "고관들, 왕들 그리고 왕족들"로 되어 있다)에게 심판이 임하리라는 진술이 포함되어 있고, 이것은 요한계시록 6:15에서 심판을 받는 처음 세 집단("땅의 임금들과 왕족들과 장군들")과 거의 동일하다. 그리고 해가 '상복 같이' 검어지는 것은 이사야 50:3에 암시되었다. "내가 흑암으로 하늘을 입히며 굵은 베로 덮느니라."

12-14절의 우주적인 현상은 구약 본문들의 문맥에서와 같이 심판을 함축하고, 그 다양한 문구는 요한계시록 이후 부분에서 최후의 심판을 묘사하는 본문 속에 등장하는 것으로 확인된다. 12절의 지진과 11:13, 16:18의 지진을 주목해 보라. 14절에서 산과 섬이 옮겨지고, 이것은 16:20에서 다시 언급된다. 15절에서 땅의 임금들과 그들

을 따르는 자들이 보좌에 앉으신 이를 피하는 것처럼 20:11에서도 땅과 하늘이 보좌에 앉으신 이에게서 피한다. 12-14절에서는 일월성신 전체가 파괴되지만 8:12에서는 일월성신 3분의 1만이 파괴된다. 그러므로 8:12은 최후의 심판을 언급하는 것이 분명코 아니다.

"**땅의 임금들과 왕족들과 장군들**"에게 임하는 심판으로 그들은 어쩔 수 없이 "**굴과 산들의 바위 틈에**" 숨어들게 된다. 이사야 33:1-35:4에서처럼 그들이 심판받는 것은 하나님의 백성을 박해했기 때문이다. 그들은 또한 우상숭배의 죄로 심판을 받는데, 이와 관련된 언급이 나오는 본문은 이사야 2:20이다. 이사야 2:18-21을 보면 사람들이 우상숭배로 말미암아 암혈과 바위 틈으로 피하는데, 요한은 12-15절에서 이것을 주로 우상숭배자들에게 적용시킨다. 임금들과 그들을 따르는 집단이 요한계시록 19:18-19에서는 짐승에게 충성을 바치는 자로 언급된다. 그러나 사실은 가난한 자도 심판을 받는데, 그 이유는 "부자나 가난한 자나 자유인이나 종들"이 똑같이 '짐승의 표'를 받기 때문이다.[13:16] 이것은 그들이 짐승을 경배하는 데 인생을 바쳤다는 것을 의미한다.[13:15] 여기서 염두에 두고 있는 사실은 최후의 심판 때에 땅에 사는 모든 비신자가 심판의 대상이 된다는 것이다.

특히 12-14절의 묘사가 문자적인지 아니면 비유적인지에 대해 논란이 있다. 만일 문자적이라면, 이 장면은 우주의 최종적인 해체를 묘사한다. 다만 문자적인 견해를 취하는 이들 가운데 일부는 땅의 파괴를 오랫동안 지속된 환난 기간에 일어난 사건의 한 부분으로 본다. 반면에 비유적이라면, 이 장면은 어떤 현세적인 심판을 가리킬 수 있고 또는 최후의 심판을 가리킬 수도 있다. 지금까지 우리의 설명에 비추어 보면, 이 장면은 최후의 심판 이전의 마지막 환난 기간에 있을 고난을 묘사하는 것이 아니라 최후의 심판 자체를 묘사한다는 결론을 내릴 수 있다.

16. 우상숭배자들은 이제 산들과 바위에게 제발 자기들 위에 떨어지라고 애원하고, 이것은 호세아 10:8에서 우상숭배자들이 비슷하게 외치는 장면을 연상시킨다. 이 장면의 원형은 에덴동산에서 아담과 하와가 하나님을 피해 숨은 것이다. 요한은 하나님께서 죄악의 역사가 시작했을 때와 똑같은 방식으로 끝나도록—구원받은 자의 구속에 대한 대비가 있기는 하지만—결정하셨다는 전제를 기초로 창세기 본문을 예표적인 예언으로 이해한다.

17. 이제 16절에 언급된 '진노'가 우상숭배자들이 하나님과 어린양을 피해 도망치게 된 원인으로 강조된다. 비신자, 곧 땅에 거하는 자들은 죄에 대한 하나님의 진노로 말미암아 피하여 숨을 것인데, 그것은 하나님과 어린양의 "진노의 큰 날이 이르렀기" 때문이다. 이 장면은 확실히 최후의 심판을 가리킨다. 이것은 11:18의 최후의 처벌에 대한 묘사에도 암시되어 있다. 거기 보면 "주의 진노가 내려"라는 평행 문구가 나온다. 또 '큰 날'이라는 똑같은 말이 16:14에서 마지막 전쟁을 묘사할 때 나타난다. 그리고 동일한 사건이 19:17-18에서는 '하나님의 큰 잔치'로 묘사되는데, 거기에 등장하는 사람들의 집단은 6:15에 나오는 사람들의 집단과 사실상 동일하고, 그리스도의 최후의 심판 때에 멸망당하는 자로 언급된다. 17절의 배후에는 아무도 저항할 수 없는 여호와의 큰 날에 대해 말하는 요엘 2:11과 하나님의 분노 앞에 두려워 떠는 산들에 대해 말하는 나훔 1:5-6이 놓여 있다. 과거 구약 시대에 성취된 이스라엘과 니느웨의 심판에 대한 비유적인 예언 묘사가 17절에서 최후의 심판의 전조로 취해진다.

사람들의 근본적인 죄는 역시 우상숭배다. 우상숭배는 피해야(사라져야) 할 것—그들이 살고 있는 물리적인 세상의 요소들—에 초점이 맞추어져 있다. 15-17절에서 심판받는 자들은 10절에서 말하는 '땅에 거하는 자들'로, 이들은 당연히 심판받아야 할 경건하지 않은 자들이다. 그리스도인은 땅 위에서 단지 순례자일 뿐이지만 땅에 거하는 자들은, 이 세상의 물질적 부, 불의, 거짓 종교, 도덕적 오염과 함께, 이 세상에 본향을 두고 있다. 땅에 거하는 자들은 이런 것을 자기들의 신으로 삼았다. 순례하는 그리스도인과 달리 땅에 거하는 불경건한 자들은 현재의 세상 질서에 안주하고 세속적인 안전을 의지한다. 구약 인유들의 중요성은 심판 사실뿐 아니라 땅에 거하는 자들의 외관적인 안전이 파괴될 것이라는 점을 강조하는 데 있다. 요한계시록 나머지 부분에서 땅에 거하는 자들(땅에 사는 자들)은 계속해서 하나님을 거역하고, 유일하신 참 하나님 앞에 절하지 않기 때문에 우상숭배자로 낙인이 찍힌 자들을 가리킨다.[8:13, 9:20, 13:8, 12, 14, 14:6-11, 17:2, 8] 타락 이후로 인간은 뒤틀린 존재가 되었고 창조자 대신 피조물을 섬겼다.[롬 1:21-25, 계 9:20]

비신자들의 우상숭배 대상인 땅의 피난처는 그들의 죄로 오염되어 오래가지 못하므로 사라지도록 되어 있다. 그러므로 피조물 자체(일월성신, 나무, 짐승 등)는 사라져야 할 우상이 되었다. 성경에서 천체는 이스라엘이나 이방 민족이 숭배한 거짓 신들을 표상하는 것으로 자주 언급된다.[신 4:19, 17:2-4, 왕하 23:4-5, 렘 8:2, 겔 8:16, 암 5:25-27, 행 7:41-43 등] 그러나 신자들의 본향은 하나님의 뜻과 함께 영원히 지속될 것이다.[히 12:26-28 참조] 12-14절에서 우주의 여섯 영역, 곧 땅, 해, 달, 별, 하늘 그리고 각 산과 섬이 파괴되는 것으로 묘사된다. 나아가 15-17절에서는 인간의 여섯 계급, 곧 임금들, 왕족들, 장군들, 부자들, 강한 자들 그리고 모든 종과 자유인이 심판받는 것으로 묘사된다. 이 두 명단은 우상숭배자들의 궁극적 우상인 땅과 함께, 그들의 결정적인 정체성—'여섯'은 부패한 인간성을 상징하는 숫자다—을 더 깊이 지시한다. 만일 가장 오래 지속되고 안전한 피조물의 토대가 뿌리째 흔들린다면(예컨대 산과 섬이), 땅 위에 사는 사람들도 똑같이 뿌리째 흔들릴 것이다. 그들의 세속적인 안전은 벗겨지고, 그들은 마지막 날에 하나님의 심판대 앞에 영적으로 벌거벗은 모습으로 나타날 것이다. '땅에 거하는 자들'은 세상 죄로 말미암아 죽임을 당한 어린양을 의지하지 않았다.[1:5, 5:9 참조] 그러므로 그들은 어린양의 두려운 진노를 겪고 그것을 물리칠 수 없을 것이다. 십자가에서 죽임을 당한 겸손한 어린양은 이제 온 우주를 다스리는 높은 자리에서[1:5, 3:21, 5:5-6] 자신의 진노를 쏟아 내고 계시고(심판은 하나님만이 아니라 어린양에게서도 나오므로), 그 이유는 어린양이 자기 백성을 사랑하실 뿐만 아니라 자기 원수를 공정하게 심판하시기 때문이다.

12-17절에 나타난 구약 인유는 모두 심판을 하나님에게서 나오는 것으로 묘사하므로 어린양의 지위를 강화시키는 역할을 한다. 이제 심판은 보좌에 앉으신 하나님에게서만 나오는 것이 아니라, 하나님과 똑같이 법적인 심판 능력을 갖고 행하는 분으로 간주되는 어린양으로부터도 나오는 것으로 확인된다. 이것은 특히 16절에서 이사야 2:10, 19, 21을 인유한 것으로 표현된다. 이사야 2:10의 "여호와의 위엄과 그 광대하심의 영광을"이라는 말과 요한계시록 6:16을 비교해 보라. 6:16을 보면 '보좌에 앉으신 이'는 이사야 2:10의 '여호와'와 대응을 이루고, '어린양'은 '그 광대하심의 영광'을 대신한다. 마찬가지로 요엘 2:11 인유는 어린양의 신격을 이해하는 또 하나의 실례다. "여호와의 날이 크고"는 요한계시록 6:17에서 "그들[하나님과 어린양]의 진노의 큰 날이 이르렀으니"가 된다.

1:5-6에 나타나 있는 그리스도의 부활의 두 가지 결과는 그리스도께서 "땅의 임금들의 머리"가 되셔서 많은 임금들을 다스리는 자가 되신 것과[6:15, 16:12, 17:12-18, 19:18-21] 자기 백성의 사랑의 구속자가 되

신 것이다. 6:15에서 최후의 심판을 겪는 '땅의 임금들'은 21:24에서 구속받는 자가 아니라 19:18-21에서 심판을 받는 집단과 동일한 것으로 간주되어야 한다(21:8, 27과 비교해 보면 21:24은 최후의 보편적인 구원을 의미하지 않음이 증명된다).

6:12-17 묵상 제안

하나님에 대한 거역의 근본 표현인 우상숭배: 우상숭배는 에덴동산에서 아담이 금지된 나무의 열매를 따 먹음으로써, 하나님 없이 자신의 안전을 찾고 하나님에게서 독립하기로 선택을 한 데서 시작되었다. 본서의 주석은 우상숭배는 여전히 인간의 근본적인 죄이고, 그것은 항상 창조주보다 피조물을 더 사랑하는 것으로 표현된다는 사실을 역설한다. 우상숭배의 어떤 형식은 우상숭배적인 특징이 명백하게 드러난다. 즉, 다른 신을 숭배하거나 약물중독에 빠지는 것 등이 그것이다. 그러나 다른 형식들은 명백하게 드러나지 않는다. 자기도 모르는 사이에 우상숭배를 저지르는 것이 가능한가? 사탄의 가장 강력한 미혹은 종종 아주 교활한 속임수에 있다. 우상숭배에 대한 태도에 따라 어떤 것이 이 사람에게는 우상숭배가 되고 저 사람에게는 우상숭배가 되지 않는 것이 가능한가? 예를 들어 건강을 중시하는 것이 어떤 사람에게는 좋은 일이지만 다른 사람에게는 우상숭배가 될 수 있다. 공휴일에 여행하는 것이 힘을 충전하는 건전한 방법인가, 아니면 우상숭배의 한 방법인가? 심지어는 성경이 크게 권장하는 가정에 대한 충실함도 우상숭배가 될 수 있다. 만일 우리와 하나님 사이에 어떤 것이 끼어 있거나 하나님보다 더 사랑하는 대상이 있다면, 그것은 우리에게 우상숭배 행위가 될 것이다. 더 깊은 내용은 그레고리 K. 빌의 『예배자인가, 우상숭배자인가』*We Become What We Worship*를 보라.[3]

생태학에 대한 성경적 이해: 우리는 하나님께서 우리가 청지기가 되어야 할 세상을 창조하셨다는 사실과 결국 세상은 하나님의 심판의 불에 파괴되고 말 것이라는 사실을 어떻게 조화시키는가? 이 긴장은 하나님의 뜻이 새 하늘과 새 땅의 창조에 있다는 사실을 깨달으면 해소되는가? 생태학을 중시하는 동기가 환경 자체에 대한 존중에 있지 않고 인간에게 미치는 환경 파괴의 결과에 있는가? 우리는 지금 장차 임할 새 피조물에 대한 더 큰 청지기 직분을 지시하고 증언하기 위해 피조물에 대한 선한 청지기로 행동하고 있는가? 만일 그렇게 행동하지 못한다면, 환경 운동이 우상숭배가 되는 구분선은 무엇인가? 환경 운동의 외관상 선한 동기가 그 자체로 어떻게 우상숭배의 한 실례가 되는가? 이것은 사람들이 창조주에 대한 태도와 상관없이 환경에 대한 관심을 갖고 있다는 이유로 자기 자신을 도덕적인 사람으로 규정하기 때문인가?

천사들은 신자들이 믿음을 잃지 않고 영적으로 보호받을 때까지 악의 세력이 땅에서 파괴 활동을 시작하지 못하도록 막는다[7:1-8]

7 1이 일 후에 내가 네 천사가 땅 네 모퉁이에 선 것을 보니 땅의 사방의 바
람을 붙잡아 바람으로 하여금 땅에나 바다에나 각종 나무에 불지 못하게
하더라. 2또 보매 다른 천사가 살아 계신 하나님의 인을 가지고 해 돋는 데로부터 올
라와서 땅과 바다를 해롭게 할 권세를 받은 네 천사를 향하여 큰 소리로 외쳐 3이르되
우리가 우리 하나님의 종들의 이마에 인치기까지 땅이나 바다나 나무들을 해하지 말
라 하더라. 4내가 인침을 받은 자의 수를 들으니 이스라엘 자손의 각 지파 중에서 인
침을 받은 자들이 십사만 사천이니 5유다 지파 중에 인침을 받은 자가 일만 이천이요

르우벤 지파 중에 일만 이천이요 갓 지파 중에 일만 이천이요 [6]아셀 지파 중에 일만 이천이요 납달리 지파 중에 일만 이천이요 므낫세 지파 중에 일만 이천이요 [7]시므온 지파 중에 일만 이천이요 레위 지파 중에 일만 이천이요 잇사갈 지파 중에 일만 이천이요 [8]스불론 지파 중에 일만 이천이요 요셉 지파 중에 일만 이천이요 베냐민 지파 중에 인침을 받은 자가 일만 이천이라.

여기서 '인'의 의미는 무엇이고, 이스라엘 열두 지파에서 인침을 받은 십사만 사천은 누구인가? 십사만 사천은 문자 그대로 미래의 어느 시기에 사는 이스라엘 민족 집단을 가리키는가, 아니면 비유적으로 어떤 다른 집단의 사람들을 표상하는가? 7:9에서 "큰 무리가…… 보좌 앞에……서서"라는 언급은 6:17의 질문("누가 능히 서리요")에 대한 명백한 답변으로, 진노의 날에 설 수 있는 자를 가리킬 것이다. 7:9과 6:17도 보좌와 어린양 앞에 서 있는 사람들을 언급한다. 5:6에서 어린양이 보좌 앞에 서 있는 장면은 또한 그분의 부활 실존과 중요하게 연계되어 있고, 따라서 7:9의 보좌 앞에 서 있는 사람들, 곧 뒤에서 양으로 묘사되는 사람들은[17절] 성도의 부활 실존을 반영하는 것으로 보아야 할 것이다. 어린양을 언급하는 것과 직접 관련되어 있는 또 다른 사실, 곧 성도들이 유리 바다 가에 서 있는 것도 5:6에 나오는 어린양의 부활 실존을 반영할 것이다.[15:2 주석 참조]

1. 7장에서 새로운 환상이 시작되는데, 그것은 '이 일 후에'라는 환상 소개말로 암시된다. 비록 요한이 6장의 환상을 보고 난 후에 이 환상을 경험했다고 해도, 이 환상이 묘사하는 장면은 연대순으로 보아 6장이 묘사하는 것보다 앞서 일어난다. 7:1-8은 하나님께서 교회 시대의 환난에서 신자들을 어떻게 안전하게 지켜 주실지를 설명하는 일종의 삽입구와 같은 역할을 한다. 그 결과 신자들은 6:1-8의 처음 네 인 심판에 따라 가혹하게 엄습하는 환난을 겪을 때 영적으

로는 해를 입지 않을 것이다.

요한은 **"네 천사가 땅 네 모퉁이에 서서 땅의 사방의 바람을 붙잡고"** 있는 것을 본다. 네 천사가 땅 네 모퉁이에 서 있는 것은 그들의 주권이 온 세상에 미치는 것을 의미한다.[사 11:12, 겔 7:2, 계 20:8] '사방의 바람'이 비유적으로 당시에 알려져 있던 온 세상을 가리킨다는 것은 예레미야 49:36, 다니엘 8:8, 11:4, 마태복음 24:31, 마가복음 13:27에서 동일한 문구가 이런 식으로 사용되고 있는 것으로 보아 분명하다. '땅의 사방의 바람'은 6:1-8의 네 말 탄 자와 가장 잘 일치하며, 6:1-8은 분명히 스가랴 6:1-8의 네 병거를 토대로 형성되었다. 왜냐하면 스가랴 6:1-8의 네 말들은 스가랴 6:5에서 "하늘의 네 바람"(이 히브리어 단어는 '바람' 또는 '영'으로 번역될 수 있다. 70인역의 번역은 '바람'이다)으로 간주되기 때문이다. 이 경건한 천사들은 땅을 파괴하지 못하도록 악한 세력을 붙잡고 있다. 그런데 이 파괴가 6:1-8에서는 이미 일어난 일로 묘사된다. 바람이 해로운 활동을 못하도록 붙잡아 두어야 하는 것은 이 바람의 반역적이고 사악한 성격을 증명한다. 바람의 영향을 받는 땅이나 바다나 나무가 문자적인 개념인지의 여부는 중요하지 않다. 왜냐하면 그것들도 바람과 함께 6:1-8의 화를 표상하고, 또한 보편적인 심판 관점에 따라 이해되어야 하기 때문이다. 아마 세 대상은 (환유법으로 또는 더 구체적으로 말하면 제유법, 곧 부분으로 전체를 표상하는 문학적 기법으로) 땅과 땅의 거민들, 곧 네 말 탄 자가 일으킨 화로 타격을 입는 자들을 표상할 것이다. 바람의 파괴적인 활동을 막는 이 지연 행동은 2-3절로 보아 분명한 것처럼 단지 잠정적이다.

2-3. 네 천사가 말 탄 자들을 가로막는 이유가 여기서 주어진다. 이 가로막음은 오직 하나님이 계신 곳에서 나오는, **"살아 계신 하나님의 인을 가지고"** 있는 천사의 명령에 따라 경건한 천사들이 **"우리 하나**

님의 종들의 이마에 인치기까지" 행하는 잠정적인 행동이다. 2-3절에서 땅과 땅의 거민들은 해를 입지 않으며, 그들이 해를 입기 전에 하나님의 종들에게 보호의 인이 주어져야 한다. 따라서 7:1-8은 6장의 환난 이후에 펼쳐지는 최후의 환난 기간에 아직 임하지 않은 미래에 일어날 일련의 새로운 사건을 제시하는 것이 아니고, 최후의 심판과 상급 이전에 임하는 교회 시대 전체에 걸친 환난과 관련된 문제를 다룬다. 그러므로 이 부분은 6장 이후에 막간으로 들어가 있다.

하나님이 자기 종들의 이마에 '인치시는' 것이 무슨 의미인지는 논란이 있다. 이에 대한 주요 견해는 물리적 해로부터의 보호, 귀신들로부터의 보호, 믿음을 잃지 않고 구원을 유지하게 하는 보호 등과 같다. 여기서 '인치심' 장면은 에스겔서에서 에스겔이 본 장면, 곧 여호와께서 예루살렘 성읍을 심판하시기 전에 천사에게 죄를 미워하는 자들의 이마에 표를 그리라고 명령하는 장면과 동일하다.[겔 9:4-6] 신자들은 이 표로 말미암아 영적으로 보호를 받고, 또한 물리적으로 장차 임할 심판에서 보호를 받는다. 이것은 출애굽 당시에 이스라엘 백성이 문설주에 피를 발라 표를 해둠으로써 애굽에 대한 하나님의 심판으로부터 보호를 받은 것과 비교할 수 있다.[출 12:7, 13, 22-28] 신자들이 이 표로 말미암아 나팔과 대접 심판이 있을 때에 보호를 받는다는 사실을 기억하는 것이 중요하다. 앞으로 살펴볼 것처럼 나팔과 대접 심판의 재앙에 대한 묘사는 면밀하게 애굽에 내린 재앙에 따라 구성된다.

마귀의 세력들은 이마에 하나님의 인치심을 받은 자들을 해하는 것이 금지된다. 여기서 요한이 가장 크게 염두에 두고 있는 것은 물리적인 안전이 아니고, 사탄이나 사악한 땅의 대행자를 막론하고 신자들에게 고통을 주는 다양한 고난과 박해에서 그들의 믿음과 구원을 보호하는 것이다. 하나님의 백성은 이 인치심으로 말미암아 환난을 겪을 때 믿음으로 반응할 수 있고, 그리하여 환난은 오히려 그들의 믿음을 강화시키는 도구가 된다.[6:1-8 주석 참조] 이 인치심이 보호 기능을 갖고 있는 것은 9:4로 보아 분명하다. 거기 보면 사악한 세력에게 "땅의 풀……각종 수목은 해하지 말고 오직 이마에 하나님의 인침을 받지 아니한 사람들만 해하라"는 명령이 주어진다(9:4이 7:3과 문자적으로 거의 동일한 평행 관계에 있음을 주목하라. 16:2은 인치심의 보호 국면을 함축한다). 이 보호가 영적이라는 사실은 신자와 비신자가 비슷한 물리적 고통을 겪는 것으로 보아 명백하다.[6:1-8 주석 참조] 그러나 하나님의 종들을 연단시켜 순결하게 하는 환난은 경건하지 않은 자들에게는 도리어 그들의 마음을 완고하게 만들어 하나님께 반응하지 못하도록 만든다.[9:19-21 참조]

'인침'을 받은 자들, 곧 7:4에 언급된 십사만 사천은 14:1에서 이마에 하나님과 어린양의 이름이 새겨진 표를 가진 자로 다시 언급된다. 하나님과 어린양의 이름이 새겨진 인을 받은 신자들은 하나님 및 어린양과 거역할 수 없는 구원 관계 속에 있고, 이 관계로 말미암아 보호받는다(그들은 대속에 따라 '속량함'을 받는다).[14:3-4] 이마에 짐승의 표, 곧 짐승의 이름을 갖고 있는 땅에 거하는 자들에게는 정반대 상황이 적용된다.[13:17, 14:9-11]

인은 또한 '진짜'임을 입증하거나 '소유권'을 가리키는 의미를 가질 수 있고, 이는 모두 2-3절에 나타난 보호 개념을 포함하고 있다. 역경 속에서 인내하는 능력을 받을 때 성도들의 고백의 진정성이 입증되고, 그들이 진실로 하나님께 속해 있는 자로 증명된다. 인침을 받은 자들이 "우리 하나님의 종들", 곧 노예로 불리는 것은 소유권 개념을 강조하는 역할을 한다. 왜냐하면 고대 세계에서는 노예의 이마에 소유권과 그들이 섬기는 자를 표시해 두는 것이 통상적인 관습이었기 때문이다. 인이 진정성을 입증하고 소유권을 함축한다는 것은 요한이 14:1과 22:4에서 인침과 그리스도 및 하나님의 이름과의 동등성을 인정하는 것으로 보아 분명하다. 하나님과 그리스도의 이름도 그들[하나님의 종들]의 이마에(이 말은 계 9:3, 14:1, 22:4에서만 나타난다. 딤후 2:19에서는 하나님의 '인침'과 '이름'이 함께 사용되어 하나님께 속해 있는 자들을 확증하는 역할을 한다) 기록되었다.

인침과 하나님의 이름을 동일시하는 것은 비신자들의 이마에 있는 짐승의 '표'[13:17]를 '짐승의 이름'과 동일시하는 것으로, 그리고 14:9-11에서 "그[짐승 숭배자]의 이마의 표"가 또한 "그[짐승]의 이름의 표"로 불리는 것으로 확증된다. 따라서 십사만 사천은 인침을 통해 참 이스라엘이 의무적으로 감당할 증인의 역할을 수행할 능력을 얻는다.[사 42:6-7, 49:6, 51:4-8 등] 그러므로 '새 이름'과 '인침'은 구속받은 자로 구성된 공동체의 참된 지체 자격을 상징하는 표로, 이 표가 없으면 영원한 '하나님의 도성'에 들어갈 수 없다. 그리고 2:17에서 확인한 것처럼 그리스도의 새 이름과의 동일화는[3:12] 실제로 그리스도께서 자신을 사람들에게 계시하고 그들이 그리스도의 이름을 고백할 때 시작된다. 이 일이 있으면 그들은 새로운 영적 지위를 얻고, 그리스도의 이름을 부인하지 않을 능력을 가지며,[3:8] 최후의 환난을 거칠 때 인내하게 된다.[2:13a, 3:8-10 참조] 요한복음 17:6-26은 그리스도께서 하나님의 이름을 신자들에게 계시하는 것이 그들이 지금 하나님의 보호하시는 임재 속에 참여함을 의미한다.[눅 10:17-22 참조]

성도들의 이마에 새겨진 그리스도와 하나님의 '이름'[14:1]과 하나님의 언약 공동체의 지체로서의 자격을 표시하는 '인침'이 동등하다는 것은 또한 출애굽기(특히 70인역)에 비슷한 동등성이 나타나 있는 것으로도 확인된다. 출애굽기 28:17-21을 보면 제사장의 흉패에 달린 열두 보석에 이스라엘 열두 지파의 이름이 새겨져 있는데, 이름을 "도장印을 새기는 법으로" 새겨 넣었다.[출 28:21] 열두 지파 각각의 이름이 각각의 보석 위에 새겨져 누가 이스라엘 언약 공동체의 일원인지를 증명하는 역할을 했다. 의미심장하게도 "아론의 이마에 도장을 새기는 법"으로 순금 패가 두어졌고,[출 28:36, 38] 그 패 위에 '여호와께 성결'이라는 말이 새겨졌다.[출 28:36] 이 인침은 아론이 성결하게 되어 여호와께 속해 있다는 사실을 함축했고, 아론은 성전에서 이스라엘의 대표였기 때문에 이스라엘 민족의 하나님에 대한 동일한 성결 관념이 그들에게 전달되었다. 또한 출애굽기 28장의 대다수 보석들이 새 예루살렘과 관련하여 요한계시록 21:19-20에서 다시 등장한다.

마찬가지로 2-3절에서도 하나님의 인치심은 하나님의 백성을 확인하는 역할을 하고, 또한 천상의 성전에서 어린양이 대제사장으로서 뿌린 자신의 피의 효력이[히 8:1-10:22] 하나님의 백성에게 적용됨으로써[7:14 주석 참조] 그들을 세상과 타협하는 악한 죄악과 구별시키는 역할도 한다. 따라서 하나님의 백성은 불신앙적인 세상이 받아야 하는 하나님의 진노를 받지 않을 것이다. 신자들이 또한 천상의 장막에 들어가 제사장으로서 하나님 앞에서 사역해야 한다는 사실은 이어지는 구절들로 분명하게 될 것이다.[7:13-15 주석 참조] 앞에서 언급한 출애굽기 배경은[출 28:17-21] 요한계시록 21:12-20과 7:3-8 사이에 연계성을 제공한다. 즉, 출애굽기의 보석들과 도장 새기는 법은, 사람들이 어린양의 속죄 제물을 통해 거룩하게 됨으로써 이 보석들을 기초석으로 삼아 그 위에 세워진 새 예루살렘에 들어가게 되는 것을 상징한다.

7:3-8에 나오는 십사만 사천, 곧 '구속받은 자'의 공동체는 앞에서 지적한 축자적 평행 관계와 개념들로 보아 14:1-4에 나오는 십사만 사천과 동일하다. 14:3-4에서 십사만 사천은 "땅에서 속량함을 받은" 자들이자 "사람 가운데에서 속량함을 받아 처음 익은 열매로 하나님과 어린양에게 속한 자들"이다. 그리고 14:4과 5:9b 사

이에 평행 관계가 있는데, 그것은 두 본문에서 '속량함을 받은' 자로 언급된 집단이 동일하다는 점에서 매우 밀접하기 때문이다(어린양은 "각 족속과 방언과 백성과 나라 가운데에서 사람들을 피로 사서 하나님께 드리셨다").[5:9b] 이것은 14:1-3에서 십사만 사천이 이스라엘 민족 가운데 일부 소규모의 남은 자가 아니라, 그리스도께서 교회 시대 전체에 걸쳐 세상 전역에서 속량하신 대규모의 남은 자 집단에 대해 말하는 또 다른 표현임을 의미한다. 만일 이 동일성이 정확하다면 7:3-8의 십사만 사천도 똑같이 땅 전역에서 나온 구속받은 남은 자 전체를 가리켜야 한다. 그렇다면 7:9은 7:3-8의 집단을 "각 나라와 족속과 백성과 방언에서" 나오는 큰 무리로 해석하는 것이다.[7:9 주석 참조] 이것은 사실상 5:9b의 문구와 같은 말로, 둘 다 다니엘 3-7장의 공식에 기초가 두어져 있다. 이 집단은 수가 십사만 사천으로, 7:9-17의 큰 무리 환상이 증언하는 것처럼 구속받은 교회의 일부가 아니라 전체 수에 대한 그림이라는 것을 비유적으로 강조한다(십사만 사천의 정체성에 대해서는 4-8절에 대한 주석을 추가로 보라).

이것이 사실이라는 것은 다른 무엇보다 다음과 같은 이유로 보아 분명하다.

- 요한계시록 다른 곳에서 '종'*doulos*이라는 말이 하나님의 종들을 가리킬 때에는 그 안에 구속받은 모든 신자가 포함된다.[2:20, 19:5, 22:3]
- 에스겔 9장의 구약 배경 역시 인침 받은 집단이 하나님의 참된 백성 전체를 가리킨다는 것을 암시한다. 왜냐하면 에스겔 9장의 문맥은 신실한 자들의 주요 집단 사이를 구별하는 것이 아니라 오직 참 신자와 비신자 사이를 구별하는 것을 말하기 때문이다.
- 사탄이 자신의 인침, 표, 이름을 자기를 따르는 모든 자 위에 둔다면,[13:16-17, 14:9-11] 추론해 볼 때 하나님도 자신을 따르는 자들 가운데 단

순히 일부가 아니라 전체에 대하여 똑같이 하신다고 볼 수 있다.

성도들은 하나님의 인과 이름으로 그리스도에게 충성하고, 우상 숭배하는 세상 구조를 받아들이고 타협하라는 압력에 맞서는 능력을 갖는다. 성도들은 17장의 음녀에게 저항하고 짐승의 표 받기를 거부한다.[20:4] 비록 고난을 당하고 심지어는 육체적인 목숨까지 빼앗길지라도, 인은 하나님과 함께 사는 영적 생명을 상실하지 않도록 성도들을 보호한다. 이것이 인이 성도들에게 오직 자신만이 가지고 계신 영생을 나누어 주시는 "살아 계신 하나님의 인"으로 불리는 이유다(성도들이 이런 종류의 '생명'을 미래의 기업으로 얻는 것에 대해서는 2:7, 10-11, 3:5, 11:11, 20:4, 6, 21:6, 27, 22:12, 14, 17을 참조하라. 1:18, 4:9-10, 10:6, 15:7에서 하나님의 생명 또는 그리스도의 생명의 속성을 주목하라). 그러므로 인은 또한 방금 전 6:17에서 언급된 최후의 심판 날로부터의 보호도 포함한다. 인은 어린양이 자신들을 대신해 사망을 패배시키신 것을 믿는 자들에게 이 진노로부터의 보호를 보장한다.[1:5, 5:6-9, 12] 인이 없고 '짐승의 표'를 가진 자들은 보호를 받지 못하고 하나님의 영원한 진노를 경험한다.[14:9-11] 그들은 속임을 받아 악의 세력을 섬긴다.[13:8, 19:20] 이것이 그들이 어린양과 함께 영원히 사는 것에서 배제되는 운명이 된 이유다.[13:8, 17:8, 20:15 참조]

고린도후서 1:22과 에베소서 1:13, 4:30에 비추어 보면, 인은 성령과 동일시되어야 한다. 물론 요한계시록에서 이것이 명시적으로 진술되고 있는 것은 아니다. 2-3절에서 요한이 가장 크게 염두에 두고 있는 사실은 확실히 물리적 안전에 있는 것이 아니라, 사탄을 통해서나 사탄의 사악한 땅의 대행자들을 통해 일어나는 다양한 고난과 박해로부터 신자들의 믿음과 구원을 보호하는 것에 있다. 즉, 영적 보호가 초점이다.

따라서 인침을 받는 집단은 증언할 기회를 가질 때까지 육체적인 해를 당하지 않도록 보호받는 특별한 순교자 집단을 가리키는 것이 될 수 없다(요한이 순교 언어를 어떻게 그리스도인 전체에 적용시키는지는 6:4, 8, 9에 대한 주석을 보라). 그렇다고 인침을 받는 집단이 세상이 끝나는 마지막 시점에 땅에 임하는 심각한 재앙으로부터 보호받는 마지막 세대의 신자들을 가리키는 것도 아니다. 나아가 환난 기간에 물리적으로 보호를 받고, 이후에 그리스도께서 재림하시는 모습을 보고 회심하도록 되어 있는 현재 회심하지 않은 유대인 남은 자를 가리킨다고 보는 것도 가능성 없는 사변에 불과하다(이 견해는 종종 롬 11:25-29에 대해 비슷한 해석을 하도록 부추겼다). 이 관념을 거부하는 한 가지 이유는 7:9-17에 묘사된 이방인 신자들은 물리적인 환난으로부터 보호를 받지 않는 데 반해 그들은 왜 물리적으로 보호를 받는지 이해하기가 어렵다는 것에 있다. 요한계시록이나 신약성경 다른 곳 어디에도 초림과 재림 사이의 기간 동안 유대인이 이방인보다 어떤 특권이나 이점을 갖고 있다는 사상은 나타나 있지 않다. 이것은 '종'헬라어 *doulos*이라는 단어가 요한계시록 다른 곳 어디서도 배타적으로 유대인 그리스도인만을 가리키지 않고, 모든 성도를 가리킨다는 앞에서의 지적과도 일치한다.

천사들이 "우리 하나님의 종들의 이마에 인쳐야" 한다는 말은 인침을 받은 자들은 이미 하나님의 종이고, 그러므로 이미 신자라는 사실을 함축한다. 만일 그렇다면 그것은 교회 시대 전체에 걸쳐 믿을 모든 자를 인치기로 정하신 신적 작정을 가리킨다. 이 작정은 각 사람이 그리스도를 믿을 때 성취될 것이다. 이 개념은 또한 어린양이 죽임을 당하여 민족들 가운데서 택함 받은 사람들을 속량하심으로써 십자가에서 이루신 사건이 잠재적인 거래가 아니라 직설적이고 실제적인 거래로 제시되는 사실에서도 암시된다.5:9 • 14:3-4 참조 게다가 이 택함 받은 집단은 창세 이후로 그리스도의 죽음으로 인한 보호 능력으로부터 유익을 얻도록 결정되었지만 다른 이들은 이 유익을 얻지 못하도록 결정되었다.[13:8, 17:8]

4-8. 이제 이 인침 받은 자들의 정체성이 더 깊이 설명된다. '십사만 사천'은 누구인가? 그들은 역사가 끝날 시점에 있을 혹독한 환난 기간에 사는 문자적 이스라엘인들도 아니고, 첫 세기에 예루살렘 제2성전이 치욕을 당한 시기에 살았던 문자적 이스라엘인들을 가리키는 것도 아니다. 그렇게 되면 하나님의 보호가 예수를 믿는 유대인 신자를 포함해 모든 민족으로부터 구속받은 하나님의 백성이 아니라 민족적 유대인—그리고 그들 가운데 제한된 수—에게만 적용될 것이기 때문이다. 이런 주장은 신약성경의 가르침과는 맞지 않는다(예컨대 갈라디아서를 읽어 보라).

문맥을 살펴보면 더 나은 견해가 나온다. 5:9에서 어린양은 "각 족속과 방언과 백성과 나라 가운데에서 사람들을 피로 사셨다"고 말해진다. 14:3-4에서 십사만 사천은 '땅에서' 속량함을 받고, 또 '사람 가운데에서' 속량함을 받았다고 말해진다. 거의 동일한 두 문구는 이 두 집단이 동일한 집단, 곧 모든 시대의 교회라는 것을 암시한다. 이것은 인치심 환상 직후에 요한이 각 나라와 족속과 백성과 방언에서 나온 큰 무리의 사람들을 보게 되는[7:9] 이유를 설명해 줄 것이다. 앞으로 살펴볼 것처럼 이것이 7:4-8에서 들은 사람들의 수를 해석하는 관점이고, 따라서 이 수는 인침을 받은 사람들의 수를 표상한다. 앞에서 지적한 것처럼 사탄을 따르는 모든 자는 사탄의 표나 이름을 지니고 있고, 어린양을 따르는 모든 자는 어린양의 표나 이름을 가지고 있다. 따라서 모든 시대에 걸쳐 그리스도를 믿는 모든 신자는 인침을 받고 십사만 사천에 포함되어야 한다.

그런데 왜 하필이면 십사만 사천이라는 특정수에 대해 말하는가?

21:12-14을 보면 열두 지파와 열두 사도가 함께 새 예루살렘의 기초를 구성한다. 12에 12를 곱하면 144가 나오고, 144는 모든 시대의 하나님의 백성 전체를 표상한다. 그리고 144에 1,000을 곱하면 완전성 개념이 강화된다.

4-8절에 기록된 지파들의 명단을 보면 유다 지파를 가장 먼저 언급하는 것이 주목할 만하다. 이것은 창세기 49:8-10과 다윗의 자손(따라서 유다의 자손)이 마지막 때에 메시아로 오실 것이라고 예언되는 구약성경 다른 곳에서[겔 34:23, 37:24-26, 시 16:8-11] 예언되는 것처럼, 그리스도께서 유다(유대) 지파의 자손이라는 사실을[5:5] 강조한다. 그러므로 이것은 5:5의 사상의 지속이고, 5:5을 보면 예수께서 유다 지파의 약속된 지도자의 성취로 간주된다. 나아가 유다 지파의 우선적 지위가 적절한 것은 창세기 49:10이 장차 오실 유다의 지도자가 모든 백성의 복종을 이끌어 낼 것이라고 예언하기 때문이다. 이 점에서 70인역은 창세기 49:10을 "그는 민족들의 희망이다"라고 번역한다. 그리고 바울도 로마서 1:5에서 "육신으로는 다윗의 혈통에서 나신"[롬 1:3] 그리스도로 말미암아 성취된 사실을 "모든 이방인 중에서 믿어 순종하게 하나니"라고 언급함으로써[롬 16:26 참조] 창세기 49:10을 인유한다. 그러므로 여기서 유다 지파가 가장 먼저 언급되는 것은 유다 지파에서 나온 메시아가 이스라엘을 대표하는 왕이고, 이 새 왕을 통해 유다가 민족들에게 복의 문이 되었기 때문이다.[5:5, 9 참조] 따라서 왕으로 오시는 다윗의 자손은 민족들이 이스라엘의 복에 참여하기 위한 자연스러운 선택이 될 것이다.

분명 하나님의 이름과 그리스도의 이름 외에, 이방인 그리스도인에게 새겨진 이름 가운데 하나는 "하나님의 성 곧 하늘에서 내 하나님께로부터 내려오는 새 예루살렘의 이름"이다.[3:12] 3:12에서 '새 예루살렘'의 이름은 그리스도의 '새 이름'과 동등하므로, 그리스도인이 '새 예루살렘'과 동일시되는 것 역시 가능하다. 왜냐하면 이제 그리스도인은 그리스도와 동일시되기 때문이다. 따라서 그리스도인은 참 이스라엘이다. 마찬가지로 이사야 49:3도, 이사야 53:10 및 갈라디아서 3:16과 관련시켜 보면, 메시아를 참 이스라엘로 간주한다. 이스라엘의 메시아 '자손'으로서 예수는[갈 3:16] 모든 신자를 대표하고, 따라서 모든 신자 역시 이스라엘 '자손'의 일원이다.[갈 3:29] 그러나 새 예루살렘의 이름은 자칭 유대인이라 하나 사실은 참 유대인이 아닌 자들에게는 새겨져 있지 않다.[계 3:9] 그들은 그리스도를 거부하기 때문이다. 빌라델비아 교회에 적용된 '새 예루살렘'의 이름은 개념상 "**이스라엘 자손의 각 지파 중에서**" 나온 십사만 사천과 긴밀하게 연계되어 있다.

따라서 4-8절에서 그리스도인은 1:6과 5:10,[출 19:6 적용] 5:9,[단 7:18, 22 적용] 2:17과 3:12,[사 62:2, 65:15 적용] 3:9[사 49:23, 60:14 적용]에서처럼, 그리고 21-22장[겔 40-48장 적용]의 새 예루살렘에 대한 묘사에서와 같이, 참 이스라엘로 나타난다. 사실 이스라엘의 회복에 관한 일련의 예언이 7:9, 15-17에서 "각 나라와 족속과 백성과 방언에서" 나와 믿는 자들에게서 성취된 것으로 인용된다. 이것은 신약성경 다른 곳에서 교회(유대인과 이방인으로 구성된)를 이스라엘의 회복에 관한 예언의 성취로 간주하는 것[롬 9:24-26, 10:12-13, 고후 5:17, 6:2, 16-18] 그리고 참 '유대인',[롬 2:28-29] '이스라엘',[롬 9:6, 갈 6:15-16] 참 '할례',[빌 3:3] '열두 지파',[약 1:1] 흩어진 이스라엘 자손[벧전 1:1, 2:9]으로 불리는 것과 일치한다. 이방인이 마지막 때에 참 이스라엘의 일원이 되는 것은 이미 구약성경에 예언된 사실이다.[시 87편, 사 19:18-25, 56:1-8, 겔 47:21-23, 슥 2:11, 9:7]

4-8절의 열두 지파를 문자적인 '이스라엘 자손'으로 간주할 수 없다는 결론은, 요한이 요한계시록 다른 곳에서 구약 시대 하나님의 백성의 원수들을 인유할 때(11:8에서 소돔과 애굽, 14-18장에서 바벨

론, 20:8에서 곡과 마곡) 이 모든 원수들도 문자적으로 회복될 것이라고 믿는 괴상한 믿음을 갖고 있어야 한다는 사실을 의미한다는 것을 깨달으면 더욱 강화된다.

앞에서 교회를 참 이스라엘로 보는 견해를 리처드 보컴Richard Bauckham은 『예언의 절정』*The Climax of Prophecy*에서 정교하게 다듬어 제시했다.[4] 보컴은 4-8절의 계수는 계수된 자들이 군대라는 점을 암시한다고 설득력 있게 주장했다. 이 견해에 대한 증거는 다양하다. 하지만 무엇보다 먼저 '지파 중에서'from the tribe of라는 말이 구약의 인구 조사에서민 1:21, 23 등 반복적으로 사용된 '지파에서'of the tribe of라는 말을 상기시키는 것이 한 증거다. 민수기에서 인구 조사의 목적은 약속의 땅을 정복하기 위하여 군사력을 정비하자는 데 있었다.

따라서 교회는 군사적 관점에 따라 하나님을 위해 싸우도록 세상에서 불러냄 받은 남은 자로 묘사된다. 이 군대는 싸울 준비가 되어 있고, 14절은 그들의 싸움 방식을 제시한다. 그들은 유다 지파의 왕이신 어린양이 십자가에서 승리하신 것과 같은 역설적인 방법으로 원수를 역설적으로 물리친다. 즉, 그들은 고난을 통해 믿음과 증언을 유지함으로써 자신들의 원수, 곧 마귀와 그의 군대를 이긴다(14절에 대한 주석을 보라. 4-8절의 집단과 9-17절의 집단의 동일화에 대해서는 9-17절에 대한 주석의 서론 부분을 보라). 따라서 그들은 "어린양이 어디로 인도하든지 따라가는" 자들이다.14:4

4-8절에서 '지파 중에' 라는 말은 믿지 않는 대규모 공동체로부터 싸움을 위해 불러냄 받은 남은 자로서의 교회 개념을 함축하지 않고, 단순히 교회를 새 이스라엘로 묘사하기 위해 구약에서 찾은 인구 조사 언어의 하나일 수도 있다. 그럼에도 불구하고 이 말의 반복된 공식은 믿지 않는 대규모 공동체(모든 족속과 민족의 사람들)로부터 불러냄을 받은 남은 자의 선택을 가리킬 수 있는데, 그 이유는 다

음과 같다.

- 인침과 인침의 구속적 의미에 대한 요한계시록 문맥의 개념에 이로 말미암아 인침 받지 못한 다른 자들이 있었다는 함축 의미가 덧붙여진다.
- 쿰란 공동체의 「전쟁 두루마리」1QM 2-3, 5-6, 14에 공동체의 거룩한 군대와 관련하여 나타난 '남은 자' 관념이 있다.
- 7:4-8의 '지파 중에'와 7:9과 5:9의 '각 나라와 족속에서' 사이에 유사성이 있다(두 문구는 땅의 대부분의 거민들로부터 나온 구속받은 사람들을 가리킨다).
- 십사만 사천을 "땅에서 속량함을 받은" 자와 "사람 가운데에서 속량함을 받은" 자로 말하는 14:1-4과 평행 요소가 있다. 14:6에서 '땅'과 '백성'을 "모든 민족과 종족과 방언"으로 정의한다.

그러므로 구약의 인구 조사 명단의 군사 언어 선택은 요한계시록 전체에서 발견되는 '남은 자' 신학에 적합한 추가 목적으로 작용하고, 그것을 보강할 수 있다.

7:1-8 묵상 제안

인침과 구원의 확신: 만일 '인침'이 하나님과의 구원 관계의 상실로부터의 보호를 의미한다면, 그리스도인은 어떻게 자신이 실제로 "성령으로 인치심을" 받은 것과 생명을 가지고 있는 것을 확신할 수 있는가? 이 질문은 때때로 "그리스도인은 어떻게 구원의 확신을 가질 수 있는가"라는 난해한 문제로 나아간다. 요한계시록 자체의 문맥에 기초를 둔 다음 질문들은, 구원의 확신을 어떻게 얻고 강화시킬 수 있는지의 문제에 더 깊은 묵상의 초점을 맞추도록 돕는다.

- 그리스도인은 어린양이 그분의 핏값으로 자신을 속량하셨다는 것을 진실로 믿는가?[5:9, 12:11]
- 우리는 하나님의 계명을 지키기를 소원하는가?[2:26, 12:17, 14:12, 22:3]
- 우리는 죄를 깨닫고 회개하여 하나님과의 관계를 새롭게 하는 길로 나아가는가?[2:4-5, 3:17-19]
- 우리는 믿음을 양보하라는 압력에도 불구하고 어린양을 기꺼이 증언하는가?[6:9, 12:11, 17, 19:10]

이 네 가지 질문에 대한 답변을 종합하면 확신에 대해 점증적인 효과를 얻을 것이다.

하나님의 종이 되는 것: 요한계시록 7:3은 인침을 받은 자는 '하나님의 종'(노예)이라고 말한다. 고대 세계에서 신실한 종은 온 몸이 주인의 소유였으므로 자신의 전 존재를 통해 주인을 기쁘게 해야 했다. 마찬가지로 그리스도인도 자신의 신적 주인을 기쁘시게 하는 마음을 가져야 한다.[갈 1:10, 엡 6:6, 계 22:3] 우리에게 그리스도께 복종시키지 않는 삶의 영역(경제적 요소나 성적 문제 등)이 있는가? 바울은 우리의 전 존재와 몸을 그리스도께 '의의 종'으로 바쳐야 한다고 말한다.[롬 6:16-19] 그것은 그리스도께서 우리를 "값으로 사셨기" 때문이다.[고전 6:20] 그리스도의 참된 종은 그리스도에게 "마음으로 순종하기" 마련이다.[롬 6:17] 하나님이 우리의 온 마음을 차지하고 있는가? 하나님의 종은 "온 마음으로 주의 앞에서 행하는" 자다.[왕상 8:23, 48, 61] 하나님에 대한 우리의 순종은 단순히 의무에 불과한가, 아니면 마음으로 하나님께 복종함으로써 하나님을 기쁘시게 하기를 바라는가? 이상의 질문에 부정적으로 답한다면 요한계시록이 그토록 크게 우려하는 우상숭배의 면모를 드러내는 것이다.[2:12-23, 9:20-21 등]

참 이스라엘로서의 교회: 그리스도인이 구약성경을 통해 자신들이 참 이스라엘의 계승의 일원이라는 사실을 깨달을 때 어떤 의미를 가지게 되는가? 한 가지 매우 실제적인 의미는 구약성경이 그리스도인에게 전보다 훨씬 더 중요한 책이 된다는 것이다. 왜냐하면 구약성경은 이스라엘에 관한 매우 많은 예언을 담고 있고, 그 예언들의 성취가 교회 시대 전체에 걸쳐 교회 안에서 나타나기 때문이다. 특히 본서의 주석으로 확인되는 것처럼, 이스라엘의 땅의 회복에 관한 예언은 믿지 않는 유대인과 이방인이 그리스도로 말미암아 하나님께 나아와 회복되고, 그래서 그들이 참 이스라엘과 새 예루살렘을 표상하는 자가 된 것으로 성취가 시작되었다. 예를 들어 이사야 40-66장의 예언은 이것을 염두에 두고 읽으면 더 깊이 조명된다. 교회가 참 이스라엘이라는 사실이 갖는 다른 함축 의미는 무엇인가? 이것은 오늘날 중동 지역의 국가인 이스라엘에서 일어나고 있는 일과 어떻게 관련되는가?

그리스도인의 싸움의 본질: 앞에서 확인한 것처럼, 4-8절에서 여러 이스라엘 지파 가운데 인침을 받은 자를 열거하는 것은 거룩한 전쟁에서 싸우는 군인들의 점호를 표상하는 것으로 충분히 볼 수 있다. 그러나 이렇게 부르심을 받아 인침을 받은 자들이 참 이스라엘로서의 교회를 표상한다면, 싸워야 할 이 싸움은 어떤 종류의 싸움일까? 우리가 확인한 것처럼 7:14은 이 싸움의 방식을 제시한다. 그들은 어린양이 싸우신 방법으로, 곧 고난 속에서 인내하는 방법으로 싸워 이긴다. 오늘날 그리스도인이 이 싸움에 참여하는 다양한 방법은 무엇이 있는가? '믿는 사람들은 주의 군사니'라는 찬송가는 요한계시록의 이 부분에 특별히 알맞다. 다음 가사를 주목해 보라. "세상 나라들은 멸망당하나 예수 교회 영영 왕성하리라. 마귀 권세 감히 해치 못함은 주가 모든 교회 지키심이라."

하나님과 어린양은 연단하는 환난을 통해 큰 무리를 보호하심으로써 그들의 구속을 이루신 것에 대하여 찬양을 받으신다[7:9-17]

7 9 이 일 후에 내가 보니 각 나라와 족속과 백성과 방언에서 아무도 능히 셀 수 없는 큰 무리가 나와 흰 옷을 입고 손에 종려 가지를 들고 보좌 앞과 어린양 앞에 서서 10 큰 소리로 외쳐 이르되 구원하심이 보좌에 앉으신 우리 하나님과 어린양에게 있도다 하니 11 모든 천사가 보좌와 장로들과 네 생물의 주위에 서 있다가 보좌 앞에 엎드려 얼굴을 대고 하나님께 경배하여 12 이르되 아멘, 찬송과 영광과 지혜와 감사와 존귀와 권능과 힘이 우리 하나님께 세세토록 있을지어다. 아멘. 하더라. 13 장로 중 하나가 응답하여 나에게 이르되 이 흰 옷 입은 자들이 누구며 또 어디서 왔느냐. 14 내가 말하기를 내 주여, 당신이 아시나이다 하니 그가 나에게 이르되 이는 큰 환난에서 나오는 자들인데 어린양의 피에 그 옷을 씻어 희게 하였느니라. 15 그러므로 그들이 하나님의 보좌 앞에 있고 또 그의 성전에서 밤낮 하나님을 섬기매 보좌에 앉으신 이가 그들 위에 장막을 치시리니 16 그들이 다시는 주리지도 아니하며 목마르지도 아니하고 해나 아무 뜨거운 기운에 상하지도 아니하리니 17 이는 보좌 가운데에 계신 어린양이 그들의 목자가 되사 생명수 샘으로 인도하시고 하나님께서 그들의 눈에서 모든 눈물을 씻어 주실 것임이라.

1-8절은 참 이스라엘로서의 교회를 상징적인 의미에 따라 묘사했다. 이제 요한은 9-17절에서 교회의 실제적인 측면을 살짝 들여다본다. 첫 번째 부분, 곧 1-8절은 교회를 구원의 안전을 보장받은 참 이스라엘의 회복된 남은 자로 묘사한다. 하나님께서 자신의 구속의 인침을 받을 자가 누구인지 정확히 결정하셨기 때문에 그 수가 얼마나 될 것인지 말해지고, 오직 하나님만이 자신의 참된 종들의 엄밀한 수를 알고 계신다.[7:4, 딤후 2:19] 이로 말미암아 이전에 고난받고 높이

들린 성도들은 6:11에서 자신들의 정당성을 입증받기 위해 "아직 잠시 동안 쉬되 그들의 동무 종들……도 자기처럼 죽임을 당하여 그 수가 차기까지" 기다리라는 말을 듣는다. 두 번째 부분, 곧 9-17절은 이제 이 동일한 무리를 실제 그들의 방대한 수의 관점에 따라 이해한다. 이 무리는 구원받은 남은 자들일지라도, 또한 땅의 모든 지역에서 모이고 교회 시대 전체에 걸쳐 살았던 자들이다. 그러므로 이 무리는 매우 방대한 집단이다. 3-8절과 9-17절에 나오는 사람들의 참 이스라엘(교회)로서의 정체성은, 9-17절에 나오는 무리가 이사야서와 에스겔서의 이스라엘에 관한 회복 예언의 성취로 묘사되는 것과[16, 17절 주석 참조] 다니엘 12:1에 예언된 것처럼 신실한 이스라엘 자손에게 임하는 환난 기간에 인내하는 자로 묘사되는 것으로[14절 주석 참조] 추론할 수 있다.

7장 이 두 부분의 관계에 대한 이와 같은 관점은 다른 곳의 패턴을 확인해 보면 강화된다. 다른 곳을 보면 요한이 보는 것이 거기서 그가 직접 듣는 것에 따라 해석되거나 요한이 듣는 것이 거기서 그가 직접 보는 것에 따라 해석된다. 전자의 패턴을 확인하려면 5:6과 5:7-14, 14:1과 14:2-5, 15:2과 15:3-4, 17:1-6과 17:7-18을 비교해 보라. 후자의 패턴을 확인하려면 5:5과 5:6, 9:13-16과 9:17-21을 비교해 보라. 또한 7장 두 부분 사이의 관계가 5:5-6에서 사자와 어린양 사이의 관계와 엄밀하게 평행을 이루고 있는 것도 주목해 보라. 5장을 보면 요한은 먼저 사자에 관한 말을 듣고,[5:5] 이어서 그 말의 의미를 자기에게 나타나신 어린양을 보는 것을 통해 이해한다.[5:6] 마찬가지로 7장에서도 요한은 먼저 열두 지파 중에 인침을 받은 자의 수에 대하여 듣고, 이어서 그 의미를 자기에게 나타난 능히 셀 수 없는 큰 무리를 보는 것을 통해 이해한다. 유대 지파의 사자는[5:5] 유다(유대) 지파를 필두로 한 열두 지파의 인침 받은 자 명단과[7:4-8] 대응을 이룬다. 죽임을 당하신 어린양은[5:6] 각 족속과 나라 가운데에서 속량 받은 자와[5:9] 각 나라와 족속에서 나온 큰 무리,[7:9] 곧 "어린양의 피에 그 옷을 씻어 희게 한"[7:14] 자와 대응을 이룬다.

그러므로 성도들의 인침은 그리스도께서 성도들을 "땅에 거하는 자들(성도들을 박해하는 자들)을 시험하는"[3:10] '시험의 때'로부터 어떻게 지키실지 더 깊이 설명해 준다("땅에 거하는 자들"의 부정적 정체성은 3:10, 6:10에 대한 주석을 보라. 환난에 관한 단 12:1 배경은 3:10과 7:14에 대한 주석을 추가로 보라). 이 전후 관계는 모두 최후의 심판과 보상 이전에 일어나는 문제들과 관련되어 있고, 따라서 7장은 6장 이후에 들어가는 막간 또는 삽입구로 기능하는 것이 틀림없다. 그러나 7장은 또한 미래의 국면, 특히 '끝'과 관련된 국면을 가지고 있다.[15-17절] 이 관점에 따라 7장은 다른 무엇보다 6:17의 결론적 질문인, 최후의 심판의 진노를 겪지 않고 하나님 앞에 "누가 능히 서리요?"에 대한 답변이다. 이것은 6:17의 질문에 대한 명백한 답변이자 9-17절의 환상 내러티브가 이끄는 주된 요점이다.

이 점에서 "큰 무리가 보좌 앞과 어린양 앞에 서서"[7:9]라는 언급은 6:17의 질문에 대한 명확한 답변일 수 있다. 이것은 다음 사실들로 암시된다. 6:17과 7:9의 가까운 문맥적 위치와 '서다'라는 말을 공통적으로 사용하는 것, 두 본문 모두 보좌와 어린양 앞에 서 있음을 언급하는 것, 5:6의 보좌 앞에 '서 계신' 어린양에 대한 묘사는 어린양의 부활 실존과 깊이 연결되어 있고 따라서 이후에 양으로 묘사된 사람들이[7:17] 7:9에서 보좌 앞에 '서 있는' 것도 그들의 부활 실존을 반영한다는 것, 15:2에서 성도들이 '유리 바다' 가에 '서 있는' 것도 어린양에 대한 언급과 직접 연계되고 따라서 5:6의 어린양의 부활 실존에 성도들이 참여함을 반영한다는 것[15:2 주석 참조] 등이다. 또 '서다'는 말은 다른 곳에서 각각 그리스도(그리스도로 추정되는 천사),[10:5,

8, 14:1 성도(여기서는 비유적 또는 영적 부활로 보인다)11:11 그리고 모든 인간20:12과 관련하여 이 의미로 사용된다. 하지만 모든 인간에게 적용된다고 해서 이것이 부활한 모든 인간이 구원받으리라는 것을 의미하지는 않는다.

그러므로 7장은 6장의 심판 뒤에 임하는 마지막 환난 기간의 새로운 미래 사건을 제시하는 것이 아니다. 오히려 7장은 6장의 환상을 더 깊이 있게 설명하고 더 잘 이해하도록 포괄적인 배경을 제공하는 삽입구다. 7:1-8의 사건은 6:1-8의 사건 직전에 일어나고, 7:9-17은 6:12-17에 첫 국면이 묘사된 최후의 심판 이후 시간에 초점을 맞추고 있다. 하지만 7:9-17, 특히 13-14절은 부차적으로 최후의 심판 이전 시기를 염두에 둔 것으로 볼 수도 있다. 7:9-17은 인내함으로써 하나님의 임재와 영원한 복락 속에 들어가 그것을 누리기 시작하는 자들의 '종합 과정'을 묘사한다.

이러한 점에서 이어질 사상의 흐름을 7장에서 식별할 수 있다. 즉, 하나님과 어린양은 그분들이 하나님의 백성 전체에게 주신 천상에서의 구속적 안식의 상으로15-17절 말미암아 영광을 받으신다.9-12절 이 상은 하나님께서 그들에게 주신 보호의 인으로 말미암아3-8절 '사방의 바람'1-3절 • 6:1-8 참조이 일으키는 '큰 환난'14절을 통과한 하나님의 백성의 인내의 결과다.

9. 1절과 요한계시록 다른 곳에서와 같이 '이 일 후에'(개념상 '이 후에'와 동등하다)는 환상 속에 묘사된 사건이 반드시 1-8절의 이전 환상 속의 사건 직후에 일어나리라는 것이 아니라 요한이 본 그 다음 환상이라는 것을 의미한다. (개역개정판은 일률적으로 '이 일 후에'로 번역한다.—옮긴이) 사실 이번 환상은 6:12-17의 최후의 심판에 대한 묘사 이후에 일어나는 사건을 기록하고 있다. 9절에 묘사된 집단은 5:9에 묘사된 집단과 동일하다. 즉, 다니엘 7:14, 22, 27에 예언

된 각 방언과 나라에서 나온 마지막 때 하나님의 백성을 가리킨다. 이 성도들은 이미 영광 속에 들어간 하나님의 백성이다. 왜냐하면 이 장면은 하늘에서, 곧 하나님의 '보좌 앞에서' 일어나기 때문이다. 환난을 겪을 때 신실하게 인내함으로써 상을 받은 그들은 이제 영원토록 주님의 임재를 누리고 있다. "아무도 능히 셀 수 없는 큰 무리"는 아브라함의 약속된 자손, 곧 셀 수 없이 많은[창 16:10, 32:12] 여러 민족[창 17:5]이다. 아브라함에게 주어진 약속에 따라 이처럼 방대해진 자손, 곧 '씨'는 민족들 전체를 가리키는 것이 아니라 특별히 애굽에서 크게 번성하여 약속의 땅에 들어갈 미래의 이스라엘 민족을 가리킨다. 9절의 '큰 무리'는 아브라함에게 주어진 약속의 성취이고, 따라서 요한계시록이 세계 전역의 그리스도인을 참 이스라엘로 간주하는 또 다른 표현법이다. 이 큰 무리가 손에 들고 흔드는 '종려 가지'는 유대인이 절기 동안 거주할 초막을 종려 가지로 세웠던 초막절 행사를 암시한다.[레 23:40-43] 초막절은 광야에서 방황할 때 이스라엘 백성을 지켜 주신 하나님의 보호하심을 기념하는 절기다. 이와 마찬가지로 하나님은 현재 자신의 신실한 백성들을 인치신다. 원래 이스라엘에게 적용되었던 이 심상이 이제 요한을 통해, 박해자에 대한 승리를 즐거워하고 또 이후로 '큰 환난'을 거칠 때 광야 순례를 하는 동안 하나님이 보호해 주신 사실에 따라[12:6, 14] 자신들의 마지막 때 출애굽 구속을 즐거워하는 모든 민족으로부터 나온 사람들에게 적용된다.[7:13-14 주석 참조]

10-12. 참 이스라엘 자손으로 영광 속에 들어간 이 성도들은 하늘에서 자신들의 마지막 때 구원을 즐겁게 기념하려고 종말론적인 초막절을 지키고, 그 구원을 "보좌에 앉으신 우리 하나님과 어린양에게" 돌린다. 그들의 구원은 그들의 믿음을 좌절시키려고 획책했던 악의 세력을 물리치고 승리한 것에 있다.[12:10-11, 19:1-2 참조] 이기는 자는 그 승

리를 진정 하나님의 승리로 인정한다. 왜냐하면 그들의 승리는 하나님의 능력으로 얻은 것이기 때문이다.[12:10-11] 성도들의 믿음의 보존은 하나님의 주권에 속해 있는데, 그 이유는 흰 옷이[9절] 시험을 거칠 때 인내함으로써 얻은 순결함을 상징하기 때문이다.[7:13-17 주석 참조] 하나님은 자신이 성도들에게 베푸신 인치심에 따라[1-3절] 환난에서 그들을 보호하신다. 이 구원의 승리는 하나님께서 하나님의 백성의 믿음을 미혹하려고 획책하고 그들을 박해한 악한 세상을 심판하시는 것으로 완성된다.[6:12-17 등] 영광 속에 들어간 성도들은 지금 "천사와 장로들과 네 생물"과 함께 하나님과 어린양을 찬양하고 경배하는 일에 종사하고 있다. 이 천상의 무리는 구속 사역에서 오직 하나님만이 주권적 속성을 소유하고 계시고, 따라서 "찬송과 영광과 지혜와 감사와 존귀와 권능과 힘"을 세세토록 받으시기에 합당하다는 사실을 예증한다. '아멘'은 하나님이 베푸신 구속의 확실성과 진실성을 강력히 확증하기 위해 찬양 공식을 소개하고 끝내는 역할을 한다.

13-14. 장로 중 하나가 요한에게 흰 옷 입은 사람들의 신원을 알려 준다. 이 큰 무리는 "큰 환난에서 나오는 자들"을 가리킨다. 신약성경에서 요한계시록을 제외하고 '큰 환난'이라는 어구가 나타나는 유일한 본문은 마태복음 24:21이다. 마태복음 24:21과 요한계시록 7:14은 분명히 다니엘 12:1[LXX]을 언급하는 것이다. "환난이 있으리니 이는 개국 이래로 그 때까지 없던 환난일 것이며." 14절에서 정관사를 사용해 '[그] 큰 환난'(the great tribulation)이라고 표현하는 것은 이 환난이 단순히 어떤 또 하나의 일반적인 환난이 아니라 다니엘이 예언하고 또 그리스도께서 예언하신 바로 그 마지막 때 환난이라는 것을 암시한다. 다니엘서의 환난을 보면 마지막 때에 하나님의 백성의 원수가 하나님께 충성한다는 이유로 하나님의 백성을 박해한다.[단 11:30-39, 44, 12:10] 이 박해로 말미암아 어떤 이들은 타락하게 되고,[단 11:32,]

[34] 심지어는 소아시아의 다섯 교회(서머나 교회와 빌라델비아 교회를 제외하고)에서 그런 일이 벌어질 것이다. 이 환난은 믿음을 양보하라는 종교 제도의 압력과 경제적인 박탈을 포함하는 세상의 압력으로 구성된다(2:9에서 "네 환난과 궁핍"을 보라).

이 '환난'은 그리스도의 재림 직전으로 한정되지 않고, 교회가 탄생할 때 시작되어 교회 시대 전체에 걸쳐 계속된다. 우리는 이에 대해 최소한 다섯 가지 이유를 제시할 수 있다.

- 요한은 요한계시록 다른 곳에서 다니엘서의 마지막 때 예언이 그리스도의 시대에 성취가 시작되어 이후로 계속 성취되고 있는 것으로 본다.[1:1, 13, 19 주석 참조]
- 예수는 다니엘서의 부활 예언이[단 12:2] 처음에는 자기 자신의 사역에서 영적으로 성취가 시작되고, 이어서 자신이 재림하실 때에 육적으로 성취될 것으로 보신다.[요 5:24-29] 따라서 다니엘 12:2에 예언된 성도들의 부활은 예수의 사역에서 성취가 시작된다(이것은 우리가 '첫째 부활'을 이해하는 데 중요한 의미를 갖는다).[20:6 주석 참조]
- 요한계시록 1:9과 2:9-10, 22을 보면, 환난을 현재적 실재로 다룬다(2:9-10, 22은 거짓 선지자들을 언급한다). 3:10의 '시험의 때' 역시 다니엘 12:1, 10을 인유하고, 이 시험의 때는 예수의 초림과 재림 사이의 전체 기간을 망라하는 것으로 나타난다. 따라서 3:10은 '시험의 때' 개념을 전개하고, 그것을 이 동일한 시기에 적용한다. 특히 14절의 '[그] 큰 환난'이라는 말에서 정관사는 앞에서 언급한 환난을 가리키는 용법으로, 거슬러 올라가면 부분적으로 1세기에 두아디라 교회에서 일어나도록 되어 있던 '큰 환난'[2:22]을 가리켰다.
- 예수는 요한복음 16:33에서 환난을 현재적 실재로 여기신다.
- 바울 서신에서 23회에 걸친 '환난'이라는 말의 사용 가운데 21회가 현

재적 실재를 가리키고, 따라서 요한계시록 7:14의 시작된 마지막 때 환난 개념은 신약성경 다른 곳에서 사용되는 '환난'이라는 말[헬라어 *thlipsis*]의 용법과 양립된다.

그러므로 큰 환난은 예수의 고난과 함께 시작되었고, 지금 요한과 함께 형제로서 "예수의 환난과 나라와 참음에 동참하는"[1:9] 모든 신자가 겪고 있다.

그들이 "큰 환난에서 나오는 자들"이라는 사실은 그들의 흰 옷을 설명해 준다. 그들의 옷이 흰색인 것은 "어린양의 피에 그 옷을 씻어 희게" 되었기 때문이고, 이 구약 은유는 죄 사함에 대해 말할 때 사용된다.[사 1:18, 슥 3:3-5] 요한계시록 19:13에서는 예수 자신이 피 뿌린 옷을 입고 계시는 것으로 묘사되고, 따라서 성도들의 옷은 그들이 십자가의 도를 따라 예수를 충성스럽게 따랐다는 사실을 표현한다. 6:9-11을 보면 그리스도에 대한 증언을 포기하지 않는다는 이유로 죽임을 당한 자들에게 흰 옷(두루마기)이 주어졌다. 박해에도 불구하고 그들은 자신들의 죄를 제거하고 구원을 제공한 어린양의 죽음을 믿고 계속 증언했다. 반면에 환난 때문에 타협하고 그리스도를 증언하지 않은 교인들은 그들의 옷을 더럽혔다.[3:4]

환난은 오직 성도들의 믿음과 성품을 연단시키고 순결하게 하는 역할을 했다.[롬 5:3-5, 벧전 1:7 참조] 우리가 확인한 것처럼 구약성경에서 성도들이 흰 옷을 입고 있는 것으로 표현하는 본문이 그리스도의 부활과 함께 시작된 마지막 때의 성도들에 대해 말하는 다니엘 11:35과 12:10뿐이라는 사실은 의미심장하다. 다니엘 11:35은 억압과 고난은 "연단을 받아 정결하게 되며 희게 되어[히브리어 *laben*, NASB '순전하게 되어'] 마지막 때까지 이르게" 하려고 임한다고 역설한다. 13-14절에 묘사된 모든 민족으로부터 나온 구원받은 무리는 다니엘의 환상에서 예언된 마지막 때의 이스라엘 자손이다. 따라서 마지막 때 모든 민족으로부터 나온 깨끗하게 된 신자들에 대한 묘사는 이스라엘에 관한 다니엘 11-12장의 예언을 성취하는 장면이고, 다시 말하지만 이것은 교회를 참 이스라엘의 계승으로 간주하는 것이다.

9절과 14절 그리고 요한계시록 다른 곳에서 깨끗하게 되고 흰 옷을 입은 성도들에 대한 심상은 그리스도의 구속의 죽음(어린양의 피)을 믿는 믿음을 보존하고, 또한 정화시키는 불로 연단을 받음으로써 증명된 순결함을 함축한다. 3:18도 거의 똑같이 "불로 연단한 금을 사서 부요하게 하고" 또 "흰 옷을 사서 입으라"고 권면함으로써 순결함을 강조한다. 이 심상은 22:14에서 다시 나타난다. 거기 보면 이 심상이 그렇게 하지 못하는 비신자들과 달리 새 예루살렘에 들어가는 모든 신자를 묘사하는 데 분명히 사용된다. 3:4-5에서 흰 옷을 입는 자는 '생명책'에 이름이 기록되어 있고, 이것은 다니엘 12:1의 인유다. 이들은 구속받은 자 가운데 특별히 선택된 집단이 아니라 구속받은 자 집단 전체다. 왜냐하면 입은 옷이 이처럼 씻긴 자만이 새 예루살렘에 들어가기 때문이다.[계 22:14] 흰 옷을 피로 씻는 은유는 일차적으로 성도들이 환난을 통해 연단을 받고 그들을 위한 그리스도의 죽음을 믿는 믿음을 지킴으로써 죄에서 깨끗하게 된 객관적 사실을 함축한다. 어린양의 피는 성도들의 피가 아니라 그리스도 자신의 피를 가리키므로, 여기서 초점은 성도들을 위한 그리스도의 죽음의 깨끗하게 하는 효력에 있다. 요한은 성도들의 고난을 언급하고 싶을 때 '성도들의 피'와 같은 말을 사용한다.[17:6 • 6:10, 18:24, 19:2 참조] 그러므로 이 심상은 특별히 선택받은 순교자 집단이 아니라 구속받은 자 전체 집단 개념을 함축한다.

15. '그러므로'라는 접속사는 성도들이 그리스도 안에서 인내하는

것과 그 결과 그들에게 주어지는 순결함이[13-14절] 그들이 하나님과 어린양의 임재 속에 들어가는 복의[15-17절] 기초라는 사실을 설명해 준다. 죄가 있는 사람들은 보좌에 앉으신 이의 임재에서 도망쳐야 한다. 왜냐하면 그분은 거룩하신 분으로, 죄에 대하여 진노를 쏟으실 것이기 때문이다.[6:16-17] 그러나 어린양이 자기들 대신 하나님의 진노를 진정시키셨음을 믿음으로써 "깨끗하고 의롭다"고 선포된[19:8b] 자들은 "**보좌에 앉으신 이**" 앞에 나아가는 것이 허락된다. 그들은 어린양이 자기들 대신 고통스러운 죽음의 저주를 받음으로써 아담의 타락의 결과를 반전시키셨기 때문에 하나님의 장막의 임재 속에 들어가고, 거기서 하나님을 섬길 수 있다.[1:18, 5:6, 9, 12, 21:3-4, 6, 22:1-4 참조] 이 들어감의 자격 조건은 그들의 변함없는 믿음이며, 들어감 자체가 환난에도 불구하고 믿음을 지킨 것에 대한 상이다.[22:14 참조] 하나님과 어린양의 임재 속에서 안식을 누리는 최후의 상이 9-12절에서 성도들이 하나님과 어린양을 영화롭게 하는 예배의 기초를 구성한다.

이 신자들은 새로운 제사장이 되어 하나님의 영원한 성전에서 하나님을 섬긴다. 피로 깨끗하게 씻긴 흰 옷을 입고 "**그의 성전에서 밤낮 하나님을 섬긴다**"(레 8:30을 보면 성막에서 하나님을 섬기는 데 합당한 성결함을 상징하기 위해 제사장의 옷에 피가 뿌려진다). 요한계시록 1:5-6과 5:9-10의 연계성은 15절에서 염두에 두고 있는 대상이 단순히 순교자나 다른 특수 계층의 성도들이 아니라 모든 그리스도인이라는 것을 증명한다. 따라서 15절은 1:6과 5:10에 소개된 새로운 제사장 직분 개념을 전개한다. 이 세 구절은[7:15, 1:6, 5:10] 모두 출애굽기 19:6에서 하나님이 이스라엘에게 제사장 나라가 되며 거룩한 백성이 될 것이라고 하신 약속을 인유한다. 그리스도 안에서 모든 신자는 고대 이스라엘에게 주어진 이 약속을 성취한다. 또한 에스겔 37:26-28에서 하나님이 자신의 성소를 이스라엘 가운데 세우시고,

자신의 "처소[장막]가 그들 가운데에 있을 것"이라고 하신 예언을 성취한다. 이 무리가 "그들 위에 장막을 치시는 그[하나님]의 성전에서" 섬긴다는 언급은 분명히 에스겔 37:26-28의 이스라엘의 회복에 대한 예언을 반영한다. 에스겔서 본문에서 하나님은 이렇게 말씀하신다. "내가……내 성소를 그 가운데에 세워서 영원히 이르게 하리니 내 처소[장막]가 그들 가운데에 있을 것이며……내 성소가 영원토록 그들 가운데에 있으리니."

에스겔서에 따르면 하나님이 자기 백성 위에 장막을 치심으로써 나타난 결과는 열국이 하나님께서 "이스라엘을 거룩하게 하는 여호와인 줄" 알게 된다는 것이다.[겔 37:28] 그런데 이 약속이 지금은 분명히 기독교 신자들에게 적용된다. 에스겔 37:27의 예언을 교회에 적용시키는 것은 주목할 만한데, 그 이유는 에스겔이 이 예언이 성취될 때 주어질 직접적인 결과가 "내 성소가 영원토록 그들 가운데에 있으리니, [그때] 내가 이스라엘을 거룩하게 하는 여호와인 줄을 열국이 알리라"[겔 37:28]는 것을 강조하기 때문이다. 그러므로 에스겔 37장은 열국이 아니라 이스라엘 민족에게만 적용할 수 있는 예언이었지만, 지금 요한은 이 예언이 교회에서 성취된 것으로 이해한다(구약 예언의 이와 동일한 반전 적용에 대해서는 3:9에 대한 주석을 보라. 거기서도 '유대인'이라는 호칭을, 믿지 않는 문자적 유대인에게 적용하는 것이 부적절하다고 확인된다). 이처럼 이스라엘 자손에 대한 예언을 교회에 적용하는 것은 에스겔 37:27이 이스라엘을 '내 백성'으로 지칭하는 것으로 강화된다. 왜냐하면 이 말을 참 이스라엘의 계승인 교회에 다시 적용시키는 요한계시록 21:3에서, 에스겔 37:27을 더욱 충분히 인용하는 가운데 포함시킨 호칭으로 확인되기 때문이다.

15절 장면은 성도들이 하나님을 섬기는 지역 교회 건물을 언급하는 것이 아니다.[21:22 참조] 오히려 15절 후반부가 보여주는 것처럼 지금 성전은 어린양과 "**그들 위에 장막을 치시는, 보좌에 앉으신 이**"의 임재 속에 존재한다.[21:22 참조] 하나님이 자기 백성 위에 장막을 치시는 것에 대한 언급은 또한 9절에 나온 구약의 '초막절' 주제를 계속하는 것이다.[레 23:34-44, 신 16:13-17 등]

16-17. 하나님의 임재를 즐거워하는 구원받은 무리가 계속해서 이스라엘의 회복에 대한 예언의 성취로 묘사된다. 그들은 회복의 한 부분으로 약속된 하나님의 임재의 위로를 즐거워한다. 요한은 여기서 이스라엘이 하나님 임재 속에 들어가는 회복의 상태를 제시하는 이사야 49:10에 의존한다. "그들이 주리거나 목마르지 아니할 것이며 더위와 볕이 그들을 상하지 아니하리니 이는 그들을……샘물 근원으로 인도할 것임이라."[요 6:35 참조] 따라서 교회는 이사야 49:10의 회복에 대한 예언을 성취한다. 요한계시록 22:17은 성도들이 현세에서 이 물을 마시기 시작한다고 주장한다. "목마른 자도 올 것이요 또 원하는 자는 값없이 생명수를 받으라." 과거의 고통(배고픔, 목마름, 극도의 뜨거움으로 표상된)이 제거되는 것의 기초는 그리스도께서 "**보좌 가운데에 계시는**" 신적 지위에 있다. 그리스도는 하나님의 자리에 있기 때문에 신적 위로를 베푸실 수 있다. 그리스도는 성도들의 목자이고 성도들은 그리스도의 양이므로, 목자가 자기 양을 지키는 것처럼 그리스도는 성도들을 보호하실 수 있다. 심지어는 "그들의 목자가 되시는 어린양" 심상도 이사야 49:9-10에서 나온다. 거기 보면 이스라엘을 긍휼히 여기시는 이가 그들을 먹이고 풀밭으로 인도하실 것이라고 말한다. 이사야 49장은 하나님을 목자로 묘사하고, 따라서 16-17절에서 그리스도의 목자로서의 역할은 신적 존재로서의 그분의 지위를 확대시킨다.

17절에서는 이사야 49:10을 인유한 끝 부분에 이사야 25:8에 나온 회복 예언을 추가로 덧붙인다. "**하나님께서 그들의 눈에서 모든 눈**

물을 씻어 주실 것임이라." 하나님은 "사망을 영원히 멸하실 것"이므로 어떤 슬픔도 다시는 없을 것이다. 여기서 "사망을 영원히 멸하실 것"이라는 말은 이사야 25:8의 서두에 나온다. 요한이 이사야 25:8 첫 부분을 제외하기는 하지만, 이 본문을 "더 이상 눈물이 없으리라"는 약속의 기초로 삼는 것으로 보인다. 사실 요한은 21:4에서 이사야 25:8의 첫 부분까지 포함시킨다. 즉, "모든 눈물을 그 눈에서 닦아 주시니" 다음에 곧바로 "다시는 사망이 없고"라고 말한다. 요한은 이사야 49장과 같이 구약에 예언된 이스라엘의 회복의 소망이, 그리스도를 위해 매우 충성스럽게 고난을 겪은 그리스도인 무리의 구원에서 성취된 것으로 본다.

16-17절에서 목양과 관련된 언어는 이사야서에서 발견되는 용어로, 거의 동의어인 '방목'을 대신하는 것으로 볼 수 있다. 이것은 방금 15절에서 인유한 에스겔 37:24-28의 문맥으로 암시된다. 에스겔 37:24-28은 하나님께서 그들 위에 장막을 치실 때에 "내 종 다윗이 그들의 왕이 되리니 그들 모두에게 한 목자가 있을 것이라"고 말한다.[겔 37:24] 어린양과 다윗 간의 연계가 자연스러운 것은 5:5에서 어린양의 과거 신원이 "유대 지파의 사자 다윗의 뿌리"로 확인되기 때문이고, 또한 7:4-8 지파들의 명단에서 유다 지파를 첫째 자리에 두는 것으로 강조되기 때문이다. 16-17절 장면의 목적은 어린양과 그의 백성의 동일성을 강조하기 위함이다. 어린양은 성도들의 연합적인 대표가 되신다. 그러므로 어린양이 먼저 고난을 받고 부활할 때 상을 받으신 것처럼 그의 양인 성도들도 삶을 살면서 어린양과 동일한 길을 따른다.[1:5, 9, 7:14 주석 참조] 어린양은 땅에서 성도들을 성령을 통해 인도하셨지만 미래에는 친히 인도하실 것이다.

7장 후반부의 초점은 9-12절과 15-17절에 있고, 그곳을 보면 모든 그리스도인이 자신의 영원한 상을 누리는 것으로 묘사된다. 그런데 여기서 상을 받는 자는 단순히 일부가 아니라 (6:9-11에서처럼) 교회 시대 전 기간에 걸쳐 살았던 신실한 자 전부다. 이것은 7:9-17이 최후의 심판 환상[6:12-17]과 하나님의 인치심 환상[7:1-8] 다음에 나오는 것으로도 암시된다. 그러므로 성도들의 영원한 위로는 경건하지 않은 자의 처벌의 두려움과 대조되고, 환난을 견딘 것에 대한 상이 인침의 결과로 제시된다. 7:9-17이 모든 성도가 받는 최고의 영원한 상에 가장 큰 초점을 맞추고 있는 장면이라는 것은, 15-17절이 21:3-4, 6, 22:3의 영원한 상태에 대한 묘사와 문자적으로 공통적인 평행 관계를 이루고 있는 것으로도 확인된다. 13-17절에 묘사된 자들은 교회 시대 동안 이긴 자로, 증언을 마쳤을 때 흰 옷을 입고,[3:4-5] 하나님의 영원한 성전에서 안전한 자리를 차지하며,[3:12] 다시는 배고프지 않을 양식을 공급받게 될[2:7, 17] 자들이다. 이 점에서 보면 7:9-17은 부분적으로 완성 속에 들어가기 전 시기를 염두에 두었을 수 있다. 마지막으로, 이 지복 장면에 모든 그리스도인이 포함된다는 결론은 9절에 언급된 흰 옷을 입은 집단이 13-17절에서 큰 환난에서 나와 흰 옷을 입고 하나님의 임재 속에 들어간 집단과 동일한 것으로 보아 확인된다. 9절을 보면 이 집단은 능히 셀 수 없고, "각 나라와 족속과 백성과 방언에서" 나온 자들이다. 9절과 5:9에 나오는 이 말은 교회 시대 전체에 걸쳐 구속받은 모든 사람을 가리키는 공식 문구다.[5:9-10 주석 참조]

7:9-17 묵상 제안

'큰 환난'의 의미와 함축성: 본서의 주석에 따르면 7:9-17은 (성경의 다른 본문들과 함께) 교회 시대 전체를 '큰 환난'의 시대로 간주한다. 어째서 교회 시대가 큰 환난의 시대로 규정되는가? 우리는 이 규정을 승리하는 교회로서의 관점과 어떻게 결부시켜야 하는가? 현세에서 우리가 얻는 승리의 본질과 차원은 무엇인가? 우리는 이 환난의 때에 거룩한 정부를 세우는 것을 기대할 수 있는가? 본서의 주석에 따르면 우상숭배적인 관습이나 태도와 관련된 불경건한 정치 및 경제 제도에 순응하도록 그리스도인에게 가해지는 압력은 매우 일관적인 환난의 한 형태로 간주된다. 우리는 이것을 환난의 궁극적인 원인으로 간주해야 하는 것인가? 더 길거나 짧은 환난의 때가 있을 수 있는가? 만일 있다면 왜 그렇게 되는가?

'묵시적' 기대의 만연: 심리학의 한 분석은 사람들이 세상 종말에 대해 특별한 관심을 갖고 있다는 것을 보여준다. 이것은 7:9-17과 같은 성경 본문을 이해하는 데 어떤 영향을 미치는가? 우리는 왜 '큰 환난'을 교회 시대 전체에 걸쳐 겪으며 그리스도의 재림이 있기 전에 심화될 어떤 환난으로 보지 않고, 그리스도의 재림 직전에 일어날 사건으로 보기를 좋아하는가? 만일 우리가 큰 환난이 아직 임해야 한다고 믿는다면, 이런 믿음은 우리가 실제로 사는 동안 겪는 환난에 대한 이해를 어떻게 왜곡시키는가? 우리는 현재의 위험을 인식하지 못할 정도로 묵시적 사건을 '과장'하고 있지는 않은가? 만일 우리가 지금 환난의 때에 있지 않다고 믿는다면, 이것이 세상에 순응하라고 실제로 우리에게 주어지는 현재 압력의 위험을 감소시킬 수 있는가?

교회를 통한 구약 예언의 성취: 7:9-17은 현재 교회에 적용된 구약의 이스라엘에 대한 예언적 언급으로 가득 차 있다. 따라서 그리스도와 교회가 구약 예언의 성취라면, 하나님의 계획 속에서 유대인은 어떤 위치를 차지하고 있는가? 만일 우리가 로마서 9-11장을 이 문제를 다루고 있는 본문으로 이해한다면, 유대인과 (세속적) 이스라엘 국가 사이를 어떻게 구별해야 할까? 하나님은 (세속적) 이스라엘 국가를 위한 구약의 예언적인 계획을 갖고 계신가? 사람들은 왜 그토록 자주 이스라엘의 회복에 대한 성경의 예언을 단지 이스라엘 국가와 관련된 사건 속에서만 성취된 것으로 간주하는가? 그리스도인은 어떻게 이스라엘 국가를 적절하게 이해할 수 있는가? 성경 예언의 성취로 유대인이나 이스라엘 국가에 초점을 맞추는 것은 하나님이 현세에서 자신의 교회를 위해 갖고 계신 기업에 대한 높은 관점에 따라 견지될 수 있는가? 그리스도인은 유대인을 성경 예언의 중심에 두지 않고 어떻게 그들에게 동정적일 수 있겠는가?

인 심판 시리즈의 결론인 일곱째 인 심판: 믿지 않는 세상을 처벌해 달라는 6:10의 성도들의 간청에 대한 하나님의 공식적인 응답으로 최후의 심판이 다시 서술된다[8:1-5]

8 1 일곱째 인을 떼실 때에 하늘이 반 시간쯤 고요하더니 2 내가 보매 하나님
앞에 일곱 천사가 서 있어 일곱 나팔을 받았더라. 3 또 다른 천사가 와서
제단 곁에 서서 금향로를 가지고 많은 향을 받았으니 이는 모든 성도의 기도와 합하
여 보좌 앞 금 제단에 드리고자 함이라. 4 향연이 성도의 기도와 함께 천사의 손으로부
터 하나님 앞으로 올라가는지라. 5 천사가 향로를 가지고 제단의 불을 담아다가 땅에
쏟으매 우레와 음성과 번개와 지진이 나더라.

1. 어린양이 "일곱째 인을 떼실 때에 하늘이 반 시간쯤 고요한" 일이 벌어진다. 어떤 이들은 이 침묵이 일곱째 인 심판에 아무 내용이 없는 것을 의미한다고 주장한다. 따라서 그들은 이어지는 나팔과 대접 심판이 일곱째 인 심판의 내용을 구성하고, 그러므로 그것은 처음 여섯 인 심판의 후속 사건을 가리킨다는 개념을 견지한다. 그러나 이 침묵은 내용을 가지고 있다. 구약성경은 침묵을 하나님의 심

판과 연계시킨다. 하박국 2:20-3:15과 스가랴 2:13-3:2을 보면, 하나님이 (요한계시록 8:1에서처럼) 자신의 성전에 계시면서 땅에 심판을 행하고자 하는 것으로 묘사된다. 이 성전이 하늘에 있다는 것은 에스겔 1장 같은 본문으로 추정이 가능하다. 심판이 행해지는 순간 하나님은 땅에게 잠잠하라고 명하신다. 스바냐 1:7-18을 보면 똑같이 여호와의 '큰 날' 및 여호와의 심판과 관련해 침묵이 명해진다(습 1:14, 18은 계 6:17에 나오는 "그들의 진노의 큰 날"이라는 말의 구약 배경 일부를 구성한다). 소선지서에서 나온 이와 같은 심판 선언은 우주적 종말에 대한 기대('모든'이라는 함축적인 단어로 암시되는 것처럼)를 표현하고, 이것은 요한계시록 8:1에서 보편적인 의미로 명확히 표현된다. 1절의 핵심 사상은 하나님의 최후의 심판이 너무나 두려워서 온 세상이 이 심판 앞에 쥐 죽은 듯이 조용하게 있다는 것이다. 따라서 일곱째 인 심판은 여섯째 인 심판을 잇는다. 처음 다섯 인 심판은 교회 시대 전체를 다루지만 마지막 두 인 심판은 최후의 심판을 다룬다. 따라서 이 두 인 심판은 6:10에서 "거룩하고 참되신 대주재여, 땅에 거하는 자들을 심판하여 우리 피를 갚아 주지 아니하시기를 어느 때까지 하시려 하나이까"라는 성도들의 기도에 대한 하나님의 응답이다. 유대 사상 작품들을 보면 침묵이 하나님의 심판과 연계되어 있을 뿐만 아니라 신실한 자들의 심판 기도에 대한 응답과도 연계되어 있는 것이 흥미롭다. 요한은 나중에 다시 반복할 작정이므로,[11:18, 14:14-20, 16:17-21, 18:9-24, 19:19-21, 20:11-15] 여기서는 악인의 처벌에 대해 상세히 언급하지 않는다. 물론 8:3-5에서 심판에 대한 좀 더 세밀한 묘사가 나타난다.

이 침묵의 지속 시간은 '반 시간쯤'이다. 요한계시록에서 '시간'은 종종 악인에 대한 심판의 때의 돌발성을 가리키지만,[3:3, 11:13, 14:7, 18:10] '반'은 다니엘 7:25, 9:27, 12:7(계 11:3, 12:6, 13:5의 천이백육십 일, 곧 마흔 두 달의 배후에 놓여 있는)에서 위기 및 심판의 '때'와 연계된다. '반 시간쯤'은 침묵의 엄밀한 지속 시간을 가리키는 것이 아니라 비유적으로 작정된 심판의 돌발성과 돌연성을 강조한다. '한 시간'이라는 말이 마지막으로 나오는 곳이[18:19] 심판의 결과로 절대적인 침묵에 빠짐을 묘사하는 18:22-23 직전이라는 것을 주목하라.

2. 일곱 나팔을 받은 천사에 관한 환상은 1절에서 시작되고 3-5절에서 계속되는 최후의 심판 장면을 일시 중단시키는 것처럼 보인다. 2절은 6절이 되어야 다시 취해지는 일련의 새로운 심판을 소개하는 구절로 잘못된 자리에 있는 것처럼 보인다. 우리는 2절을 요한계시록 다른 곳과 평행 요소를 가진 3-5절과 함께 연동하는 문학적인 전환 본문의 한 부분으로 보는 데 외관상으로는 어색함이 느껴진다. 3-5절 앞에 2절이 두어지면 3-5절이 삽입적인 전환 본문이 된다. 즉, 3-5절이 인 심판의 결론과 나팔 심판의 서론으로 작용한다. 이 전환 본문은 문학적으로나 주제적으로 모두 기능한다(뒤에서 이 전환에 대한 주석을 보라). 나팔 심판 시리즈에 대한 서술이 6절에서 재개되는데, 요한은 일곱 나팔을 가진 일곱 천사를 본다. 일곱 천사는 2-3장의 일곱 교회의 일곱 수호천사와 동일한 존재일 것이다.[1:20 주석 참조]

3. 3-5절 삽입구의 핵심적인 주제 기능은 6:12-17과 8:1에서 시작된 최후의 심판에 대한 묘사를 취하여 결론짓는 데 있다. 이미 주장한 것처럼 8:1-5의 성전 분위기는 침묵 요소를 포함하는 구약 심판 심상의 한 부분이다. 그러므로 이 삽입구는 1절에서 시작된 최후의 심판 심상을 계속한다. "또 다른 천사가 와서 제단 곁에 서" 있다. 이 천사는 "자기 앞의 사자",[사 63:9] 아니 사실은 그리스도 자신일 것이다.[10:1, 14:14 참조] 여기서 말하는 제단은 아래에 박해받은 성도들의 영혼이 있던 6:9의 제단과 동일하다. 이 천사가 '많은 향'을 받은 것은

신적 수동태로서 하나님에게 받은 것을 뜻하고, 요한계시록 다른 곳에서처럼 이 천사가 하나님의 대행자라는 것을 보여준다. 그러므로 이 천사의 행동은 사전에 결정된 신적인 판단이라는 사실을 암시한다. 이것은 6:10에서 성도들이 천사가 아니라 하나님께 직접 기도를 드린 사실과도 일치하고, 이것은 그들이 제사장으로서 하나님의 보좌에 직접 나아간다는 사실을 예증한다. 3절의 제단이 6:9의 제단과 동일하다는 것은 3-5절에서 요한이 "많은 향……모든 성도의 기도"라는 말을 덧붙인 이어지는 진술과 관련해 제단이라는 말을 세 번에 걸쳐 사용하는 것으로 확증된다. 이 문구는 5:8과 거의 동일하고, 따라서 이것은 5:8의 문구가 6:9에서 전개되는 것이다. 이것은 제단과 성전 주제가 4-5장의 성전 환상에서 연원한다는 것을 증명한다. '성도의 기도'에 대한 하나님의 반응은 박해를 받도록 예정된 하나님의 백성의 수가 차기까지 처벌이 시행될 수 없다는 답변이다.[6:11] 이 처벌은 역사가 끝에 이를 때까지 일어날 수 없다. 만일 6:12-17과 8:1을 이 간청에 대한 응답으로 본다면, 이것이 그 본문들이 최후의 큰 심판을 묘사하는 것으로 이해되어야 하는 이유다.[6:12-17 주석 참조] 3-5절은 공식적으로 6:9-10을 언급함으로써 6:9-11과 6:12-17/8:1 간의 관련성을 명백히 한다. 오직 이러한 고찰만이 요한계시록에 묘사된 다양한 재앙 시리즈가 본질상 철저히 연대순에 따라 일어나는 사건이라고 주장하는 전통적인 미래주의 관점을 반박하는 데 중대한 증거를 제공한다.

4. "향연이 성도의 기도와 함께" 하나님 앞으로 올라간다는 사실은 6:9-10의 간청이 이제 하나님 앞에 제시되고 있다는 것을 증명한다. 성경에서 향은 항상 제사와 관련되고, 따라서 향연과 함께 제사는 하나님이 받으실 만한 것이 된다. 4절은 레위기 16:12-13을 반영한다. 레위기 16:12-13은 제사장이 향로를 가지고 가 여호와 앞 제단

위에서 피운 불로 향로를 가득 채우고, 또 그의 손에 향기로운 향을 채우며, 여호와 앞에서 분향하는 내용을 담고 있다. 시편 141:2을 보면 기도가 향과 연계되고 제사의 한 형태로 비유된다. "나의 기도가 주의 앞에 분향함과 같이 되며 나의 손 드는 것이 저녁 제사 같이 되게 하소서." 제단에서 향을 바친다는 사실은 증언으로 말미암아 죽임을 당한 성도들의 기도가[6:9] 그리스도를 위한 그들의 삶의 제사를 표상하고, 따라서 6:10의 심판에 대한 그들의 간청은 하나님이 받으실 만한 것으로 확인되었다.

5. 천사가 바치는 성도의 기도를 하나님께서 공식적으로 인정하는 것과 이에 대한 하나님의 긍정적인 반응은 4절과 5절 사이를 암묵적으로 연계시킨다. 이것은 5절이 6:10의 간청에 대한 하나님의 명백한 응답으로 간주되는 것을 증명한다. 5절은 공식적으로 6:12-17과 8:1의 화[禍] 장면을 6:10의 기도에 대한 응답으로 해석하고, 하나님께서 이 기도를 듣고 응답하신 것을 예증한다. 왜냐하면 천사가 최후의 심판이 일어나고 있음을 상징하기 위해 땅에 제단의 불을 쏟기 때문이다. "우레와 음성과 번개와 지진"이라는 말은 11:19과 16:18의 최후의 심판에 대한 묘사와 거의 동일하고(또한 최후의 심판을 예견하는 서론적 언급으로 작용하는 4:5도 보라), 구약성경의 하나님의 심판에 대한 묘사, 특히 시내 산에서 있었던 심판에 대한 묘사에 뿌리가 두어져 있다.[출 19:16, 18] "여호와께서 우레와 지진과 큰 소리……로 그들을 징벌하실 것인즉."[사 29:6] 예수는 지진 심상을 사용하여 우주적 파멸의 일부가 아닌 최후의 우주적 파멸을 예비하는 재앙을 묘사하셨다.[마 24:7, 막 13:8, 눅 21:11] 리처드 보컴은 『신약성경 19』[*Novum Testamentum 19*]의 '요한계시록에 나타난 종말론적 지진'에서, 요한계시록 4:5, 8:5, 11:19, 16:18-21은 출애굽기 19:16, 18-19에 대한 인유가 점진적 연쇄 관계를 구성하고 있다고 주장했다.[5] 즉, 4:5에서 번개와 음성과

우렛소리가 시작되고, 각 단계마다 다른 요소들이 새로 추가됨으로써 체계적으로 서로를 발판으로 삼고 있다고 주장했다. 사실상 동일한 반복이지만 이 점진적 연쇄 관계의 효력은 최후의 심판을 강조하고, 각각 반복되는 심판에 관한 묘사는 그것이 어떻게 일어나는지를 더 세밀하게 제시하는 역할을 한다. 그러므로 최후의 심판을 예고하는 4:5의 서론적 언급 이후에, 나머지 각 단계는 최후의 심판을 공식적으로 서술하되 철저히 서술하지는 않는다.

출애굽기 19:16, 19에서 심판에는 큰 나팔 소리가 동반되는데, 이것은 요한계시록에서 나팔 심판이 펼쳐지고 있기 때문에 특히 흥미롭다. 5절이 최후의 심판에 관한 내용이라는 것은 14:18-19로 확인된다. 14:18-19을 보면 심판의 날이 분명히 같은 천사에 의해 시작되고, 이 사실이 3-5절에서와 같은 언어로 묘사된다. 14:18-19에서 "불을 다스리는 다른 천사가 제단으로부터 나와" 다른 천사에게 땅에 대한 하나님의 최후의 진노 행위를 시행하라고 명령한다. 이 묘사는 에스겔 10:1-7에 크게 의존하여 형성되었다. 에스겔서 본문을 보면 여호와의 성전 안에 서 있는 천사가 그룹들 사이에서 숯불을 취하여 성읍 위에 흩어 버리는데, 이것은 에스겔 9장에 나타난 하나님의 심판의 작정을 강조한다. 이 심판은 신실하지 못한 모든 자, 곧 이마에 하나님의 천사가 보호의 표를 새기지 아니한 자들에게 임하고, 반면에 성도들은 요한계시록 7:3에서 보는 것처럼 정확히 이마에 인침을 받았기 때문에 보호를 받게 될 것이다. 8:1-5은 포괄적으로 구약성경에서 죄인들에 대한 하나님의 심판을 묘사할 때와 동일한 패턴을 따른다. 즉, 도움을 간청하는 기도가 있고 이 기도에 대한 하나님의 응답이 있다. 그리고 천상의 성전에서 박해자들을 불사르기 위해 불이 나온다.[시 18:6-15, 합 3:15] 인침을 받지 못한 자는 최후의 심판을 겪는다.

8:1-5 묵상 제안

하나님의 침묵: 요한계시록의 수신자 가운데 많은 신자들이 믿음 때문에 고난을 겪고 있었다. 어떤 신자들은 "하나님이 어디 계시냐?"는 말을 들을 정도였다.[시 79편, 계 6:10 참조] 8:1-5은 하나님께서 자기 백성에게 가해진 악을 바로잡으실 때가 올 것이라고 진술하고, 따라서 이것은 악이 영원히 처벌받지 않고 존속하는 일은 절대로 없다는 사실을 증명한다. 하나님이 우리의 고난에, 특히 세상 도처에서 박해를 겪고 있는 신자들의 고난에 반응하실 때 침묵을 지키시는 것처럼 보일 때가 있다. 8:1-5은 이와 관련하여 우리에게 그리고 이처럼 고난받고 있는 자들에게 어떠한 소망을 주는가? 서구 세계에서 우리는 특히 물질주의 사상과 상대적으로 박해가 없는 상황에 지배를 받고 있지는 않은가? 물질주의와 이 시대의 철학이 우리로 하여금 역사가 끝날 때 하나님과 하나님의 백성이 완전히 옳았다는 것을 증명할 심판을 아직 기다리고 있다는 사실을 충분히 고려하지 못하도록 방해하지는 않는가?

기도의 효력: 8:1-5은 6:9-11에 묘사된 죽임 당한 성도들의 기도의 효력을 제시한다. 이 기도의 힘은 그들의 희생적인 증언의 삶과 관련되어 있는 것으로 보인다. 우리의 기도는 희생적인 삶에서 나오는가, 아니면 단지 우리 자신의 미련함에서 벗어나 삶을 보존하게 해달라고 하나님께 간구하는 것에 불과한가? 6:9-11에 묘사된 성도들의 기도는 하나님의 거룩하심과 신실하심 그리고 그것이 하나님의 공의의 시행으로 명백히 드러나기를 바라는 마음에 초점이 있다. 우리의 기도는 우리 자신의 유익을 얻고자 함에 있는가, 아니면 하나님의 영광을 구하고자 함에 있는가?

인 심판에서 나팔 심판으로의 전환

일곱째 마지막 인이 최종적으로 떼어졌다. 여섯째 인 심판은 우주적인 대재앙과 경건하지 않은 자들이 임박한 심판에 반응해 두려움에 처절한 비명을 지르는 것을 묘사하며 최후의 심판의 시작을 소개했다.[6:12-17] 이것은 7장과 대조된다. 7장은 성도들이 인침을 받고 그로 말미암아 보호를 받으며[7:1-8] 결국은 충성된 인내에 대한 상으로 영원히 하나님의 임재 앞에 설 수 있게 된 상황을[7:9-17] 묘사한다. 7장 후반부는[9-17절] 최후의 심판 이후의 시기, 곧 성도들이 영원한 상을 받는 때에 초점이 맞추어져 있다. 그러므로 일곱째 인 심판에 대한 묘사는 최후의 심판에 대한 묘사를 계속하려고 여섯째 인 심판이 중단된 곳에서 다시 시작한다. 6:12-17과 마찬가지로 일곱째 인 심판에 대한 묘사도 자신들을 박해하는 세상에 심판을 행하실 것을 간청하는 성도들의 기도에 대한 추가 응답이다.[6:9-11 참조] 최후의 심판은 시대가 끝나는 종료점이고, 6:1-8:1은 이 시점에 초점을 맞추고 있다. 하나님은 역사가 끝날 때 자신을 옳고 의로우신 분으로 증명하실 것이다. 하늘에 있는 성도들과 특히 땅에 있는 성도들은 그 사실에 위로를 받을 수 있다.

5:2 이하에서는 인을 떼는 것이 그리스도께서 구속과 심판에 관한 구약 예언의 의미를 계시하신 것과, 그리스도께서 처음 다섯 인 심판에 묘사된 대로 실제로 그 예언들을 성취하기 시작하신 것을 함께 가리켰다고 결론지었다. 마지막 두 인 심판은, 그 역시 구약 예언을 명확히 하지만, 최후의 심판을 언급하는 것이므로 아직 역사 속에서 일어나지 않았다. 마찬가지로 처음 여섯 나팔 심판도 최후의 심판의 날을 예견하는 화를 다룬다.

그러므로 3-5절은 1절 최후의 심판 장면을 계속 묘사하며, 일곱째 인 심판의 지속이다. 이것은 2절이 6절 이하에 나오는 일곱 나팔 심판의 환난에 대한 계시의 서론적 삽입구라는 것을 의미한다. 이러한 이해는 6절로 암시된다. 6절을 보면 일곱 천사가 아직 나팔을 불지 않았고, 따라서 나팔 심판은 아직 선언되지 않았다. 그러므로 3-5절은 이어지는 나팔 심판의 화들과 구별되는 심판 활동을 기록하고 있다. 3-5절은 또한 박해받은 성도들이 '제단 아래'에 있고, 거기서 박해자를 심판해 달라고 하나님께 간청하고 있는 장면을 묘사하는 6:9-11을 전개한다. 이것은 무엇보다 3-5절에서 제단을 성도들의 기도와 직접 관련시켜 세 번이나 언급하는 것으로 보아 분명하다. 천사는 향을 받아 그것을 모든 성도의 기도와 결합시키고, 향연이 성도의 기도와 함께 하나님의 보좌 앞으로 올라간다.[3-4절] 이것은 하나님께 박해자를 처벌해 달라고 간청하는 6:9-11의 성도의 기도 외에 다른 것일 수가 없고, 이제 이 기도에 천사의 인증이 주어지며 시행을 위해 하나님의 보좌 앞에 공식적으로 제시된다. 5절에 나타난 하나님의 응답은 천사의 손을 통해 땅에 심판의 불을 보내시는 것이다. 이 응답은 최후의 심판을 예비하는 어떤 환난이 아니라 최후의 심판 자체로 해석되어야 한다. 이것은 "우레와 음성과 번개와 지진"이라는 말이 (순서는 다르지만) 11:19과 16:18의 최후의 심판에 대한 묘사에 나타나는 것으로 지지를 받는다. 11:19과 16:18은 각기 일곱째 나팔과 일곱째 대접 심판의 한 부분으로, 이 말이 천상의 성전에 대한 언급과 관련되어 나타난다.

따라서 3-5절은 박해자와 관련해 자신들의 정당성을 입증해 달라는 성도의 기도에 대한 응답이고, 6:17이 멈춘 시점에서 다시 시작된 1절 최후의 심판 장면의 지속이다. 3-5절이 1절과 한 단위라는 것은 1절에 언급된 침묵이 최소한 부분적으로 하나님께서 심판을 간청하는 기도를 들으시거나 천사들이 이 기도에 대한 하나님의 응답의 계시를 들으시려고 천상에서의 찬양을 잠시 멈추는 것을 가리킨다는 사실로 암시된다.[1절 주석 참조] 3-5절은 1절에 예견된 하나님의 응답을 구체적으로 진술한다. 나팔 심판의 서론이 2절에 나온다는 사실은 3-5절이 인 심판의 결론이자 나팔 심판의 서론으로 작용함을 의미한다. 비슷한 현상이 15:2-4에서도 발견된다. 이어질 칠중 심판을 시행할 일곱 천사에 대한 서론적 언급을 앞에 제시하고, 이 생각은 15:5까지는 다시 계속되지 않는다. 15:2-4은 잠시 14:14-20에서 발견된 최후의 심판 장면에 대한 묘사를 계속함으로써 이어질 재앙 시리즈에 대한 서술의 시작을 방해한다.

따라서 8:2의 '삽입구'는, 이어질 나팔 심판 시리즈 전체도 6:9-11의 성도들의 간청에 대한 하나님의 응답이라는 사실을 암시한다. 이것은 하나님께서 결정적이고 근본적인 심판 날에 대한 응답을 주시기 전에, 심지어는 그들이 기도하고 있을 때에 보복을 간청하는 성도들의 기도에 응답을 시작하신 것을 함축한다. 확실히 기도는 그리스도의 군사들이 사용하는 중요한 군사 전술 가운데 하나다(8:6-11:19에 대한 서론 주석을 보라). 처음 네 인 심판의 재앙의 초점은 주로 하나님의 백성의 믿음을 시험하는 환난에 맞추어져 있지만, 나팔 심판의 재앙의 초점은 주로 신자들의 믿음이 시험받는 기간과 동일한 교회 시대 전체 기간에 믿지 않는 박해자들을 처벌하는 환난에 맞추어져 있다. 이것은 출애굽 재앙의 모형을 따라 제시된다. 출애굽 재앙을 보면, 애굽 사람을 친 심판 요소들이 이스라엘 자손에 대해서는 오히려 그들을 보호하는 것으로 바뀌었다.

인 심판과 나팔 심판은 문학적으로, 여섯째와 일곱째 심판 사이에 끼어 있는 삽입 부분과 함께, 먼저 나오는 네 심판과 뒤에 나오는 두 심판으로 단위가 나누어진다. 그리고 우리가 확인할 것처럼 일곱째 나팔 심판은 여섯째와 일곱째 인 심판과 평행을 이룬다. 일곱 나팔 심판 시리즈에서 처음 네 심판은 함께 묶여 하나의 종속적 문학 단위를 구성하고, 뒤의 세 심판도 똑같이 함께 묶여 하나의 종속적 문학 단위를 구성한다. 처음 네 심판이 속한 단위는 인간 생활의 원천에 영향을 미치는 심판이지만 뒤의 세 심판이 속한 단위는 인간 자신을 직접 공격하는 심판이다.

V.

8:6-11:19

일곱 나팔 심판

나팔 심판의 배경: 출애굽 재앙과 여리고 성의 나팔

처음 다섯 나팔 심판은 출애굽 당시의 다섯 재앙에 따라 형성된다. 첫째 나팔 심판(우박, 불, 피)은 출애굽 당시의 우박과 불 재앙과[출 9:22-25] 대응을 이룬다. 둘째와 셋째 나팔 심판(바다와 물의 중독)은 나일강에 임한 재앙과[출 7:20-25] 대응을 이룬다. 넷째 나팔 심판(어둠)은 흑암 재앙과[출 10:21-23] 대응을 이룬다. 다섯째 나팔 심판(황충)은 메뚜기 재앙과[출 10:12-15] 대응을 이룬다. 애굽에 임한 재앙을 보면 완고한 마음, 우상숭배(각 재앙은 특정 애굽 신에 알맞은 심판이었다), 하나님의 백성에 대한 박해를 처벌한다. 그때 하나님의 전체적인 의도는 바로의 마음을 완악하게 함으로써 바로가 이스라엘을 보내 주지 않게 하고,[출 4:21] 그리하여 재앙을 통해 표징들을 수행할 기회를 갖는 것에 있었다.[출 7:3, 10:1-2] 그러므로 이 표징들은 바로를 억압하여 이스라엘을 해방시키도록 하기 위함이 아니라 주로 여호와의 비견할 수 없는 전능하심을 애굽 사람들에게 증명하려는 의도가 있었다.[출 7:5, 17, 8:10, 22, 9:16, 29, 10:1-2] 이러한 점에서 재앙들은 애굽 사람의 마음의 완악함으로 말미암아 그들에게 시행된 심판이기도 하다. 출애굽 재앙 표징의 궁극적인 목적은 여호와께서 영광을 받으시는 데 있었다. 심지어는 그에게 마음의 변화를 허용하셔서 바로가 이스라엘을 해방시키도록 하실 때에도 여호와는 바로의 마음을 또다시 완악하게 하신다. 그 마지막 행위의 결과로 애굽 사람은 홍해에서 몰살을 당하고, 이로써 하나님은 영광을 받으신다.[출 14:4, 8, 17] 출애굽 재앙은 바로가 주의하지 않을 경우 그에게 책임을 묻겠다는 경고로 주어지기는 했어도, 적어도 대다수 애굽 사람에게는 궁극적인 심판으로 의도된 것이다. 왜냐하면 하나님은 바로의 완고한 반응을 미리 아시고 예고하셨을 뿐만 아니라,[출 3:19, 4:21, 7:3] 사실은 하나님께서 그런 마음을 일으키셨기 때문이다.[출 4:21, 7:3]

출애굽 재앙은 이제 교회 시대 전체에 걸쳐 그리고 최후의 심판에서 절정을 이루는 비신자들에 대한 하나님의 심판의 예표적이고 예언적인 전조로 간주되고, 이로써 하나님의 백성이 이 세상의 포로 상태로부터 벗어나 영원한 자유를 얻는 최후의 출애굽이 시작된다. 나팔 심판의 재앙들은 경고를 제공하고 어떤 사람에게는 회개를 일으킬 수 있지만(하나님께서 회개를 위해 자신의 진노를 제한하시는 것으로 보이는 8:7-9:21의 심판의 제한으로 암시되는 것처럼), 일차적인 목적은 어디까지나 비신자들의 심판이다. 나팔 심판 재앙은 또한 비신자들의 마음의 완악함을 증명하고, 그들이 처벌받는 것은 그들의 고질적인 우상숭배와[9:20-21] 성도들에 대한 박해로[6:9-11] 표출된 이 완악함 때문이라는 사실도 예증한다.

구약성경에서 나팔은 심판, 경고, 승리, 종말론적 심판을 비롯하여 다양한 함축 의미를 가지고 있다. 요한계시록은 출애굽 재앙의 배경에 따라 나팔을 심판을 강조하는 의미로 사용한다. 즉, 그리스도를 역사의 주권자로 만든 그분의 부활과 보좌 등극으로 임하게 된 심판 주제[5:5-14]를 강조하는 의미로 사용한다. 구약에서 나팔은 또 하나님의 원수들과의 전투가 임박했음을 알리는 신호 표시였다.[삿 7:16-22, 렘 4:5-21, 겔 7:14] 의심할 것 없이 여기서 염두에 두고 있는 주된 구약 기사는 여호수아 6장의 여리고 성 붕괴 이야기다. 여호수아 6장을 보면 나팔이 거룩한 전쟁[聖戰]의 임박한 승리를 선언하는 역할을 한다. 여리고 성 전투에서는 일곱 제사장이 일곱 나팔을 불었고, 요한계시록에서는 제사장을 상징하는 일곱 천사가 나팔을 분다.[15:6] 여리고 성 전투에서는 언약궤가 있었고,[수 6:11-13] 하늘의 성전 안에도 천상의 형태로 언약궤가 있다.[계 11:19] 흥미롭게도 여리고 성 전투에는 결정적인 나팔 심판과 직접 연계된 침묵이 있었고,[수 6:10-20] 이것은 요한계시록 8장에서 발견된 패턴이다. 여리고 성 전투에서 제사장들이 분 나팔은 애굽에 내린 재앙과 같이 경고가 아니라 오직 심판을 암시한다. 이것은 요한계시록의 나팔도 주로 회개를 이끌어 내기 위한 경고가 아니라 심판 개념을 내포한다는 것을 증명한다.

또한 여리고 성 전투에서는 처음 여섯 나팔이 먼저 불리지만 이것은 일곱째 나팔의 결정적 심판을 필수적으로 준비하는 역할을 한다. 마찬가지로 요한계시록의 처음 여섯 나팔도 역사가 끝날 때,[11:15-19 주석 참조] 곧 여리고 성이 예표하는 '큰 성'[11:8]이 완전히 파괴될 때인 결정적인 일곱째 나팔 심판을 예견하는 필수적인 일차 재앙이다.[11:13 주석 참조] 이것을 통해 우리는 일곱 나팔 심판의 사건들이 일곱 인 심판 이후에 일어나는 것이 아님을 깨닫게 된다. 왜냐하면 일곱째 나팔 심판의 내용과 (여섯째와) 일곱째 인 심판의 내용이 같기 때문이다. 즉, 둘 다 최후의 심판을 다루고 있다. 그러나 처음 다섯 인 심판은 비신자들의 심판뿐만 아니라 고난을 통한 신자들의 연단에도 초점이 있지만, 나팔 심판은 오직 비신자들에 대한 다양한 심판의 결과에 초점이 있다. 여리고 성 전투 배경에 비추어 보면 나팔 심판이 하나님의 백성이 싸우는 군대로,[7:3-8] 곧 세상의 고난에도 불구하고 신실함을 유지함으로써[7:14 등] 역설적인 방법으로 거룩한 전쟁에서 승리하는 군대로 묘사되는 7장 직후에 배치되는 것은 적절하다. 7장 바로 뒤에 나오는 나팔 심판의 재앙들은 성도들이 거룩한 전쟁을 수행하는 또 하나의 방식으로 간주되어야 한다. 즉, 성도들은 하나님의 공정한 작정이 자신들의 박해자에 대해 수행되도록 기도한다. 성도들은 희생적인 고난을 통해 역설적으로 전투를 수행하고, 이로 말미암아 정당성을 입증해 달라는 성도들의 기도를 하나님이 받아들이실 수 있게 된다.

마지막으로, 애굽에 내린 재앙이 있은 후에 시내 산에서 "매우 큰 나팔 소리"가 이스라엘을 소환하여, 그들 가운데 하나님의 왕권과 임재가 존재하는 것을 인정하도록 하는 것은 결코 우연이 아니다.[출 19:16] 파괴적인 재앙 다음에 왕권의 평화가 임하는 구약의 패턴은 앞의 나팔 심판 재앙 다음에 일곱째 나팔을 부는 일이 이어짐으로써 부분적으로 11:15-19의 마지막 때 하나님의 왕권에 대한 요한의 서론적 언급을 형성시키는 역할을 한다. 또한 나팔 소리가 애굽의 패배에서 여리고 성의 임박한 패배로의 전환의 특징이었던 것은 적절하며, 두 사건은 모두 하나님의 군사적 지도 아래 일어났다.

처음 여섯 나팔 심판: 하나님은 천사들을 통해 최후의 심판의 서곡이 되는, 박해하는 세상에 대한 심판을 행하심으로써 성도들의 기도에 응답하신다[8:6-9:21]

❶ 처음 네 나팔 심판: 하나님은 경건하지 않은 자들이 그들의 박해와 우상 숭배로 말미암아 자신과 분리된 것을 암시하기 위하여 그들에게서 세상의 안전을 박탈하신다[8:6-12]

8 6 일곱 나팔을 가진 일곱 천사가 나팔 불기를 준비하더라. 7 첫째 천사가 나
팔을 부니 피 섞인 우박과 불이 나와서 땅에 쏟아지매 땅의 삼분의 일이
타 버리고 수목의 삼분의 일도 타 버리고 각종 푸른 풀도 타 버렸더라. 8 둘째 천사가
나팔을 부니 불 붙는 큰 산과 같은 것이 바다에 던져지매 바다의 삼분의 일이 피가 되
고 9 바다 가운데 생명 가진 피조물들의 삼분의 일이 죽고 배들의 삼분의 일이 깨지더

라. [10] **셋째 천사가 나팔을 부니 횃불 같이 타는 큰 별이 하늘에서 떨어져 강들의 삼분의 일과 여러 물샘에 떨어지니** [11] **이 별 이름은 쓴 쑥이라. 물의 삼분의 일이 쓴 쑥이 되매 그 물이 쓴 물이 되므로 많은 사람이 죽더라.** [12] **넷째 천사가 나팔을 부니 해 삼분의 일과 달 삼분의 일과 별들의 삼분의 일이 타격을 받아 그 삼분의 일이 어두워지니 낮 삼분의 일은 비추임이 없고 밤도 그러하더라.**

6. 일곱 나팔을 가진 천사들에 대한 묘사는 2절에서 처음 나타나지만 갑자기 방해를 받아 중단되고,[3-5절] 6절에서 다시 계속된다. 나팔 심판은 일곱째 인 심판 다음에 연대순에 따라 일어나는 것이 아니고, 다만 요한이 본 환상의 순서를 보여준다. 즉, 요한은 인 환상 다음에 나팔 환상을 보았다. 나팔 심판은 인 심판에 묘사된 기간과 시간적으로 겹친다. 그러나 처음 다섯 인 심판의 주된 관점이 신자들이 통과해야 하는 환난에 있었다면, 처음 여섯 나팔 심판의 초점은 가시적인 교회 안팎에 있는 비신자들이 겪어야 하는 심판에 있다. 나팔 심판은 인 심판에 묘사된 환난과 어느 정도 비슷하지만 주된 목적은 처벌에 있다.

7. "첫째 천사가 나팔을 부니", 그렇게 새로운 심판 시리즈의 첫째 심판이 집행된다. "피 섞인 우박과 불"에 관한 첫째 나팔 심판은 애굽에 내린 우박과 불 재앙을[출 9:22-25] 따라 구성된다. 이 재앙의 범주는 땅 전역에 미친다(단순히 애굽만이 아니라 온 세상 지역에 타격을 입힌다). "땅의 삼분의 일이 타 버리고 수목의 삼분의 일도 타 버리고." 요한계시록 다른 곳에서, 가장 명확히는 4:5에서처럼 불은 문자적인 개념이 아니라 비유적인 개념이다.[1:14, 2:18, 10:1, 19:12 참조] 이것은 환상이 상징을 통해 전달된다고 말하는 1:1과 일치한다.[1:1 주석 참조] 7절에서 '불'은 하나님의 거룩한 심판을 가리킨다. 이 불은 하나님의 보좌 앞에서 타오르고,[4:5] 따라서 나팔 심판도 그 원천을 '하나님 앞에' 두고 있

다.[8:2] 첫째 나팔 심판으로 피해를 입은 땅의 지역은 출애굽기 9:25, 31-32에서처럼(일부 음식만 파괴된) 식량 재료와 관련된 곳이다. 이것은 일부 식량 재료에만 영향을 미친 6:6의 셋째 인 심판의 기근과 비슷하다. 첫째 나팔 심판의 또 다른 배경은 불순종한 이스라엘에 장차 임할 심판의 특징이 기근이 될 것이라는 에스겔의 예언이다.[겔 4:9-17, 5:1-17] 이스라엘은 (의미심장하게도) 삼분의 일씩 나누어질 것이다. 이 삼분의 일의 심판은 '성읍 안에서' 불사르는 것과 관련해 묘사된다.[겔 5:2] 에스겔 5:12은 불을 전염병과 기근으로 요약하므로 에스겔 5:2에서 불사르는 것은 기근에 의한 심판을 가리키는 은유적 묘사라는 주장을 확증한다. 7절에서와 출애굽기에서처럼 에스겔서의 기근도 모든 사람을 죽음으로 몰아넣지는 않는다.[겔 4:16-17, 5:10, 12, 16-17] 불과 기근은 요한계시록 18:8에서도 연계되어 나타난다.

8-9. 첫째 나팔 심판의 심판 주제를 지속하는 둘째 나팔 심판에서 "불 붙는 큰 산과 같은 것이 바다에 던져지매 바다의 삼분의 일이 피가" 된다. 요한계시록과 성경 다른 곳에서 불은 잘 알려져 있는 심판 심상이다. 요한계시록에서 산은 선하든 악하든, 지상적이든 천상적이든 나라를 가리키지만,[14:1, 17:9, 21:10] 구약성경에서 나라를 표상하는 산은 종종 하나님의 심판의 대상을 묘사하는 데 사용된다.[사 41:15, 42:15, 겔 35장, 슥 4:7] 따라서 이 장면은 악한 나라에 대한 심판에 대해 말한다. 예레미야는 바벨론을 불에 탈 멸망의 산으로 언급하고,[렘 51:25] 같은 장 뒷부분에서는 다시는 일어나지 못하도록 바벨론을 강 속에 던져 넣는 것에 대해 말한다.[렘 51:63-64] 분명히 둘째 나팔 심판의 배후에는 예레미야의 이 환상이 놓여 있다. 바벨론은 또한 요한계시록 18:21에서 바다에 던져진 돌로 묘사된다. 따라서 요한의 이 두 묘사의 배후에는 예레미야의 예언적 선포가 놓여 있다. '불 붙는 큰 산'은 바벨론, 곧 악한 세상 전체 구조를 지배하는 큰 성에 대한 하나님의 심판

을 표상한다. 7절에서처럼 불은 또한 기근을 표상할 수도 있다. 바다의 삼분의 일이 피가 되는 것은 출애굽기 7:20-21을 직접 인유한 것이다. 나일 강의 물고기가 죽은 것처럼 여기서도 바다 피조물 삼분의 일이 죽는다. "바다 가운데 생명 가진 피조물들의 삼분의 일이 죽는" 죽음에 비인간 피조물과 인간이 모두 포함된다는 것은 이어지는 문구인 "배들의 삼분의 일이 깨지더라"에 직접 함축되어 있다. 이것은 식량 재료에 영향을 미치는 기근 장면에 적합하지만 해상 교역의 부분적인 몰락 역시 세상 전역에 미친 부분적인 경제적 타격을 표상하고, 18:11-19에 나오는 해상 교역의 원천인 바벨론의 멸망을 예견한다.

10-11. 셋째 나팔이 불리는 것과 함께 기근 심판이 계속된다. "횃불 같이 타는 큰 별이 하늘에서 떨어져 강들의 삼분의 일과 물샘"을 오염시킨다. 여기서 불의 등장은 앞에서 언급된 기근 개념을 계속하는 것이고, 마실 수 없는 물이라는 주제도 둘째 나팔 심판을 보강한다. 시편 78:44을 주목해 보라. 하나님은 "그들의 강과 시내를 피로 변하여 그들로 마실 수 없게" 하셨다. 여기서는 불덩이가 산의 형태가 아니라 횃불같이 타는 '큰 별'의 형태다. 요한계시록 다른 곳에서처럼[1:20, 2:1 등] 별은 종종 땅의 인물이나 나라를 대표하는 천사를 가리킨다. 따라서 이 장면은 죄인들의 대표 천사에 대한 심판을 가리키는 것으로 보인다. 이와 같은 심판은 역사 전체에 걸쳐 계속되고, 그리스도께서 재림하실 때 있을 최후의 심판에서 절정을 이룬다. 10-11절 장면의 배경은 먼저 이사야 14:12-15로 거슬러 올라간다. 그 본문을 보면 바벨론의 수호천사가 하늘에서 구덩이 맨 밑으로 떨어진 별로 묘사된다. 이 별은 '쓴 쑥'으로 불리는데, 이것은 예레미야 9:15과 23:15에 기초가 두어져 있다. 거기 보면 하나님께서 불순종하는 자기 백성에게 쑥을 먹이고 독한 물을 마시게 하셔서 심판하신다.

예레미야 9:15과 23:15의 용법은 문자적 용법이 아니고 심판으로 임한 고통의 쓰라림을 상징하는 은유적 용법이다. 사실 '쓴 쑥'의 오염 심상은 이 심판이 땅에서 저질러진 범죄와 매우 적합하다는 것을 증명하기 위해 선택되었다. 왜냐하면 이스라엘의 종교 지도자들은 비유적으로 말해 이스라엘을 우상숭배로 '오염'시켰고, 따라서 하나님께서는 쓴 물로, 말하자면 쓰라린 고통으로 그들을 오염시키신 것으로 묘사되기 때문이다. 쓴 쑥은 물을 오염시키는 쓴 풀로, 예레미야서와 구약성경 다른 곳에서 비유적으로 하나님의 심판으로 인한 쓰라린 고통을 가리키는 데 사용된다.신 29:17-18, 잠 5:4, 암 5:6-7 불에 대한 언급과 함께 신선한 물을 오염시키는 것도 앞의 두 나팔 심판의 재앙에 나타난 기근 사상을 이어 간다. 처음 세 나팔 심판은 땅, 바다, 강의 일부 그리고 인간 일부에 타격을 가하는 불의 심판으로 묘사되었다.

12. 넷째 나팔 심판은 앞선 세 심판의 재앙 주제를 계속하지만 기근은 언급하지 않는다. 넷째 나팔 심판은 제한적인 어둠을 가져온다. "해 삼분의 일과 달 삼분의 일과 별들의 삼분의 일이 타격을" 받는다. 넷째 나팔 심판은 해가 검어지고 달은 온통 피 같이 되는 6:12-13의 최후의 심판 묘사와 비슷하지만 그보다 범주는 제한적이다. 6:12-13은 우상숭배자와 하나님의 백성을 박해하는 자들에 대한 하나님의 최후의 심판을 언급하는 것이고, 따라서 12절과 비슷한 면이 보이기도 하지만 그것은 어디까지나 부분적인 의미에서만 그렇다. 12절은 출애굽기 10:21-29의 흑암 재앙을 인유한다. 유대인은 출애굽 재앙을 상징적인 의미에 따라 영적·문화적·정신적 어둠으로 해석했다. 12절의 어둠은 사람을 절망 속에 빠뜨리는 일련의 신적 심판을 가리킬 수 있다. 왜냐하면 어둠은 사람들로 하여금 그들의 우상숭배가 헛되다는 것과 재앙이 순식간에 임한다는 것을 깨닫게 하

기 때문이다. 어둠이 임할 때 그들의 반응은 두려움, 공포, 낙담 그리고 의기소침이 될 것이다.

12절에서 빛의 원천들을 차단하는 것이 비유적 표현인 것은, 구약성경에서 이 심상의 대다수 경우가 분명히 문자적이 아니라 은유적인 표현이라는 사실로 암시된다. 예레미야는 므낫세 때문에 이스라엘에 임한 심판에 대해 말할 때 아직 대낮이지만 해가 떨어졌다고 표현한다.[렘 15:9] 아모스도 이스라엘의 심판에 대해 말할 때 심판의 한 부분으로 하나님께서 대낮에 해를 지게 하여 깜깜하게 하실 것이라고 언급한다.[암 8:9] 이러한 언급은 결정적인 마지막 때 세상의 사건이 아니라 실제로 이스라엘 민족에게 임한 하나님의 심판의 결과가 얼마나 심각한지를 비유적으로 말하는 것이고, 역사가 끝날 때 우주의 결정적인 멸망과 비교되었다. 요엘은 요한계시록과 비슷한 말로 나팔 소리, 타는 불, 어두워진 해와 달, 광채를 잃은 별을 언급하는데,[욜 2:1-10] 이것은 모두 마지막 때의 희한한 우주적 대재앙이 아니라 이스라엘 역사 속에서 실제로 일어난 사건들을 가리킨다. 요엘, 아모스, 예레미야가 실제 역사 사건을 가리키는 것과 마찬가지로 12절도 교회 시대 전체에 걸쳐 수시로 일어나는 실제 역사적 사건을 가리키고, 따라서 공중에서 벌어진 이 사건들의 의미는 비유적으로 취해져야 한다. 전도서 12:1-2을 주목해 보라. 거기 보면 죽음을 가져오는 곤고한 날이[전 12:6-7 참조] "해와 빛과 달과 별들이 어두워지는" 때를 가리킨다.[욥 3:3-10 참조] 스바냐 1:15-16은 비슷한 우주적 혼란(어둠, 흑암, 구름)을 나팔 소리 문맥에서 우상숭배에 빠진 이스라엘에 대한 하나님의 심판의 상징으로 언급한다. 비슷한 언급들에 대해서는 이사야 13:10과 에스겔 32:7-8도 보라. 이런 사건이 교회 시대 전체에 걸쳐 일어난다는 것은 한편으로는 인 심판과 같이 이 사건들도 하늘 보좌로 올라가신 그리스도의 부활과 승천에 따라 임하게 된다는 사실로,

또 다른 한편으로는 앞에서 인용한 구약 본문들과의 평행 관계에서 분명한 것처럼 최후의 심판과는 다르다는 사실로 암시된다.

넷째 나팔 심판은 처음 네 나팔 심판의 논리적 클라이맥스이자 강조점이다. 왜냐하면 넷째 나팔 심판은 처음 세 나팔 심판의 근본 사상을 표현하고 있기 때문이다. 넷째 나팔 심판은 완고한 비신자가 영적으로 하나님과 분리되는 것을 표상한다. 여기서 어둠은 비유적 의미로, 교회를 박해하는 우상숭배자들과 교회 안에 있으면서 우상숭배적인 문화와 결탁한 자들에게 우상숭배가 헛되다는 것과 살아 계신 하나님과 분리될 것, 그리고 그들은 이미 최초 단계의 심판을 겪고 있다는 것을 상기시킬 의도를 가진 하나님의 작정적인 모든 사건을 가리킨다. 처음 네 나팔 심판은 모두 경건하지 않은 자에게 임하는 고난과 관련되어 있다. 이 결론은 7:1-3로 확증된다. 거기 보면 참 신자들은 인침을 받음으로써 땅, 바다, 나무에 타격을 입히는 해로부터 보호받는 믿음을 갖고 있다. 8:7-11은 인침 받지 못한 자들이 나팔 심판의 재앙에 타격을 받는 것을 보여준다. 왜냐하면 여기서도 땅, 바다, 나무라는 동일한 세 대상이 해를 입는 것으로 묘사되기 때문이다. 이것을 염두에 두면 7:3이 에스겔 9:4-6에 기반을 두고 있는 것과 8:3-5이 에스겔 10:1-7에 따라 형성되는 것이 결코 우연의 일치일 수 없다.[5절 주석 참조] 예루살렘에 징벌의 숯불이 쏟아지는 일이[겔 10장] 언약 공동체의 의로운 남은 자가 이마에 보호의 표를 받는 일이[겔 9장] 있은 후에 일어나는 것처럼, 여기서도 똑같은 패턴을 의도적으로 따르며 이스라엘 자손이 출애굽 재앙에서 보호받기 위해 문설주에 피로 표시를 해둔 옛 사건과 결합된다. 출애굽기-에스겔서 배경은 또한 넷째 나팔 심판이 가시적인 언약 공동체 안팎에 있는 인침 받지 못한 자에게 임하는 심판임을 암시한다.

6-12절의 환난은 교회 시대 동안 항상 땅의 다양한 부분에 타격

을 입혔지만 온 땅이나 모든 사람에게 타격을 입히지는 못한다. 네 나팔 심판의 부분적인 특징은 이것이 최후의 심판에 관한 묘사가 아니라는 것을 비유적으로 상징한다. 이 심판들을 심판 날의 온전한 처벌이 있을 때까지 완고한 모든 비신자에게 임하는 환난으로 볼 수 있다. 일곱째 나팔 소리가 있기 전, 10:11에서 요한에게 주어진 명령("네가 많은 백성과 나라와 방언과 임금에게 다시 예언하여야 하리라")은 세상 전역에 사는 경건하지 않은 사람들에 대한 예언을 가리키고, 나팔 심판의 광범한 효력을 증명한다(이 효력은 화가 모든 "땅에 사는 자들에게" 임한다는 사실로 강화된다).[8:13 참조] 10:11에서 요한이 예언해야 할 대상으로 명령을 받은 사람들은 8:7-9:21에서 그가 예언하는 대상인 사람들과 같다.

처음 네 나팔 심판과 처음 네 대접 심판 간의 평행 관계는 두 심판 시리즈의 심판들이 우상숭배로 말미암아 임하는 심판임을 확증하지만,[16:2] 또한 성도들에 대한 박해 때문에 일어난다는 요소가 덧붙여진다.[16:5-7] 특히 둘째와 셋째 대접 심판은 물이 피가 되는 장면을 묘사한다. 셋째 대접 심판의 묘사는 심판받는 자들이 "성도들과 선지자들의 피를 흘렸으므로" 이 처벌이 적합하다는 것과, 그러므로 하나님이 "그들에게 피를 마시게 하신 것이 합당하다"는 것을 설명해 준다.[16:6] 마찬가지로 물이 피가 되는 첫째와 둘째 나팔 심판도 박해자들이 그렇게 심판받는 것이 합당하다는 동일한 관심사와 관련되어 있음이 틀림없다.

이미 주장한 것처럼 처음 세 나팔 심판은 기근을 포함한다. 이 기근이 문자적 기근인지, 아니면 고난에 대한 비유적 묘사인지는 판단하기 어렵다. 이 기근은 비유적인 의미일 수 있지만 그렇다고 해도 매우 포괄적인 고난 가운데 문자적인 기근을 가리킬 수도 있다('제유법'으로 알려진 이 비유 언어는 부분으로 전체를 나타내는 수사법을 가리킨다).

처음 네 나팔 심판의 비유적인 성격은 최소한 다음 두 가지 고찰로 확인된다. 첫째, 나팔 심판에 대한 서술 전체에 걸쳐 '같은'에 해당하는 헬라어 단어를 사용한 표현은 환상에서 본 것에 대한 엄밀한 묘사를 의도적으로 배제했다는 것을 암시하고, 특히 그것이 은유적 묘사임을 함축한다.[8:8, 10, 9:2, 3, 5, 7-10, 17, 19] 이 비유적 강조는 1:1에서 헬라어 *sēmainō*(상징을 통한 전달)를 사용하는 것으로 그리고 비유 묘사가 내포된 다니엘서 본문의 배경으로 밑받침된다.[1:1 주석 참조] 둘째, 나팔 심판 전체에 걸쳐 나오는 다양한 심상에 대한 주석은 그 심상들을 비유적으로 보는 것이 더 개연적이라는 점을 보여주었다(8:13에 나오는 말하는 독수리에 대한 주석을 보라).[9:1-19 주석 참조] 예를 들어, 한 별똥별이 세상의 신선한 물 삼분의 일을 동시에 오염시키는 것을 문자적인 상황으로 상상하기는 어렵다.

출애굽 재앙은 요한계시록 8-9장에서 효력이 온 세상으로 확대되는 나팔 심판 재앙을 예표하는 전조로 이해된다. 앞에서 지적한 것처럼 기근 심상 자체는 단순히 실제 기근에 대한 문자적인 언급이 아니라 일반적으로 온갖 고난을 내포한 상징적인 개념을 가리킬 것이다. 7-12절에 나타난 환난은 땅에 거하는 자들이 의지하는 우상숭배의 대상이 얼마나 허탄한지를 계속 상기시킨다. 이 환난은 경건하지 않은 자들이 자신의 필요를 만족시키기 위해 의존하는 세상 자원들의 결함에서 나온다. 이 환난은, 실제 사망과 함께, 경건하지 않은 자들이 궁극적으로 불안정한 존재라는 것을 상기시킨다. 경건하지 않은 자들의 곤경의 이유는 자기들의 신뢰를 불안정한 것에 두고 있기 때문이다. 이 현세적 심판과 환난의 클라이맥스는 온 세상과 악한 세상 구조의 최종적인 파괴에 있다. 이 파괴가 일어나는 이유는 세상을 영적 신뢰의 대상으로 삼는 것은 궁극적으로 불충분하다는 사실을 예증하기 위해서다.

넷째 나팔 심판은 또한 다섯째 나팔 심판으로 나아가는 적절한 전환점으로 작용한다. 왜냐하면 두 심판은 똑같이 '어둠' 주제를 다루기 때문이다. 영적인 어둠 속에 있는 자는 어둠의 세력에 의해 괴롭힘을 당하고, 어둠의 세력의 역사는 자기 불신앙을 완고하게 고집하는 경건하지 않은 자들의 영안靈眼에 영원히 어두운 불신앙의 휘장을 치는 데 초점이 있다. 나팔 심판의 화를 묘사하기 위해 '재앙'이라는 말을 사용하는 것은[9:20] 나팔 심판의 화가 교회 시대 전체에 걸쳐 일어난다는 것을 함축한다. 왜냐하면 22:18에서 '재앙'이라는 말은, 요한의 환상 메시지에 신실한 반응을 보이지 못한 자는 누구든(가시적인 교회 안에 있는 불순종하는 자를 포함해) 타격을 입을 수 있는 저주를 가리키기 때문이다. 이 유효한 고찰을 통해 우리는 나팔 심판은 (전부는 아니지만 일부는) 단순히 재림 직전의 환난 기간과 재림 자체를 포함하는 기간이 아니라 그리스도의 초림과 재림 사이의 기간 전체에 걸쳐 일어난다는 것을 확인한다. 처음 네 나팔 심판은 창조 질서의 세 부분(땅, 하늘, 물)에 영향을 미치는데, 이것은 창세기 1장의 피조물의 기본 요소가, 동일한 순서대로는 아니지만 체계적이지 못한 상태에 있게 된다는 것을 암시한다. 영향을 받는 요소들은 빛, 공기, 채소, 해, 달, 별, 바다 피조물 그리고 인간이다. 처음 네 나팔 심판의 '창조의 해체' 관념은 요한계시록이 새 창조에서 절정에 달한다는 사실로 지지를 받는다.[21:1 이하]

8:6-12 묵상 제안

하나님의 계획 안에 있는 재앙의 목적: 처음 네 나팔 심판에 관한 내용을 다루는 8:6-12은, 애굽에 내린 재앙과 하나님께서 바로의 마음을 완악하게 하신 것을 교회 시대 전체에 걸쳐 진행되는 비신자들에 대한 하나님의 심판의 예표 모형으로 제시한다. 이것은 우리가 현세의 역사 전체 과정 속에서 일어나는 재앙 사건에 대해 취하는 관점과 어떻게 관련되어 있는가? 우리는 재앙들을 주로 마음을 바꾸도록 비신자를 일깨우는 경고로 생각하는가, 아니면 완고한 비신자를 향해 이미 시작된 심판으로 생각하는가? 또한 동시에 이 파괴적인 사건들을 (처음 다섯 인 심판에 나타난 환난의 목적과 같이) 신자를 연단시켜 하나님께 더 가까이 이끌기 위한 고난으로 간주하는가? 많은 그리스도인들이 역사 속에서 일어나는 사건은 신학적으로나 영적으로 중립적이라고 생각하지만, 사실 요한계시록은 그 사건들이 비신자와 신자 모두에게 해당하는 각각의 하나님의 목적이 있다고 말한다. 이런 사건에 어떻게 반응하는지의 여부는 사람이 하나님과의 진정한 구원 관계를 맺고 있는지를 가늠하는 한 가지 척도를 보여준다. 그리스도인은 재앙적인 사건을 믿음을 연단시키고 자신을 하나님께 더 가까이 이끌기 위해 하나님께서 보내신 것으로 받아들이는가, 아니면 그 때문에 하나님을 비난하고 마음이 더 완고해지는가? 파괴적인 사건에 대해 대체로 부정적인 반응을 보인다면, 그것은 가짜 신자나 가시적인 언약 공동체 경계 밖에 있는 비신자를 막론하고 그들이 영적인 어둠 속에 있다는 것을 암시하는가?

❷ 다섯째와 여섯째 나팔 심판: 귀신들이 완악한 비신자들을 처벌하라는 사명을 받는다 8:13-9:21

① 다섯째와 여섯째 나팔 심판의 서론 8:13

8 13 내가 또 보고 들으니 공중에 날아가는 독수리가 큰 소리로 이르되 땅에
사는 자들에게 화, 화, 화가 있으리니 이는 세 천사들이 불어야 할 나팔

소리가 남아 있음이로다 하더라.

13. 마지막 세 나팔 심판은 새로운 환상을 암시하는 말로 시작한다. "내가 또 보고 들으니." 마지막 세 나팔 심판은 앞으로 불려야 할 나머지 세 번의 나팔 소리를, 독수리가 경건하지 않은 자에게 삼중의 '화'를 선포하는 것과 함께, 환상 소개 공식으로 시작한다는 점에서 처음 네 나팔 심판과 확실하게 구별된다. 이 문학적 구별의 목적은 마지막 세 나팔 심판의 가혹성을 더욱 부각시키기 위해서다.

요한이 환상 속에서 보는 것은 "공중에 날아가는 독수리"다. 여전히 출애굽 재앙 모형을 염두에 두고 있는데, 그것은 출애굽 재앙도 갈수록 점차 심화되고 갈수록 적용이 구체적으로 이루어졌기 때문이다. 독수리가 등장하는 것은 환난의 심각성을 암시한다. 왜냐하면 '공중에 날아가는'이라는 말은 다른 곳에서 오로지 최후의 심판을 예견할 때 등장하는 새[鳥] 피조물을 가리키기 때문이다.[14:6, 19:17 • 18:2 참조] 처음 두 화는 비신자들의 삶에 최후의 심판의 기초를 둠으로써, 그리고 비신자들의 영원한 고통을 예시하는 방법으로 그들에게 고통을 가함으로써, 최후의 심판을 암시하는 세 번째 화와 관련되어 있다. 이 세 화는 또한 악인에게 직접 타격을 가한다는 점에서 처음 네 나팔 심판보다 더 심각하다. 여기서 악인이 직접 타격을 입는 이유는 그들이 그들의 삶과 삶의 양식을 지원했던 환경에 대해 가해진 처음 네 나팔 심판을 겪었음에도 불구하고 회개하지 않았기 때문이다. 마지막 세 나팔 심판의 영적인 중요성은 귀신들이 심판에 직접 가담하는 것으로 암시된다. 마지막 세 나팔 심판의 고조된 심각성은 또한 처음 네 나팔 심판에는 아무 이름이 주어지지 않지만 이 세 심판은 '화'라는 이름으로 불리는 것으로도 표현된다. 7-12절(처음 네 나팔 심판)은 땅의 자연적인 순환과 천체의 규칙적인 패턴의 붕괴를 강조했다. 이것에 함축된 신학적인 의미는 하나님이 세우신 윤리적·언약적 패턴을 깨뜨린 죄인들에 대한 심판을 내포하기 위함이다.[12절 주석 참조] 13절 이하는 이 함축적 신학을 명시적으로 드러낸다. 이 심판은 9장이 계시하는 것처럼 주로 영적인 성격을 갖는다.

독수리는 종종 구약성경에서 장차 임할 파괴의 전조로 등장한다.[신 28:49, 렘 4:13, 48:40, 애 4:19, 겔 17:3] 특히 호세아 8:1("나팔을 네 입에 댈지어다. 원수가 독수리처럼 여호와의 집에 덮치리니")과 예레미야 4:13이 이에 합당하다. 예레미야 4:13을 보면, 예레미야 4:5, 19, 21에서 나팔 소리를 심판을 선언하는 표시로 세 번에 걸쳐 언급하는 것과 함께, "우리에게 화 있도다"라는 말로 독수리의 파괴적인 심상을 제시한다. 요한계시록 8:13의 독수리는 4:7에서 날아가는 독수리 같이 묘사되는 넷째 생물일 것이다. 은유적으로 독수리를 심판과 관련시키는 것은, 천사가 공중으로 날아가 하나님의 심판[14:7]을 선언하는 14:6의 내용과 평행을 이루는 것으로 암시되는 것처럼, 독수리가 천사를 표상할 개연성이 있는 것과도 일치한다. 출애굽기 19:4을 보면 하나님이 애굽 사람에게 재앙을 내리신 후에 자신을 자기 백성을 보호하는 독수리로 비유하신다. "내가 애굽 사람에게 어떻게 행하였음과 내가 어떻게 독수리 날개로 너희를 업어 내게로 인도하였음을 너희가 보았느니라." 13절에서 독수리는 우상숭배자와 땅에 거하는 자들에게 새로운 재앙을 선포한다.

② 다섯째 나팔 심판: 귀신들이 완악한 비신자들의 영혼을 고갈시키고 그들의 절망적인 영적 곤경을 상기시킴으로써 고통을 가하라는 명령을 받는다

9:1-12

9 **¹다섯째 천사가 나팔을 불매 내가 보니 하늘에서 땅에 떨어진 별 하나가**
있는데 그가 무저갱의 열쇠를 받았더라. ²그가 무저갱을 여니 그 구멍에

서 큰 화덕의 연기 같은 연기가 올라오매 해와 공기가 그 구멍의 연기로 말미암아 어
두워지며 3 또 황충이 연기 가운데로부터 땅 위에 나오매 그들이 땅에 있는 전갈의 권
세와 같은 권세를 받았더라. 4 그들에게 이르시되 땅의 풀이나 푸른 것이나 각종 수목
은 해하지 말고 오직 이마에 하나님의 인침을 받지 아니한 사람들만 해하라 하시더라.
5 그러나 그들을 죽이지는 못하게 하시고 다섯 달 동안 괴롭게만 하게 하시는데 그 괴
롭게 함은 전갈이 사람을 쏠 때에 괴롭게 함과 같더라. 6 그 날에는 사람들이 죽기를
구하여도 죽지 못하고 죽고 싶으나 죽음이 그들을 피하리로다. 7 황충들의 모양은 전
쟁을 위하여 준비한 말들 같고 그 머리에 금 같은 관 비슷한 것을 썼으며 그 얼굴은
사람의 얼굴 같고 8 또 여자의 머리털 같은 머리털이 있고 그 이빨은 사자의 이빨 같으
며 9 또 철 호심경 같은 호심경이 있고 그 날개들의 소리는 병거와 많은 말들이 전쟁터
로 달려 들어가는 소리 같으며 10 또 전갈과 같은 꼬리와 쏘는 살이 있어 그 꼬리에는
다섯 달 동안 사람들을 해하는 권세가 있더라. 11 그들에게 왕이 있으니 무저갱의 사자
라. 히브리어로는 그 이름이 아바돈이요 헬라어로는 그 이름이 아볼루온이더라. 12 첫
째 화는 지나갔으나 보라, 아직도 이 후에 화 둘이 이르리로다.

1. 다섯째 천사가 나팔을 불자 요한은 심판에 관한 또 다른 환상을 본다. 요한은 "하늘에서 땅에 떨어진 별 하나"를 본다. 이 별은 죄인을 대표하고 그들과 함께 심판을 받는 천사를 가리키는 8:10의 별과 동일하거나 아니면 최소한 비슷할 것이다. 1절의 구약 배경 본문은 이사야 14:12-15이다. 예수는 누가복음 10:18에서 사탄의 심판을 묘사하기 위해 사실상 이와 동일한 표현을 사용하신다. "사탄이 하늘로부터 번개 같이 떨어지는 것을 내가 보았노라." 1절의 표현은 "사탄이……땅으로 내쫓기니 그의 사자들도 그와 함께 내쫓기니라"계 12:9 • 12:13 참조는 말을 다르게 하는 것일 수 있다. 이 천사가 타락한 천사라는 결론은 11절로도 암시된다. 11절을 보면 '무저갱의 사자'가 악한 황충들을 '지배하는 왕'으로 불리고, '아바돈'(파괴)과 '아볼루

온'(파괴자)으로 지칭된다. 1-3절에서 무저갱과 황충을 지배하는 주권자인 천상의 존재는 그것들을 지배하는 '왕'으로 말해지는 11절의 천사와 동일 인물일 것이다(이 천사의 사탄적인 성격에 대해서는 11절에 대한 주석을 보라).

이 타락한 천사는 죄인에 대한 처벌을 시행하는 역할을 부여받는다. 이 천사는 사탄이 거주하는 영역인 '무저갱의 열쇠'를 받는다. 하지만 이 열쇠(권세)는 궁극적으로 홀로 사망과 음부의 열쇠를 갖고 계시는[1:18] 그리스도께서 주시는 것이다. 사탄이든 그의 악한 종들이든 부활하신 그리스도께서 그들에게 그렇게 하라는 능력을 주시지 않는 한 절대로 땅에 지옥의 세력을 풀어놓을 수 없다.[20:1-3 주석 참조] 9장과 이후의 환상이 드러내는 것처럼 독자들은 하나님과 어린양의 주권의 범주가 계속 확대되는 것을 본다. 사탄의 영역을 궁극적으로 통제하시는 분은 하나님과 어린양이다. 성도들은 악의 세력이 자신들에게 진노를 터뜨리거나 그들의 동지, 곧 적그리스도를 따르는 자들을 스스로 파괴할 때 이 사실을 기억해야 한다. 하나님은 모든 것을 통제하시는 웅대한 목적을 갖고 계시고, 이것이 사면초가에 몰린 그리스도인에게 소망과 격려의 기초가 된다(선하신 하나님께서 어떻게 악의 주권자가 되실 수 있는지의 문제에 관한 설명은 6:1-8에 대한 주석을 보라).

2. 천사가 무저갱을 열자 그 구멍에서 연기가 올라온다. "해와 공기가 그 구멍의 연기로 말미암아 어두워지며." 해와 우주의 다른 부분이 어두워지는 심상은 이미 심판을 함축하고 있는 것으로 확인되었다.[6:12 이하, 8:12 주석 참조] 이 심상은 요엘 2:10, 31, 3:15에서 해가 어두워지는 것을 심판의 표징으로 거듭 언급하는 것을 인유한다.[사 13:10 참조] 요엘서 본문의 심상 자체는 출애굽기 10:1-15의 메뚜기 재앙을 전개한 것으로 보인다.[7절 주석 참조] 출애굽 사건의 메뚜기 재앙은 애굽 사람

이 하나님께서 모세를 통해 주신 말씀을 완강히 거부할 때 그들의 완고한 마음에 내려진 하나님의 심판이었다. 그러므로 2절에서 심판 개념이 바뀌었다고 생각할 하등의 이유가 없다. 이것은 9장 이후 부분에서[17-20절] 그리고 요한계시록 이후 부분에서[14:11, 18:9, 18, 19:3] '연기'에 심판의 의미가 명확히 담겨 있는 것으로 확증된다. 따라서 2절의 장면은 이전에 마귀의 영역으로 한정되었던 심판이 땅의 영역으로 확대되는 것을 암시한다. 그리스도의 죽음과 부활의 결과로 마귀와 그의 군대는 심판을 받기 시작했고, 이제 그 결과가 믿지 않는 인간, 곧 마귀에게 궁극적인 충성을 바치는 자들에게 미치게 될 것이다. 본질상 이와 동일한 패턴에 따라 확대된 심판이 12:7-12, 13:3-8, 16:10, 17:8에서도 나타난다(12:12 이하에서는 성도들도 박해와 미수에 그친 미혹의 형태로 이 확대된 심판의 영향을 받기는 한다). 아래 3-6절에서 확인할 것처럼 이 심판은 부분적으로 미혹을 포함하는데, 은유적으로 어둡게 하는 연기로 예견된다. 신약성경 전체에 걸쳐 어둠은 영적 무지를 상징한다.[눅 11:36, 요 1:5, 3:19-21, 8:12, 11:10, 12:35-36, 롬 13:12, 고후 4:4, 벧전 2:9, 요일 1:5]

3. 황충으로 묘사된 귀신과 같은 존재들이 연기가 나는 무저갱으로부터 땅 위로 나온다. 출애굽 당시의 메뚜기 재앙에서처럼 3절에서도 황충을 땅 위로 보내시는 분은 하나님 자신이다. "권세를 받았더라"는 말은 주어가 하나님이나 그리스도임을 함축한다(비슷한 문구에서 하나님을 주어로 하는 경우는 6:2-8, 8:2 등을 보라). 3절에 나타난 출애굽 재앙 모형은 하나님께서 재앙의 도구를 지배하는 절대적인 주권을 갖고 계시는 분임을 확증한다. 이것은 애굽에 내린 메뚜기 재앙을 소개하는 다음과 같은 말로 암시된다. "네 손을 내밀어 메뚜기를 애굽 땅에 올라오게 하여 우박에 상하지 아니한 밭의 모든 채소를 먹게 하라."[출 10:12]

4. 출애굽 당시의 메뚜기 재앙은 채소에 피해를 입혔지만 4절에서 황충은 **"땅의 풀이나 푸른 것이나 각종 수목은 해하지 말고 오직 이마에 하나님의 인침을 받지 아니한 사람들만"** 해하도록 되어 있다. 인침은 참 신자에게만 주어진다. 인침은 궁극적으로 사탄의 나라가 아니라 하나님 나라의 일원이 되도록 되어 있는 자들에 대한 하나님의 주권적인 권세와 소유권의 표시다. 이것은 그리스도인의 믿음이 하나님의 보호의 임재로 보장된다는 것을 의미한다.[2:17, 7:2-3 주석 참조] 물론 이 시기 전체에 걸쳐 비신자들이 신자가 되는 일이 있지만, 그들도 하나님의 작정에 따라 미리 '인침'을 받고 삶의 어느 한 시점에 하나님을 믿게 될 자들이다. 사실 그들은 그들에게 주어진 인침의 결과로 그리스도인이 된다. 가해진 해[害]의 한 부분은 인침 받지 못한 비신자들이 영적 어둠 가운데 있는 것과 관련되어 있다.[8:12 주석 참조] 동시에 8:12과의 연계성은 이 마귀적인 존재들이 경건하지 않은 자들에게 그들이 살아 계신 하나님과 분리된 존재가 되리라는 것을 상기시키는 사건을 일으킨다는 사실을 함축한다. 이것을 상기하는 자들은 어쩔 수 없이 그들의 가망 없는 상황을 깨닫게 되어 두려움으로 절망에 빠지게 된다. 이런 종류의 고통을 염두에 두고 있다는 것은 5-6절로 명확히 드러난다. 출애굽 재앙이 이스라엘 백성은 해하지 못하고 오직 애굽 사람만 해한 것처럼,[출 8:22-24, 9:4-7, 26, 10:21-23] 참 그리스도인도 다섯째 나팔 재앙으로부터 보호를 받는다.

5. 그러나 황충이 **"그들을 죽이지는 못하게 하시고 다섯 달 동안 괴롭게만"** 하신다. 여기서 다섯 달은 유추해 볼 때 건기[乾期] 또는 황충의 생존 주기를 가리킬 수도 있지만, 요한계시록에 나오는 다른 수들과 같이 상징적인 개념을(제한된 시기를 가리키는) 갖고 있을 것이다. 하나님께서 이 제한을 두셨다는 것은 5절에서 염두에 두고 있는 사실, 곧 애굽에 내린 재앙의 한시적인 제한을 하나님께서 결정하셨

던 사실로 보아 분명하다. '괴롭게 함'은 주로 영적이고 심리적인 고통이다. 왜냐하면 요한계시록 다른 곳에서 최후의 심판 이전과 최후의 심판을 포함하는 환난의 성격과 관련한 이 말의 내포 의미이기 때문이다(18장에서는 '우는 것'과 '애통함'의 정서적 고통과 같은 의미다).[11:10, 14:10-11, 18:7, 10, 15, 20:10 참조]

영적·심리적 고통 주제는 인침 받은 신자가 해를 입지 않은 이유를 설명해 주는데, 그것은 그들이 그리스도 안에서 자신의 복된 운명을 확신하고 있기 때문이다. 신명기 28장 역시 '끝날'에[신 4:30] 이스라엘이 우상숭배로 말미암아[신 28:14, 29:22-27, 30:17, 31:16-20] 메뚜기 재앙을[신 28:38-39, 42] 포함하여 애굽에 내린 재앙들을[신 28:27, 60] 겪게 될 것이라고 예언한다. 이 마지막 때의 고통에는 정신병,[신 28:28] 어둠,[신 28:29] 떠는 마음과 쇠하는 눈(어둠?)과 정신의 산란함[신 28:65] 같은 재앙[신 28:61]을 포함한다. 신명기 본문을 어느 정도 염두에 두게 되면 이 개념은 불가시적인 신앙 공동체의 일원은 아니지만 새 이스라엘의 가시적 공동체 안에 있는 자들에게 적용된다. 그러나 이 재앙은 언약 공동체의 경계를 넘어 확대된다. 애굽에 내린 재앙도 신앙 공동체 밖에 있는 자들에게 타격을 입혔기 때문이다. 사실 마지막 때에 이스라엘에 임하는 일로 신명기 28장에 예언된 재앙은 하나님이 애굽에 보내신 바로 그 재앙들로 구성되었다.[신 28:60] 그것은 가시적인 신앙 공동체에 속한 자들이 애굽 사람만큼 믿지 않는 자로 나타날 것이기 때문이다.

6. 요한은 지금 자신이 방금 보았던 환상에 대해 부분적으로 해석을 제공한다. 고통의 영적·심리적 성격은 "사람들이 죽기를 구하여도 죽지 못하는" 사실로 강조된다. 즉, 그들은 죽기를 바라지만 죽음에 대한 두려움이 너무 커서 자살할 힘조차 없음을 발견할 것이다. 황충의 위력은 교회의 불경건한 박해자들에게 우상숭배가 헛되다는 것과, 그들이 살아 계신 하나님과 분리되고 그 결과 그들에게 소망

이 없다는 점을 상기시켜 줄 것이다. 불순종하는 자는 그들이 겪는 일로 미치고 말 것이라는 모세의 예언이 성취될 것이다.신 28:28, 34 출애굽 당시에 애굽 사람은 재앙으로 인해 여호와께서 유일하신 참 하나님이라는 것과 자기들은 여호와를 결코 이길 수 없다는 것을 깨닫고 혼란과 절망에 빠졌다. 이 깨달음에는 죄에 대한 불안한 자각이 포함되어 있기는 했지만 회개에 이르지는 못했다.출 9:27-28, 10:16-17 참조 따라서 이제 죄인은 그들의 삶을 지탱시킨 우상숭배적인 가치가 사탄의 공격 앞에서 단지 모래성과 같다는 것을 깨달을 때 두려움 속에서 살게 될 것이다. 그리고 애굽 사람에게 임한 재앙과 같이 다섯째 나팔 심판의 재앙도 절망에서 하나님께 돌아서지 못할 정도로 희생자들을 완고하게 만들 것이다. 이 완고함은 사실 귀신들의 미혹의 영향이다. 반면에 신자는 어떤 악도 두려워하지 않을 것인데, 그 이유는 자신들은 살든지 죽든지 그리스도와 함께 있다는 것과 삶의 외관적인 재앙과 반전 배후에 사랑이 많으신 주권자 하나님이 자신들의 유익을 위하여 그분의 영원한 뜻을 수행하고 계심을 알고 있기 때문이다.롬 8:28 경건하지 않은 자들과 달리 신자들은 예수와 하나님의 말씀에 대해 증언한다는 이유로 세상이 그들에게 가하는 고통 속에서, 심지어는 죽음 앞에서도 결국은 즐거워한다. "어린양의 피와 자기들이 증언하는 말씀으로써 그를 이겼으니 그들은 죽기까지 자기들의 생명을 아끼지 아니하였도다."12:11 • 1:9, 2:10, 6:9, 20:4 참조

7. 여기서 요한이 '황충'의 모양을 세부적으로 묘사하는 내용에 '비슷한'이라는 말이 한 번, '같은'이라는 말이 세 번에 걸쳐 나오는데, 이것은 요한이 환상 장면을 묘사하는 데 심혈을 기울이고 있음을 암시한다. 이 환상을 보고 요한은, 이후 구절들이 계시하는 것처럼, 구약성경에 나온 비슷한 장면을 마음속으로 상기한다. 따라서 요한은 구약의 예언에 나온 가장 비슷한 말로 자신이 보는 장면을

묘사한다. "전쟁을 위하여 준비한 말들 같은" 황충에 대한 요한의 환상은 분명히 이스라엘을 공격하는 메뚜기 재앙에 대한 요엘의 묘사(출애굽기 10장의 메뚜기 재앙에 따라 형성된)와 관련되어 있고, 이 재앙 역시 나팔을 부는 것으로 시작된다.[욜 2:1] 하나님께서 애굽을 심판하는 데 메뚜기를 사용하신 것처럼 요엘서에서도 회개하지 않은 이스라엘을 심판하기 위해 메뚜기를 사용하시는 것으로 묘사되고, 이 심판에서 남은 자만 오직 구원받을 것이다.[욜 2:31-32] 요엘은 메뚜기 재앙의 일차 목적이 비신자들의 마음을 완고하게 하는 데 있는 출애굽 재앙의 사상을 반영한다. 요엘서의 메뚜기는(원수 군대를 문자적으로 가리키든 상징적으로 가리키든) 기근과[욜 1:5-12, 16-20, 2:25] 괴로움을[욜 2:6] 일으켰다. 요한계시록에서 황충은 땅의 채소를 해치지 않는 것으로 묘사되고,[4절] 따라서 염두에 둔 해는 영혼의 기근이다(선지자들은 때때로 영적 기근에 대해 말한다).[암 8:11-14 참조] 이것은 처음 세 나팔 심판에서 확인되는 기근의 상태는 궁극적으로 죄인들의 영적 기근과 황폐로 말미암아 그들에게 임하는 형벌을 가리킨다는 것을 암시한다. 요한의 황충 묘사는 황충의 실제 생물학적 모양을 과장해서 표현한다. 황충의 머리는 말의 머리와 같은 모양이고, 더듬이는 머리털이 된다. 그 입의 파괴적인 힘은 사나운 사자의 이빨이 되고, 소리는 병거의 소리가 된다. 그리고 황충의 껍질은 철 호심경이 된다. 일반적으로 황충이 인간의 관점에서 설명되고 군대로 비유된다. 황충의 얼굴을 머리에 '금 같은 관'을 쓴 '사람의 얼굴'과 비교하는 것은 황충의 사악한 본성을 환기시킨다. 요엘 2:4-7도 황충을 전투를 위해 준비된 말과 사람들로 비유한다.

황충의 주요 모형을 구약의 심상에서 찾지 않고 현대 전쟁의 범주 안에서 찾으려고 애쓰는 것(예컨대 한 인기 있는 저술가가 주장하는 것처럼 헬리콥터로 보는 것)은 전혀 좋은 방법이 아니다. 주석가는 요한 시대에서 오늘날의 현재나 미래로 나아가기보다는 먼저 요한 시대에서 구약 시대로 거슬러 올라가야 한다. 왜냐하면 요한계시록이 황충 심상을 이끌어 내고 그 의미를 결정하는 첫 번째 명백한 원천은 구약성경이기 때문이다.

8. "그 이빨은 사자의 이빨 같으며"라는 말은 요엘 1:6에 기초가 두어져 있다. 요엘 1:6을 보면 황충은 이빨이 사자의 이빨 같은 '한 민족'과 같았다.

9. "철 호심경 같은 호심경"이라는 말은 군인(또는 병마. 병마가 황충으로 비유되는 욥 39:19-20을 보라)의 갑주 일부에 대한 일반적인 묘사다. "그 날개들의 소리는 병거와 많은 말들이 전쟁터로 달려 들어가는 소리 같으며"라는 말은 요엘 2:4-5의 인유다. "그의 모양은 말 같고 그 달리는 것은 기병 같으며 그들이 산 꼭대기에서 뛰는 소리는 병거 소리와도 같고……강한 군사가 줄을 벌이고 싸우는 것 같으니." 또 역사적으로 바벨론의 심판에 대해 말하는 예레미야 51:27도 보라. 거기 보면 바벨론을 치는 말들을 '극성스런 메뚜기'로 비유한다. 예레미야 51:14은 원수의 군대를 '메뚜기 같은' 집단으로 묘사한다. 요한계시록 다른 많은 곳에서처럼 황충은 비유적으로 이해되어야 하고, 따라서 실제 황충으로 간주하는 것은 잘못이다(그러므로 7절에서 '같고'라는 말과 8-10절에서 '같은'이라는 말이 반복해서 나타나는 것을 주목하라).

10. 황충에 대한 묘사는, 3-5절에서 그렇게 시작한 것처럼 황충의 권세를 먹이를 잡아먹는 전갈의 힘으로 비유함으로써 그리고 "다섯 달 동안 사람들을 해하는" 것으로 제한함으로써 끝맺는다. 예레미야 8:16-17을 보면 땅을 삼키는 준마들과 물어뜯는 뱀들이 결합되어 나타난다. 이 장면은 요한이 말 같은 황충과 쏘는 전갈을 결합시키는 것과 비슷하다. 두 본문에서 심판을 받는 자는 우상숭배자들이

다.[렘 8:2 • 계 9:20 참조]

11. 이 마귀적인 존재(귀신들)를 통제하는 천사는 '아바돈'이나 '아볼루온'(각각 '파괴자'라는 뜻을 가진 히브리어와 헬라어 단어)으로 불린다. 아바돈은 구약성경의 스올, 곧 죽음의 장소와 긴밀하게 연계되어 있다.[욥 26:6, 28:22, 시 88:11, 잠 15:11, 27:20] 이 두 이름은, 귀신을 '지배하는 왕'이라는 진술과 함께, 이 천사가 사탄 자신 아니면 사탄의 가장 강력한 대변자 가운데 하나라는 사실을 암시한다. 요한계시록 12:3-4과 13:1 이하는 이 결론과 부합된다. 왜냐하면 거기서 마귀와 짐승이 묘사되는데, 그들이 각각 머리에 왕관을 쓰고 있는 악의 세력의 지도자로 설명되기 때문이다. 이것은 9:1에서 타락한 천사의 신원에 관해 우리가 이미 내린 결론과 일치한다. 사탄의 두 이름은 귀신들을 이용하여 경건하지 않은 자들 사이에서 그들이 결국 자신들의 몸과 영혼을 죽음으로 파괴하도록 만드는 데 있어 사탄이 맡은 역할을 표현한다. 다섯 달 동안만 사악한 활동이 계속되는 것은 다만 최후의 끔찍한 목표로 나아가는 과정의 한 부분이다. 여섯째 나팔 심판은 이 과정의 완결을 묘사한다.

12. 12절은 전환 본문으로, 다섯째 나팔 심판을 요약하고 다음 두 나팔 심판을 소개하는 역할을 한다. 이 전환 본문은 마지막 세 나팔 심판 내용이 역사의 연대순에 따라 진행됨을 암시하는가, 아니면 이 환상들이 순서상 연쇄 관계를 이루고 있음을 암시하는가? 후자라는 것을 보여주는 첫 번째 암시는 "첫째 화는 지나갔으나"라는 표현에서 발견된다. 이것은 사건이 이미 역사 속에서 일어났음을 의미하는 말이 아니다. 단지 사건을 담고 있는 환상이 이제 지나갔음을 함축한다. '보라'는 사건이 아니라 환상을 보라는 뜻으로 화에 강조점이 있음을 보여준다. 이것은 또한 '이 후에'라는 끝맺음 문구에도 함축되어 있다. 이 문구는 요한계시록 다른 곳에서 역사 사건들의 순

서를 가리키는 것이 아니라 한 환상 다음에 다른 환상이 오는 순서를 가리킨다.[4:1 주석 참조] 따라서 12절의 의미는 다음과 같다. "첫째 화에 대한 환상의 나타남이 지나갔으나 보라, 이 첫째 환상 후에 화에 대한 두 환상이 더 나타나리로다." 그러므로 여기서 일차 관심사는 세 환상 속에 제시된 역사 사건들의 순서가 아니라 환상의 순서에 있다.

9:1-12 묵상 제안

심판의 대행자로 사탄을 사용하시는 하나님: 9:1-12은 사탄과 그의 하수인들을 사용해 심판을 행하시는 하나님에 의해 궁극적으로 벌어지는 끔찍한 심판 장면을 제시한다. 우리는 이런 식으로 사탄과 그의 세력을 사용하시는 것은 거룩하신 하나님께 합당하지 않다고 여겨야 하는가? 이 반응은 죄의 심각성에 대한 우리의 제한된 관점에 관해 무엇을 말해 주는가? 다른 관점에서 보면 9:1-12은 원수가 독립적인 행위자가 아니라 단지 하나님의 권세 아래 움직인다는 것을 증명한다. 비록 성경이 여기처럼 다르게 암시하고 있음에도 불구하고 우리는 실제로 영적 싸움을 두 동등한 세력 간의 다툼으로 간주하기를 좋아하지 않는가?

성경의 비유 언어 사용에 대한 이해의 중요성: 9:1-12은 요한이 사탄과 그의 하수인들이 하나님의 명령에 따라 일으킨 영적·심리적 고통을 가리키기 위해 전갈과 비슷하고 말과 같은 황충의 환상을 어떻게 사용하는지를 보여준다. 요한은 원수의 군대를 묘사하기 위해 출애굽 사건의 실제 황충 재앙을 똑같이 비유적으로 사용하는 요엘서의 묘사를 빌려 온다. 요엘서의 황충이 문자적이든 아니든 상관없이, 요한계시록에서 황충은 비유적이다. 예수와 같이 요한도 불신앙으로 완악한 자들의 마음을 더 완고하게 하는 한편 신자에게는 충격을 주어 회개로 이끌기 위해 심상과 비유를 사용한다. 우리는 이와 같은 성경 본문의 참된 의미를 어떻게 가장 잘 찾아낼 수 있을까? 우리는 얼마나 자주 성경의 다른 본문에서 그 뿌리를 찾아냄으로써 이런 본문들의 참된 의미를 발견하는가?

어둠의 심판의 엄중성: 9:1-12은 비신자들의 고통에 대한 관점을, 우상숭배가 헛되다는 사실과 그들이 살아 계신 하나님과 분리된다는 사실, 그리고 그들이 소망이 없다는 사실을 강력히 상기시키는 방편으로 제시한다. 사람들은 자기 상황이 그토록 절망적인데도 어째서 그리스도께 돌아오지 않는 것일까? 왜 십자가의 한 강도만 도움을 구하며 부르짖었을까? 무신론자인 볼테르는 죽으면서 저주와 기도로서 그리스도의 이름을 번갈아 불렀다고 전해진다. 이것은 하나님의 심판이 버림받은 자에게 보내는 어둠인가? 그렇다고 해도 십자가에서 부르짖은 한 죄수는 응답받아 하나님의 긍휼을 입었다.

③ 여섯째 나팔 심판: 죽을 때까지 미혹된 상태에 있는 자들에게 최종적인 처벌이 있음을 확실히 하고 그들을 회개하지 않은 상태에 둠으로써 귀신들에게 완고한 비신자들을 심판하라는 명령이 주어진다 9:13-21

9 13 여섯째 천사가 나팔을 불매 내가 들으니 하나님 앞 금 제단 네 뿔에서
한 음성이 나서 14 나팔 가진 여섯째 천사에게 말하기를 큰 강 유브라데에
결박한 네 천사를 놓아주라 하매 15 네 천사가 놓였으니 그들은 그 년 월 일 시에 이르
러 사람 삼분의 일을 죽이기로 준비된 자들이더라. 16 마병대의 수는 이만 만이니 내가
그들의 수를 들었노라. 17 이같은 환상 가운데 그 말들과 그 위에 탄 자들을 보니 불빛
과 자줏빛과 유황빛 호심경이 있고 또 말들의 머리는 사자 머리 같고 그 입에서는 불
과 연기와 유황이 나오더라. 18 이 세 재앙 곧 자기들의 입에서 나오는 불과 연기와 유
황으로 말미암아 사람 삼분의 일이 죽임을 당하니라. 19 이 말들의 힘은 입과 꼬리에

있으니 꼬리는 뱀 같고 또 꼬리에 머리가 있어 이것으로 해하더라. [20] 이 재앙에 죽지 않고 남은 사람들은 손으로 행한 일을 회개하지 아니하고 오히려 여러 귀신과 또는 보거나 듣거나 다니거나 하지 못하는 금, 은, 동과 목석의 우상에게 절하고 [21] 또 그 살인과 복술과 음행과 도둑질을 회개하지 아니하더라.

13. "하나님 앞 금 제단 네 뿔에서" 나는 음성은 그리스도의 음성,[6:6] 아니면 천사의 음성일[16:7] 것이다. '금 제단'에 대한 언급은 영광 속에 들어간 성도들이 같은 제단 아래서 하나님께 공의를 간청하는 간구를 드리던 장면을[6:10] 생각나게 하고 또한 여섯째 나팔 심판을 8:3-5의 전환 부분과 관련시키는데, 이것은 일곱째 인 심판과 일곱째 나팔 심판이 모두 성도들의 간청에 대한 하나님의 응답이라는 것을 증명했다. '네 뿔'에서 '넷'은 성경에서 온전함을 상징하는 수이고(이에 대해서는 '들어가며'의 수비학에 대한 설명과 7:1에 대한 주석을 보라), '뿔'은 능력을 상징한다. 따라서 이 환상은 하나님의 임재(금 제단)에서 나오는 하나님의 능력, 곧 하나님께서 성도들의 기도에 대한 응답으로 행사하기 시작하는 능력의 온전함을 가리킨다. 14:18에서 제단은 심판 능력과 직접 연계되어 있다. "불을 다스리는 다른 천사가 제단으로부터 나와." '앞'(문자적으로 '있는 곳에서')이라는 말은 천상의 성전에 계시는 하나님의 임재의 어떤 국면을 명백히 언급하는 것과 관련해 요한계시록 다른 곳에서 6회에 걸쳐 나타난다.[4:5, 5:8, 7:15, 8:3-4, 11:4] 이 본문들은 모두 어느 정도 심판이나 심판으로부터의 보호 관념을 내포하고 있다. 또한 이 같은 연계성은 9:13이 성도의 기도에 대한 응답으로 하나님의 심판 능력을 언급하는 본문임을 암시한다.

14. 제단에서 나온 음성은 여섯째 천사에게 "큰 강 유브라데에 결박한 네 천사를 놓아주라"고 명령한다. '결박한 네 천사'는 9:1-3에서 무저갱에서 감금되어 있던 귀신들처럼, 자기들의 뜻에 반하여 결박

되어 있었음을 의미한다. 네 천사는 악한 천사였을 것이다. '유브라데'는 네 천사가 감금되어 있던 곳이나 그들이 군대를 일으킬 어떤 장소를 문자적으로 가리키는 것이 아니다. 오히려 유브라데 주변 지역,[사 7:20, 8:7-8] "북쪽 유브라데 강 가"[렘 46:10] 또는 단순히 유브라데 지역을 의미하는 북방[렘 1:14-15, 6:1, 22, 10:22, 겔 38:6 등]은 구약성경에서 때로는 이스라엘을 반대하여, 때로는 다른 민족들을 반대하여 멸망의 군대가 일어나는 지역으로 언급된다. 이에 대한 가장 강력한 구약의 장면은 예레미야 46장에 나온다. 거기 보면 셀 수 없이 많은 황충과 같고 투구를 쓴,[렘 46:4, 22-23] '유브라데 강 가'에 위치한[46:2, 6, 10] 북쪽에서 온 기병, 곧 애굽에 장차 임할 심판을 묘사한다. '네 천사'는 하나님이 결박하셨고, 이제는 하나님이 놓아주신다. 왜냐하면 "네 천사를 놓아주라"는 명령이 천상의 제단에서 나오기 때문이다.

'유브라데'에 대한 언급은 여섯째 대접 심판의 전투를 예견하는데, 여섯째 대접 심판에서도 유브라데가 언급된다. 확실히 여섯째 나팔 심판과 여섯째 대접 심판은 동일한 사건을 다른 관점에 따라 묘사한다(그 연계성에 대해서는 추가로 9:19에 대한 주석을 보라). 북쪽 침략자에 대한 구약성경의 평행 기사들과 같이, 여기서도 부패한 천사 침략자를 보내시는 분은 궁극적으로 하나님이다. 네 천사는 이 경계(강)나 그 북쪽에 거주하는 악한 민족들의 수호천사로 간주될 수 있었다.[단 10:13, 20-21] 7:1로 돌아가 보면 "땅의 사방의 바람"이 유브라데에 결박되어 있는 네 천사의 저지를 받고 있었던 것으로 간주할 수 있다(그리고 이 사방의 바람을 악한 천사들과 동일시하는 것에 대해서는 7:1에 대한 주석을 보라). 이제 "땅 네 모퉁이에서" 파괴적인 바람이 인침 받지 못한 자들에게 엄습할 것이다.[7:1, 9:4] 왜냐하면 하나님의 백성의 인침이 완료되었고,[7:3-8] 하나님의 백성은 천사가 일으킨 바람에 의해 해를 입을 수 없기 때문이다. 따라서 요한의 환상은 유브라데를 사탄이 하나님의 백성에 반대하여 자신의 세력을 집결시킬 장소(지리적 개념이 아니라 영적 개념)를 가리키는 성경의 지칭으로 이해한다. 9:14의 네 천사가 땅 네 모퉁이가 아니라 유브라데라는 특정 지역에 있다는 사실은 혼합적인 은유 용법으로, 여기서 유브라데 강은 사탄의 군대가 온 세상에 일으킬 최후의 총공격에 대한 마지막 때의 예상을 종합한다.[16:12-16 주석 참조]

15. 네 천사가 결박된 것은 그동안 그들이 고대했던 기능을 수행하는 것이 허용되지 않았음을 의미한다. 그러나 이제는 "**그 년 월 일 시에 이르러 사람 삼분의 일을 죽이기로 준비된 자들**"이 되었다. 여기서 특정 시기가 언급된 것은 네 천사가 하나님의 주권적인 시간표에 따라 놓임 받은 것을 암시한다. 네 천사가 놓임 받은 시간을 구체적으로 언급하는 것의 요점은, 사탄이 개입되어 있다고 해도 역사의 모든 사건은 하나님의 궁극적인 권세 아래에 있음을 강조하는 데 있다.

16. 네 천사는 '마병대'로 묘사되는 불경건한 영적 세력을 지배하는 권세를 갖고 있다. 이 사악한 군대의 규모는 '이만 만'(문자적으로 "일 만의 일 만의 두 배")이다. 이 수는 요한계시록의 다른 수와 마찬가지로 상징적인 개념이다. '만'*myrias*이라는 단어는 헬라어에서 셀 수 없이 많은 수를 가리키는 데 사용된다. 이 말은 복수형으로 구약성경에서도 똑같이 사용된다.[창 24:60, 레 26:8, 신 32:30, 대하 25:11-12, 미 6:7, 특히 단 7:10] 성경에서 이 말은 수량 형용사(70인역 에 1:7의 '삼만', 곧 30,000과 같이)가 앞에 붙어 있지 않으면 특정한 수를 가리키지 않는다. 강조어 '두 배'라는 말이 앞에 붙은 이중 복수형('만의 만')을 사용하게 되면 정확한 계산이 거의 불가능하고, 이는 16절에서 가리키는 의미가 상징적이라는 것을 증명한다. 16절의 배경 가운데 하나인 예레미야 46:2, 4, 6, 10, 22-23을 주의해 보라. 거기 보면 정복 군대가 말을 타고[4절] 투구를 쓴[4절] 뱀과 황충으로 비유되고,[22-23절] (의미심장하게도)

셀 수 없이 많다.

17. 요한이 13-16절에서 들은 말은 17-21절에 나오는 환상을 더 깊이 설명해 준다. 말 탄 자들은 "**불빛과 자줏빛과 유황빛 호심경이 있고 또 말들의 머리는 사자 머리**"로 묘사되며(파괴적인 힘을 강조), "**그 입에서는 불과 연기와 유황이**" 나온다. 다섯째 나팔 심판의 황충에 대한 묘사와 같이 17절에 섬뜩한 묘사가 많이 나오는 것은 귀신들의 사납고 두려운 속성을 강조한다. 구약성경에서 불과 유황(때로 연기와 연계된)은 역사 속에서 일어나는 치명적인 심판을 암시한다.[창 19:24, 28, 신 29:23, 삼하 22:9, 사 34:9-10, 겔 38:22] 원수들에 대한 하나님의 심판 개념이 사무엘하 22:9에서[시 18:8] "그의 코에서 연기가 오르고 입에서 불이 나와"라는 비슷한 말로 비유적으로 표현된다. 요한계시록 11:5에서 "그들의 입에서 불이 나와서"라는 표현은 충성된 두 증인이 박해자들에게 가하는 처벌을 가리킨다. 거기서 불은 비유적으로 두 증인의 예언과 증언을 가리킨다.[11:6-7] 거기서 박해자들이 두 증인의 증언을 거부하는 것은 그들에 대한 영적인 심판의 시작이자 미래의 심판의 기초가 된다.[11:5-6 주석 참조] 입에서 나오는 불 심상이 비유적인 표현이라는 것은 요한계시록의 다른 평행 본문들로 보아 분명하다. 예를 들어 1:16과[2:12, 16 참조] 19:15, 21은 그리스도께서 "자신의 입에서 나오는 날선 검"으로 원수들을 심판하시는 장면을 묘사한다. 2:16은 현세적인 처벌을 암시하지만 19:15, 21은 그리스도께서 재림하실 때 원수들의 패배와 관련되어 있다. 11:5의 불과 같이 그리스도의 입에서 나오는 검도 비유적인 표현이고, 아마 그리스도의 말씀을 통한 죄인들의 정죄를 가리킬 것이다.[19:11-13 참조]

18. 극악한 말들에 의해 집행되는 심판의 파괴성이 "**자기들의 입에서 나오는 불과 연기와 유황**"이라는, 17절과 반복되는 표현을 통해 다시 강조된다. 다른 가능한 평행 본문 가운데 창세기 19:24, 28의

소돔과 고모라의 멸망이 18절과 가장 가까운 사상을 가지고 있다. 왜냐하면 불, 연기, 유황의 엄밀한 결합은 구약성경에서도 오직 소돔과 고모라 관련 기사에서만 나타나기 때문이다. 위의 17절에서처럼 창세기 19장, 이사야 34:9-10, 에스겔 38:22도 요한이 18절에서 예언하는 결정적인 심판 장면을 묘사한다. 불과 연기와 유황은 이제 사람 삼분의 일을 죽이는 '세 재앙'으로 불린다. 18절의 묘사는 15절 묘사의 지속으로, 이 극악한 말들이 15절에서 두려운 일을 행하는 네 천사의 대행자라는 사실을 의미한다. 이 극악한 말들은 육체적으로나 영적으로 사람의 전 인격을 죽인다. 이 극악한 말들은 최후의 심판을 수행하는 것이 아니라 최후의 심판과 연계되어 최후의 심판을 준비하는 심판을 행한다. 그리고 이미 영적으로 죽은 우상숭배자, 타협하는 자, 교회의 박해자들에게 육적인 사망을 일으킨다. 이 '죽임'의 재앙에는 경건하지 않은 자가 (질병, 비극 등으로부터) 겪는 온갖 죽음이 포함된다. 그들의 몸에 가해진 죽음으로 그들의 영적 죽음이 영원히 확실해진다. 이 점에서 18절에서 말하는 죽음에는 죽음의 영적·육적 국면이 모두 포함되어 있다고 말할 수 있다. 따라서 17-18절에서 세 번에 걸쳐 언급된 불과 유황은 요한계시록 다른 곳에서 오로지 불경건한 우상숭배자들,[14:10, 21:8] 마귀, 짐승, 거짓 선지자[19:20, 20:10]에 대한 최후의 영원한 심판을 가리킨다. 요한계시록 다른 본문 속에서 불과 유황이 이처럼 최후의 심판과 연계되어 있는 것은 이 극악한 말들을 통한 사망의 집행이 결국 비신자들에게 그들을 기다리고 있는 14:10과 21:8의 최후의 심판을 확실히 하는 하나님의 행동의 시작이라는 것을 함축한다.

19. 이 극악한 말들의 "꼬리는 뱀 같고 또 꼬리에 머리가 있어", 꼬리에 사람들을 해하는 권세를 갖고 있는 9:10의 전갈 같은 황충과 마찬가지로, 그것으로 해한다. 따라서 이 특수한 해[害]는 죽음을 가리키

는 것이 아니라 다섯째 나팔 심판의 영적 고통(죽음에 앞서 나타나는) 과 비슷할 것이다. 물론 여섯째 나팔 심판에서는 일반적으로 다섯째 나팔 심판의 재앙을 심화시키는 죽음이 대폭적으로 나타나기는 한다. 다섯째 나팔 심판의 연기가 이제 여섯째 나팔 심판에서는 불과 연계된다. 연기와 그 결과 임하는 어둠은 미혹에 대한 처벌을 가리키는 은유적 표현이고,[8:12, 9:2-3] 불은 죽음을 가져오는 심판에 대한 은유적 표현이다.[18절]

이 말들의 힘이 '입'에 있는 것은 심판을 초래하는 사악한 미혹을 가리킨다. 미혹의 한 부분은 어떤 형태의 우상숭배는 그리스도인에게도 합당하다고 주장하는 거짓 선생들을 통해 실체가 드러난다.[2:6, 14-15, 20-21 참조] 미혹이 일으키는 해는(일반적으로 우상숭배로 이끄는) 또한 구약과 신약에서 보통 심판으로 간주된다.[사 6:10-12, 29:9-14, 63:17, 시 115:8, 135:18, 롬 1:18-32, 살후 2:9-12] 출애굽기 4-14장에 나타난 바로의 완악함은 19절에 언급된 사탄의 활동의 유명한 한 실례다. 여섯째 나팔 심판의 미혹의 요소는, 특히 사탄에게 속해 있는 존재들의 "입에서 나오는" 미혹에 대한 심판과 관련된 여섯째 대접 심판과 독특하게 평행을 이루는 것으로 암시된다(16:13을 보면, 세 더러운 영이 용, 짐승, 거짓 선지자의 입에서 나온다). 마찬가지로 용이 교회를 미혹하려고 시도하는 것은 "여자의 뒤에서 뱀이 그 입으로 물을 강 같이 토하여"[12:15]라는 은유적 진술로 묘사된다. 용이 짐승에게 사람들을 속이라고 준 권세는 "과장되고 신성모독을 말하는 입을 받고……하나님을 향하여 비방하되 그의 이름과 그의 장막 곧 하늘에 사는 자들을 비방하는"[13:5-6] 것으로 설명된다. 그러므로 9:17-19에서 마귀의 입의 효력은 비신자들에 대한 미혹을 확대시킨다.

이 극악한 말들의 능력은 그들의 입에 있을 뿐만 아니라 '꼬리'에도 있고, "꼬리는 뱀 같고 또 꼬리에 머리가 있어 이것으로 해한다." 이는 극악한 말들이 문자적으로 뱀 같은 꼬리를 갖고 있음을 의미하는 것이 아니다. 왜냐하면 19절 첫째 부분은 일반적으로 그리고 함축적으로 이 말들의 꼬리와 뱀의 유사점을 설명하고, 둘째 부분은 뱀 같은 꼬리의 머리로 말미암아 입게 된 해가 뱀이 물어뜯는 것같이 치명적이라고 말함으로써 은유를 계속하기 때문이다. 서로 잘 부합하지 않는 은유들을 이렇게 모아 놓은 것은 어떤 명쾌한 체계적이고 논리적인 그림(공상과학 소설에 나오는 기괴한 피조물에 대한 문자적인 묘사)을 제공하는 데 목적이 있지 않고, 강조점을 부각시키는 데 목적이 있다(마찬가지로 5:8에서 각 장로가 어떻게 거문고를 연주하면서 동시에 금 대접을 가지고 있는지 묻는 것도 그 본문의 의도와 일치하지 않는다). 뱀은 또한 미혹을 통해 해를 끼치는 입과 같이 마귀의 영향을 받은 거짓 선생들의 입을 함축한다. 뱀 직유를 통해 거짓을 격화시키는 관념이 강조된다. 이것은 극악한 말들과 요한계시록에서 '뱀'으로 알려져 있는[12:9, 14-15, 20:2] 사탄 자신과의 연계성을 강화시킨다. 요한은 자신이 서술하고 있던 환난을 단지 주의 재림 직전 시기에 일어나는 일로 한정하지 않고 이미 일어나고 있는 일로 이해했다. 이것은 누가복음 10:17-19과 명백한 평행을 이루고 있는 것으로도 암시된다. 누가복음 10:17-19을 보면 귀신들이 "뱀과 전갈……원수의 모든 능력"으로 불리는데, 그리스도인은 현재 귀신을 제어할 능력을 갖고 있지만 귀신은 여전히 비신자들을 해칠 수 있다. 예수는 바리새인이 다른 사람들을 잘못된 길로 이끄는 눈먼 인도자였기 때문에 그들을 뱀과 독사로 부르셨다.[마 23:16, 33] 그리고 잠언 23:32-35은 포도주를 독침으로 마비를 일으키는 뱀으로 비유한다. 뱀의 독침은 9:2-3의 연기로 표상되는 것처럼 먼저 미혹의 형태로 온다. 이 미혹은 비신자들을 독침의 최종적 효력—하나님의 최후의 심판—으로 이끈다.

이상의 설명에 대한 우리의 결론은 17-19절의 심상은 현대 전쟁의 파괴력이 아니라 영적·육적 사망을 낳는 미혹의 파괴력에 대한 비유적인 표현을 함축한다는 것이다. 이 결론은 현대 전쟁이나 과거 전쟁에서 비슷한 심상으로(예컨대 어떤 이들은 이 장면을 15세기 이슬람의 침략과 동일시하려고 애썼다) 비교하여 이끌어 낸 것이 아니라 요한계시록 안에서 심상들의 문맥적인 비교를 통해 이끌어 낸 것이다.

고대 유대 문헌을 세부적으로 분석하는 것이 이 요약판 주석의 범주를 벗어나기는 해도, 요한계시록 9:3-19에서 뱀과 전갈의 결합은 성경과 고대 유대 사상의 포괄적인 연계성을 반영한다고 지적하는 것이 도움이 될 것이다. 즉, 성경과 고대 유대 사상에서 뱀과 전갈의 결합은 일반적으로 심판에 대한 은유를, 특수적으로 미혹이나 미망迷妄에 대한 은유를 나타냈다(예를 들어, 집회서 39:30, 쿰란 공동체 다메섹 문서 Ⅷ.9-11의 '독사'와 '뱀', 미쉬나 아보트 2.10, 미드라시 랍바 민수기 10.2). 민수기 21:6과 신명기 8:15을 보면 '불뱀'이 언급되는데, 이것은 9:17-19에서 뱀과 관련해 불이 세 번에 걸쳐 반복되는 것과 비슷하다. 민수기 21:6을 보면 19절처럼 뱀이 사람들을 무는데, 이때 불신앙으로 많은 백성이 죽임을 당한다. 집회서 39:27-31은 요한계시록 9:3-4, 15-19과 두드러진 평행 관계를 보여주는데, 이것은 요한의 사상 배경 속에 유대 전통과 성경 전통이 놓여 있음을 반영한다. "이 모든 것이 경건한 사람들에게는 좋은 것이 되고, 죄인들에게는 나쁜 것이 된다. 복수를 위해 창조하신 영들이 있는데, 이 영들은 격노하면 극도의 타격을 입힌다. 파괴의 때에 이 영들은 자기 힘을 쏟아붓고 그것을 만드신 분의 진노를 진정시킨다. 불과……죽음……이 모든 것은 복수를 위해 창조되었다.……전갈과 뱀은……악인을 파괴로 처벌한다.……그것들은 필요로 하면 땅에서 준비될 것이다. 그리고 자기들의 때가 이르면 창조자의 말씀을 넘어가지 아니할 것이다.” 집회서 본문에 따르면 이런 고통은 일반적으로 모든 시대에 걸쳐 일어난다.

마찬가지로 요한도 자신이 서술하고 있는 환난을 그리스도의 재림 직전 시기로 한정하지 않고 이미 일어나고 있는 일로 이해했다. 이것은 누가복음 10:17-19과 명백한 평행을 이루고 있는 것으로도 암시된다. 누가복음 10:17-19을 보면 귀신들이 “뱀과 전갈……원수의 모든 능력”으로 불리는데, 그리스도인은 현재 이 귀신의 능력을 제어할 힘을 갖고 있지만 귀신은 여전히 비신자들을 해칠 수 있다. 징그러운 두 피조물과 연계된 이 해는 때로 은유적인 미혹으로 표현되고, 이것이 의심할 것 없이 누가복음 10장 본문에 함축되어 있는 사실이다. 시편 58:3-6은 거짓을 말하고, 뱀의 독 같은 독을 갖고 있으며, 더 나아가 귀머거리 독사로 비유되는 ‘악인’을 언급한다. 거짓말하는 악인들의 이는 “젊은 사자의 어금니”로 비유된다.[계 9:8-10, 17, 집회서 21:2 참조] 마찬가지로 초기의 사해 사본 문서도 예루살렘의 대제사장과 로마 당국자를 “뱀의 독과 독사의 머리”로 비유한다. 이 비유는 대제사장이 가져온 거짓 가르침과 미혹의 해를 설명한다.[CD VIII.9-13] 같은 문서에서 동일한 거짓 가르침에 참여한 자들은 “불을 점화하는 자와 횃불을 들고 있는 자” 그리고 거미와 독사로 비유된다.[CD V.14-15] 한 아람어 역본(팔레스타인 탈굼)의 신명기 32:33은 우상숭배하는 이스라엘 자손의 “악한 모략과 악한 생각들”을 “뱀의 머리와 같은” 것으로 언급한다. 마찬가지로 다른 아람어 역본(예루살렘 탈굼) 신명기 32:33은 “그들의 악의를 독사의 머리와 같은 것”으로 말한다. 나아가 또 다른 아람어 역본(온켈로스 탈굼) 신명기 32:33은 이스라엘의 우상숭배자들에게 임하는 “재앙은 뱀의 머리같이 악하고 그들의 행위의 징벌은 독사의 독액과 같을 것”이라고 주장하고, 이어서 그들의 처벌을 요한계시록 9:18처럼 소돔과 고모라의 멸망으로 비유한다.

잠언 23:32-33은 독한 포도주는 "뱀 같이 물 것이요 독사 같이 쏠 것이며", 그 결과 "네 눈에는 괴이한 것이 보일 것이요 네 마음은 구부러진 말을" 하게 된다고 진술한다. 따라서 뱀-전갈 은유는 미망의 '화'를 묘사하는 데 사용된다.[잠 23:29-33] 이것은 뱀과 전갈을 교리적인 미혹을 가리키는 데 사용하는 근본 이유가, 그것에 물렸을 때 임하는 문자적 고통의 한 부분이 죽음 이전에 오는 그리고 죽음에서 절정을 이루는 정신적 미망의 고통과 같을 수 있기 때문임을 증명할 것이다.

다른 사해 사본 문서를 보면 '구덩이'와 '무저갱'이 열려 완고한 위선자들에게 큰 파도, 화살, 독사의 영들을 뱉어 놓고, "그들을 아무 소망이 없는 상태에 둔다."[1QH III.16-18, 25-27, V.27] 이 구덩이가 일으키는 고통은 사실은 하나님께 충성하는 자가 아니라 경건하지 않은 자에게 미치는 미혹의 힘(특히 거짓 가르침)으로 해석된다.[1QH II.12-34, IV.5-22] 미쉬나 아보트 2.10은, 지혜로운 토라 해설자의 말은 그 말에 순종하지 않는 자에게 해를 입힌다고 지적한다. 요한계시록 9장의 심상과 명백히 대조적으로, 미쉬나 아보트 2.10은 지혜로운 자의 말이 불순종하는 자에게 미치는 결과를 "전갈의 독침……뱀의 쉿 소리……숯불"로 묘사한다. 그러나 이것은 사실상 요한계시록 11:5(증인들의 입에서 나온 심판)과 비슷하고, 일반적으로 해害의 고통을 통한 심판을 강조하는 앞의 심상과 어느 정도 중복된다. 확실히 그것은 전갈과 뱀 은유를 심판과 밀접하게 관련시킨다. 하지만 이 경우 초점은 참된 가르침이 그 가르침에 잘못 반응하는 자들에게 미치는 결과에 있다.

이와 같은 구약성경과 유대교 문헌의 평행 본문들은 요한 당시의 전갈과 뱀은 절대로 파괴적인 헬리콥터나 제트기와 같은 현대의 전쟁 무기를 가리키는 것이 아니라는 사실을 증명한다. 그렇다면 요한계시록에서 귀신들이 일으키는 미혹은 인간 거짓 선생을 통한 방식으로 보이며, 이것이 요한계시록에 나오는 교회들의 문제점이다.[2:14-15, 20-24, 22:18-19 등]

20a. "이 재앙에 죽지 않고 남은 사람들"에게는 이 재앙이 경고로 작용했고, 구속의 효력이 아니라 멸망의 효력을 갖고 있었다. 사실 그들은 "손으로 행한 일을 회개하지 아니하고" 계속 "여러 귀신과…… 금, 은, 동과 목석의 우상에게 절했다." 꼬리가 일으킨 재앙은 모든 악인을 죽이지 못했고, 이 재앙에서 살아남은 자들은 그럼에도 불구하고 회개하지 않고 계속 하나님에 대해 완고한 태도를 갖고 있었다는 점에서 여전히 고통의 영향 아래 있었다. 확실히 그들은 귀신(계속 그들을 미혹한)을 숭배했고, 무모하게 악한 삶의 방식을 고수했다.[20b-21절 주석 참조] 이것은 또한 여섯째 나팔 심판이 죽음을 심판에 도입함으로써 다섯째 나팔 심판의 재앙을 확대시킨다는 것도 증명한다. 하지만 여섯째 나팔 심판에서도 살아남았으나 택함을 받지 못한 모든 자에게 다섯째 나팔 심판의 고통이 계속 엄습한다. 이 재앙은 인침의 보호 능력으로부터 미리 그리고 최종적으로 유익을 얻도록 보증받은 자, 곧 교회 안의 타협하는 자들과 교회 밖의 우상숭배하는 자들 가운데 오직 남은 자에게만 구속의 효력을 가질 것이다. 여기서도 출애굽 재앙의 패턴이 매우 명확하게 나타난다. 장자의 죽음이 홍해의 결정적인 심판을 이끈 것처럼 여기서도 경고 표시로서 다른 사람들의 죽음이 회개를 일으키는 것이 아니라 일곱째 나팔 심판에서 완고하게 회개하지 않은 자에게 임하는 최후의 심판을 예비한다.[11:18] 이 경고의 신학적인 목적은 하나님께서 영적 개혁의 기회를 충분히 제공하심으로써 일곱째 나팔 심판에서 인침 받지 못한 사람들 전체를 최종적으로 심판하실 때에 자신의 주권, 특히 자신의 공의를 증명하실 것이라는 데 있다. 그리고 목회적인 목적은 독자들에

게 그들의 충성된 증언에 대한 반대가 역사가 끝날 때까지 계속되리라는 것과, 그들은 그것이 신뢰할 수 있는 하나님의 계획의 한 부분이므로 결코 낙심해서는 안 된다는 것을 상기시키는 데 있다.

20b-21. 20절 나머지 부분은 21절과 함께 불경건한 자들이 회개하지 않은 결과에 대해 설명한다. 그들은 "손으로 행한 일을 회개하지 아니하고 오히려……귀신과……우상에게 절했다." 자기들의 물질적인 요소에 따라 우상을 숭배하는 관습에 대한 구약의 전형적인 목록은(여기서 목록은 단 5:4, 23을 매우 긴밀하게 반영한다)[시 115:4-7, 135:15-17, 단 5:4, 23, 신 4:28] 우상 배후에 있는 영적 본질을 요약하는 것으로 시작한다.[시 106:36-37, 고전 10:20] 우상은 흑암의 세력이 사람들을 어둠으로 이끌기 위해 이용한 주된 도구 가운데 하나다. 구약 시대의 우상숭배자들에 대한 심판의 한 부분은 아이러니하게도 그들이 우상의 세속적인 심상을 반사하고, 그리하여 그들이 영적으로 보거나 듣거나 걸을 수 없게 만드는 것이다.[시 115:5-8, 135:18 • 사 6:9-10 참조] 이것은 귀신들이 요한계시록 9:20-21의 우상숭배자들을 영적인 무지와 무감각에 빠뜨리는 전형적인 방법일 것이다. 따라서 우상숭배자들은 그들 자신의 죄로 처벌을 받는다.

여기에 언급된 죄악—"살인과 복술과 음행과 도둑질"—은, 요한계시록 다른 곳에서는 말할 것도 없고 구약과 신약성경 어디서나 우상숭배와[렘 7:5-11, 호 3:1-4:2, 왕하 9:22, 사 47:9-10, 48:5, 미 5:12-6:8, 나 1:14, 3:1-4, 마 21:13, 행 15:20, 롬 1:18-32, 갈 5:20, 엡 5:5, 골 3:5] 관련된 죄악들이다(음행과 관련하여 2:14, 20-22, 21:8, 22:15에 대한 주석을 보라). 확실히 우상숭배는 다른 죄악들에 책임이 있는 근본적인 죄다. 9:20-21에서 '회개'라는 말이 반복되는 것은 일곱 교회에 보내는 편지, 특히 2:21-23의 회개 주제와 관련되어 있을 것이다. 2:21-23을 보면 '회개'라는 말이 우상숭배에 대한 회개를 자극하기 위해 세 번에 걸쳐 사용되고, 거기서 우상숭배는 영적 음행*porneia*과 동의어다. 이것은 회개하지 않는 교회가 많고, 따라서 여기서 귀신들에 대한 소름끼치는 묘사는 사람들을 참된 회개로 나아가도록 이끌며, 또한 일부 하나님의 참된 백성들에게 안일한 삶에서 벗어나도록 충격을 주려는 의도가 있음을 의미할 것이다.

9:13-21 묵상 제안

미혹의 심각성: 9:13-21은 비신자들에게 고통을 가하는 마귀적인 영들을 상징하는 포악한 피조물을 묘사한다. 이 장면을 조심스럽게 살펴보면 그것들은 사람들 앞에 나타날 때 실제로는 종종 참 하나님 외에 다른 어떤 것을 섬기도록 획책하는 인간 거짓 선생(가시적인 교회의 안팎에 있는)을 통해 나타난다는 것이 증명된다. 뱀의 꼬리를 가진 초자연적인 말이나 무시무시한 현대의 군대가 눈앞에 나타나는 경우를 예상하는 문자주의 해석을 따르게 되면, 우리는 우리 가운데 실재하는 영적 존재들의 실재성을 놓치고 마는 것이 아닌가? 우리는 거짓 가르침의 위협을 얼마나 심각하게 여기고 있는가? 우리는 거짓 가르침을 불쾌하지만 단순히 인간적인 현상에 불과한 것으로 간주하는가, 아니면 강력한 마귀의 영에 의해 지배되고 있는 어떤 것으로 생각하는가? 이와 같은 위협에 어떻게 반응하는가? 하나님의 말씀이 이런 위협에 맞서는 진리의 유일한 원천이기 때문에 보호받기 위해 항상 하나님의 말씀 앞으로 확고하게 나아가는가? 다른 곳에서 요한은 "너희가 강하고 하나님의 말씀이 너희 안에 거하시며 너희가 흉악한 자를 이기었음이라"[요일 2:14]고 말한다. 말하자면 마귀에게서 나온 거짓 가르침을 물리치는 힘은 오직 '하나님의 말씀'으로부터 나온다.

우상숭배의 본질: 9:13-21은 구약성경에 나타난 우상숭배, 곧 금과 은 그리고 다른 금속으로 만든 우상을 숭배하는 것과 대체로 일

치하는 우상숭배에 대한 그림을 제공한다. 모든 피조물의 파괴에 대해 말하는 요한계시록의 포괄적인 맥락은 이런 인간의 재료들이 하나님이 아닌 다른 어떤 것을 표상하여 창조주가 아니라 피조물을 경배하는 것을 증명한다. 우리 사회 안에는 어떤 형태의 우상숭배가 존재하는가? 금은 그 자체로는 악이 아니다. 하지만 숭배를 받는다면 악한 것이 되고 만다. 스포츠, 직업, 레저 활동 또는 돈을 벌고 물질을 소유하는 것은 어떤가? 포르노와 같이 분명히 악한 것은 어떤가? 우리는 얼마나 광범하게 우상숭배를 경험하는가? 우리가 '우상숭배'를 문자적인 우상을 섬기는 것으로 제한해 버린 것은 미혹의 결과가 아닌가? 우리가 하나님보다 더 헌신하는 것이 있다면, 우리 자신에 대한 숭배를 포함하여 그것이 무엇이든 간에 우상이다.

우상숭배의 치명적인 해악: 요한은 9:13-21에서 우상숭배를 살인, 복술, 음행, 도둑질과 연계시킨다. 구약성경의 내용을 진지하게 취한다면 우상숭배자들은 자기가 숭배하는 것과 똑같이 눈이 멀고 귀가 먹는다. 따라서 본서의 주석에 따르면, 요한이 매우 생생하게 묘사하는 것처럼 어둠의 세력에 깊이 뿌리를 박고 있을수록 그만큼 하나님께 속해 있는 모든 선한 것에 대해서는 마비 상태가 된다. 이것이 어떻게 우상숭배를 이처럼 끔찍한 죄와 거역으로 이끄는가? 사탄은 사람들을 더 깊은 흑암으로 이끌기 위하여 우상숭배를 어떻게 이용했는가? 회개가 불가능한 지점이 있는가? 우상숭배가 우리를 어디로 이끄는지 알고 있는 우리 자신에게서 이런 관습이 아예 시작되지 않도록 어떻게 방비할 수 있겠는가?

요한은 그가 역설적으로 즐거워하고 슬퍼하는 심판에 대해 다시 예언하라는 명령을 받는다 10:1-11

10 1 내가 또 보니 힘 센 다른 천사가 구름을 입고 하늘에서 내려오는데 그 머
리 위에 무지개가 있고 그 얼굴은 해 같고 그 발은 불기둥 같으며 2 그 손
에는 펴 놓인 작은 두루마리를 들고 그 오른발은 바다를 밟고 왼발은 땅을 밟고 3 사자
가 부르짖는 것 같이 큰 소리로 외치니 그가 외칠 때에 일곱 우레가 그 소리를 내어
말하더라. 4 일곱 우레가 말을 할 때에 내가 기록하려고 하다가 곧 들으니 하늘에서 소
리가 나서 말하기를 일곱 우레가 말한 것을 인봉하고 기록하지 말라 하더라. 5 내가 본
바 바다와 땅을 밟고 서 있는 천사가 하늘을 향하여 오른손을 들고 6 세세토록 살아 계
신 이 곧 하늘과 그 가운데에 있는 물건이며 땅과 그 가운데에 있는 물건이며 바다와
그 가운데에 있는 물건을 창조하신 이를 가리켜 맹세하여 이르되 지체하지 아니하리
니 7 일곱째 천사가 소리 내는 날 그의 나팔을 불려고 할 때에 하나님이 그의 종 선지
자들에게 전하신 복음과 같이 하나님의 그 비밀이 이루어지리라 하더라. 8 하늘에서
나서 내게 들리던 음성이 또 내게 말하여 이르되 네가 가서 바다와 땅을 밟고 서 있는
천사의 손에 펴 놓인 두루마리를 가지라 하기로 9 내가 천사에게 나아가 작은 두루마
리를 달라 한즉 천사가 이르되 갖다 먹어 버리라. 네 배에는 쓰나 네 입에는 꿀 같이
달리라 하거늘 10 내가 천사의 손에서 작은 두루마리를 갖다 먹어 버리니 내 입에는 꿀
같이 다나 먹은 후에 내 배에서는 쓰게 되더라. 11 그가 내게 말하기를 네가 많은 백성
과 나라와 방언과 임금에게 다시 예언하여야 하리라 하더라.

여섯째 인 심판과 일곱째 인 심판 사이에 해석적 삽입구가 들어가 있었던 것처럼, 여섯째 나팔 심판과 일곱째 나팔 심판 사이에 비슷한 삽입구가 들어가 있다. 여기서는 10:1-11:13이 삽입구다. 그리고 10장은 11:1-13 삽입구 본론에 대한 서론이다.

이 새로운 환상에서 요한은 다시 예언하라는 명령을 받는다. 이때

요한의 임무는 두 가지다. 즉, 고난을 초래하는 그리스도인의 인내와 증언에 관하여 예언하는 것과 그리스도인의 증언에 반발하는 자들의 운명에 관하여 예언하는 것이다. 요한에게 주어지는 예언은 최후의 심판에서 정점에 달하는, 교회 시대 동안의 신자와 비신자 간의 관계와 관련되어 있고, 이때 요한은 최후의 심판을 시작하는 나팔 환상에 대한 진술을 요약하고 결론짓는다. 10-11장은 나팔 심판의 순환 안에 두어져 있으며 요한계시록 전반부와 후반부를 하나로 연결한다. 10-11장은 문학적 연동 장치로, 요한계시록 후반부를 소개하는 한편 후반부를 전반부와 연결시키는 역할을 한다. 이 삽입구는 연대순에 따라 여섯째 나팔 심판과 일곱째 나팔 심판 사이에 들어가 있는 것이 아니라, 처음 여섯 나팔 심판의 기간에 해당하는 교회 시대 전체에 대한 추가 해석을 제공한다.

7장이 그리스도인은 영적으로 처음 여섯 나팔 심판의 파괴적인 해를 입지 않도록 인침을 받는다는 사실을 증명하는 것처럼, 11:1-13도 그리스도인은 그들의 증언을 반대하는 자들의 최후의 심판의 기초로 작용하는 복음에 대한 지속적이고 충성된 증언을 견지하도록 인침을 받는다는 사실을 계시한다. 따라서 이 환상은 처음 여섯 나팔 심판에서 악인에게 임하는 심판의 신학적 기초를 설명한다. 비신자는 신자들을 박해했다는 이유로 교회 시대 동안 나팔 심판을 통해 처벌받는다. 이것은 나팔 심판이 자신들의 정당화와 압제자에 대한 처벌을 간청하는 성도의 기도에 대한 하나님의 응답이라는 이전 장들의 암시를[6:9-11, 8:3-5, 9:13-21] 더 명확히 표현한다. 10:6b-7은 고난받은 신자들의 예정된 수가 채워지고,[6:10, 11:7a] 회개하지 않은 자의 완고함이 방치할 수 없는 수준에 이르렀을 때[9:21, 11:7-10] 하나님께서 지체하지 않고 역사를 끝내실 것이라고 선언한다.[11:11-13, 18 • 11:14 참조]

1. 요한은 "힘 센 다른 천사가 구름을 입고 하늘에서 내려오는" 것을

본다. 첫 번째 '힘 센 천사'는 5:2에서 등장하는데, 거기서도 그는 큰 음성으로 외쳤다. 이것은 의도적으로 10장을 5장과 중요하게 연계시키는 많은 언급 가운데 첫 번째 언급이다. 이 연계성은 여기서 이 천사에게 주어진 계시가 5장의 천사에 의해 주어진 계시와 비슷하리라는 것을 암시한다. 이 천사는 평범한 천사가 아니다. 요한계시록에서 이 천사에게 하나님이나 그리스도에게만 적용될 수 있는 신적 속성이 귀속된다. 이 천사는 '구름을 입고' 있다. 구약성경에서 인자가 주어인 다니엘 7:13을 제외하고 구름을 타고 오시는 것으로 말해지는 분은 오직 하나님뿐이다. 그러나 요한계시록 1:7에서 구름을 타고 오시는 분은 1:13에 등장하는 '인자 같은 이'로 확인되고, 다니엘서를 보면 그에게 옛적부터 항상 계신 이의 속성이 귀속된다. 요한계시록에서 구름을 언급하는 또 다른 본문은 14:14이다. 거기에서 요한은 "흰 구름이 있고 구름 위에 인자와 같은 이가 앉으신" 것을 본다(14:15-16에서 구름에 대한 계속된 언급을 참조하라). 이 점에서 10:1의 천사는 아마 구약성경에서 여호와 자신을 가리키는 '여호와의 사자'와[창 16:10, 22:11-18, 24:7, 31:11-13, 출 3:2-12, 14:19, 삿 2:1, 6:22, 13:20-22, 슥 3:1-3, 단 3:25, 행 7:30, 35, 38, 유 1:9] 동등한 존재일 것이다. 이 천사는 에스겔 1:26-28에서 하나님이 등장하셨을 때 그런 것처럼, "머리 위에 무지개"를 갖고 있다. 에스겔 1:26-28의 언급은 이미 요한계시록 1:13 이하에서 다니엘이 본 인자의 모습을 묘사할 때 사용되었다. 이후에 요한계시록 10:2, 8-10은 에스겔 1-3장 환상의 패턴을 다시 따른다. 요한계시록 10:2, 8-10에 나오는 천상의 존재는 에스겔서에서 책을 들고 선지자에게 그 책을 취해 먹으라고 명령한 존재와 비슷하다. 또한 요한계시록 4:3에서 무지개가 하나님의 보좌에 둘려 있는 것도 주목해 보라. 이 천사의 "얼굴은 해 같고", 이것은 요한계시록 1:16의 그리스도의 얼굴과 같으며, 마태복음 17:2에서 그리스도의 변형된 모습을 묘사하는 말을 정확히 재현한다. 또 이 천사의 **"발은 불기둥 같으며"**, 이것은 1:15에서 그리스도의 발을 "풀무불에 단련한 빛난 주석 같다"고 묘사하는 것과 비슷하다.

이 천사의 발이 '불기둥'으로 불린다는 사실은 광야에서 여호와께서 이스라엘과 함께하신 임재를 환기시킨다. 그때 하나님은 이스라엘 자손을 보호하고 인도하기 위해 구름기둥과 불기둥으로 나타나셨다.[출 13:20-22, 14:24, 민 14:14, 느 9:12, 19] 출애굽기 19:9-19을 보면 하나님께서 시내 산의 '빽빽한 구름' 가운데서 그리고 '불' 가운데서 강림하신 것이 '우레'와 '나팔 소리'를 통해 선포되고, 요한계시록 10장의 패턴은 이것을 그대로 반영한다. 요한계시록 10장을 보면 1-3절에서 하나님이 자신의 천사를 통해 임하실 때 우레 소리가 이어지고, 3-4, 7절에서는 급박한 나팔 소리가 불려진다. 여기서 광야에서 하나님이 이스라엘과 함께하셨던 임재를 언급하는 이유는, 이어지는 장들에서 계시되는 것처럼,[11:3-12, 12:6, 13-17] 이와 동일한 하나님의 임재가 세상이라는 광야에서 새 이스라엘의 충성된 증언을 보호하고 인도하신다는 것에 있다. 그러므로 이 천사는 구약에서처럼 신적인 여호와의 사자로, 곧 여호와나 그리스도 자신으로 간주되어야 한다. 그리스도께서 5:5에서 사자[獅子]로 비유되고, 10:3에서 이 천사도 사자로 비유된다는 사실을 확인해 보면 그 정체성은 더욱 강화된다.

2. 이 천사(그리스도)는 **"그 손에는 펴 놓인 작은 두루마리를 들고"** 계셨다. 요한이 먹고,[9-10절] 이어서 그에 따라 요한이 예언하는[11절] 이 작은 책의 내용은 무엇일까? 우리는 최소한 10장의 결론을 통해 요한의 예언이 "많은 백성과 나라와 방언과 임금"에 대한 것이라는 사실을 알게 된다.[11절] "많은 백성과 나라와 방언과 임금"이라는 말은 이후 장들에서 어떤 식으로든 심판을 받는 무리를 가리키는 데 사용되는 보편적인 공식이다.[11:9, 13:7-8, 14:6 이하, 17:15] 이 공식에 '임금'이 삽입

된 것은 이후의 환상들 속에서 심판받게 될 '왕들'을 예견하기 위함이다.[16:12, 14, 17:1-2, 10-12, 16, 18, 18:3, 9, 19:18-19] 나아가 요한계시록 11:1-13은 10장의 내용을 상세히 설명하는 것이 사실이지만 12장 이하에서도 이 상술이 계속된다. 그러므로 이 '작은 두루마리'는 최소한 11-16장의 내용에 대한 언급을 포함한다. 왜냐하면 새로운 예언적 환상 시리즈가 나타나는 17:1-3에서는 다른 예언 명령이 제시될 것이기 때문이다. 하지만 10장의 두루마리는, 만일 17:1 이하의 예언 명령이 단순히 이전에 주어진 명령을 새롭게 하는 것이라면, 17-22장도 포함할 수 있다.

2절과 다음 구절들에서 천사의 손에 있는 이 **"펴 놓인 작은 두루마리"**는 5장에서 어린양이 펼치도록 되어 있던 두루마리와 연계되지 않으면 파악이 어렵다. 얼마간의 차이가 있기는 하지만(이 두루마리가 더 작고, 어린양이 아니라 요한이 이것을 취한다), 유사점이 훨씬 더 뚜렷하다.

- 두 두루마리는 '펴 놓인' 상태에 있다.
- 둘 다 그리스도께서 들고 계신다.[10:1 이하]
- 그리스도는 사자로 비유된다.
- 둘 다 에스겔서의 두루마리에 대한 인유다.
- 둘 다 큰 소리로 외치는 '힘 센 천사'와 관련되어 있다.
- 또한 세세토록 살아 계신 하나님과 관련되어 있다.
- 둘 다 다니엘 12장의 마지막 때 예언과 직접 관련되어 있다.
- 두 환상 모두 어떤 사람이 천상의 존재에게 나아가 그의 손에서 두루마리를 받는다.
- 두 환상 모두 요한의 예언적 사명의 한 부분이 거의 동일한 언어로 진술된다("하늘에서 나서 내게 들리던 음성이").[10:4, 8 참조]

• 두 두루마리는 모두 "백성과 나라와 방언과 임금"의 운명과 관련되어 있다.

그러므로 10장 두루마리의 의미는 일반적으로 5장 두루마리의 의미와 똑같다는 것이 합리적인 가정이다. 5장에서 두루마리는 그리스도의 죽음과 부활로 시작된 하나님의 구속과 심판에 대한 계획의 상징이었다. 5:9-10을 5:12의 찬송으로 해석하는 것 역시 5장의 두루마리는 받도록 되어 있는 기업이 담긴 유언(뜻)이라는 점을 암시했다. 하나님은 아담에게 그가 땅을 다스리게 될 것이라고 약속하셨다. 비록 아담이 이 약속을 상실하기는 했어도, 마지막 아담이신 그리스도께서 이 기업을 상속받도록 되어 있었다. 5장에서 그리스도께서 보좌에 계신 하나님으로부터 두루마리를 받아 인봉을 떼시는 것은 그분이 자기 아버지의 계획에 대한 권세를 취하신 것과 이 계획에 대한 집행을 시작하신 것을 의미했다. 자신의 죽음과 부활에 기초하여 그리스도는 자기 백성을 구속하셨고, 그로 말미암아 책을 가지고 책 안에 있는 계획에 대해 권세를 취하며 구속받은 자를 다스리는 자신의 나라를 세우기에 합당하셨다.[5:2-5, 9-10, 12 주석 참조] 책에 담긴 계획은 십자가 사건으로부터 새 창조의 완성에 이르기까지의 역사를 망라한다. 왜냐하면 책의 내용에 대한 요약이 6-22장에 계시되기 때문이다. 6-22장은 그리스도의 역사에 대한 주권, 그리스도와 성도들의 교회 시대 전체 과정과 새 우주 안에서의 다스림, 환난을 겪는 자기 백성에 대한 그리스도의 보호, 박해하는 세상에 대한 그리스도의 현세적이고 최종적인 심판 그리고 최후의 심판을 개괄한다. 그러나 5장은 고난을 통한 인내라는 역설적인 방법이 그리스도께서 이기고 책에 대한 주권을 자신의 기업으로 취하기 위해 사용하신 방법임을 계시했다. 10장의 책도 이후의 구절에서 설명되는 것

과 같이 동일한 역설적인 패턴과 연관되어 있다.[7절 주석 참조]

유언 같은 두루마리를 들고 있다는 것은 이제 그리스도께서 우주 전체에 대한 지배권을 가지고 계신다는 것을 의미하고, 이것은 바다와 땅을 밟고 서 있는 천사로 상징된다(수 10:24-26에서처럼 발이 어떤 곳을 밟고 있는 것은 그곳에 대한 주권을 함축한다). 이것이 11절에서 "많은 백성과 나라와 방언과 임금에게" 그리스도의 주권에 관해 예언하라고 요한에게 주신 명령의 기초다. '바다'와 '땅'에 대한 이 천상의 존재의 주권은 하나님께서 또한 궁극적으로 용에 대한 지배권을 가지고 계시는 것을 증명한다. 왜냐하면 용은 바다에서 나온 짐승과[13:1] 땅에서 올라오는 짐승을[13:11] 불러내는 자로, 바다 모래 위에[12:17] 서 있기 때문이다.

3-4. **"사자가 부르짖는 것 같이 큰 소리로 외치니"**, 따라서 여기서도 이 천사는 '유대 지파의 사자'[5:5]이신 그리스도와 동일시된다. 이렇게 외치자 곧이어 **"일곱 우레가 그 소리를 내어 말하더라."** 여기서 일곱 우레는, 우렛소리 같이 말하는 6:1의 네 생물처럼, 또는 음성이 큰 우렛소리와 같은 19:6의 허다한 무리 같이, 천상의 존재의 음성으로 간주되어야 한다(천둥처럼 하늘에서 소리가 난 것에 대해 요 12:28-29도 보라). 일곱 우레는 하나님이나 그리스도의 음성일 수도 있을 것이다. 요한은 일곱 우레가 말한 것을 기록하려고 했다. 그러나 **"곧 들으니 하늘에서 소리가 나서 말하기를 일곱 우레가 말한 것을 인봉하고 기록하지 말라 하더라."**

구약성경에서 우레는, 일곱 인 심판을 소개하는 요한계시록 6:1에서 그런 것처럼, 종종 심판을 암시한다.[출 9:23-34, 삼상 7:10, 시 29:3, 사 29:6 등] 우레, 우렛소리, 번개, 지진에 대한 요한계시록의 언급은 (약간 변형된 형태와 함께) 최후의 심판의 특징으로 나타난다.[8:5, 11:19, 16:18 주석 참조] 여기서 우레의 원천은 시편 29편일 것이다. 시편 29편을 보면 하나님의 처벌의 우레가 7회에 걸쳐 반복되는 표현인 '여호와의 소리'와 동등하다. 시편 29편의 우레가 요한계시록 10장에서는 그리스도의 새로 얻은 주권을 강조하는 데 사용되고,[2절] 이 주권은 영원하신 하나님("세세토록 살아 계신 이")께서[6a절] 그리스도에게 넘겨주신 것이다. 그리스도의 주권적인 권세는 그분의(또는 그분의 천사의) 음성으로 표현되고, 이 음성이 일곱 우레의 계시를 풀어놓는다. 정관사가 사용된 것([그] 일곱 우레)은 이것이 요한에게(어쩌면 독자들에게도) 이미 알려진(추측컨대 성경을 통해) 사실이었음을 암시할 것이다. 구약성경과 요한계시록 다른 곳에서의 용법을 기초로 하면, 여기서 '우레' 심상은 최후의 심판 전에 있는 어떤 심판을 가리킬 것이다. 동일한 기초에 따르면 일곱 우레는 요한복음 12:28-31에서처럼 하나님의 진노에 대한 사전 경고일 것이다. 이것은 3-4절에서 8, 11, 16장의 자세한 표현과 달리 우레라는 말 자체만을 사용하는 것으로, 그리고 최후의 심판을 소개하는 일곱째 나팔이 아직 불리지 않았다는 사실로 암시된다.

'일곱 우레'는 아직 계시되지 않았지만 일곱 인, 나팔, 대접 심판 시리즈와 평행을 이루고 있는 또 하나의 칠중 심판을 가리키는 것으로 보인다. 일곱 우레는 인, 나팔, 대접 심판과 동일한 사건들에 대한 또 다른 관점을 제공하고, 이것은 하나님께서 자기 백성이 불순종할 때 그들에게 보낼 것이라고 말씀하시는 레위기 26장의 네 단위의 일곱 심판에 비추어 보면 확인될 것이다. 우레 심판이 여기서 따로 계시되지 않는 이유는 아마 앞서 나온 동시적인 두 심판인 인과 나팔 심판의 칠중 순환을 반복하는 것으로, 사실상 새로운 심판이 아니기 때문일 것이다. 교회 시대 전체에 걸쳐 회개하지 않은 자에게 다양하게 임한 심판에 관해서는 충분히 말해졌다. 따라서 이제는 초점이 인과 나팔 심판이 일어나는 같은 기간에 회개하지 않은 자와 충성된 증인 간의 관계에 있다. 말하자면 처벌의 이유가 초점이다. 악인이 고난을 받는 것은 11:1-13이 분명히 하는 것처럼 충성된 증인들의 메시지를 거부하고 그들을 박해하기 때문이다.

4b절의 명령은 다니엘서에서 3-4절과 5-6절에 나오는 모형의 천사를 통해 주어진 비슷한 명령을 반영한다. 다니엘 12장에서 '봉함'(인봉)은 부분적으로 예언이 어떻게 성취될지에 대한 지식이 다니엘과 다른 사람들에게 숨겨져 있다는 것을 가리켰다. 다니엘과 마찬가지로 요한도 계시를 받는다. 하지만 다니엘과 달리 요한은 예언이 어떻게 성취될지 이해한다. '우레'에 정관사가 붙는 것은 그 우레가 요한에게 알려져 있었다는 것을 함축하고(아마 시편 29편을 이해한 데서 나온), 요한이 그 우레에 대한 계시를 기록하려고 한다는 사실도 그가 우레의 의미를 어느 정도 이해하고 있음을 암시한다. 그럼에도 불구하고 다니엘과 같이 요한도 여전히 그 우레를 독자들에게 알리지 못한다. 또한 다니엘 12장과 일치되게 이 '인봉'은 일곱 우레 심판이, 다른 칠중 심판 시리즈와 달리, 먼 미래에 일어날 사건을 가리키는 심판이라는 사실을 암시하는 것일 수도 있다.

5-6. 요한은 "바다와 땅을 밟고 서 있는 천사가 하늘을 향하여 오른손을 들고 세세토록 살아 계신……이를 가리켜 맹세하는" 천사를 보았다. 일곱 우레의 계시를 인봉하라는 앞의 명령과 달리, 5-6절에서 천사는 구속사를 절정으로 이끄는 방법에 관한 계시를 지체하지 않겠다고 하나님께 맹세한다. 5-6절의 묘사는 다니엘 12:7에서 강물 위쪽에 서서 좌우 손을 하늘을 향해 들고 영원히 살아 계시는 이를 가리켜 맹세하는 천사를 직접 인유한다. 따라서 이 말씀은 신명기 32:40-43에서 하나님이 경건하지 않은 자들을 심판하실 것이라고 모세에게 전하는 예언의 말씀을 반영한다. 신명기 32:32-35을 보면 하나님의 심판이 "뱀의 독이요……독사의 맹독이라"고 묘사되

고, 한 아람어 역본(팔레스타인 탈굼)의 신명기 32:33은 악인의 계획을 '뱀의 머리'와 '독사의 머리'로 비유하는데, 이것은 이전 문맥에서[계 9:19] 중요한 심상이었다. 그리고 같은 본문에서[신 32:34-35] 하나님은 자신의 심판이 봉해지고,[4절] 이스라엘 이후 역사에서 그렇게 된 것처럼 때가 되면 펼쳐질 것이라고 말씀하신다.

이 신명기 배경은 요한계시록 10:4-5에서 '인봉'되도록 되어 있는 일곱 우레가 또 하나의 일곱 심판 시리즈라는 사실을 증명하는 추가 증거다. 일곱 우레 심판은 내용이 계시되지 않지만 인 및 나팔 심판과 평행을 이루고, 각 심판 시리즈의 처음 여섯 화가 이미 시작되었다는 점에서 일곱 우레 심판도 집행이 임박했으며 사실은 이미 시작되었다. 신명기 32:40에서 하나님 아버지께서 모세에게 하신 것과 똑같은 말씀으로 자기 자신을 묘사하는 그리스도는, 아버지께서 모세에게 자신의 심판이 봉해져 있다고 말씀하신 것처럼 요한계시록 10장에서도 일곱 우레의 심판을 인봉하라고 명령하신다. 6절에서 하나님은 "하늘과 그 가운데에 있는 물건이며 땅과 그 가운데에 있는 물건이며 바다와 그 가운데에 있는 물건을 창조하신 이"로 묘사된다. 각각의 경우에 "그 가운데에 있는 물건"이라는 말이 덧붙여져 있는 하늘, 땅, 바다에 대한 언급은 만물을 창조하실 때 하나님이 가지고 계신 절대 주권을 강조하는 역할을 한다. 이것은 피조물의 시작에 대한 하나님의 주권과, 2절과 5절의 천사의 자세로 상징되는 것처럼 그리스도께서 마지막 때인 교회 시대에 그리고 영원 속에서 가지고 계시는 피조물에 대한 통치권을 서로 연계시킨다. 하나님으로부터 나오지만 그리스도께서 펴시는 5장의 두루마리에 대한 언급과 관련해서 보면, 하나님의 주권과 그리스도의 주권 사이의 동일한 연계성이 4장과 5장 사이에 나타나 있다.[4-5장 주석 참조] 5-6절에서 천사의 맹세는 "지체하지 아니하리니"(또는 문자적으로 "그 때가 더 이상

길지 아니하리니")이지만, 이 말의 뜻은 다니엘 12:7에서처럼 모든 일이 '완료'되거나 '끝날' 것이라는 뜻이다.

7. 지체(또는 시간)에 관한 직전 문구의 더 엄밀한 의미가 7절에서 주어진다. **"일곱째 천사가 소리 내는 날 그의 나팔을 불려고 할 때에 하나님이 그의 종 선지자들에게 전하신 복음과 같이 하나님의 그 비밀이 이루어지리라."** 계속된 맹세는 다니엘서로부터 나온 맹세의 의미가 어떻게 바뀌는지를 추가로 설명한다. 다니엘 11:29-12:13의 예언은 하나님의 백성이 마지막 때 겪는 고난, 하나님이 원수를 멸망시키고 천국을 세우심, 성도들이 통치에 참여함 등에 관한 것이다. 이 예언적인 사건들은 역사의 완성의 서곡이 되고 역사의 완성을 가져오도록 되어 있었다. 다니엘 12:7은 이 사건들이 "한 때 두 때 반 때를 지나서" 일어날 것이라고 말한다. 곧 "한 때 두 때 반 때"가 지나면 하나님의 예언적 계획이 완료될 것이라고 말한다. 요한은 다니엘서의 "한 때 두 때 반 때"를 최후의 심판에 이르기까지의 교회 시대 전체를 가리키는 기간으로 본다.[11:3, 12:6, 14, 13:5 주석 참조]

다니엘서의 '때' 공식의 기간이 요한계시록 12:4-6에서 분명하게 확인된다. 곧 이 때는 그리스도께서 높아지심으로 시작된 교회가 고난받는 시기를 가리킨다.[12:4-6, 14 주석 참조] 요한계시록의 문맥에 따르면 이 시기는 교회 시대 전체를 망라하고 그리스도의 재림으로 끝난다. 그러므로 6-7절은 이 시기의 마지막 시점, 곧 시대나 역사가 끝나는 시점에 대해 말하는 것이다. 천사는 다니엘에게 예언의 의미는 마지막 때가 될 때까지 봉인되고, 마지막 때가 되어야 계시될 것이라고 말했다. 그런데 다니엘 12장과 달리 요한계시록 10장의 천사의 맹세는 예언이 이루어질 때와 방법에 강조점을 두고, 그것이 11장에서 상세히 설명된다. 일곱째 천사가 나팔을 불 때 다니엘 11:29-12:13의 예언은 성취되고, 역사(다니엘 12:13의 '마지막 때')는 끝날 것이다

(역사적인 시간이 더 이상 없을 것이다).

10:6b-7과 6:11 사이의 강력한 축자적 평행 요소는 성도가 고난을 겪고, 이로 말미암아 성도들의 박해자를 직접 심판하시는 하나님의 작정과 관련되어 있다. 이때 하나님의 비밀이 끝날 것이다. 6:10에서 성도들이 교회를 박해한 자들을 어느 때에 심판하실 것인지 하나님께 간청할 때, 이에 대한 응답은 죽임을 당하는 자들의 수가 차기까지 (문자적으로) "아직 잠시 동안" 쉬고 있으라는 것이다.[6:11] 그런데 이제 하나님은 (문자적으로) "지체하지 아니하고"[6b절] 비밀이 성취되거나 끝날 것이라고 말씀하신다. 따라서 6:10의 성도들의 기도는 일곱째 나팔이 불림으로써 휘몰아칠 사건으로 응답을 받는다. 6절은 하나님께서 자기 백성이 고난당한 후에 그들의 정당성을 입증하시는 것에 대해 말하는 다니엘 12:7과 신명기 32:40을 인유했다. 다니엘 12:7에서 천사는 "성도의 권세가 다 깨지기까지이니 그렇게 되면 이 모든 일이 다 끝나리라"고 말한다. 일곱째 천사가 소리 내는 날은 더 지체할 것이 아니므로 최후의 심판의 결정적 타격이 임할 결정적인 때를 가리킬 것이다. 하나님의 그 비밀(하나님에 관한 비밀)은 "하나님이 그의 종 선지자들에게 전하신 복음"이고, 이것은 하나님께서 "자기의 비밀을 그 종 선지자들에게 보이시는" 아모스 3:7의 인유다(암 3:4-8도 하나님을 부르짖는 사자와 같고 울리는 나팔을 갖고 계시는 것으로 묘사한다).

구원과 심판을 함께 포함하는 그리스도의 복음은 구약 시대에 하나님께서 자기 선지자들에게 예언으로 선포하셨고(7절의 '전하신'은 문자적으로 "복음을 전하다"라는 말이다), 새 시대의 선지자들에게는 이 복음의 시작된 성취가 선포되었다. 예언된 복음의 성취는 인간적인 관점에서 보면 비밀스럽고 예기치 못한 방법으로 일어나고, 또 계속 그렇게 일어날 것이다. 성도들의 고난은 그들의 결정적인 정당성을 입증하는 것으로 바뀔 것이다. 다만 하나님께서 그 비밀을 계시하시는 자만이 역사의 의미를 이해할 수 있다. 계시가 이루어질 수 있는 이유는 그리스도의 죽음, 부활, 승천으로 '마지막 때'가 시작되었고, 그로 말미암아 '마지막 때'에 일어날 것으로 선포된 다니엘서의 예언이 성취되었기 때문이다. 사실 다니엘 2:28-45에서 마지막 때에 대한 예언이 거듭 '은밀한 것'[헬라어 *mystērion*]으로 불린다. 요한계시록 5장에서 그리스도가 두루마리의 인을 떼시는 것은 엄밀히 말해 이해하기 어려운 다니엘 12장의 마지막 때에 대한 예언의 성취가 시작됨으로써 새 계시와 동일한 개념을 내포했고,[단 12:4, 8-9 • 5:1-5, 9 주석 참조] 이것은 7절을 다니엘 2장의 '은밀한' 예언과 결합시켰다.

바울이 "영원하신 하나님의 명을 따라 선지자들의 글로 말미암아 모든 민족이 믿어 순종하게 하시려고 알게 하신" 하나님의 신비에 대해 말하는 로마서 16:25-26과의 두드러진 평행 관계를 주목해 보라. 이 신비는 곧 십자가의 비밀이다. '비밀'[신비, mystery]이라는 말은 신약성경 다른 곳에서 사용될 때 종종 유대교에서 기대했던 것과 다른 방식으로 또는 구약성경에서 분명하게 밝히지 않은 어떤 방식으로 일어난 구약 예언의 성취를 가리킨다.[마 13:11, 막 4:11, 눅 8:10, 살후 2:7, 롬 11:25, 엡 3:3-4, 9] 천사는 다니엘이 당시 자신의 예언에 대해 이해하지 못했던 '때'와 '방식'을 요한에게 설명하기 시작한다. 요한은 다니엘에게 예언된 '마지막 때'가 지금 시작되었고, 그 때는 그리스도의 죽음과 부활이라는 '비밀스러운' 방식을 통해 출범했다는 말을 듣는다. 말하자면 하나님께서 악의 나라를 패배시키시는 것에 대한 예언은 역설적으로 그리스도와 성도들에 대한 이 악의 나라의 외관적인 승리를 통해 성취되고 있다는 것이다. 성도의 승리의 비밀스러운 성격은 그리스도께서 이 동일한 악의 나라에 외관적으로 패배를 당하는 것을 통해 승리를 얻으시는 역설적인 방식으로 이해되어야 한다.

이 비교의 적합성은 10장이 5장과 평행적이고, 따라서 10장은 이 평행 관계에 비추어 해석되어야 한다고 앞서 고찰한 사실에 기초가 두어져 있다. 5장에서 그리스도의 죽음은 이미 시작된 승리였는데, 그것은 그리스도께서 영적인 실패를 의미하는 타협에 저항하신 '충성된 증인'이셨기 때문이고,[1:5] 또 자기 백성의 죄의 형벌을 대신 받으심으로써 구속을 이루셨기 때문이다.[1:5-6, 5:9-10] 또한 예수의 죽음은 부활로 나아가는 첫 단계였다는 점에서도 시작된 승리였다.[1:5, 5:5-8] 이와 마찬가지로 10장은 그리스도를 믿는 자는 그리스도의 발자취를 따를 것이라고 말한다. 그리스도를 믿는 자들의 패배 역시 시작된 승리인 것은, 그들이 영적인 실패를 의미하는 타협을 물리친 충성된 증인이기 때문이다. 심지어는 그들의 죽음은 곧 영적 부활인데, 그것은 그들이 생명의 관을 받을 것이기 때문이다.[2:10-11] 동일한 패턴이 11:1-13 문맥에서도 확인될 것이다. 거기 보면 증언하는 교회가 겪는 박해와 패배가 그들의 부활과 원수의 패배를 이끄는 수단이다.

따라서 그리스도와 마찬가지로 그리스도인도 그들의 목적의 상징인 '책'을 가지고 있다. 즉, 그리스도인도 역설적인 방식으로 십자가의 그리스도의 우주적 모형을 축소판으로 본받는 자가 됨으로써 그리스도께서 다스리신 것과 같이 다스리는 자가 된다. 그리고 이것이 그리스도께서 땅을 밟고 있는 우주적 인물로 묘사되는 이유일 것이다. 그러므로 이 작은 책은 그 목적이 하나님의 백성에 의해 이루어진다는 점에서 5장의 두루마리로 상징된 동일한 목적의 새로운 설명이다.

8. 이제 4절의 하늘에서 나는 소리가 요한에게 "가서 바다와 땅을 밟고 서 있는 천사의 손에 펴 놓인 두루마리를 가지라"고 명령한다. 이 명령은 5-7절과 4절의 대조를 지속한다. 즉, 5-7절에서 천사는 4절

에서 계시를 인봉하라고 금지한 것과는 반대로 구속사의 클라이맥스에 대한 진리를 계시하기 시작한 것을 8절에서 계속한다. 8-10절에서는 더 깊은 계시가 같은 천사의 손에 펴 있는 두루마리에서 나온다. 요한이 나아가 두루마리를 취하는 것은 5:7-8에서 어린양이 나아가 두루마리를 취하는 것과 비슷한 의미를 갖고 있다. 어린양이 두루마리를 취하여 펴신 것은 그분이 새로 취득하신 권세를 상징하고, 요한의 비슷한 행동도 요한이—비록 예수만이 인간을 구속하고 역사에 대한 주권을 가지고 계시지만—심판과 구속을 행하시는 예수의 권세에 참여한다는 것과 요한의 권세가 예수의 권세와 동일시된다는 것을 보여준다. 11장은 선자지로서 요한에게 해당되는 것과 요한의 고난을 통한 다스림에 해당되는 것이 모든 그리스도인에게도 일반적으로 해당된다는 사실을 계시한다. 이것은 요한과 11장의 '두 증인'(교회를 상징)[11:3 주석 참조]이 선지자로 언급된다는 점으로 보아 분명하다.[11:6, 10, 16:6, 18:20, 24, 22:6, 9 참조] 고난을 통한 그리스도의 다스리심과의 긴밀한 동일화는 신자들은 "어린양이 어디로 인도하든지 따라가는 자"[14:4]라는, 요한계시록 다른 곳에서 발견되는 관념에 대한 또 하나의 실례다. 우리는 또한 11:3-12에서 두 증인의 증언 경력이 그리스도의 경력을 따라 형성된다는 사실을 확인하게 될 것이다.

9-10. 요한이 두루마리를 받는 것은 상징적으로 그가 선지자로 부르심 받은 것을 함축한다. 책을 가져다 먹으라는 명령과 이 명령을 수행하는 것은 요한이 공식적으로 선지자로서의 사명을 다시 위임받은 것을 묘사하는 그림이다. 요한의 부르심은 이미 1:10과 4:1-2에서 에스겔이 사명을 받은 것에 비추어 진술되었고, 9-10절에서도 이 평행 관계가 에스겔 2:8-3:3에 대한 특별한 언급과 함께 계속된다. 에스겔 2:8-3:3에서 에스겔은 자신의 사명의 한 부분으로, 달지만 백성들의 거역 때문에 곧 쓴 반응을 일으키는 두루마리를 먹는

다.[겔 3:14] 요한에게 작은 두루마리를 주는 천사는 요한에게 "갖다 먹어 버리라. 네 배에는 쓰나 네 입에는 꿀 같이 달리라"고 말한다. 두루마리를 먹는 것은 선지자가 두루마리의 메시지와 완전히 동일화되는 것을 암시한다.[겔 3:10] 이 '먹음'의 결과(두루마리와의 동일화의 결과)는 그 안에 생명을 주시는 하나님 자신의 말씀을 포함하기 때문에 달고,[신 8:3, 시 19:10, 119:103, 잠 16:21-24, 24:13-14] 이로 인해 선지자는 즐거워한다. 그런데 백성들의 거역하는 반응에 따라 심판과 심판의 결과를 선언하는 두루마리의 목적 때문에 쓴맛이 온다. 에스겔은 반응하고 회개할 남은 자를 제외하고,[겔 9:4-6, 14:21-23] 거역하는 백성은 들으나 반응하지 못할 것이라고 미리 경고를 받았다. 그러므로 에스겔의 메시지는 주로 심판의 메시지다. 이것은 두루마리에 대한 다음과 같은 묘사로 분명히 강조된다. "그가 그것을 내 앞에 펴시니 그 안팎에 글이 있는데 그 위에 애가와 애곡과 재앙의 말이 기록되었더라."[겔 2:10]

또한 예레미야 15:15-18과의 긴밀한 평행 관계도 주목해 보라. 먼저 예레미야 선지자는 자신의 사명에 기쁨을 느낀다. "내가 주의 말씀을 얻어 먹었사오니 주의 말씀은 내게 기쁨과 내 마음의 즐거움이오나."[렘 15:16] 그러나 자신의 말이 거부당하자 예레미야의 기쁨은 곧 쓰라림으로 변한다. "내가 기뻐하는 자의 모임 가운데 앉지 아니하며……이는 주께서 분노로 내게 채우셨음이니이다. 나의 고통이 계속……함은 어찌 됨이니이까."[렘 15:17-18] 나아가 예레미야 15:19-21도 15-18절이 선지자로서의 사명의 일부임을 보여준다. 마찬가지로 요한도 선지자로서의 사명에서 기쁨과 쓰라림을 함께 맛보았다. 그렇지만 에스겔이나 예레미야와 달리 요한은 옛 이스라엘이 아니라 새로운 가시적 이스라엘인 교회에게 불신앙과 우상숭배하는 세상과의 타협에 대해 경고하고, 아울러 비신자들의 세상에 대해서도 경고한다.[11절, 11:1 이하 주석 참조]

하늘에 있는 천사와 죽은 성도들을 따라 요한도 하나님이 선언하시는 심판을 실제로 즐거워하는데, 그 이유는 하나님의 말씀이 하나님의 뜻을 표상하고 그 뜻에 따라 만물이 하나님의 영광을 위하여 행할 것이기 때문이다.[11:17-18, 14:7, 15:3-4, 19:1-2] 그것은 최소한 다음과 같은 세 가지 이유 때문이다.

- 하나님의 의로우심이 죄를 처벌하실 때 예증되기 때문이다.
- 이 처벌이 고난 속에 있는 그리스도인의 정당성을 입증하기 때문이다.[6:9-11, 18:4-7]
- 심판에 관한 메시지가 하나님의 말씀에 진실하도록 자극하기 때문이다.[11:1-13]

그럼에도 불구하고 하나님과 같이 그리스도인도 처벌의 고통을 공의에 대한 포괄적인 관점과 분리시켜 목적 자체로 간주함으로써 그 고통을 바라보며 냉소적이고 감정적인 즐거움에 빠지지 않는다.

두루마리의 단맛에는 믿는 자들에 대한 하나님의 복음의 구속적인 은혜에 대한 언급이 포함되고, 쓴맛에는 이 은혜가 호된 고난 속에서 경험되어야 한다는 사실에 대한 언급이 포함될 것이다.[고후 2:15-16 참조] 이것은 이 작은 두루마리가 5장의 큰 두루마리로 표현된 그리스도의 크신 목적을 축소판처럼 모방하는 그리스도인의 목적을 함축한다는 사실을 상기하면 분명히 드러난다. 확실히 이 목적 가운데 하나는 고난을 통해 하나님의 은혜를 경험하는 것이다. 복음의 단맛은 그리스도인이 하늘에 도착할 때 인내하는 증언으로 이미 정당성을 입증받기 시작한다는 사실이고,[6:9-11] 이 과정은 하나님께서 역사가 끝날 때 모든 사람의 눈앞에서 그들의 정당성을 입증하실 때 완료된다.[11:11-13, 18]

그러나 쓴맛도 사라지지 않을 것이다. 왜냐하면 요한의 실제 경험이 다음 구절에서 계시되기 때문이다. "내 입에는 꿀 같이 다나 먹은 후에 내 배에서는 쓰게 되더라." 교회 안과 세상 속에서 회개하지 않는 사람들이 요한의 메시지에 반응하는 실제 결과는, 구약 선지자들과 예수 자신[눅 19:41]의 경우에 그랬던 것처럼, 요한을 괴롭게 만드는 '쓴맛', 곧 슬픈 일이다. 요한계시록에서 쓴맛이 나타나는 유일하게 다른 곳은 셋째 나팔 재앙을 다루는 본문에서다.[8:11] 거기 보면 많은 사람이 쓴 물 때문에 죽고, 이것은 쓰라림의 시대(교회의 메시지를 거부하는 세상)가 교회 시대 전체(셋째 나팔 재앙이 일어나는 시기)에 걸쳐 미치며 그리스도의 재림 직전 시기로 제한될 수 없다는 것을 증명한다.

에스겔서 배경에 비추어 볼 때 그리고 상급보다 심판에 더 큰 초점을 맞추고 있는 요한계시록 이후 장들, 특히 11장에 비추어 볼 때 확인되는 것처럼, 두루마리와 관련해서는 심판에 대한 강조점이 두드러진다. 이것은 5장의 두루마리가 심판을 강조했다는 사실을 상기하면 확증될 것이다. 왜냐하면 5장은 에스겔 2-3장, 다니엘 7:10, 12:4, 9, 그리고 심판의 메시지를 소개하는 구약의 다른 신현 현상에 따라 형성되었기 때문이다. 일곱 인 심판도 5장의 두루마리가 주로 화에 대한 책이라는 사실을 증명했다.

11. 요한이 다시 사명을 받는 장면을 추가로 담고 있는 11절은 '그리고'('그러므로' 또는 '그래서'라는 의미를 갖고 있는)라는 말에 의해, (개경개정판에는 이 단어가 없지만 헬라어 원문에는 *kai*가 있다.—옮긴이) 10절의 두루마리의 단맛에, 그리고 그보다 훨씬 더 쓴맛에 직접 연계된다. 요한은 땅에 거하는 경건하지 않은 자들에 대한 두루마리의 매우 쓰디쓴 심판을 선포해야 한다. 왜냐하면 그것이 그가 전하도록 명령받은 메시지이기 때문이다. 두루마리를 먹어 버린 요한은 이제

그 내용을 다른 사람들에게 알려야 한다. 8-10절에 묘사된 요한이 사명을 받는 상징적인 장면은 그가 "다시 예언하여야 하리라"를 의미하는 것으로 해석되어야 한다. '다시'라는 말이 사용된 것은 다시 사명을 받는 것임을 암시한다. 비록 첫 번째 사명은 책 전체를 포함하고 두 번째 사명은 책의 나머지 부분을 포함하기는 해도, 요한은 최소한 이전에 두 번에 걸쳐[1:10-20, 4:1-2] 사명을 받았다. 이전에 그처럼 두 번에 걸쳐 사명을 받은 직접적인 결과가 2-3장과 4-9장의 예언이다. 여기서 '다시'라는 말이 포함된 것은 이 예언이 6-9장에서 동일한 사람들에 관해 전한 예언의 연속이라는 점을 암시한다. 다시 사명을 받은 결과가 11:1-13의 예언 내용이고, 2절에서 확인한 것처럼 이 사명은 적어도 11장에서 16장까지 미치며, 어쩌면 22장 끝까지도 미칠 것이다.

그러므로 11절에서 요한의 예언 사명이 예레미야의 경우와 마찬가지로[렘 15:15-21] 새롭게 되고 심화된다. 요한은 "많은 백성과 나라와 방언과 임금에게 다시 예언하여야 하리라"는 말을 듣는다. 요한은 많은 백성과 나라와 방언과 임금에게, 아니 더 정확히 말하면 그들에 '대하여'[헬라어 전치사 *epi*] 예언하라는 명령을 받는다. 70인역에서 이 말의 통상적인 의미는 심판의 의미이고, 11절의 일차 구약 배경인 에스겔서에서도 그렇게 사용된다. 10:8-10의 직전 문맥에서 에스겔 2-3장에 나오는 두루마리 심상을 사용하는 것 역시 심판 주제를 암시한다. 마지막으로 요한이 요한계시록 나머지 부분에서[11:9, 13:7, 14:6, 17:15] "백성과 나라와 방언과 임금(족속)"이라는 사중 문구의 다양한 변형 형태를 부정적인 의미로 사용하는 것도 주목해 보라.

'예언하다'라는 동사는 단순히 미래 사건을 예고하는 것만 가리키는 것이 아니라 현재 일어나고 있는 일에 대한 하나님의 계시적인 관점을 제공하는 것도 가리킨다. 요한이 독자들에게 요한계시록의 예언의 말씀을 "듣고 지키라"고 어떻게 권면하는지 주목해 보라.[1:3, 22:7, 9] 요한계시록의 예언 메시지는 미래뿐만 아니라 현재를 위해서도 주어진다. 즉, 현재 이 메시지를 듣고 읽는 자와 지금 자신의 삶에 적용할 것을 끊임없이 요청받고 있는 자들에게도 주어진다. 예언에 대한 이와 같은 이해는 미래만이 아니라 현재에 대해서도 계시된 해석을 강조하는 구약성경의 관념과 일치하고, 하나님의 백성이 주된 청자인 사람들에게 윤리적 반응을 요청한다. 그러므로 요한의 예언은 교회 언약 공동체 밖에서 하나님을 거역하는 경건하지 않은 자들에게 주어질 뿐만 아니라 가시적인 새 이스라엘 안에 있는 타협하는 자들, 곧 모든 "백성과 나라와 방언과 족속"에서 나오고 자신을 구속받은 자로 알고 있지만 사실은 세상과 밀착되어 있는 자들에 대해서도 주어진다. 에스겔이 자신의 메시지를 옛 이스라엘 백성에게 준 것처럼 요한도 부분적으로는 새 이스라엘인 가시적 교회의 회개하지 않고 타협하는 자들에게 자신의 메시지를 전한다.

10:1-11 묵상 제안

그리스도의 신성: 10:1-6과 요한계시록 많은 곳에서 제시된 것처럼 그리스도의 신성은 요한계시록에서 일관되게 나타나는 주된 주제다. 구약성경에서 종종 여호와와 동일시되는 여호와의 신적 사자는 10장에서 그리스도와 동일시되고, 이 관점을 본서의 주석도 크게 지지한다. 잘못된 종말론을 기준 삼아 요한계시록을 피상적으로 읽으면, 우리는 요한계시록이 찬양받으실 그리스도에 대해 제시하는 내용에서 크게 멀어질 것이다. 요한계시록의 핵심 주제인 하나님과 그리스도의 영광을 놓치고, (종종 빈약하게 이해되는) 종말론적 시간표에 초점을 맞추도록 우리를 유도하는 것은 무엇인가?

교회를 통해 표현된 그리스도의 권세: 요한은 하나님이 그리스도에게 주신 5장의 두루마리와, 그리스도께서 요한에게 그리고 나아가 교회에게 주신 10장의 작은 두루마리 사이에 강력한 평행 관계가 있음을 암시한다. 이것은 모든 권세가 그리스도로부터 오지만 그리스도는 이 권세를 어느 정도 그의 교회에 주기로 정하셨다는 사실을 증명한다. 주석가들이 주장하는 것처럼 5장의 두루마리가 우주에 대한 그리스도의 지배권에 따라 주어지는 그분의 기업을 표상한다면, 이 작은 두루마리는 교회의 기업을 표상한다. 이것은 하나님의 백성이 행사하는 권세에 대해 무엇을 말해 주는가? 우리의 권세의 본질은 10장에서 복음 메시지 및 하나님의 심판에 대한 선포와 연계된다. 그것은 또한 하나님의 백성에게 주어지는 하나님의 말씀의 단맛, 그리고 이 메시지를 불가피하게 거부하는 만연된 현상과 그 결과 교회에 임하는 고난에서 나오는 쓴맛과 연계된다. 예수의 다음 말씀을 숙고해 보라. "내가 내 목숨을 버리는 것은 그것을 내가 다시 얻기 위함이니……나는 버릴 권세도 있고 다시 얻을 권세도 있으니 이 계명은 내 아버지에게서 받았노라."요 10:17-18 우리의 권세는 예수의 권세와 어떻게 연계되어 있는가? 교회가 가장 큰 세속 권세를 갖고 있던 시기는 가장 약한 영적 권세를 갖고 있던 시기가 아니었는가? 우리는 우리가 속해 있는 교회의 권세나 이 세상 전체 교회의 권세의 참된 국면을(요한이 정의하는 대로) 어떻게 판단하는가?

하나님의 비밀: 요한은 하나님의 비밀이 최후의 심판(일곱째 나팔소리가 불릴 때)에서 끝나고 완료될 것이라고 말한다. 본서의 주석은 신약성경에서 '비밀'은 유대교에서 전혀 예상하지 못한 방법으로 또는 구약성경에 전혀 명확하게 나타나 있지 않은 방법으로 구약의 예언이 성취되는 것을 포함한다고 강조한다. 하나님의 비밀은 무엇보다 먼저 십자가에서 표현된다. 만일 하나님의 비밀이 최후의 심판에서 '끝난다'면, 그것은 언제 처음 시작되었는가? 하나님의 비밀은 교

회의 삶 속에 어떻게 작용하는가? 하나님의 비밀은 "성도의 권세가 다 깨지는" 것에 대한 다니엘의 평가와[단 12:7] 어떻게 관련되어 있는가? 주후 3세기에 테르툴리아누스[Tertullianus]는 "순교자의 피는 교회의 씨"라고 말했다.[*Apology* 50] 테르툴리아누스는 바로 이 비밀에 대해 말했던 것인가? 우리는 악의 세력이 승리하는 것처럼 보일 때 어떻게 하나님 안에서 안식을 누리는가? 요한이 말한 하나님의 비밀은 오늘날 교회의 설교에 적절히 반영되고 있는가?

하나님의 작정은 자신의 백성과 함께하시는 하나님의 임재와 백성들의 효과적인 증언을 보장하고, 이 증언은 하나님의 백성의 외관적인 패배를 일으키지만 결국 압제자의 심판으로 귀결된다[11:1-13]

11 1 또 내게 지팡이 같은 갈대를 주며 말하기를 일어나서 하나님의 성전과
제단과 그 안에서 경배하는 자들을 측량하되 2 성전 바깥 마당은 측량하지
말고 그냥 두라. 이것은 이방인에게 주었은즉 그들이 거룩한 성을 마흔두 달 동안 짓
밟으리라. 3 내가 나의 두 증인에게 권세를 주리니 그들이 굵은 베옷을 입고 천이백육
십 일을 예언하리라. 4 그들은 이 땅의 주 앞에 서 있는 두 감람나무와 두 촛대니 5 만
일 누구든지 그들을 해하고자 하면 그들의 입에서 불이 나와서 그들의 원수를 삼켜
버릴 것이요 누구든지 그들을 해하고자 하면 반드시 그와 같이 죽임을 당하리라. 6 그
들이 권능을 가지고 하늘을 닫아 그 예언을 하는 날 동안 비가 오지 못하게 하고 또
권능을 가지고 물을 피로 변하게 하고 아무 때든지 원하는 대로 여러 가지 재앙으로
땅을 치리로다. 7 그들이 그 증언을 마칠 때에 무저갱으로부터 올라오는 짐승이 그들
과 더불어 전쟁을 일으켜 그들을 이기고 그들을 죽일 터인즉 8 그들의 시체가 큰 성 길
에 있으리니 그 성은 영적으로 하면 소돔이라고도 하고 애굽이라고도 하니 곧 그들의

주께서 십자가에 못 박히신 곳이라. [9]백성들과 족속과 방언과 나라 중에서 사람들이
그 시체를 사흘 반 동안을 보며 무덤에 장사하지 못하게 하리로다. [10]이 두 선지자가
땅에 사는 자들을 괴롭게 한 고로 땅에 사는 자들이 그들의 죽음을 즐거워하고 기뻐
하여 서로 예물을 보내리라 하더라. [11]삼 일 반 후에 하나님께로부터 생기가 그들 속
에 들어가매 그들이 발로 일어서니 구경하는 자들이 크게 두려워하더라. [12]하늘로부
터 큰 음성이 있어 이리로 올라오라 함을 그들이 듣고 구름을 타고 하늘로 올라가니
그들의 원수들도 구경하더라. [13]그 때에 큰 지진이 나서 성 십분의 일이 무너지고 지
진에 죽은 사람이 칠천이라. 그 남은 자들이 두려워하여 영광을 하늘의 하나님께 돌리
더라.

요한계시록 11:1-13은 교회가 복음에 대해 인내하며 충성된 증언을 지키도록 인침을 받은 사실을 증명한다. 이 증언은 교회의 증언을 거부하는 자들에 대한 최후의 심판의 기초로 작용한다. 10장에서 요한이 예언적 소명을 다시 받은 것에 강조점을 두었던 것에서 이제 11장은 요한이 전하도록 명령받은 예언 메시지로 초점을 옮긴다. 그 메시지는 그리스도인이 인내하며 전하는 증언을 거부하고 그들을 박해하는 자들에게 임하는 심판의 메시지다. 10장 서론 부분에 간접적으로 함축된 이 메시지는 이제 초점이 되어 전면에 부각된다. 심판은 자신들의 정당성 입증과 대적에 대한 보복을 간청하는 성도들의 기도[6:9-11, 8:3-5]에 대한 첫 번째 명시적인 응답이다. 이것은 나팔 심판에 함축되어 있는 것을 명시적으로 표현한다. 11:1-13에 묘사된 사건은 처음 여섯 나팔 심판과 같은 시기에 일어난다.

1-2. 이 예언 메시지는 성전 측량에 대한 실연 비유로 시작한다. 요한은 갈대를 받고 "하나님의 성전과 제단과 그 안에서 경배하는 자들을 측량하라"는 명령을 받는다. 그러나 요한은 성전 바깥 마당은 측량하지 않는데, "이것은 이방인에게 주었은즉 그들이 거룩한 성을 마

흔두 달 동안 짓밟을" 것이기 때문이다. 명시적으로 나타나 있지는 않지만 11:1 이하에서 요한에게 계속 말하는 자는 10장에서 명령을 발하는 천사다. 1-2절은 복합적이고, 따라서 여러 가지 면에서 조심스러운 주석을 필요로 한다.

1-2절에 대해서는 최소한 다음과 같은 다섯 가지 포괄적인 해석이 존재한다.

❶ '세대주의적 미래주의' 견해는 (일부 수정된 미래주의 견해에 따라) 1-2절을 그리스도의 마지막 재림 직전에 있을 환난 기간에 적용한다. 이 견해에 따르면 대체로 성전과 제단은 거룩한 성인 문자적 예루살렘의 복원된 문자적 성전을 가리킨다. "**그 안에서 경배하는 자들**"은 유대 민족 가운데 믿는 남은 자다. 믿지 않는 유대인은 성전 바깥 마당(이후 '바깥뜰'로 지칭)에 있고, 따라서 그들은 보호받지 못한다. 성전, 제단, 남은 자를 측량하는 것은 그들이 물리적으로 하나님의 보호를 받게 되리라는 점을 암시한다. 이방인은 바깥뜰에 들어가고 남은 자를 박해하며, 문자적으로 마흔두 달 동안 문자적 예루살렘을 함락시킬 것이다.

❷ '과거주의' 견해는 사실상 성전, 제단, 바깥뜰을 실제로 예루살렘에 있는 제사 공간으로 본다는 점에서 문자적 접근법과 동일하다. 그러나 과거주의 견해에 따르면 1-2절의 묘사는 주후 70년에 일어난 성전과 예루살렘의 문자적 파괴 이전과 도중에 일어나는 사건을 가리킨다.

❸ '수정된 미래주의' 견해는 1-2절의 묘사를 비유적으로 이해한다. 성전, 제단, 경배하는 자 심상은 비유적으로 '측량'을 통해 역사가 끝날 때 구원을 받게 되는 이스라엘 민족 안에 있는 사람들을 가리킨다. 바깥뜰과 거룩한 성은 구원받지 못할 유대인 비신자를 가리킨다.

❹ 또 다른 견해는 1-2절의 묘사를 비유적으로 이해하는 것은 비슷하지만, 미래에 대한 시나리오를 무시하지 않는다. 바깥뜰을 역사 전체에

걸쳐 존재하는, 신앙을 고백하지만 배교하는 교회, 곧 미혹을 받아 참된 영적 이스라엘의 믿지 않는 박해자와 결탁하는 교회를 가리키는 것으로 이해한다.

❺ 우리가 가장 좋다고 생각하는 마지막 견해 역시 1-2절의 묘사를 비유적으로 이해하지만, 바깥뜰을 해를 입기 쉬운 참된 영적 이스라엘에 대한 물리적인 표현으로 해석한다. 이 견해는 언어학적으로 인정할 만한데, 그 이유는 '밖으로 쫓아낸'—2절은 문자적으로 "쫓아낸헬라어 *ekbale* 성전 바깥 마당은 측량하지 말라"로 읽힌다(개역개정판은 이 말을 '그냥 두다'로 번역했다.—옮긴이)—이라는 말이 믿지 않는 세상에 의해 거부당하고 박해를 받는 하나님의 참 백성을 가리킬 수도 있기 때문이다.마 21:39, 막 12:8, 눅 4:29, 20:15, 요 9:34-35, 행 7:58 측량의 의미는 물리적인 해는 입을지언정 그들의 구원은 안전하다는 뜻이다. 이것은 7:2-8의 '인침'을 더 깊이 전개한다. 구약에서 일반적으로 '측량'은 보호 명령삼하 8:2, 사 28:16-17, 렘 31:38-40, 슥 1:16 등 또는 심판 명령삼하 8:2, 왕하 21:13, 애 2:8, 암 7:7-9 등에 대한 은유적 표현이었다.

1-2절에서 '측량'은 에스겔 40-48장의 성전에 대한 예언 배경에 비추어 볼 때 가장 잘 이해된다. 에스겔 40-48장을 보면 성전의 확실한 건설과 보호가 성전 건물의 다양한 구조를 측량하는 천사에 의해 은유적으로 묘사된다(에스겔서 헬라어 본문에서는 사실상 '측량하다'에 해당하는 동등한 헬라어 단어들이 사용된다. 동사는 30회 정도 나타나고, 그 동사의 명사형도 30회 정도 나타난다). 요한계시록 21:15-17에서 천사는, 에스겔서 본문에 의지하여 새 예루살렘 성과 성문과 성곽을 측량하기 위해 11:1에서처럼 '측량 자'를 사용한다. 또한 요한계시록 21:15-17에서 새 예루살렘 성과 성의 각 부분을 측량하는 것도 성의 거민들이 부정하고 속된 자들에게 해와 오염을 당하지 않도

록 방비하는 안전에 대한 묘사다.[21:27 참조] 유대인과 이방인 그리스도인들이 이 성전 공동체의 구성원이 될 것이다(열두 사도는 모든 민족에서 나온 교회를 표상한다).[3:12, 21:12-14, 24-26, 22:2] 에스겔 40-48장과 요한계시록 21장의 측량이 비유적으로 확립하는 사실은 순결한 공동체 가운데 영원히 거하실 하나님의 미래의 임재에 대한 틀림없는 약속이다.

요한계시록 11장에서 '측량'은 하나님의 임재를 함축하고, 이 임재는 주님께서 재림하시기 전 땅에 사는 성전 공동체와 함께하는 것으로 보증된다. 이것은 하나님의 백성의 믿음이 하나님의 임재로 유지된다는 것을 의미한다. 왜냐하면 살아 계신 하나님의 임재가 없으면 살아 있는 믿음도 있을 수 없기 때문이다. 11장에서 이것은 하나님의 종말론적인 임재에 대한 약속이 기독교 공동체의 건설로 성취가 시작된다는 것을 의미한다. 심지어는 교회 시대가 시작되기 전에 하나님은 교회의 참된 일원이 될 모든 사람에게 구원을 보장하는 작정을 하셨다(7:3에서 인침의 의미에 대한 설명을 보라).

만일 성전, 제단, 성에 대한 문자적 견해(앞에서 제시한 처음 두 견해)가 옳다면, 요한은 믿는 유대 민족(성전)과 믿지 않는 유대 민족(바깥뜰)을 구분하는 것이다. 그러나 문자적 견해의 한 가지 난점은 믿는 유대 민족과 믿지 않는 유대 민족 간의 구분이 요한계시록 다른 곳에서 분명히 나타나지 않는다는 것이다. 네 번째 견해에 대해 말한다면 바깥뜰이 가짜 신자(유대인이나 배교하는 교회의)를 표상한다는 것은 개연성이 없다. 왜냐하면 11장에 이어지는 문맥은 참된 증인과 그들을 박해하는 자들을 대조시킬 뿐 배교나자 타협하는 자에 대한 암시는 전혀 없기 때문이다. 미래주의의 문자적 견해에 대한 신학적으로 또 다른 반론은, 이 견해에 따르면 제단이 있는 미래의 문자적인 성전은 구약 시대 제사 제도의 복원을 의미하게 되지만, 히브리서 10:1-12은 그리스도의 제사가 모형론의 관점에 따라 제사 제도를 영원히 성취하고 폐지시켰다고 주장한다는 것이다. 그 같은 미래의 제사가 단순히 그리스도의 제사를 기념할 것이라는 답변은 아무 설득력이 없다. 에스겔 40-48장에 예언된 성전이 제사 제도를 포함한다는 사실은 히브리서 10:1-12에 비추어 재해석되어야 한다.

따라서 앞에서 제시한 견해들 가운데 마지막 견해가 가장 개연성이 크다. 예루살렘 성전의 바깥뜰은 완전히 부정적인 기능만 갖고 있었던 것은 아니다. 헤롯 성전의 가장 바깥 부분은 '하나님을 경외하는' 이방인을 위해 마련되었다. 그러나 앞서 지적한 것처럼, 1-2절에서 초점을 맞추고 있는 것은 에스겔 40-48장의 종말론적 성전이다. 이 경우에 대조는 '지성소'와 이스라엘의 경배하는 자들을 위해 지어진 '바깥뜰' 사이에 있다. 요한이 에스겔 40-48장의 문맥을 염두에 두고 있다면, 에스겔의 기대와 다르게 실제 마지막 때 성전의 일부분을 비신자와 우상숭배자들이 차지하게 될 것이라고 주장하는 것은 개연성이 없다. 오히려 그들의 영혼이 불가시적인 성전의 한 부분인 사람들의 몸이 다양하게 고난을 겪으리라는 것이다. 그러나 그들의 영혼은 우상숭배의 영향으로 더럽혀지지 않고, 따라서 그들은 신자로 남아 있을 것이다. 이제는 그리스도의 사역이 구약성경의 기대를 이해하는 지배적인 해석적 관점이다. 요한계시록 11:1-2에서 교회의 성전은 참 성전이신 그리스도의 십자가를 따라 형성되고 있다. 그리스도께서 고난을 당하신 것처럼 교회도 고난을 겪고 패배한 것처럼 보일 것이다. 그럼에도 불구하고 그 모든 것을 통해 하나님의 장막 임재는 신자들에게 거하고, 영원한 사망에 이르게 하는 어떠한 오염에서라도 신자들을 보호할 것이다.

11:1은 하나님의 임재가 있는 영적 성전에 거하는 언약 공동체 전

체에 초점을 맞춘다.[고전 3:16-17, 6:19, 고후 6:16, 엡 2:21-22, 벧전 2:5] 에스겔의 예언은 영적 차원에서 보면 실제로 참된 성취가 이루어지기 시작했으며, 새 창조에서 물리적이고 영적으로 충분한 형태로 완성될 것이다.[21:1-22:5 주석 참조] 그리스도와 동일시되는 그리스도인은 또한 지금 성전과 동일시된다. '성전'[헬라어 *naos*]은 요한계시록 다른 곳에서 예외 없이 문자적·역사적 성전을 가리키지 않고, 현재의 천상의 성전이나[7:15, 11:19, 14:15, 17, 15:5-6, 8, 16:1, 17] 미래의 새 시대를 지배하는 하나님의 임재의 성전을[3:12, 21:22] 가리킨다. 이 용법은 11:1-2의 용법 또한 동일하다는 것을 암시한다. 즉, 하늘에 있는 하나님의 성전의 일원인 하나님의 백성은 땅에서 존재할 때 '하나님의 성전' 안에 있는 것으로 간주된다. 이미 요한복음 2:19-22에서 그리스도는 자신의 부활한 몸을 참 성전으로 간주하셨고, 이 관점이 요한계시록 21:22에서 전개된다(막 12:10-11과 평행 본문들도 마찬가지다). 21:22에서 요한은 자신이 새 예루살렘 안에서 "성전을 보지 못하였으니"라고 말한다. "이는 주 하나님……및 어린양이 그 성전이심이라." 새로운 미래의 예루살렘을 성전과 동일시하는 것을 제한할 하등의 이유가 없다. 왜냐하면 이 동일화는 그리스도가 부활하셨을 때 시작되었고, 부활하신 그리스도는 1:12-20에서 천상의 성전의 핵심 특징이기 때문이다.

'제단'은 지금 하나님의 백성 공동체 안에서 이루어지는 경배 방식을 가리킨다. 6:9-10과 일치하게 제단은 희생적인 소명을 내포하고, 이것은 그들의 충성된 증언으로 말미암아 겪게 되는 고난을 함축한다.[6:3-10 주석 참조] 사실 1-2절에서 '제단'에 해당하는 헬라어 단어 *thysiastērion*은 '제사 장소'로 번역될 수 있다. 그리스도인이 제사장으로서 영적인 성전의 제단에서 경배하는 것으로 묘사된 장면은 베드로전서 2:5의 묘사와 비슷하다(신자들은 "산 돌 같이 신령한 집으로 세워지고……신령한 제사를 드릴 거룩한 제사장"이다). 확실히 요한계시록 1:6과 5:10은 동일한 구약 본문을[출 19:6] 인유하는데, 이것은 베드로전서 2:5이 그리스도인을 제사장으로 간주할 때 그렇게 하는 것과 같다(히 13:9-16을 보면 신자들은 제단, 곧 그리스도를 갖고 있고, 이 제단을 통해 하나님께 제사를 드린다).

성전이 그리스도와 하나님의 임재 가운데 거하는 교회를 상징한다면, 바깥뜰(성전의 일부분)은 당연히 교회가 그 안에서 살고 있는 세상 구조에 쉽게 노출되고 취약한 상태에 있음을 표상하는 것이 틀림없다. 짓밟히도록 되어 있는 '거룩한 성'은 바깥뜰과 동등하다. 요한계시록에서 '거룩한 성'은 미래의 천상의 성이나[3:12, 21:2, 10] 천상의 성이 교회의 형태로 지상에 현현한 것을("그들이……성도들의 진과 사랑하시는 성을 두르매")[20:9] 가리킨다. 요한계시록의 전개를 보면 우리는 세상 구조가 마귀의 세력에 의해 어떻게 지배당하고 있는지 확인할 수 있다. 그러나 신자는 세상 구조 안에서 살아야 하고, 물리적으로는 박해로부터 보호받지 못하는 상태에 있다. 신자는 이교 사회 한복판에서 그리스도에 대해 충성된 증언을 할 때 고난을 겪을 것이다. 성전의 두 부분(성소와 바깥뜰)이 모두 하나님께 속해 있음을 주목하라. 바깥뜰(그리고 거룩한 성)이 짓밟히는 시기는 그치고, 그때에 모든 피조물이 그리스도의 통치 아래 회복될 것이다.

그렇다면 '마흔두 달'의 의미는 무엇일까? 만일 1-2절의 '성전'과 '제단'에 대한 묘사가 상징적이라면 이 기간도 마찬가지일 것이다. '마흔두 달'이라는 말은 다니엘서에[7:25, 12:7, 11-12] 예언된 "한 때와 두 때와 반 때"(삼 년 육 개월 또는 마흔두 달)나 천이백육십 일(같은 기간)과 같은 말로 환난의 기간을 가리킨다. 다니엘에게 이 때는 먼 미래지만 요한에게는 그리스도의 부활로 시작되고 그리스도의 재림이 있을 때까지 계속되는 기간이었다.[1:1, 7 주석 참조] 2절과 13:5에서 '마흔두 달'이라는 정확한 수가 나오는 근거는 아마 엘리야의 심판 사역과 같은 기간과[눅 4:25, 약 5:17, 계 11:6] 이스라엘의 출애굽 이후 광야 전체 여정 동안 42회에 걸쳐 진을 친 것을[민 33:5-49] 상기하면 될 것이다. 이것은 이스라엘 자손의 광야 여정 기간이 42년으로 계산되는 것으로 강화된다. 왜냐하면 이스라엘 자손은 첫 세대가 죽을 때까지 40년 동안 광야에서 방황하는 형벌을 받기 전에 이미 2년 동안 광야에 있었던 것으로 보이기 때문이다. 나팔 심판의 재앙들이 하나님께서 애굽에 재앙을 보내심으로써 자기 백성을 해방시켜 광야로 이끄신 것을 돌아보게 했던 것을 상기해 보라. 11:6-8과 12:6, 14에서 신앙 공동체는 영적 애굽과 싸우며 광야에서 보호받는 것으로 묘사된다. 12:6과 12:14에서 '마흔두 달'의 용법은 11:1-2이 교회 시대 전체에 걸쳐 신앙 공동체에 가해지는 공격을 언급하고 있음을 확증한다. 12:6을 보면 메시아 공동체('여자')는 "그[여자]를 양육하기 위하여 하나님께서 예비하신 곳"인 광야로 피난함으로써, 용의 공격으로부터 천이백육십 일(삼 년 육 개월) 동안 보호를 받는다. 12:14의 묘사도 사실상 똑같다. 그리스도인이 마귀로부터 안전하게 보호받는 그 곳은 불가시적인 하나님의 성소 외에 다른 곳이 아니다. 왜냐하면 그곳이 다니엘서에서 삼 년 육 개월 동안 공격의 대상이 되기 때문이고, 또한 요한계시록 11:1-2과 12:5-6의 주된 관념이기 때문이다.

요한계시록 12:5-6은 마흔두 달 기간이 그리스도의 부활로 시작되었음을 증명한다. 왜냐하면 '여자'(언약 공동체)가 아들을 낳은(부활한) 즉시 도망하고, 도망한 그때부터 삼 년 육 개월 기간이 시작되기 때문이다(일부 미래주의자들이 주장하는 것처럼 5절과 6절 사이에 숨겨진 긴 시간의 간격은 전혀 없다). 이 마흔두 달 기간은 그리스도의 재림으로 완료될 것이다.[12:5-6, 14:14-20 주석 참조] 11:2은 이 기간 동안 거룩한 성이 짓밟히는 것을 암시한다. 8절은 이 짓밟히는 기간, 곧 삼 년 육 개월이 예루살렘에서 "주께서 십자가에 못 박히신" 때에 시작되었음을 함축한다. 그 이유는 특히 이 짓밟힘(교회의 박해)의 궁극적인 기초가 그리스도의 죽음이기 때문이다. 마흔두 달 기간은 그리스도의 부활로 시작되었고 그리스도의 재림으로 완료될 것이다. 마흔두 달이 교회의 증언을 표상하는 기간으로 선택된 또 다른 이유는 그것이 그리스도의 지상 사역의 대략적인 기간이기 때문이다. 11:3-12에서 두 증인의 경력에 대한 서술 패턴은 의도적으로 그리스도의 경력에 대한 서술을 반복한다. 즉, 두 증인의 선포와 표징은 그리스도께서 십자가에 못 박히신 성에서 사탄의 반대와 박해와[요 15:20] 포악한 죽음을 일으키고, 이에 세상은 자기들이 희생시킨 증인을 보고[계 1:7] 기뻐하며,[요 16:20] 그 후 부활이 있고 구름을 타고 승천함으로써 정당성에 대한 입증이 이루어진다. 모세와 엘리야의 예언자적인 선례가 이 패턴을 암시하고, 3-13절에서 상세히 언급된다.

11:2의 마지막 절, "[그리고] 그들이 거룩한 성을 마흔두 달 동안 짓밟으리라"는 바깥뜰을 측량하지 말라는 앞 절을 더 깊이 설명한다('그리고'라는 말이 중요하다). 앞에서 우리가 바깥뜰에 관해 분석하며 확인한 바에 따르면, 2b절의 더 깊은 설명은 바깥뜰이 적극적으로 거룩한 성과 동일시되어야 함을 의미한다. 그러므로 바깥뜰은 성전(하나님이 거하시는 신앙 공동체)의 일부다. 따라서 바깥뜰은 성전에 대한 지상적인 표현이다. 바깥뜰이 성전 건물의 본질적인 부분으로 간주된다는 사실은 과거에는 성전 담의 보호 아래 있었지만 지금은 그 보호에서 내쫓긴 상태에 있다는 2절의 가정으로 암시된다. '짓밟는 이방인'은 참된 언약 공동체의 일원이 아닌 박해자들이고, 그것은 2절이 이사야 63:18("주의 거룩한 백성이 땅을 차지한 지 오래지 아니하여서 우리의 원수가 주의 성소를 유린하였사오니")과 다니엘 8:13("망하게 하는 죄악에 대한 일과 성소와 백성이 내준 바 되며 짓밟힐 일이 어느 때까지 이를꼬")을 인유하는 것으로 보아 분명하다. '성'이

21:15-17에서 측량되는 것은 에스겔 40-48장에 예언된 성과 거의 동일함을 증명하고, 그러므로 이 성은 11:1-2의 성전과도 동일하다. 땅에서 신자는 하늘에 있는 예루살렘의 일원이자 대표다. 거룩한 성과의 이 동일화는 용과 짐승이 엄밀하게 '삼 년 육 개월'과 동일한 기간 동안 여자(신약 시대 최초의 언약 공동체)와 교회 시대 전체의 성도들을 박해하는 것으로 확증된다.[11:3, 12:6, 14, 13:5 주석 참조] '짓밟는 것'과 '성'에 대한 이해의 이와 같은 배경은 은유적으로, 짓밟힌 자들이 미혹을 당하거나 배교자가 되지 않고 박해를 견디는 참된 신앙 공동체를 표상한다는 것을 증명한다. 요한계시록에서 박해자는 믿지 않는 이방인과 유대인을 모두 망라한다.

11:1-2에 나오는 다섯 가지 묘사(측량, 성전, 제단, 바깥 마당, 거룩한 성)는 비유적인 개념으로 신앙 공동체에 적용할 수 있는데, 3:12에 선례가 있다. 거기 보면 다섯 가지 비슷한 심상, 곧 기둥, 성전, 하나님의 이름, 예루살렘 성의 이름, 그리스도의 새 이름을 비유적으로 이기는 자에게 적용시킨다. 신자의 이마에 기록된 하나님과 그리스도의 이름은 그들이 참 성전이신[21:22] 하나님과 그리스도의 장막 임재 속에 거하는 것을 암시하며, 신자는 이 참 성전과 ('기둥'으로서) 동일시된다.

3. 3-6절은 1-2절에 나오는 '측량'의 핵심 목적을 설명한다. 즉, 하나님이 마지막 때에 공동체 가운데서 자신의 장막 임재를 확립하시는 것은 공동체의 예언적 증언의 효력을 보장하시기 위함이다. 신자들은 구약 시대의 위대한 선지자(모세와 엘리야 같이)와 같은 선지자가 되어야 한다. 하나님의 백성은 고난을 당하지만 원수에 맞설 '권세'가 주어질 것이다. 여기서 미래 시제 "내가……권세를 주리니 그들이……예언하리라"는 미래의 시간을 말하는 것이 아니라 하나님의 결정을 강조하고, 이 의미를 궁극적으로 결정하는 것은 문맥이

다. 여기서 예언하는 자로 언급된 '두 증인'은 개인이 아니라 오히려 그리스도에 대한 충성된 증인으로서의 예언 능력을 가진 집단적인 교회를 표상한다. 이에 대한 이유를 여러 가지 제시할 수 있다.

- 두 증인은 4절에서 교회로 간주되어야 하는 '두 촛대'로 지칭되었다.[1:12-2:5] 구약성경은 하나님 백성의 종말론적 공동체가 성령이 베푸시는 예언의 은사를 받을 것이라고 예언했고,[욜 2:28-32] 초기 기독교 공동체는 이 예언이 그들 속에서 시작된 것으로 이해했다.[행 2:17-21]
- 7절은 짐승이 두 증인과 맞서 싸울 것이라고 진술한다. 이것은 다니엘 7:21의 인유다. 거기 보면 한 개인이 아니라 나라 전체가 언약 공동체로서 공격을 받는다.
- 9-13절은 온 세상이 두 증인의 외관적인 패배를 목격할 것이라고 진술한다. 이 진술은 두 증인을 집단적 세계 교회로 해석하지 않으면 이해할 수 없다(두 개인을 눈으로 볼 수 있는 범세계적인 통신기술 공학을 염두에 두고 있다는 것은 개연성이 없다).
- 두 증인은 천이백육십 일 동안 예언하고, 이 기간은 거룩한 성(교회)이 짓밟히고 여자(마찬가지로 교회를 표상)와[12:6] 하늘에 사는 자들이[13:6] 압제받는 기간과 똑같다.
- 종종 요한계시록 다른 곳에서 신자들의 전체 공동체는 예수에 대한 '증언'이 이루어질 때 그 증언의 출처로 진술된다.[6:9, 12:11, 17, 19:10, 20:4]
- 모세와 엘리야의 능력이 두 증인 모두에게 똑같이 귀속되고, 둘 사이는 분리되지 않는다. 두 증인은 하나인 예언적 쌍둥이다.

그런데 하필이면 왜 두 증인인가? 구약성경에서 율법을 어긴 범죄가 성립하려면 두 증인이 요구되었다.[민 35:30, 신 17:6, 19:15] 예수께서도 동일한 원리를 사용하셨다(눅 10:1-24에서 두 증인씩 35쌍—일부 사본에서 36쌍—이 있다).[마 18:16, 요 8:17] 사도 바울도 마찬가지였다.[고후 13:1, 딤전 5:19] 하나님은 부활의 진리를 증언하고[눅 24:4] 예수가 재림하신다는 사실을 증언하도록[행 1:10-11] 두 천사를 보내셨다. 무엇보다 2-3장의 일곱 교회 가운데 두 교회(서머나 교회와 빌라델비아 교회)만이 신실하지 못하다는 그리스도의 비난을 면했다. 충성된 교회의 대표로서 두 교회가 염두에 두어지고 있는 것은 예언의 '증인'이 '촛대'와 동일시되는 것으로 보아 분명하다. 따라서 여기 묘사되는 두 증인은 충성된 남은 자 교회를 가리킨다.

게다가 3절의 '증인'이라는 단어[헬라어 *martys*]와 7절의 '증언'이라는 단어[헬라어 *martyria*]는 법정 용어다. 적어도 요한계시록에서 9회에 걸쳐 나오는 '증언'이라는 단어 가운데 6회가 세상에 의해 거부당한 증인을 가리키는 데 사용되는데, 이때 세상의 요청을 거부한 자들에게 법적 결과가 미친다.[1:9, 6:9, 12:11, 17, 20:4] 엘리야 및 그와 대응을 이루는 신약 시대의 인물인 세례 요한 같이[왕하 1:8, 막 1:6] 두 증인도 '굵은 베옷'을 입었는데, 이것은 곧 법적으로 심판을 받도록 되어 있는 세상 죄에 대한 그들의 슬픔을 강조하는 역할을 한다. 앞에서 지적한 '두 증인'에 대한 구약의 법적 배경과 이어지는 구절들에 나타난 증거를 보면, 심판 때문에 슬퍼하는 것에 강조점이 있다. 심판에 강조점이 있는 것은 두 증인의 박해자들과의 사법적인 관계로 보아[5-6절] 그리고 두 증인의 예언 임무가 11:13이 증명하는 것처럼 희망적인 복음전도 사역으로 간주되지 않는다는 사실로 보아 분명하다.

4. 5-6절은 심판이 두 증인을 통해 시작되었음을 증명한다. 그러나 두 증인의 신원은 시작된 심판이 5-6절에서 묘사되기 전에 4절에서 보다 상세히 정의된다. 성막과 성전에서 촛대(등잔대)가 하나님의 임재 속에 들어가 있었던 것처럼 두 증인도 "이 땅의 주 앞에 서 있고", 이것은 그들이 땅에 있는 존재임에도 불구하고 영적으로 하

나님의 임재 속에 그리고 하나님의 천상의 궁정 안에 들어가 있음을 강조한다. 예언하는 두 증인은 위험한 세상에서 살고 있지만 주님의 주권적인 임재와 결코 멀리 떨어져 있지 않고, 주님과의 안전한 관계로부터 그들을 분리시킬 수 있는 것은 아무것도 없다. 스가랴 4:2-6에 나오는 등잔대의 등불은 방해에도 불구하고 성전을 재건하도록 이스라엘(등잔대)에 능력을 베푸시는 하나님의 임재 또는 성령을 표상하는 것으로 해석된다.[슥 4:6-9] 촛대(등잔대)가 솔로몬 성전의 한 부분이었던 것처럼 교회도 하나님의 새 성전의 한 부분이다. 따라서 새 이스라엘, 곧 '촛대'로서의 교회는 땅에서 하나님의 영적인 성전의 한 부분이고, 세상의 방해와 맞서 싸우기 위한 동력으로 하나님의 보좌 앞에서 신적 임재, 곧 성령으로부터 능력을 이끌어 낸다. 확실히 4:5에 따르면 '일곱 등불'은 천상의 성전에 켜져 있고, 촛대 위에 두어져 있는 것이 거의 틀림없다. 따라서 성령이 촛대, 곧 교회에 능력을 공급하신다. 이것은 하나님께서 마지막 때에 자신의 공동체를 성소로 삼아 그 가운데에 자신의 임재를 확립하시는 1-3절의 주제를 계속한다. 그리고 이 임재는 예언적 증언의 효력을 보장하는 데 목적이 있다.

두 증인이 촛대와 함께 '감람나무'로도 불리는 것은 스가랴의 환상으로부터 연원한다. 스가랴는 등잔대 옆에 감람나무 같이 서 있는 두 증인을 보았다.[슥 4:11-14] 감람나무는 등불을 밝히는 기름을 제공했다. 요한계시록에서처럼 스가랴서의 두 증인은(문맥상 대제사장인 여호수아와 왕족인 스룹바벨을 표상하는) 온 세상의 주[主]가 되시는 분의 임재 속에 서 있는 것으로 묘사된다.[슥 4:14] 하나님은 자신의 열매 맺는 영(기름)을 제공하고, 이 영은 제사장과 왕(감람나무)을 통해 성전을 성공적으로 건축하도록 이끄신다.

요한계시록 11:1-2과 스가랴 4:14에 소개된 내용, 곧 반대를 무룹쓰고 참 성전을 건축하고 보존하는 것이 동일한 주제를 다루는 두 부분의 클라이맥스다. 스가랴 4:14에서 제사장과 왕이 반대를 이기고 성전을 건축하는 데 성령께서 사용하신 두 핵심 그릇인 것처럼, 요한계시록 11:4에서도 두 증인이 똑같이 성령의 능력을 받아 11:1-2과 관련해 동일한 역할을 수행한다. 스가랴는 문자적 성전을 건축하는 두 증인인 왕과 제사장에 대해 말하지만, 요한은 하늘의 성전을 건축하도록 돕는 두 증인을 본다. 그런데 4절에서는 스가랴서 본문과 달리 두 증인이 개인이 아니라 보편적인 교회를 표상한다. 확실히 집단적 교회의 왕-제사장 이중 역할은 이미 명시적으로 천명되었고,[1:6, 5:10] 또다시 천명될 것이다.[20:6] 스가랴 4장의 포괄적인 문맥은 4절 문맥과의 관련성을 충분히 증명한다. 첫째, 스가랴 1:16-17과 2:1-5에서 천사는 하나님의 집이 "그 가운데에 건축되도록"[슥 1:16] 그리고 하나님이 "그 가운데에서 영광이 되도록"[슥 2:5 • 계 11:1-2 참조] 예루살렘이 확실히 재건될 것을 암시하기 위해 그곳을 '측량'한다. 둘째, 그러나 사탄은 세상 세력과 함께, 짐승과 세상이 두 증인을 반대하는 것처럼,[계 11:5-10] 예루살렘에 하나님의 성전이 재건되는 것을 반대했다.[슥 3:1-2, 4:7]

5. 이 '측량'의 목적과 효력이 더 깊이 설명된다. 두 증인의 영혼은 해를 입을 수 없는데, 그것은 그들 안에 살고 있는 불가시적인 성소의 보호를 받기 때문이다. "**만일 누구든지 그들을 해하고자 하면 그들의 입에서 불이 나와서 그들의 원수를 삼켜 버릴 것이요 누구든지 그들을 해하고자 하면 반드시 그와 같이 죽임을 당하리라.**" 그러므로 5-6절에서 두 증인에게 주어진 능력은 그들의 예언의 합법성을 외적으로 증명하는 데 있는 것이 아니라 그들에 대한 하나님의 영적 보호를 암시하는 데 있다. 두 증인은 육체적 · 경제적 · 정치적 · 사회적 해를 입을 수 있지만 그들이 하나님과 맺고 있는 영원한 언약 관계의

지위에 대해서는 해를 입을 수 없다. 두 증인은 고난을 겪고 심지어는 죽을 수도 있지만 측량받고 위임받은 영적 사명을 어떻게든 성공적으로 수행할 것이다. "**그들의 입에서 나오는 불**"은 문자적으로 취해져서는 안 되고, 상징적으로 세상 죄에 대한 하나님의 심판 선언을 표상하는 것으로 간주되어야 한다. 이것은 그리스도의 비슷한 심판이 상징적으로 "그의 입에서 나오는 검"으로 묘사되는 것과 같다.[1:16, 19:15] 2:12, 16도 마찬가지인데, 이것은 이사야 11:4과 49:2을 인유한다. 이사야서 두 본문에 따르면 메시아의 입이 심판의 칼 같이 될 것이다. 하나님의 말씀이 예레미야에게 주어진 것을 주목해 보라. "내가 네 입에 있는 나의 말을 불이 되게 하고 이 백성을 나무가 되게 하여 불사르리라."[렘 5:14] 회개의 필요성에 관한 예레미야의 예언은 이스라엘 민족이 거부할 때 심판의 도구가 되고, 따라서 이것은 두 증인에게도 마찬가지일 것이다. 9:17-18에 대한 우리의 주석도 11:5의 불 은유에 대한 비유적 해석을 지지하고 또한 일치한다. 9:17-18 역시 이 불 은유가 시작되었으나 아직 완성에 이르지 못한 심판에 적용되는 한 선례를 제공하는데, 그것은 5절에서도 마찬가지다.

엘리야는 불이 하늘에서 내려와 원수들을 불사르도록 했다.[왕하 1:10-12] 5절에서 엘리야 기사를 은밀하게 인유하는 것은 다음 6절에서 명시적으로 엘리야를 언급하는 것을 예견한다. 모세의 선지자로서의 직분 또한 하늘에서 불이 내려와 경건하지 않은 자를 심판하도록 만든 그의 능력으로 예증되었다. 심판의 방법이 이제 더 상세히 설명된다. "**누구든지 그들을 해하고자 하면 반드시 그와 같이 죽임을 당하리라.**" 이것은 하나님의 율법을 어긴 것과 관련해 두 증인을 필요로 하는 규례를 확립하는 것으로, 3절에서 먼저 인유된 신명기 19:15-19을 계속 인유하는 것이다. 두 증인은 공정한 판결을 위해 요구되었을 뿐만 아니라 처벌도 종종 범죄 자체에 맞추어 이루어졌다. "그가 그의 형제에게 행하려고 꾀한 그대로 그에게 행하여."신 19:19 죄를 지은 자는 피해자로부터 자신이 저지른 것과 똑같은 수단에 따라 처벌받아야 하고, 따라서 이것은 '눈에는 눈으로'라는 구약의 복수 법 원리를 실행하는 것이다. 이 원리는 요한계시록 전체에 걸쳐 반복된다.11:18, 13:10, 16:6, 18:5-7

6절 두 증인의 심판에 대한 예언적 선언의 형벌 효력이 그들이 증언하는 동안에 시작된다. 모든 증인은 고난을 받지만 박해를 받는다고 다 죽는 것은 아니다. 두 증인은 박해를 무릅쓰고 계속 증언하는 것을 통해 영적 처벌을 시행한다. 그들의 권세는 엘리야와 모세가 자신들의 대적에 대해 형벌 업무를 수행했던 것과 똑같은 예언적 권세에 따라 형성된다. '두 증인'은 모세와 엘리야가 선지자로서 역사가 끝나기 전에 이스라엘을 회복시키고 경건하지 않은 자를 심판하러 다시 와야 한다는 구약성경과 유대 사상의 예언의 성취다. 확실히 마가복음 9:4-7을 보면 모세와 엘리야는 합법적으로 요구되는 두 증인이고, 따라서 두 사람은 예수가 하나님의 아들이심을 증언하기 위해 변화산에 나타난다. 두 선지자에 대한 인유는 두 증인이 율법(모세가 상징하는)과 선지자(엘리야가 상징하는)가 궁극적으로 지시하는 것을 증언한다는 사실을 함축할 것이다. 6절에서 특히 그들을 이스라엘의 회복과의 관련성에 비추어 모세 및 엘리야와 비교하는 것은 교회가 구약 전체에 예언된 마지막 때 이스라엘의 회복의 성취라는 사실을 암시한다.

여기서 구체적인 순서를 보면, 땅에 비가 오지 않게 하는 엘리야의 능력이 먼저 언급된다.왕상 17-18장 "그들이 권능을 가지고 하늘을 닫아 그 예언을 하는 날 동안 비가 오지 못하게 하고." 이어서 물을 피로 변화시키는 모세의 능력이 언급된다.출 7:17-25 "또 권능을 가지고 물을

피로 변하게 하고." 6절에서 초점이 더 이상 개인적인 선지자나 왕에게 두어져 있지 않다는 것을 제외하면 같은 종류의 권능이 펼쳐지고, 이 권능은 문자적 가뭄이나 문자적 변화를 표현하는 것이 아니다. 따라서 전체 교회의 예언 공동체가 자기들을 반대하는 우상숭배자와 박해하는 버림받은 자들에게 재앙을 일으킨다.

11:1-5은 측량하는 천사, 성전, 감람나무, 촛대, 입에서 나오는 불 등 상징으로 충만하다. 마찬가지로 6절도 상징적이다. 하늘을 닫아 자연 과정의 정규 질서를 중단시킨다는 예언은 문자적인 의미가 아니라 박해자에게 그들의 우상숭배가 미련한 짓이라는 것, 그들이 살아 계신 하나님과 분리되리라는 것, 그들이 이미 심판의 최초 형식을 겪고 있는 중이라는 것을 상기시키는 의도가 담긴, 하나님께서 정하신 모든 사건을 의미한다.

두 증인의 '천이백육십 일' 동안의 사역은 가뭄을 통한 엘리야의 심판 사역과 같은 기간으로 대응을 이룬다.[왕상 18:1, 눅 4:25, 약 5:17] 누가복음 9:51-56에서 제자들은 엘리야를 모방하여 사마리아인의 일부 마을에 불을 내려 멸하기를 원한다. 예수는 그들을 책망하시지만 다음 장에서[눅 10장] 두 (법적) 증인으로 이루어진 35쌍(일부 사본에서는 36쌍)을 파송하여 복음 선포를 통해 하나님의 자비와 심판을 선언하도록 하신다. 마찬가지로 6절에서 요한의 환상 속에 나타난 두 증인도 문자적인 불을 내려오게 하는 것으로 하나님의 심판을 선언하지 않는다. 이것은 복음 시대에는 더 이상 알맞은 방법이 아니다. 대신 복음과 복음에 불순종한 결과를 선포하는 것으로 하나님의 심판을 선언한다. 교회가 최후의 심판에 관한 메시지를 포함해 하나님의 복음 진리를 예언적으로 선포하는 것은 궁극적으로 회개하지 않는 자에게는 고통을 가져온다(모세와 엘리야가 맞섰던 왕들이 그러했다). 이 고통은 최후의 심판을 예견하고, 버림받은 자의 악한 태도를 더 완고하게 만들며, 그 결과 그들에게 큰 날의 처벌을 훨씬 무르익게 만든다. 이것은 주로 사람의 영적인 영역에 영향을 미치는 고통으로, 특히 그들의 양심을 괴롭게 하는 것이다. 이것은 11:10로 보아 분명하다. 거기 보면 땅에 사는 자들이 자기들을 '괴롭게' 한 두 증인의 죽음을 즐거워한다. 이것은 두 증인의 초기 사역의 결과가 완고해진 경건하지 않은 자들을 그들의 절망적인 곤경에 낙심하게 만든 것에 있음을 의미한다. 벨릭스가 불의한 자들이 복음 메시지를 거부할 때 겪는 고통의 한 본보기일 것이다. 이때 바울은 "의와 절제와 장차 오는 심판을 강론"했고, 이에 벨릭스는 진리에 대한 두려움과 분노 때문에 바울을 쫓아냈다.[행 24:25]

두 증인이 일으키는 재앙은 출애굽 재앙에 뿌리를 두고 있는 나팔 심판의 재앙과 밀접하게 관련되어 있다. 두 경우 모두 심판이 '재앙'으로 묘사된다(8:12의 "타격을 받아"는 문자적으로 "재앙으로 공격을 받아"이다).[9:20, 11:6] 두 심판은 입으로 심판을 선언하는 권세가 있거나 능력을 받은 자들을 통해[9:13, 11:6] '땅에 사는 자들'에게 임한다.[8:13, 11:10] 두 심판 모두 기근,[8:7, 11:6] 죽임,[9:15, 11:5] 해[9:10, 11:5]를 포함한다. 또 불이 집행자들의 입에서 나오고,[9:17-18, 11:5] 물이 피로 변하며,[8:8, 11:6] 하늘로부터 효력이 임하고,[8:10, 11:6] 비신자들이 고통을 당한다.[9:5-6, 11:10] 각 부분—처음 여섯 나팔 심판과 두 증인 내러티브—은 특정한 수의 비신자가 죽임을 당하고, 죽지 않고 남아 있는 자들은 회개하지 않는 완고한 태도를 굳게 고수한다(두 본문 모두 '남은 사람들'이라는 말이 나타나 있다).[9:20, 11:13]

6절에서 심판을 받는 경건하지 않은 자들이 나팔 심판 아래 고통을 겪는 자들과 동일한 집단이라는 것은 10:11로 보아 분명하다. 10:11에서 요한은 세상 전역의 사람들에게 "다시 예언하라"는 명령을 받는다. 6:9의 "그들이 가진 증거로 말미암아"라는 말과 11:7의

"그들이 그 증언을 마칠 때에"라는 말의 평행 관계는 두 문구 모두 신자들이 증언을 끝까지 고수하고 그 증언으로 말미암아 박해를 받는다는 관념을 염두에 두고 있음을 암시한다. 박해자에 대한 심판을 간청하는 천상의 성도들은[6:10-11] 이제 "그들이 가진 증거"[6:9]와 그들이 고난당한 것이 그 자체로 압제자들에 대한 최초의 심판의 도구라는 말씀을 듣는다. 그러므로 5-6절의 심판은 6:9-11과 8:3-5에서 성도들이 나팔 심판이 함축하고 있는 자신들의 정당성 입증과 대적에 대한 보복을 간청하는 기도의 첫 번째 명백한 응답이다. 우리는 앞에서 나팔과 인 심판은 동일한 사건을 두 단위로 나누어 묘사하는 두 환상을 표상한다고 결론지었다. 따라서 여섯째 나팔 심판과 일곱째 나팔 심판 사이에 '삽입구' 또는 막간으로 들어가 있는 이 부분은 나팔과 인 심판 이야기를 다른 관점에서 다시 말하는 것이 분명하다. 이 경우에 이야기는 그리스도의 부활과 재림 사이의 기간 동안 교회에 대하여 일어나는 일을 강조한다.

7. "[그리고] 그들이 그 증언을 마칠 때에"라는 연결구는 7b-13절에 나오는 일이 역사가 끝날 때 일어나는 일임을 보여준다. 이때에 교회는 세상 앞에 그리스도를 증언하는 역할을 끝내고 패배한 것처럼 보일 것이다.[마 24:9-22 참조] 7절은 1-2절의 '측량'이 교회 증언 임무의 성공적인 완수의 목적이자 보증이라는 것을 증명한다. 6:9, 11에서 요한은 인 환상을 통하여, 증언한다는 이유로 죽임을 당한 성도들의 수가 찰 때가 오리라는 것을 확인했고, 11:7도 동일한 사건 시리즈를 묘사하며 따라서 두 증인이 집단적 교회를 표상한다는 사실을 강화한다. 6:9, 11은 자신들의 증거로 말미암아 적대적인 세상에 의해 죽임을 당한 성도들을 묘사한다. 증언 임무는 구속사의 정해진 때가 되면 완료될 것이다. 이것은 11장의 증언과 6:9-11의 정당화를 위한 증인들의 기도를 더 깊이 연계시킨다. 충성된 신자는 그들의 증

언이 끝나면 죽임을 당할 것이다. 그들은 세상의 눈에 패배를 당한 것처럼 보이지만,[7-10절] 그들의 죽음은 오히려 세상의 최종적인 패배를 낳을 것이다.[11-13절] 세상 박해자들에 대한 이 완전한 심판은 6:9-11의 성도들의 간청에 대한 충분한 응답이다.

그리스도는 요한에게, 천사가 다니엘에게 무저갱에서 올라온 넷째 마지막 짐승이 하나님의 백성과 맞서 싸우고 그들을 이기려 했다고 말한 것과 동일한 말씀을 전하신다. "무저갱으로부터 올라오는 짐승이 그들과 더불어 전쟁을 일으켜 그들을 이기고 그들을 죽일 터인즉." 따라서 다니엘 7:21은 이스라엘 성도들에 대한 공격을 언급하는 것이므로, 7절에서도 짐승은 두 개인과 싸우는 것이 아니라 충성된 새 이스라엘, 곧 교회 공동체와 싸운다. 같은 사건이 20:7-10에서 다시 묘사될 것이다. 거기 보면 짐승이 성도들과 사랑하시는 성과 마지막 전쟁을 치른다(성도와 사랑하시는 성은 똑같이 교회 전체를 표상한다).

"무저갱으로부터 올라오는 짐승"이라는 문구는 짐승이 세상이 끝날 시기에만 활동한다는 의미가 아니라 오히려 세상이 끝날 때에 그의 활동이 본격적으로 기승을 부릴 것이라는 의미다. 말하자면 짐승의 영은 역사가 펼쳐지는 동안 세상의 박해자 배후에 숨어 있었지만, 마지막 때에는 최후의 발악을 하며 교회를 패배시키려고 자신의 정체를 공개적으로 드러낸다는 것이다(이것이 다니엘 7장 본문의 예언에 똑같이 기초가 두어져 있는 요한일서 2:18과 4:3의 엄밀한 사상이다). 다니엘 7장의 짐승은 성도들을 박해하는 악한 왕과 나라를 상징하고, 따라서 요한계시록 11:7의 박해 활동도 적대적인 땅의 권력자들을 통해 일어나기 시작한다. 동일한 일련의 사건(짐승의 최후의 공격 후에 짐승의 멸망이 이어짐)이 17:8에서 묘사된다. 17:8을 보면 짐승이 파괴를 행하려고 무저갱에서 올라온다. 같은 사실이 20:7에서도 묘사된다. “천 년이 차매 사탄이 그 옥에서 놓여.”

8. 8절은 두 증인의 죽음이 가져온 여파를 소개한다. 8절의 장면 “그들의 시체가 큰 성 길에 있으리니”는 문자적인 완전한 몰살을 가리키는 것이 아니라, 참 교회가 증언 역할에 있어 패배한 것처럼 보이고, 사소하고 하찮은 것처럼 나타나며, 모욕적으로 취급당하리라는 것을 암시한다. 역사 전체에 걸쳐 교회의 목소리는 간헐적으로 잠잠한 것처럼 보일 수 있지만(부분적으로 오늘날 세상에서 그런 것처럼), 역사가 끝날 때에는 보편적인 침묵이 교회를 뒤덮을 것이다. 그리고 작은 신자들의 집단이 초기에 여기저기서 일시적으로 침묵하며 계속 존재해 온 것처럼, 소수의 증인들의 남은 자도 8절 이하의 미래의 시나리오에 따라 존재할 것이다. 작은 교회가 계속 존재해 왔다는 것은 최후의 심판 직전 시기에 박해를 겪는 신자들의 작은 공동체를 언급하는 요한계시록 다른 평행 본문들로 암시된다.[20:7 이하 • 마 24:15-22, 37-39 참조] 사실 요한계시록과 복음서의 평행 요소들은, 하나님이 이때에 교회의 박해자들을 패배시키지 않으셨다면 교회는 완전히 소멸되고 말았을 것이라는 사실을 함축한다. 시체가 길에 놓여 있는 '큰 성'은 지상의 예루살렘 성이 아니라 불경건한 세상으로 가장 잘 이해된다. 요한계시록 나머지 부분의 '큰 성'에 대한 용법도 예외 없이 예루살렘이 아니라 바벨론을 가리키는 것으로 확인된다.[16:19, 17:18, 18:10, 16, 18, 19, 21] 구약의 선지서를 보면 바벨론은 대체로 하나님의 백성이 포로로 잡혀가 불경건한 정부 아래서 외국인으로 살았던 지역과 연관되어 있었다.

8절에서 큰 성은 '소돔'(악함 때문에)과 '애굽'(성도들에 대한 박해 때문에)으로 비유된다. 이러한 언급으로 암시되는 것처럼 큰 성은 '영적으로' 이해되어야 한다. 이것은 큰 성이 어떤 지리적 장소에 위치한 곳이 아니라 어디든 세상 속에 존재하는 모든 불경건한 영적 영역으로 이해되어야 함을 의미한다. "그들의 주께서 십자가에 못 박히신 곳이라"는 마지막 구절은 소돔 및 애굽과의 동일화로 묘사가 시작된 큰 성에 대한 영적인 묘사를 계속한다. 이 영적인 해석은 '곳'(헬라어 *hopou*라는 말이 요한계시록 다른 곳에서 결코 문자적 의미로 소개되지 않고, 항상 상징적이고 영적인 지리의 의미로 소개된다는 사실로 지지를 받는다. 예를 들어 12:6, 14의 '광야', 17:9의 '머리'와 '산', 20:10의 '불과 유황 못'). 이 점에서 큰 성은 영적으로 다른 불경건한 나라들과 똑같이 되었고 그리스도를 죽임으로써 훨씬 더 악한 성이 된 예루살렘과 같다. 요한 당시에 '큰 성'에 대한 언급은 주로 로마나 로마의 동맹국을 가리켰는데, 그 이유는 로마가 당시에 하나님의 백성을 박해한 불경건한 제국의 중심지였기 때문이다.

9. 8절에서 부각된 큰 성의 보편적이고 부정적인 정체성은 9a절에서 한 번, 10절에서 두 번에 걸쳐 온 세상의 비신자들을 언급하는 것으로 더 깊이 확인된다. 이들은 이 불경건한 큰 성의 주민, 곧 그 성의 대로를 따라 사는 자들이다. 이 보편 공식 "백성들과 족속과 방언과 나라"는 빈정대는 구경꾼이 세상 전역에 사는 자들임을 증명한다. "그 시체를 사흘 반 동안을 보는" 자들에 대한 장면은 교회가 증언 역할을 하지 못하고 패배한 것처럼 보이며, 사소하고 하찮은 존재로 나타날 것이라는 8a절의 과장법을 계속 보여준다. '시체'라는 말은 8절과 9a절에서는 실제로 단수형이지만 9b절에서는 복수형이다. (헬라어 원문을 보면 9절에 시체라는 말이 두 번 나오는데, 앞의 시체는 단수형 *ptoma*이고, 뒤의 시체는 복수형 *ptomata*이다. 개역개정판에는 시체라는 말이 한 번만 나온다.—옮긴이) 단수형을 사용한 적당한 이유를 든다면 그것은 증인들의 집단성을 함축하기 위함일 것이다. 증인들은 그들이 증언하는 그리스도의 '한 몸'이다. 하지만 그들은 또한 요한계시록 다른 곳에서 증명하는 것처럼 세상 전역에 흩어져 있는 많은

증인들이다. 비슷한 현상이 12:4-5, 13, 17에도 나타난다. 거기 보면 아기 그리스도와 "예수의 증거를 가진 자들"이 함께 여자의 아들로 간주된다. 그들이 시체를 보는 사흘 반 동안은 그리스도께서 무덤 속에 계신 기간을 상기시킨다(그리스도는 단지 삼 일 간만 무덤에 계셨다). 그러므로 예수의 삼 년 육 개월 사역 기간이 두 증인의 사역 기간과 같은 것처럼,[11:2-3] 그리스도께서 사역 마지막 시점에 외관상 패배하신 기간(사흘)도 두 증인의 증거 사역의 마지막 기간(사흘 반)과 비슷하다. '사흘 반'(삼 일 반)이라는 짧은 반 주간 역시 삼 년 반이라는 연간의 긴 반절과 대조된다.[11:3, 12:14, 13:5] 이 대조는 적그리스도의 승리는 두 증인의 승리의 증거와 비교해 짧고 하찮다는 것을 강조하는 의미가 있다.

10. 10절은 두 증인의 시체를 바라보는 세상 전역의 사람들을 '땅에 사는 자들'로 지칭한다. '땅에 사는 자들'이라는 말은 요한계시록 전체에 걸쳐, 하나님의 백성을 박해하기 때문에 시작된 하나님의 심판 아래 고통을 겪는 비신자들을 반복해서 가리키는 전문 술어다.[3:10, 6:10, 8:13 등] 이 술어는 13-17장에서는 우상숭배자만을 배타적으로 가리킨다.[13:8, 12, 14, 14:6-9, 17:2, 8 • 8:13, 9:20 참조] 우상숭배자들이 땅에 사는 자들로 불리는 이유는 그들이 궁극적으로 하나님이 아니라 세상의 어떤 국면에 신뢰를 두는 사람들이기 때문이다.[6:17 주석 참조] 땅에 사는 자들은 두 증인이 패배하자 "즐거워하고 기뻐하여 서로 예물을 보낸다." 왜냐하면 두 증인의 메시지 가운데 하나가 그리스도에 대한 거부는 우상숭배로 귀착되고 심판을 통해 처벌을 받게 된다는 것으로,[행 17:30-31, 살전 1:8-10] "땅에 사는 자들을 괴롭게 한" 증언이였기 때문이다.

11. 하나님은 교회 시대가 끝날 때 두 증인을 그들의 외관상 패배 후에 회복시키신다. "삼 일 반 후에 하나님께로부터 생기가 그들 속에 들어가매 그들이 발로 일어서니." 11절의 문구는 에스겔 37:5, 10에

서 직접 취해진다. 에스겔서 본문을 보면 생기는 하나님의 영을 표상하고, 육적 부활 장면은 영적 부활을 상징한다.[겔 36:26-27] 이스라엘의 영적 부활이 11절에서 교회의 영적 부활을 표상하는 것으로 나타난다(에스겔 자신은 암묵적으로 영적 부활이 필연적으로 최후의 육적 부활을 가져오리라고 생각했을 것이다). 이 부활은 두 증인의 증거의 진정성을 입증한다. 또한 이제 하나님은 두 증인의 압제자들을 멸망시키심으로써 남아 있는 신자 공동체의 정당성을 입증하신다(20:7-10도 마찬가지다. 이 본문이 에스겔 38장에 기초를 두고 있는 것은 우연의 일치가 아니다). 최소한 두 증인의 승천은 마지막 때에 하나님의 백성의 최종적이고 결정적인 구원과 정당성을 확증한다. 두 증인이 사람들을 상징하고 두 증인의 행동이 상징적인 행동이라면(그들의 입에서 불이 나오는 것이나 하늘을 닫는 것 등), 그들의 순교와 승천도 상징적인 개념일 것이다. 에스겔 37:10-13은 회복된 이스라엘을 "극히 큰 군대……이스라엘 온 족속……내 백성들"로 지칭한다. 에스겔이 하나님께 다시 돌아오는 충성된 민족의 회복을 예언하기 때문에, 요한은 단순히 두 충성된 개인이 아니라 교회의 모든 충성된 자 속에서 이 예언의 성취를 본다. 그 결과 "구경하는 자들이 크게 두려워한다." 이것은 하나님에 대한 진정한 두려움이 아니라 애굽 사람이 자기들에게 닥친 예기치 못한 재앙과 이스라엘 자손이 그 재앙으로부터 구원받은 것을 보고 느꼈던 두려움과 같은 것이다.[출 15:16, 시 105:38] 11절에서 출애굽 사건을 이처럼 강력히 반영하는 것은 부적절한 시도가 아니다. 왜냐하면 모세를 통해 펼쳐진 재앙이 11:6에서 인유되고 있고, 출애굽 재앙 배경은 9-10장의 나팔 심판 여러 기사의 배후에 놓여 있기 때문이다.

12. 두 증인의 구원에 대한 묘사가 계속된다. "하늘로부터 큰 음성이 있어 이리로 올라오라 함을 그들이 듣고 구름을 타고 하늘로 올라가

니." 만일 이 말이 문자적으로 물리적 '휴거'(두 증인이 실제로 세상에서 들려 올라감)를 암시한다면, 바로 다음 사건에서[15절] 일곱째 나팔이 불리고 역사가 끝나는 것으로 보아 이 휴거는 최후의 심판 직전('환난 기간'이나 '천년왕국'이 이어지지 않고)에 일어나는 일이 될 것이다. 이렇게 되면 요한의 환상은 단순히 세상의 파괴를 완수하고 자기 아들의 재림을 시행하시기 전 하나님의 마지막 행위가 교회를 휴거시키는 일에 있음을 암시할 것이다. 그러나 12절의 음성은 4:1(요한이 하늘에 열린 문을 보고 "이리로 올라오라"고 말하는 음성을 듣는)과 매우 면밀한 평행 관계를 이루고 있고, 따라서 4:1과의 유사점은 물리적인 휴거가 아닌 다른 의미를 암시한다. 4:1에서 천사의 음성은 요한에게 하늘로 올라오라고 명령한다. 12절(요한이 다시 명령을 받는 것을 표상하는)과 1:9-11에서 요한이 처음 사명을 받은 것(그리고 17:1-3과 21:9-10에 기록된 요한의 추가 경험도 마찬가지로)은 모두 에스겔이 반복해서 말하는 성령의 '들어 올리심'에[겔 1:28-2:2, 3:12-14, 23-24, 11:1-5, 43:5] 기초가 두어져 있다. 이 에스겔서 본문들을 보면 성령이 선지자를 들어 올려 데리고 가는데, 이것은 영적인 의미이지 결코 물리적인 의미가 아니다(겔 11:1-5은 논란이 있을 수 있지만 아마 불가시적인 영적 차원을 가리킬 것이다). 에스겔은 물리적으로 휴거된 것이 아니라 환상을 경험한 것이고, 이것은 고린도후서 12:1-4에서 바울이 셋째 하늘에 이끌려 올라가 겪은 사건과 같다. 요한계시록 4장과 11장 사이의 또 한 가지 평행 요소는 이전 구절인 11:11의 묘사, 곧 "하나님께로부터 생기[성령]가 그들 속에 들어가매"라는 말인데, 이것은 성령이 요한을 불가시적인 영적 영역 속으로 이끄신 것을 가리키는 4:2a의 "내가 곧 성령에 감동되었더니"라는 말과 비교할 수 있다(성령은 1:9, 17:3, 21:10에서도 요한에게 똑같이 역사하신다!). 그러므로 11:12에서 두 증인이 올라가는 하늘은 이 세상의 눈에는 보이지 않는 불가시적인 실재의 차원이다. 이것은 물리적인 이동이 아니고 영적인 이동인데, 그 이유는 요한계시록에서 사람들에게 임하시는 성령에 대한 다른 모든 용법이 이처럼 불가시적인 차원 속에 들어가는 영적 이동을 가리키기 때문이다.

요한의 이동을 두 증인의 이동과 동일화하는 근거는 또한 부분적으로 10장에서 세 번째 반복된 예언적 사명이 일반적으로 11장의 두 증인에게도 적용된다는 데 있다. 11:12에서 두 증인이 "하늘로부터 큰 음성이 있어" 타고 올라오라고 그들이 들은 구름은 10:1의 구름과 동일하다. 그때는 그리스도께서 천사의 모습으로 구름을 타고 하늘에서 내려와 요한에게 나타나고, 거기서 "큰 소리로 외치셨다."[10:3] 요한과[10:11] 두 증인[11:3, 10, 18] 모두 "많은 백성과 나라와 방언과 임금"[10:11]에게 심판을 선언하는 예언적 사명을 수행한다.

성경에서 '구름'은 자기 백성과 함께하시는 하나님(또는 그리스도)의 임재를 가리킨다.[출 13:21-22, 민 14:14, 신 1:33, 시 78:14, 사 4:5, 겔 1:4, 단 7:13, 마 17:5, 24:30, 막 9:7, 눅 9:34-35, 행 1:9] 그러므로 교회가 구름을 타고 하늘로 올라간다는 말은 주로 하나님께서 교회의 정당성을 입증하고 교회를 인정하시는 것을 뜻한다. 세상은 두 증인의 심판과 구원에 대한 예언 메시지를 거절했다.[4-10절] 그러나 먼저 그리스도께서 부활과 구름을 타고 승천하는 것으로 정당성이 입증되신 것처럼,[행 1:9-11] 그리스도는 비슷하게 자기 백성의 정당성을 최종적으로 입증하고 그리하여 그들이 참된 선지자였음을 모든 사람에게 증명하실 것이다(이 음성이 그리스도의 음성이라는 것은 1:10-11과 4:1-2의 평행 관계로 암시된다). 박해자들은 두 증인의 예언을 인정하는 이 신적 보증을 보고 두려움에 사로잡혀 괴로워할 것이다. 왜냐하면 그들은 이제 두 증인의 심판 선언이 빈말이 아니라 실제로 이루어지는 것을 깨달았기 때문이다. 하나님께서 세상 앞에 두 증인의 정당성을 입증하시는 것이 정확히 어떤 방법인지는 12절 자체만으로는 분명히 파악할 수 없다(하지만 우리는 12절이 부활의 영적인 측면에 초점을 맞추고 있다고 주장했다). 그러나 이 내러티브의 요점은 정당화의 엄밀한 형식에 있지 않고, 두 증인이 하나님을 위하여 말하는 하나님의 참된 대표라는 계시에 있다.

13. 두 증인이 말한 심판이 악인들이 잘못 판단한 이들의 정당성이 입증되는 것을 본 직후에 시작된다. 심판은 큰 지진의 형태로 묘사된다. '큰 지진'이라는 말은 요한계시록에서 이것이 나타나는 유일한 다른 두 본문, 곧 최후의 심판을 묘사하는 6:12과 16:18에 나오는 말과 사실상 동일하다. 만일 우리가 11:11-13의 사건이 세상 역사가 끝날 때 일어난다고 말한 것이 정확했다면, 6장과 16장의 평행 관계는 이것을 확증한다. 6:12의 '큰 지진'이 이어지는 일곱째 인 심판으로 완성되는 최후의 심판의 시작을 특징짓는 것처럼, 11:13의 '큰 지진'도 이어지는 일곱째 나팔 심판으로 완성되는 동일한 최후의 심판의 시작 국면을 암시한다. 13절의 이 문구는 에스겔 38:19에서 나온다. 에스겔 38:19을 보면 '큰 지진'이 역사가 끝날 때 회복된 이스라엘을 멸망시키려고 획책하는 곡에 대한 최후의 심판을 가리킨다. 여기서 에스겔 38장을 인유하는 것이 자연스러운 이유는 그 본문이 부활 그림을 통해 이스라엘의 회복을 설명하는 37장 직후에 오기 때문이다. 따라서 에스겔 38장은 회복된 이스라엘, 곧 교회를 표상하는 두 증인의 회복[11:11-12] 및 마지막 때에 교회의 박해자들을 파멸시키는 후속적 지진과 직접적인 평행 관계가 존재한다. 에스겔 38:19의 인유는 13절과 최후의 심판을 연계시키는데, 그것이 에스겔 38:19-23에 대한 명확한 해석으로 보이고, 또한 요한이 19:17과 20:8-9에서 에스겔 38-39장을 사용하는 방법으로 간주되기 때문이다.

지진의 효력이 부분적인 것은 이 지진이 최후의 심판의 시작에 불과하다는 사실을 암시한다. "성 십분의 일이 무너지고 지진에 죽은 사람이 칠천이라." 여기서 십분의 일과 칠천이라는 수는 비유적인 개념일 것이다. 만일 두 증인이 엘리야와 관련된 신실한 7,000명과 동일시된다면, '눈에는 눈으로'의 보복은 상징적인 개념으로 이해될 수 있다. 남은 자들에 대해 말한다면 그들은 "두려워하여 영광을 하늘의 하나님께 돌렸다." 이것은 대규모의 회개를 의미할 수도 있다. 왜냐하면 요한계시록 다른 곳에서 영광을 하나님께 돌리는 것은 항상 참된 경배를 가리키기 때문이다. 그러나 '두려워하여'[헬라어 *emphobos*]라는 말은 성경에서 절대로 주님을 두려워하는 경우에는 사용되지 않고 단순히 인간의 두려운 감정을 가리킨다. 두 증인(곧 교회)의 사역은 그리스도 자신의 사역을 따라 형성된다. 그리스도께서 부활하실 때 지진이 나고, 천사가 하늘에서 내려왔으며, 지키던 자들이 무서워 죽은 사람과 같이 되는 일이 벌어졌다. 13절에서도 의인들이 정당성을 입증받을 때에 지진이 있고, 하늘로부터 천사의 음성이 있으며, 그 장면을 구경하는 자들이 두려움에 떤다. 구약성경에서 "영광을 하나님께 돌리다"라는 말이 때때로 (빈 무덤을 지키던 자들과 같이) 하나님의 실재성을 기꺼이 인정하지 않고 어쩔 수 없이 인정하는 비신자들의 반응을 가리키는 데 사용된다.[수 7:19, 삼상 6:5] "영광을 하늘의 하나님께 돌리더라"는 말은 다니엘 2:46-47과 4:37에서 느부갓네살 왕이 하나님을 찬양하고 경배하는 것을 돌아보게 한다. 왜냐하면 느부갓네살은 마지막 때 바벨론의 효시인 고대 바벨론을 대표하기 때문이다. 그러나 느부갓네살은 하나님을 존귀하게 하고[단 2:46-47] 동시에 우상도 숭배했다.[단 3:1] 요한계시록 11:13은 회개나 비[非]회개를 가리키는 것으로 취해질 수 있지만 요한계시록 다른 곳, 특히 인·대접·나팔 심판의 평행적 환상들 속에, 버림받은 자의 마지막 때 대규모 회심에 대한 암시가 전혀 없는 것도 사실이다. 따라서 모든 것을 감안할 때 이 두려움은 구원하는 믿음에 대한 표현이 아니라, 두려운 마음에 마지못해 하나님의 실재성을 인정함에 대한 언급으로 보는 것이 더 낫다.

'성 십분의 일'이 무너지고 죽은 사람이 '칠천'이라는 것은 하나님께서 불경건한 인간 상당수에 대하여 심판을 시작하셨고, 남은 자들도 이 선례에 따라 처리될 것임을 암시한다. 이 점에서 칠천 명에 대한 심판은 남은 자들을 크게 두렵게 하고, 그 결과 그들이 보여줄 유일하게 가능한 반응은 6:16-17에서처럼[빌 2:10-11 참조] 자신의 임박한 심판을 받아들이고 하나님을 이 심판의 참된 주권자로 인정하는 것밖에 없었다.[사 45:23-24] 8:6에서 시작되어 11:12까지 이르는 심판 문맥은 (구약 배경과 함께) 남은 자들을 심판의 대상이 되는 비신자로 간주하는 견해를 옹호한다. 실제로 여기서 어떤 종류든 회심은 배제되어 있는 것으로 보인다. 왜냐하면 13절은 '땅에 사는 자들' 대다수의 회개가 아니라 그들에 대한 최후의 심판의 시작을 묘사하기 때문이다. 나아가 11절과 12절이 역사가 끝날 때에 하나님께서 전체 교회의 정당성을 입증하시는 것을 강조한다는 사실은, 11-13절에서 정당성을 입증받지 못하는 자들은 하나님의 백성의 일원이 아니라는 의미를 함축한다. 3-6절에서(10절도 마찬가지다) 두 증인의 증언의 일차 목적은 회개가 아니라 '고통'을 일으키기 위한 것으로 보인다. 두 증인은 하나님이 완악한 인간에 대해 시작하신 심판을 집행하는 하나님의 대행자다.[5-6절 주석 참조] 물론 이것이 어떤 이들은 회개로 반응할 수 있다는 사실을 완전히 부인하는 것은 아니다.

그러므로 13a절의 지진 심상은 시작된 마지막 처벌의 특징이고, 이 마지막 처벌은 11:19에서 최후의 심판에 대한 지진 심상으로 완성된다. 최후의 심판에 대한 묘사를 담고 있는[11:18] 일곱째 나팔 심판이 13절의 묘사 뒤에 온다는 사실은 이 결론을 확증하는데, 그 이유는 특히 11:19의 지진 심상이 일곱째 나팔 심판 자체의 클라이맥스이기 때문이다.

11:1-13 묵상 제안

요한계시록에 대한 다양한 해석의 함축성: 1-2절의 성전과 바깥뜰의 정체성에 관해서는 매우 다양한 해석이 존재한다. 이 다양한 차이는 해석적인 관점에 따라 요한계시록 본문에서 이끌어 낼 수 있는 결론이 얼마나 극단적으로 다를 수 있는지를 예증한다. 이 차이를 숙고할 때, 교회 역사와 이스라엘 역사에 대한 하나님의 계획을 이해하는 데 어떤 함축성이 나타나겠는가? 요한계시록이 언급하는 역사적인 시간 구조에 대한 우리의 이해에는 어떤 함축성이 있는가?

성경의 통일적 주제로서의 성전: 성전 개념(하나님의 임재를 표상)은 성경의 중심 주제 가운데 하나다. 본서의 주석이 제공한 대로 성전의 통일적 주제에 대한 해석을 기초로 여러분은 에스겔 40-48장, 요한계시록 11:1-2 그리고 요한계시록 21-22장의 상호관계를 어떻게 보는가? 성전 주제에 관한 포괄적인 관점을 파악하려면 그레고리 K. 빌의 『성전 신학』*The Temple and the Church's Mission*을 보라.[6]

교회의 고난과 소망: 본서의 주석에 나오는 다음 진술을 상고해 보라. "11:3-12에서 두 증인의 경력에 대한 서술 패턴은 의도적으로 그리스도의 경력에 대한 서술을 반복한다. 즉, 두 증인의 선포와 표징은 그리스도께서 십자가에 못 박히신 성에서 사탄의 반대와 박해[요 15:20]와 포악한 죽음을 일으키고, 이에 세상은 자기들이 희생시킨 증인을 보고[계 1:7] 기뻐하며,[요 16:20] 그 후 부활이 있고 구름을 타고 승천함으로써 정당성에 대한 입증이 이루어진다." 3-12절은 어떤 면에서 우리에게 고난 신학의 기초를 제공하는가? 그러할 때 3-12절은 또한 고난 속에서도 어떻게 우리에게 소망의 기초를 제공하는가?

성령에 대한 의존: 본서의 주석은 두 증인(교회를 표상)을 고난받는 중에도 하나님의 임재 속에 있는 자로 제시한다. 두 증인은 자신들의 힘을 성령으로부터 이끌어 낸다. 감람나무 기름과 등불의 빛이 그들을 통해 흘러나와, 두 증인이 믿지 않는 세상에 전하는 증언에 능력을 준다. 이것은 교회는 성령에 대한 전적인 의존이 필수라는 결론을 제공한다. 우리는 개인적으로 얼마나 성령을 의지하는가? 우리 교회는 얼마나 성령을 의지하는가? 우리는 성령에 대한 의존을 어떻게 표현하는가? 개인 기도와 집단 기도의 역할은 무엇인가? 한 가지 사실은 확실하다. 즉, 시험이나 반대의 때가 임하면 우리의 의존의 정도가 적나라하게 드러나리라는 것이다.

민족들의 죄악과 하나님의 심판: 본서의 주석에 따르면 11장은 특히 그리스도의 재림 직전에 혹독하게 박해받는 교회가 외관상 원수들의 공격에 희생되는 것처럼 보이는 장면을 묘사한다. 이것은 실망스러운 메시지처럼 보인다. 그렇지만 하나님의 관점에서 볼 때는 어떤 희망의 요소가 있는가? 요한계시록은 교회를, 약속된 거룩한 땅을 향해 광야를 통과하는 여정 속에 있는 이스라엘로 비유한다. 창세기 15:16에 따르면 이스라엘은 아모리 족속의 죄악이 가득 차지 아니하면 약속의 땅을 차지할 수 없었다. 11:1-13에서 말하는 사상과 평행적인 요소가 있지 않은가? 죄악이 채워지는 바로 그때에 하나님의 심판이 버림받은 자에게 임하고 교회는 영원한 기업 속으로 들어가게 된다.

일곱째 나팔 심판: 하나님은 완성된 나라를 세우시고 완전한 심판을 시행하신다[11:14–19]

11 14 둘째 화는 지나갔으나 보라, 셋째 화가 속히 이르는도다. 15 일곱째 천사
가 나팔을 불매 하늘에 큰 음성들이 나서 이르되 세상 나라가 우리 주와
그의 그리스도의 나라가 되어 그가 세세토록 왕 노릇 하시리로다 하니 16 하나님 앞에
서 자기 보좌에 앉아 있던 이십사 장로가 엎드려 얼굴을 땅에 대고 하나님께 경배하
여 17 이르되 감사하옵나니 옛적에도 계셨고 지금도 계신 주 하나님 곧 전능하신 이여,
친히 큰 권능을 잡으시고 왕 노릇 하시도다. 18 이방들이 분노하매 주의 진노가 내려
죽은 자를 심판하시며 종 선지자들과 성도들과 또 작은 자든지 큰 자든지 주의 이름
을 경외하는 자들에게 상 주시며 또 땅을 망하게 하는 자들을 멸망시키실 때로소이다
하더라. 19 이에 하늘에 있는 하나님의 성전이 열리니 성전 안에 하나님의 언약궤가 보
이며 또 번개와 음성들과 우레와 지진과 큰 우박이 있더라.

14. 문학적이고 신학적인 10:1-11:13의 삽입구가 끝났다. 그러므로 14절은 9:21에서 끝났던 부분이 다시 시작된다. "둘째 화는 지나갔으나[9:13-21] 보라, 셋째 화가 속히 이르는도다." 9:12처럼 여기서도 연대순 언어는 세 가지 화 환상에 제시된 역사적인 순서와는 관련이 없고 오직 환상의 순서와 관련되어 있다.[9:12, 4:1 주석 참조] 이것은 둘째 화 환상이 끝나고 셋째 화 환상이 임박했음을 의미한다. 이 환상의 연쇄 관계는 11:11-13의 삽입구 마지막 부분과 11:18-19의 일곱째 인 심판의 마지막 부분에서 최후의 심판에 대한 묘사가 일치하는 이유를 설명해 준다.

때때로 15-19절은 일곱째 나팔 심판(또는 셋째 화)을 구성하지 않고, 그 심판을 소개하고 예견하는 역할을 하는 것으로 생각된다. 일곱째 나팔이 불릴 때에는 어떠한 행동도 묘사되지 않고 다만 구체적

으로 묘사되지 않는 일련의 행동을 선언하는 노래가 언급된다. 어떤 이들은 12-14장은 셋째 화를 구성하는 16장의 일곱 대접 심판의 서곡이라고 생각한다. 또 어떤 이들은 12-14장 자체가 셋째 화를 묘사한다고 생각하고, 다른 이들은 12-21장 전체를 셋째 화의 내용으로 본다. 우리는 이런 견해들과 달리 11:15-19을 역사의 완성에 대한 설명으로 본다. 왜냐하면 10:7에서 일곱째 나팔이 불릴 때 역사에 대한 하나님의 계획, 곧 "그 비밀이 이루어지리라"고 선언했기 때문이다.[10:7 주석 참조] 그리고 11:15-19을 셋째 화로 추정하는 것이 합리적인데, 그 이유는 8:13에서 이후의 세 화가 모두 마지막 세 나팔 심판(다섯째-일곱째 심판)과 각각 동등할 것이라고 선언되기 때문이다. 만일 11:15-19이 일곱째 나팔 심판이라면, 8:13은 그것이 바로 셋째 화라고 분명히 말한 것이다. 11:15-18의 노래는 심판과 구속의 행동을 묘사하는 것이지, 단순히 그 행동을 예견하는 것이 아니다. 이 묘사는 6:12-17에서 시작되었기 때문에 세밀하지 않고, 요한은 동일한 사건에 대한 더욱 세밀한 묘사가 나중에 나올 것을 알고 있다. 환상이 그럴 수 있는 것처럼 노래도 화나 나팔 심판의 내용을 묘사할 수 있다(예를 들어 5:8-10은 과거 사건들을 서술하는 찬송이다). 그러나 어떤 이들은 15-19절은 심판의 엄격함보다 하나님 나라의 건설에 훨씬 더 큰 강조점을 두기 때문에 일곱째 나팔 심판의 화가 될 수 없다고 생각한다. 그렇지만 15-19절의 강조점은 하나님 나라에만 있는 것이 아니라 최후의 심판의 화에도 있고,[18-19절] 이것은 완성된 영원한 하나님 나라가 최종적으로 땅에 나타난 것을 예증한다.

15. 셋째 화는 곧 일곱째 나팔 심판이고, 이 둘이 15-19절에서 함께 묘사된다. 15절의 선언은 "세상 나라가 우리 주와 그의 그리스도의 나라가 된다"는 것이다. 이것은 하나님 나라의 원수가 완전히 패배하고 심판받게 되었기 때문이라고 말할 수 있다.[11:18 참조] 이제 하나

님은 이전에 사탄에게 세상을 다스리도록 허용하셨던 통치권을 자신이 직접 취하신다. 15-19절의 일곱째 나팔 심판은 일곱째 인 심판 및 일곱째 대접 심판과 마찬가지로 역사가 끝날 마지막 때에 대하여 서술한다. 구약성경에 예언된, 오랫동안 고대했던 메시아 나라의 완성된 성취가 최종적으로 일어났다(12:10도 동일한 요점을 제시한다). 15절에서 시제가 과거인 것은 미래에 대한 투사, 곧 나라가 세워지고 이에 대한 반응으로 천상의 군대가 찬양을 드릴 때에 대한 투사로 보인다. 이 경우에 과거 시제는 다만 미래의 관점에서 과거의 행동을 실제로 묘사하는 것이다.

"세세토록 왕 노릇 하실" 분이 하나님인지 또는 그리스도인지는 분명하지 않다. 단수형은 하나님과 그리스도를 함께 포함하는 것일 수도 있다. 여기서 장면은 다니엘에게 나타난 것과 똑같다. 다니엘서를 보면 악한 세상 나라가 패배를 당하고, 옛적부터 계신 이가 인자에게 권세를 넘기며, 그로 말미암아 인자는 세세토록 왕 노릇하신다. 다니엘 7장에 묘사된 결정적인 권력 이양(악의 통치에서 하나님의 통치로)을 염두에 두고 있다는 것은 이미 7절에서 간접적으로 드러난다. 7절은 성도들을 박해할 적대적인 세상 나라에 관해 다니엘 7:3, 21을 인유했고, 15절은 인자와 성도들이 세상 나라를 통치할 것이라고 말하는 다니엘 7:13-14, 18, 22, 27을 인유한다.

16-17. 하나님의 보좌 둘레에 이십사 장로가 15절의 거룩한 선포에 반응하여 **"엎드려 얼굴을 땅에 대고 하나님께 경배"**한다(이십사 장로의 신원에 대해서는 4:4에 대한 주석을 보라). 이십사 장로가 하나님 나라의 완성에 대하여 하나님을 찬양하고 있다는 것은 18절로 보아 분명하다. 18절을 보면 하나님의 모든 원수가 최종적으로 패배를 당해 심판을 받았다. 이십사 장로의 찬양은 19:6의 천상의 무리의 찬양과 비슷하고, 시기도 동일하게 마지막 때를 가리킨다. 하나님은 요한계

시록에서 세 번에 걸쳐 이제도 계시고 전에도 계셨고 장차 오실 이로 지칭되었지만,[1:4, 8, 4:8] 17절에서 이 지칭의 중대한 변형 형태가 나타난다. 즉, 하나님은 "옛적에도 계셨고 지금도 계신 주 하나님"이신데, 장차 오실 이라는 이름 대신 "큰 권능을 잡으시고 왕 노릇 하시는" 이로 지칭된다. 하나님 나라의 최후의 완성이 요한이 환상을 받을 당시에는 아직 일어나지 않았지만, 거룩한 찬송을 제공하는 자들의 관점에서는 이 일이 이미 일어났다. 이러한 시간 관점의 변화는 16-17절이 미래 나라의 실제 건설과 최후의 심판을 일곱째 나팔의 내용으로 서술하고 있다는 생각을 강화시킨다. 이것은 하나님께서 세상의 사건을 통제하실 뿐만 아니라 '세상 나라'를 다스리는 영적·물리적 세력을 패배시키시는 통치다.[15절 참조] 완성된 나라의 성격은 그리스도의 통치보다 하나님의 통치에 강조점을 두는 것으로도 식별된다. 이것은 고린도전서 15:25-28과의 평행 관계를 암시한다. 거기 보면 그리스도의 통치가 완성되었기 때문에 하나님의 통치가 그리스도의 통치보다 더 강조된다.

18. 18절은 종말론 계획표 속에서 15-17절에 언급된 영원한 나라의 건설 직전 시기로 독자를 데리고 간다고 보는 것이 가장 좋다. 그렇다고 해도 18절은 하나님께서 마지막 때의 통치를 시작하신 것에 대한 첫 표현을 묘사한다. 악한 세상 나라는 하나님과 하나님의 백성에 대해 '분노'하는 것으로 그려진다. 하나님은 그들의 악한 분노에 반응하여 진노로 그들을 심판하신다. 최후의 심판이 "주의 진노가 내려"라는 문구로 표현된다. 이것은 요한계시록에서 '진노'[헬라어 *orgē*]에 대한 모든 용법이 역사가 끝나는 시기에 마지막으로 진노를 크게 쏟아붓는 때와 관련되어 있는 것으로 보아 분명하다.[6:16, 17, 14:10-11, 16:19, 19:15] "죽은 자를 심판하시며"라는 다음 문구는 18절이 최후의 심판에 대한 묘사임을 의심 없이 확증한다. 18절 마지막 부분은 심판 성격

을 더욱 강화시킨다. 이것은 20:12-13에 언급되는 것과 같은 죽은 자들에 대한 심판이고, 오직 여기서만 죽은 비신자들이 심판받아야 하는 이유가 주어진다. 즉, 하나님은 압제자들이 "땅[하나님의 백성]을 망하게 하는 자들"이기 때문에 그들을 멸망시키실 것이다. 하나님의 심판과 경건하지 않은 자들의 압제에 대해 묘사할 때 같은 동사를 사용하는 것은 다시 한 번 구약에 나타나 있는 범죄에 합당한 처벌 원리를 강조한다.

18절에서 비신자들에 대한 심판이, 예레미야가 다음과 같이 예언한 것처럼 바벨론의 심판에 따라 형성된다. "온 세계를 멸하는 멸망의 산아, 보라."[렘 51:25] 바벨론은 종말론적 세계 공동체의 모형으로 마지막에 심판받을 것이다. 이것은 18절을 11:13에서 무너지는 것으로 묘사되는 큰 성 바벨론과 연계시킨다. 18절에서 하나님의 백성은 "종 선지자들과 성도들과 또 작은 자든지 큰 자든지 주[하나님]의 이름을 경외하는 자들"로 지칭된다. 이것이 6:9-11의 성도들의 간청의 성취라는 것은 18:24-19:5의 평행 관계로 보아 분명하다. 거기 보면 부정할 수 없는 최후의 심판을 언급하면서 하나님의 종들, 곧 그를 경외하는 자들 그리고 작은 자나 큰 자나 모두 하나님을 찬송하는데, 그 이유는 하나님께서 "땅을 더럽게 한 큰 음녀[바벨론]를 심판하사 자기 종들의 피를 그 음녀의 손에 갚으셨기"[19:2] 때문이다(이 구절은 6:10과 11:18을 더 깊이 전개한다). 이 모든 것은 요한계시록의 환상이 사건들의 연대순 목록을 제시하는 것이 아니라 동일한 부류의 사건을 다른 관점에 따라 어떻게 묘사하는지를 다시 한 번 보여준다.

신실한 자들이 받는 상에 대한 언급이, 그 상의 일부가 하나님께서 박해자들을 심판함으로써 그들의 정당성을 입증하신 것을 아는 데서 나오는 만족감이라는 사실을 지적하기 위해 심판에 관한 진술

사이에 문학적으로 샌드위치처럼 끼어 있다. 다시 말해 이것은 6:9-11에서 보복을 간청하는 증인들의 기도와 연계되어 있다. 나팔 심판의 화와 10:1-11:13의 삽입구는 하나님이 보복을 간청하는 증인들의 기도에 대한 응답을 역사 과정 속에서 어떻게 시작하셨는지 보여주었지만, 이제 하나님은 그 기도에 대한 최고의 응답을 제공하신다. 즉, **"종 선지자들과 성도들과 또 작은 자든지 큰 자든지 주의 이름을 경외하는 자들에게"** 상이 주어진다. 이들은 동일한 집단을 세 가지 방식으로 묘사한 것으로 보인다. 왜냐하면 11:3에서 전체 교회가 예언에 종사하는 두 증인과 동일시되기 때문이다(이것은 행 2:16-21에서 인용한 욜 2:28-32과 일치한다). 또한 19:10과도 비교해 보라. 거기 보면 천사는 요한에게 자기를 경배하는 것을 금지시키고, "예수의 증언은 예언의 영"이므로, 곧 예수에 대해 증언하거나 예수에 대한 증인이 되는 것은 어떤 면에서 선지자가 되는 것이므로, 자신을 단순히 예수의 증언을 받은 모든 사람의 동료 종으로 간주한다. 그리고 '상'은 성도의 구원, 성도가 그리스도와 함께 왕 노릇 하는 지위를 받는 것 그리고 이에 동반된 복을 받는 것이다.[22:12]

19. 19절에서 최후의 심판에 대한 또 다른 언급이 이어지는데, **"이에 하늘에 있는 하나님의 성전이 열리니"**라는 문구와 함께 시작된다. 일곱째 나팔 심판에 대한 묘사는 19절에서 **"번개와 음성들과 우레와 지진과 큰 우박이 있더라"**는 언급으로 끝나고, 이는 요한계시록에서 항상 최후의 심판을 암시한다.[4:5, 8:5, 16:18] 나팔 심판의 재앙이 출애굽 재앙에 따라 구성된다는 사실을 상기하라. 일곱째 나팔 심판은 출애굽기 15:13-18의 모세의 노래 한 부분을 중심으로 형성되었을 것이다. 이 출애굽기 본문에서 하나님은 자기 백성을 '주의 거룩한 처소'(19절의 "하늘에 있는 하나님의 성전"과 대응을 이루는)에 들어가게 하심으로써 그들을 구속하신 것에 대해 찬송을 받으신다. '여러 나라'

가 이 구원에 대해 듣자 '격노'하게[LXX 출 15:14] 되었다. (개역개정판은 '떨며'로 번역했다.—옮긴이) 그러나 이런 태도에도 불구하고 하나님은 자기 백성을 자신의 '처소'와 '성소'로 삼으셨다.[출 15:17] 이후에 "여호와께서 영원무궁 하도록 다스리시도다"라고 선언된다(계 11:15에서 축자적 평행 요소를 보라).[창 15:18] 이와 같은 인유적인 언급은 나팔 심판 시리즈를 결론짓는 적절한 방법일 것이다. 왜냐하면 처음 여섯 나팔 심판이 출애굽기 15장까지의 출애굽 재앙에 따라 형성되었기 때문이다.

나팔 심판이 이스라엘 자손이 여리고에서 약속의 땅으로 들어가는 것과 성도들이 영원한 나라에 들어가는 것에 나타난 패턴을 환기시킴으로 끝나는 것은 적절하다. 일곱 나팔 심판의 재앙은 지진과 하나님의 백성의 승리로 끝난다. 마찬가지로 여리고에서도 나팔을 여섯째 날까지 연속으로 불었고 일곱째 마지막 날에 나팔을 불 때에 성벽이 무너져 내렸다. 나팔과 함께 '하나님의 언약궤'가 등장하는 것은 언약궤가 나팔을 뒤따른 여리고 성 사건을 되돌아보게 하며, 이때 나팔은 하나님의 심판과 승리를 선언하는 역할을 했다. 언약궤는 하나님의 심판을 표상할 뿐만 아니라, 용서의 장소이자 자기 백성과 함께하시는 하나님의 임재의 장소다. 구약성경은 언약궤가 문자적으로 재등장할 것으로 기대하지 않았다. 오히려 이스라엘 가운데 계시는 하나님의 임재가 재등장할 것을 고대했고,[렘 3:14-17] 이것이 언약궤가 원래 표상했던 사실이다. 또한 이것이 요한계시록 11:19의 관념이다. 이는 21:3, 22에서 확대되는데, 거기 보면 마지막 때 성전의 건축이 자기 백성 가운데 거하시는 하나님의 특별한 계시적 임재로 해석된다. 구약 시대에 언약궤를 나머지 성전 및 백성과 분리시켰던 휘장이 제거되어 이제 19절에서 하늘의 언약궤가 충분히 '보인다'고 진술하는 데서 암시되는 것처럼, 완성의 때가 되면 하나님은 이전보다 더 온전하고 강화된 방법으로 자기 백성과 함께 거하신다. 그러므로 19절에서 언약궤는 다수의 구약 배경에 비추어 볼 때 마지막 날에 동시에 일어날 심판과 상을 지시하는 적절한 상징이다. 따라서 6:9-11에서 정당성을 입증해 달라는 성도들의 간청에 대한 충분한 응답이 11:15-19에서 계시된다.

11:14-19 묵상 제안

우리가 받는 상의 본질: 본서의 주석은 18절을 주석하면서 신실한 자가 받는 상에 관해 말한다. 그리스도인으로서 우리는 영생과 천국을 얼마나 자주 '상'으로 생각하는가? 상의 본질은 무엇인가? 우리의 박해자들의 멸망이 우리가 기대할 수 있는 최고의 상인가? 우리는 박해자들의 멸망을 목적 자체로 고대해야 하는가? 그들의 멸망은 단순히 전체 피조물에 대한 하나님의 성취된 통치를 드러내어 하나님의 영광을 계시하는 또 다른 목적을 돕는 것이 아닌가?

용서와 정의: 본서의 주석에 나오는 다음 진술을 상고해 보라. "언약궤는 하나님의 심판을 표상할 뿐만 아니라, 용서의 장소이자 자기 백성과 함께하시는 하나님의 임재의 장소다." 우리는 정의를 희생시키고 너무 지나치게 용서를 강조하는 문화 속에 살고 있다. 하지만 그렇게 함으로써 용서와 정의 모두를 상실하지는 않았는가? 여러분은 하나님께서 어떻게 용서하시면서 동시에 공의로우실 수 있는지의 문제는 오로지 십자가를 통해서만 진실로 이해된다는 것에 동의하는가? 이것이 어째서 진실인가?

VI.

12:1-15:4

격화된 싸움

요한계시록 12장은 종종 요한계시록 전체를 푸는 열쇠로 간주되었다. 12장에서 새로운 환상 시리즈가 시작되고, 이 환상들은 15:4에서 끝난다. 11:19은 문학적인 관점에 따르면 일곱 나팔 심판을 결론지을 뿐만 아니라 이어지는 환상을 소개하는 역할을 한다. 11:19에 나오는 예언은 다른 곳에서 일곱 인 심판의 주제적 결론으로 그리고 일곱 나팔 심판의 문학적 서론으로 작용한다(4장 환상의 서론 한 부분을 구성하는 11:19에서 "번개와 음성들과 우레"를 주목하라).[8:3-5 주석 참조] 나아가 하늘이나 하늘에 있는 성전이 열리는 것에 대한 언급은 4:1, 15:5, 19:11에서 주요 환상을 소개하는 역할을 한다.

12:1-15:4은 다양하게 나눌 수 있지만, 객관적으로 그 구분을 식별하는 가장 좋은 방법은 '내가 보니'나 '보라'와 같은 반복된 환상 소개 공식을 추적하는 것이다. 이렇게 하면 일곱 부분 또는 일곱 '이적'이 드러난다(하지만 우리는 설명을 위해 이 부분들을 세분할 것이다). 일곱 부분은 다음과 같다.

❶ 뱀과 여자 및 여자의 후손 간의 싸움[12장]

❷ 바다에서 나온 짐승의 박해[13:1-10]

❸ 땅에서 나온 짐승의 박해[13:11-18]

❹ 시온 산에 서 있는 어린양과 십사만 사천[14:1-5]

❺ 세 천사의 복음과 심판에 대한 선포[14:6-13]

❻ 인자의 땅의 추수[14:14-20]

❼ 바다에서 나온 짐승에 대한 성도들의 승리와 승리의 노래[15:2-4]

일곱 부분을 객관적으로 식별할 수 있는 것은 우연이 아니다. 왜냐하면 요한계시록 다른 부분도 개별적으로 명확한 소개 공식에 따라 일곱 부분으로(인, 나팔, 대접 심판) 나누어지기 때문이다.

12장에서 새로운 환상이 시작됨에도 불구하고, 12장은 요한계시록 이전 부분의 주제를 계속 전개한다. 12장은 1-11장에서 점진적으로 펼쳐진 교회와 세상 간의 영적 싸움을 더 깊이 전개한다. 일곱 편지는 그리스도인이 교회 안팎에서 타협의 압력을 받는 것에 대해 말한다. 인 심판은 영적인 악의 세력이 부활하신 그리스도의 명령에 따라 신자와 비신자에게 차별 없이 임하여 그들을 괴롭히는 사실을 계시한다. 나팔 심판은 완악해진 인간에 대한 하나님의 심판을 예증한다. 그러나 이 모든 장면 속에는 화가 임하는 동안 하나님의 백성이 영적으로 어떻게 보호받는지를 보여주는 내용이 스며들어 있다.

12-22장은 1-11장과 같은 동일한 이야기를 전개하지만, 1-11장이 소개하고 함축하는 내용을 더욱 상세히 설명한다. 이러한 맥락에 따라 12장은 마귀 자체가 악의 진정한 출처라는 사실을 계시한다. 2:13, 6:8, 9:11에서 이미 마귀에 대한 간략한 언급이 있었다. 마귀가 성도들의 환난과 박해의 주동자다. 마귀는 짐승과 거짓 선지자를 풀어놓는다. 음녀 바벨론 또한 마귀의 종이다. 요한은 마귀를 처음부터 끝까지 하나님과 하나님의 백성에 대한 온갖 저항의 창시자로 강조하기 위해 12-20장에서 네 존재(마귀, 짐승, 거짓 선지자, 음녀)가 일어나는 것을 순서대로 묘사하고, 이어서 네 존재의 몰락을 역순으로 제시한다. 이 점에서 12장은 요한계시록 후반부를 소개하는 장으로 간주될 수 있다.

그러나 마귀는 자율적인 존재가 아니다. 마귀와 그의 하수인들은 단지 하나님이 정하신 기간에만 박해 활동을 할 수 있다.[12:6, 14, 13:5] 사실 마귀가 그리스도인에게 격노하고 그들을 공격하는 이유는 그의 결정적인 패배가 이미 그리스도의 부활로 시작되었고 그의 광분의 시기를 하나님이 제한하셨기 때문이다.[12:7-17] 그리스도인은 세상 박해자들의 배후에 마귀와 그의 하수인이 있음을 깨닫게 되면, 인내에 대한 동기를 더욱 크게 자극받을 수 있다.[엡 6:12] 그리스도는 자신의 죽음과 부활을 통해 이미 마귀와 그의 세력을 패배시키셨다.[12:5, 7-12 • 엡 1:19-21, 6:10-13 참조] 사실 지금 박해받는 성도들의 고난이 있는 것은 사탄이 너무 강해서가 아니라 결정적으로 패배를 당했기 때문이다. 마귀는 할 수 있는 한 온갖 해를 끼치지만 결국은 교회를 이길 수 없다. 지금 독자들이 만일 타협한다면, 단순히 세상과 타협하는 것이 아니라 마귀 자신과 타협하는 것이라는 사실을 알아야 한다. 이 사실을 깨달으면 충격을 받고 어떻게든 영적 안일함에서 벗어나려고 애쓸 것이다.

12장의 대다수 묘사는 교회 시대 동안 신자들의 운명에 대한 것이다. 12장은 독특한 문체로 구약 본문의 인유를 반복하면서 이야기를 펼친다. 우리가 확인할 것처럼 12장의 세 부분인 1-6절, 7-12절, 13-17절은 이야기를 각기 다른 관점에 따라 처음부터 다시 말하기 때문에 시간적으로 그리고 주제적으로 평행 관계에 있다. 6절, 13-16절, 17절은 모두 환난 기간에 하나님의 백성의 보호에 대해 서술한다는 점에서 본질상 내용이 똑같다. 5절, 7-9절, 10-12절, 이 세 부분은 마귀에 대한 동일한 승리를 묘사한다. 여기서 첫째 부분과 셋째 부분은 중간 부분을 둘러싸고 있는 구조를 구성하고, 중간 부분은 첫째 부분과 셋째 부분에 중심적인 해석과 신학의 토대를 제공한다. 그러므로 12장의 주요 요점은 그리스도의 죽음과 부활을 통한 사탄에 대한 결정적인 승리로 말미암아 하나님의 백성을 사탄으로부터 보호하는 것에 있다. 그 목적은 독자들에게 박해가 있을지라도 증언할 때 인내하라는 자극을 주는 것에 있다.

그리스도의 마귀에 대한 승리의 결과로서 하나님은 메시아 공동체를 마귀의 격동적인 공격으로부터 보호하신다[12:1-17]

❶ 하나님이 사탄의 공격으로부터 메시아 공동체를 보호하신다[12:1-6]

12 1 하늘에 큰 이적이 보이니 해를 옷 입은 한 여자가 있는데 그 발 아래에는
달이 있고 그 머리에는 열두 별의 관을 썼더라. 2 이 여자가 아이를 배어
해산하게 되매 아파서 애를 쓰며 부르짖더라. 3 하늘에 또 다른 이적이 보이니 보라,
한 큰 붉은 용이 있어 머리가 일곱이요 뿔이 열이라. 그 여러 머리에 일곱 왕관이 있
는데 4 그 꼬리가 하늘의 별 삼분의 일을 끌어다가 땅에 던지더라. 용이 해산하려는 여
자 앞에서 그가 해산하면 그 아이를 삼키고자 하더니 5 여자가 아들을 낳으니 이는 장
차 철장으로 만국을 다스릴 남자라. 그 아이를 하나님 앞과 그 보좌 앞으로 올려가더
라. 6 그 여자가 광야로 도망하매 거기서 천이백육십 일 동안 그를 양육하기 위하여 하
나님께서 예비하신 곳이 있더라.

1. 요한은 11:19의 성전 장면 이후에 하늘에 큰 이적이 있는 것을 본다. 요한은 먼저 "해를 옷 입은 한 여자"를 보는데, "그 발 아래에는 달이 있고 그 머리에는 열두 별의 관을 썼다." 2-6절은 이 여자가 그리스도의 오심 이전과 이후에 존재했던 신실한 공동체의 표상임을 계시한다. 여자의 정체성은 해, 달 그리고 열 한 별이 열두 번째 지파를 표상하는 요셉에게 절하는 야곱, 야곱의 아내 그리고 이스라엘의 열한 지파를 은유적으로 나타내는 구약의 선례에 기초가 두어져 있다.[창 37:9] 아가 6:10은 유대 문헌에서 이스라엘을 해, 달, 별에 비추어 묘사하는 데 사용되었고, 회복된 이스라엘(요한계시록에서 교회와 동일시되는)도 이사야 60:19-20에서 비슷하게 묘사된다. 사실 이사야서에서 '여자'는 종종 회복된 이스라엘의 표상으로 제시되고,[사 52:2,

[54:1-6, 61:10, 62:1-5] 이사야 62:3, 5은 회복된 이스라엘이 관을 쓴 신부와 같을 것이라고 예언한다. 여자가 밝은 빛 속에서 등장하는 것은('해를 옷 입은') 그리스도의 얼굴의 똑같은 광채를 반영한다.[1:16] 여자의 영광은 그리스도의 영광의 반사다. 해, 달, 별이 땅과 먼 곳에서 나타나고 땅의 어떤 힘으로도 파괴되지 않는 것처럼 구약과 신약 시대의 참 이스라엘도 궁극적으로 땅에서는 파괴될 수 없는데, 그것은 그들의 궁극적인 신분이 하늘에 속해 있기 때문이다(7-8절에 나타난 이스라엘의 천상의 대표와 수호천사인 미가엘에 대한 단 12:1의 언급은 이것을 추가로 지시한다). 여자가 옛 언약 공동체와 새 언약 공동체를 함께 표상한다는 것은 11-17절에서 훨씬 더 분명해진다. 거기 보면 여자의 씨(후손)가 그리스도일 뿐만 아니라 그리스도를 따르는 자들의 전체 공동체이기도 하다.

여자가 머리에 쓴 '관'은 요한계시록 안에 나오는 개념에 따라 가장 잘 정의된다. 이 관은 성도들이 그리스도의 왕권에 참여하는 것과 시대 전체에 걸쳐 하나님의 참 백성이 믿음의 반대(곧 박해, 타협에 대한 시험 그리고 미혹)를 무릅쓰고 승리한 것에 대해 받는 상을 표상한다.[2:10, 3:11, 4:4, 10 • 14:14 참조] 여자의 모습이 밝게 빛난 것은 하나님과 그리스도의 영광스러운 형상에서 나오는 강력하고 순수한 광채를 반영한다.[1:16, 10:1, 21:23, 22:5]

2. 여자는 "**해산하게 되매 아파서 애를 쓰며 부르짖는다.**" 가톨릭 주석가들은 이 하늘의 여자가 예수의 어머니인 마리아를 상징한다고 주장하는 작품을 매우 많이 썼다. 예수의 어머니를 부차적으로 염두에 둘 수 있을지 모르지만, 일차적인 초점은 개인이 아니라 그 공동체에 속해 있는 메시아의 계보에서 궁극적으로 왕의 후손을 배출한 신앙 공동체에 있다. 이것은 1절의 설명으로도 분명하고, 또한 여자가 박해를 받아 광야로 도망하고 메시아 외의 다른 후손, 곧 신실한

그리스도인들로 묘사되는 후손을 낳는다는 12장 나머지 부분의 내용으로도 분명하다. 여자의 해산의 고통은 구약 시대 동안, 특히 그리스도께서 탄생하실 때까지의 신구약 중간기 동안, 언약 공동체와 메시아 계보에 가해진 박해를 가리킨다. 이 박해 개념은 '애를 쓰며'(괴로워하며)라는 말에 표현되어 있다. 왜냐하면 이 헬라어 동사[*basanizō*]는 신약성경에서 처벌, 시련, 박해의 고통을 가리키는 데 사용되기 때문이다.[마 8:29, 막 5:7, 6:48, 눅 8:28, 벧후 2:8] 이 해석은 여자가 해산하려고 애쓸 때처럼 괴로움과 고난을 겪고 있다는 것이고, 그리스도께서 탄생하실 때까지의 기간에 박해를 받은 신실한 유대 공동체의 그림에도 적합하다. 그것은 메시아가 오셔서 마지막으로 베푸실 큰 구원을 기다리는 동안 계속 임하는 환난이었다.[눅 2:25-38] 요한복음 16:19-22을 보면 그리스도께서 자신의 임박한 죽음에 대하여 제자들이 느끼는 슬픔을, 여자가 해산하게 되면 '근심하지만' 결국 아기를 낳게 되는 것에 비유하신다. 요한복음 16:19-22에서 제자들은, 요한계시록 12:2에 대한 우리의 견해와 일치하게 어머니, 곧 그 안에서 그리스도를 부활로 태어나게 하고 나중에 부활하신 그리스도를 세상에 전할 메시아 공동체를 표상한다. 그러나 요한계시록 12:2에서 염두에 두고 있는 것은 나중에 있을 부활 탄생이 아니라 그리스도의 첫 탄생이다.

17장의 음녀는 믿지 않는 공동체의 상징이므로, 여기서 이에 대응하는 의로운 여자는 믿는 공동체를 표상해야 한다. 이 환상의 궁극적인 원천은 하와가 산고를 겪고 자식을 낳은 후에 그녀의 후손이 뱀의 머리를 상하게 할 것이라는 창세기 3:14-16에 주어진 예언의 말씀이다(명시적 인유에 관해서는 12:17에 대한 주석을 보라). 하나님의 언약 백성을 표상하는 여자는 에덴동산에서 상실한 것을 되찾아 줄 분을 낳는다. 여자가 신실한 언약 공동체를 표상한다는 것은 이스라엘에 관한 이사야의 예언과의 다양한 평행 관계로도 확인된다. 이사야 7:10-14에 따르면 하늘처럼 높은 데서 징조가 나타날 것인데, 바로 처녀가 잉태하여 아들을 낳으리라는 것이다. 요한계시록 12:1-2에서도 하늘에서 징조가 나타난다. 즉, 여자가 아이를 배어 아들을 낳는다. 이사야 26:17-27:1에서 이스라엘은 똑같이 산고를 겪지만 출산하지 못한다. 하지만 변화될 때가 올 것이고(이스라엘이 안전하게 출산할 날에 그렇게 될 것으로 추정된다), 그날에 하나님은 바다에 사는 용을 처벌하실 것이다.[계 12:1-2, 7-10] 이사야 51:2-11을 보면 사라에게 이스라엘을 고통 속에서 낳을 것이라는 예언이 주어지고, 하나님은 언젠가 이스라엘을 회복시키고 그날에 용을 찌르실 것이라고 진술된다.[계 12:1-2, 7-10] 또한 이스라엘이 아들을 낳는 장면에 대해서는 이사야 66:7-10도 보라. 여기서 마지막 세 이사야서 본문은[26:17-27:1, 51:2-11, 66:7-10] 아들을 낳는 탄생을 이스라엘의 마지막 때의 회복과 관련시킨다.

(일부 학자들이 주장하는 것처럼) 여자를 역사의 마지막 단계에 있을 환난 속에서 사는 이스라엘 자손 가운데 남은 자만을 표상한다고 보는 것은 너무 제한적인 관점이다. 왜냐하면 이어지는 구절들은 여자가 그리스도 탄생 이전 시기부터 최소한 주후 첫 세기 후반까지 망라하는 신앙 공동체를 상징한다는 것을 증명하기 때문이다.[6, 13-17절 주석 참조] 게다가 이어지는 구절들에서 박해는 신자와 비신자로 구성된 한 국가가 아니라 순수한 신앙 공동체에게 가해진다.

3. 하늘에 또 다른 이적이 보이니, 그것은 '한 큰 붉은 용'이었다. 이 용은 "머리가 일곱이요 뿔이 열이라. 그 여러 머리에 일곱 왕관이 있는" 것으로 묘사된다. 구약성경 전체에서 사용되는 용 심상은 예외 없이 하나님의 백성을 박해하는 악한 나라를 표상한다. '용'은 구약성경에서 이스라엘을 억압하는 악한 나라를 상징하는 악한 바다 괴

물을 지칭하는 또 다른 말이다. 종종 악한 애굽이 용이라는 상징으로 묘사되기도 한다. 하나님은 출애굽 구원 사건 당시와 이후의 애굽 역사 속에서 바다의 용으로 지칭되는 바로를 패배시키신 것으로 말해진다.[시 74:13-14, 89:10, 사 30:7, 51:9, 겔 29:3, 32:2-3, 합 3:8-15] 역사가 끝날 때 하나님은 다시 이 애굽 용을 패배시키실 것이다.[사 27:1] 요한은 12장에서 출애굽 패턴이 재연되는 것을 본다. 애굽의 악한 영이 용 안에 거한다는 사실은 또한 요한계시록 다른 곳, 특히 나팔과 대접 심판의 재앙 그리고 홍해에서 벌어진 구원에 대한 언급에서 출애굽 주제가 광범하게 영향을 미친 것으로도 증명된다.[15:2-4 • 11:6, 8 참조] 15:2-4에서 홍해 구원 사건을 모형론에 입각해 반복하는 것을 보면, 바다에 있는 짐승은 분명히 마지막 때의 원수 애굽을 가리킨다(짐승과 용의 관계는 12:13-17과 13:1 이하에 대한 주석을 보라). 12:3의 용도 바다에 본거지를 두고 있다.[13:1, 15:2] 이것은 역시 바다에 본거지를 두고 있는 다니엘 7:7, 24의 넷째 짐승의 열 뿔이 용에게 귀속되는 것으로도 확인된다. 구약성경에 나타난 용의 정체성과 마찬가지로 요한계시록의 용도 악한 나라(적어도 부분적으로는 1세기의 로마)와 동일시된다. 그러나 용은 단순히 악한 나라를 은유하는 것 이상이다. 용은 또한 12:9과 20:2, 10이 분명히 하는 것처럼, 악한 나라들의 대표 우두머리인 마귀 자신을 상징한다. 마귀는 하나님의 백성을 박해하는 악한 나라의 배후에 있는 힘이다.

어린양의 일곱 뿔과 마찬가지로, "머리가 일곱이요 뿔이 열이라"는 말에서 일곱과 열이라는 수는 온전함을 강조한다. 하지만 이 경우에는 압제하는 권능과 이 권능의 세계적인 효력의 완전함이다. 여기서 열 뿔은 다니엘서의 넷째 짐승의 열 뿔이고,[단 7:7, 24] 13장의 짐승에서 다시 나타날 것인데, 이는 마귀가 땅에 대해 갖고 있는 왕권을 통해 교회와 세상을 억압하는 자신의 뜻을 행사한다는 것을 증명한다. 17:3-6에서 음녀와 짐승의 붉은 빛이 성도들의 피에 취한 여자와 직결되어 있는 것으로 볼 때, 용의 붉은색은 그의 억압적 성격을 상징한다. 마찬가지로 6:4의 둘째 말도 붉은 빛이고 사람들을 서로 죽이게 하는 칼을 갖고 있는데, 여기에는 신실한 자들의 피를 흘리게 한 것이[6:9-10] 포함되었다. 3절의 마지막 묘사는 용의 머리에 '일곱 왕관'이 있다는 것이다. 왕관은 마귀 자신이 주권적이고 보편적인 권세를 갖고 있다고 말하는 거짓 주장을 표상하고, 이것은 19:11-21에서 '많은 관'을 쓰고 있는 참된 "만왕의 왕이요 만주의 주"이신 분의 권세와 반대된다. 요한계시록 12장과 19장의 두 묘사 간의 유사성은 의식적으로 이 둘을 대조시키려는 의도를 보여준다.

4. 용의 "꼬리가 하늘의 별 삼분의 일을 끌어다가 땅에 던지는" 것은 다니엘 8:10 예언의 인유다. 다니엘 8:10에 따르면 마지막 때 하나님의 원수가 하늘의 별 일부를 땅에 떨어뜨릴 것이다. 다니엘 12:3에서 별은 하나님의 백성과 동일시되고, 다니엘 8:10의 환상에 표현된 별들은 8:24의 '거룩한 백성'과 동일시된다. 그러나 다니엘서에서 천사들은 하늘에 있는 백성을 표상한다.[단 10:20-21, 12:1] 별들이 천사만이 아니라 이스라엘 성도를 표상할 수 있는 것은 다니엘 12:3로 보아 분명하다. 거기 보면 의인이 "궁창의 빛과 같이 빛날 것이요……별과 같이 영원토록 빛나는" 것으로 비유된다.[마 13:43, 창 15:5, 22:17 참조] 다니엘 8:11은(헬라어 구약성경 두 역본인 테오도티온 역본과 70인역에 따르면) 8:10에서 "그 군대와 별들 중의 몇을 땅에 떨어뜨리고 그것들을 짓밟는" 것을 미래에 구원받아야 할 이스라엘의 '포로 상태'를 표상하는 것으로 해석한다. 따라서 우리는 그 의미를 다음과 같이 이해할 수 있다. 이스라엘 성도들은 하늘에서 하나님의 보좌 앞에 서는 참된 정체성을 갖고 있고, 따라서 그들이 박해를 받을 때 천사와 하나님 자신도 공격받는 것으로 간주된다.

다니엘 8:10은 먼저 주전 2세기의 이스라엘 박해자 안티오코스 에피파네스에게 적용되었지만, 이제 요한은 다니엘 8:10을 단계를 높여 안티오코스 배후에 있던 마귀의 권능에 적용시킨다. 4절은 메시아 탄생 직전에 있는 경건한 공동체에 가해지는 억압에 핵심 초점을 두고 있다. 하지만 저자의 중첩 용법에 따라 구약 시대의 국면과 그리스도 시기에 이르기까지의 신구약 중간기 국면(예를 들어, 눅 4:28-30의 헤롯에 의한 베들레헴에서의 그리스도 초기 박해 사건과 유아 학살 사건)도 여기에 포함시킬 수 있다. 이때 억압은 미혹의 형태와 박해의 형태를 취한다.[단 8:10, 22-25, 11:30-35 참조] 4절의 별에 대한 묘사는 불과 세 구절 앞에 나오는 1절의 '열두 별'과 긴밀한 관계를 맺고 있음이 틀림없다. 그리고 1절의 열두 별이 하늘에 속한 참 이스라엘의 정체성을 표상하는 것으로 보아 떨어지는 별들은 신실한 언약 공동체인 이스라엘에 대한 공격을 상징하는 것이다. 그러나 "**용이 해산하려는 여자 앞에서 그가 해산하면 그 아이를 삼키고자**" 한다. 4절 후반부에 나타나는 용의 의도는 하나님의 백성을 공격하는 것이 아니라 여자가 낳는 메시아를 죽이는 데 있다. 여기서 우리는 예수의 지상 생애가 한 단면 속에 중첩되어 있는 것처럼 마귀가 예수의 지상 생애 기간에 그분을 시험하고 죽이려고 획책했던 온갖 방법이 함축되어 있는 것을 발견한다. 십자가에서 마귀는 예수를 죽임으로써 최종적으로 성공한 것처럼 보였지만, 예수는 부활함으로써 뱀이 휘두른 사망 권세로부터 벗어나셨다.

5. 시간적인 중첩이 4절에 포함되어 있다는 것은 다음 5절로 암시된다. 이제 그리스도의 전체 생애의 스냅 사진이 한 장—그리스도의 탄생, 왕의 운명, 부활 이후 사역을 마치고 승천하여 하나님의 보좌로 가심으로써 이 운명을 성취하기 시작하신 것—에 제시된다. 신약성경 다른 곳도 예수의 생애를 거의 같은 방법으로 압축한다.[요

13:3, 16:28, 롬 1:3-4, 딤전 3:16 동일한 압축이 요한계시록 1:5, 17-18, 2:8에서도 일어난다. 하지만 초점은 그리스도의 죽음과 부활에 있다. 예수는 죽은 자들 가운데에서 먼저 나신 분이고,1:5, 2:8, 골 1:18 교회는 그리스도의 몸과 형제, 여자의 '남은 자손'이다.롬 8:29, 갈 3:16, 29, 히 2:17, 12:22-23, 계 12:17 주석 참조 **"장차 철장으로 만국을 다스릴"** 태어난 남자는 시편 2:7-9에서 철장으로 온 족속을 다스리실 것으로 예언된 바로 그분이다. 시편 2편의 문맥은 이것이 그리스도에 대한 분명한 언급이라는 점을 증명한다.

용의 파괴적인 힘은 십자가에서 절정에 달했고, 바로 그때 용의 악한 계획이 성공한 것처럼 보였다. 그러나 놀라운 일이 그 다음에 벌어졌다. 용의 공격에 파괴되기는커녕 **"그 아이를 하나님 앞과 그 보좌 앞으로 올려갔다."** 이것은 확실히 그리스도의 승천을 가리키고, 그리스도의 부활에 대한 암시이기도 할 것이다. 요한계시록 2:27에 따르면 부활하고 승천하신 그리스도는 시편 2편에 예언된 '철장'을 받으셨다. 사실 5절에서 그리스도는 '남자'로 지칭되는데, 그것은 그리스도께서 시편 2편의 예언의 성취임을 증명하기 위해서다. 그리스도의 승천에 관해 말하는 마지막 구절("그 아이를 하나님 앞과 그 보좌 앞으로 올려가더라")은 하나님의 메시아 아들에 관한 예언이 성취되기 시작했음을 암시한다. 그리스도의 탄생과 승천 사이의 기간이 빠져 있는 것은 그분이 공식적으로는 그 이전이 아니라 승천하셨을 때 다스리기 시작하셨기 때문이고, 이것이 그리스도께서 태어나신 목적이다. 요한계시록 19:15은 시편 2:7-9의 예언이 세상이 끝날 때 그리스도 안에서 성취가 완성될 것이라는 사실을 확증한다. 이 시작된 성취는 요한계시록 2:26-28로 확인된다. 거기 보면 그리스도께서 자신이 이미 아버지께 시편 2편에 예언된 권세를 받았다고 천명하신다. 신약성경은 왕으로서의 그리스도의 탄생에 대한 이 예언이 그리스도의 부활과 승천에서 성취가 시작된 것으로 본다.행 13:33, 히 1:2-6, 5:5 문맥으로 보면 이 최초의 성취는 옛날 홍해에서처럼 용이 한 번 더 패배한 것을 의미한다. 이제는 용의 패배가 그리스도의 부활과 승천으로 말미암아 일어났다.

6. 여자가 아들을 낳은 후에 용을 피해 도망친다. **"그 여자가 광야로 도망하매."** 1-2절에서 확인한 것처럼 여자는 신앙 공동체를 표상하고, 물론 이 공동체는 구약 시대의 공동체가 아니라 부활 이후 시대에 살고 있는 메시아 공동체를 가리킨다. 여자는 이제 땅에 있으며, 하늘에 있는 것으로 묘사되지 않는다. 그 이유는 여자가 땅에 살고 있는 참 하나님의 백성을 표상하기 때문이다.

여자가 광야로 도망하는 것은 이스라엘이 애굽에서 광야로 탈출해서 여호와의 보호와 양육을 받은 때를 인유한다.출 16:32, 신 2:7 광야로 도망하는 동일한 패턴을 엘리야와왕상 17장, 19:3-8 모세의출 2:15 경우에도 확인할 수 있는데, 두 인물은 11:5-6에서 교회를 상징한다. 14절과 6절의 평행 관계는 출애굽 배경을 명확히 하고, 14절에서 여자를 광야로 나른 '독수리의 두 날개'는 출애굽 후에 광야 여정 동안 하나님께서 이스라엘을 보살피신 것을 인유한다.14절 주석 참조 여자가 광야로 도망하는 것은 참 이스라엘이 믿음으로 주님에게 돌아와 다시 광야에서 주님의 보호와 양육을 받는 마지막 때의 출애굽(회복)을 가리킨다.사 32:15, 35:1-10, 40:3-8, 41:17-20, 43:19-20, 51:3, 렘 31:2, 겔 34:25-31 호세아 2:15은 명백히 마지막 때 광야의 기대를 "그[이스라엘]가 애굽 땅에서 올라오던 날"로 비유한다. 예수 자신이 이 기대를 성취하기 시작했다. 왜냐하면 그리스도께서 자신의 사역 이전과 동안에 '광야'에서 성령의 보호 아래 살았던 이상적이고 참된 이스라엘이셨기 때문이다.마 4:1, 막 1:12, 눅 1:80, 4:1 그리스도는 옛 이스라엘이 넘어갔던 광야의 시험들을 물리치셨다.마 4:1-11, 막 1:12-13, 눅 4:1-13 (예수의 다른 광야 경험에 대해서는 막

1:35, 눅 4:42, 5:16을 보라.) 12:6에서 메시아 공동체는 메시아의 승천 이전에, 마지막 때 하나님의 광야에서의 보호를 경험하기 시작한 것으로 묘사된다. 메시아 공동체의 지체들은 세상에서 환난을 겪지만 동시에 그들이 이스라엘의 회복에 대한 구약의 약속을 계속 성취하기 때문에 하나님과의 언약 관계는 영적으로 보호되고 자라 간다.

광야 자체가 보호하는 것이 아니다. 다만 광야는 하나님의 보호가 일어나는 불가시적인 장소일 뿐이다. 심지어는 광야에서도 용의 억압적인 힘이 성도의 공동체를 위협한다. 하지만 하나님은 거기서도 그들을 보호하신다. 이 보호의 본질은 물리적인 것이 아니다. 하나님은 그들을 영적인 미혹에서 보호하신다.[12:15-17 주석 참조] 광야는 본질상 11:1의 성소, 13:6의 장막과 동일한 또 하나의 심상이다. 왜냐하면 이 세 가지 심상(광야, 성소, 장막)은 모두 '천이백육십 일'(또는 삼 년 육 개월)이라는 동일한 기간 동안 공격을 받기 때문이고, 또한 모두 영적인 보호에 대한 은유이기 때문이다. 결론적으로 여자는 11장의 두 증인과 동등한 심상인데, 그 이유는 둘 다 각기 광야와 성소를 통해 몸으로는 고난을 겪지만 영으로는 보호를 받기 때문이다. 그러나 심지어 하나님의 보호의 장소인 광야에서도 위험은 상존한다. 광야의 이중적인 성격은 구약성경과 요한계시록 17장을 통해서도 암시된다. 구약성경에서 광야는 이스라엘을 뒤쫓는 애굽 사람으로부터 보호를 받은 곳이었을 뿐만 아니라, 야수와 악령이 거주하며 사람은 거주할 수 없는 죄와 악 또는 심판의 장소이기도 했다.[레 16:10, 사 13:20-22, 34:10-15, 렘 9:10-12] 17:1-9의 음녀 역시 광야에 거주한다.[17:3] 그러나 음녀는 땅에 사는 자들을 미혹하고,[17:8] 궁극적으로 자신의 유혹에 걸려들지 않는 성도들을 박해한다. 그러므로 광야는 성도의 보호의 장소지만 적대적인 세상 한가운데에 있다. 신명기 8:15-16은 이스라엘의 광야 경험의 이중성을 다음과 같이 종합한다. "너를 인도

하여 그 광대하고 위험한 광야 곧 불[또는 붉은?]뱀……이 있는 땅을 지나게 하셨으며……만나를 광야에서 네게 먹이셨나니 이는 다 너를 낮추시며 너를 시험하사 마침내[후일에?] 네게 복을 주려 하심이었느니라." 요한은 6절의 모형론적 중요성을 높이 평가했고, 광야에 대한 요한의 이중 개념 배후에는 6절이 놓여 있을 것이다.

'천이백육십 일'은 다니엘 7:25과 12:7에 예언된 환난의 때로 간주되었고, 이 시기는 그리스도의 승천에서 시작되어 재림 때까지 계속된다. 요한의 모든 '삼 년 반' 공식 가운데 6절이 이 공식의 시간적인 경계를 확인하는 데 가장 명확하다.[11:2-3, 13:5 참조] 의심할 것 없이 이 한정된 시기는 그리스도의 부활에서[5절] 재림까지의[14:14-20] 기간을 망라한다. 우리는 앞에서[11:2-3 주석 참조] 교회의 삼 년 육 개월의 증언, 곧 예수의 초림과 재림 사이의 증언이 그리스도의 대략적인 지상 사역 기간인 삼 년 육 개월에 따라 형성되었다고 주장했다. 마흔두 달 역시 이스라엘이 광야에서 방황한 기간과 엘리야의 심판 사역 기간을 반영한다(이 기간을 교회 시대로 보는 것에 대한 충분한 분석은 11:1-3에 대한 주석을 보라).

'곳'이라는 단어("그를 양육하기 위하여 하나님께서 예비하신 곳")는 헬라어로 *topos*인데, 신약성경 다른 곳에서 '성전'[마 24:15]과 동의어이고, 70인역에서 '성소'에 대해 종종 사용된다(약 40회). "하나님께서 예비하신 곳"은 11:1-2의 성전과 같이 제사의 안전이 보장된 불가시적인 지리적 공간이다. 에베소 교회는 장차 회개하지 않는 영은 그리스도께서 그들의 촛대를 하늘의 성전 '그 자리'[*topos*]에서 옮기시는 결과가 초래될 것이라는 경고를 받는다.[2:5] 이것은 그들이 하늘의 성전이 제공한 영적 보호의 유익을 갖지 못하리라는 것을 의미한다.

6절 후반부를 소개하기 위하여 '어디든지'[헬라어 *hopou*]라는 말을 사용하는 것도 제사하는 곳의 불가시적인 측면을 강조한다. (개역개정판에는 이 말이 나타나 있지 않다.—옮긴이) 왜냐하면 이 말은 요한계시록 다른 곳에서 항상 하나님의 보호[12:14, 14:4] 또는 사탄의 위험이나 존재[2:13, 11:8, 20:10 • 17:3, 9 참조]의 상징적인 영역을 소개하기 때문이다(17:9은 문자적으로 "여자가 앉은 어디든지"로 되어 있다). 하나님이 그리스도의 죽음과 부활을 따르는 신자들을 위해 광야에 보호할 '곳'을 예비하시는 12:6과 예수께서 신자들을 위해 마련하시는 '곳'(자기 아버지의 집에 있는 곳), 곧 그리스도께서 자신의 죽음과 부활을 따르는 자들과 다시 함께 계실 곳을[요 14:16-24, 15:26-27, 16:7, 13-16] 예비하시는 요한복음 14:2-3 간의 평행 관계를 주목하라. 전통적으로 우리는 예수께서 말씀하시는 이 '곳'이 하늘에 있는 것으로 이해했지만 요한계시록 평행 본문에 비추어 보면 하나님이 예비하시는 '곳'은 땅이든 하늘이든 단순히 하나님께서 임재하시는 영역이 될 수 있지 않을까? 또는 하늘에 있는 성전이 땅으로 확대되어 그 안에 신자들이 참여하는 곳이 될 것이다. 신자들이 박해 때문에 받는 타협의 유혹을 물리치고 인내할 수 있는 것은 그들이 성령이 계신 곳에 있기 때문이다.[요 15:25-27, 16:1-16, 16:32-33] 이곳에서 신자들은 그들이 겪을 수 있는 다른 어떤 환난에도 불구하고 영적으로 안전함을 누린다. 신자들은 세상에서 환난을 당하지만 동시에 하나님과의 언약 관계는 보호받고 자라 간다.

5절에서 그리스도의 부활을 다룬 후에 6절은 교회 시대를 건너뛰고 그리스도의 재림 직전에 있을 이스라엘 민족의 부흥 시기와 '대환난'을 다룬다는 일부 학자들의 관념은 개연성이 없다. 그렇게 보면 용을 피해 광야로 도망하는 것이 교회가 아니라 이스라엘 민족을 의미할 것이다. 그러나 이런 시간 간격에 대한 증거는 전혀 없고, 단지 해석자가 본문 속에 집어넣는 마지막 때의 사전 시간표에 따라 본문을 이해하기 때문에 나타나는 것이다. 자연스러운 이해는 6

절을 시간적으로 5절 직후에 일어나는 일로 보는 것이다. 12:10과 12:11-17의 평행 관계는, 1:5과 1:6의 관계,[9절 참조] 1:12-20과 2-3장의 관계, 5:5-14과 6:1-11의 관계 그리고 7:10-11과 7:13-14의 관계가 그러한 것처럼, 이 이해가 옳다는 것을 증명한다. 이와 같이 평행 관계에 있는 부분은 모두 그리스도의 사역의 국면과 그 사역의 교회의 삶 속에서의 직접적인 결과를 다루고, 12:5과 12:6의 관계도 이와 마찬가지다.

12:1-6 묵상 제안

신실한 이스라엘과 교회의 상호관계: 12:1-6에서 요한은 여자가 남자 아기를 낳고, 이어서 광야로 도망하는 장면을 묘사한다. 본서의 주석이 신실한 이스라엘과 교회 사이의 평행 관계를 얼마나 자주 제시하는지 묵상해 보라. 신실한 이스라엘과 교회는 서로가 없으면 충분히 이해될 수 없다. 이 상호관계의 함축적인 의미는 무엇인가? 새 언약 시대에 이스라엘과 교회 사이에 선을 그어 구별해 버리면, 우리는 교회가 어떻게 신실한 이스라엘의 계승자인지 그리고 예언의 성취 면에서 어떻게 신실한 이스라엘의 역할을 감당하는지 이해하기가 불가능하지 않겠는가? 12:1-6에 제시된 신실한 이스라엘과 자칭 유대인이라고 하나 실상은 유대인이 아닌 자들[2:9, 3:9] 사이에는 대응적인 관련성이 없다는 것을 이해하는가?

광야의 복합적인 성격: 12:1-6은 구약과 신약의 형태 모두에 있어 광야를 복합적인 장소로 말한다. 즉, 광야는 하나님께서 자기 백성을 보호하시는 곳이지만 동시에 위험한 장소이기도 하다. 우리는 적대적인 세상 속에서 하나님의 임재의 장소를 어떻게 찾는가? 하나님이 제공하시는 안전과 보호의 본질은 무엇인가? 우리는 이 점에 대해 합법적으로 무엇을 요구할 수 있는가?

❷ 그리스도의 죽음과 부활은 참소자 사탄에 대한 그리스도와 성도의 승리와 메시아 나라의 출범을 가져온다 12:7-12

12 7 하늘에 전쟁이 있으니 미가엘과 그의 사자들이 용과 더불어 싸울새 용과
그의 사자들도 싸우나 8 이기지 못하여 다시 하늘에서 그들이 있을 곳을
얻지 못한지라. 9 큰 용이 내쫓기니 옛 뱀 곧 마귀라고도 하고 사탄이라고도 하며 온
천하를 꾀는 자라. 그가 땅으로 내쫓기니 그의 사자들도 그와 함께 내쫓기니라. 10 내
가 또 들으니 하늘에 큰 음성이 있어 이르되 이제 우리 하나님의 구원과 능력과 나라
와 또 그의 그리스도의 권세가 나타났으니 우리 형제들을 참소하던 자 곧 우리 하나
님 앞에서 밤낮 참소하던 자가 쫓겨났고 11 또 우리 형제들이 어린양의 피와 자기들이
증언하는 말씀으로써 그를 이겼으니 그들은 죽기까지 자기들의 생명을 아끼지 아니하
였도다. 12 그러므로 하늘과 그 가운데에 거하는 자들은 즐거워하라. 그러나 땅과 바다
는 화 있을진저. 이는 마귀가 자기의 때가 얼마 남지 않은 줄을 알므로 크게 분내어
너희에게 내려갔음이라 하더라.

7. 요한은 1-6절과 7-12절 사이의 관련성을 명시적으로 언급하지 않는데, 관련성이 요구되는 것은 (가까운 위치와는 상관없고) 3절의 말("하늘에 또 다른 이적이 보이니")과 7절의 말("하늘에 전쟁이 있으니")이 7-12절이 1-6절 환상의 연속이라는 사실을 암시하기 때문이다. 7-12절은 하늘에서 벌어진 전쟁에서 미가엘과 그의 사자들이 마귀와 그의 사자들을 어떻게 패배시켰는지 설명하고, 1-6절에 기록된 땅의 사건과 대응을 이루고 있는 하늘의 사건을 기록한다.

요한의 관점에 따르면 천사는, 주로 다니엘서에 따라 이해되는 그들의 대표성에 대한 다음 고찰에 비추어 볼 때, 교회를 위한 중보자로 간주될 수 있다(하늘에서 교회를 대표하는 자로서 1-3장의 천사들과 4-5장의 이십사 장로를 참조하라). 다니엘의 환상에 따르면 미가엘

은 하나님의 백성을 대표하도록 지정된 큰 천사다.[단 10:13, 21, 12:1] 미가엘은 인자와 매우 가까운 천사(수하 조력자)인데, 그 이유는 둘 다 하늘에서 이스라엘의 대표자로 활동하기 때문이다.[단 12:1, 7:13-27 참조] 이것이 그들이 다니엘 10:20-21에서 바사와 헬라 제국을 다스리는 악한 통치자를 반대하고 이스라엘을 위해 함께 싸우는 자로 간주되는 이유다('인자와 같은 이'가 이 악한 하늘의 세력에 맞서 싸우려고 미가엘과 합력하는 내용을 다루는 단 10:5-21을 참조하라). 이제 요한은 땅에서 그리스도께서 싸우신 것과 같이 하늘에서 하나님의 언약 공동체와 이 공동체의 메시아 지도자를 대표하는 미가엘이 싸우는 것을 본다. 따라서 미가엘은 다니엘의 환상에서 그런 것과 마찬가지로 요한의 환상에서도 인자를 위해 싸우려고 그 옆에 서 있다. 다니엘서에서처럼 요한계시록 12:7에서도 미가엘은 이스라엘의 대표이고, 다니엘 10장에서처럼 '인자', 곧 그리스도와 동일한 관계 속에 있다. 요한계시록 12:1-5은 주로 땅에서 예수의 인격 속에 일어난 일을 설명했다. 반면에 미가엘은 예수의 대표로서 예수께서 땅에서 얻은 승리를 하늘의 영역에 반영한다.

결론적으로 7절은 그리스도의 십자가 승리와 부활에 대응하여 하늘에서 일어난 사건을 설명한다. 말하자면 땅에서 그리스도의 부활과 통치의 시작이 하늘에서 미가엘과 그의 사자들이 마귀와 그의 사자들을 패배시킨 것으로 직접 반영된다. 미가엘이 하늘에서 행한 일은 땅에서 그리스도께서 행하신 구속 사역과 직접 그리고 엄밀하게 맞물려 있는 반사적인 행동이었다. 또한 미가엘이 하늘에서 예수의 땅에서의 행동을 반영하는 것이 적절한 이유는, 예수는 자신의 인격으로 이상적인 이스라엘을 표상하고 미가엘은 이스라엘을 대표하는[단 12:1] 천사이기 때문이다. 참 이스라엘(요한계시록 12장에서는 참 이스라엘이 예수다)을 위한 미가엘의 행동은 다니엘 12:1과 연계되어 있음이 틀림없다. 거기서 미가엘은 최후 환난의 궁극적인 해로부터 신실한 이스라엘을 보호하는 이스라엘의 천상의 대표로서, 마지막 때 환난에서 이스라엘을 '호위하는 자'로 예언되어 있다. 미가엘의 사역은 그가 하늘에서 예수의 승리를 대표하는 것으로 시작된다. 미가엘이 이후로 예수를 따르는 자들, 곧 집단적 참 이스라엘을 위해 행하는 대표 사역 역시 단순히 예수께서 그들을 위해 이루신 승리의 후속 결과를 하늘에서 반영하는 것이다.

다니엘 7:21은 성도들과 더불어 싸우고 그들을 이기기에 충분한 힘을 가진 '뿔'을 언급한다. 다니엘 7:21의 인유는 이미 11:7에 있었고 13:7에서 다시 나타나는데, 두 본문은 모두 짐승이 성도들을 공격하는 것을 다루었다. 다니엘 7:21의 언어가 이제 7절에서 용의 패배에 적용된다. 다니엘 10:20을 따를 때 미가엘이 맞서 싸우는 바사와 헬라의 '군주'가 이제 7절에서 사탄 자신이나 그의 사악한 사자들 가운데 하나로 계시된다. 다니엘서에서 마귀가 성도들에게 거둔 승리를 말하기 위해 사용된 말보다 마귀의 패배를 묘사하는 데 더 나은 말이 과연 있을까? "더불어 싸우다"는 말을 상대를 바꿔 적용시키는 것은, 마귀가 하나님의 백성을 패배시킨 것을 묘사하는 말과 똑같은 방식으로 마귀의 패배를 묘사해 조롱의 문학적 패러디를 함축한다. 여자, 용, 뱀, 광야, 독수리 날개 그리고 12장 전체에 걸쳐 나타나는 다른 묘사들은 분명히 상징적이므로, 7절의 하늘의 전쟁 역시 상징적이다. 12장 나머지 부분은[13-17절] 마귀가 그리스도의 부활로 패배를 당한 방식과 7절의 상징적인 의미를 밝힌다.

8. 8절 첫 부분에서 7절에서 시작된 사탄의 패배에 대한 다니엘서의 묘사가 완결되기 때문에, 8절 나머지 부분 또한 다니엘서 내용에 기초를 두고 묘사를 추가한다. 마귀와 사자들의 패배의 직접적인 결과는 "다시 하늘에서 그들이 있을 곳을 얻지 못한" 것이다. "있을 곳

을 얻지 못한지라"는 말은 이와 거의 동일한 다니엘 2:35의 문구(히브리어 성경은 "흔적이 발견되지 않았고"로 되어 있고, 개역개정판은 "간 곳이 없었고"로 되어 있다)에 기초가 두어져 있다. 다니엘 2:35은 마지막 때에 적대적인 세상 나라들의 멸망의 직접적인 결과를 예언적으로 묘사한다. 다니엘 2장을 보면 돌이 나와서 세상 역사의 마지막 네 나라를 표상하는 신상을 친다. 이 돌은 하나님 나라의 힘과 동등하다.[단 2:44] 많은 주석가들이 이 돌을 마지막 때에 이전의 압제 정권들을 물리치고 교체시키는 다니엘 7장의 인자와 동일시했다. 예수는 이 예언의 성취가 자신의 사역에서 시작된 것으로 보셨다.[눅 20:17-18] 예수를 거부한 유대인들은 예수에 의해 심판받을 불경건한 나라들과 동일시되었다. 예수는 다니엘 2장에 나오는 돌이었다. 그리스도의 부활은 하늘에서 예수의 대표인 미가엘의 승리를 직접 결과하고, 다니엘 2장의 심상은 이것이 절대적이고 보편적인 심판임을 증명한다. 다니엘서 2:35의 요점과 이 구절을 인유하는 요한계시록 12:8b의 내용은 하나님 나라와 하나님의 백성에 대한 반대가 결정적으로 좌절된다는 것이다. 예수께서 나라들을 패배시키는 것에 대한 시편 2편의 예언 성취는,[계 12:5 참조] 하늘에서 미가엘이 그 나라들의 천상의 대표를 패배시키는 것에 대한 다니엘 2장의 예언 성취에[계 12:7 참조] 반영되어 있다. 8b절은 마귀의 결정적인 패배가 시작되었음을 증명하지만 세상 끝날과 최후의 심판에서 이 예언의 완전한 성취가 이루어지리라는 것을 암시하기 위해 다니엘 2:35에 대한 동일한 인유가 20:11에서 반복된다. 그러나 예언된 심판이 단지 시작에 불과하다면 그것이 어떻게 절대적이고 보편적인 심판일 수 있을까? 이후 구절들이 어떻게 그러한지를 설명한다.

9. 이제 "다시 하늘에서 그들이 있을 곳을 얻지 못한지라"가 무슨 뜻인지에 대한 세부 설명이 주어진다. "그가 땅으로 내쫓기니 그의 사

자들도 그와 함께 내쫓기니라." 그(용)가 부당하게 별들을 땅에 던진 것처럼,[4절] 9절에서 마귀는 자신이 똑같은 처벌을 겪는다(범죄에 합당한 성경의 처벌 원리를 다시 예증한다). 용은 이제 '옛 뱀', 곧 창세기 3:1, 14의 뱀으로 묘사된다. 하나님의 백성의 원수는 또한 "마귀라고도 하고 사탄이라고도 한다." 이 이름은 각각 '중상자'와 '대적'을 의미한다. 창세기 3장에 따르면 뱀은 중상자이자 속이는 자다. 뱀은 하나님께서 명령을 내리실 때 명령의 동기를 의심하게 함으로써 하나님을 중상하고,[창 3:5] 불순종이 긍정적인 결과를 가져올 것이라고 주장함으로써 아담과 하와를 속인다.[창 3:4-5] 12장 나머지 부분과 요한계시록 나머지 부분은 그리스도의 죽음과 부활이 마귀의 미혹 기능을 결정적으로 박탈하고 중상자로서의 역할을 무력화시켰다는 사실을 계시한다. 이 박탈과 무력화가 바로 미가엘과 그의 사자들이 마귀와 그의 사자들을 하늘에서 쫓아낸 것에 대한 묘사의 의미다. 마귀가 상실한 '곳'은 이전에 하나님께서 일시적으로 마귀에게 허용하신 참소의 장소였다.[10b절 주석 참조]

10. 요한은 하늘에 '큰 음성'이 있는 것을 듣는다. 종종 요한계시록에서는 찬송이 환상을 해석하거나 요약하는 경우가 있다.[4:1-7과 4:8-10, 5:5과 5:6-14, 14:1과 14:2-5, 15:2과 15:3-4] 또는 때때로 보는 것이 이전 부분에서 들었던 것을 해석하기도 한다.[7:1-8과 7:9-17] 그러므로 10-12절의 찬송은, 미가엘이 행하는 일이 그리스도께서 땅에서 행하신 일을 하늘에서 반영하는 것이라는 사실을 분명히 보여주려고 7-9절 장면을 해석한다. 이 찬송의 처음("이제 우리 하나님의 구원과 능력과 나라와 또 그의 그리스도의 권세가 나타났으니")은 특히 성도의 무리가 나라를 세우신 것에 대하여 하나님을 높이는 11:15의 내용과 평행을 이룬다. 그러므로 큰 음성을 내는 자들은 하늘에 있는 성도의 무리로 보인다. 이는 '우리 하나님'과 '우리 형제들'이라는 말을 사용하는 것으

로도 확인된다. 요한계시록을 보면 통상적으로 천사는 심판이나 구원을 선포하지만 인간은 찬양을 선포한다.

그리스도의 승천과 마귀의 하늘로부터의 퇴출의 의미가[5-9절] 이제 10절에서 오랫동안 고대하던 예언된 메시아 나라의 출범이 이루어진 것(11:15에서와 같이 완성된 것은 아니다)에 있다고 설명된다. **"이제 우리 하나님의 구원과 능력과 나라와 또 그의 그리스도의 권세가 나타났으니."** 4:11과 5:11-12에서와 비슷하게 하나님과 어린양에게 권능을 귀속시키는 것은 두 본문에서와 같이 10절에서도 초점이 하나님 나라를 출범시킨 그리스도의 부활에 있음을 확증한다. '이제'라는 도입 단어는 성취의 시작 국면을 강조한다. 그러므로 10절은 단순히 미래의 하나님 나라를 예견하는 것이 아니라, 하나님 나라가 그리스도의 죽음과 부활 직후에 시작된 사실을 축하한다. 이것은 시편 2:7-9(앞의 5절에서 인유한)에 나오는 메시아의 통치 시작에 대한 예언의 직접적인 성취다. 10절과 같이 '하나님'(또는 '여호와') 그리고 '그의 그리스도'라는 지칭이 결합된 것이 구약성경에서는 시편 2:2에서만 나타난다. 그리스도의 부활이 전체 인간 역사의 전환점이다. 그리스도의 부활은 하늘에서 원수의 권능이 파괴되고 원수의 나라가 파멸하게 된 계기를 표상한다.

특히 이 계기가 어떻게 일어났는지는 10b절에서 구속받은 성도들이 **"우리 형제들을 참소하던 자가 쫓겨났고"**라고 선언하는 것으로 확인할 수 있다. 그리스도의 죽음은 부활과 사탄이 하늘에서 축출되는 결과를 가져왔다. 사탄과 그의 세력이 첫 창조가 시작되었을 때 떨어진 것처럼,[사 14:11-16, 겔 28:12-19, 벧후 2:4, 유 1:6] 사탄은 성경이 두 번째 창조로 말하는 것이 시작될 때에도 떨어져야 했다.[1:5, 3:14 • 고후 5:14-17, 갈 6:15 참조] 사탄의 일은 항상 성도를 참소하는 것이었다.[욥 1:6-11, 2:1-6, 슥 3:1-2] 이 본문들을 통해 우리는 마귀가 하나님의 백성이 지은 죄를 참소하는 일을 하나님께 허용받았다고 결론지을 수 있다. 그런데 이 참소에는 하나님 자신의 성품이 부패했다는 비난도 함축되어 있었다. 예를 들어 사탄은 욥기 1장에서 하나님께, 하나님이 욥을 그토록 크게 번성시키거나 복을 베풀지 않았다면 그토록 신실한 자가 되지 못했을 것이라고 말한다. 마귀의 참소는 죄의 형벌이 영적인 죽음의 심판을 수반한다는 정확한 전제에 기초해 있다. 그리스도가 죽기 전까지는 마귀가 그만한 이유를 갖고 있는 것으로 보일 수 있었다. 왜냐하면 하나님께서는 죽은 구약 성도들에게 죄의 형벌을 시행하지 않고 그들을 모두 자신의 구원 임재 속으로 인도하셨고, 우리의 죄에 대한 정당한 처벌을 시행하시는 것 또한 길이 참으셨기 때문이다.[롬 3:25] 그러나 마귀의 참소는 그때에도 부당했다. 왜냐하면 마귀가 참소하며 사람들이 처벌받기를 원했던 죄는 정작 그의 미혹에 넘어가 저질러진 것이기 때문이다. 이것이 9-10절에서 마귀가 속이는 자와 참소하는 자로 불리는 이유다. 그러므로 하나님의 백성에 대한 메시아의 예견된 구속적 죽음으로 말미암아,[사 53장 참조] 구약 성도들은 사탄의 부당한 참소가 가져올 파멸의 위험에서 하나님의 보호를 받았다.

그리스도께서 오셨을 때 그분의 죽음으로 모든 신실한 자, 곧 그리스도 이전과 이후에 죽은 모든 신실한 자의 죄에 대한 하나님의 분노가 만족되었다. 그리스도는 죽임을 당해 자신의 피로 우리 하나님께 세상 전역의 구속받은 사람들의 죄의 값을 치르신 흠 없는 대리적 어린양이셨다.[5:6-9 참조] 인간의 죄에 대한 하나님의 정당한 심판이 죄가 없으신 그리스도에게 주어졌다는 사실로 말미암아 "그러므로 이제 그리스도 예수 안에 있는 자에게는 결코 정죄함이 없는",[롬 8:1] 어느 누구도 "하나님께서 택하신 자들을 고발할" 수 없고 심지어는 "천사들이나 권세자들이나……능력"[롬 8:33-34, 38]도 그럴 수 없는 결과가 일어났다. 따라서 마귀는 자신의 참소에 대한 기초를 전혀 갖고 있지 못하고, 하늘의 궁정과 하나님의 회의에서 쫓겨났다. 예수는 사탄이 하늘로부터 떨어지는 것을[눅 10:18] 원수의 일을 제압할 권능을 제자들에게 주시는 것[눅 10:17, 19-20] 그리고 무엇보다 제자들의 이름이 하늘에 기록된 것과[눅 10:20] 연계시키신다. 사탄의 결정적이고 법적인 패배는 하나님 나라가 땅에 세워질 때 일어난다. 원수의 완전한 최후의 멸망은 주님이 재림하셔서 자신의 나라를 완전한 성취의 상태로 만드실 때 일어날 것이다.[계 19:20-21, 20:10-15]

11. 따라서 땅에서 일어난 그리스도의 결정적 승리와[5, 10절] 하늘에서 일어난 미가엘의 결정적 승리는[7-9절] 땅에서 고난받는 그리스도인이 역사 전체에 걸쳐 뱀을 이기는 승리의 기초로 간주된다. "또 우리 형제들이 어린양의 피……로써 그를 이겼으니." 특히 처음에 나오는 '또'라는 말은 10절을 11절의 기초로 지시하거나 11절이 10절의 결과라는 사실을 함축하고 있다. 11절은 12장 전체의 목적, 특히 비록 그렇게 보이지 않더라도 악이 패배를 당했다는 것을 땅에서 사탄의 악에 직면하는 신자들에게 보증하는 7-12절의 목적을 요약한다. 그리스도인은 뱀이 오직 자신들의 영혼과의 싸움에서 패배한 후에 자신들의 몸과의 싸움을 시작한다고 확신할 수 있다. 즉, 그리스도인의 고난은 그들의 고난과 동일시되는 십자가의 승리를 믿는 믿음으로 말미암아, 사탄의 승리의 표지가 아니라 오히려 사탄에 대한 그리스도인의 승리의 표지다. 하늘에서 갖는 성도의 지위는 최종적으로 그리스도의 십자가의 고난에 의해 정당화되었다. 과거, 현재, 미래의 모든 신자는 마귀를 이겼고, 따라서 그들은 "어린양이 어디로 인도하든지 따라간다."[14:4]

신자들은 또한 "자기들이 증언하는 말씀으로써" 원수를 이겼다. 여기서 초점은, 요한계시록에서 신약 교회의 박해받는 신실한 자를 가리키는 평행 문구들로 보아 분명한 것처럼,[1:9, 6:9, 19:10, 20:4] 구약의 성도들에게 있지 않고 예수를 따르는 자들에게 있다. 그리스도에 대한 사탄과 세상의 유죄 판결이 그리스도의 부활로 뒤집힌 것처럼, 그리스도를 따르는 자들도 똑같이 그리스도의 부활과의 동일화를 통해 사탄과 세상의 잘못된 평가를 뒤집었다. "그들은 죽기까지 자기들의 생명을 아끼지 아니하였도다"라는 말은 성도들이 실제로 순교하는 지점에 이르기까지 그리스도를 위하여 고난을 겪는 것을 가리킨다. 이것이 순교자만을 언급하지 않음은 마귀의 참소가 단순히 그리스도를 위해 목숨을 내놓은 자들만이 아니라 모든 신자에게 주어진다는 사실로 증명된다. 2:10의 평행 사실은 죽음을 포함하지만 그렇다고 옥에 갇힌 모든 자가 죽음을 필수적으로 수반하는 것은 아니다. "마귀가 장차 너희 가운데에서 몇 사람을 옥에 던져 시험을 받게 하리니 너희가 십 일 동안 환난을 받으리라. 네가 죽도록[문자적으로 '죽음의 지점에 이르기까지'] 충성하라." 모든 신자는 고난과 환난에 참여하고,[1:9] 2-3장의 '이기는 자'는 모두 교회의 충성된 지체들이다. 신자는 필요하면 죽음의 지점에 이르기까지, 곧 죽기까지 충성해야 한다. 그러나 확실히 말하면 그것은 죽음보다 약한 환난도 마찬가지다.

12. 분명히 천상의 모든 존재에게 즐거워하라고 명령하는 자는 하늘에 거하는 성도들이다. "그러므로 하늘과 그 가운데에 거하는 자들은 즐거워하라." 그들은 그리스도의 나라가 세워졌고, 원수가 하늘에서 자신의 참소자로서의 지위를 상실했으며, 성도가 원수의 참소를 물리칠 수 있으므로('그러므로'는 7-11절에 기록된 사건을 가리킨다) 즐거워해야 한다. 즐거워하라는 명령을 받은 것은 천상의 모든 존재에게 해당하지만, 그들이 지금 구원을 누리고 있는 것으로 보아 이 명령은 수사학적으로 볼 때 주로 성도들 자신(하늘에 살거나 거하는 자들)에게 주어진다.[7:15, 21:3 참조] 하늘은 마귀의 퇴출로 즐거워할 수 있

으나 땅에는 화가 임하고 있다. 왜냐하면 마귀의 권능이 하늘에서는 박탈되었지만 땅에서는 여전히 실재하기 때문이다. "그러나 땅과 바다는 화 있을진저. 이는 마귀가 자기의 때가 얼마 남지 않은 줄을 알므로 크게 분내어 너희에게 내려갔음이라." 13-17절이 분명히 하는 것처럼 마귀의 격노는 그리스도인을 향해 표출된다. 땅에서 벌어지는 마귀의 파괴 활동은 하늘에서 자신의 지위가 상실된 것에 대해 크게 분내는 것으로 폭발한다. 그러나 무엇보다 먼저 마귀의 분노는 땅에서 파괴를 행할 "자기의 때가 얼마 남지 않은 줄을 알므로" 폭발하게 된다. 때가 얼마 남지 않았다는 표현은 하나님 나라의 임박한 완성과 사탄의 최후의 패배에 대한 기대를 암시한다. 1세기 그리스도인들은 그리스도의 임박한 재림을 기대했지만 '그 날과 그 때'는 오직 아버지만 아신다는 것을 인정했다.[마 24:36, 행 1:7] 12절 후반부의 화는 요한이 사탄도 그리스도의 재림의 임박성에 대해 똑같은 관점을 갖고 있었다고 이해했음을 보여준다. 그리스도인이 그리스도의 재림에 대한 임박한 소망 때문에 선행에 대한 동기를 부여받은 것처럼, 사탄도 끝이 오기 전에 가능한 한 최대로 파괴를 일으켜야 한다고 악행의 동기를 부여받는다. "얼마 남지 않은 때"는 6, 14절과 11:2-3과 13:5의 삼 년 육 개월과 같은 기간이고, 10:6의 '지체하는' 기간이다. 이 기간이 합당한 것은 다니엘 7:25과 12:7, 요한계시록 11:2과 13:5의 삼 년 육 개월이, 마지막 때에 원수가 하나님의 백성을 박해하는 기간이기 때문이다.[11:1-2 주석 참조] 6절과 14절은 이 기간에 하나님의 백성은 궁극적으로 보호를 받는다고 주장한다.

따라서 "얼마 남지 않은 때"는 삼 년 육 개월과 같이 비유적인 표현이다. 이 얼마 남지 않은 때는 아마 6:11의 '잠시 동안', 곧 죽은 성도들이 나머지 구속받은 자들이 영광 속에 참여하기를 기다리는 동안과 중첩되거나 동일할 것이다. 12절의 기간은 또한 20:3의 '천 년'

과 같은 의미다. 말하자면 6:9-11의 하늘에 있는 죽은 성도들은 나머지 형제자매들이 고난을 겪고, 죽고, 그래서 자기들과 함께 하늘의 통치에 참여할 때까지, 하늘에서 승리를 누리며 왕 노릇 한다.[20:4-6] 이것은 마귀가 무저갱에 갇혀 있는 때와 같은 기간이다. 이 기간 동안 마귀는 인침 받은 성도의 몸은 박해를 통해 해할 수 있지만 영혼은 해할 수 없다.[20:1-6 주석 참조] 확실히 12장은 마귀가 교회를 반대하는데 제한은 없지만 궁극적으로 교회의 영적·천상적 운명과 정체성은 훼손할 수 없음을 증명한다.

그리스도의 나라는 아직 완성 단계에 이른 것이 아니므로 하나님의 백성은 육체적으로 고난을 받을 수 있고, 심지어는 죽임을 당할 수도 있다. 그러나 그리스도의 나라는 진실로 시작 단계에 들어갔으므로 하나님의 백성의 궁극적인 승리는 그리스도가 십자가에서 죽으셨을 때 승리하신 것만큼 보장되어 있다. 그리고 땅에서 싸울 때 우리는 지금 우리에게 개방된 하늘의 모든 자원을 가지고 있으며, 그것은 무엇보다 원수를 땅으로 내쫓아낸 바로 그 자원이다. 따라서 그리스도의 부활은 보이지 않는 세계에서 궁극적으로 승리한 결정적 사건이고, 그 결과 하나님 나라의 능력이 보이는 세상 속으로 침투했다.

12:7-12 묵상 제안

보이지 않는 세계에서의 싸움: 7-12절에서 요한은 보이지 않는 세계에 대한 놀라운 통찰력을 제공한다. 이것은 "우리의 씨름은 혈과 육을 상대하는 것이 아니요……하늘에 있는 악의 영들을 상대함이라"[엡 6:12]는 바울의 설명에 어떤 빛을 던져 주는가? 그리스도인은 영적 싸움을 안중에 두지 않든지, 아니면 마귀의 세력에 집착하거나 두려워 떨든지 둘 중 어느 하나의 오류를 범할 수 있다. 12:7-12은 우리에게 어떻게 균형적인 관점을 제공하는가?

하나님의 주권을 이해함으로써 원수의 공격에 맞서다: 사탄이 땅에서 발악을 하는 것이 사실은 그의 하늘에서의 패배와 궁극적 파멸의 불길한 운명에 대한 반발이라는 것을 이해하는가? 그리스도의 권세가 하늘에서 확립된 것과 동시에 마귀가 땅에서 크게 분노하며 하나님의 백성을 자유롭게 공격하는 것이 어떻게 사실일 수 있는가? 7-12절은 만물에 대한 하나님의 절대 주권 관념을 제시한다. 마귀의 역사도 단지 하나님의 결정에 따라서만 일어난다. 하나님의 백성이 땅에서 사는 동안 확실히 고난을 받도록 되어 있음을 감안하면, 하나님의 주권에 대한 성경적인 관점을 견지하는 것은 얼마나 중요하겠는가? 우리가 땅에서 환난에 직면할 때에도 하늘에서 하나님의 통치가 확립되어 있다는 사실에서 어떤 위로를 얻는가?

❸ 마귀에 대한 그리스도의 승리의 결과로, 하나님은 메시아 공동체를 마귀의 격동적인 공격으로부터 보호하신다 12:13-17

12 13 용이 자기가 땅으로 내쫓긴 것을 보고 남자를 낳은 여자를 박해하는지
라. 14 그 여자가 큰 독수리의 두 날개를 받아 광야 자기 곳으로 날아가 거
기서 그 뱀의 낯을 피하여 한 때와 두 때와 반 때를 양육 받으매 15 여자의 뒤에서 뱀
이 그 입으로 물을 강 같이 토하여 여자를 물에 떠내려가게 하려 하되 16 땅이 여자를
도와 그 입을 벌려 용의 입에서 토한 강물을 삼키니 17 용이 여자에게 분노하여 돌아가
서 그 여자의 남은 자손 곧 하나님의 계명을 지키며 예수의 증거를 가진 자들과 더불
어 싸우려고 바다 모래 위에 서 있더라.

13. 13절은 여자(예수를 따르는 자들의 언약 공동체를 표상)가 광야로 도망한 내용이 나오는 6절과 마귀가 크게 분내어 땅으로 쫓겨난 것

을 다루는 12절에서 끊긴 이야기를 다시 취한다. 자신의 패배를 알고("용이 자기가 땅으로 내쫓긴 것을 보고") 그리스도의 탄생, 특히 그리스도의 궁극적인 왕위 등극을 좌절시키지 못한 무능함 때문에 하늘에서 자신의 지위가 상실된 것에 크게 분노한 마귀는 자신의 분을 '남자를 낳은 여자'를 박해하는 것으로 표출한다. 여자(교회)가 박해를 받는 것은 분명히 마귀를 내쫓은 남자(그리스도)를 낳았기 때문이다. 그러므로 용과 그의 대리인들도 여자를 공격한다.마 5:11, 10:22, 24:9, 요 15:18-21, 행 9:4-5, 벧전 4:14, 계 1:9, 14:13

14. 14절은 6절의 내용을 다시 진술하고 그것을 더 깊이 해석한다. 여기서 뒷부분의 문구 "한 때와 두 때와 반 때"는 11:2-3과 13:5의 마흔두 달 또는 12:6의 천이백육십 일과 동일한데, 이 기간은 말하자면 교회가 땅에서 존속하는 기간이다. 교회의 순례 목적은 '뱀의 낯'의 위협을 피해 보호를 찾는 데 있다. "큰 독수리의 두 날개" 심상은 하나님이 광야에서 이스라엘을 독수리 날개로 인도하신 것에 대해 말하는 출애굽기 19:4과 신명기 32:10-12을 배경으로 하고, 의심할 것 없이 14절에서 반복되는 바로 그 장면이다. 교회는 옛 이스라엘의 역할을 물려받은 마지막 때의 이스라엘로, 그리고 물리적인 시내 광야를 대체한 하나님의 보호의 임재를 표상하는 영적 광야로 또다시 묘사된다. 마찬가지로 다윗도 비둘기 같이 날개가 있다면 광야로 도망쳤을 것이라고 말하며 하나님께서 원수로부터 자신을 보호해 주시기를 고대한다.시 55:1-8 그러나 14절의 배경으로 가장 중요한 구약 본문은 마지막 때에 하나님께서 자기 백성을 구원하러 오실 때 그들이 광야에서 독수리가 날개 치며 올라감 같을 것이라는 이사야의 예언이 아닌가 싶다.사 40:27-31 • 계 12:3-11 참조 따라서 하나님은 세상이라는 광야를 거치며 방황하는, 출애굽하는 교회를 강화시키고 양육하실 것이다. 하나님은 시내 광야에서 이스라엘 백성에게 그렇

게 하신 것처럼출 16:32, 신 8:16 교회에도 만나를 공급하신다. 요한복음 6:31-58은 그리스도 자신의 임재가 마지막 때에 약속된 만나의 성취의 시작이었다고 천명한다(하나님이 이기는 자에게 만나를 약속하신 것에 대해서는 계 2:17을 보라). 따라서 14절은 만나에 대한 기대와 교회의 회복 예언에 대한 상승된 성취를 묘사하는 것으로 간주되어야 한다. 왜냐하면 이스라엘의 회복에 대한 이사야서의 예언이 아직 완전히 성취된 것은 아니기 때문이다. 그리스도의 광야 임재는 자신이 보호하는 '곳'에서 박해와 고난을 겪고 있는 성도들을 양육하고 보증하고 강화시키며, 그럼으로써 교회가 그리스도를 증언하는 일에 있어 신실함을 유지하도록 한다.

15. 마귀가 교회를 박해하는 것을 "여자의 뒤에서 뱀이 그 입으로 물을 강 같이 토하여 여자를 물에 떠내려가게" 한다고 묘사한다. 이 장면은 요한이 어떤 사람의 입에서 나오는 무기를 언급하는 다른 은유들과 마찬가지로 비유적이다. 이 비유적인 무기들은 그리스도와 그리스도의 대행자들이 죄인을 심판하는 말씀1:16, 2:16, 11:5, 19:15, 21 • 3:16 참조 또는 마귀와 마귀의 대행자들이 사람을 미혹하는 말을9:17-18, 16:13 표상한다. 9절은 마귀를 "옛 뱀 곧……온 천하를 꾀는 자"로 부름으로써 꾀는 속성의 최초의 표출을 에덴동산까지 소급시킨다. 이 관점은 마귀를 반복해서 '뱀'으로 언급하며 14-15절에서 다시 취해진다. 구약성경에서 '홍수'는 정복을 위해 모인 군대나단 11:10, 22, 26, 40 여호와께서 구원하시는 하나님의 백성에 대한 원수들의 박해에삼하 22:5, 시 18:4, 16, 66:12, 69:1-2, 14-15, 124:4-5, 144:7-8, 사 43:2 대하여 말할 때 언급되고, 이것이 15절에서 염두에 두고 있는 개념이다. 시편 18:4에서 다윗은 사울의 추적을 분명히 자신에게 엄습한 '불의의 창수'로 묘사한다. 시편 144:7-8, 11은 다윗이 "거짓을 말하며 그의 오른손은 거짓의 오른손"인 자들을 가리키는 '큰 물'에서 구원해 달라고 하나님께 기도

하는 내용으로 주목할 만하다. 마찬가지로 시편 32:6의 '홍수'는 경건하지 않은 자들의 박해의 위협을 가리킨다.

마귀는 교회 안(미혹을 사용하여)과 밖(박해를 사용하여)에서 교회를 파괴하려고 획책한다. 뱀은 첫 여자(하와)를 말로 속인 것처럼 마지막 여자(교회)도 말의 홍수로 속이려고 획책한다.[고후 11:3 참조] 거짓 선생, 타협하는 자 그리고 귀신의 형태로 활동하는 사탄의 대행자들은 교회를 속이기 위해 교회 안에 침투하고 교회의 파괴를 꾀한다.[2:14-16, 20-22, 3:15-17, 롬 16:17-20, 고후 11:3-4, 13-15, 딤전 4:1, 5:15, 딤후 2:23-26] 2-3장은 요한이 편지를 쓴 교회들이 이미 마귀의 미혹,[2:2, 14, 20] 거짓 고소,[2:9, 3:9] 유혹과 박해[2:10, 13]의 홍수를 겪기 시작했음을 보여준다. 2-3장이 이 문제를 다루는 곳에서 마귀의 '회당',[2:9, 3:9] '권좌',[2:13] '깊은 것'[2:24]을 언급하는 것은 단순한 우연이 아니다.

15절에서 '물'은 최소한 세 가지 구약 배경을 암시한다. 이스라엘 자손의 안전에 장벽이었던 홍해, 이사야가 마지막 날에 하나님의 백성이 시온으로 돌아가는 길에 하나님께서 다시 마르게 하거나 차단할 것이라고 예언하는 물,[사 42:15, 43:2, 44:27] 그리고 다니엘 9:26에서 하나님의 백성에 대한 마지막 때의 공격과 관련된 홍수가 그것이다. 요한이 출애굽 사건과 다니엘 9:26을 모두 인유하는 것은 그가 동일한 두 배경을 결합시킨 이전의 인유들과 일치한다(특히 '마흔두 달'과 이 기간의 출애굽 사건과 다니엘서 배경에 대해서는 11:2, 6에 대한 주석을 보라).

16. 땅이 강물을 삼키는 것은 출애굽 사건과 이스라엘의 광야 경험에 대한 또 다른 인유다. 땅은 강물을 삼킨다. "땅이……그 입을 벌려 용의 입에서 토한 강물을 삼키니." 강물은 바로와 바로의 군대를 삼켰다.[출 15:12] 아람어 성경(팔레스타인 탈굼)은 출애굽기 15장의 히브리어를 확대시켜 "땅이 입을 열어 그들을 삼켰다"라는 말을 반복한

다. 그리고 나중에 땅은 모세를 거역한 고라, 다단, 아비람의 가족도 삼켰다.[민 16:31-32] 구약의 두 실례에서 하나님은 땅이 입을 벌려 자기 백성의 세움과 행복을 반대한 자를 삼키도록 하셨다. 흥미롭게도 이사야서와 시편의 관련 본문은 모두 하나님께서 홍해를 갈라 이스라엘을 통과시키고 애굽이 지나갈 때는 다시 닫으셨을 때 사악한 용을 패배시키셨다고 말한다.[시 74:13-14, 사 51:9-10] 시편 74편에서 리워야단은 바로를 표상한다. 그리고 에스겔 29:3과 32:2-3은 바로를 바다의 용으로 간주한다. 따라서 16절에서 출애굽 구원을 인유하는 것 역시 하나님께서 자기 백성을 보존하고 구원하신 것과 뱀이 패배한 것을 함축한다. 바닷물 장벽이 제거되어야 했던 까닭은 그래야 이스라엘이 하나님께서 광야에 처소로 마련하신 '곳'으로 인도받을 수 있었기 때문이다.[출 15:17] 출애굽기에서처럼 16절의 보호의 목적 역시 하나님이 예비하신 '곳',[12:6, 14] 곧 광야에 있는 보호의 성소로 교회를 인도하시기 위함이다.

17. 용은 교회를 파괴하려는 간계가 좌절되었기 때문에 여자에게 분노하게 되고, 하나님의 백성을 몰살시키려는 시도를 멈추지 않는다. 따라서 용은 "돌아가서 그 여자의 남은 자손 곧 하나님의 계명을 지키며 예수의 증거를 가진 자들과 더불어 싸우려고" 한다. 17절과 이전 구절들의 관계는 요한계시록에서 가장 논란이 많은 해석 문제 가운데 하나다. 이 문제는, 여자와 여자의 자손 간의 차이(만약에 있다면)의 본질과 여자와 여자의 자손이 각각 어떻게 묘사되는지에 초점이 있다. 가장 개연성 있는 견해는 6, 13-16절의 여자는 교회(그리고 교회가 겪는 고난)를 이상적이고 영원한 천상적인 관점에 따라 보이는 대로 묘사하고, 17절의 여자의 자손은 개개의 신자들의 무리(그리고 그들이 겪는 고난)를 지상적이고 역사적인 관점에 따라 보이는 대로 묘사한다는 것이다. 여자는 '하늘'에서 거룩한 옷을 입고 있는

것으로 제시되고,[1절] 같은 여자가 땅에서는 고난을 겪는 것으로 제시된다.[6, 13-16절] 여자는 땅에서 고난을 겪는 상황에 있을 때에도 천상적이고 이상적인 관점에 따라 계속 묘사된다. 그러나 17절에서는 동일한 고난이 지상적인 관점에 따라 개개의 신자들의 고난으로 묘사된다. 이것은 단지 교회를 바라보는 두 관점을 가리킨다. 말하자면 하나님께서 자신의 관점에 따라 교회를 보시는 방식, 곧 집단적 또는 '이상적' 몸으로서의 교회와 우리가 땅에서 교회를 경험하는 방식, 곧 개인들의 공동체로서의 교회를 표상한다. 마찬가지로 구약성경에서도[사 49:14-26, 50:1, 51:1-3, 16, 겔 16장, 호 4:4-5] 시온은 여성형으로서 항상 많은 이스라엘 사람들을 가리키는 것으로 설명된다.[12:2 주석 참조] 여자와 정반대 위치에 있는 17-18장의 음녀도 개인들로 구성된 공동체를 표상한다. 아마 특별히 배경으로 자리 잡고 있는 본문은 이사야 66:7-10, 22일 것이다. 거기 보면 시온이 "진통을 하기 전에 해산하며……남아를 낳은" 어미로 언급되고, 이 사실은 이미 2절에서 인유되었다.[12:2 주석 참조] 놀랍게도 바로 다음 구절에서 이사야는 시온에 대해 똑같은 사실을 말한다. "시온은 진통하는 즉시 그 아들을 순산하였도다."[사 66:8] 시온은 사실상 남자를 낳고 또 다른 자녀들을 낳은 12장의 여자와 같은 인물이다.

만일 정확하다면, 17절에 대한 이 견해는 천상의 교회와 땅의 교회 사이의 대조로 가장 잘 취해진다. 따라서 13-17절의 요점을 종합하면, 땅에서 박해받고 있는 하나의 천상의 교회는 (하나님의 관점에서 보아) 영적으로 거룩하고 궁극적으로 신성하기 때문에 파괴될 수 없지만, 개별적으로 교회를 구성하는 많은 사람들은 (우리의 관점에서 보아) 물리적으로 땅의 위험을 겪을 수 있어도 영적으로는 결코 파괴될 수 없다는 것이다. 요한계시록 11장과 관련시켜 말하면 여자는 영적으로 난공불락인 성전의 내부 궁정에 거하는 자들과 동등하고, 여자의 자손은 물리적인 해를 입을 수 있는 바깥뜰에 사는 자들과 동등함을 의미할 것이다.11:1-2 주석 참조 이는 동일한 현상을 두 가지 관점에 따라 보는 것이다. 요한이 우리에게 제시하는 것처럼 하나님의 관점에 따라 그것을 이해하게 되면 지상의 삶 속에서 우리가 직면하는 실제 싸움을 치르는 데 도움이 된다.

"그 여자의 남은 자손"이라는 말에 대한 한 유효한 관점은 (개연성은 좀 적지만) 시간적으로 네 단계가 12장 내러티브의 진행에 따라 다음과 같이 계시된다는 것이다.

❶ 그리스도 이전의 메시아 공동체1-4절
❷ 언약 공동체 안에서 그리스도의 등장5절
❸ 그리스도가 승천한 직후의 박해받는 메시아 공동체6, 13-16절
❹ 박해받는 공동체의 이후 장면17절

셋째 단계를 교회 시대 전체(11:1-6과 평행)로, 넷째 단계를 역사가 곧 끝날 시기(11:7-13과 평행)로 보는 것이 가능하다. 이 시간 구조는 6, 13-16절에서 신자 집단으로서의 여자의 자손 일부를 함축적으로 표상하는 여자와 17절의 '여자의 남은 자손' 사이를 구분할 수 있다는 가능성에 기초가 두어져 있다. 이것은 6, 13-16절에 묘사된 집단이 17절에 묘사된 집단과 구별됨을 의미할 것이다. 그러나 이 해석이 정확하다고 해도 6, 13-16절에서 두드러지게 묘사된 교회의 천상적이고 난공불락적인 성격이 17절에서는 보이지 않는다. 왜냐하면 17절에서 그 집단이 (천상의) 여자의 '남은' 자손으로 불리기 때문이다. "그 여자의 남은 자손"이라는 구절은 6, 13-16절의 집단과 17절의 집단 사이의 연속성을 증명한다. 왜냐하면 둘 다 천상의 여자와 관련되어 있기 때문이다.

교회는 "하나님의 계명을 지키며 예수의 증거를 가지고" 있다. 여기서 '예수의 증거'는 1:2에서처럼 일부러 모호하게 표현하는 말이다. 즉, 교회에 주어진 예수로부터 나온 증거라는 의미도 되고, 또 교회에 의해 주어진 예수에 대한 증거라는 의미도 된다. 이 말의 초점은 하나님에 대한 예수의 증거를 교회가 재생산해야 한다는 사실에 있을 것이다. 하나님께서 교회를 자비로 보살피고 양육하시기 때문에 교회는 하나님과 예수에게 계속 충성을 다할 수 있다. 이것이 '성도들의 인내'다.[14:12] 성도들이 인내할 때 무저갱의 왕은 패배를 겪는데, 그 이유는 자신의 흑암의 나라에서 종노릇하던 신복들을 잃기 때문이다. 이것은 원原출애굽 패턴이 상승되어 나타난 또 하나의 요소다. 원출애굽 패턴에서 이스라엘이 지상의 성막 안에 들어 있는 하나님의 계명에 순종한 것이 바다와 광야를 통과할 때 그들을 보존시킨 핵심 사실로 간주되었다. 이제 예수는 구약의 하나님의 계명(예수의 증거)을 천상의 증거 장막을 표상하는 것으로 직접 요약하신다.[15:5 주석 참조]

17절은 또한 하나님이 개인(메시아)이자 집단인 여자의 후손이 뱀의 머리를 결정적으로 상하게 할 것이라고 예언하는 창세기 3:15의 약속을 부분적으로 성취한다. 여자의 '후손'에 대한 아람어 성경의 집단적 해석을 주목하라. "메시아 왕의 시대에……여자의 아들들이 율법의 계명을 지킬 때……그들은 네 머리에 타격을 입힐 것이다. 그들이 계명을 저버릴 때 너는 그들의 발꿈치를 상하게 할 것이다."[창 3:15] 요한계시록 13:3을 보면 그리스도의 사역으로 말미암아 그리고 그리스도를 따르는 자들의 신실함으로 말미암아 짐승의 머리 가운데 하나가 "죽게 된 것 같다"고 말해진다.[12:11, 17 참조] 박해, 미혹, 타협에 저항할 때마다 마귀는 계속 패배당하는 것으로 간주된다.[12:11, 롬 16:17-20] 한편 창세기 3:15의 인유도 교회의 박해가 예언적으로 하나님의 손에 의해 결정된다는 것을 증명한다. 왜냐하면 창세기 3:15은 뱀이 여자의 후손을 상하게 할 것이라는 예언이기 때문이다. 창세기 3장 배경은 또한, 15-16절에서 뱀은 에덴동산에서처럼 박해와 미혹을 통해 여자를 또다시 반대한다는 우리의 결론을 확증한다. 이것은 끝이 시작에 따라 형성된 것을 보여주는 또 하나의 실례다(9절의 '뱀'은 무엇보다 창세기 3장에 나온 뱀이다).[9절 주석 참조]

12:13-17 묵상 제안

영적 싸움의 성공과 실패: 12:13-17에서 우리는 원수의 맹렬한 공격과 하나님의 견고한 보호가 함께 묘사된 것을 본다. 뱀이 여자를 죽이려고 홍수와 같은 물을 토해 낼 때 큰 독수리의 날개가 여자에게 주어진다. 여자가 승리할 때 원수는 격노하고 다른 곳에서 싸운다. 이것은 대대로 그리고 우리의 개인적인 경험 속에서 벌어지는 영적 싸움의 성공과 실패를 어떻게 설명하는가? 하나님께서 어느 시점에 우리를 구원하실 폭풍 속에서 우리는 어떻게 위로를 얻을 수 있겠는가? 그리고 시험의 때가 다시는 오지 않을 것 같은 평강의 때에, 그래서 미처 시험을 대비하지 못한 것을 발견하게 될 때에 우리는 미혹을 어떻게 피할 수 있는가?

영적인 양육의 중요성: 요한은 교회를 표상하는 여자가 광야에서 자기의 때에 양육을 받으리라고 말한다. 하나님에게 양육을 받는다는 것은 무슨 뜻인가? 교회는 어떻게 집단적으로 양육을 받는가? 우리는 어떻게 개인적으로 양육을 받는가? 특히 큰 시험의 때에 우리는 어떻게 양육을 받는가? 요한계시록 1:3, 3:8, 10, 22:7과 같은 본문은 이런 질문에 답변하는 데 얼마나 도움을 줄 수 있는가?[요엘 2:14b 참조] 양육을 받지 못한 교회가 시험의 때에 대한 대비가 없다면, 평강의 때에 건강을 유지하는 것은 얼마나 중요하겠는가?

신자들은 믿음을 굳게 고수하도록 거짓을 분별하며 마귀와 그의 세상 동지들이 선동하는 거짓 예배에 참여하지 말라는 권면을 받는다12:17b-13:18

12:17b-13:18은 사탄의 교회 박해의 본질을 더 상세히 설명하고, 시간적으로는 12:13-17과 평행 관계에 있다. 마귀는 패배했지만 여전히 성도들을 압박할 힘을 갖고 있다. 12:17b-13:18은 또한 마귀의 박해 의지를 집행하는 대행자들에 대해서도 묘사한다. 이 대행자들은 지배권을 가진 땅의 정치적·경제적 세력 외에 다른 것이 아니다. 13장에서 요한은 주로 다니엘서, 특히 다니엘 7장에서 인유를 이끌어 낸다. 초대교회 교부들 이후로 13장의 적그리스도의 정체성에 대해 논란이 많았다. 적그리스도는 개인일까, 아니면 악한 영일까? 두 해석은 양립할 수 없는 것이 아니다. 요한계시록과 신약성경(특히 요한일서와 요한이서)의 문맥은, 적그리스도는 1세기 이후로 거짓 가르침과 박해를 선동하는 집단적인 영으로 정체를 드러냈지만 끝이 임하기 전 미래에 하나님의 백성을 반대하는 지도자 한 개인으로서 자신의 정체를 드러낼 것이라는 사실을 암시한다.

❶ 마귀는 교회를 박해하고 경건하지 않은 자를 미혹하기 위하여 세상 나라에 자신의 대행자로서의 권한을 준다12:17b-13:8

12 17b 바다 모래 위에 서 있더라.

13 1 내가 보니 바다에서 한 짐승이 나오는데 뿔이 열이요 머리가 일곱이라.
그 뿔에는 열 왕관이 있고 그 머리들에는 신성모독 하는 이름들이 있더라.
2 내가 본 짐승은 표범과 비슷하고 그 발은 곰의 발 같고 그 입은 사자의 입 같은데 용

이 자기의 능력과 보좌와 큰 권세를 그에게 주었더라. [3]그의 머리 하나가 상하여 죽게
된 것 같더니 그 죽게 되었던 상처가 나으매 온 땅이 놀랍게 여겨 짐승을 따르고 [4]용
이 짐승에게 권세를 주므로 용에게 경배하며 짐승에게 경배하여 이르되 누가 이 짐승
과 같으냐. 누가 능히 이와 더불어 싸우리요 하더라. [5]또 짐승이 과장되고 신성모독을
말하는 입을 받고 또 마흔두 달 동안 일할 권세를 받으니라. [6]짐승이 입을 벌려 하나
님을 향하여 비방하되 그의 이름과 그의 장막 곧 하늘에 사는 자들을 비방하더라. [7]또
권세를 받아 성도들과 싸워 이기게 되고 각 족속과 백성과 방언과 나라를 다스리는
권세를 받으니 [8]죽임을 당한 어린양의 생명책에 창세 이후로 이름이 기록되지 못하고
이 땅에 사는 자들은 다 그 짐승에게 경배하리라.

17b. 용은 땅에 대한 자신의 뜻을 수행할 조력자들을 불러내려고 "**바다 모래 위에 서 있다.**" 용은 그가 왔던 곳으로 추측되는 무시무시한 물에서 그들을 불러낸다. 용은 12장에서 그가 행하는 일로 묘사된 것을 13장에 묘사된 그의 종들을 통해 실제로 행한다.

1. '내가 보니'로 식별되는 1절은 12:1에서 시작된 주요 환상의 두 번째 부분을 시작한다. 마귀의 첫째 대행자는 바다에서 나온 한 짐승이다. 1-2절은 다니엘 7:1-7을 독창적으로 다시 진술한다. "**뿔이 열이요 머리가 일곱인**" 짐승은 다니엘 7:2-7, 19-24에 기초가 두어져 있다. 이 짐승은 표범, 곰, 사자와 비슷하다. 일곱 머리는 다니엘이 본 네 짐승의 머리의 총합이다. 이 네 짐승은 하나는 표범과 같고, 하나는 곰과 같고, 하나는 사자와 같으며, 넷째 짐승은 열 뿔을 갖고 있다. 다니엘서 본문 짐승들의 다른 특징은 2절에 등장하는 짐승에게도 적용된다. 나아가 '열 뿔'에 있는 '열 왕관'은 다니엘서의 넷째 짐승에 대한 언급이다. 거기서 이 짐승의 '열 뿔'은 '열 왕'으로 해석된다.[단 7:24] 또한 짐승의 머리에 있는 "**신성모독 하는 이름들**"은 넷째 나라와 연계되어 있는 다니엘 7:8, 11의 신성모독 하는 존재와 관련

되어 있다.[13:5-6 주석 참조] 1-7절의 짐승이 주로 다니엘 7장에 따라 형성된다는 것은 앞에서 분석한 것처럼 다니엘 7-8장에서 주도적으로 취해진 12:3-4의 용에 대한 비슷한 묘사로 지지를 받는다.

바다 괴물 심상은 구약 전체에서 예외 없이 하나님의 백성을 박해하는 악한 나라를 표상하는 데 사용된다.[12:3 주석 참조] 12:3-4에서 용에게 적용된 다니엘서의 동일한 뿔과 머리 심상이[단 7:7, 24 • 단 7:3-6 참조] 1절에서 용의 지상 앞잡이로 묘사되는 바다에서 나온 한 짐승에게 적용된다. 용의 뿔이나 머리와 마찬가지로 1절의 '일곱' 머리와 '열' 뿔도 압제 권력의 충만함과 세계적인 효력을 강조하는데, 이것은 9:7, 17-19에서 귀신들의 관을 쓴 머리가 압제 권력을 함축하고 5:6에서 어린양의 일곱 뿔이 어린양의 세계적인 지배권을 표상하는 것과 같다. 일곱과 열이라는 수의 주된 비유 의미로 보면 '머리'와 '뿔'은 단순히 1세기나 그 이후의 특정한 통치자들로 간주되어서는 안 된다(초시간적인 국면에 대해서는 다음 2절에 대한 주석을 보라). 용이 머리에 관을 쓰고 짐승도 뿔에 관을 쓴 것은 용이 궁극적인 지배권을 갖고 있고, 자신의 음침한 고향인 바다에서 나온 짐승을 통해 자신의 뜻을 관철시킨다는 것을 증명한다.[12:3] 용은 바닷가에 서서 물을 토하여 교회가 물에 떠내려가게 하고,[12:15] 짐승은 바다에서 나오며, 음녀는 "많은 물 위에 앉아" 있다.[17:1] 따라서 이것은 바다가 상징적으로 악의 처소로 묘사되고 있음을 암시한다. 어두운 악의 영역이 믿지 않는 백성을 에워싸고 있으며, 따라서 짐승은 자신의 땅에서의 기원을 거듭나지 않은 다수의 인간에게 두고 있는 것으로 간주할 수 있다.[17:1, 15 주석 참조]

여기서 '왕관'은 많은 관들을 쓰고 있는 참된 "만왕의 왕이요 만주의 주"와 대립하는 짐승의 주권적이고 보편적인 권세에 대한 거짓 주장을 상징한다.[19:12, 16] 짐승의 머리에 기록된 "신성모독 하는 이름들"은 그리스도의 지상적이고 신적인 참된 왕권을 빈약하게 모방하는 짐승의 신성모독적인 주장을 표상한다(13:1과 17:3, 13:7-13과 1:5, 17:14과 19:12-16을 대조해 보라).

2. 다니엘 7:3-8에서는 사자, 곰, 표범 그리고 '무서운' 짐승 심상이 연속되는 네 제국을 각각 표상하고, 2절에서는 이 네 심상이 모두 한 짐승에게 적용된다. "**내가 본 짐승은 표범과 비슷하고 그 발은 곰의 발 같고 그 입은 사자의 입 같은데.**" 다니엘서의 네 압제하는 나라를 여기서 하나로 조합하는 것은 단순히 1세기 로마의 극단적인 권력만을 상징하는 것이 아니라 2절에 묘사된 압제적인 짐승의 초시간적인 권력도 상징하는 것으로 보인다. 다니엘 7장의 네 짐승의 나라가 수백 년에 걸쳐 그랬던 것처럼, 1세기에 지배권을 가진 제국 또한 17:10-11에서 보여주는 것처럼 미래에 나타날 수 있는 다른 압제국들의 현상을 그 안에 가지고 있다. 다니엘 7장에 비추어 보면 로마 제국은 많은 세기를 넘어가 역사가 결말에 달할 때까지 하나님의 백성을 압제하는 모든 세상 권력을 표상한다. 로마 제국 배후에 있는 악한 영도, 구약성경에서 바다 짐승이 단순히 나라들을 억압하는 것이 아니라 그 배후에 있으면서 수백 년에 걸쳐 존속되는 연속적인 세상 제국에서 표출되는 영적인 악의 구조를 상징한 것과 똑같이, 자기를 따르는 다른 세상 세력을 지배할 것이다.[12:3 주석 참조] 다니엘 7:12은 처음 세 제국이 각기 멸망을 당할 때 그들의 악한 영적 생명이 그 다음 제국에서 계속 존속될 것이라고 지적한다. "그 남은[처음 세] 짐승들은 그의 권세를 빼앗겼으나 그 생명은 보존되어 정한 시기가 이르기를 기다리게 되었더라." 짐승이 용에 대해 말하는 것과 정확히 같은 말로,[12:3] "**뿔이 열이요 머리가 일곱이라. 그 뿔에는 열 왕관이 있고**"라고 묘사되는 것은 짐승의 활동이 용의 활동과 동일한 기간, 곧 구약 역사로부터 그리스도의 재림까지의 기간에 미침을 증

명한다. 적그리스도의 다중적인 특성은 요한서신으로 확인되는데, 요한서신에는 순전히 적그리스도의 종교적인 활동의 특성만 나타나 있다.[요일 2:18, 22, 4:4, 요이 1:7]

종교 기관을 이용하는 짐승의 능력은(더 구체적으로 말하면 거짓 선지자의 능력이다)[13:11-18절 주석 참조] 요한계시록 2:9로 보아 분명하다. 거기 보면 믿지 않는 유대인들의 교회에 대한 박해가 '비방'[blasphemy]으로 불리고, 같은 말이 다른 곳에서 짐승과 짐승을 따르는 자들에게 사용되었다.[13:1, 5, 6, 16:9, 11, 21, 17:3] 그리고 거기서 짐승과 마찬가지로 유대인들도 배후에 궁극적인 선동자로 사탄을 두고 있다(그들은 '사탄의 회당'이다).[2:9] 짐승은 기독교 기관을 자처하든 안하든, 수하의 종교 기관을 통해 자신의 정체를 드러낼 수 있다. 용은 자신의 힘을 가지고 활동하도록 제국에 권한을 준다. "용이 자기의 능력과 보좌와 큰 권세를 그에게 주었더라." 이것은 참 하나님을 부인하는 권세이고, 그러므로 국가에 대한 하나님의 원래 목적을[롬 13:1-7 참조] 왜곡시킨다. 그런 통치자들은 하나님께서 그들에게 정하신 인간적 통치 기준에 미치지 못했기 때문에 포악한 지도자로 묘사된다(다니엘 4장의 느부갓네살과 다니엘 5장의 벨사살의 경우를 참조하라).

3. 이제 요한은 짐승의 머리 하나가 상하게 된 것을 본다. "그의 머리 하나가 상하여 죽게 된 것 같더니 그 죽게 되었던 상처가 나으매." 이 상처는 하나님으로부터 온 것이다. 왜냐하면 '상처'에 해당하는 헬라어 단어[*plēgē*]가 요한계시록 다른 곳에서 11회에 걸쳐 '재앙'으로 번역되고, 항상 신적인 기원을 갖고 있음을 함축하기 때문이다. 짐승의 머리에 난 이 상처는 그리스도께서 부활하실 때 입히신 바로 그 상처이고, 이것은 창세기 3:15의 성취다. "여자의 후손은 네 머리를 상하게 할 것이요." 요한계시록 13:14에서 짐승의 머리를 찌른 칼을 언급하는 것은 이사야 27:1의 마지막 때 예언을 상기시킨

다. "그 날에 여호와께서 그의 견고하고 크고 강한 칼로 날랜 뱀 리워야단[바다 괴물] 곧 꼬불꼬불한 뱀 리워야단[바다 괴물]을 벌하시며 바다에 있는 용을 죽이시리라." 이사야 27:1이 또한 요한계시록 12:3, 9에서 반영되고 있다는 사실은, 짐승에게 가해진 치명적인 타격이 이사야 예언의 최초의 성취인 그리스도의 죽음과 부활을 통해 왔다는 결론을 암시한다. 그리스도의 죽음과 부활로 말미암아 짐승의 머리 하나가 죽게 되었다고 묘사되는 것은 (1:5, 5:9과 함께) 12:5, 10-12로 사실임이 증명된다(12:10-12에 대한 주석을 보라. 거기 보면 신약성경의 다른 평행 본문들도 그리스도의 죽음과 부활이 마귀를 패배시킨 것을 증명하기 위해 인용된다). 이 패배의 효력은 그리스도를 따르는 자들의 신실함을 통해 파급된다.12:11, 17, 롬 16:17-20 참조

짐승의 머리 하나가 죽게 된 것 같이 보였지만 그 상처가 나았다. 요한계시록 다른 곳에서 '같이'헬라어 *hōs*를 사용하는 것은 요한이 자신이 보았던 환상을 소개할 때 사용하는 표현 방식의 하나다.4:6, 8:8, 9:7, 15:2, 19:6 즉, 요한이 천상의 환상에서 본 것을 땅의 말로 대략 묘사하고자 할 때 쓰는 방식이다. 짐승의 상처는 실제적이고 치명적이었다. 그러나 고침을 받은 것으로 보이는데, 그 결과 이 원수가 자신의 활동을 계속할 수 있게 되었기 때문이다. 이 상처가 치명적이었던 것은 그리스도의 부활 이후로 사탄의 권능이 결정적으로 제한되었고 그의 때도 한정되었기 때문이다. 이 한시적인 회복은 하나님께서 원수가 그리스도의 재림이 있을 때까지 마흔두 달 동안 그의 대행자들을 이용하도록 허용하신다는 사실을 표상한다. 그동안 하나님은 자기 백성의 영적 안전을 보장하신다. "죽게 된 것 같더니"라는 말은 5:6에서 어린양에게 사용된 말과 거의 비슷하다. 5:6을 보면 그리스도께서 "죽임을 당한 것 같더라"(NASB 번역처럼 "마치 죽임을 당한 듯이 보이더라"가 아니다)고 묘사된다. 이를 통해 우리는 짐승의 정

체가 사탄이 그리스도를 모방하도록 내세우는 대리인이라는 사실을 깨닫는다.

13:14을 보면 짐승의 회복이 심지어는 부활로 언급되기도 한다. 하지만 17:8은 이것이 영원한 멸망으로 끝날 '부활'임을 계시한다. 어린양의 회복과 짐승의 회복은 차이가 있다. 어린양은 실제로 부활로 죽음을 물리치고 승리하셨지만 짐승의 실존은, 비록 용과 마찬가지로 패배한 후에도 계속 생존하기는 해도, 자신의 실제 패배를 반전시키지 못했다. 짐승은 성도들을 참소하는 권세를 상실했고, 하나님이 허용하신 것 외에 다른 권세는 없다. 그럼에도 불구하고 용과 짐승은 속임수를 통해 자기 권세가 제거된 사실을 숨긴다. 17:8은 또한 짐승이 외관상의 죽음에서 살아난 것(무저갱으로부터 올라온 것)은 오직 그가 '멸망으로' 들어가야 할 궁극적인 목적을 위해서라고 지적한다. 그리스도께서 마귀를 패배시키신 것은 제2차 세계대전의 D-Day와 같고, 마귀(그리고 그의 종인 짐승)의 실존은 이후로 독일군이 연합군의 진격에 힘없이 저항하는 것과 같았다. 전투가 여전히 계속되고 있기는 해도, D-Day의 전환점과 같이 결정적인 승리는 이미 확보되었다.

대다수 주석가들은 대체로 짐승을 로마 제국의 황제 네로와 동일시하기를 좋아한다. 그러나 3절의 해석을 주후 68년에 자살한 네로의 운명과 전설에 좁게 적용시킬 때 나타나는 문제점은, 네로의 죽음과 부활에 관한 전설은 역사적 사실과도 부합하지 않고 요한계시록 13장과 17장의 묘사와도 엄밀하게 일치하지 않는다는 데 있다. 네로가 죽은 후에, 실은 그가 죽지 않았고 다시 로마에 등장할 것이라는 소문이 나돌았다. 그러나 요한계시록 13:3, 12, 14의 상처는 스스로 입힌 것이 아니라 하나님과 그리스도께서 입히신 것이다. 그리고 네로의 죽음은 로마 제국에 아무런 타격을 입히지 않았다. 사실은 정반대다. 네로는 로마 제국의 원수이자 도망자로 죽었다. 게다가 4절은 짐승의 부활이 그에 대한 보편적인 경배와 권세를 낳았다고 말하지만 네로는 로마 제국의 위협 인물로 간주되었기 때문에 오히려 그 반대가 사실이다.

짐승의 정체성을 정확히 이해하는 열쇠는 13장의 짐승에 대한 묘사와 요한계시록 다른 곳의 그리스도에 대한 묘사 사이에 매우 많은 평행 관계가 존재한다는 사실이다. 그리스도와 짐승 간의 평행 요소를 주목해 보라.

- 둘 다 죽임을 당하고 다시 살아난다.5:6과 13:3
- 둘 다 이마에 그들의 이름을 기록한 따르는 자들이 있다.13:16과 14:1
- 둘 다 뿔이 있다.5:6과 13:1
- 둘 다 모든 "족속과 방언과 백성과 나라"에 대한 권세를 갖고 있다.5:9, 7:9과 13:7, 17:12, 15
- 둘 다 세계적인 경배를 받는다.5:8-14과 13:4
- 둘 다 마지막에 오거나 나타난다. 하지만 짐승은 멸망당하기 위해 오고, 그리스도는 영원한 승리를 위해 오신다.17:7-18

따라서 짐승의 활동은 그리스도의 죽음과 부활의 모방으로, 이는 짐승 배후에 있는 악한 영이 그리스도의 부활에서 재림까지의 시기에 (하나님이 한정하신 범주 안에서) 어떻게 계속 역사하는지를 확증하는 데 사용되었다. 이 평행 관계는 초시간적 존재인 짐승이 그리스도와 그리스도의 백성들의 최대 원수로 등장한다는 것을 증명한다. 짐승 배후에 있는 존재는 마귀 자신이고, 마귀는 역사가 진행되는 동안 자신이 택한 대행자들을 통해 끝없이 역사한다.

이 평행 관계가 보여주는 중요성은 그리스도의 주된 대적은 한 명의 역사 인물이나 한 시대로 제한될 수 없다는 것이다. 말하자면 그리스도의 통치가 교회 시대 전체에 미치는 것처럼, 그리스도의 궁극적인 원수인 마귀와 그 종들의 악한 활동도 교회 시대 전체에 미친다. 이 분석은 적그리스도가 역사가 바로 끝날 때 등장해 이전보다 훨씬 더 크게 마귀의 정체성을 구현할 가능성에 문을 열어 놓는다. 완성된 악의 구현이 한 개인으로 나타나는지, 아니면 한 기관으로 나타나는지의 여부를 말하기는 어렵다. 아마 역사 전체에 걸쳐 그런 것처럼 역사가 끝날 때에도 개인 압제자와 그가 대표하는 나라나 기관이 구별되지 않을 것이다.[단 7:17, 23 참조]

역사의 종말과 관련해 말한다면, 요한계시록 17:7-18도 짐승의 활동을 그리스도의 모방으로 묘사하지만 이때 그 모방은 둘의 최종적인 운명에 초점이 있다. 즉, 그리스도께서 마지막으로 오시는 것은 그분의 나라를 세우는 결과를 낳지만 짐승이 마지막으로 오는 것은 그의 결정적인 멸망을 가져온다.[17:8, 10-11 주석 참조] 따라서 3절에서 짐승의 상처가 회복되는 것은, 짐승이 무저갱에서 올라와 다시 등장하고 이후에 멸망에 이르는 것과는 다른 사건이다. 13장에서 짐승의 활동은 그와 결탁한 '열 왕'의 활동과 함께 교회 시대 기간에 일어나지만('마흔두 달'),[13:5, 11:2-3, 12:6 주석 참조] 17장에서 짐승의 활동은 고작 '한 시간'(아마 11:11의 '삼 일 반'과 같은 기간일 것이다)만 지속된다.

용이 자신의 패배를 외관상 승리로 위장하는 데 능숙하기 때문에 "온 땅이 놀랍게 여겨 짐승을 따랐다." 이에 따라 하나님의 인침으로 보호받지 못하는 자들이[7:1-4] 용에게 충성한다.

4. 3절에 언급된 불경건한 무리의 충성이 이제 용을 경배하는 것으로 표현된다. "용이 짐승에게 권세를 주므로 용에게 경배하며." 권세의 이런 이동을 함축한 진술은 다니엘 7:6에 기초가 두어져 있다. 거기 보면 땅을 다스리고 박해하도록 셋째 짐승에게 권세가 주어진다.

또한 짐승의 비교할 수 없는 권능에 대한 소문을 듣고 불경건한 무리가 짐승을 경배한다. 불경건한 무리는 짐승을 경배할 때 "누가 이 짐승과 같으냐. 누가 능히 이와 더불어 싸우리요"라고 선언한다. 불경건한 무리는 구약성경에서 올바르게 하나님께 주어진 찬송을 조롱과 빈정거림을 담아 말한다.출 8:10, 15:11, 시 35:10, 71:19, 86:8, 89:8, 113:5, 사 40:18, 미 7:18 이와 같은 구약 본문은 모두 여호와의 비교할 수 없는 능력을 거짓 신과 우상들과 논쟁적으로 대조시킨다.

5. 1-4절에서 다니엘서 본문을 인유하며 짐승과 짐승이 권세를 받는 것을 언급하는 내용이 5-8절에서 더 깊이 전개된다. 이처럼 다니엘서 인유를 반복하는 요점은, 이스라엘이 흉악한 하나님의 대적의 손에 압제를 당하는 것에 대한 예언의 성취가 그리스도의 죽음과 부활에서 시작되고, 교회의 박해로 그 성취가 계속되고 있음을 증명하는 데 있다. 5절에서 짐승이 마흔두 달 동안 말을 통해 자신의 권세를 드러내는 것에 대한 언급은 다니엘 7:6, 8, 11, 20, 25을 전체적으로 인유하는 것이다. 인유의 많은 부분이 다니엘서 본문에서 축자적으로 취해진다.

- 신성모독을 말하는 입: "또 짐승이 과장되고 신성모독을 말하는 입을 받고"(고대 헬라어 역본과 테오도티온 역본의 단 7:6, 8, 11을 참조하라).
- 권세 수여 문구: "짐승이 받았다"는 말이 13:5에서 두 번 나오고, 13:7에서 다시 두 번 나온다.단 7:6, 25 참조
- 다니엘 7:25과 같이 작정된 마지막 때 기간(마흔두 달)이 나온다.

사실 이 세 가지 요소는 구약성경에서 유일하게 다니엘서에만 모두 나온다. 다니엘서의 때의 기간("한 때와 두 때와 반 때")은 분명히 이전 문맥인 12:6, 14b에서 그리고 그보다 앞서 11:2-3에서 이미

인유되었다. 그 본문들을 검토하면서 확인한 것처럼,[13:2-3 주석 참조] 이 기간은 그리스도의 죽음과 부활에서부터 역사의 끝까지 망라한다.

위 본문들에서 하나님이 짐승의 권세의 궁극적인 원천이라는 사실은 5절의 '작정된 제한 시간'과 8절의 짐승을 경배하는 자들의 '예정된 수'에 함축되어 있다. 마귀가 아니라 오직 하나님이 때와 시간을 정하신다. 비록 그 기간이 비유적으로 해석된다고 해도, 마귀는 하나님 나라를 반대하는 자신의 활동이 단지 마흔두 달로 한정되는 것을 원하지는 않았을 것이다.

짐승의 말은 그의 활동의 세 가지 국면을 드러낸다. 즉, 다음과 같이 세 가지 사실을 암시한다.

- 하나님보다 자기를 더 높이는 교만[13:3-4, 단 7:25, 8:10-11, 11:36 참조]
- 자신이 하나님보다 더 크다고 속이는 미혹하는 힘
- 하나님의 이름을 비방하는 신성모독

짐승의 활동에는 미혹으로 교회를 '떠내려가게' 하려는 용의 뜻을 수행하는 것이 포함되어 있다.[12:15]

6. 여기서 짐승의 권세의 효력을 묘사하기 위해 다니엘 7:25이 다시 언급된다. 6절과 다니엘 7:25은 하나님을 대적하여 말하는 종말론적 마귀에 대해 진술한다. "짐승이 입을 벌려 하나님을 향하여 비방하되 그의 이름과 그의 장막 곧 하늘에 사는 자들을 비방하더라." 짐승은 자신을 하나님과 동등시하고(4절과 6절에 함축적으로 나타남) 성도들을 박해하는데, 이것은 다니엘 8:10, 25, 11:36('분노하심'의 때에 박해가 포함된다)도 마찬가지다. 또한 짐승의 신성모독에는 하나님의 이름이 기록된 그리스도인에 반대하는 참소나 행동이 포함된다.[3:12, 14:1, 22:4 • 7:3 참조] 하늘에 사는 자들이 거하는 '그의 장막'이라는 언급은

각기 다니엘 8:11의 '성소'와 다니엘 8:10의 '하늘 군대'를 인유한다. 다니엘 8:10-11은 마지막 때에 압제자가 일부 하늘 군대와 별들을 땅으로 떨어뜨리고 그 군대의 주재의 성소를 헐어버린다(이 모든 것은 하나님의 백성의 고난을 표상했다). 성도를 하늘의 장막과 동일시하는 것은 사실상 11:1-2에서 이미 땅에 사는 참 신자들을 불가시적이고 파멸될 수 없는 하나님의 성소에 거하는 자들과 동일시하는 것과 같다. 마찬가지로 바울도 전체 교회가 하늘에 앉아 있는 것으로 본다.[엡 2:6, 골 3:1] 성도가 압제를 받는 이유는 하늘에 있는 시민권에 대한 그들의 충성이 땅의 시민권에 대한 불순종을 수반하기 때문이다. 그러나 7:15에 나오는 죽은 신자들을 가리키는 하늘에 '거하는' 성도의 장면은 죽어 주님과 함께 있게 된 자들이 "하늘에 사는 자들"의 수에 포함되어 있는 것을 암시한다.

7a. 7a절에서 짐승의 똑같은 활동이 성취가 시작된 것을 증명하기 위해 초점이 다시 다니엘 7장의 예언과 '뿔'의 박해 활동으로 되돌아간다.[단 7:8, 11, 21] "성도들과 싸워 이기게 되고"라는 말은 사실상 11:7에서 발견되는 것과 동일하고, 이 두 본문은[7a절, 11:7] 모두 다니엘 7:21에 기초한다. 다니엘 7장은 이스라엘을 박해하고 패배시키는 땅의 마지막 나라에 대해 예언한다. 후에 박해자들 자신이 심판을 받고 성도들은 세상 나라를 얻을 것이다.[단 7:22-27 참조] 요한은 다니엘서의 이스라엘에 관한 예언이 마지막 때에 세상이 교회를 박해하는 것으로 성취된다고 보고 있고, 요한이 보기에 마지막 때는 그리스도의 죽음과 부활로 시작되었다.

7b. 짐승의 반대 활동은 세상 전역 모든 계층의 사람들에게 영향을 미친다. "각 족속과 백성과 방언과 나라를 다스리는 권세를 받으니." 다니엘서를 보면 같은 말이 거짓 예배와[단 3:7] 참된 예배를[단 7:14] 묘사하는 데 사용된다. 요한은 이것을 주목하고 다니엘서에서 역설

적인 함축 의미를 이끌어 냈을 것이다. 요한은 짐승의 승리의 노력이 '인자'의 최후의 승리에 대한 역설적 모방에 불과하다는 것을 증명하기 위해 다니엘 7:14 문구를 짐승에게 적용했던 것이다. 3절과 4절에서 짐승과 어린양을 비슷하게 역설적으로 비교하는 것을 주목하라.3-4절 주석 참조 아울러 둘째 짐승이 "어린양 같이 두 뿔이 있다"13:11고 언급하는 것도 주목하라. 그러나 짐승이 성도를 이기고 보편적인 경배를 받는 권세는 동일한 원천(권한 수여 문구인 '받으니'가 암시하는 것처럼, 궁극적으로 하나님)으로부터 오고, 어린양도 이 원천(하나님)으로 말미암아 궁극적으로 짐승을 이기고 권세를 받고 보편적인 경배를 받는다. 독자들은 다니엘 7장의 문맥에 관심을 둘 때 역사의 궁극적인 결말과 자기 자신의 운명에 관해 자극을 받게 될 것이다. 성도는 국가의 압제로 고난을 겪지만 궁극적으로 승리자가 되고 인자와 함께 영원히 다스릴 것이다. 7b절의 인간에 대한 사중 표현 공식("각 족속과 백성과 방언과 나라")은 창조된 땅 전역에서 구속받지 않은 모든 사람을 가리키는 보편 범주를 갖고 있다. 왜냐하면 다니엘 7:14에서 이 공식이 이런 포괄적인 범주를 갖고 있기 때문이다. 지리적 · 시간적으로 보편적인 이 의미는 8절의 말로 확증된다. 거기 보면 이 믿지 않는 무리가 온 세상이 창조되기 전부터 영원한 생명을 갖지 못한 자로 정해졌다고 말한다. 7절에서 염두에 두고 있는 집단은 예수의 초림과 재림 사이에 믿지 않는 인간 전체로 보이고, 단순히 그 시대 동안 한 짧은 기간에 사는 일부 사람들을 말하는 것이 아니다. 이것은 추가로 13장의 초역사적인 적용을 암시한다.

8. 땅에 사는 자는 모두 짐승을 경배할 것이다. 즉, "죽임을 당한 어린양의 생명책에 창세 이후로 이름이 기록되지 못한" 자들은 다 짐승을 경배할 것이다. 다니엘 7장의 문맥을 염두에 두고 있으므로 여기서 다니엘 7:10과 12:1의 '책'에 초점이 맞추어지는 것은 놀랍지 않

다.[시 69:28 참조] '생명책'이라는 말은 요한계시록에서 13:8 외에 5회에 걸쳐 나타난다.[3:5, 17:8, 20:12, 15, 21:27] 예정 개념이 8절과 17:8에서 '창세 이후로'라는 말로 표현된다. 역사가 시작되기 전에 성도들이 책에 기록되었다는 사실이 짐승을 경배하는 자들은 그 책에 기록되지 않았다고 말해지는 것으로 암시된다. 8절에서 성도들의 이름이 '생명책'에 기록되었다는 사실이 함축적으로 언급되었고, 3:5과 21:27에서는 명시적으로 나타난다.[20:12, 15 참조] 생명책은 경건하지 않은 자들의 죄가 기록되어 있는 '책들'[20:12-13]과는 다르다. 의인을 위한 '생명책'과 악인의 심판을 위한 '책들'은 각각 다니엘서의 동일한 이중 개념, 곧 다니엘 12:1-2과(구속의 책) 다니엘 7:10에(경건하지 않은 자들의 악한 행위가 기록되어 있는 책들) 기초가 두어져 있다. "**죽임을 당한 어린양의**"라는 문구는 그 책을 소유하고 계시는 분이 어린양이라는 사실 또는 어린양이 그 책과 관련된 생명의 원천이라는 사실을 가리킬 것이다. 어느 쪽이든 어린양이 생명이 있는 자와 없는 자에 대하여 주권을 갖고 계신다는 사실에는 변함이 없다. 죽임을 당한 어린양은 또한 3절의 짐승과 11절의 둘째 짐승에 대한 비슷한 묘사와 대조를 이룬다. 사람들이 그리스도, 곧 죽임을 당한 참된 어린양을 거부하는 것은 그들이 '죽임을 당한' 짐승과 '어린양 같은'[13:11-17] 짐승을 따르기 때문이다. 참 신자는 자신들의 영혼은 어린양의 책으로 말미암아 안전하므로 사탄의 어떤 폭풍도 헤쳐 나갈 수 있다는 확신을 갖고 있다. 생명책이 아무 제약 없이 그리스도에게 주어져 있으므로, 구약 성도들을 포함한 모든 성도의 구원은 자기 백성의 죄를 위하여 '죽임을 당한' 그리스도의 유일한 구속 행위에 달려 있는 것으로 제시된다.

12:17b-13:8 묵상 제안

그리스도를 모방하는 짐승과 세상 나라에 대한 우리의 반응: 12:17b-13:8은 짐승을 그리스도에 대응하는 마귀적인 존재로 제시한다. 짐승은 자신의 권세를 용에게서 받는데, 이것은 그리스도께서 자신의 권세를 아버지 하나님에게서 받으시는 것과 같다. 그리스도와 마찬가지로 짐승도 죽임을 당했고 외관상 부활을 거쳤다. 짐승은 인간 정부를 통해 땅에 대한 권력을 행사함으로써 승천하신 그리스도의 통치를 반대하고, 로마서 13:1-7에 표현된 것과 같은 국가 정부에 대한 하나님의 질서를 부패시킨다. 그렇다면 우리는 로마서 13:1-7에서 바울이 제시한 국가 권세에 순종하라는 명령을 어떻게 받아들여야 하는가? 정부는 짐승에 의해 보편적으로 부패하게 되는가, 아니면 이것은 간헐적인 현상인가? 그리스도인은 국가 정부에 복종해야 하는가, 아니면 적극적으로 영향을 미쳐야 하는가? 다니엘 1-6장에 나타난 다니엘과 세 친구의 국가와의 관계는 이 질문에 답변하는 데 어떤 도움을 주는가?

짐승에게 권세를 주신 하나님: 본서의 주석이 주장하는 것처럼 하나님이 짐승의 권세의 원천이시라면, 이것은 하나님의 주권에 대한 개념을 축소시키는 것이 아니라 오히려 확대시키는 것이 아니겠는가? 12:17b-13:8은 오늘날 고난받는 교회에 어떻게 위로와 확신을 제공하는가? 어떻게 일부 신자들은 그리스도인이 박해를 겪을 것이라고 믿으면서도, 요한계시록을 그리스도의 재림 직전 시기에만 적용할 수 있는 책으로 보게 되었는가?

❷ 참 신자들이 믿음으로 인내하도록 참 예배와 거짓 예배를 분별하라는 권면을 받는다[13:9-10]

13 [9]누구든지 귀가 있거든 들을지어다. [10]사로잡힐 자는 사로잡혀 갈 것이요
칼에 죽을 자는 마땅히 칼에 죽을 것이니 성도들의 인내와 믿음이 여기
있느니라.

9. 1-8절의 시나리오는 어느 미래에 일어나는 것이 아니고 일곱 교회 한가운데서 지금 일어나고 있다. 1-8절에 서술된 것에 비추어 보면 요한은 독자들에게 일곱 편지의 결말 부분에서 각각 전했던 것과 똑같은 방식으로 권면한다. "누구든지 귀가 있거든 들을지어다." 이사야 6장, 공관복음서(마태·마가·누가복음) 그리고 일곱 편지의 결말에서처럼, 이 권면은 요한의 비유적인 메시지는 언약 공동체 안에서 어떤 사람은 깨닫게 하지만 다른 사람은 오히려 눈멀게 할 것이라는 사실을 암시한다. 귀가 없는 자는 그 비유(이 문맥에서는 13:1-8에 나타나는)로 더 완고해질 것이다. 그러나 "들을지어다"라는 명령은 참 신자에게 대다수 사람들의 타협하는 안일함에 대하여 숙고해 보도록 충격을 주려는 의도가 있다. 영적인 실상에 대해 충격을 받은 자는 요한계시록에 나오는 하나님의 비유적인 계시를 파악하고, 타협의 유혹을 제공할 수 있는 세속 기관들의 사악한 본질과 위험성을 식별할 수 있을 것이다.

10. 9절의 권면은 이전 구절들을 가리킬 뿐만 아니라 다음 선고도 가리킨다. "사로잡힐 자는 사로잡혀 갈 것이요 칼에 죽을 자[칼에 죽임을 당할 자]는 마땅히 칼에 죽을 것이니 성도들의 인내와 믿음이 여기 있느니라." 이것은 동일한 사실을 말하는 예레미야 15:2과 43:11을 결합시켜 의역한 것이다. 예레미야는 이스라엘에게 하나님께서 이스라엘 백성이 '포로'로 잡혀가고 '칼'로 고난을 겪도록 예정하셨다고 예언한다. 이스라엘의 경우에는 이것이 그들의 불신앙과 죄에 대한 형벌이었다. 그러나 대선지서의 많은 본문이 (특히 에스겔 14:12-

23이 분명히 하는 것처럼) 신실한 남은 자도 포로의 형벌을 겪을 것이라고 천명한다. 에스겔 14:12-23은 요한계시록 6:2-8에서 고난에 대한 본래의 이중 개념, 곧 고난을 통해 비신자는 처벌하시고 신자는 연단하신다는 개념에 따라 사용되었다. 6:2-8, 9-11에서처럼 13:10에서도 악인의 처벌보다는 하나님의 백성의 연단을 위한 고난에 더 큰 강조점이 있다.

9절의 권면은 독자들로 하여금 타협하지 말라는 자극을 주고 믿음 때문에 고난받는 것을 인내하게 하려고 일곱 편지에 반복해서 사용되었다.[1:9, 2:10, 6:9, 11:7, 12:11, 17:6, 19:2, 20:4] 독자들은 영적인 통찰력을 통해 "하나님의 뜻대로 고난을 받도록" 그리고 "선을 행하는 가운데에 그 영혼을 미쁘신 창조주께 의탁하도록"[벧전 4:19] 동기를 부여받아야 한다. 10절의 결론인 "성도들의 인내와 믿음이 여기 있느니라"는 말은 이 해석을 확증한다. 이것은 10절과 '성도들'이라는 말이 마지막으로 나온 7절을 연계시키고, 성도들과 맞서 싸워 이기는 짐승이 일으킨 싸움에 적절히 대처하도록 신자들을 이끈다. '인내'는 요한에게 그가 (하나님) '나라'에서 다스리고 있지만 '환난'에 동참하고 있었던 것의 의미처럼,[1:9] 독자들에게도 똑같은 것을 의미했다. 이 일들은 일어나야 했으며 신자들은 믿음으로 인내하고 포기해서는 안 된다. 이와 같은 결론은 요한계시록에서 '믿음'이나 '충성'이라는 말을 사용하는 모든 경우가 박해 앞에서 그리스도나 성도의 믿음을 가리킨다는 사실로 확인된다.[1:5, 2:10, 13, 19, 3:14, 14:12, 17:14]

13:9-10 묵상 제안

성도의 견인: 우리는 성도의 견인[堅忍] 개념을 신자가 그리스도 안에서 갖는 안전한 지위와 관련된 신학적인 진리로 간주한다. 그러나 13:9-10은 견인이 시험, 시련 그리고 심지어는 박해의 시기를 거쳐

이루어진다는 것을 우리에게 보여준다. 우리는 때때로 성경의 모든 진리는 삶 속에서 구현되어야 한다는 사실을 깨닫지 못하고 성경 교리를 순전히 이론 지식으로 생각하는 함정에 빠지지는 않는가? 어떤 신자들은 하나님께 시험을 면제시켜 달라고 간구하지만 종종 시험은 우리 믿음의 진정성을 증명하고 하나님을 영화롭게 하는 결과를 가져온다. "너희 믿음의 확실함은 불로 연단하여도 없어질 금보다 더 귀하여 예수 그리스도께서 나타나실 때에 칭찬과 영광과 존귀를 얻게 할 것이니라."벧전 1:7

❸ 세상 나라는 국가의 대행자로 정치적·종교적·경제적 동조 세력에게 권한을 주어 교회를 박해하고 경건하지 않은 자들을 미혹한다13:11-17

13 11 내가 보매 또 다른 짐승이 땅에서 올라오니 어린양 같이 두 뿔이 있고
용처럼 말을 하더라. 12 그가 먼저 나온 짐승의 모든 권세를 그 앞에서 행
하고 땅과 땅에 사는 자들을 처음 짐승에게 경배하게 하니 곧 죽게 되었던 상처가 나
은 자니라. 13 큰 이적을 행하되 심지어 사람들 앞에서 불이 하늘로부터 땅에 내려오게
하고 14 짐승 앞에서 받은 바 이적을 행함으로 땅에 거하는 자들을 미혹하며 땅에 거하
는 자들에게 이르기를 칼에 상하였다가 살아난 짐승을 위하여 우상을 만들라 하더라.
15 그가 권세를 받아 그 짐승의 우상에게 생기를 주어 그 짐승의 우상으로 말하게 하고
또 짐승의 우상에게 경배하지 아니하는 자는 몇이든지 다 죽이게 하더라. 16 그가 모든
자 곧 작은 자나 큰 자나 부자나 가난한 자나 자유인이나 종들에게 그 오른손에나 이
마에 표를 받게 하고 17 누구든지 이 표를 가진 자 외에는 매매를 못하게 하니 이 표는
곧 짐승의 이름이나 그 이름의 수라.

11. 11절에서 새로운 환상이 시작된다. 이 환상은 12:1에서 시작된 주요 일곱 환상 시리즈 가운데 세 번째 환상이고, '내가 보매'라는

문구로 소개된다. 여기서 요한은 또 다른 짐승에 대한 새로운 환상을 본다. "내가 보매 또 다른 짐승이 땅에서 올라오니 어린양 같이 두 뿔이 있고 용처럼 말을 하더라." 11-17절은 1-8절과 같은 상황을 다룬다. 하지만 국가의 동지인 둘째 짐승의 관점에서 다룬다. 1절에서처럼 이 환상도 올라오는 짐승 심상으로 시작하고, 이것은 다니엘 7장, 특히 7:17의 짐승들을 집합적으로 상기시킨다. "그 네 큰 짐승은 세상에 일어날 네 왕이라." 일반적으로 인정되는 것처럼 이 심상은 또한 5:6의 부활하신 메시아 어린양의 모방으로, 어린양 심상과 역설적인 관계 속에 있다. 둘째 짐승 역시 어린양 같이 뿔이 있다. 그러나 어째서 5장의 메시아 어린양과 같이 일곱 뿔이 아니고 '두 뿔'일까? 아마 한 가지 이유는 11:3-4의 두 증인, 두 촛대, 두 감람나무를 흉내 내기 위함일 것이다. 그러나 두 뿔은 또한 다니엘 8장의 악한 왕을 반영한다. 첫째 짐승이 다니엘 7장의 짐승들의 속성에 따라 묘사된 것처럼(단 7:7의 짐승은 "열 뿔이 있다") 둘째 짐승이 "어린양 같이 두 뿔이 있다"는 묘사도 다니엘 8:3의 '두 뿔 가진 숫양'에서 취해진다.

첫째 짐승과 마찬가지로 둘째 짐승도 마귀의 권세를 충분히 받고 말한다. 즉, 둘째 짐승은 '용처럼' 말을 했다. 둘째 짐승은 나중에 '거짓 선지자'로 불리고,[16:13, 19:20, 20:10] 이것은 이 짐승의 역할이 주로 종교적이라는 것을 암시한다. 참 선지자는 사람들을 하나님을 경배하도록 이끌지만 거짓 선지자는 국가(그리고 나아가 마귀)를 경배하도록 이끈다. 예수께서 예언하신 대로[마 7:15, 24:5, 11] 그리고 바울이 경고한 대로,[행 20:28-29] 거짓 선지자와 선생들은 이미 교회 속에 침투해 있었다.[2:2, 6, 14-15, 20-24] 짐승 선지자가 교회 안에 나타나는 것은 구약성경을 통해서도 암시된다. 구약성경을 보면 거의 항상 언약 공동체 안에 거짓 예언이 등장한다. 양의 탈을 쓴 늑대 심상은 교회의 우리 안에 배반자가 있다는 것을 암시한다. 이 짐승은 진리를 말한다고 공언하고 어린양처럼 해를 끼치지 않는 것처럼 보이지만, 내면의 악한 본성이 용의 권세를 갖고 전하는 말을 통해 드러난다. 이 짐승이 '용처럼' 말하는 것은 사탄, 곧 용의 유혹하고 미혹하는 말을 반영하며, 사탄의 말은 아담과 하와의 죄를 낳았다.[12:9] 그러므로 이 심상과 배경은 언약 공동체 안에 미혹이 있음을 암시한다. 첫째 짐승은 큰 소리로 무례하게 하나님을 반대하여 말하지만 둘째 짐승은 첫째 짐승의 주장을 그럴듯하고 설득력 있게 포장하여 말한다. 교회 안에 들어와 있는 거짓 선생들은 세속 문화의 우상숭배 제도와 타협하도록 교인들을 자극한다.

12. 둘째 짐승은 첫째 짐승의 권세를 갖고 있는 것으로 간주되고 그 권세를 행사하는데, 이는 "그가 먼저 나온 짐승의 모든 권세를 그 앞에서 행하고"라는 말로 강조된다. 둘째 짐승은 첫째 짐승의 권세를 사용해 "땅과 땅에 사는 자들을 처음 짐승에게 경배하게" 하는데, 이 처음 짐승은 "곧 죽게 되었던 상처가 나은 자"다.

13. 가짜 모방 개념이 13절에서 나타난다. 둘째 짐승의 종교적인 성격이 여기서 더 분명하게 드러난다. 첫째, "큰 이적을 행하되"라고 말해진다. 이것으로 둘째 짐승은 똑같이 큰 이적을 행했던 참 선지자 모세의[출 4:17, 30, 10:2] 사악한 모방자가 된다. 둘째, "심지어 사람들 앞에서 불이 하늘로부터 땅에 내려오게 하고"라고 말해진다. 이것으로 둘째 짐승은 똑같은 이적을 행한 참 선지자 엘리야의[왕상 18:38-39, 왕하 1:10-14] 사악한 모방자가 된다. 11:3-12에서 교회를 표상하는 두 증인과 관련하여 모세와 엘리야를 비슷하게 인유하는 것을 감안하면, 여기서 그들을 인유하는 것은 우연일 수 없다.[눅 9:54 참조] 11:5은 두 증인의 입에서 나오는 불을 묘사한다. 거기서 불은 죄인을 깨닫게 하고 심판하시는 하나님의 말씀을 선포하는 것을 가리킨다(20:9b에서 성

도들의 원수를 태워버리는 불도 참조하라). 그러므로 불은 죄인을 심판하시는 하나님의 참된 말씀을 선포하는 것을 표상하며, 여기서 둘째 짐승은 진리의 대변자를 자처하지만 사실은 거짓 선지자와 거짓 선생이다. 이것이 그리스도께서 마태복음 24:24에서 예언하신 사실이다. "거짓 그리스도들과 거짓 선지자들이 일어나 큰 표적과 기사를 보여 할 수만 있으면 택하신 자들도 미혹하리라."마 7:15, 24:5, 11, 살후 2:9, 벧후 2:1-3 참조 둘째 짐승은 교회를 거짓으로 모방하고, 또한 교회에 능력을 주고 그 안에 거하시는 성령도 거짓으로 모방한다. 여기서 '거짓 사도'의 내적인 위협(아마 2:2의 '거짓 사도들'의 활동)이 언급되고 있음은 둘째 짐승의 권세가 그리스도의 사도들의 진정한 증명서에 맞추어 형성되는 것으로 보아 분명하다.

- 둘째 짐승은 사역과 권세에 있어 자기 주인을 따른다.행 1:1-11, 계 13:12a
- 둘째 짐승은 자기 주인을 경배하도록 다른 사람들을 설득할 때 주인의 부활을 불가분리적으로 연계시킨다.행 2:22-41, 계 13:12b, 14b
- 둘째 짐승은 권세의 구체적인 표현으로 '이적'을 행한다.행 2:43, 5:12, 15:12, 계 13:13

다니엘은 마지막 때에 속이는 자가 교회에 침투하여 사람들이 하나님을 떠나도록 만들 것이라고 경고한다.단 11:30-39 자칭 기독교 선생들이 하나님의 말씀이 아니라 주변 문화에서 핵심 전제를 취할 때, 그들은 궁극적으로 하나님과 그리스도의 통치를 반대하는 규범과 믿음에 따라 살도록 획책함으로써 언약 공동체를 영적으로 부패시킨다.

14. 두 짐승은 왜 구약의 선지자와 하나님에게서 빌려 온 다양한 특성에 따라 그리고 요한계시록 다른 곳에 나타난 하나님, 어린양,

그리스도인들에 대한 묘사와 매우 비슷한 말로 묘사될까? 그 이유는 두 짐승이 참 선지자와 비슷한 방식으로 자기들의 신적인 권세의 정당성을 입증하려고 시도하기 때문이다.[고후 11:13-15 참조] 이것은 분명히 다음 말에 나타나 있다. "짐승 앞에서 받은 바 이적을 행함으로 땅에 거하는 자들을 미혹하며." 참 선지자는 여호와 앞에 섰을 때 권능과 사명을 받는다.[11:4 주석 참조] 마찬가지로 이 거짓 선지자(둘째 짐승)도 짐승(첫째 짐승) '앞에서' 행할 때 권능과 사명을 받는다. 하나님의 참된 대행자들은 성령의 능력으로 하나님께 영광을 돌리는 이적을 행한다. 반면에 이 사악한 짐승(둘째 짐승)이 행하는 이적은 하나님의 권세가 아니라 짐승(첫째 짐승)의 권세를 땅에 거하는 자들에게 확신시킨다.

이 미혹으로 땅에 거하는 자들은 "우상을 만들라"는 둘째 짐승의 명령을 따르게 된다. 이 명령은 15절의 다니엘 3장 심상에 대한 명시적인 언급을 예견한다. 우상숭배를 행하라는 명령은 부분적으로 신적 존재인 황제의 우상을 경배하도록 소아시아의 교회들에게 가해진 압력을 가리킨다. 요한의 편지에 언급된 모든 도시에는 황제를 신처럼 숭배하는 신전이 세워져 있었다. 13장 전체에 나타나 있는 다니엘서의 영향에 비추어 보면, 14절에서 미혹하는 짐승은 "제손으로 속임수를 행하고"[단 8:25] "악행하는 자를 속임수로 타락시킬"[단 11:32] 다니엘서의 마지막 때 왕을 반영할 것이다. "칼에 상하였다가 살아난" 자로 묘사하는 짐승에 대한 결론적인 언급은 앞에서 첫째 짐승을 치명적인 상처에서 회복된 자로 묘사하는 것을 확대시켜 반복하는 것이다.[13:3, 12]

15. 종종 반복되는 다니엘 7:6의 '권한 수여' 개념("그가 권세를 받아", 이 말은 헬라어 구약성경에서 "그가 말을 받아"로 해석된다)이 15절에서 다시 나타난다. "그가 권세를 받아 그 짐승의 우상에게 생기를 주

어 그 짐승의 우상으로 말하게 하고." 여기에는 미신을 믿는 사람들 사이에서, 심지어는 로마 황제의 궁정에서 유행했던 마술과 비슷한 현상을 포함시킬 수 있다. 하지만 여기서 말하는 '이적'은 귀신의 실제 활동을 포함하는데, 그것은 우상 배후에 귀신들이 있었기 때문이다. 이 표현은 첫째 짐승(1세기 배경에서는 로마 황제에게 적용될 수 있었던)의 우상이 그 우상 배후에 실제로 있고 명령을 발하는 신을 표상했다는 점을 둘째 짐승이 예증할 때에 설득력이 있음을 강조하는 하나의 은유적 방법이다. 이 표현은 또한 둘째 짐승의 정체성을 교회의 모방자, 특히 교회에 능력을 주시는 성령의 모방자로 암시한다('생기'는 성령을 가리키는 성경적 은유 용어다).[겔 37:9-14 참조] 지금까지 확인된 13장의 초시간적인 성격으로 보아, 15절에서 '우상'은 로마 황제의 우상만을 가리키는 좁은 개념이 아니라 어느 시대를 막론하고 하나님의 진리를 다른 것으로 대체하는 그 무엇을 포함한다. "짐승의 우상에게 경배하지 아니하는 자는 몇이든지 다 죽이게 하는" 짐승에 대한 묘사는 느부갓네살이 모든 백성을 자신의 신상에 절하고 그렇지 않으면 죽임을 당할 것이라고 명령한 다니엘 3장의 위협을 생각나게 한다. 16절에서 짐승의 통제 아래 있는 사람들의 계층에 대한 언급도 다니엘 3:2-7에서 느부갓네살의 신상에 절하라고 요구받은 다양한 집단을 반영한다. 13:9-10의 권면에 비추어 보아 15절에 함축된 의미는, 그리스도인은 다니엘의 세 친구가 불 속에서 견딘 것처럼 박해를 견뎌야 한다는 것이다. 그리고 다니엘 3장보다 더 확대된 규모로, 인내에 대한 상은 영원한 불의 고통에서 구원받고 그리스도와 함께 높아지는 것이다.

15절의 배경은 도미티아누스 황제의 거대한 신상 구조물을 특징으로 하는 황제숭배 신전이 에베소에 건축되어 있었던 사실에 있을 것이다. 소아시아 지역의 주민들은 심지어 축제 행렬이 지나갈 때에도 자신들의 집 밖 제단에 제물을 바치라는 압력을 받았다. 에베소에서 벌어진 이런 주요 사건과 다른 곳에서 숱하게 벌어진 비슷한 사건들도 요한이 13장에서 사드락과 메삭과 아벳느고가 느부갓네살 왕을 표상하는 거대한 신상 앞에서 절하기를 거부한 다니엘 3장의 내러티브(특히 고대 헬라어 역본의 단 3:12, 18에 따르면)를 직접 인유하는 이유를 설명해 줄 것이다. 아마 에베소에서 일어난 이 사건과 그로 인한 박해 때문에, 초대교회는 다니엘의 세 친구를 순교자와 박해받는 그리스도인의 모형으로 보고 바벨론 왕의 신상을 로마 황제 우상의 원형으로 보게 되었을 것이다. 사실 이에 대해서는 3세기와 4세기 증거뿐만 아니라 로마의 카타콤에서 발견되는 2세기 초의 증거도 있다.

다양한 축제 행사에서 로마에 충성하도록 그리스도인에게 가해진 일반적인 압력을 고려하면 이 문맥을 충분히 이해할 수 있을 것이다. 그리고 그리스도인이 행사에 참여하지 않았을 때 일반 주민들의 적대감을 불러일으킨 것도 이해할 수 있다. 우상숭배를 거부하는 자는 누구를 막론하고 죽임을 당하도록 되어 있었다는 것은, 요한이 이를 명료하게 천명하지 않은 것으로 보아 반드시 사실은 아니다. 많은 사람들이(추측컨대 유대인) 느부갓네살의 신상에 절하는 것을 거절했지만 세 젊은이만이 풀무불 속에 던져졌다. 박해의 강도는 도시마다 달랐다. 확실히 요한 당시에는 많은 박해가 지역에 따라 황제숭배에 대한 열심 때문에 일어났고, 소아시아의 모든 도시가 이런 열심을 갖고 있었던 것은 아니다. 그럼에도 불구하고 고난은 분명히 어디서나 있었고 어떤 이들은 죽임까지 당했다. 이러한 죽음은 이미 안디바에게 일어났고[2:13] 의심할 것 없이 다른 사람들에게도 일어났다(6:9, 11, 12:11, 20:4에 함축되고 있지만 이 본문들에서 죽음은 비유적 개념이다). 소아시아 교회들의 상황은 일반적으로 그리스도께서 재림하실 때까지 모든 교회의 상황에도 타당하다. 일곱 편지에서 확인하는 것처럼 한 교회의 역사적 상황은 일반적으로 다른 여섯 교회의 상황에도 그대로 해당되었다(각각의 경우에 성령은 '교회들'에게 말씀하신다). 13장의 초역사적인 성격은 15-17절을 모든 시대에 적용시키는 보편성의 기초다.

16-17. 둘째 짐승이 "모든 자 곧 작은 자나 큰 자나 부자나 가난한 자나 자유인이나 종들에게 그 오른손에나 이마에 표를 받게" 요구하는 것은 불충한 노예나 군인에게 그리고 다양한 종교의 신들에게 충성하는 광신자에게 낙인을 찍거나 문신을 하는 고대의 풍습을 인유하는 것이다. 노예와의 관계를 염두에 두고 말한다면, 짐승을 경배하는 자들은 짐승의 재산으로 간주된다. 군인이나 종교 광신자를 염두에 두고 말한다면, 짐승을 경배하는 자들은 짐승의 충성된 추종자로 간주된다. 여기서 이마의 표는 분명히 국가가 사람들이 우상숭배에 의무적으로 참여하는지의 여부를 재는 방법을 비유적으로 표현하는 것이다. 표를 받지 않은 자는 '매매'를 할 수 없다. 이것은 2:9과 6:5-6을 돌아보게 한다. 거기 보면 그리스도인에게 경제적인 압력이 가해졌다. 이 '표'[헬라어 *charagma*]는 황제가 사업 계약을 보증하는 것과 황제의 두상[頭相]을 동전에 새겨 넣는 것에 사용되었다. 만일 이런 배경을 염두에 두고 말한다면, 요한계시록 13장의 표는 로마 제국의 종교적 요구를 따르는 자들에게만 주어지는 국가의 정치적·경제적 '인증'을 암시하는 은유 개념을 강화시킨다. 이마의 표, "곧 짐승의 이름이나 그 이름의 수"는 7:3-8의 '인'의 모방이자 인과 반대된다. 7:3-8의 인은 참 신자의 이마에 기록된 하나님의 이름이다.[14:1, 22:4 • 3:12 참조] 참 신자에게 기록된 인 또는 이름은 불가시적이므로, 비신자에게 새겨진 표도 똑같이 불가시적이다. 이 둘이 평행적인 영적 성격을 갖고 있고 비교가 의도되어 있다는 것은 직후에 성도들의 이

마에 새겨진 하나님과 그리스도의 이름에 대한 언급이[14:1] 나오는 것으로 보아 분명하다. 신자들은 그리스도의 이름의 능력으로 보호를 받으며, 이 이름은 곧 그리스도께서 신자들과 함께하신다는 뜻이다. 신자는 고난을 겪고 심지어는 죽을 수도 있지만 궁극적으로 영생의 상을 받을 것이다.[20:4 주석 참조] 비신자는 일시적인 번영을 누릴 수 있지만 궁극적으로 영원한 사망의 처벌을 받을 것이다.[14:9-11 주석 참조] 이 표는 또한 그리스도와 짐승을 따르는 자들 모두 자기들이 섬기는 지도자의 '형상'(성품)으로 낙인이 찍히는 것을 내포할 수 있다.

그 이름의 표가 문자적이 아니라 비유적이라는 것은 또한 땅에 대한 신적인 왕권을 거짓으로 주장하는 의미를 비유적으로 내포하는,[13:1 주석 참조] 짐승의 머리에 새겨져 있는 "신성모독 하는 이름들"에 대한 묘사로도 증명된다. 마찬가지로 짐승을 경배하는 자들이 이마에 새겨진 이름을 갖고 있다는 것의 요점은 신적 왕권을 가졌다는 짐승의 신성모독적인 주장을 그들이 존중한다는 사실을 강조하는 데 있다. 구약성경에서 하나님은 이스라엘에게 하나님에 대한 그들의 헌신과 충성을 계속 상기시키기 위해 토라를 "네 손의 기호와 네 미간의 표"로 삼아야 한다고 말씀하셨다.[출 13:9] 신약성경에서 이에 해당하는 것이 불가시적인 인, 곧 하나님의 이름이다.[7:2-3 주석 참조] '이마'는 이데올로기적 헌신을 표상하고, '손'은 이 헌신에 대한 실천적 성과를 표상한다. 마찬가지로 구약의 신앙 공동체 구성원의 표를 모방하는 것으로서, 짐승을 경배하는 자들의 이마와 손에 새겨진 표도 짐승에 대한 그들의 충성스럽고 일관되고 진심 어린 헌신을 가리킨다.

둘째 짐승은 일반적으로 첫째 짐승과 동일시되지만 동일한 존재는 아니다. 11-17절은 요한 당시 이 짐승에 대한 표현 속에 황제숭배와 관련된 문화의 정치적·종교적·경제적 제도가 포함되었음을 증명했다. 따라서 둘째 짐승의 초점은 주로 종교적인 요소에 맞추어져 있으며 교회, 특히 교회에 능력을 주시는 성령의 모방자로 간주된다. 심지어는 상인 길드들의 수호신도 황제숭배와 관련해 숭배를 받았다.[2:9-21 주석 참조] 그리스도인이 우상숭배의 압력을 피할 만한 사회적 상호관계 요소는 거의 없었다.

13:11-17 묵상 제안

거짓 선생들에 대한 대비: 본서의 주석에 따르면 13:11-17은 거짓 선생들이 교회에 침투할 것이라는 예상을 표현한다. 이런 일이 어떻게 일어날 수 있겠는가? 인터넷을 통해 개인적으로 거의 모르는 선생들로부터 진리가 제공되는 시대에, 우리는 그들의 가르침을 어떻게 받을지 충분히 조심하며 식별하고 있는가? 바울이 디모데에게 준 다음 권면을 우리는 어떻게 적용하는가? "그러나 너는 배우고 확신한 일에 거하라. 너는 네가 누구에게서 배운 것을 알며."[딤후 3:14]

❹ 참 신자들은 믿음 안에서 인내하도록 참된 경배와 거짓 경배를 분별하라는 권면을 받는다[13:18]

13 [18] 지혜가 여기 있으니 총명한 자는 그 짐승의 수를 세어 보라. 그것은 사람의 수니 그의 수는 육백육십육이니라.

18. 18절은 육백육십육이라는 수의 실체와 의미에 대해 가지각색으로 견해가 갈리기 때문에 요한계시록 전체에서 가장 논란이 많은 구절 가운데 하나다. 육백육십육에 대한 가장 통상적인 해석은 게마트리아[gematria] 해석이다. 고대 세계에서는 알파벳 글자가 수를 대신했다(우리가 사용하는 수 체계는 나중에 아랍 수학자들에게서 온 것이다). 따라서 각 글자로 수를 표시했다. 여기서 문제는 육백육십육을 어떤

특정한 이름과 연계시킬 수 있는 명확한 확인법이 없다는 것이다. 철자를 바꾸고 명칭을 통합시켜 복합적인 이름에 적합하게 만들려고 시도한 노력이 있었지만 거기서 나오는 결론은 아무것도 없었다. 일반적인 견해는 '네로 카이사르'Nero Caesar라는 명칭을 히브리어로 음역한 것을 기초로 이 수를 네로와 동일시하는 것이었다. 그러나 이것은 '카이사르'에 대한 정확한 히브리어 철자에 관해 혼란이 일어나고, 요한의 독자들이 주로 헬라어를 사용하는 이들이었다는 사실에도 맞지 않으며, 네로는 카이사르 외에 다른 이름도 많이 갖고 있었다. 게다가 요한이 게마트리아를 사용하고 있다면, 독자들의 관심을 그 언어의 의미로 이끌기를 바랄 때 9:11과 16:16에서 '히브리어로' 또는 '헬라어로'라는 말을 사용하는 것처럼, "그 히브리어(또는 헬라어) 수는……"이라고 말하는 것으로 바꾸었을 터였다. 그러므로 이 수를 다른 로마 황제나 황제들의 결합된 이름과 동일시하려고 시도하는 것은 부질없다. 한 연구에 따르면 1560년부터 1830년 사이에 영국에서 100개 이상의 이름이 제시되었다. 지난 세기에는 여러 이름들 가운데 카이저Kaiser와 히틀러Hitler라는 이름이 육백육십육에 해당하는 것으로 계산되었다.

누구든지 해석자의 독창적인 능력을 통하면 이 수는 헬라어, 히브리어 또는 라틴어를 기초로 연구할 때 수백 명의 고대와 현대의 후보를 가능한 대상으로 제시할 수 있다. 이름을 숫자로 바꾸는 것은 쉽기 때문에 매우 많은 주장이 있을 수 있지만 숫자로부터 올바른 이름을 추론해 내는 것은 결코 쉽지 않다. G. 살몬Salmon은 주석가들이 그들이 바라는 어떤 이름과 육백육십육을 일치시키려고 사용한 세 가지 규칙을 제시했다. "첫째, 고유 이름 자체가 일치하지 않으면 거기에 명칭을 덧붙여라. 둘째, 헬라어로 합을 맞출 수 없으면 히브리어나 라틴어로 맞추라. 셋째, 철자를 너무 특수화하지 마라.……우리는 한 자물쇠가 어떤 열쇠로도 풀릴 수 있는 것이라면 한 열쇠가 그 자물쇠에 맞다는 사실로부터 많은 사실을 추론해 낼 수 없다."[7]

육백육십육이라는 수를 어떤 개인 이름의 글자 수의 계산과 일치시키려는 시도는 모두 어려움에 봉착하게 되어 있는데, 그것은 요한계시록에서는 어떤 말이나 수를 상징적인 개념으로 사용하기 때문이다. 만일 육백육십육이라는 수를 계산을 통해 특정 통치자와 일치시키려는 의도가 있었다면, 요한계시록 다른 곳에서 사용된 수들(예를 들어 이십사 장로, 일곱 인 심판, 십사만 사천, 마흔두 달, 두 증인, 일곱 머리, 열 뿔)도 거의 예외 없이 그런 식으로 사용되었을 것이다. 하지만 요한계시록에서 다른 어떤 수가 그런 식으로 사용된 증거는 전혀 없다. 요한계시록에서는 모든 수가 비유적인 의미를 갖고 있으며 영적인 실재를 상징한다. 어떤 숫자도 문자적으로 게마트리아 계산을 따르지 않는다. 이 입장은 18절 직후 '이마'에 그리스도의 이름과 하나님의 이름이 적힌 성도들에 대한 14:1의 환상이 나오는 것으로 지지를 받는다. 18절의 위치는 짐승의 이름(짐승의 수)과 주님의 이름 사이에 평행적인 대조가 의도되어 있음을 직접적으로 증명한다. 만일 주님의 이름이 순전히 영적 실재를 가리킨다면 짐승의 이름도 마찬가지일 것이다! 이것은 짐승의 수에도 그대로 해당된다. 짐승의 수는 짐승의 이름과 동의어이기 때문이다.

나아가 '수'헬라어 *arithmos*라는 단어는 항상 요한계시록에서 셀 수 없는 무리를 가리키기 위한 비유적 의미로 사용된다(7:4의 십사만 사천은 상징적으로 구원받은 모든 사람을 가리킨다).[5:11, 7:9, 9:16, 20:8] 18절에서도 수는 계산할 수 있도록 되어 있지 않다. 일곱이라는 수는 완전함을 의미하고 요한계시록 전체에 걸쳐 반복된다. 그러나 육백육십육은 오직 18절에만 나타난다. 이것은 삼중의 여섯(666)을 요한계시록 전체에 걸쳐 신적인 일곱이라는 수와 대조시키기 위함이고, 불완전과 미완료를 상징한다는 것을 암시한다. 여섯째 인, 여섯째 나팔, 여섯째 대접 심판은 짐승을 따르는 자들에 대한 하나님의 심판을 묘사한다. 반면에 일곱째 나팔 심판은 (최후의 심판을 포함하기도 하지만) 그리스도의 영원한 나라를 묘사한다. 일곱째 인과 일곱째 대접 심판 역시 심판을 묘사하지만 함축적으로 그리고 두 본문의 포괄적인 문맥 안에서 하나님 나라의 설립을 다룬다.

나아가 만일 다음 구절에서 십사만 사천이라는 성도들의 수가 하나님의 백성 전체를 상징하는 비유적인 의미를 갖고 있다면,[14:1 주석 참조] 18절에서 육백육십육이라는 수와의 의도적인 대조는 짐승과 그의 백성의 본질적인 불완전함을 가리킬 것이다. 성경에서 '셋'이라는 수는 완전함을 상징한다. 예를 들면 1:4-5에서 셋은 신격의 완전하심을 표현하고, 이것은 13장과 16:13에서 용, 짐승, 거짓 선지자의 모방으로 표현된다. 그러므로 '여섯'의 삼중 수인 육백육십육은 짐승에게서 발견되는 "죄악의 불완전함의 완전함"으로 불릴 수 있다. 짐승은 신적 완전함을 이루는 것처럼 보이지만 사실은 불완전함의 축소판이다. 삼중의 여섯(666)은 삼중의 일곱(777)에 속한 신적 삼위일체의 모방이다. 때때로 일곱이라는 수를 그들의 철저한 악한 본성, 가혹한 박해, 보편적 억압 통치를 강조하기 위해 마귀나 짐승에게 적용시키는 것은 합당하다.[12:3, 13:1, 17:3, 9-11 등] 18절에서 짐승을 묘사하기 위해 일곱이 아니라 여섯이라는 수를 사용하는 이유는 3-14절에서 그리스도의 모방자인 첫째 짐승과 선지자의 모방자인 둘째 짐승을 반복해서 강조하기 위해서다. 신자들은 짐승의 미혹에 성공적으로 저항할 때 불완전함을 상징하는 짐승의 이름의 본질과 동일시되는 결과를 피하게 된다. 왜냐하면 어떤 사람의 이름과 동일시되는 것은 그 사람의 성품에 참여하는 것과 동등하기 때문이다.[2:17 주석 참조]

18절은 신자들에게 그리스도께서 거짓을 물리칠 능력을 주셨으므로 거짓에 휘둘리지 말라고 권면하는 것으로 시작한다. 이 반응이 11-18절의 주된 요점이다. 즉, 성도들은 신령한 '지혜'와 '총명'을 갖고 11-17절에 서술된 것처럼 짐승의 속이고 불완전한 본성을 통찰할 것을 권면받는다. 그리고 결론적 권면은 1-9절의 결론적 권면과 평행을 이룬다. 18절의 권면은, 셀 수 있는 지성의 은유가 귀의 은유 대신 사용되고 있는 것을 제외하면, 1-9절의 결론적 권면과 동일한 의미를 갖고 있다. 만일 지성을 사용해 세어 보라는 권면이 문자적으로 취해지면, "귀가 있거든 들을지어다"라는 권면은 불합리하게도 문자적으로 육체의 귀로 듣는 것을 가리키는 것이 되고 만다.

지금까지의 설명은 짐승의 수를 단순히 개인적인 적그리스도 인물을 가리키는 것으로가 아니라 집단적인 의미로 이해하고 있음을 가리킨다. 이는 "그것은 사람의 수니"라는 문구로도 암시된다. 이 문구는 개인적으로 "그것은 특정한 사람의 수니"로 번역될 수 있고, 또는 더 낫게 총칭적으로 "그것은 인간의 수니"로도 번역될 수 있다. 여기서 '사람'헬라어 *anthrōpos*이라는 단어는 18절과 21:17에서처럼 관사 없이 사용되면 총칭적 개념이다. 21:17에서 '사람의 측량'(문자적인 헬라어 문구)은 '인간적 측량'을 의미한다. 마찬가지로 13:18에서 정관사가 생략된 것('그 사람'이 아니라 '사람')은 비밀스러운 계산 방법을 통해서만 식별할 수 있는 어떤 특정한 개인이 아니라 인간의 총칭적인 관념을 암시한다. 이 수는 타락한 인간성을 가리키는 수다. 이 총칭적 관념은 13:1과 일치하는데, 그 본문은 짐승이 부패한 인간성의 바다에 세속적인 기원을 두고 있음을 강조한다.17:15 주석 참조 짐승은 하나님과 분리되고, 하나님의 형상을 이룰 수 없으며, 항상 괴로운 상태에 있는 거듭나지 않은 인간의 최고 대표자다. 인간은 하나님 자신의 안식의 날인 일곱째 날이 아니라 여섯째 날에 지음받았고, 이 안식은 아담과 하와가 이루도록 되어 있었으며, 그렇지 못하다면 그들은 불완전하고 미완성된 존재가 되고 말 것이다. 삼중의 여섯(666)은 짐승과 짐승을 따르는 자들이 인간에 대한 하나님의 창조 목적을 이루지 못하는 것을 강조하는 의미를 담고 있다.

"지혜가 여기 있으니"라는 권면은 신자들은 타협을 조심해야 한다는 사실을 가르친다. 하지만 여기서 말하는 타협은 네로와 같은 개인과의 타협이 아니고, 국가가 타락한 인간성의 축소판으로서 우상숭배하는 문화의 종교적·경제적·사회적 국면과 결탁한다는 점에서 역사 전체 과정에 등장하는 나라들의 모든 국면과의 타협이다. 18절의 '지혜'라는 단어는 다니엘 11:33과 12:10에서 사용된 '지혜로운 통찰'과 '깨달음'이라는 말에 비추어 볼 때 가장 잘 파악된다. 다니엘서 본문에서처럼 18절에서도 성도들은 자신의 주권을 인정하게 하려고 사람들을 속이는 악한 왕이 일으킨 마지막 때의 환난을 분별해 내는 영적인 지각을 가지고 있어야 한다. 17:9의 비슷한 권면("지혜 있는 뜻이 여기 있으니 그 일곱 머리는 여자가 앉은 일곱 산이요")도 수를 비유적으로 해석한다.[17:9 주석 참조] 요한은 18절에서 성도들에게 비신자나 신령한 그리스도인을 막론하고 지식적으로 풀 수 있는 복잡한 수학 문제를 해결하는 지성이 아니라 영적·도덕적 분별력을 갖도록 권면한다. 그리스도인은 적그리스도의 영이 전혀 예상치 못한 곳에서, 심지어는 교회 안에서도 역사할 수 있음을 유의해야 한다.[요일 2:18, 22, 4:1-3, 요이 1:7] 다니엘 11:30-39의 예언은 언약 공동체의 배교자들이 불경건한 국가의 동지가 되어 신앙 공동체 속에 침투할 것에 대해 이미 경고했다. 만일 요한의 독자들이 영적인 지각을 갖고 있다면 그들은 신실함을 유지하고, "짐승과 그의 우상과 그의 이름의 수를 이기고 벗어날"[15:2] 것이다.

13:18 묵상 제안

원수의 정체성과 활동의 분별: 본서의 주석은 13:18에서 말하는 지혜와 총명은 특정 인물을 파악하기 위하여 문자적 수를 계산하는 것이 아니라, 원수가 삼위일체 하나님을 사악하게 모방함으로써 역사 전체를 통해 교회를 반대하고 교회 안에 침투하는 온갖 간계를 사려 깊게 식별하는 것과 관련되어 있음을 강조한다. 이것은 '육백육십육'에 대한 해석과 어떻게 관련되어 있는가? 오늘날 우리가 사악한 인물들을 색출하는 데 심혈을 기울이고 있음에도 불구하고, 원수가 교회 안에서까지 실제로 교묘하게 역사하는 것을 놓칠 수 있다. 여러분은 요한계시록은 단순히 그리스도의 재림 직전에 있는 원수의 활동이 아니라 교회 시대 전체에 걸친 원수의 활동에 대해 경고한다는 본서의 주석에 동의하는가? 만일 그것이 사실이라면, 이는 우리 삶 속에서 그러한 국면을 이해하고 적용시키는 방법에 대해 어떤 의미를 함축하고 있는가?

13장에 대한 결론적 주석

요한계시록 13장은 다니엘 7장에서 반복되고 있는 패턴의 영향을 받았다.

- 대행자가 나아오고
- 능력이 대행자에게 주어지며(그는 권세를 받는다)
- 이 능력의 위탁은 효력을 갖는다.

예를 들어 보자. '인자'는

- 하나님의 보좌로 나아오고단7:13
- 권세를 받으며7:14a
- "모든 백성과 나라들과 다른 언어를 말하는 모든 자들"의 섬김에서,14b 그리고 그의 영원한 나라의 소유에서 효력이 나타난다.14c

동일한 삼중 패턴이 다니엘 7:3-6의 짐승들에 대한 환상에서도 발견된다. 이 패턴의 첫째 요소, 곧 나아옴이 큰 짐승 넷이 바다에서 나오는 것에서 확인된다. 둘째 요소는 각 경우에 어떤 것이 짐승들에게 주어지는 것이다. 다니엘 7:4b, 6c에서 짐승에게 권세가 위탁되는 것은 인자에게 권세가 주어질 때에 사용된 것과 동일한 용어로 표시된다. 삼중 패턴의 세 번째 요소는 처음 세 짐승의 경우에는 명시적으로 표현되고 있지 않지만, 자기들이 받은 권세를 사용한다는 것이 함축적으로 표현되고 있다. 그러나 넷째 짐승이 권세를 받은 것의 효력은 상세히 설명된다. 짐승들에 대한 묘사와 인자에 대한 묘사 사이에 차이점도 있지만 짐승들과 인자가 권세를 받는 구조는 본질상 동일하다. 이것은 다니엘서 자체에 모방과 역설적 대조에 대한 의도가 있음을 암시한다. 다니엘 7장의 '권한 수여' 삼중 구조가 요한계시록 13장 전체에 걸쳐 나타나는 것은 13장이 주로 다니엘 7장에 따라 형성되었다는 우리의 결론을 지지한다. 이에 비추어 볼 때 12, 14, 15절에서 권한 수여 문구와 짐승의 보편적 경배 개념이 결합되어 있는 것은 요한계시록 13:7b-8a에 나오는 다니엘 7:14의 역설적인 용법(분명히 원래의 의미와 반대로)을 전개하는 것으로 보인다. 이 점으로 보아 사악한 권한 수여와 사악한 인물의 보편적 경배의 결합 개념은 다니엘서 본문에 대한 역설적인 이해에 따라 가장 잘 확인된다.

또한 과거 주석가들이 지적한 것처럼 요한계시록 13장의 용, 바다에서 나온 짐승, 땅에서 나온 짐승은 성부, 성자, 성령과 경쟁 구도를 이루는 삼위일체를 구성한다. 성자께서 성부에게서 권세를 받으시는 것처럼[2:27, 3:21] 짐승도 용에게서 권세를 받는다.[13:4] 짐승은 그리스도께서 그러신 것처럼[19:12] 머리에 왕관을 쓰고 있고,[13:1] 또 그리스도께서 그러신 것처럼[1:18, 5:6] 죽게 되고 부활한 것처럼 보인다.[13:3, 14] 인자가 하나님 앞에 나아가 모든 백성과 나라들이 경배하는 권세를 받는 것처럼[단 7:13-14] 짐승도 용에게 나아가 온 땅이 자기를 경배하는 권세를 받는다.[계 13:1-3] 성령이 하나님의 생기[히브리어 *ruah*]를 표상하는 것처럼[겔 37:9-14] 거짓 선지자도 짐승의 우상에게 생기를 준다.[계 13:15] 성령이 성자를 영광스럽게 하는 것처럼[요 16:14] 거짓 선지자도 짐승을 영광스럽게 한다.[계 13:12-15] 이런 삼위일체적인 모방은 또한 삼위일체 하나님의 777을 모방하지만 부족한 666으로 그치는 것으로도 암시된다. 다니엘서 그리고 특히 요한계시록에 나타난 모방의 요점은 사악한 짐승들이 사람을 미혹하려고 시도할 때 진리를 위장하는 데 성공하는 것처럼 보이지만, 항상 악한 상태에 있어 자기들이 모방하고 있는 신적 성품에 결코 도달하지 못한다는 것이다.

요한은 다니엘 7-12장에 예언된 배교, 미혹, 박해가 자신의 시대에 일어나기 시작한 것으로 간주한다. 요한이 알려 주는 것처럼 그리스도인은 미혹을 특히 조심해야 한다. 그리스도인은 하나님이 그들의 믿음의 진정성을 시험하고, 믿음을 연단시키려고 궁극적으로 미혹의 짐승을 보내시는 당사자임을 알아야 한다.[6:2, 8 주석 참조] 마찬가지로 이스라엘 역사 속에서 하나님은 "이적과 기사를 네게 보이고……다른 신들을 우리가 따라 섬기자고 말하는" 거짓 선지자들을 보내심으로써, 이스라엘의 자신에 대한 사랑을 "시험하셨다."[신 13:1-3 • 신 13:6-8, 계 13:13-14 참조]

하나님은 역사가 끝날 때 신자들에게는 상을 주시고 짐승과 그를 따르는 자들에게는 형벌을 내리심으로써 영광을 받으신다[14:1-15:4]

14장에서 또 하나의 환상의 순환이 끝난다. 이 순환은 12장에서 그리스도의 탄생을 예견하는 것으로 시작되었고, 14장에서 최후의 심판에 대한 언급으로 끝난다. 앞에서 확인한 것처럼 14:1-15:4은 거듭 등장하는 환상 소개 공식인 '또 내가 보니' 또는 '보라'를 추적하면 가장 잘 구분된다. 그렇게 해보면, 12장에 대한 서론 주석에서 제시한 것처럼 일곱 부분, 곧 일곱 환상 '이적'을 확인할 수 있다.

12-13장 대부분의 내용은 사탄과 그의 동지인 두 짐승이 주도한 불신앙의 힘에 의해 신자들이 받는 박해에 관한 것이다. 두 동지는 사람을 미혹하여 자기들을 따르도록 한다. 이제 14장은 15:2-4과 함께 박해받은 신실한 자들에게 주어질 마지막 상과 짐승과 그를 따르는 자들에게 주어질 마지막 처벌을 증명한다. 14:1-15:4은 짐승에 대한 성도들의 승리와 하나님의 영광에 대한 찬양으로 끝난다.[15:2-4] 하나님은 짐승을 심판하고 성도들이 짐승을 패배시킬 수 있도록 그들을 인도하신 분이므로 영광을 받으신다. 그러므로 12:1-15:4 부분에서 서술된 모든 내용은 하나님의 영광의 최종 목적을 향해 나아가는 것으로 이해되어야 한다. 동일한 구도가 4-5장, 인 심판, 나팔 심판에서 확인되었다. 14:1-15:4을 또 하나의 실제적인 미래의 최후 심판과 상에 대한 예언적 서술로 보는 것이 가장 좋다.[6:12-17, 11:15-19 참조]

❶ 신자들과 함께하시는 하나님과 그리스도의 임재는 어린양과 신자들의 궁극적인 동일화, 그들의 구속, 그들의 인내하는 의를 보장한다[14:1-5]

14 [1]또 내가 보니 보라, 어린양이 시온 산에 섰고 그와 함께 십사만 사천이
서 있는데 그들의 이마에는 어린양의 이름과 그 아버지의 이름을 쓴 것이
있더라. [2]내가 하늘에서 나는 소리를 들으니 많은 물 소리와도 같고 큰 우렛소리와도
같은데 내가 들은 소리는 거문고 타는 자들이 그 거문고를 타는 것 같더라. [3]그들이
보좌 앞과 네 생물과 장로들 앞에서 새 노래를 부르니 땅에서 속량함을 받은 십사만
사천 밖에는 능히 이 노래를 배울 자가 없더라. [4]이 사람들은 여자와 더불어 더럽히지
아니하고 순결한 자라. 어린양이 어디로 인도하든지 따라가는 자며 사람 가운데에서
속량함을 받아 처음 익은 열매로 하나님과 어린양에게 속한 자들이니 [5]그 입에 거짓
말이 없고 흠이 없는 자들이더라.

1. "또 내가 보니"는 12:1에서 시작된 일곱 환상 시리즈 가운데 네 번째 환상을 시작하는 소개말이다. 1절에서 어린양이 13장의 짐승과 직접 병렬 배치된 것은 대조로 작용한다. 이것의 요점은 예수께서 참된 어린양으로 충성을 받으시는 데 있어 13:11의 가짜 어린양(둘째 짐승) 및 첫째 짐승과 대조 속에 있음을 강조하는 데 있다. 어린양은 "시온 산에 서 있는" 것으로 확인된다. 구약성경에서 하나님의 참된 성읍을 가리키는 의미로 155회에 걸쳐 사용된 '시온'이라는 단어는 하나님의 성전 거주를 가리키거나 하나님의 백성의 상징으로 사용될 수 있지만 일반적으로는 역사가 끝날 때 하나님께서 다스리실 영원한 성을 가리킨다. 마지막 때에 하나님은 시온 산에서 메시아이자 왕으로 취임하실 것이다. "내가 나의 왕을 내 거룩한 산 시온에 세웠다 하시리로다. 내가 여호와의 명령을 전하노라. 여호와께서 내게 이르시되 너는 내 아들이라. 오늘 내가 너를 낳았도다."시 2:6-7 시온 자체와 구별되어 '시온 산'이라는 완전한 명칭은 구약에서 단지 19회 나타나는데, 적어도 그중 9회는 하나님의 이름이나 하나님의 주권적인 통치와 관련해 또는 때때로 둘 모두와 관련해 구원받은 남은

자를 가리키는 데 사용된다.[왕하 19:31, 사 4:5, 10:12, 37:30-32, 욜 2:32 등]

이와 같은 구약 배경에 비추어 볼 때, 요한계시록 14:1에서 '시온 산'은 하나님이 세상에서 불러냄을 받은 남은 자와 함께 거하시고, 또 그들에게 안전을 제공하시는 마지막 때의 성으로 간주되어야 한다. 흥미롭게도 신약성경 다른 곳을 보면 여호와께서 시온 산에서 이스라엘을 구원하신다는 구약의 예언은 교회 시대 동안에 성취가 시작된 것으로 확인된다.[행 2:16-21, 13:33, 히 1:1-5, 계 2:26-27, 12:5] 사도행전 13:33에 따르면 이 약속은 이미 그리스도 안에서 성취되었고, 따라서 어떤 의미에서 그리스도는 이미 시온 산에서 왕으로 취임하여 자기 백성을 다스리고 계신다. 이와 동일한 마지막 때의 시작된 성취 관념이 요한계시록 14:1에서 제시된다는 주장은 1-5절이 13장의 짐승 및 교회 시대 동안 세상에 존재하는 짐승을 경배하는 자들과의 대조를 보여준다는 것으로 지지를 받는다. 따라서 시온은 성도들이 교회 시대 동안 열망하는 이상적인 하늘의 성(천성)을 가리킬 것이다.[갈 4:25-27, 히 12:22-23] 이러한 점에서 죽어 영광 속에 들어가 그 성에 서 있는 성도들을 이 환상 속에 포함시킬 수 있다. 이것은 요한계시록 다른 본문에서 어린양이 등장할 때는 항상 그분이 하늘에 계시는 것으로 나타난다는 사실로 지지를 받는다(7:9-14은 어린양이 하늘에서 구속받은 무리와 함께 계시는 것으로 묘사한다). 따라서 '시온'은 궁극적인 성취는 아직 임하지 않았지만 교회 시대 동안 이루어지는 하나님의 임재를 가리킨다고 말할 수 있다. 이것은 7:9-17과 일치하는데, 그 이유는 7:9-17의 환상이 과거, 현재, 미래가 결합되어 있기 때문이다.[7:16-17 주석 참조]

'새 이름'이 종말론적 시온과 거듭 연계되는 것은 결코 우연이 아니다. 시온 성은 여러 가지 새 이름이 주어질 것인데,[LXX 사 62:2, 65:15 • 사 56:5 참조] 모두 회복된 성의 새로운 특징을 나타낸다. 예를 들면 이 성의 새 이름은 다음과 같다. 헵시바,[사 62:4] 버림받지 아니한 성읍,[사 62:12] 여호와의 보좌,[렘 3:17] 여호와는 우리의 의,[렘 33:16] 여호와삼마.[겔 48:35] 이상의 구약 배경은 신자들에게 새겨진 신적 이름인 "그들의 이마에는 어린양의 이름과 그 아버지의 이름을 쓴 것이 있더라"가 하나님께서 자기 백성과 함께하며 그들을 보호하시는 것을 가리키는 비유 용법이라는 사실을 암시한다. 이것은 새 이름[2:17 주석 참조] 및 인[7:2-3]과 관련해 앞에서 내린 동일한 결론으로 확증된다. 22:4로도 더 명확히 확증되는데, "그의 얼굴을 볼 터이요 그의 이름도 그들의 이마에 있으리라."[21:3 참조] 또한 3:12에서 그리스도는 이기는 자에게 "하나님의 이름과 하나님의 성 곧 하늘에서 내 하나님께로부터 내려오는 새 예루살렘의 이름과 나의 새 이름을 그이 위에 기록하리라"고 말씀하심으로써 안전의 의미를 강조하고, 은유적으로 이것을 이기는 자는 결코 다시는 나가지 않을 "내 하나님 성전에 기둥이 되게" 하는 것과 동등시하신다.

시온은 또한 하나님께서 이스라엘의 성전에 왕으로 앉아 계신 곳이기 때문에 시온에 대한 어린양의 지위는 그분이 우주 보좌의 유일한 참 권리자임을 증명한다. '그 아버지'라는 언급 역시, 몇 구절 뒤에 나오는 어린양이라는 언급과 함께,[4절] 그리스도께서 시편 2:6-9의 '이미-아직' 단계의 성취가 있을 때 시온에서 보좌를 차지할 유일하게 합당한 상속자라는 사실을 확증한다. 사도행전 13:32-35, 히브리서 1:2-5, 요한계시록 2:26-28과 12:5은 시편 2편을 그리스도의 부활과 이후의 통치에 적용시킨다.

시온 산에 그리스도와 함께 선 것으로 묘사된 '십사만 사천'은 7:4에서 인침을 받은 자와 동일하다. 즉, 모든 시대의 성도들을 가리킨다. 그리스도의 이름과 그 아버지의 이름은 비신자들의 이마에 기록되어 있는 '짐승의 이름'과[13:16-17] 정반대의 위치에 있다. 십사만 사천이라는 수—교회를 표상하는 열 두 지파와 열두 사도에 온전함을 상징하는 1,000을 곱한 수—는 모든 시대의 참 이스라엘 자손으로 간주되고, 인간에 대한 하나님의 계획을 달성하는 데 온전하지 못함을 상징하는 뜻으로 이마에 육백육십육을 새긴 짐승의 추종자들과 정반대 위치에 있는 하나님의 참 백성의 충분한 수를 의미한다. 22:3-4은 이마에 어린양의 이름을 가진 자들이 역사 전체에 걸쳐 구속받은 자들의 전체 공동체('그의 종들')를 표상한다는 것을 암시한다. 그리스도인의 이마에 새겨진 그리스도와 하나님의 이름은 7:1-8에서 십사만 사천의 이마에 두어진 인과 동등하다. 인과 신적 이름의 동등성은 13:17에서 비신자들의 이마에 새겨진 짐승의 '표'(인)가 '짐승의 이름'과 동일한 것으로 확인되고, 또한 14:9-11에서 "그[짐승을 경배하는 자]의 이마의 표"가 또한 "그[짐승]의 이름표"로 불리는 것으로 확증된다. 그리고 2:17에서 확인한 것처럼, 신적인 이름과의 동일화는 실제로 그리스도께서 사람들에게 자신을 계시하고 그들이 그리스도의 이름을 시인할 때 시작된다. 이 일은 그들이 새로운 영적 지위를 얻고, 그리스도의 이름을 부인하지 않는 능력을 부여받으며,[3:8-10] 따라서 마지막 때의 환난을 거칠 때 인내하게 된다는 것을 의미한다.[3:8-10, 2:13a 참조] 그러므로 인은 참 이스라엘에게 부여된 증인의 역할을 감당할 능력을 십사만 사천에게 준다.[사 42:6-7, 49:6, 51:4-8] 따라서 하나님의 이름과 인은 구속받은 공동체의 참된 구성원의 표지로, 이 표지가 없으면 영원한 시온에 들어가는 것이 불가능하다. 그러므로 여기서 묘사되는 이들은 구속받은 일부가 아니라 전체 공동체다.

2-3. 십사만 사천이 "거문고 타는 자들이 그 거문고를 타는 것 같은" 소리로 하나님을 찬송하고 '새 노래'를 부른다. 거문고 타는 자와 새 노래를 부르는 천상의 무리 심상은 요한계시록 다른 곳에서는 5:8-

10과 15:2-4에서만 나타난다. 두 본문은 성도가 그들의 승리로 말미암아 부르는 찬송을 강조한다. 이 승리에 대해 말하자면 5장에서는 죄에 대한 승리를 강조하고 15장에서는 짐승에 대한 승리를 강조한다. 따라서 14:2-3의 심상은 구속받은 성도들이 그 승리로 말미암아 하나님을 찬송하는 것을 묘사한다. 그러므로 요한이 지금 2절에서 '듣는' 것이 그가 1절에서 '본' 것을 해석한다(듣는 말이 환상을 해석하거나 반대로 환상이 듣는 말을 해석하는 패턴은 5:5 이하와 12:10에 대한 주석을 보라). 1절에서 마지막 때의 시온 산에 대한 구약성경과 유대교 배경으로 확인된 것이 여기서 표현되고 있다. 시편 2:6-12에서처럼 시온 산은 세계 전역의 구속받은 남은 자가 신적인 피난처와 최종 승리를 발견했던 곳이다. 구약성경에서 '새 노래'는 항상 원수를 이기신 하나님의 승리에 대한 찬송의 표현이었고, 여기에 때때로 하나님의 창조 사역에 대한 감사도 포함되었다.[시 33:3, 40:3, 96:1, 98:1, 144:9, 149:1, 사 42:10] 이제 '새 노래'가 다시 울려 퍼진다. 하지만 확장된 규모로 그리고 '마지막'이 영원히 계속된다는 의미에서 마지막으로 울려 퍼진다. 이것은 1-5절이 대대로 이어져 온 교회에 대한 이상적인 묘사뿐만 아니라 결국 온전히 구속받게 된 마지막 때의 교회에 대한 묘사에도 초점을 맞추고 있음을 의미한다.

이 노래에서 나오는 큰 소리가 '많은 물 소리'와 '큰 우렛소리'로 비유된다. 거의 동일한 표현이 19:6에도 나타나는데, 거기서는 '큰 음녀'의 심판의 결과로[19:2] 임하게 된 하나님의 승리의 통치가 언급된다. 이 합창대의 소리는 "각 나라와 족속과 백성과 방언에서 아무도 능히 셀 수 없는 큰 무리"[7:9]로부터 나오기 때문에 엄청나게 크다. 이들은 그리스도께서 자기 피로 사신 자들과 동일하다.[5:9] 그 소리는 그들이 거대한 무리, 곧 단순히 문자적인 십사만 사천이 아니라 모든 시대의 구속받은 자를 망라하는 충분한 수로부터 나오기 때문에 엄청나게 크다. 오직 그리스도로 말미암아 구속받은 자만이 자신들이 받은 하나님의 '새 이름'을 알 수 있는 것처럼,[2:17] "땅에서 속량함을 받은 십사만 사천 밖에는 능히 이 노래를 배울 자가 없다." '하늘에서' 나는 소리는 계시가 나오는 출처를 가리키고, 시온 산[1절] 또는 완성되기 이전이나 완성된 형태의 하늘의 예루살렘에[21:2, 10 이하] 대한 또 다른 언급일 수도 있다. 따라서 여기서 하늘의 시온이나 예루살렘의 두 시간적 단계가 희미해진다.

4a. 4-5절에서 구속받은 자에 대한 묘사가 주어진다. 첫째, 그들은 "여자와 더불어 더럽히지 아니하고 순결한 자"(문자적으로 '숫총각')다. 4절의 상징 용법은 이스라엘 군사들에게 전투에 임하기 전 의식적인 순결을 보존할 것이 요구되었던 배경에 기반이 두어져 있을 것이다.[신 23:9-10, 삼상 21:5, 삼하 11:8-11, 1QM VII.3-6] 리처드 보컴은 이 개념을 전개하면서 역설적인 성전[聖戰]을 치르는 성도들 가운데 남은 자를 비유적으로 표현하는 것으로 보았다. 보컴에 따르면 '역설적'이라는 말은 그리스도인의 싸움에서 승리하는 능력이 어린양을 본받는 자기 희생에 있다는 의미를 담고 있다.[8] 이 견해는 가능하기는 하지만 이 상징 용법의 본질적 요소인 순결함이라는 지배적인 은유를 설명해 주지는 못한다. 이 견해는 또한 불필요하게도 십사만 사천을 참 교회의 남은 자로 제한한다. 그럼에도 불구하고 14:1과 7:4-8 사이의 연계성은 거룩한 싸움 개념을 어느 정도 증명한다. 왜냐하면 7장에 거룩한 군사 개념이 나타나기 때문이다. 거룩한 싸움이라는 주제는 14:4("어린양이 어디로 인도하든지 따라가는 자며") 및 19:14과의 평행 관계로 더 깊이 확증된다. 19:14은 그리스도인을 메시아 대장을 따르는 군대로 묘사한다. "하늘에 있는 군대들이 희고 깨끗한 세마포 옷을 입고 백마를 타고 그[그리스도]를 따르더라."

어떤 이들은 '순결한 자'(일부 번역에서는 '처녀')를 결혼한 다른 성도들과 비교해 특별히 결혼하지 않은 의로운 그리스도인 특수 집단을 가리킨다고 생각하고, 결혼한 성도는 그만큼 죄로 더 얼룩져 있다고 주장한다. 그러나 순결한 자는 상징적인 의미로 취해져야 하는 것이 분명하다. 성경 어디서도 결혼 안의 성관계를 죄로 간주하지 않기 때문이다. 게다가 십사만 사천이 하나님의 전체 백성을 상징한다면 그것은 요한이 전체 교회에 독신을 요구했다는 의미가 되고 말 것이다. 하지만 이는 정말 불가능하다. 우리가 보기에는 순결한 자를 (단순히 남은 자만이 아니고) 여러 가지 면에서 세상과 타협하지 않고 순결한 신부로서 신랑에게 정절을 지킨[19:7-9, 21:2, 고후 11:2] 모든 참 성도에 대한 은유로 이해하는 것이 더 낫다. 십사만 사천이 모든 참 신자를 표상한다는 앞에서 이미 도달한 결론이 정확하다면 이것은 당연히 사실일 것이다. 성도들이 그리스도를 둘러싸고 있는 장면이 나오는 다른 곳을 보면,[7:9, 17, 19:8-9] 그들은 구속받은 공동체 전체다. 나아가 십사만 사천이 온전함에 대한 비유적인 표현이라면 왜 순결한 자 역시 비유적인 표현이 되어서는 안 되겠는가? 이러한 해석은 예루살렘이 구약성경에 기반을 둔 신부로 지칭될 뿐만 아니라[21:2] '처녀'가 구약성경에서 이스라엘 민족을 가리키는 데 반복적으로 적용된 이름이라는 사실로도[왕하 19:21, 사 37:22, 렘 14:17, 18:13, 31:4, 13, 21, 애 1:15, 2:13, 암 5:2] 강화된다. 최소한 이스라엘을 '처녀'로 보는 광범한 배경을 염두에 두었으리라는 것은 또한 요한계시록 14:4의 '더럽힘' 개념 배후에 '처녀 딸' 이스라엘이 우상숭배로 더러워진 것이 놓여 있고, 동일한 개념이 14:8의 배후에 놓여 있는 것으로도 암시된다.[14:8 주석 참조]

'순결한 자'(헬라어 *parthenos*는 '처녀'로도 번역될 수 있다)는 이 장면이 단순히 여자에게 자신을 더럽히지 않은 남자들에 대한 묘사라는 것으로 보면 남성을 가리킬 수도 있다. 그들은 '큰 음녀'[17:1]와 부적절한 관계를 갖지 않았다. 더러움을 방비하는 것은 황제숭배나 상인 길드의 우상숭배 제도에 가담하지 않은 그리스도인과 관련해 요한계시록 앞부분에서 언급되었다(신앙을 고백하는 그리스도인의 더럽힘 또는 더럽히지 않음에 대해서는 2:9, 13-15, 20, 3:4-5에 대한 주석을 보라). 이 묘사는 2:14, 20-22의 묘사와 동일하다. 거기 보면 '음행'은 주로 신자들이 이방 신과의 영적인 간음을 저지르도록 유혹하는 것을 가리키는 은유다. 마찬가지로 바울도 뱀의 미혹과 왜곡된 복음을 피하도록 경고함으로써 신자들이 그리스도에게 '정결한 처녀'로 나타나기를 바란다.[고후 11:2-4, 13-15]

4b. 구속받은 참 신자의 또 다른 특징은 우상숭배하는 세상에 가담하지 않고 자신을 그리스도와 동일시하는 것이다. "어린양이 어디로 인도하든지 따라가는 자며." 속죄 제물인 어린양과 같이 참 신자도 자기 삶을 하나님께 제물로 바친다.[롬 12:1] 성도는 "사람 가운데에서 속량함을 받아 처음 익은 열매로 하나님과 어린양에게 속한 자들"이다. '처음 익은 열매'는 교회 시대에 또는 14:14-20에 나오는 많은 신자들의 큰 수확기의 전조인 역사의 마지막 시점에 다양한 곳에 사는 그리스도인(특히 유대인 출신의 그리스도인) 순교자 소집단을 가리킬 수 있다. 이 견해는 신약성경 다른 곳에 나타난 '처음 익은 열매'의 용법으로 지지를 받는다. 처음 익은 열매는 장차 있을 많은 사람들의 회심에서 시작에 해당하는 자들을 가리키거나[롬 16:5, 고전 16:15, 살후 2:13] 마지막 때 기업의 첫 증거로서 성령을 가리키거나[롬 8:23] 모든 그리스도인의 후속적인 부활의 시작으로 그리스도의 부활을 가리킨다.[고전 15:20, 23]

그러나 4절에서 '처음 익은 열매'는 대대로 역사 전체에 걸쳐 살았던 신자 모두를 가리킨다고 보는 것이 더 낫다. 성도를 처음 익은 열매로 제시하는 것은 그리스도인을 주님께 바쳐진 제물로 보는 개념을 더 깊이 전개한다. 구약성경에서 처음 익은 열매(첫 열매)는 하나님의 소유권을 표시하는 의미에서 하나님께 바쳐졌고, 따라서 수확의 나머지 부분은 하나님의 주권적인 계획에 따라 하나님의 백성이 사용하도록 거두어졌다. 4절의 처음 익은 열매는 결국 충분하고 최종적인 구속을 받는 모든 시대의 신자 전체를 가리킬 것이다. 이것은 1-5절의 집단(십사만 사천)이 7장의 집단과 동일하므로 지지를 받는다. 7장을 보면 십사만 사천이 하나님의 참 백성, 곧 참 이스라엘의 충만한 수를 가리킨다. 처음 익은 열매의 전체 개념은 애굽에서 속량 받은 이스라엘 민족을 "여호와를 위한 성물 곧 그의 소산 중 첫 열매"로 부르는 예레미야 2:2-3과 일치한다. 예레미야 2:2-3이 요한계시록 14장에 적합한 까닭은 8-11장(나팔 심판)과 15-16장(대접 심판)이 출애굽 주제에 깊이 의존하기 때문이다. 예레미야 2:2-3은 이스라엘을 믿지 않는 민족들 가운데서 따로 하나님을 위해 구별한 나라로 강조한다. "이스라엘은 여호와를 위한 성물 곧 그의 소산 중 첫 열매이니 그를 삼키는 자면 모두 벌을 받아 재앙이 그들에게 닥치리라." 예레미야 2:2-3에서 이스라엘은 그들에게 적대적인 심판받은 민족들과 구별되어 첫 열매로 속량 받았다고 묘사된다. 야고보서 1:18과 같이(문자적으로 "[새로] 지음 받은 것 가운데 첫 열매"), 요한계시록 14장도 새로운 피조물로서 새 예루살렘(시온 산)에 사는 택함 받은 백성은 더 많은 사람들이 속량 받을 것을 예견하지 않으며, 나머지 새 피조물의 '처음 익은 열매', 곧 시작 부분임을 강조할 것이다. 그러한 이유는 그들이 먼저 나시고 대표 머리이신 예수와 동일시되기 때문이다.[1:5, 3:14, 골 1:18, 고후 5:17 참조]

구약 시대의 구속받은 이스라엘 민족과 같이 새 이스라엘도 하나님을 위해 구별되고 우상숭배로 얼룩진 인간과 분리된 순결한 제물이다. 구약성경에서 처음 익은 열매 이후에 수확한 나머지 열매는 세속적이거나 저속한 것으로 간주되었던 것처럼, 여기서도 속량함을 받은 자는 깨끗하지 않고 세속적이고 저속한 나머지 사람들과 특별히 구별된다. 이 점에서 처음 익은 열매 개념은 4a절의 처녀 심상 배후에 놓인 사상을 잇고 있다. 3-4절에서 '속량'(값 주고 사다)이라는 단어를 두 번에 걸쳐 사용하는 것을 보면, 구속받은 성도들의 충만한 수를 염두에 두고 있다는 결론이 따라 나온다. 대속의 의미를 가진 이 말의 유일하게 다른 용법은 5:9에서 나타나는데, 거기 보면 선별된 집단이 아니라 모든 그리스도인의 구원에 대해 말한다.

5. 진정으로 구속받은 성도들은 어린양을 따르므로 어린양의 속성을 취한다. 그들은 어린양의 희생의 본보기가 이끄는 대로 어린양을 따라갔다. 따라서 이사야 53:9의 인유는 그리스도인의 헌신의 희생적인 성격을 더욱 강화시킨다. "그 입에 거짓말이 없고 흠이 없는 자들이더라." 그들은 "자칭 [참된] 유대인이라 하나 그렇지 아니하고 거짓말하는"계 3:9 자들과 대조적인 위치에 있다. 거짓말하지 않는 것에 대한 언급은 단순히 일반적인 신뢰성을 말하는 것이 아니라, 문맥으로 보아 성도들이 짐승과 거짓 선지자가 믿음을 타협하고 우상숭배적인 거짓말을 따르도록 획책하는 박해 아래서 예수에 대하여 성실히 증언했다는 것에 초점이 있다(13:10, 14:12에서 성도의 견인에 대한 언급을 주목하라).요일 2:22 참조 앞에서 간략히 언급한 것처럼 이 성실함의 표현은 이사야 53:9에 예언된 메시아 종의 성품을 인유한다. "그의 입에 거짓이 없었으나." 더욱 놀라운 것은 이 표현이 그 종을 "도수장으로 끌려가는 어린양"사 53:7으로 언급한 직후에 나오기 때문이다. 성도들은 메시아의 두 성품을 모두 반사한다. 비슷한 말이 스바냐 3:13에서도 발견된다. "입에 거짓된 혀가 없으며." 스바냐 3:11-14은 문구가 요한계시록 본문과 평행한 것 외에도, 하나님께서 마지막 때에 남은 자, 곧 하나님의 '거룩한 산'(시온)과 동일시되는 자를 구원하시는 것에 대해 말한다. 스바냐는 이사야 53장을 인

유하고, 따라서 이사야서의 종과 남은 자를 연계시키는 것으로 보인다. 요한계시록 14:1-5은 부분적으로 스바냐와 이사야의 예언의 성취를 묘사한다. 성도들은 이사야 53장 예언의 성취 속에 포함되는데, 그들이 그들을 위해 죽으셨으며 거짓말이 없고 흠이 없으신 메시아 어린양에 의해 대표되기 때문이다.

14:1-5 묵상 제안

구속받은 자에 대한 그리스도의 다스리심과 보호하심: 요한계시록 12장과 13장은 마귀와 그의 대행자의 손에 의해 일어나는 교회의 박해와 고난을 묘사한다. 그러나 14:1-5에서 이와 대응을 이루는 요점이 그리스도께서 시온 산에서 자기 백성을 다스리시는 웅대한 장면을 묘사하는 것으로 제시된다. 본서의 주석에 따르면 그리스도의 다스리심이 이미 시작되었다는 사실은 그리스도께서 고난 속에서도 자기 백성을 영적으로 보호하신다는 것을 의미한다. 우리는 원수가 우리에게서 빼앗아 갈 수 있는 외적 사실들에 지나치게 많은 가치를 부여하고 그리스도와 갖는 구원 관계에는 충분한 가치를 부여하지 않기 때문에 이 진리를 깨닫지 못하고 있는 것은 아닌가? 특히 고난 가운데 있는 신자들의 경우에는 인내를 위해 이 사실을 깨닫는 것이 얼마나 중요하겠는가?

찬송으로 반응하는 것: 2-3절에서 땅에서나 하늘에서나 하나님의 백성은 자신들이 얻은 승리로 말미암아 하나님과 어린양께 진심으로 찬송을 드리는 것으로 묘사된다. 찬송의 '새 노래'가 우리가 그리스도와 맺는 관계의 특징인가? 우리는 진실로 그리스도께서 우리를 위해 행하신 위대하신 일에 초점을 맞추고 있는가? "범사에 감사하라. 이것이 그리스도 예수 안에서 너희를 향하신 하나님의 뜻이니라"[살전 5:18]는 바울의 명령을 준수하는 것이 얼마나 중요한가? 찬송으로 반응하는 것은 우리에게 얼마나 긍정적인 영향을 미치고 우리를 주님 가까이로 이끄는가?

제자도의 이중적 본질: 4절에서 그리스도인의 삶이 두 가지로 제시된다. 우리는 세상을 따라가지 말고 아무리 손해가 크더라도 세상의 가치와 타협해서는 안 되며, 어린양이 "어디로 인도하든지" 따라가야 한다. 이 둘은 동전의 양면이다. 그런데 우리는 한 면을 희생시키고 다른 면만을 강조하지는 않는가? 두 가지는 왜 균형을 맞추어야 하는가?

그리스도를 닮아 가는 것: 요한계시록 14:1-5은 그리스도를 따라가는 자는 결국 그리스도를 닮게 될 것이라는 선언으로 끝난다.[5절] 이것은 왜 그러한가? 반대로 이기적인 목적을 위해 돈, 권력 또는 지위를 추구하는 자에게도 똑같이 적용되는가? 제자는 그리스도가 "어디로 인도하든지 따라가는 자"를 의미한다. 이것이 우리의 기독교적인 삶의 특징인가? 신자들이 전심으로 그리스도를 따르지 않을 때, 그리하여 주변 세상에 그리스도의 성품을 보여주지 못할 때, 그것은 얼마나 큰 비극인가!

❷ 하나님은 적그리스도 세력에 충성을 바치는 세상 구조와 민족들을 심판하시지만 억압 아래서 인내하는 신실한 자에게는 영원한 상을 베푸실 것이다[14:6-13]

14 6 또 보니 다른 천사가 공중에 날아가는데 땅에 거주하는 자들 곧 모든 민
족과 종족과 방언과 백성에게 전할 영원한 복음을 가졌더라. 7 그가 큰 음
성으로 이르되 하나님을 두려워하며 그에게 영광을 돌리라. 이는 그의 심판의 시간이
이르렀음이니 하늘과 땅과 바다와 물들의 근원을 만드신 이를 경배하라 하더라. 8 또
다른 천사 곧 둘째가 그 뒤를 따라 말하되 무너졌도다, 무너졌도다, 큰 성 바벨론이여.

모든 나라에게 그의 음행으로 말미암아 진노의 포도주를 먹이던 자로다 하더라. [9] 또 다른 천사 곧 셋째가 그 뒤를 따라 큰 음성으로 이르되 만일 누구든지 짐승과 그의 우상에게 경배하고 이마에나 손에 표를 받으면 [10] 그도 하나님의 진노의 포도주를 마시리니 그 진노의 잔에 섞인 것이 없이 부은 포도주라. 거룩한 천사들 앞과 어린양 앞에서 불과 유황으로 고난을 받으리니 [11] 그 고난의 연기가 세세토록 올라가리로다. 짐승과 그의 우상에게 경배하고 그의 이름표를 받는 자는 누구든지 밤낮 쉼을 얻지 못하리라 하더라. [12] 성도들의 인내가 여기 있나니 그들은 하나님의 계명과 예수에 대한 믿음을 지키는 자니라. [13] 또 내가 들으니 하늘에서 음성이 나서 이르되 기록하라, 지금 이후로 주 안에서 죽는 자들은 복이 있도다 하시매 성령이 이르시되 그러하다, 그들이 수고를 그치고 쉬리니 이는 그들의 행한 일이 따름이라 하시더라.

믿지 않는 세상에 대한 심판의 경고가 선언된다.[6-7절] 하지만 이 경고에 세상과 그 구조를 따르는 자들은 귀를 기울이지 않고, 그 결과 역사가 끝날 때에 그들에게 최후의 심판이 임할 것이다.[8절] 이 최후의 역사상의 심판은 박해자에게 임하는 최종적이고 영원한 심판이다.[9-11절] 그러나 이 경고는 참 신자들에게 영원한 상을 받게 하는 그리스도에 대한 신실함을 유지하도록 영향을 미치려는 의도를 갖고 있다.[12-13절]

6. '또 보니'라는 말은 12:1에서 시작된 주요 환상 시리즈의 다섯 번째 환상을 시작하는 소개말이다(이전의 네 환상은 각각 12:1, 13:1, 13:11, 14:1에서 시작되었다). 6-13절의 시기는 1-5절의 초점 가운데 하나인 완성 시기 직전이다. 이제 두 집단의 운명을 대조하기 위해 초점이 구속받은 자에게서 구속받지 못한 자에게로 이동한다.[6-11절] "또 보니 다른 천사가 공중에 날아가는데 땅에 거주하는 자들 곧 모든 민족과 종족과 방언과 백성에게 전할 영원한 복음을 가졌더라." 여기서 천사는 은혜의 사자가 아니라 심판의 사자다. 이 천사의 선포는 은

혜의 제공보다 복음의 사법적인 측면을 강조한다. '복음'이라는 말 앞에 정관사가 없는 것은 의미심장한데, 그것은 신약성경 다른 곳에서는 복음이라는 말 앞에 항상 정관사가 붙어 있고, 예외 없이 그리스도 안에서 제공된 은혜를 강조하기 때문이다. 천사는 다른 복음을 선포하지는 않지만, 바울이 로마서 1:16-3:21, 고린도후서 2:14-16, 사도행전 17:18-32에서 강조하는 것처럼, 만일 거부하면 비참한 결과를 수반하는 복음이다. 후속 구절은[8-11절] 여기서 선포되는 복음이 최소한 형벌 국면을 포함한다는 것을 암시한다. 확실히 후속 구절들은 사법적인 측면을 강조한다. 14장은 최후의 심판에 대한 두 가지 묘사로 절정에 달하고,[14-20절] 14-20절은 6절에 소개되고 10절과 11절에서 더 상세히 표현된 사법적인 분위기를 강화시킨다. 6절에서 복음이 '영원한' 것으로 불리는 이유는 그것이 불변하고 영원히 타당하기 때문이다.

이 천사의 진노하는 성격은 또한 8:13에서 세 번의 화를 선포하는 사자와의 유사성으로도 암시된다. 이들은 각기 공중을 날아가면서 믿지 않는 땅에 거하는 자들에게 큰 소리로 자신의 메시지를 전한다. 6절에서 "땅에 거주하는 자들"은 "땅에 거하는(사는) 자들"과 동의어다(후자 문구가 부정적인 우상숭배의 함축성을 갖고 있는 것에 대해서는 3:10, 6:10, 8:13, 11:10, 13:8, 12, 14, 17:2, 8을 보라). 천사가 전하는 말을 듣는 수신자에 대한 추가 묘사가 6절 끝 부분에서 주어진다. **"곧 모든 민족과 종족과 방언과 백성에게."** 요한계시록 전반부에서는 이 문구가 구속받은 자를 가리킨다.[5:9, 7:9] 그러나 10:11의 첫 부분에서(그리고 13:7과 17:15에서 다시) 이 말은 버림받은 자를 가리킨다. 마태복음 24:14의 모든 민족에게 복음이 전파되리라는 예수의 말씀을 여기서 인유하는 것일 수 있다. 마태복음 24:14의 문맥은 세상의 적의와 교회 안에서의 배교에 대해 말하고 있는데, 두 개념 모두 요한계시록 13:1-18과 14:9-12에 포함되어 있다.

7. 7절이 복음의 유일한 내용을 구성하는 것인지 또는 6절에 선포된 복음의 추가 내용인지의 여부는 분명하지 않다. 7절은 복음 선포의 결론으로 충분히 작용한다. 7절의 주제는 심판이다. 이것은 성도들에게는 '기쁜 소식'('복음'의 문자적 의미)이다. 왜냐하면 심판은 짐승에 의해 그리고 궁극적으로 사탄에 의해 조종된 불경건한 세상 구조의 붕괴를 의미하기 때문이다. 10:7의 복음(기쁜 소식) 선포도 동일한 개념을 갖고 있다. 왜냐하면 10:7의 일차적인 언급은 하나님의 '비밀' 가운데 하나인 성도의 고난 다음에 그들의 박해자의 패배와 심판이 뒤따른다는 사실에 대한 것이기 때문이다. 그리스도인은 하나님께서 결국은 그분 자신의 명성을 보존하실 것이므로 힘을 낼 수 있다.

복음에 대한 적절한 반응은 "**하나님을 두려워하며 그에게 영광을 돌리는**" 것이다. 이 구절은 그 명령이 참된 회심을 일으킬 것이 기대된다는 뜻인지, 아니면 적대적인 인간에 대한 강제 명령으로 그들이 하나님의 임박한 심판의 실재성을 인정하게 될 것을[빌 2:9-11 참조] 함축하는지의 여부에 대한 난해한 질문을 일으킨다. 요한계시록에서 영광이 하나님께 돌려질 때 그 영광은 하나님의 영적인 공동체에 속한 자들에 의해 돌려진다(이 사실이 12회에 걸쳐 언급된다). 또한 요한계시록에서 하나님에 대한 경배가 언급될 때마다 그 경배는 항상 참 신자나 천사들에 의해 행해진다(이 사실이 12회에 걸쳐 언급된다). 가장 긴밀한 평행 구절인 15:4이 이것을 증명한다. 그러나 그 다음으로 긴밀한 평행 구절인 11:13("그 남은 자들이 두려워하여 영광을 하늘의 하나님께 돌리더라")에서, 우리는 믿지 않는 느부갓네살이 처벌을 받은 후에 하나님께 영광을 돌리는 내용을 언급하는 다니엘 4:34의 인유를 기초로, 하나님의 주권을 어쩔 수 없이 인정하는 일이 일어

나는 것으로 이해했다.11:13 주석 참조

이 점에서 6-8절은 또한 70인역 다니엘 4장의 느부갓네살에 관한 일련의 표현에 기초를 두고 있다.

- 천사가 느부갓네살에게 "지극히 높으신 이에게 영광을 돌리라"단 4:34고 명령하는 것은 요한계시록 14:7의 천사의 명령과 비슷하다.
- 느부갓네살 왕은 사방 우주를 만드신 이에게 '찬송'을 돌린다.단 4:37
- 6절에서 천사가 보편성을 함축하는 사중 공식을 통해 인간에게 선언하는 장면은 다니엘서의 동일한 공식에 기초가 두어져 있는데, 실례가 되는 두 본문은 다니엘 3:7과 4:1이다.
- 마지막 때 심판의 시점으로 '시간'hour, 7절을 사용하는 것은 다니엘서에서 동일한 말의 반복된 종말론적 용법에 기초가 있다. 다른 구약 용법도 유일하게 다니엘서에만 나온다. 바벨론 왕의 심판이 다가오는 때도 '시간'hour, 단 4:17a으로 묘사된다('시간'의 구약 배경에 관한 추가 설명은 17:12에 대한 주석을 보라). "그의 심판의 시간이 이르렀음이니"라는 문구와 문자적으로 가장 가까운 다니엘서의 평행 본문은 11:45이다. "그의 종말the hour of his end이 이르리니." 이 말은 마지막 때 반대자에 대한 하나님의 최후의 심판을 가리킨다.겔 7:7, 22:3 참조
- 마지막으로 중요한 공통 문구는 '큰 성 바벨론'이라는 말인데,8절 이는 다니엘 4:30에서 취해진다.

비록 느부갓네살이 하나님께 반응했다고 해도, 그가 일신론자로서 하나님을 경외하는 신자가 되었다는 증거는 어디에도 없다. 하나님께서 그에게 내린 심판으로 말미암아 겸비해진 느부갓네살은 어쩔 수 없이 자신이 아니라 하나님이 세상사의 참된 주권자였음을 인정했다. 이와 동일한 일이 마지막 때에 경건하지 않은 자들에게서도

일어날 것이다.

"그의 심판의 시간이 이르렀음이니"라는 말은 이 천사의 명령이 주로 그리스도의 재림이 있기 전 교회 시대 전체에 적용되는 것이 아니라 최후의 심판이 있기 직전에 심판을 시작하는 명령이라는 것을 암시한다. 이것은 17:12-18에서 바벨론의 심판과 관련해 '시간'이라는 단어를 사용하는 용법으로 지지를 받는다. 이 명령이 발해진 이유는 최후의 심판의 시작에 있다. 지금까지 거역하는 마음을 돌이키지 않은 자가 하나님께서 주권적인 심판자라는 사실과 하나님이 자기들을 심판하심으로써 영광을 받으신다는 사실을 시인하게 될 때는 오직 "그의 심판의 시간이 이르렀을" 때다.

그러나 '경배하다'*proskyneō*라는 동사는 "공손히 환영하다" 또는 "앞에 꿇어 엎드리다"라는 뜻을 가질 수 있고 이것은 하나님에 대한 강요된 인정 개념과 일치할 수 있지만, 요한계시록 다른 곳에서 하나님이나 짐승 가운데 어느 하나를 자원하여 예배하는 것을 가리킨다. 그러나 강요된 두려움, 영광, 경배 개념이 결국 만족스러운 관점이 아니라면 14:7의 천사는 진정한 회심에 대한 최후의 명령을 발하는 것으로 간주되어야 하는데, 그렇게 되면 직후 문맥이 보여주는 사실이 무시될 것이다. 또한 7절은 비신자들에게 피조물을 섬기는 우상숭배를 버리고 창조자를 섬기는 경배로 돌아오라는 권면이 될 것이다. 하나님이 만물의 창조자로 확인될 때 사람들은 피조물 대신 하나님을 경배해야 할 동기를 부여받게 된다. 7절은 사도행전 14:15과 비슷할 것이다. 즉, 우리가 "여러분에게 복음을 전하는 것은 이런 헛된 일을 버리고 천지와 바다와 그 가운데 만물을 지으시고 살아 계신 하나님께로 돌아오게" 함이다. 사도행전 14:18은 청중이 우상숭배하는 태도를 고수해 왔음을 지적하는데, 그것은 요한계시록 14장에서도 예상되는 상황이다. '모든 민족'6절이라는 말, 곧 7절의 명령을 받은 자들은 8절과 18:3의 '모든 나라'라는 말과 동일하고, 이들은 바벨론 음녀의 미혹하고 취하게 하는 포도주를 마셨기 때문에 바벨론 음녀와 함께 심판을 받도록 되어 있는 자들을 가리킨다.

8. 이 환상에서 "**또 다른 천사……가 그 뒤를 따라**" 심판을 선언하는데, 이것은 6-7절의 이전 천사의 선언에 나타난 사법적인 성격을 더욱 명확히 드러낸다. 바벨론은 나라들을 크게 미혹하여 그들이 첫째 천사의 복음에 대한 선언을 주목할 수 없도록 만들었다. "**무너졌도다, 무너졌도다, 큰 성 바벨론이여**"라는 문구는 바벨론 우상들의 파괴에 대한 진술과 동등한 의미로 이사야 21:9에 나온다. 직후인 9-11절에서 증명되는 것처럼 8절도 우상숭배적인 세상 구조의 붕괴를 염두에 두고 있다.

'큰 성 바벨론'은 교만한 느부갓네살이 한 말이다.[단 4:30] 마지막 때에 바벨론은 느부갓네살이 그랬던 것처럼 몰락할 것이다. "무너졌도다, 무너졌도다"라는 말의 과거 시제는 히브리어의 예언적 완료 시제와 똑같이 기능하는데, 이것은 미래의 사건을 마치 이미 일어난 것처럼 표현하는 용법이다. 같은 말을 반복한 것은 강조를 나타내고, 16:19과 18:2(이 본문도 똑같은 이중적 표현으로 설명을 시작한다)의 바벨론의 멸망에 대한 포괄적인 묘사를 예견한다. 로마 제국의 지배를 받는 불경건한 사회적·정치적·경제적 구조 아래 신자들은 이스라엘이 바벨론 아래 있었던 때와 똑같은 신세가 되었다. 그러므로 로마와 모든 악한 세상 구조는 '큰 성 바벨론'이라는 상징적인 이름으로 불린다. 확실히 바벨론에 대한 상징적인 해석은 역사적 바벨론에 내리는 하나님의 심판에 대한 예언으로 보아 의심의 여지없이 확실하다. 바벨론은 "영원히 황무지가 되고",[렘 51:26] "다시 일어서지 못할"[렘 51:64 • 렘 50:39-40, 51:24-26, 62-64, 사 13:19-22 참조] 것으로 예언되었다. 따라서 '큰 성 바벨론'이 새 언약 시대의 불경건한 나라에 적용되는 것은 그 말이 문자적인 바벨론을 가리키는 것이 될 수 없음을 분명히 증명한다.

불경건한 세상 질서의 종교적이고 우상숭배적인 요구에 순응하는 자가 많이 있다. 이런 순응의 이유는 바벨론이 "**모든 나라에게 그의 음행으로 말미암아 진노의 포도주를 먹였기**" 때문이다. 여기서 술취함 은유는 예레미야 51:7-8에서 나온다. "바벨론은 여호와의 손에 잡혀 있어 온 세계가 취하게 하는 금잔이라. 뭇 민족이 그 포도주를 마심으로 미쳤도다. 바벨론이 갑자기 넘어져 파멸되니." 예레미야 51:7-8 헬라어 본문의 문자적 의미는(전문적으로 원인의 소유격으로 불리는) "그와 음행 관계를 갖는 정열을 불러일으키는 포도주"다. '음행'에 해당하는 헬라어 단어*porneia*는 요한계시록 다른 곳에서 우상숭배와 연계되어 나타난다.[2:14, 20-21, 9:21, 17:2] 나라들은 바벨론에 협조하면 물질적인 안정을 보장받는다.[2:9, 13, 13:16-17 주석 참조] 이 협조가 없으면 안정도 제거될 것이다. 이 안정은 거부하기에는 너무나 큰 유혹이다. 8절의 '먹이던'이라는 말은 사람들이 번영하려면 사회의 요구에 순응해야 했다는 것을 의미한다. 일단 마시면 취하게 하는 힘으로 말미암아 바벨론의 파괴적인 영향력에 저항할 모든 욕구가 사라지고, 바벨론의 궁극적 불안정과 참된 안정의 원천이신 하나님에 대해 눈이 멀게 되며, 다가올 심판에 대한 두려움이 마비된다. 동일한 개념을 결합시켜 놓은 평행 본문이 호세아 4:11-12이다. "음행과 묵은 포도주와 새 포도주가 마음을 빼앗느니라. 내 백성이 나무에게 묻고……이는 그들이 음란한 마음에 미혹되어." 호세아서 본문에서 술에 취하고 영적으로 무지하게 된 자는 신실하지 못한 이스라엘이다. 또한 이사야 29:9-10도 보라. "그들의 취함이 포도주로 말미암음이 아니며……대저 여호와께서 깊이 잠들게 하는 영을 너희에게 부어 주사 너희의 눈을 감기셨음이니."

나라들이 바벨론의 진노의 포도주에 취해 정신이 없게 된 것이 경제적인 관점으로 해석되는 것은 18장, 특히 18:3로 보아 분명하다. 거기 보면 "땅의 왕들이 그와 더불어 음행*porneia*하였으며"가 "땅의 상인들도 그 사치의 세력으로 치부하였도다"와 평행 관계에 있다.[18:3 주석 참조] 18장에서 나라들은 바벨론의 멸망에 울며 애통하는데, 그 이유는 바벨론의 멸망이 그들 자신의 임박한 몰락을 의미함을 알고 두려워하기 때문이다.[18:9-10, 15, 19] 그러나 경제적인 어려움보다 훨씬 더 궁극적인 몰락이 임박해 있다. 현대 세계에서 경제적인 비극을 경험하는 자는 그 비극이 최종적인 세상의 몰락과 하나님의 보편적 심판의 전조라는 경고를 받아야 한다. 따라서 그들은 하나님 앞에서 그들 자신의 위치를 돌아보고 충격을 받아야 한다. 바벨론의 영향은 역사가 끝날 때까지 미치고, 따라서 사람들은 끝까지 바벨론에 미혹되지 말 것을 권면받아야 한다(9절에 함축되어 있고 12절에 표현되어 있으며, 아울러 18:3-4과 요한계시록 다른 곳에서도 비슷하게 언급되어 있는 권면을 주목하라).

9. 셋째 천사가 처음 두 천사의 뒤를 이어 등장한다. 처음 두 천사와 마찬가지로 셋째 천사도 심판을 선포한다. **"짐승과 그의 우상에게 경배하고 이마에나 손에 표를 받으면"**에서 동사의 현재 시제는, 6-8절의 심판에 대한 경고와 10-11절에 진술된 형벌에도 불구하고, 짐승에게 지속적인 경배와 충성을 바치는 것을 함축한다.

10. 짐승을 경배한 결과가 10절에서 진술된다. 형벌은 그들의 범죄에 적합하다. 8절은 나라들이 바벨론의 포도주를 마시는 데 굴복함으로써 경제-종교 제도에 협력할 욕구를 갖게 되었다고 설명했다. 그러므로 나라들은 바벨론의 진노의 포도주를 기꺼이 마셨기 때문에, '눈에는 눈으로'의 원리에 대한 증명으로 **"하나님의 진노의 포도주를 마실"** 것이다. 취하게 하는 포도주를 붓는 심상은 하나님의 진

노의 폭발을 암시하고, 사람들은 하나님의 진노 아래 극한의 고통을 일으키는 심판에 완전히 예속된다.[시 60:3, 75:8, 사 51:17, 21-23, 63:6, 렘 25:15-18, 51:7, 욥 21:20, 옵 1:16] 인사불성이 될 정도로 술에 취하면 육적인 죽음과 파멸에 이르기도 한다.[렘 25:27-33, 옵 1:16, 계 18:6-9] 바벨론의 포도주에 취한 결과는 강한 것처럼 보이지만 하나님의 진노의 포도주에 취한 결과와 비교하면 아무것도 아니다. 바벨론의 포도주는 그저 일시적인 효력을 가질 뿐이다. 그러나 하나님의 진노의 포도주의 효력은 영원하다. 하나님의 잔에 [충분한 힘으로] 섞인[mixed in full strength] 것은 바벨론의 포도주는 그렇지 못하다는 것을 암시한다. (개역개정판은 "섞인 것이 없이"로 되어 있어 의미가 정반대다. 영어 성경들도 번역이 각기 다르다.—옮긴이) '그 진노의 잔'은 모든 비신자가 굴복해야 하는 최후의 심판의 단호함과 엄격함을 강조한다.

마지막 날에 그들은 "불과 유황으로 고난을 받을" 것이다. 요한계시록 전체에 걸쳐 나타나는 것처럼 불은 심판을 가리키는 비유 용어다.[1:14, 2:18, 3:18, 4:5, 8:5, 7-8, 15:2, 19:12] 여기서 가장 먼저 떠오르는 생각은 심판으로 인한 고난이다.[9:17-18, 11:5, 16:8-9, 20:10] 고난 개념은 '유황'이 '불' 심상에 덧붙여지는 것으로 강조된다. '고난'은 최후의 심판 이전에 겪는 시련이나 최후의 심판의 한 부분으로 겪는 시련의 성격과 관련해 요한계시록 다른 곳에서[9:5-6, 11:10, 18:7, 10, 15, 20:10] 이 단어를 사용할 때 주로 가리키는 의미인 영적·심리적 고통을 가리킨다. 그들이 고난을 '어린양 앞에서' 받는 것은 어린양을 부인한 자들이 그분 앞에서 형벌을 받는 가운데 어쩔 수 없이 어린양을 인정할 것이라는[6:16 참조] 사실을 의미한다.

11. 10절 마지막 부분과 함께 11a절의 묘사("거룩한 천사들 앞과 어린양 앞에서 불과 유황으로 고난을 받으리니 그 고난의 연기가 세세토록 올라가리로다")는 에돔에 대한 하나님의 심판을 묘사하는 이사야

34:9-10에서 나온다. 하나님의 심판에 따라 멸망을 당한 에돔은 다시는 일어서지 못할 것이다. 마찬가지로 세상이 끝날 때 비신자들에게 임하는 심판도 이처럼 절대적이고 완전할 것이다. 이사야의 예언이 보편화되어 역사 전체에 걸쳐 불경건한 세상 구조에 충성을 바친 모든 비신자에게 임하는 최후의 심판을 가리킨다.

그러나 최후의 심판의 본질에 대해서는 신학적으로 논란이 많다. 이 묘사는 비신자의 실존이 영원히 소멸되는 절멸을 의미하는가? 또는 완전한 절멸이 아니라 영원한 고통을 함축하는 파멸을 가리키는가? 구약 배경만 보면 최후의 심판이 비신자의 영원한 고통이 아니라 절멸을 함축한다는 견해를 지지할 수도 있다. '연기'는 하나님의 죄의 절멸에 대한 기억을 표상한다. 반면에 20:10의 평행 사실은 마귀, 짐승, 거짓 선지자가 심판을 받음으로써 "불과 유황 못에 던져지니……세세토록 밤낮 괴로움을 받을" 것에 대해 말한다. 10-11절에 언급된 자들의 운명을 19:20과 20:10의 사탄의 대리자들의 운명과 동일시하지 않는 것은 정당성이 없다. 경건하지 않은 자가 '불못'에 던져지는 것은 사실이고, 이것을 그들의 마귀적인 지도자들도 확증한다.[20:15 참조] 나아가 10-11절에서 '고난'[헬라어 *basanismos*, 동사형 *basanizō*]이라는 단어는 요한계시록이나 성경 문헌 어디서도 실존의 절멸이라는 뜻으로 사용되지 않는다. 요한계시록에서는 예외 없이 사람들이 겪는 의식적인 고통을 가리킨다.[9:5, 11:10, 12:2, 18:7, 10, 15, 20:10 • 마 4:24, 8:6, 29, 18:34, 막 5:7, 6:48, 눅 8:28, 16:23, 28, 벧후 2:8 참조] 이 단어군은 70인역에서 대략 100회에 걸쳐 나타나고 항상 의식적인 고통을 가리킨다. 그러므로 소유격 문구인 '그 고난의 연기'는 혼합된 은유로, '연기'는 실제적이고 영원하고 의식적인 고통을 함축하는 하나님의 처벌에 대한 지속적인 기억을 가리키는 비유 용어다.

'밤낮'이라는 말은 버림받은 자가 겪는 고통의 지속적인 성격을 더 명확히 한다. 이 단어는 앞서 나오는 '세세토록'이라는 말과 평행을 이루고, 따라서 안식 없는 삶이 끊임없이 지속되는 긴 기간을 표상하는 개념이다. 두 문구는 20:10에서 마귀, 짐승, 거짓 선지자의 영원한 고통을 언급할 때 나란히 등장한다. '세세토록'이라는 말은 요한계시록에서 여기 외에도 12회에 걸쳐 등장하는데, 항상 영원함(하나님이나 그리스도의 영원한 존재, 하나님이나 성도들의 영원한 통치, 19:3에서 긴밀한 동사적 평행 관계를 주목하라)을 가리킨다. 특히 20:10에서 형벌의 영원한 지속 기간을 묘사하는 표현("세세토록 밤낮 괴로움을 받으리라")은 22:5에서 '세세토록'이 성도들의 영원한 통치 기간을 묘사하는 데 사용되고, 그리하여 대조적인 균형을 이루고 있는 것으로 보인다. 7:15의 '밤낮'은 성도들 전체 회중이 세상이 끝날 때 새로운 피조물이 되어 하나님의 성전에서 경배할 때를 가리킨다. 이 경배와 구원은 영원히 지속될 것이다. 4:8에서 네 생물의 경배와 관련하여 '밤낮'이라는 말을 사용하는 것도 마찬가지다.

고난의 성격은 11절 후반부에서 절멸이 아니라 안식(쉼)이 없는 것으로 설명된다. 그러므로 연기는 영원히 계속되는, 안식이 없는 지속적인 고통을 상기시키는 은유 용어다. 바로 두 구절 뒤인 13절에서 신자들은 죽을 때 비신자들의 안식 없는 상태와 정반대로 나타나는 영원한 안식을 누리게 된다. "짐승과 그의 우상에게 경배하는" 자를 묘사하는 "밤낮 쉼을 얻지 못하리라"는 말은, 최소한 에스겔 1장에 묘사된 시기 이후로 계속되어 온, 하늘의 그룹들의 끊임없는 영원한 경배를 묘사하는 4:8의 동일한 문구("밤낮 쉬지 않고 이르기를")를 축자적으로 반복하는 것이다.

12. 이제 참 성도들은 짐승에 대한 충성의 영원한 결과를 피하고 영원한 상을 얻기 위해,[13절] 그리스도께 충성하기 때문에 겪게 되는 현세의 고난을 견디라는 권면을 받는다. 6-11절의 경고는 신자들에

게 인내의 동기를 부여하는 데 목표가 있었다. 그러므로 12절의 내용이 지금까지 살펴본 6-12절의 주된 요점이다. 따라서 9-13절은 13:11-18의 패턴을 따른다. 13:11-18에서 짐승과 그의 우상에게 경배하는 자가 이마와 손에 표를 받았다는 언급 다음에, 신자들이 짐승에게 미혹될 수 없도록 인내하는 믿음을 갖는 것에 대한 언급이 나온다. 마찬가지로 9-11절 다음에 12-13절이 이어지는 것이다.

"성도들의 인내가 여기 있나니"와 "성도들의 인내와 믿음이 여기 있느니라"[13:10] 및 "지혜가 여기 있으니"[13:18] 같은 평행 문구들을 주목해 보라. 믿음은 타협을 거절할 때 수반되는 고난을 받아들이는 능력을 포함한다.[13:10] 또 믿음은 신자들에게 미혹을 피하고 짐승의 실상을 분별할 수 있는 지혜를 제공한다.[13:18] 신실함, 악의 분별, 타협의 거부에 관해 설명하는 13장에서 나온 두 정의가 12절의 믿음에 대한 요약 진술 속에 모두 들어 있다. 또한 지혜가 행사된다면, 지혜는 그리스도인이 박해를 통해 겪는 것보다 훨씬 더 큰 고통을 수반하는 신적인 심판을 방비해 줄 것이라는 개념도 포함되어 있다. 박해자들에게 장차 심판이 다가오리라는 것도 그리스도인에게는 인내의 동기를 부여받는 또 한 가지 사실이다. 단순히 복수에 대한 욕구 때문이 아니라, 이 심판이 짐승과 그의 동지들에 의해 모독을 당한 하나님의 의로운 이름에 참되고, 그리하여 하나님의 이름의 정당성을 입증하는 자신들의 대의를 증명할 것이라는 갈망 때문이다.

여기서 인내는 "하나님의 계명과 예수에 대한 믿음을 지키는" 것으로 설명된다. '하나님의 계명'은 전반적으로 신실한 자가 성실하게 지키는 옛 언약과 새 언약의 객관적인 계시를 가리킨다. 믿음[헬라어 *pistis*]이 기독교 신앙의 교리적 내용을 가리킨다는 것은[유 1:3] 2:13로 더 깊이 증명된다. 2:13을 보면 '믿음'이 같은 의미로 나타난다. 13:10과 14:12에서 '인내'라는 단어가 나오는 것은, 짐승의 타협에 대한 미혹과 시험을 물리치는 데 필요한 것은 일시적인 믿음이 아니라 끊임없이 깨어 있음으로써 계속 고수하는 믿음이라는 사실을 강조한다.

13. 그리스도인은 어린양에게 충성하는 자로 살아갈 때 현세에서는 고난을 당하지만 내세에서는 영원한 안식의 상을 받을 것이다. "지금 이후로 주 안에서 죽는 자들은 복이 있도다." 인내에 대한 갈망은 심판에 대한 경고[6-11절]뿐만이 아니라 상에 대한 약속에 의해서도 동기를 부여받는다. 8절과 9-11절이 6-7절에서 선언된 심판을 해설하는 것처럼, 13절도 12절에 언급된 인내하는 믿음에 대한 진술을 상술한다. 이것은 "하늘에서 음성이 나서 이르되"라는 말로 암시된다. 이 문구는 '말하되'(이르되)라는 말을 포함하고 있는 8절과 9절의 더 상세한 진술과 비슷하다. 주 안에서 죽는 모든 신자(이는 단순히 순교자만이 아니라 죽을 때까지 신실함을 유지한 모든 사람을 가리킨다)는 이제 그들의 행한 일에 따라 영원한 안식의 상에 들어간다. 여기서 강조점은 죽음의 엄밀한 방식에 있는 것이 아니라 '주 안에서' 죽는 자에게 있다. 순교가 아닌 다른 원인에 따라 죽는 자들도 순교자와 똑같이 우상숭배에 순응하라는 압력을 거부한 것 때문에 복을 받을 것이다.[6:9, 12:11 주석 참조] 그리스도께서 자신의 인내로 말미암아 죽으신 후에 상을 받으신 것처럼 그리스도인도 그리스도께서 그들의 연합적 대표가 되시므로(1:20에서 천사들이 교회를 대표한 것처럼) 그렇게 상을 받을 것이다.

복을 선언하시는 성령의 음성, "성령이 이르시되 그러하다"는 그리스도인에게 이 복이 주어질 것이라는 확신을 준다. 내세가 아니라 현세에서 편안과 안전을 찾는 박해자나 타협한 자들과 달리,[8, 11절] 억압의 고된 수고 아래 인내하는 그리스도인은 이제 이후로 안식의 복을 차지할 것이다. 6:11의 '쉼'도 ('흰 두루마기'를 받는 것과 함께) 신자들이 시련 속에서도 굴하지 않고 믿음으로 인내한 것에 대해 죽음 이후에 받을 상을 가리키는 데 사용된다. 13절에서도 마찬가지다. 13절에서 그들이 수고를 그치고 쉬는 것은 단순히 전반적인 의의 행위 때문이 아니라 억압 아래에서 인내하는 신실한 행위 때문이다. '쉬리니'가 영원한 기간인 것은 분명하다. 왜냐하면 그것이 11절에서 악인의 영원히 안식 없는 상태와 대조되기 때문이다. 영원한 지속을 함축하고 있는 것은 그리스도인에게 삶의 환난으로부터 위로가 주어질 것이라는 7:13-15과 21:2-7의 약속으로도 암시된다. 6:11("아직 잠시 동안 쉬되")에서 '쉼'은 현세적인 쉼을 가리킬 수 있지만, 14:13은 7:13-15 및 21:2-7과 함께 '쉼'이 영원한 상의 시작이라는 것을 증명한다.

"이는 그들의 행한 일이 따름이라"는 마지막 문구는 앞부분의 논리적 기초로 작용한다. 즉, 성도는 박해에도 불구하고 하나님의 계명과 예수에 대한 믿음을 지킬 때 인내했기 때문에[12절] 쉼을 누릴 것이다. "그들이 수고를 그치고 쉬리니"에서 '수고'[*kopos*의 복수형]는 단순히 선행을 가리키는 것이 아니라 고통과 난관을 무릅쓰고 인내하는 신실한 행위를 가리키고, 이것이 신약성경 전체에서 이 단어의 전형적인 의미다. '행한 일'은 수고와 동의어다. 사람들은 내적인 믿음의 숨길 수 없는 표지인 자신들의 행한 일을 기초로 심판을 받거나 상을 받을 것이다.[2:23, 22:12] 6-13절의 주된 요점이 신실한 자에게 주어지는 상에 있는 것은 이 주제가 12-13절 부분을 결론짓고, 6-11절의 심판 선언에 대한 신실한 자의 반응을 표상하기 때문이다. 그들이 행한 일의 기록으로 하나님의 법정 앞에서 그들이 쉼을 받을 만한 자인지가 확인된다.[고전 15:58 참조]

14:6-13 묵상 제안

복음 메시지의 사법적인 국면: 본서의 주석에 따르면 6-7절에서 복음은 주로 심판의 메시지로 등장한다. 그런데 우리는 얼마나 자주 이러한 국면을 무시하는가? 바울도 동일한 사실을 말한다. 복음에는 믿음으로 말미암아 하나님의 의가 나타나지만,롬 1:16-17 또한 같은 복음에 하늘로부터 오는 하나님의 진노도 함께 나타난다.롬 1:18-32 우리가 복음을 이해하거나 제시할 때 사법적인 국면을 무시하게 되면 어떤 결과가 나타나겠는가?

물질주의와 세상 구조의 힘: 마귀와 그의 대리자들은 세상의 경제 구조를 이용해 돈을 사랑하고 물질적인 쾌락에 빠지도록 사람들을 유혹한다. 8절은 이것을 마비되거나 취하는 것에 비추어 설명하고, 따라서 우리가 오만하게 세속적 안일에 빠지면 주변에서 실제로 일어나는 일에 대해 완전히 무감각하고 무지하게 된다고 강조한다. 예수는 이렇게 말씀하셨다. "한 사람이 두 주인을 섬기지 못할 것이니 혹 이를 미워하고 저를 사랑하거나 혹 이를 중히 여기고 저를 경히 여김이라. 너희가 하나님과 재물[돈]을 겸하여 섬기지 못하느니라."마 6:24 물질중심적인 문화 속에서 우리는 어떻게 이 싸움에 직면하고 있는가? 우리의 결정의 결과가 참으로 중요하다.

버림받은 자에게 영원히 지속되는 형벌 개념: 본서의 주석에 따르면 9-11절은 비신자에게 영원히 주어지는 의식적인 형벌을 묘사한다. 여러분은 우리가 취한 이 결론에 동의하는가? 왜 이것은 많은 신자들에게 어려운 주제인가? 만일 우리가 이 개념을 부인한다면 그것은 지옥의 실존을 부정하는 결론으로 나아가는 과정의 시작이 되지 않겠는가? 지옥이 없다면 예수는 도대체 무엇을 위하여 죽으셨단 말인가? 예수께서 죄의 형벌을 겪으셨는데 그 형벌이 영원한 고통이 아니라 절멸이라면, 예수는 십자가에서 절멸당하고 따라서 실존에서 벗어나신 것이 아닌가? 만일 이 논리가 받아들여진다면 기독론적 이단이 될 것이다. 삼위일체 하나님의 둘째 위격이 어떻게 어느 시점에 실존에서 벗어나실 수 있었단 말인가?

인내와 상급: 12-13절에서는 성도의 견인과 영원한 상이 강조된다. 하나님은 우리가 인내할 수 있게 하시고 우리의 연약함을 도우신다. 6-11절의 심판에 대한 묘사의 요점은 신자들에게 고난을 무릅쓰고 인내하도록 동기를 부여하는 데 있다. 그러나 신자들은 원수가 처벌을 받는 것에 대해서가 아니라 하나님과 하나님의 성품의 궁극적인 정당성이 입증되는 것에 대해서 즐거워해야 한다. 어째서 영원한 상을 바라봄으로써 동기를 부여받아야 하는지 의문을 가질 수 있다. 그러나 이것이 하나님이 드러내시는 방법이다.

❸ 비신자들은 분명히 세상이 끝날 때에 하나님의 엄격한 심판을 겪을 것이다 14:14-20

14 14 또 내가 보니 흰 구름이 있고 구름 위에 인자와 같은 이가 앉으셨는데
그 머리에는 금 면류관이 있고 그 손에는 예리한 낫을 가졌더라. 15 또 다
른 천사가 성전으로부터 나와 구름 위에 앉은 이를 향하여 큰 음성으로 외쳐 이르되
당신의 낫을 휘둘러 거두소서. 땅의 곡식이 다 익어 거둘 때가 이르렀음이니이다 하니
16 구름 위에 앉으신 이가 낫을 땅에 휘두르매 땅의 곡식이 거두어지니라. 17 또 다른
천사가 하늘에 있는 성전에서 나오는데 역시 예리한 낫을 가졌더라. 18 또 불을 다스리
는 다른 천사가 제단으로부터 나와 예리한 낫 가진 자를 향하여 큰 음성으로 불러 이
르되 네 예리한 낫을 휘둘러 땅의 포도송이를 거두라. 그 포도가 익었느니라 하더라.
19 천사가 낫을 땅에 휘둘러 땅의 포도를 거두어 하나님의 진노의 큰 포도주 틀에 던지
매 20 성 밖에서 그 틀이 밟히니 틀에서 피가 나서 말 굴레에까지 닿았고 천육백 스다
디온에 퍼졌더라.

14. 14-20절의 환상은 '또 내가 보니'라는 소개말과 함께 시작되는

데, 12:1에서 15:4까지 이르는 일곱 환상 가운데 여섯째 환상을 구성한다(이 소개말이 나타나는 이전 구절은 12:1, 13:1, 11, 14:1, 6이다). 여섯째 인 심판처럼 이 여섯째 환상도 역사가 끝날 때 있을 심판을 묘사하고, 곧이어 역시 최후의 심판을 묘사하는 일곱째 환상이 나온다.15:2-4 • 8:1, 3-5 참조 6-13절은 신앙을 고백하는 그리스도인에게 주는 경고로, 장차 임할 결정적인 심판에 대해 선언했다. 이제 그 심판이 지금 실제로 일어나고 있는 것처럼 묘사된다.

심판자는 구름 위에 앉아 계신 **"인자와 같은 이"**이신데, 이것은 다니엘 7:13의 인유이고 마태복음 24:30과 같은 해석 전통에 속해 있다. 이 해석 전통은 보통 인자의 오심을 구속 및 심판과 연계시킨다. 마태복음 24장에서 예수는 인자로서 자신이 심판하고 구속하기 위하여 구름을 타고 올 것이라고 예언하신다. 그러나 요한계시록 14:15-20의 문맥은 14절에는 단지 인자의 역할의 사법적인 국면만이 내포되어 있는 것처럼 보인다는 사실을 암시한다. 이 천상의 인물(인자)은 **"머리에는 금 면류관이 있고"**, 이는 그분을 그분과 함께 다스리고 역시 '금관'을 쓰고 있는4:4, 10 • 2:10, 3:11, 12:1 참조 그분의 백성들의 왕으로 간주하는 것이다. 그분의 면류관은 원수들에 대한 왕권도 환기시킨다.19:12 주석 참조 이후 구절들은 '예리한 낫'이 심판의 은유라는 것을 증명한다. 6-20절에서 일곱 천상의 존재가 묘사되지만 14절에서 인자는 천사로 지칭되지 않는 유일한 분이고, 1:7, 13-20은 다니엘 7:13의 인자를 엄밀하게 14절과 동일한 말로 신적 그리스도로 묘사한다. 구약성경에서는 오직 하나님만이 구름을 타고 하늘로부터 땅으로 오시고, 다니엘 7:13도 이 패턴에서 벗어나지 않는다.

15-16. 이제 '또 다른 천사'가 등장하여 인자에게 명령을 전한다. 성전으로부터 나온 천사가 하나님의 보좌실로부터 나온 신적인 메시지를 단순히 전달하기만 하는 것에 비추어 보면, 이 천사가 인자에

게 메시지를 전하는 것은 인자의 임무가 천사가 아니라 하나님에게 예속되어 있음을 암시한다. 그리스도는 심판이 시작될 때에 관해서는 하나님으로부터 정보를 얻으셔야 한다. 왜냐하면 "그 날과 그 때는 아무도 모르나니 하늘에 있는 천사들도, 아들도 모르고 아버지만 아시기" 때문이다.[막 13:32, 행 1:7] 그리스도께서 하늘에 계시는 것이 최후의 심판의 시기에 관한 그분의 지식이 바뀌는 것을 의미하는지는 분명하지 않다. 부활하고 승천하신 후에도 그리스도는 여전히 아버지의 권위에 복종하고 계시기 때문이다. 게다가 자신의 제한된 지식을 하늘에 있는 천사들의 제한된 지식과 동등시하고, 따라서 그분의 천상에서의 지위가 이 지식 변화의 충분조건은 아닌 것으로 보인다. 요한계시록에서 천사는 메시지를 궁극적으로 자기 자신에게 근원을 두고 선포하는 것이 아니고, 항상 하나님의 뜻을 표현하는 메시지를 단순히 전달하는 역할만 한다. 그리스도는 "**땅의 곡식이 다 익어 거둘 때가 이르렀으므로**" 심판의 추수를 실시하라는 명령을 받으신다. 하나님은 매년 자라는 곡식의 추수 시기를 결정하시는 것처럼, 인간의 죄가 충분한 양을 채웠으므로 세상이 끝에 이르고 심판이 시작되어야 할 시기도 정하셨다.[창 15:16, 단 8:23-26, 살전 2:16]

17-19. 17-19절의 추수 심상은 15-16절과 거의 동일하다. 하지만 장면은 더 상세하다. 두 본문은[15-16절, 17-19절] 다른 심판을 비슷하게 설명하는 것이 아니다. 하지만 최후의 심판 기간에 인자의 행동과 여섯째 천사의 행동을 각각 묘사하는 것으로 생각할 수 있다. 그러나 둘째 추수 장면에서만 심판 심상이 명시적으로 나타나기 때문에, 많은 이들이 첫째 추수 장면은 성도들을 모으는 것을 표상하지만 둘째 추수 장면은 악인의 심판을 표상한다고 생각했다. 만일 악인의 심판 하나만 언급하고 있다면, 왜 평행적이지만 약간은 다른 두 묘사가 나란히 자리 잡고 있단 말인가? 첫째 장면의 인자의 등장과 둘째 장

면의 포도를 짓밟는 처참한 심상은 각기 구속과 심판을 암시하는 것으로 간주된다. 예수께서도 이중의 추수, 곧 구원받은 자와 버림받은 자에 대한 추수를 가르치셨다.[마 3:12, 13:24-30] 사실 때때로 예수께서는(또한 이사야와 호세아도) 추수를 구원받은 자의 추수로만 언급하셨다.[사 27:12-13, 호 6:11, 마 9:37-38, 막 4:26-29, 요 4:35-38]

한편 15-16절과 17-19절 두 장면은 오직 심판에 대해서만 말한다. 두 장면은 천사가 '성전에서 나와' 인자에게 낫으로 무르익은 열매를 거두라고 명령하는 장면을 묘사하며, 요한계시록 다른 곳에서도 하늘의 성전 또는 제단에서 나온 이런 명령은 오직 심판만을 언급한다.[6:1-5, 9:13, 16:7, 17] 또한 15절에서 "거둘 때가 이르렀음이니이다"라는 말은 '때'라는 단어가 나타나는 요한계시록의 다른 아홉 군데 본문을 주의해 보면 항상 심판의 때와 관련해 나타난다는 것을 보여준다. 마지막으로 요한이 보는 환상은 요엘 3:13의 성취로 나타난다. "너희는 낫을 쓰라. 곡식이 익었도다. 와서 밟을지어다. 포도주 틀이 가득히 차고 포도주 독이 넘치니 그들의 악이 큼이로다." 이 요엘서 본문은 구약성경에서 추수 심상과 포도를 짓밟는 심상이 함께 나타나는 유일한 본문이고, 거기서 두 심상은 모두 심판을 함축한다(비슷한 구약 본문에 대해서는 사 63:2-3을 보라). 그러므로 결국 이 본문은 심판만을 가리키는 것으로 보인다. 하지만 다른 견해도 불가능한 것은 아니다. 그렇다면 왜 15-20절에 동일한 심판에 대해 동일한 두 개의 기사가 있단 말인가? 이중 서술은 처벌의 엄격함과 철저함을 강조하고, 이것은 20절의 광범한 유혈 장면에서 절정에 이른다.

어쨌든 17-20절은 악인의 심판을 묘사하는 것이 분명하다. "불을 다스리는 다른 천사"와 관련된 제단 장면은[18절] 천사가 금 제단 곁에 서서 제단에서 나온 불을 향로에 담아다가 땅에 쏟는 장면이 나오는 8:3-5과 특별한 대응 관계를 이루고 있다(요한계시록에서 '불'이라는 말이 나오는 24회 가운데 23회가 심판 장면이다).14:10 주석 참조 8:3-5은 나팔 심판의 처벌을 소개하는 장면을 묘사하므로, 동일한 장면을 17-20절에서도 찾아볼 수 있다. 이 결론은 포도주 틀을 밟는 심상이 구약성경에서 예외 없이 심판에 대한 은유라는 사실로도 지지를 받는다. 그리고 요한계시록에서 포도주 틀을 밟는 장면이 나오는 다른 유일한 본문은 19:15인데, 그곳의 심상은 악한 나라들에 대한 그리스도의 심판을 가리킨다. 10절의 "하나님의 진노의 포도주"라는 말과 19절의 **"하나님의 진노의 큰 포도주 틀"**이라는 말은 19:15에 나오는 동일한 문구와 함께 19-20절의 내용이 10절부터 오로지 심판 주제를 다루고 있음을 증명한다. "인자와 같은 이"14절가 다른 부분이 아니라 하필이면 이 부분에서 언급되는 이유는 인자가 어떤 면에서 다른 천사들과 비슷하다는 것을 제외하면 명확하지 않다. 종합적으로 6-20절에 일곱 천사가 나오는 것은 충만함 관념을 반영한다.

20. 포도주 틀을 밟는 일이 성 밖에서 있었고 **"틀에서 피가 나서 말 굴레에까지 닿았다"**는 20절의 결론적인 진술은 몇 가지 난점을 드러낸다. 만일 이 성이 바벨론을 가리킨다면 밟는 일은 성도들에 대한 박해를 가리킬 수 있고, "그들이 거룩한 성을……짓밟으리라"는 문구가 그들의 주와 같이 박해를 받는 그리스도인을 가리키는 11:2과 평행을 이룬다. 그러나 만일 이 '성'이 참된 거룩한 성이라면(요한계시록 다른 곳에서 15회에 걸쳐 그렇게 사용된다) 밟는 일의 의미는 비신자들의 처벌이고, 그 처벌은 의로운 성도들이 거하는 종말론적인 거룩한 성 밖에서 일어난다. 둘 중에 후자가 더 나은 이유는 19절의 마지막 문구("하나님의 진노의 큰 포도주 틀")가 10절의 심판의 선언을 지속하기 때문이다. 20절 전반부는 믿지 않는 민족들에 대한 심판을 언급하는 요엘 3:13과 이사야 63:2-3에 기초가 두어져 있다. 이사야 63:2-3의 문맥도 성의 정체성을 파악하고 밟는 일의 의

미를 확인하는 데 도움을 줄 수 있다. 이사야 60:12과 63:1-6에 언급된 민족들의 멸망은 거룩한 성의 성문이 신실한 자에게 항상 열려 있을 것이라는 언급[60:11, 62:10] 직후에 제시된다. 그러므로 명시적으로 진술되고 있지는 않지만 함축적으로 볼 때 민족들의 멸망은 거룩한 성 안이 아니라 성 밖에서 일어난다. 이것이 요한이 '성 밖에서' 일어난 불의한 자들의 파멸을 가리킬 때 상기하기를 바라는 의미일 수 있다. 이 분석은 20:8-9에 의해서도 확증된다. 거기 보면 불신앙적인 성도들의 반대자가 '사랑하시는 성' 밖에서 심판받는 것으로 묘사된다. 마찬가지로 21:8도, 21:27 및 22:15과 관련시켜 살펴보면, 경건하지 않은 자의 심판을 하나님의 영원하신 성 밖에서 이루어지는 일로 제시한다. 이것은 우리가 1절의 시온 산에 관해 결론을 내릴 때 하나님의 백성이 새로운 마지막 때의 성 안에서 보호받는 것을 일차로 언급하는 것이라고 본 주석과 부합한다. 선지자들이 예언한 것처럼 시온 밖에는 파멸이 있을 뿐이다. 예를 들어 스가랴 14:2-5, 12-16은 반역하는 민족들이 예루살렘 근처에서 패배를 당할 것이라고 지적한다. 하나님은 사랑하는 성을 침략한 원수의 군대를 멸망시키기 위하여 예루살렘 앞의 감람산에 서실 것이다.[슥 14:2-4]

아마 가장 먼저 염두에 둔 본문은 요엘 3:2, 11-12, 14일 것이다. 본문들을 보면 하나님이 예루살렘 밖, 곧 '여호사밧 골짜기'[2절] 근처로 '사면의 민족들'을[11절] 심판하러 내려오실 것이라고 말한다. 이와 같은 사상이 나타나 있는 것이 분명한 까닭은 바로 이런 맥락에 따라 요한계시록 14:14-20이 인유하는 요엘 3:13이 심판을 곡식 추수와 포도주 틀이 밟히는 포도 추수로 함께 묘사하기 때문이다. 19:15은 이사야 63:2-6을 마지막 때에 세상에 사는 악인의 패배에 적용시키고, 이는 여기서 동일한 장면이 등장하는 것을 추가로 확증한다. 이 일 직후에 모든 시대의 악인 전체에 대한 심판이 있을 것이다

(이 본문들은 모두 동일한 단위에 속한 사건을 묘사한다).[14:9-11, 19:20, 20:11-15, 21:8]

20절 끝 부분에서 '말 굴레'에까지 피가 닿았다는 진술은 비유적인 전쟁 언어로, 심판의 엄격성과 철저함을 강조하는 과장법으로 작용한다. 이 살육 장면은 (전투 및 말 장면과 함께) 그리스도의 재림으로 시작되는 최후의 심판의 특징이고, 19:17-18과 평행을 이룬다. 19:17-18도 경건하지 않은 자의 멸망을 말과 관련시켜 제시한다. 피가 그 성으로부터 '천육백 스다디온'[약 300킬로미터]에 이르기까지 퍼진 것은 두로와 애굽 국경에서 팔레스타인까지의 거리[1,664 스타디아]와 대략적으로 일치한다. 이것은 예루살렘 밖에서 일어날 것으로 예언된 민족들의 멸망을 과장법으로 강조하는 것이다. 그러나 이 수는 완전하고 세계적인 심판을 가리키는 비유 개념으로 보인다. 천육백이라는 수는 4의 제곱과 10의 제곱을 곱한 결과로, 4와 10은 모두 요한계시록 다른 곳에서 온전함을 가리키는 상징적인 개념을 갖는다(4:6의 생물계 전체 질서를 표상하는 네 생물, 7:1의 땅 네 모퉁이, 12:3과 13:1의 용과 짐승의 열 뿔, 17:12의 열 뿔과 열 왕). 천육백이라는 수는 또한 전통적으로 형벌의 수인 40의 제곱을 가리키는 것으로도 충분히 생각될 수 있다.

이제까지 14장을 분석한 것에 비추어 보면, 14장의 각 부분은 엄격히 연대순에 따라 묘사되지 않는다.

- 1-5절: 영원한 복의 시작
- 6-7절: 회개하라는 경고
- 8절: 역사가 끝날 때 있을 심판
- 9-11절: 심판의 영원한 결과
- 12-13절: 현세에서 인내하라는 권면

• 14-20절: 역사가 끝날 때 있을 심판

14:14-20 묵상 제안

심판의 두려운 현실: 요한계시록 14:14-20은 성경의 다양한 이미지를 통해 최후의 심판의 두려운 본질에 대한 생생한 감각을 전달한다. 또한 복음의 이중 국면도 중요하게 부각시키는데, 그 이유는 예수(인자)께서 구주로서의 역할을 행하심과 아울러 심판도 행하시는 분이기 때문이다.[14-16절] 우리는 오늘날 일상의 삶 속에서 그리고 주위에 있는 이들의 영적인 상태를 생각할 때 14:14-20의 내용을 얼마나 진지하게 받아들이는가?

❹ 구속을 이루시고 심판을 행하실 때 예증되는 비교할 수 없는 속성들에 대해 성도들이 하나님과 어린양에게 영광을 돌린다[15:1-4]

15 1 또 하늘에 크고 이상한 다른 이적을 보매 일곱 천사가 일곱 재앙을 가졌
으니 곧 마지막 재앙이라. 하나님의 진노가 이것으로 마치리로다. 2 또 내
가 보니 불이 섞인 유리 바다 같은 것이 있고 짐승과 그의 우상과 그의 이름의 수를
이기고 벗어난 자들이 유리 바다 가에 서서 하나님의 거문고를 가지고 3 하나님의 종
모세의 노래, 어린양의 노래를 불러 이르되 주 하나님 곧 전능하신 이시여, 하시는 일
이 크고 놀라우시도다. 만국의 왕이시여, 주의 길이 의롭고 참되시도다. 4 주여, 누가
주의 이름을 두려워하지 아니하며 영화롭게 하지 아니하오리이까. 오직 주만 거룩하
시니이다. 주의 의로우신 일이 나타났으매 만국이 와서 주께 경배하리이다 하더라.

12:1에서 시작된 주요 환상 시리즈 가운데 일곱 번째 환상이 1절에서 일곱 대접(재앙)을 가진 천사들을 소개하는 것으로 그치고, 5절까지 다시 등장하지 않는다. 이에 대한 가장 좋은 설명은 2-4절을

12:1-14:20의 결론이자 대접 심판의 서론의 한 부분으로 보는 것이다. 우리는 요한계시록 주요 부분 간의 문학적인 전환이 '맞물림' 기능을 갖고 있다고 지적했다.[8:5 이후 주석 참조] 이런 전환 본문들은 이전 부분을 결론짓고 이후 부분을 소개한다. 따라서 2-4절은 14:6-11에서 선언되고 14:14-20에서 일어나는 일로 묘사된 최후의 심판 개념을, 최후의 심판에 나타난 하나님의 공의를 찬송하는 노래와 함께 다시 시작한다. 그러나 초점은 경건하지 않은 자들에 대한 성도의 승리와 반대자에 대한 심판에 두어져 있다. 2-4절의 장면은 14:1-5의 구속받은 성도들의 지위에 대한 장면을 확대시킨다. 이 두 부분은,[14:1-5, 15:2-4] 중간의 인내하라는 권면 및 상에 대한 약속과 함께,[14:12-13] 심판 부분을[14:6-11, 14-20] 둘러싸고 있는 일종의 삽입구를 구성한다. 마찬가지로 8:3-5도 일곱 천사에 대한 서론적 언급이 앞에 나오고,[8:2] 그들의 칠중 등장이 8:6에서 다시 반복되며, 그들의 역할이 8:7 이하에 서술된다. 8:1에서 발견된 최후의 심판에 대한 묘사를 계속함으로써 재앙 시리즈에 대한 서술의 시작이 잠시 중단된다.

그런데 2-4절의 맞물림 삽입구는 5절 이하와 어떻게 엄밀하게 관련되어 있는가? 8:3-5에서처럼 여기서도 이 맞물림은 대주제와의 문학적인 관련성을 암시하고, 이것은 한 일곱 심판 시리즈에서 다음 심판 시리즈로 바뀌는 전환 본문으로 작용한다. 앞으로 확인할 것처럼 일곱 대접 심판은 분명히 출애굽 재앙을 모형으로 하고 있고, 15:3-4의 노래는 홍해를 건넌 후에 부른 모세의 노래를 모방한다. 12:1-14:20 부분을 결론짓는 2-4절의 새로운 최종적 출애굽 승리에 대한 언급은 최종 승리로 나아가는 마지막 때의 재앙에 대한 16장의 플래시백 장면을 자극한다. 그러므로 15:2-4의 삽입구는 일차적으로는 14:14-20의 최후의 심판 주제를 계속하고, 이차적으로는 이어지는 대접 심판 시리즈와 이전 부분을 문학적으로 그리고 주제적으로 연계시킨다.

1. 1절은 일곱 대접 심판의 공식적인 서론을 시작하는데, 15:5-16:21(일곱 대접 심판) 부분의 서론적인 요약 진술로 작용할 수 있다. "또 하늘에 크고 이상한 다른 이적을 보매"라는 첫 구절은 새로운 주요 부분이 시작되는 것을 가리키는 데 적절하다. 왜냐하면 12:1-3에서 시작된 새로운 부분을 여는 말과 거의 동일하기 때문이다. 요한은 "일곱 천사가 일곱 재앙을 가진" 것을 보는데, 이것은 곧 '마지막 재앙'이고 또한 직전에 하늘에 크고 이상한 이적이 있었던 것을 설명해 준다. 미래주의자들은 대접 심판을 인 심판과 나팔 심판의 화가 일어난 다음의 역사 속에서 마지막으로 일어나는 재앙으로 간주한다. 어떤 이들은 이 견해를 약간 완화시켜 나팔 심판을 일곱째 인 심판의 내용으로 믿기 때문에 대접 심판을 일곱째 나팔 심판, 곧 셋째 화의 내용으로 본다.

그러나 '마지막'[헬라어 *eschato*]은 환상들 속에 묘사된 사건의 연대순이 아니라 요한이 환상을 본 연쇄적인 순서를 암시하는 것으로 보아야 할 것이다. 이것은 대접 심판이 인과 나팔 심판의 환상 및 12-14장에 기록된 환상을 본 후에 요한이 본 일곱 환상 시리즈 가운데 마지막 공식적인 환상 시리즈임을 의미할 것이다. 그러므로 대접 심판은 역사의 마지막 사건으로 일어나는 것으로 이해되어서는 안 되고, 이어지는 장들에서 추가 환상 장면으로 확대되는 공식적인 일곱 심판 시리즈 가운데 마지막 심판으로 이해되어야 한다. 이 해석은 "또 이 일 후에"라는 문구로 대접 심판 환상을 본격적으로 소개하는 5절로 지지를 받는다. 요한계시록 전체에 걸쳐 "이 일 후에"라는 문구는 반드시 환상 속에서 묘사되는 사건들의 순서를 가리키는 것이 아니라 요한이 본 환상들의 연쇄적인 순서를 가리킨다.[4:1, 7:1, 9, 18:1, 19:1 참조] 그러므로 5절은 다만 대접 심판 환상이 요한에게 주어진 환상 가운데 마지막으로 주어진 환상이라는 것을 보여준다. 5절은 1절에서 소개가 시작된 환상을 다시 소개하기 때문에 "또 이 일 후에 내가 보니"[5절]를 "또……다른 이적을 보매……일곱 재앙을 가졌으니 곧 마지막 재앙이라"와 동의적인 평행 관계 속에 두는 것이 합리적이다.

그러므로 1절의 "또……보매……일곱 재앙을 가졌으니 곧 마지막 재앙이라"는 소개말은 5절에서 "또 이 일 후에 내가 보니"로 계속 소개되는 것으로 확대되고, 따라서 1절도 대접 심판이 요한이 본 연쇄적인 일곱 환상 시리즈 가운데 마지막으로 주어진 환상임을 확증한다. 이것은 대접 심판의 사건들이 연대순에 따라 6-14장의 심판 시리즈 이후에 일어나도록 되어 있는 것이 아님을 의미한다. 대접 심판은 시간상 앞으로 돌아가고, 시대 전체에 걸쳐 일어나되 최후의 심판에서 정점에 달하는 화들을 보다 상세히 설명한다. 이것이 암시하는 한 가지 사실은 최후의 심판은 인 심판이 끝날 때와[6:12-17, 8:1] 나팔 심판이 끝날 때[11:15-19] 일어나는 일로 이미 묘사되었고, 바로 직전에는 14:8-11(바벨론과 바벨론을 따르는 자들의 최종적인 처벌)과 14:14-20에서도 설명되었다는 것이다. 그리고 실은 같은 최후의 심판 장면이 대접 심판이 끝날 때에 다시 묘사될 것이다.[16:17-21, 19:19-21]

다음 두 번째 견해는 '마지막'을 역사의 마지막 사건들에 대한 구속사적 언급으로 볼 수 있다는 것이다. 요한계시록의 재앙들은, 애굽에 재앙이 임했던 과거와 대조적으로, 마지막 때에 일어난다는 의미에서 '마지막 재앙'(따라서 '일곱 종말론적 재앙')이다. 요한과 신약성경 저자들은 마지막 때가 그리스도의 초림으로 시작되었고 그리스도의 재림으로 완성될 것이라고 믿었다.[4:1 주석 참조] 따라서 대접 심판의 재앙들은 마지막 때의 전체 과정, 곧 그리스도의 초림에서 재림에 이르기까지의 기간을 망라할 것이다. 16장은 홍해 심상과 15:2-4의 문맥이 보여주는 것처럼 이 재앙들이 모형론의 관점에서 볼 때 애굽에 내린 재앙과 동등하다는 것을 분명히 확증한다.

그리고 세 번째 견해는 '마지막'이 인과 나팔 심판에서 드러난 진노가 어떻게 목표를 달성하는지를 설명할 수 있다는 것이다. 이 견해도 얼마간 장점이 있다. 왜냐하면 대접 심판은 다른 일곱 시리즈 심판들과 달리 하나님의 심판의 목적(짐승 경배와 박해에 대하여 사람들을 처벌하는 것)에 관해 더 명확한 진술을 담고 있기 때문이다.[16:2, 5-7, 19] 대접 심판은 "하나님의 진노가 이것으로 마치기" 때문에 환상들의 제시 순서상 '마지막' 심판이다. 대접 심판은 인과 나팔 심판의 하나님의 진노에 대한 묘사를 보완하고 완결한다.

네 번째로 가능성 있는 견해는 '마치리로다'[헬라어 *teleioō*]를 '채우다'의 의미로 취하고, 그래서 일곱 대접이 하나님의 진노로 가득 담긴 것에 대해 말하는 15:7 및 21:9과(두 본문에서 '채우다'에 해당하는 헬라어 단어가 각기 다르기는 하지만) 평행 관계에 있다고 보는 것이다. 15:1 은유의 결과적인 의미는 일곱 대접 심판은 이전의 화 환상들보다 더 심각하게 하나님의 충천한 진노를 묘사하므로 '마지막'으로 언급된다는 것이다.

이 네 견해 가운데 어느 것을 선택하든 간에 대접 심판이 그리스도의 부활과 재림 사이의 기간으로 이해되는 인간 역사의 '마지막 때' 전체에 걸쳐 일어나는 하나님의 심판을 가리킨다는 본문의 종합적인 의미에는 거의 영향을 미치지 않는다. 그러나 굳이 정한다면 첫 번째 견해가 가장 나을 것이다.

2. '또 내가 보니'라는 환상 소개말로 시작되는 이 부분은[2-4절] 12:1에서 시작한 주요 환상 부분 가운데 일곱째인 결론적 환상 부분이다. 이 부분은 대접 심판의 서론을 중단시키고, 14장에 나온 최후의 심판 주제를 다시 시작한다. 14:14-20은 최후의 심판을 묘사했다. 그리고 15:2-4은 짐승의 패배가 완료되고 성도들이 승리의 결과를

즐거워하며, 그 결과 하나님을 찬양하는 것을 묘사함으로써 최후의 심판 장면을 기반으로 한다.

"불이 섞인 유리 바다 같은 것이 있고"로 묘사된 광경은 홍해 장면과 대응을 이루는 하늘의 장면을 표상한다. 이것은 성도들이 새로운 모세의 노래를 부르는 것으로 묘사되는 3절에서 명확해진다. 이 새로운 모세의 노래는 출애굽기 15장에 나오는 모세의 노래와 대응을 이루는 마지막 때의 찬송이다. 요한계시록에서 '바다'는 일반적으로 우주적 악을 내포한 말이다.[4:6, 13:1, 16:3, 21:1 주석 참조] 구약성경에서 홍해는 악한 바다 괴물의 처소로 간주되었다.[사 51:9-11, 시 74:12-15, 겔 32:2] 다니엘 7장의 네 악한 짐승은 바다에서 나온 것으로 확인된다.[단 7:3] 요한계시록 13:1을 보면 짐승이 바다에서 나온다. 반면에 새 하늘과 새 땅에는 더 이상 바다가 없다.[21:1 주석 참조] 요한은 이제 바다의 혼돈 세력이 신적인 주권에 의해 잠잠해지는 것으로 본다. 4:6과 5:5-6은 그리스도께서 자신의 죽음과 부활을 통해 이기심으로써 악의 세력을 패배시키고, 따라서 마귀의 소란한 물속 처소를 진정시켜 그곳이 "수정과 같은 유리 바다"[4:6]가 된 것으로 계시했다. 유대교 주석가들은 때때로 홍해를 유리 바다가 된 것으로 보았다.[미드라시 시편 136:7] 다니엘 7:10-11은 하늘에서 불의 강이 하나님의 보좌 앞에 있고, 거기서 짐승이 심판받고 멸망당하는 것으로 묘사한다. 유리 바다에 불이 섞였다는 사실은 그 바다가 어린양이 짐승을 심판하신 장소가 된 것을 증명한다. 요한계시록 거의 모든 곳에서 '불'은 악인에 대한 하나님의 심판을 상징한다.[14:10 주석 참조]

다니엘 7:10-11의 예언의 성취로 어린양이 '이기신' 것은 또한 바다에서 나온 짐승을 '이기는' 성도들, 곧 "짐승과 그의 우상과 그의 이름의 수를 이기고 벗어난 자들"의 길을 예비했다. 성도가 이기는 것은 오직 어린양이 이기심으로써 바다에서 승리하신 결과에 그들이 참여하도록 허락하셨기 때문이다. 성도는 다니엘 3장에서 왕의 신상에 절하기를 거부한 신실한 세 젊은이와 같이 압력과 박해를 무릅쓰고 자신들의 믿음을 양보하지 않은 자들이다(2절에서 짐승, 그의 우상, 그의 이름의 수의 삼중 언급에 관한 충분한 설명은 13:15-18에 대한 주석을 보라). 짐승의 이름의 수를 이긴 승리는 성도들이 구속을 얻지 못하도록 방해한 짐승에게 충성하지 않은 것을 강조하기 위해 포함되었다(육백육십육의 의미와 관련해 13:18에 대한 주석을 보라). 성도들이 "유리 바다 가에 서서 하나님의 거문고를 가지고" 있는 것은 그들이 직접 바다에서 나온 짐승과 맞서 싸우고, 또 믿지 않는 세상 한가운데에서 싸웠다는 것을 증명한다(17:15을 보면 '물'이 불경건한 세상 사람들의 무리로 정의된다).

성도들은 이제 (4:6에 땅의 유리 바다와 유비적인 하늘의 유리 바다가 존재하는 것에 비추어 볼 때) 하늘에서 하나님의 보좌 앞에 서 있다. 성도의 부활의 실재성이 유리 바다 곁에(또는 위에)[4:6] 서 계시는[5:6] 어린양의 부활에 대한 명확한 묘사와 두드러지게 비슷하게, 그들이 유리 바다에 서 있는 것을 언급하며 암시된다. 어린양의 승리와 성도의 승리는 분명히 연계되어 있다(5:5의 "이기다"와 15:2의 "이기고 벗어나다"는 동일한 헬라어 동사 *nikaō*를 번역한 것이다). 두 본문 모두 거문고를 타는 것과 구속의 노래를 부르는 것을 담고 있다(7:9의 서 있는 것과 동일한 관념에 대해서는 7장 서론을 추가로 보라). 성도의 무기는 그들의 불같은 충성된 증언이었고,[11:3-7 주석 참조] 짐승과 그의 동지들은 이 무기를 미혹의 물로 소멸시키고자 애썼다.[12:15-16 주석 참조] 성도는 14:1-5에 묘사된 구속받은 자 전체와 동일한 집단인데, 그것은 그들 역시 손에 거문고를 갖고 있기 때문이다. 그들이 거문고를 타는 것은 3-4절에서 부르는 찬송의 한 부분을 구성할 것이다.

3a. 이스라엘 백성이 하나님께서 그들을 바로에게서 구원하신 후

에 바다에서 하나님을 찬송한 것처럼, 교회도 하나님께서 교회를 위하여 짐승을 패배시키신 것에 대해 하나님을 찬송한다. 옛날 하나님의 백성처럼 하나님의 새 언약 백성도 "하나님의 종 모세의 노래"를 부름으로써 하나님을 찬송한다. 모세는 출애굽기 15장에서 노래를 부르기 직전인 출애굽기 14:31에서 하나님의 종으로 불린다. 그러나 이제는 어린양의 사역을 통해 달성된 훨씬 더 큰 구원에 관한 노래가 불린다. 성도들은 어린양의 승리를 홍해에서의 승리가 모형론의 관점에 따라 지시한 것의 성취로 보며 찬양한다. 후에 유대 사상 안에는 출애굽기 15:1의 노래가 찬송하는 이스라엘 자손이 새 시대에 다시 부활할 것을 암시한다고 주장하는 언급들이 있다(바빌로니아 탈무드 산헤드린 91b, 메킬타 드-이스마엘, 시라타 1.1-10). 이것은 2-3절이 부활 장면을 묘사한다는 사실을 추가로 암시할 것이다.

신명기 32장도 심판을 묘사하는 본문으로(이 경우에는 우상숭배로 말미암아 배교하는 이스라엘에 대한 심판이다. 이것은 배교하는 그리스도인이 요한계시록에서 민족들과 함께 심판받을 것을 경고하는 것과 같다) 모세의 노래로 불리고,[신 31:19, 22, 30, 32:44] 그 안에 출애굽기 15장에 대한 인유가 포함되어 있다.[3b절 주석 참조] 신명기 32장의 노래는 하나님이 원수 민족들을 처벌하고 자기 백성의 죄를 속하실 것이라는 사상으로 끝맺는다.[신 32:43] 그리고 같은 관념이 2-4절에도 포함되어 있다. 2-4절에서 하나님은 자기 백성을 정당화하고 그들이 짐승의 권능을 물리치고 승리하게 하셨다. 이 노래는 5:9 이하 및 14:3의 '새 노래'와 같다. 두 본문에서도 노래하는 자들이 어린양의 구속 사역을 칭송할 때 역시 거문고를 들고 노래한다.[5:8, 14:2] 2-4절의 노래 역시 '새 노래'가 분명한 것은 그들이 옛날 '모세의 노래'뿐 아니라 지금까지 불리지 않았던 '어린양의 노래'를 부르기 때문이다. 그러므로 이 노래는 하나님에 대해서만이 아니라 어린양에 대해서도 찬송한다. 왜냐하면 5:9 이하도 구속 사역에 대해 어린양을 찬송하기 때문이다(함축적으로 보면 14:3의 '새 노래'도 마찬가지다).

3b. 이 노래의 실제 내용 자체는 출애굽기 15장이 아니라 하나님의 성품을 높이는 구약 전체에 걸친 본문에서 나오는데, 그 본문들이 결합되어 첫 출애굽보다 더 웅대하게 일어난 새 출애굽을 설명한다. 첫 출애굽에 대한 이후의 구약성경 해석은 2절에 묘사된 구속과 함축적인 심판 장면에 대해 하나님을 찬송하기 위해 선별되어 새 출애굽을 설명했다. 그 해석들은 요한이 염두에 두고 있는 출애굽기 15장의 모세의 노래 뼈대에 살을 채워 넣는다.

"주 하나님 곧 전능하신 이시여, 하시는 일이 크고 놀라우시도다." 이 말은 하나님의 크고 웅대하고 장엄한 역사를 찬양하는 시편 111:2-3을 반영한다(또한 70인역 신 28:59-60도 보라. 거기 보면 출애굽 재앙 이후에 패턴이 된 "크고 놀라운 재앙"이 이스라엘에 임한다). 찬송의 대상은 "주 하나님 곧 전능하신 이"시다. 왜냐하면 그분이 자신의 선민에 대한 역사 사건들의 절대 주권자이시기 때문이다. "주 하나님 곧 전능하신 이시여"라는 말은 선지서인 학개, 스가랴, 말라기에서 자기 백성의 역사를 주권적으로 다루시는 분은 하나님이라는 사실을 언급하기 위해 반복해서 등장하고, 이것이 또한 요한계시록 다른 곳에서 발견되는 이 말의 의미다.1:8 주석 참조

출애굽 시대에 하나님께서 행하신 일이 온전하고 모든 길이 정의로우신 분으로 찬송받았던 것처럼,신 32:4 여기서도 하나님은 똑같이 찬송을 받으신다. "주의 길이 의롭고 참되시도다." 이것은 하나님의 주권적인 행위가 원초적 능력의 예증이 아니라 하나님의 정의로우신 성품의 도덕적 표현이라는 점을 강조한다. 그리스도를 통한 하나님의 구속은 하나님께서 자신의 공의를 예증하는 최고의 표현이었다. 그리스도를 신뢰하는 자는 그들의 죄의 형벌의 대가가 그리스도

의 피로 말미암아 지불되었다.[1:5-6, 5:9, 7:14, 12:11] 그러나 하나님의 준비를 거부한 자는 그들 자신의 죄에 대한 형벌을 받게 될 것이다.[롬 3:19-20] 마지막으로 나오는 '만국의 왕'이라는 명칭은, 하나님이 자기 백성의 역사의 주권자라는 사실을 추가로 설명한다. 왜냐하면 하나님께서 그들이 접촉하는 모든 민족을 다스리시기 때문이다. 동일한 개념이 11:15-18에서도 표현된다. 거기 보면 이 세상의 나라들이 하나님의 나라가 된다. 이 명칭에는 당연히 그리스도도 포함될 것이다. 왜냐하면 그리스도는 "땅의 임금들의 머리"[1:5]와 "만주의 주시요 만왕의 왕"[17:14, 19:16]으로 불리시기 때문이다.

4. 3b절에 진술된 주권자의 의롭고 참되신 행위로 말미암아 사람들은 하나님을 두려워하고 영화롭게 해야 한다. 성도들이 "주여, 누가 주의 이름을 두려워하지 아니하며 영화롭게 하지 아니하오리이까"라고 노래하는 것은 예레미야 10:7을 상기시킨다. "이방 사람들의 왕이시여, 주를 경외하지 아니할 자가 누구리이까." 두 본문이 암시하는 바처럼 확실히 사람들이 하나님을 두려워하게 되는 것은 성도들이 하나님의 크고 의로우신 행위를 증언했기 때문이다. 예레미야 10:1-16은 하나님을 인간 및 우상과 대조시키고, 오직 하나님만이 경배를 받으시기에 합당하다고 주장한다. 2-4절에서 노래하는 성도들도 똑같이 짐승과 그의 우상이 아니라 오직 하나님과 어린양에게만 영광이 돌려져야 합당하다고 알고 있다. 하나님은 거룩하시므로 경배를 받으신다. "오직 주만 거룩하시니이다." 이것은 다시 4a절에서 성도들의 경배의 기초 또는 이유를['때문에', *hoti*] 제공한다. 즉, 하나님은 거룩하시기 때문에 경배를 받으신다. 하나님의 거룩하심은 단순히 일단의 도덕 속성을 가리키는 것이 아니라 하나님이 속성에 있어 완전히 자신의 피조물과 구별되신다는 사실을 가리킨다.

4절 후반부의 "주의 의로우신 일이 나타났으매 만국이 와서 주께 경배하리이다"라는 찬양은 시편 86:9-10에서 연원한다. 4c절의 의미는 *hoti*를 '때문에'가 아니라 '그러므로'로 번역할 것을 요청한다. 4b절("오직 주만 거룩하시니이다")은 성도의 경배의 기초를 제공했다. 즉, 하나님께서 거룩하시므로 경배해야 한다. 그런데 마지막 절은 이제 그 진리의 결과를 제공한다. 즉, 하나님은 거룩하시고, 그러므로 모든 민족이 하나님을 경배할 것이다. 하나님의 독보적인 거룩하심의 결과는 모든 민족의 사람들이 그것을 인정하고 하나님을 경배하러 나오리라는 것이다. 이것은 하나님을 두려워하고 영화롭게 해야 한다는 4a절의 핵심 사상을 반복한다. '만국'은 많은 사람들이 경배할 것이라는 사실을 강조하기 위해 부분을 전체로 대체시키는 환유법(구체적으로 말하면 제유법)으로 불리는 비유 용법이다. 그것은 모든 민족의 모든 사람이(전체) 주님을 경배할 것이라는 뜻이 아니라 모든 민족에서 나온 사람들이(부분) 주님을 경배할 것이라는 뜻이다(다른 환유법의 실례에 대해서는 5:9, 7:9, 13:7, 14:8, 18:3, 23도 보라). 만일 예외 없이 모든 사람을 가리킨다면 이 구절의 일부 내용은 모순되게도 모든 사람이 구속받고, 또 모든 사람이 미혹되고 상실된 자라는 사실을 암시하는 것이 되고 만다.

예레미야서와 시편에 나타난 하나님의 비교할 수 없는 높으심 관념은 우연히 3-4절에서 나타나는 것이 아니다. 왜냐하면 하나님의 독보적인 높으심에 대한 첫 번째 공식은 출애굽 구속 내러티브 자체에서 연원하고,[출 15:11, 신 33:26-27] 이 내러티브는 3-4절의 해석 틀로서 '모세의 노래'로 표현되어 먼저 3a절에서 명백히 강조되었기 때문이다.

4절은 세 번째 *hoti*인 "주의 의로우신 일이 나타났으매"로 결론을 맺는다. 4c절("만국이 와서 주께 경배하리이다")은 4b절("오직 주만 거룩하시니이다")과 시적 평행 관계를 이루고 있고, 아울러 사람들이 하나님을 두려워하고 영화롭게 해야 하는[4a절] 이유를 제공한다. 하나님은 거룩하시기 '때문에' 그리고 하나님의 의로우신 일이 나타났기 '때문에' 두려워해야 한다. 4절은 적절하게 시편 98:2에 나온 또 다른 구약의 출애굽 배경으로 끝맺는다. "여호와께서……그의 공의를 뭇 나라의 목전에서 명백히 나타내셨도다." 시편 98편은 출애굽기 15:1, 6, 12에 대한 언급으로 시작한다. "새 노래로 여호와께 찬송하라……그의 오른손과 거룩한 팔로 자기를 위하여 구원을 베푸셨음이로다." 시편 98편은 또한 요한계시록 5:8, 14:2-3, 15:2-3에서처럼 노래하는 자들에게 수금(거문고)을 들고 '새 노래'를 부르라고 권면한다.[시 98:5] 시편 98편의 출애굽 사건에 대한 언급은 하나님이 "의로 세계를 판단하시며 공평으로 그의 백성을 심판하시리로다"[시 98:9] 라고 말하는 마지막 진술의 기초를 구성한다. 동일한 사상의 전환이 (출애굽 사건에서 민족들에 대한 심판으로 나아가는) 요한계시록 15장에도 나타나 있다. 거기 보면 첫 출애굽 사건에 대한 '노래'가 마지막 때 출애굽 사건의 포괄적인 모형으로 작용한다. 대접 심판의 일곱 재앙은 이 출애굽 주제를 강조할 것이다. 하나님은 교회 시대 전체 동안 자신의 심판을 믿지 않는 민족들에게 일으키고, 이 심판은 마지막 때의 바로인 짐승에 대한 최종 승리에서 정점에 달한다.

3-4절에서 구약 본문을 사용하는 것은 무작위로 추출된 결과가 아니고, 첫 출애굽과 구약성경 후기 작품에 나타난 첫 출애굽 주제의 전개에 따라 이루어진다. 이것은 오직 2절의 마지막 때 홍해 배경의 연장이다. 2-4절의 주된 요점은 하나님과 어린양의 비교할 수 없는 구속과 심판 행위를 찬양하는 것이다.

15:1-4 묵상 제안

요한계시록에 나타난 하나님의 공의: 성도들이 바닷가에 서서 자신들의 승리에 대하여 하나님과 어린양을 찬양하는 것은[2-3절] 그들이 고난을 겪거나 때로 외관상 패배하는 것처럼 보이는 바로 그 지점에서, 하나님의 백성의 정당성이 입증되고 구원에 대해 하나님과 어린양을 찬송하리라는 확신을 제공한다. 신자와 비신자를 향하신 하나님의 공의의 주제가 요한계시록에서 얼마나 자주 등장하는지 그리고 그것이 5장의 죽임을 당하신 어린양에 대한 묘사와 어떻게 관련되어 있는지 성찰해 보라.

예배와 하나님의 거룩하심: 우리가 하나님을 예배하는 것은 오직 하나님의 거룩하심이라는 사실에 기초한다는 말은 무슨 뜻인가? 어째서 반드시 하나님의 거룩하심만이 하나님을 경배하도록 우리를 자극해야 하는가?

VII.

15:5-16:21

일곱 대접 심판

그리스도의 초림과 재림 사이의 기간에 하나님은 경건하지 않은 자들의 박해와 우상숭배에 대하여 그들을 처벌하시고, 그 처벌은 궁극적으로 마지막 날에 완성된다

일곱 대접 심판에 대한 서론 재개 15:5-8

15 [5]또 이 일 후에 내가 보니 하늘에 증거 장막의 성전이 열리며 [6]일곱 재앙
을 가진 일곱 천사가 성전으로부터 나와 맑고 빛난 세마포 옷을 입고 가
슴에 금 띠를 띠고 [7]네 생물 중의 하나가 영원토록 살아 계신 하나님의 진노를 가득히
담은 금 대접 일곱을 그 일곱 천사들에게 주니 [8]하나님의 영광과 능력으로 말미암아
성전에 연기가 가득 차매 일곱 천사의 일곱 재앙이 마치기까지는 성전에 능히 들어갈
자가 없더라.

5. 1절에서 시작되었지만 2-4절에서 중단된 대접 심판의 서론이 5절에서 다시 시작된다. "또 이 일 후에 내가 보니"는 새 환상이 시작된 것을 표시하고, 특히 이 경우에는 새로운 환상 시리즈가 여기서 시작된다. 하늘의 성전이 열리는 심상이 11:19에서 주요 환상 부분을 결론짓고 소개했던 것처럼, 여기서도 동일한 심상이 12:1-14:20, 15:2-4 부분을 결론짓고 대접 심판을 소개하는 역할을 한다. 5절은 1절에서 요한이 보기 시작한 일곱 천사 환상의 연장이다. 요한은 "하늘에 증거 장막의 성전이 열리는" 것을 본다. 성전이 '증거 장막'으로 불리는데, 그 이유는 성전이 증거 장막과 동등한 천상의 요소이기 때문이다. 증거 장막은 광야에서 이스라엘 가운데 있었고, 2-4절의 출애굽 배경으로 말미암아 5절에서 언급된 것은 적절하다. 여기서 '증거'는 십계명이었고, 모세는 이것을 성막의 궤(언약궤) 속에 두었다.출 25:21, 31:18, 32:15 여호와의 율법은 여호와의 증거로, 여호와의 의

로우신 뜻을 계시한다. 장막(성막)은 하나님이 자신의 의로우신 뜻을 계시하려면 "그들 중에 거하셔야"[출 25:8] 했기 때문에 만들어졌다. 장막은 또한 하나님의 긍휼하심을 표상했다. 왜냐하면 장막 안에서 이스라엘의 죄의 속죄를 위한 그리고 이스라엘 민족이 주님과 화목하기 위한 대리적 동물 제사가 드려졌기 때문이다. 그러나 지금 장막은 하나님의 긍휼하심이 아니라 심판을 증언한다. 왜냐하면 5절에서 장막이 소개되는 것은 장막이 이후에 나오는 대접 심판 재앙들의 원천임을 보여주기 위함이다.

5절에서 '증거'는 율법을 포함할 뿐만 아니라 구약의 하나님의 계명을 자기 속에 요약하시는 '예수의 증거'도 포함한다.[12:17, 19:10 주석 참조] 이것은 '증언하다'[헬라어 *martyreō*] 단어군이, 예수에 관한 증거 또는 예수에게서 나온 증거에 대한 한 번의 언급과 함께, 요한계시록 다른 곳에서 17회에 걸쳐 나타난다는 사실로 암시된다. 여기서 요점은 하나님이 예수 그리스도 안에 있는 자신의 증거를 거부하는 자들을 심판하기 위해 땅에 심판을 보냄으로써 자신의 의로우신 뜻을 하늘의 거처로부터 계시하시리라는 것이다. 성전이 열리는 것에 관한 진술은 11:19("이에 하늘에 있는 하나님의 성전이 열리니")과 거의 동일하다. 11:19에서(성전이 열린 결과로) 언약궤가 등장하는 것의 요점은 하나님께서 최후의 심판을 시행하려고 등장하신 것을 강조함에 있었다. 5-8절에서도 동일한 심판 주제가 나타난다. 다만 대접 심판의 계획 속에 포함된 것은 최후의 심판의 서곡이 되는 심판들이다. '하나님의 성전'[11:1-2]은 하나님의 장막 임재 속에서 선지자들이 그들의 '증언'[11:3, 7]을 선포하는 형식으로 이미 땅에 있는 것으로 말해졌고, 이 장막 임재는 비신자들에게는 심판의 한 형식이었다.[11:5-6] 따라서 선지자들의 땅에서의 증거와 심판에 대한 천상의 원천을 염두에 두고 있다.

6. 요한은 1절에서 소개된 일곱 천사가 열린 "성전으로부터 나오는" 장면을 본다. 1절에서처럼 일곱 천사는 '일곱 재앙'을 가지고 있고, 이는 일곱 천사가 16장에서 이어질 일곱 대접 심판을 시행하라는 명령을 받은 것을 의미함이 틀림없다. 왜냐하면 일곱 천사는 7절에서 대접 심판을 실제로 시행하기 때문이다. 6절을 포함하여 네 번에 걸쳐 대접 심판의 처벌이 '일곱 재앙'으로 불린다.[15:1, 6, 8, 21:9] 요한계시록을 제외한 성경의 다른 곳에서 헬라어나 히브리어로 동일한 문구가 나타나는 유일한 지점은 레위기 26:21[LXX]이다. "너희가 나를 거슬러 내게 청종하지 아니할진대 내가 너희의 죄대로 너희[이스라엘]에게 일곱 배나 더 재앙[일곱 재앙]을 내릴 것이라"(팔레스타인 탈굼은 '일곱 재앙'을 4회나 반복하고 히브리어 본문도 이와 다르지 않다. "내가 너희에게 일곱 배나 재앙을 더할 것이라"). 레위기 26:21이 처음 네 인 심판의 형성에 결정적인 역할을 하는 것으로 볼 때(6장 서론 주석을 보라), 이 문구가 요한계시록 15장에서 나타나는 것은 우연이 아니다.

레위기 26:21은 또한 우상숭배를 저지를 때 하나님이 이스라엘에 보내실 화와 관련되어 있다. 신실하지 못하면 하나님께서 이스라엘을 '일곱 배'로 심판하실 것이라는 사실이 4회에 걸쳐 반복된다. 각각 일곱이라는 비유적인 표현은 이스라엘이 이전 화에도 불구하고 회개하지 않았을 때 계속 더 악화되는 심판을 소개하는 역할을 한다. 이 경고 속에는 약속이 융합되어 있는데, 그것은 이스라엘이 우상숭배에 대해 회개하면[레 26:1, 30-31 참조]—우상숭배는 요한계시록 15:5-16:21에서도 문제가 되는 것이다—하나님께서 그들에게 다시 복을 베푸시리라는 것이다. 레위기 본문의 경고는 참 신자들을 회개로 이끌려는 의도가 있었지만 배교하는 이스라엘 자손은 더 완악해졌다. 그러므로 레위기 본문에 언급된 고통은 정화와 처벌의 목적이 있을 뿐만 아니라 사람들에게 회개하라는 경고로도 작용한다. 그러나 요한계시록 15장의 강조점은 우상숭배에 대한 회개가 없기 때문에 갈수록 악화되는 심판에 두어져 있고, 이 심판들은 결국 최후의 심판으로 끝난다. 레위기와 요한계시록의 일곱 심판에서 일곱이라는 수는 일곱 번의 화가 일어나는 것을 가리키는 실제적인 개념이 아니라 많은 엄격한 심판을 가리키는 비유적인 개념이다.

일곱 천사는 **"맑고 빛난 세마포 옷을 입고 가슴에 금 띠를 띠고"** 있다. 이 묘사는 1:13의 인자에 대한 묘사와 거의 동일한데, 이것은 일곱 천사는 심판을 수행할 때 인자의 대표로 활동하기 때문에 인자와 같다는 점을 함축할 것이다.

짐승은 13:3, 12에서 죽게 되었던 '상처'(문자적으로 '재앙')가 있었던 것으로 말해지고, 이 상처는 그리스도의 죽음과 부활로 말미암아 생긴 것이다. 대접 심판의 처벌은 그리스도께서 짐승을 패배시키심으로써 작용한 결정적인 효력을 보여주고, 이 효력은 짐승과 그의 추종자들에 대한 최후의 심판에서 정점에 달할 것이다.

7. 환상은 이어서 **"네 생물 중의 하나가 영원토록 살아 계신 하나님의 진노를 가득히 담은 금 대접 일곱을 그 일곱 천사들에게 주는"** 장면으로 전개된다. 구약성경에서 대접은 성막이나 성전에서 제사장이 행하는 사역과 관련되어 사용되었다. 성전 사역과 직결된 어떤 그릇은 '금 잔'(대접)으로 지칭된다.[대상 28:17, 대하 4:8, 22] 이제 천사 제사장들은 하늘에 있는 증거 장막의 제단에서 대접으로 사역을 한다. 제단이 명시적으로 언급되지는 않지만, 제단이 명백히 대접 심판과 연계되어 있는 16:7로 보아 분명히 함축되어 있다. 이 제단과의 연계성은 대접 심판의 처벌이 정당성을 입증해 달라는 성도들의 기도에 대한 하나님의 응답이라는 것을 증명한다.[8:3-5 주석 참조] 이 연계성은 **"하나님의 진노를 가득히 담은 금 대접"**과 5:8에서 성도들의 기도를 표상

하는 "향이 가득한 금 대접" 간의 축자적 유사성으로 확증된다. '대접' 심상은 또한 부분적으로는 이사야 51:17, 22에서 연원한다. 이사야는 처음에는 예루살렘이 마셨으나 곧이어 이스라엘을 괴롭히는 자, 곧 바벨론에게 쏟아지도록 되어 있던 "비틀걸음 치게 하는 잔 곧 나의 분노의 큰 잔"에 대해 말했다.[사 51:22] 이제 이 동일한 잔이, 요한계시록 16:19에서 계시되는 것처럼, 영적인 바벨론에게 주어질 것이다. 7절에서 대접은 죄인들을 처벌하기 위해 임하는 하나님의 진노를 상징한다.

8. 15장의 마지막 결론적인 진술은 대접 심판의 고통이 궁극적으로는 일곱 천사나 네 생물에게서 나오는 것이 아니라 오직 하나님으로부터 나온다는 사실을 강조한다. "하나님의 영광과 능력으로 말미암아 성전에 연기가 가득 찼다."[출 40:34-35, 왕상 8:10-11, 대하 5:13-14, 사 6:4 참조] 이 환상은 심판 선포의 서론으로 에스겔 10:2-4을 인유하는 것으로 보인다. 거기 보면 가는 베옷을 입은 한 천사가 하나님의 영광의 구름으로 가득 차 있는 하늘의 성전 안에서 네 그룹들 가까이 서 있다. 8절은 에스겔 10장과 동일한 신현 언어를 사용하고, 또한 천상의 존재들이 하늘의 성전 안에 서서 심판을 선언하는 장면을 묘사하는 이사야 6:1, 4과 결합되는 것으로 보인다. 에스겔 10장과 이사야 6장 장면은 모두 에스겔 43:5 및 44:4과 유사성이 있다. 이사야 6:4은 구약성경에서 성전에 '연기'가 충만한 것을 언급하는 유일한 구절이다(다른 본문들은 '영광'이나 '구름'이라는 말을 사용한다). 그리고 이사야 6:1, 4은 '성전'을 충만함과 관련시켜 사용하는 유일한 두 구절이다.

하나님이 진노를 표현하실 때에는 너무 두려워서 심지어는 천상의 존재들도 하나님의 임재 속에 들어갈 수 없다(6-7절에 따르면 천사들과 네 생물은 성전 밖에 있었다). "일곱 천사의 일곱 재앙이 마치기까지는 성전에 능히 들어갈 자가 없더라." 구약성경과 요한계시록 본문에서 하나님께 감히 다가갈 수 없는 장면의 묘사는 하나님의 계시된 임재의 무시무시한 두려움 때문이었을 것이다. 일곱 천사가 제사장의 성격을 갖고 있는 것은 그들의 복장으로 암시될 뿐만 아니라,[1:13, 15:6 주석 참조] 열왕기상 8:10-11과 역대하 5:13-14에서 제사장이 하나님의 영광 가운데 감히 설 수 없는 사실을 언급하는 것으로도 암시된다. 어느 누구도, 사실은 하늘의 중보적인 제사장들도, 하나님께서 심판을 시행하기로 결정하실 때 하나님의 손을 저지할 수 없다.[단 4:35 참조]

15:5-8 묵상 제안

기도의 신비로운 효력: 15:5-8은 성도들의 기도(6:10에서 하나님의 공의를 촉구하는 간청으로 표현된)를 표상하는 "향이 가득한 금 대접"[5:8 • 8:3-5 참조]과 이 기도에 대한 하나님의 응답을 표상하는 "하나님의 진노를 가득히 담은 금 대접" 간의 연계성을 계시한다. 하나님 앞으로 올라가는 향연[8:4]은 말하자면 하나님 앞에서 내려오는 하나님의 영광의 연기[15:8]로 만족된다. 따라서 기도와 응답 사이에 많은 일이 일어난다. 곧 많은 고난, 많은 박해, 유예와 제거로 인한 많은 외관적 지연 등이 일어난다. 그러나 15:5-8에 제시된 사실은 하나님께서 반드시 응답하시리라는 것이다. 종종 기도와 응답 사이에 많은 세월이 흐르기도 한다. 이것 역시 성도들의 믿음과 인내를 포함하고,[14:12] 하나님의 지혜를 요구한다.[13:18] 예수께서 우리에게 "항상 기도하고 낙심하지 말라"[눅 18:1]고 가르치신 것을 기억하고 계속 기도하며 낙심하지 않도록, 하나님의 인내는 말할 것도 없고 하나님의 관점을 구하는 기도를 드리는 것이 얼마나 중요한가?

나팔 심판과 대접 심판

15:1, 5-8은 일곱 대접 심판의 재앙을 소개한다. 16장은 대접 심판의 화들의 내용을 각각 설명한다. 많은 주석가들이 나팔 심판은 대접 심판과 다르다고 주장하는데, 그 이유는 처음 네 나팔 심판은 자연에만 영향을 미치지만 처음 네 대접 심판은 악인들에게 영향을 미치기 때문이고, 또 처음 여섯 나팔 심판은 여파가 부분적인 것으로 말해지지만 대접 심판은 보편적인 여파를 갖고 있는 것으로 보이기 때문이다. 그러나 유사점이 차이점보다 더 많다. 이에 대한 한 가지 답변은 나팔 심판이 매우 비유적으로 진술하는 것을 대접 심판은 보다 직설적으로 진술한다는 것이다. 나아가 둘째와 셋째 나팔 심판은 명백히 인간에게 여파를 미치는 것으로 말해지지만[8:9-11] 둘째 대접 심판의 여파에 대해서는 이처럼 직접적으로 말해지지 않는다. 이 여파의 상대적인 범주의 차이는 단순히 나팔 심판은 동시에 대접 심판에 따라 온 세상에 타격을 입히는 포괄적인 심판 과정의 한 부분으로 나타남을 암시할 것이다.

나팔 심판과 대접 심판은 각각의 재앙들을 같은 순서에 따라 제시한다. 즉 땅, 바다, 강, 해에 타격을 입히는 재앙, 어둠으로 휩싸인 악인의 영역, 유브라데(귀신들이 악인에게 미친 영향과 함께) 그리고 최후의 심판(번개, 음성, 우레, 지진, 우박과 같은 동일한 심상으로)이 임한 세상의 순서로 제시한다. 나팔 심판과 대접 심판의 두드러진 유사점은 두 심판 모두 출애굽 재앙을 모형으로 구성되었다는 것이다. 일곱 심판 각 시리즈(여섯째 나팔 심판을 제외하고)에서 각각의 화는 출애굽 재앙을 인유한다. 나아가 일곱 심판 각 시리즈에서 일곱 천사가 일곱 재앙을 시행한다. 이러한 관찰은 나팔 심판과 대접 심판 시리즈가 동일한 사건 시리즈를 언급한다고 보는 것이 개연적이라는

일곱 나팔 심판	일곱 대접 심판
우박, 불, 피가 땅에 쏟아지다. 땅의 삼분의 일이 불에 타다. **일곱째 출애굽 재앙**(출 9:22 이하)	대접을 땅에 쏟다. 악성 종기가 짐승의 표를 받은 사람과 그 우상에게 경배하는 자들에게 나타나다. **여섯째 출애굽 재앙**(출 9:8 이하)
불 붙는 큰 산이 바다에 던져지다. 바다의 삼분의 일이 피가 되고, 바다 피조물의 삼분의 일이 죽고, 배들의 삼분의 일이 파괴되다. **첫째 출애굽 재앙**(출 7:17 이하)	대접을 바다에 쏟다. 바다가 피가 되고, 바다의 모든 생물이 죽다. **첫째 출애굽 재앙**(출 7:17 이하)
횃불 같이 타는 별(쓴 쑥)이 강과 물샘의 삼분의 일에 떨어지고, 그 물이 쓴 물이 되어 많은 사람이 죽다. **첫째 출애굽 재앙**(출 7:17 이하)	대접을 강과 물 근원에 쏟고, 그 물이 피가 되다. **첫째 출애굽 재앙**(출 7:17 이하)
해, 달, 별들의 삼분의 일이 타격을 받다. 어둠이 낮과 밤의 삼분의 일에 임하다. **아홉째 출애굽 재앙**(출 10:21 이하)	대접을 해에 쏟고, 그 결과 불로 사람들을 태우다. **일곱째 출애굽 재앙**(출 9:22 이하)
무저갱의 구멍이 열리다. 해와 공기가 연기로 어두워지고, 연기 가운데로부터 황충이 나와 하나님의 인침을 받지 않은 사람을 괴롭히다. **여덟째와 아홉째 출애굽 재앙**(출 10:4 이하, 출 10:21 이하)	대접을 짐승의 왕좌에 쏟다. 짐승의 나라가 어두워지고, 사람들이 고통을 겪다. **아홉째 출애굽 재앙**(출 10:21 이하)
유브라데에 결박한 네 천사가 놓임을 받고, 200만의 마병대를 가지다. 사람들 삼분의 일이 그들에게 죽임을 당하다.	대접을 유브라데에 쏟고, 강물이 말라 동방에서 오는 왕들의 길을 예비하다. 개구리 같은 더러운 영이 천하 왕들을 속여 아마겟돈 전쟁을 위해 모으다. **둘째 출애굽 재앙**(출 8:2 이하)
하늘에서 소리가 나서 하나님과 그리스도의 나라의 도래를 선언하다. 번개, 우레, 지진, 우박이 나타나다. **일곱째 출애굽 재앙**(출 9:22 이하)**과 시내 산 신현 묘사**(출 19:16-19)	대접을 공중에 쏟고, 하나님의 보좌로부터 큰 음성이 나서 "되었다"고 선언하다. 번개, 우레, 큰 지진이 일어나고 큰 우박이 내리다. **일곱째 출애굽 재앙**(출 9:22 이하)**과 시내 산 신현 묘사**(출 19:16-19)

점을 암시한다. 두 심판 시리즈의 평행 관계는 다음과 같이 제시할 수 있다.[9]

나팔과 대접 심판 각각의 평행 관계가 어떻게 관련되는지 정확한 방법은 분석해 보아야 한다. 대접 심판은 시간상 뒤로 거슬러 올라가고, 시대 전체에 걸쳐 일어나되 최후의 심판에서 정점에 달하는 화들을 보다 상세히 설명한다. 15:1의 "일곱 재앙을 가졌으니 곧 마지막 재앙이라"는 문구는 역사가 바로 끝나는 시점에 인과 나팔 심판에 이어 일어나는 심판을 가리키는 것이 아니라, 요한이 본 공식적인 일곱 환상의 연쇄 순서상 인과 나팔 심판 다음에 마지막으로 대접 심판이 오는 것을 가리킨다고 확인되었다. 이 일곱 재앙은 이전의 화 환상들에 계시된 사상을 완결 짓고, 하나님의 진노를 이전 환상들보다 더 심화된 형태로 묘사한다는 점에서 '마지막'이다.[15:1 주석 참조] 이것은 대접 심판이 연대순으로 6-14장의 심판 시리즈 이후에 일어나는 것이 아님을 의미한다. 대접 심판은 시간상 뒤로 거슬러 올라가고, 시대 전체에 걸쳐 일어나되 최후의 심판에서 정점에 달하는 화들을 보다 상세히 설명한다.

이와 같은 반복적인 언급의 목적은 나팔 심판에서 설명되기 시작한 하나님의 마지막 때 출애굽 심판의 범주와 적용을 더 상세히 설명하자는 데 있다. 나팔 심판 환상이 불완전한 스냅 사진이라면, 대접 심판 환상은 보다 세밀한 사진으로 비유될 수 있다. 대접 심판은 나팔 심판이 주로 믿지 않는 인간에게 임한 재앙이라는 것을 더욱 분명히 계시한다. 출애굽 재앙이 대접 심판의 문학적·신학적 모형이기 때문에, 대접 심판의 재앙은 단순한 경고가 아니라 심판으로 조명된다. 대접 심판의 재앙은 하나님의 의로우신 심판뿐만 아니라 하나님의 유일성과 비교할 수 없는 전능성도 예증한다.[16:5-6] 대접 심판의 재앙은 비신자들의 마음의 완악함과 그들이 그 완악함 때문에 처벌받는다는 사실을 계시한다. 비신자들의 완악함은 그들의 우상숭배,[16:2] 회개하지 않는 완고함,[16:9, 11] 성도들에 대한 박해[16:6]로 표현된다. 또한 나팔 심판과 같이 대접 심판도 자신들의 박해자를 심판해 달라는 6:9-11의 성도의 기도에 대한 하나님의 응답이다. 이 연계성은 16:5-7에서 제단이 언급되고 하나님을 '거룩하신' 분으로 그리며 하나님의 심판을 '참되신' 것으로 말하는 점으로 보아 분명하다. 6:9-11과의 연계성은 또한 대접 심판이 경고일 뿐만 아니라 궁극적으로는 처벌이며, '진노의 대접'[16:1 • 15:1 참조]으로 불리는 이유를 설명해 준다. 출애굽 재앙은 모형론에 따를 때 처음 다섯 대접 심판에서는 예수의 초림과 재림 사이의 기간에 사는 경건하지 않은 자에게 적용되고, 마지막 두 대접 심판에서는 역사가 끝나는 시점에 사는 악인에게 적용된다. 일곱 대접 심판의 결과와 목표는 하나님의 비교할 수 없는 능력과 죄인들에 대한 공의의 심판을 예증하는 데 있기도 하지만 궁극적으로는 하나님의 영광을 예증하는 데 있다.[15:8, 16:9 • 11:13, 15-16, 15:4, 19:1-7 참조] 일곱이라는 수는 비유적인 개념으로, 단순히 일곱 번에 걸쳐 일어나는 특수한 화를 가리키는 것이 아니고 악인에 대한 심판의 온전함과 엄격함을 가리킨다.

이전 장들에서 악의 세력과 관련된 내용을 간추리면 다음과 같다. 용의 등장,[12장] 짐승의 등장,[13:1-10] 거짓 선지자(또는 둘째 짐승)의 등장,[13:11-18] 바벨론이 나라들을 미혹하는 데 성공함.[14:8] 16장은 이 순서를 거꾸로 해서 사악한 원수들의 멸망을 설명한다. 즉, 바벨론(14:8에서는 간략히 언급되지만 16:17-21과 17-18장에서 상세히 언급되는), 짐승과 거짓 선지자[19:17-20] 그리고 마지막으로 용 자신의[20:10] 멸망을 다룬다. 이러한 반대 순서는 요한계시록이 연대순 전개에 관심이 없다는 사실을 추가로 암시한다. 네 원수의 제거는 사실상 동시에 일어난다. 그것은 그들의 패배를 묘사할 때 사용되는 동일한 어법과 동일한 구약 인유로 보아 분명하다(16:14, 19:19, 20:8에서 그들이 "전쟁을 위하여 모이는" 것에 대한 언급을 주목하라).

대접을 쏟으라는 명령과 처음 다섯 대접 심판 : 하나님은 그리스도의 초림과 재림 사이의 기간에 박해와 우상숭배로 말미암아 경건하지 않은 자의 세속적 안전을 박탈하심으로써 그들을 처벌하신다 16:1-11

16 1 또 내가 들으니 성전에서 큰 음성이 나서 일곱 천사에게 말하되 너희는
가서 하나님의 진노의 일곱 대접을 땅에 쏟으라 하더라. 2 첫째 천사가 가
서 그 대접을 땅에 쏟으매 짐승의 표를 받은 사람들과 그 우상에게 경배하는 자들에
게 악하고 독한 종기가 나더라. 3 둘째 천사가 그 대접을 바다에 쏟으매 바다가 곧 죽
은 자의 피 같이 되니 바다 가운데 모든 생물이 죽더라. 4 셋째 천사가 그 대접을 강과
물 근원에 쏟으매 피가 되더라. 5 내가 들으니 물을 차지한 천사가 이르되 전에도 계셨
고 지금도 계신 거룩하신 이여, 이렇게 심판하시니 의로우시도다. 6 그들이 성도들과
선지자들의 피를 흘렸으므로 그들에게 피를 마시게 하신 것이 합당하니이다 하더라. 7
또 내가 들으니 제단이 말하기를 그러하다, 주 하나님 곧 전능하신 이시여. 심판하시
는 것이 참되시고 의로우시도다 하더라. 8 넷째 천사가 그 대접을 해에 쏟으매 해가 권
세를 받아 불로 사람들을 태우니 9 사람들이 크게 태움에 태워진지라. 이 재앙들을 행
하는 권세를 가지신 하나님의 이름을 비방하며 또 회개하지 아니하고 주께 영광을 돌
리지 아니하더라. 10 또 다섯째 천사가 그 대접을 짐승의 왕좌에 쏟으니 그 나라가 곧
어두워지며 사람들이 아파서 자기 혀를 깨물고 11 아픈 것과 종기로 말미암아 하늘의
하나님을 비방하고 그들의 행위를 회개하지 아니하더라.

1. '큰 음성'이 일곱 천사에게 "너희는 가서 하나님의 진노의 일곱 대접을 땅에 쏟으라"고 명령한다. 1절에서 화자가 하나님이라는 것은

방금 하나님께서 하늘의 성전에 계시는 것을 언급한 데서,[15:5-8] 그리고 이사야 66:6의 "목소리가 성전에서부터 들리니 이는 여호와께서 그의 원수에게 보응하시는 목소리로다"를 인유한 데서 확증된다. 구약성경에서 "하나님의 진노를 쏟다"라는 말은 언약을 깨뜨린 자나 하나님의 백성을 박해한 자에게 임하는 심판을 암시하는 데 사용된다.[겔 14:19, 렘 10:25, 시 69:24, 습 3:8] 때때로 이 공식은 쏟음의 비유적인 파괴성을 강조하기 위해 불을 포함하는데, 이것은 대접에 대한 비유적 해석을 강화한다.[렘 7:20, 애 2:4, 4:11, 겔 22:21-22, 30:15-16, 습 3:8 등] 각 천사가 대접을 쏟는 것은 확실히 문자적인 표현이 아니라 하늘로부터 신적 심판이 시행되는 것에 대한 은유적인 표현이다. 각 대접 재앙을 더 깊이 연구해 보면서 상징적인 이해를 확증할 것이다.

❶ 첫째 대접 심판: 하나님은 세상 구조를 따르는 우상숭배자들에게 고통을 일으키신다[16:2]

2. 첫째 천사가 심판을 시작한다. 그것은 우상숭배로 말미암아 사람들, 곧 "짐승의 표를 받은 사람들과 그 우상에게 경배하는 자들"을 처벌하는 심판이다. 대접을 쏟는 것과 짐승의 표를 받는 것이 비유적 표현인 것처럼 악하고 독한 종기에 대한 언급도 비유적인 표현이다. 첫째 대접을 쏟은 결과에 대한 묘사는 애굽에 내린 종기 재앙에 기초가 두어져 있고,[출 9:9-11] 이 종기는 신명기 28:35에서 '심한 종기'(악성 종기)로 지칭된다. 이 처벌은 범죄에 적합하다. 즉, 우상숭배의 표를 받은 자는 형벌의 표가 주어지는 것으로 응징을 당할 것이다. 2절에서 종기는 다섯째 나팔 심판이 가져오는 영적·심리적 '괴로움'에 수반된 것과 같은 모종의 고통을 표상한다.[9:4-6, 10 주석 참조]

❷ 둘째 대접 심판: 하나님은 세상 구조의 경제적 측면을 처벌하신다[16:3]

3. 둘째 대접 심판은 둘째 나팔 심판과 두드러진 평행 관계를 갖고 있다. 둘째 나팔 심판은 바다에 타격을 입히고, "바다의 삼분의 일이 피가 되고 바다 가운데 생명 가진 피조물들의 삼분의 일이 죽었다."[8:8-9] 마찬가지로 둘째 대접 심판도 바다에 타격을 입히고, **"바다가 곧 죽은 자의 피 같이 되니 바다 가운데 모든 생물이 죽더라."** 두 심판 모두 모세가 나일 강물을 피로 변하게 하고 그 안의 물고기가 다 죽게 된 출애굽기 7:17-21에 기초가 두어져 있다. 둘째 나팔 심판과 둘째 대접 심판의 핵심적인 차이는 둘째 나팔 심판은 부분적인 효력을 갖고 있지만 이에 대응하는 둘째 대접 심판은 전체적인 효력을 갖고 있다는 것이다. 둘째 대접 심판은 둘째 나팔 심판에서 부분적으로 적용될 수 있었던 것이 그리스도의 초림과 재림 사이 기간에 수시로 보편적으로 적용될 수 있다는 것을 증명한다. 바벨론적 세상 나라는 둘째 나팔 심판의 화의 대상이고,[8:8-9 주석 참조] 대접 심판은 전체적으로 바벨론의 심판과 연계되어 있다. 이것은 대접 심판이 바벨론이 하나님의 진노의 잔을 마시는 것으로 끝난다는 사실로,[16:19 • 14:8, 10 참조] 그리고 또한 대접 심판이 "하나님의 진노를 가득히 담은"[15:7] 것으로 말해지고 "하나님의 진노의 일곱 대접"[16:1] 으로 묘사되는 사실로 암시된다.

둘째 나팔 심판의 경우와 같이 둘째 대접 심판의 비슷한 심상도 기근 상태를 암시할 수 있고, 이것은 경제적인 궁핍과 불가분리적으로 연계되어 있다. 이 심판이 경제적 함축성을 갖고 있는 것은 18장에 비추어 보아도 확인된다. 사실 16:2에서 언급된 '짐승의 표'는 먼저 13:16-17에서 나타나고, 거기서 이 표가 본질상 경제적 의미를 갖고 있었다. 둘째 대접 심판은 18장의 번성하는 해상 교역의 원천인 '큰 성 바벨론'의 패망과 상징적인 평행 관계를 갖고 있거나 그 사실을 예견한다. 그 결과 '바다'에 생계가 달려 있는 모든 자가 궁폅하게 된다.[18:17, 19] **"바다 가운데 모든 생물이 죽더라"**로 번역된 문구는 "바다 가운데 살아 있는 모든 영혼이 죽더라"로 번역될 수 있고, "바다 가운데 생명[문자적으로 '영혼'] 가진 피조물들의 삼분의 일이 죽은"[8:9] 둘째 나팔 심판의 화와 비슷하다. 둘째 나팔 심판에서 묘사의 요점은 바다 생물이 죽고, 또 인간도 죽어 고통을 겪는 해상 재앙과 기근 상태를 일반적으로 강조하는 데 있었다. 바다 생물과 인간의 죽음은 둘째 대접 심판에서도 요점으로 등장한다. 8:9을 제외하고 '영혼'[헬라어 *psychē*]의 모든 용법은 오로지 사람을 가리킨다.[6:9, 12:11, 18:13, 14, 20:4] 바벨론의 멸망은 사망과 애통함과 흉년을 일으키는 '재앙'으로 지칭된다. 그러므로 16:3에서 바다가 '피 같이' 된 사건은, 최소한 부분적으로는 인간적인 고통과 인명 피해가 포함된 해상 교역의 몰락으로 표상되는 것처럼, 불경건한 세상의 경제적 생명 유지 제도가 파괴된 것을 가리키는 비유적 표현이다. 둘째 대접 심판에서(그리고 둘째 나팔 심판에서)[8:8] 피가 바다 생물의 손상뿐만 아니라 경건하지 않은 자의 고통도 포함한다는 것은 직접 문맥으로 보아[2, 8-11절] 그리고 요한계시록 다른 곳에서 '피'[헬라어 *haima*]를 예외 없이 악인의 고난이나[11:6, 14:20, 19:13 • 6:12, 8:7-8 참조] 그리스도와 성도들의 고난을[1:5, 5:9, 6:10, 12:11, 17:6, 18:24, 19:2] 가리키는 데 사용하는 용법으로 보아 분명하다. 따라서 이상의 분석을 요약하면, 3절에서 죽음은 문자적 의미로 취해져서는 안 되고 바다 생물과 바다에서 일하는 인간이 부족하게 된 것을 암시한다. 그리하여 경제적인 실패와 이로 말미암은 고통의 엄습으로 보아야 할 것이다.

피 같이 된 '바다'[헬라어 *thalassa*]가 경건하지 않은 인간의 경제적 생명 유지 제도에 대한 비유적 표현인 것은 요한계시록에서 이 말의 다른 용법들과(24회) 일치하고, 따라서 이러한 상징적인 해석은 (18:17, 19, 21을 제외하고) 받아들일 수 있다. 17:1의 '많은 물'은 세상 전역에 있는 비신자를 상징하는 표현이다.[17:15] 나아가 13:1에서 사탄이 바다의 모래 위에 서 있는 것은 (개역개정판은 이것을 언급하지 않는다.—옮긴이) 악한 나라들에 대한 사탄의 주권을 가리키는 것으로 볼 수 있다. 왜냐하면 20:8에서 불경건한 나라들이 '바다의 모래'로 비유되기 때문이다. 짐승이 등장하는 출처로서 13:1의 바다는 세상 나라들 집단을 표상한다. 요한계시록에서 '바다'가 일반적으로 부정적인 함축 의미를 갖고 있는 것에 대해서는 4:6, 13:1, 15:2, 21:1에 대한 주석을 보라.

❸ 셋째 대접 심판: 하나님은 자기 백성의 박해자를 경제적으로 처벌하신다

16:4-7

4. 셋째 대접 심판은 셋째 나팔 심판과[8:10-11] 비슷하다. 물론 우리가 둘째 대접 심판과 나팔 심판에서 함께 확인한 부분적인 효력과 보편적인 효력 간의 차이(강들과 물샘의 삼분의 일과 '강과 물 근원'으로 대립된다)는 있다(그렇지만 사실상 물은 단지 일반적으로 언급되고 명시적으로 '모든 물'로 말해지는 것은 아니며, 따라서 일부만 염두에 둔 것일 수도 있다). 셋째 나팔 심판과 셋째 대접 심판은 동일한 출애굽 재앙을 기초로 하고 있고, 물이 피로 변한 것을 묘사한다.[3절 주석 참조] 둘째와 셋째 대접 심판에서 피는 비유 표현으로 죽음이 아니라 일반적인 고통을 상징하고, 이 고통이 문자적 죽음을 가져올 수는 있다. 그러나 특수한 고통에 더 구체적인 초점이 있음을 확인하게 될 것이다. 그러므로 셋째 대접 심판도, 둘째 대접 심판과 같이 18장의 번성하는 해상 교역의 원천인 '큰 성 바벨론'의 패망과 상징적인 평행 관계를 갖고 있거나 그 사실을 예견한다. 그리고 영적 바벨론을 구성하는 비신자들이 셋째 나팔 심판의 화의 대상인 것처럼,[8:10-11 주석 참조] 셋째 대접 심판에서도 성도들을 박해하는 자들이 고통을 겪는다.[16:6] 그 결

과 해상 교역과 어업을 주업으로 생계를 유지하는 모든 자가 빈곤한 상태에 빠진다.[18:10-19] 바벨론의 멸망은 사망과 애통함과 흉년을 일으키는 '재앙'으로 지칭된다. 이것 역시 16:6의 성도들의 고난과 셋째 대접 심판이 염두에 둔 경건하지 않은 자들의 고통의 성격을 경제적인 관점에서 해석하는 것을 암시한다. 이것은 16:6과 18:24 사이의 축자적 평행 관계로 지지를 받는다. 두 본문은 불경건한 세상은 "성도들과 선지자들의 피를 흘렸으므로"[16:6, 18:24] 심판받을 것이라고 말한다. 18:8-19에서 바벨론과 바벨론을 의지한 자에 대한 심판이 분명히 부분적으로 경제적인 관점에 따라 표현되므로, 16:6과 18:24의 이 평행 관계는 경제적 심판의 원인이 비신자들이 저지른 박해에 있음을 암시한다.

5. "**물을 차지한 천사**"는 천사가 물에 대한 주권을 갖고 있음을 가리킨다. 5-6절에서 천사가 선언하는 말은 셋째 대접 심판을 더 깊이 해석하는 역할을 한다. 천사는 하나님께서 "**이렇게 심판하시니 의로우시도다**"라고 선언한다. 천사는 1:4, 8, 4:8, 11:17에서 이미 발견된 삼중의 이름을 5절에서는 하나님께 귀속시키지만, 이 삼중 공식의 세 번째 부분에서 '장차 오실 이'라는 앞서 나온 마지막 때의 명칭이 '거룩하신 이'로 대체된다("전에도 계셨고 지금도 계신 거룩하신 이여"). 그 이유는 '거룩하신 이'라는 말이 '장차 오실 이'로서 자신의 역할에 따라 마지막 때 심판을 행하실 때에("이렇게 심판하시니") 하나님의 주권적인 유일성을 함축하기 때문이다. 우리가 거듭 확인한 것처럼 마지막 때(후일)는 그리스도의 죽음 및 부활과 함께 시작되었다. 그러나 셋째 대접 심판의 문맥은 이 심판이 최후의 심판 행위가 아니라 최후의 심판의 서곡이 되는 환난을 묘사함을 증명한다. 삼중 공식은 구약성경에서 적대적인 세상 나라들의 악랄한 훼방에도 불구하고 자기 백성을 구원하시는 하나님의 능력에 특히 초점을

두고 사용되었다.[1:4, 8 주석 참조] 또한 이 삼중 공식이 셋째 대접 심판과 관련되어 사용되는 이유는, 셋째 대접 심판이 하나님의 이름을 정당화하는 심판일 뿐만 아니라 세상 구조에 의해 유죄 판결을 받은 하나님의 백성의 정당성을 입증하는 심판이기 때문이다. 그러므로 여기서 삼중 공식을 사용하는 것은 셋째 대접 심판의 행위가 역사에 대한 하나님의 주권을 예증하는 또 하나의 증거임을 함축한다. 여기서 '거룩하신 이'와 동사 '심판하다'가 결합되어 사용되는 것은 6:10에서 하나님을 동일하게 이중으로 묘사하는 것을 반영한다. 6:10을 보면 박해받은 성도들이 하나님께 박해자를 심판하심으로써 하나님 자신과 그들의 정당성을 입증해 주실 것을 간청한다. 그러므로 셋째 대접 심판의 화는 6장에 나오는 성도들의 기도에 대한 하나님의 응답의 한 부분이다.

6. '왜냐하면'이라는 소개 단어는 5절에 나타난 하나님의 성품에 대한 선언의 기초를 더 명료하게 밝혀 준다. (개역개정판은 이 말이 나타나 있지 않다. 그러나 헬라어 본문을 보면 *hoti*라는 원인접속사로 6절이 시작된다.—옮긴이) 박해자들에 대한 하나님의 심판은, 처벌은 범죄에 적합해야 한다는 구약 원리에 기초가 두어져 있다. "[왜냐하면] 그들이 성도들과 선지자들의 피를 흘렸으므로 그들에게 피를 마시게 하신 것이 합당하니이다." 여기서처럼 악인이 피를 흘리게 한 것과 천사가 악인에게 진노를 쏟는 것과 같이 '흘리다'[쏟다]는[4절] 말이 두 경우에 모두 사용된 사실은 이 동일한 원리를 강조한다. 6절의 피의 심판은 4절에서 물이 피로 변한 재앙과 동일하다. 그 이유는 특히 5-6절이 4절 해석의 연장이기 때문이다. 6절에서 두 번에 걸쳐 나타나는 '피'는 단순히 문자적 죽음을 가리키는 것이 아니라 다양한 차원의 고통을 상징한다.[6:9-10, 12:11 주석 참조]

이와 같은 비유적인 해석은 6절의 배후에 놓여 있는 본문으로 보이는 이사야 49:26로 지지를 받는다. "내가 너를 억압하는 자들에게 자기의 살을 먹게 하며 새 술에 취함 같이 자기의 피에 취하게 하리니 모든 육체가 나 여호와는 네 구원자요 네 구속자……인 줄 알리라." 이스라엘을 학대한 자는 이스라엘이 취급받은 것과 똑같이 취급받을 것이고, 여기에는 다양한 형태의 고난이 포함되며 심지어는 죽음도 포함된다. '눈에는 눈으로'의 처벌 원리는 이사야 49:25의 "내가 너를 대적하는 자를 대적하고"라는 말씀으로 암시된다. 따라서 피를 마시는 것은 죽음을 가리키는 제한적인 언급이 아니라 죽음을 포함해 온갖 종류의 고통을 가리키는 언급이다. 사람들이 셋째 대접 심판 아래 고통을 겪는 엄밀한 이유는 그들이 하나님의 백성을 고통스럽게 했기 때문이다. 이것은 이사야서 본문으로 보아도 분명할 뿐만 아니라 시편 79:3, 10, 12로 보아도 분명하다. 6절에 반영된 시편 본문의 내용은 다음과 같다.[16:1 주석 참조] "그들[이스라엘]의 피를 예루살렘 사방에 물 같이 흘렸으나 그들을 매장하는 자가 없었나이다.……주의 종들이 피 흘림에 대한 복수를 우리의 목전에서 이방 나라에게 보여주소서.……주여, 우리 이웃이 주를 비방한 그 비방을 그들의 품에 칠 배나 갚으소서."

바벨론의 처벌이 6절에 묘사된 심판과 연계되어 있는 것은 17:6, 18:24 그리고 바벨론의 심판을 묘사하는 19:2에 나오는 비슷한 피의 심상으로 보아 분명하다. 하나님,[4:11] 어린양,[5:9, 12] 어린양을 따르는 자[3:4]가 복을 받기에 '합당한' 것과 마찬가지로 박해자들은 저주를 받기에 '합당하고' 마땅하다.

7. 다른 천사에 의해 또는 그리스도에 의해 또 다른 선언이 제단에서 나온다. "심판하시는 것이 참되시고 의로우시도다"라는 선언과 함께 '제단'이라는 말이 언급되는 것은 5절에서 확인된 6:9-10과의 연계성을 강화시킨다. 이 음성은 요한이 6:9-10에서 공의를 간청하는

외침으로 들은 순교자들의 영혼의 소리를 표상할 것이다. 구약성경과 요한계시록 다른 곳에서 "주 하나님 곧 전능하신 이시여"라는 호칭은 자기 백성의 역사상 사건들에 대한 하나님의 절대 주권을 암시한다.[1:8, 15:3] 출애굽 당시에 하나님께서 "그가 하신 일이 완전하고 그의 모든 길이 정의롭다"고 칭송을 받은 것처럼,[신 32:4] 마지막 때의 재앙과 관련해서도 하나님은 그런 분으로 인정받으신다. 사실 이 동일한 표현("주 하나님 곧 전능하신 이시여")은 15:3에서 이미 나타났다. 거기 보면 이 표현은 세상이 완성될 때 웅대한 출애굽의 한 부분으로서 하나님의 심판과 구속을 가리킨다.

❹ 넷째 대접 심판: 하나님은 우상숭배의 죄로 경건하지 않은 자를 처벌하신다[16:8-9]

8. 넷째 천사가 "대접을 해에 쏟으매 해가 권세를 받아 불로 사람들을 태우는" 일이 벌어진다. 이 재앙에 대한 하나님의 주권은 '받아'라는 말에 표현되어 있고, 이것이 9절에서 명시적으로 확인된다. "이 재앙들을 행하는 권세를 가지신 하나님." 각 대접 심판의 시작을 묘사하는 말은 비유적인 개념이므로("그 대접을 해에 쏟으매"), 각 대접 심판의 결과적인 효력도 똑같이 비유 개념임을 상기하는 것이 중요하다.[1절 주석 참조] 8절에서 불로 사람들을 태우는 것 역시 문자적 개념이 아니다. 구약성경에서 하나님이 진노를 쏟으시는 것도 종종 불이 동반되어 비유적으로 표현된다. "나의 진노와 분노를 이곳과 사람과 짐승……에 부으리니 불 같이 살라지고 꺼지지 아니하리라."[렘 7:20] "내가 너희를 모으고 내 분노의 불을 너희에게 불면 너희가 그 가운데에서 녹되……나 여호와가 분노를 너희 위에 쏟은 줄을 너희가 알리라."[겔 22:21-22] 넷째 대접 심판은 하나님을 모독하는 자들에 대한 하나님의 심판을 비유적으로(구약의 언급과 일치되게) 말하고,[8절] 따라서

문자적인 불을 이 심판의 구성 요소로 볼 수 없다. 비유적인 관점은 구약성경과 유대 사상에 나오는 비슷한 패턴의 심상으로도 지지를 받는다. 유대 사상에서 하늘 광명체의 주기적 운행이 중단되는 것은 주로 언약에 따른 심판을 상징한다. 우주적 격변의 상징은 사람들이 보통 우상숭배를 통해 하나님의 도덕법을 어겼기 때문에 심판을 받게 된 것을 암시한다.[8:12 주석 참조]

9. 해가 불로 사람들을 태울 것이라는 넷째 대접 심판의 결론적인 효력이 9절 첫 부분에서 반복된다. 이 반복은 "**사람들이 크게 태움에 태워진지라**"를 강조한다. 따라서 사람들은 그들이 구속받은 자에게 행했던 것과 똑같이 되돌려 받을 것이다. 7:16에 따르면 죽은 성도들은 이전 상태에서 해방될 것이기 때문이다. "해나 아무 뜨거운 기운에 상하지도 아니하리니." 요한계시록 7:16이 인유하는 이사야 49:10의 경우와 마찬가지로("그들이 주리거나 목마르지 아니할 것이며 더위와 볕이 그들을 상하지 아니하리니"), 이 심상은 경제적인 고통을 언급하는 말과 결합된다. 신명기 32:24은 언약에 불순종할 때 임하는 저주의 하나가 백성들이 불 같은 더위에 삼켜지는 것이라고 설명하는데, 이것은 그곳에서 경제적 궁핍을 의미하는 "주리므로 쇠약하게 되는" 화와 직접 연계되어 있다. 그리스도의 재림 전에 일어나는 넷째 대접 심판의 이런 처벌은 역시 불에 살라질 바벨론에 대한 최후의 심판을 예견한다(8절의 "불로 태우는 것"과 17:16 및 18:8의 "불로 사르는 것"을 참조하라).

넷째 대접 심판은 여섯째 나팔 심판의 결과와 똑같이, 경건하지 않은 자의 신성모독과 회개하지 않는 완악함을 불러일으킨다. 두 심판의 유사점은 16:8-9의 '태움'이 9:17-18의 '불과 연기와 유황'의 삼중 재앙과 같은 고통이라는 것을 암시한다. 두 심판의 불 재앙은 두 증인이 교회 시대 동안 믿지 않는 반대자들에게 내뿜는 불과[11:5-

[7] 비견할 수 있는 비유적 화를 가리킨다. 11:5-7에서 불은 박해자들에게 임하는 영적인 심판의 한 형태이고, 이것 역시 그들에게 임할 미래의 최종적인 처벌의 기초를 구성한다.[9:17-18, 11:5-7 주석 참조] 여기서 신성모독의 죄는 무례하게 참 하나님의 이름을 중상하거나 비방하는 것이다. 하나님의 '이름'은 하나님의 속성과 성품을 표상한다. 그러므로 하나님의 이름을 비방하는 자는 하나님의 손 아래서 받는 처벌에 대한 보복적인 반응으로 하나님의 성품에 대해 악의적으로 거짓말을 하는 것이다. 이 신성모독의 죄는 그들이 자기들이 섬기는 야만적인 거짓 신과 같이 된 결과를 증명한다. 왜냐하면 16장 외의 다른 곳에서 '신성모독'은 오직 짐승이 범하는 죄로 언급되기 때문이다.[13:1, 5, 6, 17:3] 또한 짐승은 하나님의 '재앙'에 타격을 입은 후에, 곧 외관상 치명적인 상처를 입은 후에 비로소 신성모독죄를 범하기 시작한다.[13:3-8] 사람들이 범하는 신성모독죄는 아마도 그들의 고통이 하나님에게서 온 주권적 처벌임을 부인하는 것을 포함한다. 그들의 신성모독죄는 추정컨대 하나님이 진정으로 그리고 궁극적으로 "이 재앙들을 행하는 권세를 가지신" 분이라는 것을 부인하는 요소도 동반할 것이다. 여기서 복수형 '재앙들'은 넷째 대접 심판의 화를 겪는 자들이 이전과 이후 대접 심판으로 말미암은 환난 아래서도 고통을 겪는다는 사실을 암시한다. "또 회개하지 아니하고 주께 영광을 돌리지 아니하더라." 이것으로 그들이 하나님의 영광스러운 성품을 인정하지 않는다는 것은 요지부동의 확고한 사실이 된다.

❺ 다섯째 대접 심판: 하나님은 완고한 우상숭배자들에게 고통을 가하여 그들이 돌이킬 수 없을 정도로 하나님과 분리된 것을 드러내심으로써 그들을 처벌하신다[16:10-11]

10. 다섯째 대접 심판의 내용은 대접을 짐승의 왕좌에 쏟는 것이다.

여기서 '왕좌'는 짐승이 자신의 영역에 대하여 가지고 있는 주권을 상징한다. 그러므로 다섯째 대접 심판은 짐승의 통치 능력에 효력이 미친다. 다섯째 대접 심판의 결과는 "그[짐승의] 나라가 곧 어두워지는" 것이다. 넷째 나팔 심판과 마찬가지로 다섯째 대접 심판의 화도 하나님이 애굽에 흑암을 내리신 출애굽기 10:21-29에 기초를 두고 있다.[8:12 주석 참조] 애굽에 내린 흑암 재앙은 부분적으로 바로가 자신을 그 화신으로 믿었던 태양신 라[Ra]와 벌인 경쟁이었다. 흑암 재앙은 하나님의 명령에 불순종한 것 때문에 그리고 이스라엘을 억압하고 애굽의 우상숭배 제도에 충성한 것 때문에 바로에게 임했다.

'짐승의 왕좌'라는 말은 2:13에 나오는 '사탄의 권좌'와 동일하다. 2:13에서 사탄의 권좌는 궁극적으로 사탄의 통제 아래 있던 로마 정부와 황제숭배의 중심지가 된 버가모를 가리킨다. 마찬가지로 요한계시록 16장의 화도 성도들을 억압하고 우상숭배를 조장하는 세상 통치자들을 적절하게 겨냥하고 있다.[13:1-7 주석 참조] 다섯째 대접 심판의 결과에는 통치자와 그들의 동지에 대한 내적인 반란 또는 국가에서 나온 정치나 종교 권력의 제거가 포함될 것이다.

출애굽기 10:23은 흑암이 너무 짙어서 애굽 사람이 시각적으로 서로 알아볼 수 없는 상태였다고 설명한다("그 동안은 사람들이 서로 볼 수 없으며"). 초기 유대교 해석자들은 어쩌면 애굽에 임한 흑암 재앙은 참 하나님과의 영적인 분리를 상징한다고 생각했고(지혜서 17:2은 그들이 "영원한 섭리로부터 추방되었다"고 말한다), 영원한 지옥의 흑암이 그들을 기다리고 있는 것으로 묘사했다(지혜서 17:21과 출 10:22에 대한 미드라시 랍바 출애굽기 14.2도 마찬가지다). 흑암은 공포와 두려움을 불러일으켰다.[지혜서 17-18장] 그러나 애굽 사람들의 영적 고뇌의 심각성은 그들 자신의 비참함에 대한 생각이 "흑암 자체보다 더 무거운 짐"이 된 것에 있었다.[지혜서 17:21]

이사야 8:21-22은 죄를 범한 이스라엘에 심각한 기근이 임할 것이라고 말한다. 이 기근은 "환난과 흑암과 고통의 흑암"과 연계되어 있었을 뿐만 아니라 "그들이 볼 수 없었던 흑암"LXX과도 연계되어 있다. 이 기근에 대한 이스라엘의 반응은 "격분하여 자기의 왕과 자기의 하나님을 저주할 것이며 위를 쳐다보는" 것이다. 또한 예레미야 13장에서도 이스라엘은 하나님이 "어둠을 일으키시기 전……빛이 사망의 그늘로 변하여 침침한 어둠이 되게 하시기 전에, 너희 하나님 여호와께 영광을 돌리라"렘 13:16는 명령을 받는다(계 16:9에서처럼, 그들은 그렇게 하지 않을 것이다). 이 어둠은 장차 임할 이스라엘 민족의 포로 상태로 해석되고,렘 13:19-20 이 상태는 이스라엘에게 '고통'을 일으킬 것이다.렘 13:21 어둠은 왕좌에 앉아 있는 왕들에게도 타격을 입힌다.렘 13:13, 16 그리고 처벌은 우상숭배로 말미암아 임한다.렘 13:10, 13

요한계시록 16:10의 어둠은 출애굽기, 이사야서, 예레미야서 본문들에서와 같이 일반적으로 비유적인 의미를 갖고 있다. 이 어둠은 경건하지 않은 자에게 그들의 박해와 우상숭배가 헛되다는 것을 상기시키기 위한 목적으로 정해진 모든 사건을 가리키는 은유적 개념이다. 그리고 이 어둠은 그들이 하나님과 분리된 것을 암시한다. 애굽 사람들에게 임한 흑암과 마찬가지로 이 어둠도 "사람들이 아파서 자기 혀를 깨물고"라는 비유적인 말로 표현된 고통을 일으킨다. 하나님은 짐승을 따르는 모든 자가 자기들이 영적인 어둠 속에 있고, 하나님과 분리되어 있으며, 영원한 어둠이 자기들을 기다리고 있음을 깨닫게 될 때 고통과 공포를 느끼는 시간을 갖게 하신다. 10절의 현세적인 심판은 비신자들이 "바깥 어두운 데 쫓겨나 거기서 울며 이를 갈게 될"마 8:12 • 마 22:13, 25:30 참조 최후의 심판에 대한 전조다.

11. 10절의 고통은 짐승의 신복들을 부드럽게 만들기는커녕 바로와 그의 신하들 같이출 10:1-2 오히려 하나님에 대한 반감으로 더 완고

하게 만든다. "아픈 것과 종기로 말미암아 하늘의 하나님을 비방하고 그들의 행위를 회개하지 아니하더라." 10절에서 그리고 16장 전체에 걸쳐[9, 11, 21절] 회개가 없는 것은, 바로의 완악함의 신학적 패턴에 따르면, 고칠 수 없는 병이다. 애굽 사람 가운데 남은 자에 속한 자는 회개하고 이스라엘과 함께 애굽을 떠났지만, 대다수 애굽 사람은 이스라엘의 하나님을 의지하기를 거부했다. 세상 사람 가운데 남은 자가 회개하는 것은 그들이 오직 하나님의 인 치심을 받았기 때문이다.[7:1-4, 14:1-2] 이 남은 자 외에 나머지 사람들은 하나님의 인 치심을 받지 않았기 때문에 하나님을 믿지 않고, 표를 준 짐승에게 기꺼이 충성을 바칠 것이다.[13:8, 16-17] 그들의 죄악된 행위는 살인, 복술, 음행을 포함하고, 그것은 11절이 9:21에 죄악 목록을 두고 있는 9:20("남은 사람들은 손으로 행한 일을 회개하지 아니하고")과 정확히 평행 관계를 이루고 있는 것으로 암시된다. '종기'가 언급된 것은 앞에 나온 첫째 대접 심판의 재앙을 지시하는데, 다섯째 대접 심판으로 고통을 겪는 자들도 이전 대접 심판의 재앙들로 인한 상처를 계속 갖고 있으며, 또 그 반대도 마찬가지라는 사실을 암시한다.[9절 주석 참조]

요한계시록 9:20	요한계시록 16:11
남은 사람들은 손으로 행한 일을 회개하지 아니하고.	그들의 행위를 회개하지 아니하더라.

회개하지 않는 악한 '행위'에는 우상숭배, 복술, 음행을 비롯하여 살인과 도둑질이 포함된다. 이 죄악들이 포함되는 것은 16:11이 위의 죄악 목록이 바로 이어 나오는 9:20과 축자적 평행 관계를 갖고 있는 것으로 암시된다.

16:1-11 묵상 제안

하나님의 심판의 표현으로서의 대접 심판 재앙: 16:1-11의 대접 심판 재앙은 애굽에 내린 재앙과 평행을 이루고 있는 것이 매우 명확하다. 이 평행성은 비신자들이 회개하지 않고 신성모독으로 반응하는 11절에서 정점에 달한다. 본서의 주석은 이번 재앙의 초점이 경고보다 심판에 있다고 결론을 내린다. 이렇게 결론을 내리는 한 가지 이유는, 회개하고 이스라엘 자손과 함께 애굽을 떠난 남은 자가 없지는 않았지만, 회개하지 않고 오히려 하나님의 재앙을 자초한 바로와 애굽 사람의 완악한 마음에 중점이 있기 때문이다. 이 과정에서 하나님의 긍휼, 공의, 심판이 어떻게 예증되는가?

세상 경제 제도에 대한 하나님의 심판: 대접 심판 재앙들은 하나님이 원수와 그의 대행자들이 비신자들을 속여 참 하나님을 경배하지 못하도록 미혹하는 데 사용한 세상 경제 제도를 어떻게 심판하시는지를 분명히 보여준다. 경제 제도의 붕괴는 결국 짐승의 나라를 어둠 속으로 몰아넣는다.[10절] 우리는 그리스도인으로서 세상 경제 제도에 의존하거나 타협하는 것을 얼마나 조심스럽게 피해야 하는가? 돈과 물질적인 성공에 대한 우리의 태도를 지배하는 가치들을 얼마나 면밀하게 그리고 자주 검토해야 하는가? 우리는 하나님께서 역사가 끝날 때 제거하실 세상의 방법들과 물리적 안전에 의존하는가? 이것이 어떻게 우리가 의식할 수 없는 사이에 우상숭배의 초점이 될 수 있겠는가?

하나님을 비난하는 죄로서의 신성모독: 우리는 삶 속에서 일어나는 잘못된 일들에 대해 얼마나 자주 하나님을 비난하는가? 이 비난은 솔직하게 털어놓는 선언이 아니라 억압된 쓰라림의 형태를 취할 수 있다. 하지만 그렇게 하더라도 쓰라림은 여전히 우리 마음속에 남아 있을 수 있다. 본서의 주석은 비신자들의 경우에 고난, 실제로는 하나님에 대한 죄와 거역으로 말미암아 임한 고난에 대한 반응이 하나님을 비난하는 것이라고 주장한다. 그러나 우리는 우리 자신의 죄의 결과에 대해 얼마나 자주 하나님(또는 다른 사람)을 비난하는가? 신성모독은 하나님의 참된 인격에 대해 그리고 우리가 실제로 마땅히 받아야 할 심판과 형벌과 고난을 면제하시는 하나님의 긍휼하심에 대해 하나님을 존귀히 여기지 않는 것임을 깨닫고 있는가?

여섯째와 일곱째 대접 심판
: 악한 세상 구조에 대한 최후의 심판[16:12-21]

16 12 또 여섯째 천사가 그 대접을 큰 강 유브라데에 쏟으매 강물이 말라서 동
방에서 오는 왕들의 길이 예비되었더라. 13 또 내가 보매 개구리 같은 세
더러운 영이 용의 입과 짐승의 입과 거짓 선지자의 입에서 나오니 14 그들은 귀신의 영
이라. 이적을 행하여 온 천하 왕들에게 가서 하나님 곧 전능하신 이의 큰 날에 있을
전쟁을 위하여 그들을 모으더라. 15 보라, 내가 도둑 같이 오리니 누구든지 깨어 자기
옷을 지켜 벌거벗고 다니지 아니하며 자기의 부끄러움을 보이지 아니하는 자는 복이
있도다. 16 세 영이 히브리어로 아마겟돈이라 하는 곳으로 왕들을 모으더라. 17 일곱째
천사가 그 대접을 공중에 쏟으매 큰 음성이 성전에서 보좌로부터 나서 이르되 되었다
하시니 18 번개와 음성들과 우렛소리가 있고 또 큰 지진이 있어 얼마나 큰지 사람이 땅
에 있어 온 이래로 이같이 큰 지진이 없었더라. 19 큰 성이 세 갈래로 갈라지고 만국의
성들도 무너지니 큰 성 바벨론이 하나님 앞에 기억하신 바 되어 그의 맹렬한 진노의
포도주 잔을 받으매 20 각 섬도 없어지고 산악도 간 데 없더라. 21 또 무게가 한 달란트
나 되는 큰 우박이 하늘로부터 사람들에게 내리매 사람들이 그 우박의 재앙 때문에
하나님을 비방하니 그 재앙이 심히 큼이러라.

❻ 여섯째 대접 심판: 하나님은 세상이 끝날 때 불경건한 세력들을 결정적으로 처벌하기 위하여 그들을 함께 모으신다16:12-16

12. 여섯째 대접 심판의 화, "또 여섯째 천사가 그 대접을 큰 강 유브라데에 쏟으매 강물이 말라서"는 바벨론에 대한 하나님의 심판과 이스라엘의 회복에 대한 묘사에 따라 설명되고, 이 설명 자체는 출애굽 당시 홍해가 마른 땅이 된 것을 본보기로 삼았다.사 11:15, 44:27, 50:2, 51:10, 출 14:21-22 구약성경은 이 심판에 유브라데 강을 마르게 하는 일이 포함될 것이라고 예언했다.사 11:15, 44:27-28, 렘 50:38, 51:36, 슥 10:11 이 예언은 고레스에 의해 문자 그대로 성취되었다. 고레스는 유브라데 강의 물줄기를 다른 곳으로 돌려 강물을 마르게 했다.사 44:27-28 그렇게 함으로써 고레스의 군대는 강물이 얕아진 유브라데 강을 건너 불시에 성 안으로 침투하여 바벨론을 멸망시켰다. 하나님은 고레스를 일으켜 바벨론을 심판하셨다. 고레스는 예언된 대로 '동방에서'사 41:2, 46:11 또는 '해 돋는 곳에서'사 41:25 온 인물이었다. 예레미야 50:41과 51:11, 28은 하나님이 바벨론을 치기 위해 예비하신 '왕들'을 언급한다. 고레스의 승리로 이스라엘은 포로에서 해방되었다.사 44:26-28, 45:13 구약성경에서 하나님은 구속이나 심판을 위하여 항상 물을 마르게 하시는 분이다.

요한은 이 패턴을 모형론의 관점에 따라 이해하고 보편화시킨다. 요한계시록 14:8에서 지적한 것처럼 바벨론을 세상 구조의 표상으로 보는 상징적인 해석은, 역사상의 바벨론에 대하여 바벨론이 영원히 황폐하게 되어 다시는 그곳에 살 자가 없을 것이라고 하나님의 심판을 예언한 본문을렘 50:39-40, 51:24-26, 62-64, 사 13:19-22 보면 합리적 의심이 불가능할 정도로 확실하다. 출애굽 사건에서처럼 그리고 특히 고레스의 바벨론 함락에서처럼, 요한계시록 16장에서 유브라데 강물이 마른 것은 마지막 때 바벨론의 멸망의 전조를 가리킨다. 이것은 문자적으로 현대의 이라크 지역에 있는 유프라테스 강을 지리적으로 언급하는 것일 수 없고, 비유적이며 보편적인 개념으로 보아야 한다. 이것은 17:1로 암시된다. 거기 보면 바벨론 음녀가 "많은 물 위에 앉아" 있는데, 이것은 유브라데 강과 강물을 가리키는 또 하나의 표현법이다. 17:1의 '많은 물'은 17:15에서 비유적으로 "백성과 무리와 열국과 방언들"을 가리키는 것으로 해석된다. 요한계시록 17:15-18은 12절을 특별히 부연 설명하는 것인데, 그 이유는 17장의 내용이 바벨론에 대한 여섯째와 일곱째 대접 심판의 연장이기 때문이다(17:1도 마찬가지다. 거기 보면 대접을 가진 천사 중 하나가 심판을 소개한다). 유브라데 강에 대한 상징적인 해석은 요한계시록 다른 곳에서 용, 짐승 또는 그들을 따르는 자와 관련하여 '바다', '강', '물'을 비유적으로 사용하는 것으로도 암시된다.[12:15, 16, 13:1, 15:2, 17:1, 15 주석 참조] 그러므로 유브라데 강물이 마른 것은 세계 전역에서 바벨론을 종교적으로 신봉하는 무리가 어떻게 그 종교에 충성하지 못하게 되는지에 대한 상징적인 그림이다. 이것은 17:16-17에서 추가로 설명된다.[17:16-17 주석 참조]

바벨론과 유브라데 강만 비유적으로 보편화되는 것이 아니라 고레스와 그의 동맹자들도 똑같이 비유적으로 보편화된다. "**동방에서 오는 왕들**"은 '천하 왕들'을 가리키는 것으로 확대 해석된다.[16:14 • 17:18 참조] 동일한 현상이 20:8에서도 나타난다. 20:8을 보면 전통적인 북방 원수로 전쟁을 위해 함께 모이는(16:14과 19:19을 20:8과 비교해 보라) 곡과 마곡이 '땅의 사방'에서 나온 백성으로 설명된다. 구약의 예언적 전조들과 마지막 때 성취 간의 공통점은 각각의 경우에 물을 마르게 하시는 분은 하나님이고, 선하거나(고레스) 악하거나(바로나 동방에서 오는 왕들) 각 군대는 강을 건너며, 또한 각 경우마다 전투가 벌어지고, 하나님의 백성이 구원받는다는 것이다. 여기서 중요한 개념은 하나님께서 고레스 시대에 행하신 것처럼, 바벨론을 보호하고 번성시킨 강물을 마르게 하심으로써 직접적으로는 마귀의 영향 아래에 있지만 궁극적으로는 하나님의 주권적인 통제 아래 있는 천하 왕들이 바벨론을 패배시키기 위하여 그리고 하나님의 영원한 나라와 하나님의 성도들의 통치를 확립하기 위하여 함께 모이도록 하신다는 것이다.

13. 12절은 천사의 활동을 통해 하늘에서 시작된 심판을 보여주는 여섯째 대접 심판을 요약한다. 13-16절은 이 재앙을 시행하는 이차적인 땅의 대행자들을 설명하고, 이어서 심판의 화의 목적을 제시함으로써 여섯째 대접 심판을 구체적으로 상세히 언급한다. 대접이 쏟아지자 성도들의 세 주요 반대자와 악의 세력의 지도자가 활동을 개시한다. "또 내가 보매 개구리 같은 세 더러운 영이 용의 입과 짐승의 입과 거짓 선지자의 입에서 나오니." 요한계시록에서는 처음으로 13절에서 '거짓 선지자'라는 말이 나타난다. 거짓 선지자라는 말은 사람을 속여 첫째 짐승을 경배하도록 하는 데 목적이 있는 13장의 둘째 짐승의 미혹하는 역할을 한마디로 요약한다. 신약성경 다른 곳에서 거짓 선지자는 예외 없이 미혹하기 위해 이스라엘의 언약 공동체나 교회 안에서 거짓말을 한다.[마 7:15, 24:11, 24, 막 13:22, 눅 6:26, 행 13:6, 벧후 2:1, 요일 4:1] 거짓 선지자라는 말은 또한 둘째 짐승의 활동이 교회 밖뿐만 아니라 교회 안에서도 이루어진다는 13:11-17의 결론도 암시하고, 그것은 여기서 14-16절(특히 15절에서 타협하지 말라고 성도들에게 주는 권면)을 통해 확증된다.

세 영을 '더러운 영'으로 묘사하는 것은 그들이 영적으로 미혹의 성격을 갖고 있음을 암시한다. 같은 말이 17:4과 18:2에서 바벨론의 불경건한 미혹 활동을 묘사하는 데 사용된다. 두 본문에서 바벨론의 더러움은 '음행'[헬라어 *porneia*]과 결부되어 있다('음행'을 우상숭배와 결부시키는 것에 대해서는 2:14에 대한 주석을 보라). 이 영들의 미혹적인 성격은 17:4의 "그[바벨론]의 음행의 더러운 것들"과 18:2-3의 바벨론의 음란한 더러움이 여기 13-14절에서 바벨론의 불경건한 미혹의 세력들과 결부되는 것으로 암시된다. 이 점에서 18:2의 말(바벨론은 "귀신의 처소와 각종 더러운 영이 모이는 곳"이다)을 13-14절의 "개구리 같은 세 더러운 영……그들은 귀신의 영이라"는 언급과 관련시켜 살펴보라. 13-14절에서 바벨론의 영들은 우상을 숭배하도록 사람을 미혹한다. 바벨론의 음행과 미혹 간의 연계성에 대해서는 추가로 14:8에 대한 주석을 보라.

세 더러운 영이 귀신을 가리킨다는 것은 신약성경 다른 곳에서(복음서와 사도행전에서 20회 정도) 같은 말이 그런 의미를 갖고 있는 것으로 보아 분명하다. 그리고 14절에서도 이것이 명백하다. 13절을 제외하고 성경에서 '개구리'라는 말이 등장하는 곳은 출애굽기 8:2-13과 시편 78:45, 105:30이다. 이 세 본문은 모두 출애굽 재앙을 묘사한다. 개구리는 해를 끼치지 않는 것처럼 보이지만 애굽 사람을 '파멸'시켰다.[시 78:45] 13절에서 개구리는 지혜로운 조언자로 나타나지만 실제로는 영적으로 타락시키는 역할을 한다. 여기서 개구리를 더러운 것으로 묘사하는 방식은 레위기 11:9-12, 41-47과 일치된다. 레위기 본문을 보면 개구리가 정결을 필요로 하는 '부정한' 짐승 가운데 하나로 간주된다. 개구리가 미혹하는 영을 표상하는 존재로 선택되는 것은 부분적으로 소리는 크지만 아무 의미가 없이 개골개골 우는 개구리 소리의 특징 때문일 것이다. 13절에서는 악의 세 대행자의 입의 미혹으로 일어난 혼란을 개구리와 개구리의 개골거리는 소리로 표상한다(유대교 주석가들이 출애굽 당시 개구리 재앙을 해석할 때 주장한 것처럼 말이다. 예를 들어 필론의 『꿈에 관하여』 2.259-260, 『아벨과 가인의 제물에 관하여』 69). 13절에서 개구리가 속임수의 상징으로 선택된 것은 그것이 바로의 애굽 요술사들이 요술을 통해 모방할 수 있었던 두 재앙 가운데 하나였기 때문일 것이다.[출 8:7] 또한 여기서도 개구리는 궁극적으로 하나님의 손 아래서 이적을 행한다.[14절] 하나님이 주관하신다는 것은 출애굽 재앙의 모형으로 보아 분명하다. 또한 하나님이 전쟁을 위해 나라들을 주권적으로 모으시는 것과 관련하여 스가랴 12-14장의 배경도 참조하라.[14b절 주석 참조] 출애굽 당시의 실제 개구리 재앙이 여기서 상징적으로 미혹하는 영들에게 적용된다. 개구리 재앙의 인유는 요한계시록에서 문자적 출애굽 재앙을 새로운 상황에 상징적으로 다시 적용시켜 영적으로 관념화하는 가장 명확한 실례 가운데 하나일 것이다!

14a. "그들은 귀신의 영이라"는 말은 13절의 더러운 영과 개구리를 설명한다. 애굽에서 개구리 재앙은 부분적으로 부활의 여신이자 개구리로 상징된 헤크트[Heqt] 여신과의 경쟁이었다. 미혹 활동이 개구리 같은 것으로 적절하게 묘사되는 것은 이 사악한 삼인방이 짐승의 부활이라는 소문으로 사람들을 미혹하려고 획책했기 때문이다.[13:1-5 주석 참조] 출애굽 사건의 개구리를 귀신으로 묘사하는 원리는 부분적으로 거짓 신과 우상 배후에 귀신들이 있다는 성경의 평가에 기반이 두어져 있다.[9:20 주석 참조]

14b. 이 귀신들은 '이적'을 행하고, 그 이적을 13장의 미혹하는 대행자들의 일, 특히 13:13과 19:20에 묘사되어 있는 둘째 짐승, 곧 거짓 선지자의 활동과 동일시한다. "큰 이적을 행하되", "표적을 행하던……짐승의 표를 받고 그의 우상에게 경배하던 자들을 표적으로 미혹하던 자라." 이 귀신들은 "온 천하 왕들에게 간다." 마찬가지로 출애굽 재앙에서 개구리는 먼저 애굽 왕에게 영향을 미치고,[출 8:3-4] 시편 105:30은 애굽의 '왕'이 개구리에게 타격을 입었다고 말한다. 여기서 이들이 단순히 한 지역의 왕이 아니라 '온 천하'의 왕들이라는

것은 요한계시록 다른 곳과 요한 문헌에서 동일한 문구를 사용하는 것으로 증명된다.3:10, 12:9 • 13:3, 요일 2:2, 5:19 참조 사실 "동방에서 오는 왕들"12절은 "온 천하 왕들"과 동의어일 것이다. 이 보편적 적용은 우상숭배하는 땅에 거하는 자들이 미혹을 받는 13:14과 땅의 임금들이 똑같이 미혹을 받는 19:19-20로 보아도 분명하다. 여기서 왕들은 불경건한 세상 구조의 정치 당국자를 표상한다. 확실히 '땅의 임금들'이라는 말은 요한계시록 다른 곳에서 세상의 정치적인 의미로 거듭 사용된다.1:5, 6:15, 17:2, 18, 18:3, 9 이 본문들은 왕들이 우상숭배하는 바벨론에 충성을 바치는 것을 언급한다.

미혹의 목적은 "하나님 곧 전능하신 이의 큰 날에 있을 전쟁을 위하여 그들을 모으는" 것이다. 같은 말이 짐승과 용이 그리스도께서 재림하실 때 그리스도를 반대하여 싸우려고 왕들을 모으는 것을 언급하는 19장과 20장에서 각각 나타난다. "또 내가 보매 짐승과 땅의 임금들……이 모여……전쟁을 일으키다가."19:19 "[사탄이] 나와서 땅의 사방 백성……을 미혹하고 모아 싸움을 붙이리니."20:8 이 두 본문과 14절은 세상이 끝날 때 그리스도와 짐승의 세력 간에 벌어질 싸움을 언급하며, 하나님께서 역사의 마지막 전쟁을 위해 이스라엘로 나라들을 모으실 것을 예언하는 스가랴 12-14장과 스바냐 3:8-20 그리고 에스겔 38:2-9, 39:1-8에서 나온 구약 예언에 기반이 두어져 있다. 특히 스가랴 14:2("내가 이방 나라들을 모아 예루살렘과 싸우게 하리니"), 12:3-4("천하만국이 그것을 치려고 모이리라. 여호와가 말하노라 그 날에 내가"), 14:13("그 날에 여호와께서 그들을 크게 요란하게 하시리니")은 전쟁을 위하여 왕들을 모으시는 개념을 배후에 두고 있다. 유대 문헌을 보면 에스라4서 13:34-35이 스가랴 14:2의 장면을 인유하는데, 이것은 에녹1서 56:5-8이 민족들이 메시아에 맞서 역사상 마지막 전쟁을 벌이는 문맥에서 이 장면을 인유하는 것과 같다. 특히 스가랴 13:2은[LXX] "거짓 선지자와 더러운 영"의 활동이 나라들을 모으는 것과 동시적으로 이스라엘에서 이루어질 것이라고 말한다. 거짓 선지자는 우상숭배를 조장하고 진리에 대해 이스라엘을 미혹한다(슥 13:2의 아람어 번역은 "미혹하는 선지자와 더러운 영"으로 되어 있다). 나중에 유대교 해석자들도 스가랴 13:2의 '더러운 영'을 귀신으로 간주했다(미드라시 랍바 민수기 19.8, 페식타 드 랍 카하나 4.7, 페식타 라바티 14.14).

요한계시록 16:14, 19:19, 20:8에서 세 평행 문구는 모두 정관사가 붙어 '그' 전쟁(싸움)으로 되어 있다. 그 문구들이 모두 구약성경에 예언된 유명한 '마지막 때 전쟁'을 가리키기 때문이다. 20:7-10은 이 전쟁을 사탄의 세력이 성도들에게 퍼붓는 최후의 공격의 하나로 증명한다. 그러므로 이 전쟁은 11:7의 전쟁과 같은 전쟁이다. 11:7의 전쟁 역시 짐승이 땅에서 신자들 전체 집단을 진멸하려고 획책하는 전쟁이기 때문이다.[11:7-10 주석 참조] 이 점에서 정관사는 이전의 언급을 가리키는 관사다. 즉, (위에서 지적한 것처럼) 구약 예언이나 11:7의 마지막 전쟁에 대한 최초의 묘사('전쟁' 앞에 정관사가 붙어 있지 않은)를 가리킬 것이다. 이 전쟁이 "하나님 곧 전능하신 이의 큰 날에 있을 전쟁"으로 불린다는 사실은 그것이 하나님께서 결정적으로 불의한 자를 심판하실 전쟁임을 암시한다. 이것이 요엘 2:11과 스바냐 1:14의 "여호와의 큰 날"이라는 말의 의미이자 요엘 2:31의 종말론적 심판에 대한 예언의 의미다.[마 24:29, 막 13:24, 행 2:20 참조] 나라들은 미혹당해 성도들을 근절하기 위하여 모이는 것으로 생각하겠지만, 사실 궁극적으로는 하나님이 예수의 손을 통해 그들 자신의 심판을 위하여 모으시는 것이다.[19:11-21]

15. 15절에서 신자들에게 주어지는 권면이 삽입된다. "보라, 내가 도둑 같이 오리니 누구든지 깨어 자기 옷을 지켜 벌거벗고 다니지 아니

하는……자는 복이 있도다." 이 음성은 그리스도께서 도둑 같이 불시에 오실 것이므로 신자들에게 그리스도의 최후의 나타나심에 대비하여 항상 깨어있으라고 권면한다. 문맥상 이 권면은 갑자기 등장하고 어색해 보이지만, 면밀하게 연구해 보면 13:9과 14:12의 권면과 비슷한 기능을 한다. 즉, 고난 속에서도 성도는 인내해야 한다는 것이다. 20:8에 따르면 이 전쟁은 먼저 성도들과 더불어 싸우는 것이고, 동일한 시나리오가 16:14에도 함축되어 있다(그리고 19:19에도 함축되어 있다. 17:14, 20:8, 슥 14:2 이하, 에스라4서 13:34-35, 에녹1서 56:5-8에 비추어 보라).[14절 주석 참조] 짐승이 전체 신앙 공동체를 괴멸시키려고 획책할 때가 올 것이다.[20:8-9, 11:7 참조] 하나님과 어린양의 '큰 날'[6:17]에 있을 이 총공격은 언제든 불시에 일어날 수 있고, 그러므로 신자들은 믿음으로 굳게 서서 그 일이 일어날 때 타협하지 않도록 미리 대비해야 한다. 복음서 전승에서 나온 도둑 은유는 어떤 도둑질 관념을 암시하기 위해서가 아니라 오직 예견할 수 없고 갑작스러운 그리스도의 오심의 성격을 전달하기 위해 사용된다. 16장과 요한계시록 전체의 문맥에 따르면 기다리며 자기 옷을 지키는 것은 마지막 총공격의 압박에도 불구하고 정신을 바짝 차리고 짐승의 우상숭배 요구에 굴복하지 않는 것을 가리킨다.[3:4-5 주석 참조]

만일 신자가 이처럼 자기 옷을 지킨다면, "벌거벗고 다니지 아니하며 자기의 부끄러움을 보이지 아니할" 것이다. 이것은 3:18과 동일한 심상을 전개한다. 3:18의 라오디게아 교회 교인들이 벌거벗은 수치를 보인 것은, 하나님이 우상숭배에 참여한 이스라엘과 다른 민족들을 고소하신 것에서[겔 16:36, 23:29, 나 3:5, 사 20:4] 이끌어 낸 은유다. 여호와는 우상숭배자들이 거짓 신들과 간음을 저지른 것을 증명하기 위해 비유적으로 그들의 옷자락을 들어 올리실 것이다(곧 심판을 통해 그들의 성읍을 벌거벗길 것이다). 요한은 이 벌거벗음이 마지막 때의 전쟁이 있을 때 깨어 있지 못한 결과로 주어지므로, 타협하는 신자는 망하게 되고 벌거벗게 됨으로써[17:16] 우상숭배로 말미암아 심판을 받게 될 바벨론 음녀와 동일시될 것이라고 경고한다. 여기서 '옷'은 세상과 타협하기를 거부하는 것을 상징하고, 어린양의 혼인 잔치에 들어가기 위해 필수적인 "이 세마포 옷은 성도들의 옳은 행실"로 판명될 것이다.[19:8-9] 반면에 벌거벗음은 이런 의가 없는 것을 상징한다.

16. 15절의 삽입적인 권면이 있은 후에 14절의 사상이 16절에서 다시 제시된다. 귀신의 영이 왕들을 미혹하여 "**히브리어로 아마겟돈이라 하는 곳으로 왕들을 모았다.**" 아마겟돈은 전쟁이 일어날 장소다. 전쟁의 결과는 용과 짐승의 세력이 그리스도와 하나님에 의해 파멸을 당하는 것으로 묘사되는 17:14, 19:14-21, 20:7-10에서 확인된다. '하르-마게돈'으로도 불리는 아마겟돈은, '바벨론'과 '유브라데'로 불리는 장소와 마찬가지로 특정 지리 장소를 가리키는 것이 아니라 보편적인 장소를 가리킨다.

아마겟돈이 문자적인 의미로 취해져서는 안 되는 까닭은 구약의 예언은 일반적으로 예루살렘과 시온 산 근처나 주변 산들에서 마지막 전쟁이 벌어진다는 것이지만,[욜 2:1, 32, 미 4:11-12, 슥 12:3-4, 14:2, 13-14 • 겔 38:8, 16, 39:2-8 참조] 므깃도 평원은 예루살렘 북쪽으로 이틀 정도 걸어가야 되는 곳에 있다는 사실로 증명된다. 스가랴 12:1-14은 민족들이 예루살렘에 퍼붓는 마지막 때의 공격을 묘사한다. 그때 민족들은 멸망당하지만 의로운 남은 자는 "그들이 그 찌른 바 그를 바라보고 그를 위하여 애통하기" 때문에 은총의 영을 받는다.[슥 12:10] 나아가 요한은 14:20과 20:8-9에서 그곳을 예루살렘 밖에 두지만 모형론의 관점에 따라 구약의 언급을 보편화하고 문자적 지리 관점이 아니라 영적 관점에 따라 말한다. 또한 앞에서 주장한 것처럼[14절 주석 참조] 20:8이 16:14과 같은 사건을 다루는 평행 본문이라면, 20:9은 아마겟돈을 예루살렘의 '사랑하시는 성'으로 그리고 추측컨대 시온 산으로 규정하고, 요한의 관점에 따르면 이 두 지역은 세계에 퍼져 있는 교회를 가리킨다.[20:9 주석 참조] 아마겟돈에 대한 비유적 견해는 또한 구약성경이나 유대 문헌에 므깃도 '산'에 대한 언급이 전혀 없다는 사실로 보아도 분명하다. 구약 시대에 므깃도 성은 텔,[tell] 곧 아주 작은 언덕 위에 있었을 것이다. 하지만 히브리어에서 '하르'[har]라는 단어의 통상적인 의미는 산이다.

문자적으로 히브리어로 '므깃도 산'을 가리키는 아마겟돈은 므깃도 평원에서 벌어진 옛 이스라엘의 전투들이 마지막 전쟁의 예언적이고 모형적인 상징이기 때문에 마지막 전쟁이 벌어지는 장소로 지칭될 수 있다. 첫째, 바락과 시스라 사이의 전투가 므깃도에서 벌어졌다.[삿 5:19] 유브라데로 진격하던 바로 느고와 요시야 사이의 전투도 므깃도에서 벌어졌다.[왕하 23:29, 대하 35:22] 유대교에서 므깃도는 의로운 이스라엘 자손이 악한 나라들의 공격을 받았던 장소로 유명했다. 특히 바락과 시스라 사이의 전투는 이스라엘이 압도적인 큰 힘으로 원수를 패배시킨 싸움의 본보기로 간주되었다.[삿 4:3, 5:8] 하나님은 자신이 원수의 군대 장관을 그의 병거와 많은 군사들과 함께 기손 강으로 이끌어 냈다고 말씀하셨다.[삿 4:7] 이때 왕들이 와서 므깃도 물가에서 싸웠다.[삿 5:19] 마찬가지로 하나님은 므깃도에서 벌어질 전쟁을 위하여 원수인 왕들을 모으시는 분이다.[12-14, 16절]

그러나 므깃도 산으로 불린 산이 없었다는 사실은 이차적인 가능성을 시사한다. 므깃도에서 그리 멀지 않은 곳에 갈멜 산이 있다. 만일 므깃도 산이 갈멜 산과 동일시된다면, 구약에서 선의 세력과 악의 세력 간의 최대 전쟁 가운데 하나가 벌어진 장소, 곧 엘리야(계 11:3-7에서 모세와 함께 교회를 상징하는)가 바알 선지자들을 패배시킨 곳에 대한 상징적인 언급일 수 있다.[왕상 18:19-46] 그렇게 되면 갈멜 산은 상징적으로 마지막 때 교회의 표상이 된다.

므깃도 근처에서 일어난 사건을 기록하고 있는 이상의 모든 본문이 요한계시록 16:16의 언급 배후에 있을 수 있고, 따라서 이 장소에 대한 요한의 언급은 다음과 같은 예언적이고 모형적인 연관 사실을 염두에 두었을 것이다. 하나님의 백성을 억압하는 왕들의 패배,[삿 5:19-21] 거짓 선지자들의 파멸,[왕상 18:40] 비극으로 끝난 잘못된 왕들의 죽음.[왕하 23:29, 대하 35:20-25] 이 사실들은 "예루살렘을 치러 오는 이방 나라들"[슥 12:9]의 멸망을 일으키고 온 이스라엘 족속이 애통할 그들이 찌른 자[슥 12:10]와 직접 관련된 미래의 마지막 전쟁에 대한 기대와 결합되었다. 여기서 스가랴 12:1-14을 가장 먼저 염두에 두고 있다는 것은 요한계시록 16:16 이전에 스가랴 12:11이 마지막 때에 하나님이 멸망시키는 불경건한 나라들의 파멸에 관한 묵시적 배경 속에서 므깃도라는 지명이 나타나는 유일한 본문이고, 또한 히브리어로 므깃도를 '메깃돈'[영어 '마겟돈']으로 발음하는 유일한 구약 본문이라는 점으로 보아도 분명하다.

❷ 일곱째 대접 심판: 하나님은 최후의 심판에서 불경건한 세상 구조를 처벌하신다[16:17-21]

17. 일곱째 대접 심판은 아마겟돈 전쟁 뒤에 이어지는 부패한 세상 구조의 최후의 파멸을 묘사한다. "일곱째 천사가 그 대접을 공중에 쏟으매." 21절에서 우박이 내린 것은 출애굽 당시 우박 재앙과의 연계성을 암시한다.[출 9:22-35] 다섯째 나팔 소리가 불리자 무저갱의 구멍에서 연기가 올라와 '해와 공기'가 어두워졌고,[계 9:2] 이것은 여기서 말하는 '공중'과 마귀의 활동을 연계시키는 것으로 보인다. 에베소서 2:2에서 사탄은 "공중의 권세 잡은 자"로 지칭된다. 넷째와 다섯째와 여섯째 대접 심판에서처럼, 일곱째 대접 심판에서도 용과 짐승이 지

배하는 믿지 않는 세상에 심판이 임한다. 10절에서 "대접을 짐승의 왕좌에 쏟으니 그 나라가 곧 어두워졌다"는 것을 특히 주목하라.

"큰 음성이 성전에서 보좌로부터 나서"라는 말에서 큰 음성은, 그 음성이 보좌 자체에서 나오는 것으로 보아 하나님이나 그리스도의 것으로 보인다. "되었다!"라는 선언은 15:1에 진술된 일곱 대접 재앙의 목적이 역사적으로 실현된 것을 가리킨다. "하나님의 진노가 이것[대접 심판]으로 마치리로다." 이 선언은 십자가에서 그리스도께서 이루신 구속(요 19:30의 "다 이루었다")을 역으로(같은 헬라어 동사를 사용하여) 진술한 것이다. 이 사건은 "보좌에서 큰 음성이 나서"라는 같은 말 다음에 "이루었도다"라는 말이 나오는 요한계시록 21:3-6에 언급된 악인에 대한 최후의 심판의 한 부분이다. 거기서 초점은 악인에 대한 최후의 형벌 및 옛 우주의 멸망과 함께,[21:1, 8] 하나님의 백성이 새로운 피조물로서 온전히 구속받는 것에 두어져 있다.[21:1-22:5 참조]

18. "번개와 음성들과 우렛소리가 있고 또 큰 지진이 있어"는 최후의 심판 심상이다. 이것은 대부분 출애굽기 19:16-18에 기초를 두고 있다. 출애굽기 본문은 하나님이 시내 산에 나타나신 장면을 묘사한다(또한 시 77:18과 사 29:6도 보라. 사 29:6은 "우레와 지진과 큰 소리와 회오리바람과 폭풍과 맹렬한 불꽃으로 그들을 징벌하실 것인즉"이라고 되어 있다). 8:5에 대한 주석에서 지적한 것처럼 리처드 보컴은 4:5, 8:5, 11:19, 16:18-21은 출애굽기 19:16, 18-19을 인유할 때 점진적 연쇄 관계를 구성하고 있다는 사실을 증명했다. 즉, 이 본문들이 체계적으로 서로에게 기초를 두고 하나님의 심판의 명확한 국면을 제시할 때 4:5에서 번개, 음성, 우레와 함께 시작하고, 각 단계에서 다른 요소들을 추가하는 형식을 취한다. 예수는 지진 심상을 사용하여 최후의 우주적 파멸의 한 부분이 아니라 그 파멸을 준비하는 화들을 묘

사하신다.마 24:7, 막 13:8, 눅 21:11 구약성경에서 나온 우주적 파멸의 특징이 이제 모형론의 관점에 따라 세상 역사가 끝나는 시점에 있을 절대적인 심판에 적용된다. 여기서는 이 적용의 상승된 성격이 "얼마나 큰지 사람이 땅에 있어 온 이래로 이같이 큰 지진이 없었더라"는 말로 표현된다. 그리고 이 말을 다니엘 12:1에서 취한 것은 우연이 아니다. "이는 개국 이래로 그 때까지 없던 환난일 것이며." 다니엘은 역사가 끝날 때, 곧 하나님의 백성은 구원받고 부활 생명을 경험하게 되지만 악인은 "수치를 당하여서 영원히 부끄러움을 당할" 때에 있을 환난을 묘사한다.단 12:2 다니엘 12장 자체가 우박 재앙의 맥락에서계 16:21 출애굽기 9:24을 모형론의 관점에 따라 적용시킨 것임을 유의하라. 출애굽기 9:24을 보면 우박이 내릴 때 "불덩이가 우박에 섞여 내림이 심히 맹렬하니 나라가 생긴 그 때로부터 애굽 온 땅에는 그와 같은 일이 없었다."

19. 18절에 언급된 어마어마한 큰 지진의 여파가 상세히 언급된다. "큰 성이 세 갈래로 갈라지고 만국의 성들도 무너지니." 이 묘사는 마지막 날 최후의 심판에서 하나님이 등장하실 때에 동반된 무시무시한 지진에 대한 성경의 예언에 따라 구성된다.학 2:6, 슥 14:4, 히 12:26-27 심판의 대상이 명시적으로 확인된다. "큰 성 바벨론이 하나님 앞에 기억하신 바 되어." '큰 성 바벨론'이라는 말의 배경은 다니엘 4:30이다.계 14:8 참조 다니엘 4:30은 구약성경에서 '큰 바벨론'이라는 말이 나오는 유일한 본문이다. 따라서 마지막 때의 바벨론은, 자신의 세속적이고 허울 좋은 '큰 바벨론'을 자랑했던 교만한 바벨론 왕 느부갓네살이 그랬던 것처럼, 바야흐로 심판에 직면해 있다. "만국의 성들도 무너지니"라는 예언은 역사 속에서 일어날 최후의 심판의 보편적인 범주를 함축한다. 무너지는 것은 단순히 로마만도 아니고 이후의 어떤 악한 큰 도시만도 아니다. 세상의 모든 문화적 · 정치적 · 경제적 본부

가 큰 성 바벨론과 바벨론적 세상 구조의 일부이므로 무너진다. 19절에서 "그의 맹렬한 진노의 포도주 잔을 받는" 장면은 14:8, 10의 비슷한 최후의 심판 장면을 전개한다. 14:8, 10을 보면 큰 성 바벨론이 무너지고 바벨론을 후원하는 국가들이 "하나님의 진노의 포도주를 마시리니 그 진노의 잔에 섞인 것이 없이 부은 포도주라."[14:10] 따라서 우리는 나라들을 취하게 만든 바벨론 자신이 스스로 멸망을 초래하는 포도주를 취하도록 마심으로써 하나님의 심판의 손 아래서 똑같은 방법으로 처벌을 받는 것을 확인한다. 하나님의 심판의 폭발을 묘사하는 심상으로 포도주를 퍼붓는 구약 배경을 파악하려면 14:10에 대한 주석을 보라. 이 심판은 바벨론의 처벌이 16:6에서 이미 예증된 원리에 따라 그의 범죄에 합당함을 강조한다. 바벨론은 자기들이 멸망시킨 그대로[11:18] 멸망당할 것이다. 19절은 17-21절 안에서 바벨론의 멸망에 대한 서론적 진술을[14:8] 부연 설명하고, 바벨론의 몰락은 17:1-19:10에서 상세히 설명된다.

'큰 성'은 예루살렘이나 로마 또는 두 도시를 포함하여 다른 모든 악인 집단들로 구성되는 불경건한 세상 구조, 이 셋 가운데 어느 하나로 간주되었다. 본서의 주석 다른 곳에서 주장한 것처럼 세 번째 견해, 곧 큰 성은 예루살렘과 로마를 포함하여 다른 모든 악인 집단들로 구성되는 불경건한 세상 구조를 가리킨다는 견해가 더 낫다.[11:8, 14:8 주석 참조]

20. 심판의 절대적 성격이 우주의 파괴에 대한 추가 묘사로 계속된다. "각 섬도 없어지고 산악도 간 데 없더라." 6:14("각 산과 섬이 제자리에서 옮겨지매")과 20:11("땅과 하늘이 그 앞에서 피하여 간 데 없더라")의 사실상 동일한 묘사 역시 심판 날에 결정적이고 보편적인 세상의 파괴가 있음을 암시한다. 세상의 일부가 간 데 없는 것은 18장에서 세 번에 걸쳐[14, 21, 22절] 언급되는 바벨론의 최후의 결정적인 멸망

에 대한 비슷한 묘사를 예견한다.

21. 출애굽 우박 재앙이 복제되어 제시되지만,[출 9:22-35] 여기서 재앙의 타격은 한 민족이 아니라 하나님을 반대하는 세상 전역의 모든 민족에게 미친다. "또 무게가 한 달란트나 되는 큰 우박이 하늘로부터 사람들에게 내리매." 이 우박은, 역시 결정적인 처벌을 암시하는 20:9의 박해하는 나라들 위에 "하늘에서 불이 내려온" 것처럼, 신실하지 못한 자들에게 하늘로부터 내린다. 21절에서 출애굽 원[原]재앙의 마지막 순번이 아니었던 우박 재앙이, 18절에서 인유한 출애굽기 19장의 시내 산 신현을 둘러싸고 일어난 우주적 현상과 결합되고 있다. 우박은 시내 산의 번개, 우레, 구름, 연기, 나팔 소리와 쉽게 결합된다.

이 재앙을 애굽에 내린 우박 재앙과 일치시키는 것은 21절과 출애굽 기사 모두 '큰' 또는 '심히 큰'이라고 이중으로 언급함으로써 우박의 심각성과 엄청난 규모를 강조하는 것으로 보아서도 분명하다. 21절은 문자적으로 "매우 큰 우박이……그 우박이 심히 큼이더라"로 이해된다(요세푸스의 『유대고대사』 2.304-305 참조). 우박의 무게가 '한 달란트'로 말해지는데,[NASB는 100파운드] 이것은 45파운드[약 20킬로그램]에서 130파운드[약 60킬로그램]까지 무게가 다양하게 측량된다(요세푸스의 『유대전쟁사』 5.270 참조).

이것은 또한 여호수아 10:11("여호와께서 하늘에서 큰 우박 덩이를……내리시매")에서 우박이 아모리 족속에게 가한 타격을 반영하는 것일 수 있다. 여호수아 10:11에서 우박 사건은 출애굽과 연계된 전체 구속 계획의 한 부분으로 간주되고, 그 결과 약속의 땅에 들어가는 것에 초점이 맞추어져 있다. 나아가 최후의 심판과 관련하여 우박이 언급되는 것은, 우박과 지진이 불과 유황과 함께 마지막 때 원수에 대한 최후 심판의 특징으로 나타나는 에스겔 38:19-22에 영향을 받은 것이다.[계 19:20, 20:9, 10] 에스겔 38-39장이 14절과 19:19 및 20:8에 미친 결정적인 영향을 주목하라.

심판을 겪은 사람들이 "그 우박의 재앙 때문에 하나님을 비방하니 그 재앙이 심히 큼이러라." 이것은 어떤 이들은 우박 심판 이후에도 살아남았음을 의미하는 것이 아니라, 6:15-17에서 사람들이 최후의 심판이 시작되자 피하려고 도망쳤던 것처럼(또한 앞에서 지적한 6:14과 16:20 간의 평행 관계도 주목하라) 그들이 화가 미치는 동안 하나님을 비방했다는 뜻이다. 역시 사람들이 하나님을 비방한 앞의 9절 및 11절과 달리 21절에는 회개를 거부한 자들에 대한 언급이 없는데, 이것은 끝이 임했기 때문에 더 이상 회개할 기회가 없다는 점을 암시한다.

17-21절은 최후의 심판이 역사 속에서 시작된 것으로 간주할 수 있고, 17-19장은 연대순으로 이 심판의 이후 전개 상황을 제시하는 것으로 볼 수 있다. 그러나 이후 장들은 16:17-21, 여섯째와 일곱째인 심판, 일곱째 나팔 심판 그리고 14:14-20에 묘사된 최후의 심판에 관한 동일한 사건들을 보충하는 관점으로 보는 것이 가장 좋다.

16:12-21 묵상 제안

문맥에 따라 성경을 읽는 것의 중요성: 16:12-21은 조심스럽게 문맥에 따라 성경을 읽는 것이 얼마나 중요한지를 다시 한 번 보여준다. 본서의 주석은 요한의 환상은 바벨론의 역사상 멸망을 염두에 두고, 이 멸망을 홍해에서의 바로의 패배와 연결 지으며, 모형론의 관점에 따라 마지막 때에 바벨론적 세상 구조의 붕괴를 예언하는 데 사용한다고 주장했다. 동시에 바벨론 멸망의 모든 요소(바벨론 성 자체, 바벨론의 왕, 바벨론이 위치하고 있는 강가, 바벨론의 멸망 방법)가 보편화된다. 현대의 많은 주석가들이 이것을 제대로 이해하지 못해 특정 사람과 장소를 마지막 때 전쟁의 당사자와 위치로 제시하고 심지어는 바벨론의 재건을 예견할 정도였는데, 이것은 사실 바벨론이 바사 사람에게 멸망당하고 다시는 세상 권력을 얻지 못할 것이라는 구약의 예언을사 13:17-22, 렘 50:13, 39, 51:62-64 등 폐기시키는 것에 불과하다. 16절에서 아마겟돈에 대해 언급하는 것도 마찬가지다. 우리는 본서의 주석을 통해 성경의 풍성한 인유들이 보편적인 대상을 지시한다는 사실을 설명하려고 애썼다. 하지만 얼마나 많은 사람들이 아마겟돈을 특정 장소를 가리키는 것으로 보고, 이스라엘 민족과의 연루에 초점을 맞추고 있는지 모른다. 하지만 그로 말미암아 이 전쟁의 세계적 범주로서의 본질과 이 전쟁이 원수의 세력과 교회 간의 싸움이라는 주된 요점을 놓치고 있지는 않은가?

마귀의 활동의 실재성과 마귀와의 싸움에 대한 우리의 대비: 13-14절은 마귀와 그의 대행자들에게서 나와, 이적으로 온 천하 왕들에게 영향을 미침으로써 전쟁을 위한 왕들을 모으는 세 더러운 영의 활동을 강조한다. 세 더러운 영은 개구리와 동일시되므로 개구리로 상징되었던 애굽의 부활의 여신과 연계될 수 있다. 신약성경은 어둠의 나라의 실재성을 강조하는 기사로 가득 차 있다. 오늘날 우리가 살고 있는 합리주의 시대에서 우리는 성경 저자들과 같은 눈으로 보기 어렵지만, 동일한 옛 세력들은 지금도 여전히 크게 기승을 부리고 있다.엡 6:10-17 참조 세 더러운 영의 미혹의 역사는 이 영들이 존재하지 않는다는 관념을 전달하는가? 우리는 진정 이런 세력의 활동에 맞서 싸우는 법을 알고 있는가? 때때로 배후의 근원적인 실재를 직시하지 못하고 단순히 그들이 제공하는 태도나 행동에만 맞서 싸우지는 않는가? 우리의 싸움은 세상의 영향력과 자신에게 내재하는 죄의 영향력 그리고 우리의 옛 본성이 우리에게 미치는 유해한 영향력에 맞서는 것으로 그치지 않고, "통치자들과 권세들과 이 어둠의 세

상 주관자들과 하늘에 있는 악의 영들을 상대하는" 것이다.엡 6:12

십자가로부터 나온 외침과 보좌로부터 나온 외침: 본서의 주석은 보좌로부터 나온 "되었다!"라는 외침이 동일한 헬라어 단어를 사용하여 십자가로부터 나온 예수의 "다 이루었다!"는 외침을 반영한다고 지적한다. 이것은 결코 우연일 수 없다. 십자가와 부활로 말미암아 출범한 천국의 유비를 사용하여 예수의 외침이 천국의 침투를 어떻게 출범시켰는지 상고해 보라. 그러나 이 침투는 두 번째 외침의 시간에, 곧 하나님의 백성의 최종적인 구속이 있고계 21:1-22:5 하나님의 원수들에 대한 결정적인 최후의 심판이 있을 때에 완성되도록 되어 있다. "되었다!"라는 외침을 발하는 큰 음성은 그리스도 자신의 것이 아닐까? 이것은 두 외침 사이의 시기에 살고 있는 우리에게 얼마나 격려가 되는가?

VIII.

17:1-19:21

바벨론과 짐승에 대한 최후의 심판

세상의 경제적·종교적 제도 및 국가와 그 동지의 몰락[17:1-18]

요한계시록 17:1-19:10은 바벨론에 대한 심판(14:8에서 명시적으로 처음 언급)을 예언한 여섯째와 일곱째 대접 심판에 대한 포괄적인 해석을 스냅 사진처럼 보여준다. 곧이어 19:11-21에 그리스도께서 악의 세력을 물리치고 승리하시는 마지막 전쟁에 대한 상세한 묘사가 나온다. 비록 17장에서 한 구절만이[16절] 바벨론에 대한 심판을 묘사하기는 해도, 17:1에서 시작되는 포괄적인 문학 단위는 바벨론에 대한 심판이 지배하고 있다. 17장에서 짐승에 대한 기사가 많은 분량을 차지하는데, 그 이유는 여자(음녀)와 짐승의 관계를 떠나서는 여자의 중요성과 능력을 충분히 이해할 수 없기 때문이다. 16:12-13을 전개하는 17장은 바벨론 멸망의 서곡을 강조하고, 최후의 멸망에 대해서는 18장에서 충분히 초점이 맞추어진다.

❶ 환상의 소개: 천사는 요한에게 세상의 우상숭배적인 경제적·종교적 제도의 심판에 관한 환상을 보게 될 것이라고 선언한다[17:1-3a]

17 1 또 일곱 대접을 가진 일곱 천사 중 하나가 와서 내게 말하여 이르되 이리
로 오라. 많은 물 위에 앉은 큰 음녀가 받을 심판을 네게 보이리라. 2 땅의
임금들도 그와 더불어 음행하였고 땅에 사는 자들도 그 음행의 포도주에 취하였다 하
고 3a 곧 성령으로 나를 데리고 광야로 가니라.

1. 17장의 환상을 계시하고 그 환상을 해석하는[7-18절] 천사는 **"일곱 대접을 가진 일곱 천사 중 하나"**로 언급된다. 이것은 먼저 17장이 여섯째와 일곱째 대접 심판을 확대시켜 설명한다는 사실을 암시한다. 이번 환상의 주된 요점은 **"많은 물 위에 앉은 큰 음녀가 받을 심판"**이다. 그 심판은 6:10의 성도들의 간청 기도에 하나님이 응답하신 것에 대한 또 하나의 언급이다. 바벨론을 음녀로 상징화하는 것은 바벨론이 사람들을 그리스도에게서 떼어 놓으려고 획책할 때에 꾀고 미혹하는 성격을 가지고 있음을 암시한다. 천사는 요한에게 예레미야 51:13의 "많은 물가에 살면서 재물이 많은 자여, 네 재물의 한계 곧 네 끝이 왔도다"라는 옛 바벨론에 대한 하나님의 심판에서 취한 말을 한다. 바벨론이 많은 물 위에 '앉은' 것은 바벨론의 나라들에 대한 주권을 말하는 것이다. 왜냐하면 요한계시록에서 '앉는 것'은[3:21, 4:2, 4, 5:1, 14:14, 18:7 등] 하나님이나 그리스도에게 사용되든, 천사나 악한 존재들에게 사용되든 주권을 암시하기 때문이다. 18:7이 이것을 확증하는데, 거기서 바벨론은 "나는 여왕으로 앉은 자"라고 말한다. 적어도 이 앉음은 음녀가 세상 및 짐승과 결탁한다는 것을 암시한다.

2. 바벨론에 대한 심판의 기초 가운데 하나는 **"땅의 임금들도 그와 더불어 음행하였고 땅에 사는 자들도 그[바벨론의] 음행의 포도주에 취하였다"**는 사실이다. 임금들과 나라들이 음행에 굴복했다는 것은 문자적 음행을 가리키는 것이 아니라 비유적으로 불경건한 세상 질서의 종교적이고 우상숭배적인 요구를 받아들이는 것을 가리킨다. 14:8에서처럼 '그[바벨론의] 음행'도 헬라어의 관계 소유격 용법("바벨론과 관계를 갖다")이고, 이는 "그와 더불어 음행하였고"가[18:9 참조] '음행의 포도주'와 평행을 이루는 것으로 증명된다. 동일한 동의적 평행 관계가 18:3에도 나타난다. 하지만 어법에 약간의 변화가 있다. 나라들은 바벨론과의 결탁으로 물질적인 안전을 보장받는다.[2:9,

[13:16-17 주석 참조] 바벨론의 포도주에 취한 결과는 바벨론의 파괴적인 영향력에 저항할 모든 욕구가 사라지고, 바벨론의 궁극적 불안정과 참된 안정의 원천이신 하나님에 대해 눈이 멀게 되며, 다가올 심판에 대한 두려움이 마비되는 것이다. 이에 대한 구약의 뿌리에 대해서는 호세아 4:11-12을 보라. "음행과 묵은 포도주와 새 포도주가 마음을 빼앗느니라. 내 백성이 나무에게 묻고……이는 그들이 음란한 마음에 미혹되어 하나님을 버리고 음행하였음이니라." 요한계시록 다른 곳에서도 우상숭배와 음행이 밀접하게 연계되어 있다.[2:14, 20-21, 9:21, 14:8] 나라들이 바벨론의 취하게 하는 격정에 사로잡히고, 임금들이 바벨론의 부도덕한 욕망에 지배를 받는 장면을 경제적 관점에 따라 해석하는 것은, 17:2의 음행과 취함에 대한 말이 경제적인 번영에 대한 말과 동등하고, 나라들의 바벨론에 대한 충성의 이유가 바벨론이 그들에게 경제적인 번성을 제공하는 능력에 있는 18:3, 9-19로 보아 분명하다.[14:8 주석 참조] 2절의 경제적 해석은 이사야 23:17에 대한 인유로 확증된다. 이사야 23:17을 보면 두로가 "지면에 있는 열방과 음란을 행할 것이다." 두로가 음녀로 불리는 것은 경제적으로 열방을 지배하고 우상숭배의 영향력을 행사함으로써 열방 사이에 파멸을 낳고 부정함을 일으켰기 때문이다. 우상숭배가 경제적인 강조점과 함께 포함되어 있는 것은 두로의 부정한 이득이 이전과 같이 다른 어떤 거짓 헌신의 대상이 아니라 미래에 "거룩히 여호와께 돌릴" 것이라고 말하는 이사야 23:18로 보아 분명하다. 두로가 적어도 바벨론에 대한 유비로 가능한 것은 요한계시록 18장에서 에스겔 26-28장의 두로의 심판에 대한 선언을 반복해서 언급하는 것과 18:23에서 이사야 23:8을 특별히 인유하는 것으로 보아 분명하다.[18:23 주석 참조]

그러므로 바벨론은 국가 및 국가 당국자들과 결탁한 지배적인 경제적·종교적 제도를 가리키고, 이 제도는 대대로 다양한 형태로 존재한다. 물론 고대 세계에서 음녀가 대가를 받고 자기 몸을 바쳐 성적으로 봉사한 익히 알려진 사실도 바벨론 음녀의 경제적인 성격을 배가시킬 것이다.

3a. 천사는 성령으로 요한을 데리고 광야로 갔다. '성령으로'라는 말은 예언 사명을 받는 것을 표현하는 공식으로, 예컨대 다음과 같이 에스겔서에서 반복적으로 예언 사명을 받는 것을 표현하는 비슷한 공식에 기반이 두어져 있다. "그 영이 내게 임하사 나를 일으켜 내 발로 세우시기로."[겔 2:2] "주의 영이 나를 들어올리시는데."[겔 3:12 • 겔 3:14, 24, 11:1, 43:5 참조] 이 공식에 따라 에스겔은 예언적 권세를 가지고 죄악된 이스라엘에 심판을 선포하는 사명을 감당하게 된다. 마찬가지로 요한이 성령의 영역 속에 들어간 것도 그의 예언적 사명과 권세를 강조한다. 1:10, 4:2 그리고 특히 21:10은 에스겔의 사명을 똑같이 인유한다. 그리고 에스겔과 같이 17:3 이하에서 요한의 영감받은 메시지도 심판을 선언하는 메시지다.

여기서 요한이 '광야'로 들어간 것은 이사야 21:1-2의 인유다. 거기 보면 하나님에게서 온 환상이 선지자 이사야에게 계시되고, "광야에서, 두려운 땅에서" 오는 것으로 묘사된다.[사 21:1] 이 인유는 이사야 21:1-10이 바벨론에 대한 심판을 내용으로 하는 환상이라는 사실로 그리고 이사야 21:9의 "함락되었도다, 함락되었도다, 바벨론이여"라는 말이 요한계시록 18:2과 17-18장을 미리 암시하는 14:8에서 나타난다는 사실로 확증된다. 이사야서와 요한계시록에서 광야는 환상을 받는 중심 장소다. 다만 이사야서에서는 환상이 광야에 원천을 두고 있지만 요한계시록에서는 선지자가 광야로 들어가서 환상을 받는다. 요한이 광야로 들어간다는 사실에 중요성이 있는가? 요한은 다양한 곳—땅,[1:9-10] 바다와 땅,[10:8 이하] 하늘,[4:1] 바다,[13:1] 산꼭대기[21:9-10]—에서 환상을 경험한다. 그러나 이사야 21장을 인유한다는 사실은 분명하다. 광야는 하나님의 백성을 보호하는 장소지만(출애굽 이후와 마지막 때 모두에 있어) 동시에 뱀과 같은 야수와 악령들의 거처이기도 하다. 광야는 성도들의 죄와 심판과 박해의 장소다(하나님이 광야에서 자기 백성을 보호하시는 법에 대한 상세한 설명은 12:6에 대한 주석을 보라). 광야는 바벨론의 함락이 예언되는[사 21:9] '두려운 땅'이다.[사 21:1]

3절은 17장의 전체 환상이 광야, 곧 사막의 영적인 차원에 따라 나타난다는 것을 확언한다. 광야에는 "**일곱 머리와 열 뿔이 있는 붉은 빛 짐승을 탄**" 음녀가 앉아 있다.[3b절] 요한계시록에서 17:3 말고 유일하게 '광야'[헬라어 *erēmos*]라는 단어가 나타나는 곳은 12:6, 14이다. 광야에는 또한 "머리가 일곱이요 뿔이 열인" 붉은 용이 있는데,[12:3] 용은 하나님의 백성을 박해한다.[12:13-17] 광야에서 성도들을 박해하는 바벨론에 대한 18장의 심판 가운데 하나는 바벨론 자신이 오직 마귀의 영들이 거하는[18:2, 사 21:9 참조] 광야와 같은 곳이 되는 것이다.[사 13:20-22, 렘 50:12-13, 51:26, 29, 43] 17장의 음녀는 광야에서 성도들을 박해하고[6절] 땅에 사는 자들을 미혹한다.[8절] 광야는 또한 요한이 바벨론과[15-17절] 짐승과 그의 동지들에[13-14절] 대한 심판이 일어난다고 증언하는 곳이다. 그러므로 '눈에는 눈으로'라는 성경의 원리에 따라 바벨론에 대한 심판은 바벨론이 성도들을 박해하는 바로 그곳에서 이루어지도록 되어 있다.

나아가 의심할 것 없이 3a절의 배후에 놓여 있는 본문인 이사야 21:1은 유일하게 광야와 바다를 함께 언급한다. "해변 광야에 관한 경고라." 그러므로 1, 3절이 바벨론을 분명히 광야에 있고 동시에 많은 물 위에 앉아 있다고 묘사하는 것은 우연의 일치가 아니다. 이것은 지리적으로 모순처럼 보인다. 그러나 이것은 어디까지나 상징적 지리다. 이미 12:15-16에서 물을 강 같이 토하는 일이 광야에서 일어난다. 그곳에서와 여기서 교회의 박해자들이 물로 연결되어 있는데, 그것은 물이 악과 미혹을 가리키는 은유적 표현이기 때문이다('바다'의 동일한 의미에 대해서는 4:6, 13:1, 15:2, 16:3, 21:1에 대한 주석을 보라).

3a절에 나오는 광야의 의미에 대한 다른 해석은, 요한이 광야로 들어가게 된 까닭은 광야가 바벨론의 죄를 드러내기에 적절한 배경이기도 할 뿐만 아니라 세상의 위험들로부터 영적인 안전과 분리를 지키는 데 합당한 장소이기 때문이라는 것이다. 광야에서 요한은 진실로 바벨론의 악을 보고 바벨론의 미혹을 피할 수 있다.

그러나 거기서도 요한은 여자의 등장에 놀란다. 아니, "크게 놀란다."[헬라어 *thaumazō*, 6-7절] 여기서 '놀라다'란 단어는 비신자들이 짐승을 경배하는 것에 대해 사용된 말이다.[13:3, 17:8] 이 사상의 흐름에 따르면 요한은 짐승과 여자를 보고 깜짝 놀랄 정도가 되기는 하지만,[6-7절 주석 참조] 실제로는 광야가 요한에게 안전한 거처이므로 광야에서 짐승을 경배하지 않도록 보호를 받는다. 어느 쪽 해석을 취하든 간에 의심할 여지없는 사실은, 12:6과 12:13-17에서처럼 여기서도 광야는 긍정적이고 부정적인 의미를 함께 갖고 있다는 것이다. 요한은 광야에서 바벨론에 대한 하나님의 심판을 선언하고, 아울러 이 영적 안전 장소에서 바벨론의 악의 실상을 이해한다. 요한 같은 사람도 여자와 짐승에게 거의 이끌릴 뻔했다면, 요한의 독자들은 훨씬 더 쉽게 미혹될 수 있었을 것이다. 추측컨대 요한은 성도들이 너무 쉽게 악에 이끌리지 않도록 악의 특성을 이처럼 두려운 형태로 묘사해야 했다.[7절 주석 참조]

17:1-3a 묵상 제안

광야의 의미: 17:1-3a을 통해 우리는 광야의 미묘한 의미를 이해하

게 된다. 요한계시록은 일관되게 광야를 위험성이 상존하는 곳임에도 불구하고 하나님께서 자기 백성에게 안전을 제공하시는 곳으로 제시한다. 하나님이 지금 자기 백성을 공격하는 자에게 심판을 선언하시는 것도 그들이 공격받는 바로 이 광야에서다. 요한을 (하나님의 안전이 있는 장소로 이해된) 광야로 데리고 갈 필요가 있었던 것은 그가 음녀의 미혹에 넘어가서는 안 되었기 때문이다. 하나님의 백성은 음녀의 매혹적인 모습과 음녀가 자기와 결탁하는 자들에게 제공하는 경제적이고 사회적인 혜택에 현혹되기가 얼마나 쉬운가? 만일 지금 사회가 인간 역사상 가장 물질주의적이고 부유한 사회라면, 이 유혹은 그 어느 때보다 오늘날 우리에게 훨씬 더 크지 않겠는가? 우리 자신의 바벨론으로부터 물질적이거나 사회적인 혜택을 얻기 위해 우리의 믿음을 양보하는 것에는 무엇이 있는가?

❷ 환상의 내용과 환상을 보는 자의 반응: 요한은 적대적인 경제적·종교적 제도가 국가와 결탁할 때 이 제도의 어마어마한 모습을 보고 깜짝 놀라 당혹스러워한다 17:3b-7

17 3b 내가 보니 여자가 붉은 빛 짐승을 탔는데 그 짐승의 몸에 하나님을 모독
하는 이름들이 가득하고 일곱 머리와 열 뿔이 있으며 4 그 여자는 자주 빛
과 붉은 빛 옷을 입고 금과 보석과 진주로 꾸미고 손에 금잔을 가졌는데 가증한 물건
과 그의 음행의 더러운 것들이 가득하더라. 5 그의 이마에 이름이 기록되었으니 비밀
이라, 큰 바벨론이라, 땅의 음녀들과 가증한 것들의 어미라 하였더라. 6 또 내가 보매
이 여자가 성도들의 피와 예수의 증인들의 피에 취한지라. 내가 그 여자를 보고 놀랍
게 여기고 크게 놀랍게 여기니 7 천사가 이르되 왜 놀랍게 여기느냐. 내가 여자와 그가
탄 일곱 머리와 열 뿔 가진 짐승의 비밀을 네게 이르리라.

3b. 우리는 17장 첫 부분에서[1-3a절] 악하고 미혹하는 여자의 정체를 파악하기 시작했다. 17:3b-7에서도 여자의 악한 성격이 계속 확인된다. 특히 하나님의 백성을 속이고 박해하는 자로 이미 확인된 짐승과[13장] 여자의 긴밀한 일체화가 확인된다. 그러나 3b-7절에서 여자의 일부 모습은 불가해하게도 외관상 아름답게 나타난다.[4절, 7절 주석 참조] 여자의 이 외관상의 아름다움은 무엇이고, 왜 악한 성품이 이런 식으로 묘사될까?

요한은 이제 "여자가 붉은 빛 짐승을 탔는데 그 짐승의 몸에 하나님을 모독하는 이름들이 가득하고 일곱 머리와 열 뿔이 있는" 것을 본다(짐승의 묘사에 관한 충분한 설명은 12:3, 13:1-2에 대한 주석을 보라). 3b절에서 짐승에 대한 묘사는 13:1에 나타난 묘사와 거의 동일하고, 따라서 같은 짐승이 여기서 다시 묘사된다. 13:1과 3b절의 어법은 다니엘 7:3-7, 20, 24을 인유한다. 머리와 뿔은 하나님의 백성을 박해하는 악한 나라들이 충분한 권력을 쥐고 있음을 표상한다. 왜냐하면 이것이 다니엘 7장에 나타난 머리와 뿔의 비유적인 의미이기 때문이다(예컨대 단 7:7에서 넷째 짐승의 '열 뿔'은 분명히 단 7:24의 '열 왕'과 동일하다). 짐승의 붉은 빛은 짐승을 12:3의 붉은 용과 연계시킨다. 붉은 빛은 왕의 옷을 가리키고, 따라서 왕권을 상징한다. 하지만 더 구체적으로 말하면 성도들의 붉은 피를 흘리게 하는 용과 짐승의 박해하는 성격을 가리킨다. 13:1에서처럼 "하나님을 모독하는 이름들"은 보편적인 주권을 갖고 있다는 짐승의 거짓 주장을 가리킨다. 여자는 짐승과 긴밀하게 관련되어 있지만 짐승과 동일시되지는 않는다. 여자가 짐승을 탄 것은 여자와 짐승의 동맹 관계를 함축한다. 여자는 불경건한 세상을 표상하고, 국가와 함께 사회적·문화적·경제적으로 그리스도인을 박해하는 일을 한다.[17:6, 18:24, 19:2] 여자와 국가는 또한 서로 힘을 합해 땅에 사는 불경건한 무리를 미혹하

는 일에 가담한다.[14:8, 17:2, 8]

4. 여자의 모습에 대한 묘사는 여자가 그리스도인을 박해하는 데 있어 국가와 공모하는 세상의 경제 세력을 표상한다는 것을 확증한다(경제 세력에 관해서는 14:8, 17:2에 대한 주석을 보라). "그 여자는 자주 빛과 붉은 빛 옷을 입고 금과 보석과 진주로 꾸미고." 여자의 복장에 대한 묘사는 18:16에서 반복된다. 거기 보면 여자가 '큰 성', 곧 바벨론으로 묘사된다. 여자의 복장 요소들은 18:12에 나오는 교역 상품으로 제시된다. 그러므로 이런 상품으로 치장한 여자는 번성하는 무역 체계와 동일시된다. 여자의 복장은 '자주 빛'으로, 이 색은 여자가 성도를 박해하는 것을 표상한다. 이사야와 예레미야는 모두 붉은 옷을 입은 음녀에 대해 말하는데, 이는 음녀가 의인의 피를 흘리게 하는 것을 상징한다.[사 1:15-23, 렘 2:34] 그리고 여자는 "손에 금잔을 가졌는데 가증한 물건과 그의 음행의 더러운 것들이 가득하다." 이것은 예레미야가 역사상의 바벨론을 온 세계를 취하게 하고 미치게 만드는 금잔으로 묘사하는 것과 똑같다.[렘 51:7] '더러운 것들'에는 우상숭배 관습도 포함되어 있다. 왜냐하면 16:13-14과 18:2에서 귀신이 더러운 영으로 지칭되는데, 귀신은 우상 배후에 있기 때문이다.[고전 10:19-20] 여자의 잔에 들어 있는 '가증한 물건' 또한 우상숭배를 가리키는데, 그 말이 구약성경에서 자주 우상숭배를 가리키는 뜻으로 사용되기 때문이다.[신 29:17, 왕하 23:24, 대하 34:33, 렘 16:18 등] 이 더러운 것들은 '그의 음행'과 연계되어 있다. 요한계시록 다른 곳에서 '음행'이라는 말과 관련된 동사들은 4절에서와 마찬가지로 우상숭배를 가리키는 비유적인 표현이다.[2:14, 20-21 • 9:21, 14:8, 17:2 참조] 일곱 편지에서 확인한 것처럼 요한계시록을 보면 불법적인 경제 활동과(단순히 돈을 숭배하는 것을 포함하여) 우상숭배 관습 사이에 분명한 연관성이 존재하고, 여자는 이 둘을 모두 표상한다. 경제적인 요소가 우상숭배를 조장할 수 있다는

것은 1세기 소아시아 지역의 상황을 보면 충분히 증명된다.[2:14, 20-22 주석 참조] 당시 관습을 보면 각 상인 길드는 이방 신전에서 숭배한 수호신을 갖고 있었고, 이때 이방 신전의 숭배는 황제의 흉상 앞에 절하도록 되어 있었다. 이런 우상숭배를 거부한 그리스도인은 경제적 추방(오스트라시즘)과 상업 교역의 특혜를 빼앗기는 위험을 무릅써야 했다. 17장의 음녀는 그리스도인이 타협하도록 유혹하며 그리스도 안에서 누리는 안전 대신 세상이 제공하는 안전을 택하도록 부추기는 이런 저런 종교적·경제적 사회 국면을 표상한다.

5. 여자의 본성이 5절에서 다음과 같이 드러난다. "그의 이마에 이름이 기록되었으니 비밀이라, 큰 바벨론이라, 땅의 음녀들과 가증한 것들의 어미라 하였더라." 요한계시록에서 이마에 적힌 이름은 개인이 하나님이나[7:3, 14:1] 사탄에[13:16, 14:9] 대해 갖고 있는 성격과 관계를 드러낸다. 여자의 이름은 분명히 그녀가 짐승에게 충성한다는 것을 보여준다. '큰 바벨론'은 다니엘 4:30에서 직접 나오는 이름이다. 다니엘 4:30은 느부갓네살이 자랑하는 권력의 한도를 언급한다. 느부갓네살은 교만하게 하나님과 대등한 태도를 취함으로써 몰락을 자초했다. 이 이름의 비밀은 느부갓네살이 교만함을 계속 고집할 때 재앙이 있을 것이라고 미리 경고받은 꿈의 '비밀'(은밀한 것)을 가리킨다.[단 4:9] 요한계시록은 이 비밀을 교만과 죄악으로 말미암아 무너질 마지막 때의 영적 바벨론의 멸망에 대한 비밀과[계 1:20, 10:7] 관련시킨다(구약성경에서 '비밀'은 단 2:28-29에서만 종말론적인 의미로 나타나고, 이 본문은 부분적으로 5절의 배경으로 작용한다). 이 비밀은 예언되었고, (10:7에 따르면 일곱째 나팔이 불리는 날에) 바야흐로 이루어지도록 되어 있었다. 이 비밀은 하나님의 감추어진 경륜에 포함되어 있고, 지금 그의 종들에게 계시되고 있는 것을 가리킨다. 1:20과 10:7에서 '비밀'은 (모순적인 방법은 아니고) 예기치 못한 방법으로 이스라엘의

마지막 때 나라의 건설과 악한 제국의 패배에 관한 다니엘의 예언의 성취가 시작된 것을 함축했다. 1장과 10장에서 '비밀' 관념은 이 마지막 때의 나라가 그리스도와 그의 백성의 고난을 통해 역설적인 방법으로 세워지기 시작했다는 것이다.[1:20 주석 참조] 이것은 3절에서도 마찬가지다. 하지만 이제 악의 나라에 적용시키면, 이 비밀이 역설적이고 은밀한 방법으로 하나님께서 바벨론의 멸망에 관한 자신의 예언의 말씀을 이루실 것이라는 사실을 가리킨다. 즉, 바벨론이 스스로 등을 돌리고(다음 구절들이 계시할 것처럼), 최종적으로 바벨론을 무너뜨릴 그리스도의 재림이 있기 전에 자기 파괴의 길을 가기 시작한다는 것이다. 확실히 이것은 이사야, 예레미야, 다니엘 시대에는 분명히 드러나지 않았고, 이제 요한에게 분명하게 드러나는 비밀이었다. 예언이 성취되면, 포괄적으로 주어진 구약 예언들 속에는 포함되지 않았던 세부 사실이 항상 순간적으로 드러난다.

여자에게 추가로 이름이 주어지는데, 그 이름은 "**땅의 음녀들과 가증한 것들의 어미**"이고, 따라서 이 이름은 여자의 중심 역할이 사람들을 우상숭배 관습과 거짓 종교로 이끄는 데 있음을 암시한다. 바벨론은 광야에 있는 여자로 그리고 또한 성으로 묘사되고,[18:10] 따라서 이 여자는 역시 광야에서 사는 12:1의 여자 그리고 역시 성으로 묘사되는 19:7-8, 21:2, 10의 신부(아내)와 대조 관계에 있다. 이 대조 관계의 의도는 17:1과 21:9-10에서 각각 음녀와 교회에 대한 매우 비슷한 환상 소개 공식으로 보아 분명하다. 땅에 있거나 영광 속에 들어갔거나 대대로 모든 교회와의 이 대조 관계는, 바벨론이 어떤 지리적 장소가 아니라 교회 시대 전체에 걸쳐 존재하는 마귀의 조종을 받는 영적·경제적 실재라는 사실을 분명히 한다. 12장의 여자는 교회를 낳았으나 17장의 여자는 교회를 파멸시키려고 획책한다.

6. 바벨론의 경제적·종교적 관습에 굴복하지 않는 자는 박해를 받

고, 심지어는 죽임까지 당할 것이다. "**또 내가 보매 이 여자가 성도들의 피와 예수의 증인들의 피에 취한지라.**" 여기서 '-와'and는 설명적 용법으로, 참된 성도들은 예수의(또는 예수에 대한) 증인들이라는 의미를 낳고, 성도들의 증언이 세상의 반대를 유발한다는 점에서 이것이 그들이 박해를 받는 이유다.[6:9] 이 박해는 상업 거래에서 배제되는 형태를 취할 수도 있었다. 요한계시록은 실제로 추방,[1:9] 투옥,[2:10] 죽음[2:10, 13]을 처벌로 받은 실례를 제공하고, 따라서 바벨론과 짐승의 이 활동은 요한이 기록할 당시에 이미 전개되기 시작했다. 그러므로 '성도들의 피'는 단지 순교만을 함축하는 것이 아니라[6:9 주석 참조] 신자들이 겪는 온갖 형태의 고난을 포함한다. 이 여자 환상에 대한 요한의 반응은 크게 놀라는 것이다. "**내가 그 여자를 보고 놀랍게 여기고 크게 놀랍게 여기니**"(문자적으로 "큰 놀라움을 갖고 놀라니"). 우리가 곧 보게 될 것처럼, 여기에는 공포와 당혹감이 함께 내포되어 있다.

7. 요한의 큰 '놀라움'(경악)은 6-7절에서 세 번에 걸쳐 반복되고, 이 가운데 마지막 세 번째 놀라움은 천사의 질문 속에 들어 있다. "왜 놀랍게 여기느냐?" 이것은 단순히 요한이 특별한 환상을 보고 경악하는 것에 대하여 질문하는 것이 아니다. 오히려 이 질문에서 여러 가지 개념이 이끌어져 나올 수 있다. 앞에서 나온 환상들의 경우에 그랬던 것처럼,[1:17 등] 천사는 요한이 왜 그토록 환상을 보고 놀라고 당혹스러워하는지 이유를 묻는 것이다. 가장 좋은 관점은 함축된 답변에 책망이 담겨 있는 수사적인 질문으로 보는 것이다. 즉, 요한은 두려워하거나 당혹스러워해서는 안 된다는 것이다.

다니엘 4:19을 보면 바벨론 왕의 심판에 관한 환상을 보고 난 다니엘의 두렵고 충격받은 반응을 똑같이 놀래거나 섬뜩함을 느낀 것에 대한 말로 표현한다. 마찬가지로 요한도 짐승과 바벨론 여자의 끔찍한 본성과 그들의 박해에 관해 자신이 방금 본 악몽과 같은 환상에 대해 두려움을 표현한다. 아마 요한을 당혹스럽게 만든 한 가지 요인은 하나님을 모독하는 짐승의 주장과 그의 가혹한 박해로 인한 충격과 두려움에 있었을 것이다.

요한이 충격을 받은 원인에는 또한 종교적으로 신실한 인물을 가장하고 활동하는 바벨론에 대한 비유적인 묘사도 포함되었을 것이다. 여자(바벨론)는 진주와 금, 각종 보석으로 꾸며지고[21:18-21] 세마포 옷을 입은[18:16, 19:8] 그리스도의 신부 성과 거의 똑같이 치장한다.[17:4] 19:8에서 세마포 옷은 성도들의 옳은 행실로 정의되고, 이것 때문에 요한은 순간적으로 바벨론 여자가 완전히 나쁜 여자는 아니라 얼마간 매력적인 영적 특성을 갖고 있다고 생각할 수도 있었다. 이런 인상은 구약 시대의 대제사장이 금 실, 자색 실, 홍색 실, 가늘게 꼰 베실 그리고 각종 보석으로 꾸며진 자로 묘사된다는 사실로도 강화될 수 있다.[출 25:7, 28:5-9, 15-20, 35:9] 이 때문에 요한은 잠시 여자의 모습에 감탄할 수도 있다. 이 '감탄'이 요한의 놀라움을 이해하는 한 요인이 될 수 있다는 것은 17:8과 13:3에 나오는 '놀라다'[thaumazō]라는 말의 동일한 용법으로 암시된다. 두 본문을 보면 사람들이 짐승에 대해 놀라거나 짐승을 경이롭게 여기고, 이로 말미암아 짐승을 경배하게 된다. 이것으로 천사의 질문이 여자에게 감탄하는 요한을 책망하는 내용을 담고 있음을 더 잘 이해할 수 있다. 19:10과 22:9로 보아도 분명한데, 두 본문을 보면 천사가 요한을 책망하고("삼가 그리하지 말고") 잘못된 경배의 대상에서 올바로 하나님을 향하도록 교정시켜 준다.

따라서 요한은 눈앞에 나타난 현상에 순간적으로 사로잡혀 여자를 영적으로 매혹적인 인물이라고 판단할 수 있고, (최소한 잠시 동안은) 이 음녀의 완전히 불경건한 본성에 대해 눈이 멀 수 있다. 외관적인 영적 매력은 요한계시록 다른 곳에서 이세벨에게 이끌린 신자들이, 확실히 말하면 이른바 기독교 선지자들이, 어느 정도는 세상과 보조를 맞추며 사는 것이 좋다고 주장한 사실로 확대될 수 있다. 특히 그들은 다른 신(경제적인 행복과 연관된)을 경배하는 것이 신실한 그리스도인이 되는 것과 양립할 수 있다고 주장했다. 요한은 이제 그들이 잘못 인도받은 그리스도인에 불과하다는 것과 이세벨과 그녀를 따르는 자들은 결국 교회 밖의 박해자들과 함께 심판받을 자로서, 바벨론 자체가 교회 한복판에서 활동하는 것과 다름없음을 깨닫는다. 요한계시록 2:20-24에서 이처럼 바벨론과 이세벨을 동일시하는 것은 17장에서 요한이 바벨론 음녀를 구약의 인물인 이세벨을 인유하여 묘사하는 것으로 더 확대된다.

요한이 환상을 명확하게 묘사하지 않는 것이 그가 크게 놀랐음을 설명해 준다. 이는 천사가 자신이 3-6절에서 확인된 짐승과 여자에 대한 환상의 숨겨진 의미('비밀')를 설명할 것이라고 7절에서 천명하는 것으로 보아 분명하다. 다니엘 7:16(17장의 짐승에 대한 묘사 배후에 놓여 있는 다니엘 7장 본문 가운데 하나)[3b절 주석 참조] 역시 환상의 명확성에 대한 요청을 강조한다. 그러나 천사는 요한의 두려움, 당혹감 그리고 놀라움에 질문을 제기하고, 자신이 여자와 짐승의 '비밀'을 밝힐 것이라고 말함으로써 요한에게 확신을 제공한다. 말하자면 천사는 여자의 외적인 화려함과 승리에도 불구하고 그녀에게 임할 심판을 계시함으로써 요한이 여자의 애매한 모습을 제대로 통찰할 수 있는 신적 안목을 갖게 할 것이다. 따라서 우리는 현란한 보석으로 치장하고 세마포 옷으로 꾸며진 이 여자에게 매혹되거나 혼란을 느끼지 않도록 조심해야 한다. 왜냐하면 그녀의 포옹이 제공할 수 있는 것은 가증한 물건과 더러운 것에서 나온 강력한 힘이 전부이기 때문이다. 심지어는 잠시라도 여자에게 매력을 느끼거나 혼란에 빠지면 신자는 분명히 악하고 미혹하는 진짜 본성을 파악할 수 없게 되고, 따라서 어떻게든 여자에게 사로잡혀 타협하는 일이 벌어지고 말 것이다.

17:3b-7 묵상 제안

바벨론 음녀의 모든 시대와의 연관성: 만일 음녀가 모든 시대에 걸쳐 제도와 결합된 문화와 경제, 그리고 우상숭배적인 종교의 힘을 표상한다면, 이 제도는 오늘날 우리가 살고 있는 현대 세계의 특정 분야(정부, 교회, 기업, 학교 등) 속에서 어떻게 그 정체성을 드러내겠는가?

타협의 유혹: 현대의 악한 세상 제도들은 어떤 방식으로 그리스도인들의 눈에 선하게 나타나고 감탄할 만하게 보이는가? 신자들은 어떤 식으로 이런 제도들과 타협하라는 유혹을 받는가?

취하게 하는 바벨론의 영향력과 결과: 바벨론의 포도주에 취한 결과는 바벨론의 파괴적인 영향력에 저항할 모든 욕구를 사라지게 만든다. 바벨론의 궁극적 불안정과 참된 안정의 원천이신 하나님에 대해 눈이 멀게 되고, 다가올 심판에 대한 두려움이 마비되는 것이다. 불경건한 세상이 우리로 하여금 세상의 궁극적인 불안정을 보지 못하게 하고, 참된 안정은 오직 그리스도와 하나님 안에서만 발견할 수 있다는 사실로부터 눈을 멀게 하는 이 영향력에 대하여 묵상해 보라. 불경건한 세상이 우리에게 미치는 영향 가운데 또한 어떤 국면이 장차 임할 하나님의 심판의 실재성을 직시하지 못하도록 우리를 마비시키는 힘을 갖고 있는가?

박해의 원천: 신자는 언제나 믿음 때문에 고난을 겪는다. 어떤 제도들이 오늘날 그리스도인을 박해하는 역할을 수행하고 있는가? 그리스도인을 박해할 때 정치적·경제적 제도와 함께 결탁하는 종교 제도가 있는가? 만일 있다면 어떤 제도인가? 이와 같은 일이 신자들 가까이에서 일어나고 있지는 않은가?

악의 분별: 그리스도인은 주변의 제도들이 악하다는 사실에 대한 자각을 어떻게 증진시킬 수 있고, 따라서 어떻게 해야 그런 제도에 미혹되지 않고 타협하지 않으며 자신을 보호할 수 있겠는가? 만일 7절이 요한에게 답을 제공한다면, 오늘날의 그리스도인에게는 어떠한 답을 줄 수 있는가?

❸ 여자에 대한 환상의 해석 17:8-18

① 짐승에 대한 해석: 사탄에게 속한 국가와 그 동지들의 미혹의 역사는 마지막 날에 그리스도께 심판받을 때에 수치로 드러날 것이다 17:8-14

17 8 네가 본 짐승은 전에 있었다가 지금은 없으나 장차 무저갱으로부터 올라
와 멸망으로 들어갈 자니 땅에 사는 자들로서 창세 이후로 그 이름이 생
명책에 기록되지 못한 자들이 이전에 있었다가 지금은 없으나 장차 나올 짐승을 보고
놀랍게 여기리라. 9 지혜 있는 뜻이 여기 있으니 그 일곱 머리는 여자가 앉은 일곱 산
이요 10 또 일곱 왕이라. 다섯은 망하였고 하나는 있고 다른 하나는 아직 이르지 아니
하였으나 이르면 반드시 잠시 동안 머무르리라. 11 전에 있었다가 지금 없어진 짐승은
여덟째 왕이니 일곱 중에 속한 자라. 그가 멸망으로 들어가리라. 12 네가 보던 열 뿔은
열 왕이니 아직 나라를 얻지 못하였으나 다만 짐승과 더불어 임금처럼 한동안 권세를
받으리라. 13 그들이 한 뜻을 가지고 자기의 능력과 권세를 짐승에게 주더라. 14 그들이
어린양과 더불어 싸우려니와 어린양은 만주의 주시요 만왕의 왕이시므로 그들을 이기
실 터이요 또 그와 함께 있는 자들 곧 부르심을 받고 택하심을 받은 진실한 자들도 이
기리로다.

8a. 이미 1:4, 8, 4:8, 11:17, 16:5에서 발견된 하나님에 대한 삼중 묘사가 형태가 변형되어 짐승에게 적용된다. "네가 본 짐승은 전에 있

었다가 지금은 없으나 장차 무저갱으로부터 올라와 멸망으로 들어갈 자니." 이것 역시 그리스도의 죽음과 부활을 모방하는 것이다.[1:18, 2:8] 짐승이 '지금은 없는' 것은 그리스도의 십자가와 부활로 패배를 당한 결과가 지속되고 있음을 가리킨다(13:3에 대한 주석을 보라. 거기서 '죽음'은 '지금은 없는' 것과 동등하다). 이 삼중 공식의 세 번째 요소의 결론("멸망으로 들어갈 자니")은 11:17의 신적 삼중 공식의 세 번째 요소의 변형 형태("친히 큰 권능을 잡으시고 왕 노릇 하시도다")와 역설적인 대조를 이루고 있다. 짐승에게 신적 영원성의 삼중 공식을 적용하는 것은 참된 영원한 존재와 그분의 힘을 무력화시키는 데 있어 짐승의 헛수고를 조롱하는 의도를 갖고 있다. 또한 이 적용은 짐승의 실존이 역사의 시작부터 끝까지 미친다는 것을 암시하지만 그 결말은 짐승의 실존과 하나님의 실존 간의 명확한 대조를 보여준다. 즉, 역사 전체에 걸친 짐승의 이전의 외관상 주권적인 실존 양식은 결국 중단될 것이다(짐승의 영원한 멸망에 대해서는 19:19-20, 20:10에 대한 주석을 보라).

천사의 말은 다니엘이 환상에서 본 것을 반영한다. 즉, 짐승은 바다에서 나오고(단 7:3, 17에서 세상에 일어날 왕들로 비유된다), 이어서 멸망을 당한다.[단 7:11, 17-26] 다니엘서 본문의 인유는 짐승의 죽음과 그 죽음의 역설적인 성격을 강조한다. 왜냐하면 인자에 대한 짐승의 똑같은 역설적 모방이 다니엘 7장 자체에 이미 함축되어 있기 때문이다(13장에 대한 결론 주석을 보라). 17:8a의 삼중 공식의 세 번째 요소인 "**장차 무저갱으로부터 올라와 멸망으로 들어갈 자니**"는 요한계시록 11:7에서 다니엘 7:21을 사용하는 것의 연장이다. 11:7은 "무저갱으로부터 올라오는 짐승이 그들과 더불어 전쟁을 일으켜 그들을 이기고 그들을 죽일 터인즉"이라고 되어 있다. 짐승의 기원이 8a절과 11:7에서 '무저갱'으로 되어 있는 것은 짐승의 마귀적인 뿌리와 권능을 암시한다.[9:1-2, 11, 20:1-3, 7 참조] 짐승은 마지막 때에 잠시 전체 교회 공동체를 패배시키는 것처럼 보이지만 짐승의 승리는 금방 끝장이 날 것이다. 이후에 짐승은 곧 멸망으로 들어갈 것이기 때문이다. 이 삼중 공식은 20:1-10의 사탄의 경력과 대응을 이루고, 따라서 두 공식은 동일한 사건을 각각 짐승과 사탄의 관점에 따라 언급하는 것이다. 20:1-10에서 사탄은 이전에 존재했던 자로 말해질 것이다(20:2-3의 천사의 행동 이전에 존재했다는 점에서 그렇다). 그리고 사탄은 '무저갱'에 갇히게 된다("지금은 없으나"). 그런데 이어서 "그 후에는 반드시 잠깐 놓일"[20:3] 것이다("장차 무저갱으로부터 올라와"). 그리고 마지막으로 사탄 역시 멸망으로 들어갈 것이다.[20:9-10]

성도들을 패배시킨 후에, 짐승과 그의 동지들은 "어린양과 더불어 싸우려니와 어린양은 만주의 주시요 만왕의 왕이시므로 그들을 이기실 터이다."[14절] 이전에 짐승에게 패배당한 모든 자가 어린양과 함께 마지막으로 짐승을 영원히 패배시킬 것이다. 교회 시대 동안 짐승이 성도들을 지속적으로 박해하는 사실을[13:3 이하] 짐승이 죽게 되었던 상처에서 '고침 받은' 것으로 표상하며, 역사가 끝날 시기에 짐승의 박해는 더 심해질 것이다. 짐승은 온 교회를 진멸시키려고 획책할 것이다. 그러나 짐승이 그리스도를 모방하는 것은 결국은 수치로 판명될 것이다. 그리스도는 자신의 부활로 세세토록 살아 있는 자가 되지만,[1:18] 짐승은 자신의 부활로 결국 멸망을 당한다. 어린양과 짐승의 운명의 차이를 분별하려면 신적 지혜가 필요하다.[9a절]

8b. 무리가 짐승의 재등장에 놀랄 것이다. "**땅에 사는 자들로서 창세 이후로 그 이름이 생명책에 기록되지 못한 자들이 이전에 있었다가 지금은 없으나 장차 나올 짐승을 보고 놀랍게 여기리라.**" 여기서 "놀랍게 여기다"는 13:3 이하로 보아 분명한 것처럼, 숭배 감정을 갖고 칭송한다는 개념을 담고 있다. 13:3 이하를 보면 짐승에 대해 역시 놀

랍게 여기고(같은 헬라어 단어 *thaumazō*를 사용), 이후 구절에서 짐승에 대한 경배를 암시하는 말들이 이어진다. 13:8, 14에서처럼 땅에 사는 자들(6:10, 13:8, 14 등에서처럼 믿지 않는 우상숭배자를 가리킨다)은 미혹당해 짐승을 경배하는 자가 된다. 이때 짐승이 땅에 사는 자들을 엄밀히 미혹할 사실은 짐승이 자신의 과거의 실존이("전에 있었다가") 끝날 때에 패배를 당했지만("지금은 없으나") 패배에서 벗어나는 것처럼 보일 수 있는 점이다("장차 무저갱으로부터 올라와"). 이것은 또한 짐승이 13:3에서 무리를 속이는 방법이다. 13:3을 보면 온 땅, 곧 세상이 짐승이 그리스도의 십자가와 부활로 말미암아 입은 치명적인 상처에서 회복되자 크게 놀란다. 짐승의 외관상의 건강을 보고 많은 사람들이 짐승을 따를 것이다. 이 상황은 그리스도의 재림이 있을 때까지 계속된다. 즉, 그리스도께서 사탄의 세력에 대한 물리적 승리를 이루심으로써 십자가에서 얻은 영적 승리의 실재성을 예증하실 때까지 이어진다.

땅에 사는 자들은 **"창세 이후로 그 이름이 생명책에 기록되지 못한 자들"**이기 때문에 짐승의 미혹을 물리칠 수 없을 것이다(단 7:10, 12:1-2 인유의 배경과 적합성에 관해서는 3:5과 13:8에 대한 주석을 보라). 생명책에 기록되는 것은 다른 곳에서 은유적으로 신자들의 구원이 안전하게 보장된 것을 가리키고, 따라서 그 이름이 생명책에 기록되지 못한 자들은 이 안전한 보장에서 나오는 유익을 얻지 못하는 비신자들을 가리킨다.[3:5, 13:8, 20:12, 21:27 주석 참조] 13:8에서처럼 이 보장은 '창세 이후로', 곧 역사가 시작되기 전에 시작되었다. 생명책에 이름이 기록된 자들의 보호는 어린양에게서 온다.[13:8, 21:27] 여기서는 생명책의 구원의 보호를 받지 못할 자들에게 강조점이 있다.

9a. 생명책에 자기 이름이 기록된 자들은 영적으로 어린양의 보호를 받고 원수와 그의 대행자들에게 미혹되지 않는다. **"지혜 있는 뜻**

이 여기 있으니." 9a절은 마지막 때의 환난이 임할 때 참 성도는, 자기의 주권을 하나님보다 더 높이고 자기를 인정하지 않는 하나님의 백성을 박해하는 악한 왕에게 미혹되지 않기 위하여 영적인 '지식'과 '통찰력'을 필요로 한다는 다니엘의 예언을 더 깊이 전개한다.[단 11:33, 12:10 • 계 13:18 참조] 지혜와 지식이 있는 자는 9b-18절의 환상에 대한 천사의 설명도 이해할 수 있을 것이다. 9b-18절은 다니엘의 예언을 전개하여 "부르심을 받고 택하심을 받은 진실한"[14절] 자들의 마음속에 지혜와 지식이 있어야 한다고 강조한다. 하나님의 계획의 일환은 자신이 택하신 자들을 지혜를 가지라는 권면을 통해 구원하시는 것이다. 그들은 하나님의 보호하시는 은혜를 기초로 이 권면에 긍정적으로 반응한다.

요한이 3절에서 환상을 통해 본 짐승은 다니엘서에 예언된 악한 나라 외에 다른 것을 가리키지 않는다. 이런 악한 세력과의 타협의 유혹에 대해 다니엘에게서 나온 구약의 예언적 경고가 요한과 교회들에게 상기된다. 이 예언을 계속 상기하게 되면 신자들은 위험 속에서도 계속 깨어 있게 되고, 그 결과 성경에 대해 여전히 무지하여 조심하지 못하고 짐승에 의해 길을 잃으며 국가의 부정한 요구에 타협해 버리는 교회 안의 다른 사람들과 달리 미혹을 받지 않을 것이다.

9b. 여기서 천사는 짐승의 일곱 머리에 대한 해석을 진술한다. "**그 일곱 머리는 여자가 앉은 일곱 산이요.**" '일곱 머리'는 때때로 로마의 일곱 언덕으로 간주되고, 그러므로 로마 제국과 동일시된다. 그러나 요한계시록에서 '산'[헬라어 *oros*]이라는 단어에 '일곱'이 붙어 있는 다른 경우는 비유적으로 '힘'의 의미를 전달한다. 특히 산이 비유적으로 나라들을 가리키는 8:8과 14:1에 비추어 보면, 이 용법은 로마의 일곱 언덕을 가리키는 문자적인 의미가 아니라 나라들에 대한 비유적인 의미를 가리킨다. 왕들과의 동일시는 명시적으로 일곱 산을

'일곱 왕'과 동등하게 보는 다음 10절로 확증된다. 구약성경에서 산은 인간적 또는 신적 나라를 상징하고,[사 2:2, 렘 51:25, 겔 35:3, 단 2:35, 45, 슥 4:7] 따라서 이 언급은 일곱 산이 자리 잡고 있는 어느 특정 지역을 가리키는 것이 아니다. 이 동일화는 다니엘 7:4-7로도 확증된다. 다니엘 7:4-7을 보면 일곱이 네 짐승(나라)의 머리의 총합인데, 이것 역시 요한계시록 13:1의 일곱 머리의 원천이다(13:1에 대한 주석을 보라. 다니엘서의 짐승이 네 머리를 갖고 있었음을 주목하라). '왕'과 '나라'의 상호교체적인 관계에 대해서는 다니엘 7:17("그 네 큰 짐승은……네 왕이라")과 7:23("넷째 짐승은 곧 땅의 넷째 나라인데")을 보라. 이 모든 사실에 비추어 보면 천사가 일곱 머리나 일곱 산을 일곱 왕(또는 나라)과 동일시하는 것은 놀랍지 않다. 13:1과 17:3에서 일곱 머리를 가진 짐승에게 은유적인 변화가 나타난다. 이제 짐승은 머리를 가진 존재로 묘사되지 않고 머리가 되는 존재로 묘사된다. 이것은 3절에서처럼 여자가 짐승 위에 앉아 있는 것이 아니라 일곱 머리에 앉아 있는 모습으로 그려지는 함축적인 묘사로 보아 분명하다. 이 동일화는 11절에서 분명해진다. 머리와 짐승의 동등성은[3, 9b절] '머리'가 권세를 함축한다는 사실을 암시하고, 여기서는 압제하는 권세를 함축한다(13:1에서 머리들에 신성모독 하는 이름들이 적힌 것을 참조하라).

'일곱'이라는 수는 어느 한 시대의 왕들의 수를 가리키는 문자적인 개념이 아니고, 구약성경의 다니엘 7:4-7과 요한계시록 전체[1:4, 20, 4:5, 5:6, 12:3, 13:1 등]에서처럼 충만함이나 온전함을 가리키는 비유적인 개념이다. '일곱' 또는 '일곱째'라는 말은 요한계시록에서 17:3-11을 제외하고 약 45회에 걸쳐 나타나는데 모두 비유적인 개념이다. 12:3과 13:1-2에서처럼 압제하는 권력의 충만함에 강조점이 있다. 일곱 산과 일곱 왕은 신적인 특권을 사칭하고 하나님의 백성이 악한 국가의 거짓 주장에 복종하지 않을 때 그들을 박해하는 모든 시대의 세상 정부의 압제 권력을 표상한다.

'일곱 머리'가 보편적인 정체성을 갖고 있다는 것은 다니엘 7:3-7로도 확증된다. 다니엘 7:3-7을 보면 네 짐승의 머리를 모두 합한 일곱 머리가 여러 세기에 걸친 특정 제국들과 동일시된다. 이것은 다음 고찰 사실로 보아 분명하다.

- 다니엘 7:4-7에서 일곱 머리를 가진 나라들이 바벨론 이후부터 최소한 로마에 이르기까지의 시대를 망라했던 것처럼(로마 제국의 지배권은 그리스도 이후로 여러 세기 동안 지속되었다), 요한계시록 17장에서도 똑같이 일곱 머리를 가진 짐승의 활동이, 특히 다니엘서의 네 제국의 특징이 요한계시록에서는 다른 네 짐승이 아니라 한 야만적인 인물에게 적용되므로, 역사 전체의 기간에 미친다.
- 구약성경 전체에 걸쳐 바다에서 나온 짐승 심상은 많은 세기에 미치는 다양한 악한 나라들을 상징한다.[시 74:13-14, 89:10, 사 27:1, 30:7, 51:9, 겔 29:3, 32:2-3, 합 3:13-14] 또한 12:3에 대한 주석을 보라.
- 짐승이 갖고 있는 권세의 종류는 어린양이 행사하시는 권세[17:14]와는 정반대되고, 따라서 짐승은 어느 시기에나 단순하게 지상의 주권을 행사하는 것이 아니라 "큰 용……옛 뱀 곧 마귀"의 아주 오래된 주권을 행사한다.[12:3, 9, 13:1-3 참조]
- 신약성경 다른 곳에서도 이와 동일한 개념을 취하고 있다는 것은 요한 문헌으로 보아 분명하다. 요한 문헌을 보면 다니엘서에 예언된 마지막 때의 반대자는 현재적 실재로, 단순히 역사가 완전히 끝날 때 오는 어떤 존재가 아니라 이미 교회 안에 거짓 선생의 형태로 집단적으로 자신의 정체를 드러낸 존재다.[요일 2:18, 22, 4:1-4, 요이 1:7, 살후 2:3-10]

따라서 짐승은 초시간적 존재다.

요한 당시에 짐승의 화신은 로마 제국이었다. 로마 제국의 일곱 언덕은 요한이 '일곱'이라는 비유 개념을 사용하도록 영향을 미친 것 가운데 하나였을 것이다.

10. "또 일곱 왕이라. 다섯은 망하였고 하나는 있고 다른 하나는 아직 이르지 아니하였으나 이르면 반드시 잠시 동안 머무르리라." 이 말은 앞에서 주장한 짐승의 초시간적인 성격과 일곱 머리의 비유 개념을 확증한다. '망하였고'는 죽음을 가리킬 것이다. 하지만 죽음의 방법은 명기되어 있지 않다. 여기서 세 부분으로 이루어진 묘사는 8절과 11절에서 짐승에게 적용된 역설적인 삼중 표현을 반영한다. 이 표현은 하나님의 이름을 모방하는 것으로 확인되었다. 하나님 이름의 삼중 공식은 역사 전체에 걸친 하나님의 실존을 가리키므로 이 공식이 짐승의 머리에 적용되는 것은 짐승의 동일한 초시간적 실존을 반영한다. 그러므로 일곱 왕은 짐승이 자신의 도구로 삼아 활동하는 역사 전체의 왕들을 가리키는 비유적인 개념이다. 오래된 짐승의 다섯 머리는 죽임을 당했다. 이런 의미에서 짐승은 "지금은 없다."[8, 11절] 그러나 비록 패배했지만 하나는 여전히 살아 있다. 왜냐하면 여섯째 머리가 현재 남아 있기 때문이다. 그리고 일곱째 머리는 앞으로 나타날 것이다. 죽임 당할 때에 짐승의 두 머리는 남아 있고, 마지막 머리(국가를 통한 짐승의 권능의 마지막 때 현현을 표상한다)[13:1-3, 17:8a 주석 참조]는 역사가 끝날 때에 등장한다.

요한계시록 다른 곳에서처럼 10절에서도 요한은 교회들에게 끝이 그리 멀지 않고 속히 임할 수 있다고 말한다. "다른 하나는 아직 이르지 아니하였으나." 10절에서 요한의 핵심 의도는 왕들(로마 제국의 황제들과 같은)의 수를 세는 데 있지 않다(세기 시작했다고 해도 우리는 요한이 세기 시작한 황제가 누구인지 결코 알 수 없을 것이다). '다섯'은 단순히 많은 인간 정부들이 왔다 간 것을 증명한다. '여섯'은 인간의 수이고 어느 세대든 간에 짐승의 현재 활동을 암시하는 역할을 한다. 여기서 요한의 목표는 독자들에게 그들이 연속적으로 등장하는 압제적인 일곱 왕의 종결에서 얼마나 떨어져 있는지를 알려주는 데 있다. 요한은 독자들에게 단지 하나만 더 이르면, 곧 일곱째 머리가 이르면 (그들에게 있었던) 짧은 통치가 있고, 그러면 불경건한 모든 압제 권력을 표상하는 로마의 압제적인 통치가 끝날 것이라고 말하는 것이다. 요한계시록 다른 곳에서처럼 이 기대는 임박성에 대한 개념을 표현하는 것으로 이해되어야 한다. 그러나 현재와 미래의 종결 사이의 간격이 얼마인지는 (6:11에서 그런 것처럼) 명확하지 않다.[6:11, 12:12, 22:6-7, 12 주석 참조]

로마에 나타난 옛 짐승의 현재적 출현 외에 다른 출현이 미래에 있을 것이다. 아직 때가 이르지 않았지만 때가 되면 '잠시 동안' 머무를 것이고, 이 말은 역사의 마지막 단계를 가리킨다. 이것은 처음 여섯 '머리들'(나라들)이, 일곱째 '머리'와 달리 집단적으로 오래 동안, 말하자면 역사 전체 기간 동안 다스리는 것을 의미한다. 지상적 악의 화신이 최종적으로 임할 때 그는 통치를 계속 유지할 수 없을 것이다. 단지 잠시 동안 머무를 것이다. 이것은 20:3b에 언급된 놓임과 같다. 20:3b을 보면 세상이 끝날 때에 용이 "반드시 잠깐 놓이도록" 되어 있다. 이 평행 관계는 다시 한 번 용과 짐승 사이의 연대성을 증명한다. 세상의 많은 악한 나라들은 '[한] 세상 나라'로 지칭될 수 있는데,[11:15] 하나의 보편적인 사탄의 영이 모든 나라를 통해 통치하기 때문이다. 이것은 다니엘 2:44-45에 선례가 있다. 거기 보면 하나님이 마지막 넷째 악한 나라를 결정적으로 패배시키신 것에 이전의 세 나라에 대한 심판도 포함되고, 따라서 그 세 나라는 집합적으로 넷째 나라와 하나로 간주된다.

어떤 이들은 여기서 일곱 로마 황제가 언급되는 것이라고 주장했다. 그렇지만 이런 주장은 요한계시록에 나오는 수의 상징적인 성격에 무지한 견해일 뿐만 아니라 또 다른 문제도 일으킨다. 왜냐하면 여섯째 로마 황제는 네로였는데, 네로는 요한이 환상을 보기 20년 이상 이전인 68년에 죽었기 때문이다. 요한은 열두 번째 황제인 도미티아누스 황제 치세에 요한계시록을 썼다. 다른 이들은 다섯 왕을 문자적인 다섯 제국, 곧 애굽(이집트), 앗수르(아시리아), 바벨론, 바사(페르시아), 헬라(그리스) 제국으로 간주하고, 여섯째 왕은 로마 제국(역사적으로 적합한)으로, 일곱째 왕은 앞으로 임할 나라로 간주한다. 그러나 이것은 요한의 환상이 성취하는 다니엘 7장의 제국들의 역사상 정체성과 맞지 않는다(단 7:6, 8:8, 21을 비교해 보면 셋째 나라의 정체성이 헬라로 확인된다). 게다가 여섯째와 일곱째 제국은 18:9에서 음녀(바벨론)의 몰락을 슬퍼하는 것으로 묘사되고, 여섯째 제국으로 추정되는 로마 제국이 어떻게 그 당시까지 존속한 것으로 이해될 수 있는지에 대한 의문을 일으킨다. 또한 여덟째 제국이[11절] 어떻게 일곱 가운데 하나가 될 수 있었을까? 요한 시대 이후로 일어난 다양한 세상 제국에 대해서는 어떻게 설명해야 할까? 그러나 요한계시록에 나오는 수들의 비유적인 성격을 감안한다면 이 모든 함정을 피할 수 있다.

11. 짐승의 마지막 출현은 오래 지속되지 못할 것이다. 그 이유는 짐승이 교회를 미혹하고 파멸시키려는 자신의 목적을 달성하기 전에 멸망을 당하기 때문이다. "전에 있었다가 지금 없어진 짐승은 여덟째 왕이니 일곱 중에 속한 자라. 그가 멸망으로 들어가리라." 여기서 삼중 공식이 반복되는 것은 8절의 역설적 모방을 다시 강조하지만 추가로 변화된 것이 있다. 즉, 짐승은 "여덟째 왕이니 일곱 중에 속한 자라. 그가 멸망으로 들어가리라." 이 변화는 짐승을 훨씬 더 명확하게 일곱 머리와 일치시킨다. 9절에서처럼 이 은유는 다시 약간 변

한다.[9절 주석 참조] 짐승이 머리를 갖고 있는 것으로 묘사되지 않고 머리가 되는 것으로 묘사된다. 하지만 일곱 머리 가운데 하나로 말해지고 여덟째 머리와 동등시되는데, 이것은 짐승 자신과 훨씬 더 온전히 동일시된 왕을 표상할 것이다. 여기서 요점은 용과 짐승이 어느 특정한 역사 시기에 자기들의 권위적인 머리들, 곧 세상의 왕들 가운데 하나를 통해 현현하는 것은 용이나 짐승 자신의 완전한 임재와 동등하다는 것이다.

'여덟째'는 요한계시록에 나오는 다른 수들과 마찬가지로 비유적인 의미를 갖고 있다. 초기 그리스도인들은 '여덟'에 대해 다음과 같은 의미를 갖고 있었다. 6일의 창조 활동 후에 하나님은 일곱째 날에 안식하셨다. 안식의 날로 창조 과정이 완료되고, 여덟째 날에 새 피조물의 정규 과정이 시작된 것으로 간주될 수 있다. 마찬가지로 그리스도께서도 여섯째 날에 죽으셨고, 일곱째 날인 안식일에 무덤에서 쉬셨으며, 여덟째 날에 죽은 자 가운데서 살아나셨다. 그러므로 짐승을 '여덟째 왕'으로 부르는 것은 짐승이 미래에 그리스도의 부활을 모방하려고 획책한 것을 언급하는 의미일 것이다(짐승의 치명적인 상처가 나은 것과 짐승이 5:6의 그리스도의 부활을 모방하는 것에 관해서는 13:3에 대한 주석을 보라). 한편 짐승의 수인 육백육십육은 이 모방이 바라던 목표를 달성하지 못하는 것을 암시한다.[13:18 주석 참조] 11절의 직접 문맥을 보면 여덟은 8절의 "짐승이 무저갱으로부터 올라올" 것과 "짐승이 멸망으로 들어갈" 것이라는 말과 평행을 이루고 있다. 짐승에 대한 이 두 표현은 짐승의 영원한 실존과 관련하여 하나님에게 적용된 삼중 공식을 반영하는 삼중 문구 가운데 세 번째 요소(1:4의 '장차 오실 이')와 대응을 이룬다.[8a절 주석 참조] 짐승의 부활을 함축하고 있는 '여덟째'라는 말은 이 삼중 공식의 한 요소로, 그리고 그리스도에 대한 모방의 한 형태로 가장 잘 설명된다는 것을 확증한다.

또한 '여덟째'는 계승 또는 세습을 가리킬 수 있다. 이런 의미에서 짐승이 "일곱 중에 속한 자"라는 것은 그가 "일곱에게서부터 나온 자"로 쉽게 번역될 수 있고, 이것은 짐승이 일곱을 '이어받은'(관계의 소유격 용법) 자라는 뜻이다. 만일 이것이 사실이라면 "일곱 중에 속한 자"는 짐승이 이전 왕들과 동일하게 악한 본성을 가진 자라는 것을 의미한다. 자손이 조상과 같은 성격을 갖고 있는 것처럼, 여덟째 왕도 이전의 일곱 왕과 동일하게 악한 성격을 갖고 있다. 이 문구를 계승의 관용구로 이해하면 "일곱 중에 속한 자"NASB, NEB라는 번역이 부정확하다는 것을 깨닫는 데 도움을 주고, 이것은 또한 일부 학자들이 독단적으로 짐승을 이미 죽은 황제 네로의 재등장 또는 부활 형태로 간주하는 '네로의 귀환' 견해도 반박할 것이다. 그러나 짐승이 일곱 중에 속한 자인 것은 이전의 개인적인 실존과 관련해서가 아니라 그의 본성과 관련해서다. 그러므로 이 문구는 여덟째 머리가 실제로 이전의 머리들 가운데 하나로 이미 존재했다는 개념을 지지할 수 없다.

여덟째 머리는 다른 머리들과 동일하게 악한 본성을 갖고 있지만 사탄의 권능을 훨씬 더 충분히 구현한다는 점에서 다른 머리들과 다르고, 또한 그의 통치에서 역사가 끝난다는 점에서도 다른 머리들과 다르다. 여덟째 왕은 사탄의 권능을 새롭고 상승된 형태로 드러내지만, 여전히 그리스도의 구속 사역으로 말미암아 결정적으로 죽임을 당한 짐승에게 속할 것이다. 신자들은 짐승이 미래에 어떤 난공불락의 사악한 힘을 새롭게 드러내는 것이 아니기 때문에 위로를 받을 수 있다. 10절(왕들은 단지 짐승이 사용하는 도구에 불과하다고 이해하는)의 '있다'라는 말과 대조를 이루고 있는 8a, 8b, 11절의 '없다'라는 말의 외관상 모순 또한 이미 세워진 그리스도의 나라를 결정적으로 반대할 수 없는 짐승의 패배와 무능력을 강조한다. 그럼에도 불구하고 짐승은 마치 좋은 건강 상태에 있는 것처럼 존재하고, 비신자들에게 실제적인 미혹과 압력을 행사하는 것이 허용된다(이것이 10절의 '있다'라는 말의 의미다).[17:8 주석 참조]

미래에 짐승은 다시 살아나고,[8a, 8b, 11절] 전례 없이 강력하게 극복할 수 없는 박해를 교회에 행할 수 있는 것처럼 보이지만,[11:7, 20:7-9] 과거에 십자가에서 당한 불가시적인 패배로 말미암아 짐승은 멸망으로 들어가는 것이 확정되어 있고, 짐승이 멸망으로 들어가는 사건을 모든 눈이 지켜볼 것이다. 13:3 이하에서 짐승이 그리스도의 부활을 모방하는 것은 외관상 능력이 회복되는 것에 초점이 있다. 반면에 17:8-11에 나타난 모방은 짐승이 역사 속에 마지막으로 등장하여 결국은 멸망으로 들어가는 것에 초점이 있다. 이러한 의미에서 13:3 이하와 17:8-11은 비슷한 짐승의 모방을 묘사하지만 짐승에게 일어나는 다른 사건을 언급하는 것이다.

리처드 보컴은 11절에서 왕들의 수의 비유적인 성격을 강조하는 것은, 평행적인 연속 두 수를 사용하여 완전히 문자적인 어떤 것이 아니라 상징적이거나 예증적인 어떤 것을 가리키는 '단계적인 수의 진술'[graded numerical saying]이라는 히브리어 관용어법에 해당한다고 올바르게 주장한다.[10] 예를 들어 보자. 잠언 6:16("여호와께서 미워하시는 것 곧 그의 마음에 싫어하시는 것이 예닐곱 가지이니")은 몇 가지 대표적인 죄의 사례를 제시하는데, 이 사례는 일반적으로 모든 죄를 표상하고 각 죄의 구체적인 예증으로 작용한다.[잠 30:15, 18, 21, 29 참조] 사실 '일곱' 다음에 '여덟'이 오는 것 역시 구약성경에서 관용어법의 하나로 나타난다.[전 11:2] 미가 5:5을 특별히 주목해 보라. 미가 5:5은 "일곱 목자와 여덟 군왕"이 이스라엘이 민족들로부터 예언된 승리를 거둘 때에 일어날 것이라고 말한다. 마찬가지로 요한의 비슷한 언급도 그리스도의 재림이 있기 전에 얼마나 많은 황제들이 있을 것인지를 묻자적으로 세는 것이 아니라, 그들의 극단적인 죄로 마지막 때에 온갖 악한 나라들의 최후의 결정적 멸망이 있기 전에 존재할 악하고 적대적인 로마 제국의 모든 통치자 그리고 어쩌면 로마 제국 이전의 통치자들까지 망라하는 모든 악한 통치자를 상징적으로 표상한다.

12. 천사는 짐승의 머리를 해석한 다음, 이제 뿔에 대한 해석으로 시선을 돌린다. "네가 보던 열 뿔은 열 왕이니 아직 나라를 얻지 못하였으나." 다니엘 7:4-7이 일곱 머리의 출처였던 것처럼 다니엘 7:7-8, 20, 24은 '열 뿔'의 출처다. 두 다니엘서 본문과 12절은 뿔을 왕으로 간주한다. 이 예언이 아직 성취되지 않은 것은 "아직 나라를 얻지 못하였으나"라는 말로 보아 분명하다. 12절에서 '열'이라는 수는 문자적으로 열 왕을 가리키는 것이 아니라 미래에 일어날 왕들의 큰 권세를 상징하는 비유 개념이다('열 뿔'의 비유적 의미에 대해서는 12:3, 13:1에 대한 주석을 보라). 어린양의 일곱 뿔은 분명히 능력의 충분함을 가리키는 비유적인 개념이고, 또한 부분적으로 다니엘 7:7-8, 20을 인유한다는 사실도 비유로 해석하는 것이 옳음을 확증한다.[5:6 주석 참조] 짐승이 영원하신 어린양을 반대하는 초시간적 세력인 것처럼 열 왕도 시대를 초월하는데, 그것은 열 왕이 "부르심을 받고 택하심을 받은 진실한 자들"을 직접 반대하기 때문이다.[14절] 능력의 보편적 충분함에 대한 비유적인 개념은 '열 뿔'이 17:18의 '땅의 왕들'과 동일하다는 것을 암시한다.[16:14, 16, 17:2, 18:3, 9, 19:19] 이 동일성은 16:14과 19:19의 "천하[땅의] 왕들[임금들]"과 17:12-14의 "열 뿔……열 왕"의 평행적 용법으로 예증된다. 말하자면 이들은 모두 역사상 최후의 전투에서 어린양과 하나님에 맞서 싸우는 짐승의 동지들을 가리킨다. 나아가 음녀와 음행을 저지르는 땅의 왕들 심상에 대한 구약 배경을 보면,[17:2, 18:3, 9 참조] 거기서도 땅의 왕들이 이스라엘에게 등을 돌리고 예루살렘을 멸망시킨다(예루살렘이 음녀를 상징하는 에스겔

16장과 23장을 참조하라).[16절 주석 참조]

원래 열 뿔은 영적인 악의 세력의 도구로 활동하는 지상적 대행자다. 이것은 용을 그것이 존속하는 동안 대대로 열 뿔(보편적 권능을 상징하는)을 가진 존재로 묘사하는 12:3에서 확인된다. 그러나 17장에서 열 뿔은 일곱째 머리에 달려 있는 것으로 나타나는데, 그것은 아직 이르러야 하기 때문이다. 다니엘 7:7-8, 19-20, 23-24은 이를 확증해 줄 것이다. 왜냐하면 그 본문에서 열 뿔은 역사가 끝날 때 임하도록 되어 있는 짐승의 머리에만 붙어 있기 때문이다. 아마 이것은 짐승과 그의 대행자들이 한동안 교회를 정복하기 위해 나타날 마지막 때에 자기들의 보편적 권능을 집중시킨다는 사실을 상징할 것이다. 따라서 12절에 대해 지금까지 설명한 것에 비추어 보면 '열 뿔'과 '열 왕'은 그리스도의 초림과 재림 사이 기간에 활동하는 보편적으로 충만한 불경건한 왕적 권세의 마지막 단계를 표상한다.

이 예언의 성취는 **"다만 짐승과 더불어 임금처럼 한동안 권세를 받으리라"**는 사실로 확인될 것이다. 권세는 17절에 비추어 보면 그리고 요한계시록 다른 곳의 그토록 많은 권위적인 구절들에서[6:2, 4, 8, 7:2, 9:1, 3, 5, 13:5, 7, 16:8] 하나님이 주체가 된다는 사실을 감안하면, 하나님이 주시는 것으로 확인된다. 그러나 그 통치의 지속은 '한동안'(one hour)으로 그칠 것이다. 시간의 언급은 헬라어 구약성경(히브리어 본문이 아니라 고대 헬라어 역본) 다니엘 4:17a에서 취해진다. 거기 보면 이 단어가 하나님께서 바벨론 왕 느부갓네살을 짐승과 같이 만드신 기간의 시작을 가리킨다. (개역개정판에는 나타나 있지 않다.—옮긴이) 여기서도 하나님은 심지어 마지막 때의 바벨론을 패배시키고 메시아를 반대하기 위해 짐승과 결탁하는 불경건한 왕들의 권세에 대해서도 지배권을 갖고 계시는 주권자다.[13-14절]

'한동안'[한 시간]이라는 말은 18:10, 17, 19에서 반복되는데, 이

시간은 바벨론이 하나님의 심판을 받는 때와 관련되어 있다. 그들이 다스리는 '시간'은 18장 초반 구절에서 바벨론의 멸망의 마지막 '시간'에 초점이 두어져 있다. 왜냐하면 16절에서 바벨론을 망하게 하는 것이 그들의 치세에 대한 결정적인 표현이기 때문이다. '시간'헬라어 *hōra*은 또한 성도들이 박해받고 악의 세력이 멸망당하며 성도들이 상을 받는 역사상 최후의 종말론적 시간을 가리키는 의미로, 구약성경 전체에서 유일하게 다니엘 8-12장에서만 사용된다.OG 단 8:17, 19, 11:35, 40, 45, 12:1 히브리어 본문은 일반적으로 '시간'이라는 말보다 '마지막 때'나 '마지막의 때'라는 말로 언급한다. 하지만 의미는 똑같다. 12절은 다니엘 4:17뿐만 아니라 특히 마지막 때에 원수의 최후의 활동과 패배에 초점을 두는 시간에 대한 용법도 염두에 두고 있다('시간'은 분명 시간의 길이를 지칭하는 가장 짧은 단위였다).단 11:40-45

13. 열 왕이 한 가지 목표를 위해 연합한다. **"그들이 한 뜻을 가지고 자기의 능력과 권세를 짐승에게 주더라."** 여기서 그들이 자기의 능력과 권세를 '주더라'는 말은 열 왕이 단순히 짐승과 함께 다스린다는 것이 아니라 오히려 짐승의 권세에 복종한다는 것을 증명한다. 그런데 열 왕은 왜 동맹을 맺고 짐승의 인도를 받는가?

14. 그 목적이 14절에서 계시된다. **"그들이 어린양과 더불어 싸우려니와"**(하지만 우리는 16절을 설명할 때 열 왕의 목적 가운데 하나가 어린양을 공격하기 전에 바벨론을 멸망시키는 것에 있음을 살펴볼 것이다). 그러나 열 왕은 어린양이 그들을 이기실 터이므로 승리하지 못할 것이다. "그들이 어린양과 더불어 싸우려니와"는 다니엘 7:21에서 연원한다. "이 뿔이 성도들과 더불어 싸워 그들에게 이겼더니." 다니엘 7:21을 보면 요한계시록 17:12에서와 같이 왕들이 뿔로 묘사된다. 그러나 다니엘 7:21과 마지막 부분이 반대로 되어 있다는 점에서 변화가 있다. 즉, 14절에서는 어린양이 원수의 대행자들을 이기신

다. 성도들을 이기는 짐승의 승리에 대한 다니엘 7:21의 예언과 요한계시록에 나오는 이 예언의 성취는[11:7] 짐승 자신의 최종적인 패배에 대한 역설적 모형(유비)이 된다. 다니엘 7:21과 요한계시록 11:7, 13:7a에서 짐승이 성도들을 패배시키는 것으로 묘사된 말이 14절에서는 어린양이 짐승의 세력과 뿔을 가진 짐승의 동지들을 이기는 것의 묘사에 적용된다. 짐승의 패배는 그가 억압하는 데 사용한 것과 똑같이 호전적인 방식에 따라 적절하게 일어나도록 되어 있다. 이 반전된 묘사는 짐승이 자기 자신이 저지른 죄와 똑같이 처벌받아야 함을 증명하고, 다시 한 번 '눈에는 눈으로'라는 구약 원리의 적용을 암시한다. 14절은 짐승을 따르는 자들이 "누가 능히 이[짐승]와 더불어 싸우리요"[13:4]라고 외치는 것에 대한 진정한 응답이다.

어린양의 승리의 기초는 **"어린양은 만주의 주시요 만왕의 왕이시라"**는 사실에 있다. 이 명칭은 고대 헬라어 역본 다니엘 4:37에서 취한 것이다. 바벨론 왕이 사실상 이와 동일한 말로 지칭된 것처럼, 요한 당시 마지막 때의 바벨론(로마 제국) 왕도 비슷하게 지칭되었다. 다니엘 4장의 명칭은 자신의 참된 신적 주권을 예증하신 분으로서 하나님을 가리키고, 하나님은 '큰 바벨론'의 (문자적으로) 짐승 같은 왕을 심판하심으로써 이 명칭에 대한 느부갓네살의 주장의 공허함을 드러냈다. 이제 이 명칭이 모형론의 관점에 따라 어린양에게 적용된다. 어린양은 '큰 바벨론'을 주관하는 짐승을 심판하심으로써 마지막 날에 자신의 신격을 증명하신다. 그리고 어린양은 황제 및 그와 같은 다른 모든 인물이 떠벌이는 신적 주장의 거짓말을 폭로하신다.

성도는 어린양과 함께 싸우고 승리한다. **"그[어린양]와 함께 있는 자들 곧 부르심을 받고 택하심을 받은 진실한 자들도 이기리로다."** 그들은 다니엘 7:21과 요한계시록 6:9-11, 12:11 그리고 13:10, 15-17

의 박해받는 성도들의 정당화를 대변한다. 주목할 만하게도 다니엘 7:22은 뿔을 가진 짐승이 성도들을 이기려고 시도한 사실을 언급한 다음에, 하나님께서 "지극히 높으신 이의 성도들"에게 심판을 맡기실 것이라고 약속한다. 이것은 성도가 마지막 때에 악인을 심판하리라는 기대의 기초가 되었다.[고전 6:2 참조]

17:8-14 묵상 제안

말씀 속에서 지혜를 찾는 법: "지혜 있는 뜻이 여기 있으니"[9절]는 17:8-14에서 핵심이 되는 결정적인 말씀이다. 하나님은 하나님의 말씀을 연구하고 주의하는 자에게 지혜를 베푸셨다. 이 말은 지혜와 통찰력을 갖고 있는 자만이, 특히 마지막 때(그리스도의 초림으로 시작된)의 역사 속에서 일어날 하나님의 행동을 진실로 이해할 수 있다고 분명히 진술하는 다니엘 11:33, 12:10을 돌아보게 한다. 본서의 주석은 성경을 조심스럽게 살펴보면 17:8-14에 언급된 짐승과 교회 시대 동안에 존재하는 왕과 나라들을 포함하여 다양한 왕과 나라의 경력에 대해 정확한 해석이 가능하다는 전제를 인정한다. 요한계시록 다른 곳에서 종종 그러한 것처럼 17:8-14의 다양한 환상의 의미는 무엇보다 먼저 현재 벌어지고 있는 사건으로부터가 아니라 성경으로부터 파악되어야 한다는 진리가 특별히 증명된다. 이것은 우리에게 주변 세상보다 하나님의 말씀에서 먼저 지혜를 찾는 것이 절대적으로 중요하다는 사실을 어떻게 일깨우는가? 진실한 신자들을 포함한 많은 사람들이 이 중요한 원리에서 벗어났기 때문에 이와 같은 본문을 심각하게 잘못 이해한다.

② 물 및 짐승과 관련된 여자에 대한 해석: 역사가 끝날 때 하나님은 경제적·종교적 제도의 안전을 제거하고 파괴시키려고 국가와 그 동지들이 이 제

도에 맞서도록 역사하실 것이다[17:15-18]

17 15 또 천사가 내게 말하되 네가 본 바 음녀가 앉아 있는 물은 백성과 무리
와 열국과 방언들이니라. 16 네가 본 바 이 열 뿔과 짐승은 음녀를 미워하
여 망하게 하고 벌거벗게 하고 그의 살을 먹고 불로 아주 사르리라. 17 이는 하나님이
자기 뜻대로 할 마음을 그들에게 주사 한 뜻을 이루게 하시고 그들의 나라를 그 짐승
에게 주게 하시되 하나님의 말씀이 응하기까지 하심이라. 18 또 네가 본 그 여자는 땅
의 왕들을 다스리는 큰 성이라 하더라.

15. 천사는 이제 "네가 본 바 음녀가 앉아 있는 물"을[17:1 참조] "백성과 무리와 열국과 방언들"로 해석한다. 다니엘서에서 나온[단 3:4, 7, 4:1, 5:19, 6:25, 7:14] 동일한 보편 공식이 요한계시록 전체에 걸쳐 나타난다.[7:9, 10:11, 11:9, 13:7, 14:6 주석 참조] 다니엘서와 요한계시록에서 이 공식("백성과 무리와 열국과 방언들")은 바벨론의 지배 아래 있는 국민들을 가리킨다. 이사야 17:13도 '많은 물' 은유를 많은 민족(열방)을 가리키는 데 사용한다(왜냐하면 '물'은 나라들과 연계되거나 나라들을 표상하기 때문이다).[사 8:7, 23:10, 렘 46:7-8, 47:2 참조] '많은 물'은 이미 예레미야 51:13을 인유하는 것으로 확인되었다. 거기서 많은 물은 유브라데 강과 바벨론을 둘러싼 수로와 운하의 물을 가리킨다.[1절 주석 참조] 이 물은 성이 경제적으로 번성하는 것을 돕고 외부의 공격으로부터 안전을 제공했다. 지금 물이 표상하는 부패한 인간의 무리는 바벨론의 경제 교역과 경제 안전의 기초다.

16. 어린양의 멸망을 획책하기 전에 먼저 음녀를 멸망시키기 위해 열 뿔과 짐승의 제휴가 이루어진다. "네가 본 바 이 열 뿔과 짐승은 음녀를 미워하여 망하게 하고 벌거벗게 하고 그의 살을 먹고 불로 아주 사르리라." 음녀의 멸망 심상은 다른 음녀—신실하지 못한 이스

라엘—에 대한 하나님의 심판 장면에서 빌려 온 것이다. 음녀의 멸망에 대한 묘사는 에스겔 23:25-29, 47에 나오는 배교하는 예루살렘에 대한 하나님의 예언적 심판 묘사를 따라 이루어진다. "그 남은 자를 불에 사르며",겔 23:25 "또 네 옷을 벗기며",겔 23:26 "그들이 미워하는 마음으로 네게 행하여……너를 벌거벗은 몸으로 두어서 네 음행의 벗은 몸 곧 네 음란하며 행음하던 것을 드러낼 것이라",겔 23:29 "그 집들을 불사르리라."겔 23:47 또한 에스겔 16:37-41도 신실하지 못한 이스라엘에 대해 다음과 같이 예언한다. "내가 너의 즐거워하는……사랑하던 모든……자를 모으되……그들이 네 누각을 헐며……네 몸을 벌거벗겨 버려 두며……불로 네 집들을 사르고." 심지어 에스겔은 음녀 이스라엘이, 앞의 4절에서 음녀 바벨론이 그렇게 하는 것처럼, 잔을 마시는 것도 보았다.겔 23:31-34 이 예언은 바벨론이 예루살렘을 정복했을 때 역사적으로 성취되었다. 이스라엘을 음녀로 보는 구약의 다른 언급들에 대해서는 다음 본문을 보라.대하 21:11, 겔 16:15, 17, 28, 35, 41, 23:1-21, 44, 사 1:21, 57:3, 렘 2:20, 3:1, 13:27, 호 2:2-5, 4:12, 15, 18, 5:4, 9:1, 미 1:7

이제 동일한 심상이 바벨론 음녀의 멸망에 다시 적용된다. 구약 시대에 바벨론이 이스라엘에게 했던 일이 이제 반전되어 새 언약 시대에 바벨론적 세상 구조에 적용된다. 땅의 왕들2절과 "동방에서 오는 왕들"이16:12 바벨론과 맞서 싸우기 위해 함께 모인다. 바벨론은 강물이 마르고16:12 멸망을 당한다. 이 왕들은 일종의 세계 내란에서 경제적-종교적 힘에 맞서 싸우는 세상 구조의 정치적 힘을 표상한다. 16:12에서 유브라데의 강물이 마른 것은 세계 전역의 종교적·경제적 바벨론 지지자들(또한 15절에서 '물'로 묘사된)이 어떻게 바벨론에 불복종하게 되는지를 상징하는 그림이다.16:12 주석 참조 나중에18:9-11 이 왕들은, 상인들(바벨론의 경제적 요소를 표상하는)과 함께 바벨론의 멸망을 애통해하는 모습을 보인다. 이것은 왕들이 짐승에게 속아 그의 뜻을 행했지만 그럼에도 불구하고 그들 자신의 안전을 잃게 되어 통탄하는 것을 암시한다. 따라서 사탄이 사람들을 조종하여 심지어는 그들이 보배롭게 여기는 것까지 파괴하도록 만드는 것을 예증한다.

바벨론 음녀는 또한 교회들 속에서 여전히 역사하는 우상숭배의 영을 표상하는 이세벨에 따라 제시된다.[2:20-24] 이 파괴의 대상에는 우상숭배적인 경제 구조와 결탁함으로써 '음행'을 저지른 배교하는 교회가 포함된다.[2:14, 20-22 주석 참조] 배교하는 교회의 지도자도 음녀 심상에 따라 언급되었다.[2:20-22] 이세벨을 따르는 자는 자기들의 벌거벗은 수치를 드러낼 것이다.[16:15] 3:17-18의 '벌거벗은 수치'에 대한 언급은 라오디게아 교회에도 이세벨의 활동이 있었음을 암시한다. 주목할 만하게도 열 뿔과 짐승이 그녀의 살을 먹는다는 말은 이세벨의 운명을 상기시킨다. "개들이 이세벨의 살을 먹을지라."[왕하 9:36] 그 구절에 따르면, 이세벨의 파멸 역시 16절과 마찬가지로 여호와의 말씀에 따라 일어났다.

구약의 이세벨과 바벨론 음녀 사이의 많은 평행 관계를 주목해 보라. 나아가 바벨론 음녀와 거짓 여선지자 이세벨의 연계성은 최소한 일곱 교회 가운데 한 교회에서 활발하게 나타난다.

- 둘 다 심하게 치장을 하거나 꾸민다.[왕하 9:30, 계 17:4]
- 둘 다 여왕이었다.[왕상 16:31, 계 17:18, 18:7]
- 둘 다 미혹을 도구로 삼았다.[왕상 21:25, 계 17:2]
- 둘 다 영적 간음, 곧 음행의 죄악이 있었다.[왕하 9:22, 계 17:1-2]
- 둘 다 술수를 사용했다.[왕하 9:22, 계 18:23]
- 둘 다 재물을 탐했다.[왕상 21:7, 계 18:11-19]
- 둘 다 성도들을 박해했다.[왕상 18:4, 계 17:6]

- 둘 다 죄악된 길에 대하여 의로운 남은 자의 반대를 받았다.[왕상 19:18, 계 17:14]
- 둘 다 하나님의 종들의 피에 대하여 하나님의 보복을 받았다.[왕하 9:7, 계 19:2]
- 둘 다 멸망이 속히 임한다.[왕하 9:33-37, 계 18:10, 17, 19]
- 둘 다 추종자들을 하나님이 심판하신다.[왕상 18:40, 왕하 10:19, 계 2:23, 18:9-10, 20:15]

따라서 요한계시록 2:20-22에서 거짓 선생으로 나타나는 이세벨은 사실상, 실제로는 거짓 선생이지만 참된 선생을 자처하는 인물을 통해 교회 안에서 기승을 부리고 있는 '큰 바벨론'의 일원이다. 두아디라 교회 안에서 이세벨이 제시한 거짓 가르침의 내용은 아마 바벨론적 세상 구조가 기독교적인 음성을 가진 말로 포장하여 전달한 세속 개념의 한 표현이었을 것이다. 교회의 배교자 집단과 포괄적인 적대적 이교 제도 간의 중첩성이 18:4 이하에 전제되어 있다. 거기 보면 타협의 위험 속에 있는 자들에게 "거기서 나오라"는 권면이 주어진다. 이것은 이사야 48:20, 52:11, 예레미야 50:8, 51:6의 인유다. 이 구약 본문들을 보면, 이스라엘에게 예루살렘이 회복할 때가 되면 부정한 바벨론에서 나오라는 권면이 주어진다.

일부 주석가들은 특별히 에스겔 23장과 앞에서 언급한 다른 구약 본문들이 오직 배교하는 이스라엘의 심판과 관련되어 있음을 이유로 음녀를 단지 배교하는 교회를 가리키는 것으로 제한했다. 게다가 배교하는 이스라엘은 종종 구약성경에서 음녀로 지칭된다.[대하 21:11, 겔 16:15, 17, 28, 35, 41, 23:1-21, 44, 사 1:21, 57:3, 렘 2:20, 3:1, 13:27, 호 2:2-5, 4:11-12, 15, 18, 5:4, 9:1, 미 1:7] 확실히 요한계시록 17장 전체에 걸쳐 등장하는 음녀에 대한 묘사 역시 예레미야 2:20-4:31의 비슷한 묘사로부터 나온다. 이를 보면 유다는 음녀로,[렘 2:20] 창녀의 낯을 가졌고,[렘 3:3] 다른 사람들에게 죄를 가르쳤으며,[2:33] 옷단에는 죄 없는 가난한 자를 죽인 피가 묻었고,[렘 2:34] 붉은 옷을 입고 금장식으로 단장하며,[렘 4:30] 연인들이 그녀를 멸시하여 그녀의 생명을 찾는 자였다.[렘 4:30] 이스라엘이 음녀로 불린 것은 믿음으로 여호와와 결혼했지만 우상들과 영적인 간음을 저질렀기 때문이다.

그러나 선지서에서 '음녀'는 또한 불경건한 다른 민족들을 가리킬 수 있다. 나훔 3:4-5 그리고 특히 이사야 23:15-18을 보면 니느웨와 두로가 음녀로 불리는데, 그 이유는 그들이 경제적으로 다른 민족을 지배하거나 우상숭배를 통해 다른 민족에게 악영향을 미침으로써 그들 속에 파멸과 부정함을 심었기 때문이다. 나아가 요한계시록 17장에서 음녀는 '큰 바벨론'으로 불리는데, 이것은 다니엘 4:30에 나오는 교만한 이방의 성 바벨론 인유다.

1세기와 이후 세기들에 걸쳐 배교하는 이스라엘 민족 역시 바벨론을 구성한다. 하지만 바벨론이 오직 배교하는 이스라엘만을 가리키는 (그렇게 보는 일부 학자들과 달리) 것은 아니다. 그럼에도 불구하고 믿지 않는 이스라엘이 부분적으로 바벨론에 포함되는 것은 또한 음녀로서의 이스라엘과 이스라엘의 임박한 심판에 관한 구약 본문의 몇몇 인유로도 설명된다. 나아가 배교하는 이스라엘은, 과거와 현재의 이방인 압제자들과 함께, 신실한 남은 자를 박해하기도 했다.[마 21:33-42, 23:29-35, 행 7:51-52, 13:45, 14:2, 살전 2:14-16] 2:9-10, 3:9에 대한 주석을 보라.

그러므로 대다수의 옛 주석가들은 바벨론을 오로지 불경건한 로마 문화, 배교하는 교회, 배교하는 이스라엘 가운데 어느 하나와 동일시하는 경향이 있었지만, 이 동일화를 서로 배타적인 것으로 보지 않는 것이 더 낫다. 악한 로마 세계 구조의 악한 경제적·종교적 문화(초시간적인)가 초점이고, 배교하는 교회와 믿지 않는 이스라엘은 그들이 악한 세상 구조의 한 부분이 되었다는 점에서 악한 세상 구조의 문화 속에 포함된다.

결론적으로 바벨론은 배교하는 이스라엘 민족, 이방의 세상 구조 그리고 그 구조와 결탁하는 배교하는 교회를 함께 가리킨다. '큰 바벨론'은 부패한 경제적·종교적 제도 전체를 말하고 단지 배교하는 교회만을 가리키는 것이 아니라는 사실은 14:8, 16:18-21, 17:4-6, 18, 18장의 바벨론에 대한 언급으로 보아 분명하다. 그럼에도 불구하고 요한의 지배적인 관심사는 교회들에게 이 제도와 타협하지 말라고 경고함으로써 교회가 이 제도와 함께 심판을 받지 않도록 방비하는 데 있다. 요한은 교회들에게 이세벨의 거짓 가르침은 세상의 이데올로기와 다를 것이 없다는 사실을 경고하고 싶어 한다.

17. 짐승과 그의 동지들은 바벨론을 무너뜨릴 것인데, "이는 하나님이 자기 뜻대로 할 마음을 그들에게 주사 한 뜻을 이루게 하시고 그들의 나라를 그 짐승에게 주게 하시되 하나님의 말씀이 응하기까지 하심이라." 비록 짐승과 왕들이 공통의 목적을 갖고 협력한다고 해도, 하나님 자신이 이 사건의 궁극적 원천이시다. 하나님은 자신의 깊은 뜻, 곧 요한계시록 17장에서 상세하고 명확하게 펼쳐지는 다니엘 7:19-28의 넷째 짐승과 열 뿔에 관한 예언의 목적을 이루시려고 ("하나님의 말씀이 응하기까지 하심이라") 왕들이나 짐승 모르게 그들 간의 사악한 제휴를 일으키셨다. 또한 10:7의 "하나님의 그 비밀이 이루어지리라"는 선언은 특히 다니엘서로부터 나온 구약 예언의 예기치 못한 성취 방식을 가리킨다(예기치 못한 성취와 관련된 '비밀'의 용법에 관해서는 17:5, 7에 대한 주석을 보라). 여기서 예기치 못한 성취는 외관상 승리하는 것으로 보이는 악의 나라가 자중지란을 일으켜 그 나라 자체의 경제적·종교적 구조를 파괴시킴으로써 자기들도

모르는 사이에 자기 파괴를 시작한 것을 가리킨다.[16절 주석 참조] 오직 주도권을 가지신 하나님만이 그들로 하여금 이처럼 근시안적이고 어리석은 행위를 저지르게 하실 수 있다. 역사가 끝날 때 하나님은 사탄이 분란을 일으켜 자기 자신과 싸우도록 하심으로써 그의 최종적인 패배를 일으키실 것이다.[막 3:26 참조]

모든 시대에 걸쳐 내란이 일어나고 그 내란들은 최후의 내란을 예견한다. 구약성경도 세상이 끝날 때 악의 세력 안에 내란이 일어날 것이라고 예언한다.[겔 38:21, 학 2:22, 슥 14:13] 16-17절은 바벨론이 세상 전역에 걸친 보편적인 경제적·종교적 제도를 표상하기 때문에 최후의 내란이 상승된 규모로 일어나는 것으로 본다. 바벨론의 동지들 사이의 전쟁 장면에 기여하는 것은, 에스겔 16:37-41과 23:22-29, 47에 나오는 음녀 이스라엘의 부정한 연인들(우상숭배하는 민족들)이 이스라엘에게서 등을 돌리고 이스라엘을 멸망시키리라는 예언이다. 14-16절의 패턴에 따르면 유대교 문헌인 에스라4서 13:30-38은 악한 나라들 속에서 내란이 일어나고, 따라서 그들이 하나님의 아들이 오실 때 그분에 '맞서 싸우려고' 제휴할 것이라고 예언한다. 에스겔 38:21, 학개 2:22, 스가랴 14:13을 기초로 하면, 종말론적 내란이 구약성경에서 분명 악의 소멸의 한 방편으로 계시되므로 요한계시록 17장이 예기치 못한 전개로 간주되어서는 안 된다고 주장할 수도 있다. 그러나 그 예언들은 단순히 하나님의 원수들이 자기 칼로(또는 손으로) 서로에게 타격을 입히는 것을 가리킨다. 내란의 세부 사실은 애매하지만 17장은 이것을 명확하게 설명한다. 확실히 악의 나라가 스스로 자기들의 경제적·종교적 파워 블록을 파괴하는 것은 아이러니하고, 구약성경의 관점에서 보면 생각지 못한 것이다. 내란의 이런 예기치 못한 성취는 구약성경 자체에서 이미 희미하게 확인되었다. 하지만 지금은 더욱 명확하게 확인된다.

18. 18절에서 여자가 "땅의 왕들을 다스리는 큰 성"으로 해석된다. 여자는 역사 전체에 걸쳐 등장하는 악한 경제적·종교적 세상 구조 전체를 가리킨다. 여자가 세상에 대한 주권을 갖고 있다는 것은 그녀가 단순히 믿지 않는 이스라엘 또는 배교하는 교회보다 더 포괄적인 집단으로 간주되어야 함을 증명한다. 마찬가지로 18:23도 여자를 만국을 미혹한 자로 묘사함으로써 그녀의 보편적 본성을 계시한다. 요한계시록에 나오는 두 여자, 곧 그리스도의 신부와 바벨론 음녀 사이의 평행 관계를 주목해 보라. 이것은 그리스도의 초림과 재림 사이의 기간에 존재하는 초시간적인 실재들 간의 대조를 표상한다.

그리스도의 순결한 신부(21:9)	바벨론의 부정한 음녀(17:1)
"이리로 오라.……네게 보이리라."(21:9)	"이리 오라.……네게 보이리라."(17:1)
신부의 외적 복장은 하나님의 영광을 계시한다.(21:2, 9-23)	음녀의 외적 복장은 내적 부패함을 감추어 준다.(17:4, 18:16)
하늘을 의지한다.(12:1)	땅의 왕들을 의지한다.(17:15)
광야에서 발견되고 성으로 지칭된다.(12:14, 21:2)	광야에서 발견되고 성으로 지칭된다.(17:3, 18)

17:15-18 묵상 제안

교회 안에 있는 음녀의 존재: 본서의 주석은 구약의 이세벨과 바벨론 음녀 간의 일련의 평행 관계를 세부적으로 제시한다. 요한계시록 2:20-24은 이세벨의 영이 최소한 일곱 교회 가운데 하나에서 활동하고 있다고 주장한다. 17:15-18에서도 음녀의 특징은 신실하지 못한 이스라엘이나 이방 민족을 언급하는 구약 본문들의 묘사에 의존한다. 우리는 세상(이방 민족들) 속에서 또는 심지어 죽었거나 불경건한 종교 제도(신실하지 못한 이스라엘) 속에서 거짓 이데올로기가 발견될 것을 예상한다. 그러나 그리스도의 몸으로 고백하는 곳 안에서 이런 거짓 가르침이 작용하는 것을 포착해 내기는 어렵다. 우리는 오늘날 교회 안에서 우상숭배적인 이세벨의 활동과 거짓 가르침을 어떻게 확인해야 하는가? 심지어는 교회 안에서도 악한 본성을 가진 초자연적인 영의 세력에 직면할 수 있음을 깨닫는 것은 얼마나 중요한가? 요한계시록 2장에서 이세벨의 가르침이 '사탄의 깊은 것'[2:24]으로 불리는 것을 유념하라. 사탄은 여전히 광명의 천사를 가장하고 있다. 우리는 교회 안에서 거짓 가르침을 분별하고, 거짓 가르침의 형태로 우리를 공격하는 원수를 패배시키기 위해 어떤 전략을 사용할 수 있는가? 우리는 세상(바벨론적 세상 구조)이 우리가 속해 있는 교회 속에서 영향력을 행사할 때 그것을 어떻게 분별해 낼 수 있겠는가?

우상을 숭배하는 세상과 타협하지 않은 성도는 세상에 대한 하나님의 심판을 즐거워해야 하는데, 그 이유는 이것이 그들의 신실한 믿음과 하나님의 공의와 영광을 예증하고 하나님의 완성된 통치 및 자기 백성과의 연합을 가져오기 때문이다[18:1-19:10]

17:1에서 천사가 요한에게 음녀의 심판을 보여주겠다고 한 약속이 18장에서 세부적으로 성취된다. 17장은 짐승과 그의 동지들에게 초점을 맞춘다. 이어서 18장은 여자의 갑작스러운 몰락에 집중한다. 18:1-19:6(또는 19:8까지)은 바벨론의 멸망을 17:3에서 시작된 환상(16:14-21에 대해 정교하게 다루는)의 연속으로 설명한다. 18:3에서 17:2을 축자적으로 반복하는 것을 주목하라. 17장과 18장은 14:8에

서 처음으로 선언된 바벨론의 멸망을 전개한다. 18장에 묘사된 사건은 정확한 연대순에 따라 제시되지 않고 다음과 같이 제시된다.

❶ 바벨론의 멸망이 예언된다.[1-3절]

❷ 하나님의 백성이 바벨론과 함께 고난을 받지 않도록 바벨론의 심판이 있기 전에 그것과 분리되라는 권면을 받는다.[4-8절]

❸ 바벨론과 결탁하는 자는 바벨론의 심판이 있은 후에 애통할 것이다.[9-19절]

❹ 신실한 자는 바벨론의 심판이 진행될 때 그 심판을 즐거워할 것이다.[20-24절]

❺ 바벨론의 멸망에 대한 결론[19:1-6 또는 8절까지]

논리가 점진적으로 진행된다. 바벨론에 임할 처벌에 대한 선언은 다음 네 가지 사실의 기초다.

- 바벨론과 함께 심판을 받지 않도록 바벨론을 피하라고 성도들에게 주는 권면[1-8절]
- 바벨론의 동지들이 바벨론의 멸망을 자기들 자신의 몰락으로 알기 때문에 애통해함[9-19절]
- 성도들이 즐거워함[20-24절]
- 공의로우신 하나님을 영화롭게 하는 결정적 목적[19:1-6 또는 8절까지]

❶ 천사가 사람들을 우상숭배적인 미혹으로 이끈 바벨론에 임할 심판과 그 가혹한 결과를 선언한다[18:1-3]

18 [1]이 일 후에 다른 천사가 하늘에서 내려오는 것을 보니 큰 권세를 가졌는데 그의 영광으로 땅이 환하여지더라. [2]힘찬 음성으로 외쳐 이르되 무너졌도다, 무너졌도다, 큰 성 바벨론이여. 귀신의 처소와 각종 더러운 영이 모이는 곳과 각종 더럽고 가증한 새들이 모이는 곳이 되었도다. [3]그 음행의 진노의 포도주로 말미암아 만국이 무너졌으며 또 땅의 왕들이 그와 더불어 음행하였으며 땅의 상인들도 그 사치의 세력으로 치부하였도다 하더라.

1. 요한계시록 전체에서 그런 것처럼[4:1, 7:1, 9, 15:5, 19:1] '이 일 후에'라는 문구는 환상 속에 묘사된 사건의 순서가 아니라 각 환상들 자체의 순서를 가리킨다.[4:1 주석 참조] 천사의 큰 권세와 그의 영광으로 땅이 환하여진 사실은 천사가 전하는 심판 메시지의 타당성을 확증한다. 이스라엘의 회복에 대한 에스겔의 환상은[겔 43:2] "음성이 많은 물 소리 같고 땅은 그 영광으로 말미암아 빛나는" 현상을 수반한다.[계 18:2 참조] 이것이 1절의 적절한 배경 본문인 것은 18장의 주요 주제 가운데 하나가 하나님의 참 백성에게 세상과 분리되고 주께 돌아와 회복하라는 권면이기 때문이다.[4절 주석 참조] 1절의 묘사는 10:1의 천사의 빛나는 모습에 대한 묘사와 비슷하며, 그리스도의 현현(그리스도의 나타나심)으로 추측된다. 이 천사가 그리스도라는 것은 요한계시록에서 천상의 존재에게 '영광'을 귀속시키는 모든 묘사는 하나님이나[4:9, 11, 5:13, 7:12, 11:13, 14:7, 15:8, 16:9, 19:1, 21:11, 23] 그리스도를[1:6, 5:12-13] 가리킨다는 사실로 확증된다. 1절의 에스겔서 본문 인유는 에스겔 40-48장에 기반을 두고 있는 21:10 이하의 환상을 예견한다. 말하자면 바벨론의 몰락은 하나님께서 새 피조물 속에 거하시는 길을 예비한다. 에스겔서에서 새 성전에 있는 것으로 예언되는 신적 영광의 인유는 요한계시록 21장의 영원한 성전에 대한 온전한 계시를 예견한다.

2. 천사가 '힘찬 음성'으로 외치는 것도 이 선언의 권위를 강조하

는 역할을 한다.[7:2, 10, 10:3, 14:7, 9, 15, 19:17 참조] 천사는 바벨론보다 더 영광스럽고[1절] 바벨론보다 더 강력한 권세를 갖고 있다. 그러므로 천사의 영광스러운 모습과 함께 힘찬 음성은 바벨론의 미혹 아래 떨어질 위험 속에 있는 자에게 정신을 번쩍 차리게 하려는 의도가 있다. 심판의 확실성은 마치 이미 일어난 일인 것처럼 바벨론의 멸망의 결과를 과거 시제로 서술하고 있는 데서 더 깊이 강조된다. 과거에 있었던 역사적 바벨론의 멸망에 대한 예언과 성취는 훨씬 더 큰 영적 바벨론의 멸망을 미리 지시하는 역사의 패턴으로 간주된다.

2절은 바벨론에 대한 심판이 가져온 파멸 상태를 설명한다. "무너졌도다, 무너졌도다, 큰 성 바벨론이여. 귀신의 처소와 각종 더러운 영이 모이는 곳과 각종 더럽고 가증한 새들이 모이는 곳이 되었도다." 바벨론의 멸망에 대한 묘사는 이사야 13:21과 34:11, 14에 나오는 바벨론과 에돔의 심판에 관한 묘사와 거의 흡사하다. 역사상의 바벨론과 에돔 심판은 모형론의 관점에서 볼 때, 역사가 끝날 때 있을 보편적 바벨론 심판에 대한 예견으로 간주된다. 바벨론의 사악한 성격은 바벨론이 풍기는 아름답고 화려한 외적 모습과는 반대로,[17:4, 18:16] 바벨론이 귀신과 더러운 영들의 처소가 되었다고 말해지는 것으로 계시된다. 바벨론의 외적인 영광이 제거되었으므로 남아 있는 것은 더러운 영들이 에워싸고 있는 시체들이 전부다. 이사야는 지상의 바벨론은 멸망한 후에 승냥이, 들개, 들양(문자적으로 '염소 귀신')[사 13:20-22, 34:11 참조]을 포함한 각종 더럽고 이상한 짐승들의 처소로 남을 것이라고 예언했다. 이 계시는 귀신 세력이 바벨론의 주도적인 힘이었음을 증명한다.

3. 바벨론에 대한 심판의 원인은 바벨론이 민족들과 통치자들을 우상숭배하는 미혹으로 이끈 것에 있다. "그 음행의 진노의 포도주[를 마심으]로 말미암아 만국이 무너졌으며 또 땅의 왕들이 그와 더불

어 음행하였으며 땅의 상인들도 그 사치의 세력으로 치부하였도다." 이 언급은 문자적 음행[2:14, 20, 14:8, 17:2, 18:9 주석 참조]이 아니라 경제적인 안전의 대가로 바벨론의 종교적이고 우상숭배적인 요구를 받아들인 것을 가리킨다.[2:9, 13:16-17 참조] 3절에 인유된 구약 본문은 두로가 "지면에 있는 열방과 음란을 행할 것"이라고 말하는 이사야 23:17이다. 두로가 염두에 두어져 있다는 것은 9-22절에서 에스겔 26-28장의 두로에 대한 선언을 반복해서 언급하는 것과 23절에서 이사야 23:8을 특별히 인유하는 것으로 보아 분명하다. 바벨론과 결탁한 상인들은 부자가 되었으나, 바벨론 안에서 살지만 바벨론에 '속하지 않은' 신실한 자들, 곧 바벨론의 우상숭배와 결탁하지 않은 자들의 경제적 안전은 제거될 것이다. 여기서 '마시다'는 말은 (개역개정판에는 나타나 있지 않다.—옮긴이) 경제적인 안전을 누리기 위해 우상숭배에 기꺼이 참여하는 것을 의미한다. 일단 마시면 취하게 하는 힘으로 말미암아 바벨론의 파괴적인 영향력에 저항할 모든 욕구가 사라지고, 바벨론의 궁극적 불안정과 참된 안정의 원천이신 하나님에 대해 눈이 멀게 되며, 다가올 심판에 대한 두려움이 마비된다('마시다'의 은유적 의미에 대해서는 14:8에 대한 주석을 보라).

바벨론은 이 미혹 활동 때문에 심판받게 될 것이다. 18장에서 바벨론이 (자기 자신이 그러는 것처럼) 민족들에게 자신의 소문난 경제적 자원을 의지하도록 강요하는 것은 정죄를 일으키는 교만의 표현이자 우상숭배의 한 형식이다.[7, 23절 주석 참조]

18:1-3 묵상 제안

바벨론의 미혹 아래 떨어지는 것의 위험성: 천사의 힘찬 음성은 바벨론의 미혹 아래 떨어질 위기 속에 있는 자에게 주의를 환기시키는 역할을 한다. 오늘날 우리는 얼마나 이와 비슷한 위험 속에 있는가?

확실히 말해 바벨론의 유혹의 힘은 적어도 요한 당시에는 매우 강력하게 나타났다. 우리는 진정으로 믿을 수 없는 외관상의 부와 사치의 배후에 불안정이 놓여 있고, 궁극적으로 귀신들의 처소가 있다는 것을 이해하고 있는가?

❷ 천사는 하나님의 백성에게 그들 역시 응당한 처벌을 받지 않도록 바벨론적 세상 구조와 결탁하지 말 것을 권면한다[18:4-8]

18 4 또 내가 들으니 하늘로부터 다른 음성이 나서 이르되 내 백성아, 거기서
나와 그의 죄에 참여하지 말고 그가 받을 재앙들을 받지 말라. 5 그의 죄는
하늘에 사무쳤으며 하나님은 그의 불의한 일을 기억하신지라. 6 그가 준 그대로 그에
게 주고 그의 행위대로 갑절을 갚아 주고 그가 섞은 잔에도 갑절이나 섞어 그에게 주
라. 7 그가 얼마나 자기를 영화롭게 하였으며 사치하였든지 그만큼 고통과 애통함으로
갚아 주라. 그가 마음에 말하기를 나는 여왕으로 앉은 자요 과부가 아니라 결단코 애
통함을 당하지 아니하리라 하니 8 그러므로 하루 동안에 그 재앙들이 이르리니 곧 사
망과 애통함과 흉년이라. 그가 또한 불에 살라지리니 그를 심판하시는 주 하나님은 강
하신 자이심이라.

4. 4절의 미확인 음성은 하나님의 음성("내 백성아"를 주목하라) 아니면 그리스도의 음성(1절의 연장) 또는 하나님을 대표하는 천사의 음성(예레미야가 "나오라"는 권면을 전달하는 신적 대변자였던 것처럼) 가운데 하나일 것이다. 바벨론에 임할 심판에 대한 이전 구절들의 기록은 흔들리는 신자들에게 우상숭배적인 구조와 타협하지 말라고 권면하고, 또한 신실한 삶을 계속 유지하기 위해 타협하지 않는 신자들을 격려하는 기초로 작용한다. "또 내가 들으니 하늘로부터 다른 음성이 나서 이르되 내 백성아, 거기서 나와 그의 죄에 참여하지 말고

그가 받을 재앙들을 받지 말라." 하나님의 임박한 심판이 있으므로 바벨론의 길에서 분리되라는 권면은 이사야서와 예레미야서에서 반복되는 권면, 특히 예레미야 51:45의 "나의 백성아, 너희는 그 중에서 나와 각기 여호와의 진노를 피하라"는 권면에 따라 형성된다.[사 48:20, 52:11, 렘 50:8, 51:6 참조] 주목할 만하게도 예레미야 51장에서 권면의 이유가 된 심판이 요한계시록 18:2에서와 같이 멸망에 대한 비슷한 은유로 묘사된다. 왜냐하면 예레미야 51:37에서 다음과 같은 말씀을 읽기 때문이다. "바벨론이……승냥이의 거처와 혐오의 대상과 탄식거리가 되고 주민이 없으리라." 요한계시록 18:4의 권면이 이사야 52:11의 권면("너희는 떠날지어다. 떠날지어다. 거기서 나오고")도 강력히 반영한다는 것은 바벨론의 우상들에 대해 언급하는 그 이사야서 본문 직후의 구절("부정한 것을 만지지 말지어다")로 보아 분명하다. 이 분리의 목적은 다가올 심판을 피하는 것에 있다. 예레미야 51:45("너희는 그 중에서 나와 각기 여호와의 진노를 피하라")을 참조하라. 또한 천사가 롯과 그의 가족에게 소돔에 내린 심판을 겪지 않도록 소돔의 외관상의 안전에서 나오라고 권면하는 것도 반영할 수 있다.[창 19:12-22] 그리스도인은 경제 활동이나 그들이 살고 있는 세상에서 벗어나라는 부르심을 받지 않는다. 하지만 타협을 거부한 결과로 세상에서 배제될 수 있다. 그리스도인은 증언하기 위해 세상 속에 남아 그 증언 때문에 고난을 겪어야 하지만,[6:9, 11:7-10, 12:11, 17, 16:6, 17:6, 18:24] 세상에 속해서는 안 된다.[14:12-13, 16:15] 4절은 항상 교회 밖에 있었던 비신자들에게 주는 권면이 아니라 이미 하나님께서 "내 백성아"라고 지칭하실 수 있는 신앙고백 공동체 안에 있는 자들에게 참된 믿음 안에서 인내하라는 권면이다.

5. 바벨론이 이런 재앙으로 처벌받게 되는 것은 "그의 죄는 하늘에 사무쳤으며 하나님은 그의 불의한 일을 기억하시기" 때문이다. 영적

바벨론은 그 심판이 "하늘에 미쳤고 궁창에 달하였던"렘 51:9 고대의 지상적 바벨론을 반영한다. 하나님 앞에서 치솟을 대로 치솟은 죄로 말미암아 하나님은 이 죄인들의 처벌을 생각하신다. 하늘까지 미친 죄의 심상은 하나님께서 저질러진 죄의 양이 충분하다고 보신 것에 대한 은유적인 표현이다. 바벨론은 죄가 너무 크고, 그래서 하나님은 자신의 공의를 지키기 위해 바벨론을 크게 심판하시지 않으면 안 된다.

6. 5절에서 함축적으로 언급된 하나님의 심판의 성격이 이제 명시적으로 언급된다. 바벨론의 처벌은 그의 범죄에 합당하게 이루어진다. "그가 준 그대로 그에게 주고 그의 행위대로 갑절을 갚아 주고 그가 섞은 잔에도 갑절이나 섞어 그에게 주라." 여기서 "준 그대로 그에게 주라"는 명령은 하나님의 보복을 집행하는 인간 대행자나20:4 천사 대행자에게16:7 이하, 18:21 주어진 것일 수 있다. 또는 여기서 말하는 화자인 천사가 하나님께 전하는 간청일 수도 있다. 6절의 어법은 시편 137편을 환기시킨다. "멸망할 딸 바벨론아, 네가 우리에게 행한 대로 네게 갚는 자가 복이 있으리로다"시 137:8 • 렘 50:29, 51:24 참조 역사적 바벨론의 처벌은 마지막 때의 바벨론적 세상 구조의 처벌 모형이다. 범죄에 합당한 처벌 원리는 바벨론의 죄를 '갑절'로 처벌하라고 말하는 6절의 마지막 부분과 모순되는 것처럼 보인다. 그러나 6절에서 헬라어 표현은 '동등하게 갚는' 것을 의미하는 히브리어 표현을 표상한다.사 40:2, 렘 16:18, 마 23:15, 딤전 5:17 참조 이것은 합당한 처벌에 관한 직전과 직후 진술 간의 모순을 해소시키고, 또한 이미 '가득한' 것으로 묘사된17:4 바벨론의 잔을 갑절로 채우는 은유적인 난점도 완화시킨다.

7. 범죄에 합당한 처벌 원리가 7절에서 다시 분명해진다. "그가 얼마나 자기를 영화롭게 하였으며 사치하였든지 그만큼 고통과 애통함으로 갚아 주라." 바벨론은 자신이 영광과 부귀를 얻을 때 저지른 죄와

똑같은 방식으로 처벌받을 것이다. 자기 영광이 죄악인 이유는 영광은 오직 하나님께만 주어져야 합당한 것이 될 수 있기 때문이다.[15:4, 19:1] 1절의 천사는 바벨론의 거짓 영광과 달리 하나님의 참된 영광을 반사한다. 바벨론의 죄는 교만과 자기만족이고, 이 죄는 불가피하게 멸망을 초래한다.[삼하 22:28, 잠 16:18] 이사야 47:7은 지상적 바벨론에 대해 "[네가] 말하기를 내가 영영히 여주인이 되리라"고 말했다. 그리고 7절에서 영적 바벨론은 똑같이 다음과 같이 말한다. "그가 마음에 말하기를 나는 여왕으로 앉은 자요 과부가 아니라 결단코 애통함을 당하지 아니하리라." 지상적 바벨론이 자기를 높이기 위해 많은 수하 나라들에게 의존했던 것처럼 영적 바벨론도 똑같이 그렇게 한다. 하지만 영적 바벨론은 수하 나라들이 자기에게서 등을 돌릴 때 지상적 바벨론과 똑같이 몰락할 것이다. 영적 바벨론의 교만한 확신은 망상으로 판명될 것이다. 교회는 "나는 부자라. 부요하여 부족한 것이 없다"고 말한 라오디게아 교회에 대한 잠재적 심판과 같이,[3:17] 세상과 함께 심판받지 않으려면 경제적인 안전에 의지하지 않도록 조심해야 한다.

8. 7b절에 언급된 정치적이고 경제적인 오만함이 바벨론의 갑작스러운 멸망의 원인으로 강조된다. "그러므로 하루 동안에 그 재앙들이 이르리니 곧 사망과 애통함과 흉년이라. 그가 또한 불에 살라지리니 그를 심판하시는 주 하나님은 강하신 자이심이라." 그 옛날 지상적 바벨론에 재앙이 임하여[사 47:9] 심지어는 불에 타버린 것처럼,[사 47:14] 영적 바벨론에도 똑같은 일이 벌어질 것이다. "그가 또한 불에 살라지리니"라는 말은 사실상 17:16의 표현과 동일하고, 그러므로 이 말은 짐승과 그의 동지들이 경제적·종교적 제도에서 등을 돌리고 그 제도를 파괴할 것이라는 예언을 전개한다. 하나님은 그들의 마음속에 바벨론을 멸망시킬 욕구를 집어넣는 것으로 그치지 않으신다. 그들

은 "그[바벨론]를 심판하시는 주 하나님"의 진정한 대행자다.

18:4-8 묵상 제안

세상 속에 있으면서 세상에 속하지 않는 것: 본서의 주석은 18:4-8의 교훈 가운데 하나로, 그리스도인은 세상 속에 있으면서 세상에 속해서는 안 된다는 사실을 강조한다. 세상에 '속하는' 것은 우리가 다가올 심판에서 차지할 몫을 희생시키고 세상의 현재 부와 혜택을 누리기 위해 우리의 가치를 양보했다는 것을 의미한다. 오늘날 교회 안팎에서 기승을 부리는 세속화는 언제나 경건한 기준을 이상한 것으로, 악한 가치를 정상적인 것으로 보게 만들고, 그리하여 우리는 세상이 정상이라고 간주하는 것을 받아들이라는 유혹을 받는다. 우리는 일자리를 유지하고, 집이나 차를 사고, 은퇴를 위해 신중한 경제 계획을 짜는 것과 같은 행위를 하는 동안 실제로 이런 유혹들을 어떻게 피할 수 있는가? 우리의 나머지 모든 재정도 하나님의 방법에 따라 관리되어야 한다. 이런 식의 가르침과 제자도를 지역 교회 속에서 적용할 수 있겠는가? 우리는 끊임없이 청지기 직분과 관련된 문제들과 씨름하고 있는가? 예수는 돈에 대해 많은 말씀을 하셨고, 그 말씀은 충분한 근거가 있다. 우리는 예수께서 말씀하신 것을 검토하며 실천하고 있는가?

❸ 바벨론적 세상 구조와 결탁한 자는 바벨론의 심판이 곧 자기들의 멸망을 의미하기 때문에 애통해할 것이다 18:9-19

18 9그와 함께 음행하고 사치하던 땅의 왕들이 그가 불타는 연기를 보고 위
하여 울고 가슴을 치며 10그의 고통을 무서워하여 멀리 서서 이르되 화 있
도다, 화 있도다, 큰 성 견고한 성 바벨론이여. 한 시간에 네 심판이 이르렀다 하리로

다. 11 땅의 상인들이 그를 위하여 울고 애통하는 것은 다시 그들의 상품을 사는 자가
없음이라. 12 그 상품은 금과 은과 보석과 진주와 세마포와 자주 옷감과 비단과 붉은
옷감이요 각종 향목과 각종 상아 그릇이요 값진 나무와 구리와 철과 대리석으로 만든
각종 그릇이요 13 계피와 향료와 향과 향유와 유향과 포도주와 감람유와 고운 밀가루
와 밀이요 소와 양과 말과 수레와 종들과 사람의 영혼들이라. 14 바벨론아, 네 영혼이
탐하던 과일이 네게서 떠났으며 맛있는 것들과 빛난 것들이 다 없어졌으니 사람들이
결코 이것들을 다시 보지 못하리로다. 15 바벨론으로 말미암아 치부한 이 상품의 상인
들이 그의 고통을 무서워하여 멀리 서서 울고 애통하여 16 이르되 화 있도다, 화 있도
다, 큰 성이여. 세마포 옷과 자주 옷과 붉은 옷을 입고 금과 보석과 진주로 꾸민 것인
데 17 그러한 부가 한 시간에 망하였도다. 모든 선장과 각처를 다니는 선객들과 선원들
과 바다에서 일하는 자들이 멀리 서서 18 그가 불타는 연기를 보고 외쳐 이르되 이 큰
성과 같은 성이 어디 있느냐 하며 19 티끌을 자기 머리에 뿌리고 울며 애통하여 외쳐
이르되 화 있도다, 화 있도다, 이 큰 성이여. 바다에서 배 부리는 모든 자들이 너의 보
배로운 상품으로 치부하였더니 한 시간에 망하였도다.

9-19절의 첫 부분과[9-11절] 마지막 부분은[15-19절] 우상숭배적인 경제 제도와 결탁하여 번성하는 자들이 바벨론의 멸망 속에서 자기 자신의 경제적 몰락을 보기 때문에 애통하는 것을 강조한다. 그리고 중간 부분은[12-14절] 상실할 경제적 번영의 견본 요소들을 강조함으로써 그들이 애통해하는 이유를 상세히 설명한다. 9-19절 전체의 주된 요점은 경제적인 상실로 인한 절망에 있고, 이 절망은 1-8절에 서술된 바벨론의 심판에 대한 반응이다. 절망은 또한 함축적으로 심판을 예고하는 역할을 하는데, 그 심판은 다음 부분의 첫 구절인 20절에서 즐거워하라고 성도들에게 주는 명령의 서곡이다. 에스겔 26-28장에 나오는 두로의 심판에 관한 예언은 9-19절에 기록된 바벨론의 심판 부분에 관한 예언의 본보기를 구성한다. 하지만 이 본보기는

22절까지 미친다. 과거 두로의 멸망과 그 멸망을 애통해하는 자들의 몰락은 마지막 때에 큰 경제 제도의 몰락의 예언적 전조다. 9-19절은 또한 주제에 따라 땅의 왕들의 애통함,[9-10절] 땅의 상인들의 애통함,[11-17a절] 선원들의 애통함[17b-19절]으로 분류할 수 있다. 에스겔 27:29-30, 35-36을 보면 이와 동일한 세 집단이 두로의 멸망에 대하여 슬픔을 표현한다.

9. 4-8절의 화자였던 천사가 9-20절에서도 계속 화자로 나타난다. 바벨론의 멸망에 반응하여 "**땅의 왕들이 그가 불타는 연기를 보고 [바벨론을] 위하여 울고 가슴을 치는데**" 그 이유는 그들이 함께 '음행'하던[2:14, 20, 14:8, 17:2, 18:3 주석 참조] 자기들의 연인을 잃었기 때문이다. 이 우상숭배에 가담함으로써 그들은, 두로가 "세상 왕들을 풍부하게 하였었다"는 에스겔 27:33처럼 '사치'하며, 곧 육욕에 빠져 살았다. 우상숭배와 경제적인 번성 간의 긴밀한 연계성은 소아시아의 삶의 실상이었고, 거래에서 유리한 입장을 차지하려면 황제와 상인 길드에 대한 충성이 본질적으로 요구되었다.[2:9-10, 12-21 주석 참조] 소아시아 지역의 정치 지도자들은 정치적 안정을 유지하고 높은 지위로 경제적 이득을 취하기 위해 이 제도를 지지하지 않으면 안 되었다.

이미 '불탐'과 '연기'는 경제적인 이득을 위해 영혼을 파는 짐승의 추종자들에 대한 최후의 심판을 묘사하는 한 요소였다(18:9과 14:10-11에서 창 19:24, 28의 소돔의 심판을 인유하는 것을 주목하라).[13:15-17, 14:9-11 참조] 그들은 자신이 상실한 것이 물질적인 안정보다 훨씬 더 큰 것이라는 사실을 아직 깨달을 수 없다. 9절에 언급된 왕들은 세상 모든 통치자의 대표를 가리키는 것으로 보이지만, 음녀를 미워하는 17:16의 왕들은 이보다 더 제한된 집단을 의미할 것이다.

10. 바벨론의 멸망에 대한 땅의 왕들의 반응이 계속된다. 왕들은 "**그의 고통을 무서워하여 멀리 서서**" 울고 애통해한다. 바벨론의 경제

적인 몰락은 그들에게 고통과 상실을 의미한다. 여기서 초점이 경제적 요소에 있다는 것은 동일한 말("그의 고통을 무서워하여")이 15절에서 나타나고, 이어서 이 큰 경제 제도가 그토록 순식간에 무너질 수 있었던 것에 놀라움을 표현하는 17, 19절 "그러한 부가 한 시간에 망하였도다"가 나오는 것으로 증명된다. 애통할 때 그들이 하는 말은 다음과 같다. "**화 있도다, 화 있도다, 큰 성 견고한 성 바벨론이여. 한 시간에 네 심판이 이르렀다.**" 그들이 무서워하는 이유는 심판 자체가 아니라 심판의 갑작스러움('한 시간에') 때문이다. '심판'은 믿지 않는 왕들이 바벨론의 파멸에서 하나님의 사법적인 손을 인식하게 된 것을 증명한다. 이것이 그들이 애통하는 근본적인 이유일 수도 있는데, 그들이 바벨론의 범죄의 공범으로 똑같은 심판을 받을 것을 두려워할 수 있기 때문이다. 바벨론이 '큰' 성과 '견고한' 성으로 불리는 것도 바벨론의 우상숭배적인 성격을 계시한다. 왜냐하면 이 말들은 특히 바벨론과[18:8] 그의 동지들에[6:17, 16:14, 19:17] 대한 하나님의 심판을 묘사할 때 오직 하나님께만 적절하게 적용되는 말이기 때문이다.

'한 시간'이라는 시간적 지칭은 17:12에서 (개역개정판은 이 말이 '한동안'으로 되어 있다.—옮긴이) 바벨론의 예전 동지들이 등을 돌리고 바벨론을 멸망시킬 때 시간이 짧다는 것을 가리킨다. 이 사실은 18:17, 19에서 이 단어가 반복되는 것으로 강조된다. 이 시간적 지칭은 고대 헬라어 역본(히브리어 본문이 아니라) 다니엘 4:17a에서 연원하고, (개역개정판에는 이 말이 나타나 있지 않다.—옮긴이) 거기서 이 단어는 느부갓네살이 하나님의 주권을 인정하지 않고 가난한 자에게 긍휼을 베풀지 않기 때문에 그의 처벌 기간이 시작된 것을 가리킨다.[히브리어 단 4:25-27] 이 시간적 지칭이 다니엘서 4장에서 연원하는 것은 '큰 성 바벨론'이 다니엘 4:30을 인유하는 요한계시록 14:8, 16:19, 17:5에서 '큰 바벨론'으로 의역된다는 사실로 확증된다. 17:12에서처럼 이 언급은 하나님께서 세상 구조를 심판하시고, 그 결과 세상의 번성이 끝나는 시기를 가리킨다. 다니엘 4:25-27에서처럼 그 죄는 하나님의 주권을 인정하지 않고, 신실한 성도들에게 경제적인 박탈을 가하며, 심지어는 죽이기까지 한 것이다.[17:6, 18:20, 24, 19:2] 요한계시록 전체에 걸쳐 순교에 대한 언급은 일반적으로 죽음을 비롯한 온갖 형태의 고난을 포함한다.[2:10, 6:9, 7:14 주석 참조]

9-10절은 에스겔 26:16-18의 패턴을 따른다. 에스겔 26:16-18을 보면 번성하는 두로의 멸망에 반응하여 왕들이 두려워하고 떨고 애통해한다. 상인들과 선원들의 애통함에 대해 말하는 에스겔 27:28-32은 부분적으로 11-19절을 형성하는 역할을 하고 있고, 이것은 9-10절에서 에스겔서 본문이 강력한 영향을 미치고 있음을 확증한다. 에스겔서 배경은[겔 27:33-36 참조] 바벨론의 멸망에 대한 왕들의 애통함이 그들 자신의 경제적 손실이 임박한 것에 대한 두려움에 근거한다는 주장을 확증한다. 믿지 않는 자들이 바벨론의 멸망을 애통해하는 것과 같은 사건에 대해 믿는 자들이 즐거워하고 하나님을 찬송하는 장면을 대조시키는 것도,[18:20-19:6] 애통함이 최후의 심판을 받아 마땅한 자들의 반응의 특징이며 바벨론의 멸망에 대한 불경건한 반응임을 암시한다.[17-19절 주석 참조]

11. 왕들만 애통해하는 것이 아니다. "땅의 상인들이 그를 위하여 울고 애통하는 것은 다시 그들의 상품을 사는 자가 없음이라." 이것은 에스겔 27:28-32을 계속 인유한다. 바벨론의 멸망과 제거는 상인들의 상품을 살 소비자가 더 이상 없게 된 것을 의미한다.[겔 27:33-36 참조] 그러므로 상인들은 이타적인 마음에서 바벨론의 멸망을 애통하는 것이 아니라 바벨론의 상실이 곧 그들 자신의 임박한 경제적 손실을 의미하기 때문에 애통하는 것이다.

12-13. 여기서 열거되는 대표적인 교역 상품 목록은 더 이상 어떤

화물선도 바벨론의 경제 제도에 따라 상품을 팔 수 없게 되었다는 것을 증명한다. 목록 첫 부분에 나오는 상품들("금과 은과 보석과 진주와 세마포와 자주 옷감과 비단과 붉은 옷감")은 바벨론의 경제 제도를 의인화한다. 왜냐하면 이 상품들은 17:4과 18:16에서 음녀의 상징적인 복장을 구성하기 때문이다. 이 상품 목록은 부분적으로 에스겔 27:12-24에 기반을 두고 있는데, 거기 보면 12-13절에 열거된 상품 가운데 절반 정도가 거듭해서 '상인'이라는 말을 함께 사용하면서 제시된다. 에스겔서 본문에 나오는 것과 공통적인 상품들은 단순히 문학적인 구성을 위해 집어넣은 것이 아니라 제도 아래 실제로 거래되는 품목이다. 목록에 있는 거래 상품이 선택된 것은 로마가 악하고 우상숭배적인 방법으로 취득에 집착했던 사치품을 대표하기 때문이다. 왕들의 손실보다[9-10절] 땅의 상인들과[11-17a절] 바다 상인들의[17b-19절] 손실을 더 상세히 묘사하는 것은 경제적으로 타협의 위기 속에 있는 교회들의 주의를 환기시키고자 함이다.

14. 이전 구절들에 언급된 바벨론의 심판 주제가 강조를 위해 반복된다. "네 영혼이 탐하던 과일이 네게서 떠났으며"라는 말은 바벨론의 존재의 핵심이 하나님의 영광을 바라는 데 있지 않고 경제적인 부로 자기를 만족시키는 데 있음을 표현한다. "맛있는 것들과 빛난[밝은] 것들이 다 없어졌으니 사람들이 결코 이것들을 다시 보지 못하리로다." 이는 바벨론 부의 가짜 광채와 영광이 하나님의 마지막 때 백성과 성 그리고 하나님의 아들 안에 반영된 진정한 하나님의 영광과 광채로 대체될 것이라는 사실을 암시한다. '빛난'[헬라어 *lampros*]은 15:6, 19:8, 22:1, 16에서 하나님의 진정한 광채의 의미로 사용된다. 또한 하나님의 '영광'이 '빛남'과 연계되어 있는 21:11, 23-24도 참조하라.

15. 이번에는 상인들이 바벨론의 멸망에 대해 반응한다. "바벨론으

로 말미암아 치부한 이 상품의 상인들이 그의 고통을 무서워하여 멀리 서서 울고 애통하여." 이 진술은 9-11절에서 나오는 주제, 곧 상인들의 부의 상실, 바벨론의 추종자들이 무서워서 멀리 서 있는 것, 상인들의 애통함을 반복한다. 이는 경제 제도에 대한 철저한 심판과 그 제도를 의지하는 자들에게 가져오는 손실을 더 깊이 강조한다.

16. 상인들의 애통함이 이제 그들의 통곡을 통해 계속된다. "화 있도다, 화 있도다, 큰 성이여"라고 10절의 외침이 반복되는 것은 심판의 참화를 강조하는 의미가 있다. 바벨론의 힘에 관한 10절의 두 번째 후렴구("견고한 성 바벨론이여")는 이제 바벨론의 부로 정의되고, 비유적으로 옷 입는 것으로 묘사된다. "세마포 옷과 자주 옷과 붉은 옷을 입고 금과 보석과 진주로 꾸민 것인데." 이것은 에스겔 27장의 패턴을 따른다. 에스겔 27장을 보면 긴 상품 목록이 발견되고,[겔 27:12-24] 이 목록의 일부는 사람으로 의인화된 두로가 입은 옷에 은유적으로 적용된다.[겔 27:7 참조] 불경건한 경제 제도를 교역 상품들로 만든 사치스러운 옷을 입은 사람으로 묘사하는 것 역시 에스겔 28:13의 두로 왕에 대한 비유적인 묘사의 영향을 받은 것이다.

이 경제 제도의 종교적 국면이 대제사장의 복장과 금 실, 자색 실, 홍색 실, 가늘게 꼰 베 실(세마포), 그리고 각종 보석으로 단장된 성소에 대한 구약성경의 묘사로 강조된다.[출 28:5-9, 15-20] 동일한 모든 품목이 17:4과 18:16에서 음녀의 복장을 묘사하는 데 사용된 말로 나타난다. 이 점에서 구약의 제사장 복장에 대한 반복된 묘사가 음녀에게 적용되는 12-13절의 품목 선정에 영향을 미친 것으로 보인다. 음녀에 대한 묘사는 에스겔이 신실하지 못한 이스라엘을 금, 은, 가는 베, 모시로 꾸며 자신의 아름다움을 신뢰하고 음녀로 전락한 자로 정죄하는 것에도 영향을 받는다.[겔 16:13-16] 에스겔은 또한 이스라엘을 향해 "화 있을진저, 화 있을진저"라고 외쳤고,[겔 16:23] 이것은 16절에서 상인들이 바벨론을 향해 그렇게 외친 것과 같다. 이 심상은 또한 음녀는 주로 이교 제도를 가리키지만 신실하지 못한 이스라엘도 포함하고, 심지어는 타협함으로써 이교 문화에 심각하게 휩쓸린 기독교 공동체에 속한 자들도 포함한다는 것을 암시한다. 여기서 요점은 배교하는 종교가 불경건한 세상과 타협한 제도를 묘사하는 것이다.

16절은 부정하고 호사스러운 음녀와[17:4, 16 주석 참조] 21:2, 9-23에 나오는 순결하고 찬란한 그리스도의 신부를 대조하는 의도를 갖고 있다. 확실히 어린양의 신부도 금을 비롯한 온갖 종류의 보석으로 단장하며, 열두 보석 목록은 대제사장의 복장을 묘사하는 출애굽기 28:17-20의 목록에 기초하고 있다.[21:18-21 주석 참조]

17a. 10절의 통탄의 세 번째 후렴구("한 시간에 네 심판이 이르렀다") 역시 경제적인 관점에 따라 해석된다. "그러한 부가 한 시간에 망하였도다"(바벨론의 갑작스러운 몰락에 관해서는 10절에 대한 주석을 보라). 상인들이 자기들 자신의 임박하고 신속한 몰락을 인식하게 된 것이 16절에서 시작된 그들의 통탄의 실제 원인이다. 그러므로 상인들의 통탄은 이기적인 욕망에 동기를 두고 있다.

17b-19. 17b-19절은 바벨론의 몰락이 바벨론을 의지한 자들에게 미치는 유해한 결과를 훨씬 더 깊이 강조한다. 여기서는 18:9에 나오는 울고 가슴을 친다(애통한다)는 언급을 반복하는 것으로 강화된다. 그들은 "불타는 연기를 보고 외쳐 이르되 이 큰 성과 같은 성이 어디 있느냐 하며 티끌을 자기 머리에 뿌리고 울며 애통하여 외쳤다." 이 통탄의 외침은 참된 회개의 증표가 아니라 자기들 자신의 파멸을 염려하는 슬픔의 표현이다. 에스겔 27장의 패턴이 이후로도 계속되는데, 그것은 거기서도 바다 교역에 종사하는 자들이 두로의 멸망은 해상 교역의 종말을 의미하는 것을 아는 탓에 통탄하고 울고 소리 질러 통곡하고 슬퍼하며 티끌을 머리에 덮어쓰기 때문이다.[겔 27:28-33]

10절에 나오는 이중의 통탄이 19절에서도 반복된다. "화 있도다, 화 있도다, 큰 성이여" 이것은 10절의 '견고한 성' 바벨론을 경제적인 관점에 따라 해석한다. "바다에서 배 부리는 모든 자들이 너의 보배로운 상품으로 치부하였더니." 이 통탄의 마지막 구절("한 시간에 망하였도다")은 다시 한 번 바벨론의 갑작스러운 멸망이 통탄의 원인임을 강조한다. 하지만 10, 16-17절의 통탄들과 같이 이번 통탄도 선원들과 상인들 자신의 경제적 손실에 대한 염려 때문에 이기적으로 일어난다. 이런 이기성과 자기중심성은 또한 17b-19절에서 애통하는 자들과 바벨론의 궁극적인 동일화를 암시하고, 그러므로 동시에 바벨론의 최종적인 심판과의 동일화를 함축한다. 만일 상인들이 바벨론의 몰락으로 상품을 사고파는 일이 없어진다면, 모든 해상 교역은 중단되고 배로 상품을 수송할 필요도 사라질 것이다. 해상 교역을 통해 돈을 버는 자는 모두 실직하고 경제적인 몰락에 직면할 것이다.

15-19절에서 9-11절의 내용을 축자적으로 반복하는 것은 이 두 부분이 9-19절의 주된 요점을 전달하고 있다는 사실을 강조한다. 즉, 바벨론의 심판에 대한 반응으로 경제적인 손실에 대한 절망이 나타난다는 것이다.

18:9-19 묵상 제안

인간적인 자기 이익의 파괴적인 힘: 본서의 주석은 왕들, 상인들, 선원들이 바벨론의 멸망에 대해 울며 애통하는 것은 참된 회개 그리고 하나님의 의와 심판에 대한 인정 때문이 아니라 그들 자신의 이익을 반영하는 것이라고 주장한다. 이 세상의 일들에 집착하고 특히 물질적인 부를 추구하게 되면 내적으로 우리 자신에게 초점을 맞추게 될 뿐 아니라 다른 사람의 유익에는 눈이 멀게 되며, 다가오는 하나님의 심판에 무감각해지고, 심지어는 심판이 임하는데도 그 심판을 인정하지 않게 된다. 이 본문에 등장하는 사람들은 물질적인 재물보다 훨씬 더 큰 가치를 갖고 있는 것을 상실하게 되면서도 재물에 눈이 어두워 임박한 영원한 심판을 분명하게 보지 못한다. 유감스럽게도 우리는 이런 일이 주변의 삶 속에서 일어나는 것을 얼마나 자주 목격하는가? 비록 우리가 역사가 끝날 때 일어날 사건을 증언하지 못한다고 해도, 그것과 상관없이 동일한 원리가 작용한다는 것은 사실이 아닌가? 우리는 "그의 죄에 참여하지 말고 그가 받을 재앙들을 받지 말도록"[18:4] 더욱더 바벨론에서 빠져나올 필요가 있다.

❹ 바벨론과 분리된 자는 바벨론의 심판이 자신들의 믿음과 하나님의 공의로우신 성품을 입증하기 때문에 즐거워해야 한다[18:20-24]

18 20 하늘과 성도들과 사도들과 선지자들아, 그로 말미암아 즐거워하라. 하
나님이 너희를 위하여 그에게 심판을 행하셨음이라 하더라. 21 이에 한 힘
센 천사가 큰 맷돌 같은 돌을 들어 바다에 던져 이르되 큰 성 바벨론이 이같이 비참하
게 던져져 결코 다시 보이지 아니하리로다. 22 또 거문고 타는 자와 풍류하는 자와 퉁
소 부는 자와 나팔 부는 자들의 소리가 결코 다시 네 안에서 들리지 아니하고 어떠한
세공업자든지 결코 다시 네 안에서 보이지 아니하고 또 맷돌 소리가 결코 다시 네 안
에서 들리지 아니하고 23 등불 빛이 결코 다시 네 안에서 비치지 아니하고 신랑과 신부
의 음성이 결코 다시 네 안에서 들리지 아니하리로다. 너의 상인들은 땅의 왕족들이
라. 네 복술로 말미암아 만국이 미혹되었도다. 24 선지자들과 성도들과 및 땅 위에서
죽임을 당한 모든 자의 피가 그 성 중에서 발견되었느니라 하더라.

18:20-24은 예레미야 51:48을 인유하는 것으로 시작하고,[20절] 하나님과 연합한 자들의 바벨론의 멸망에 대한 반응을 제시한다. 즉, 하나님과 연합한 자들은 9-19절에 서술된 바벨론의 멸망에 대하여

즐거워하며 소리칠 것이다. 그리고 예레미야 51:49을 인유하는 것으로 끝맺고,[24절] 박해가 심판의 이유 가운데 하나였음을 진술한다. 18:20-24의 두 바깥쪽 경계구절은[20절, 24절] 박해를 바벨론의 심판의 원인으로 강조한다. 여기서 주된 요점은 20a절의 "즐거워하라"이며, 이 즐거움은 하나님의 심판 때문에 일어난다.[20b-24절]

20. 바벨론의 끔찍한 멸망에 다음과 같이 반응하라는 권면이 주어진다. "하늘과 성도들과 사도들과 선지자들아, 그로 말미암아 즐거워하라. 하나님이 너희를 위하여 그에게 심판을 행하셨음이라." 이 권면을 받는 자는 하늘과 땅에 있는 모든 신자다. 하지만 12:12에서처럼 천사들도 포함될 것이다. 12:12에서 성도들이 사탄을 이긴 승리의 시작으로 말미암아 즐거워하라는 명령을 받은 것처럼 20절에서도 성도들은 사탄의 구조를 이긴 승리의 완성으로 말미암아 즐거워하라는 명령을 받는다. '땅'이 이스라엘을 표상하는 것으로 보이는 예레미야 51:48의 '하늘과 땅'에게 즐거워하라는 말 대신에, 천사는 "하늘과 성도들과 사도들과 선지자들"에게 즐거워하라고 말하고, 따라서 교회가 지금 어떻게 참 이스라엘의 연장인지를 다시 증명한다.

성도들이 즐거워해야 할 이유는 하나님이 바벨론에 심판을 행하셨기 때문이다.[20b절] 20절에서 즐거워하라고 권면을 받은 하늘의 무리 가운데서 6:9-11의 복수를 간청한 고난받은 성도들을 확인하는 것이 가장 좋다. 이것은 18장의 내러티브가 19:1-2에서 연속되는 것으로 확증된다. 19:1-2을 보면 '할렐루야'의 기초("그의 심판은 참되고 의로운지라……자기 종들의 피를 그 음녀의 손에 갚으셨도다")가 명백히 6:10("거룩하고 참되신 대주재여, 땅에 거하는 자들을 심판하여 우리 피를 갚아 주지 아니하시기를 어느 때까지 하시려 하나이까")을 인유하는 것으로 형성되고 있다. 11:18, 14:18, 15:4, 16:5-6에서도 다양하게 예견되기는 하지만, 18:20은 19:5과 함께 6:10의 정당화에 대한 성도들의 외침의 클라이맥스다. 여기서 초점은 바벨론의 고통을 즐거워하는 것에 있지 않고 하나님의 공의의 집행의 성공적인 결과에 있으며, 그 결과는 그리스도인의 신실한 믿음과 하나님의 공의로우신 성품을 예증한다.[6:10 주석 참조] 하나님은 바벨론에 대한 처벌이 그의 범죄에 합당하도록 그가 다른 자들을 박해한 것만큼 엄격하게 심판하실 것이다. '눈에는 눈으로'의 원리에 입각한 이 심판은 바벨론의 심판에 대하여 즐거워하라는 명령을 받은 자가 바벨론의 박해로 고난을 겪은 자와 동일하다는 점에서 분명하다.

앞에서 진술한 것처럼 20절은 6:10에서 정당화를 간청하는 성도들의 기도가 응답된 것에 대한 반응의 클라이맥스다. 여기서 먼저 우리는 이 심판에 대해 성도들의 즐거움이 분명히 표현된 것을 발견한다. 이 즐거움은 이기적인 복수의 감정에서 나오는 것이 아니라 하나님께서 죄를 처벌하지 않고 놔두지 아니하심으로써, 그리고 자기 백성에게 늘 옳으신 것과 성도들에 대한 불경건한 세상의 평가가 잘못이라는 것을 보여주심으로써,[6:10] 그분의 공의로운 이름의 영예를 지키시기를 바랐던 소망이 성취된 데서 나온다. 이것은 부당한 증언에 관한 구약의 율법과 일치한다. "그 증인이 거짓 증거하여 그 형제를 거짓으로 모함한 것이 판명되면 그가 그의 형제에게 행하려고 꾀한 그대로 그에게 행하여 너희 중에서 악을 제하라."[신 19:18-19] 성도들의 즐거움은 이전에 두 증인의 부당한 죽음을 즐거워한 사악한 제도의 죄와도 대응을 이룬다.

21. 바벨론에 대한 심판과 이 심판의 파괴적인 결과가 21-23절에서 다른 방식으로 다시 반복된다. 21-23절은 20b절과 함께 20a절의 즐거워함의 기초로 작용한다. 바벨론의 심판이 "큰 맷돌 같은 돌을 들어 바다에 던진" 천사에 관한 환상을 통해 비유적으로 표현된다. 이 비유는 예레미야 51:63에 기초가 두어져 있다. 거기를 보면

예레미야는 자신의 종 스라야에게 바벨론의 심판에 관한 예언이 포함된 두루마리(문자적으로 '책')를 "돌에 매어 유브라데 강 속에 던지라"고 명령하는데, 이것은 이와 똑같이 바벨론이 몰락하여 다시 일어서지 못하게 되는 과정을 선언한 것이다. 마찬가지로 21절에서도 천사는 자신의 상징적인 행동을 **"큰 성 바벨론이 이같이 비참하게 던져져 결코 다시 보이지 아니하게"** 되는 것을 의미한다고 해석한다. 18장 배후에 에스겔 26-28장의 배경이 놓여 있다는 것도 잊어서는 안 된다. 왜냐하면 에스겔 26:12, 21은 두로의 돌들이 물 가운데에 던져지고 두로가 다시 있지 못할 것이라고 말하기 때문이다. 따라서 바벨론과 두로는 예언적 모형으로서 영적 바벨론의 선구자로 사용된다. 그리고 이 둘은 모두 하나님이 애굽의 처벌에 대해 느헤미야 9:11에서 "쫓아오는 자들을 돌을 큰 물에 던짐 같이 깊은 물에 던지시고"출 15:4-5 참조라고 말씀하시는 것에 따라 형성되었을 수 있다. 그런데 왜 돌이 맷돌로 바뀔까? 아마 천사는 "누구든지 나를 믿는 이 작은 자 중 하나를 실족하게 하면 차라리 연자 맷돌이 그 목에 달려서 깊은 바다에 빠뜨려지는 것이 나으니라"(21절의 이중의 화, 곧 돌을 들어 던지는 것과 그 돌이 바다에 던져지는 것과의 평행 관계를 주목하라)는 마 18:6 예수의 경고를 사용하는 듯하다. 그리고 21절의 천사와 같이 예수도 실족하게 하는(미혹하는) 오만한 자에 대하여 경고하셨다.계 18:3, 23, 마 18:6-7 참조 교회 안에서 이런 미혹하는 죄가 있는 자는2:14, 20 바벨론과 같은 운명을 겪지 않도록 이 경고에 유의해야 한다.

22-23a. 5-7절과 20절은 바벨론의 심판은 그가 저지른 범죄에 적합하다고 천명했고, 22-23절은 어떻게 처벌이 범죄에 합당한지를 보여준다. 특히 21절의 맷돌 묘사로부터 직접 파생되는 바벨론의 멸망의 결과를 계속 설명한다. 21b-23절의 요점은 박해자가 자기 자신이 저지른 죄의 방식에 따라 처벌을 받게 되리라는 것을 보여주는

데 있다. 바벨론의 경제 제도는 상인 길드들의 수호신 숭배를 받아들이지 않을 때 기독교 공동체에 속한 사람들을 다양한 길드에서 배제시킴으로써 그들을 박해했다. 이것은 일반적으로 경제 지위의 상실과 가난을 가져왔다.[2:9 참조] 그리스도인 직공들은 실직했고 통상적인 경제 활동을 통해 누렸던 일상의 즐거움을 빼앗겼다. 이에 대한 대응으로 하나님은 바벨론의 충성스러운 상인들을 제거하실 것이다. "어떠한 세공업자든지 결코 다시 네 안에서 보이지 아니하고 또 맷돌 소리가 결코 다시 네 안에서 들리지 아니하고 등불 빛이 결코 다시 네 안에서 비치지 아니하고." 성도들의 피가 바벨론의 성 중에서 '발견된' 것처럼[24절] 바벨론의 경제적 기초는 결코 '보이지'(발견되지) 아니하며, 사실은 바벨론 자체가 "결코 다시는 보이지 아니할" 것이다.[21절] 경제적 · 사회적 · 정치적 박해로 말미암아 그리스도인이 빼앗긴 일상적인 즐거움이[2:9-10, 6:10, 13:16-17, 16:6, 17:6] 세상 구조로부터 제거될 것이다. "또 거문고 타는 자와 풍류하는 자와 퉁소 부는 자와 나팔 부는 자들의 소리가 결코 다시 네 안에서 들리지 아니하고……신랑과 신부의 음성이 결코 다시 네 안에서 들리지 아니하리로다."

예레미야 25장에 나온 본문(신실하지 못한 이스라엘에 대한 심판)과 에스겔 26장에 나온 본문(두로에 대한 심판)에는 이 사법적 원리가 묘사되어 있다. "네 수금 소리를 다시 들리지 않게 하고."[겔 26:13] "내가 그들 중에서……신랑의 소리와 신부의 소리와 맷돌 소리와 등불 빛이 끊어지게 하리니."[렘 25:10] "네 영혼이 탐하던 과일이 네게서 떠났으며 맛있는 것들과 빛난 것들이 다 없어졌으니 사람들이 결코 이것들을 다시 보지 못하리로다"라는 14절의 진술이 21-23a절에서 더 상세히 전개된다. 바벨론의 박해는 요한 당시에는 선별적이었다. 그러나 요한은 바벨론이 기독교 공동체를 완전히 진멸시키려고 획책할 시기가 임할 것을 예견했다.[11:7-10, 13:16-17, 20:7-9 참조] 물론 하나님은 바벨론이 교회를 박해하고 진멸을 획책한 죄를 바벨론을 완전히 전복시키는 심판으로 처벌하실 것이다.

23b. 21절에서 시작된 천사의 멸망 선언이 계속된다. 천사는 23b-24절에서 바벨론의 멸망의 세 가지 이유를 제시한다. 첫 번째 이유는 바벨론의 상인들은 '땅의 왕족들'이었기 때문이다. 이 언급은 이사야 23:1-18에 나오는 두로에 대한 하나님의 심판에서 나온 것이다. 거기 보면 두로의 상인들은 "고관들이요 그 무역상들은 세상에 존귀한 자들이었다."[사 23:8] 여기서 두로가 영적 바벨론에 대한 예언의 전조로 다시 사용된다. 이 상인들은 하나님께서 자기들에게 맡기신 것을 청지기로서 책임 있게 감당하기는커녕 그저 자신의 영광을 취하는 데에만 혈안이 되어 있었다. 하나님은 경제적인 부를 교만하게 자랑하는 것에 대하여 두로를 심판하고 멸망시키셨다. 마찬가지로 에스겔도 하나님께서 그들 자신의 부를 인간적인 것이 아니라 신적인 것으로 믿은 것에 대하여 두로를 심판하시는 것을 본다. "네 마음이 교만하여 말하기를 나는 신이라."[겔 28:2] 자기 영광을 취한 것 때문에 멸망당한 바벨론에 대한 심판은 7절에서 이미 선언되었다. 이 심판에 대한 한 가지 표현이 바벨론의 '상인들', 곧 '왕족들'의 기고만장한 교만이 낮아지리라는 것이다. 여기서 요점은, 요한계시록에 따르면 인간의 주된 목적이 인간 자신을 영화롭게 하고 인간 자신의 업적을 즐거워하는 데 있는 것이 아니라 하나님을 영화롭게 하고 하나님을 즐거워하는 데 있다는 것이다.[4:11, 5:12-13, 7:12, 15:3-4, 16:9, 19:1, 7] 자기 영광은 강요된 겸손을 일으키는 심판을 필수적으로 수반한다. 바벨론과 그의 동지들이 자신을 '큰 자'로 보는 것은 우상숭배에 불과하다.[11:8, 14:8, 16:19, 17:5, 18, 18:2, 10, 16, 19, 21, 23] 비록 바벨론과 관련하여 이 말을 사용하는 자가 천사나 사람이라고 해도, 그들은 바벨론의 자기 이해에 관해 그렇게 말하는 것이다. 사실은 오직 하나님만이 진실로 크

신 분이다.[10절 주석 참조] 이 호칭은 오직 참 하나님에게만 주어진다(6:17, 11:17, 15:3, 16:14에서 하나님의 다양한 속성에 대한 묘사에서 '크신'이라는 말을 참조하라). 인간을 모든 것의 중심으로 삼고 하나님을 망각하는 일은 가장 큰 죄악으로 곧 우상숭배다.

바벨론이 심판받은 두 번째 이유는 "네 복술로 말미암아 만국이 미혹되었기" 때문이다. 바벨론은 복술로 민족들을 미혹하여 참 하나님 대신 우상을 경배하도록 만들었다. 복술, 음행, 우상숭배는 매우 긴밀하게 연계되어 있다. 9:20-21을 보면 우상숭배, 복술, 음행이 함께 언급된다.[갈 5:19-21 참조] 우리가 확인한 것처럼 요한계시록에서 음행은 통상적으로 우상숭배를 가리키는 말이다.[2:14, 20-21, 14:8, 17:1-2, 4-5, 18:3, 9] 복술과 우상숭배는 구약성경에서도 서로 연계되어 있다.[대하 33:5-7, 미 5:12-14, 사 57:3-7] 구약의 이세벨은 음행과 복술(술수)로 처벌받았다.[왕하 9:22] 이세벨이 바벨론과 결탁되어 있고 18:8에서 바벨론이 그러한 것처럼 그녀의 처벌이 '사망'으로 묘사되는[2:22-23] 이유도 2:20-21에서 그녀가 이와 비슷한 역할을 하기 때문이다. 지상적 바벨론은 복술과 음행으로 심판받았는데,[사 47:9-15] 이때 복술은 여호와가 아니라 점성술사들의 인도를 받는 것과 연루되어 있었다. 요한계시록 21:8과 22:15을 보면 복술은 음행과 우상숭배와 밀접한 연계성을 갖고 있다.

24. 바벨론이 심판받은 세 번째 이유가 24절에서 제시된다. "선지자들과 성도들과 및 땅 위에서 죽임을 당한 모든 자의 피가 그 성 중에서 발견되었느니라." 지상적 바벨론에 관하여 예레미야는 "온 세상이 바벨론에서 죽임을 당하여 엎드러지리라"[렘 51:49]고 선언했다. 마지막 때 바벨론의 또 하나의 예언적 전조인 니느웨는 음행과 복술 때문만이 아니라 피의 성인 이유로도 심판을 받았다.[나 3:1-4] 과거에 존재했던 바벨론과 니느웨는 최후의 부패한 세상 구조의 멸망 모형으로 제시되는 악한 세상 제국이었다. 바벨론, 두로, 니느웨 그리고 신실

하지 못한 이스라엘과 소돔이 모두 16장과 17장뿐만 아니라 18장에서도 바벨론적 세상 구조의 예언적인 전조로 사용된다는 사실은, 영적 바벨론이 특정 시기의 한 특정 민족이 아니라 그리스도의 부활에서 시작해 재림에 이르기까지의 기간에 등장한 온갖 악한 정부를 표상한다는 것을 다시 한 번 증명한다. 요한 당시에는 로마 제국이 악한 세상 구조를 표상했다. 왜냐하면 요한 당시에 그리스도인은 이스라엘뿐만 아니라 로마 제국 전역에서 박해를 받았기 때문이다. 그러나 "땅 위에서 죽임을 당한 모든 자"라는 마지막 구절은 로마 제국 당시를 넘어 보편적인 범주를 암시한다. "죽임을 당한 모든 자"라는 묘사는 문자적일 수 있고 그리스도인 순교자를 가리킬 수도 있다. 하지만 비유적으로 죽음을 비롯하여 온갖 박해를 겪은 자를 가리키는 것으로 취하는 것이 가장 좋다.6:9, 13:15 주석 참조

18:20-24 묵상 제안

하나님의 나라와 흑암의 나라의 근본적 분리: 18:20-24은 9-19절의 버림받은 자들의 애통함과 20-24절의 성도들의 즐거움 사이의 흥미로운 대조를 제시한다. 버림받은 자들은 바벨론의 멸망이 단지 개인적으로 물질적인 안정에 있어서 악영향을 미친다는 이유로 애통해한다. 성도들은 바벨론의 멸망이 자신들의 정당성을 입증하고 유익이 될 뿐만 아니라, 특히 하나님의 공의로우심과 심판의 정당하심 그리고 궁극적으로 악에 대한 하나님의 공정한 다루심을 예증하기 때문에 즐거워한다. 본서가 20절을 주석하면서 다음과 같이 진술하는 것과 같다. "하나님은 죄를 처벌하지 않고 놔두지 아니하심으로써, 그리고 자기 백성에게 늘 옳으신 것과 성도들에 대한 불경건한 세상의 평가가 잘못이라는 것을 보여주심으로써, 자신의 공의로운 이름의 영예를 지키셨다." 하나님께서 자기 백성을 위해 공의를

보장하시는 사건은 그들의 개인적인 복수를 표현하게 하려고 마련하시는 것이 아니다. 성도는 모든 영혼들의 상실에 대해 운다(그리고 울어야 한다). 성도가 즐거워하는 것은 그들이 다른 사람을 희생시키고 이겼기 때문이 아니라 하나님이 정당하신 분으로 입증되었기 때문이다. 한편 버림받은 자는 그들 자신의 이익 외에 다른 것은 볼 수 없다. 그들이 다른 사람들의 고난, 아니 심지어는 전체 세상 구조의 파멸을 염려하는 이유도, 그것이 그들 자신의 운명에 부정적인 영향을 미치기 때문이다. 18:20-24의 맥락을 보면 흑암의 나라와 빛의 나라 사이에 차이가 나타나 있다. 궁극적으로 이 두 나라를 갈라놓는 것은 기꺼이(또는 마지못해) 하나님이 누구신지를 인정하는지, 그리고 오직 하나님만이 받으시기에 합당한 존귀와 경배를 그분께 드리는지에 있다. 특히 오늘날 우리는 하나님과 하나님의 영광을 중심에 두지 않고 철저히 인간 중심적인 문화 속에서 살고 있다. 만일 이 문화에 저항하지 않는다면 우리는 너무 쉽게 흑암의 나라의 지배권에 휩쓸리고 말 것이다.

❺ 다가올 바벨론의 심판에 대한 선언 역시 하나님의 왕권에 대한 성도들의 찬송의 기초다 19:1-6

19 1이 일 후에 내가 들으니 하늘에 허다한 무리의 큰 음성 같은 것이 있어
이르되 할렐루야, 구원과 영광과 능력이 우리 하나님께 있도다. 2그의 심
판은 참되고 의로운지라. 음행으로 땅을 더럽게 한 큰 음녀를 심판하사 자기 종들의
피를 그 음녀의 손에 갚으셨도다 하고 3두 번째로 할렐루야 하니 그 연기가 세세토록
올라가더라. 4또 이십사 장로와 네 생물이 엎드려 보좌에 앉으신 하나님께 경배하여
이르되 아멘, 할렐루야 하니 5보좌에서 음성이 나서 이르시되 하나님의 종들 곧 그를
경외하는 너희들아, 작은 자나 큰 자나 다 우리 하나님께 찬송하라 하더라. 6또 내가

들으니 허다한 무리의 음성과도 같고 많은 물 소리와도 같고 큰 우렛소리와도 같은 소리로 이르되 할렐루야, 주 우리 하나님 곧 전능하신 이가 통치하시도다.

일곱째 나팔에 의해 선언된 성도의 상과 원수의 파멸이라는 이중 주제가[11:15-19] 19장에서 다시 취해지는데, 이것은 특히 19:5-6에 나타난 다음과 같은 축자적 유사점으로 보아 분명하다.

- 신자들에 대한 삼중 묘사[11:18]
- 하나님의 통치의 출범에 대한 선언[11:15-16]
- 우레 소리[11:19]

요한계시록 19:1-6(어쩌면 19:8까지 연장되는)은 실제로 18장 마지막 부분의[18:20-24] 문학적 구조가 계속 이어지고, 바벨론의 멸망을 강조함으로써 그 부분의 결론으로 간주될 수 있다.

1. '이 일 후에'라는 말은 주로 바벨론의 멸망에 대한 환상, 특히 18:20-24에 묘사된 환상을 가리킨다. 눈으로 본 이전 환상과[18:1-3] 귀로 들은 긴 경청[18:4-24] 다음에, 요한은 19:1에서 "**하늘에 허다한 무리의 큰 음성 같은 것이 있어 이르되 할렐루야**"라고 선포하는 것을 듣는다. '할렐루야'는 "주를 찬양하라"를 의미하는 히브리어 문구를 헬라어로 음역한 것이다. 하나님께서 찬양을 받으시는 것은 "구원과 영광과 능력이" 오직 하나님께만 속해 있기 때문이다. 성도들 전체 집단이 역사가 완성될 때 크신 능력으로 바벨론을 심판하신 것과 자기 백성의 구원을 이루신 것에 대하여 하나님을 찬송한다.[1-3, 5b-8절]

2. 여기서 18장에 나타난 하나님의 바벨론에 대한 심판이 1절의 찬송의 이유라는 사실이 명백해진다. 찬송이 드려지는 이유는 "**그의 심판은 참되고 의로운**" 것이기 때문이다.[시 19:9 참조] 두 번째 구절인 "음

행으로 땅을 더럽게 한 큰 음녀를 심판하사"는 앞 구절의 의미를 확대시킨다. 이 묘사는 이전 장들에서 나온 주제들을 되풀이한다.[17:1-5, 18:3, 7-9] '더럽히다'[헬라어 phtheirō]는 또한 '멸망시키다'를 의미할 수 있다(이어지는 문구에서 박해를 언급하는 것을 주목하라). 이 의미가 포함되어 있는 것은 11:18로 보아 분명하다. 11:18을 보면("땅을 망하게 하는 자들") 최후의 심판을 받는 원수가 2절과 같이 묘사된다. 11:18과 19:2은 모두 바벨론에 대한 하나님의 심판을 언급하는 예레미야 51:25에 의존한다("온 세계를 멸하는 멸망의 산아 보라, 나는 네 원수라").

"자기 종들의 피를 그 음녀의 손에[문자적으로 '그 음녀의 손으로부터'] 갚으셨도다"라는 말은 하나님의 심판을 하나님의 보복으로 해석한다. '그 음녀의 손에'와 동등한 뜻으로 번역한다면 '그 음녀에게'(on her)로 번역할 수 있을 것이다.[NASB, NIV, ESV] 그러나 여기서 헬라어는 "하나님이 너희를 너희 원수의 손으로부터 구원하셨다"와 같은 포괄적인 표현에서 '-의 손으로부터'라는 전형적인 구약 용법을 반영하는 것으로 보이고, 이때 '손'은 압제 권력을 가리키는 비유적인 개념이다(최소한 45회가 그렇게 나타난다). 바벨론에 대한 복수라는 포괄적인 관념이 여전히 염두에 두어져 있기는 하지만, 문자적인 의미는 하나님께서 바벨론의 손에 의해 흘려진 자기 종들의 피를 대갚음하셨다는 것이다. 이것이 가장 가까운 구약의 평행 본문인 열왕기하 9:7의 의미다. 거기를 보면 하나님께서 "나의 종 곧 선지자들의 피와 여호와의 종들의 피를 이세벨에게[문자적으로 '이세벨의 손으로부터', '이세벨의 손에 의해 흘려진'] 갚아 주리라"고 말씀하신다. 어법의 유사함에 기초가 두어진 이 본문의 인유는 이세벨에 대한 언급으로 확증된다. 왜냐하면 이세벨의 정신이 두아디라 교회에 스며들었고,[2:20] 바벨론 음녀는 17:16(이 본문에 대한 주석을 보라)에서 이세벨로 비유되었기 때문이다.

2절은 또한 6:10의 성도들의 간청에 대한 응답을 표상한다. “대주재여, 땅에 거하는 자들을 심판하여 우리 피를 갚아 주지 아니하시기를 어느 때까지 하시려 하나이까.” 18:2과 6:10은 모두 시편 79:10을 인유한다. “이방 나라들이 어찌하여 그들의 하나님이 어디 있느냐 말하나이까. 주의 종들이 피 흘림에 대한 복수를 우리의 목전에서 이방 나라에게 보여주소서.” 따라서 교회는 복수를 부르짖는 이스라엘 ‘종들’ 속에 포함된다.

3. 1절에서와 같이 ‘할렐루야’가 반복되는 것과 이후의 설명은 또다시 첫 번째 ‘할렐루야’의 추가 기초를 제공하며, 여기서 엄밀히 이해되는 사실은 바벨론에 대한 최종적인 심판이라는 것을 증명한다. “그 연기가 세세토록 올라가더라.” 이 표현은 본래 에돔에 대한 하나님의 심판을 가리킨다(“그 연기가 끊임없이 떠오를 것이며”).[사 34:10] 여기서 에돔의 멸망이 모형론의 관점에 따라 하나님의 심판 이후에 다시는 일어서지 못할 세상 구조의 멸망을 예견하는 패턴으로 취해진다. 이사야 34:10은 요한계시록 14:11에서도 개개의 비신자들의 고통의 연기를 가리키기 위해 인유되었다. 바벨론은 집단적으로 말해지지만 그 구성원이 개별적으로 언급되기도 하는데, 이것은 그리스도의 신부가 집단적으로 언급됨과 동시에 한 집단의 개인들로 언급되는 것과 같다.[7-9절 주석 참조] 18:4이 예증하는 것처럼 집단과 개인의 운명은 불가분리적으로 연계되어 있다. 즉, 구원받기를 바라는 자는 바벨론에서 나와야 하고, 그렇지 않으면 바벨론과 똑같은 운명에 처하게 된다.

4. 이제 “이십사 장로와 네 생물이” 성도들의 찬송에 참여한다. 그들이 “엎드려 보좌에 앉으신 하나님께 경배하여 이르되 아멘, 할렐루야 하니.” 여기서 ‘아멘’은 신뢰를 표현하는 히브리어 단어로 그들의 찬송 소리의 한 부분이다. “아멘, 할렐루야”는 시편 106:48을 반영

한다. 이 시편 본문에서는 "아멘 할지어다. 할렐루야"가 요한계시록 19:4에서처럼 이스라엘이 하나님께서 자신들을 학대했던 원수로부터 구원하신 후에 하나님 자신에게로 모으신 것에 대하여 감사하는 찬송의 한 부분으로 포함되어 있다.[계 19:1-2, 7-9, 시 106:42-48 참조] 따라서 역사가 완성된 후에 "아멘, 할렐루야"가 찬송으로 표현되는 것은 하나님의 마지막 때 언약 공동체가 역사가 끝날 때에 결정적으로 구원받았기 때문이다.

5. 여기서 "보좌에서 나는 음성"은 그리스도의 음성으로 보는 것이 가능하다.[6:6, 16:1, 17 참조] 이 음성은 "하나님의 [모든] 종들 곧 그를 경외하는 너희들아, 작은 자나 큰 자나 다 우리 하나님께 찬송하라"고 선포한다. 만일 보좌에서 나는 음성이 예수의 음성이라면, 예수는 성도들의 위대한 대표로서 앞서 그들이 즐거워한 것을 확증하고 동조하시는 중이다. 그러나 요한복음 20:17("내가 내 아버지 곧 너희 아버지, 내 하나님 곧 너희 하나님께로 올라간다")로 유추해 보면, 예수는 자신과 세상에서 자기를 따른 자들을 구별하기 위해 '나의 하나님'으로 부르시지 않았을까? 만일 '보좌에서'가 보좌 주위 근방으로부터로 이해된다면, 이 음성은 다른 천상의 피조물의 음성일 수도 있다. 찬송하라는 권면을 받은 자는 먼저 하나님의 '모든' 종들, 곧 '너희들'로 불린다.[시 134:1, 135:1] 그들은 바벨론에 의해 피를 흘린 자들이다(2절에서 '자기 종들의 피'를 주목하라). 모든 신자가 다 포함되는데, 그 이유는 모든 신자가 '종'이라는 이름을 갖기 때문이다.[2:20, 7:3, 19:2, 22:3 • 11:18 주석 참조] 이 점에서 이어지는 문구 "그를 경외하는 너희들아, 작은 자나 큰 자나"는 추가로 종들의 신원을 밝혀 주고, 첫 번째 문구('하나님의 종들')는 다시 5절을 11:18과 연계시킨다("종 선지자들과……주의 이름을 경외하는 자들에게").

6. 19:1-6 부분은 6절에서 1절의 시작 부분과 똑같은 찬송으로 끝

난다. 동일한 허다한 무리가 매우 큰 소리로 외친다. "또 내가 들으니 허다한 무리의 음성과도 같고 많은 물 소리와도 같고 큰 우렛소리와도 같은 소리로 이르되 할렐루야, 주 우리 하나님 곧 전능하신 이가 통치하시도다." 여기서 '많은 물 소리'는 에스겔 1:24에서 네 그룹이 내는 소리에 사용된 말이다. 그러나 70인역 에스겔서 43:2에서는 같은 히브리어 문구가 '진영'에서 나는 음성으로, 많은 사람들이 자기들의 외침을 반사하는 것으로 해석되는데 아마 천사들을 가리킬 것이다. 하지만 6절에서 언급되는 하늘의 성도들에게 적용하는 것도 쉽게 인정받을 수 있다.

"주……가 통치하시도다"라는 표현은 하나님께서 이스라엘의 원수들, 특히 가나안 땅의 원수들을 심판하신 후에 확립되고 다윗이 예루살렘을 차지한 것에서 절정을 이룬 하나님의 왕권을 가리킨다. 같은 표현을 사용하는 일련의 시편 본문과 다른 구약 본문들을 포괄적으로 인유하는 것으로 볼 수 있다.시 93:1, 96:10, 97:1, 대상 16:31 • 시 47:3, 7-8, 99:1 참조 이사야 52:7('주' 대신 '하나님'을 사용함), 스가랴 14:9 그리고 요한계시록 19:6은 이 표현을 사용해 종말론적 미래에 대하여, 곧 하나님께서 원수들을 패배시키신 후에 다시 자신의 왕권을 땅에서 보편적으로 확립하실 때에 대하여 말하고, 관련 시편 기사들은 그것을 예견하는 모형이었다. 여기서 가장 크게 염두에 두고 있는 것은 이사야서와 스가랴서 본문인데, 그 이유는 요한계시록 19:6이 두 구약 본문의 마지막 때 예언에 대한 미래의 성취를 가리키기 때문이다.

이러한 구약 배경에 비추어 보면 '통치하다'에 해당하는 이 헬라어 동사는 (발단의 의미를 가진 말로) "통치하기 시작하셨도다"로 가장 잘 번역될 것이다. 왜냐하면 바벨론의 패망으로18장 볼 때 하나님의 통치의 확립을 염두에 두고 있는 것으로 보이기 때문이다. 비록 어떤 면에서는 하나님의 통치가 영원하다고 해도(NASB 번역과 같이 "주가 통치하시도다"), 다른 면에서는 하나님의 통치가 창조된 우주 속에서 오직 바벨론에 대한 하나님의 최종적인 심판의 결과로 성취되고, 따라서 그때 비로소 성취가 '시작된' 것으로 볼 수 있다. 이것은 11:17의 평행 요소로 말미암아 지지를 받는다. "감사하옵나니……주 하나님 곧 전능하신 이여, 친히……왕 노릇 하시도다"(hast begun to regin). 사실 6절은 11:15의 전개이기도 하다. "세상 나라가 우리 주와 그의 그리스도의 나라가 되어 그가 세세토록 왕 노릇 하시리로다."

19:1-6 묵상 제안

하나님에 대한 찬양의 본질: 종종 하나님에 대한 우리의 찬양은 하나님께서 우리를 위해 행하신 것, 곧 우리의 일상적인 삶 속에서 이루어지는 구원이나 일들에 초점을 맞춘다. 그러나 19:1-6에서 성도들의 찬양은 하나님이 누구신지와 하나님이 우리의 개인적 삶의 상황과는 상관없이 행하신 것, 곧 하나님의 심판이 의롭고 참되다는 사실, 하나님이 음녀를 심판하신 사실, 하나님이 모든 것을 통치하신다는 사실에 초점을 두고 있다. 물론 우리의 삶 속에서 하나님이 행하신 일에 대해 하나님을 찬양하는 것은 결코 잘못이 아니다. 우리를 향하신 하나님의 신실하심과 긍휼하신 섭리에 감사하는 것은 늘 좋은 일이다. 그러나 단순히 하나님이 누구신지에 대해, 전체적인 창조의 맥락에서 하나님이 행하신 일에 대해, 그리고 자신의 이름의 영광을 위해 하나님이 행하신 것에 대해 우리는 얼마나 자주 묵상하고 감사하는가?

❻ 다가올 바벨론의 심판과 그로 인해 확립되는 하나님의 통치는 역사가 끝날 때 있을 의인의 정당화와 그리스도와 의인의 완성된 연합의 기초이자 결

과이고, 이로 말미암아 의인은 하나님을 영화롭게 한다19:7-10

19 7 우리가 즐거워하고 크게 기뻐하며 그에게 영광을 돌리세. 어린양의 혼인
기약이 이르렀고 그의 아내가 자신을 준비하였으므로 8 그에게 빛나고 깨
끗한 세마포 옷을 입도록 허락하셨으니 이 세마포 옷은 성도들의 옳은 행실이로다 하
더라. 9 천사가 내게 말하기를 기록하라. 어린양의 혼인 잔치에 청함을 받은 자들은 복
이 있도다 하고 또 내게 말하되 이것은 하나님의 참되신 말씀이라 하기로 10 내가 그
발 앞에 엎드려 경배하려 하니 그가 나에게 말하기를 나는 너와 및 예수의 증언을 받
은 네 형제들과 같이 된 종이니 삼가 그리하지 말고 오직 하나님께 경배하라. 예수의
증언은 예언의 영이라 하더라.

7-8. 7-8절은 18:1에서부터 시작된 부분의 결론을 구성한다. 하지만 동시에 9-10절과 함께 전후 부분 사이에서 전환 본문으로 작용한다. 6절의 허다한 무리가 다시 한 번 하나님을 영화롭게 하기 위해 목소리를 높인다. "우리가 즐거워하고 크게 기뻐하며 그에게 영광을 돌리세. 어린양의 혼인 기약이 이르렀고 그의 아내가 자신을 준비하였으므로." 7절을 시작하는 "우리가 즐거워하고 크게 기뻐하며"는 시편 118:22-24을 인유한다. 이 시편 본문을 보면 즐거워하는 이유가 하나님께서 건축자가 버린 돌을 집 모퉁이의 머릿돌로 만드셨기 때문이다. 또 이 말은 예수의 말씀도 인유한다. "기뻐하고 즐거워하라. 하늘에서 너희의 상이 큼이라. 너희 전에 있던 선지자들도 이같이 박해하였느니라."마 5:12 하나님은 자기 아들과 자기 아들을 따르는 자들의 정당성을 입증하셨다. 7-8절은 바벨론의 존재가 어린양과 그의 신부의 결혼의 필수 준비 과정으로 작용했다는 사실을 보여준다. 바벨론의 억압과 유혹은 하나님께서 천성에 들어갈 수 있는 자격을 준비시키려고 성도들의 믿음을 연단하는 데 사용하신 불이었기 때

문이다.[6:11, 롬 8:28 이하, 벧전 4:12, 19, 빌 1:28-30 참조]

7절에서 아내(신부)는 혼인을 위해 자신을 준비했다고 말해지고, 이것은 아내에게 준비의 책임이 있음을 강조한다. 아내의 의상은 8절에서 "빛나고 깨끗한 세마포 옷"으로 규정되는데, "이 세마포 옷은 성도들의 옳은 행실"이다. 옳은 행실은 문맥상 예수의 증언을 지키는 것으로 정의된다.[10절] '증언'이라는 단어는 이곳을 제외하고 요한계시록에서 7회에 걸쳐 나타나는데, 통상적으로 '예수의 증언'이라는 표현의 한 부분으로 나타나고, 또한 통상적으로 말과 행위로 예수에 대해 증언하는 개념을 담고 나타난다.[1:2, 9, 6:9, 11:7, 12:11, 17, 20:4] 그러므로 7절의 가능한 의미는 성도들은 혼인 기약이 이르기 전에 믿음으로 인내해야 한다는 것이다. 따라서 전형적인 신학적 긴장이 7-8절에서 드러난다. 아내는 한편으로는 자신을 준비하지만[7절] 다른 한편으로는 입을 옷이 주어진다.[8절] 이 긴장을 해소하는 한 가지 방법은 변화된 삶이 하나님께서 의롭게 하신 자들의 적절한 반응이라고 주장하는 것이다. 그러나 7-8절은 변화된 삶이 단순히 적절한 반응이 아니라 실은 필수적인 반응이라는 사실을 주장하고 있다고 보는 것이 훨씬 더 좋은 관점이다.

요한계시록에서 흰 옷은 성도들이 입었을 경우에 항상 검증되고 순화된 믿음을 가진 자에게 하나님이 주신 선물을 상징한다.[3:5-6, 18, 6:11, 7:13-14] 3:18에서 그리스도에게서 옷을 사는 개념이 1:13-14에서 신자들이 그리스도의 옷과 동일화되도록 권면하는 데 사용되며, 이것은 타협하는 세상과의 동일화가 아니라 그리스도와의 동일화를 의미한다. 그러므로 흰 옷은 단순히 성도들의 옳은 행실 자체를 가리키는 것이 아니라 옳은 행실에 대한 상 또는 결과를 가리킨다. 이것은 의롭게 하시거나 정당성을 입증하시는 하나님의 행동을 강조한다. 따라서 8절의 마지막 구절은 이렇게 의역된다. "이 세마포 옷은 성도들의 옳은 행실의 상 또는 결과로다." 그러므로 흰 옷은 서로 불가분리적으로 관련된 마지막 때의 완성된 두 실재를 표상할 것이다. ① 하나님과의 올바른 관계 속에 있음을 증명하는 필수적인 증거로서의 신실함과 옳은 행실. ② 원수에 대한 하나님의 최후의 심판을 통해 하나님의 백성에게 이루어지는 정당화와 무죄 석방.

요한계시록에서 19:8 말고 다른 곳에서 '옳은 행실'[헬라어 *ta dikaiōmata*]이라는 말이 나오는 본문은 15:4('의로우신 일')이다. 15:4에서 그 말은 성도들의 압제자에 대한 하나님의 마지막 때 심판을 가리킨다. 요한계시록 다른 곳에서 관련 단어들("의롭다고 선언하다"를 의미하는 헬라어 *dikaioō*에서 연원한)이 사용된 7회 가운데 6회가 하나님의 의로우신 심판을 가리킨다.[15:3, 4, 16:5, 7, 19:2, 11] 하나님의 의로우신 심판은 방금 2절에서 언급되었다. 천사들은 진노의 대접을 쏟으면서 성도의 정당성을 입증하는 역할을 할 때에 세마포 옷을 입는다.[15:6-16:1] 그리스도는 원수를 '공의로' 심판하고,[11절] 그때 세마포 옷을 입은 자들을 동반하신다.[14절] 학대받은 성도들은 그리스도께서 그들을 정당화하실 때 자신의 정당성을 상징하는 옷을 입고 그분과 동행하고 그분 옆에서 지켜본다.

그럼에도 불구하고 하나님의 최후의 마지막 날에 있을 정당화와 의로운 지위의 선물을 강조할 때에 "성도들의 옳은 행실"의 중요성을 절대로 간과해서는 안 된다. 확실히 요한계시록 다른 곳에서 복수형 소유격 '성도들의'라는 말은 명사를 수식하고, 그리스도인을 가리킬 때 항상 신자들에 의해 소유되거나[16:6, 17:6, 18:24, 20:9] 신자들에 의해 행해지는[5:8, 8:3-4, 13:10, 14:12] 어떤 것을 가리킨다. 아마 여기에는 아내와 음녀 사이의 대조, 곧 빛나고 깨끗한 세마포 옷을 입고 옳은 행실이 있는 아내와 세마포 옷을 입고[18:16] 가지고 있는 잔에 "가증한 물건과 그의 음행의 더러운 것들이 가득하며"[17:4] 죄악(문자적으로

'불의한 일')[18:5]을 저지른 바벨론 음녀 사이의 대조가 의도되어 있을 것이다.

그러므로 "성도들의 옳은 행실"이라는 말은 일부러 애매하게 두 가지 관념을 함께 표현하고 있는 것으로 보인다. ① 성도들이 행한 옳은 행실(주격 소유격). ② 성도들을 위한 옳은 행실(하나님의 의로우시고 무죄를 선언하고 정당성을 입증하는 최후의 심판, 목적격 소유격).

7-8절의 구약 배경은 이사야 61:10이다. 이 본문을 보면 여호와께서 자기 백성에게 구원의 옷과 공의의 겉옷을 "신랑이 사모를 쓰며 신부가 자기 보석으로 단장함 같게" 입히신다. 여기서 이사야는 이 옷을 제공하시는 하나님의 행동을 강조한다. '공의'는 그 다음 구절이 계시하는 것처럼, 궁극적으로 하나님으로부터 온다. "주 여호와께서 공의와 찬송을 모든 나라 앞에 솟아나게 하시리라."[사 61:11] 요한계시록 21:2은 7-8절을 수동적인 의미에 맞추어 전개함으로써 같은 패턴을 따른다. "또 내가 보매 거룩한 성 새 예루살렘이……그 준비한 것이 신부가 남편을 위하여 단장한 것 같더라." 이는 요한계시록 다른 곳에서 수동적으로 흰 옷을 받는 것과 일치한다.

그러므로 7b-8절에서 "그의 아내가 자신을 준비하였으므로 그에게 빛나고 깨끗한 세마포 옷을 입도록 허락하셨으니"라는 말은 7a절의 결혼 은유를 지속한다. 7절과 이사야서 본문에서처럼 일차 요점은 성도들의 수고가 의를 얻는 데 기여한다는 것에 있지 않고(하지만 성도들의 옳은 행실이라는 필수적인 반응은 극히 중요하다), 하나님의 백성은 최종적으로 하나님이 시작하신 하나님과의 친밀한 관계 속에 들어간다는 것에 있다. 요한계시록 전체에 걸쳐 '준비하다' 또는 '예비하다'라는 동사[헬라어 *hetoimazō*]는 궁극적으로 하나님의 작정의 결과로 일어나는 사건을 가리키고, 이에 대한 가장 두드러진 사례 본문이 21:2이다. "또 내가 보매 거룩한 성 새 예루살렘이 하나님께로부터 하늘에서 내려오니 그 준비한 것이 신부가 남편을 위하여 단장한 것 같더라."9:7, 15, 12:6, 16:12 참조

여기서 신자들은 제사장으로 묘사될 수 있는데, 그 이유는 대제사장이 바로 세마포 옷을 입었기 때문이다.출 28장, 39장 에스겔 44:17에서 신자들은 마지막 때 성전의 제사장으로 묘사된다. 바벨론 음녀가 각종 보석으로 치장한 것과 함께 세마포 옷을 입은 것은,18:16 바벨론이 스스로 제사장 직분을 취하려고 획책한 사실을 암시하고, 여기서 다시 한 번 바벨론이 진정한 세마포 옷을 입은 참된 그리스도의 신부와 대조된다. 6:11(교회 시대 동안에 일어나는 다섯째 인 심판)을 보면, 죽은 신자들은 흰 옷을 받고 그들의 동무 종들의 수가 차기까지 쉬라는 말을 듣는다. 그러나 집단적 교회의 옷은 모든 신자가 천국에 들어갈 때까지 흰색으로 간주될 수 없다. 7:9-17에서 신자들은 흰 옷을 받았고, 그래서 7:9-17의 장면은 시간상 8절과 평행을 이룬다. 그런데 그렇게 보면 성도들이 교회 시대 동안에도 흰 옷을 입고 있고 또한 역사가 끝날 때에도 흰 옷을 입고 있으므로 약간 애매하다. 8절에서는 옷이 어린양의 결혼 배경 속에서 언급된다. 7:15에서는 비록 결혼이 명시적으로 언급되지는 않아도, "보좌에 앉으신 이가 그들 위에 장막을 치시리니"라는 말 속에 함축되어 있다. 장막을 치는 것은 하나님의 임재와의 친밀한 교제를 말하는데, 7:15의 배경의 하나는 에스겔 16:8-10이다. 거기를 보면 하나님께서 자신의 옷으로 이스라엘을 덮어 주고 자신과 언약 속에 들어가게 하신다.

결론적으로 성도는 그들에 대한 하나님의 의로우신 마지막 때의 정당화의 상징으로 깨끗한 세마포 옷을 입는다. 그 이유는 박해에도 불구하고 땅에서 의롭게 살며 인내했기 때문이다. 깨끗한 옷의 온전한 의미는, 하나님의 의로우신 정당화에는 세상이 끝날 때 하나님께서 원수를 심판하심이 포함되어 있다는 것이고, 이는 성도들의 믿음

과 행위가 내내 옳았다는 것을 증명한다. 8절 '세마포 옷'의 이중 의미는 요한계시록 전체의 수사적인 목적에 완전히 부합하고, 그래서 신자들에게 그 옷을 더럽히지 말고,[3:4-5] 벌거벗은 모습으로 발견되지 않게 하라는[3:18, 16:15] 권면이 주어진다. 이것은 7b절에 부각된 인간의 책임 국면을 강조한다. "그의 아내가 자신을 준비하였으므로." 그러나 독자들은 그들이 지금 성령의 능력으로 옷을 입도록 하나님께서 은혜를 베푸셨음을 깨달으면 이 권면을 받드는 데 격려를 받을 수 있다.

9. 천사는 요한에게 "**기록하라. 어린양의 혼인 잔치에 청함을 받은 자들은 복이 있도다**"라고 명령한다. 동일한 관념이 3:20에서 그리스도께서 자기 백성과 함께 식사하는 장면으로 표현된다. '청함을 받은'(문자적으로 '부르심을 받은')이라는 말이 사용된 것은 구원에 있어 하나님의 주권적인 역할을 강조한다. 바울은 이 말을 그런 식으로 적어도 25회에 걸쳐 사용한다. "부르심을 받은 자"는 "택하심을 받은 자"다.[계 17:14] 9절에서 장면이 약간 바뀐다. 왜냐하면 7-8절에서 집단적 교회가 아내로 묘사되는 데 반해 9절에서는 개개의 신자들이 혼인 잔치에 초대받는 것으로 묘사되기 때문이다. 동일한 사상이 12:17에도 나타난다. 거기 보면 여자는 교회이자 교회에 속한 개개의 지체들의 남은 자손이다. "**또 내게 말하되 이것은 하나님의 참되신 말씀이라 하기로**"는 7-9a절의 진리를 공식적으로 시인한다. 9절은 21:5b과 똑같은 기능을 한다. 즉, 21:5b의 "또 이르시되 이 말은 신실하고 참되니 기록하라 하시고"는 7-8절과 똑같이 결혼 은유를 포함하고 있는 21:2의 진리를 확증한다. 다시 말해 이것은 9절이 7-8절의 결혼 은유의 진리를 확증하는 것과 같다. 21장에서도 결혼 예복을 입는 것이 하나님과의 친밀한 교제로 해석되며,[21:2-3] 이어지는 보호 개념도 마찬가지다.[21:4]

10. 10절은 17:1에서 시작된 긴 '바벨론 심판' 부분, 특히 18:1에서 시작된 이 부분 일부의 결론이자 동시에 11절에서부터 시작되는 '마지막 전쟁'을 묘사하는 부분의 서론이다. 9b절의 천사의 선언에 반응하여 요한은 천사를 경배한다. "내가 그 발 앞에 엎드려 경배하려 하니." 이에 요한은 즉각 책망을 받는다. "그가 나에게 말하기를 나는 너와 및 예수의 증언을 받은 네 형제들과 같이 된 종이니 삼가 그리하지 말고 오직 하나님께 경배하라." 하나님의 말씀을 존중하는 것은 적절하지만 그 말씀을 가져온 사자를 경배하는 것은 적절하지 못하다. 천사는 다만 요한과 같은 종, 곧 "예수의 증언을 받은 네 형제들과 같이 된 종"에 불과하기 때문이다. 요한은 천사를 경배받기에 합당한 1:13-16과 10:1-3의 하늘에서 온 신적 인물로 착각한 듯하다. 10절은 19장 전체에 걸쳐 묘사된 심판을 정당화하는 우상숭배(요한계시록의 독자 가운데 일부 독자가 보여준 문제점)[2:14-15, 20-21, 9:20 주석 참조]에 빠지기가 얼마나 쉬운지를 보여주는 한 사례다. 잘못 파악한 신원의 문제는 요한이 어이없게도 동일한 실수를 반복하는 22:8-9로 강조된다.

10절의 마지막 구절인 "예수의 증언은 예언의 영이라 하더라"는 신자와 천사가 어떻게 예수를 증언하는 같은 종이 될 수 있는지를 증명한다. '예수의 증언'은[6:9, 12:17 참조] 교회에 주어진 예수로부터 온(from) 증언(헬라어 주격 소유격 용법)이거나 예수에 대한(to) 또는 예수에 관한(about) 증언(헬라어 목적격 소유격 용법)일 수 있다. 어느 쪽이든 최종 결론은 비슷하다. 우리의 증언은 그리스도에 관한 증언이다. 우리는 우리 자신이나 다른 어떤 피조물에 관심을 두지 않는다. "예수의 증언은 예언의 영이라"는 그 증언이 성령의 감동을 받은 예언의 말이라는 것을 의미할 수 있다. 아니면 예수에 대한 증언은 예언의 영, 곧 선지자들의 사역이라는 것을 의미할 수도 있다. 이것은 22:8-9의 평행 본문으로 지지를 받는다. 22:8-9를 보면 비슷하게 천사가, 신적인 영에 대한 언급은 전혀 없지만, "네 형제 선지자들"을 언급한다. 이 말의 의미는 "예수에 대하여 증언하는 자는 예언하는 자"가 될 것이다. 그러므로 하늘에 있는 천사와 땅에 있는 신자는 둘 다 예언적인 역할을 한다는 점에서 같은 종이다. 10절에서 말하는 선지자들은 (신약성경 다른 부분에서와 같이) 선지자로서 배타적인 직무를 갖고 있는 자가 아니라 요한계시록 다른 곳에서 선지자로 언급된 집단으로, 이때 요한계시록은 전체 교회의 예언적 역할을 염두에 두고 있다.[11:3, 6, 10 참조]

19:7-10 묵상 제안

신자들의 연단: 본서의 주석은 바벨론의 존재가 필연적이었던 까닭은, 바벨론이 신자가 영원한 나라에 들어가는 데 연단을 받을 필수적인 기회를 제공했기 때문이라고 말한다. 우리는 얼마나 자주 하나님이 고난 속에서 자신의 성품을 보여주시기 위해 우리의 삶 속에 장애물을 두신 것을 깨닫지 못하고 제거되어야 할 원치 않는 장애물로 간주하는가? 여기서 더 중요한 문제는, 우리의 세속적인 위로인가 아니면 우리 안에 그리스도를 형성하는 것인가에 있다. 하나님이 바벨론의 죄악을 싫어하시고 그래서 확실히 심판하시리라는 사실은, 하나님이 바벨론을 사용하여 우리의 삶에 대한 자신의 목적을 이루시는 것을 조금도 방해하지 않는다.

선물과 상으로 주어지는 흰 옷: 본서의 주석은 흰 옷을 하나님에게서 온 선물이자 현세에서 우리의 옳은 행실에 대한 보상으로 본다. 모든 의는 하나님으로부터 나오지만, 하나님의 의의 선물을 받고 그 의를 따라 사는 자가 상을 받을 것이다. 이것으로 우리는 연단의 과정을 더 깊이 이해할 수 있다. 어떤 고난이 닥칠지라도 하늘의 상이 있다. 최종적으로 부활을 통해 그리스도와 동일시되며, 새롭고 영원한 피조물로서 하나님과의 친밀한 임재 속에 들어가는 영원한 지위를 얻는 것보다 더 큰 상이 있을 수 있을까?[21:1-22:4 참조]

❼ 그리스도는 자기 백성의 정당성을 입증하기 위해 바벨론의 예전 동지들을 심판하심으로써 자신의 주권과 약속에 대한 신실하심을 계시하실 것이다

19:11-21

이제 17:1에서 시작한 바벨론 멸망 부분의 최종 결론으로, 역사가 끝날 때 그리스도께서 불경건한 세력들을 물리치고 승리하시며 심판하시는 것이 예언의 형태로 매우 상세히 묘사된다. 먼저 그리스도께서 천상의 군대와 함께 원수를 물리치시는 장면이 묘사되고,[11-16절] 이어서 원수의 임박한 멸망에 대한 선언이 나오며,[17-18절] 마지막으로 짐승과 거짓 선지자가 그들의 수하들과 함께 패배당하는 클라이맥스 장면이 나온다.[19-21절] 17:1-19:6(또는 19:8까지)에 상술된 바벨론의 멸망은 모든 악의 세력의 완전한 패배를 묘사한 것이 아니었다. 사실 17:12-18은 바벨론을 패배시키는 데 있어 하나님의 대행자가 짐승과 그의 세력이었다는 사실을 계시한다. 그러므로 완전한 승리가 이루어지려면 이 세력들도 멸망을 당해야 한다. 무엇보다 먼저 19:10에서 강조를 위해 두 번에 걸쳐 언급된 '예수의 증언'이 진실이었음이 사실로 확인되어야 한다. 바벨론의 심판과 이어지는 짐승, 거짓 선지자 그리고 그들의 추종자의 심판은 증언을 전파한 이들이 결국은 옳았다는 것과 그 증언이 참되다는 것을 예증한다. 심판의 실제 무기가 그리스도의 진리의 말씀이라는 것은 이 부분의 목적이(1-6절의 목적과 함께) 성도들의 정당성의 기초를 강조하고 그들이 선포하는 진리를 예증하기 위해 7-10절의 어린양의 혼인 잔치에 관한 진술을 기초로 삼는 것에 있음을 추가로 암시한다("하나님의 참되신 말씀").[9절] 예증되어야 할 이 진리는 그리스도께서 재림하여 최후의 충분한 계시를 드러내실 때까지 비신자들에게는 감추어져 있을 것이다.

① 그리스도는 역사가 끝날 때 악의 세력을 패배시켜 악을 심판하겠다고 하신 약속을 성취하심으로써 자신의 주권과 신실하심을 계시하실 것이다[19:11-16]

19 11 또 내가 하늘이 열린 것을 보니 보라, 백마와 그것을 탄 자가 있으니 그
이름은 충신과 진실이라. 그가 공의로 심판하며 싸우더라. 12 그 눈은 불꽃
같고 그 머리에는 많은 관들이 있고 또 이름 쓴 것 하나가 있으니 자기밖에 아는 자가
없고 13 또 그가 피 뿌린 옷을 입었는데 그 이름은 하나님의 말씀이라 칭하더라. 14 하
늘에 있는 군대들이 희고 깨끗한 세마포 옷을 입고 백마를 타고 그를 따르더라. 15 그
의 입에서 예리한 검이 나오니 그것으로 만국을 치겠고 친히 그들을 철장으로 다스리
며 또 친히 하나님 곧 전능하신 이의 맹렬한 진노의 포도주 틀을 밟겠고 16 그 옷과 그
다리에 이름을 쓴 것이 있으니 만왕의 왕이요 만주의 주라 하였더라.

11. 환상 소개말인 "또 내가 하늘이 열린 것을 보니"는 또 다른 환상의 시작을 암시한다. 열린 하늘에 대한 이 환상은, 요한계시록 다른 곳에서와 마찬가지로[4:1, 11:19, 15:5] 심판 장면을 소개한다. 그 다음 요한은 "백마와 그것을 탄 자가 있으니 그 이름은 충신과 진실"을 본다. 요한계시록에서 '흰색'은 순결 또는 순결에 대한 상을 가리킨다.[3:4-5 등] 19:7-8에서 흰 옷은 박해를 거치며 인내한 성도들의 의로움을 표상할 뿐만 아니라 그들의 종말론적 정당화의 상을 표상한다. 정당화 개념은 요한계시록 앞부분에서 '흰'이라는 단어를 사용하는 대부분의 경우에 함축되어 있다.[1:14, 2:17, 3:4-5, 4:4, 6:11, 7:9, 13, 14:14] 특히 14:14과 20:11에서 흰색은 신적인 거룩과 순결 관념뿐만 아니라 최후의 심

판을 통해 진리를 사법적으로 정당화하는 관념도 전달한다.

백마 탄 자는 그 이름이 '충신과 진실'이다. 그리스도는 악인을 심판하겠다는 약속을 이루시고, 자신의 이름과 자신을 따르는 이들의 정당성을 입증하는 데 충성되고 진실하실 것이다. 이것은 새 피조물과 새 예루살렘에 대한 예언의 확실한 성취를 언급하는 21:5과 22:6에서 복수형으로 같은 문구를 사용하는 것으로 확증된다. 백마 탄 자는 또한 다음과 같이 묘사된다. "그가 공의로 심판하며 싸우더라." 여기서 '공의로'라는 말은 고통받는 자기 백성에 대한 하나님의 정당화와 자기 백성을 학대하는 자들의 심판을 다루는 시편의 비슷한 묘사를 인유한다.[시 9:8, 72:2, 96:13, 98:9] 이제 이 사법적인 행동을 그리스도께서 자기 백성을 위해 행하신다. 사도행전 17:31도 동일한 시편 본문들을 인유하여 미래의 심판 날을 그리스도께서 주관하신다는 사실을 긍정한다. '싸우다'라는 말은 문자적으로 전쟁터에서 벌어지는 전투가 아니라 12장에 나오는 천군 천사들 사이의 하늘의 전쟁과 같이 법적인 전투와 심판을 가리키는 것으로 보인다.[12:7-9 주석 참조]

12a. 여기서 "그 눈은 불꽃 같고"라는 은유는 그리스도의 신적 심판자로서의 역할을 환기시키고, 이것은 14-21절로 보아 분명하다. 같은 말이 그리스도께서 교회들 가운데 계시는 것을 묘사하는 1:14과, 그리스도께서 언약 공동체의 지체를 자처하는 경건하지 않은 자의 영적인 상태를 알고 계시고 심판하신다는 내용이 나오는 2:18-23에서도 사용된다. 이 앞부분 용법과의 연계성은 배교자들이 이 장면에서 심판받는 자들 속에 들어 있다는 사실을 암시한다. 이것은 또한 교회 공동체 안의 불순종하는 자들과 그리스도와의 사법적인 관계도[1:16, 2:12] 관련되어 있는, 15절의 그리스도의 입에서 나오는 '예리한 검'으로도 확증된다. 이어지는 문맥은 언약 공동체 밖에 있는 비신자들 역시 심판받는다는 것을 증명한다.[16-21절 주석 참조] 다니엘 10:6

의 비슷한 말("그의 눈은 횃불 같고")이 1:14과 2:18에서 인자를 묘사할 때 그 배후에 놓여 있다. 인자와 같은[단 10:16] 이 천상의 존재의 주된 목적은 '마지막 날'에[단 10:14] 이스라엘의 박해자는 심판을 받고[단 10:21-12:13] 이스라엘은 구원받게 된다는 작정을 계시하는 것에 있다.

백마 탄 자에 대한 묘사가 계속된다. **"그 머리에는 많은 관들이 있고."** 관을 쓴 다른 유일한 존재는 용과[12:3] 짐승이다.[13:1] 용과 짐승의 관은 참된 "만왕의 왕이요 만주의 주"[16절]와 반대로, 주권적이고 보편적인 권세를 주장하는 그들의 거짓말을 표상한다. 이 본문들을 비교해 보면 의식적인 대조가 명확하게 드러난다. 용은 일곱 관을 갖고 있고 짐승은 열 관을 갖고 있지만 그리스도의 머리에는 셀 수 없는 무수히 많은 관이 있다. 그리스도의 왕권은 영원하지만 용과 짐승의 왕권은 제한적이다. 6:2의 사악한 말 탄 자의 면류관은 빼앗기고 정복당하기 전에 천상의 말 탄 자에게 주어진다. 그리스도인도 믿음에 대한 상으로 관을 쓰는데,[2:10, 3:11, 4:4] 이것은 그들이 3:21에서 예수께서 "이기는 그에게는 내가 내 보좌에 함께 앉게 하여 주리라"고 약속하시는 것과 같이,[2:26-28 참조] 관을 쓰신 그들의 구주와 동일시된 것을 증명한다.

12b. 이제 여기서 그리스도에 대한 더욱 생생한 설명을 접한다. 이전 구절에서 그리스도는 원수를 패배시킴으로써 심판을 집행하시는 전사로 묘사되었다. 만일 이 백마 탄 자의 머리에 있는 관과 그의 은밀한 이름, **"또 이름 쓴 것 하나가 있으니 자기밖에 아는 자가 없고"**에 대한 배경이 구약성경에 있다면, 그 본문은 아마 이사야 62:2-3일 것이다. 이것은 13절과 15절에서 이사야 63:1-3을 인유하는 것으로 지지를 받는다. 이사야에 따르면 마지막 때의 예루살렘은 새 이름, 관, 왕관을 받을 것이다. 이사야 62:2의 '새 이름'은 이사야 62:4-5에 묘사된 것처럼 이스라엘의 하나님과의 새롭고 친밀한 결혼 관계

를 증명할 것이다. 이사야 62:4-5은 또한 이스라엘을 '신부'로, 하나님을 '신랑'으로 지칭하는데, 이것은 요한계시록 19:7-8의 결혼 은유와 연관된다. 이사야 65:15에서 이스라엘에게 약속된 새 이름('다른 이름')도 염두에 둘 수 있다. 많은 관을 갖고 계신 그리스도는 성도들에게 하나님의 성, 곧 새 예루살렘의 이름이기도 한[3:12] 자신의 새 이름을 주심으로써[2:17] 이 예언을 이루신다. 19:12과 2:17 사이에는 명백한 연계성이 존재한다. 두 본문은 모두 이사야 62:2-3과 65:15을 인유하고, 둘 다 어떤 면에서 은밀한 이름에 대해 말하며, 또 받은 자나[2:17] 그리스도 자신[19:12] 외에는 아무도 모르는 기록된 새 이름에 대해 말한다. 그러므로 12절에서 그리스도 외에는 아무도 그 이름을 아는 자가 없다는 것은 이사야 62장과 65장의 예언이 아직 완성된 형태로 성취되지는 않았다는 사실을 가리킨다. 3:12의 그리스도의 '새 이름'은 역시 신적 함축성을 갖고 있는 '내 하나님의 이름'(명백히 동일시되지 않는다고 해도)과 매우 긴밀하게 연계되어 있다.

11, 13, 16절에서 그리스도에게 부여되는 명칭은 모두 신적 함축성을 갖고 있고, '새 이름' 역시 의심할 것 없이 마찬가지다. 새 이름은 하나님이 모세에게 자기 자신을 계시하신 히브리어 이름인 여호와(야웨, 대부분의 영어 번역 성경에서 LORD로 번역하는)를 가리킬 수 있을 것이다.[출 3:14] 구약성경에서 '여호와'라는 이름은 대체로 족장들에게 특별히 주신 약속의 성취와 관련된 하나님의 이스라엘과의 언약 관계를 표현한다. 따라서 마지막 때의 이스라엘은 하나님이 그리스도를 통해 이스라엘을 회복시키고 자신의 성품을 더 깊이 계시함으로써 예언을 이루실 때 여호와라는 이름을 더 깊이 '알게' 될 것이다.[출 6:3, 7, 사 49:23, 52:6, 겔 37:6, 13 참조] 이것은 구약 시대에 여호와라는 이름이 대제사장의 이마의 금패에 기록되었던 것과 같이 이 이름이 그리스도의 머리나 관들 위에 새겨질 수 있다는 (방금 언급한) 사실로 지지

를 받는다. 아마 "신성모독 하는 이름들"이[13:1] 적혀 있는(음녀의 이마에 있는 이름도 마찬가지다)[17:5 • 17:3 참조] 짐승의 머리의 관들과의 대조가 의도되었을 것이다. 그리스도의 이름이 신자들의 이마에 기록되어 있다면,[14:1, 22장] 그리스도의 관에는 하나님의 이름이 기록되어 있을 것이다. 그 이름을 아는 자 외에는 아무도 모른다는 언급은 그리스도의 정체성에 대한 충분한 계시가, 특히 심판과 관련하여 오직 그리스도께서 다시 오셔서 세상을 심판할 때 주어질 것이라는 사실을 함축한다.

주석가들은 그리스도 외에 그 이름을 아는 자가 없다는 주장은 형식상 11, 13, 16절에서 그의 이름이 계시된 것과 모순된다고 지적했다. 그러나 이 모순은 12절의 표현을 상징적인 성격을 갖고 있는 것으로 보지 않고 단지 문자적 진술로 이해할 때에 나타난다. 17:5에서 음녀에게 기록된 이름은 먼저 비밀로 진술되고, 이어서 즉각 그 이름이 '큰 바벨론'으로 확인된다. 이 '비밀'은 바벨론이라는 이름이 은밀하다는 것을 가리키지 않고, 역사적인 중요성에 비추어 알려진 그 이름의 적절한 의미를 발견하는 것과 관련되어 있다. 1:20과 10:7에서 '비밀'은 이스라엘의 구원과 이스라엘의 악한 반대자의 패배에 관한 다니엘의 예언이 예기치 못한 방식으로, 곧 십자가에서 그리고 십자가의 길을 따르는 자에게서 성취될 것이라는 사실을 함축한다. 이 비밀은 구약의 예언의 성취가 완성될 때에는 더 이상 비밀이 아닐 것이다. 하지만 요한계시록의 요점은, 비록 세상에는 감추어져 있지만 신자들은 이제 그 비밀의 의미를 이해할 수 있다는 것이다. 이것은 14:3과 평행을 이룬다. 거기 보면 참 신자밖에는 구원의 '새 노래'를 배울 자가 없다고 말한다. 마찬가지로 오직 참 신자는 그리스도의 주도적인 계시의 결과로 이제 그리스도의 이름을 알고 경험할 수 있다.

구약성경에서 '이름을 아는' 것은 그 이름을 갖고 있는 자를 통제하고 그의 성품을 알거나 그의 성품에 참여하는 것을 의미한다. 그러므로 이름의 은밀한 성격은 인식적인 차원에서 이름을 숨기는 것과는 아무 관련이 없고, 그리스도께서 인간이 경험적으로 자신의 성품에 대한 참된 이해를 갖도록 하는 데 절대적인 주권을 갖고 계시다는 점을 암시한다. 그리스도는 어떤 사람들을 자신과의 구원 관계로 이끄심으로써 그들에게 자신의 이름(성품)을 계시하신다.2:17, 3:12, 22:3-4, 눅 10:22, 마 16:16-17 참조 그러나 이 지식은 완전하지는 않다. 반면에 그리스도는 다른 사람들에게는 자신의 이름을 오직 심판을 경험할 때에만 계시하시고, 그들에게 자신의 이름의 참된 의미를 심판이 있을 때까지 비밀로 남겨 두고 알리지 않으신다. 11-12절의 내용은 심판을 통해 그리스도의 참된 성품이나 정체성을 경험하는 것이고, 따라서 그리스도의 이름을 알 자가 없다는 말의 의미는 비신자들은 오직 그리스도의 이름(예컨대 11, 13, 16절에서 분명히 하는 것처럼 신자들에게는 이미 알려진)을 자기들이 심판받는 자리에서나 알게 되리라는 것이다. 그리고 그 이름이 본질상 상징적인 이름이라면, 그 이름이 복수의 이름(구주, 주, 구속자 등)으로 계시될 수 있다고 해도 문제는 아니다. 그러므로 알려지지 않은 이름의 상징적인 의미는 구원과 심판에 대한 약속의 성취가 아직 완성은 되지 않았지만, 그리스도께서 자기를 따르는 자들의 정당성을 입증하겠다는 약속을 지키러 오실 때 자신의 은혜와 공의의 성품(이름)을 계시하리라는 것을 인정하는 것이다.

13. 13절은 그리스도께서 11-12절에서 메시아 전사로 등장하시는 것에 대한 묘사를 더 깊이 전개한다. 백마 탄 자는 '피 뿌린 옷'을 입은 것으로 묘사되고, 이것은 이사야 63:1-3에서 하나님이 민족들을 심판하시는 것에 대한 묘사를 인유한다. "붉은 옷을 입고……옷이

포도즙틀을 밟는 자 같으냐……그들의 선혈이 내 옷에 튀어 내 의복을 다 더럽혔음이니." 13절에서 그리스도는 이사야서 본문의 신적인 전사와 동일시된다. 이사야 63:4을 보면 이 전사가 자기 백성을 위해 '보복'과 '구속'을 추구하는데, 동일한 목표가 13절에도 함축되어 있다. '충신과 진실'이라는 이름[11절] 외에, 백마 탄 자의 머리에 기록된 12절의 은밀한 이름 또한 **"하나님의 말씀"**으로 계시된다. '칭하다'라는 말은 또한 11:8, 12:9, 16:16에서 사람과 장소의 이름에 대한 영적인 해석을 계시하는 데 사용된다. 나아가 11절의 이름('충신과 진실')과 같이 하나님의 말씀은 사법적인 역할을 표현한다. 왜냐하면 백마 탄 자는 하나님의 말씀을 도구로 삼아 심판하실 것이기 때문이다.[15, 21절 참조] 요한계시록 다른 곳에서 4회에 걸쳐 등장하는 '하나님의 말씀'이라는 말은 '증거'[6:9]나 '예수의 증거'[1:2, 9, 20:4]와 관련되어 나타난다. 이는 하나님의 말씀이 예수 그리스도의 생애와 행동과 가르침 속에서 가장 충분히 계시된다는 것을 증명하고, 또 그리스도 자신이 '하나님의 말씀'이라는 이름으로 불리는 것이 참으로 적절함을 증명한다. 구약성경에서는 '말씀'이 약속이나 예언의 말이라는 개념을 가질 수 있고,[왕상 8:56] 동일한 의미가 요한계시록 17:17에서("하나님의 말씀이 응하기까지") 분명히 나타나며, 따라서 13절의 호칭('하나님의 말씀')은 그리스도께서 구약성경과 신약성경의 예언의 성취로 하나님의 남은 원수들에 대한 최후의 심판을 집행하신다는 것을 암시할 수 있다.

14. 천상의 군대가 백마 탄 자를 따른다. **"하늘에 있는 군대들이 희고 깨끗한 세마포 옷을 입고 백마를 타고 그를 따르더라."** 신약성경 다른 곳에서 천군 천사는 최후의 심판이 집행될 때 하늘로부터 그리스도를 동반하고 내려온다.[마 13:40-42, 16:27, 24:30-31, 25:31-32, 막 8:38, 눅 9:26, 살후 1:7, 유 1:14-15] 그러나 14절의 군대는 아마 천사들보다는 성도들로 구성되어

있을 것이다. 17:14의 평행적 언급으로 보아 그렇게 암시된다. "어린 양은……그들을 이기실 터이요 또 그와 함께 있는 자들 곧 부르심을 받고 택하심을 받은 진실한 자들도 이기리로다." 나아가 한 군데를[15:6] 제외하고 요한계시록 다른 본문들에서는 오직 성도만이 흰 옷을 입는다.[3:4-5, 18, 4:4, 6:11, 7:9, 13-14] 여기 14절과 17:14에서 성도들은 오직 그들의 증언이 압제자의 정죄에 대한 법적인 증거가 되기 때문에 최후의 심판에 참여하는 자가 된다(증거로 심판하는 이와 같은 이해에 대해서는 마 12:41-42과 평행 본문 그리고 롬 2:27을 보라). 14절을 비롯해 요한계시록 전체에서 성도들의 옷은 또한 제사장 복장으로 이해되어야 한다. 왜냐하면 요한계시록 15:6, 다니엘 10:5, 12:6, 에스겔 9:2에서 천상의 존재들이 입은 동일한 옷과 요한계시록 1:13에서 그리스도께서 입으신 비슷한 옷도 제사장 복장으로 간주되기 때문이다. 7:9, 14-15에서 흰 옷을 입은 성도들 역시 제사장 역할을 한다. 또한 8절의 "빛나고 깨끗한 세마포 옷"도 제사장 복장의 의미를 내포한다.[8절 주석 참조] 그리스도를 따르는 자들은 그리스도께서 심판을 행하실 때 그리스도와 동반하기 때문에 자신들의 대표의 제사장적 특성을 반영한다.

15. **"그의 입에서 예리한 검이 나오니 그것으로 만국을 치겠고 친히 그들을 철장으로 다스리며 또 친히 하나님 곧 전능하신 이의 맹렬한 진노의 포도주 틀을 밟겠고."** 이 말은 구약성경 네 군데 본문을[사 49:2, 11:4, 시 2:9, 사 63:2-6] 인유하는 것으로 확인되고, 11-13절의 그리스도의 전사로서의 등장 장면을 계속 묘사하며, 그리스도께서 최후의 심판을 집행하실 때 다음과 같은 구약 본문의 예언이 성취될 것을 증명한다.

- 백마 탄 자의 입에서 나오는 '예리한 검'은 이사야 49:2을 인유하는데, 거기 보면 이사야가 하나님의 종에 대하여 그의 "입을 날카로운 칼

같이 만드셨다"고 말한다. 여기서 이사야의 예언이 재천명되고, 예수는 함축적으로 종 이스라엘로 간주된다(사 49:6을 인유하는 눅 2:32, 행 26:23을 참조하라).

- 백마 탄 자는 이 칼로 '만국을 치고', 이것은 이사야가 그리스도를 "그의 입의 막대기로 세상을 치며"라고 언급하는 또 다른 본문의 인유다.[사 11:4] 이 본문은 하나님의 종이 공의로 심판할 것이라고 말하고, 요한계시록에서는 이 사상이 11b절에 반영되어 있다.
- 백마 탄 자는 '철장으로' 만국을 다스리실 것이고, 따라서 이것은 시편 2:9의 인유다. 시편 2:9을 보면 메시아가 철장으로 민족들을 깨뜨리신다. 15절의 '철장'은, 그리스도의 입에서 나오는 검과 같이 하나님의 고소의 말씀을 함축하고, 이 말씀이 경건하지 않은 자를 정죄하고 파멸시킬 것이다.
- 마지막으로 백마 탄 자는 "하나님 곧 전능하신 이의 맹렬한 진노의 포도주 틀을 밟는다." 이 말씀은 11절에서 시작되고 역시 그리스도에게 적용되는 하나님의 마지막 크신 심판 행위에 대한 구약의 예언을 계속 인유한다.[사 63:2-6]

"하나님 곧 전능하신 이의 맹렬한 진노의 포도주 틀"이라는 말의 의미는 포도주 틀이 하나님의 진노 또는 하나님의 진노를 표상한다는 것이다. 버림받은 자의 파멸은 포도가 포도주 틀에서 으깨어지는 것처럼 철저하게 진행될 것이다(이 장면의 더 충분한 구약 배경에 관해서는 14:8, 10에 대한 주석을 보라).

16. 그러나 또 다른 이름이 12절의 계시되지 않은 이름을 더 상세히 설명하기 위해 제시된다. "그 옷과 그 다리에 이름을 쓴 것이 있으니 만왕의 왕이요 만주의 주라 하였더라." "만왕의 왕이요 만주의 주"라는 이름은 백마 탄 자의 옷과 다리에 기록되어 있다. 다리(넓적다

리, NIV에서는 '옆구리'로 번역됨)는 전사가 주로 칼을 숨겨 두는 자리였고,[출 32:27, 삿 3:16, 21, 시 45:3] 또 맹세할 때 손을 그 아래로 집어넣는 상징적인 자리였다.[창 24:2, 9, 47:29] 이 이름은 고대 헬라어 역본 다니엘 4:37에서 취한 것인데, 거기 보면 그 이름이 하나님께 적용된다. (개역개정판 번역에는 이 이름이 나타나 있지 않다.—옮긴이) 이 이름은 앞의 17:14에서는 그리스도에게 적용되었다. 바벨론 왕 느부갓네살이 이 이름을 그릇되게 자기 자신에게 적용시킨 것처럼(자기 자신이 모든 영광을 받을 자격이 있다는 그의 생각이 반영되었기 때문에),[단 4:30] 마지막 때 바벨론의 왕도 이와 비슷하게 언급되었다. 하나님이 느부갓네살에게 자신의 주권을 증명하신 것처럼 예수도 마지막 때의 바벨론 왕에게 자신의 주권을 증명하실 것이다. 이 이름을 예수에게 적용시키는 것은, 그것이 다니엘 4장에서 하나님에게 사용된 것으로 보아 예수의 신격을 강조한다.

19:11-16 묵상 제안

예수 그리스도의 마지막 때 계시의 완성: 19:11-16은 복음서에 제시된 그리스도의 지상 생애에 대한 묘사와는 전혀 다른, 하지만 보충적인(그리고 이 묘사로 암시되는) 그리스도의 모습을 제공한다. 그리스도는 심판을 집행하고 만민을 주권적으로 다스리시는 신적 전사로 제시된다. 그리스도의 참된 정체성은 다른 이들에 의해 알려지거나 통제될 수 없다. 그리스도는 하나님의 진노의 포도주 틀로 자기 원수들을 밟으실 것이다. 그뿐만이 아니다. 그리스도의 성도들은 그리스도께서 이 심판을 집행하실 때 참여할 것이다. 우리는 성경적인 예수상像에 대해 얼마나 자주 생각하는가? 이 비밀은 아무 저항 없이 십자가에 매달리심으로써 우리 죄의 처벌을 대신 감당하시고, 연약할지라도 자기를 섬기라고 우리를 부르시며, 언젠가 우리가 그분과 함께 심판을 시행하도록 백마를 타고 오실 분에 대한 비밀이다. 그리스도에 대한 참된 이해는 오직 우리가 그리스도의 정체성에 관한 이 모든 요소를 고려할 때 얻을 수 있다. 그리스도는, 자기를 따르는 자들에게 그렇게 하시는 것처럼, 여전히 자신의 지배 밖에 있는 자들에게도 미치는 모든 것을 주셨다. 하지만 자신의 거룩하심을 통해 "땅을 망하게 하는 자들"을 심판하심으로써[계 11:18] 하나님의 공의의 통치를 이루실 것이다.

② 천사가 마지막 원수의 임박한 멸망을 선언한다[19:17-18]

19 **17 또 내가 보니 한 천사가 태양 안에 서서 공중에 나는 모든 새를 향하여**
큰 음성으로 외쳐 이르되 와서 하나님의 큰 잔치에 모여 18 왕들의 살과 장
군들의 살과 장사들의 살과 말들과 그것을 탄 자들의 살과 자유인들이나 종들이나 작
은 자나 큰 자나 모든 자의 살을 먹으라 하더라.

17-18. 요한은 "한 천사가 태양 안에 서서……큰 음성으로 외치는" 모습을 본다. 방금 우리는 11-16절에서 묘사가 시작된, 그리스도께서 하나님을 반대하는 세력을 패배시키신 결과를 생생하게 설명했다. 이 천사는 18:1의 천사와 비슷하게 등장한다. 18:1의 천사는 하늘에서 내려왔고 그때 그의 영광으로 땅이 환해졌다. 두 천사는 모두 새와 관련된 심판을 일으킨다. "공중에 나는 모든 새를 향하여 큰 음성으로 외쳐 이르되 와서 하나님의 큰 잔치에 모여."[18:2 참조] 첫 번째 천사는 바벨론의 몰락을 선언했고 두 번째 천사는 바벨론의 예전 동지인 짐승과 거짓 선지자의 몰락을 선언한다. 두 번째 천사는 첫 번째 천사가 시작한 과정을 완결 짓는다.

"와서 하나님의 큰 잔치에 모이라"고 모든 새를 초대하는 것은 어린양의 혼인 잔치를 위해 모이라고 성도들을 초대하는 것을[9절] 섬뜩하게 모방하는 것이다. 이 천사는 장차 임할 짐승과 그의 동지들의 패배를 에스겔이 곡과 마곡의 마지막 때의 멸망에 대해 다음과 같이 언급하며 사용한 것과 동일한 말로 선언한다. "너는 각종 새……에게 이르기를 너희는 모여 오라. 내가……예비한 큰 잔치로 너희는 사방에서 모여 살을 먹으며 피를 마실지어다.……내 상에서 말과 기병과 용사와 모든 군사를 배부르게 먹일지니라."[겔 39:17-20] 새가 '공중에' 나는 것이 에스겔의 심상에 덧붙여지고, 이것은 상징적인 관점을 확증한다. 왜냐하면 장차 임할 심판을 선포하는 8:13의 말하는 독수리도 똑같은 말로 묘사되기 때문이다. 이 연계성은 독수리(일곱째 나팔)가 선포한 '세 화' 가운데 세 번째 것이 여기서 추가로 전개되고 있음을 증명할 것이다. 하나님이 자기 원수들에게 승리하신다는 에스겔 39장의 예언은 아직 성취를 기다리고 있었지만 이제 천사는 그리스도를 승리의 당사자로 인정하고, 또 곡과 마곡을 짐승과 거짓 선지자 그리고 그들의 군대로 간주함으로써 이 사실을 새롭게 한다.

그러나 마지막 때 악의 세력의 패배에 관한 다른 구약 예언들이 인유로 취해질 수 있는데도 불구하고,[단 2, 7-12장, 슥 14장 등] 하필이면 여기서 에스겔 39장을 특별히 인유하는 이유는 무엇일까? 에스겔 39장의 묘사가 포함된 것은 여기서 주된 요점이 하나님께서 포로 기간에 곡과 마곡을 패배시키심으로써 이스라엘과 이스라엘의 압제자 모두에게 자신의 거룩한 이름을 알려 주실 것이라는 데 있기 때문이다. 하나님의 이름을 계시하는 목적이 살육자에 대한 묘사를[겔 39:8-20] 시작하고[겔 39:7] 끝맺는다.[겔 39:21-29] 하나님은 이스라엘을 구원하고 이스라엘의 원수들을 심판하실 것이다. 그리스도의 이름의 계시와 관련된 동일한 이중 주제가 요한계시록 19:11-16의 지배적 관심사였다.

에스겔 39장의 인유는 이 관심사를 확증하고, 19:19-21에 서술된 패배를 그리스도께서 하나님의 백성을 구원하고 그들의 압제자를 심판하실 때에 그분의 이름을 계시하실 수단으로 강조한다.

19:17-18 묵상 제안

하나님이 자신의 이름을 높이신다: 구약성경 전체에 걸쳐 하나님은 자신의 이름을 높이시는 데 관심을 갖고 계셨다. 패배에 직면한 여호수아는 하나님께 주의 이름을 위하여 어떻게 하실 것인지 물었다.[수 7:9 • 레 18:21, 24:16, 신 28:58, 시 66:2, 115:1, 사 42:8, 렘 16:21, 겔 36:21-23 참조] 19:17-18이 마지막 때의 싸움에서 하나님의 이름을 정당화하는 주제를 다루는 에스겔 39장을[겔 39:7, 25] 인유하는 것은 11-16절의 비슷한 주제를 강화하는 역할을 한다. 하나님의 이름에 초점을 맞추면 우리는 하나님께서 관심을 두고 계시는 것이 우리의 이름이나 이익이 아니라, 하나님의 이름의 정당화와 오직 하나님만이 의로우시다는 사실을 우주에 계시하는 것에 있음을 깨닫게 된다. 하나님을 따르는 모든 자가 똑같이 정당화되는 것은 오직 그들이 하나님의 이름과 동일시되기 때문이다. 그러므로 우리는 우리의 이름이나 명성을 옹호하는 일을 하나님의 손에 맡겨야 한다. 세상이 지금 우리를 어떻게 생각하는지는 그리 중요하지 않다. 다만 영원의 관점에서 하나님이 우리를 어떻게 생각하시는지가 중요하며, 우리가 신실하게 하나님과 동일화되는 것이 참으로 중대하다는 사실을 깨달아야 한다.

③ 그리스도는 역사가 끝날 때에 짐승과 거짓 선지자 그리고 그들의 추종자를 멸망시키실 것이다[19:19-21]

19 [19] 또 내가 보매 그 짐승과 땅의 임금들과 그들의 군대들이 모여 그 말 탄
자와 그의 군대와 더불어 전쟁을 일으키다가 [20] 짐승이 잡히고 그 앞에서
표적을 행하던 거짓 선지자도 함께 잡혔으니 이는 짐승의 표를 받고 그의 우상에게
경배하던 자들을 표적으로 미혹하던 자라. 이 둘이 산 채로 유황불 붙는 못에 던져지
고 [21] 그 나머지는 말 탄 자의 입으로부터 나오는 검에 죽으매 모든 새가 그들의 살로
배불리더라.

19. 장차 임할 심판을 선언한 후에 요한은 그 심판 자체에 대한 환상을 본다. 따라서 19-21절은 최소한 시간적으로 17-18절과 평행을 이루고, 17-18절이 마지막 전쟁 직후에 벌어지는 일을 묘사하므로(21절에서 분명해질 것처럼) 아마 17-18절의 묘사보다 일찍 일어난 일을 묘사할 것이다. 요한은 "그 짐승과 땅의 임금들과 그들의 군대들이 모여[문자적으로 '전쟁하기 위하여 함께 모여'] 그 말 탄 자와 그의 군대와 더불어 전쟁을 일으키는" 장면을 본다. 이것은 본질적으로 16:14과 20:8에서 역사상 마지막 전쟁의 전조를 묘사하기 위해 사용된 말("전쟁을 위하여 모으다")과 동일하다. 이 왕들을 모으는 일 배후에 있는 직접적인 세력은 사탄과 그의 대행자들이고,[16:14, 20:8] 이것은 부분적으로 19절에서 사용된 동사('모여')의 수동형[assembled=gathered together]을 설명해 준다. 17-18절에서 하나님이 곡과 마곡과 싸우는 사실을[겔 38:2-9, 39:1-8] 인유하는 것이 우연이 아님은 왕들이 20:8에서 비유적으로 곡과 마곡으로 간주되는 것으로 보아 분명하다. 물론 궁극적으로 이 수동형 동사는, 에스겔서 본문이 확언하는 것처럼,[겔 38:4, 39:2] 하나님께서 이 사건들을 주관하고 통제하신다는 것을 암시한다. 요한계시록 세 구절에서[16:14, 19:19, 20:8] 모두 추가로 인유하고 있는 구약 본문은 스가랴 14:2이다. "내가 이방 나라들을 모아 예루살렘과 싸우게 하리니." 이 본문은 계속해서 여호와의 유일한 날,[14:7] 곧 생수

가 예루살렘에서 솟아날 날에 대해 말하고,[14:8] 이 생수를 에스겔서는[47:1-12] 종말론적 성전에서 흘러나오는 것으로 말한다.

요한계시록 16:14, 19:19, 20:8은 모두 '전쟁'이라는 단어 앞에 정관사를 붙이고, 이것은 단순히 하나의 전쟁이 아니라 '그 전쟁'의 의미를 전달한다. '그 전쟁'은 평행 본문들에서 묘사되고 구약성경에 예언된 어린양과 악의 세력 간의 마지막 큰 전쟁을 가리킨다. 그러므로 11:7에 나오는 것과 동일한 전쟁이다. 왜냐하면 그 전쟁 역시 짐승이 "그들[성도들]과 더불어 전쟁을 일으켜" 땅에 있는 신자들 전체 집단의 진멸을 획책하는 전쟁이기 때문이다.[11:7-10 주석 참조] 시편 2:2도 배경으로 울려 퍼진다. "세상의 군왕들이 나서며 관원들이 서로 꾀하여 여호와와 그의 기름 부음 받은 자를 대적하며." 15절에서 시편 2:9을 확실히 언급하는 것도 주목해 보라.

20. 19절과 앞에서 묘사된 실제 심판은 두 부분으로 이루어진다. 첫째, 짐승과 거짓 선지자가 심판을 받는다. "**짐승이 잡히고 그 앞에서 표적을 행하던 거짓 선지자도 함께 잡혔으니.**" 이어서 이 둘이 불못에 던져지는 일이 일어나고, 그런 다음에 그들의 추종자가 처단을 당한다.[21절] 20절의 짐승과 거짓 선지자에 대한 묘사를 통해 우리는 그들이 심판받는 이유를 깨닫는다. 즉, 짐승은 자신이 마치 하나님인 양 주장하고,[13:3, 7-8 주석 참조] 거짓 선지자는 사람들이 짐승의 주장을 인정하도록 속였기 때문이다. "**그 앞에서 표적을 행하던 거짓 선지자도 함께 잡혔으니 이는 짐승의 표를 받고 그의 우상에게 경배하던 자들을 표적으로 미혹하던 자라.**"[13:14-15 주석 참조]

20절에서 짐승과 거짓 선지자가 산 채로 불못에 던져진 것으로 말해지는 사실("이 둘이 산 채로 유황불 붙는 못에 던져지고")은 절대적 절멸이 아니라 영원하고 의식적인 고통의 형벌을 암시한다. 말하자면 그들은 불못에서 계속 살 것이다. 이러한 해석은 20:10에서 이 둘에 대한 추가 진술을 보면 확증된다. "세세토록 밤낮 괴로움을 받으리라." 또한 짐승을 경배하는 자들의 최종 결말에 대해서는 14:10-11을 보라. "그도……거룩한 천사들 앞과 어린양 앞에서 불과 유황으로 고난을 받으리니 그 고난의 연기가 세세토록 올라가리로다. 짐승과 그의 우상에게 경배하고 그의 이름표를 받는 자는 누구든지 밤낮 쉼을 얻지 못하리라." 에스겔 38:22에서 불과 유황이 곡과 마곡에 대한 하나님의 심판의 한 요소임을 주목하라. 또한 20절은 다니엘 7:11도 인유한다. "그 때에 내가……주목하여 보는 사이에 짐승이 죽임을 당하고 그의 시체가 상한 바 되어 타오르는 불에 던져졌으며." 이 본문을 보면 짐승의 불타는 처벌 장소가 하나님의 보좌 앞에서 흘러나오는 '불의 강'에 대한 언급[단 7:10] 직후에 나온다. 요한계시록 20:10의 '불못'이 20:11-15에서 '크고 흰 보좌'와 하나님의 심판에 대한 묘사 직전에 언급되는 것은 결코 우연일 수가 없다. 다니엘 7:11의 처벌의 명백한 현세적 본질("짐승이 죽임을 당하고 그의 시체가 상한 바 되어")이 20:10과 14:10-11에 비추어 보면 포괄적으로 영원한 형벌의 관점에 따라 해석되고, 이것은 이미 다니엘 12:2에서 암시되었다("자는 자 중에서 많은 사람이 깨어나 영생을 받는 자도 있겠고 수치를 당하여서 영원히 부끄러움을 당할 자도 있을 것이며"). 이 심판에 대한 묘사는 문자적으로 두 개인의 육체가 불에 던져진다는 사실을 암시하는 것이 아니라, 다만 역사가 끝날 때 짐승과 거짓 선지자의 집단적 역할에 따라 활동하는 모든 자가 이처럼 처벌받을 것이라는 사실을 암시한다(짐승과 거짓 선지자의 역할에 대한 정의는 13장에 대한 주석을 보라).

21. 짐승과 거짓 선지자를 따르는 군대가 "말 탄 자의 입으로부터 나오는 검에 죽으매 모든 새가 그들의 살로 배불리더라." 그리스도의 입에서 나오는 검은 이사야 49:2과 11:4의 인유이고, 15절에서 나온

말을 반복한다. '검'은 비유적 표현으로, 하나님 말씀의 고발적인 성격을 내포하고 사망의 명령을 표상한다.[15절 주석 참조] 이것은 20:11-12의 '법정' 장면으로 지지를 받을 것이다. 거기 보면 비신자들이 악한 행위로 말미암아 고소를 당한다. 그 다음에 20:15에서 그들의 처벌이 집행되고, 이 처벌은 19:20과 20:10의 짐승과 거짓 선지자의 처벌(불못 속으로 던져지는)을 반영한다. 이것은 마태복음 25:41과도 평행을 이룬다. 최후의 심판이 "저주를 받은 자들아, 나를 떠나 마귀와 그 사자들을 위하여 예비된 영원한 불에 들어가라"고 예수께서 단호히 선포하시는 말씀에 따라 집행된다.

19:19-21 묵상 제안

영적 전쟁의 실재성: 19:19-21은 역사가 전쟁의 시기로 끝나리라는 것을 분명히 한다. 마귀와 그의 세력은 언제나 적극적으로 하나님을 반대했지만 그들의 반역은 이 마지막 처절한 전투에서 정점에 달할 것이다. 그리스도인은 비록 평화를 사랑하는 사람들이기는 해도, 그리스도께서 최종적으로 마무리할 마지막 전투가 있기 전에 시작된 이 싸움을 치르도록 부르심 받는다. 이 싸움은 지금 시작되었고, 바울이 상기시키는 것처럼 혈과 육에 대한 싸움이 아니라 어둠의 세력과의 싸움이다.[엡 6:10-17] 현재의 이 싸움을 의식하지 못하고 참여하지 못하게 되면, 원수는 한순간도 교회를 공격하는 것을 멈추지 않으므로 치명적인 손상을 입을 것이다. 오늘날 우리 시대에서 영적 전쟁은 우리에게 무엇을 의미하는가? 우리는 얼마나 적절하게 영적 전쟁을 치르고 있는가? 우리는 어떻게 사람들에게 타격을 입히지 않고 어둠의 세력에 대항할 수 있는가? 가장 효과적인 무기일 수 있는 기도의 역할이 오늘날 너무 바쁘고 분주한 삶의 방식 때문에 크게 망각되고 있는 것은 아닌가? 우리는 처음 오셨을 때 이 싸움을 시작

하신 구주께서 우리 자신의 최후의 승리와 정당화, 그리고 무엇보다 그분 자신의 영광을 위해 이 싸움을 완수하실 것을 기도하고 신뢰해야 한다.

20:1-15

천년왕국

하나님께서 사탄의 미혹하는 힘을 제한하시고, 죽은 그리스도인들은 정당성을 입증받고 하늘에서 왕 노릇 하기 때문에, 천년왕국이 교회 시대 동안 시작된다.

천년왕국은 사탄이 교회를 미혹으로 공격하는 역사의 재개와 최후의 심판으로 끝난다 우리가 20장을 별개의 부분으로 따로 다루지만, 20장은 17:1-19:21의 주요 부분과 문학적으로 밀접하게 관련되어 있다. 17:1-19:21은 세상이 끝날 때에 있을 바벨론의 멸망에 대한 선언,[17장] 바벨론의 멸망에 대한 상세한 설명과 특히 구속받지 못한 무리와 구속받은 무리에게서 나온 반응,[18:1-19:10] 역사가 끝나는 시점에 있을 불경건한 세상에 대한 그리스도의 심판[19:11-21]으로 구성되었다. 이제 본서의 주석은 20:1-6은 시간적으로 보면 17-19장에서 다루는 최후의 심판에 대한 서술보다 앞서는 교회 시대 전체 과정을 언급한다고 주장할 것이다. 하지만 20:7-15는 19:11-12과 16:14-21에 나온 최후의 심판의 묘사를 반복한다. 어쨌든 20장에 관해 명료한 결론을 얻기 위한 유일한 기대는 20장을 첫째는 직접 문맥에 비추어 해석하고, 둘째는 요한계시록 다른 곳의 긴밀한 평행 본문에 비추어 해석하며, 마지막으로 셋째는 신약성경과 구약성경의 다른 평행 본문에 비추어 해석하는 것이다.

하나님이 민족들을 미혹하고 교회를 진멸시킬
사탄의 능력을 제한하심으로써 그리고 신자들의 영혼이 부활하여
하늘로 올라가 그리스도와 함께 왕 노릇함으로써
교회 시대 동안에 천년왕국이 시작된다[20:1-6]

'천년왕국'에 대해서는 세 가지 주도적인 견해가 있다. 하지만 각 견

해 안에는 여기서 다 제시할 수 없는 매우 다양한 해석이 포함되어 있다. 어떤 이들은 천년왕국은 그리스도의 재림 이후에 일어날 것이라고 믿는다. 이 견해는 전통적으로 '전천년설'로 알려져 있다. 반면에 '후천년설'은 천년왕국이 교회 시대가 끝날 때 등장하고 천년왕국이 끝나면 그리스도의 결정적인 재림이 있을 것이라고 주장했다(후천년은 천년왕국 '이후'를 의미한다). 다른 이들은 천년왕국은 그리스도의 부활에서 시작되어 그리스도의 재림이 있기 직전에 끝날 것이라고 믿는다. 이 견해는 '무천년설'로 불렸다. 세 번째 견해는 '시작된 천년설'로 부르는 것이 더 낫다. 왜냐하면 '무천년'은 문자적으로 천년왕국이 없다는 것을 의미하기 때문이다. 후천년설과 무천년설 그리고 일부 전천년설 해석자들은 요한계시록 20:1-6을 상징적 해석에 따라 접근했다. 전통적으로 많은 전천년설 주석가들은 이른바 '문자적' 접근법을 가지고 이 본문에 다가갔다.

요한계시록은 첫 구절부터 상징 형태로 내용을 전달한다(1:1을 보면 요한계시록 전체가 주로 상징적인 전달이라고 말한다). 상징적 환상을 소개하기 위해 요한이 반복적으로 사용하는 '내가 보니', '내가 보매' 또는 이와 비슷한 표현들이4:1 이하, 12:1-3, 13:1-3, 14:1, 17:1-3 20:1과 20:4에서도 나타나는데, 이것은 환상들이 상징적으로 해석되어야 함을 암시한다. 요한이 보고 듣는 것(예컨대 부활하여 천 년 동안 사는 사람들)은 요한이 본 환상을 구성하는데, 이것은 우선 상징적으로 해석되어야 한다. 용, 쇠사슬, 무저갱, 뱀, 결박, 인봉, 짐승과 같은 단어가 사용된 이번 환상도 이 규칙에서 예외가 아니다. 그러므로 예컨대 '부활'과 '생명'이라는 말도 그 자체로는 이 환상적이고 상징적인 묘사가 최초의 비유적인 의미와 함께 역사적 지시 대상(육체로 부활한 몸을 갖고 있는 사람들)과 일대일 (물리적) 대응 관계를 갖고 있는지 또는 이 묘사가 역사적 지시 대상과 일대일 대응 관계를 갖고 있지 않은 비유적 지시 대상(예컨대 영적인 부활을 경험하는 사람들)을 포함하는지에 대하여 아무런 단서를 제공하지 않는다. 각각의 경우 면밀한 주석을 통해 결정해야 한다.

해석의 환상적 차원(요한이 실제로 본 것)과 상징적 차원(환상 속의 요소들이 성경적으로 어떤 특정 역사 대상을 넘어서서 지시하는 것)이 역사적 차원(환상 속에서 본 부활한 사람들과 다른 대상들의 특수한 역사적 동일화)과 혼동되어서는 안 된다. 문자적 해석자들(요한계시록의 심상들과 물리적 실재 간의 일대일 대응 관계를 보는 자들)은 이상의 구분을 인정하지만, 20:1-6을 포함한 결정적 지점들에 있어서 그들은 환상적 차원과 상징적 차원을 지시적 · 역사적 차원에 집어넣음으로써 환상적 차원과 상징적 차원의 전달을 너무 자주 무시한다.

세 해석학적 차원을 간단하고 명확하게 이해할 수 있는 한 실례가 1:12, 20의 환상이다. 이것은 분명히 요한이 '일곱 금 촛대'를 보는 환상("내가 보았는데")이다(환상적 차원). '촛대'는 역사적 차원에 따라 일곱 교회와 동일시된다. 그러나 촛대와 교회들 사이에 일대일의 물리적 대응 관계는 없다(즉, 교회들은 물리적 촛대가 아니다!). 이 환상의 상징적 차원은 교회들이 촛대로 묘사되는 것에 있다. 그런데 왜 그렇게 묘사되는가? 우리는 상징적인 의미를 찾아내기 위하여 교회들이 촛대로 비유되는 이유를 결정해야 한다(최소한 상징적인 의미의 한 부분은, 구약성경에서 촛대는 옛 성전의 한 부분으로 빛을 제공했던 것처럼 교회도 새 성전의 한 부분으로 하나님의 계시의 빛을 다른 사람들에게 제공한다는 것이다). 비슷한 사실이 20:1-8에도 전개되어 있다.

이어지는 고찰은 20:1-6의 천년왕국은 시간적으로 19:11-21의 마지막 전쟁이 있기 전에 일어난 사건들을 가리킨다는 것을 예증하고, 따라서 천년왕국 자체는 교회 시대와 동일하다는 사실을 암시한다. 이 견해를 추가로 지지하는 증거는 이후의 본문 주석으로 제시할 수 있을 것이다.

1. 접속사 '또'(그리고)의 사용: 전천년설을 지지하는 해석자들은 역사적 사건들의 순서로 볼 때 20:1-6이 19:11-21 다음에 와야 하는 것으로 본다. 즉, 천년왕국은 마지막 전쟁이 있고 짐승과 거짓 선지자가 불못 속에 던져진 뒤에 온다는 것이다. 이에 대한 중대한 논증은 '또'[헬라어 *kai*]라는 단어의 사용에 기반이 두어져 있고, 이에 따라 19장과 20장은 역사적인 연쇄 관계를 갖고 있음을 암시한다고 말한다. 따라서 20:1에서 '또'는 19장의 사건들에 뒤이어 일어나는 사건을 소개하는 역할을 한다. 그러나 요한계시록에서 종종 '또'는 단순히 새로운 환상을 가리키는 전환 단어로서의 역할을 하고, 반드시 연대순 관계를 가리키는 것은 아니다. 사실 19:11-21에서 '또'(그리고)가 나타나는 35회의 사례 가운데 3회만이[20a, 21a, 21b절] 명백히 역사적인 연대순 시간 관계를 암시한다(어쩌면 14a절 어두의 *kai*도 그렇다). 하지만 나머지 경우는 환상들을 연계시키는 장치로 작용한다.

심지어는 19:11, 17, 19에서 반복되는 문구인 '또 내가 보니'도 연대적 연쇄 관계 속에 있는 부분이 아니라 마지막 전쟁의 동일한 시간대를 다루는 동시적 부분을 소개한다. 이 문구는 마지막 전쟁 이후에 전개되는 다른 후속 단계를 소개하는 것이 아니다. 한편 20장에서 '또'라는 말 대다수는(전부는 아니지만) 역사적인 연쇄 관계를 가리키지 않는다(4절의 '또 내가 보니'는 4-6절의 사건을 1-3절의 결박 사건과 동시에 일어나는 것으로 소개한다). 이 두 관점 가운데 어느 것이 1절("또 내가 보매 천사가……하늘로부터 내려와서")의 결정적인 '또'에 해당할까? 요한계시록에서 '또 내가 보니'가 나타나는 곳은 "천사가 하늘로부터 내려온"[10:1, 18:1] 또는 천사가 "해 돋는 데로부터[하늘로부터] 올라와서"[7:2] 그리고 모종의 권능을 가지고와[10:1, 18:2]

관련된 말이 그 다음에 나왔고, 이것은 항상 이전 부분보다 앞선 시간으로 되돌아가는 환상(7:2과 18:1에서처럼, NASB는 '또'를 포함시키지 않았다) 또는 이전 부분과 동시간대에 일어나는 환상을[10:1] 소개한다. 20:1은 이 패턴에 적합하다. 왜냐하면 '또 내가 보니' 공식 다음에 하늘로부터 내려오고 권능('열쇠')을 가진 천사가 뒤이어 나오기 때문이다. 그리고 위에서 지적한 것처럼 19:11, 17, 19에 나오는 세 번의 '또 내가 보니'는 시간적으로 서로 평행 관계에 있는 부분을 소개했다. 따라서 20:1에서 '또 내가 보니'는, 전천년설 견해와 반대로 19:1-21 이후에 일어나는 사건을 소개하는 것이 아니라고 해도 놀라서는 안 된다. 요한계시록 다른 곳에서처럼,[7:2, 18:1] 이때는 19장과 동시대가 아니라 이전 부분보다 더 앞선 때로 거슬러 올라간다.

2. **19:17-21과 20:8-10의 에스겔 38-39장 인유**: 두 본문은 에스겔 38-39장의 전쟁을 반복적으로 인유하며, 이는 두 본문이 같은 전쟁을 언급한다는 것을 암시한다. 확실히 19:17-21과 20:8-10은 16:12-16에서와 같은 전쟁을 상세히 언급하고, 이것은 19:19이 약간 말을 바꾸기는 해도 "전쟁을 위하여 그들을 모으더라"는 말을 반복하는 것으로 강조된다.

- 16:14: *tous basileis tēs oikoumenēs holēs synagagein autous eis ton polemon* "온 천하 왕들을 전쟁을 위하여 모으더라"(여기서 모으는 자는 귀신의 영이다)
- 19:19: *tous basileis tēs gēs……synēgmena poiēsai ton polemon* "땅의 임금들이 [그] 전쟁을 위하여 모여"
- 20:8: *ta ethnē……tēs gēs ton Gōg kai Magōg synagagein autous eis ton polemon*

"땅의 사방 백성 곧 곡과 마곡을 모아 싸움을 붙이리니"

16:14은 아마 19장과 20장에서 언급되는 세상 끝날에 있을 짐승의 세력과 그리스도 간의 동일한 대결 상태를 가리킬 것이다. 16:14, 19:19, 20:8에 나오는 세 동의적 문구는 구약 예언, 특히 스가랴 12-14장(그리고 어쩌면 70인역 습 3:8도 포함해)의 예언에 기초가 두어져 있다. 구체적으로 인유되는 본문은 스가랴 14:2인데, 거기서는 정관사가 빠져 있다. "내가 이방 나라들을 모아 예루살렘과 싸우게 하리니." 스가랴 14:2은 하나님이 역사상 마지막 전쟁을 위해 이스라엘에서 민족들을 모으실 것이라고 예언했다.

16:14, 19:19, 20:8의 세 평행 어구는 모두 정관사가 붙어 있는데,*ton polemon* 그것은 스가랴서 본문에 예언된 '그 [유명한] 마지막 전쟁'을 가리키기 때문이다. 그러므로 19:19과 20:8은 16:14에 묘사된 동일한 미래의 전쟁에 대한 예언적 서술을 되풀이한다! 요한계시록 20:7-10은 이 '전쟁'이 성도들에 대한 사탄 세력의 최후의 공격의 한 부분임을 증명한다. 그러므로 이 전쟁은 11:7에서와 같은 '전쟁'이다. 왜냐하면 이 전쟁 역시 '짐승'이 세상이 끝날 때에 땅에 있는 성도들 전체 집단을 진멸하려고 획책하는 전쟁이기 때문이다.[11:7-10 주석 참조] 이 점에서 16:14과 이후 평행 본문들에 붙어 있는 정관사는 구약의 예언뿐만 아니라, 정관사가 빠져 있는 11:7의 마지막 전쟁에 대한 최초의 묘사를 가리키는 지시 대상의 정관사 용법이다.

만일 20:1-6(천년왕국)의 시기가 20:7-10의 시기보다 앞선다면, 또한 19:17-21이 시간적으로 20:7-10의 전쟁과 평행을 이룬다면, 20:1-6은 시간적으로 19:17-21의 전쟁보다 앞설 것이다. 천년왕국에 대한 견해를 제시하는 대다수 주석가들은 19:17-21에서 요한은 에스겔 39장의 예언을 특별히 미래에 성취되는 것으로 보고, 요한이 몇 구절 사이에서 자신의 관점을 변화시키지는 않았을 것이므로, 분명히 20:7-10에도 동일한 관점이 적용되어야 한다는 데 동조한다. 이것은 곡과 마곡에 대한 전쟁과 교회 시대 전체에 걸쳐 벌어지는 바벨론에 맞선 일반적인 싸움을 구별한다. 요한이 에스겔 38-39장과의 특수한 예언-성취 관련성을 염두에 두고 있다는 것은 요한계시록 20-21장의 포괄적 문맥으로 사실로 입증된다. 20-21장에 나오는 요한계시록의 사중 결말은 에스겔 37-48장의 결말을 그대로 반영한다. 하나님의 백성의 부활,[계 20:4a, 겔 37:1-14] 메시아 나라와 천년왕국,[계 20:4b-6, 겔 37:15-28] 곡과 마곡과의 마지막 전쟁,[계 20:7-10, 겔 38-39장] 회복된 에덴으로 그리고 매우 높은 산에 앉아 있는 것으로 묘사되는 새 성전과 새 예루살렘에 대한 마지막 환상.[계 21:1-22:5, 겔 40-48장] 어떤 이들은 요한계시록 19장과 20장은 다른 두 전쟁을 언급하고, 따라서 이것은 에스겔서의 동일한 예언의 복합적인 성취라고 주장한다. 그러나 만일 이것이 사실이라면, 우리는 20:7-10의 묘사는 19:17-21의 전쟁 이후 연속으로 나타나는 것으로 보아야 한다. 그러나 20:7-10은 단순히 19:21에서 중단된 것을 재개하는 것으로 보이지 않고, 20:7-10의 전쟁은 땅의 군대가 하나님의 백성을 반대하여 모이는 19:17-21의 전쟁과 똑같은 시작을 갖고 있다. 19:19과 20:8 사이의 유사점을 주목해 보라. 나아가 이 진술은 스가랴 12-14장과(특히 슥 14:2) 함께 에스겔 38:2-8과 39:2의 동일한 인유에 기초가 두어져 있고, 이 본문들은 또한 요한계시록 16:14과 19:19의 평행 문구 배후에도 놓여 있다(16:14, 19:19, 20:8에 대한 주석을 보라. 또 뒤에서 세 본문 간의 관계에 대해서도 보라).

다른 이들은 에스겔 39:4에서 원수 침략자는 "이스라엘 산 위에 엎드러지는" 것으로 멸망당하고,[겔 39:17 참조] 요한계시록 20:9에서는 그들이 불로 멸망당한다는 사실을 지적함으로써 에스겔 38-39

장의 전쟁과 요한계시록 20장의 전쟁을 구별하려고 애썼다. 그러나 이 지적은 두 묘사를 구별하는 데 도움을 주는 것이 아니라 오히려 같은 전쟁에 대한 언급으로 동일시하는 데 도움을 준다. 왜냐하면 에스겔 38:21은 하나님이 "내 모든 산 중에서" 칼로 원수를 칠 것이라고 진술하고,[겔 39:17-21 참조] 에스겔 38:22과 39:6은 하나님이 같은 원수를 불로 멸망시킨다고 말하기 때문이다. 에스겔서의 두 묘사는 원수를 패배시키는 동일한 승리를 강조하는 다른 은유 방법이다. 사실 에스겔서에서 동일한 전쟁에 대한 두 은유적 표현 방법은 요한계시록 19:17-21과 20:7-9의 두 전쟁의 묘사에 반영되어 있다. 즉, 전자의 전쟁에서 원수는 칼로 멸망을 당하고 후자의 전쟁에서 원수는 불로 진멸을 당한다.

에스겔서 본문의 예언과 요한계시록 20장을 구별하는 충분한 증거는 전혀 없다. 왜냐하면 에스겔 38-39장에서 곡과 마곡은 북쪽에서 오고 요한계시록 19장에서도 그렇게 보이지만, 요한계시록 20장에서 곡과 마곡은 땅의 모든 민족과 동일시되기 때문이다. 그러나 요한계시록 19:15-21은 그리스도의 반대자로 북쪽에서 온 민족이 아니라 일반적으로 '만국'과[19:15] '땅의 임금들'을[19:19] 언급한다. 따라서 그들은 반드시 20:8의 '땅의 사방 백성'과 다른 자가 아니다.[8절 주석 참조] 확실히 19:15은 이사야 11:4과 시편 2:8의 인유의 한 부분으로 '만국'을 언급하며, 이것은 보편적인 관점을 갖고 있다. 이사야 11:4의 인유를 보면 요한이 말하는 '만국'은 이사야가 말하는 '땅'과 동등한 것으로 보이고, 시편 2:8의 인유를 보면 '만국'이 땅 끝까지 이르는 '이방 나라'로 설명된다. 그러므로 요한계시록 19장이 에스겔서의 전쟁을 인유하고 있다면, 에스겔서의 원수에 대한 다른 지리적 관점을 기초로 요한계시록 19장과 20장을 구분할 하등의 이유는 없다. 요한계시록 19장과 20장의 기사는 에스겔서의 원수를 보편화하는 것으로 보이는데, 그렇다고 이것이 요한이 원래 문맥의 의도와 반대로 에스겔서 본문을 전개하고 있다는 결론으로 나아가서는 안 된다.[8절 주석 참조]

3. 19:17-20:10과 에스겔 38-39장 반복의 관련성: 앞에서 간략히 언급한 것처럼 에스겔 39장은 38장의 동일한 전쟁에 대한 서술을 반복한다. 이것은 요한이 19:17-21과 20:7-10에서 어떤 모형을 따르고 있다면, 그것은 익히 인정된 에스겔 38-39장의 반복 패턴을 따랐으리라는 점을 암시한다(20:4-22:5과 에스겔 37-48장 사이의 포괄적 유사점에 대해서는 20:5-6에 대한 주석을 보라). 확실히 에스겔서 다른 곳을 보면 반복이 전형적인 특징이고, 이것은 구약성경의 다른 선지서에서도 마찬가지다.

4. 16:12-16, 19:19-20과 20:8의 관계: 요한계시록 16:12-16, 19:19-20, 20:8은 전쟁을 위하여 군대를 모으는 것을 묘사하는 동일한 언어를 공통으로 갖고 있을 뿐만 아니라 또한 모인 군대가 전쟁에 가담하도록 '미혹을' 받았다는 개념도 공유하고 있다. 이것은 20:8에서 사탄이 민족들을 "모아 싸움을 붙이는" 미혹이, 귀신들이 아마겟돈 "전쟁을 위하여 그들을 모으고",[16:14] "땅의 임금들과 그들의 군대들이 모여" 전쟁을 일으키며,[19:19] 그리스도를 반대하는 모든 자의 미혹을 언급하는[19:20] 16:12-16과 19:19-20의 민족들의 미혹과 동일한 사건이라는 인상을 강화시킨다. 그리고 16장에서 아마겟돈 전쟁 다음에 우주의 파멸이[16:17-21] 나오는 것처럼 여기서도 20:7-10의 마지막 전쟁 다음에 세상의 붕괴에 대한 환상이 나온다.

5. 19:13-20의 '만국'과 20:3의 '만국'의 관계: 만일 20:1-3이 연대

순에 따라 19:17-21 다음에 나오는 것이라면 불일치가 나타난다. 왜냐하면 사탄에게 미혹을 당하고[16:13-16 • 19:19-20 참조] 재림하신 그리스도에게 멸망을 당한 후에,[19:11-21 • 16:15a, 19 참조] 20:1-3에서 사탄에게 미혹을 당하지 않도록 만국을 보호한다는 것은 말이 안 되기 때문이다. 어떤 이들은 생존자가 19:11-21의 거역하는 만국 가운데 남아 있었고 이후에 그들에 대한 그리스도의 완전한 승리가 있다고 주장하지만, 19:18은 믿지 않고 짐승 편에 섰던 '모든 자'가 죽임을 당했다고 분명히 진술한다. 즉, 새들은 "왕들의 살과 장군들의 살과 장사들의 살과 말들과 그것을 탄 자들의 살과 자유인들이나 종들이나 작은 자나 큰 자나 모든 자의 살을 먹을" 것이다. 또 다른 이들은 거역하는 만국 가운데 전쟁에 가담하지 않은 성도들이 있었고, 천년왕국이 끝날 때 미혹을 당해 그리스도에 맞서 싸운 자는 바로 그들의 후손이라고 주장한다. 그러나 이 견해는 내재적으로 개연성이 없고 본문 속에 증거가 없을 뿐만 아니라, 20:3을 제외하고 '만국'이라는 말이 나오는 23회 가운데 19회가 만국이 구속받은 자와 명백히 구별되는 것이 사실이다.

6. 20:3에서 미혹을 가로막은 것은 19:20이 아니라 12:9을 가리킴: 어떤 이들은 "다시는 만국을 미혹하지 못하게" 사탄이 무저갱에 던져졌다는 20:3의 진술은 19:20에서 짐승과 거짓 선지자의 죽음으로 인해 천년왕국에서 사탄의 활동이 박탈된 것을 가리킨다고 주장한다. 그러나 20:2에서 사탄의 호칭("용……곧 옛 뱀이요 마귀요 사탄")은 12:9("큰 용……옛 뱀 곧 마귀라고도 하고 사탄이라고도 하며")에서 직접 빌려 온 것이다. 나아가 20:3이 사탄을 만국을 미혹하는 자로 말하는 것처럼 12:9도 사탄을 "온 천하를 꾀는 자"로 묘사한다. 이처럼 긴밀한 문자적 관련성에 비추어 보면, 20:3에서 무저갱에 던

져 넣어 사탄의 미혹을 차단하는 것은 12:8-9에서[12:8-10 주석 참조] 하늘에서 땅으로 내쫓긴 것과 동일한 사건을 가리킨다고 추정하는 것이 더 자연스럽다. 이것은 20:1-3의 사건이 12장의 사건과 동시에 발생한 사건, 곧 교회 시대 전체를 망라하는 기간에 일어난 사건이라는 점을 암시한다.

❶ 천년왕국은 하나님이 만국을 미혹하고 교회를 진멸시킬 사탄의 능력을 박탈하심으로써 교회 시대 동안에 시작된다[20:1-3]

20 [1]또 내가 보매 천사가 무저갱의 열쇠와 큰 쇠사슬을 그의 손에 가지고 하
늘로부터 내려와서 [2]용을 잡으니 곧 옛 뱀이요 마귀요 사탄이라. 잡아서
천 년 동안 결박하여 [3]무저갱에 던져 넣어 잠그고 그 위에 인봉하여 천 년이 차도록
다시는 만국을 미혹하지 못하게 하였는데 그 후에는 반드시 잠깐 놓이리라.

1-3. 이전 내용에 비추어 보면, 1절에서 하늘로부터 내려온 천사는 이제 19:11-21에서 서술된 역사에 대한 최후의 심판이 있기 전으로 시간이 거슬러 올라간 환상을 소개한다. 이 환상의 기간은 그리스도의 부활에서 재림까지 미치는 것으로 확인될 것이다. 1절에 등장하는 천사는 "무저갱의 열쇠와 큰 쇠사슬을 그의 손에 가지고" 있다. 이 열쇠는 그리스도께서 자신의 부활로 갖게 되신 "사망과 음부의 열쇠"와 같다.[1:18] 그것은 이제 그리스도의 부활과 함께 시작되는 교회 시대 동안 사탄을 억제하는 기능을 한다. 이 열쇠는 또한 그리스도께서 현세에서 사탄의 간계로부터 충성된 교회를 보호하는 데 사용하시는[3:8-9] '다윗의 열쇠'[3:7]와도 동일하다. 죽은 자의 영역에 대한 그리스도의 주권은 6장에서 상세히 설명된다. 6장에서 그리스도께서 넷째 인을 떼시는 것은 사탄이 '사망과 음부'에 대해 갖고 있는 종속

적 능력이 그리스도께 궁극적으로 지배권이 있음을 묘사한다.[6:8] 이 열쇠는 또한 하나님께서 인 치신 자들을 마귀의 미혹으로부터 보호하는 것을 포함해, 마귀의 영역에 대한 권세를 갖고 계시는 것을 표상하는 '무저갱의 열쇠'[9:1]와 동일한 것으로 간주되어야 한다. 6:8과 9:1-2은 20:1과 매우 비슷하게 선한 천사들(넷째 생물과 다섯째 나팔 심판의 천사)을 죽은 자의 영역에서 귀신들을 지배하는 그리스도의 권세를 집행하는 그리스도의 조력자로 묘사한다. 그러므로 '무저갱의 열쇠'는 1, 3, 6, 9장에 나오는 열쇠와 비슷한데, 특히 6장과 9장에 나오는 열쇠와 비슷하다.

'무저갱'은[9:1-2 참조] 지리적 장소가 아니라 어둠의 권세가 작용하는 영적 영역을 가리킨다. 무저갱은 하나님과 하나님의 천사들이 활동하는 영적 영역인 하늘과 반대 개념이다. 9:1-2에서 천사는 무저갱을 열지만(인봉을 푸는 것과 동등함), 1-3절에서 천사는 무저갱을 인봉하는 것이 사실이다. 하지만 무저갱을 여는 것은 다만 교회 시대 동안 하나님께서 마귀의 권세의 제한적인 행사를 허용하시는 것을 의미하고, 따라서 포괄적으로는 금지나 제한을 함축하며, 이것이 20:1의 초점이다(교회 시대 동안 마귀의 영역을 여는 것은 앞에서 네 말 탄 자, 특히 넷째 말 탄 자를 풀어놓은 것에 암시되어 있고, 2:13을 보면 사탄 자신이 땅의 교회들 속에서 역사하고 있는 것이 분명하다). 만일 그렇다면 이것은 9장의 엶은 20장의 인봉의 특징을 갖고 있다는 것을 의미하고, 20장의 인봉이 모든 면에서 사탄을 완전히 감금하는 것이 아님을 암시한다. 또한 3:7-9에서 열쇠로 열기도 하고 닫기도 하는 것을 주목해 보라. 이 열고 닫음은 상황 속에서 하나님의 목적에 따라 좌우된다. 3장에서 열쇠는, 그리스도의 주권은 세상이 끝날 때에 죽은 자를 일으키실 뿐만 아니라 현세에서 영적인 생명을 부여하기도 하시는 권세를 포함한다는 것을 보여준다. 이처럼 생명을 주시는 것에는, 만일 그리스도께서 그렇게 하고자 하신다면 마귀가 더 이상 빌라델비아의 '사탄의 회당'의 구성원들을 미혹할 수 없게 하시고, 그럼으로써 그들이 진리에 이르고 영적인 생명을 받을 수 있게 하시는 것도 포함한다.[3:7-9 주석 참조] 그러므로 3장과 20:1에서 열쇠로 통제하는 것은 그리스도의 주권적인 뜻에 따라 사탄의 활동을 완전히 박탈하는 것이 아니라 어느 정도 억제하는 능력을 가리킨다.

9:2-3의 무저갱을 여는 것으로부터, 귀신들이 무저갱에서 석방되기 전에는 땅에서 아무 효력을 미치지 못하고 20:2-3의 결박과 관련되어 무저갱에 완전히 갇혀 있으며, 따라서 20:2-3은 사탄의 완전한 결박을 염두에 두고 있는 것이라고 추정할 수 있을까? 이런 견해도 가능하기는 하지만 우리가 주장하는 견해가 더 개연성이 있다고 생각한다. 우리는 또한 20:2-3의 제한된 결박이 9:2-3에 언급된 이전의 감금을 가리키는지, 아니면 9:2-3에서 완전한 감금(우리가 의심하는 사실)으로 해석될 수 있는 것이 20:2-3의 결박을 설명해 주는지 물어보아야 한다. 여기서 중대한 질문은 각 문맥이 다른 문맥의 결박이나 인봉을 규정하는지의 여부에 있다. 우리는 20:1-8의 문맥이 20:2-3의 결박을 규정한다고 믿는다.

천사가 **"용을 잡으니 곧 옛 뱀이요 마귀요 사탄이라. 잡아서 천 년 동안 결박하여."** 만일 앞의 분석처럼 20:1-6에 묘사된 사건이 19:11-21의 마지막 전쟁 이전에 일어나는 일이며 일반적으로 20:1을 이전의 '열쇠' 관련 본문들과 동일시하는 것이 정확하다면, 사탄의 결박과 천년왕국은 교회 시대 동안 어떤 식으로 마귀를 억제하는 그리스도의 권세로 가장 잘 이해된다. 이것은 사탄의 결박이 그리스도의 부활의 직접적인 결과라는 사실을 의미할 것이다. 12장과 20장에 묘사된 사탄의 하늘로부터의 결박, 축출, 떨어짐은 비슷한 용어를 사용하는 신약성경의 다른 본문과 관련해 확인되어야 한다. 예수는 그의 세간을 늑탈하기 위한 '강한 자'의 결박에 대하여 말씀하시는데,[마 12:29, 막 3:27] 이것은 그리스도께서 원수를 결박하기 위해 오셨다는 것을 함축한다. 예수는 제자들에게 사탄의 권능을 제압할 권세를 주실 때 사탄이 하늘로부터 떨어지는 것을 보신다.[눅 10:18-19, 요 12:31] 바울은 그리스도께서 십자가로 마귀의 통치자들을 '무력화시켰다'고 진술하고[골 2:15] 히브리서 2:14은 그리스도께서 마귀를 멸하신다고 말한다. 요한계시록 20:7-9에 따르면 사탄의 결박이 풀리는 일이 그리스도의 재림 직전에 일어난다.

사탄의 결박은 어떤 의미인가? 사탄은 죽은 자의 영역에 대해 그리스도의 부활이 있기 전에 자신이 갖고 있었던 권세를 더 이상 갖지 못한다는 뜻이다. 왜냐하면 그리스도께서 사망을 물리치고 승리하셨기 때문이다.[1:18] 20:3은 마귀가 어떻게 그리스도의 권세 아래 있는지를 더욱 상세히 제시한다. 천사는 사탄을 "**무저갱에 던져 넣어 잠그고 그 위에 인봉하여 천 년이 차도록 다시는 만국을 미혹하지 못하게 하였다.**" 이 결박은 사탄의 완전한 활동의 정지를 가리키는 것이 아니라 오히려 예수께서 마태복음 12:29과 마가복음 3:27에서 사탄의 결박에 대해 가르치신 것과 같다고 보아야 한다. 사탄은 여전히 활동하고 있다. 하지만 이제는 그리스도의 권세에 복종하여 활동하지 않으면 안 된다. 사탄의 파괴적인 능력은 은밀하게 하나님의 더 깊고 넓은 목적을 촉진시키는 역할을 한다.[9:1-2 참조] 요한계시록 9:1-2을 보면 재앙이 주어지는 이유가 하나님을 반대한 자들의 마음을 더 완고하게 만들기 위함에 있다. "이 세상의 임금이 쫓겨나리라"는 사실은[요 12:31] 이제부터 예수께서 '모든 사람'(모든 민족에게서 나온 구원받은 자)을 자기에게로 이끄실 수 있음을 의미한다.[요 12:32] 사탄은 더 이상 하나님의 구원 계획과 관련하여 만국을 미혹할 수 없고, 이것이 20:3의 제한적 목적절의 요점이다("다시는……하지 못하게", 이것은 처음 1-3절의 주된 요점을 제공한다).

3절에서 사탄의 인봉(일반적으로 '권세를 갖고 있음'이라는 의미를 갖는)은 절대적인 감금을 의미하지 않는다. 그리스도인의 인침은[7:3, 9:4] 그들을 모든 면에서 보호하는 것이 아니라 영적인 해로부터만 보호하고, 따라서 심지어는 물리적 박해도 겪을 수 있다. 그러므로 여기서 사탄의 인봉(인침)은 사탄의 악한 활동의 절대적인 중단을 함축하는 것이 아니라 성도들에게 영적인 해를 입히지 못하도록 차단하는 것을 의미한다. 사탄의 인봉은 특별히 그의 미혹 능력의 박탈과 관련해 이해되어야 한다. 9:1-2에서 무저갱을 연 결과로 하나님의 인치심이 없는 비신자들에 대한 학대가 나타났지만, 20:1-3에서 무저갱을 잠근 결과로는 인침 받은 자들에 대한 보호가 나타났다. 두 본문은 동일한 시기(교회 시대)를 묘사한다. 첫 번째 본문은[9:1-2] 사탄이 미혹하도록 허용된 자(비신자)에게 초점이 있다. 두 번째 본문은[20:1-3] 신자들을 미혹하는 사탄의 능력을 제한하는 것을 다루고, 또한 (우리가 직접 살펴볼 것처럼) 비신자들을 미혹하는 것에 대한 제한도 다룬다. 교회 시대가 끝날 때 이 결박이 풀릴 것이다. "그 후에는 반드시 잠깐 놓이리라." 7-10절은 어떤 종류의 미혹 활동이 제한되는지를 분명히 한다. 왜냐하면 엄밀히 3절에서 중단되었다가 7절에서 "천 년이 차매 사탄이 그 옥에서 놓여"라고 다시 시작되기 때문이다. 그때가 되면 사탄은 마지막 전쟁을 위해 민족들을 모으도록 미혹하는 것이 허용될 것이다.[8절]

그렇다면 이 결박은 엄밀히 어떤 의미인가? 결박으로 사탄의 미혹 능력은 두 가지 면에서 제한을 받는다. 첫째, 교회 시대 동안 사탄은 세상 사람들 속에서 택함 받은 자를 미혹하여 그들이 구원받지 못하도록 그리고 하나님의 교회를 세우지 못하도록 방해할 수 없다. 둘째(이것이 '결박'의 일차 초점이다), 하나님이 정하신 시간이 될 때까지 사탄은 교회에 대한 마지막 공격을 감행하기 위해 이방 민족들을 미혹하여 모을 수 없다.[7절 주석 참조] 진실로 사탄은 그리스도에 대한 예속에서는 결코 벗어나지 못한다. 왜냐하면 세상이 끝날 때 그가 일으키는 미혹은 사실상 그리스도의 주권적인 계획의 일환이기 때문이다. 3절 마지막 부분에 나오는 "반드시(must) 잠깐 놓이리라"는 하나님의 의지와 신적인 계획의 확실함을 표현한다.[1:1, 4:1, 11:5, 17:10, 22:6 참조] 교회를 진멸시키려는 마귀의 마지막 시도는 실패하고, 최종적인 패배와 처벌을 겪는다. 사탄의 마지막 공격은 천년왕국이 끝나고 최후의 심판이 있기 직전에 '잠깐' 동안 일어난다.

어느 정도 함축되어 있기는 해도 명시적으로 말해지지 않은 20장의 내용은 요한계시록의 포괄적 문맥과 성경의 포괄적 구조에 따라 채워 넣는 것이 유익할 것이다. 그리스도의 부활에서 재림까지의 기간인[11:3] 천이백육십 일, 곧 삼 년 반에 비록 물리적으로는 고난을 받을지라도 영적으로는 보호를 받는 교회는[11:1-2 주석 참조] 지옥이 이겨 내지 못할 '천국 열쇠'를 갖고 있고,[마 16:19] 이 열쇠는 확실히 '사망과 음부의 열쇠',[계 1:18] '다윗의 열쇠',[3:7] '무저갱의 열쇠'[9:1, 20:1]와 동일한 것이 틀림없다. 이 열쇠는 모두 '사망과 음부'의 영역에 대한 주권을 상징하며, 여기에는 영생의 문을 열고 원수의 미혹 능력의 문을 닫을 수 있는 통제권이 포함된다. 그러나 세상이 끝날 때 '잠깐'(11:9의 사흘 반 동안), 짐승과[11:7] 사탄 자신이[20:3, 7] 하나님의 주권적 목적에 따라 민족들을 모으도록 무저갱에서 풀려날 것이다. 미혹당한 무리가 일으킨 박해가 전 세계의 교회(참 이스라엘을 계승하는)를 엄습하고, 이에 대해 하나님께서 간섭하시지 않으면 교회는 진멸되고 말 것이다. 증언하는 공동체와 전쟁하기 위해 무저갱으로부터 올라오는 짐승(11:7은 20:3, 7의 사탄의 석방과 동일한 사실을 묘사한다)은 마귀의 지상적 대리인으로, 16:12-16과 19:19-21이 증명하는 것처럼 마지막 미혹과 전쟁을 주도한다. 13:1-2에서12:3 참조 역사 전체에 걸쳐 짐승이 사탄의 권세를 표상하는 것처럼, 짐승이 역사가 끝날 때 올라오는 것도 20:3, 7에서 용이 올라오는 것과 같다고 말할 수 있다. 왜냐하면 짐승은 곧 용을 상징하기 때문이다.

따라서 무저갱은 교회 시대 동안 사탄이 (제약을 받고 있음에도 불구하고) 여전히 활동하는 영적인 영역을 표상한다. 요한계시록 6:8은 사망과 음부의 영역(무저갱)을 말을 타고 땅을 두루 파괴하는 자로 묘사한다. 어떤 공간 속에 마귀가 '던져진' 것으로 이해하여 마귀가 세상에 더 이상 존재하지 않는 것으로 보는 것은 잘못이다. 이것은 '무저갱'을 문자적인 의미로 취하는 것이다. 그러나 무저갱은 땅 위나 땅 아래를 가리키는 개념이 아니라(요한계시록 전체에 걸쳐 '하늘'이 그러한 것처럼), 땅의 영역과 함께 그리고 땅의 영역 가운데에 존재하는 영적인 영역을 표상한다(왕하 6:15-17의 천상의 영역과 엡 6:10-17의 사탄의 영역도 마찬가지다).고후 10:3-5 참조 이런 의미에서 사탄은 땅의 영역에서 완전히 제거되지 않고 세상이 끝날 때에 석방되지만, 그것은 단지 궁극적으로 그의 최후의 파괴를 위한 조건을 충족시키기 위함이다.

사탄의 결박이 모든 면에서 완벽한 것이 아니라는 암시는 3절의 미혹 사상과 관련해 창세기 3:1, 14의 인유인 '옛 뱀'의 이름과 일치한다(12:9에 대한 주석을 보고, 12:7-12과 20:1-6 간의 평행 관계는 4-6절에 대한 주석을 보라). 창세기에서도 사탄은 미혹 능력을 행사하여 아담과 하와로 하여금 하나님께서 창세기 2:16-17에서 그들에게 주신 명령이 사실이 아니라고,창 3:1, 4 그리고 하나님 자신이 선악을 알게 하는 나무의 열매를 먹는 것을 금할 때에는 속이려는 의도가 있었다고창 3:4-5 믿도록 미혹함으로써 하나님의 최초의 언약 공동체를 파괴했다. 이로 말미암아 인간은 하나님을 위해 땅을 정복하라는 명령을 수행하지 못하게 되었다. 그러나 마지막 아담이 오심으로써 언약 공동체는 이제 이 사명을 감당할 수 있게 되었다. 이 결박으로 뱀은 제약을 받고, 따라서 이제 사탄은 이전에 에덴동산에서 이루었던 일을 달성할 수 없다.

구약 시대에 사탄은 이스라엘의 대다수 백성을 미혹시킬 수 있었고, 그리하여 그들이 이방을 구원하는 빛의 사명을 감당할 수 없도록 만들었다.[사 49:6 참조] 그 결과 하나님 나라의 복음은 이방 민족들에게 전달되지 못했고, 그들은 계속 영적인 어둠 속에 남아 있었다.[행 14:16, 17:30] 또한 이스라엘 민족은 그들의 죄로 말미암아, 사탄의 억압 아래 그들을 진멸시키려고 획책한 이방 민족들에게 정복되었다. 이런 진멸 시도는 사탄이 진정한 의미의 참 이스라엘인 그리스도를 공격할 때 절정에 달했다. 사탄은 자신의 대행자들이 그리스도를 죽일 때 성공한 것처럼 보였지만, 그리스도의 부활로 증명된 것은 결국 사탄의 패배였다.

요한계시록 12:2-5은 그리스도의 죽음과 부활에서 절정을 이루는 사탄의 언약 공동체에 대한 이 학대 과정을 집어넣는다. 결론적으로 참 이스라엘로서 예수와 동일시되는 자는 모두 이방의 빛이 되는 사명을 성취하기 시작했고, 따라서 이방을 덮고 있던 사탄의 미혹의 수건이 벗겨진다.[사 49:6, 눅 2:32, 행 13:47, 26:18, 23, 갈 3:26, 29, 6:15] 이것은 마귀가 그리스도께서 재림하기 전 대부분의 기간 동안 복음 전파나 복음 수용의 확대(교회)를 멈추게 할 수 없다는 것을 의미한다. 그래서 그리스도는 자기를 따르는 자들에게 "모든 민족을 제자로 삼으라"[마 28:19]고 명령하신다. 복음은 "모든 민족에게 증언되기 위하여 온 세상에 전파되리니 그제야 끝이 올" 것이다.[마 24:14] 그러나 세상이 끝날 때, 곧 그리스도의 재림이 있기 직전에, 사탄은 특히 옛날 에덴에서 그랬던 것처럼 그리고 이스라엘에 대하여 그랬던 것처럼(복이스라엘과 남유다를 차례로 멸망시켜 포로로 잡아감) 그리고 참 이스라엘이신 예수에 대하여 십자가에서 그랬던 것처럼(참 이스라엘로서의 메시아 종에 대해서는 사 49:3을 보라), 하나님의 백성에게 악랄한 공격을 퍼부으며 복음 전파를 중단시키고 만국에 미혹의 휘장을 치도록 '잠깐' 허락을 받을 것이다. 바울도 동일한 진리를 제시한다. 바울은 불법한 자의 제한이 세상 끝날에 풀리지만 그리스도께서 오시면 그 원수는 멸망할 것이라고 말한다.[살후 2:6-12]

20:1-3 묵상 제안

사탄의 결박의 성격: 20:1-3에서 우리는 하나님과 마귀 사이의 오랜 전쟁을 설핏 들여다볼 수 있다. 본서의 주석은 예수께서 부활하실 때 행해진 사탄의 결박은, 그것이 교회 시대 최후 단계까지 미치던 마귀의 능력을 진정으로 제한하는 것을 말한다는 점에서, 신자들의 인침과 비슷하다고 주장한다. 이 제한은 특히 택함 받은 자를 미혹시키는 사탄의 능력과 결부되어 있다. 여러분은 이것을 일반적으로 세상 속의 악의 존재와 어떻게 조화시키는가? 우리가 사탄의 악한 간계를 이루는 데 자유로운 세속 분야에 너무 큰 비중을 두기 때문에 마귀의 능력을 과장하는 것은 아닌가?

미혹이 지속되는 현실의 난관: 마귀는 아담을 미혹하고, 또 이스라엘 대다수 백성을 미혹했다. 하지만 지금은 그리스도 안에서 택함 받은 자를 미혹하는 일이 제한을 받고 있다. 그런데도 때때로 그리스도인이 미혹을 받는 것처럼 보이는 것은 왜 그런가? 하나님께서 이 제한을 마귀에게 두셨다고 해서 하나님의 백성이 하나님의 말씀을 연구하지 않아도 되거나 영적 권세에 복종하지 않아도 되는 면죄부가 주어지는 것은 아니다. 일부 신자들은 하나님의 보호하심과 긍휼하심을 당연히 여기고 있는가? 우리는 겸손하게 하나님의 보호하심의 필요성을 인정하고, 그럼에도 불구하고 동시에 하나님의 법 아래 있는 자로서 책임을 얼마나 엄정하게 감당하고 있는가?

❷ 천년왕국은 죽은 성도들이 영혼의 부활을 통해 그리스도와 함께하는 제사장과 왕으로서 영적 사망을 이기는 권세를 갖는 거룩한 자리에 참여함으로써 교회 시대 동안에 시작된다[20:4-6]

20 4 또 내가 보좌들을 보니 거기에 앉은 자들이 있어 심판하는 권세를 받았
더라. 또 내가 보니 예수를 증언함과 하나님의 말씀 때문에 목 베임을 당
한 자들의 영혼들과 또 짐승과 그의 우상에게 경배하지 아니하고 그들의 이마와 손에
그의 표를 받지 아니한 자들이 살아서 그리스도와 더불어 천 년 동안 왕 노릇 하니 5
(그 나머지 죽은 자들은 그 천 년이 차기까지 살지 못하더라.) 이는 첫째 부활이라. 6 이 첫째
부활에 참여하는 자들은 복이 있고 거룩하도다. 둘째 사망이 그들을 다스리는 권세가
없고 도리어 그들이 하나님과 그리스도의 제사장이 되어 천 년 동안 그리스도와 더불
어 왕 노릇 하리라.

20:4-6은 천년왕국의 핵심 요점이, 교회 시대 전체에 걸쳐 사탄의 공격 아래 있지만 신실함에 대한 보답으로 영원한 영광의 관을 받게 될 하나님의 백성의 승리를 예증하는 데 있다는 것을 계시한다. 이것은 바울이 다음과 같이 말하는 것과 같다. "우리가 주와 함께 죽었으면 또한 함께 살 것이요 참으면 또한 함께 왕 노릇 할 것이요."[딤후 2:11-12] 요한계시록 12:7-11은 20:1-6과 같이, 장면이 하늘에서 땅으로 바뀌는 환상을 제시한다. 20:1-6에서처럼 12:7-11도 첫 장면은 천사가 사탄을 내쫓는 것을 묘사하고[7-9절] 이어서 사탄의 쫓겨남의 결과가 나오는데, 이 결과는 그리스도와[10절] 그리스도의 백성의[11절] 시작된 왕권으로 진술된다. 12장과 20장 사이의 평행 관계는, 모

든 면에서 동일한 것은 아니지만, 장면들이 동일한 사건을 묘사하고 서로가 서로를 해석하는 역할을 하고 있음을 암시한다. 12장과 20장 모두 하늘의 장면으로 시작된다.[12:7, 20:1] 둘 다 기록된 또는 가정된 천사와 사탄의 전쟁을 묘사한다.[12:7-8, 20:2] 둘 다 사탄이 땅이나 무저갱으로 떨어지는 것을 기록한다.[12:9, 20:3] 둘 다 마귀에 대하여 동일한 묘사가 주어진다.[12:9, 20:2-3] 둘 다 사탄에게 할당되는 작은 또는 짧은 시간을 언급한다.[12:12, 20:3] 둘 다 사탄의 몰락이 그리스도와 그의 성도들의 나라를 결과한다.[12:10-11, 20:4] 둘 다 성도들의 왕권이 단순히 사탄의 몰락에 기반이 있는 것이 아니라 그들의 예수에 대한 증언 또는 예수의 증언을 고수하는 데 있어 그들이 보여준 신실함에 기반이 있다.[12:11, 20:4]

따라서 12:9, 10, 12에서 사탄이 "땅으로 내쫓기는" 것과 20:2-3에서 결박되어 "무저갱에 던져지는" 것 사이의 차이는 12장의 환상에서 사탄의 영향력을 제한시키는 것을[12:9-12 주석 참조] 그리스도의 죽음 그리고 특히 그리스도의 부활의 결과로 암시한다. 2-3절에서 마귀의 결박과 무저갱에 던져짐을 대응시켜 언급하는 것은 그리스도의 구속 사역의 결과로 주어지는 마귀의 제한된 영향력의 또 다른 국면을 표현한다. 마귀는 12:9-12에서 미혹하는 힘을 잃었고, 땅으로 내쫓겨 더욱 크게 기승을 부리며 미혹하려고 애쓰지만 참된 신자들에게는 아무 효력이 없다. 사탄을 "무저갱에 던져 넣어 잠그고 그 위에 인봉하는"[2-3절] 것도 사탄이 세상을 미혹하여 교회를 진멸시키려는 보편적 공격을 감행할 힘을 상실하게 된다는 것을 암시한다. 이와 같이 12장과 20장의 본문은 일반적으로 서로 대응을 이루고 있고 상호 보완적이다.

또한 12:7-11과 20:1-6 모두 부활이 사탄의 내쫓김과 직결되어 있다. 12:5에서 그리스도의 부활은 그리스도의 천상의 대표자인 미가엘이 사탄을 하늘에서 내쫓는 결과를 낳고, 1-3절의 천사도 이와 똑같이 행한다. 4-5절의 성도의 부활에 대한 언급은 그들이 그리스도의 부활을 공유함을 가리키는 것으로 보이고, 이로 말미암아 성도는 영적으로 마귀를 지배할 힘을 갖는다. 만일 20장의 사탄의 결박이 일반적으로 12장의 내쫓김과 동등한 사실이라면, 사탄이 무저갱에 감금된 사실은 이전과 같이 미혹하는 힘을 갖지 못한다는 것과 하늘의 법정에서 성도들을 위해 하나님이 내리신 구원 판결을 뒤집어엎을 권능이 없다는 것을 함께 암시한다.[12:9-11 주석 참조] 이것은 20:4의 천상의 궁정 심상으로 지지를 받는다.

20:3의 '잠깐'[헬라어 *mikros chronos*]과 12:12의 '얼마 남지 않은 때'(문자적으로 '작은 때')[헬라어 *oligos chronos*]는 약간 다르기는 하지만 어느 정도 중첩될 수 있다. 12:12의 '얼마 남지 않은 때'는 교회 시대 동안 천국의 완성과 사탄의 최종적인 패배에 대한 신자들의 절박한 기대를 암시한다. 심지어는 6:11의 '잠시 동안'[*mikros chronos*]도 절박한 기대를 가리키는데, 이 경우에는 하늘에 있는 영광 속에 들어간 신자들의 기대다. 왜냐하면 끝이 임하는 날과 때는 하나님만 아시기 때문이다. 3b절과 7-8절은 또한 12:12의 '얼마 남지 않은 때'의 의미를 최소한 두 가지로 명확히 한다. 첫째, 두 본문은 마귀가 버림받은 자와 구원받은 자 모두를 향해 '큰 분노'를 일으키는 것의 기초를 설명해 준다. 사탄은 무저갱에 감금되어 있기 때문에 그의 분노는 더 심화된다. 둘째, 성도들을 공격하도록 사탄에게 할당된 '잠깐'은[20:3b, 7-8] 사탄을 더욱 격분하게 만들 것이다. 12:12에서처럼 사탄의 관점에서 보면 그의 때는 교회 시대로 그치기 때문에 여전히 짧다. 그러나 하나님의 관점에서 보면 여기서 '때'는 진실로 문자적으로도 짧다. 그런 의미에서 3절과 7-8절은 '잠깐'이 12:12의 '얼마 남지 않은 때'의 마지막 단계라는 것을 분명히 한다.

4. 여기서 1-3절의 무저갱에서 일어난 일로부터 사탄의 결박의 결과로 하늘에서 동시에 일어난 일로 초점이 바뀐다. 1-3절과 4-6절의 사건은 동일한 기간에 일어나고, 이 기간은 '천 년 동안'으로 지칭된다. 이것이 문자적 시간이 아니라는 것은 다음과 같은 사실로 보아 분명하다.

- 요한계시록 다른 곳에서 일관되게 사용되는 수의 비유적 용법(1,000의 배수를 포함)과[5:11, 7:4-9, 9:16, 14:1, 21:16] 직접 문맥의 수많은 비유적 성격(쇠사슬, 무저갱, 용, 뱀, 잠금, 인봉, 짐승 등)
- 요한계시록 전체에 걸쳐 주도적으로 나타나는 비유적 어조[1:1 참조]
- 구약성경에서 1,000이라는 수의 비유적 사용: 비유적인 비시간적 용법[신 1:10-11, 32:30, 수 23:10, 욥 9:3, 33:23, 시 50:10, 68:17, 아 4:4, 사 7:23, 30:17]과 비유적인 시간적 용법.[신 7:9, 시 84:10, 전 6:6] 특히 역대상 16:15-17과 시편 105:8-10에서 하나님이 "영원히 기억하신 언약"은 "하나님이 천 대에 걸쳐 명령하신 말씀"과 동등하다.
- 유대교 문헌과 초기 기독교에서 '천 년'을 구속받은 자의 영원한 복의 수로 사용하는 용법[벧후 3:8, 희년서 13:27-30, 에녹2서 25-33장, 바나바 서신 15장, 이삭 유언서 6-8장]

이상의 실례들이 비추어 보면 '천 년'은, 시편 90:4의 "주의 목전에는 천 년이 지나간 어제 같으며 밤의 한 순간 같을 뿐임이니이다"와 같이 비유적으로 취해져야 한다(아마 이 기간은 긴 시대를 가리키는 것으로 보아야 할 것이다).

고난 속에 있는 성도들이 '십 일 동안' 짧게 환난을 견딘다면[2:10] 천 년 동안 왕 노릇 하는 상을 받으리라는 것은 비유적인 개념일 것이다. 십이 천으로 확대되는 것은[1,000은 10의 세제곱], 날[日]이 해[年]로 길어지는 것과 같이, 현재의 일시적인 고통이 영원한 영광이 임하기 전의 중간 단계에서도 더 큰 영광을 가져온다는 사실을 암시할 것이다.[5-6절 주석 참조]

마귀가 무저갱에 던져짐으로써 주어진 첫 번째 결과는 그리스도인이 보좌에 앉을 수 있게 된 것이다. "**또 내가 보좌들을 보니 거기에 앉은 자들이 있어.**" 이것은 사악한 원수에 대한 최후의 심판을 선언하고, 그리하여 원수에게 학대를 받던 성도들의 정당성이 입증되는 다니엘 7장의 천상의 궁정을 표상한다("왕좌가 놓이고……좌정하셨는데……짐승이 죽임을 당하고").[단 7:9-11] 여기서 요한은 문자적으로 보좌에 앉아 있는 사람들에 대해 말하는 것이 아니라 성도들이 생명을 얻음으로써 그리스도와 함께 왕 노릇하게 된 관념을 비유적으로 전달하는 것이다. "**심판이 그들을 위하여 행해졌더라**"(NASB에서처럼 "심판이 그들에게 주어졌더라"가 아님)는 다니엘 7:22("성도들을 위하여 원한을 풀어 주셨고")의 인유다. (개역개정판도 NASB와 같이 "[그들이] 심판하는 권세를 받았더라"로 번역했다.—옮긴이) 다니엘 7장을 보면 이 사법적 정당화가 성도들이 인자와 함께 왕 노릇 하기 위한 필수 조건이다.[단 7:11-14, 18, 27]

"심판이 그들을 위하여 행해졌더라"는 "하나님이 너희를 위하여 그에게 심판[krima]을 행하셨음이라"[18:20]와 같은 의미를 전달한다. 따라서 '그들'은 성도를 가리키고, "거기에 앉은 자들이 있어"라는 직전 문구와 직결되어 있으므로, 분명히 보좌에 앉은 자들을 죽은 성도들과 동일시한다. 요한계시록 다른 곳에서 이십사 장로(성도들을 대표하는 천상의 존재)는 보좌에 앉아 있는 것으로 확인되고,[4:4, 11:16] 그들 역시 그들이 대표하는 4절의 신자들 속에 포함되는 것이 가능하다.

이 죽은 성도들은 이제 하나님의 천상의 궁정의 일원이고, 이것은 이기는 성도들이 그리스도와 함께 만국을 다스리는 권세를 행사하고 그리스도와 함께 그분의 보좌에 앉게 되리라는 약속을 부분적으로 성취하는 것이다.[2:26-27, 3:21 • 마 19:28, 눅 22:30 참조] 이 죽은 성도들은 그리스도의 사법적 판결에 동조하고 찬송함으로써 그리스도와 함께 다스리는 일을 수행하게 된다. 4절과 다니엘 7:22에서처럼, 심판 다음에 성도들이 나라를 차지한다는 언급이 이어진다. 여기서 묘사된 실재는 6:10에서 고난받은 성도들이 자신들의 정당성과 흘린 피의 보복을 간청하는 기도의 응답으로 간주될 수 있다. 4절은 이 최초의 간청에 대한 첫 번째 응답이 아니고, 6:11에 이미 함축되어 있던 응답을 더 깊이 확대시키는 것이다. 6:11을 보면 흰 두루마기와 쉼이 주어지는 것이 응답의 시작으로 나타난다(14:13의 '쉼'도 마찬가지다). 그들의 다스림과 기도의 완성된 응답은 그리스도께서 재림하실 때까지는 주어지지 않는다.

이 죽은 성도들은 4절에서 "**예수를 증언함과 하나님의 말씀 때문에 목 베임을 당한 자들의 영혼들과 또 짐승과 그의 우상에게 경배하지 아니하고 그들의 이마와 손에 그의 표를 받지 아니한 자들**"로 묘사된다. 이들은 6:9에서 "하나님의 말씀과 그들이 가진 증거로 말미암아 죽임을 당한 영혼들"로 묘사된 자들과 같은 집단이다. 그들은 온갖 고난과 박해에도 불구하고 믿음을 고수하다 죽은 성도들이다. 6:9과의 평행 관계는 4절의 장면이 죽은 성도가 땅이 아니라 하늘에서 다스리고 있음을 묘사한다는 사실을 강하게 암시한다.[7:14-17 참조] 그들은 순교를 통해서든 자연적으로든 신실함을 간직하고 죽었다. 신자들은 '영혼들'로 지칭되는데, 그것은 그들의 죽은 인간적인 몸이 영광스러운 몸으로 최종적인 부활을 기다리고 있는 상태에 있으므로 현재 하늘에서의 실존과는 분리되어 있기 때문이다. 만일 영혼과 몸의 분리가 견지되지 않으면, "목 베임을 당한 자들의 몸"이라는 어색한 모습이 나타난다. 이 장면은 하늘에서 일어나고, 성도들은 죽은 자들이다. 왜냐하면 요한계시록에서 46회에 걸쳐 등장하는 '보좌'헬라어 *thronos*라는 단어는 완전히 하늘의 영역(42회, 하지만 22:1, 3의 보좌는 새 하늘과 새 땅에 위치해 있다)이나 마귀의 영역을2:13 가리키기 때문이다. 이 많은 사례 가운데 '보좌'가 땅의 보좌를 가리키는 경우는 하나도 없다.

6:9에서 '죽임을 당한'이라는 말은 단지 육체적인 순교를 가리키는 것이 아니라 온갖 박해를 가리키고, 따라서 4절의 '목 베임을 당한'도 동일한 사실을 비유적으로 표현하는 것으로 볼 수 있다. 비록 순교가 언급되기는 해도 그리스도인은 목 베임을 당하는 것 외에 다른 많은 원인으로도 죽었다. 요한이 (문자적 순교를 강조하는 것이 아니라) 일반적으로 온갖 고난을 가리키고 있다는 것은 1:9과 12:11로 보아도 확증된다. 두 본문을 보면 각각 "하나님의 말씀과 예수를 증언하였음으로 말미암아",1:9 "자기들이 증언하는 말씀으로써"12:11라는 말이 나타나고 온갖 고난이 언급된다(죽음을 포함한 박해의 정도에 대해서는 2:10에 대한 주석을 보라). 그러나 후속 구절("또 짐승과 그의 우상에게 경배하지 아니하고 그들의 이마와 손에 그의 표를 받지 아니한 자들이")이 "목 베임을 당한 자들의 영혼들"과 같은 집단을 가리키는지, 아니면 다른 성도 집단을 가리키는지에 대해서는 타당한 논란이 있다. 헬라어 문법 구조는 두 번째 집단, 곧 다른 성도 집단을 가리키는 것을 암시할 수 있다. 두 번째 포괄적인 집단은, 믿음 때문에 죽임을 당한(문자적으로 목 베임을 당한 것이 아닌 다른 방법으로) 자를 가리키든 또는 다른 박해 방식으로 고난을 겪은 자를 가리키든, 13:15-17에서처럼 신실한 모든 신자일 것이다. 첫 번째 집단("목 베임을 당한 자들의 영혼들"과 같은 집단)은 문자적인 순교자, 따라서 나머지 죽은 성도들이 그들의 보좌에 함께 앉게 되는 자들만을 가리키는 것을 의미할 수도 있다(보좌들에 앉은 자들은 두 집단을 망라한다).

만일 "짐승과 그의 우상에게 경배하지 아니하고 그들의 이마와 손에 그의 표를 받지 아니한 자들"이 단순히 "목 베임을 당한 자들의 영혼들"을 부연 설명하는 것이라면, 이 설명도 가능하기는 하지만 개연성이 떨어지고, 4절 전체가 단지 순교자만을 언급하는 것이 되고 말 것이다(다만 이때 순교자는 모든 죽은 성도들의 대표가 될 것이다).

어쨌든 4절에서 묘사되는 자들은 모든 죽은 성도, 곧 '첫째 부활'[5절]에 참여하고 천 년 동안 다스리는 자들로 보인다. 6절에 따르면 이에 대한 이유는 오직 첫째 부활에 참여하는 자(4절의 '살아서')만이 둘째 사망을 이기고 그리스도와 함께 왕 노릇 할 것이기 때문이다. 그러나 14-15절에 따르면 이름이 생명책에 기록되어 있는 모든 성도가 하나님의 심판의 결과로 버림받은 자에게 임하는 '둘째 사망'을 이긴다. 첫째 부활에 참여한 신실한 성도들은 제사장이 되고 그리스도와 함께 다스릴 것이라고 한 약속은[6절] 출애굽기 19:6에 기초가 두어져 있고, 이를 인유하는 요한계시록 1:6과 5:9-10도 이 사실을 분명히 성도들의 전체 공동체에 적용시킨다. 이것은 "그 나머지 죽은 자들",[5절] 곧 첫째 부활에 참여하지 못한 자들은 영원한 심판을 받아야 하는 비신자들을 가리킨다는 것을 의미한다. 구원받는 자는 하나님의 임재 속에서 영원히 섬기는 제사장이 된다. 반면에 버림받은 자는 영원히 하나님과 분리된다.

4절의 결론은 죽은 성도들이 "**살아서 그리스도와 더불어 천 년 동안 왕 노릇 한다**"는 사실을 긍정한다. 여기서 동사 '살아서'는, 2:8과 13:14에 나오는 같은 동사의 용법과 비슷하게 헬라어의 시발적인 부정과거 용법으로 취하는 것이 가장 좋은데, 어느 시점에 시작된 생명이라는 의미를 전달한다. 4절은 시작할 때와 똑같이 왕권에 대한 심상으로 끝마친다. 사탄에 대한 심판의 결과로 주어진 성도들의 정당성은 그들이 받은 부활 생명과 왕권에 있다. 이것이 4절의 주된 요점이다. 5-6절은 이 부활 생명의 의미를 제사장직 및 왕권과 관련해 설명한다.

5-6. 4절은 성도들이 살아서 심판을 행하고 그리스도와 함께 다스리는 것은 1-3절에 나오는 사탄의 결박의 결과라고 주장했다. 이제 그 결과가 '첫째 부활'과 이 부활에 수반된 복, 곧 둘째 사망에서 보호받고 왕으로서 다스리는 "**하나님과 그리스도의 제사장이 되는**" 것으로 더 깊이 해석된다. 성도들의 부활 실존은 둘째 사망이 그들을 다스리는 권세가 없는 것의 기초다. "**이 첫째 부활에 참여하는 자들은 복이 있고 거룩하도다. 둘째 사망이 그들을 다스리는 권세가 없고.**" 둘째 사망에 대한 이 권세는 "**그들이 하나님과 그리스도의 제사장이 되어 천 년 동안 그리스도와 더불어 왕 노릇 하리라**"는 말로 표현된다.

"그 나머지 죽은 자들은 그 천 년이 차기까지 살지 못하더라"에서 "그 나머지 죽은 자들"은 버림받은 자로, 성도들이 천 년 동안 다스리는 일에 참여하지 못하고 불못에 던져지는 처벌로부터 보호를 받지 못한다. 이 언급은 삽입구이고, 4절의 사상은 5b절("이는 첫째 부활이라")로 직접 이어진다. 성도들이 영원 속에서 "세세토록 왕 노릇 하리라"는 22:5의 진술은 천년왕국 기간에 시작된 통치가 계속 이어지는 것이고, 마치 두 통치가 시간상으로 동일한 것처럼 20:4-6의 통치와 겹치는 것이 아니다. 마귀의 결박이 천 년으로 제한되는 것처럼 성도들의 중간 통치도 똑같이 제한되고, 이후 영원 속에서 펼쳐지는 완성된 통치가 이어진다(천 년 기간과 교회 시대의 동일함에 관해서는 1-6절에 대한 서론 주석을 보라).

제사장과 왕의 이중 직무는 출애굽기 19:6뿐만 아니라1:6, 5:10 주석 참조 이사야 61:6에도 배경을 두고 있다. 이사야 61:6은 이스라엘 민족이 "여호와의 제사장이라 일컬음을 받고" 이방 나라들을 왕으로 다스릴 때, 곧 하나님의 백성의 마지막 때 회복에 대해 언급한다. 흥미롭게도 스가랴 6:13은 "그 자리[보좌]에 앉아서 다스릴 것이요 또 제사장이 자기 자리[보좌]에 있을" 메시아-왕을 언급하는데, 이것은 요한계시록 전체 곳곳에 나타나는 그리스도의 이중 역할의 배후에 놓여 있는 본문이고, 성도들도 이 역할에 있어서 집단적으로 그리스도와 동일화된다. 신자들이 그리스도를 섬기는 제사장이 될 것이라는 추가 언급은 그리스도께서 하나님과 동등하다는 사실을 암시하고, 이것은 요한계시록 다른 곳에서도 강조된다.[5:13-14, 7:9-17, 22:3-4]

미래주의 관점은 천 년 기간(문자적으로 해석되든 비유적으로 긴 기간으로 해석되든)이 그리스도의 재림과 함께 시작된다고 주장하고, 4절의 의인들(천년왕국 동안)과 5a절의 경건하지 않은 자들(천년왕국이 끝날 때)이 사는 것[헬라어 *zaō*]을 문자적인 육적 부활로 본다. 반면에 역사적 무천년설은 첫째 부활을 영적 부활로, 둘째 부활을 육적 부활로 이해했다. 5a절에서 사용된 '사는 것'이라는 말은(사실상 모든 주석가가 5a절의 '사는 것'을 본질상 육적 부활로 이해한다) 4b-5b절에서도 동일한 의미를 가져야 하고, 따라서 5a절의 악인의 육적 부활이 사는 것으로 묘사되고 있다면 4b절의 동일한 말도 성도의 육적 부활을 의미해야 한다고 주장된다. 게다가 4b절도 육적 부활을 염두에 두고 있는 것으로 주장되는데, 그 이유는 신약성경 다른 곳에 나오는 '부활'[헬라어 *anastasis*]이라는 단어를 연구해 보면 등장하는 41회 가운데 39회가 육적 부활을 가리키는 것으로 나타나기 때문이다.

이 구절에 대한 전천년설의 입장을 반대하는 답변은 다음과 같은 고찰에 기초가 두어져 있다.

1. 5-6절에 나타난 '부활'과 '생명'의 의미: *anastasis*라는 단어가 요한계시록에서 20:5-6에서만 발견된다는 사실을 유념하는 것이 중요하다. 게다가 '첫째'[*prōtos*]가 '부활'이라는 말과 함께 나타나는 경우

는 요한계시록을 제외하면 성경 어디에도 없다. 또 '둘째'라는 말이 '사망'과 관련하여 나타나는 경우도 요한계시록을 제외하고는 성경 어디에도 없다.[21:8 참조] 그러므로 '첫째'와 '둘째'의 개념을 표현하는 단어 연구를 통해 더 나은 의미를 결정하고 5-6절의 '부활'의 의미를 판단해야 한다. 나아가 '살다'[*zaō*]라는 동사는 요한계시록과 신약성경 다른 곳에서 다양한 의미를 갖고 있고, 동일한 문맥에서 육적 부활 및 영적 부활 모두와 관련되어 사용될 수 있다. 1:18과 2:8에서 '살다'는 말은 육적 부활을 가리키고, 16:3과 19:20에서는 모종의 육체적 생명을 가리킨다. 그러나 3:1, 7:17, 13:14에서는 일종의 영적 실존을 가리킨다. 또한 6회에 걸쳐 다른 곳에서는 하나님의 초시간적인 영적 실존 속성을 가리키고, 따라서 요한계시록에서 이 말의 주도적인 의미는 '영적 생명' 또는 '영적으로 사는 것'이다.

그러나 신약성경 다른 곳에서 *anastasis*와 *zaō*[또는 명사 *zōē*, 곧 '생명']는 다른 동의어들과 함께 상호 교체적으로 사용되어, 동일한 직접 문맥 안에서 영적 및 육적 부활을 모두 가리키는 것이 매우 두드러지게 발견된다. 예를 들어 로마서 6:4-11을 보면 바울은 (의역하면) 다음과 같이 말한다. 우리는 영적으로 그리스도와 함께 장사되었고, 따라서 그리스도께서 육체적으로 무덤에서 다시 살아나신[*egeirō*] 것처럼 우리도 영적으로 새 생명[*zōē*]을 받는다. 또 우리가 영적으로(회심할 때) 그리스도의 육적 죽음과 연합하게 되면 영적으로 그리스도의 육적 부활(*anastasis*, 그리스도의 부활 생명이 우리의 현재 영적 실존 속에서 실현되기 시작함)[5절]과 연합한 자가 될 것이다. 우리는 영적으로 그리스도와 함께 살기[*syzaō*] 위하여 영적으로 그리스도와 함께 죽었다(우리의 현재 부활 생명에 대한 또 다른 언급). 그러므로 바울은 우리는 영적으로 죄에 대하여 죽은 자로 간주해야 하지만 영적으로 그리스도 예수 안에서 하나님께 대하여는 살아 있는 자로 여겨야 한다고 결론짓는다. 바울은 다음과 같이 말한다. "그가 살아 계심은*zaō* 하나님께 대하여 살아 계심이니."*zaō*, 10절 "너희도 너희 자신을……그리스도 예수 안에서 하나님께 대하여는 살아 있는*zaō* 자로 여길지어다."11절 바울은 '죽음', '생명', '부활'과 같은 말(뒤의 두 단어는 계 20:4-6에서 발견된다)을 취하여 한 본문에서 그 말의 두 가지 다른 의미를 함께 사용한다. 즉, 그리스도의 부활을 가리키는 데 있어 영적인 의미(그리스도 안에서 우리가 현재 누리고 있는 영적 부활 생명과 관련된 의미)와 육적인 의미를 함께 사용한다(*anastasis*는 명시적으로 영적인 의미로 사용되는 것은 아니지만 분명히 *syzaō* 및 *zōē*와 동의어다). 또한 바울이 우리가 그리스도께 나아갈 때 이미 부활을 경험했다는 것을 어떻게 진술하는지 주목해 보라.엡 2:6, 골 3:1

요한복음 5:24-29도 마찬가지다. 거기서 예수는 자신의 말을 듣는 자는 이미('이 때라') 영적으로 생명*zaō*을 갖고 있고, 이미 영적으로 사망에서 생명*zōē*으로 옮겼다고 가르치신다. 그러나 예수는 계속해서 육체적으로 죽은 자들이 육체적으로 살아나고 그리스도의 음성을 들은 자들이 육적 및 영원한 '생명의 부활'*anastasin zōēs*을 경험하지만, 다른 이들은 육체적인 '심판의 부활'을 경험할 때가 올 것이라고 말씀하신다. 5-6절에서도 마찬가지다. '생명', '사망', '부활'과 같은 말들의 영적이고 육적인 의미가 한 본문에서 상호 교체적으로 사용된다(*anastasis*는 명시적으로 영적인 의미로 사용되지 않지만 분명히 *zōē*와 동의어로, '생명의 부활'이라는 표현은 동격의 소유격 용법으로 '생명 곧 부활'이라는 의미다. 하지만 요 5:24에서 *zōē*는 영적으로 사용된다). 나아가 요한복음 5:25과 28-29절은 다니엘 12:1-2에서 나온 동일한 부활 예언을 가리키고, 이것은 예수께서 다니엘 12:2에 예언된 부활을 영적인 의미와요 5:25 육적인 의미를요 5:28-29 다 취하여 해석하신다는 것을 뜻한다.

그렇다면 '살다'*zaō*라는 동사가 요한계시록 20:4-5에서 반드시 동일한(곧 육적인) 의미를 가져야 할까? 요한계시록의 직접 문맥과 포괄 문맥이 그 의미를 결정해야 한다. 6절의 '둘째 사망'이 분명히 의식적인 영원한 고통이 포함된 불의한 자의 영적 죽음을 가리킨다는 점을 유념하라.[10, 14-15절 주석 참조] 한편 4절에 언급된 의인의 죽음("목 베임을 당한 자들의 영혼들")은 문자적인 육적 죽음을 가리킨다. 그러므로 4-5절에는 신자들의 첫째 죽음이 나타나 있고, 이것은 육적 죽음으로서 본질상 영적인 비신자들의 둘째 사망과 차이가 있다. 만일 다른 두 종류의 죽음이 있다면 동일한 죽음의 이중적인 성격을 반영한 결과로서 다른 두 종류의 부활이 있다고 추론함이 개연적일 것이다. 말하자면 신자들의 부활은 영적 부활이고, 반면에 비신자들의 부활은 육적 부활이다. 성도들의 첫째 죽음, 곧 육적 죽음은 그들을 첫째 부활, 곧 하늘에서의 영적 부활로 옮겨 놓지만, 경건하지 않은 자들의 둘째 부활, 곧 육적 부활은 그들을 둘째 사망, 곧 영적 죽음으로 옮겨 놓는다. 이 해석은 6절의 사상과 부합하는데, 그 이유는 첫째 부활, 곧 영원한 영적 부활이 둘째 사망, 곧 영원한 영적 사망의 고통을 예방하는 데 요구되는 최소한의 조건이기 때문이다. 악인의 육적 부활이 보여주는 것처럼, 육적 부활 자체가 둘째 사망에 대한 보호를 제공하는 것은 아니다. 신자와 비신자를 막론하고 첫째 사망, 곧 육적 사망이 있는 것처럼, 신자와 비신자를 막론하고 둘째 부활, 곧 최종적인 육적 부활이 있다. 그러나 첫째 부활은 오직 신자들만 경험하고, 반면에 둘째 사망은 오직 비신자들만 경험한다.

2. 첫째-둘째 및 옛-새 간의 대립 관계의 중요성: 썩을 육적 실재와 썩지 않을 영원한 실재 간의 대조가 20장과 21장을 관통하고 있다. 두 부활 사이의 질적 구분은 또한 21:1에 나타나 있는 '첫째'(옛)

창조와 '둘째'(새) 창조 사이의 질적 대조 관계로도 암시된다. 21:1을 보면 첫 창조는 완성되지 않은 또는 한시적인 창조였지만 새 창조는 완성되고 영원한 창조다. 놀랍게도 21:4-8에는 '첫째 육적 사망'과 '둘째 영적 사망' 사이에 형식적인 대립 관계가 나타나 있다. 21:4을 보면 육적 사망이 "처음 것들이 다 지나갔음이러라"는 말의 핵심 요소이고, 이것은 '둘째 영적 사망'21:8과 대조되며, 영원한 새 창조의 '새 만물'21:5의 한 부분이다. 21:1, 4은 분명히 이사야 65:16-17을 인유하는데, 거기를 보면 처음(이전) 땅(환난)과 '새 하늘'과 '새 땅' 사이에 동일한 질적 대조가 나타나 있다. 또한 이사야 43:18-19과 65:16-17을 보면 현재의 옛 피조물을 가리키는 처음(이전)이 그것들을 대체할 '새' 영원한 피조물과 대조 관계에 있다.사 65:19-22, 66:22 참조 이사야 66:22은 이러한 질적 차이 가운데 하나가 새 하늘과 새 땅은 지나가는 이전 것과 달리 영원히 존속할 것이라는 사실이라고 천명한다. 따라서 요한계시록 전체에 걸쳐 등장하는 '첫째'와 '둘째' 그리고 '옛'과 '새' 사이의 구분은 시간적인 연속(두 부활과 관련하여 전천년설 지지자들이 주장한 것처럼)에 초점이 있는 것이 아니라 한시적인 것과 영원히 지속되는 것 사이의 질적인 차이에 초점이 있다.

이와 같은 이해는 다른 곳에 등장하는 비슷한 첫째-둘째 및 옛-새 대조와 일치한다. 즉, 고린도전서 15:22, 42-49의 '첫 사람 아담'과 '둘째 아담' 간의 대조와 히브리서 8:6-10:9의 '옛(첫) 언약'과 '새(둘째) 언약' 간의 대조와 부합한다. 첫 사람 아담은 썩을 수 있고 욕될 수 있는 몸을 갖고 있었으며 결국 사망에 이르렀지만, 마지막 아담은 썩지 않는 영광스러운 몸을 갖고 있었고 영생을 가져왔다. 첫 언약은 한시적이고 사망을 낳았지만히 8:13 둘째 언약은 영원하고 생명을 낳았다. 요한계시록, 고린도전서, 히브리서에서 '첫'(첫째)이라는 단어는 종류가 동일한 것을 세는 서수로 기능하지 않는다. 서로 반대되고 질적으로 다른 것을 확인하는 기능을 한다.

결론적으로 4-6절에는 종류가 다른 두 가지 사망이 있는데, 하나는 썩는 육적 사망이고 또 하나는 썩지 않는 영적 사망이다. 그리고 이에 대응하여 종류가 다른 두 가지 부활이 있는데, 하나는 영원한 영적 부활이고 다른 하나는 육적 부활이다. 아직 이에 대해서는 어느 정도 명확한 설명이 필요하다. '둘째 사망'이 문자적인 육적 사망이 아니고 영적 사망이라는 개념은 둘째 사망의 본질을 지나치게 제한할 수 있지 않은가? 또한 그것은 부활한 버림받은 자들의 육적 실존은 포함하지 않는가? 이에 대한 대답은 "그렇다"이지만, 비신자들은 지옥에서 일시적으로 고통을 당하지 않고 영적·육적으로 영원히 고통을 당한다는 사실을 상기해 보라. 그러나 이 육체적인 고통은 육체의 멸망을 포함하지 않는다. 요점은 비신자들이 지옥에서 당하는 고통은 어떤 종류의 지속적인 영원한 육체적 고통 가운데에서 영원한 영적 고통을 겪는 것이라는 데 있다. 마찬가지로 첫째 부활을 경험하는 신자는 나중에 새 창조 속에서 충분히 완성된 영적·육적 부활을 경험할 것이다. 따라서 첫째 부활은 완전하지 않지만 영원한 영적 부활을 시작하고, 이것은 나중에 영원히 더 큰 영적 형태로, 하지만 충분히 육적인 형태로 완성될 것이다. '첫째-둘째' 대조 관계는 둘째 부활이 첫째 부활의 영원한 완성을 표상하는 것으로 이어진다.

3. 중간 상태에 대한 성경적 증거: 우리가 견지하는 견해에 따르면 '첫째 부활'은 육적 죽음과 육적 부활 사이의 중간 상태, 곧 시작된 영원한 상태를 가리킨다. 어떤 이들은 성경에는 영원한 상태가 부활 실존의 상태가 되는 실례가 전혀 없고, 그것은 사실이 아니라고 주장한다. 요한계시록 2:10-11을 따를 때 신자들은 육적 죽음이 있

을 때까지 신실함을 유지하면 '생명의 관'을 받으리라는 약속을 받고, 따라서 이것으로 신자들은 둘째 사망, 곧 영적 사망의 해를 받지 않게 될 것이다. 여기서 말하는 '생명'은 성도들이 육적 죽음과 육적 부활 사이에 갖고 있으며 육적 부활로 완성되는 천상적인 실존이라는 것이 합리적으로 추론될 수 있다. 동일한 진리가 6:9-11에서도 나타난다. 거기 보면 죽은 성도들이 육적 부활을 기다리면서 육체 없이 사는 영혼으로 나타난다. 예수는 사두개인들에게 "하나님은 죽은 자의 하나님이 아니요 살아 있는 자의 하나님이시라. 하나님에게는 모든 사람이 살았느니라"[눅 20:38]고 말씀하실 때 동일한 진리를 가르치셨다. 그러므로 예수는 하나님은 여전히 '부활의 자녀'[눅 20:36]인 아브라함과 이삭과 야곱의 하나님이시고, 따라서 현재 최종적인 육적 부활이 있기 전에도 하나님께 대하여 산다고 말씀하셨다. 사두개인은 육적 부활을 부인했을 뿐만 아니라 죽음 이후에 어떤 의식적인 실존이 존재한다는 사실도 부인했는데, 누가복음 본문에서 예수는 이 두 가지를 다 거짓 믿음으로 간주하고 거부하신다. 이 은유적 묘사는 영혼이 땅의 육체를 떠나 하늘로 올라가 더 깊은 지복 상태를 경험하는 것을 가리킨다. 이것은 빌립보서 1:21-23과 비슷하다. "죽는 것도 유익함이라……세상을 떠나서 그리스도와 함께 있는 것이 훨씬 더 좋은 일이라." 또한 고린도후서 5:8도 참조하라. "우리가 담대하여 원하는 바는 차라리 몸을 떠나 주와 함께 있는 그것이라." 바울은 로마서 6:4-5에서 그리스도 안에 있는 우리의 생명은 영적 부활로 지칭될 수 있고, 그리스도 안에서 이 생명은 육적인 죽음 이후에는 계속 중간 상태 속에 들어가 있다고 말한다. 베드로전서 4:6은 "육체로는 사람으로 심판을 받으나[육적 죽음] 영으로는 하나님을 따라 살게[*zaō*, 중간 상태 속에서 살아감] 되는" 자에 대해 말한다.

성경에 비추어 보면 죽을 때 성도의 영혼은 주님이 재림하시면 일어날 육적 부활과 영생의 완성을 기대하며 영적 부활의 형태로 하늘로 올라가 주의 임재 속에 들어간다고 해석하는 것이 합리적이다. 이 이동을 '부활'로 지칭하는 것이 적절한 이유는 성도가 이전에 거듭남으로써 갖고 있었던 것보다 더 좋은 지복 상태와 부활 실존 속에 들어가기 때문이고(초기 기독교 문헌에 나타난 비슷한 사상에 대해서는 이그나티오스의 『로마서』 2.2, 4.3, 클레멘스1서 5.4, 7, 바울행전을 보라), 또한 성도가 하나님과 그리스도의 직접적인 임재를 경험하기 때문이다.[계 6:9-11, 7:14-17] 따라서 왕과 제사장으로서의 성도의 역할은 더욱 강화된다. 땅에서 감당했던 성도의 인내의 수고는 성공적으로 달성되고, 그러기에 그들은 쉴 수 있다.[6:11, 14:13] 성도들은 그들의 상승된 영적 생명의 중간 실존으로 말미암아 그들의 정당화와[6:11, 19:8 주석 참조] 둘째 사망으로부터의 보호에 대하여 더 큰 확신을 갖게 된다.

4. 에스겔 37-48장과 요한계시록의 사중 결말: 앞에서 지적한 것처럼 요한계시록의 결말과 에스겔 37-48장의 결말 사이에 평행 관계가 두드러진다. 성도들의 부활,[계 20:4a, 겔 37:1-14] 메시아 나라,[계 20:4b-6, 겔 37:15-28] 곡 및 마곡과의 마지막 전쟁,[계 20:7-10, 겔 38-39장] 새 성전과 새 예루살렘.[계 21:1-22:5, 겔 40-48장] '살아서'[*zaō*]로 번역된 동일한 헬라어 동사와 동사형이 요한계시록 20:4에서 그리고 마른 뼈(하나님의 백성)의 소생에 대한 예언을 다루는 70인역 에스겔 37:10(37:6, 14도 마찬가지로 *zaō*가 나타난다)에서 사용된다. 요한계시록 20:4의 '살아서'가 에스겔 37:10의 인유라는 것은 *zaō*의 삼인칭 복수형 부정과거 능동태 직설법이 헬라어 구약성경 다른 곳에서는 유일하게 민수기 14:38에서만 나타난다는 사실로 보아 분명하다. 왜냐하면 민수기 14:38에서 이 말은 현세적 사실을 가리키고 부활 개념은 전혀 다루지 않기 때문이다. 그러므로 에스겔 37:10만이 구약성경 전체에서 요한계시

록 20:4의 동일한 동사 형태와 유일하게 평행 관계를 이루고 있다. 에스겔 37:10에서 부활('살아나서')은 본질상 상징적이고 영적인 개념으로, 이스라엘이 포로에서 회복될 때 일어날 영적 갱신에 초점이 있다. 이에 대해서는 에스겔서에 대한 전천년설(최소한 대부분)과 무천년설 진영의 구약 해석자들이 모두 동의한다. 에스겔 37:10은 지금 요한계시록에서 보편화되어 교회에 적용된다.

에스겔 37:10, 14의 영적 부활(육적 부활과 반대로)에 비추어 확인한 '살아서'의 의미는 에스겔 36:26-28로 더 명확해진다. 왜냐하면 그 의미가 에스겔 36:26-28에서 다음과 같이 전개되기 때문이다. "또 새 영을 너희 속에 두고 새 마음을 너희에게 주되……또 내 영을 너희 속에 두어……내가 너희 조상들에게 준 땅에서 너희가 거주하면서(will live) 내 백성이 되고." 요한계시록 20:4은 에스겔 37:10, 14을 인유하므로, '살아서'에 대하여 에스겔서 본문과 똑같이 상징적이고 영적인 관점을 따른다. 확실히 에스겔 37장에서 분명히 그러한 것처럼 요한계시록 20:4-6의 환상을 죽은 성도들의 육적 부활에 대한 묘사로 보는 것이 가능하기는 하지만, 이 묘사는 영적 부활이라는 상징적 개념으로 해석되어야 한다. 이 관점은 육적 부활을 염두에 두고 있는 것이 틀림없다는 문자주의자들의 반론에 부분적으로 답변을 제공할 것이다. 20:4에 대한 이런 이해는 4-6절의 '제사장', '나라', '왕 노릇'과 같은 말이 출애굽기 19:6과 다니엘 7:27의 이스라엘에 대한 묘사로부터 취해져서 여기서와 요한계시록 1:6, 9('나라') 및 5:9-10에서 교회에 적용된다는 사실로 지지를 받는다. 나아가 에스겔 37:10도 요한계시록 11:11(생기가 두 증인 속에 들어감)에서 비유적이고 영적으로 교회의 지속적인 실존과 정당화 그리고 세상의 포로로부터 해방되어 하나님의 직접적인 임재 속에 들어가는 것을 가리키는 데 이미 적용되었다.[11:11-12 주석 참조] 요한계시록

20:4은 회심할 때 일어나는 영적 부활에 대한 바울의 개념을 취하고,[롬 6:4-11, 엡 2:6, 골 3:1] 에스겔서 본문의 용어를 사용하여 신자가 죽을 때 일어나는 영적 부활의 심화된 형태에 그 개념을 적용시킨다.

5. 최후의 결정적 심판 후에 있는 심판에 대한 전천년설의 문제점: 15:1에서 요한은 일곱 재앙, 곧 일곱 대접 심판으로 하나님의 진노가 끝난다고 진술한다. 16:12-16을 보면 여섯째 대접 심판이 아마겟돈에서 민족들을 모으는 것으로 끝나고, 이어서 일곱째 대접 심판은 역사의 종결을 표상한다. 19:17-21은 16:16에서 중단된 내러티브를 취하여 그것을 결론짓는 것이 분명하다. 이는 19:17-21이 여섯째와 일곱째 대접 심판과 동일한 시기를 망라하고, 따라서 비신자에 대한 하나님의 진노가 거기서 결정적으로 끝난다는 것을 의미한다. 그렇다면 어떻게 20:7-10과 관련된 또 하나의 후속적인 최후의 심판이 있을 수 있단 말인가? 따라서 20:7-10은 마지막 대접 심판과[16:17-21] 19:17-21에서 서술된 동일한 최후의 심판을 언급하고 있는 것으로 보인다. 만일 그러하다면 20:1-6의 사건은 그리스도의 최종 재림 때에 있을 최후의 심판에 앞서 일어난다.

6. 하나의 육적 부활에 관한 성경의 확언: 성경은 일관되게 역사가 끝날 때 오직 한 번의 육적 부활이 있다고 주장한다.[사 26:19-21, 단 12:2, 요 5:28-29, 행 24:15, 살후 1:7-10] 이 마지막 부활이 요한계시록 20:12-15에서 다시 언급되며, 이 부활에는 악인의 육적 부활과 성도의 육적 부활이 함께 포함된다. 5a절은 악인이 첫째 영적 부활에 참여하지 않는 것을 강조하기 위하여 그들의 육적 부활만을 언급한다. 만일 전천년설 관점을 따르면 우리는 4절을 천년왕국이 시작될 때 첫째 육적 부활을 가리키는 것으로 취해야 하고, 이어서 천년왕국이 끝날 때 추

가 부활이 있기 때문에, 그것은 오직 하나의 마지막 부활이 있다는 성경 나머지 부분의 일관되고 보편적인 가르침과 심각한 긴장을 일으킬 것이다. 어떤 이들은 그리스도께서 최초로 부활하셨고, 이어서 그리스도를 믿는 자들이 나중에 부활할 것이므로 복수의 부활에 대한 사례가 있고, 따라서 이것은 두 부활이 있음을 암시한다고 말한다. 그러나 비록 마지막 부활이 성도의 마지막 부활이 있기 수천 년 전에 그리스도의 부활에서 시작된 것이 사실이라고 해도, 이것은 완전히 다른 부활을 가져오는 별개의 부활로 간주되지 않는다. 왜냐하면 그리스도의 부활은 그리스도의 백성의 이후 부활의 한 부분으로 간주되며 그들의 부활과 분리된 것이 아니기 때문이다.[고전 15:20-23] 그리스도의 부활 안에 있는 이 집단적 연대성을 많은 후속 부활에 적용시키는 것은 가능하기는 하지만 매우 이상할 것이다. 따라서 입증 책임이 이 입장을 좌우한다.

7. 문자적인 지상의 천년왕국 동안 '혼합된 인구'의 문제점: 전천년설이 갖고 있는 한 가지 신학적인 문제점은, 천년왕국 기간에 영광스럽고 새로 지음 받은 몸으로 부활한 신자들이 옛 창조 속에서 천년왕국이 끝날 때 썩을 몸을 가진 많은 비신자들과 함께 살게 된다는 사실을 의미한다는 것이다. 이에 대하여 부활하신 후 40일 동안 썩지 아니하시는 그리스도께서 썩을 몸을 가진 사람들과 함께 거하셨다고 하는 것은 흥미롭지만 충분히 만족스러운 답변은 아니다.

8. '천'이라는 수의 비유적 의미: 20:4에 나오는 '천'이라는 수를 문자적인 개념이 아니라 비유적인 개념으로 믿을 만한 충분히 성경적인 이유가 있다. 우리는 요한계시록에 나오는 숫자는 본질상 상징적인 의미를 갖고 있음을 이미 확인했다. 1:1에서 요한계시록 전체와

관련하여 '상징하려고'헬라어 *sēmainō*라는 말을 사용하기 때문에 (개역개정판은 '보이시려고'로 번역했다.—옮긴이) 독자는 수에 대한 언급을 포함해 상징적 언어가 문자적 언어보다 우세하다고 예상할 수 있다.1:1 주석 참조

다른 성경 본문 역시 이 특수한 수('천')를 비유적으로 사용한다. "그는 그의 언약 곧 천 대에 걸쳐 명령하신 말씀을 영원히 기억하셨으니."시 105:8, 대상 16:15 시편 90:4도 비유적으로 (긴 시대에 대한 언급으로) 취해져야 한다. "주의 목전에는 천 년이 지나간 어제 같으며 밤의 한 순간 같을 뿐임이니이다." 베드로후서 3:8의 "주께는 하루가 천 년 같고 천 년이 하루 같다"는 말씀도 이와 똑같다(추가 사례에 대해서는 앞의 4절에 대한 주석을 보라). 이 '천'은 11:11에서 '삼 일 반'과 17:12에서 '한동안'(한 시간)으로 표현되는 주의 재림 직전의 짧은 싸움의 기간과의 대조로서 사용될 수 있다. 21:16에서 영원한 성을 측량하는 경우와 같이, 요한계시록에서 '천'은 또한 온전함 개념을 표상한다. 21:16에서 '만 이천 스다디온'은 하나님의 백성의 온전함을 표현하기 위해 12에 1,000이 곱해진 것으로서 하나님의 백성의 수를 상징한다. 따라서 '천 년'은 교회 시대의 온전한 지속 기간을 상징할 것이다. 천의 배수는 요한계시록 앞부분에서 큰 수나 온전한 수 또는 둘 다를 표현하기 위해 비유적으로 사용되었다.5:11, 7:4-9, 9:16, 14:1 주석 참조 우리가 아무리 그렇게 해석할 수 있다고 하더라도 천이 반드시 매우 긴 시대를 상징하는 것은 아니고, 그보다는 고난 속에 있던 그리스도인의 궁극적인 승리가 확실히 임할 마지막 때에 하나님의 주권에 따라 허용된 충분한 시간이라는 개념을 가리킨다. 우리는 만일 고난받는 성도들이 '십 일 동안' 짧은 환난을 겪을 때 인내한다면2:10 천년왕국 기간에 상을 받을 것이라고 이미 주장했다. 십이 천으로 확대되는 것은1,000은 10의 세제곱, 날日이 해年로 길어지는 것과 함께,

현재의 일시적인 고통이 영원한 영광이 임하기 전의 중간 상태에서도 더 큰 영광을 가져온다는 사실을 암시할 것이다.

9. 일부 사람들이 전천년설을 지지하는 것으로 간주하는 구약 본문

문제: 일부 전천년설 지지자는 최소한 세 개의 구약 본문이 요한계시록 20:1-6의 전천년설 관점을 크게 지지한다고 주장했다. 지면이 부족하기 때문에 다음의 해석적 관점들을 매우 간략히 개요만 제시할 것인데, 이것은 특히 무천년설이 주장한 것과 관련하여 더 깊은 고찰을 요할 것이다.

첫째 본문은 이사야 24:21-23이다.

> 21a 그 날에 여호와께서 높은 데에서 21b 높은 군대를 벌하시며 땅에서 땅의 왕들을 벌하시리니 22a 그들이 죄수가 깊은 옥에 모임 같이 모이게 되고 22b 옥에 갇혔다가 22c 여러 날 후에 형벌을 받을 것이라. 23 그 때에 달이 수치를 당하고 해가 부끄러워하리니 이는 만군의 여호와께서 시온 산과 예루살렘에서 왕이 되시고 그 장로들 앞에서 영광을 나타내실 것임이라.

많은 전천년설 지지자들은 이사야 24:21-23을 사탄의 완전한 결박을 예언하는 것으로 간주하고,[사 24:22a-b] 이것이 요한계시록 20:1-3에서 묘사되고 있는 것으로 본다. 그러나 무천년설 지지자들은 이 본문에 대해 다음 세 가지 해석 가운데 하나를 주장할 수 있는데, 그 중 어느 해석도 요한계시록 20:1-3에서 마귀의 완전한 결박을 요청하지 않는다. 첫째, 이사야 24:21-22에 예언된 '갇힘'은 요한계시록 20:1-8에서 보편적 교회를 반대하고 진멸시키기 위해 만국을 미혹하여 사람들을 모으는 능력과 관련해서만 이루어지는 사탄의 결박으로 간주된다. 둘째, 이사야 24:22c은 21a절, 그리고 따라서 21b-22b절의 반복이다. 이것은 선지자들의 '그 날에'의 지칭에 대한 전형적인 반복 용법을 반영하고(예컨대 렘 31:31의 '날이 이르리니'와 31:33의 '그 날 후에'는 같은 때를 가리킨다), 따라서 이 구절들은 세상 역사가 끝날 때에 있을 최후의 심판에 관한 언급이다. 그러므로 23절은 영원한 새 하늘과 새 땅에 관한 언급이다. 셋째, 21절은 그리스도의 초림으로 시작되었고, 따라서 22a-b절은 교회 시대 동안에 일어나며 22c절은 23절과 같이 완성의 때에 일어난다.

둘째 본문은 이사야 65:20이다.

> 거기는 날 수가 많지 못하여 죽는 어린이와 수한이 차지 못한 노인이 다시는 없을 것이라. 곧 백 세에 죽는 자를 젊은이라 하겠고 백 세가 못되어 죽는 자는 저주 받은 자[로 생각되리라].

전천년설 지지자는 이사야 65:20을 문자적으로 취하여, 이 죽음을 영원한 새 하늘과 새 땅이 임할 때 벌어지는 일로 보지 않고 천년왕국 동안에 벌어지는 실재로 묘사한다. 물론 어떤 이들은 천년왕국이 새 창조의 두 번째 시작된 성취로(첫 번째 성취는 고후 5:17에서 그리스도인으로 거듭날 때 시작된다), 따라서 이른바 천년왕국 이후에 임할 영원한 새 창조에서 완성되는 것으로 주장하고 싶어 할지도 모르겠다. 그러나 신약성경에는 새 창조의 시작의 두 번째 단계에 대하여 다른 증거가 전혀 없다. 전천년설의 관점과 달리 무천년설의 관점은 이사야 65:20에 대해 두 가지 해석을 주장할 수 있다.

이사야 65:20은 비유적으로 길고 확실히 영원한 생명을 언급한다. 왜냐하면 이사야 65:17-25의 내용은 전부 (66:22로도 지지를 받는 것처럼) 분명히 영원한 새 하늘과 새 땅에 관한 것이기 때문이다.

만일 이것이 사실이라면, 65:20을 둘러싸고 있는 영원한 새 창조에 대한 포괄적인 맥락으로 보아 이 구절은 비유적으로 취하는 것이 좋다. 그러므로 이사야 65:17-25은 천년왕국에 관한 말씀이고 66:21-24은 영원한 새 창조에 관한 말씀이라고 말하기는 정말 어렵다. 만일 전천년설 지지자가 이사야 65:17-25과 66:21-24은 모두 천년왕국에 관한 말씀이라고 주장한다면, 이는 이사야 65:17과 66:22을 옛 우주가 파괴되고 영원한 새 피조물로 대체되는 것에 적용시키는 요한계시록 21:1과 모순될 것이다(마찬가지로 사 65:17은 계 21:4에서 옛 땅의 지나감에 적용된다). 또한 베드로후서 3:13도 이사야 65:17과 66:22을 천년왕국이 아니라 영원한 "새 하늘과 새 땅"에 적용시킨다. 나아가 이사야 66:24은 영원한 형벌의 시작을 언급하는 것으로 보이고, 이것은 66:22-23(영원한 복에 대한 언급이 시작되는)의 영원한 새 창조와 대립적인 대응 관계를 갖고 있다. 또한 이사야 65:17의 후반부는 "[옛 창조의] 이전 것은 기억되거나 마음에 생각나지 아니할 것이라"고 말한다. 그러나 만일 이것이 단순히 옛 (그러나 새롭게 된) 땅에 세워진 천년왕국을 가리킨다면, 천년왕국 기간에 사망이 일어나고(전천년설의 65:20에 대한 견해에 따르면), 그리스도의 인간 원수들이 천년왕국이 끝날 때 패배를 당한다는 사실은 옛 창조의 "이전 것은 기억되거나 마음에 생각나지 아니할 것이라"는 65:17b의 약속과 모순으로 드러날 것이다. 확실히 옛 창조의 최악의 특징(사망)이 천년왕국 기간에 '마음에 생각날' 것이다.

또는 무천년설 견해에 일치되는 다른 가능성을 생각해 보면, 이사야 65:20은 새 창조의 시작 단계(고후 5:17에 언급되는 성취)에 대한 말씀이고, 육체적인 생명이 새 창조의 시작 단계에서는 영원하지 않다는 관념을 가리킨다는 것이다.

셋째 본문은 스가랴 14:16-19이다.

전천년설의 견해에 따르면 스가랴 14:1-3에서 서술되고, 14:12-15에서 반복되는 것으로 추정되는 결정적인 마지막 때 하나님의 승리가 있은 후에, 이방 나라들은 천년왕국 기간에 대대로 예루살렘에서 하나님을 경배하러 올라갈 것이다. 그러나 올라가지 않는 이방 나라들은 심판의 재앙으로 처벌을 받게 되는데,[슥 14:16-19] 천년왕국이 시작되기 직전에 하나님에게 패배를 당한 대다수의 나라가 그렇게 될 것이다.

그러나 이런 주장에는 문제점이 있다. 예를 들어 스가랴 14:11은 이른바 천년왕국 시대를 시작하는 하나님의 결정적 승리 이후에, "다시는 저주가 있지 아니하리니"라고 말한다. 이 진술은 직접 요한계시록 22:3에서 인유되고 있다. 스가랴 14:11과 요한계시록 22:3은 분명히 창세기 3:14-19의 저주가 영원히 제거될 것이라는 사실을 암시하고, 요한계시록 22:3은 스가랴 14:11의 진술을 분명히 영원한 새 창조 시대에 둔다. 이것은 스가랴 14:11은 영원히 완성된 나라를 가리키고, 전천년설 지지자가 주장하는 것처럼 그 이전에 임하는 천년왕국을 가리키지 않는다는 사실을 의미한다. 그러나 전천년설 견해에 따르면 많은 나라들이 이 동일한 기간에 저주를 받게 될 것이다. 왜냐하면 (이 견해에 따르면) 스가랴 14:12-15은 14:1-3의 전쟁을 반복해서 묘사하고, 스가랴 14:16-19은 천년왕국 기간에 불순종한 것에 대해 '저주'를 받고 '처벌'을 받게 되는 나라들을 묘사하는 것이 되기 때문이다. 이것은 전천년설 지지자에게는 외관상 해결되지 않는 문제점이다. 스가랴 14:11이 이 저주가 천 년 동안 제거될 것이라고 말한다면, 어떻게 같은 기간에 저주가 있을 수 있겠는가? 전천년설 지지자는 스가랴 14:11은 천년왕국 후에 임할 영원한 새 창조에 대한 내용이라고 말하고 싶겠지만, 스가랴 14:11은 14:1-3의 믿지 않는 나라들에 대한 하나님의 승리 직후 시대에 대한 서술의 연속으로, 그 뒤에는 이른바 천 년 시대를 소개하는 내용이 나오고,[4-10절] 11절은 분명히 이 내용에 덧붙여지는 묘사다. 그러므로 스가랴 14:4-10이 천 년 시대에 관한 내용일 때, 전천년설 지지자가 어떻게 스가랴 14:11의 내용을 영원한 새 창조의 한 부분으로 간주할 수 있는지 확인하기는 어렵다.

유효한 무천년설의 주장은 스가랴 14:1-3을 요한계시록 16:17-21, 19:19-21, 20:7-8에서 우리가 교회 시대를 가리키는 것으로 주장한 천년왕국 이후에 일어나는 것으로 묘사된 그리스도의 결정적인 승리를 가리킨다고 이해한다(이 입장의 정당성을 입증하는 구절들에 대한 주석을 추가로 보라). 천년왕국, 곧 교회 시대 이후에 원수의 최종적인 패배가 이어지고 그 다음에 영원한 새 창조가 임하는데, 이때에는 다시는 저주가 없을 것이다.[슥 14:4-11] 이렇게 볼 때 분명히 새로운 사상 또는 새로운 환상 부분이 시작되는 스가랴 14:12-15은 14:1-3의 반복이 아니라 오히려 그리스도께서 처음 오셔서 나라들을 패배시키신 것에 초점을 맞추고 있다. 요한계시록의 요한의 환상들과 마찬가지로 스가랴의 환상들도 반드시 엄밀한 연대순에 따라 이해되지 않는다. 스가랴 14:16-19에 묘사된 믿지 않는 이방 나라들에 대한 처벌은 그리스도께서 그들을 패배시키신 일이 시작된 직후에 임한 교회 시대 기간에 일어나고, 따라서 두 증인이 비신자들에게 '재앙'을 내리는 요한계시록 11:4-6과 동시에 일어난 일로 간주된다.

이러한 해석의 기초는 먼저 그리스도께서 나라들을 패배시키는 일을, 그리스도의 초림에서 시작하고 재림에서 절정을 이루는 사건으로 묘사하는 신약성경에 인용된 다수의 구약 본문에서 연원할 것이다. 예를 들어 창세기 49:8-12과 이사야 11:1, 10 그리고 그리스도의 승리 사건의 시작된 성취를 기록하고 있는 요한계시록 5:5과

적극적인 '민족들의 순종'이 진술되고 있는 로마서 1:5, 16:26을 보라. 그러나 믿지 않는 민족들에 대한 그리스도의 승리는 로마서 1:5, 16:26에 인유되고 있는 창세기 49장 본문의 예언에 비추어 보면 암시된다. 또한 민수기 24:14-19에서 예언된 민족들에 대한 승리가 그리스도의 초림에서 성취가 시작된 것으로 본다는 사실을 유의하라(사 11:1의 예언의 성취가 시작되는 계 2:28, 22:16을 보라).

나아가 시편 2:1-2에 나오는 "여호와와 그의 기름 부음 받은 자"를 패배시키려고 민족들이 모이는 것에 대한 예언은 그리스도의 십자가에서 성취가 시작되고,[행 4:25-26] 시편 2:8-9에 예언된 이방 나라에 대한 메시아의 승리는 요한계시록 2:26-27에서 그리스도의 초림(특히 그리스도의 부활)으로 시작되어 요한계시록 19:15에서 그리스도의 재림으로 완성된다. 이렇게 이해할 때 스가랴 14:16-19은 교회 시대 동안 그리스도를 믿는 믿음을 공언하지만 참된 영이나 진리로 예배하지 않으며,[요 4:21-24] 그래서 결국 심판에 처해질 비신자들을 언급하고 있다. 나라들 가운데 그리스도를 의지한다고 공언하지만 그리스도를 진실함과 신실함으로 경배하지 않는 자는 그리스도의 심판 아래 떨어질 것이다. 신약성경에서 언급된 다른 구약 본문들도 어떤 식으로든 이 견해를 지지하는 것으로 쉽게 제시될 수 있다.

일부 전천년설 지지자는 그리스도의 초림이 있을 때 민족들에 대한 결정적인 승리가 있었다는 사실을 의심하기 때문에 이 견해를 크게 비판할 것이다. 그러나 그렇게 비판할 때 그들은 십자가를 통한 그리스도의 승리의 역설적인 성격과 순종하는 교회에서 이 역설적 승리가 되풀이된다는 사실을 깨닫지 못하는 것이다. 신약성경에서 반복되는 확언 가운데 하나는 나라들 속에서 불순종의 아들들을 지배하고 있는 사탄에 대한 큰 승리는[엡 2:1-3 참조] 십자가에서 시작되었고(D-Day와 같이), 그리스도의 재림에서 완성될(V-Day와 같이) 것이라는 사실이다.

전천년설 지지자는 또한 스가랴 14:1-3의 전쟁과 14:12-15의 전쟁이 동일하다고 보기 때문에 이 견해를 비판하려고 애쓸 것이다. 우리는 이 두 전쟁이 매우 비슷하고 확실히 유기적으로 관련되어 있다는 사실을 근본적으로 거부하는 것은 아니다. 그러나 이것은 두 전쟁이 완전히 동일한 사건이라는 것을 의미하지 않는다. 실제로 시편 2:8-9의 예언이 요한계시록 2:26-27에서 그리스도의 초림(특히 그리스도의 부활)으로 시작되고 요한계시록 19:15에서 그리스도의 재림으로 완성되는 최후의 마지막 전쟁에 대한 묘사로 보인다는 앞에서의 지적을 다시 주목해 보라. 메시아 종의 입을 칼 같이 만드시는 이사야 49:2의 묘사도 그리스도의 초림에서 시작되고[계 1:16, 2:12, 16] 그리스도의 재림으로 완성되는[계 19:15] 한 사건을 언급하는 것으로 나타난다. 시편 본문에 나오는 이방 나라들의 종말론적 패배에 관한 동일한 말로 최초의 패배와 이 패배의 완성을 묘사한다. 우리는 스가랴 14:1-3과 14:12-15의 비슷한 전쟁 묘사와 관련해서도 이와 같은 묘사가 이루어진다고 믿는다. 즉, 스가랴 14:1-3은 완성된 전쟁을 묘사하고 14:12-15은 교회 시대에 시작된 전쟁을 묘사한다고 본다.

20:4-6 묵상 제안

성도들의 천상적 통치: 20:4-6에서 성도들은 최후의 심판과 육적 부활이 있기 전에 그리스도의 하늘 궁정에서 그리스도의 통치에 참여하는 자로 묘사된다. 이 통치의 본질은 무엇이며, 어떤 의미에서 6:9-11에 기록된 정당화를 위한 간청 기도에 대한 응답인가?

요한계시록에서 출애굽기 19:6의 중요성: 우리는 요한계시록에서 출애굽기 19:6의 "너희가 내게 대하여 제사장 나라가 되며 거룩한 백성이 되리라"는 약속이, 이스라엘로부터 지상의 교회 그리고

20:4-6에 묘사된 것처럼 천상에 실재하는 교회에 이르기까지 적용되는 것을 어떻게 추적할 수 있는가? 출애굽기 19:6의 적용을 적절히 이해하는 것이, 요한계시록에 대한 우리의 이해 및 땅과 하늘에서의 교회의 역할에 대한 우리의 이해에 왜 그토록 중요한가?

사탄은 민족들을 미혹하여 민족들이 교회의 진멸을 시도하도록 결박에서 잠시 풀려날 것이다[20:7-10]

20 **[7]천 년이 차매 사탄이 그 옥에서 놓여 [8]나와서 땅의 사방 백성 곧 곡과 마곡을 미혹하고 모아 싸움을 붙이리니 그 수가 바다의 모래 같으리라. [9]그들이 지면에 널리 퍼져 성도들의 진과 사랑하시는 성을 두르매 하늘에서 불이 내려와 그들을 태워버리고 [10]또 그들을 미혹하는 마귀가 불과 유황 못에 던져지니 거기는 그 짐승과 거짓 선지자도 있어 세세토록 밤낮 괴로움을 받으리라.**

7. 사탄에 대한 최초의 심판[1-3절] 결과 하나님의 백성에게 복된 삶이 주어진 것을[4-6절] 강조한 다음, 이제 요한은 7-15절에서 사탄과 그의 모든 동지가 둘째 사망에 처해지는 최후의 심판을 강조한다. 3절 마지막 부분에서 사탄이 천 년이 차면 무저갱에서 '놓이게' 될 것이라고 예고되었다. 이것이 성취되리라는 확신이 7절에서 주어진다. "**천 년이 차매 사탄이 그 옥에서 놓여.**" 1-3절의 '무저갱'이 여기서 '옥'으로 불리는 것은 마귀가 천 년 동안 모든 면에서는 아니지만 어느 정도 심각하게 결박되어 있다는 사실을 강조하기 위해서다.[1-3절 주석 참조]

8. 마귀가 결박당하게 된 특별한 이유가 3절부터 되풀이된다. 마귀는 특히 나라들을 미혹하여 그들의 힘으로 교회를 공격해 완전히 진멸할 수 있는 능력을 제한당했다. 그러나 이 제한이 하나님의 목

적에 따라 이제 철회되고, 그리하여 마귀는 땅의 사방에서 군대를 이끌어 낼 것이다. 여기서 '땅의 사방'은 온 세상을 가리키는 히브리어 표현법이다.사 11:12, 겔 37:9, 단 7:2 마귀는 [무저갱에서] **"나와서 땅의 사방 백성 곧 곡과 마곡을 미혹하고 모아 싸움을 붙이리니 그 수가 바다의 모래 같으리라."** 하나님의 백성을 반대하는 이 적대 세력의 규합은 '곡과 마곡'과 '많은 백성의 무리'가 이스라엘에 맞서 전쟁하려고 모인다고 묘사하는 에스겔 38-39장의 예언의 성취로 간주된다. 특히 백성을 '모으다'라는 말은, 요한계시록 16:14과 19:19의 평행 문구들 배후에 놓여 있는 스가랴 12-14장과 스바냐 3장 본문과 함께, 에스겔 38:2-7과 39:2에 나온다. 이상의 구약 본문은 모두 하나님께서 역사상 마지막 전쟁을 위해 민족들을 이스라엘로 모으실 것이라고 예언한다.16:14, 19:19 주석 참조 이 배경에 비추어 보면 16:14과 19:19 그리고 여기 20:8에서 '전쟁'(싸움) 앞에 붙은 정관사는 이전 지시 대상을 가리키는 것으로, 구약의 마지막 전쟁에 대한 예언과 요한계시록 11:7에서 처음 등장하는 마지막 전쟁에 대한 묘사(관사 없는 묘사)를 가리킬 것이다. 따라서 이 모든 언급은 다른 전쟁들이 아니라 동일한 마지막 전쟁을 가리킨다.

그러므로 요한은 이미 19:17-21에서 에스겔 38-39장과 스가랴 14:2의 예언 성취와 16:14-16에서 스가랴 14:2의 예언 성취를 기록했다. 에스겔서와 스가랴서의 반복된 언급들(스가랴 14:2의 '싸움'이 세 번 반복)은 세 번의 분리된 성취 또는 다른 유추적 사용을 가리키는 것이 아니라, 동일한 성취가 세 문맥에서 각각 서술된 것을 가리킨다(에스겔 38-39장과 스가랴 14:2 그리고 다른 가능한 구약 배경들의 본문 비교와 용법에 관해서는 16:14과 19:19에 대한 주석을 보라). 지적한 것처럼 이것은 16:14, 19:19, 20:8에서 동일 사실을 반복하는 것에 대한 강력한 증거다.

에스겔은 곡과 마곡을 그들과 결탁하는 땅의 다른 민족들과 구분한다.겔 38:2-7, 15, 22, 39:4 그러나 요한계시록 20:8에서 '곡과 마곡'은 다른 민족들과 구분되지 않고 비유적으로 모든 민족과 동등시된다. 나아가 에스겔 38:6, 15에서는 곡과 마곡과 그들의 동지가 '북쪽 끝'에서 나오지만(겔 38:5을 보면 남쪽에서 온 구스와 붓 역시 그들의 동지 가운데 있었다) 여기 8절에서는 그들이 '땅의 사방', 곧 온 세상 곳곳에서 나온다. 이것은 에스겔서의 예언을 보편화하고, 9절에서 "성도들의 진과 사랑하시는 성"과 동등시되며 세상 전역의 교회로 이해되어야 하는 학대받은 이스라엘의 보편화를 암시한다. 동일한 보편화가 16:12, 14에서도 나타난다. 거기 보면 "동방에서 오는 왕들"이 "온 천하 왕들"로 해석되는 것으로 나타나고, 이로써 두 본문은 동일한 사건을 다루는 것으로 간주된다.16:12-16 주석 참조 또한 에스겔 38-39장에 언급되거나 함축되어 있는 침략하는 모든 민족이 8절에서 '곡과 마곡'으로 지칭된다고 보는 것도 가능한데, 그 이유는 요한이 곡과 마곡을 북쪽에서 오지 않은 (남쪽에서 온) 붓과 구스를 포함해 모든 민족을 이끌거나 대표하는 것으로 이해할 수 있기 때문이다. 이런 관점은 곡이나 마곡을 이스라엘을 공격하고 결국 패배를 겪을 침략의 주동자로 언급하는 에스겔 38:14, 16, 18, 39:1, 6, 11로 지지를 받을 수 있다. 또한 에스겔 38:7의 "너는[곡은] 스스로 예비하되 너와 네게 모인 무리들이 다 스스로 예비하고"도 주목하라. 그렇기는 해도 여전히 요한계시록 20:8에는 이보다 더 큰 범주의 보편화가 나타나는 것으로 보인다. 왜냐하면 에스겔 38-39장에서 민족들은 단지 기껏해야 두 방향(북쪽과 남쪽)에서 오는 것으로 나타나지만 8절에서는 민족들이 땅의 사방에서 나오기 때문이다.

어떤 이들이 생각하는 것처럼 이 무리는 마귀의 세력을 가리키는 것이 아니라, 세상 전역에 있는 적대적인 사람들을 가리킨다. 주된 근거는 이 무리가 요한계시록 다른 곳에서[19:15 등] 항상 사람들을 의미하는 '나라들'로 확인되기 때문이다. 16장의 마귀적인 존재들(귀신들)은 나라들과 동의어가 아니고, 마귀가 하나님과 하나님의 백성에 대한 마지막 공격을 감행하기 위해 나라들을 모으기 위한 도구다.

에스겔 38:2-3은 곡을 "로스와 메섹과 두발 왕"으로 묘사한다. 일부 전천년설 해석자는 이것이 "곡은 러시아, 모스크바, 토볼스크의 왕"으로서, 마지막 때 이스라엘을 침략할 군대를 이끌 지도자를 의미한다고 주장한다. 그러나 메섹과 두발은 동 아나톨리아(현재의 터키 영토의 일부)에서 온 사람들을 가리키는 히브리어 이름이다. 이 이름들은 현대 도시와는 아무 관련이 없다. 이 이름들은 아마 유대교의 속담에 등장하는 말이었을 것이다. 그러나 그렇게 말한다고 반드시 에스겔서 원문맥에서 벗어난 것은 아니고, (우리가 오늘날 악한 독재자를 '제2의 히틀러'로 부르는 것과 같이) 하나님의 백성을 위협하는 어떤 두려운 세력을 가리키는 의미로 사용될 수 있을 것이다. 음성학이나 어원학을 기초로 할 때 로스는 결코 '러시아'를 가리키지 않고, 구약성경 다른 곳에서 수백 회에 걸쳐 등장하는 것처럼 (메섹과 두발의) '방백'이나 '왕'으로 가장 잘 번역된다.

많은 세대주의자들이 그리스도께서 재림하실 때 그리고 천년왕국이 임하기 전에 러시아가 하나님의 원수가 된다고 가정하고 곡과 마곡을 러시아로 간주한다. 하지만 요한계시록은 곡과 마곡을 단지 천년왕국이 끝날 때에만 원수로 언급한다. 이것 때문에 세대주의자는 천 년 후에 러시아의 위협적인 재등장이 있으리라는 것도 믿어야 할 것이다! 확실히 8절에서 곡과 마곡은 다른 민족들과 구별되고, 셀 수 있는 군대를 데리고 북쪽에서 오는 개별적인 한 민족을 가리키는 것이 아니라 지금 셀 수 없는 군대를 데리고 사방에서 오는 모든 민족과 동등시된다. 그러므로 곡과 마곡은 러시아 같이 21세기의 어떤 특정 국가와 동일시될 수 없다. 모인 나라들의 "수가 바다의 모래 같으리라"는 것은 그들의 수가 엄청나게 많으며 외관상 성도들이 그들에 비해 압도적으로 불리해 보인다는 점을 강조한다. 여호수아 11:4, 사사기 7:12, 사무엘상 13:5은 여러 번에 걸쳐, 이스라엘과 싸우려고 모인 민족들의 방대한 군대를 묘사하기 위해 동일한 은유를 사용한다.

9. 에스겔 38장의 인유가 9절에서도 계속된다. "그들이 지면[문자적으로 '폭, 너비']에 널리 퍼져(came up) 성도들의 진과 사랑하시는 성을 두르매 하늘에서 불이 내려와 그들을 태워버리고." 에스겔 38장을 보면 엄청나게 많은 마지막 때의 군대가[겔 38:15, 22] 하나님의 백성과 맞서기 위하여 '올라간다.'[겔 38:11, 16] 9절에서도 마찬가지다. "그들이……널리 퍼져 성도들의 진과 사랑하시는 성을 두르매." 그런 다음 그들은 불같은 심판을 겪는다.[겔 38:22] 이것은 9절에서도 마찬가지다. "하늘에서 불이 내려와 그들을 태워버리고." 하박국은 비슷한 말로 바벨론의 유다 침공을 자기 소유가 아닌 거처를 점령하려고 '땅이 넓은 곳'(70인역은 '땅의 평지'로 되어 있다)으로 진군하는 것으로 묘사한다.[합 1:6] 다니엘 12:2[LXX]에서 '땅의 넓은 곳'은 땅 도처의 영역(죽은 자가 누워 있는)을 가리키므로, 특히 요한계시록 11:7-10의 동일한 사건에 대한 묘사와 9절의 이어지는 말에서 "성도들의 진과 사랑하시는 성"을 세상 전역에 흩어져 있는 교회와 동일하게 보는 관점에 비추어 보면, 9절의 거의 동일한 말('지면')에 동일한 세계적 의미를 부여하는 것은 개연성이 있다. '성도들의 진'은 이스라엘 백성이 광야에서 쳤던 진을 인유한다. 12:6, 14을 보면 교회는 교회 시대 동안 하나님의 보호의 장소로 간주된 광야에 자리 잡고 있고, 따라서 이 언급은 적절하다. 구약성경에서 이스라엘 백성을 묘사하는 데 사용된 용어인 '성도들'은 요한계시록에서 항상 교회와 관련하여 13

회에 걸쳐 사용된다.[5:8-9, 13:7-10, 14:12 참조]

'성도들의 진'은 '사랑하시는 성'과 동등한 개념이고, 3:12에 따르면 그리스도 안에서 모든 신자가 그들 위에 기록된 이 새로운 성의 이름을 가질 것이므로 교회에 대한 언급을 강조한다. 21-22장에는 영원한 성에 대한 언급이 12회에 걸쳐 나온다. 21:10에서[21:2 참조] "하나님께로부터 하늘에서 내려오는 거룩한 성 예루살렘"이라는 말은 분명히 3:12의 "하늘에서 내 하나님께로부터 내려오는 새 예루살렘"과 축자적인 평행 관계를 이루고 있고, 두 문맥은 이 두 성을 동일한 성으로 간주한다. 이 성의 성곽과 기초석에는 (각각) 이스라엘 열 두 지파와 열 두 사도의 이름이 기록되어 있고, 따라서 이것은 하나님의 보편적 백성을 묘사한다. 만국에서 나온 사람들로 구성된 교회가[21:24-26, 22:2] 이 영원한 성으로 들어갈 것이다. '사랑하시는 성'이라는 말은 시편 87:2-3에 기원을 두고 있는 것으로 보인다. "여호와께서 야곱의 모든 거처보다 시온의 문들을 사랑하시는도다. 하나님의 성이여, 너를 가리켜 영광스럽다 말하는도다."[시 122편, 사 66:10, 습 3:14-17 참조] 시편 87편에 따르면 여호와는 세상 민족들로부터 나오고 지금은 참 이스라엘 백성으로 등록되어 있는 사람들로 구성된 자신의 성을 사랑하신다(시 87:4의 명단을 보라. 시 87:5-6은 계속해서 이 민족들이 이스라엘 백성으로 '태어난' 것으로 간주되리라고 말한다).

9절에서 박해받은 성도들의 '성'은 신앙 공동체를 구성하는 새 창조의 출범을 가리키고, 이 성의 완성된 모습이 21:2 이하에서 확인된다. 이 성은 영원한 실재이기는 하지만 갈라디아서 4:26("위에 있는 예루살렘"이 교회로 묘사됨)과 히브리서 12:22-23("너희가 이른 곳은 시온 산과 살아 계신 하나님의 도성인 하늘의 예루살렘과 천만 천사와 하늘에 기록된 장자들의 모임과")에서처럼, 지금은 시작된 형태 또는 불완전한 형태로 존재한다고 말할 수 있다.

민족들은 교회를 공격하지만 그들이 교회를 진멸시키기 전에 "하늘에서 불이 내려와 그들을 태워버렸다." 불이 내려와 태워버리는 상황을 묘사하는 실제 언어는 열왕기하 1:10-14의 엘리야에게 보내진 군사들 이야기에서 직접 나오고, 이는 또한 교회 시대 동안 두 증인(교회)을 공격하는 자들의 운명과 관련하여 요한계시록 11:5에서도 인용되었다. 11:5에서는 불이 최후의 심판이 있기 전에 있을 심판에 대한 비유적인 표현이었지만 9절에서 불은 비유적으로 최후의 심판을 가리킨다. 9절의 불은 문자적으로 취해져서는 안 된다. 그렇다고 해도 요점은 하나님이 원수들을 심판하심으로써 자기 백성을 구원하시리라는 것이다.

10. 마귀가 성도를 공격하도록 민족들을 미혹한 자로 다시 강조된다. 이 미혹에 대한 사실이 되풀이되는 이유는 마귀의 심판을 시작하기 위해서다. "또 그들을 미혹하는 마귀가 불과 유황 못에 던져지니 거기는 그 짐승과 거짓 선지자도 있어 세세토록 밤낮 괴로움을 받으리라." 7-10절은 19:17-21의 내용을 반복하는 것으로 보이고, 이것은 마귀가 19장 마지막 부분에서 자신의 사악한 동지들보다 많은 시간 뒤에 불못에 던져진다는 가정을 불가능하게 만든다. 사탄 세력의 삼인방(마귀, 짐승, 거짓 선지자)은, 불과 유황 못에서 겪는 영원한 고통에 대한 언급과 함께, 불못과 최후의 심판을 평행적으로 묘사하는 14:10-11에서 모든 비신자의 경우에 확증되는 것과 같이 영원한 의식적 형벌을 받는다.[15절 참조] 어떤 이들은 만일 짐승이나 거짓 선지자가 국가나 거짓 종교의 박해하는 힘을 표상한다면, 이런 상징적 실재들에게 영원한 의식적인 고통을 어떻게 적용시킬 수 있는지 의아해했다. 그러나 이런 실재들은(성도들로 구성되는 21:2-4의 거룩한 성과 같은) 그것을 구성하고 그들의 행동의 영원한 결과를 겪는 사람들의 대표다. 나아가 사탄에게 예속된 강력한 영, 곧 짐승과 거짓 선지

자의 배후에 악한 마귀의 힘이 있다는 것은 의심의 여지가 없다.[13:2, 11-17 주석 참조] 만일 이것이 사실이라면 10절의 언급은 불못에서 그들의 주인과 함께 고통을 받을 사악한 영들의 영원한 고통에 대한 언급일 것이다. 마태복음 25:41은 이것을 확증한다. "저주를 받은 자들아 [버림받은 자들아], 나를 떠나 마귀와 그 사자들을 위하여 예비된 영원한 불에 들어가라"(여기서 그 사자들은 인간적 존재들이다). 이 예수의 말씀에 따르면, 14:10-11에서 짐승의 개개의 추종자들이 그런 것처럼 마귀도 한 개인으로서 영원히 처벌을 받는다.

이 고통은 의식적이다. 왜냐하면 요한계시록에서 '고통'이라는 말은 항상 의식적인 고통을 가리키기 때문이다.[14:10-11 주석 참조] 그리고 이 고통은 영원하다. 왜냐하면 요한계시록에서 '세세토록'이라는 말은 하나님의 영원하신 통치,[11:15] 하나님의 영원하신 영광과 능력의 지속,[1:6, 5:13, 7:12] 하나님의 영원하신 생명[4:9-10, 10:6, 15:7] 그리고 그리스도의 영원하신 생명[1:18] 같이, 끝이 없는 시기를 가리키기 때문이다. 특히 22:5에 나오는 명백히 끝이 없는 성도들의 통치에 대해 동일한 표현을 사용하는 것은, 이보다 한 장 이상 앞에 있는 20:10에 나오는 동일한 시간적 표현이 비슷하게 끝이 없는 시기를 가리킨다고 의미하는 것이 틀림없다. 사탄과 그의 사자들이 영적인 존재이므로 '불못'도 본질상 문자적 개념이 아니다. 요한계시록에서 '불'은 신적 심판을 가리키고, 어떤 형태를 취하든 이 심판은 확실히 두렵다.

"그 짐승과 거짓 선지자도 있어"라는 문구의 헬라어 원문은 동사가 없다. NASB는 '있다'[are]를 추가한다. (개역개정판도 마찬가지다.—옮긴이) 전천년설 지지자는 대체로 마귀가 불못 속에 던져지기 전에 짐승과 거짓 선지자가 불못에서 천 년 동안 있었던 것으로 본다. 그런데 NIV를 보면 문제가 혼란스러워진다. NIV 본문을 보면 마귀가 "짐승과 거짓 선지자가 던져진"(had been thrown) 불못에 던져지는 것으로 언급된다. 그러나 만일 (생략되었지만 있는 것으로 이해되는) 동사가 매우 자연스럽게 이전 절 "마귀가……던져졌으니"(was thrown)의 동사와 같은 시제로 취해진다면, 짐승과 거짓 선지자는 마귀와 같은 시간에 불못 속에 던져지는 것으로 간주될 수 있다. "마귀가 던져졌으니……그 짐승과 거짓 선지자도 던져졌으니." 이 본문의 전체적인 관점으로 사건들이 동시 발생적인지 또는 시차를 두고 분리되어 있는지를 명확히 결정할 수 있는데, 문맥은 동시 발생 개념을 옹호한다.

이 사건들이 동시 발생적이거나 서로 연이어 일어난다는 것은 우리가 지금까지 20장에 대해 종합적으로 분석한 결과, 곧 19:11-21과 20:7-10의 사건들은 동시에 발생했다고 주장한 사실로 보아 확증된다. 이것은 또한 19:20에서 짐승과 거짓 선지자가 '불못'에 던져지고, 같은 말이 마귀와 관련하여 20:10에서 나타난다는 사실로도 지지를 받는다. 20:14-15과 21:8에서 '불못'은 '둘째 사망'으로 불리고, 이것은 최후의 영원한 처벌로 우주가 파괴되고 재창조될 때 불경건한 모든 자(비신자, 짐승, 거짓 선지자, 마귀)에게 동시에 시작된다.[20:10-15, 21:1-8] 10절과 14:10-11(불과 유황으로 받는 영원한 고통) 사이의 강력한 축자적 평행 관계는 14:10-11에서도 동일한 실재가 언급됨을 암시한다.

첫째 사망(육적 죽음)은 현재의 우주가 파괴될 때까지 일어난다. 비신자는 죽으면 이후로 최후의 심판에 처해지고 둘째 사망, 곧 불못[15절]에 던져지기 전까지 '사망과 음부'[13절]의 영역 속에 들어간다. 하나님은 타락한 천사들을 음부에 던지시고, 최후의 심판이 있을 때까지 그곳에 가두어 두신다.[벧후 2:4, 유 1:6] 그리스도는 오셔서 사망과 음부의 열쇠를 여셨고,[계 1:18] 그리하여 죽은 신자들이 즉시 하나님의 임재 속에 들어가 거기서 자신이 재림하실 때까지 거하도록 보증하셨다. '둘째 사망'은 모든 사람이 첫째 사망, 곧 육적 죽음을 당할 때까지 시작될 수 없다. 어느 천년설에 따르더라도, 첫째 사망은 피조물의 절멸과 갱신이 있을 때 중지될 것이다. 그것이 전천년설이 주장하는 것처럼 19:20에서 짐승과 거짓 선지자가 불못 속에 던져지는 것이 천년왕국 시대 이전에 일어날 수 없는 이유다. 어느 천년설에 따르더라도, 이에 대한 이유는 불못 처벌을 시작하는 둘째 사망이 11-15절의 크고 흰 보좌 심판 이후에 일어나기 때문이라는 것이다. 사망과 음부가 그 가운데 있는 죽은 자들을 내주고, 그래서 그들이 심판을 받고 불못 속에 던져지는 것은 천년왕국 다음에 오는 크고 흰 보좌 심판에서다.[15절]

결론적으로 19:17-21에 나오는 마지막 전쟁과 짐승과 거짓 선지자가 불못 속에 던져지는 일에 대한 묘사는 20:7-10의 전쟁과 동일한 단위에 속한 사건을 묘사하는 것이 틀림없다. 그러므로 천년왕국은 마지막 전쟁 이전, 곧 교회 시대의 사건들을 가리켜야 한다. 만일 19:20에서 짐승과 거짓 선지자의 처벌이 14:10-11과 20:10에 묘사된 사건 훨씬 이전에 일어났다면, 이는 짐승과 거짓 선지자가 '불못'에 던져진 것이 아니라 '사망과 음부'에 던져진 것을 말할 수 있다.

20:7-10 묵상 제안

이름과 연대 설정에 대한 편견: 20:7-10은, 곡과 마곡에 대한 언급 및 에스겔 38-39장의 뿌리와 함께, 성경의 언급을 오늘날의 국가와 지역에 연결시키고, 그리하여 '마지막 날들'의 사건을 예고하고 종말론 시간표를 정교하게 작성하려고 애쓰는 사람들에게 풍성한 자료의 광맥을 제공했다. 본서의 주석은 이 언급들이 비유적으로 해석될 때 가장 잘 이해되는 이유를 설명했다. 특히 오늘날 사람들이 요한계시록에 대한 이해를 크게 혼란시킨 이름과 연대 설정에 끌리는 이유는 무엇인가? 어떤 면에서 이런 접근법은 하나님과 그리스도 중심적인 초점에서 벗어날 수 있는가?

하나님의 사랑과 공의: 20:7-10은 불못을 영원한 의식적 형벌의 장소로 제시한다. 왜 우리는 이 진리를 성경에 제시된 하나님의 사랑의 성품과 조화시키는 데 어려움을 겪는가? 우리는 하나님의 사랑과 공의를 어떻게 조화시키는가? 하나님의 사랑과 공의는 십자가에서 어떻게 조화되는가?

최후의 심판은 세상 역사가 끝날 때 일어나고,
그때에 모든 사람이 부활하여 그들의 행위에 따라 심판을 받으며,
죄가 있는 자는 영원한 형벌에 처해질 것이다[20:11-15]

20 [11]또 내가 크고 흰 보좌와 그 위에 앉으신 이를 보니 땅과 하늘이 그 앞에
서 피하여 간 데 없더라. [12]또 내가 보니 죽은 자들이 큰 자나 작은 자나
그 보좌 앞에 서 있는데 책들이 펴 있고 또 다른 책이 펴졌으니 곧 생명책이라. 죽은
자들이 자기 행위를 따라 책들에 기록된 대로 심판을 받으니 [13]바다가 그 가운데에서
죽은 자들을 내주고 또 사망과 음부도 그 가운데에서 죽은 자들을 내주매 각 사람이
자기의 행위대로 심판을 받고 [14]사망과 음부도 불못에 던져지니 이것은 둘째 사망 곧
불못이라. [15]누구든지 생명책에 기록되지 못한 자는 불못에 던져지더라.

11. 크고 흰 보좌에 앉으신 하나님에 관한 11절의 환상 "**또 내가 크고 흰 보좌와 그 위에 앉으신 이를 보니 땅과 하늘이 그 앞에서 피하여 간 데 없더라**"를 볼 때 우리는 보좌에 앉으신 하나님에 관한 4:2과 5:7의 비슷한 환상을 되돌아보게 된다(이 환상들은 일차적으로 단 7:9과 겔 1:26-28을 인유한다). 보좌의 흰색은 하나님의 거룩하심을 상징

한다. 보좌에서 나오는 심판은 거룩하신 하나님이 행하시는 일이고, 이때 하나님은 심판을 통해 죄를 처벌하실 뿐만 아니라 박해받은 자기 백성의 정당성도 입증하신다. 요한계시록 전체에 걸쳐 보좌에 앉으신 이는 하나님이다.[4-5장, 19:4, 21:5 • 롬 14:10 참조] 그러나 20:11에서 보좌에 앉으신 이가 예수라고 해도 문제가 되지는 않을 것이다.[5:12-13, 7:17, 22:1-3, 마 25:31 이하, 요 5:22-27, 행 17:31, 고후 5:10, 딤후 4:1] 그러므로 보좌에 앉으신 이가 하나님과 그리스도 가운데 누구신지를 막론하고, 두 분이 최후의 심판을 집행하신다. 4, 5, 20장의 환상은 모두 하나님이 보좌에 앉아 계시고 책들이 펼쳐져 있는 장면이 나오는 다니엘 7장에 뿌리를 두고 있다. 4-5장의 환상은 그리스도의 부활로 시작된 하나님과 그리스도의 현재 통치와 심판을 언급하고, 20장은 역사가 끝날 때 있을 최후의 심판에서 절정에 이르는 사법적 통치의 장면이다.

"땅과 하늘이 그 앞에서 피하였다." 이 장면은 6:14과 16:20의 최후의 심판 묘사와 매우 비슷하다. 이것이 마지막 때의 우주적 파괴를 의미한다는 것은 21:1로 보아도 분명하다. 거기 보면 '새 하늘'과 '새 땅'이 없어진 처음 하늘과 처음 땅을 대신했다고 주장한다. "간데 없더라"는 문구는 마지막 때에 악한 나라의 파멸을 묘사하는 다니엘 2:35(테오도티온 헬라어 역본, 히브리어 본문도 "흔적이 발견되지 않았더라"로 비슷하다)에서 나온 것이다. 요한계시록 12:8은 그리스도의 죽음과 부활로 말미암아 시작된 마귀와 그의 세력의 패배를 강조하기 위해 비슷한 인유를 사용한다.[12:8 주석 참조] 그러므로 여기서 다니엘서 본문의 똑같은 말이 물질적인 구조를 포함한 전체 세상 구조의 완전한 파괴에 적용된다.[시 102:25-27, 사 51:6, 벧후 3:7, 10, 12 참조]

12. 요한이 "죽은 자들이 큰 자나 작은 자나 그 보좌 앞에 서 있는" 것을 보는 장면은 (20:4-5, 단 12:2, 요 5:28-29, 행 24:15에 비추어 보면) 악인과 의인 전체의 마지막 큰 부활이 최종적으로 일어난 상

황으로 추정된다. **"책들이 펴 있고 또 다른 책이 펴졌으니 곧 생명책이라"**는 문구는 다니엘 7:10("책들이 펴 놓였더라")과 다니엘 12:1-2("책에 기록된 모든 자가 구원을 받을 것이라……영생을 받는 자도 있겠고")의 인유가 결합되어 이루어진다. 다니엘 7장에서 '책들'은 심판에 초점이 있지만 다니엘 12장에서 '책'은 참 성도들의(버림받은 자는 제외되는) 구속에 대한 심상이다. 그러므로 요한의 환상은 최후의 심판과 구속에 대한 예언이 성취되리라는 것을 보증한다. 12절에서 강조되는 것은 일차적으로는 최후에 있을 심판이고, 최종적 구원은 이차적으로 포함되어 있다('생명책'과 특히 구약 배경에 대해서는 3:5, 13:8, 17:8에 대한 주석을 보라). 13:8과 17:8에서처럼 12절에서 '생명책'이 소개되는 것은 구원에서 제외되는 자들의 주의를 촉구하기 위함이다. **"죽은 자들이 자기 행위를 따라 책들에 기록된 대로 심판을 받으니"**라는 말은 심판이 주관심사임을 계시하고, 11-15절이 앞서 11:18("죽은 자를 심판하시며")에 제시된 최후의 처벌에 대해 간략히 부연 설명하는 것을 보여준다. 그러나 이 두 본문에는 의인의 상이 언급되거나 함축되어 있다(여기서는 생명책과 관련하여 그렇게 나타난다). 괄목할 만하게도 "큰 자나 작은 자"라는 같은 말이 11:18에서는 모든 신자를 망라하는 개념을 가리키고, 19:18에서는 모든 비신자를 망라하는 개념을 가리킨다. 따라서 12절에서도 비슷한 이 말이 포괄적으로 신자와 비신자를 모두 망라하는 개념일 수 있다.[대하 15:13, 시 115:13, 렘 16:6 참조] "책들에 기록된 대로"라는 말은 비유적으로 결코 실수가 없으신 하나님 자신의 기억을 가리킨다.

13. 미래의 심판이 다시 설명된다. **"바다가 그 가운데에서 죽은 자들을 내주고 또 사망과 음부도 그 가운데에서 죽은 자들을 내주매 각 사람이 자기의 행위대로 심판을 받고."** 여기서 '바다'가 사탄의 세력이 작용하고 있으며 모든 비신자를 가두는 악의 영역을 상징한다고 보는

것(요한계시록 다른 곳에서처럼)이 가능하다[13:1, 15:2 주석 참조] 만일 그렇다면 하나님은 이제 심판을 위해 바다, 곧 사악한 영역이 가두어 두고 있던 자들을 석방시키도록 권능을 행사하신다. 바다는 6:8에서 마귀의 사악한 세력들과 연계되어 있는 심상인 '사망과 음부'와 평행 관계에 있다. 따라서 그것은 21:1에서 바다를 악한 의미로 언급하도록 준비하고, 거기서 바다는 새 피조물 속에 "다시 있지 않다." 13절에 묘사된 장면에 죽은 신자들이 포함되어 있는 것은 다만 최후의 부활이 있을 때까지 그들의 영은 주님과 함께 있지만 그들의 육체는 아직 사망과 사탄의 권세 아래 있기 때문이다.[고전 15:50-57] 부활한 성도들은 '생명책'에서 심판을 피할 피난처를 찾는다.[15절 주석 참조]

14. **"사망과 음부도 불못에 던져지니"**는 이제 사망과 음부가 첫째 사망, 곧 육적 죽음을 지배해 온 세력으로 활동하는 것이 끝나고, 대신 불못에서 영원한 처벌을 받게 되리라는 사실을 의미할 것이다. 이 문구는 이전에 '사망과 음부'의 현세적 속박 아래 있었던 비신자들이 '불못'의 영속적 속박 속에 넘겨지리라는 사실을 표현한다. 개연성은 약하지만 다른 견해가 있는데, 이 진술은 사망과 음부는 (짐승과 거짓 선지자가 인간 정부와 종교의 물리적 실재들 배후에서 작용하는 힘으로 간주될 수 있는 것과 같이) 단순히 영적인 장소가 아니라 육적 사망의 실재의 배후에서 활동하는 사악한 힘으로 간주될 수 있다는 사실을 반영한다는 것이다. 사망과 음부는 6:8에서 마귀의 인격적인 대행자로 등장하는 넷째 말 탄 자(그리고 그의 동지)의 신원을 밝히기 위해 함께 나타났다. 만일 이 견해가 정확하다면, 20:14은 과거에 기승을 부렸던 사탄의 귀신 세력들에 대한 영원한 처벌을 가리킨다.

'불못'은 이미 그곳에 던져진 모든 자에 대한 끝이 없는 의식적 형벌로 정의되었다.[10절 • 14:10-11 주석 참조] 그런데 불못은 '둘째 사망'으로도 지칭된다. 이것은 불못의 고통이 절멸의 의미를 가진 육적 죽음이 아니고 본질상 영적 고통이라는 것을(모종의 육체적 고통을 포함하기는 하지만) 증명한다. 왜냐하면 사탄과 그의 사자들은 오로지 영적 존재이기 때문이다. 비신자들에게는 아마 육체적인 고통도 포함될 것이다. 왜냐하면 최소한 부분적으로 비신자들은 육체적으로 결코 죽지 않는 부활한 몸을 갖고 있는 동안 영적으로 고통을 겪기 때문이다. 둘째 사망을 비유적으로 이해해야 하는 것은 문자적인 육적 죽음과 영원한 고통은 양립이 불가능하고, '불못'은 분명히 문자적 장소가 아니라는 사실로 말미암아 그리고 육적 및 영적 부활과 육적 및 영적 사망이 있는 것으로 확인되는 앞의 4-6절에 대한 주석으로 말미암아 지지를 받는다. 21:4, 8에 따르면 육적 죽음(첫째 사망)은 '지나갈' 것이지만 불못, 곧 둘째 사망은 영원히 지속될 것이다.[4:10-11, 20:10 참조] 고통의 실재 일부인 둘째 사망은 하나님의 성 안에서 하나님의 임재와 영원히 분리되는 것이다. 이 사망을 겪을 악인들은 하늘의 성 밖에 거하지만 의인들은 하늘의 성 안에 들어가는 복을 누리는 것으로 말해진다.[21:8, 27, 22:14-15, 19 참조] 신약성경 다른 곳에서도 사람이 하나님과 분리되는 영적 죽음에 대하여 말한다.[눅 15:24, 32, 엡 2:1, 골 2:13 등]

15. 최후의 심판에 대한 주의가 한 번 더 강조된다. "누구든지 생명책에 기록되지 못한 자는 불못에 던져지더라." 이것은 생명책에 기록된 자는 모두 심판에서 제외된다는 사실을 함축하며, 3:5과 21:27에서도 분명히 한다.[단 12:1 참조] 그 안에 기록된 모든 자가 구원받는 생명책은 어떤 책인가? 이 책의 온전한 명칭은 '죽임을 당한 어린양의 생명책'[13:8]이다(21:27은 '어린양의 생명책'으로 되어 있다). 생명책에 기록된 자들에게 주어진 생명은 그들이 어린양의 옳은 행실, 특히 어린양의 죽음과 동일시되는 데서 오고, 또한 그들이 어린양의 부활 생명과 동일시되는 것도 함축한다.[15:5-13] 그들은 어린양이 이미 그들을 위해 고난을 겪으셨기 때문에 그들의 악한 행위에 대한 심판을

받지 않는다. 즉, 어린양이 그들 대신 죽임을 당하셨다.[1:5, 5:9 • 13:8 주석 참조] 어린양은 하나님 앞에서 생명책에 기록되고[3:5] 어린양의 의와 죽음과 동일시되는 모든 자를 하나님 앞에서 시인하신다.

20:11-15 묵상 제안

하나님의 성품과 하나님의 심판: 하나님이 어떻게 자신의 거룩하심과 공의로 말미암아 심판자가 되시는가? 본서의 주석에서 하나님이 거역하는 자를 처벌하시고 자기 백성의 정당성을 입증하기 위해 심판하신다는 말의 의미는 무엇인가? 하나님의 거룩하심과 공의를 이해하지 못하는 무지가, 크고 흰 보좌 심판에 따른 영원한 의식적 형벌의 실재를 경시하는 현대의 경향 배후에 놓여 있지는 않은가?

21:1-22:5

새 창조와 영광 속에 들어간 완전한 교회

다가올 새 세상에서 구속받은 자들의 공동체는
하나님의 온전하고 영광스러운 임재가 그들 속에 영원히 계속될 것이므로
완전하고 신성하고 영광스럽게 될 것이지만, 신실하지 못한 자는 이 복에서 배제될 것이다

21:1-22:5은 두 부분으로, 곧 21:1-8과 21:9-22:5로 나눌 수 있다. 하지만 이 방대한 부분에서 환상 소개말을 기초로 최소한 세 개의 하위 구분을 식별해 내는 것이 좋다. 이렇게 구분한 21:9-21, 21:22-27, 22:1-5은 환상 소개 공식이 나타나는 지점에서 주제의 변화가 있다는 사실을 보여준다. 21:1의 내용은 하나님의 임재 앞에서 "땅과 하늘이……피하여 간 데 없더라"고 말하는 20:11 바로 뒤를 따른다. 20:12-15의 심판으로 우주적 파멸이 일어나지만 21:1-8에서는 새 창조가 이전 우주의 해체와 옛 질서를 대신한다. 새 창조 주제가 21장을 지배하고 있다. 하지만 이전의 심판 관념이 완전히 망각되는 것은 아니다.[21:8, 27] 21:9-22:5은 주로 21:1-8의 내용을 되풀이한다. 이 마지막 주요 부분의 목적은 불완전한 교회와[1-3장] 완전한 교회 간의 대조를 강조하는 데 있다. 1-3장은 옛 시대 동안 교회의 연약함에 초점이 있다. 반면에 21:9-22:5의 한 가지 의도는 세세토록 완전한 상태 속에 들어가는 교회를 예견하는 것이다. 교회의 죄와 바벨론의 죄의 대조, 그리고 이 전체 부분의 궁극적인 목적은 신자들이 완전한 교회의 완성된 영광 속에 참여할 수 있도록 현세에서 타협을 부추기는 시험 앞에 인내하라고 권면하는 데 있다.

새 피조세계는 신실한 자가 하나님과 친밀하게 교제하는 구원의 복을 경험할 곳이 되지만 신실하지 못한 자는 이 복에서 배제될 것이다[21:1-8]

21 1 또 내가 새 하늘과 새 땅을 보니 처음 하늘과 처음 땅이 없어졌고 바다도
다시 있지 않더라. 2 또 내가 보매 거룩한 성 새 예루살렘이 하나님께로부
터 하늘에서 내려오니 그 준비한 것이 신부가 남편을 위하여 단장한 것 같더라. 3 내가
들으니 보좌에서 큰 음성이 나서 이르되 보라, 하나님의 장막이 사람들과 함께 있으매
하나님이 그들과 함께 계시리니 그들은 하나님의 백성이 되고 하나님은 친히 그들과
함께 계셔서 4 모든 눈물을 그 눈에서 닦아 주시니 다시는 사망이 없고 애통하는 것이
나 곡하는 것이나 아픈 것이 다시 있지 아니하리니 처음 것들이 다 지나갔음이러라. 5
보좌에 앉으신 이가 이르시되 보라, 내가 만물을 새롭게 하노라 하시고 또 이르시되
이 말은 신실하고 참되니 기록하라 하시고 6 또 내게 말씀하시되 이루었도다, 나는 알
파와 오메가요 처음과 마지막이라. 내가 생명수 샘물을 목마른 자에게 값없이 주리니
7 이기는 자는 이것들을 상속으로 받으리라. 나는 그의 하나님이 되고 그는 내 아들이
되리라. 8 그러나 두려워하는 자들과 믿지 아니하는 자들과 흉악한 자들과 살인자들과
음행하는 자들과 점술가들과 우상숭배자들과 거짓말하는 모든 자들은 불과 유황으로
타는 못에 던져지리니 이것이 둘째 사망이라.

1. 여기서 요한이 보는 첫 번째 장면은 "새 하늘과 새 땅"이다. 요한이 새 우주를 보게 된 이유는 처음 하늘과 처음 땅이 없어졌기 때문이다. '새'로 번역된 헬라어 단어는 *kainos*다. 이 말은 보통 시간의 새로움(이 경우에는 보통 *neos*가 사용된다)이 아니라 질이나 본질의 새로움을 의미한다. 첫째 피조물은 영속적이지 않고 둘째 피조물은 영원히 지속될 것이다(성경과 요한계시록 다른 곳에서 나타난 첫째-둘째 및 옛-새 구분에 대해서는 20:6에 대한 주석을 보라). 이것은 피조물의 근본적인 물리 구조의 변화를 암시한다. "다시 밤이 없겠고"는22:5 • 21:25 참조 또 다른 차이, 특히 창세기 8:22의 "땅이 있을 동안에는……낮과 밤이 쉬지 아니하리라"는 것과의 대조를 암시한다. 불연속성에도 불구하고 새 우주는 옛 우주와 동일함을 증명할 수 있는 대응 요소가 있

을 것이고, 옛 우주의 갱신은 몸이 이전 정체성을 잃지 않고 부활하는 것과 같을 것이다.

21:1, 4-5에 나오는 문구들 배후에 이사야서 본문의 인유가 놓여 있다는 것도 '무'로부터ex nihilo 나온 완전한 새 피조물이 아니라 옛 피조물의 변혁에 대한 예언으로 가장 잘 이해된다. 그러나 갱신이 옛 우주의 문자적 파괴는 아니라는 것을 의미한다고 추론되어서는 안 된다. 이것은 새로 부활한 몸이 육체적으로 비슷하다는 관념을 필수적으로 수반함은 아닌 것과 같다. 새 창조가 그리스도의 부활 패턴을 따르는 것은 바울 서신과고후 5:14-17, 골 1:15-18, 엡 1:20, 2:6-15 요한계시록 자체에서1:5, 3:14 주석 참조 새 창조와 부활 간의 주석적 연계성으로 증명된다. 주목할 만하게도 바울도 로마서 8:18-23에서 부패한 피조물의 회복이 하나님의 자녀의 부활과 불가분리적으로 연계되어 있는 것으로 본다.

요한은 구속받은 성도가 새 창조에서 맡는 역할에 초점을 맞춘다. 21:1-22:5의 환상이 주로 영광 속에 들어간 신자들의 공동체에 대한 다양한 비유적 묘사로 지배되고 있는 것으로 보아 분명하다. 3:14이 이사야 43:18-19과 65:17의 새 창조에 대한 예언이 그리스도의 부활에서 성취가 시작된 것을 암시했다면, 1절과 4-5절의 이사야서 본문 인유는, 새 하늘과 새 땅에 대한 언급이 암시하는 것처럼 그 이상의 사실을 포함하기는 하지만, 틀림없이 영광 속에 들어간 교회에 적용될 것이다.

요한은 자신이 보고 있는 장면을 이사야 65:17과 66:22(이 본문은 65:17을 사실상 그대로 반복한다)에 따라 묘사한다. 이사야 65:16-18은, 우는 소리와 부르짖는 소리가 특징이었던 옛 땅과 달리 이스라엘이 기쁨과 즐거움이 넘칠 새 하늘과 새 땅으로 회복될 것이라고 예언한다. 이사야 66:22은, 옛 땅의 한시적인 성격과 달리 새 하늘과 새 땅의 영원함에 대해 말한다. 이스라엘이 바벨론으로부터 회복된 것은 극히 제한적이고 불충분한 의미에서만 이 예언을 성취시킨 것이고, 최종적인 성취는 오랫동안 미래에 맡겨졌다. 그리스도는 자신의 죽음과 부활을 통해 새 예루살렘의 건설을 시작하셨고(그리스도께서 "하나님의 창조의 근본이신 이"로 묘사되는 3:14에 대한 주석을 보라), 이 예언은 사람들이 교회 시대 동안 그리스도를 믿고 '새 피조물'의 일부가 됨으로써 성취가 시작되었다.[고후 5:17, 갈 6:15]

21:1은 성취가 시작된 이사야의 예언은 미래의 어느 시점에 완성될 것이라고 천명한다. 이 환상은 끝이 임하기 '전' 교회 시대의 특징을 묘사하는 것이 아니다. 왜냐하면 묘사 내용이 영적인 국면과 물리적인 국면을 막론하고 구속받은 성도들의 전체 공동체에 대한 가시적이고 불가시적인 온갖 형태의 위협이 제거된 상태를 강조하고 있기 때문이다.[21:1, 4, 8, 27, 22:3, 5]

옛 세상의 지나감은 **"바다도 다시 있지 않더라"**는 문구로 추가로 묘사된다. 요한계시록 다른 곳에서 '바다'는 다음 사실을 표상한다.

- 우주적 악의 근원(특히 구약 배경에 비추어 볼 때 그렇다)[4:6, 13:1, 15:2, 16:3]
- 하나님의 백성에게 환난을 일으키는, 믿지 않는 거역하는 민족들[13:1, 17:1-2, 6, 사 57:20]
- 죽은 자의 처소[20:13]
- 세상의 우상숭배적인 교역이 일어나는 주 무대[18:11-19]
- 옛 피조물의 일부를 구성하는 문자적인 수역[水域 5:13, 7:1-3, 8:8-9, 10:2, 5-6, 8, 14:7]

1절에 사용된 '바다' 용법은 요한계시록 전체에 걸쳐 나오는 바다의 다양한 뉘앙스가 어떻게 새 창조와 관련되어 있는지를 요약적으로 진술한다. 그러므로 이 용법은 위의 다섯 가지 의미 전부를 망라한다. 새 창조가 임하면 새 세상에는 더 이상 사탄의 어떤 위협도 없고, 거역하는 민족들로부터 오는 위협도 없으며, 사망도 다시는 없을 것이다. 따라서 바다가 죽은 자의 처소로서의 역할을 할 여지도 전혀 없다. 또한 바다를 주된 교역로로 삼는 우상숭배적인 교역 관습도 다시는 없을 것이다. 심지어는 문자적인 바다를 하나님의 피조물의 음산하고 사나운 공간으로 지각하는 것도 새 우주에서는 더 이상 적절하지 않다. 새 우주는 온전한 평화가 특징이기 때문이다. 물론 불같은 처벌의 연못(불못)이 있겠지만,[20:10, 14-15] 희한하게도 그곳은 새 하늘과 새 땅의 지리적인 경계 밖에 자리 잡게 될 것이다.[21:27, 22:15] 영원히 하나님의 백성이 거하는 새 피조물의 완성된 형태가 있게 될 것처럼, 비신자들이 거하는 다른 곳인 처벌의 영역도 완성된 형태로 영원히 존재할 것이다.

1절의 바다는 앞에서 언급한 의미를 모두 염두에 두고 있지만, 이사야 65장의 인유와 직접 문맥으로 보면, 바다에 대한 초점을 비유적으로 하나님의 백성에 대한 악과 환난의 위협, 곧 영원한 상태에서는 더 이상 존재하지 않는 위협을 표상하는 것에 두고 있음을 암시한다. "바다도 다시 있지 않더라"는 언급은 4절에서도 "다시는 사망이 없고"라는 말로 설명된다. 두 문구의 긴밀한 평행 관계는 후자가 전자를 더욱 깊이 전개하고 있음을 보여준다. 바다의 악한 뉘앙스는(앞에서 언급한 다섯 가지 측면이 함축된) 은유적으로 이전에 옛 세상에서 하나님의 백성을 위협했던 온갖 고통을 표상한다. 1절과 4b절에서 이사야 65:17을 인유하고, 4b절에서 이사야 65:19을 인유하는 것은 이상의 설명을 확증한다. 이사야 65:16-19과 51:10-11의 강조점은 옛 세상의 물질적 요소들의 지나감에 있는 것이 아니라 하나님께서 포로 기간 동안 학대로 말미암아 일어난 '이전 환난'

사 65:16을 제거하시고, 그리하여 "우는 소리와 부르짖는 소리가……다시는 들리지 아니할 것"사 65:19이라는 데 있다.

이 결론은 특히 앞에서 간략히 언급한 이사야 51:10-11의 영향이 나타나 있는 것으로 지지를 받는다. 이사야 51:10-11은 은유적으로 홍해 구원에서 바닷물이 제거된 것을 세상이 완성될 때 슬픔이 사라지는 것과 동등시한다.4절 주석 참조 바다가 없는 것은, 안에 바다가 포함된 타락 이전의 우주와 달리 새 피조물의 완성된 상태를 표상할 수 있다. 이것은 '바다'가 문자적으로 이해되거나 비유적으로 이해되거나 간에 사실이다. 그러나 이상의 설명은 십중팔구 바다가 옛 세상의 위협을 가리키는 비유 개념이라는 것을 증명한다. 이는 새 피조물 속에 문자적 바다가 존재하는 것이 21:1에서 비유적으로 '바다가 없는' 것과 불일치하지 않음을 의미한다.

2. 1절에서 옛 세상을 대체하는 것으로 묘사되는 새 세상은 이제 2절에서 "**거룩한 성 새 예루살렘**"으로 불린다. 요한은 자신이 보는 장면을 이사야 52:1의 "거룩한 성 예루살렘"을 사용해 묘사한다. 이사야는 마지막 때에 포로로부터의 귀환과 하나님의 임재의 회복이 있을 때52:11-12 복음을 선포하는 자가 와서52:7 이 거룩한 성을 회복시킬 것이라고 예언했다. "네 아름다운 옷을 입을지어다"사 52:1라고 시온에 주어진 명령은 이사야 61:10의 보석으로 단장하는 신부에 관한 묘사의 기초를 구성하고, 이는 새 예루살렘을 "**그 준비한 것이 신부가 남편을 위하여 단장한 것 같더라**"고 묘사하는 요한계시록 21:2의 기초를 구성한다. 이 예루살렘이 '새' 예루살렘으로 불린다는 사실은 이사야 62:1-2을 인유한 것이다. 거기를 보면 예루살렘이 마지막 날 영광 속에 들어갈 때에 "새 이름으로 일컬음이 될 것"이라고 말한다. 3:12에서 그리스도의 새 이름은 본질상 하나님의 이름이나 새 예루살렘의 이름과 동일한 것으로 이미 확인되었다. 이 이름들은 모

두, 3-4절에 표현된 것처럼 하나님과 그리스도께서 마지막 때에 자기 백성과 함께하시는 친밀한 임재를 가리킨다.[14:1-4 참조] 요한이 보기에 새 창조는 이미 시작되었으며,[3:14 주석 참조] 신약성경 다른 곳에서 새롭고 불가시적이고 거룩한 예루살렘이 옛 예루살렘을 대체하기 시작한 것으로 보기는 하지만,[갈 4:26-31, 히 12:22] "**내가 보매 거룩한 성 새 예루살렘이 하나님께로부터 하늘에서 내려오니**"라는 환상 속의 말은 출범한 새 예루살렘의 완성된 상태를 표현한다.

따라서 이 성의 "준비한 것이 신부가 남편을 위하여 단장한 것 같더라"는 말은 예루살렘이 하나님과 결혼한 신부와 같이 될 것이라는 이사야의 예언의[62:1-5] 성취다. 이사야는 이스라엘의 최종적인 회복이 있을 때 여호와께서 옷을 입히신 자들이 기뻐할 것이라고 예언했다. 요한계시록 19:7-8에서 하나님의 구속받은 백성과의 친밀하심에 관한 비슷한 언급도 신부가 성도의 은유라는 사실을 분명히 한다. 요한계시록 전체에 걸쳐 '준비하다' 또는 '예비하다'라는 동사[헬라어 *hetoimazō*]는 인간의 행동이 아니라 하나님의 행동을 가리킨다.[9:7, 15, 12:6, 16:12] 따라서 여기서도 하나님과 하나님의 백성 간의 친밀한 연합, 그리고 자기 백성에 대한 하나님의 정당화는 2절의 내용이 미래에 성취되리라고 묘사하는 예언적 작정이다. "그 준비한 것이 신부가 남편을 위하여 단장한 것 같더라"는 말은 하나님께서 친히 자기 백성을 준비시키실 것이라는 사상을 전달한다. 역사 전체에 걸쳐 하나님은 자기 백성을 자신의 신부로 삼으시고, 따라서 그들은 다가올 시대에 하나님의 영광을 반영하게 되며,[엡 5:25-27] 이것이 요한계시록 21장의 이어지는 문맥이 전개하는 내용이다.[고후 11:2 참조]

이사야의 예언의 성취는 민족적 이스라엘이 아니라 참 이스라엘을 계승하는 교회에서 시작된다. 왜냐하면 요한계시록 3:12은 빌라델비아 교회에서 유대인과 이방인 신자들이 새 예루살렘에 함께 포함된다는 점을 증명하고, 21:10-14은 사도들의 이름이 이 새로운 성의 성곽에 열두 지파의 이름과 함께 적혀 있는 것으로 나타나기 때문이다. 12:1의 여자(땅에서 고난받는 실존 속에 있는 신앙 공동체를 표상하는)는 이제 최종적으로 어떤 위험으로부터도 안전하며 하나님의 완전하고 충분한 임재 안에 거하는 2절의 단장한 신부를 예견한다. 이사야 61-62장은 이 두 묘사의 배경으로 작용한다.

그러므로 새 예루살렘 성의 심상은 실제로 새롭게 된 피조물 속에서 하나님과 하나님의 백성 사이에 이루어지는 교제를 비유적으로 표상한다.

3. 환상을 소개하는 "**내가 들으니 보좌에서 큰 음성이 나서 이르되**"라는 말은 앞서 16:17과 19:5에서 거의 동일한 형태로 이미 나타났다. 이 음성은 그룹으로부터(이어지는 문구가 하나님을 삼인칭으로 지칭하는 것으로 보아) 나왔거나 어쩌면 하나님으로부터 나왔을 수도 있다. 3절의 이 음성은 2절의 거룩한 성과 결혼 은유를 더 정교하게 제시한다. 이 장면은 하나님과 하나님의 백성이 서로 간에 갖는 친밀한 교제를 묘사한다. "**보라, 하나님의 장막이 사람들과 함께 있으매 하나님이 그들과 함께 계시리니 그들은 하나님의 백성이 되고 하나님은 친히 그들과 함께 계셔서.**" 시내 산과 광야에서 하나님의 장막이 이스라엘과 함께 있었던 것은 결혼 관계를 내포한 심상으로, 이미 19:7-8에서 어린양과 그의 신부의 결혼에 대한 배경의 하나로 확인되었다.[겔 16:8-10 참조] 이것은 새 성전 시대에 하나님께서 "이스라엘 족속 가운데에 영원히" 처소를 두실(거하실) 것이라는 에스겔 43:7의 예언적 약속을 반영한다.

이에 대한 훨씬 더 구체적인 인유는 에스겔 37:27이다. 이 본문은 하나님께서 친히 이스라엘 가운데 장막을 세워 그들과 함께 거하심으로써, 그들은 하나님의 백성이 되고 하나님은 그들의 하나님이 되실 마지막 회복의 때가 올 것이라는 레위기 26:11-12의 약속을 취하여 진술한다. 이미 요한계시록 7:15은 에스겔 37:27의 이스라엘 회복 예언을 이방인과 유대인으로 함께 구성된 그리스도인들에 의해 성취된 것으로 이해했다.[7:15 주석 참조] 바울은 레위기 26:12을 인용해 장막이 교회 안에 예비적인 형태로 이미 존재하고 있다고 가르친다.[고후 6:16] 그러나 3절에서 요한은 새 창조 안에서 이 장막의 완성된 성취를 본다. 구약 예언들은 예외 없이 하나님께서 안에 거하실 '사람들'을 단수형[헬라어 *laos*]으로 표현한다. 요한계시록 21:3은 원래 이스라엘에 초점을 맞춘 이 예언들이 "각 족속과 방언과 백성과 나라"에게서 성취된 것을 분명히 하려고 예언적 단수형을 복수형 '사람들'[헬라어 *laoi*]로 바꾼다.[5:9, 7:9] 하지만 여기서 후자는 참 이스라엘의 확대된 계승으로 간주된다. 스가랴 2:10-11은 '많은 나라'를 구약성경 다른 곳에서 항상 이스라엘을 가리키는 의미로 사용된 '내 백성'으로 간주함으로써, 참 이스라엘이 민족의 경계를 뛰어넘어 확대되는 것을 예언한다는 점에서 3절을 예견하고 있다.

하나님은 아브라함에게 모든 민족이 이스라엘 자손이 전달하는 복을 받을 것이라고 약속하셨다.[창 12:1-3, 17:2-8, 26:24, 갈 3:16] 에스겔 47:14도 땅과 성전에 대한 이스라엘의 영원한 기업을 아브라함의 약속에 기초를 두고 있으며, 에스겔 47:22-23은 이방인이 약속된 새 성전과 땅의 기업에 참여할 수 있는 유일한 방법은 이스라엘의 일원이 되는 것뿐이라고 확언한다. "타국인을 본토에서 난 이스라엘 족속 같이 여기고 그들도 이스라엘 지파 중에서 너희와 함께 기업을 얻게 하되." 신약에 나타난 교리를 보면, 이방인이 이스라엘 민족의 신정 사회의 일원이 되는 것으로 이스라엘의 구약 약속에 참여하는 것이 아님이 매우 분명하다. 바울 서신과 같이[갈 3:16, 29] 요한계시록도, 민족들은 아브라함의 참 자손이자 유일하게 진정한 이스라엘 사람으로서 유대인뿐만 아니라 이방인을 위해서도 죽고 다시 사신 예수를 믿어야만 참 이스라엘의 구속의 복에 참여할 수 있다는 사실을 계시한다. 이상적인 왕이자 이스라엘 사람이신 예수께서 대표하는 모든 사람은 참 이스라엘의 일원으로 간주되고 예수께서 받으시는 복에 참여한다.[2:17, 3:7, 9, 7:4-8, 12:1-2, 5, 17 주석 참조]

옛 성막 안에는 오직 유대인만 들어가는 것이 허용되었고, 그것도 제사장들만 들어가는 것이 가능했다. 그러나 이제 3절을 보면 하나님의 임재가 이스라엘 성소의 물리적 경계로 제한되지 않는다. 왜냐하면 이스라엘 사람만이 아니라 믿는 사람이라면 누구나 하나님의 친밀한 장막 임재를 경험하기 때문이다. 유대인과 이방인이 그리스도 안에서 연합되었을 뿐만 아니라 하나님의 임재 앞에서 하나님을 섬기는 제사장의 지위도 함께 얻었다.[20:6, 22:3-4] 그러므로 이것이 새 예루살렘에 성전이 없는 첫 번째 암시이며, 이 사실이 21:22에서 명시적으로 언급된다. 21:22을 보면 물리적인 성전 건물이 없는 것에 대한 궁극의 구속사적 이유가 하나님과 그리스도 자신이 구약의 성전이 항상 지시했던 최후의 영속적인 성전이기 때문이다.

4. 이 새 창조 안에서 하나님의 백성은 옛 창조의 특징이었던 고난을 어떤 형태로든 절대로 경험하지 않을 것이다. "모든 눈물을 그 눈에서 닦아 주시니 다시는 사망이 없고 애통하는 것이나 곡하는 것이나 아픈 것이 다시 있지 아니하리니." 미래에 일어날 이 일은 이사야 25:8에서 나온 예언의 성취가 될 것이다. "주 여호와께서 모든 얼굴에서 눈물을 씻기시며."[7:17 주석 참조] 이사야 35:10과 51:11은 이스라엘이 온전히 회복할 때가 되면 이전의 온갖 '슬픔과 탄식'이 사라질 것이므로 보호를 받아 '영원한 기쁨'을 경험할 것이라고 예언한다. 이사야 51:11을 보면, 바로 한 구절 앞에서[사 51:10] 이사야가 하나님께서 바닷물을 말리신 첫 번째 출애굽 사건을 반영하는 것은 결코 우

연의 일치가 아니다. 이사야는 거기서 첫 번째 하나님의 백성의 구원과 마지막 때 하나님의 백성의 구원을 비교하는데, 이는 요한계시록 21:1에서 바다가 사라진 것이 2-4절에서 하나님과 백성들의 교제의 마지막 성취에 대한 온갖 방벽이 제거되는 것과 같다. "다시 저주가 없으며",[22:3] "다시 밤이 없겠고"[22:5]라는 비슷한 후속 문구 역시 옛 세상의 어떤 악과 위협도 성도들이 완성된 하나님의 임재를 충만히 누리지 못하도록 결코 방해할 수 없다는 사실을 암시한다. 최초의 에덴에서 세상 속으로 들어온 죽음 및 죽음과 관련된 고통스러운 '저주'가[22:3] 마지막 에덴에서는 제거될 것이다. "**처음 것들이 다 지나갔음이러라**"는 4절의 결론도 다음과 같은 이사야의 예언의 성취다. "너희는 이전 일을 기억하지 말며……보라, 내가 새 일을 행하리니."[사 43:18-19] "보라, 내가 새 하늘과 새 땅을 창조하나니 이전 것은 기억되거나 마음에 생각나지 아니할 것이라."[사 65:17] 1절은 처음 하늘과 처음 땅의 없어짐에 관한 주제를 소개했고, 이 주제는 4절에서 평행적인 표현을 통해 되풀이된다.

5. 최종적으로 임한 새 피조세계 주제가 5-8절에서 계속된다. 5절에서 화자는 의심할 여지없이 하나님이시다. "**보좌에 앉으신 이가 이르시되.**" 하나님의 첫 번째 선언인 "**보라, 내가 만물을 새롭게 하노라**"도 이사야서에서 근원한다(1, 4절에서 사 43, 65, 66장을 인유한 것과 같다). "보라, 내가 새 일을 행하리니."[사 43:19 • 사 66:22 참조] 고린도후서 5:17에서 바울은 동일한 이사야의 예언[사 43:18-19, 65:17]의 성취가 그리스도의 죽음과 부활에서 시작된 것으로 본다. 요한은 '모두'(all)라는 단어를 덧붙임으로써 이 예언들의 성취의 완성을 강조한다. 이것은 보편구원론을 주장하는 것이 아니라 오히려 하나님의 모든 백성이, 하늘과 땅과 함께 새 피조물로 변화될 것을 암시한다. 여기서 현재 시제("내가……하노라")는 교회 시대의 현재를 가리키는 것이 아니라

미래의 새 창조가 확실히 일어날 것이라는 사실을 강조하는 역할을 한다.

하나님은 요한에게 **"이 말은 신실하고 참되니 기록하라"**고 이르셨고, 이는 이사야 65:16에 뿌리를 두고 있다(그리스도에 대한 비슷한 묘사가 같은 구절에 뿌리를 두고 있는 것에 대해서는 3:14을 보라). 이사야서 히브리어 원문을 보면 하나님을 진리[히브리어 *amen*]의 하나님으로 언급하며, 이사야 65:17에서 이 진리의 하나님께서 베푸시는 복이 그분이 일으키실 새 피조물의 복이다. 이 약속이 신실하고 참된 이유는 이사야가 예언한 것처럼 하나님 자신이 의심할 것 없이 약속을 이루실 분이기 때문이다. 5b절의 "이 말은 신실하고 참되니"라는 진술은 22:6에서 글자 그대로 반복될 것인데, 거기서는 21:1-22:5의 새 창조 관련 약속의 결론으로 작용하고, 그러므로 이 역시 이사야 65장의 동일한 문구에 따라 형성되었을 것이다.

6. 요한이 듣는 그 다음 말은 헬라어로 *gegonan*인데, 이는 문자적으로 그것들이, 곧 예언적 약속들이 **"이루었도다"**("그것이 이루어졌도다")라는 뜻이다. 이것은 1-5절에 두루 얽혀 있는 예언의 성취의 절정을 강조한다. 하지만 가장 크게 염두에 두고 있는 것은 5절의 '새로운 만물'이다. 마찬가지로 16:17도 거의 동일한 표현[*gegonen*, "되었다"]을 사용해 최종적인 성취를 암시한다. 16:17에서는 강조점이 경건하지 않은 자를 심판하실 것이라는 하나님의 약속의 성취에 있다. 반면에 6절에서는 예수께서 "다 이루었다"고 외치셨을 때 십자가에서 시작된 새 창조의 성취를 강조한다.

이 신적 화자는 자신이 **"알파와 오메가요 처음과 마지막이라"**고 천명하신다. 이 명칭들은 "처음과 마지막이요 시작과 마침이라"[22:13]는 비슷한 표현과 함께, 특히 하나님께서 구원과 심판의 역사를 끝내실 때 그분이 역사에 대해 가지고 계신 통제권을 가리킨다. 둘 사이에 있는 것 전부를 가리키기 위하여 알파벳 첫 글자와 마지막 글자를 사용하는 것은 고대의 비유법 가운데 하나였다. 요한계시록 전체에서 5-6절은 이 표현으로 하나님을 명시적으로 가리키는 두 번째 경우다. 첫 번째 경우는 1:8이다. 1:8과 21:5-6에 '알파와 오메가'라는 호칭이 나타난다. 이 호칭이 요한계시록 첫 부분과 마지막 부분에서 나타나는 것은 합당하고, 우연의 일치일 수 없다. 다시 말하면 1:8과 21:6 사이에 서술되고 묘사된 모든 사건은, 요한계시록이 기록되기 전의 모든 역사가 그런 것처럼 하나님의 절대 주권 아래에 있다. 그러므로 21:6의 두 호칭('알파와 오메가'와 '처음과 마지막')은 역사상 모든 사건에 대한 하나님의 절대 주권을 가리킨다. 이 기초에 따라 독자들은 하나님께서 첫 피조물을 일으키신 것처럼 첫 피조물을 확실히 끝내실 수 있음을 확신할 수 있다.

6절 나머지 부분은 두 호칭이 하나님께서 자신의 절대 주권에 따라 구속받은 백성에게 복을 베푸실 수 있다는 확신을 제공한다는 것을 증명한다. **"내가 생명수 샘물을 목마른 자에게 값없이 주리니."** 똑같은 패턴이 22:12-13에서도 나타난다. 거기서도 이 비슷한 신적 호칭이 역사가 결정적으로 끝날 때에 그리스도께서 "각 사람에게 그가 행한 대로 갚아 주실" 것이라는 확신을 제공하는 역할을 한다. 이 갚으심은 복과[21:6, 22:17] 심판을[21:8, 22:15] 함께 포함한다. 이에 대한 인유 본문은 먼저 이사야 49:10이다. "그들이 주리거나 목마르지 아니할 것이며……이는 그들을 긍휼히 여기는 이가 그들을 이끌되 샘물 근원으로 인도할 것임이라." 영생을 가리키는 '생명수'는 하나님과 어린양에게 근원을 두고 있다.[22:1, 17, 렘 2:13, 시 36:8-9, 욜 3:18, 요 4:10, 7:38] 이것은 어린양의 속죄의 죽음을 믿는 믿음을 보존하고 어린양의 구속 사역에 대한 증언을 유지한 자들을 위해 마련된 하나님과 그리스도와의 영원한 교제의 생명을 가리킨다. 그 다음 인유 본문은 이사야 55:1

이다(이 본문 자체는 사 49:10의 사상을 전개한다). "오호라, 너희 모든 목마른 자들아, 물로 나아오라. 돈 없는 자도 오라. 너희는 와서 사 먹되 돈 없이, 값없이 와서 포도주와 젖을 사라." 1-5절의 문맥과 일치되게, 교회는 이사야 49:10과 55:1의 회복 예언을 성취한다. 반면에 유대교 전승은 이사야 49:10-13, 21을 오직 유대인 포로들을 통해서만 성취된다고 해석한다.[페식타 라바티 31]

7. 7절은 새 창조에 대한 약속을 받는 자인 하나님의 백성을 '이기는 자'로 정의한다. 이기는 자는, 비록 목숨을 내놓는 대가를 치르더라도, 믿음에 대한 타협을 거부함으로써 승리한다.[2:28-29 주석 참조] 7절은 1-6절의 다양한 약속을 받는 것을 "**이기는 자는 이것들을 상속으로 받으리라**"는 말로 요약한다. 7절과 21:1-22:5 부분의 전체적인 목적은 참 그리스도인에게 하나님의 충만한 복을 상속받도록 난관을 무릅쓰고 인내하라고 격려하는 데 있다. 일곱 편지 부분에서[2-3장] 이기는 자에게 주어진 모든 약속은 새 예루살렘과 신자의 영원한 상에 대해 묘사하는 이 마지막 부분에서 온전히 성취된다.

- 하나님의 낙원에 있는 생명나무에 나아감[2:7과 22:2]
- 새 성전에 들어감[3:12과 21:22 이하]
- 하늘에서 하나님께로부터 내려오는 새 예루살렘에 참여함[3:12과 21:2, 10]
- 이마에 하나님의 이름이 기록되어 있음[3:12과 22:4]
- 생명책에 자신의 이름이 기록되어 있음[3:5과 21:27]
- 상으로 흰 옷을 입음[3:5과 21:2]
- 흰 돌과 새벽 별(등불)이 있음[2:17, 28과 21:11, 18-21, 23, 22:5, 6]
- 그리스도와 함께하는 다스림이 완성됨[2:26-27, 3:21과 22:5]
- 둘째 사망에서 벗어남[2:11과 21:7-8]

이 복들이 7절에서 "나는 그의 하나님이 되고 그는 내 아들이 되리라"는 하나의 약속으로 요약된다. 이것은 다윗에게 다윗의 집에서 나올 자에 대해 "나는 그에게 아버지가 되고 그는 내게 아들이 되리니"[삼하 7:14]라고 주신 예언적 약속을 성취한다. "그가 내게 부르기를 주는 나의 아버지시요……내가 또 그를 장자로 삼고 세상 왕들에게 지존자가 되게 하며."[시 89:26-27] 이 약속은 그리스도께서 자기 백성의 연합적 대표라는 개념에 따라 적용된다. 이것은 요한계시록 2:26-27에서 이미 언급된 시편 2:8-9의 개인적·집단적 성취와 일치한다. 성도는 그리스도 안에 있으므로[1:9] 그리스도께서 상속받으시는 것을 온전히 물려받을 것이다(5:12-13과 11:15에서 그리스도의 영원한 통치와 22:5에서 성도들의 영원한 통치를 주목하라).

8. 반면에 하나님의 백성에 포함되지 않는 자는 하나님의 임재에서 제외될 것이고, 이 자체가 그들에게는 심판이다. 8절의 죄악 목록은 요한이 교회에게 범하지 말라고 경고한 전형적인 죄들을 요약하고 있다. "두려워하는 자들과 믿지 아니하는 자들"은 단순히 비신자 전체를 말하는 것이 아니라, 엄밀하게 말하면 언약 공동체 안에 속해 있다고 주장하지만 사실은 하나님에 대한 두려움보다 사람에 대한 두려움에 더 이끌리고 박해에 직면했을 때 타협한 자들을 가리킨다. 두려워하는 자들은 가시적인 신앙 공동체 안에 있지만 세상과의 거룩한 싸움에서 후퇴하고, 용기 있게 짐승과 맞서지 못하는 충성되지 못한 자들을 가리킨다. '두려워하는'[헬라어 *deilos*]은 그 뒤에 '믿지 아니하는'이(마 8:26과 막 4:40을 보면 같은 말 다음에 믿음이 작거나 없는 자들에 대한 언급이 뒤따른다) 나오는 것으로 보아 공허한 믿음을 암시한다.

또한 이 죄악 목록에는 "흉악한 자들과 살인자들과 음행하는 자들과 점술가들과 우상숭배자들과 거짓말하는 모든 자들"도 포함되어 있다. 이 죄인들은 이방인 비신자를 가리키는 것이지만 동시에 가시적인 언약 공동체 안에 있는 일부 사람들도 가리킨다. 확실히 이교 세계에서 흔했던 음행과 우상숭배의 죄악은 교회에 속해 있던 일부 사람들의 믿음을 시험할 정도로 큰 위협이 되었다(이 죄악들 전반에 대해 그리고 '음행'의 의미에 대해서는 2:14, 20-21에 대한 주석을 보라). 이 같은 죄악은 요한계시록에서뿐만 아니라 구약성경과 신약성경 모두에서 우상숭배와 관련되어 나타난다.[9:21 주석 참조] '흉악한 자들'을 우상숭배에 대한 언급으로 간주하는 것에 대해서는 17:4-5에 대한 주석을 보라. 이 죄악들은 우상숭배와 연루된 행동의 한 부분을 구성할 뿐만 아니라 흉악함과 같이 실제로 우상숭배 자체의 행위가 된다(살인, 곧 어린아이 희생제사와 연루된 우상숭배에 대해서는 시 106:36-38을 보라). '살인자들'에는 우상숭배적인 경제 제도와 결탁하지 않는 성도들을 박해한 짐승의 대행자와 음녀가 포함된다.[13:15, 17:6] '음행(행음)하는 자들'[헬라어 *pornoi*]은 신전 매춘과 연관될 수 있고, 이것 역시 고대의 가나안 문화까지 거슬러 올라가는 이교 신전 및 우상숭배와 관련되었다. 마찬가지로 복술과 요술도 종종 신약 시대 오래 전부터 우상숭배와 관련되어('점술가들과 우상숭배자들') 성행했다(신 18:9-11은 어린아이 희생제사와 복술을 연계시킨다). 흥미롭게도 열왕기하 9:22은 이세벨을 언급할 때 '음행'과 '술수'를 연관시킨다(이세벨에 대해서는 2:20-24에 대한 주석을 보라).

이 죄악 목록은 '거짓말하는 모든 자들'을 언급하는 것으로 끝난다. 이 말은 타협 행위나 거짓 교리로 말미암아 기독교의 신앙고백을 배반하는 자들에게 초점이 있음을 암시한다. 이 말은 2:2에서 거짓 사도들을, 3:9에서는 거짓말로 하나님의 참된 백성을 자처하는 민족적 유대인을 가리킨다. 요한은 다른 곳에서 이 말을 사용해 교회 안에 있으면서 예수를 믿는다고 주장하지만 그들의 신앙고백이

행실이나 교리와 모순되는 자들을 가리킨다.[요일 2:4, 22, 4:20, 5:10]

8절에 나오는 것과 거의 동일한 죄악 목록이 22:15에도 나타나고, 또한 비슷하지만 축약된 목록이 21장 마지막을 장식한다.[27절] 두 후속 목록은 모두 '거짓말하는 자'를 마지막으로 언급하는데, 이것은 거짓 교리로 말미암아 그들의 삶의 방식이 외관상 그들의 기독교적인 신앙고백과 모순되는 자들에 대한 심판을 강조한다. 디도서 1:16도 비슷한 사상을 표현한다. "그들이 하나님을 시인하나 행위로는 부인하니 가증한 자요 복종하지 아니하는 자요 모든 선한 일을 버리는 자니라." 아마 디도서 1:16도 염두에 두고 있는 사람은 짐승에 관해 거짓말을 부추기는 자일 것이다.[13:12-15] 3:9을 보면 거짓말이 본래 거짓말쟁이[요 8:44]이자 꾀는 자[계 12:9, 20:2-3]인 사탄을 경배하는 자[2:9]와 결부되어 있다. 요한계시록 14:5은 거짓말하지 않고 인내하는 하나님의 참된 백성에 대해 말하고, 이것은 복음에 관한 진리를 고백하고 타협하지 않는 일에 있어 인내하는 것을 가리킨다. 새 세상에 거짓말쟁이가 없다는 선언은 다가올 세상의 질서는 거짓말쟁이 사탄이 들어가는 것이 허용되었던 타락 이전 우주에서보다 훨씬 높은 수준의 도덕이 존재하리라는 것을 증명한다.

악인은 "**불과 유황으로 타는 못에 던져지리니 이것이 둘째 사망이다.**" 처벌에 대한 비유적인 묘사는 하나님과의 분리에서 오는 고통 외에도 추가적인 고통이 있다는 것을 암시한다('불과 유황' 그리고 '둘째 사망'의 영원한 성격에 관한 설명은 14:10-11, 19:20, 20:10에 대한 주석을 보라). 이미 지적한 것처럼 옛-새, 첫째-둘째 사이의 대조는 부분적이고 한시적인 것과 완성되고 영원한 것 사이의 대조를 가리킨다.[20:5-6 주석 참조] 따라서 8절의 '둘째 사망'은 완전하고 영원한 처벌을 가리킨다. 새 피조물은 오로지 의인만이 '상속으로' 받는 것이라는 사실은 주목할 만하다.[7절] 가짜 그리스도인이든 비기독교적 세계 전체든 간에 불의한 자는 다가올 새 세상을 상속받지 못하고, 그러므로 새 우주의 경계 안에 거하지 못할 것이다. 21:1-22:5은 하나님의 임재의 복이 새 피조물 전체에 충만하다는 것을 보여주지만 8절과 27절은 하나님의 심판이 새 세상의 경계 밖에서 이루어진다는 것을 암시한다.[22:15 참조] 비록 둘째 사망이 완전한 처벌이기는 해도 이를 받는 자는 새 우주의 영역 밖에서 처벌을 받는다. 왜냐하면 우리는 새 하늘과 새 땅에는 "다시는 사망이 없고……아픈 것이 다시 있지 아니하리니"[4절]라는 말씀을 이미 들었기 때문이다.

21:1-8 묵상 제안

새 창조의 본질: 얼마나 많은 이들이 내세를 천상에서 영원한 존재가 되는 것으로 생각하는가? 심지어 어떤 이들은 성도들이 영원히 구름 속을 떠다니는 것으로 상상한다. 유감스럽게도 이것은 명목상의 신자들의 관점에 불과하다. 아니, 실은 참된 그리스도인들도 때때로 이런 관점을 갖는다. 그러나 21:1-8에서 새 피조물은 근본적으로 옛 피조물의 물리적인 변혁과 갱신으로 묘사된다. 이때에 몸은 죽은 자 가운데서 부활하여 영광스럽게 변화될 것이다. 이러한 육체적 변화는 1-8절에서 완전한 신부가 되는 교회로 묘사된다. 요한이 지금 편지를 쓰는 대상인 성도는 미래를 하나님의 계획에 따라 본다. 새 피조세계는 의와 거룩함이 있는 곳이다.[벧후 3:13] 만물을 새롭게 만드는 것은 일차적으로 새 피조세계의 거민과 그들이 살 곳의 물리적인 지형을 새롭게 하는 것을 가리킨다. 따라서 하나님의 백성의 운명은 새롭게 변화된 새 하늘과 새 땅의 물리적 환경 속에서 부활한 몸을 가지고 사는 것이다. 이것은 많은 하나님의 백성이 갖고 있는 영원한 내세에 대한 생각과 전혀 다르다.

하나님과의 동일화 및 친밀함: 21:1-8에서 사용된 다양한 이미지는 하나님과 하나님의 백성 간의 가장 친밀한 관계에 대해 말해 준다. 교회는 신부로 준비된다. 그리스도인은 새 이름을 받고, 이 이름은 그들을 하나님의 성품과 동일하게 하고 하나님과 결혼 관계 속에 있는 자로 만든다. 하나님은 백성 안에 장막을 세우고 그들과 친밀하게 함께 거하신다. 이것이 우리의 운명이라면, 우리는 어떻게 그것에 맞추어 우리 자신을 준비시켜야 하는가? 그리스도인 사이에서 하나님과의 친밀함이라는 주제는 얼마나 자주 거론되는가? 우리는 바울이 결혼을 우리와 그리스도의 관계에 대한 가장 긴밀한 유비로 사용하는 에베소서 5:22-33에 나타난 가르침을 얼마나 자주 유념하는가? 쾌락, 피상적 관계, 과도한 활동에 사로잡혀 있는 사회에서 우리는 하나님과의 친밀함을 어떻게 계발할 수 있는가? 하나님은 우리의 참된 욕구와 기쁨이 하나님 안에 두어지기를 바라시고, 또한 친밀하게 우리와 함께 거하시겠다는 자신의 약속이 우리가 하나님을 영원히 즐거워하는 근거가 되기를 바라신다. 우리는 지금 하나님을 향한 갈망을 계발하기 위해 어떻게 하고 있는가? 시편 119:111은 우리가 하나님을 즐거워하고 원하는 마음을 자라게 할 수 있는 한 방법을 제시한다. "주의 증거들[하나님의 말씀]로 내가 영원히 나의 기업을 삼았사오니 이는 내 마음의 즐거움이 됨이니이다." 하나님의 말씀을 읽고 묵상하는 것은 하나님을 따라 하나님의 생각을 하도록 우리를 이끌며, 이때 우리의 기쁨은 하나님 안에서 배가된다.

하나님의 약속: 본서의 주석은 2-3장의 편지 부분에서 땅의 성도들에게 주어진 하나님의 모든 약속이 21:1-8에서 어떻게 성취되는지를 지적한다. 참으로 중요한 일은 하나님이 자신의 약속에 신실하신 분이라는 것과, 하나님이 자신을 찾고 섬기는 자들에게 상을 베푸시는 것이 비성경적이거나 이기적인 것이 아니라는 사실을 묵상하는 데 있다. 왜냐하면 그것이 우리를 향하신 하나님의 뜻이기 때

문이다. 하나님은 우리에게서 최고의 것을 이루시기 원하신다. 우리는 얼마나 자주 하나님이 이미 우리를 위해 성취하신 약속들의 목록을 제시하면서, 그 목록을 앞으로 임할 그분의 모든 약속의 성취에 대한 자극으로 삼고 있는가?

다가올 세상에서 구속받은 자들의 공동체는 하나님의 완성되고 영광스럽고 영원한 임재로 말미암아 신성하고 완전하고 영광스러운 존재가 될 것이다[21:9-22:5]

환상의 나머지 장면은 주제별로 다음과 같이 분류할 수 있다. 거룩한 성의 최초의 등장,[21:9-14] 거룩한 성의 측량,[21:15-17] 거룩한 성의 재료,[21:18-21] 거룩한 성의 내적인 특징,[21:22-27] 거룩한 성에 거하시는 하나님의 임재의 상징.[22:1-5]

폭넓게 말하면 거룩한 성의 구조는 에스겔 40-48장의 환상에 기초를 두고 있다. 에스겔 40-48장은 마지막 때 성전의 모습과[겔 40-44장] 이 성전을 둘러싸고 있는 성과 땅의 배치에[겔 45-48장] 대해 예언한다. 21:9-22:5은 또한 성전, 성, 에덴동산 그리고 새 피조세계를 하나님과 백성들의 교제의 실재를 묘사하는 마지막 때 장면으로 승화시킴으로써 에스겔서 예언의 미래의 성취로 해석한다. 에스겔은 성전, 성, 땅이 동일한 실재를 표상하는 것으로 간주한다. 하지만 확실히 그것들을 획일적으로 혼합시키지는 않는다. 에스겔은 땅과 성전[37:25-28] 그리고 성을[48:35] 하나님의 영원한 처소를 상징하는 것으로 이해한다. 여기서 신부가 거룩한 성과 동등시되는 사실은[2, 10절] 그것이 문자적인 성에 대한 묘사가 아님을 증명한다.

요한계시록 21:9-22:5은 21:1-8을 되풀이하고, 21:1-8의 하나님과 백성들의 완성된 교제와 새 피조세계 속에서 하나님의 백성의 완전한 안전에 관한 장면을 상세히 설명한다. 2절의 신부는 9-11절에서 전개되고, 3절의 장막은 22-24절에서 전개된다. 또 6절의 생명수는 22:1에서 전개되고, 8절의 죄인들의 운명은 27절에서 전개된다. 공격 받고 있는 '사랑하시는 성'에 대한 언급은[20:9] 21:9-22:5에 묘사된 성이 그리스도의 구속 사역의 결과로서 교회 시대 동안 감추어지고 부분적인 형태로 계시되는 것을 가리킨다.[20:9 주석 참조] 여기서는 그 부분이 이 성의 완성된 형태를 계시한다. 1-8절과 21:9-22:5 사이에 나타난 폭넓은 평행 관계는, 어떤 이들이 21:9-22:5은 지상적 천년왕국의 초기 모습을 묘사하지만 1-8절은 영원한 상태를 묘사한다고 주장하는 것을 반박한다.

❶ 거룩한 성의 최초 등장: 하나님의 영광스러운 임재로 구속받은 자들의 신성하고 완전한 공동체가 세워진다[21:9-14]

21 9 일곱 대접을 가지고 마지막 일곱 재앙을 담은 일곱 천사 중 하나가 나아와서 내게 말하여 이르되 이리 오라. 내가 신부 곧 어린양의 아내를 네게 보이리라 하고 10 성령으로 나를 데리고 크고 높은 산으로 올라가 하나님께로부터 하늘에서 내려오는 거룩한 성 예루살렘을 보이니 11 하나님의 영광이 있어 그 성의 빛이 지극히 귀한 보석 같고 벽옥과 수정 같이 맑더라. 12 크고 높은 성곽이 있고 열두 문이 있는데 문에 열두 천사가 있고 그 문들 위에 이름을 썼으니 이스라엘 자손 열두 지파의 이름들이라. 13 동쪽에 세 문, 북쪽에 세 문, 남쪽에 세 문, 서쪽에 세 문이니 14 그 성의 성곽에는 열두 기초석이 있고 그 위에는 어린양의 열두 사도의 열두 이름이 있더라.

9-10. 9-10절에서부터 반복이 시작된다. 9-10절에서 요한은 "신부

곧 어린양의 아내……하나님께로부터 하늘에서 내려오는 거룩한 성 예루살렘"을 본다. 이 묘사는 2절의 묘사와 거의 동일한 말로 이루어진다. 요한계시록 다른 곳에서 확인된 패턴, 곧 먼저 듣고 이어서 보는 패턴이 다시 등장한다(예컨대 요한은 5:5에서는 '사자'에 대해 듣고, 5:6에서는 '어린양'을 본다). 9절에서 요한은 자신이 신부를 보게 될 것이라는 말을 듣고 10절에서는 거룩한 성을 보는데, 이는 요한이 들은 것을 해석하는 역할을 한다. 3-8절이 1-2절의 신부와 거룩한 성의 의미를 설명하는 것과 마찬가지로 21:11-22:5도 21:9-10의 신부와 거룩한 성의 의미를 확대시킨다.

9-10절의 문구는 바벨론을 소개한 17:1, 3의 문구와 거의 동일하다. 이것은 두 여자, 곧 바벨론 음녀와 어린양의 신부 사이의 대조를 부각시킨다. 부도덕하고 부정한 바벨론의 행위가 어린양의 신부의 순결함과 대조된다. 두 성(바벨론과 새 예루살렘)은 모두 금과 보석과 진주로 꾸며져 있다.[17:4, 21:18-21] 음녀의 단장은[17:4] 국가와 공모하여 그리스도인을 박해하고, 믿음을 버리고 타협하도록 그리스도인을 미혹하는 세상의 경제 세력을 표상한다.[14:8, 17:2, 18:16 참조] 그러나 어린양의 신부의 단장은 그녀의 순결한 행실이나 그 행실의 결과로 정당성이 입증된 그녀의 상태를 표상한다.[19:7-8, 21:2 주석 참조] 어린양의 신부가 성전의 보배로운 기초석들로 단장하는 것은[18-21절] 하나님 자신이 신부에게 구속을 제공하신 것을 증명하고, 이것은 새 창조의 영광을 반영한다.[고전 3:5-15, 벧전 2:4-7 참조] 두 묘사의 평행 관계는 9-10절에서 신부에 대한 묘사가, 바벨론에 대한 묘사와 마찬가지로,[17:9, 12, 15, 18] 문자적인 묘사가 아니라 상징적인 묘사라는 것을 암시한다. 두 묘사는 모두 '보이리라'[헬라어 *deiknymi*]는 말로 시작하는데, 이는 17:1에서 분명히 상징적인 환상을 가리킨다. 음녀는 하나님을 반대하는 인간 문화를 상징하고, 반면에 신부는 문자적 지역이나 성이 아니라 하나님께 충

성된 구속받은 공동체를 상징한다.[3절 주석 참조] 문자적인 새로운 우주는 존재하지만 이 환상의 요점은 높아진 성도들의 모습을 새 질서의 핵심 특징으로 강조하는 것에 있다.[1절 주석 참조]

천사는 에스겔을 그렇게 한 것처럼,[겔 3:12, 14, 11:1, 43:5] 요한을 '성령으로 데리고' 이동시킨다. 에스겔의 경우와 마찬가지로 요한이 성령의 영역으로 거듭 이동하는 것도 그의 예언적 사명과 권위를 강조한다(1:10, 4:2, 17:3에 대한 주석을 보라. 17:3은 에스겔이 사명을 받는 장면에 대한 언급이 똑같이 나타난다). 10절이 에스겔 43:5("영이 나를 들어 데리고")과 40:2("하나님의 이상 중에 나를 데리고 이스라엘 땅에 이르러 나를 매우 높은 산 위에 내려놓으시는데 거기에서……성읍 형상 같은 것이 있더라")을 결합시키는 것은 의미심장하다. 이 결합은 의심할 것 없이 요한계시록 21:11 이하의 환상이 에스겔서 40-48장의 미래의 성전에 대한 복된 환상과 동일시되어야 함을 암시한다. 천사는 요한을 새로운 성과 성전이 있는 곳으로 간주되는 '크고 높은 산'으로 데리고 올라간다. 에스겔서의 예언과 같이 구약의 예언은 장차 임할 예루살렘이 높은 산에 자리 잡는 것으로 이해했다.[사 2:2-3, 4:1-5, 25:6-26:2, 미 4:1-2]

미래에 일어날 일로 에스겔이 본 장면은 요한에게도 아직 미래에 일어날 일로 보이게 된다. 두 환상은 자기 백성과 함께하시는 하나님의 최후의 영원한 임재의 확립이라는 동일한 실재를 예언한다. 그러나 요한의 환상에 나타난 다른 세부 묘사는 에스겔의 환상을 해석하는 역할을 한다.

11. 1-8절에서 간략히 펼쳐진 자기 백성과 함께하시는 하나님의 임재 주제가 여기서 시작되어 21:11-22:5에서 상세히 펼쳐진다. 10절의 거룩한 성이 "**하나님의 영광이 있는**" 곳으로 묘사된다. 새 창조 속에서 하나님의 임재는 사람이 건물 밖에 있는 성전 구조로 제한되

는 것이 아니라, 사람들 자신이 바로 하나님의 임재가 있는 성과 성전이 될 것이다.[2-3, 12-14절] 21:1-22:5에서 분명히 이사야 40-66장을 인유하는 것에 비추어 보면, '하나님의 영광'에 대한 언급은 이사야 58:8과 60:1-2, 19에서 근원하는 것이 틀림없다. 이 이사야서 본문들에는 마지막 때 예루살렘에 거하는 '여호와의 영광'에 대한 예언적인 묘사가 나타나 있다(계 21장에 나타난 사 40-66장의 인유에 대해서는 예컨대 1-2, 4절에서는 사 65:17-19, 19절에서는 사 54:11-12, 23절에서는 사 60:19-20에 대한 언급을 보라). 특별히 이사야 60:1-3을 주목해 보라. "일어나라. 빛을 발하라. 이는 네 빛이 이르렀고 여호와의 영광이 네 위에 임하였음이니라.……오직 여호와께서 네 위에 임하실 것이며……나라들은 네 빛으로, 왕들은 비치는 네 광명으로 나아오리라." 2절은 신부가 남편을 위하여 단장한 것에 관해 말하지만 11절은 그 단장이 사실은 하나님의 영광이며, 하나님의 영광은 하나님께서 자기 백성과 함께하시는 위엄 있는 장막 임재 외에 다른 것이 아니라는 사실을 분명히 한다. 이것은 3절이 2절의 거룩한 성과 결혼 장면이 하나님께서 자기 백성과 가지실 친밀한 교제를 가리키는 것으로 해석된다고 앞에서 우리가 내린 결론을 확증한다.

"그 성의 빛이 지극히 귀한 보석 같고 벽옥과 수정 같이 맑더라." 이것은 이전 10절에서 시작된 에스겔 43:5의 인유를 계속한다. 에스겔은 새 성전에 하나님의 영광이 들어오고, 땅은 하나님의 영광으로 빛나는 것을 보았다.[겔 43:2-5 참조] 이 영광은 '빛' 또는 '별'[헬라어 *phōstēr*]로 비유되는데, 마지막 때에 하나님의 백성이 "궁창의 빛과 같이 빛날 것"이라고 말하는 70인역 다니엘 12:3에서 사용된 것과 같은 단어다. 이 단어는 바울도 사용한다. 바울은 하나님의 백성이 믿지 않는 세상에서 생명의 말씀을 밝혀 세상 가운데 빛들로(별같이) 나타나는 것에 대해 말한다.[빌 2:15] 스가랴는 마지막 때에 예루살렘이 불로 둘러싸인 성곽이 되며 그 가운데서 영광이 될 것이라고 예언했다.[슥 2:5] 그리스도께서 어떻게 은유적으로 '광명한 새벽 별'로 지칭되는지 주목해 보라.[계 22:16 • 2:28 참조] 4:3에서처럼 요한이 하나님의 영광을 묘사하려고 할 때 가장 가까울 수 있던 것은 하나님의 영광을 광채 나는 보석으로 묘사하는 것이다. 이는 부분적으로 18-21절의 거룩한 성에 대한 비슷한 묘사도 설명해 준다.

12-13. 거룩한 성은 이제 이렇게 묘사된다. "**크고 높은 성곽이 있고 열두 문이 있는데 문에 열두 천사가 있고 그 문들 위에 이름을 썼으니 이스라엘 자손 열두 지파의 이름들이라.**" 거룩한 성의 성곽은 27절과 22:14-15에 함축된 것처럼, 그 성(새롭게 된 언약 공동체)의 하나님과의 신성한 교제의 본질을 표상한다. 이것은 이사야 26:1-2을 인유한다. "그 날에 유다 땅에서 이 노래를 부르리라. 우리에게 견고한 성읍이 있음이여. 여호와께서 구원을 성벽과 외벽을 삼으시리로다. 너희는 문들을 열고……의로운 나라가 들어오게 할지어다."

요한이 환상에서 보는 거룩한 성의 구조의 첫째 부분이 성곽과 문이라는 것은 9-11절에서 시작된 에스겔 40-48장의 인유를 계속하는 것이다. 에스겔 40장에 나오는 성전의 다수의 문과 에스겔 48:31-34에 나오는 성의 열두 문이 요한의 환상에서 하나의 성(성전)을 둘러싸고 있는 한 집단의 열두 문으로 통합된다(겔 40-43장, 특히 40:5에서 성전 담에 대한 반복된 언급을 주목해 보라). 그리고 열두 천사가 각 문에 서 있는데, 이 특징은 에스겔서 본문에서는 발견되지 않는다. 이러한 점에서 천사들은 참 하나님의 백성, 곧 참 이스라엘을 대표하는[4:4 주석 참조] 교회의 천사나 이십사 장로와 비견할 수 있다. 요한의 환상과 에스겔의 환상은 모두 각각 동서남북을 향하여 세 개씩의 문이 있는 것이 특징이고, 두 환상 모두 각각의 문마다 이스라엘 자손 열두 지파의 이름이 기록되어 있다.

14. 성곽의 열두 문 말고도, "그 성의 성곽에는 열두 기초석이 있고 그 위에는 어린양의 열두 사도의 열두 이름이 있더라." 이십사라는 수(열두 지파와 열두 사도를 합한 수)는 또한 4:3-4의 이십사 장로에 관한 장면에서도 나왔다. 두 장면 모두 하나님의 영광이 벽옥과 같이 빛나는데,[4:3, 21:11] 이것은 4장의 이십사 장로가 두 언약의 하나님의 백성 전체를 대표하는 천사와 같은 존재임을 암시한다.[4:4 주석 참조] 이십사라는 수는 또한 다윗이 성전 제사를 섬기는 종의 직무로 정한 이십사 제사장 제도,[대상 24:3-19] 이십사 레위인 성전 문지기 직책,[대상 26:17-19] "여호와께 감사하며 찬양하며"[대상 25:3] 예언하도록 사명을 받은 레위인 이십사 직급[대상 25:1-31] 같은 것에 기반을 둔 것으로 볼 수 있다. 유대 전승은[쿰란 페세르 이사야 54장] 이사야 54:11-12의 보석들을 하나님 앞에서 이스라엘을 대표한 열두 제사장과 열두 지파의 우두머리로 설명했다. 21장 전체에 걸쳐 나타나 있는 성전 배경과 이십사라는 수와 관련해 이사야 54:11-12에 대한 유대교의 '제사적인' 해석으로 보아 역대기 배경도 여기에 추가된다. 에스겔 40-48장에 예언된 성과 성전 구조의 한 부분으로 사도들을 이스라엘 지파와 통합시키는 것은 또한 7:15, 11:1-2, 21:2-3에서 다양한 민족에 속한 기독교 교회가 그리스도와 함께 미래의 성전과 성에 관한 에스겔서의 예언을 이룰 구속받은 집단이 될 것이라고 우리가 이미 내린 결론으로도 확증된다. 이것은 전체 언약 공동체는 하나님의 임재가 있는 영적인 성전을 구성한다고 말하는 다른 신약 본문과도 일치한다.[고전 3:16-17, 6:19, 고후 6:16, 엡 2:21-22, 벧전 2:5]

14절에서는 사도들이 기초석의 한 부분인 데 반해, 지파들은 기초석 위에 세워진 성곽의 문들의 한 부분인[12절] 것은 주목할 만하다. 우리는 구속사에서 이스라엘이 교회보다 시기적으로 앞서기 때문에 오히려 반대로 예상할 수 있다. 그러나 이처럼 거꾸로 된 것은 비유적으로 이스라엘의 약속이 결국은, 사도들이 그리스도께서 성취하신 사역을 증언하는 것과 함께 새 성전, 곧 새 이스라엘로서의 교회의 기초를 구성하는 분인 그리스도 안에서 성취가 임했다는 사실을 강조하는 역할을 한다.[엡 2:20-22 참조]

3:12에서 그리스도는 유대인 그리스도인이나 이방인 그리스도인을 막론하고 이기는 자는 "내 하나님 성전에 기둥이 되게 하리니……내가 하나님의 이름과 하나님의 성 곧 하늘에서 내 하나님께로부터 내려오는 새 예루살렘의 이름과 나의 새 이름을 그이 위에 기록하리라"고 약속하셨다. 이것은 요한계시록에서 사실상 처음 언급한 것으로, 이후 21장에서 성과 성전 개념은 그리스도와 하나님이 자기 백성과 함께하시는 임재라는 사상으로 승화될 것이다.[3:12, 22:4 주석 참조] 21장의 성과 성전이 하나라는 주장은 우리가 11:1-2에서 성전, 제단, 바깥 마당, 거룩한 성을 기독교 공동체로 간주한 것과 일치되고, 또한 우리가 앞에서 교회를 이스라엘의 예언, 이름, 제도와 동일시한 것과도 부합한다.[1:6-7, 12, 2:9, 17, 3:9, 12, 5:10, 7:2-8, 14-15 주석 참조]

21:9-14 묵상 제안

하나님의 성전으로서의 교회: 21:9-14에서 거룩한 성은 17장의 바벨론 음녀와 의식적으로 대조되어 소개된다. 거룩한 성은 에스겔서 본문에 대한 매우 분명한 인유를 통해, 에스겔의 새 성전 환상의 성취로 제시된다. 성과 성전의 핵심 특징은 하나님의 영광의 임재이고, 이것은 이스라엘의 옛 성전에 있었던 하나님의 영광스러운 임재가 확대된 결과다. 요한계시록 21:3에 인유된 마지막 때의 성전에 대한 동일한 구약 예언들을, 바울 또한 교회는 하나님의 성전이라는 개념을 지지하기 위해 고린도후서 6:16에서 인유한다.[레 26:12, 겔 37:27] 바울이 성전의 시작 형태가 되는 교회로부터 이끌어 내는 실제 결론은 고린도후서 7:1에서 발견된다. "그런즉 사랑하는 자들아, 이 약속[가장 크게 염두에 두고 있는 성전 관련 약속]을 가진 우리는 하나님을 두려워하는 가운데서 거룩함을 온전히 이루어 육과 영의 온갖 더러운 것에서 자신을 깨끗하게 하자." 구약 시대의 제사장들은 성전이 더럽혀지지 않도록 깨끗하게 지켜야 했다. 신자는 현세에서 성전의 일부이므로, 그 성전을 죄악의 오염에서부터 지켜야 한다. 우리가 어떻게 하느냐에 따라 하나님의 영광스러운 장막 임재는 우리를 통해 밝게 빛날 것이다. 21장 전체가 최종적이고 영원한 새 창조에서 순결하고 영광스러운 성전의 완성된 형태를 묘사하기는 하지만, 9-14절에 이 관념에 대한 암시가 어느 정도 나타나 있다. 지금 죄가 신자들을 오염시킬 때, 성전의 일부인 그들은 자신의 현재 삶과 순전하고 완성되고 영광스러운 성전에 대한 이 환상 사이에 긴장이 나타나는 것을 보아야 한다. 음녀와의 대조는 교회가 땅에서 하나님의 성전의 불완전한 모습을 보여주는 현재 행위에 대하여 어떤 함축성을 갖고 있는가? 우리는 과거 기독교 세대들이 갖고 있었던 거룩함에 대한 강조를 상실하지는 않았는가? 세상은 지금 우리 안에서 얼마나 하나님의 영광과 성품을 보는가? 우리는 하나님의 형상이다. 즉, 하나님의 영광을 반사하도록 마지막 때의 성전 안에 두어진 사람들이다.

❷ 거룩한 성의 측량: 하나님의 영속적인 임재는 구속받은 공동체의 완전한 신성함을 보증한다 21:15-17

21 [15] 내게 말하는 자가 그 성과 그 문들과 성곽을 측량하려고 금 갈대 자를
가졌더라. [16] 그 성은 네모가 반듯하여 길이와 너비가 같은지라. 그 갈대
자로 그 성을 측량하니 만 이천 스다디온이요 길이와 너비와 높이가 같더라. [17] 그 성

곽을 측량하매 백사십사 규빗이니 사람의 측량 곧 천사의 측량이라.

15. 15-17절은 1-8절을 부연 설명하는 진술을 계속한다. 성의 각 부분을 자로 측량하는 천사와 같은 인물 심상도 에스겔 40:3-5의 인유다. 에스겔 40-48장 전체에 걸쳐 천사는 성전 건물 각 부분을 측량한다. 70인역을 보면 동사 '측량하다'[헬라어 *diametreō*]와 명사 '측량'[*metron*]이라는 말이 각각 30회 정도 나타난다. 천사는 "그 성과 그 문들과 성곽을 측량하려고 금 갈대 자를 가졌다." 이 측량은 거민들이(3:9-12, 21:12-14, 24-26, 22:2로 보아 분명한 것처럼 유대인과 이방인을 막론하고) 불의하고 미혹하는 자들이 끼치는 해악과 오염으로부터 안전하다는 사실을 묘사한다.[21:27, 22:14-15 참조] 여기서 성의 이와 같은 측량은 비유적으로 해악으로부터 보호하고 어떤 악도 들어가지 못하도록 방비하기 위해 하나님께서 성 둘레에 경계표를 두시는 것을 표상한다. 따라서 이 측량은 7:3에 묘사된 신자들의 인치심과 같은 것이다.[7:3 주석 참조] 11:1-2에서 천사는 성전을 측량하는데, 거기서 성전은 하나님의 땅의 처소로서의 교회를 표상한다. 그러나 그 경우에 오직 안뜰(신자들이 하나님과 함께하는 장소의 안전을 표상)만 측량되고, 바깥뜰(공격과 박해에 대한 교회의 취약함을 표상)은 측량되지 않는다. 그러나 여기서는 성전 전체가 측량되는데, 그 이유는 완성된 형태의 성전에서 하나님의 백성이 모든 면에서, 곧 영적으로나 물리적으로 완전하게 보호를 받기 때문이다.[4절 참조]

16. 그 다음 요한은 "그 성은 네모가 반듯하여 길이와 너비가 같은" 것을 보고, 또 천사가 "그 갈대 자로 그 성을 측량하는" 것을 보는데, 성의 크기가 '만 이천 스다디온'에 달했다. 그 성은 길이와 너비와 높이가 같기 때문에 실제로 정육면체다. 에스겔 45:2도 선지자가 측량해야 할 성전 건물이 정사각형 모양이 될 것이라고 천명한다. 솔

로몬의 성전에서 지성소 역시 정육면체였다(이 본문은 여기서도 인유되었을 것이다).[왕상 6:20] 모세의 성막에서 제단 역시, 제사장의 흉패와 마찬가지로,[출 28:16] 정사각형 모양이었다.[출 27:1, 30:2] 16절에서 측량을 반복해서 언급하는 것은 하나님이 자기 백성과 함께하실 자신의 임재를 약속하시는 주된 요점을 강조하는 역할을 한다. 이것은 스가랴 2:2의 인유로 밑받침된다. 스가랴 2:2을 보면 천사가 "예루살렘을 측량하여 그 너비와 길이를 보고자" 그곳으로 간다. 따라서 이것은 하나님께서 불로 둘러싼 성곽이 되며 그 가운데서 영광이 되신다는 사실을 보장하는 것과[슥 2:5] 연관되어 있다. 하나님이 예루살렘으로 돌아오시는 것 역시 성의 측량의 한 부분으로서 그분이 성전 자체를 측량하시는 것과 관련되어 있고,[슥 1:16] 따라서 마지막 때 성전 관념과 마지막 때 예루살렘 관념이 중첩된다. 그 관념은 아마 하나님께서 성전 안에 영광스럽고 불같이 임재하심이 성 전체에 미치고 포괄하며, 따라서 성을 크고 거룩한 성전 공간으로 성결하게 함을 가리킬 것이다.

거룩한 성의 각 면이 똑같이 '만 이천 스다디온'으로 측량되는 것은 앞서 열두 지파와 열두 사도 가운데서 발견된 하나님의 백성의 온전함에 대한 비유 개념을 강화시킨다. 만 이천이라는 수는 12와 1,000의 곱으로 완전함을 상징한다. 이 수의 비유적인 성격은 17절에서 '백사십사 규빗'[약 216피트, 66미터]으로 기록된 성곽의 높이로 암시되고, 이것은 16절의 '만 이천 스다디온'을 문자적으로 취하면 성의 높이와 비례하지 않는다. 이 수치가 성곽의 높이가 아니라 성곽의 두께 수치라는 것도 가능하다. 하지만 216피트[66미터]는 단지 높이가 만 이천 스다디온[약 1,500마일, 2,400킬로미터]인 성곽의 기초에 요구되는 너비의 일부에 불과하다. 성의 엄청난 크기는(1스다디온을 200야드, 곧 약 180미터로 취하면 둘레가 대략 5,500마일, 곧 약 8,800킬로미터에 이른

다) 당시에 알려져 있던 헬라 세계의 면적과 동일한 크기이고, 따라서 추가로 성이 모든 민족에게서 나온 구속받은 자를 표상한다는 것을 암시한다.

만일 15-17절의 측량이 모든 구속받은 인간(회복된 예루살렘의 유대인 그리스도인만이 아니라)을 포괄한다는 사실을 암시하는 것이라면, 이는 요한이 그 환상에서 일부 요소를 보편화시키는 것과 함께, 에스겔 40-48장 환상에서 나온 세부 사실을 단순화하고 압축시켜 사용하는 것을 이해하는 열쇠를 제공할 것이다. 성의 측량은 문자적으로 물리적이거나 건축적인 측량이 아니고, 에스겔 40-48장의 경우에 나타나는 것처럼 회복된 성전과 예루살렘에 대한 민족주의적인 상징도 아니며, 오히려 이방인을 참 성전과 참 예루살렘의 일부로 포함시키는 것을 상징한다. 일부 주석가들은 16-17절의 묘사는 바벨론 성에 대한 고대의 묘사와 현저한 유사점을 갖고 있다고 지적했다. 만일 이 유사점을 의도적으로 이끌어 낸 것이라면, 참되고 영원한 성과 거짓되고 일시적인 바벨론 성을 대조시키는 데 목적이 있을 것이다. 바벨론 성은 자신의 불경건하고 인간적인 노력으로 하늘까지 닿으려고 획책한다.[창 11:4, 계 18:5] 반면에 참되고 영원한 성은 하나님께로부터 하늘에서 내려옴으로써 세워질 것이다. 바벨론 구조와의 이런 직접적인 대조는 9-10절과 17:1, 3의 바벨론 멸망에 대한 환상의 서론과의 명백한 연계성으로 볼 때 개연성이 있다. 앞에서 확인한 것처럼 이 연계성의 목적은 바벨론의 다양한 특징과 새 예루살렘의 특징을 대조시키는 것에 있다.[9-10절 주석 참조]

17. 이제 천사가 거룩한 성의 성곽을 측량하는데, 크기가 백사십사 규빗이다. 요한계시록에서 백사십사라는 수가 나타나는 유일하게 다른 곳은 7:4-9과 14:1, 3이다. 그 본문들을 보면 십사만 사천이 마지막 때에 민족적 유대인의 남은 자를 가리키는 수가 아니라 참 이

스라엘로 간주되는 교회 시대의 하나님의 백성 전체를 표상한다.[7:4-8, 14:1 주석 참조] 여기서 성곽과 성곽의 각 면은 동일한 실재를 표상한다. 왜냐하면 12-14절은 '크고 높은 성곽'의 기초 부분을[12절] 하나님의 전체 백성의 대표들과 동일시하기 때문이다. 어떤 이들은 7:4-8과 14:1, 3의 수('십사만 사천')는 이스라엘 열두 지파의 제곱(백사십사)에 천(또 하나의 완전수)을 곱한 결과인 십사만 사천이라고 지적했다. 이 비유적인 계산은 정육면체인 새 예루살렘의 사면이 각각 만 이천 스다디온으로 균등하다는 16절의 언급으로 확증된다. 다시 말해 사면의 총합은 십사만 사천과 같고, 이는 방금 하나님의 백성의 온전함을 표상하는 것으로 16절에서 확인된 것이다. 따라서 성곽이 백사십사 규빗이라는 17절의 직후 진술은 하나님의 백성의 완전수인 십사만 사천을 반영한다. 이것은 16절과 17절의 수 사이의 비유적인 균등 관계를 충분히 보여준다. 하지만 문자적으로 계산하면 희한하고 부자연스러운 그림이 나올 것이다.[16절 주석 참조] 이 수의 비유적 성격은 백사십사 규빗은 1,500피트, 곧 약 460미터 높이의 성과 전혀 균형이 맞지 않는다는 사실로도 암시된다. 문자주의자들은 이 측량은 단지 성곽의 두께에 대한 것이지 높이에 대한 것은 아니라고 주장했다. 하지만 성곽이 성과 똑같은 방법으로 측량되었다면, 성곽의 높이, 너비, 길이도 똑같이 측량되었을 것이다.[겔 40:5, 42:20 참조] 게다가 구약성경에서는 성곽이 성에 제공한 안전을 강조하기 위해 성곽의 높이를 주된 특징으로 언급했기 때문에, 염두에 둔 사실은 성곽의 높이였을 것이다.[신 3:5, 28:52] 여기 16절과 17절에서 규빗과 스다디온 치수를 사용하고 이에 해당하는 당시의 도량형 치수가 제공되지 않는데, 그 이유는 그렇게 하면 원[原]치수의 비유적인 성격과 의도가 훼손되기 때문이다.

17절을 이런 식으로 이해하게 되면, "사람의 측량 곧 천사의 측량이라"는 다음 문구가 설명이 된다. 우리는 측량의 인간적 표준은 천사의 표준과 다르다고 추정할 수 있다. 그러나 요한이 본 환상은 두 가지 의미의 차원을 가지고 임한다. 한 차원에서 요한은, 그것이 사자든 인간 형상이든 책들이든 또는 통상적인 방식으로 성곽을 측량하는 어떤 사람이든을 막론하고, 자신이 이해할 수 있는 땅의 장면들로 구성된 환상을 본다. 그러나 이 환상 심상들의 목적은 요한에게 땅의 심상이 상징하는 더 깊은 의미, 곧 하늘의 진리를 계시하는 것이다.[1:20, 4:5, 5:6, 8, 7:13-14, 11:4, 8, 14:4, 16:13-14, 17:9, 12, 15, 18, 19:8, 20:2, 14, 21:8, 22] 1:20에서 우리는 (문자적으로 본) 별들이 상징적으로 천사로 이해되고, (문자적으로 본) 촛대들은 상징적으로 교회로 이해되어야 한다는 말을 듣는다. 마찬가지로 여기서도 우리는 문자적 장면 또는 환상(사람의 측량)을 받고, 이어서 그에 대한 해석을 갖는다("곧 천사의 측량이라"). 요한은 환상 가운데 일상생활에서 익숙한 사람의 측량에 따라 성곽의 면을 측량하는 어떤 사람을 본다. 하지만 문자적인 치수는 아마 독자들을 혼란에 빠뜨릴 것이다. 왜냐하면 성곽의 크기가 성의 측량의 나머지 결과들과 엉터리처럼 균형이 맞지 않기 때문이다. 그러나 문자적 불균형에 대한 혼란을 완화시키기 위해 요한은 '사람의 측량'에 대한 이 환상이 상징적이고 천상적이며 천사적인 의미에 따라 더 깊이 이해되어야 한다고 덧붙인다. 이것을 통해 독자는 만일 요한의 환상에 대한 자신들의 이해가 표면적인 차원(물리적으로 문자적인 의미)으로만 한정되면 요한의 환상을 오해하게 되리라는 사실을 상기하게 된다.

21:15-17 묵상 제안

성전 측량의 중요성: 본서의 주석은 거룩한 성의 성곽 측량은[겔 40-48장 참조] 거룩한 성의 안전, 곧 영원한 새 창조 속에서 영광 속에 들어간

하나님의 언약 공동체의 안전을 강조한다는 사실을 증명한다. 아무것도 그들에게 해를 끼칠 수 없고, 어떤 악도 그들을 위협할 수 없다. 우리가 11:1에서 불가시적인 성전으로서 교회의 '측량'의 의미를 통해 확인한 것처럼, 그것은 이미 교회와 하나님과의 영적인 관계에 해당하는 사실이다. 그러나 교회 성전의 물리적 국면(우리의 육체적 실존)은 현세에서는 보호받지 못한다는 것을 유념하라. 왜냐하면 우리는 여러 가지 면에서 우리의 몸을 기꺼이 희생시키며 증언해야 하기 때문이다.[11:2 주석 참조] 우리는 다른 사람들이 하나님과의 안전한 관계 속으로 들어올 수 있도록 그리스도를 증언하기 위해 어떤 식으로 우리 자신을 기꺼이 희생하고 있는가? 증언이 끝났을 때 최종적인 새 우주 속에서 우리의 영과 몸은 모두 최종적으로 영원한 보호를 받을 것이다. 이것이 21:15-17에서 묘사되고 있으며, 이것이 우리의 소망이다.

❸ 거룩한 성의 재료: 하나님의 영속적인 임재가 구속받은 공동체의 완전한 안전을 보장하고, 하나님의 영광을 반사하게 하는 원천이다[21:18-21]

21 18 그 성곽은 벽옥으로 쌓였고 그 성은 정금인데 맑은 유리 같더라. 19 그
성의 성곽의 기초석은 각색 보석으로 꾸몄는데 첫째 기초석은 벽옥이요
둘째는 남보석이요 셋째는 옥수요 넷째는 녹보석이요 20 다섯째는 홍마노요 여섯째는
홍보석이요 일곱째는 황옥이요 여덟째는 녹옥이요 아홉째는 담황옥이요 열째는 비취
옥이요 열한째는 청옥이요 열두째는 자수정이라. 21 그 열두 문은 열두 진주니 각 문마
다 한 개의 진주로 되어 있고 성의 길은 맑은 유리 같은 정금이더라.

18-20. 이제 성곽과 성곽의 기초석과 문을 구성하는 재료에 대한 묘사와 전체 성 자체의 재료에 관한 삽입적인 설명이 이어진다. 이 비

유적인 묘사는 12-17절에서 제시된 진리, 곧 대대로 구속받은 하나님의 백성 전체는 새 창조 속에서 하나님의 완전하고 온전하신 임재로 말미암아 완전한 안전을 경험할 것이라는 사실을 강조하기 위해 계속된다. 거룩한 성은 하나님의 백성이 하나님의 영원한 임재와 갖는 교제를 표상하고,[3:12, 11:1-2, 21:2-7, 9-17, 사 52:1 이하, 62:1-5, 겔 48:35, 슥 1:16, 2:2-5] 성곽은[12절 주석 참조] 하나님께서 이 교제의 둘레에 두신 안전한 경계를 표상한다. "그 성은 정금인데 맑은 유리 같더라"는 진술은 11절에서 거룩한 성을 하나님의 영광이 있어 수정 같이 빛나는 곳으로 묘사한 것을 돌아보게 한다. 거룩한 성은 금으로 입혀진[왕상 6:20-22] 솔로몬의 성전과 같이 정금으로 만들어진다. 신적인 영광을 묘사하기 위한 4:3의 보석들(특히 벽옥)의 사용은 여기서도 동일한 목적을 위한 사용을 암시한다. 따라서 성곽의 재료는 하나님의 거룩하신 영광을 반영한다.

거룩한 성의 "성곽의 기초석은 각색 보석으로 꾸몄는데", 이것은 2절에 소개된 신부의 단장 주제를 전개하는 것이다. 열두 보석 목록은 대제사장의 판결 흉패에 달린 열두 보석에 기초가 두어져 있다.[출 28:17-20, 39:8-14] 출애굽기에 나오는 보석 목록 가운데 여덟 가지 보석은 여기서 반복되고, 다른 보석들은 대체로 그와 동등한 것들이다. 흉패에 달린 각 보석에는 열두 지파의 이름이 하나씩 새겨져 있었고,[출 28:21, 39:14] 제사장은 직무를 수행하려고 성전 안으로 들어갔을 때 이스라엘 전체 지파를 대표했다. 따라서 요한계시록 21:19-20의 환상은 출애굽기의 이스라엘 지파를 대표하는 보석들을 새 성의 기초석에 적용시킨다. 이것은 구약 시대에 하나님의 최고 백성인 이스라엘 열두 지파가 새 성전의 기초로서 사도들과 동등하게 된 것을 의미한다. 왜냐하면 열두 사도의 이름이 성곽의 기초석에 적혀 있기 때문이다.[14절] 따라서 사도들은 마지막 때 참 이스라엘, 곧 교회의 최고 대

표다.[14절 주석 참조]

아론의 흉패에 달린 보석들이 새 예루살렘의 기초석으로 이전되는데, 그것은 흉패가 동일한 색상의 재료와 동일한 정사각형 모양으로 만들어진 지성소의 축소판 또는 복제판 역할을 하기 때문이다. 지성소 자체는 하늘에 있는 지성소의 모양을 본떠 만들어졌다.[출 25:40, 히 8:5] 놀랍게도 베드로전서 2:5은 심지어 현세에서도 신자는 집을 짓는 돌, 성전, 제사장이라고 주장한다. "너희도 산 돌 같이 신령한 집으로 세워지고 예수 그리스도로 말미암아 하나님이 기쁘게 받으실 신령한 제사를 드릴 거룩한 제사장이 될지니라." 16절에서 이미 열왕기상 6:20에 묘사된 지성소가 반영된 것은 우연의 일치가 아니다. 거기 보면 지성소의 길이와 너비와 높이가 동일한 크기로 측량된다(사방의 둘레와 관련하여 정사각형으로 보석이 배치되는 것은 보석이 새 피조물 전체의 영광을 예시적으로 상징했다는 것을 암시한다). 출애굽기 28:17-20의 흉패에 달린 보석들의 묘사에 기반을 둔 비슷한 논리가 솔로몬 성전의 기초석을 크고 귀한 돌들로 세우는 기사의 배후에 놓여 있다. 솔로몬의 성전 건물의 기초석을 세우는 것에 대한 묘사는 출애굽기 28장 및 에스겔 40-48장과 함께 요한계시록 21:18-20의 모형의 한 부분을 구성한다.[왕상 5:17, 7:9-10] 이 점에서 열왕기상 7장의 성전 윗부분 보석들이, 출애굽기 28장의 네 줄의 보석과 비슷하게, 조각된 백향목과 함께 네 줄로 구성된다고 지적하는 것은 적절하다. 새 세상의 새 성전은 영원히 안전하고, 일시적인 옛 세상의 옛 성전보다 훨씬 더 영광스럽다.

사실상 기초석은 보석들로 구성되어 보이며("첫째 기초석은 벽옥이요 둘째는 남보석이요"), 이것은 21절의 "각 문마다 한 개의 진주로 되어 있고"라는 평행 문구와 완전히 일치한다. 또한 이사야 54:11-12의 평행 문구로 지지를 받는다. "청옥으로 네 기초를 쌓으며 홍보석으로 네 성벽을 지으며……네 지경을 다 보석으로 꾸밀 것이며." 이사야서에 언급된 성의 보석들은, 이사야 54:11-17의 문맥이 암시하는 것처럼 마지막 때의 예루살렘에 거할 사람들이 경험할 영원한 평강을 낳는 하나님의 임재를 은유적으로 표상한다. 이사야 54:4-8은 이스라엘을 마지막 때에 남편이 되시는 여호와께로 회복될 아내라고 지칭하는데, 이는 요한계시록 19:7-9과 21:2에서 교회를 마지막 때의 신부로 묘사하는 것과 같다. 이사야 54장에 비추어 보면 요한계시록 21장의 거룩한 성의 보석들은, 기초석과 성곽과 문과 함께 하나님의 영광스러운 임재 속에 들어가는 하나님의 백성의 영원한 안전을 상징하는 것으로 가장 잘 이해된다.[2-4, 10-11, 18-23절]

출애굽기와 이사야서는 하나님의 영광을 보석과 연계시키고, 따라서 이 부분에서[21:11, 23, 22:5] 다양한 색상을 가진 보석들의 목적 가운데 하나는 하나님의 빛나는 영광을 반사하는 데 있다고 추론할 수 있다. 4:3, 9-11절은 이것을 확증한다. 거기 보면 세 가지 보석이 언급되는데, 그 의미가 하나님의 영광을 강조하는 것과 직결되어 있다. 21장 은유의 의미는, 성도들은 하나님께서 썩지 아니하시는 분이므로 영원히 그들을 보호하시는 하나님의 영광스러운 임재 속에 들어갈 자격이 있다는 것이다. 보석은 또한 21:1-22:5은 인간이 죄를 범하기 전 첫 창조와 같이 새 창조의 기관을 묘사한다는 것을 암시한다. 왜냐하면 동일한 보석들 가운데 어떤 것은 첫 창조 당시 에덴동산에서도 발견되었기 때문이다.

또한 18-21절의 심상은 에스겔 28:13에서 아름답고 완전한 존재로 제시되는 아담(상징적으로 두로 왕으로 비유되는)에 관한 비슷한 묘사와 관련되어 있다.

네가 옛적에 하나님의 동산 에덴에 있어서

각종 보석 곧

홍보석과 황보석과 금강석과

황옥과 홍마노와 창옥과

청보석과 남보석과 홍옥과

황금으로 단장하였음이여. 네가 지음을 받던 날에 너를 위하여

소고와 비파가 준비되었도다.

에스겔 28장은 18:16의 바벨론 음녀에 관한 장면에 직접적으로 더 영향을 미쳤고, 그 기사는 여기서 거룩한 신부에 관한 기사와 대조된다.[18:16 주석 참조] 주요 관념은 아담 안에서 타락한 것이 음녀의 인격 속에 남아 있지만, 그럼에도 불구하고 하나님은 아담이 이루지 못한 명령을 직접 완수하심으로써 사람들을 회복시키셨다는 것이다. 따라서 새 예루살렘은 하나님의 원창조의 회복이다. 만일 두로 왕이 갖고 있었던 특권적 지위와 후속적 멸망이 아담의 복된 지위와 후속적 실패의 심상으로 묘사된다면, 21장의 신부(아내)가 보석으로 꾸며진 건물로 묘사되는 것이 우연의 일치일 가능성은 결코 없다. 에스겔 28:12-16에서 보석은 완전한 의와 불가분리적으로 연계되어 있고, 21장의 보석도 비슷한 의미를 함축하고 있다. 그것은 27절이 부정한 것과 죄는 구약 예언의 성취로서[사 52:1, 60:20-21, 겔 44:9, 슥 14:21] 새 예루살렘 안으로 절대 들어가지 못하리라고 강조하는 사실로 확증된다.

21. "각 문마다 한 개의 진주로 되어 있고." 열두 문은 열두 기초석과 같이 이스라엘 열두 지파에 관한 구약의 언어에서 연원하고, 21절에서는 마지막 때 하나님의 백성, 곧 교회를 표상한다. 이 말 역시 비유적인 개념인데, 그 이유는 대략 216피트[약 66미터] 높이의 성곽에 어울리는 문을 만들 만큼 충분히 큰 진주는 상상하기 어렵기 때문이다. "그 성은 정금인데 맑은 유리 같더라"와 같이,[18절] "성의 길은 맑은 유

리 같은 정금이더라." 21절에서 '순수한'헬라어 *katharos*과 '맑은'헬라어 *diaugēs* 이라는 단어는 하나님의 빛나는 영광을 반사하는 거룩한 성의 힘을 강조한다. '성의 길'이라는 말은 요한계시록 다른 곳에서는 유일하게 11:8('큰 성 길')에서만 나타나는데, 거기 보면 그 길에는 두 증인의 시체가 놓여 있다. 여기서 길을 반복하는 것은, 증인 공동체가 죽임을 당한 것으로 묘사된 길이 그들이 영광을 받는 길로 대체됨을 강조하는 데 요점이 있다(22:2의 '길'도 마찬가지다). '맑은 유리 같은 정금'(pure gold)이라고 덧붙여진 것은 옛 성에서 그들이 짓밟힌 매우 치욕적인 길이 새 성에서 눈부시게 영광스러운 길로 변화된 것을 강조하기 위함일 것이다.

21:18-21 묵상 제안

거룩한 성의 재료의 중요성: 거룩한 성이 각종 보석으로 구성되었다고 보이는 환상은 아론의 흉패의 성취로, 흉패가 표상한 마지막 때 지성소의 성취를 상징한다. 구약 시대에 지성소는 하나님이 거하시는 장소였고, 이 장소는 마지막 새 창조에서 하나님의 우주적 처소를 지시한다. 옛 언약 아래서는 하나님의 임재가 순전히 특정 지역으로 국한되었지만 이제는 새 피조물 전체로 확대된다. 나아가 에스겔이 아담을 보석의 원래 소유자로 묘사하는 것도 여기서 인유된다. 이제 새 아담이신 그리스도는 교회를 통해 첫 사람 아담이 이루지 못한 에덴의 확장에 대한 하나님의 명령을 성취하신다. 거룩한 성의 본질과 목적을 이해하기 위해서는 그 성의 재료의 의미를 파악하는 것이 중요하다.

❹ 거룩한 성의 내적 특징과 거민들: 하나님과 어린양의 영광스러운 임재는 영원히 그것에서 배제될 거짓 신자와 달리 참 신자에게 찬양의 반응을 일으

킬 것이다21:22-27

21 22 성 안에서 내가 성전을 보지 못하였으니 이는 주 하나님 곧 전능하신 이
와 및 어린양이 그 성전이심이라. 23 그 성은 해나 달의 비침이 쓸 데 없으
니 이는 하나님의 영광이 비치고 어린양이 그 등불이 되심이라. 24 만국이 그 빛 가운
데로 다니고 땅의 왕들이 자기 영광을 가지고 그리로 들어가리라. 25 낮에 성문들을 도
무지 닫지 아니하리니 거기에는 밤이 없음이라. 26 사람들이 만국의 영광과 존귀를 가
지고 그리로 들어가겠고 27 무엇이든지 속된 것이나 가증한 일 또는 거짓말하는 자는
결코 그리로 들어가지 못하되 오직 어린양의 생명책에 기록된 자들만 들어가리라.

22. 9-21절에서와 같이 22-27절에서도 1-8절의 새 예루살렘에 대한 최초의 환상을 확대시켜 상세히 설명한다. 구약성경은 예루살렘의 회복과 함께 성전이 재건될 것이라고 예언했다. 그러나 요한은 "성 안에서 내가 성전을 보지 못하였으니"라고 말한다. 요한은 성전을 보지 못한 것이 아니라 다만 물리적으로 건축된 성전을 보지 못한 것이다. 아니, 사실은 "주 하나님 곧 전능하신 이와 및 어린양이 그 성전"이시다. 에스겔서에서 네 장에 걸쳐40-43장 묘사된 마지막 때의 성전이 이제 이 한 절로 요약되고 해석된다. 예레미야는 "사람들이 여호와의 언약궤를 다시는 말하지 아니할 것이요 생각하지 아니할 것이요 기억하지 아니할 것이요 찾지 아니할 것이요 다시는 만들지 아니할 것이며 그 때에 예루살렘이 그들에게 여호와의 보좌라 일컬음이 되며 모든 백성이 그리로 모이리니"라고 예언했다.렘 3:16-17 학개는 하나님의 집의 나중 영광이 이전 영광보다 더 크다고 예언했고,학 2:9 이사야는 하나님이 새 하늘과 새 땅의 배경 안에서 예루살렘을 회복시키시는 것에 대하여 말했다.사 65:17-25

22절에 비추어 보면 요한은 이상의 구약 예언들을, 하나님과 그

리스도께서 이전의 물리적인 성전과 언약궤를 이전의 영광과 비교가 되지 않게 만드시는 영광스러운 거처로 대체하심으로써 미래에 성취될 일로 이해한 것으로 보인다. 이 대체는 그리스도의 초림으로 시작되었고, 그때 그리스도는 자신의 부활을 성전을 다시 세우는 일로 언급하셨다.[요 2:19-22, 막 14:58, 15:29] 이와 비슷하게 마태복음 21:42, 마가복음 12:10-11, 누가복음 20:17-18, 사도행전 4:11도 그리스도를 성전의 '머릿돌'('집 모퉁이의 머릿돌')로 묘사하고, 에베소서 2:20은 그리스도를 교회를 표상하는 성전의 '모퉁잇돌'로 묘사한다. 이 시작은 또한 요한계시록 1:12-20에서도 암시된다. 거기 보면 부활하신 그리스도께서 천상의 성전 무대의 주인공(교회 촛대 사이를 다니시는 분)이시다. 22절에서 성전은, 구약의 성전이든 또는 이른바 재건된 마지막 때의 성전이든 간에, 문자적 성전을 가리키는 것이 아님이 분명하다. 사실은 요한계시록 다른 곳에서도 마찬가지다. 요한계시록에서 '성전'[헬라어 *naos*]은 일반적으로 현재 '하늘에' 있는 성전을 가리킨다.[7:15, 14:15, 17, 15:5-6, 8, 16:1, 17] 11:1-2을 보면 성전은 아직 땅에 살고 있더라도 이미 하늘에서 하나님의 성전의 지체가 되어 있는 하나님의 백성과 동일시되고, 여전히 '하나님의 성전'으로 간주되었다. 성전은 또한 미래의 새 시대를 지배하는 하나님의 임재의 성전을 가리킨다.[3:12, 7:15, 11:19] 확실히 11:1 외에 '하나님의 성전'이라는 실제 어구를 다르게 사용하는 유일한 용법은 마지막 때 '하늘의' 성전과 관련해 11:19에서 나타나고, 이 성전은 땅에서 거류하는 동안 신자들을 보호했던 것과 동일한 실재를 가리킨다. 21:10-22에 묘사된 것처럼 최종 형태의 하나님의 성전 안에 거하는 신자들은 온갖 위험으로부터 영원히 보호받을 것이다. 이 점에서 그리스도가 3:12에서 "이기는 자는 내 하나님 성전에 기둥이 되게" 하겠다고 하신 약속은 "내 하나님이신 성전의 기둥"으로(동격의 소유격 용법) 번역되는 것이 더 나올 것이다.

하나님과 어린양을 성전과 동일시하는 것은 우리가 앞에서 비유적으로 구속받은 성도를 새 예루살렘 및 그 성의 기초석, 문, 성곽과 동일시한 것과 충분히 상관관계가 있다. 21:9-22:5에서 요한은 에스겔 40-48장의 성전과 성전의 규례에 대한 세부적인 묘사를 대부분 배제한다. 왜냐하면 요한은 그 성전이 물리적·지역적 구조의 형태가 아니라 하나님과 그리스도의 임재에서 성취된 것으로 이해하기 때문이다. 건물이 아닌 성전에 대한 이러한 기대는, 이전보다 더 큰 규모의 최종적인 물리적 성전 구조에 대한 소망을 일관되게 갖고 있는 유대교에는 대체로 결여되어 있다.

23. "그 성은 해나 달의 비침이 쓸 데 없으니." 요한은 계속해서 비유적으로 말한다. 새 우주 속에는 문자적인 해와 달이 있거나 없을 수 있다. 하지만 요점은 하나님의 영광의 빛은 옛 창조에서나 새 창조에서나 빛을 제공하는 어떤 원천이 비추는 것과도 비교할 수 없이 크다는 것이다. 하나님의 영광은 거룩한 성(성도들)을 눈부시게 만들기에 충분하다. 23절 전체의 어법은 이사야 60:19에 직접 기초하고 있다. "다시는 낮에 해가 네 빛이 되지 아니하며 달도 네게 빛을 비추지 않을 것이요 오직 여호와가 네게 영원한 빛이 되며 네 하나님이 네 영광이 되리니." 요한의 환상에 나오는 성이 광명체를 필요로 하지 않았던 이유는 "하나님의 영광이 비치고 어린양이 그 등불이 되심"이기 때문이다. 요한은 하나님의 영광에 관한 이사야의 마지막 말을 "어린양이 그 등불이 되심이라"로 대체시키고, 그렇게 함으로써 하나님의 신격과 나란히 어린양의 신격을 강조한다. 새 창조 아래에서는 오직 하나님의 임재만이 하나님의 백성을 아름답게 하고, 하나님의 백성의 모든 필요를 만족시킨다. 이것은 또한 에스겔이 미래의 관점에서 "땅은 그 영광으로 말미암아 빛나니……여호와의 영

광이 성전에 가득한" 것을 보는 에스겔 43:2, 5의 예언의 성취다.

24-26. 이사야 60장의 인유가 여기서 계속된다.

나라들은 네 빛으로, 왕들은 비치는 네 광명으로 나아오리라.……이방 나라들의 재물이 네게로 옴이라.(사 60:3, 5)	만국이 그 빛 가운데로 다니고 땅의 왕들이 자기 영광을 가지고 그리로 들어가리라.(계 21:24)
네 성문이 항상 열려 주야로 닫히지 아니하리니 이는 사람들이 네게로 이방 나라들의 재물을 가져오며 그들의 왕들을 포로로 이끌어 옴이라.(사 60:11)	낮에 성문들을 도무지 닫지 아니하리니 거기에는 밤이 없음이라. 사람들이 만국의 영광과 존귀를 가지고 그리로 들어가겠고.(계 21:25-26)

이사야 60장은 시온으로 만방이 모여들고, 이스라엘 자손은 "여호와의 빛에 행할" 것이라고 말하는 이사야 2:2, 5을 더 깊이 전개한다. 요한은 마지막 때에 예루살렘으로 만국이 순례할 것이라는 이사야의 예언의 성취가 자신의 눈앞에 놓여 있는 미래의 새 예루살렘에서 일어날 것이라고 본다. "땅의 왕들이 자기 영광을 가지고 그리로 들어가리라"는 문구는 이사야서 본문의 배경에 따라 해석되어야 한다. 이사야 60:5-14과 61:4-6은 땅의 왕들이 그들의 물리력과 재물을 이스라엘로 가지고 오는 것에 대해 말한다. 그러나 이사야 60장과 전후 문맥은 민족들이 문자적인 보물을 이스라엘로 가져오는 것과 그들 자신이 하나님을 경배하는 자로 나아오는 것을 묘사한다. 이사야 60:6은 민족들이 "금과 유향을 가지고" 올 뿐만 아니라 "여호와의 찬송을 전파할" 것이지만 다른 거역하는 민족은 파멸할 것이라고[60:12] 말한다. 마찬가지로 이사야 49:6도 이스라엘을 민족들에 대한 하나님의 빛으로 삼아 하나님의 구원이 땅 끝까지 이르게 할 것이라고 말한다. 이사야 66:12은 하나님께서 이스라엘에게 평강을 강 같이 베푸시면서 이스라엘로 나아오는 민족들의 영광도 넘치는

시내 같이 주실 것이라고 말한다. 요한계시록 21:24-26에서 말해진 영광은 민족들의 문자적 부에 초점이 있지 않고, 민족들이 하나님께 돌리는 찬송의 형태로 제시한 이사야의 영광에 대한 묘사에 근거가 두어져 있으며, 이로써 이스라엘과 민족들에게 평화가 주어진다. 추측컨대 이것은 이전에는 적대적이었지만 이후에는 민족들 가운데서 구속받아 하나님께 복종하고 찬양하며, 따라서 구속받은 이스라엘과 하나가 될 자들을 언급하는 것으로 보인다.[사 11:6-12 참조]

그러므로 24-26절이 거룩한 성 안으로 영광과 존귀를 가지고 오는 만국을 언급하는 이유는, 만국이 문자적인 부를 가져오는 것이 아니라 만국 자신이 하나님의 마지막 때 임재 앞에 경배하는 자로 나아온다는 사실을 강조하기 위함이다.[3-5절 참조] **"만국의 영광과 존귀"**는 문법적으로 헬라어의 원천 소유격 용법으로, 의미는 "영광과 존귀가 만국에서 나온다"는 뜻이며, 하나님과 어린양을 향한 찬송으로 나타난다. '영광과 존귀'(또는 '존귀와 영광')라는 말은 요한계시록 다른 곳에서는 오직 4:9, 11과 5:12-13에서만 나타나는데, 거기서 예외 없이 하나님과 어린양에 대한 찬송을 가리킨다는 것으로 이 해석은 지지를 받는다. 구속받은 자가 새 피조물 속으로 가져올 수 있는 것은 그들의 옳은 행실이 전부이고,[14:13, 19:8] 그들은 하나님을 찬송함으로써 옳은 행실을 계속한다. 19:7-8과 21:2-8 및 21:9-27을 비교해 보면 나타나는 것처럼, 하나님의 영광을 반사하는 것은 바로 이 옳은 행실이다. 오직 깨끗하고 거룩한 것, 따라서 오직 하나님의 영광을 반사할 때에만 새 예루살렘에 들어감이 허락될 것이다. 이 해석을 지지하는 본문이 이사야 49:17-18(6절에서 이미 인유되었던)이다. 거기 보면 예루살렘에 들어가는 자들이 '신부'를 꾸민 '장식'으로 비유된다. 70인역은 예루살렘에 들어갈 이 사람들 가운데 일부를 이방인으로 간주한다. 이전 구절들의 보석처럼 장식도 하나님의 영광을 반사하고 상징한다. 그러므로 만국은 이전에 짐승에게 우상숭배적인 충성을 바쳤을 때처럼 하나님과 상관없이 자기들만의 영광을 결코 주장하지 못하고, 모든 존귀와 영광은 오직 하나님께 속한다는 사실을 인정하게 된다. 여기서 자기들의 부를 바벨론으로 가져온 옛 땅의 왕들과의[18장] 교묘한 대조가 나타난다. 이 묘사는 은유적으로 지금 만국이 소유하고 있는 모든 것을 하나님께 가져오는 것에 대해서이다. 부에 대한 묘사는 만국의 절대적이고 전심을 다한 하나님께 대한 복종을 상징한다.

"성문들을 도무지 닫지 아니하는" 것이 [이는] **"거기에는 밤이 없음이라"**는 말로 강조된다. 여기서 '이는'[헬라어 *gar*]은 강조의 의미로 '확실히'라고 번역하는 것이 더 좋다. 밤이 없는 것은 구속받은 자들이 하나님의 영광스러운 임재에 나아가는 데 아무 방해를 받지 아니하리라는 사실을 강조한다. 하나님의 임재는 타락한 피조물 속에서는 충분히 거하시지 못한다. 그곳에는 악이 내재하기 때문이다. 이제 하나님의 영광이 완전히 드러나는데, 그 이유는 새 세상에는 더 이상 어둠이나 악이 없을 것이기 때문이다.[22:5 주석 참조] 이 진술은 의미상 1, 4절의 서론적 표현("바다도 다시 있지 않더라……다시는 사망이 없고 애통하는 것이나 곡하는 것이나 아픈 것이 다시 있지 아니하리니")이나 22:3("다시 저주가 없으며") 및 22:5("다시 밤이 없겠고")의 결론적 진술과 동일하다.

'만국'과[1:2, 18:3, 23, 19:15 참조] '땅의 왕들'에는[1:5, 17:2, 18, 18:3 참조] 하나님의 백성을 박해했던 자도 일부 포함될 것이다. 만일 그렇다면 그들은 이후에 회개했고, 거룩한 성에 들어가는 것을 허락받게 될 터이다. 만국은 요한계시록에서 구속받은 자 집단을 구성하는 의미로 두 번에 걸쳐 나타나고,[5:9, 7:9] 24-26절에 언급된 자들이 아마 같은 집단일 것이다. 그들은 5:9-10의 "각 족속과 방언과 백성과 나라 가운데에서" 값 주고 산 자들이자, 나라를 구성하고 교회 시대 동안 왕 노릇하는 자들로 가장 잘 확인된다.[1:5-6, 5:9-10, 7:9, 20:4-6 주석 참조] 회심한 왕들을 전제로 하는 것은 '땅의 왕들'이라는 말이 이사야 60:3, 11에 나오는 '왕들'의 연장이기 때문이다.

그러므로 영원히 열린 성문과 세세토록 멈추지 않는 이방인들의 거룩한 성으로의 순례는 문자적으로 이해되지 않는다. 왜냐하면 한정된 수의 이방인이 무한히 영원토록 새 예루살렘으로 들어가는 것이 아니기 때문이다. 또한 만국과 왕들이 거룩한 성으로 들어가는 것을, 이름이 어린양의 책에 기록되지 않은 택함 받지 못한 사람들도 새 예루살렘에 들어갈 것이라는 일종의 보편주의를 암시하는 것으로 볼 만한 기초는 전혀 없다. 오직 택함 받은 자만이 거룩한 성에 들어갈 것이고, 이것은 27b절로 암시된다. 27b절의 "오직 어린양의 생명책에 기록된 자들만 들어가리라"는 말은 분명히 24-26절의 거룩한 성으로 들어가는 만국과 왕들에 선례를 두고 있다. 이 묘사는 불못에서 벗어나는 모종의 구원을 가리키는 것일 수 없다. 왜냐하면 요한계시록 다른 곳은 짐승을 따른 자들이 일시적으로가 아니라 영원토록 불못에 떨어지는 처벌을 받을 것으로 보기 때문이다.[14:10-11, 20:10, 21:8, 27, 22:14-15] 이것은 22:11로 지지를 받는다. 거기서도 경건하지 않은 자와 경건한 자가 대조되고, 각자를 본질상 영원히 그들 각각의 관점에 따라 본다. 나아가 22:18-19은 명확하고 절대적인 관점에 따라 경건하지 않은 자의 심판에 대해 말한다.

위의 분석에 비추어 볼 때 24-26절이 구속받은 이스라엘 자손이 이미 거하고 있고, 이스라엘 자손과 함께하려고 사람들이 계속 들어오는 새로 창조된 성(또는 처음 땅에 세워진 천년왕국의 성) 밖에 거하는 민족들에 대한 문자적인 묘사를 담고 있다고 생각하는 것은 잘못이다. 이사야 60장은 이런 식으로 이해할 수 있었지만, 요한은 이 구약 본문을 사용하여 유대인 그리스도인들의 최종적인 구속과 동시에 일어날, 민족들 가운데에서 나온 사람들의 완성된 구속을 강조한다고 보는 것이 더 낫다. 예언은 선지자와 그의 동시대 청자가 이해할 수 있는 말로 미래를 묘사한다. 이사야의 예언 언어는 그가 이해할 수 있었던 당대의 사회적·문화적 실재와 대응을 이루는 심상을 사용하여 그가 전혀 상상할 수 없었던 방법으로 성취가 이루어진 새 창조의 실재를 묘사한다.

24절과 26절에서 거룩한 성에 영광을 가지고 들어가는 것은 공간적 언어이지만 비공간적 관념을 전달한다. 이것은 15-17절에서 거룩한 성의 규모는 공간적이지만 전달된 의미는 비공간적이라는 사실을 상기하면 지지를 받는다. 따라서 사람들이 새 예루살렘으로 순례하는 장면은 예루살렘 밖의 지역에서 성 내부 지역으로 들어오는 문자적 순례가 있음을 의미한다고 추론하는 것은 부정확하다. 이 비유 장면의 요점은 믿는 이방인은 하나님의 임재에 다가가는 것이 영원히 열려 있고, 어떤 악도 그들의 접근을 위협할 수 없다는 것이다. 옛 세상에서 예루살렘이나 고대 성들의 문은 밤이 되면 불의의 침입자들로부터 거민을 보호하기 위해 닫혀야 했지만 거룩한 새 성은 이런 위험에 조금도 직면하지 않는다. 옛 세상에서는 사람들이 생명나무에 직접 다가가지 못하도록 대대로 천사들이 지켜야 했지만,[창 3:24] 역사가 끝날 때 천사들은 사람들이 자유롭게 나아가는 것을 보장하기 위해 지키고 서 있다.[22:14]

마지막으로 거룩한 성의 빛에 따라 행하는 자는 신분상 성 자체와 분리되지 않는다. 이것은 12장의 여자와 그의 아들이 하나님의 백성이라는 동일한 실재를 가리키는 두 가지 다른 은유 방법이었던 것과 같다. 마찬가지로 성도들도 혼인 잔치의 신부로 묘사되지만 동시에 초대받은 손님으로도 묘사된다.[19:7-9] 상징은 이와 같은 신분의 중첩을 인정한다.

27. 하나님께 복종하지 않는 자는 결코 하나님의 임재의 성에 들어가지 못할 것이다. **"무엇이든지 속된 것이나 가증한 일 또는 거짓말하는 자는 결코 그리로 들어가지 못하되."** 이들은 8절에 언급된 자와 동일한 집단이다. '속된 것'이라는 말은 우상숭배와 하나님에 대한 불충성의 죄를 강조하기 위해 덧붙여진다(가증한 일과 속된 것과 우상숭배의 동일함에 대해서는 17:4-5에 대한 주석을 보라). 이런 사람들 속에는 교회와 아무 관련이 없는 이들도 들어 있지만, 초점은 신앙을 고백하면서도 자기들이 거짓 신자와 거짓말쟁이라는 것을 드러내는 표지로 죄악된 삶의 방식을 따라 살아감으로써 자신의 고백과 모순된 삶을 산 사람들에게 있다.[8절 주석 참조] 들어가는 것이 허락된 자는 그의 이름이 어린양의 생명책에 기록된 자들이다. '생명책'이라는 말은 요한계시록에서 27절 외에 5회에 걸쳐 등장한다.[3:5, 13:8, 17:8, 20:12, 15] 27절에서와 같이 각각의 경우에 생명책이라는 말은 구원이 결정되고 안전하게 확보된 택함 받은 성도를 가리키는 은유적인 개념이다. 그들의 이름은 만세 전에 영원한 새 예루살렘의 인구 명단에 들어가 있었다. 이것은 부분적으로 이사야 4:3을 인유한다. "예루살렘에 머물러 있는 자 곧 예루살렘 안에 생존한 자 중 기록된 모든 사람은 거룩하다 칭함을 얻으리니."

따라서 '책'이라는 말은 하나님의 영원한 성 안에서 얻는 안전을 가리키고, '생명'이라는 말은 어떤 종류의 안전이 제공되는지를 분명히 한다. 그들의 이름은 창세전에 **"어린양의 생명책에 기록"**되었고, 이는 그들이 그때에 어린양의 대속의 죽음에서 나오는 유익을 얻을 자로 간주되었다는 것을 의미한다. 그러므로 그들은 어린양의 죽음과 그분의 부활 생명의 결과로 임하는 영원한 생명의 보호를 받았다. 역사가 시작되기 전에 이처럼 어린양과 동일시됨으로써 그들은 어린양을 의지하지 못하도록 위협했던 세상의 미혹으로부터 보호를 받았고, 예정된 생명을 누리기 위해 거룩한 성의 문으로 들어갈 준비를 할 수 있었다. "어린양의 생명책에 창세 이후로 이름이 기록된"이라는 구절에 대한 설명은 13:8a과 3:5에 대한 주석을 보라.

여기서 수사적인 상황을 유념해야 한다. 27절에서 요한의 의도는 단순히 미래의 운명에 대한 정보를 제공하는 데 있는 것이 아니라 당시(그리고 이후의) 교회 안의 사람들에게 그들의 선택과 행동의 최종 결과를 제시함으로써 경고하는 데 있다.

21:22-27 묵상 제안

성전 개념의 성경적 전개와 함축 의미: 본서의 주석은 성전에 대한 성경적 개념을 전개한다. 구약성경에서 성전은 물리적인 실재였다. 그리스도는 자기 몸을 새 성전으로 지칭하신다. 따라서 신자들도 그리스도를 머릿돌로 하는 새 성전으로 지칭된다. 마지막으로 21:22-27에서 최종 형태의 영원한 성전은 하나님이 만국에서 나온 자기 백성 가운데 거하시는 하나님의 임재로 구성된다. 이 모든 것을 하나로 결합시키는 것은 하나님의 임재다. 만일 그것이 사실이라면, 시작되었지만 아직 완성되지 않은 영적인 성전에서 사는 신자인 우리에게 함축하는 의미는 무엇인가? 우리는 우리 가운데 있는 하나님의 임재를 의식하고 있는가? 이것은 개인적이고 집단적인 거룩함의 필요에 대한 우리의 이해에 어떤 의미가 있는가? 우리는 진실로 일상생활 가운데 하나님의 임재 속에서 사는 것처럼 행동하는가? 이것은 기도의 삶을 실천하도록 우리에게 어떤 자극을 줄 수 있는가?

❺ 거룩한 성의 광명: 백성들과 함께하시는 영광스러운 하나님의 완성된 임재는 저주가 영원히 없도록 보장하며, 하나님의 영광을 찬송하고 반사하는

영원한 제사장과 왕의 역할을 확립한다[22:1-5]

22 1 또 그가 수정 같이 맑은 생명수의 강을 내게 보이니 하나님과 및 어린양
의 보좌로부터 나와서 2 길 가운데로 흐르더라. 강 좌우에 생명나무가 있
어 열두 가지 열매를 맺되 달마다 그 열매를 맺고 그 나무 잎사귀들은 만국을 치료하
기 위하여 있더라. 3 다시 저주가 없으며 하나님과 그 어린양의 보좌가 그 가운데에 있
으리니 그의 종들이 그를 섬기며 4 그의 얼굴을 볼 터이요 그의 이름도 그들의 이마에
있으리라. 5 다시 밤이 없겠고 등불과 햇빛이 쓸 데 없으니 이는 주 하나님이 그들에게
비치심이라. 그들이 세세토록 왕 노릇 하리로다.

1-2a. 요한계시록 22:1-5은 21장 전체의 결론이고, 21:9-27의 새 예루살렘의 장면을 계속 클로즈업하면서 21:1-7에 소개된 새 예루살렘을 마지막으로 상세히 설명한다. 22장의 첫 구절, "또 그가 수정 같이 맑은 생명수의 강을 내게 보이니 하나님과 및 어린양의 보좌로부터 나와서"는 스가랴 14:8과 에스겔 47:1-9, 요엘 3:18에서 각각 나타나는, 마지막 날 예루살렘과 성전에서 흘러나오는 생명수의 강에 대한 예언 장면을 결합시킨다. 에스겔 47:9은 심지어 생명을 주는 물의 속성에 대해 말한다. "이 강이 이르는 각처에 모든 것이 살 것이며." 그러나 이 본문들의 인유는 훨씬 더 이전으로 거슬러 올라가 창세기 2:10의 태초의 동산에 대한 묘사까지 미친다. "강이 에덴에서 흘러나와." 최초의 에덴의 강과 관련하여 말한다면, "순금……베델리엄과 호마노"[창 2:12]는 강의 한 지류 주변의 특징으로, 이것은 1절의 '생명수의 강' 주변의 보석들로 비유된다.[21:18-20 참조] '생명수'('생명인 물' 또는 '살리는 물'로도 번역될 수 있는)는 영생을 표시하고,[17절] 마지막 문구가 확증하는 것처럼 하나님과 어린양의 보좌에 기원을 두고 있다.

에스겔 47장에서처럼 생명수는 성전에서 흘러나오지만 이제는 하나님과 어린양이 바로 성전이시다.[21:22] 성령을 염두에 둘 수도 있지만,[요 4:10-24, 7:37-39, 겔 36:25-27] 물 은유는 주로 하나님 및 그리스도와 나누는 영원한 교제의 삶을 표상하고, 이것은 3-5절이 1-2절을 전개하는 것으로 보아 확인된다. 강이 순전하고 물이 '수정 같이 맑은' 것은 정화시키는 물의 특성을 암시한다. 물은 사람들의 죄를 정화시키고, 따라서 그들은 3-5절에(14, 17절도 마찬가지다) 묘사된 것처럼 하나님의 친밀한 임재 속에 들어갈 수 있다. 강이 '길 가운데로' 흐르는 것은 하나님과 영원한 교제를 나누는 것이 거룩한 성의 핵심 의미라는 점을 증명한다. 따라서 2b절의 나무도 에스겔 47:12의 패턴을 따른다. "강 좌우 가에는 각종 먹을 과실나무가 자라서." 또한 이사야 35:6-10의 마지막 때의 시온에 대한 예언과도 유사점이 있다. "이는 광야에서 물이 솟겠고……뜨거운 사막이 변하여 못이 될 것이며 메마른 땅이 변하여 원천이 될 것이며……거기에 대로가 있어 그 길을 거룩한 길이라 일컫는 바 되리니 깨끗하지 못한 자는 지나가지 못하겠고……오직 구속함을 받은 자만 그리로 행할 것이며 여호와의 속량함을 받은 자들이 돌아오되 노래하며 시온에 이르러……슬픔과 탄식이 사라지리로다." 물 은유를 거룩한 성의 길에 대한 묘사와 특이하게 결합시키는 것 외에, 깨끗하지 못한 자와[21:27] 속량함을 받은 자들이 다시는 슬픔이 없을[21:4, 22:3] 시온에 돌아오는[21:3] 것에 대한 언급도 주목해 보라. 거룩한 성의 대로로 행군하는 만국에 대한 묘사는 그들이 걸을 때 생명을 주는 물을 건너가는 심상을 함축할 것이다. 이것은 에스겔이 마지막 때의 성전에 관한 자신의 예언적 환상에서 그렇게 본 것과 같다.[겔 47:3-4]

2b. "강 좌우에 생명나무가 있어 열두 가지 열매를 맺되 달마다 그 열매를 맺고 그 나무 잎사귀들은 만국을 치료하기 위하여 있더라." 이 장

면은 에스겔 47:12에 기초가 두어져 있고, 그 본문 자체는 부분적으로 창세기 2:9-10의 동산과 강에 따라 형성되었다. 따라서 에스겔서와 요한계시록은 하나님의 임재가 공개적으로 이루어지는 첫 창조의 에덴동산의 상승된 재건을 염두에 두고 있다. 심지어는 에스겔의 성전의 한 부분으로 묘사된 새겨진 종려나무와 그룹들도[겔 41:18-26] 에덴동산 배경을 인유한다. 에스겔의 성전 묘사는 똑같이 꽃 조각물이 포함된 솔로몬의 성전에서 이미 예견되었다.[왕상 6:18, 29, 32, 35, 7:18 이하] 에스겔 47:12의 인유는 강 좌우에 자라는 나무들의 장면을 지지하고, 따라서 2절의 단수형 '나무'는 나무들을 집합적으로 가리키는 언급일 것이다. 강 좌우에 어떻게 하나의 나무가 자랄 수 있겠는가? '생명나무' 앞에 정관사 '그'(하나의 특수한 나무가 언급된 것을 강조하는)가 없는 것도 집합적인 의미를 암시할 것이다. 그러나 이 나무들은 모두 한 종류의 나무이므로, '그 생명나무'와 같이 집단적 단위의 관점에 따라 언급될 수 있다.[2:7 참조] 이것은 우리가 참나무들로 가득 찬 숲을 참나무 숲으로 부를 수 있는 것과 같다. 흥미롭게도 유대 문헌의 어떤 본문들은[탄후나 창세기 파라샤 1.18, 탄나 데베 엘리야후 랍바 93] 에스겔 47장의 하나의 생명나무와 복수의 나무들에 대한 예언 사이의 긴장을 그대로 보존했다. 상승의 또 하나의 특징은 원래의 낙원(에덴동산)은 땅의 한 작은 피조 지역에 불과했지만, 이제 이 낙원 성전은 새 창조의 전체 지역을 망라한다는 것이다.

생명수가 생명을 제공하는 까닭은 그것이 하나님의 임재로부터 흘러나와 하나님의 백성을 그분과의 친밀한 교제로 이끌기 때문이다. 에스겔 47:8-9의 강은 강 주변의 세상을 고치고 생명으로 이끈다. 에스겔 47장의 강 심상은 이 비유 묘사에 적합한 것으로 나타나는데, 그 이유는 회복된 시온에 대한 구약의 비슷한 심상은 분명히 물을 사용해 성도들이 최종적으로 하나님과 다시 연합할 때 거듭난 생명을 비유적으로 상징하기 때문이다.[사 35:6-9, 41:17-20, 43:18-21 • 1-2a절 주석 참조] 요엘 3:18도 마찬가지다. "유다 모든 시내가 물을 흘릴 것이며 여호와의 성전에서 샘이 흘러나와서 싯딤 골짜기에 대리라."

'생명나무'에 대한 언급은 또한 요한이 에스겔 47:12의 새 우주의 번성에 대한 예언을 영원한 에덴의 재건설(영원히 썩지 아니할, 본래 에덴의 상승된 형태)로 이해했다는 것을 증명한다. 창세기 3:22, 24은 생명나무를 언급한다. 아담은 생명나무 열매를 따 먹을 수 있었다면 영원히 살 수 있었을 것이다. 이 창세기 본문에서 생명나무는 하나님의 임재를 표상했고, 그때 하나님은 영생을 에덴동산 안에 들어올 수 있었던 모든 자에게 주실 수 있었을 것이다.

2b절에서 흐르고 있는 물과 자라고 있는 나무의 잎사귀들의 치료 효과는 자연 영역으로 한정되지 않고, 심지어는 특권을 누린 이스라엘 민족으로도 한정되지 않으며, 복음을 믿은 세계 전역의 모든 사람에게 미친다. "그 나무 잎사귀들은 만국을 치료하기 위하여 있더라." 요한계시록에서 21-22장을 제외하고, '만국'을 하나님의 백성으로 분명히 언급하는 유일한 본문은 5:9과 7:9이다.[21:24-26 주석 참조] 5:9은 만국의 '치료'의 의미를 가장 잘 설명한다. 생명나무 잎사귀로 치료하는 비유적인 묘사는 그리스도가 믿는 나라들을 위해 죽임을 당하심으로써, 그들이 그리스도의 피로 말미암아 죄의 형벌에서 해방된 것을 의미한다.[1:5, 5:9 참조] 그리스도는 현세에서 그들을 위해 죽임을 당하셨고, 그리하여 그들은 내세에서 죽음을 겪지 않아도 되었다. 생명나무의 열매는 열매를 맺는 한 영원토록 치료하는가? 이 질문에 대한 답변은 부정이어야 한다. 왜냐하면 새 피조물에는 치료받아야 할 죽음이나 아픔이 더 이상 없을 것이기 때문이다.[21:4] 하나님께서 닦아 주시는 눈물은 영원토록 견뎌야 할 아픔을 가리키지 않고, 오히려 이 아픔으로부터 단번에 벗어나는 구원을 가리킨다.[21:4,

[7:16-17] 이것은 에덴의 상승의 또 다른 국면을 증명한다. 요한은 에스겔 47:12의 심상을 사용해 자신의 이해를 넘어서는 영원한 실재를 묘사한다. 생명나무는 문자적으로 '달마다' 열매를 맺을 수 있는 것이 아니다. 왜냐하면 열매를 맺는 때는 일력이나 월력에 기반을 둔 달력에 달려 있지만 새 창조에서는 해와 달이 없기 때문이다.[21:23, 22:5] '열두 가지 열매'와 함께 열매를 맺는 열두 달 전체는 구속의 충분한 공급을 강조하고, 구속으로부터 유익을 얻는 하나님의 백성의 충만함을 표상하는 수와 연계시키는 환상에서 이미 반복해서 사용된 열두 배수 개념을 강화시킨다.

① 낙원 같은 성의 세계적 범주

21-22장에 계시된 성(성전)은 새로 창조된 땅 전체를 망라한다. 이에 대하여 세 가지 이유가 주어질 수 있다.

- 이사야 54:2-3은 만국까지 영역이 미치는 상승된 새 예루살렘 또는 마지막 때의 성전 관념을 암시한다.
- 구약의 성전 경내는 부정한 것이 들어와서는 안 되었고, 21:27과 22:15은 새 피조물 전체에 부정한 것이 들어와서는 안 된다는 것을 분명히 한다.
- 요한은 21:1에서 자신이 "새 하늘과 새 땅"을 보았다고 말하고, 또한 21:2과 21:9-22:5에서는 자신이 오직 낙원 같은 성을 본다고 말한다.

새 하늘과 새 땅 그리고 동산-성-성전은 서로를 해석하고, 새 하늘과 새 땅 전체와 동일한 실재를 가리킬 것이다. 이사야 65:17-18은 새 하늘과 새 땅과 새롭게 된 예루살렘 성을 동일시하는 것으로 보인다.

새로운 성과 성전의 세계적 범주의 기초는, 성전이 하늘과 땅 전체의 소우주 모형이라는 구약의 개념에 있다. "그의 성소를 산의 높음 같이, 영원히 두신 땅 같이 지으셨도다."[시 78:69] 지성소의 작은 복사판인 대제사장의 흉패에 달린 보석도 원창조의 보석을 지시함으로써 지상이나 천상의 우주를 상징했다. 같은 보석들이 이제는 21장의 새 성의 한 부분이다.[21:18-21 주석 참조] 구약의 성전은 땅에 두어진 하나님의 임재의 지역적 처소였다. 구약의 성전은 전체 피조물을 상징적으로 반영하는 역할을 했다는 점에서 피조물 전체를 장막으로 삼으신 하나님의 임재의 마지막 때 목표를 지시했고, 이 주제를 요한계시록 21:1-22:5이 전개하는 것으로 보인다.

동시에 새 성전 관념은 옛 성전과 관련되어 있을 뿐만 아니라, 보석들의 존재로 암시되는 것처럼 에덴동산까지 거슬러 올라갈 수 있다. 확실히 에덴동산은 첫 사람이 하나님을 경배한 성전의 원형이었다는 암시가 존재한다.

- 에덴은 성전에서 제사장이 그랬던 것처럼, 아담이 하나님과 함께 걸으며 대화를 나눈 곳이었다.
- 창세기 2:15을 보면 하나님이 아담을 에덴동산에 두어 그곳을 "경작하며 지키게 하신다." 여기서 두 동사[히브리어 *abad, šamar*]와 이 동사들의 동족 명사 또한 제사장이 성막을 섬기는 것에 대해 사용된다.[민 3:7-8, 8:25-26, 18:5-6, 대상 23:32, 겔 44:14] 따라서 아담은 하나님의 최초의 성전을 섬기고 지키는 제사장의 원형으로 제시된다.
- 아담이 자신의 의무를 다하지 못하고 에덴동산에서 쫓겨났을 때 두 그룹이 아담의 제사장 직무를 인수받는다. 두 그룹은 생명나무의 길을 지켰다.[창 3:24] 두 그룹은 지성소의 언약궤를 지키기 위하여 다시 등장한다.
- 생명나무는 지성소 바로 밖에 두어진 등잔대의 모형이었을 것이다.

• 에덴동산이 최초의 성전이라는 것은 또한 성전을 동산 같은 모양으로 만든 나무와 보석 조각물로도 암시된다.왕상 6:18, 29, 32, 35, 7:18-20

• 에덴의 입구는 동쪽에 있었고, 동쪽은 성막과 이후 이스라엘 성전의 입구 방향이었다.

아담은 성전을 지켜야 했을 뿐만 아니라 땅을 정복하고 충만하게 채울 의무가 있었다.창 1:28 아담이 에덴동산의 경계가 온 땅에 미칠 때까지 확대시켜야 했다고 말하는 것은 개연성이 있다. 요한계시록은 아담이 이행하지 못한 것을 그리스도께서 최종적으로 이행하신 것으로 제시한다. 22:1에서 시작되는 에덴 심상은 창세기 2장에서 시작된 성전 건축이 그리스도와 그의 백성 안에서 완성되고 전체 새 피조세계를 망라할 것이라는 사실을 증명하려는 의도를 반영한다.

3. 3절은 '만국의 치료'에 관한 2절의 진술을 더 깊이 설명한다. 첫째, "**다시 [어떤] 저주가 없으며.**" 이 문구는 스가랴 14:11에서 취한 것이다. '저주'히브리어 *ḥerem*는 사람들이 죄로 말미암아 완전한 파멸의 처지 아래 두어져 있는 상태를 가리킨다. 스가랴 시대에 예루살렘은 이 파멸을 겪었지만 완전히 파멸한 것은 아니었다. 스가랴서에 따르면 민족들이 마지막으로 예루살렘을 공격하는 일이 있게 되는데, 이로 인해 이스라엘은 순결하게 되어 불순한 거민 집단과 구별될 것이다.슥 14:1-2 그 공격 이후로 미래에 순결하게 된 예루살렘이 죄 때문에 다시는 결코 파멸의 저주로 위협을 받지 않을 시대가 올 것이다. "사람이 그 가운데에 살며 다시는 저주가 있지 아니하리니 예루살렘이 평안히 서리로다."슥 14:11 대신 그 저주는 공격자들에게 임할 것이다.슥 14:12-15 새 예루살렘의 거민들은 저주를 면제받고, 새 예루살렘 밖에 거하는 자들이 저주를 받을 것이다. 이 저주의 효력 가운데 일부는 하나님의 임재의 유익을 얻지 못하고 하나님과 영원히

분리되는 것이다.계 21:8, 27, 22:15 참조 영원한 성의 거민은 어린양이 자기들 대신 형벌을 받으심으로써 최종적인 저주에서 구원받고 명확히 '치료받았기' 때문에 그 성 안에 거할 수 있다.21:27b, 22:2 주석 참조 최초의 동산에서 아담으로 말미암아 인류에게 임한 육적·영적 죽음의 저주는 새 창조 시대의 마지막 동산에서는 어린양에 의해 영원히 제거된다. 태초에 인간은 그 성소에서 퇴출당했고, 이후로 에덴동산의 입구는 죄악된 인간에게는 닫혔다. 마지막 때에 구속받은 자는 어린양의 사역의 결과로서 그 성소의 열린 문으로 다시 들어가게 될 것이다.

심지어는 구속받은 자도 겪을 수 있는, 인간의 타락으로 인한 다양한 육체적 고난과 슬픔이 새 질서 속에서는 완전히 제거되고 다시는 위협이 되지 못한다. 이것은 성도가 하나님과 분리될 위험에서 벗어났을 뿐만 아니라 옛 세상에서 그들을 위협하던 온갖 박해와 환난으로부터 안전하게 된다는 것을 의미한다(문자적으로 '모두', '모든'을 의미하는 '[어떤] 저주'라는 말을 주목하라). 그러므로 이 저주의 제거는 육적·영적 죄악이 모두 제거된 것을 함축한다.

새 예루살렘에는 저주가 아예 없을 것이다. 왜냐하면 완성된 하나님의 다스리시는 임재가 새 예루살렘을 가득 채울 것이기 때문이다. **"하나님과 그 어린양의 보좌가 그 가운데에 있으리니."** 3:21로 보아 분명한 것처럼5:11-13, 7:17 참조 오직 한 보좌가 있다. "내가 이기고 아버지 보좌에 함께 앉은 것과 같이 하리라." 거룩한 성에 들어가는 자는 모두 하나님과 어린양의 임재 앞에 나아간다. 그들은 하나님의 복에 대하여 섬김으로 반응한다. **"그의 종들이 그를 섬기며."** 7:15에서 성도들이 제사장으로서 하늘의 성전에서 하나님을 '섬기는'헬라어 *latreuō* 장면은 여기서도 그들이 마지막 때 성의 성전에서 제사장 사역을 수행하고 있음을 증명한다. 이것은 우주적인 새 성전에서 성취될 이사야 61:6의 예언("오직 너희는 여호와의 제사장이라 일컬음을 받을 것이라.……우리 하나님의 봉사자라 할 것이며")을 반영한다. 이사야 61:6을 염두에 두고 있다는 것은 이사야서에 대한 인유가 요한계시록 21:1-22:5에 두루 나타나 있는 것으로 분명히 증명된다(특히 21:2에서 사 61:10의 인유와 21:23-26과 22:5에서 사 60장의 인유를 주목하라). 성도들은 하나님과 어린양을 섬긴다. 하나님과 어린양이 함께 한 보좌에 앉아 계시고 함께 한 성전을 이루시는 것은[21:22] 두 분의 일치성을 확대시킨다. 이 일치성은 또한 두 분이 모두 '알파와 오메가'라는 호칭을 갖고 계시는 것으로도 강화된다.[1:8, 21:6, 22:13] 21:22과 22:3 같은 본문은 후에 삼위일체 공식의 원천이 된 본문에 속한다.

4. 옛 창조 시대에는 하나님의 임재가 하늘에도 있었지만 주로 이스라엘의 성전으로 한정되었다. 옛 창조 시대에 그리스도인은 성령의 임재 속에 들어갔지만 삼위일체 하나님의 충만한 계시적 임재 속에는 아직 들어가지 못했다. 그러나 이제 하나님의 임재는 새 예루살렘, 곧 성도들의 영원한 성전과 처소를 충만하게 채우고 있다. 왜냐하면 구약의 성도들이 갈망하던 소원인[시 11:4-7, 27:4, 42:1-2] "**그의 얼굴을 볼 터이기**" 때문이다. 전체 공동체가 낙원으로서의 성 전체, 곧 모든 새 피조물을 포괄하는 새 지성소에서 하나님의 얼굴을 보는 특권을 가진 제사장이다.

"**그의 이름도 그들의 이마에 있으리라**"는 언급은 하나님과의 친밀한 교제 관념을 강화시킨다. 구약 시대에 하나님의 이름이 대제사장의 이마에 새겨진 것은('여호와께 성결')[출 28:36-38] 결코 우연이 아니다. 대제사장은 이스라엘을 대표하고 하나님께 성별되었으며, 그리하여 이스라엘 백성이 하나님의 인정을 받고 진노를 받지 않도록 그들을 대신해 속죄 제물을 바치려고 지성소 안의 하나님의 임재 속에 들어갈 수 있었다. 출애굽기 28:17-21에서는 대제사장이 보석을 달고 하나님의 임재 속에 들어갔지만,[21:18-20 주석 참조] 4절에서는 하나님의 직접적인 임재 속에 들어갈 수 있도록 이전에 대제사장에게만 허락되었던 성별의 특권이 이제는 하나님의 모든 백성에게 허락된다. 이것 역시 하나님의 새 백성의 제사장으로서의 본질을 표현한다.

여기서 '이름'에 대한 구약 배경을 추가로 든다면, 이사야 62장에서 새 이름 개념이 마지막 때의 시온과 거듭 연계되어 있는 것과 거기서 마지막 때의 성에 붙여지는 여러 새 이름이 모두 그 안에 '하나님'을 포함한 것을 지적할 수 있다. 4절과 요한계시록 다른 곳에서 하나님의 이름은 하나님의 영원한 성 안에서의 신자의 안전과 지위를 암시한다.[2:17, 3:12, 14:1 주석 참조] 3:12을 보면 그리스도께서 이기는 자에게 "하나님의 이름과 하나님의 성……의 이름과 나의 새 이름"을 기록할 것이라고 말씀하시는데, 이것은 안전에 대한 뉘앙스를 강조하며 은유적으로 하나님의 이름을 기록하는 것을 이기는 자를 확고하게 "내 하나님 성전에 기둥"으로 삼으시는 것과 동등시하는 것이다. 요한계시록 다른 곳에서 하나님의 이름을 비유적으로 사용하는 것과 연계된 안전 주제는 지금까지 서술된 새 예루살렘에서의 성도의 영원한 안전 주제와 딱 들어맞는다. 우리는 또한 신자들 위에 기록된 이름은 그들이 반영하는 하나님의 성품을 가리킨다는 것도 확인했다.[2:17 주석 참조] 그러므로 세상이 끝날 때 의인이 "그와 같을 줄을 아는 것은 그의 참모습 그대로 볼 것이기 때문이고",[요일 3:2 • 욥 19:25-27, 시 17:15, 마 5:8, 고전 13:12 참조] 이 과정은 이미 시작되었다.[고후 3:18]

5. 이 환상은 "다시……없겠고"라는 표현과 함께 끝나는데, 이것은 21:1, 4에서 환상이 시작될 때에 주어진 표현과 비슷하다. 이것은 이 환상의 전체 요점을 마지막으로 강조한다. 말하자면 성도는 하나님과 분리될 위험에서 벗어나 있을 뿐만 아니라 하나님에 대한 마지막 때의 충만한 계시가 나타나기 전에 제거되어야 했던 것, 곧 옛 세

상에서 그들을 위협했던 온갖 고난에서도 안전하리라는 사실을 강조한다. "등불과 햇빛이 쓸 데 없으니 이는 주 하나님이 그들에게 비치심이라"는 주장은 이사야 60:19-20의 예언의 성취다. "다시는 낮에 해가 네 빛이 되지 아니하며 달도 네게 빛을 비추지 않을 것이요 오직 여호와가 네게 영원한 빛이 되며 네 하나님이 네 영광이 되리니 다시는 네 해가 지지 아니하며……네 슬픔의 날이 끝날 것임이라." 이것은 이사야 60:19을 똑같이 인유하는 21:23의 사상을 계속 잇는다. 21:23에서 그 성은 "해나 달의 비침이 쓸 데 없으니 이는 하나님의 영광이 비치고 어린양이 그 등불이" 되시기 때문이다.

5절은 비유적인 표현이고, 주된 요점은 옛 세상에서 나오는 것은 어떤 것도 하나님의 임재가 새 우주를 완전히 채우는 것을 방해하거나 성도들이 하나님의 임재 속에 끊임없이 나아가는 일을 가로막을 수 없다는 것이다. 따라서 여호와께서 그분의 얼굴빛을 자기들에게 비추실 것을 간구하는 구약 성도들의 기도가[민 6:25-26, 시 4:6, 67:1] 온전히 응답받는다. 여기서 가장 먼저 떠오르는 사상은 민수기 6:25-27의 축복 기도다. 거기 보면 하나님의 얼굴의 광채가 성도들의 보존과 평안을 낳는다. 이것은 성전과 관련하여 아론이 이스라엘 자손에게 하나님의 이름으로 간구하는 축복 기도도 마찬가지다.

신적인 등불의 빛을 갖고 있는 '촛대'로서의 하나님의 백성의 역할은 최종적으로 완성될 것이다.[1:4, 20, 4:5, 21:11-26, 22:5] 옛 세상의 구름, 밤, 어두운 그림자는 더 이상 촛대를 통해 비치는 그리스도의 빛을 퇴색시킬 수 없고, 그리스도는 아무 제약 없이 새 세상의 '등불'로서 빛을 비추실 것이다.[21:23]

4절은 또한 아론의 이마에 새겨진 하나님의 이름을 언급하는데, 그것이 하나님의 제사장으로서 하나님의 모든 백성에게 적용된 것은 우연이 아니다. 민수기 6장의 '오래된 축복 기도'가 새 세상에서는 최대한 충분히 적용된다. 옛 언약에서는 이처럼 하나님의 얼굴을 보면 죽었을 것이다.[출 33:20] 그러나 이제는 하나님의 얼굴을 보는 것이 영생과 왕 노릇의 수단이다. 왕권 기능이 제사장 기능에 덧붙여진다. 왜냐하면 아담은 이 이중의 역할을 갖고 있었지만 실패했기 때문이고, 메시아 자신이 이중의 역할을 최종적으로 이루셨기 때문이다. 성도는 메시아와 보좌와 동일시되므로, 그들의 제사장 직분과 왕의 직분도 메시아의 두 직분과 동일시된다.[20:5-6 주석 참조] 성도들은 아담이 "땅에 움직이는 모든 생물을 다스린"[창 1:28 • 시 8편 참조] 것과 비슷하게 새 피조물에 대한 주권을 행사한다. 그리스도께서 마지막 아담의 역할을 감당하신 목적 가운데 하나는 자기 백성과의 집단적 연대성에 따라 영원한 새 피조물을 다스리시는 것이고, 이 새 피조물에는 구속받은 자들의 종으로 지정된(이것은 또한 계 21:21의 문지기로서의 천사들의 위치로도 암시된다) 거룩한 천사들도 포함한다.[히 1:14, 2:5-16] 그러나 높아진 신자들은 하나님께서 아담에게는 단지 다스리라는 명령(아담이 이루지 못한 명령)을 주셨지만 지금은 자기 백성이 세세토록 확실히 왕 노릇할 것을 약속하신다는 점에서 첫 사람 아담과 차이가 있다.

22:1-5 묵상 제안

낙원으로서의 성 전개와 우리가 맡은 제사장 역할: 본서의 주석은 에덴동산에서 새 예루살렘에 이르기까지 성전의 범주가 전개되는 과정을 추적한다. 이것은 여러분이 성경의 주요 줄거리 가운데 하나를 이해하는 데 얼마나 도움을 주는가? 여러분은 본서의 주석이 에덴동산의 보석, 대제사장, 영원한 성을 연계시키는 방법에 동의하는가? 여러분은 성경 전체에 걸쳐 나타난 제사장직 관념에 대한 본서의 주석에 동조하는가? 오늘날 하나님의 성전은 교회의 형태로 존재한다고 볼 때, 이 성전의 제사장으로 인정받는 것은 어떤 의미가 있는가? 만일 아담이 자신의 의무를 감당하지 못한 제사장이었다면 그리고 그리스도께서 성공적인 제사장이셨다면, 그리스도의 종으로서 우리는 시작된 성전인 교회에서 제사장으로서의 기능을 어떻게 감당해야 하는가? 아담과 하와는 뱀의 유혹을 받았을 때 하나님의 말씀을 충분히 상기하지 못한 탓에 제사장으로서 직무를 감당하는 데 결국 실패했다. 창세기 2:16-17에서 하나님이 하신 말씀과 창세기 3:2-3에서 하와가 하나님의 말씀을 인용하는 것을 비교해 보라. 하와는 하나님의 말씀을 어떻게 잘못 인용했는가? 아담과 하와는 또한 부정한 것(뱀)이 그들의 성소에 들어오는 것을 허용하고 말았기 때문에 실패했다. 현세에서 성전의 경계를 확대시키는 데 있어 우리가 감당해야 할 역할은 무엇인가? 경계를 확대시킨다는 것은 무슨 뜻이고, 이는 그리스도인의 증언과 어떻게 관련되어 있는가? 이 경계는 그리스도의 재림이 있기 전에 얼마나 멀리까지 미치겠는가?

21:1-22:5의 환상의 목적

21:1-22:5의 환상은 요한계시록에 등장하는 두 성—지상의 바벨론과 영원한 예루살렘—을 날카롭게 대조시킨다. 두 성을 소개하는 데 같은 문구가 사용된다.[17:1, 21:9] 두 성 모두 길이 있다.[11:8, 21:21] 바벨론은 불순하지만[17:4] 예루살렘은 순수하다.[21:21] 두 성 모두 금과 보석으로 꾸며진다.[17:4, 18:16, 21:18-21] 두 성 사이의 이런 외관적인 유사점은 그리 놀랍지 않다. 왜냐하면 요한계시록 전체에 걸쳐 악의 세력은 선의 세력을 모방하기 때문이다. 즉, 거짓 사도들,[2:2] 거짓 회당,[2:9, 3:9] 거짓 선지자[16:13, 19:20, 20:10] 그리고 어린양 같이 뿔을 가진 마귀적인 존

재[13:11]가 있다. 마귀적인 존재의 이 특징은 뿔을 가진 어린양이신 그리스도와 반대된다.[5:6] 짐승도 삼중의 이름을 갖고 있고[17:8, 10-11] 하나님도 삼중의 이름을 갖고 계신다.[1:4, 8 등]

21:1-22:5에서 음녀 바벨론과 새 예루살렘 사이에서 확인할 수 있는 다른 대조 몇 가지는 앞에서 설명되었다.[21:9-10 주석 참조] 나아가 다음과 같은 대조도 주목해 보라.

이 대조는 음녀 바벨론이 발판을 두고 있던 교회들에게 주어지는 21:8의 경고와 연계되어 있다. 나아가 새 성에 대한 묘사는 2-3장의 죄 있는 교회들과 대조적인 모습으로 가득하다. 새 성의 완전한 모습은 편지 부분에 나오는 교회의 불완전한 모습과 대조된다.

음녀 바벨론과 신부 새 예루살렘의 대조의 주된 요점은, 음녀와 타협으로 곤란한 상황에 직면한 흔들리는 교회들에게 타협을 멈추고 장차 임할 완전한 모습을 바라보면서 완성된 국면들을 삶에 점차 반영하도록 권면하는 것에 있다. 새 언약, 새 성전, 새 이스라엘, 새 예루살렘에 대한 묘사는 새 창조에서 성취가 궁극적인 정점에 이르는 구약과 신약의 주요 예언 주제들의 미래에 있을 성취를 강조한다. 새 창조의 나라 자체는 성경의 약속 가운데 가장 포괄적인 약속으로, 방금 언급한 네 가지 새로운 사실—새 언약, 새 성전, 새 이스라엘, 새 예루살렘—은 다만 이 포괄적인 약속의 부분 요소다.

하나님과 영원한 교제 속에 들어간 하나님의 완전한 백성에 관한 21:1-22:5의 예언적 환상은 타협의 유혹에도 불구하고 인내하도록 신자들에게 위로와 동기를 부여하기 위한 의도를 갖고 있다. 요한은 하나님의 백성은 신실함을 유지해야 한다고 권면하는데, 이것이 요한이 편지를 쓰는 궁극적인 목표다. 또한 이것이 요한계시록 22:6-21에서 그리스도의 임박한 재림에 대한 거듭된 권면과 약속과 확언 그리고 성도들에 대한 경고로 이루어진 에필로그로 요한계시록

바벨론	새 예루살렘
음녀(17:1-2, 18:9)	순결한 신부(21:2, 9)
불의한 왕들과 거래를 하고 그들의 공격을 받는다.(17:16, 18)	의로운 왕들의 충성을 받는다.(21:24)
강탈한 재물을 받는다.(18:11-17)	만국의 영광과 존귀를 받는다.(21:24-26)
살육과 피로 충만하다.(17:6, 18:24)	치료와 생명으로 충만하다.(22:1-2)
그곳에서 도망하라는 권면을 받는다.(18:4)	그곳으로 들어오게 된다.(22:14)
자기 영광을 위한 교만에 따라 땅과 하늘을 연결하려고 함으로써(창 11:1-9) 그 죄가 하늘까지 닿았다.(18:5)	하늘에서 내려와 하늘과 땅을 연결하고 (21:2) 하나님을 영화롭게 한다.
세 갈래로 갈라져 멸망을 당한다.(16:17-19)	영원히 존속한다.(21:6-7)
이마에 이름이 새겨져 있다.(17:5)	이마에 이름이 새겨져 있다.(22:4)
거민의 이름이 생명책에 기록되어 있지 않다.(17:8)	거민의 이름이 생명책에 기록되어 있다.(21:27)
자기 자신을 영화롭게 한다.(18:7)	하나님의 영광을 반사한다.(21:11, 23)
귀신의 처소가 된다.(18:2)	하나님의 처소가 된다.(21:3, 22)

을 끝맺는 이유다. 2장과 3장에 진술된 것과 같은 교회의 현재의 불완전한 상태와 여기서 묘사된 것과 같은 교회의 최후의 영광 사이의 대조를 통해 성도들은 삶 속에서 하나님의 영광을 더 크게 드러내야겠다는 절실한 열망을 가져야 한다.

요한계시록 주장의 주된 목회적인 목표는 하나님의 백성에게 신실함을 유지함으로써 최종 구원을 상속받으라고 권면하는 것에 있지만, 이것이 요한계시록에서 가장 중요한 신학적인 관념은 아니다. 요한계시록의 핵심적인 신학 주제는, 하나님은 완성된 구원을 베풀고 최후의 심판을 행하시는 분으로서 경배와 영광을 받으셔야 한다는 것이다.[4:11, 5:11-13, 19:1, 5, 7 주석 참조] 하나님의 영광에 대한 사상이 21:1-22:5의 중심이다. 왜냐하면 우리가 확인한 것처럼 새 예루살렘(또는 하나님의 백성)은 오직 하나님의 영광을 찬란하게 반사하는 것과 관련해서만 올바르게 정의될 수 있기 때문이다. 확실히 거룩한 성의 중심 특징은 등불로서 성을 비추시는 하나님과 어린양이다.[21:22-23, 22:5] 따라서 새 예루살렘을 더 깊이 정의하면, 하나님의 백성이 하나님 및 그리스도와 충분한 교제를 가짐으로써 하나님과 그리스도의 영광을 반사하는 것을 포함한다.

XI.

22:6-21

에필로그

에필로그는 요한계시록 전체의 공식적인 결론이다. 에필로그는 서론과[1:1-3] 긴밀하게 관련되어 있는데, 그것은 둘 다 요한계시록을 하나님이 나타내신 것으로 간주하고,[단 2:28-29, 45 참조] 둘 다 요한을 그가 받은 계시의 '증인'으로 강조하며, 둘 다 그 계시를 청자들에게 전해진 예언으로 부각하기 때문이다. 하지만 서론은 이 계시에 순종하는 모든 자에게 복이 주어지는 것을 선언하고, 에필로그는 이 계시에 불순종하는 모든 자에게 임하는 저주를 강조한다. 에필로그는 요한계시록의 목적이 하나님의 백성에게 그들이 구원의 상을 받도록 거룩한 순종을 권면하는 데 있음을 분명히 증명한다. 마지막 열여섯 구절만큼 순종에 대한 권면을 통해서나 거룩한 삶에 약속된 복을 통해, 또는 거룩하지 못한 삶에 대한 심판의 경고를 통해 이 목적을 강조하는 곳은 없다.[22:7, 9, 11-12, 14-15, 18-19] 이것은 주된 요점을 순종에 대한 복에 두었던 1:1-3과 일치한다. 이 복은 요한계시록의 핵심 목표 가운데 하나이자[1:1] 복에 대한 요한의 증언의 핵심 목표 가운데 하나다.[1:2]

서론과 에필로그 모두 약속과 경고의 기초가 똑같이 아직 드러나야 할 사건들에 두어져 있다.[1:3, 22:7, 11-12, 18-20] 그리스도의 재림이나 종말의 임박과 관련한 반복된 결론을 기초로 하면, 에필로그는 권면이 담긴 다섯 부분으로 나누어질 수 있다. 즉, 6-7, 8-10, 11-12, 13-17, 18-20절로 세분된다. 거룩함을 강조하는 이 다섯 번의 반복된 권면이 에필로그의 주된 요점인데, 그것은 이 권면이 그리스도의 재림에 관한 탄원으로 지지를 받기 때문이다. 21절은 6-20절뿐만 아니라 요한계시록 전체에 대한 전형적인 서간문 결말이다.

거룩함에 대한 첫 번째 권면[22:6-7]

22 **[6]또 그가 내게 말하기를 이 말은 신실하고 참된지라. 주 곧 선지자들의 영의 하나님이 그의 종들에게 반드시 속히 되어질 일을 보이시려고 그의 천사를 보내셨도다. [7]보라, 내가 속히 오리니 이 두루마리의 예언의 말씀을 지키는 자는 복이 있으리라 하더라.**

6. 6절은 21:1-22:5의 환상과 요한계시록 전체의 결론적인 진술로 작용한다. 6절은 또한 요한계시록 전체의 공식 결론인 7-21절을 소개하는 역할을 한다. 요한에게 말하는 음성(예수 또는 예수를 대신하여 말하는 천사)은 "이 말은 신실하고 참된지라"고 선언한다. 이는 21:5의 문구를 축자적으로 반복하는 것으로, 장차 임할 하나님의 새 창조 행위에 대한 확신을 표현하는 이사야 65:16에 기초한다.[21:5 주석 참조] 이 축자적 반복은 6절이 새 예루살렘에 대한 이전 환상을 요약하고 있음을 증명한다.

"이 말은 신실하고 참된지라"는 하나님 나라의 승리에 관한 예언적 환상의 결론인 다니엘 2:45의 "이 꿈은 참되고 이 해석은 확실하니이다"라는 말을 반영한다. 이 문구는 요한의 환상은 신적인 권위를 갖고 있다는 것, 따라서 그 내용이 참되고 믿을 수 있다는 것을 확실히 한다. 여기서 다니엘 2:45을 인유하는 것도 같은 의미를 갖는다. 다니엘 2:45(단 2:28의 마소라 본문과 70인역과 테오도티온 역본)은 나라가 '후일에'(마지막 때에) 임할 것이라고 예언했지만, 지금 하늘에서 온 음성은 "주 곧……하나님이 그의 종들에게 반드시 속히[빨리] 되어질 일을 보이시려고 그의 천사를 보내셨도다"라고 말한다. 마지막 때에 일어나도록 되어 있는 일을 계시하시는 하나님에 관한 언급이 다니엘 2장과 요한계시록 전체의 환상을 소개하고 결론짓는다. 다니엘 2장 또는 이 부분에 대한 인유는 요한계시록에서 4회에 걸쳐 주요 부분을 소개하고 결론짓는 데 사용되고, 따라서 요한계시록 전체의 포괄적인 개요를 구성한다.[1:1, 19, 4:1 주석 참조] 특히 22:6은 1:1의 문구를 정확히 재현하고, 그러므로 22:6은 요한계시록 전체의 공식 결론으로, 그리고 다니엘 2장과 같이 요한계시록도 주로 세상 전역에 걸친 하나님 나라의 건설과 악한 세상 나라의 심판에 관한 책이라는 사실을 독자들에게 증명하는 것으로 간주되어야 한다. 다니엘의 공식은 미래 사건에 대한 예언을 언급할 뿐만 아니라 다니엘 2장의 마지막 때에 대한 예언의 시작된 성취를 포함한다. 요한계시록 1:1에서처럼 22:6에서도 다니엘서의 '장래'를 '속히'(또는 '빨리')로 바꾼 것은 임박성을 암시할 뿐만 아니라 이미 시작된 성취도 암시한다.

"주 곧 선지자들의 영의 하나님"이라는 어구는 헬라어의 목적격 소유격 용법을 사용하는 것으로 보이고, 따라서 "선지자들의 영을 지배하거나 감동시키는 하나님"을 의미한다. 10:7에서처럼 여기서도 선지자들은 특정 계급의 선지자, 곧 하나님께서 그들의 영을 다스리시기 때문에 성령의 감동을 받아 성경을 기록하게 된 구약과 신약의 선지자들을 가리킬 수 있다. '선지자들의'라는 말은 이차적으로 목적격 소유격 용법이 될 수도 있고(성령이 선지자들을 감동시키신다), 그렇지 않으면 단순히 소유격 용법이 될 수도 있다. 이 선지자들은 하나님으로부터 감동을 받는 영을 가지고 있다. 9절에서 하나님의 영에 대한 언급 없이 요한의 형제들을 '선지자'로 언급하는 것은 이 견해를 뒷받침하는데, 그것은 19:10에서 형용사적 소유격 용법('예언적인 영')으로 가장 잘 이해되는 '예언의 영'이라는 비슷한 말을 사용하기 때문이다. 나아가 성령을 복수형으로 언급하는 것은 이상하게 보인다. 그러나 이 복수형은 요한계시록 앞부분에서 성령에 대해 세 번에 걸쳐 나타난다.[1:4, 4:5, 5:6]

9절에서 요한의 형제들을 '선지자'로 언급하는 것이 19:10에서 그들의 "예수의 증언은 예언의 영"인 요한의 형제들에 대한 비슷한 언급과 결합된 것도, 이 어구가 예언하는 자로서의 모든 그리스도인의 인간적 영을 가리킴을 암시할 수 있다. 그러나 "주 곧 선지자들의 영의 하나님"이라는 어구는 이 구절에서 다니엘 2장의 인유로 한정되기 때문에, 6절에서 '선지자들'이라는 말은 구약과 신약의 선지자들을 가리킨다고 보는 것이 개연성이 있다.' 선지자들의 영'이 특수한 예언적 직무를 갖고 있는 이들을 가리키는 것으로 본다면, 이는 민수기 27:16의 반영일 것이다. "여호와, 모든 육체의 생명[영]의 하나님." 거기에서 그 말은 하나님의 백성의 예언적 대변자로 모세 대신 여호수아를 세우시는 하나님을 가리킨다.[민 27:12-21] 하나님의 예언자적인 지도자와 나머지 사람들(이 경우에는 온 이스라엘) 간에 분명한 차이가 존재한다.

요한계시록의 계시 전달의 연쇄적 관계는 하나님으로부터 시작되어 예수, 천사, 요한에게 이르고, 마지막으로 그리스도인에게 미친다.[1:1, 22:8 참조] 이것은 요한이 특수한 예언 직무를 가졌음을 함축하고, 22:6에서 그리고 1:1, 19, 4:1에서 다니엘 2:28-29, 45을 인유하는 것으로 확증된다.[4:2, 10:9-11 주석 참조]

1:1과 22:6에서 그리스도인은 '그의 종들'로 불린다. 이 말은 6절과 요한계시록 전체에서(어쩌면 10:7은 제외하고) 일반적으로 그리스도인을 가리킨다. 모든 성도를 가리키는 '종들'의 의미는 요한계시록의 환상은 요한에게뿐만 아니라 어떤 면에서 요한과 함께 '종들'로 간주된 모든 신자에게 주어진 것임을 함축한다.[1:1 주석 참조] 이 말은

교회들이 요한과 똑같은 방식으로 환상을 보았음을 의미하는 것이 아니고, 교회들이 요한의 환상에 대한 기록을 통해 대리로 환상을 보았다는 것(그리고 계속 본다는 것)을 의미한다.

7. "반드시 속히 되어질 일"에는 그리스도의 오심이 포함되어 있다. "보라, 내가 속히 오리니." 이것은 그리스도의 마지막 오심(재림)을 가리키지만 교회가 존속하는 동안 일어나는 처음 오심도 포함한다. 두 오심은 교회의 모든 세대에게는 임박한 사건이다. 1:1, 19, 4:1의 다니엘 2:28-29, 45의 인유를 시작된 성취로 본 우리의 분석에서 보는 것처럼, 1-3장에서 그리스도의 오심이 거듭 선언되는 것은 이와 같은 결론을 암시한다.[1:7, 2:5, 3:3, 11 주석 참조] "이 두루마리의 예언의 말씀을 지키는 자는 복이 있으리라." 이것은 1:3의 진술을 비슷하게 반복하고, 따라서 '복'이 대략 요한계시록을 하나로 묶는다. 이것은 두루마리의 목표가 하나님의 참 백성이 두루마리의 계시에 순종하여 구원의 복을 받게 하는 것임을 암시한다. 6절과 7절에 언급된 '말'(말씀)은 복을 요한계시록의 목표로 강조하기 위해 "복이 있으리라"는 말 둘레에 친 괄호를 구성한다. 이 복은 14:13, 16:15, 19:9, 20:6, 22:14의 "복이 있다"[헬라어 *makarios*] 용법으로 분명한 것처럼, 구원 자체를 받는 것이다.

거룩함에 대한 두 번째 권면[22:8-10]

22 **[8]이것들을 보고 들은 자는 나 요한이니 내가 듣고 볼 때에 이 일을 내게 보이던 천사의 발 앞에 경배하려고 엎드렸더니 [9]그가 내게 말하기를 나는 너와 네 형제 선지자들과 또 이 두루마리의 말을 지키는 자들과 함께 된 종이니 그리하지 말고 하나님께 경배하라 하더라. [10]또 내게 말하되 이 두루마리의 예언의 말씀을 인봉하지 말라. 때가 가까우니라.**

8. 요한은 암묵적으로 자기 자신을 이 두루마리의 계시의 증인으로 간주하고, 따라서 요한이 7절의 '복'을 받는 중요한 도구다. "이것들을 보고 들은 자는 나 요한이니." 요한은 18절에서("내가……증언하노니") 예언적 증인으로서의 신원을 명시적으로 밝힌다. 요한은 이스라엘을 향해 하나님의 언약적인 규례, 이 규례에 대한 이스라엘의 불순종, 특히 우상숭배로 말미암아 임박한 후속적 심판에 관해[왕하 17:7-23, 대하 24:18-19, 느 9:26-27] 증언한 선지자의 긴 반열에 들어가 있다. 여기서 '보고 듣는' 관념은 요한일서 1:1-2에서처럼 법적인 증언의 기초다. "우리가 들은 바요 눈으로 본 바요……우리가 보았고 증언하여." 구약 선지자들과 같이 요한의 증언도 언약 공동체를 향해 주어진다. 남은 자, 곧 믿는 자는 그들의 순종에 따라 복을 받게 되지만 나머지 사람들은 그들의 불순종에 따라 심판을 받을 것이다. 일곱 교회에 보내는 편지에서 "귀 있는 자는 들을지어다"라는 말을 거듭 사용하는 것은[2:7 주석 참조] 요한이 신실한 자들에게 복에 대한 약속과 심판에 대한 경고를 제공할 때에 예수와 구약 선지자들의 패턴을 따르고 있음을 증명한다.

19:10에서와 마찬가지로 요한은 또다시 그리스도의 계시를 자신에게 전달한 천사를 경배하기 시작한다.

9. 이에 대해 천사는 똑같이 요한이 자기를 경배하지 못하도록 금지시키는 것으로 반응한다. 왜냐하면 그 천사 역시 요한과 선지자와 하나님께 순종하는 다른 모든 자와 같은 하나님의 종에 불과하기 때문이다. "그가 내게 말하기를 나는 너와 네 형제 선지자들과 또 이 두루마리의 말을 지키는 자들과 함께 된 종이니 그리하지 말고 하나님께 경배하라." 천사의 말은 두 집단, 곧 선지자와 다른 신자들을 구분하는 것으로 취해질 수 있고, 또는 '네 형제'는 선지자들에 대한 묘사로 볼 수도 있다. 반면에 요한계시록 다른 곳에서[1:1, 22:6] '종들'은 모든

그리스도인을 가리키는 것으로 이해되고, 이것은 9절의 '선지자들'이 이 두루마리의 말을 지키는 예언하는 자들로 이해되는 모든 신자를 가리킨다고 암시할 것이다. 이 문제에 대해서는 앞에서 6절에 대한 주석을 보라.

도리어 천사는 요한에게 "하나님께 경배하라"고 권면한다. 요한은 이 천사를 경배받기에 합당한 1:13 이하와 10:1 이하의 거룩하고 신적인 그리스도로 착각한 것일 수 있다. 요한이 거짓 경배 대상을 참된 경배 대상으로 대체하는 것은 이번이 두 번째이므로, 9절은 신실한 그리스도인에게도 이 문제가 매우 교묘하게 일어날 수 있음을 강조한다. 이것이 증명하는 사실은 하나님의 인간 사자가 강력하게 그리스도의 말씀을 전할 때 그릇되게 그를 경배하고 숭배하기가 무척 쉽다는 것이다.[고전 3:4-7, 행 14:7-18] 우리는 천사의 명령을 통해 7절에 언급된 복의 보상은 부차적인 언급임을 깨닫게 된다. 이 두루마리, 곧 요한계시록의 계시의 궁극적인 목표는 하나님에 대한 경배를 장려하는 것에 있기 때문이다.

10. 여기서 천사는 요한에게 다음과 같이 명령한다. "이 두루마리의 예언의 말씀을 인봉하지 말라. 때가 가까우니라." 만일 이 계시가 인봉된다면 교회는 그 내용을 알거나 경배하는 것으로 반응할 수 없다. "인봉하지 말라"는 명령은 환상을 기록하는 것이 그 환상에 대한 계시와 마찬가지로 신적인 권위의 후원 아래 있음을 의미한다. 다른 곳에서 환상이나 환상의 부분을 기록하는 것이 명시적으로 명령되는데, 이것은 신적인 권위가 기록에도 미친다는 점을 의미한다.[1:10-11, 19, 2:1 이하, 19:9, 21:5, 22:6, 10] 18-19절은 이것이 옳음을 증명한다. 요한의 예언 사명은 구약 선지자들의 사명과 동등하다.[1:10-11, 4:1-2, 17:3a, 21:9-10 주석 참조]

인봉하지 말라는 것은 다니엘에게 주어진 정반대 명령과 직결되어 있다. "다니엘아, 마지막 때까지 이 말을 간수하고 이 글을 봉함하라."단 12:4 • 단 8:26, 12:9 참조 다니엘은 악한 세상 나라의 흥망과 하나님 나라의 최종적인 승리에 관해 예언했다. 하지만 이 모든 일이 자기 시대에 일어나지 않는다는 것만 알았지, 언제 어떻게 일어날지에 대해서는 알지 못했다.단 12:13 그러므로 다니엘서의 '봉함'은 그 예언이 마지막 때가 될 때까지 충분히 이해되거나 성취되지 않으리라는 것을 의미했다.

다니엘이 예언한 것이 이제는 이해될 수 있다(인봉이 풀린다). 왜냐하면 다니엘의 예언은 성취가 시작되고 마지막 때가 출범했기 때문이다. 그러므로 기록되는 것을 인봉하지 말라는 명령은 또한 그 예언들에 대한 더 큰 통찰력, 곧 구약 성도들이 가진 것보다 더 큰 통찰력에 대한 계시를 암시한다. 에베소서 3:5도 마찬가지다. 거기 보면 "이제 그의 거룩한 사도들과 선지자들에게 성령으로 나타내신 것 같이 다른 세대에서는 사람의 아들들에게 알리지 아니"하셨던 통찰력이 주어진다.벧전 1:12 참조 특히 그리스도의 죽음, 부활 그리고 역사에 대한 통치와 성도의 환난은 곧 구약 예언들의 시작된 성취다. 마찬가지로 그리스도께서도 5장에서 두루마리를 떼셨다.5:1-2 비록 이 두 책이 동일하지는 않아도, 일반적으로 구약 예언과 관련된 계시적인 내용을 상당히 포함하고 있고, 그 가운데 일부는 성취되었으며 일부는 아직 성취를 기다리고 있다.

이 예언이 인봉되어서는 안 되는 이유는 '때가 가깝기' 때문이다. 동일한 말이 1:3에서 발견된다("때가 가까움이라"). 1:3은 1:1의 다니엘 2:28-29, 45 인유를 설명한다. 1:3에서 "때가 가까움이라"는 미래에 일어날 사건이 임박했다는 것을 가리켰을 뿐만 아니라 구약 예언의 성취가 시작된 것을 가리켰다. 즉, 다니엘이 봉함한 예언이 성취되기 시작했고, 현재 성취되고 있으며, 미래에 완성될 때까지 계속 성취될 것이다.

8-10절의 주된 요점은 "하나님께 경배하라"는 것이다.[9절] 다시 말해 이 경배는 신자들의 현재의 삶과 미래에 대한 그리스도의 죽음과 부활의 예언적인 의미를 하나님께서 은혜로 요한에게 계시하신 것으로 말미암아 동기를 부여받는다.

거룩함에 대한 세 번째 권면[22:11-12]

22 [11] 불의를 행하는 자는 그대로 불의를 행하고 더러운 자는 그대로 더럽고
의로운 자는 그대로 의를 행하고 거룩한 자는 그대로 거룩하게 하라. [12]
보라, 내가 속히 오리니 내가 줄 상이 내게 있어 각 사람에게 그가 행한 대로 갚아 주리라.

11. 여기서 다시 천사는 다니엘의 예언 결론에 호소한다.

> 많은 사람이 연단을 받아 스스로 정결하게 하며 희게 할 것이나 악한 사람은 악을 행하리니 악한 자는 아무것도 깨닫지 못하되 오직 지혜 있는 자는 깨달으리라.[단 12:10]

두 본문은 불의한 자의 운명과 의인의 운명에 관해 각각 두 가지를 선언하고, 이어서 이 두 집단은 현재 상태 그대로 존속할 것이라고 진술한다. 차이점은 다니엘서는 예언적인 사실 진술이지만 요한계시록은 명령 진술로 보인다는 것이다. 그러나 천사가 비신자들에게 계속 그들의 죄 안에 있으라고 어떻게 명령할 수 있단 말인가? 주석가들은 이 질문에 대해 다양한 답변을 제공했다.

- 어떤 이들은 인간이 자유의지를 갖고 있고 항상 회개할 기회가 있으므로, 이것은 결정론적인 표현이 아니라고 주장한다. 그러나 이런 분석은 인간의 의지가 하나님의 예언적 작정을 기초로 일어나는 사건들에 대해 말하는 22:11의 다니엘 12:10 인유와 잘 대응하지 않는다.
- 어떤 이들은 11절은 단순히 악인이 다시는 하나님께 순종하라는 권면을 받지 않는다는 것을 의미한다고 주장했다. 그러나 이것 역시 악인에게 주어지는 명령의 핵심을 회피한다.
- 어떤 이들은 요한에게는 끝이 너무 가까워서 성품이나 습관을 바꿀 시간이 더 이상 없었다고 주장한다. 그러나 이것은 요한이 부정확했음을 함축할 것이다. 왜냐하면 이후로 시간이 충분히 있었기 때문이다. 만일 요한이 역사의 마지막 단계를 언급하고 있는 것이라면, 이 견해는 좀 더 개연성이 있을 것이다.
- 어떤 이들은 요한이 인간적인 성품은 바뀔 수 없다는 것을 가리킨다고 말한다. 그러나 이것이 아무리 사실이라고 할지라도, 이 역시 요한이 다니엘 12:9-10의 예언을 성취의 시작 신호로 사용하는 것을 회피한다.

11절의 명령 두 가지는 요한계시록 전체의 맥락에 비추어 볼 때, 특히 편지 부분의 '들을지어다' 공식과 나팔-대접 심판 배후에 있는 출애굽 재앙 내러티브에 나온 '완고함'이라는 주제에 대한 구약 배경에 비추어 보면 더 잘 이해된다. 11절의 권면이 주어지는 상황은 역사의 마지막 단계에만 해당되는 것이 아니라 구약 시대와 예수의 사역 당시에 그리고 소아시아 교회들에게 편지를 쓸 시기에 이미 계속 나타났다. 일곱 편지에서 거듭 주어진 "귀 있는 자는 들을지어다"라는 권면은 이사야가 우상숭배에 빠진 이스라엘에게 준 권면에 사 6:9-10 기초가 있다. 비신자들은 들으라는 권면을 받지 않고, 신자들은 하나님의 말씀을 듣고 순종하라는 부르심을 받는다. 예수는 이사야에게서 나온 동일한 권면을 당시의 신실하지 못한 이스라엘에 적용하신다.마 13:9-17 사람들이 통상적인 가르침을 경청하지 않자 이사야와 예수는 비유를 사용할 뿐만 아니라 예언적인 선언 및 행동에도 의존했는데, 그것은 불의한 자에게는 그들의 마음을 더 완악하게 하여 그들을 하나님의 심판으로 이끌었지만 흔들리는 신자에게는 충격을 주어 그들을 회개로 이끄는 역할을 했다.

특이하고 심지어는 기괴하기까지 한 특징을 가진 요한계시록의 환상들은 동일한 과정이 일어나는 예언적 진술로 작용한다. 예수와 예수 이전의 이사야 같이 요한도 신실한 신자들의 공동체뿐만 아니라 약화된 교회와 반역하는 세상에 대해서도 말을 전했다. 언약 공동체 안의 많은 사람들이 배교하고 예언의 말씀에 무감각하게 되었다. 이런 사람들에게 하나님은 선지자를 보내 자신의 말씀이 배교하는 자의 맹목성을 증가시켜 그들의 심판 상태를 확증하게 하고, 택함 받은 남은 자에게는 영적인 무감각에서 벗어나도록 충격을 주는 역할을 하게 하셨다. 경건하지 않은 자는 심지어 깨닫지 말라는 권면까지 받았는데, 그들이 깨닫지 못하는 것은 자체로 그들의 배교와 우상숭배에 대한 처벌이었다(따라서 우상숭배하는 이스라엘은 렘 44:25과 겔 20:39에서 우상을 섬기라는 명령을 받는다). 현재 '하나님의 이스라엘'인갈 6:16 교회는 영적으로 옛 이스라엘 민족만큼 무기력한 상태가 되었고, 그래서 하나님은 그들에게 양날을 가진 자신의 말씀을 계시하신다.요일 2:4, 22, 4:20, 5:10 물론 비신자들 가운데에도 '들을 귀'가 주어진 남은 자는 늘 있기 마련이고, 따라서 그들은 절대로 고집을 꺾지 않는, 악하고 회개하지 않는 자가 아니다. 그러므로 그들은 환상의 비유에 충격을 받아 믿음으로 나아오고 언약 공동체에 들어간다(이 주제에 관한 이사야 배경의 충분한 설명은 2:7에 대한 주석을 보라).

이제 남아 있는 질문은 바로 이것이다. 다니엘 12:9-10을 인유하는 것이 어떻게 11절의 이중 권면의 신학적 배경에 도움이 되는가? 다니엘 12:9-10은 마지막 때에 언약 공동체의 가짜 지체들은 예언의 성취의 시작을[계 22:10] 이해하지 못하고 하나님의 법에 계속 불순종하지만, 경건한 자는 통찰력을 얻고 주위에서 일어나는 예언의 성취의 시작을 식별할 수 있을 것이라고 말한다. 경건한 자는 하나님의 말씀에 순종하는 것으로 반응할 것이다. 다니엘 12:10의 예언이 요한계시록 22:11에서 명령으로 바뀌는 것은, 다니엘서의 예언의 성취가 요한 당시에 시작되었으며 참된 신자들은 이 계시를 식별하고 적극적으로 반응해야 한다는 점을 자각하고 있기 때문이다. 결론적으로 10절의 구약 예언의 성취에 관한 계시는 다니엘 12:9-10의 예언 패턴을 따르는 11절의 이중적 반응의 기초이고, 아울러 이 반응을 자극한다. 이 사건들은 일어나도록 결정되어(예정되어) 있다. 왜냐하면 이 사건들은 예언 사건으로, 단순한 미래의 가능성에 대한 묘사가 아니기 때문이다. 이러한 결론은 신학적으로 난해하지만 다니엘서의 예언적 본질과 놀라울 정도로 깊은 상관성을 갖고 있고, 또 자신의 이름이 어린양의 생명책에 기록되었는지의 여부에 따라 사람들이 그리스도나 짐승 어느 한편과 동일시된다는 개념과도 일치된다.[3:5, 13:8, 17:8, 20:12, 15, 21:27 주석 참조]

12. 11절 권면의 또 하나의 기초가 12절에서 발견된다. "**보라, 내가 속히 오리니.**" 앞에서 지적한 것처럼 1-3장에서 그리스도의 오심은 그분이 마지막에 오시는 것과 교회 시대 동안에 오시는 것을 함께 가리킨다.[1:7, 2:5, 3:3, 11, 22:7 주석 참조] '속히'나 '곧'이라는 말을 다니엘 2:28-29, 45 공식의 한 부분으로 사용하는 것은 미래의 성취가 가까이 임했거나 또는 확실히 성취가 이미 시작된 것을 가리킨다고 확인되었다.[1:1 주석 참조] 그러나 12절에서는 강조점이, "**내가 줄 상이 내게 있어 각 사람에게 그가 행한 대로 갚아 주리라**"는 약속으로 증명되는

것처럼, 그리스도의 미래의 마지막 다시 오심(재림)에 두어져 있다. 11:18에서 유일하게 다른 용법으로 나타나는 '상'헬라어 *misthos*은 분명히 마지막 때에 주어지는 보상을 가리킨다. 그러면 이것은 요한이 그리스도께서 다시 오시는 것이 임박했다고 잘못 생각했음을 의미하는가? 더 나은 가능한 해결책은 12절에서 '속히'는 언제가 됐든 간에 그리스도의 재림이 '갑자기' 임하는 것을 함축한다고 본다. 이것은 16:15로 지지를 받는다. "보라, 내가 도둑 같이 오리니 누구든지 깨어 자기 옷을 지켜 벌거벗고 다니지……아니하는 자는 복이 있도다." 사실 22:7의 에티오피아 역본은 "내가 도둑같이 속히 오리니"로 되어 있는데, 이것은 이 본문이 일찍부터 16:15의 도둑 은유와 동일화된 것을 보여준다. 마지막 순간 불시에 신속한 심판이 임한다는 주제는 이미 구약성경에서 나타난다. "너희가 구하는 바 주가 갑자기 그의 성전에 임하시리니……그가 나타나는 때에 누가 능히 서리요.……그가 은을 연단하여 깨끗하게 하는 자 같이 앉아서……심판하러 너희에게 임할 것이라."말 3:1-5 • 사 47:11, 렘 6:26 참조

이 난제를 해소하는 또 한 가지 방법은 이 문구를 (갑작스럽게 임하는 것이 아니라) 시간적으로 가까이 다가온 것을 가리키는 의미로 받아들이는 것이다. 그러나 이것은 하나님의 구속 역사 계획에 따라 일어날 다음 중대 사건이 "가까이 다가온 것"에 초점이 있다. 하나님의 구속 계획에서 그리스도의 죽음과 부활과 오순절 사건 이후 다음으로 중대한 사건은 그리스도께서 마지막으로 오셔서 상벌을 집행하시는 일이다. 이 일은 1년 안에 일어나거나 5,000년 안에 일어나거나 여전히 '가까운' 것으로 언급될 수 있었을 것이다. 왜냐하면 이 일은 하나님의 구속 계획의 작정 순서에서 다음의 중대 사건이기 때문이다.

그럼에도 불구하고 마태복음 24:36-25:13에서처럼 예수께서 언

제든 오실 수 있는 가능성과 관련해서 말한다면,[행 1:7, 살전 1:9-10, 딤후 4:8, 딛 2:13 참조] '불시에' 오시는 것에 대한 언급으로 보는 것이 더 개연성이 크다. 마태복음 24:36과 사도행전 1:7은 그리스도께서 오시는 시기를 아는 것은 불가능하다고 주장하고, 다만 그리스도의 오심에 대해 깨어 있어야 할 필요성을 제시한다.[마 24:36, 42, 44, 25:13, 눅 12:35-40] 베드로후서 3:8-13은 다음 주제들이 서로 긴장 관계 속에 있다고 주장한다.

- 끝이 올 때까지 시간이 아무리 오래 걸리더라도, 하나님께는 그것이 오래 걸리는 시간이 아니다. 왜냐하면 "주께는 하루가 천 년 같기" 때문이다.
- 인간의 관점에서 보면 시간이 오래 걸리는 것처럼 보일 수 있지만 "주의 약속은……더딘 것이 아니라.……주의 날이 도둑 같이 올" 것이다.
- 끝날에 대한 그리스도인의 기대와 순종은 "주의 날이 도둑 같이 오는" 비밀스러운 방식이 될 수 있다.[벧후 3:11-12, 마 6:10, 24:14, 막 13:10 참조]

동일한 관념이 요한계시록 22:12에도 내재해 있다.

12절에서 **"내가 줄 상이 내게 있어 각 사람에게 그가 행한 대로 갚아 주리라"**는 예수의 두 번째 확언은 이사야 40:10의 인유다.[사 62:11 참조] "보라, 주 여호와께서 장차 강한 자로 임하실 것이요 친히 그의 팔로 다스리실 것이라. 보라, 상급이 그에게 있고 보응이 그의 앞에 있으며." 이 본문은 신실한 자기 백성에게 구원의 복을 베푸시는 하나님의 사역을 언급한다. 물론 신실하지 못한 자에 대한 심판도 함축되어 있다. 여기서 '상급'과 '보응'이 구원에 초점을 맞추고 있는 것은 이사야 40:10이 40:9의 '아름다운 소식'의 내용이고, 죄악에 대한 하나님의 용서의[사 40:2] 결과라는 점에서 분명하다. 그러나 요한계시록에서는 이사야서 본문의 말이 복을 받거나 심판을 받게 되는 의와 불의의 행위를 가리키는 것으로 해석되었고, 이것은 이사야서 본문에도 함축되어 있을 것이다.

요한계시록 22:12의 약속과 마찬가지로 이사야 62:11의 동일한 약속도 문들을 통하여 성에 들어가는 심상으로 보충된다.[계 22:14, 사 62:10 참조] 이사야 62:11은 사람이 선행을 기초로 의롭다 함을 얻는다는 것을 의미하지 않는다. 왜냐하면 하나님 앞에서 인정받으려면 완전함이 요구되므로 그리스도가 없는 한 이런 선행으로는 아무도 구원받을 수 없기 때문이다. 이것은 요한계시록 5:9-10로 지지를 받는다. 거기 보면 그리스도만이 하나님 앞에서 인정받기에 유일하게 합당하신 분이고, 사람들이 합당한 자로 간주될 수 있도록 그들 대신 죽임을 당하심으로써 자신의 피로 그들을 죄에서 구속하셨다고 말한다. 확실히 이 개념은 12절과 거리가 멀지 않은데, 그 이유는 22:14의 "자기 두루마기를 빠는 자들"에 내포된 개념이 7:14의 "어린양의 피에 그 옷을 씻어 희게 하였느니라"는 것을 지시하기 때문이다. 한편 '행위'는 최후의 심판에서 구원의 필수 조건으로 간주된다. 그러나 어떻게 그런가? 행위는 사람의 구원의 궁극적이고 원인적이고 필수적인 조건을 이미 만족시킨 것, 곧 그리스도의 죽음과 부활로 말미암은 죄로부터의 대속적 정당화를 증명하는 표지이기 때문이다.[엡 2:6-10]

11-12절의 주된 요점은 11절의 권면에 있다. 11절의 권면은 10절과 12절의 계시적인 지식에 근거가 두어져 있고, 또 그 지식으로 동기를 부여받는다. 그리스도께서 불시에 오시기 때문에 그리스도의 참된 백성은 그것을 바라보면서 경건하게 살도록 동기를 부여받아야 한다.[벧후 3:11-14 참조] 반면에 경건하지 않은 자는 그리스도의 오심에 관한 계시 앞에서 회개하기는커녕 도리어 더 완고해질 따름이다.

거룩함에 대한 네 번째 권면[22:13-17]

22 13 나는 알파와 오메가요 처음과 마지막이요 시작과 마침이라. 14 자기 두루
마기를 빠는 자들은 복이 있으니 이는 그들이 생명나무에 나아가며 문들
을 통하여 성에 들어갈 권세를 받으려 함이로다. 15 개들과 점술가들과 음행하는 자들
과 살인자들과 우상숭배자들과 및 거짓말을 좋아하며 지어내는 자는 다 성 밖에 있으
리라. 16 나 예수는 교회들을 위하여 내 사자를 보내어 이것들을 너희에게 증언하게 하
였노라. 나는 다윗의 뿌리요 자손이니 곧 광명한 새벽 별이라 하시더라. 17 성령과 신
부가 말씀하시기를 오라 하시는도다. 듣는 자도 오라 할 것이요 목마른 자도 올 것이
요 또 원하는 자는 값없이 생명수를 받으라 하시더라.

13. 요한계시록에서 하나님은 여러 번에 걸쳐 '알파와 오메가',[1:8, 21:6] '처음과 마지막'[21:6]으로 지칭되었고, 그리스도는 '처음과 마지막'[1:17, 2:8]으로 지칭되었다. 이제 이 모든 호칭이 결합되어 그리스도의 신성을 강조하기 위해 그분에게 적용된다. 이 지칭은 비유적으로 양극단 사이에 있는 모든 것을 함축한다. 즉, 그리스도께서 피조물의 시작과 끝에 계시고 또한 피조물의 시작과 끝을 지배하는 주권자라는 사실은, 그분이 처음과 끝 사이의 모든 사건 속에 계시고 그 사건들을 지배하시는 주권자라는 것을 암시하기 위하여 과감하게 진술된다.

14. 역사 전체에 걸친 그리스도의 편재성과 전능성을 상기하면, 독자는 그리스도를 신실하게 상을 주시는 분이자 공정하게 심판하시는 분으로 확신하게 되고, 세상의 환난 가운데서도 지속적인 인내에 대한 동기를 부여받게 된다. 이 점에서 14절의 "자기 두루마기를 빠는 자들은 복이 있으니"라는 선언은 또한 12절에서 말한 것처럼 성도에게 최후의 상을 받기 위해 환난과 고난 속에서 인내하라는 권면으로 작용한다. 이 은유는 7:14의 비슷한 사상을 전개한다. 두루마기를

빠는 것은 성도가 스스로 얻는 어떤 의를 말하는 것이 아니라 그리스도께서 십자가에서 흘리신 피로 말미암아 하나님이 그들에게 주신 의인의 지위에 대해 말하는 것이다. 이것은 19:7-8로 보아 분명하다. "그의 아내가 자신을 준비하였으므로 그에게 빛나고 깨끗한 세마포 옷을 입도록 허락하셨으니 이 세마포 옷은 성도들의 옳은 행실이로다"(여기서 마지막 문구는 하나님 앞에서 정당성이 입증된 성도의 지위 그리고 그들의 결과적인 옳은 행실을 가리킨다는 것을 상기하라).

인내하는 믿음에 대한 상은 신자들에게 '복이 있는' 것이고, 따라서 이는 그들이 권세를 받는 것으로 설명된다. "그들이 생명나무에 나아가며 문들을 통하여 성에 들어갈 권세를 받으려 함이로다." 이것은 뒤 17절에서 물의 은유로 이 복의 확대를 증명하는 것처럼, 본질상 7:14-17에서 그들의 옷을 씻어 희게 한 자들이 받은 것과 동일한 복이다. 이 심상은 특히 새 예루살렘에 관한 환상에서 묘사된 것처럼 구원의 복을 함축한다. '생명나무'와 열린 '문들'이라는 말은 거룩한 성에 들어갈 수 없는 경건하지 않은 자와 달리, 경배하는 나라들이 거룩한 성의 열린 문들을 통과하여 생명나무로 나아가는 장면을 담은 21:24-22:3의 이사야 60장과 창세기 3장 심상을 취한다. 14절은 이사야 62:10의 "성문으로 나아가라, 나아가라"를 인유하는데, 이 행동은 신자들이 62:11에서 "보라, 상급이 그에게 있고 보응이 그 앞에 있느니라"고 약속된 구원을 받기 위하여 행하는 것이다. 그리고 이사야 62:11은 방금 살펴본 요한계시록 22:12에 인유된 본문이다. 이 상은 단지 특별한 집단인 순교자들에게만 주어지는 것이 아니라 모든 신자에게 주어진다. 왜냐하면 15절은 이 문맥에 나타난 집단의 분리는 모든 악한 배교자와 구속받은 공동체의 모든 의인 사이의 분리라는 것을 분명히 하기 때문이다.

15. 21:27에서 들어가지 못하고 거룩한 성 밖에 머물러야 했던 비

신자 심상이 15절에서 부연 설명된다. 21:8, 27에서처럼 15절에서도 거룩한 성에서 배제된 사람들이 묘사된다. 그곳들에 언급된 명단은 모두 거짓말하는 자로 끝나는데, 이것은 이들이 거짓 그리스도인으로서 갖고 있는 속이는 특성을 강조한다(따라서 이방인 거짓말쟁이에 주요 초점이 있는 것이 아니다). 그들은 자기가 신자라고 말하지만 죄악된 행동으로 자기들의 신앙고백을 배반한다. 그들은 박해에 직면했을 때 글자 그대로 믿음을 부인할 수도 있다.[21:8 주석 참조] 이런 사람은 단순한 거짓말쟁이가 아니라 "거짓말을 좋아하며 지어내는 자"다. 이것은 일반적인 이중성이 아니라, 교회의 일원이 되었을 때 주어지는 영적 혜택도 차지하고 동시에 불경건한 세상의 일원이 되었을 때 주어지는 경제적 안정의 이득도 얻고자 하는 욕망을 가리킨다. 요한은 다른 곳에서 이 말을 사용하여, 언약 공동체의 일원임을 주장하지만 불경건한 삶의 방식이나 거짓 교리로 말미암아 모순적인 사람들을 가리킨다.[요일 2:4, 22, 4:20, 5:10]

15절의 새로운 죄악 명단에는 나오지만 21:8, 27의 명단에는 나오지 않는 것은 '개들'이다. 개는 성경 전체에서 멸시받는 피조물로, 단지 자신의 육체적인 행복에만 관심이 있는 자를 상징한다. 마찬가지로 15절에서 언급된 개들도 짐승의 표지인 세속적 안전을[13:15-18] 유지하는 데 탐욕스러운 욕심을 갖고 있다. 구약성경에서 개들은 언약 위반자[시 59:6, 14] 그리고 거짓말쟁이의 경우와 같이 목적이 경제적 이득에 있는 불의한 파수꾼과 목자를[사 56:10-11] 가리킬 수 있다. 또한 이 말은 성전 남창들을 가리키는 데에도 사용되는데, 그들의 소득은 성전에 바쳐질 수 없는 '가증한 것'이다.[신 23:17-18, 계 21:27] 요한이 21:27의 새 예루살렘에서 배제된 자를 '가증한 일'을 행하는 자로 묘사하는 것에 따라 '개'라는 말을 사용하는 것은, 특히 21장과 15절의 죄들이 우상숭배와 관련되어 있음을 상기해 볼 때, 15절이 신명기 23:17-18을 반영하고 있음을 암시한다. 바울은 동일한 개 은유를 빌립보 교회의 일원을 자처하지만 한편으로 우상숭배적인 믿음과 행위를 보여주는 유대인 그리스도인들에게 적용한다.[빌 3:2-3, 18-19] 또한 베드로후서의 독자 가운데 그리스도인을 자처하지만 거짓 가르침에 연루되는 것을 포함해 온갖 부패한 행위로 배교에 빠지는 자도 개와 같다.[벧후 2:1-3, 13-14, 16, 20-22]

21:8, 27의 죄악 명단처럼 15절의 죄악 명단도 최종적인 기업과 완성된 형태의 거룩한 성에서 제외되는 자들을 가리킨다. 이 버림받은 자들이 성 밖에 있다는 것은 새 피조물 안에 그들의 자리가 없다는 것을 의미한다. 왜냐하면 새 피조물과 거룩한 성은 동일한 개념으로 보이기 때문이다.[21:1-22:5 주석 참조] 이 '밖'의 위치는 곧 불못이다. 그 이유는 21:8에 명시된 경건하지 않은 자들은 불못에 던져지는 자들이기 때문이다. 창세기 3:23-24에서 시작된 동산 밖으로 내쫓기는 처벌은 버림받은 자들에게 상승된 형태로 영원히 계속된다.

16. 여기서 "나 예수는 교회들을 위하여 내 사자를 보내어 이것들을 너희에게 증언하게 하였노라"는 진술은 요한계시록 첫 부분을[1:1-2] 반복한다. 하지만 여기서는 천사가 증언하고, 앞에서는 요한이 증언의 주체였다. 1:1-2에서처럼 증언 대상은 단순히 두루마리에 기록된 내용의 일부가 아니라 전체다. '증언하다'라는 말이 법적인 의미를 갖고 있는 것은 18-19절로 보아 분명히 확증된다. 거기 보면 증언에 불순종한 것에 대한 형벌이 진술된다('증언하다'의 법적 의미에 대해서는 1:9, 11:3, 22:20에 대한 주석을 보라). 16, 18, 20절에서 '증언하다'는 말이 세 번에 걸쳐 반복되는 것은 이 법적 뉘앙스를 강조하는 역할을 한다.

'너희'와 '교회들'이 누구인지 확인하는 방법은 여러 가지가 있다.

❶ '너희'는 일곱 교회 개개의 지체들을 가리키고, '교회들'은 일반적으로 지역 교회 또는 보편적 교회를 가리킬 수 있다. 만일 일곱 교회가 보편적 교회의 대표로 취해진다면,1:4, 11 주석 참조 동일한 의미에 이르게 될 것이다.

❷ 편지 부분에서 '너희'는 교회 안의 한 집단 또는 각 편지에서 포괄적으로 모든 '교회들'을 가리키는 것으로 나타나는 교회 자체를 가리킬 수 있다.

❸ 다음과 같은 견해들은 예수에게서 나와 그의 천사를 거쳐 요한에게 주어지는 증언은 모두 지역 교회의 선지자들에게 전달되고, 선지자들은 그것을 각 교회에게 전달하는 개념을 함축한다. 헬라어 전치사 *epi*의 의미를 '위에'로 취하면 번역은 이렇게 될 것이다. "나는 이것들을 교회들 위에 [있는] 너희에게 증언하게 하였노라." 말하자면 요한의 예언 메시지는 교회 안에 있는 선지자들을 통해 전달된다는 것이다. *epi*의 의미를 '-에게'로 취할 때에도 비슷한 개념이 염두에 두어질 것이다. "나는 교회들에게 [증언하도록] 이것들을 너희에게 증언하게 하였노라." 여기서 요한은 교회들에게 증언하는 선지자들에게 증언하는 것이다. 또는 *epi*의 의미가 '대항하여'로 취해질 수도 있다. "나는 교회들에 대항하여 이것들을 너희에게 증언하게 하였노라"(여기서 선지자들은 교회의 불순종에 대하여 하나님의 법적 심판을 가져온다). 마지막으로 *epi*가 '위하여'로 취해질 수 있다. "나는 교회들을 위하여 너희에게 이것들을 증언하게 하였노라"(여기서 선지자들은 교회의 유익을 위하여 메시지를 가져온다).

❹ 전치사 *epi*의 의미는 '안에서'나 '가운데서'로 취해질 수도 있다. "나는 교회들 안에서(또는 가운데에서) 이것들을 너희에게 증언하게 하였노라." 따라서 증언이 나타나는 곳이 '너희'와 '교회들'로 확인되고 이 둘은 같은 집단으로 간주된다. 이것을 지지하는 두드러진 평행 관계가

1:4에서 나타난다. 거기 보면 요한이 '일곱 교회'에 말하기 시작하는데, 요한은 이 일곱 교회를 곧 '너희'로 정의한다. "은혜와 평강이 너희에게 있기를 원하노라."1:5 사실 1:4은 요한계시록 전체에서 단어들의 동일한 결합이 나타나는 유일한 본문이다. 나아가 사실상 모든 주석가가 6-21절의 에필로그는 1:4 이하의 서간문식 서두로 문학적인 결론을 구성하는 서간체 결말이라는 데 동조하고, 따라서 우리는 이 둘 사이에 얼마간 유사성이 있다는 사실을 예상할 수 있다. 마지막으로 1장의 서론에서 나온 여러 문구와 주제들이 6-7, 18절 등에서 언급되고 전개되고 있다.

16절에서 '너희'와 '교회들'을 동일한 집단으로 간주하는 마지막 견해가 모든 것을 고려할 때 가장 유효하고, 사실상 첫 번째 및 두 번째 견해와 큰 차이가 없다. 그러나 구별된 선지자 집단(세 번째 견해)을 너희로 보는 것도 가능하다.

이 결론 부분에서 예수는 자신의 신원을 밝히신다. 그리고 13절처럼 이 자기 묘사는 요한계시록 앞부분에서 예수에게 귀속된 이름들을 결합시킨다. "나는 다윗의 뿌리요 자손이니 곧 광명한 새벽 별이라." 이 호칭은 마지막 때에 메시아 왕이 원수들에게 승리를 거두는 것에 관한 구약의 두 예언, 곧 민수기 24:17과 이사야 11:1, 10을 결합시킨 것이다. 예수께서 이 이름들을 현재 자기 자신에게 적용시키는 것은 그분이 이미 그 예언의 성취를 시작하셨다는 것을 증명한다. 이것은 앞에서 두 예언적 이름을 예수의 부활에 적용시킨 것으로 확인된다.2:28, 5:5 주석 참조 16절에서 요점은 메시아의 승리가 예수로 말미암아 시작되었고 또한 완성될 것이라는 데 있다. 5:5에서는 호칭이 '다윗의 뿌리'로 되어 있지만 16절에서는 '자손'이라는 말이 덧붙여져 있다. 이사야 11:1, 10은 메시아를 다윗의 계보에서 나오는 것으로 보지만 예수 자신이 다윗의 후손일 뿐만 아니라 다윗의 근원이라는 점에서 예수가 '다윗의 뿌리'로 간주될 수 있었다고 생각할 수도 있다. 그러나 더 개연적인 것은 '뿌리'는 '자손'으로 설명되고, 따라서 그 말은 '후손'을 가리키는 은유적인 용어라는 것이다. 이 은유는 이사야 11:10("이새의 뿌리[후손]에서 한 싹이 나서 만민의 기치로 설 것이요")과 동일하다. 뿌리에 대한 비슷한 히브리어 용법이 집회서 47:22에서 나타난다. 나아가 뿌리는 또한 의미심장하게도 그 단어가 메시아를 가리키는 이사야 53:2에서 '연한 순' 또는 '자라남'의 개념을 갖고 있다. 이 호칭의 주된 요점은 예수를 다윗의 후손이 메시아가 되리라는 예언을 성취하시는 분으로 간주하는 것이다. 그러므로 "다윗의 뿌리요 자손"은 "다윗으로부터 나온 뿌리와 후손"으로 해석되어야 한다.

16절에 시작된 성취와 미래의 성취가 함께 의도되어 있다는 것은 새 날 또는 새 시대의 여명이 '광명한 새벽 별'의 은유적 개념이었다는 사실로 보아 분명하다. 그리스도는 새로운 구속의 날을 시작하셨고, 이 날은 마지막으로 다시 오실 때 정점에 달할 것이다. 이것은 또한 베드로후서 1:17-19로도 암시된다. 그곳에서 '샛별이 떠오르는' 것은 '날이 새는' 것과 동의어로, 둘 다 구약의 예언이 그리스도의 초림으로 성취가 시작된 것을 가리키는 은유다. 또한 이것은 이사야 60:1-3의 인유로도 볼 수 있다. "일어나라, 빛을 발하라. 이는 네 빛이 이르렀고……나라들은 네 빛으로, 왕들은 비치는 네 광명으로 나아오리라." 이것 역시 이 별이 이미 빛을 비추기 시작한 것을 암시한다. 이 최초의 성취는 나아가 22:7, 12, 17에 언급된 메시아로서의 예수의 마지막 '오심'이 사실은 그분이 교회에 대한 많은 '오심들'을 통해 과거에 시작된 것을 암시한다.

17. "성령과 신부가 말씀하시기를 오라 하시는도다." 여기서 신부

는 하나님의 참 백성을 표상한다.[19:7-8, 21:2, 9 주석 참조] 신부는 성령의 능력으로 '오라'고 말한다. '신부'의 상징은 다만 이전에는 그리스도께서 재림하실 때 그분을 신랑으로 맞이하는 결혼으로 완성되는 교회의 미래에 대해서만 사용되었다.[19:7-9, 21:2, 9] 신부를 현재의 교회에 적용하는 것은 이전 장들에서 예언된 것이 마지막 때에 하나님의 백성 속에서 성취되고, 이미 그들 가운데서 성취가 시작된 것을 암시한다.[고후 11:2, 엡 5:25-27] 가시적인 교회 안에 있는 모든 사람이 '오라'고 말할 수 있는 것이 아니고, 오직 성령의 권면에 들을 귀가 있는 자만이 그렇게 말할 수 있다. "**듣는 자도 오라 할 것이요.**" 이 명령은 일곱 편지들 속에서 반복해서 주어진 다음 권면을 바꿔 말하는 것이다. "귀 있는 자는 성령이 교회들에게 하시는 말씀을 들을지어다."[2:7, 17, 13:9] 성령의 권면은 교회의 가짜 지체들의 영적 귀를 뚫지 못하고, 가시적인 교회 안에 있는 지체가 겪는 무감각에서 벗어나도록 참된 지체에게 충격을 주는 역할을 한다.[2:7 주석 참조] 그러나 가짜 신자들 속에 있는 남은 자도, 만일 그들이 이미 "어린양의 생명책에 기록"되었다면,[21:27] 충격을 받아 참된 믿음을 처음으로 가질 수 있음을 유념하라. 물론 이것은 복음을 듣고 적극적으로 반응하는 교회 밖의 비신자들 속의 남은 자에게도 그대로 해당된다. 17절 첫 구절에서는 참된 연합적 교회가 '오라'고 말하지만 이제 개개의 성도에게로 초점이 옮겨진다.

신부와 듣는 자가 말한 '오라'는 말은 재림에 대한 간청으로 그리스도에게 주어진 것일 수도 있다. 말하자면 교회는 처음에는 집단적으로 그리고 이어서는 개별적으로 성령의 능력으로 말미암아 그리스도께 간청한다. 따라서 "**목마른 자도 올 것이요 또 원하는 자는 값없이 생명수를 받으라**"는 말은 믿으라는 권면으로 사람들에게 주어진다. 그러나 더 낫지는 못해도, '오라'는 세 번의 명령과 '마시라'는 한 번의 명령은 개인에게 주어지는 것으로 취하는 해석도 가능하다. 이것은 17절 후반부가 21:6의 "내가 생명수 샘물을 목마른 자에게 값없이 주리니"를 전개하는 것으로 지지를 받는다. 21:6도 이사야 55:1에 의존하지만 22:17은 그 본문에 훨씬 더 명백히 의존한다.[요 7:37-38 참조] "오호라, 너희 모든 목마른 자들아, 물로 나아오라. 돈 없는 자도 오라. 너희는 와서 사 먹되 돈 없이, 값없이 와서 포도주와 젖을 사라." 이사야서 본문에서 세 번에 걸쳐 사람들에게 '오라'는 명령이 주어지는 것은 요한계시록 22:17의 세 번에 걸친 '오라' 명령의 모형으로 보인다. 만일 그렇다면 집단적 교회 또는 개인적 신자가 어떻게 자기 자신에게 오라고 명령할 수 있단 말인가? 만일 첫 번째 명령이 성령이 말씀하시는 것을 통해 예언 지도자들이 발한 것으로 간주되고,[19:10] 두 번째 명령은 '들은' 개인적 신자가 여전히 듣는 데 둔감한 다른 신자에게 발하는 것으로 간주된다면 문제가 해결된다.

21:6과 반대로 17절에서 생명수 은유의 초점은 생명수 물을 받는 자에게 두어져 있다. 예수께서 생명수를 주시기 전에 목마른 자가 예수께 '나와야' 한다. 이 나아옴은 사람이 믿음으로 타협의 유혹을 '물리친' 삶 자체를 가리키는 것이 틀림없다.[21:6-7] 그러므로 권면의 초점은 세상 전체를 향한 제약 없는 초대가 아니라, 오히려 대대로 그리고 그리스도의 최후의 오심이 있을 때까지 인내하라고 하나님의 백성에게 주는 명령이라는 데에 있다. 물론 참된 교회의 기능은 이 초대를 교회 자체뿐만 아니라 세상을 향해 발하는 것이다.[11:3-13]

22:13-17 부분은 시작과 끝이 같다. 14절에서 "자기 두루마기를 빠는 자들"에게 상이 있다. 이것은 17절에서 '와서' 생명수를 원하는 자들에게 상이 있는 것과 같다. 13절과 15-16절은 14절을 지원하고, 15-16절은 17절도 지원한다. 신자들이 만일 15절의 죄인과 같지 않고, 주권적인 하나님으로서[13절] 그리고 메시아 예언을 성취하시는

분으로서[16절] 예수에 관한 증언을 듣는다면, 14절에서 권면받은 복을 상속받을 것이다. 그리고 성도들이 만일 악인과 같지 않고 메시아 예언을 이루시는 예수에 관한 증언을 듣는다면, 역시 17절의 복을 상속받을 것이다. 그러므로 14-17절의 주된 요점은 14절과 17절에 약속된 두 가지 상에 있다.

거룩함에 대한 다섯 번째 권면[22:18-20]

22 **18 내가 이 두루마리의 예언의 말씀을 듣는 모든 사람에게 증언하노니 만**
일 누구든지 이것들 외에 더하면 하나님이 이 두루마리에 기록된 재앙들
을 그에게 더하실 것이요 19 만일 누구든지 이 두루마리의 예언의 말씀에서 제하여 버
리면 하나님이 이 두루마리에 기록된 생명나무와 및 거룩한 성에 참여함을 제하여 버
리시리라. 20 이것들을 증언하신 이가 이르시되 내가 진실로 속히 오리라 하시거늘 아
멘, 주 예수여, 오시옵소서.

18-19. 18-19절은 보통 권면으로 간주할 수 있지만 경고로 간주하는 것이 더 낫다. 18-19절은 요한계시록("이 두루마리의 예언의 말씀")을 요약하고, 신명기 곳곳의 본문들에 나타난 이스라엘 민족의 옛 법전을 본떠 두루마리의 예언 말씀을 새 이스라엘의 새 법전으로 간주한다.

- 규례와 법도를 듣고……내가 너희에게 명령하는 말을 너희는 가감하지 말고.[신 4:1-2, 12:32]
- 이 저주의 말을 듣고……이 책에 기록된 모든 저주를 그에게 더하실 것이라. 여호와께서 그의 이름을 천하에서 지워버리시되.[신 29:19-20]
- 내가……말씀을 듣는 모든 사람에게 증언하노니 만일 누구든지 이것

들 외에 더하면 하나님이 이 두루마리에 기록된 재앙들을 그에게 더하실 것이요 만일 누구든지 이 두루마리의 예언의 말씀에서 제하여 버리면 하나님이……생명나무와 및 거룩한 성에 참여함을 제하여 버리시리라.[계 22:18-19]

이 신명기와 요한계시록 본문 사이의 연계성을 확대시키는 추가 유사점은 다음과 같다.

- 신명기 세 본문 각각의 직전 및 직후 문맥에 비추어 보면 세 본문은 모두 우상숭배에 대한 특별한 경고를 담고 있는 것이 분명하고, 이것은 요한계시록 22:18-19에서도 마찬가지다.[21:8, 27, 22:15 참조]
- 위 본문들의 경고에 적극적으로 반응할 때 새 땅에서의 삶이 상으로 주어진다.[신 4:1, 12:28-29, 계 22:14, 17-19]
- 위 본문들은 또한 '재앙' 언어를 사용하여 신실하지 못한 자에 대한 처벌을 묘사한다.[신 29:21-22, 계 22:18]

신명기 4:2-4, 12:29-32에 따르면, 하나님의 계시의 말씀을 가감하는 것은 우상숭배가 유일하신 참 하나님에 대한 경배와 양립할 수 있다는 거짓 가르침을 받아들임을 의미한다. 금송아지 사건으로부터 바알브올 사건에 이르기까지,[출 32장, 민 25:1-9, 14-18] 이스라엘은 다른 신을 숭배하는 일에 가담하게 되는 유혹에 직면했다. 이런 거짓 가르침은 결국 하나님의 율법을 '더하는' 일이 된다. 나아가 그것은 하나님의 율법을 '제하는' 것과도 동등하다. 왜냐하면 그것은 우상숭배를 금하는 실정법을 위반하고, 결과적으로 그 율법의 타당성을 무효화하기 때문이다. 이는 단순한 일반적인 불순종이 아니라 명기된 말씀에 관한 거짓 가르침이고, 이 미혹하는 가르침을 따르는 것이다.

영속적인 하나님의 말씀의 진리를 믿는 믿음이 그 말씀에 대한 적극적인 순종의 전제 조건이다. 신명기 4장이 모형으로 삼고 있는 고대 근동 지방의 조약문서도 명기된 상벌과 저주에 따라 의도적인 변경이 금지되었다. 신명기 배경은 요한계시록 22:18-19에 특히 알맞다. 왜냐하면 21:8, 27, 22:15의 세 가지 죄악 목록에 대한 묘사는 모두 우상숭배와 관련하여 경건하지 않은 자의 거짓말을 강조하는 것으로 끝맺기 때문이다.

이 분석은 또한 모든 교회가 어떤 식으로든 우상숭배에 직면해 있고 종종 적절하게 반응하지 못하는 것을 묘사하는 2-3장의 상황에도 무척 적합하다. 놀랄 만하게도 이상의 신명기 배경에 비추어 보면, 버가모 교회 안에서 우상숭배를 조장한 일부 거짓 선생과 그들을 따르는 자들은 다음과 같이 간주된다. "거기 네게 발람의 교훈을 지키는 자들이 있도다. 발람이 발락을 가르쳐 이스라엘 자손 앞에 걸림돌을 놓아 우상의 제물을 먹게 하였고 또 행음하게 하였느니라."[2:14] 미혹하는 동일한 가르침이 두아디라 교회 안에도 만연되어 있었다.[2:20-23] 진리를 왜곡시키는 이런 거짓 선지자들은 거짓 신학을 더하거나 계시된 진리를 제하는 자다.

22:12-19에 언급된 상은 편지 부분의 배경에 따를 가장 잘 이해된다. 왜냐하면 이 상들은 2-3장의 '이기는 자'에게 주어진 다음 약속들과 대응을 이루기 때문이다. 각 사람의 행위대로 갚아주심,[2:23, 22:12] 생명나무의 열매를 먹거나 생명나무에 참여함,[2:7, 22:14, 19] 하나님의 성과 동일시됨.[3:12, 22:14, 19] 우상숭배의 위협을 이기는 자는 이 약속을 상속받을 것이다. 확실히 이러한 맥락에서 14절의 "자기 두루마기를 빠는" 것은 우상숭배의 오염으로 더럽히지 않고 자신을 지키는 것을 가리키고,[3:4-5, 7:14 주석 참조] 19절에 따르면 이렇게 자신을 지키지 못한 자들은 동일한 이중의 상(생명나무와 거룩한 성에 참여함)

에서 배제될 것이다. 따라서 18-19절의 경고는, 신명기 본문의 경고가 이스라엘 백성 전체에게 주어진 것처럼, 교회 밖에 있는 이방인이 아니라 교회 공동체 안에 있는 모든 사람을 겨냥한 것이다(물론 이방인도 경고에서 제외되지 않는다). 18절에 언급된 '재앙들'은 불못에 던져지는 형벌만이 아니라 최후의 심판 이전에 경건하지 않은 자가 받는 온갖 고통을 포함한다.[8:6-12, 9:18-20, 11:6, 16:9, 21] 그러므로 두루마리에 기록된 재앙들은 모두 배교자에게 임하는 것이고, 이것은 신명기 29:20-21의 인유로 지지를 받는다. "이 책에 기록된 모든 저주를 그에게 더하실 것이라."[신 29:20 • 신 28:58-61, 렘 25:13 참조]

22:18-19의 처벌은 역설적인 방식으로 구성되어 있다. 즉, 이 두루마리에 무엇이든 더하는 자는 이 두루마리에 기록된 재앙들을 그에게 더할 것이고, 무엇이든 이 두루마리의 예언의 말씀에서 제하는 자는 이 두루마리에 기록된 영원한 복에서 제하여질 것이다. 역설적 방식에 입각한 이 진술의 목적은 성경의 '눈에는 눈으로'라는 심판의 성격, 곧 사람들이 자기 죄에 비례해서 처벌을 받고, 때로는 그들 자신이 저지른 바로 그 죄로 처벌을 받는 것을 비유적으로 표현하기 위해서다.[11:5 주석 참조] 19절은 구원의 상실이 아니라 참된 믿음 없이 외적으로 그리스도인을 자처한 자들에게 처음부터 구원이 거부되었음을 가리킨다고 보는 것이 가장 좋다. 요한계시록 마지막 부분에서 반복적으로 강조되는 특징은 참 신자가 구속받은 지위를 상실할 수 있다는 것이 아니라, 기독교 공동체 안에서 이중적인 태도를 취하는 가짜 그리스도인이 최후의 상을 받지 못하리라는 것이다.[21:8, 27, 22:15 주석 참조] 앞에서 제시한 3:5의 약속("내가 그 이름을 생명책에서 결코 지우지 아니하고")에 대한 설명은 이 결론을 확증한다. 13:8과 17:8의 정반대 진술을 연구한 주석도 마찬가지다. 창세 이후로 교회 안에 있는 그런 자를 포함하여 짐승을 경배하는 자들은 영원한 성에 들어가

는 기업을 받도록 되어 있지 않다.[13:8, 17:8] 그럼에도 불구하고 한동안 이들 가운데 일부는 이 상을 받기 위해 나아가는 것처럼 보일 수 있다. 18a절의 문구 "이 두루마리의 예언의 말씀을 듣는 모든 사람"은 거의 정확히 1:3의 "이 예언의 말씀을……듣는 자"를 그대로 반복하며, 이것은 경고를 받고 있고 심판의 위험 속에 있는 자는 가시적인 신앙고백 공동체 안에 있는 자라는 것을 확증한다.

불순종에 대한 처벌은 심각한데, 그 이유는 신명기 4:2-4의 저자와 마찬가지로 요한도 자기 자신의 말이 아니라 하나님의 참된 말씀을 기록하고 있기 때문이다. 물론 요한의 말은 성부에게서 나온 말씀일 뿐만 아니라 성자와 성령에게서 나온 말씀이기도 하다(1:1, 2-3장의 각 편지의 결론과 19:9, 21:5, 22:6을 보면 그렇다). 요한이 가장 크게 염두에 두고 있는 것은 이 두루마리의 예언의 말씀이 16절에서 언급된 그리스도 자신의 말씀을 대변한다는 것이다.

20. 16절과 18절은 각각 천사는 환상을 계시하는 것으로, 요한은 환상을 기록하는 것으로 증언했다고 말한다. 성령도 세 번째 증인으로 간주된다(19:10, 22:17a과 일곱 편지의 마지막 구절을 각각 참조하라). 그리고 이어서 예수께서 네 번째 증인으로 확인된다. "이것들을 증언하신 이가 이르시되." 증인들의 증가는 두루마리의 예언 말씀의 법적인 성격을 강조하고, 그러하기에 이 말씀을 듣는 자는 책임을 져야 한다(요한계시록과 요한 문헌에서 '증언하다'는 말의 법적 의미는 1:9, 11:3, 22:16에 대한 주석을 보라). '이것들'은 환상 전체를 가리킬 것이다. 왜냐하면 동일한 말이 이전 구절에서 세 번에 걸쳐 그 의미로 사용되기 때문이다.[22:8, 16] 나아가 18-19절의 경고는 두루마리의 어느 부분도 변경하지 말라는 것이다. 그러나 7-17절과 이 환상 전체의 중요 부분에서 세 번에 걸쳐 반복되는 그리스도의 오심 주제 또한 예수께서 증언하시는 일에 포함되어 있다.

요한계시록 전체에 걸쳐 천명된 예수 자신의 '오심'에 대한 확언이 20절에서 강조를 위해 재천명된다. "내가 진실로 속히 오리라." 물론 여기서 초점은 그리스도의 재림에 두어져 있다. 말하자면 예수는 초림 때에 약속하신 자신의 재림이 곧 일어나고, 따라서 자신이 요한계시록 전체에 걸쳐 계시한 것을 완성하심을 보증함으로써 전체 환상의 진리를 교회들에게 보장하신다. 또한 재림하실 때 정점에 달할 미래의 오심들도 염두에 두고 있다고 생각할 수 있다.[1:7, 2:5, 3:3, 11, 22:7, 12 주석 참조] 18-20절 가운데 20절은 두루마리의 예언 말씀을 가감하는 것에 관한 이중 경고의 기초로 작용한다. 예수의 재림은 이 경고를 주의해야 할 이유다. 왜냐하면 그때에 예수께서 친히 요한의 경고에 불순종한 것에 대해 형벌을 집행하실 것이기 때문이다.

요한은 예수의 확언에 신뢰의 표현인 '아멘'으로 반응한다. 예수의 선언을 믿는 믿음을 기초로, 요한은 자신의 갈망과 소망을 담아 "주 예수여, 오시옵소서"(정중한 간청의 의미를 담은 명령)라고 말한다.

22:6-20의 결론과 요한계시록 전체의 결론[22:21]

22 [21]주 예수의 은혜가 모든 자들에게 있을지어다. 아멘.

21. "주 예수의 은혜가 모든 자들에게 있을지어다"라는 마지막 축도는 신약 서신들의 전형적인 결말이다(바울 서신에서는 거의 보편적으로 나타난다). 여기서 요점은 신약의 다른 서신과 마찬가지로 저자인 요한이 하나님이 은혜로 수신자들이 편지의 내용을 이해하고 순종하기를 바라는 소원을 표현한 것에 있다. 우리는 1:1-4에서와 같이 21절에서 다시 한 번 요한계시록이 포괄적으로 하나의 편지로 생각

되고, 그 내용은 장르상 묵시와 예언에 속한다는 것을 상기하게 된다.[1:1-3 주석 참조] 1:4의 서론에서처럼 21절의 마지막 결말에서도 그리스도에게서 나온 '은혜'가 모든 교회에 선포된다. 신약 서신들의 주된 목적은 다양한 교회에서 일어난 문제들을 제시하는 데 있다. 다수의 성경 저자들이 현재와 미래에 누릴 그리스도의 복을 독자들의 순종을 호소하는 권면의 기초로 삼는다. 만일 요한계시록의 서간문 형태가 나머지 신약 서신의 형태와 같은 기능을 한다면, 요한계시록의 목적은 독자들이 현재와 미래에 그리스도의 복에 참여할 이 실재에 호소함으로써 일곱 교회가 당면한 문제를 제시하는 데 있다.

이 '이미-아직' 범주가 요한계시록 전체에 걸쳐 작용한다는 것은 신약 다른 모든 서신의 서론의 기능이 현재와 미래의 관심사가 함께 연루된 편지의 주요 주제를 제시하는 데 있다는 이유로도 분명하다. 1장의 공식적인 서론이 어디까지인지 엄밀한 경계를 정확히 포착하기는 어렵다. 3, 6, 8절 또는 20절에서 끝나는 것으로 볼 수도 있다. 그러나 어느 쪽이 사실이라고 하더라도, 서론의 각 부분은 구약 예언의 시작된 성취와 미래의 성취가 함께 연루된 주제를 제시한다. 그러므로 요한계시록 전체는 동일하게 이중적인 '이미-아직' 주제로 가득 차 있다고 추정하는 것이 합리적이다.

순종을 촉구하는 것은 6-20절의 다섯 결론 부분에서 각각 거듭 강조되었다. 순종으로 인내하게 되면 하나님의 복을 지금 받고, 또한 편지 부분의 결론에서 마지막 때에 완성된 형태로 언급된 상을 받게 될 것이다. 이 상은 또한 21장에서 요약되고, 22:12, 14, 17에서 부분적으로 다시 반복된다(그리고 22:19에서 대조를 통해 암시된다). 6-21절에 대한 서론에서 지적한 것처럼 요한계시록의 목회적 주안점은 끝까지 신실하게 견디면 영원한 복을 얻으리라는 것이다. 그러나 요한계시록의 신학적 주안점은 상을 가져오는 이 신실한 순종은 하나님과 그리스도를 경배하고 영화롭게 하는 것의 궁극적인 결과여야 한다는 사실이다.[1:6, 4:9-11, 5:12-14, 21:1-22:5]

22:6-21 묵상 제안

충성된 증인이 되는 것의 중요성: 22:6-21은 자신이 받은 계시의 예언적 증인으로서 요한의 역할을 묘사한다. 받은 계시를 신실하게 전달하는 것이 요한의 책임이다. 사실 18절이 분명히 하는 것처럼, 요한은 증언을 통해 자신의 말을 듣는 자들을 위하거나 반대하는 법적인 증인으로 활동한다. 오늘날 우리는 하나님의 말씀을 받았을 때 그 말씀의 진리에 대해 충성된 증인의 역할을 어떻게 감당하고 있는가? 비록 요한과 같이 직접 계시를 받은 자로 말하는 것은 아니라고 해도, 우리는 우리의 말이 다른 사람들에게 책임이 있다는 것을 깨닫고 있는가? 우리의 증언이 말뿐만이 아니라 행위를 통해서도 이루어져야 하는 것은 얼마나 중요한가? 우리는 하나님의 백성이 증언하지 못할 때 그것이 얼마나 심각한 일인지 반성하고 있는가? 오늘날은 역사상 어느 때보다 그리스도에 대한 충성된 증언으로 말미암아 전 세계에서 고난을 당하는 일이 더욱 심해지고 있다. 그리스도를 위해 많은 이들이 자기 목숨을 내놓는 것과 비교할 때 우리는 어째서 약간의 당혹스러운 일조차 겪는 것을 꺼리는가?

언약 공동체를 향한 우상숭배의 지속적인 위협: 요한계시록은 전달하고자 하는 메시지의 중요한 부분이 가시적인 언약 공동체 안에 있는 거짓 신자들을 처리하는 데 있음을 상기시키며 끝마친다. 만일 거짓 믿음이 외적으로 우상숭배하는 습관으로 표현된다면, 우리의 사회적인 배경 속에서 이런 습관은 어떻게 보이겠는가? 우리는 우상숭배가 여전히 교회를 쓰러뜨리고자 획책하는 지속적인 위협이라는 것을 알고 있는가? 우리는 우리가 가장 전념하고 있는 바로 그것처럼 된다. 그러므로 세속적인 세상의 특성이나 하나님의 특성 가운데 하나를 반사하게 된다. 그리스도의 이름을 주장하는 우리가 그리스도의 특성을 반사하지 않고 세상의 세속적인 특성을 반사할 때 그것이 왜 그토록 심각한 일이 되는가? 그리스도인이 하나님의 영광스러운 임재의 빛을 세상 전역에 비추려면, 세상의 어둠의 한 부분이 아니라 하나님의 성품(하나님의 임재의 성전에서 하나님의 형상들)을 반영하는 자가 되어야 한다. 만일 신앙을 고백하는 그리스도인의 삶의 경향이 세상에 속한 자와 차이가 없다면, "나는 진실로 주님을 알고 있는가?"라고 심각하게 자문해야 한다.

요한계시록의 목표와 우리의 삶의 목표: 요한계시록의 목회적 주안점은 끝까지 신실하게 견디면 영원한 복을 얻으리라는 것이고, 신학적 주안점은 상을 가져오는 이 신실한 순종은 하나님과 그리스도를 경배하고 영화롭게 하는 것의 궁극적인 결과여야 한다고 본서의 주석은 말한다. 이것이 얼마나 자주 우리의 개인적인 믿음과 교회 생활을 수행하는 방법을 가늠하는 척도가 되는가? 현대 문화의 자기중심적이고 자기성취적인 경향은, 우리의 사명을 무엇보다도 하나님을 영화롭게 하도록 지음 받은 자로 보는 능력에 얼마나 치명적인 영향을 미치고 있는가?

주

1. *Orthodoxy*(New York: John Lane, 1908; repr. San Francisco: Ignatius, 1995), pp. 21-22.(『정통』 상상북스)
2. *Desiring God*(Portland: Multnomah, 1986). 앞에서 제시한 특수한 신학적 문제점에 대해서는 pp. 35-37을 보라.(『하나님을 기뻐하라』 생명의말씀사)
3. *We Become What We Worship: A Biblical Theology of Idolatry*(Downers Grove: IVP Academic, 2008).(『예배자인가, 우상숭배자인가』 새물결플러스)
4. *The Climax of Prophecy: Studies in the Book of Revelation*(Edinburgh: Clark, 1993), pp. 217-229.(『예언의 절정』 한들출판사)
5. "The Eschatological Earthquake in the Apocalypse of John", *Novum Testamentum* 19(1977), p. 228.
6. *The Temple and the Church's Mission: A Biblical Theology of the Dwelling Place of God*(Downwers Grove: InterVarsity, 2004).(『성전 신학』 새물결플러스)
7. *An Historical Introduction to the Study of the Books of the New Testament*(London: Murray, 1904), pp. 230-231.
8. *The Climax of Prophecy: Studies in the Book of Revelation*(Edinburgh: Clark, 1993), pp. 229-232.
9. G. R. Beasley-Murray, *The Book of Revelation*(New Century; red. ed., Grand Rapids: Eerdmans, 1978), pp. 238-239에 나온 것을 수정했다.
10. *The Climax of Prophecy: Studies in the Book of Revelation*(Edinburgh: Clark, 1993), p. 405.

Richard J. Bauckham, *The Climax of Prophecy: Studies on the Book of Revelation*, Edinburgh: T. & T. Clark, 1993.(『예언의 절정 1』 한들출판사)

____, *The Theology of the Book of Revelation*, Cambridge: Cambridge University Press, 1993.(『요한계시록 신학』 한들출판사)

G. B. Caird, *A Commentary on the Revelation of St. John the Divine*, London: A. & C. Black; New York: Harper & Row, 1966.

Colin J. Hemer, *The Letters to the Seven Churches of Asia in Their Local Setting*, Sheffield: JSOT, 1986.

William Hendriksen, *More Than Conquerors: An Interpretation of the Book of Revelation*, Grand Rapids: Baker, 1962.(『요한계시록』 아가페출판사)

Alan F. Johnson, *Revelation*, Expositor's Bible Commentary 12, Grand Rapids: Zondervan, 1981, 397-603.

Dennis E. Johnson, *Triumph of the Lamb: A Commentary on Revelation*, Phillipsburg: Presbyterian & Reformed, 2001.

Martin Kiddle, M. K. Ross, *The Revelation of St. John*, Moffatt New Testament Commentary; London: Hodder & Stoughton, 1940.

R. H. Mounce, *The Book of Revelation*, New International Commentary on the New Testament, Grand Rapids: Eerdmans, 1977.

Grant R. Osborne, *Revelation*, Baker Exegetical Commentary on the New Testament, Grand Rapids: Baker, 2002.(『BECNT 요한계시록』 부흥과개혁사)

Vern S. Poythress, *The Returning King: A Guide to the Book of Revelation*, Phillipsburg: Presbyterian & Reformed, 2000.(『요한계시록 맥잡기』 크리스찬출판사)

Stephen S. Smalley, *The Revelation of John: A Commentary on the Greek Text of the Apocalypse*, Downers Grove: InterVarsity, 1979.

J. P. M. Sweet, *Revelation*, Philadelphia: Westminster, London: SCM, 1979.

M. Wiloock, *I Saw Heaven opened: The Message of Revelation*, Downers Grove: InterVarsity, 1975.(『요한계시록 강해』 IVP)

성구 색인

구약

창세기

출애굽기

레위기

민수기

신명기

여호수아

사사기

사무엘상

사무엘하

잠언

전도서

아가

이사야

예레미야

예레미야애가

에스겔

다니엘

호세아

요엘

아모스

오바댜

미가

나훔

마가복음

누가복음

요한복음

사도행전

고대문헌 색인

고대 그리스 문학